Die Epilepsien

2. Auflage

Die Epilepsien

Spezielle Pathologie und Therapie

Dieter Janz

2., unveränderte Auflage
165 Abbildungen in 284 Einzeldarstellungen
davon 4 vierfarbige
56 Tabellen

1998
Georg Thieme Verlag
Stuttgart · New York

Dr. med. Wolfgang Dietrich Janz,
em. o. Professor für Neurologie
an der Humboldt-Universität Berlin
Burgunderstraße 8
14129 Berlin

Die Deutsche Bibliothek – CIP-Einheitsaufnahme
Janz, Dieter:
Die Epilepsien : spezielle Pathologie und Therapie ; 56 Tabellen / Dieter Janz. – 2., unveränd. Aufl. – Stuttgart ; New York : Thieme, 1998

1. Auflage 1969

Wichtiger Hinweis: Wie jede Wissenschaft ist die Medizin ständigen Entwicklungen unterworfen. Forschung und klinische Erfahrung erweitern unsere Erkenntnisse, insbesondere was Behandlung und medikamentöse Therapie anbelangt. Soweit in diesem Werk eine Dosierung oder eine Applikation erwähnt wird, darf der Leser zwar darauf vertrauen, daß Autoren, Herausgeber und Verlag große Sorgfalt darauf verwandt haben, daß diese Angabe **dem Wissensstand bei Fertigstellung des Werkes** entspricht.

Für die Angaben über Dosierungsanweisungen und Applikationsformen kann vom Verlag jedoch keine Gewähr übernommen werden. **Jeder Benutzer ist angehalten**, durch sorgfältige Prüfung der Beipackzettel der verwendeten Präparate und gegebenenfalls nach Konsultation eines Spezialisten festzustellen, ob die dort gegebene Empfehlung für Dosierungen oder die Beachtung von Kontraindikationen gegenüber der Angabe in diesem Buch abweicht. Eine solche Prüfung ist besonders wichtig bei selten verwendeten Präparaten oder solchen, die neu auf den Markt gebracht worden sind. **Jede Dosierung oder Applikation erfolgt auf eigene Gefahr des Benutzers.** Autoren und Verlag appellieren an jeden Benutzer, ihm etwa auffallende Ungenauigkeiten dem Verlag mitzuteilen.

Druck: WB-Druck, D-87669 Rieden am Forggensee

ISBN 3-13-442302-2

Gewidmet

meinem Lehrer

Paul Vogel

dem Forscher

John Hughlings Jackson

dem Patienten

Fjodor Michailowitsch Dostojewski

Geleitwort

In die unveränderte 2. Auflage des im deutschsprachigen Raum schon klassischen, über mehrere Jahrzehnte vergriffenen Buches von Dieter Janz einzuführen, ist eigentlich überflüssig. Jeder an Epilepsie interessierte Arzt kennt „den Janz", und viele haben daraus über Jahre hinweg profitiert. Unser kurzer Beitrag soll daher nur ein Geleitwort von Schülern für das Standardwerk eines Lehrers sein, der nach wie vor auch wissenschaftlich aktiv ist und in seinem Vorwort selbst weiteres sowohl zur Entstehung des Buches als auch dazu schreibt, warum es nie zu einer Neubearbeitung gekommen ist.

Das Buch ist 1969 in einer Zeit erschienen, als es weltweit nur wenige epileptologische Schulen mit einem umfassenden diagnostischen und therapeutischen Ansatz gab. Ohne Frage hatte Dieter Janz – damals noch in Heidelberg – ebenso wie etwa Henri Gastaut in Marseille oder Herbert Jasper und Walter Penfield in Montreal eine solche Schule geschaffen und geprägt. In seinem Buch stützte er sich auf die im Verlauf von 20 Jahren gesammelten Erfahrungen an 6500 Patienten.

Aus heutiger Sicht besteht gleichermaßen eine Einschränkung als auch die eigentliche Stärke des Buches darin, daß es vor technologischen und molekular-biologischen Fortschritten am Ende des 20. Jahrhunderts erschienen ist. Die diagnostischen Werkzeuge bestanden in exakter Anamneseerhebung, klinischer Untersuchung und minutiöser Anfallsbeobachtung und -beschreibung: Das EEG war zwar ein besonders wichtiges Hilfsmittel, blieb aber für die Nosologie der Klinik ganz untergeordnet, zumal EEG-Ableitungen in aller Regel interiktal waren, und es noch keine telemetrische Langzeitableitung und Video-Simultanableitung zur Anfallsdokumentation gab. Auch die heute nicht mehr wegzudenkenden bildgebende zerebrale Diagnostik mit zunächst CT und später MRT sowie Positronen-Emissions-Tomographie stand natürlich noch nicht zur Verfügung.

Diese Monographie als letzte rein klinisch begründete Darstellung der Epilepsien war gleichzeitig der erste Versuch einer möglichst umfassenden, differenzierten Syndromatologie. Diese basierte jenseits der reinen Anfallssemiologie auf mannigfaltigen klinischen Aspekten wie Altersbindung, typischen Konstellationen von Anfallstypen, Biorhythmen und Wiederholungsmustern von Anfällen, aber auch syndromspezifischen Persönlichkeitsmerkmalen. Ein besonderer Vorzug ist die Einbettung der Syndrome in die Geschichte ihrer Beschreibung.

Daß sich die Nomenklatur der Anfallsformen und Epilepsien inzwischen gewandelt hat und beispielsweise aus Propulsiv-Petit mal infantile Spasmen oder aus der Epilepsie mit Impulsiv-Petit mal die juvenile myoklonische Epilepsie wurde, ist für Kenner der Materie unproblematisch. Wichtig ist, daß von Janz erstmals systematisch herausgearbeitete Epilepsie-Syndrome wie etwa die juvenile myoklonische Epilepsie, die Epilepsie mit pyknoleptischen Petit mal (heute Epilepsie mit pyknoletischen Absencen) oder die juvenile Epilepsie mit nichtpyknoleptischen Absencen (heute juvenile Absencen-Epilepsie) international akzeptiert wurden; bei der juvenilen myoklonischen Epilepsie wird sogar in angelsächsischen Arbeiten der letzten Jahre häufiger vom Janz-Syndrom gesprochen. Bei der Anfallsbindung an den Schlaf-Wach-Rhythmus wie etwa den primär generalisierten Anfällen oder Aufwach-Grand-mal gibt es in dieser Hinsicht allerdings immer noch Nachholbedarf.

Ein besonderer Schwerpunkt des Janzschen Buches ist die Betonung der sonst viel zu wenig beachteten qualitativen Aspekte der Anfallssemiologie, etwa der Ausbreitungswege von Zuckungen oder der beim Anfall auftretenden motorischen Schablonen, aber auch der Qualität des Unbeschreiblichen bestimmter epileptischer Auren und ihrer großen diagnostischen Bedeutung. Eine weitere Besonderheit des Buches ist die ausgiebige Benutzung exemplarischer Fallgeschichten als Erkenntnismittel – ein in der Zwischenzeit vorübergehend als antiquiert geltender, jetzt aber wieder zunehmend aktueller Zugang. Nicht zuletzt deshalb ist es für jeden klinisch Interessierten nach wie vor eine nahezu unerschöpfliche Fundgrube für ein Wissen, das irgendwie der immer wieder behaupteten ständig kürzer werdenden Halbwertszeit wissenschaftlicher Erkenntnisse entgangen zu sein scheint und beharrlich daran erinnert, daß man eine Krankheit erst dann erfolgreich behandeln kann, wenn man sie auch verstanden hat.

Die medikamentöse und chirurgische Behandlung der verschiedenen Epilepsien steht nicht im Zentrum des Buches, was in Anbetracht der umfangreichen zwischenzeitlichen Entwicklungen bei einem unveränderten Nachdruck fast 3 Jahrzehnte nach der ersten Auflage eher ein Vorteil als ein Nachteil ist. Dennoch finden sich auch zu Medikamenten nach wie vor gültige Aussagen wie etwa diejenigen, daß Phenytoin bei astatischen Anfällen unwirksam ist oder daß das seinerzeit erst für kurze Zeit zur Verfügung stehende Carbamazepin sich besonders bei komplexen fokalen (psychomotorischen) Anfällen bewährt.

Viele Leser werden mit uns der Meinung sein, daß es bis heute keine zweite Darstellung gibt, die wie das Buch von Janz den Reiz und die Vielfalt der Epileptologie als klinisches Spezialgebiet vermittelt. Wir freuen uns daher sehr, daß es gelungen ist, das anschauliche Buch mit seinen exakten Beobachtungen und Anfallsanalysen wieder besser zugänglich zu machen. Unser Dank geht in diesem Zusammenhang zunächst an die Firma Novo Nordisk und insbesondere Herrn Oliver Hibbeln, ohne deren großzügige Unterstützung das Vorhaben nicht hätte verwirklicht werden können. Gleichzeitig danken wir auch dem Georg Thieme Verlag und dort speziell Herrn Dr. med. Thomas Scherb für die Bereitschaft zu diesem Projekt und das weitgehende Entgegenkommen bei der Kalkulation.

Zürich, Marseille, Bielefeld, September 1997

Günter Krämer,
Pierre Genton,
Peter Wolf

Vorwort zur ersten Auflage

Seit dem letzten im deutschen Schrifttum erschienenen Lehrbuch von O. Binswanger (1913) ist auf dem Gebiet der epileptischen Anfallserkrankungen eine grundlegende Neuorientierung vor sich gegangen, an der die von seinem Schüler und Nachfolger Hans Berger entdeckte Methode der Elektroenzephalographie entscheidenden Anteil hat. Daß Binswanger die Summe der Erfahrungen seiner Zeit unter dem Titel »Die Epilepsie« zusammengefaßt hat, während wir das gleiche Thema unter dem Titel »Die Epilepsien« abhandeln, bezeichnet den Wandel, der seither eingetreten ist. Da niemand allein mehr in der Lage ist, alle Daten zu überblicken und alle Sonderforschungen zu kennen, ist es geboten, den Erfahrungshorizont anzugeben, unter dem unsere Darstellung entstanden ist.

Das vorliegende Buch ist aus einer zwanzigjährigen Tätigkeit an einer neurologischen Klinik hervorgegangen, der seit 10 Jahren eine spezielle Ambulanz für Anfallskranke angegliedert ist. Daß die Klinik noch Säle hat, in denen sich Ärzte und Kranke tagsüber gemeinsam aufhalten, kam der Beobachtung von Anfällen zugute. Mit Hilfe der Anfalls-Ambulanz konnten wir den Krankheits- und Behandlungsverlauf bei einem großen Teil der 6500 Anfallskranken, die wir in dieser Zeit gesehen haben, unter natürlichen Bedingungen über Jahre hin verfolgen. In Zusammenarbeit und im Austausch mit der pädiatrischen und der psychiatrischen Klinik unserer Universität hatten wir daher Gelegenheit, Epilepsie in jeder Ausprägung und Epilepsie-Kranke jeden Alters kennenzulernen. Mit den Problemen von Anstaltspatienten wurden wir während einer Lehrzeit an der damals noch von Dr. F. Braun geleiteten Anstalt für Epileptische in Zürich vertraut.

Daß dieses Buch trotzdem nicht alle denkbaren Aspekte der Epilepsien behandelt und sich vornehmlich auf den neurologischen Erfahrungsbereich konzentriert, wird keinen Mangel bedeuten, wenn man darüber hinaus für besondere Fragen die Werke von W. Penfield und H. Jasper (1954), von Ph. Bamberger und A. Matthes (1959) und von W. und M. Lennox (1960) konsultiert.

Der Plan, unsere Ansichten und Erfahrungen zusammenfassend darzustellen, wäre wohl kaum verwirklicht worden, ohne die Anregung von seiten des Georg Thieme Verlags, ohne die Ermunterung durch Professor Paul Vogel und ohne das Interesse und die Mitarbeit einer Schar von Helfern und Freunden. Namentlich dankbar bin ich all denen aus unserem Heidelberger Arbeitskreis, die die Thematik durch eigene Untersuchungen gefördert haben: Walter Bräutigam, Raffaele Canger (jetzt Mailand), Walter Christian, Otto Hallen, Hanfried Helmchen (jetzt Berlin), Theodor Kammerer, Rolf Kruse, Alfred Leder (jetzt Zürich), Ansgar Matthes (jetzt Kork), Gundega Neimanis, Günther Quadbeck, Franz Rabe (jetzt Düsseldorf), Anneliese Spinner, Leonie Stollreiter, Hubert Tellenbach, Daniel Vasconcelos (jetzt Mexico City), Sylvia Watkins (jetzt London). Die EEG-Ableitungen verdanke ich Frl. Doris Brüny und Frl. Dora Feders, die Zeichnungen Herrn Alfred Drews (Wiesbaden).

Zu besonderem Dank verbunden bin ich meiner Sekretärin, Frau Ellen Fleischhauer für ihre große Sorgfalt und Geduld beim Abschreiben des Manuskriptes, Anke Ender für ihre sachkundige und mühevolle Hilfe beim Anfertigen des Sachverzeichnisses und nicht zuletzt Walter Christian für seine stete Bereitschaft, mich in neurophysiologischen Problemen zu beraten und bei der Auswahl der EEG-Kurven behilflich zu sein. Seine zur gleichen Zeit erscheinende »Klinische Elektroenzephalographie« wird meine Darstellung in mancher Hinsicht ergänzen und erläutern.

Herzlich danken möchte ich schließlich Herrn Dr. med. h. c. G. Hauff und seinen Mitarbeitern für ihre Mühe und ihr Entgegenkommen. Daß das Buch zu einem guten Ende kam, ist nicht zuletzt ihr Verdienst.

Heidelberg, im Herbst 1968 *D. Janz*

Vorwort zur zweiten Auflage

Die grundlegende Neuorientierung in der Lehre von den epileptischen Anfallserkrankungen, die ich vor 30 Jahren ansprach, ist seither ein historisches Faktum geworden. Der Wandel von einer generalisierenden zu einer spezifizierenden Betrachtungsweise, die in dem vorliegenden Buch vertreten wird, ist heute unter Epileptologen Gemeingut geworden. Vorläufiger Endpunkt dieser Entwicklung ist die Internationale Vereinbarung über eine „Klassifikation von Epilepsien und epileptischen Syndromen", die die in diesem Buch beschriebenen Syndrome und die Ordnungsprinzipien der Anfallsbindung an Erkrankungsalter und Schlaf-Wach-Rhythmus weitgehend übernommen hat.

Neu hinzugekommen sind seither einige Syndrome, die jenseits meines vorwiegend Jugendliche und Erwachsene umfassenden Erfahrungshorizontes liegen wie die im „Guide bleu" der modernen Epileptologie [82] zureichend beschriebenen idiopathischen fokalen Epilepsien bei Kindern (gutartige Epilepsie des Kindesalters mit zentrotemporalen Spikes, Epilepsie im Kindesalter mit okzipitalen Anfällen), die gutartigen ›Neugeborenenkrämpfe‹ (familiär und nicht-familiär), die myoklonischen Epilepsien bei Kleinkindern (frühe myoklonische Encephalopathie, eine gutartige und eine schwere myoklonische Epilepsie in der frühen Kindheit), die auch nur bei Kindern vorkommenden ESES-Syndrom (Epilepsie mit anhaltenden Spike-Wave-Entladungen im synchronisierten Schlaf) und Aphasie-Epilepsie-Syndrom (Landau-Kleffner) oder die Frontallappen-Epilepsie, die wir früher, als wir noch kein Video-EEG-Monitoring kannten, oft verkannt haben.

Der in all den Jahren wiederholt von seiten des Verlags und von Mitarbeitern, Kollegen und Studenten geäußerte Wunsch nach einer Neuauflage hat mir lange zu schaffen gemacht. Eine Ergänzung bei gleichem Umfang ohne die Krankengeschichten einzuschränken wäre nicht möglich gewesen. Die Krankengeschichten bilden jedoch den unverzichtbaren Kern des Buches, da sie die gewissermaßen zeitlose Betrachtungsweise abbilden, unter der das Buch entstanden ist. Eine Hinzufügung von Kapiteln allgemeiner Art wie Therapie, Genetik, soziale Aspekte hätte dem Konzept des Buches widerstrebt, das in der Absicht verfaßt worden ist, eine spezielle Pathologie der Epilepsien darzustellen, d. h. allgemeine Gesichtspunkte nur im Hinblick auf ihre Rolle bei speziellen Krankheitsformen zur Geltung zu bringen. In der ersten Zeit nach Erscheinen des Buches wäre ich auch kaum zu einer Neubearbeitung gekommen, weil ich seit der Berufung auf den Lehrstuhl für Neurologie an der Freien Universität in Berlin 1973 die ersten Jahre ganz von der Aufgabe in Anspruch genommen war, eine Klinik in Gang zu bringen, Mitarbeiter zu gewinnen und die Sorge um die Kranken mit der Neugier für die Krankheit in Einklang zu bringen.

Epileptologisch haben wir uns in Berlin zunächst auf die klinische Pharmakologie der Antiepileptika [3,4,7,10,11,56,57,63,80,87,88,89,92,93,97,98,99,100,119] konzentriert, ihre speziellen Indikationen [23,25,26,38,43,91,92,106,123,126], die Dauer einer erfolgreichen Medikation und das Rückfallrisiko nach Absetzen [42,51,111] untersucht, sind auch Nebenwirkungen [9,24] insbesondere auf Schwangerschaft und Kindesentwicklung [1,6,8,16,17,27,35,36,37,39,45,76] nachgegangen, haben die rasche Entwicklung diagnostischer Techniken, vor allem der bildgebenden Verfahren mit eigenen Untersuchungen [31,52,53,66] begleitet und mit der praechirurgischen Diagnostik [73,74,124] und operativen Epilepsie-Behandlung [54,96] begonnen. Ein breites Interesse fanden medizinsoziologische und sozialmedizinische Fragen wie etwa nach Arbeitsfähigkeit, Berufstauglichkeit und sozialer Rehabilitation [15,32,59,61,104,105,106,107,108,109], aber auch psychotherapeutische Aspekte und psychopathologische Phänomene [13,62,77,78,106,115,116,117,118,119,127,128]. Syndromorientierte neuropathologische Untersuchungen kamen zur Definition differenter Störungsmuster in der morphologischen Gehirnentwicklung bei verschiedenen Formen idiopathischer generalisierter Epilepsie [67,68,69,70,71,72,75].

Langfristig angelegte sequentielle Untersuchungen von Deszendenten epileptischer Eltern und Familienuntersuchungen bei verschiedenen Formen von Epilepsie führten schließlich über Fragen des quantitativen und qualitativen genetischen Risikos in die klinische und molekulare Genetik [2,18,19,20,21,22,28,29,30,46,47,48,49,50,83,84,85,

[86, 110]. Die in den letzten Jahren intensivierte Molekulargenetik bringt uns insofern zum Ausgang unseres wissenschaftlichen Fragens zurück, als sie uns in die Lage versetzt, die eingangs erwähnte klinische Spezifizierung der Epilepsien biologisch zu bestätigen, auch wo sie zu einer Revision der klinischen Klassifikation zwingt.

Nicht zuletzt dokumentieren einige Tagungs- und Kongreßbände [1, 2, 4, 5, 6, 7, 11, 12], Handbuchartikel [3, 18, 33, 34], in nosologischer oder semiologischer Absicht verfaßte Arbeiten [40, 44, 47, 60, 79, 101, 102, 110, 113, 114, 117], sowie methodologisch oder prognostisch orientierte Untersuchungen [32, 38, 43, 51, 65, 90, 94, 106] und Studien zur Geschichte und Kulturgeschichte der Beschäftigung mit Epilepsie [41, 95] den thematischen Umfang der Interessen der Berliner Klinik.

Wenn auch im Text dieser unveränderten Auflage nichts von den Erfahrungen und Ergebnissen der Berliner Periode enthalten ist, so nehme ich doch gern die Gelegenheit, die wesentlichsten Arbeiten aus dieser Zeit hier zu zitieren und diejenigen Freunde und Mitarbeiter dankbar aufzuführen, die durch eigene Untersuchungen das gemeinsame Ziel gefördert haben: Gertrud Beck-Mannagetta †, Walter Christe (Potsdam), Marcelo Devilat (Santiago/Chile), Martina Durner (New York), Hans-Hasso Frey (Neustadt/Holstein), Yushi Inoue (Shizuoka/Japan), Kousuke Kanemoto (Kyoto), Ekkehard Kazner †, Friedhelm Lamprecht (Hannover), Karl-Friedrich Masuhr (Zell/Mosel), Heinz-Joachim Meencke (Berlin), Soheyl Noachtar (München), Malena Rickertsen (Bethel/Bielefeld), Sibylle Ried (Zürich), Wilhelm Rimpau (Berlin), Ulrike Röder-Wanner (Berlin), Thomas Sander (Berlin), Gisela Schüler (Berlin), Alejandro Scaramelli (Montevideo/Uruguay), L. Sengoku (Kyoto), Dieter Scheffner (Berlin), Dieter Schmidt (Berlin), Bettina Schmitz (Berlin), Rupprecht Thorbecke (Bethel/Bielefeld), J. J. Tsai (Tanan/Taiwan), Peter Wolf (Bethel/Bielefeld).

Besonderer Dank gebührt den Herren Günther Krämer (Schweizerische Epilepsie-Klinik, Zürich), Pierre Genton (Centre St. Paul, Marseille) und Peter Wolf (Epilepsie-Zentrum Bethel, Bielefeld), dafür, daß sie die Initiative ergriffen und mit kräftiger Hilfe einer Pharmafirma (Novo Nordiks, Mainz) das Buch wieder verfügbar gemacht haben.

Berlin, im Herbst 1997 *D. Janz*

Literatur aus der Berliner Periode (in Auswahl)

Bücher

1 Delgado-Escueta, A.V., Janz, D., Beck-Mannagetta, G.: Pregnancy and Teratogenesis in Epilepsy. Neurology 42 (suppl 5) 1992

2 Beck-Mannagetta, G., Anderson, V.E., Doose, H., Janz, D. (Eds.): Genetics of the Epilepsies. Springer, Berlin Heidelberg New York 1989

3 Frey, H.-H., Janz, D. (Eds.): Antiepileptic Drugs. Handbook of Experimental Pharmakology, vol. 74, Springer, Berlin Heidelberg New York 1985

4 Gardner-Thorpe, C., Janz, D., Meinardi, H., Pippinger, C.E. (Eds.): Antiepileptic Drug Monitoring. Pitman Medical, London 1977

5 Janz, D. (Ed.): Epileptology. Proceedings of the 7th International Symposion on Epilepsy, Berlin (West), June 1975. Thieme, Stuttgart 1976

6 Janz, D., Bossi, L., Dam, M., Helge, H., Richens, A., Schmidt, D. (Eds.): Epilepsy, Pregnancy and the Child. Raven Press, New York 1982

7 Oxley, J., Janz, D., Meinardi, H. (Eds.): Chronic Toxicity of Antiepileptic Drugs. Raven Press, New York 1983

8 Ried, S., Beck-Mannagetta, G.: Epilepsie und Kinderwunsch. Blackwell, Berlin Wien 1995

9 Schmidt, D.: Adverse Effects of Antiepileptic Drugs. Raven Press, New York 1982

10 Schmidt, D.: Behandlung der Epilepsien. 2. Aufl. Thieme, Stuttgart 1984

11 Schneider, H., Janz, D., Gardner-Thorpe, C., Meinardi, H., Sherwin, A.C. (Eds.): Clinical Pharmacology of Anti-Epileptic Drugs. Springer, Berlin Heidelberg 1975

12 Wolf, P., Dam. M., Janz, D., Dreifuss, F.E. (Eds.): Advances in Epileptology, Vol. 16. Raven Press, New York 1987

13 Wolf, P., Köhler, G.-K. (Hrsg.): Psychopathologische und pathogenetische Probleme psychotischer Syndrome bei Epilepsie. Huber, Bern Stuttgart Wien 1980

14 Wolf, P., Wagner, G., Amelung (Hrsg.): Anfallskrankheiten. Nomenklatur und Klassifikation der Epilepsien, der epileptischen Anfälle und anderer Anfallssyndrome. Springer, Berlin Heidelberg New York 1987

Arbeiten

15 Beck-Mannagetta, G.: Aufklärung über Epilepsie in betroffenen Familien. – Was wissen Kinder über die Erkrankung ihrer Eltern? In: H. Remschmidt, R. Rentz, J. Jungmann (Hrsg.): Epilepsie 1980. Thieme, Stuttgart 1981, 74–82

16 Beck-Mannagetta, G.: Epilepsie und Kinderwunsch. Teil I: Fertilität, Kontrazeption, Schwangerschaft und Geburt, Neugeborenenperiode und Stillzeit. Epilepsie-Blätter 2 (1989) 1–5

17 Beck-Mannagetta, G.: Epilepsie und Kinderwunsch. Teil II: Fehlbildungen und Anomalien, körperliches Wachstum, psychomotorische und intellektuelle Entwicklung. Epilepsie-Blätter 3 (1990) 1–6

18 Beck-Mannagetta, G.: Genetik und genetische Beratung. In: H.Ch. Hopf, K. Poeck, H. Schliack (Hrsg.): Neurologie in Klinik und Praxis. Kapitel: Die Epilepsien. Thieme, Stuttgart 1992, 3.57–3.63

19 Beck-Mannagetta, G.,Hensen, J., Janz, D.: Seizure type in epileptic patients with a history of febrile convulsions. In: P. Wolf, M. Dam, D. Janz, F.E. Dreifuss (Eds.): Advances in Epileptology, Vol. 16. Raven Press, New York 1987, 159–161

20 Beck-Mannagetta, G., Janz, D.: Febrile convulsions in offspring of epileptic probands. In: E. Anderson, W.A. Hauser, J.K. Penry, C.F. Sing (Eds.): Genetic Basis of the Epilepsies. Raven Press, New York 1982, 145–150

21 Beck-Mannagetta, G., Janz, D., Hoffmeister, U., Behl, I., Scholz, G.: Morbidity risk for seizures and epilepsy in offspring of patients with epilepsy. (1989) 119–126

22 Beck-Mannagetta, G., Janz, D.: Syndrome related genetics in generalized epilepsy. Epilepsy Res. Suppl. 4 (1991) 105–110

23 Christe, W.: Gibt es differenzierte Indikationen für Grand mal-wirksame Antiepileptika bei verschiedenen Grand mal-Epilepsien? In: R. Kruse (Hrsg.): Epilepsie 84. Einhorn-Presse, Reinbek 1985, 139–145

24 Christe, W., Hopf, U., Janz, D.: Multiple adverse effects of antiepileptic drugs in one patient. In: Antiepileptic Therapy, Chronic Toxicity of Antiepileptic Drugs (Eds.): J. Oxley, D. Janz, H. Meinardi. Raven Press, New York 1983, 275–278

25 Christe, W., Janz, D.: Sodium valproate in idiopathic generalized epilepsies. Boll. Lega It. Epil. 61 (1988) 11–15

26 Christe, W., Janz, D.: Antiepileptika in der Intensivtherapie des Status epilepticus. In: R. Dennhardt, I. Roots, G. Heinemeyer, H.-J. Gramm (Hrsg.): Aspekte der Arzneitherapie bei Intensivpatienten. Springer, Berlin Heidelberg New York 1988, 158–166

27 Delgado-Escueta, A.V., Janz, D.: Richtlinien zur praekonzeptionellen Beratung, Behandlung und Betreuung von schwangeren Frauen mit Epilepsie. Epilepsie-Blätter 6: (1993) 17

28 Durner, M., Janz, D., Scaramelli, A., Zingsem, J.: HLA and juvenile myoclonic epilepsy. In: J. Manelis, E. Bental, J.N. Loeber, F.E. Dreifuss (Eds.): Advances in Epileptology, Vol. 17. Raven Press, New York 1989, 186–388

29 Durner, M., Janz, D., Zingsem, J., Greenberg, D.A.: Possible association of juvenile myoclonic epilepsy with HLA-DRw6. Epilepsia 33 (1992) 814–816

30 Durner, M., Sander T., Greenberg D. A., Johnson K., Beck-Mannagetta G., Janz D.: Localisation of idiopathic generalized epilepsies in chromosome 6p in families ascertained through juvenile myoclonic epilepsy patients. Neurology 41 (1991) 1651–1655

31 Inoue, Y., Janz, D.: Klinische Indikationen zur Anwendung eines mobilen Langzeit-EEG. In: O. Hallen, J.G. Meyer-Wahl, J. Braun (Hrsg.): Epilepsie 83. Einhorn-Presse, Reinbek 1985, 269–273

32 Janz, D.: Social prognosis in epilepsy especially in regard to social status and the necessity for institutionalization. Epilepsia 13 (1972) 141–147

33 Janz, D.: Anfallssyndrome. In: K.P. Kisker, J.-E. Meyer, M. Müller (Hrsg.): Psychiatrie der Gegenwart, Bd. 11/2, 2. Auflage, Springer, Berlin Heidelberg New York 1972, 565–630

34 Janz, D.: Epilepsy and the sleeping-waking cycle. In: P.J. Vinkem, G.W. Bruyn (Eds.): Handbook of Clinical Neurology, Vol. 5, Amsterdam, North-Holland 1974, 457–490

35 Janz, D.: The teratogenetic risk of antiepileptic drugs. Epilepsia 16 (1975) 159–169

36 Janz, D.: Über das Risiko von Mißbildungen und Entwicklungsstörungen bei Kindern von Eltern mit Epilepsie. Nervenarzt 50 (1979) 555–662

37 Janz, D.: Antiepileptic drugs and pregnancy: Altered utilization pattern and teratogenesis. Epilepsia 23 Suppl I (1982) 553–563

38 Janz, D.: Zur Prognose und Prophylaxe der traumatischen Epilepsie. Nervenarzt 53 (1982) 238–245

39 Janz, D.: Schwangerschaft und Kindesentwicklung bei Epilepsie. Geburtsh. Frauenheilk. 44 (1984) 438–444

40 Janz, D.: Epilepsy with impulsive petit mal (juvenile myoclonic epilepsy). Acta Neurol. Scand. 72 (1985) 449–459

41 Janz, D.: Epilepsy viewed metaphysically: an interpretation of the biblical story of the epileptic boy and of Raphael's »Transfiguration«. Epilepsia 27 (1986) 316–322

42 Janz, D.: Remission and relapse after longterm treatment in epilepsy. Boll. Lega It. Epil. 75/76 (1991) 19–28

43 Janz, D.: Risiko und medikamentöse Prophylaxe von epileptischen Anfällen nach zerebralen Läsionen. Zentralbl. für Neurochir. 55 (1994) 1–9

44 Janz, D.: Pitfalls in the diagnosis of grand mal on awakening. In: P. Wolf (Ed.): Epileptic Seizures and Syndromes. John Libbey, London 1994, 213–220

45 Janz, D.: Are antiepileptic drugs harmful when given during pregnancy? J. Perinat. Med. 22 (1994) 367–375

46 Janz, D.: Genetik der Epilepsien. Nervenheilk. 14 (1995) 27–32

47 Janz, D.: The idiopathic epilepsies of adolescence with childhood and juvenile age of onset. Epilepsia 38 (1997) 4–11

48 Janz, D., Beck-Mannagetta, G.: Epilepsy and neonatal seizures in the offspring of epileptic parents with epilepsy. In: E. Anderson, W.A. Hauser, J.K. Penry, C.F. Sing (Eds.): Genetic Basis of the Epilepsies. Raven Press, New York 1982, 135–143

49 Janz, D., Beck-Mannagetta, G., Sander, T.: Do idiopathic generalized epilepsies share a common susceptibility gene? Neurology 42 Suppl 5 (1992) 48–55

50 Janz, D., Durner, M., Beck-Mannagetta, G., Pantazis, G.: Family studies on the genetics of juvenile myoclonic epilepsy (Epilepsy with impulsive petit mal). In: G. Beck-Mannagetta, V.E. Anderson, H. Doose, D. Janz (Eds.): Genetics of the Epilepsies. Springer, Berlin Heidelberg New York 1989, 43–52

51 Janz, D., Kern, A., Mössinger, H.-J., Puhlmann, H.U.: Rückfall-Prognose nach Reduktion der Medikamente bei Epilepsiebehandlung. Nervenarzt 54 (1983) 525–529

52 Janz, D., Kern, A., Neubart, R.: Computertomographische Befunde bei 948 Patienten mit epileptischen Anfällen. In: E.-J. Speckmann (Hrsg.): Epilepsie 86. Einhorn Presse, Reinbek 1987, 146–150

53 Janz, D., Masuhr, K.F.: Clinical and pathophysiological significance of the CT encephalic diffuse atrophic pictures in epileptic syndromes. In: R. Canger, F. Angeleri, J.K. Penry (Eds.): Advances in Epileptology, XIth Epilepsy International Symposium. Raven Press, New York 1980, 65–72

54 Janz, D., Meencke, H.J., Kazner, E., Schulz, B.: Pharmacoresistance and surgical treatment in temporal lobe epilepsies. In: R. Wüllenweber, M. Klinger, M. Brock (Eds.): Advances in Neurosurgery, Vol. 15. Springer, Berlin Heidelberg 1987, 214–216

55 Janz, D., Scheffner, D.: Über epileptische Anfälle bei Kindern von Eltern mit Epilepsie. Nervenarzt 51 (1980) 226–232

56 Janz, D., Schmidt, D.: Comparison of spectrophotometric and gas-liquid chromatographic measurements of serum diphenylhydantoin concentrations in epileptic-out-patients. J. Neurol. 207 (1974) 109–116

57 Janz, D., Schmidt, D.: Antiepileptic drugs and failure of oral contraceptives. Lancet 1 (1974) 1113

58 Janz, D., Thorbecke, R.: Der Entwicklungsstand der Epilepsie-Ambulanzen in der Bundesrepublik Deutschland. Nervenarzt 50 (1979) 700–708
59 Janz, D., Thorbecke, R., Tynova, L.: Empfehlungen zur Beurteilung beruflicher Möglichkeiten von Personen mit Epilepsie: In: O. Hallen, J.G. Meyer-Wahl, J. Braun (Hrsg.): Epilepsie 83. Einhorn-Presse, Reinbek 1983, 183–189
60 Kanemoto, K., Janz, D.: The temporal sequence of aura-sensations in patients with complex focal seizures with particular attention to ictal aphasia. J. Neurol. Neurosurg. Psychiat. 52 (1989) 52–56
61 Köhler, B.M., Thorbecke, R.: Wie hilft Selbsthilfe bei Epilepsie – Ergebnisse einer empirischen Studie. In: E.J. Speckmann (Hrsg.): Epilepsie 86. Einhorn-Presse Reinbek 1987, 393–397
62 Lamprecht, F.: Pharmako-chemische Hypothesen zum Alternieren von Anfällen und Psychosen. In: P. Wolf, G.-K. Köhler (Hrsg.): Psychopathologische und pathogenetische Probleme psychotischer Syndrome bei Epilepsie. Huber, Bern Stuttgart Wien 1980, 152–160
63 Löscher, W., Schmidt, D.: Increase of human plasma GABA by sodium valproate. Epilepsia 21 (1980) 611–613
64 Löscher, W., Schwartz-Porsche, D., Frey, H.-H., Schmidt, D.: Evaluation of epileptic dogs as an animal model of human epilepsy. Arzneim. Forsch./Drug Res. 35 (1985) 82–87
65 Maas, A.B., Schmidt, D., Thorbecke, R., Hanefeld, F.: Long-term medical and social prognosis of patients with infantile spasms. In: P. Wolf, M. Dam, D. Janz, F.E. Dreifuss (Eds.): Advances in Epileptology, Vol. 16. Raven Press, New York 1987, 191–194
66 Masuhr, K.F., Grumme, Th., Meese, W.: Computertomographische Befunde bei Status epilepticus. In: H. Doose, G. Gross-Seelbeck (Hrsg.): Epilepsie 1978. Thieme, Stuttgart 1979, 255–260
67 Meencke, H.J.: The density of dystopic neurons in the white matter of the gyrus frontalis inferior in epilepsies. J. Neurol. 230 (1983) 171–181
68 Meencke, H.-J.: Neuron density in the molecular layer of the frontal cortex in primary generalized epilepsy. Epilepsia 26 (1985) 450–454
69 Meencke, H.-J., Gerhard, C.: Morphological aspects of aetiology and the course of infantile spasms (West-Syndrome). Neuropediatrics 16 (1985) 59–66
70 Meencke, H.J., Janz, D., Cervos-Navarro, J.: Neuropathology of primary generalized epilepsies with awakening grand mal. Acta neuropath. Suppl 7 (1981) 378–380
71 Meencke, H.J., Janz, D.: Neuropathological findings in primary generalized epilepsy: a study of eight cases. Epilepsia 25 (1984) 8–21
72 Meencke, H.J., Janz, D.: The significance of microdysgenesia in primary generalized epilepsy: An answer to the consideration of Lyon and Gastaut. Epilepsia 26 (1985) 368–371
73 Meencke, H.J., Schörner, W., Treisch, W., Janz, D.: Differentialdiagnose lokaler Atrophien und fokaler Läsionen in der Magnet-Resonanz-Tomcgraphie bei Patienten mit Temporallappen-Epilepsie. In: H. Helmchen, J.P. Hedde, A. Pietzker (Hrsg.): Hirndiagnostik mit bildgebenden Verfahren MMW. München 1985, 62–74
74 Meencke, H.J., Schörner, W., Janz, D.: Magnetic resonance tomography studies in patients with temporal lobe epilepsy. In: P. Wolf, M. Dam, D. Janz, F.E. Dreifuss (Eds.): Advances in Epileptology, Vol. 16. Raven Press, New York 1987, 279–282
75 Meencke, H.J., Veith, G.: Neuropathologische Aspekte des myoklonisch-astatischen Petit mal (Lennox-Syndrom). In: R. Kruse (Hrsg.): Epilepsie 84. Einhorn-Presse, Reinbek 1985, 305–313
76 Rating, D., Nau, E., Jäger-Roman, E., Göpfert-Geyer, I., Koch, S., Beck-Mannagetta, G., Schmidt, D., Helge, H.: Teratogenic and pharmacokinetic studies of primidone during pregnancy and in the offspring of epileptic woman. Acta Paediatr. Scand. 71 (1982) 301–311
77 Rickertsen, M.: Leistungsminderung durch Verhaltensstörung – Beschäftigungstherapie als Verhaltenstherapie bei Jugendlichen mit Epilepsie. Beschäftigungstherapie und Rehabilitation 4 (1983) 150–152
78 Rimpau, W.: Beitrag zur Gesundungsgeschichte einer Patientin mit Epilepsie. Psychother. Psychosom. 26 (1981) 1–10
79 Röder-Wanner, U.U.: Epilepsien im Erwachsenenalter. Beschäftigungstherapie und Rehabilitation 3 (1983) 142–147
80 Röder-Wanner, U., Noachtar, S., Wolf, P.: Response of polygraphic sleep to phenytoin treatment for epilepsy. A longitudinal study of immediate, short- and long-term effects. Acta Neurol. Scand. 76 (1987) 157–167
81 Röder-Wanner, U.U., Wolf, P., Danninger, T.: Are sleep patterns in epileptic patients correlated with their type of epilepsy? In: A. Martins da Silva, C.D. Binnie, H. Meinardi (Eds.): Biorhythms and Epilepsy. Raven Press, New York 1985, 109–121
82 Roger, J., Bureau, M., Dravet, Chr., Dreifuss, F.E., Perret, A., Wolf, P. (Eds.): Epileptic Syndromes in Infancy, Childhood, and Adolescence. 2nd edition. John Libbey, London 1992
83 Sander, T.: The genetics of idiopathic generalized epilepsy: implications for the understanding of its aetiology. Mol. Med. Today 2 (1996) 173–180
84 Sander, T., Hildmann, T., Bockenkamp, B., Blasczyk, R., Kretz, R., Wienker, T.F., Volz, A., Schmitz, B., Beck-Mannagetta, G., Riess, O., Epplen, J.T., Janz, D., Ziegler, A.: Refined mapping of the susceptibility locus EJM1 on chromosome 6. Neurology 49 (1997) 842–847
85 Sander, T., Hildmann, T., Janz, D., Wienker, T.F., Bianchi, A., Bauer, G., Scaramelli, A., Schmitz, B., Beck-Mannagetta, G.: Linkage analysis between idiopathic generalized epilepsies and the GABA A receptor alpha 5, beta 3 and gamma 3 subunit gene cluster on chromosome 15. Acta Scand. Neurol. 96 (1997) 1–5
86 Sander, T., Hildmann, T., Janz, D., Wienker, F., Neitzel, H., Bianchi, A., Bauer, G., Sailer, U., Berek, K., Schmitz, B., Beck-Mannagetta, G.: The phenotypic spectrum related to the human epilepsy susceptibility gene »EJM1«. Ann. Neurol. 38 (1995) 210–217
87 Schmidt, D.: The effect of phenytoin and ethosuximide on primidone metabolism in patients with epilepsy. J. Neurol. 205 (1975) 115–123
88 Schmidt, D.: Blutspiegelbestimmungen von Antiepileptika. Eine neue Methode der Epilepsie-Therapie. Akt. Neurol. (1976) 181–190
89 Schmidt, D.: Die Behandlung von Epilepsien mit Hilfe von Blutspiegelbestimmung von Antiepileptika. Nervenarzt 48 (1977) 183–196
90 Schmidt, D.: Neurotransmitter und Epilepsien. Nervenarzt 51 (1980) 582–590
91 Schmidt, D.: Two antiepileptic drugs for intractable epilepsy with complex-partial seizures. J. Neurol. Neurosurg. Psychiat. 45 (1982) 1119–1124
92 Schmidt, D.: Single drug therapy for intractable epilepsy. J. Neurol. 229 (1983) 221–226
93 Schmidt, D.: Reduction of two-drug therapy in intractable epilepsy. Epilepsia 24 (1983) 368–376
94 Schmidt, D.: Prognosis of chronic epilepsy with complex-partial seizures. J. Neurol. Neurosurg. Psychiat. 47 (1984) 1274–1278

95 Schmidt, D.: Epilepsie in der Mitte des 19. Jahrhunderts: Theodore Herpin (1799–1865) Schweiz. Rundschau Med. (Praxis) 74 (1985) 660–662

96 Schmidt, D., Cornaggia, C., Löscher, W.: Comparative studies of the GABA system in neurosurgical brain specimens of epileptic and non-epileptic patients. In: R.G. Farielle, P. Morselli, K.G. Lloyd, L.F. Quesney, J. Engel, Jr. (Eds.): Neurotransmitters, Seizures and Epilepsy. Raven Press, New York 1984, 275–283

97 Schmidt, D., Haenel, F.: Therapeutic plasma levels of phenytoin, phenobarbital, and carbamazepine. Neurology 34 (1984) 1252–1255

98 Schmidt, D., Janz, D.: Therapeutic plasma concentrations of phenytoin and phenobarbitone. In: C. Gardner-Thorpe, D. Janz, H. Meinardi, C.E. Pippinger (Eds.): Antiepileptic Drug Monitoring. Pitman Medical, London 1997, 214–225

99 Schmidt, D., Kupferberg, H.J.: Diphenylhydantoin, phenobarbital and primidone in saliva, plasma, and cerebrospinal fluid. Epilepsia 16 (1975) 735–741

100 Schmidt, D., Kupferberg, H.J., Yonckawa, W., Penry, J.K.: The development of tolerance to the anticonvulsant effect of phenobarbital in mice. Epilepsia 21 (1980) 141–147

101 Schmidt, D., Machus, M.: Videographische Analyse von 51 psychomotorischen Anfällen. In: O. Hallen, J.G. Meyer-Wahl, J. Braun (Hrg.): Epilepsie 83. Einhorn-Presse, Reinbek 1985, 135–136

102 Schmitz, B., Wolf, P.: Epilepsies and epileptic syndromes in a neurological seizure clinic. In: G. Beck-Mannagetta, V.E. Anderson, H. Doose, D. Janz (Eds.): Genetics of the Epilepsies. Springer, Berlin Heidelberg New York 1989, 19–22

103 Sengoku, A., Wolf, P.: Spindeln und spike wave-Komplexe im Schlaf-EEG von Epilepsiekranken unter Phenobarbital und Diphenylhydantoin. EEG-EMG 12 (1981) 132–134

104 Steinmeyer, H.D., Thorbecke, R., Janz, D.: Die Situation Epilepsiekranker in der Lebensversicherung – empirische Befunde und rechtliche Beurteilung. In: R. Remschmidt, R. Rentz, J. Jungmann (Hrsg.): Epilepsie 1980. Thieme, Stuttgart 1981, 10–14

105 Thorbecke, R.: Self help groups for persons with epilepsy – analysis of helping process and conditions for institutionalization. Acta Neurol. Scand. 62 Suppl 79 (1980) 69

106 Thorbecke, R.: Gibt es soziale Faktoren, die das Risiko im Verlauf einer Epilepsie eine Psychose zu erleiden, erhöhen? In: P. Wolf, G.-K. Köhler (Hrsg.): Psychopathologische und pathogenetische Probleme psychotischer Syndrome bei Epilepsie. Huber, Bern Stuttgart Wien 1980, 124–151

107 Thorbecke, R.: Berufliche Eingliederung von Menschen mit Epilepsie. Rehabilitation 26 (1987) 20–27

108 Thorbecke, R., Janz, D.: Guidelines for assessing the occupational possibilities of persons with epilepsy. In: R.J. Porter, R.H. Mattson, A.A. Ward, M. Dam (Eds.): Advances in Epileptology, Vol. 15. Raven Press, New York 1984, 571–575

109 Thorbecke, R., Janz, D., Tynova, L.: Beurteilung der Arbeitsfähigkeit und Berufstauglichkeit von Patienten mit Epilepsie. Therapiewoche 31 (1981) 3643–3649

110 Tsai, J.J., Beck-Mannagetta, G., Janz, D., Scheffner, D., Behl, I., Scholz, G.: Photosensitivity in offspring of patients with epilepsy. In: K.J. Manelis, E. Bental, J.N. Loeber, F.E. Dreifuss (Eds.): Advances in Epileptology, Vol 17. Raven Press, New York 1989, 379–382

111 Tsai, J.J., Schmidt, D.: Seizure relapse in epilepsy with complex partial seizures. In: P. Wolf, M. Dam, D. Janz, E.F. Dreifuss (Eds.): Advances in Epileptology, Vol. 16. Raven Press, New York (1987) 733–737

112 Weissbecker, K.A., Durner, M., Janz, D., Scaramelli, A., Sparkes, R.S., Spence, M.A.: Confirmation of linkage between juvenile myoclonic epilepsy locus and the HLA region of chromosome 6. Am. J. Med. Genetics 38 (1991) 32–36

113 Wolf, P.: Epilepsie und optische Reize. Dtsch. med. Wschr. 104 (1979) 71–73

114 Wolf, P.: Nomenklatur und Klassifikation epileptischer Anfälle und Syndrome. Nervenarzt 50 (1979) 547–554

115 Wolf, P.: Systematik von Status kleiner Anfälle in psychopathologischer Hinsicht. In: P. Wolf, G.-K. Köhler (Hrsg.): Psychopathologische und pathogenetische Probleme psychotischer Syndrome bei Epilepsie. Huber, Bern Stuttgart Wien 1980, 32–52

116 Wolf, P.: Zur Kritik des Begriffs schizophrenie-ähnliche Psychose bei Epilepsie. In: P. Wolf, G.-K. Köhler (Hrsg.): Psychopathologische und pathogenetische Probleme psychotischer Syndrome bei Epilepsien. Huber, Bern Stuttgart Wien 1980, 77–83

117 Wolf, P.: Lokomotorischer Zwang im epileptischen Anfall. Nervenarzt 55 (1984) 197–201

118 Wolf, P.: The clinical syndromes of forced normalization. Folia Psychiat. Neurol. Jap. 38 (1984) 187–192

119 Wolf, P.: Forced normalization. In: M.R. Trimble, G.T. Bolwig (Eds.): Aspects of Epilepsy and Psychiatry. Wiley & Sons, Chichester 1986, 101–112

120 Wolf, P.: Influence of antiepileptic drugs on sleep. In: P. Wolf, M. Dam, D. Janz, E.F. Dreifuss (Eds.): Advances in Epileptology, Vol. 16. Raven Press, New York 1987, 733–737

121 Wolf, P.: Assmus, H.. Paroxysmale Dysarthrie und Ataxie. Ein pathognomonisches Anfallssyndrom bei Multipler Sklerose. J. Neurol. 208 (1974) 17–38

122 Wolf, P., Goosses, R.: Relation of photosensitivity to epileptic syndromes. J. Neurol. Neurosurg. Psychiat. 49 (1986) 1386–1391

123 Wolf, P., Inoue, Y.: Therapeutic response of absence seizures in patients of an epilepsy clinic for adolescents and adults. J. Neurol. 231 (1984)

124 Wolf, P., Inoue, Y., Meencke, H.J.: Single photon emission computerized tomography (SPECT) with Xenon 133 in the diagnosis of temporal lobe epilepsy. In R. Wüllenweber, M. Klinger, M. Brock (Eds.): Advances in Neurosurgery, Vol. 15. Springer, Berlin Heidelberg New York 1987, 166–168

125 Wolf, P., Röder-Wanner, U.U.: Sleep patterns in untreated epileptic patients with seizures during sleep or after awakening. In: M.B. Sterman, N. Shouse, P. Passouant (Eds.): Sleep and Epilepsy. Academic Press, New York London 1982, 411–419

126 Wolf, P., Röder-Wanner, U.U., Brede, M.: Influence of therapeutic phenobarbital and phenytoin medication on the polygraphic sleep of patients with epilepsy. Epilepsia 25 (1984) 467–475

127 Wolf, P., Thorbecke, R., Even, W.: Social aspects of psychosis in patients with epilepsy. In: S. Whitman, B.P. Hermann (Eds.): Psychopathology in Epilepsy. Social Dimensions. Oxford University Press, New York Oxford 1986, 269–283

128 Wolf, P., Trimble, M.R.: Biological antagonism and epileptic psychosis. British J. Psychiat. 146 (1985) 272–276

Inhalt

EPILEPSIEN MIT ALTERSGEBUNDENEN KLEINEN ANFÄLLEN

Die infantilen Petit mal-Epilepsien

Die Petit mal-Epilepsie des Schulalters

Die juvenilen Petit mal-Epilepsien

EPILEPSIEN MIT NICHT ALTERSGEBUNDENEN KLEINEN ANFÄLLEN

Epilepsie mit psychomotorischen Anfällen

Epilepsie mit (neo-)kortikalen Anfällen

EPILEPSIEN MIT GROSSEN ANFÄLLEN

Grand mal-Epilepsien

ANHANG

Einleitung

Wer sich heute über Epilepsie unterrichten will, wird im Schrifttum eine zunächst verwirrende Fülle von Begriffen und Ansichten vorfinden. Ein Blick auf die im Sachverzeichnis unter den Stichworten »Epilepsie« oder »Anfälle« angeführten Bezeichnungen wird ihm vor Augen führen, daß nicht nur die Idee von einer Krankheitseinheit aufgegeben worden ist, sondern daß auch alle dichotomen Einteilungen etwa in idiopathische und symptomatische Epilepsien, in kleine und große Anfälle, in partielle und generalisierte Entladungen unzulänglich geworden sind, um eine epileptische Erkrankung zureichend zu bestimmen. Angesichts der Vielfalt an epileptischen Reaktionen, Anfallstypen, EEG-Mustern und klinischen Verlaufsformen, sowie der Differenzierbarkeit ihrer pathogenetischen Bedingungen und therapeutischen Beeinflußbarkeit, verbietet sich jede Verallgemeinerung. Seitdem nichts mehr gültig ist, was einmal über »die Epilepsie« oder »den Epileptiker« generell behauptet wurde, ist auch eine Darstellung des Krankheitsgebietes unter dem Gesichtspunkt einer Allgemeinen Pathologie ein Unding geworden. Im Vorhaben einer Speziellen Pathologie der Epilepsien kommt daher die Überzeugung zum Ausdruck, daß jeder allgemeine Gesichtspunkt wie Ätiologie, Pathogenese, klinische und anatomische Morphologie bei dem gegenwärtigen Stand des Wissens nur für spezielle Krankheitsformen ergiebig zu sein verspricht und sich erst nach diesem Schritt ein Weg in Richtung auf eine Vergleichende Pathologie eröffnet.

Bezeichnet der Titel des vorliegenden Werkes daher zunächst den nosographischen Aspekt der Thematik, über den heute Einmütigkeit herrscht, so betrifft die Frage, was unter speziellen epileptischen Krankheitsformen zu verstehen sei, das Problem der Klassifikation. Hier ist eine Wahl zu treffen zwischen dem Primat des Funktionsdiagramms, wie es das EEG aufzeichnet und dem Primat der klinischen Phänomene, die sich im Umgang e visu et ex auditu zwischen Arzt und Patient ergeben. Den ersten Weg beschreiten Gibbs und Gibbs[51] im Epilepsie-Band ihres EEG-Atlas, indem sie — der Aufgabe eines Atlas entsprechend — die klinischen Befunde den hirnelektrischen Erscheinungen unterordnen. Da uns der Mittelweg, wie er im Vorschlag einer internationalen Klassifikation[1016a] zum Ausdruck kommt, für ein klinisches Lehrbuch nicht gangbar erscheint, haben wir uns dafür entschieden, die hirnelektrischen Befunde den klinischen Erscheinungen nachzuordnen.

Welches sind aber die Gesichtspunkte, unter denen sich die epileptischen Symptome in einer möglichst natürlichen Ordnung darstellen? Die Antwort muß von dem Verhältnis ausgehen, in dem große und kleine Anfälle hinsichtlich ihrer Entstehungs- und ihrer Erscheinungsweisen stehen. Hier kann von wenigen Grunderfahrungen ausgegangen werden, die bedeutende Kliniker schon im vorigen Jahrhundert formuliert haben, deren Tragweite aber erst seit Einführung des EEG erkannt worden sind:

Lange Zeit galt der große Anfall mit seinen Kardinalsymptomen der Bewußtlosigkeit und den generalisierten tonisch-klonischen Krämpfen als das Leitbild der Epilepsie*. Nur mit ihm verband man die Vorstellung von einem »typisch epileptischen« Anfall, obwohl es geläufig war, daß er nicht die einzige epileptische Anfallsmanifestation darstellt. Seine dominierende Rolle ist ohne Zweifel auf den starken Eindruck zurückzuführen, den das dramatische Geschehen auf die Umgebung macht, sicher aber auch auf seinen relativ einförmigen Ablauf, der einer Typisierung sehr entgegenkommt. Ihm gegenüber mußte die Vielfalt aller anderen epileptischen Erscheinungen zunächst chaotisch anmuten, weswegen sie als »atypische« oder auch als »epileptiforme« Anfälle bezeichnet wurden.

Die Begriffe Epilepsia maior oder Grand mal für schwere oder große Anfälle und Epilepsia

* D. Janz: Leitbilder der Epilepsie bei Hippokrates und Paracelsus. Jb. Psychiat. Psychother. med. Anthropol. 14 (1966) 2.

minor oder Petit mal für leichte oder kleine Anfälle, die zu Beginn des vorigen Jahrhunderts geprägt wurden, bedeuten dagegen schon einen Zuwachs an Erkenntnis; denn sie besagen, daß kleine Anfälle nicht länger mehr als atypische, sondern als ebenso typische epileptische Ereignisse angesehen wurden, die sich durch eine geringere Quantität und Intensität ihrer Symptome von den großen Anfällen unterscheiden. In Konsequenz dieser Erfahrung berichtet HERPIN, der 1852 die erste methodische Untersuchung darüber mitteilt[618], daß er vom voll ausgeprägten großen Anfall mit »schrecklichen tonisch-klonischen Allgemeinkrämpfen« bis hin zu einem »auf einen Initialkrampf der Hand beschränkten Anfall« insgesamt 39 nach ihrer Intensität abgestufte Grade festgestellt habe.

In seiner Abhandlung »Des Accès Incomplets d'Epilepsie«, die 1867 posthum herausgegeben worden ist[60], geht er einen Schritt weiter, indem er als das »wichtigste Ergebnis« seiner Studien ein »doppeltes Gesetz« formuliert, das nach seinen Worten »zu jener Art von Entdeckungen gehört, die jede kompetente Person sich wundert, nicht selbst gemacht zu haben, — wenn sie nicht überhaupt glaubt, selbst der Autor zu sein«. Der erste Satz dieses Gesetzes lautet: »Die epileptischen Erscheinungen . . ., die zwischen den großen Anfällen auftreten, sind Anfälle, die auf ihre Initialsymptome reduziert oder in einem mehr oder weniger fortgeschrittenen Stadium ihres Ablaufs steckengeblieben sind«. Und der zweite Satz: »So unendlich verschieden der Beginn der Anfälle bei verschiedenen Personen auch ist, so ist er doch immer oder beinahe immer der gleiche bei ein und demselben Patienten. Daher sind die unvollständigen Anfälle, so eminent verschieden auch immer, bei demselben Epileptiker einander ähnlich«[60]. Dieses »Gesetz der Identität« von HERPIN, dessen Bedeutung, wie er sagt, »durch seine Einfachheit verhüllt wird«, ist die Voraussetzung dafür, die verschieden erscheinenden Anfallsentäußerungen beim gleichen Patienten als Varianten der Intensität und nicht der Qualität des Anfallsgeschehens zu interpretieren, worauf jeder Vergleich von Anfallstypen bei verschiedenen Patienten seitdem beruht. So grundlegend diese Erkenntnis auch für die weitere klinische Forschung war, so bezeichnet sie doch immer noch einen Stand der Erfahrung, die aus der Blickrichtung auf den großen Anfall abgeleitet war.

Der erste Forscher, dessen Interesse nicht mehr von der Faszination durch den großen Anfall bestimmt wurde, ist H. JACKSON: »Je leichter die Anfälle sind, desto verdienstlicher wird ihre genaue und sorgfältige Untersuchung, sowohl für den Patienten wie in wissenschaftlicher Hinsicht. Für den Patienten, da wir — abgesehen davon, daß wir sorgfältiger auf seine Details achten — einmal einen Überblick über die Epilepsie gewinnen werden. Und für die Wissenschaft, weil die Analyse von kleinen Anfällen leichter und fruchtbarer ist als die von großen«. Seine Behauptung hat JACKSON an zwei Formen kleiner Anfälle überzeugend belegen können: an den nach dem Vorschlag von CHARCOT[962] nach ihm benannten »unilateral epileptiform seizures«[1062–66] und an der seit ihrer Wiederentdeckung um die Mitte dieses Jahrhunderts als psychomotorische Anfälle bezeichneten »Uncinate group of epileptic fits«[657]. Aus seiner klinischen Analyse des Ablaufs kleiner Anfälle ging als noch heute gültiges Prinzip hervor, die einen epileptischen Anfall einleitenden Symptome als »Leitfaden zum Sitz der Entladungsstörung« im Gehirn zu nutzen. Die den Auren und kleinen Anfällen zugrunde liegenden Entladungen waren ihm Ausdruck »einer Übertreibung — wenn auch einer erheblichen — von normalen nervösen Entladungen — eines normalen *physiologischen* Vorgangs« in umschriebenen Rindengebieten[407]. Diese Erkenntnis ist dann vor allem von FOERSTER[541] und von PENFIELD[124] mit Hilfe der Tatsache, daß solche Entladungen nicht nur durch epileptogene Prozesse, sondern auch durch Reizung mit elektrischen Strömen hervorzurufen sind, sowohl zu einer umfassenden Lehre von der Lokalisation epileptischer Symptome wie zu einer »funktionellen Anatomie des menschlichen Gehirns«[124] entwickelt worden. Für die Klinik der epileptischen Anfallsformen waren die Entdeckungen von JACKSON lange Zeit jedoch nur insoweit von Bedeutung, als es nun möglich war, vom Beginn und Ablauf der Anfälle auf den Sitz der Störung und damit oft auch auf die Ursache der Erkrankung Rückschlüsse zu ziehen. An der zentralen Stellung, die der große Anfall im nosologischen Verständnis einnahm, vermochten sie im Grunde nicht viel zu ändern.

In dieser Lage bedeutete der Aspekt, unter dem LENNOX und seine Mitarbeiter 1937—1960 eine systematische Korrelation elektroenzephalographischer und klinischer Anfallsmuster unternommen haben, einen weiteren wesentlichen Fortschritt auf dem beschriebenen Wege. Aufgrund ihrer Untersuchungen folgerten sie zunächst, daß der allgemeinste Ausdruck von Epilepsie eine elektroenzephalographisch definierbare »zerebrale Dysrhythmie« sei und daß es bestimmte Formen dysrhythmischer Abläufe gebe, die bei verschiedenen Patienten verschieden, bei einzelnen Patienten jedoch meist gleich sind, und schließlich daß den jeweiligen hirnelektrischen Mustern bestimmte klinische Anfallsformen entsprechen. In einer differenzierten Ansprechbarkeit der bioelektrisch und klinisch unterscheidbaren Formen durch verschiedene Medikamente konnten sie ihre Klassifikation empirisch bestätigt sehen. Die jeweiligen Formen kleiner Anfälle definieren sie im Sinne von Anfallssyndromen als die Summe derjenigen Anfallssymptome, die charakteristischen paroxysmalen EEG-Mustern zuzuordnen sind.

In dem hier vorgelegten Buche wird die beschriebene Entwicklung darin fortsetzt, daß den seither noch weiterdetaillierten hirnelektrischen Anfalls-Mustern eine entsprechend differenzierte Beschreibung der klinischen Anfallsformen an die Seite gestellt und die Abgrenzung spezieller Krankheitsformen durch die besondere Beachtung von biologischen Tatbeständen — wie der Abhängigkeit vom Erkrankungsalter und vom Schlaf-Wach-Rhythmus — ergänzt wird. In der Bemühung, den klinischen und den hirnelektrischen Ablauf der Anfälle, ihre lokalisatorische Valenz wie die Bedingungen ihrer Auslösung und Hemmung während des Verlaufs der Erkrankung zugleich im Auge zu behalten, ergibt sich für die Gliederung der Epilepsien mit kleinen Anfällen eine Gruppierung in solche, bei denen die Bindung an ein bestimmtes Erkrankungsalter und in solche, bei denen die Lokalisation der Anfallserscheinungen die Klassifikation bestimmt. Für die Einteilung der Epilepsien mit großen Anfällen, die sich in mannigfacher, jedoch nicht regelloser Weise mit den verschiedenen Formen kleiner Anfälle verbinden können, hat sich uns neben der herkömmlichen Beachtung des Anfallsbeginns besonders die Beachtung ihrer Abhängigkeit oder Unabhängigkeit vom Schlaf-Wach-Rhythmus als fruchtbar erwiesen.

Mit Bedacht wurden alle Aspekte vermieden, in denen der Autor nicht kompetent ist. So wurde auf Exkurse in die Bereiche neurochemischer und tierexperimenteller Forschung verzichtet. Bedauerlich ist es, daß sozialmedizinische Probleme nur insoweit zur Sprache kommen können, als es die Anlage des Buches möglich macht. Ihre differenzierte Bearbeitung wird in Zukunft freilich auf den klinischen Ordnungen entsprechende soziologische Kategorien angewiesen sein.

Jedes Ordnungsgeschäft birgt die Gefahr, Akzente zu setzen, wo sie nicht hingehören und Barrieren aufzurichten, wo keine natürlichen Grenzen sind. Manche solcher Schwächen sind dem Autor bewußt, andere zu entdecken, darf er sich von der Mitwirkung der Leser erbitten. Er wird für jeden Einwand und für jede Ergänzung dankbar sein, die förderlich sind — wie JACKSON sagt — »both for the patient's sake and for scientific purposes«[407].

EPILEPSIEN MIT ALTERSGEBUNDENEN KLEINEN ANFÄLLEN

Die infantilen Petit mal-Epilepsien

Epilepsie mit Propulsiv-Petit mal

Synonyma: Salaam-convulsions (CLARKE 1841), Eclampsia nutans (NEWNHAM 1849), Nictatio capitis (FABER 1850), Nickkrampf, Komplimentierkrampf (WILLSHIRE 1851), Tic de Salaam (FÉRÉ 1883), Tic d'inclinaison de la tête, Tic d'assentiment, Tic de révérence (nach MARCHAND u. AJURIAGUERRA 1948), Spasme salutoire (JACQUET 1903), Propulsive seizures (ABRAHAMSON 1922), Grußkrämpfe, Blitzkrämpfe (ASAL u. MORO 1925), Ruckkrämpfe (IBRAHIM 1925), Lightning major convulsions (BUCHANAN 1946), Blitz-, Nick- und Salaam-(BNS-)Krämpfe (ZELLWEGER 1948), Massive myoclonic jerks (LENNOX u. DAVIS 1950), Epilepsia en flexion generalizada (VASQUEZ u. TURNER 1951), Infantile spasms (GIBBS u. GIBBS 1952), Jackknife convulsions (KELLAWAY 1952), Maladie des spasmes en flexion (GASTAUT u. ROGER 1953), Propulsiv-Petit mal (JANZ u. MATTHES 1955), Encéphalopathie myoclonique infantile avec hypsarythmie (GASTAUT et al. 1964), WEST-Syndrom (PAMPIGLIONE 1964).

Legende: In einem Brief an den Herausgeber des Lancet beschreibt der englische Kinderarzt W. J. WEST 1841 »eine besondere Form kindlicher Krämpfe«, von denen sein eigenes Kind befallen war. Auf Vorschlag seines Kollegen CH. CLARKE, der schon mehrere solcher Erkrankungen beobachtet hatte, bezeichnete er diese Anfälle als Salaam-Krämpfe, weil die ihnen eigentümliche Bewegung des Vornüberneigens mit ausgebreiteten Armen an die im Morgenlande übliche Art des Grüßens erinnerte.

Mit dieser Beschreibung war zum erstenmal eine bestimmte Anfallsform als Kardinalsymptom einer bestimmten Krankheitsform erkannt, deren Legende schon seit den bald darauf folgenden Bestätigungen von NEWNHAM (1849) und WILLSHIRE (1851) keine wesentliche Veränderung mehr erfuhr:

Es handle sich um eine Krankheit im Säuglingsalter, deren pathognomonisches Symptom eigentümliche kurze, einzeln oder in Serien sich wiederholende Anfälle darstellen, die entweder mehr blitzartig schnell oder mehr langsam und gedehnt zu einer Vorwärtsbeugung des Kopfes und des Rumpfes führen, wobei die Arme und Beine angezogen werden. Die Prognose sei ungünstig, weil die Kinder früh sterben oder aber körperlich und geistig verfallen.

Die Erkrankung galt als selten. Hundert Jahre nach ihrer ersten Beschreibung waren erst 68 Fälle bekannt[164], die ZELLWEGER 1948 durch 32 weitere ergänzte, die in einem Zeitraum von 20 Jahren im Kinderspital Zürich als solche diagnostiziert worden waren. Wir haben 1955 gemeinsam mit MATTHES über 88 Beobachtungen berichtet. Seitdem 1958 SOREL (mit A. DUSAUCY-BAULOYE) erstaunliche Behandlungserfolge mit ACTH bekanntgegeben hat, ist ein breites Interesse an dieser Krankheitsform wachgeworden, das in zahlreichen Publikationen und bei einem 1960 in Marseille stattgefundenen Kolloquium[47,135] beredten Ausdruck gefunden hat.

Anfallsformen

Es war lange üblich, drei Anfallsvarianten zu unterscheiden: den Blitz- oder Ruckkrampf, den Nickkrampf und den Salaamkrampf, die

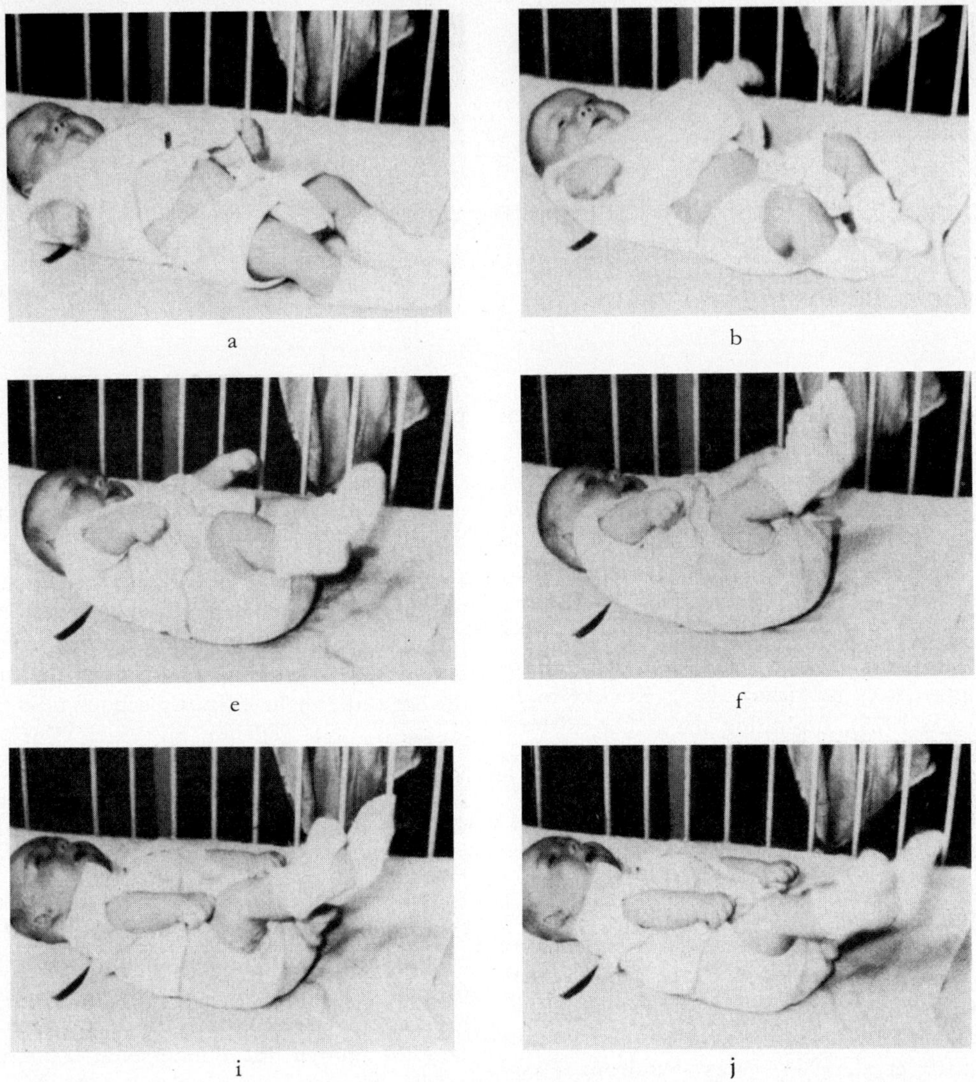

Abb. 1a—l. Propulsiv-Petit mal: Tonischer Beugekrampf mit anschließendem tonischen Streckkrampf. (Aus Jeavons, P. M., B. D. Bower: Infantile Spasms. Heinemann, London 1964.)

Zellweger als »Blitz-, Nick- und Salaamkrämpfe« zusammenfaßte.

Als *Salaamkrampf* wird folgender Vorgang bezeichnet (s. Abb. 1, 2, 3): Kopf und Oberkörper werden in einem langsamen, tonischen Krampf tief nach vorne gebeugt, die im Ellbogengelenk leicht abgewinkelten Arme nach oben oder nach der Seite geworfen oder auf der Brust zusammengeschlagen. Aus dem Sitzen klappt der Oberkörper des Kindes wie ein Taschenmesser zusammen. Aus dem Liegen kann die Bewegung so intensiv sein, daß der Oberkörper senkrecht emporschnellt und dann so tief nach vorne gebeugt wird, daß der Kopf auf die Beine zu liegen kommt, die sich gleichzeitig anbeugen. Folgende Beobachtung möge dafür Beispiel geben:

Fall Peter Pf., 18 Monate alt:

Um 4 Wochen verfrühte Geburt. Sein Zwillingsbruder war bis dahin gesund. Keine Erbkrankheiten in der Familie. Leichte Geburt. In den ersten Tagen »asphyktische Anfälle«. Nach 2 Monaten Geburtsgewicht erreicht, nach 3 Monaten wird bei weiter guter Entwicklung eine Neigung zu Grimassieren bemerkt. Mit Ende des 4. Monats setzten Anfälle ein, die sich dann fast täglich wie-

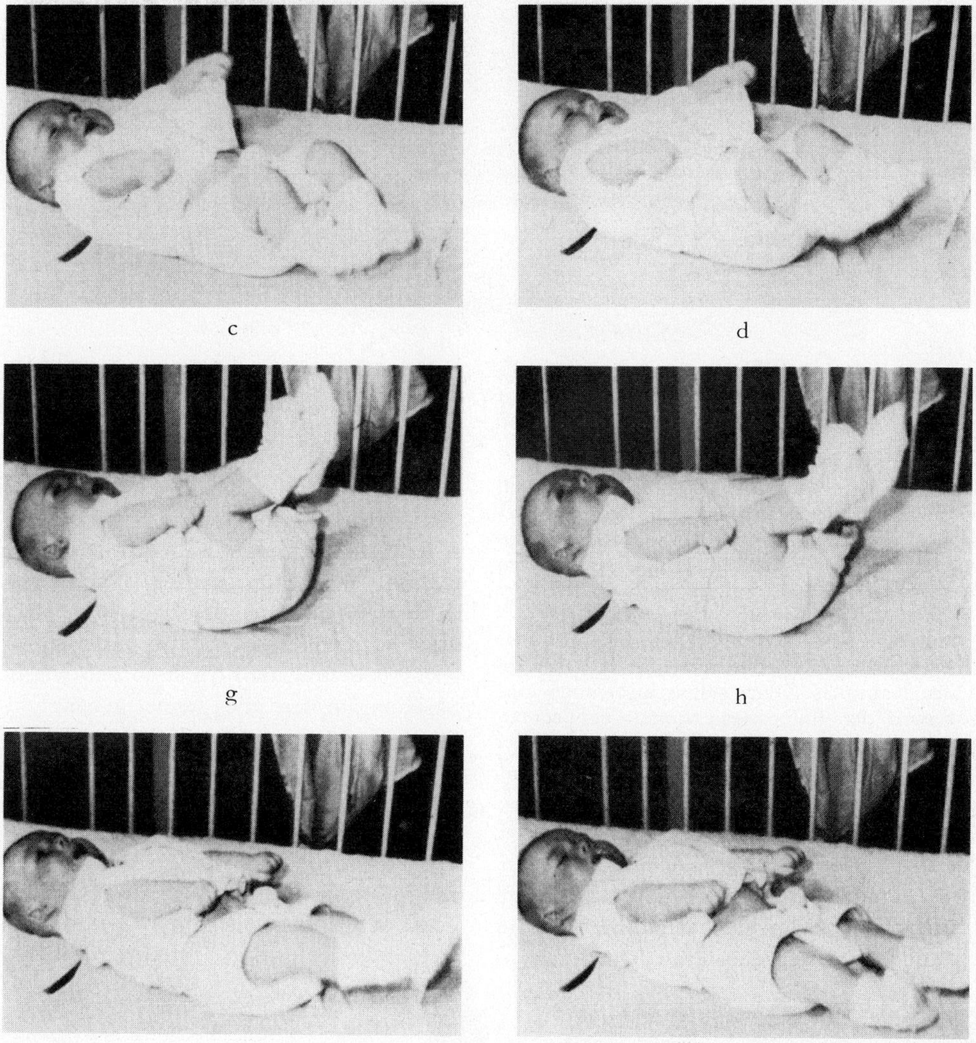

c d g h k l

Fortsetzung Abb. 1

derholten und die körperliche und geistige Entwicklung unterbrachen. Die Anfälle kommen jetzt in Serien, die 7—15, 30—50 Einzelkrämpfe umfassen. Das Kind, das sonst noch nicht imstande ist, den Kopf zu halten, geschweige denn zu heben, neigt dabei in langsamer Bewegung seinen Kopf tonisch nach vorne, so weit, daß das Kinn die Brust berührt. Gleichzeitig werden die vor der Brust gebeugt gehaltenen Arme nach auswärts geführt, wobei eine leichte Ellenbeugung erhalten bleibt. Die Hände sind offen. Wird das Kind sitzend gehalten, neigt sich der sonst nach hinten hängende Kopf im Anfall weit nach vorne. Die ersten Anfälle einer Serie sind immer die heftigsten. Dabei werden auch die Beine mit an den Leib gezogen und das Becken angehoben. Gleichzeitig mit der Verlängerung der zeitlichen Abstände von 10 sec bis auf 3—4 min werden die Einzelanfälle milder, wobei zuerst das Anziehen der Beine, dann das Neigen des Kopfes und schließlich das Ausbreiten der Arme ausbleibt.

Nach 3 Wochen treten auch etwas andere Anfälle in Erscheinung: Das aus dem Schlaf erwachende Kind zuckt plötzlich zusammen wie jemand, der im heftigen Schreck zusammenfährt. Der Kopf wird nicht mehr langsam nach vorne geneigt, sondern ruckartig in die Schultern hineingezogen. Die Arme schlagen zusammen und auseinander. Zugleich damit werden die Beine angezogen und mit dem Becken hochgeworfen. Hält man das Kind sitzend, dann fällt der Kopf plötzlich zusammenklappend tief nach vorne; die vorher schlaff herunterhängenden Arme heben sich bis zur Horizontalen und schlagen wie in ungeschicktem Händeklatschen zusammen, wobei gleichzeitig die Beine an den Leib gezogen werden. Manchmal rucken

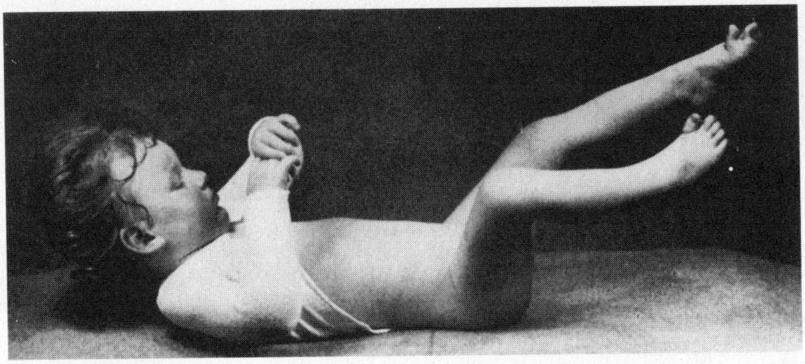

Abb. 2. Salaamkrampf aus dem Liegen (2jähriger Junge). (Aus WIEDEMANN, H. R.: Die Krankheiten des Nervensystems. In E. FEER: Lehrbuch der Kinderheilkunde. Fischer, Stuttgart 1966.)

im Liegen lediglich die Arme jäh nach oben und fallen schlaff wieder herunter, ohne daß sich der Kopf oder die Beine bewegen. Die Augen gehen meist gleichzeitig, selten auch schon kurz vor den Zuckungen nach oben, die Pupillen werden weit und verengen sich wieder. Manchmal kommt es aber auch zu einer Konvergenzbewegung oder einer Blickbewegung nach links oder rechts während des Krampfes. Ganz selten wird auch eine Dissoziation der Bulbusbewegungen beobachtet, indem der eine Bulbus nach oben geht und der andere geradeaus gerichtet bleibt.

Anfälle von dieser zweiten Art, die IBRAHIM auch *Ruckkrämpfe* nennt, werden nach ASAL u. MORO als *Blitzkrämpfe* bezeichnet (s. Abb. 4, 5). Sie unterscheiden sich von den langsam und tonisch verlaufenden Salaamkrämpfen in nichts anderem, als daß derselbe Bewegungsablauf rasch, jäh, kurz, »blitzartig« erfolgt, weswegen sie auch zu Beginn der Erkrankung nicht selten als Ausdruck einer natürlichen Schreckreaktion mißdeutet werden. Gerade weil das Zusammenfahren so rasch erfolgt, daß es vorüber ist, »bis man richtig hinschaut«, wird leicht verkannt, daß dabei ebenso wie bei den Salaamkrämpfen die Arme gebeugt, in die Höhe gehoben oder nach vorne geschleudert, die Beine an den Körper angezogen und der Kopf nach vorne auf die Brust gebeugt wird. Salaamkrampf und Blitzkrampf sind voneinander lediglich durch die Dynamik des Krampfes unterschieden, der bei ersterem in tonisch-gedehnter und bei letzterem in klonisch-blitzartiger Weise erfolgt. Im Unterschied zu die-

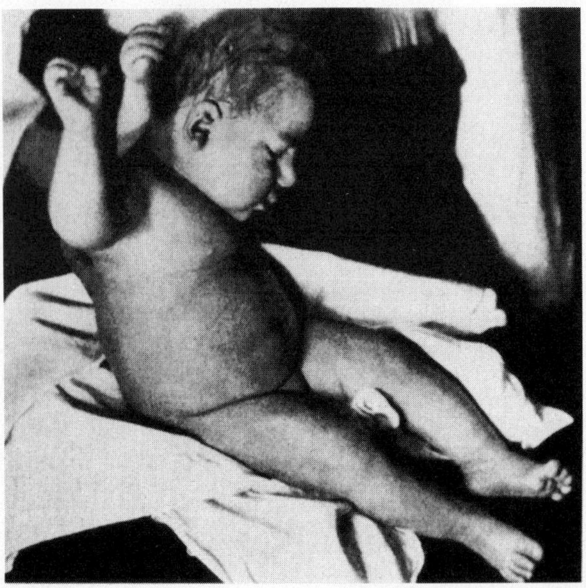

Abb. 3. Salaamkrampf aus dem Sitzen. (Aus IBRAHIM, J.: Die Krankheiten des Nervensystems. In E. FEER: Lehrbuch der Kinderheilkunde, Fischer, Jena 1952.)

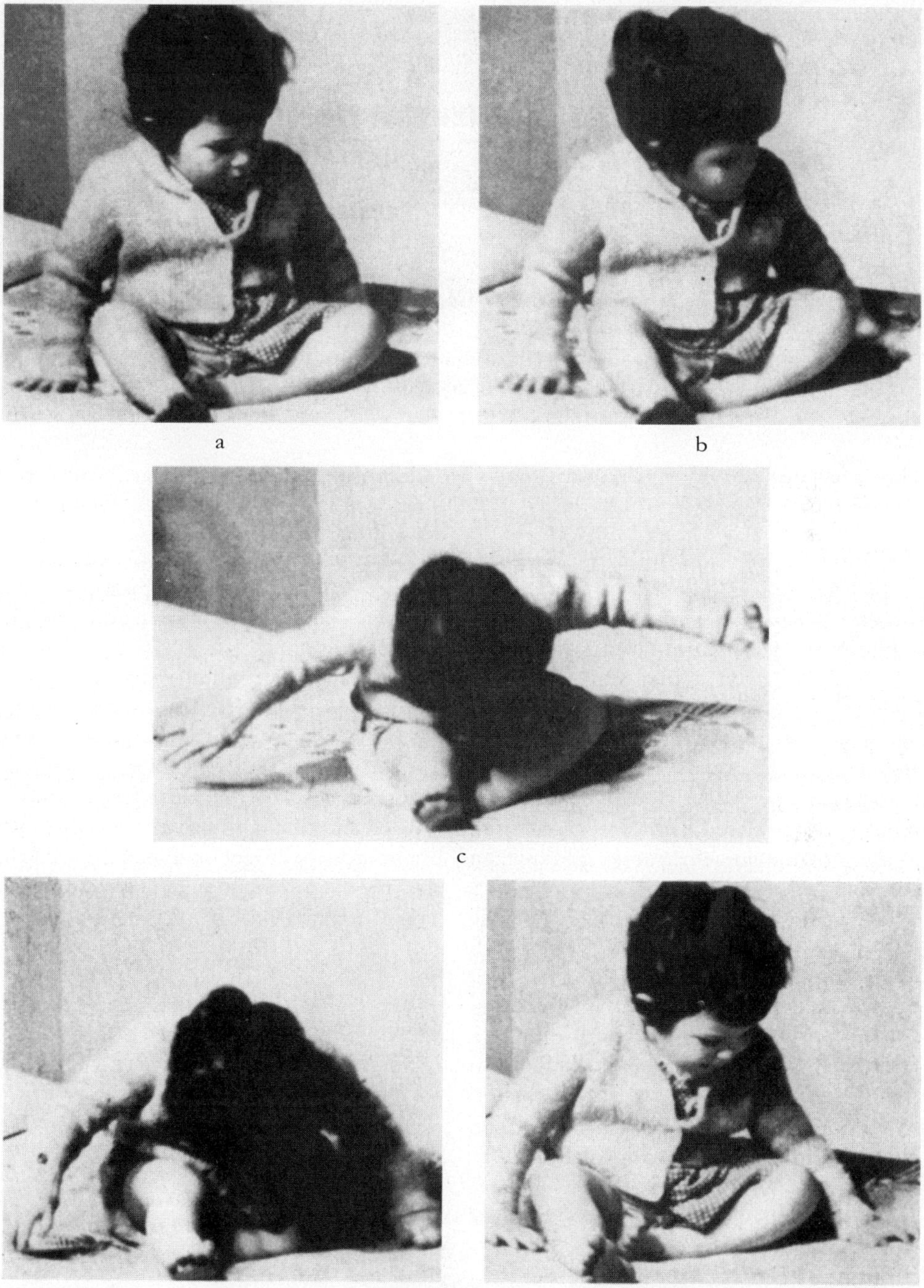

Abb. 4a—e. Blitzkrampf mit Auseinanderschlagen der Arme. (Aus JEAVONS, P. M., B. D. BOWER, Infantile Spasms. Heinemann, London 1964.)

sen beiden globalen Anfallsformen stellt der *Nickkrampf* eine partielle Anfallsform dar, da der Anfall dabei auf eine krampfhafte Vorbeugung des Kopfes beschränkt bleibt. Im Liegen wird der Kopf ruckartig angehoben, im Sitzen wippt er plötzlich nach vorne, um kurz darauf wieder in seine Ausgangslage zurückzukehren. Der Nickkrampf ist also eine

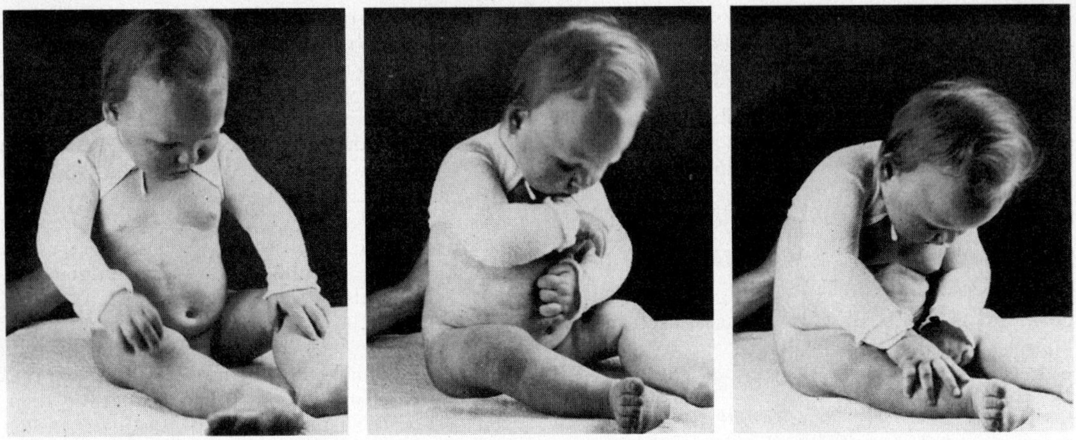

a b c

Abb. 5a—c. Blitzkrampf mit Zusammenschlagen der Arme. (15 Monate alter Junge.) (Mit freundlicher Genehmigung von H. Doose.)

partielle Variante, die sich am oberen Körperpol abspielt (s. Abb. 21).

Am unteren Körperpol tritt eine weitere Anfallsvariante als *Sturzkrampf* in Erscheinung. Dieses Phänomen, das einen unbefangenen Beobachter an ein »Stehaufmännchen« denken läßt, geht so vor sich, daß es unter jähem Zusammenklappen der Beine zu einem heftigen Sturz und sofortigem Wiederaufstehen kommt (s. Abb. 18). In milderer Form beschränkt sich das Symptom nur auf ein kurzes Einknicken in den Knien (s. Abb. 20).

Diese Bezeichnungen enthalten schon gewisse Typisierungen von Anfallsvorgängen, die selten in so reiner Form in Erscheinung treten, weswegen sie auch einen unerfahrenen Beobachter zunächst weit chaotischer anmuten. Nicht nur, daß die beschriebenen Anfälle im einzelnen Krankheitsverlauf meist nebeneinander vorkommen, auch die Erscheinungen des einzelnen Anfalls können hinsichtlich Intensität oder Ausbreitung derartig modifiziert sein, daß eine eindeutige Zuordnung zu einer der vier Formen oft schwer möglich ist. Dennoch ergibt sich bei wiederholter Beobachtung eine gewisse Ordnung:

Manchmal können Salaamkrämpfe im einzelnen Krankheitsverlauf durch Blitzkrämpfe abgelöst werden, wie es im Fall Peter Pf. zu beobachten war. Manchmal aber können auch beide Anfallsformen innerhalb einer einzigen Serie auftreten derart, daß eine Serie mit Salaamkrämpfen einsetzt und in Blitzkrämpfen ausläuft. Dann erscheinen die plötzlichen und kurzen Blitzkrämpfe gleichsam als Abortivformen der langsameren und gedehnteren Salaamkrämpfe.

Nicht selten aber kommt es auch zwischen den beiden globalen Anfallsformen zu partiellen Anfallserscheinungen, die nur die Arme oder die Beine, oder nur den Rumpf, nur den Kopf, oder nur die Augen betreffen und daher nur im Kontext des globalen Anfallsmotivs als mehr oder weniger rudimentäre Anfallsfacetten recht zu deuten sind, wie etwa im folgenden Beispiel:

Fall Suse B.

Keine familiäre Anfallsbelastung. Angeblich normale Geburt und Entwicklung. Im Alter von 6 Monaten traten zum ersten Male besonders morgens, wenn die Patientin geweckt wurde, 10—20mal kurze ruckartige Zuckungen in Erscheinung, wobei die Arme nach vorne schnellten, bei leichter Neigung des Kopfes und des Rumpfes. Das war jedesmal so kurz, daß die Eltern glaubten, das Kind habe sich erschreckt. Mit 7 Monaten lernte es sitzen, mit 16 Monaten laufen. Als es sich mit 2 ½ und 3 Jahren einige Wochen in der Klinik befand, konnten viele Anfälle beobachtet werden: Manchmal kam es während des Gehens plötzlich zu einer blitzartigen Zuckung durch den Körper, wobei Kopf, Schultern und Arme nach vorne gingen und das Kind in den Knien einknickte, so daß es taumelte, manchmal auch zu Fall kam, aber sofort wieder auf den Füßen stand und weiterlief. Dann wieder führte es nur den Kopf und die Arme nach vorn, oder es ruckte nur mit dem Kopf oder nur mit den Armen. Ab und zu sind die Arme unbeteiligt, oft wird der Oberkörper mitbewegt. Im Schlaf besonders zucken nur die Arme nach oben, ohne daß es dabei erwacht. Häufig fällt es auch, ohne daß man eine Zuckung bemerken kann, plötzlich und blitzartig zu Boden, obwohl es sonst sicher gehen kann, steht aber sofort wieder auf, wie wenn nichts geschehen wäre. Nicht selten kommt es lediglich zu einem Blinzeln oder aber zu einem Herabfallen der Lider für 1—2 sec, während die Augäpfel sich nach oben verdrehen.

Unter den vielfältigen Varianten der Anfälle dieses Kindes sind diejenigen, in denen der gesamte Körper blitzartig die beschriebene Haltung einnimmt, leicht als generalisierte Blitzkrämpfe, und diejenigen, in denen Kopf, Hals, Bein und Rumpf einmal mehr, einmal weniger am Krampf beteiligt sind, als mehr oder weniger begrenzte Nickkrämpfe oder Sturzkrämpfe zu erkennen. Neu ist eine Variante, die sich an den Augen abspielt: Das Herunterfallen der Lider, das manchmal auch mit einer Unruhe der Lider, einem Lidflattern oder »Blinzeln« abwechselt, bei gleichzeitiger Wendung der Augen nach oben, die sich ebenfalls gelegentlich nur als rein nystaktische Unruhe in der Vertikalen andeutet, ähnelt einem sogenannten »Puppenaugenphänomen«. Selten kommt es zu einer horizontalen Blickwendung, zu einem rotatorischen Nystagmus oder einem Konvergenzkrampf. Gelegentlich wird der Blick nur starr, die Pupillen weit, ohne daß sich die Lider bewegen. Solche Anfallsphänomene an den Augen und Lidern können als minimale Anfallsvarianten im Bereich des oberen Körperpols gelten.

Wenn — wie im individuellen Krankheitsbild der meisten Fälle — mehrere Anfallsfacetten in Erscheinung treten, fällt es in der Regel nicht schwer, sie als Variationen eines Grundmotivs zu erkennen, auch wenn das Thema nicht in Form totaler Salaam- oder Blitzkrämpfe ausgeführt erscheint, sondern nur angedeutet in Form partieller Ausprägungen anklingt, wie bei folgendem Patienten:

Fall Volker Z.

Die Anfälle dieses Patienten äußerten sich einmal in einem kurzen, schreckartigen Einziehen des Kopfes zwischen die Schultern und gleichzeitigem Nach-außen-Wippen der gestreckten Arme bei geballten Fäusten, erfolgten ein andermal aber so langsam, daß sie mit vorgebeugtem Kopf und Rumpf bei ausgebreiteten Armen wie in Abb. 4c an die Haltung eines Skispringers im Flug erinnerten, wobei er nicht hinfiel. Wenn es schlimmer kam, stürzte er aber so oft nach vorn — nur einmal ist er nach rückwärts gefallen —, daß die Wunden an der Stirn und an den Kniescheiben, die er sich zuzog, nicht abheilen wollten. Ganz leichte Anfälle, die vielleicht ohne gleichzeitige Registrierung im EEG übersehen worden wären und von den Eltern auch tatsächlich nicht als Anfälle, sondern als Dösigkeit gedeutet wurden, zeigten sich nur in einem 2 bis 3 sec anhaltenden Blinzeln, wobei die Verdrehung der Augen nach oben nur zu bemerken war, wenn man die Lider hochhob. Bei gleichzeitigem Betasten des Halses konnte man unrhythmische, blitzartige, rasche Kontraktionen der Muskulatur des Mundbodens und der vorderen Halspartien fühlen, die keinen Bewegungseffekt hatten und auch nicht sichtbar waren. Ebenso konnte man, wenn man ihn bei der Hand nahm, gelegentlich kurze, leichte Schleuderbewegungen wahrnehmen, die als Ausdruck einer Verlegenheit oder Ungeschicklichkeit hätten gelten können, wenn nicht synchron damit ein Senken und Heben der Lider zu beobachten gewesen wäre.

Schwierig wird die diagnostische Zuordnung erst, wenn das individuelle Krankheitsbild durchgehend von partiellen Anfallserscheinungen charakterisiert bleibt. Das steht im wesentlichen zur Frage bei den beiden Anfallsphänomenen, die wir als »Stehaufmännchen« und als »Puppenaugenphänomen« bezeichnen und im klinischen Zusammenhang mit globalen Anfallsabläufen als deren Teilerscheinungen erkennen können:

»Stehaufmännchen«-Anfälle sind phänomenologisch das gleiche, wie die von anderen Autoren als »drop seizures«, »static seizures« (Hunt 1922, 1924), »astatic seizures«, »akinetic seizures« (Lennox 1945, 1960), amyostatisches (Sanchez u. Hanon) oder akinetisches Petit mal (Doose 1964)[29, 30] beschriebenen Anfallserscheinungen. Ihr Vorkommen allein beweist noch nicht, daß eine besondere Krankheitsform vorliegt, sondern lediglich, daß die Kinder stehen und gehen können.

So treten Sturzanfälle in der Regel bei allen Kindern mit Blitzkrämpfen auf, sobald sie diese statischen Fähigkeiten erworben haben. Andererseits gibt es Krankheitsverläufe, bei denen Sturzanfälle ohne generalisierte Blitzkrämpfe vorkommen, die sich auch in weiteren klinischen Eigenschaften unterscheiden, so daß eine Trennung gerechtfertigt ist. Vom rein Klinischen her ordnen wir daher Sturzanfälle, wenn sie im Zusammenhang mit Blitzkrämpfen oder gar mit Salaamkrämpfen auftreten, zum Propulsiv-Petit mal im engeren Sinne. Wenn sie aber das führende Anfallssymptom darstellen oder lediglich mit anderen partiellen Anfallsvarianten in Erscheinung treten, rechnen wir sie zum myoklonisch-astatischen Petit mal.

Das »*Puppenaugenphänomen*« oder andere okuläre Anfallssymptome sind im Rahmen von Blitz-, Nick- und Salaamkrämpfen sehr häufig zu beobachten, sei es, daß die Anfälle davon eingeleitet oder begleitet werden oder daß sie ausgeprägtere Anfälle als Äquivalent vertreten. Krankheitsverläufe, in denen okuläre Symptome die einzigen Anfallserscheinungen darstellen, zählen weder zum Propulsiv-Petit mal noch zum myoklonisch-astatischen Petit mal. Denn jenseits dieser Krankheitsgruppe haben okuläre Symptome meist einen anderen dynamischen Charakter und halten auch länger an. Die Bewegungen der Bulbi und Augen spielen sich dann nicht mehr kurz, blitz- oder ruckartig, sondern länger dauernd in einem milderen Rhythmus ab, dessen Frequenz von 3/sec ebenso wie ihr späteres Erkrankungsalter ihre Zugehörigkeit zum Formenkreis pyknoleptischer Anfälle erkennen läßt.
Während also Anfälle nach Art des »Stehaufmännchens« oder von Sturzanfällen, nach denen die Kinder noch eine Weile wie betäubt am Boden liegen, bis sie wieder aufstehen können, immer dem Propulsiv-Petit mal oder dem myoklonisch-astatischen Petit mal zuzuordnen sind, gehören das »Puppenaugenphänomen« und andere okuläre Anfallssymptome, die zwar als Debut vor, als Symptom innerhalb und als Äquivalent anstelle dieser beiden Anfallssyndrome häufig vorkommen, bei isoliertem Auftreten eher zur Pyknolepsie.

Fakultative Anfallssymptome: In der Regel werden beide Seiten des Körpers *symmetrisch* vom Krampf betroffen. In 8% der Fälle war eine Seitenbetonung zu beobachten. Pampiglione hat in solchen Fällen eine Schädigung der homolateralen Hemisphäre festgestellt und schließt daraus auf einen zentralen Ursprung der Anfallserscheinungen. Die Beobachtung, daß bei manchen Kranken die bevorzugte Seite im Laufe der Krankheit abwechselt oder daß die Anfälle manchmal unsymmetrisch werden, nachdem sich eine statusartige Attacke von großen Anfällen ereignet hat, begrenzt die Möglichkeit, aus Seitendifferenzen lokaldiagnostische Schlüsse zu ziehen oder typologische Varianten abzuleiten.
Auraempfindungen sind untypisch, auch wenn man berücksichtigt, daß man darüber nur etwas von älteren Kindern hören kann, die lediglich vage Angaben machen, oder vor den Anfällen nach den Eltern rufen, ohne sagen zu können, was sie bemerken.
Besonders merkwürdig ist es, daß etwa die Hälfte der Kinder entweder vor oder während, meist aber nach dem Anfall laut *aufschreien* oder *weinen*. Selten beeindruckt dies als Ausdruck von Angst, manchmal als Klage, meist aber als heftiger Schmerz. Aber nicht jedes Schreien in Verbindung mit Anfällen kann als Schmerzreaktion auf die blitzartig heftigen Zuckungen gedeutet werden, da es manchmal den Anfällen unmittelbar vorausgeht. Nicht selten wimmern oder schreien die Kinder zwischen den Anfällen kurz auf, ohne daß motorische Erscheinungen zu beobachten sind, so daß man mit Finkelstein solche paroxysmal kurzen Schrei- oder Weinkrämpfe als echte Anfallsäquivalente zu interpretieren hat. Wir glauben nicht, daß es sich bei dem Tränenausbruch um ein vegetatives Begleitphänomen handelt, das in Analogie zu gelegentlichem Blaßwerden und Schwitzen zu setzen ist[135], ebensowenig wie das Schreien als eine passive Vokalisierung infolge einer Kontraktion der Rumpfmuskulatur zu deuten ist, allein schon, weil es auch ohne sichtbare Krampferscheinungen und sowohl vor, wie auch nach den Anfällen vorkommen kann. Gelegentlich wird das Aufschreien auch als Auflachen gedeutet[515] (s. auch S. 200). Daß manche Kinder nach ihren Anfällen lächeln, drückt ohne Zweifel ein »Gefühl der wohligen Genugtuung«[135] oder eine gewisse Verlegenheit aus, wie sie auch nach anderen, besonders nach pyknoleptischen Anfällen vorkommt.
Vasomotorische Symptome in Form einer Blässe oder Rötung, sehr selten auch einer Zyanose kommen nur in Begleitung stärkerer Anfälle und am häufigsten bei großen Anfällen vor.
Vegetative Symptome in Form von Speicheln oder Schwitzen sind bei kleinen Anfällen ausgesprochen selten, bei großen Anfällen häufiger. Auch eine Enuresis wird im kleinen An-

fall nur selten beobachtet, wogegen es bei großen Anfällen in etwa zwei Drittel der Fälle vorkommt.

Ob das *Bewußtsein* während der Anfälle beeinträchtigt bzw. unterbrochen ist, ist bei den kurzen Blitzkrämpfen schwer zu entscheiden. Daß es aber auch während länger dauernder Anfälle nicht getrübt zu sein braucht, möchten wir annehmen, weil wir ein Kind kennen, das während eines Salaamkrampfes seine Eltern ängstlich und hilfesuchend anblickte.

Verletzungen, die mit Vorliebe die Stirn, das Gesicht und die Knie betreffen, sind eine übliche Folge heftiger kleiner wie auch der großen Anfälle. Dagegen kommen Verletzungen der Zunge bei kleinen Anfällen, auch bei Salaamkrämpfen, nicht vor und werden auch bei großen Anfällen häufig – in 58% der Fälle – vermißt.

Propulsiv-Grand mal: In etwa der Hälfte (54%) der Fälle[110] gesellen sich den beschriebenen kleinen Anfällen, seltener schon zu Beginn, häufiger erst bei längerem Verlauf der Erkrankungen auch große Krampfanfälle bei, die sich in ihrem Ablauf von großen Anfällen bei anderen Epilepsieformen bemerkenswert unterscheiden. Dafür ein Beispiel:

Fall Margarete B., 28 Jahre:

Die Patientin, die mit 15 Jahren, ohne sitzengeblieben zu sein, die Volksschule absolviert hat, bekam ihre ersten Anfälle nach normaler Geburt und unauffälliger Entwicklung mit ³/₄ Jahren »beim Zahnen«. 3—4mal am Tag ruckte sie plötzlich mit dem Kopf nach vorn und schleuderte dabei die Arme nach außen. Das kam vorwiegend im Schlaf, vom 2. bis 3. Jahr ab nur noch des Nachts in Serien von 3—6 Anfällen von größerer Intensität. Dabei krümmte sie sich zusammen, zog die Beine an, führte Kopf und Schulter nach vorn und die Arme nach außen oben. Nachdem sie etwa eine halbe Minute mit offenen Augen bei nach oben verdrehten Bulbi bewußtlos steif verharrt hatte, löste sich der Krampf in rhythmischen Zuckungen durch den ganzen Körper, die etwa 1—2 min dauerten. Immer trat Schaum vor den Mund. Trotz unzählig häufiger Anfälle hat sie sich dabei nur 3—4mal in die Zunge gebissen und nur 1mal eingenäßt. Unter Phenobarbital war sie 1 ½ Jahre anfallsfrei. Dann kamen wieder große Anfälle in 4—8wöchigen Abständen für 4—5 Nächte, in denen sie sich jedesmal 2—4mal wiederholten, ferner auch kleine Anfälle tagsüber. Bei den kleinen, die einige Sekunden dauerten, führte sie jetzt bei vorgeneigtem Kopf und gebeugtem Rükken die gestreckten Arme in rhythmischem Rucken seitlich nach vorne. Bei den großen haben wir früher einmal eine Wendung des Kopfes nach rechts und eine stärkere Beugung des linken Armes bei im übrigen ausgeprägtem Emprosthotonus gesehen. Neurologisch bot sie außer einer leichten Schädelanomalie wie ihr Vater in Form eines geringen Turrimikrozephalus und einer mäßigen symmetrischen Ventrikelerweiterung nach dem Röntgenbild nichts Besonderes, war körperlich gut entwickelt und hinsichtlich ihrer Intelligenz als debil zu bezeichnen. — Sie ist jetzt seit Beginn der Behandlung im 15. Lebensjahr 13 Jahre anfallsfrei geblieben. EEG nach Anfallsfreiheit s. Abb. 12.

Bei fast allen Fällen mit Grand mal ist zu erfahren, daß die Kranken im großen Anfall eine ausgeprägt *emprosthotone Haltung* darbieten, die von den Beobachtern mal als »raupen- oder bündelförmig«, mal als »Katzenbuckel« beschrieben wird. Die zum Emprosthotonus führende Beugebewegung läßt sich demnach auch im Bild der großen Anfälle bei dieser Krankheitsform als motorisches Grundmotiv nachweisen.

Diese Erfahrung besagt, daß alle Varianten dieser Form, von den partiellen Anfallsfacetten über die ausgestalteteren Skizzen der kleinen Anfälle bis hin zum Vollbild der großen Anfälle, den gleichen motorischen Entwurf enthalten, dessen jeweilige Erscheinungsform von zwei Faktoren bedingt scheint: von der Intensität, der eine bestimmte Dynamik entspricht, und von der Ausbreitung des Anfalls, die mit der Lokalisation der Erscheinungen in bestimmten Wechselbeziehungen steht. In ihrer Dynamik gleichen sich alle Varianten darin, daß sie abrupt, also ohne sensorischen oder motorischen »Übergang«, sofort als differentes pathologisches Symptom erkennbar einsetzen. Ihrer Intensität nach milde Erscheinungen sind ihrer Dynamik nach als ruckartig zu bezeichnen. Das gilt für die nach ihrer Ausbreitung beschränkt bleibenden, ihrer Lokalisation nach unterschiedlichen Facetten des Augenschließens und Kopfnickens, des isolierten Arme-Vorwerfens oder des isolierten Einknickens in Hüfte und Knien. Die graduell stärkere Anfallsintensität kommt in den Anfällen zum Ausdruck, deren Dynamik als stoß- oder blitzartig gekennzeichnet werden kann, deren Ausbreitung im selben Maße zunimmt, wie die lokalisatorischen Möglichkeiten abnehmen. Die Stufe, die wir als ausgestaltetere Skizze dem Vollbild des großen Anfalls gegenübergestellt haben, ist im Salaamkrampf erfaßt, der intensiver als seine Vorstufen sich auch in seiner Dynamik von ihnen unterscheidet, da er nach plötzlichem Beginn einen mehrere Sekunden dauernden, von einer gedehnten Bewegung zu einer tonischen Verkrampfung führenden Ablauf nimmt, der meist durch eine plötzliche Entspannung beendet wird. Die Ausbreitung des Krampfes ist generalisiert, da Kopf, Rumpf und alle Gliedmaßen davon ergriffen sind. Es gibt nur immer wieder dieselbe uniforme Lokalisation, wenn auch gelegentlich nuanciert durch eine unterschiedliche Beteiligung beider Seiten. Der große Anfall erscheint unter diesem Aspekt als die äußerst intensive Darstellung des gleichen Motivs, das, an die Crescendo-Decrescendo-Dynamik des tonisch-klonischen Ablaufs gebunden, die gesamte verfügbare Motorik ohne wesentliche Betonung bestimmter Partien einsetzt.

Zur Terminologie: Das was die beschriebenen Anfallsmodalitäten verschieden macht und zu verschiedenen Bezeichnungen in der Literatur Anlaß gegeben hat, sind Unterschiede in der Intensität und der Dynamik sowie der Ausbreitung des Anfallsgeschehens. Die Unterschiede sind nicht qualitativer, sondern quantitativer Art. Alle Anfallsvarianten – von den auf den oberen und den unteren Pol beschränkten über die sich auf den Rumpf und die Arme ausbreitenden bis hin zu den Kopf und Augen, Rumpf und Extremitäten umfassenden – enthalten ein gemeinsames Thema. Das Grundmotiv sehen wir im Leitbild des igelförmig nach vorne zusammengerollten Körpers mit in die Schultern eingezogenem Kopf, gesenkten Lidern, gebeugt nach vorne geführten, sich annähernden Armen und Händen und leicht ausgebreitet angezogenen Beinen ausgeführt. Diese Haltung wird in der medizinischen Terminologie als Emprosthotonus bezeichnet. Da sowohl die umfassende, wie alle teilhaften Prägungen dieses Anfallsbildes eine Vorwärtsbewegung enthalten, die lateinisch als propulsio wiederzugeben ist, bezeichnen wir alle Anfälle dieses Typus mit dem Begriff *Propulsiv-Petit mal* – in Anlehnung an Herpin, der schon 1867 die Anfälle seiner einzigen Beobachtung von Blitz-Nick-Salaam-Krämpfen »*propulsions*« nannte und an Abrahamson, der sie 1922 geradezu als »*propulsive seizures*« zu bezeichnen vorschlug.

Dem kommt am nächsten der Begriff von Gastaut u. Roger, die diese Anfälle »spasmes en flexion« genannt haben. Doch ist damit, abgesehen davon, daß der Begriff Spasmus für Zustände pyramidaler Tonussteigerungen vorbehalten ist, nicht angegeben, daß es sich dabei um Anfälle und zudem um eine besondere Form kleiner epileptischer Anfälle handelt. Wenn man dagegen diese Anfälle mit Lennox u. Davis als »massive myoclonic jerks« bezeichnet, müßte man die tonischen Salaamkrämpfe ausschließen, ohne etwas für die Unterscheidung gegenüber anderen epileptischen und nicht-epileptischen Myoklonien gewonnen zu haben. Der gleiche Einwand gilt für den Krankheitsbegriff »infantile myoklonische Enzephalopathie«[47], der jedoch den Vorteil hat, durch den Zusatz »mit Hypsarrhythmie« elektroenzephalographisch genauer charakterisiert zu sein.

Das beschriebene emprosthotone Grundmotiv ist nicht für alle Fälle restlos verbindlich. Selten kommt es auch einmal zu Rückwärtsbewegungen, zu Extensionen bzw. opisthotonen Streckungen im Anfall. Gelegentlich klärt dann eine genaue Beobachtung, daß es sich bei solchen Extensionen nur scheinbar um Ausnahmen, in Wirklichkeit aber um Reaktivbewegungen nach einem Flexionskrampf handelt. Besonders bei Salaamkrämpfen kann es mit der Lösung der tonischen Beugung ruckartig zur Entspannung kommen, so daß dann, wenn die eigentliche Anfallsszene als spielerische Unart verkannt wird, die postparoxysmale Rückbeugung als primäre Anfallsbewegung nach hinten mißdeutet werden kann. In Fällen, bei denen es unter vielen paroxysmalen Propulsivbewegungen gelegentlich auch zu einer Rückbeugung des Kopfes kommen kann, wird man das Ausmaß der Atonie in der Kopfhaltemuskulatur mit zu berücksichtigen haben. Dem steht jedoch entgegen, daß auffallenderweise selbst Kinder, die den Kopf noch nicht oder nicht mehr halten und nicht selbständig sitzen können, im Anfall mit dem Kopf und dem Rumpf nach vorne geschleudert oder gebeugt werden.

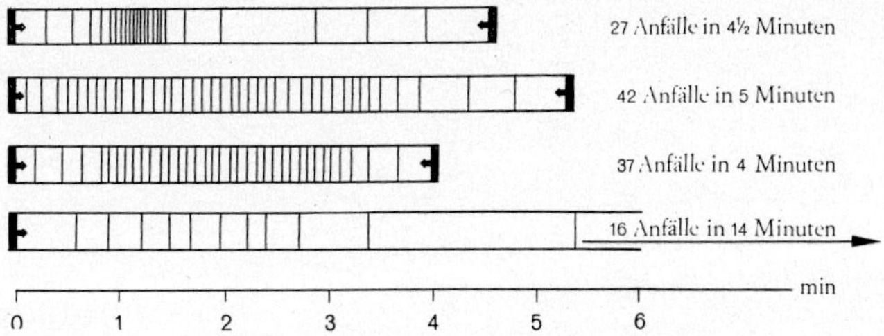

Abb. 6. Anfallsrhythmus innerhalb von Serien. (Aus JANZ, D., A. MATTHES: Die Propulsiv-Petit-mal-Epilepsie. Karger, Basel 1955.)

Daß Extensionsbewegungen im Krankheitsverlauf eine führende Rolle spielen, ist auch von anderen Autoren nie gesehen worden[47].

Wiederholung der Anfälle: Propulsiv-Petitmal wiederholen sich mit großer, unvorhersehbarer Unregelmäßigkeit, was bei der Beurteilung therapeutischer Erfolge zu berücksichtigen ist. Doch sind milde Verläufe mit wochenlangen Intervallen eine Rarität. Immerhin können im spontanen Verlauf die Anfälle im Gegensatz zur Pyknolepsie einige Tage lang, selten aber länger als eine Woche ausbleiben. Gewöhnlich dauern die Zeiten, in denen sich die Anfälle täglich mehrfach wiederholen, im Gegensatz zur psychomotorischen Epilepsie länger als die anfallsfreien Zeiten. Die Anfälle können sich von 10—20 bis 100—200mal am Tage häufen, kommen dann allerdings nicht wie bei der Pyknolepsie in annähernd gleichen Intervallen, sondern entweder einzeln in ungleichmäßigen Abständen verstreut oder häufig zu Serien zusammengeballt. Anfallsserien, die jeweils 5—100 Einzelanfälle enthalten, können von Minuten bis zu einer halben Stunde dauern und sich mehrmals am Tage wiederholen.

Serien von gehäuften, sich in kurzen Abständen folgenden Propulsiv-Petit mal können auch als *Propulsiv-Petit-mal-Status* bezeichnet werden. Im Laufe einer solchen statusartigen Attacke läßt sich meist eine bestimmte Beziehung von Rhythmik und Intensität der Einzelanfälle beobachten derart, daß »in der Reihe die verschiedenen Zuckungen ein merkbares Anschwellen und Abflauen ihrer Intensität erkennen lassen, so daß die letzten nurmehr angedeutet sind«[4].

Registriert man die zeitlichen Abstände der einzelnen Anfälle innerhalb einer Serie oder eines Status (s. Abb. 6) und beobachtet gleichzeitig die jeweilige Intensität der Anfälle, so ergeben sich drei Phasen: eine erste Phase mit allmählich immer kürzer werdenden Intervallen geht in eine zweite Phase mit gleichmäßigen Abständen über, die dann in einer dritten mit wieder länger werdenden Abständen ausklingt. Dem entspricht ein Intensitätswandel, wobei in der ersten Phase die stärksten Erscheinungen nach Art der Salaamkrämpfe, in der zweiten Phase abgeschwächte, nach Art der Blitzkrämpfe zu beobachten sind, die dann in der dritten in Anfallsfacetten verebben.

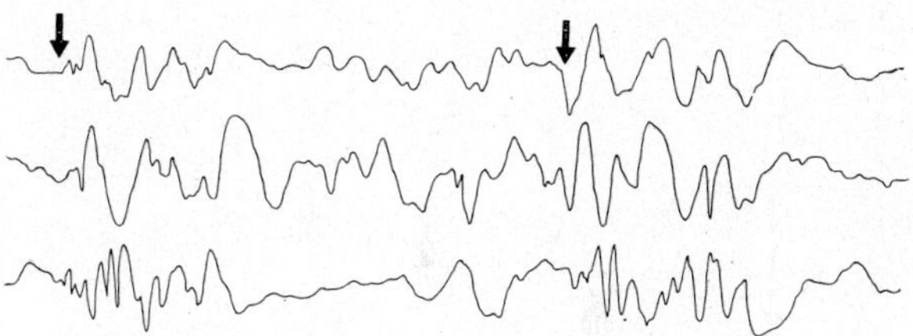

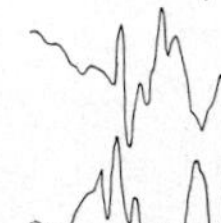

Abb. 7. EEG in einem Status von Nickkrämpfen. 6jähriges Mädchen, das seit dem 6. Lebensmonat Grand mal und Blitzkrämpfe hat, die im 2. Lebensjahr von Nickkrämpfen abgelöst werden. An den mit Pfeilen bezeichneten Stellen kurzes staccatoartiges Anheben des Kopfes aus dem Liegen, dabei hochfrequente Blinzelbewegungen der Augenlider. Der Status hält in dieser Weise 3 Stunden an. (Nach BAMBERGER, PH., A. MATTHES: Anfälle im Kindesalter. Karger, Basel 1959.)

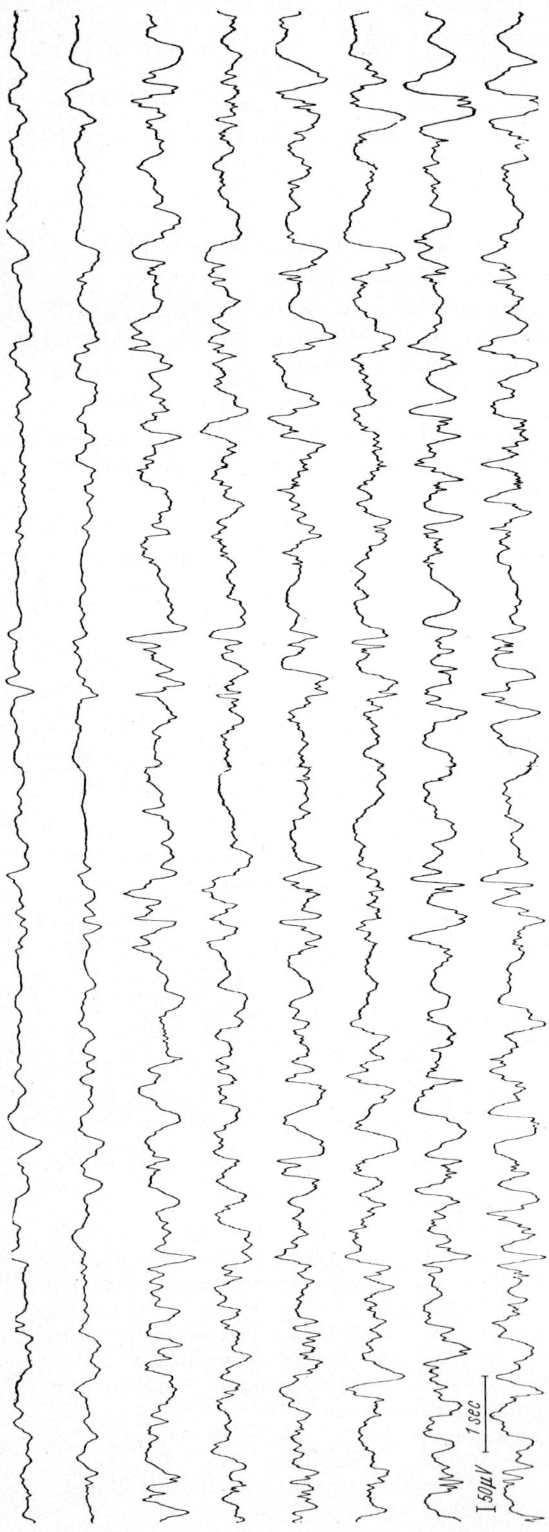

Zur Behandlung eines Propulsiv-Petit-mal-Status wird eine langsame intravenöse Injektion von 2—10 mg Diazepam empfohlen[7]. Rezidive können durch eine wiederholte Injektion kupiert werden.

EEG-Befunde

Im Intervall: Charakteristisch für Propulsiv-Petit mal ist ein EEG-Befund, der nach GIBBS u. GIBBS als »Hypsarhythmie«* (ὕψος = Höhe) und nach HESS u. NEUHAUS als »diffuse gemischte Krampfpotentiale« bezeichnet wird. Nach der Definition der beiden GIBBS handelt es sich dabei um ein auffallend anomales Bild, das aus sehr hohen, unregelmäßigen langsamen Wellen und Spitzen über allen kortikalen Gebieten besteht. Die Spitzen variieren von Augenblick zu Augenblick in ihrer Dauer und Lokalisation. Zeitweilig scheinen sie über einem Teil des Kortex fokal zu sein, um einige Sekunden später von einem anderen Fokus oder möglicherweise von verschiedenen Foki herzustammen. Gewöhnlich ist die Spitzenentladung generalisiert, aber niemals rhythmisiert oder so ausgesprochen organisiert wie beim sogenannten »Petit mal«- oder »Petit mal-variant«-Muster. Die chaotischen Erscheinungen geben den Eindruck einer nahezu vollständigen Desorganisation der kortikalen Regulation. Die Veränderungen sind in den meisten Fällen nicht episodisch, sondern kontinuierlich und in wachem Zustand ebenso deutlich ausgeprägt wie im Schlaf. HESS und NEUHAUS definieren die »diffusen gemischten Krampfpotentiale« als ein unregelmäßiges Gemisch von meist generalisierten hohen langsamen Wellen mit wechselnd lokalisierten steilen Wellen und Spitzen von verschiedener Dauer (s. Abb. 8, 9, 10, 11a, 17a).

* Sprachlich richtiger ist die Schreibweise »Hypsarrhythmie«, der wir folgen. Denn im Griechischen wird das ρ verdoppelt, wenn zu Wörtern, die mit einem ρ beginnen, eine Vorsilbe hinzugefügt wird (Beispiel: Katarrh).

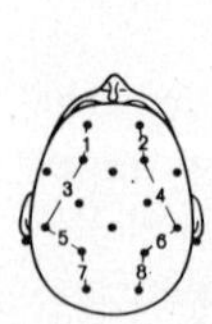

Abb. 8. Hypsarrhythmie bzw. diffuse gemischte Krampfpotentiale. (Ableitung mit geschlossenen Augen bei Müdigkeit.) 4 ½ Monate alter Junge. Seit 2 Wochen Blitzkrämpfe. Hirnblutung während der Geburt. Kam asphyktisch zur Welt.

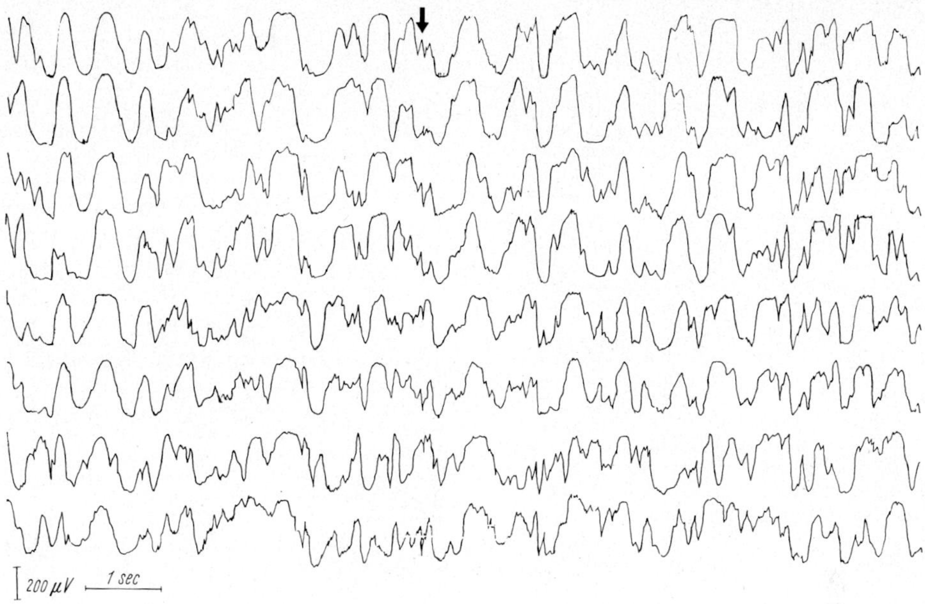

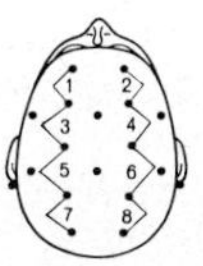

Abb. 9. Hypsarrhythmie. (Ableitung im Wachen.) 7 Monate alter Säugling. Seit 2 Monaten Blitzkrämpfe, die sich in Serien bis zu 80mal täglich wiederholen und besonders nach dem Erwachen auftreten. An der mit einem Pfeil (↓) bezeichneten Stelle kommt es zu einem Blitzkrampf. (Aus Janz, D., A. Matthes: Die Propulsiv-Petit-mal-Epilepsie. Karger, Basel 1955.)

Von diesem Muster gibt es Varianten hinsichtlich des Ausprägungsgrades, des Überwiegens schneller oder langsamer Elemente, des Vorkommens von Asymmetrien oder fokalen Anomalien. Weiterhin ist mit fortschreitendem Lebensalter ein gewisser Formwandel mit Tendenz zur Ausprägung bilateral-synchroner irregulärer Spike-wave-Komplexe festzustellen.

In dem Begriff »Dysrhythmie majeure de la première enfance«[44, 46] wird der Tatsache Rechnung getragen, daß die Hypsarrhythmie in erster Linie ein altersspezifisches zerebrales Reaktionsmuster darstellt, das in seiner typischen Ausprägung im Wesentlichen im ersten Lebensjahr vorkommt. Seine statistische Korrelation zum Propulsiv-Petit mal, die von 50%[13] über 75%[76], 90%[27], 95%[110] bis zu 100%[47] angegeben wird, hängt – abgesehen von der Definition, die man der Hypsarrhythmie zugrunde legt – vor allem davon ab, wie oft und in welchem Alter die Patienten untersucht worden sind. Je früher man untersucht, desto häufiger wird die »unreife Form«[28], d. h. eine extrem desorganisierte Kurve mit völliger Asynchronie und sehr irregulären spitzen und steilen Wellen, im Bild vorherrschen. Im zweiten Lebensjahr überwiegt die »klassische Form« diffuser gemischter Krampfpotentiale mit einzelnen bilateral-synchronen irregulären Spike-wave. Bei älteren Kindern (nach dem dritten Jahr) verschwindet die Hypsarrhythmie, auch wenn die Anfälle anhalten, um langsamen bilateral-synchronen, zum Teil gruppierten Spike-wave-Komplexen, dem »Petit-mal-variant«, Platz zu machen. So setzt sich mit fortschreitendem Alter eine Tendenz zu mehr paroxysmalem Auftreten der Anfallspotentiale durch, die sich dann deutlicher gegen eine inzwischen schneller gewordene Grundaktivität absetzen.

EEG während der Anfälle: Je jünger die Kinder sind und je »anarchischer« die Kurven anmuten, desto weniger prägen sich die klinischen Anfälle in dem kontinuierlich pathologisch veränderten EEG aus, wobei es gleichgültig ist, ob es sich um einen Salaamkrampf, einen Blitzkrampf oder nur um eine partielle Anfallsvariante handelt.

Sobald aber mit zunehmendem Alter die paroxysmalen Störungen in den Vordergrund treten, wird die Korrelation zwischen klini-

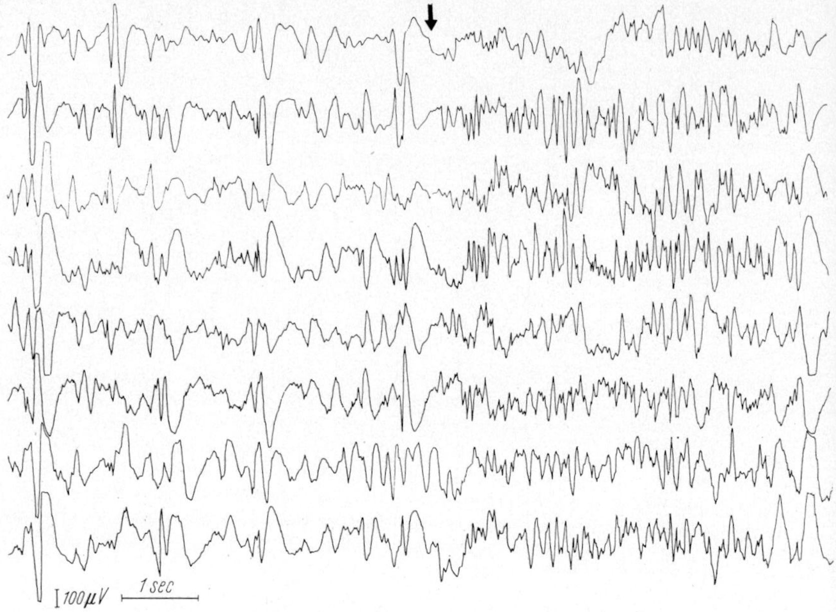

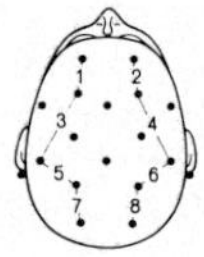

Abb. 10. EEG während eines Salaamkrampfs im Schlaf bei einem 9 Monate alten Jungen. Hypsarrhythmie, die im Anfall für 5 Sekunden durch eine generalisierte irreguläre Spitzenaktivität von relativ hoher Amplitude unterbrochen wird (↓).

schem Anfall und elektropathologischer Aktivität enger. Außerdem sind dann auch im EEG die einzelnen Anfallsmodalitäten gelegentlich zu unterscheiden, wie Abb. 10 zeigt, in der ein Salaamkrampf paroxysmal abgesetzt von unregelmäßigen spitzen und steilen Wellen begleitet wird, die von langsamen Wellen unterbrochen werden. Oft gehen tonische Anfälle auch mit einer längeren Spitzenserie einher, die von einer mehrere Sekunden anhaltenden Spannungsdepression gefolgt ist. Bei der auf Abb. 9 dargestellten Gruppe von Spitzen, die sich kaum aus der Grundaktivität heraushebt, läuft ein Blitzkrampf ab. Wie das EEG während eines Status von Propulsiv-Petit mal aussehen kann, zeigt Abb. 7.

Entwicklung der Hypsarrhythmie: Die allmähliche Ausprägung einer Hypsarrhythmie zeigen Bamberger u. Matthes[6] am Beispiel eines Säuglings, dessen EEG von den ersten Tagen an bis zum 6. Monat verfolgt werden konnte. Die Abbildungen belegen instruktiv, wie sich aus einer unauffälligen Neugeborenenkurve zunächst ein Spike-Fokus im Alter von zwei Monaten, dann paroxysmale Ausbrüche mit stärkerer Generalisierungstendenz im Alter von 3 Monaten und schließlich das Vollbild einer Hypsarrhythmie im Alter von 6 Monaten entwickelt, obwohl schon mit 2 Monaten typische Blitzkrämpfe vorkamen und bald danach auch Salaamkrämpfe einsetzten. Da man aber EEG-Kurven vor Einsetzen von Propulsiv-Petit mal in der Regel nur bei besonders komplizierten Verläufen zu sehen bekommt, wird man nicht generell sagen können, wie häufig der Entwicklung von Hypsarrhythmien eine fokale Aktivität vorausgeht.

Rückbildung der Hypsarrhythmie: Der EEG-Befund erlaubt keine prognostischen Rückschlüsse. Schwerste Veränderungen können sich unter einer Hormonbehandlung in kurzer Zeit vollständig normalisieren. Aber auch spontan können Remissionen eintreten, wie folgender Fall zeigt:

Fall Gerhard T. (Abb. 11).

Die erste Kurve (a) stammt aus dem 7. Monat, wo der Junge klinisch gehäufte Blitz- und Salaamkrämpfe hatte, weder sitzen noch den Kopf halten

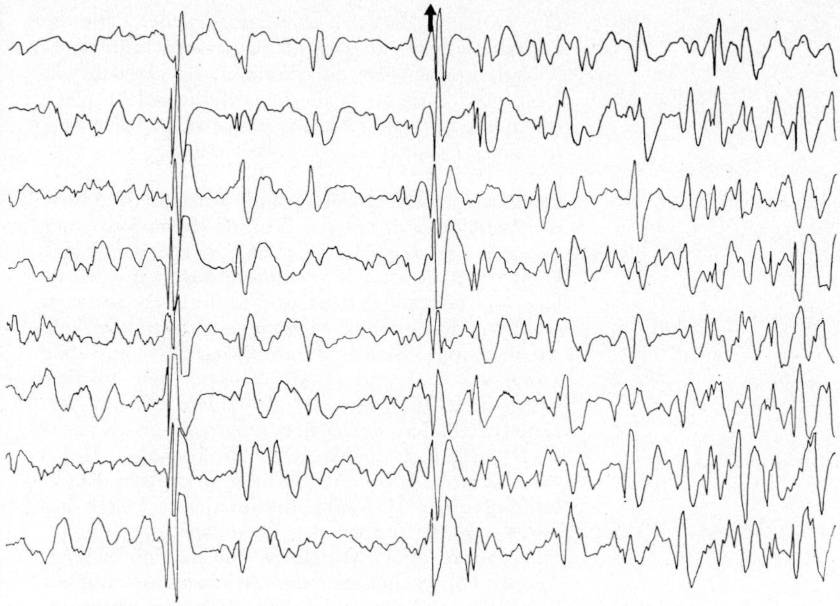

Nach Beendigung der tonischen Phase klinischer Erschöpfungszustand. Im EEG desynchronisierte, deprimierte irreguläre Aktivität mit isolierten hochamplitudigen Sharp-waves, dann (↑) wieder Übergang in Hypsarrhythmie. (Mit freundlicher Genehmigung von A. MATTHES.)

konnte, nicht fixierte und nicht griff. Die zweite Kurve (b) ist im Alter von 1 ½ Jahren aufgenommen, nachdem er im 11. Monat spontan anfallsfrei geworden war. Seither hat er Stehen und Laufen gelernt, greift, lacht und beginnt zu sprechen.

Eine Hypsarrhythmie klingt nach 2, spätestens nach 4 Jahren wieder ab, auch wenn die Anfälle fortdauern. Im EEG sind dann, solange Anfälle bestehen, entweder langsame, irreguläre Spike-wave oder generalisierte Spike-Gruppen bei einer dysrhythmischen Grundaktivität zu registrieren. Bei Anfallsfreiheit sieht man entweder überhaupt keine krankhaften Veränderungen (s. Abb. 12b) — was selten ist — oder nur unspezifische Anomalien (s. Abb. 12a), oder aber — was häufiger vorkommt — umschriebene Veränderungen, sei es in Form einer Verlangsamung oder sei es in Form steiler oder spitzer Potentiale.

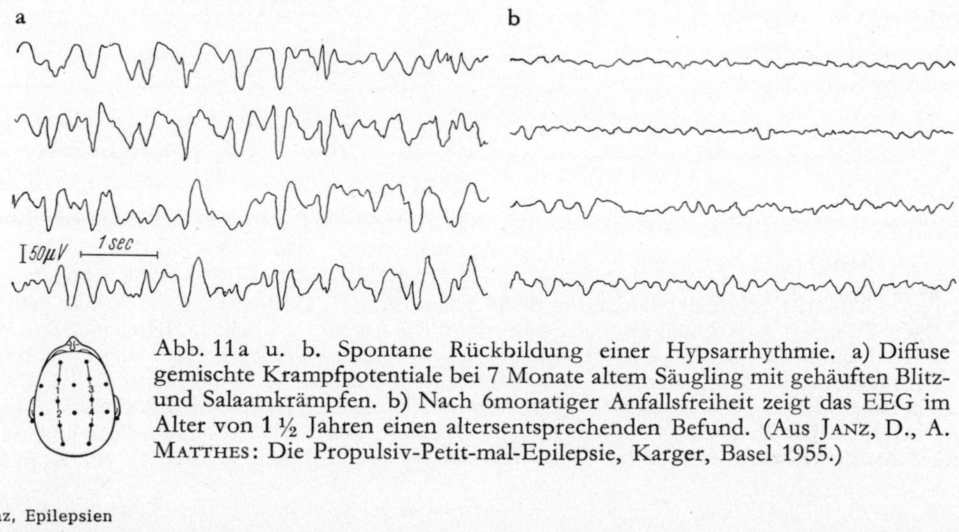

Abb. 11a u. b. Spontane Rückbildung einer Hypsarrhythmie. a) Diffuse gemischte Krampfpotentiale bei 7 Monate altem Säugling mit gehäuften Blitz- und Salaamkrämpfen. b) Nach 6monatiger Anfallsfreiheit zeigt das EEG im Alter von 1 ½ Jahren einen altersentsprechenden Befund. (Aus JANZ, D., A. MATTHES: Die Propulsiv-Petit-mal-Epilepsie, Karger, Basel 1955.)

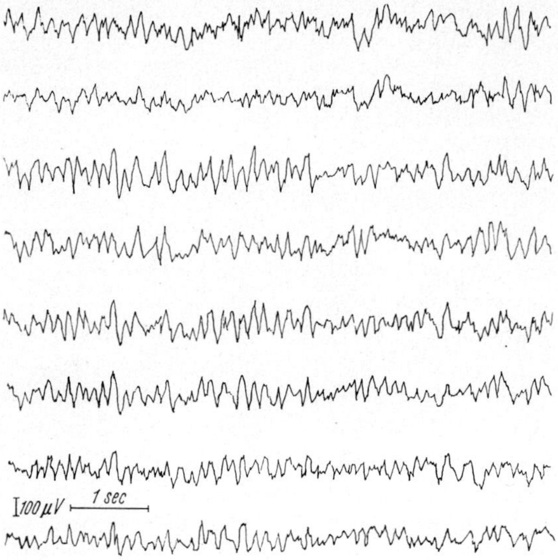

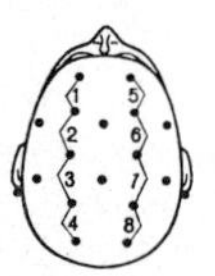

Abb. 12a

Die Tatsache, daß sich in einem Teil der Fälle die Hypsarrhythmie über einen konstanten Fokus entwickelt und wieder zurückbildet, hat DOOSE[27] in Verbindung damit, daß die Anfälle selbst nicht selten einen fokalen Akzent aufweisen, zu der Vermutung veranlaßt, daß es zwei Gruppen von Propulsiv-Petit-mal-Epilepsien gibt, die sich pathogenetisch unterscheiden. Seiner Ansicht nach sind die Anfälle bei der ersten Gruppe »Symptom einer generalisierenden Herd-Epilepsie«, die nicht, wie GASTAUT u. ROGER es vermuten, durch eine kortikale Aktivierung des thalamo-retikulären Systems, sondern durch »eine vorwiegend intrakortikale Ausbreitung fokaler Krampfaktivität« zustande kommen. Während diese Gruppe den fokalen Epilepsien näherstehe, sei die andere Gruppe den zentrenzephalen Epilepsien zuzurechnen. KELLAWAY[82] ist jedoch der Ansicht, daß konstante Herdveränderungen vor Ausbildung und nach Rückbildung einer Hypsarrhythmie nichts weiter besagen, als daß außer der Grundstörung, die im Hirnstamm oder Mittelhirn zu suchen sei, in solchen Fällen auch eine umschriebene Störung auf kortikaler Ebene vorliege. Längsschnittuntersuchungen hätten ergeben, daß eine Hypsarrhyth-

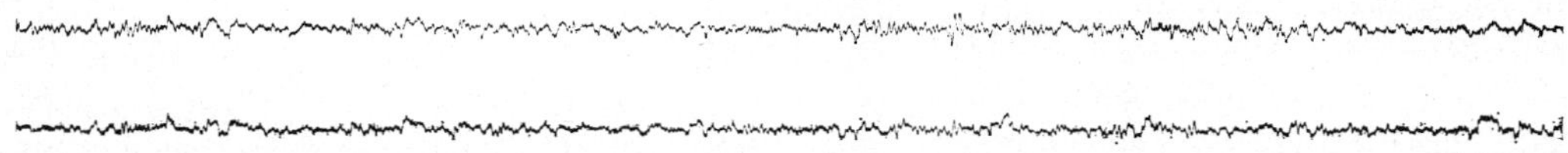

Abb. 12b

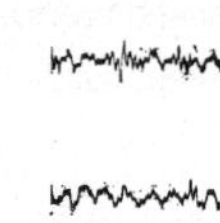

Abb. 12a u. b. Fall Margarethe B. 28 Jahre. Vom 9. Lebensmonat bis zum 4. Jahr Blitzkrämpfe. Vom 2. Jahr an auch große nächtliche Anfälle. Seit dem 15. Jahr anfallsfrei. Neurologisch Turrizephalus, psychopathologisch Debilität. (s. S. 9.) a) EEG mit 15 Jahren, nach 6monatiger Anfallsfreiheit: nur noch geringe Anomalien. Etwas vermehrte Zwischenwellentätigkeit bei sonst altersentsprechendem Grundrhythmus. Keine paroxysmalen Veränderungen. (Aus JANZ, D., A. MATTHES: Die Propulsiv-Petit-mal-Epilepsie. Karger, Basel 1955.) b) Mit 28 Jahren — nach 13jähriger Anfallsfreiheit, seit 5 Jahren ohne Medikamente — unauffälliges EEG.

mie mehr mit der Unreife des Gehirns, als mit einer besonderen Art eines zerebralen pathologischen Prozesses korreliert sei. Andererseits kann aber die Hypsarrhythmie auch nicht schlechthin zum Reifegrad des Gehirns in Funktion gesetzt werden, da es unzweifelhaft auch viele während der Säuglingsperiode einsetzende Epilepsien gibt, die nicht zur Ausbildung einer Hypsarrhythmie führen.

Klinik

Häufigkeit: Propulsiv-Petit mal sind häufiger, als man früher annahm. HOLUB u. TÝNOVÁ fanden unter 700 Kindern mit Epilepsie 52 (7,4%) Fälle, HESS u. NEUHAUS unter 465 epileptischen Kindern 55 (12%) Fälle und BAMBERGER u. MATTHES[6] unter 349 kindlichen Epilepsien sogar 52 (15%) Fälle mit Propulsiv-Petit mal. Im Centre Saint-Paul in Marseille soll ihre Häufigkeit sogar 20% betragen[47]. Doch dürften bei all diesen Angaben auch Fälle mit myoklonisch-astatischem Petit mal enthalten sein. In einem neurologischen Krankengut, dessen Akzent mehr auf Jugendlichen und Erwachsenen liegt, sind diese beiden frühkindlichen Petit mal-Formen verständlicherweise wesentlich seltener. So fanden wir unter 6500 Epilepsien 114 (1,8%) Fälle mit Propulsiv-Petit mal und 73 (1,1%) mit myoklonisch-astatischem Petit mal, also insgesamt 187 (2,9%) Fälle mit frühkindlichem Petit mal. Auf unsere insgesamt 1169 Fälle altersgebundener Petit mal-Epilepsien bezogen, machen Propulsiv-Petit mal 9,8%, myoklonisch-astatische Anfälle 6,2% und beide frühkindliche Petit mal-Epilepsien zusammen 16% aus.

Im Säuglingsalter stellen Propulsiv-Petit mal die häufigste durch ein besonderes Anfallsbild charakterisierte Epilepsieform dar. Wir fanden unter 216 im ersten Lebensjahr beginnenden Epilepsien 88 (41%) mit Propulsiv-Petit mal, 60 (28%) mit reinem Grand mal, 55 (25,5%) mit psychomotorischen Anfällen und 10 (5%) mit fokalen Anfällen. Unter den 320 Epilepsie-Kranken, die vor ihrem dritten Lebensjahr erkrankt sind, macht der Anteil an Propulsiv-Petit mal mit 103 Fällen fast genau $^1/_3$, im Centre Saint-Paul ungefähr die Hälfte aus[47].

Eine absolute Zunahme des Leidens ist unwahrscheinlich. Propulsiv-Petit mal werden heute nur häufiger erkannt als früher. So hat man 1951 in Marseille 5 Fälle im Jahr und 1960 25 Fälle im Jahr diagnostiziert[135].

Geschlecht: Nach der Zusammenstellung unserer Zahlen[76] mit denen von GASTAUT et al.[47] und JEAVONS u. BOWER ergibt sich ein Verhältnis von 320 Knaben zu 187 Mädchen, was einer Proportion von 1,7:1 entspricht. Knabenwendigkeit ist jedoch keine besondere Eigenschaft der Propulsiv-Petit-mal-Epilepsie, sondern für die meisten Erkrankungen im Säuglingsalter statistisch nachgewiesen[127]. So ist auch das Geschlechtsverhältnis bei den Infektkrämpfen im ersten Lebensjahr mit 150 ($\pm$14) zugunsten der Knaben verschoben[6]. Dem steht eine deutliche Mädchenwendigkeit bei der Pyknolepsie (Knaben:Mädchen = 0,6:1) gegenüber, der einzigen Epilepsieform übrigens, von der das weibliche Geschlecht häufiger betroffen wird als das männliche.

Erkrankungsalter: Die Erkrankung beginnt in einem eng begrenzten Lebensabschnitt. Obwohl sich die Spanne von der dritten Lebenswoche bis zum dritten Lebensjahr erstrecken kann (s. Abb. 13), erkranken $^3/_4$ der Fälle (88 von 114) im ersten Lebensjahr, die Mehrzahl sogar schon zwischen dem dritten und dem achten Lebensmonat. Die Kurve des Erkrankungsalters ist im fünften und sechsten Monat am höchsten, sinkt dann aber schon gegen Ende des ersten Lebensjahres ab (s. Abb. 14).

Schon früher einsetzende Erkrankungen werden von ZELLWEGER und von JEAVONS u. BOWER erwähnt. Allerdings gehen dem Beginn von Propulsiv-Petit-mal-Epilepsien nicht selten Neugeborenenkrämpfe entweder in Form generalisierter Krampfanfälle oder »amorpher« Paroxysmen voraus, die entweder spontan aufhören oder kontinuierlich in Blitz-, Nick-, Salaamkrämpfe einmünden können[6]. Daß es »Spätfälle« gibt, die noch im vierten und fünften Lebensjahr einsetzen, wie ZAPPERT, DESCROIZILLES und wir selbst[76] berichtet haben, glauben wir heute nicht mehr. Bei solchen Spätfällen handelt es sich in der Regel um Anfälle nach Art des myoklonisch-astatischen Petit mal. Immerhin belegt auch der Wandel des Anfallscharakters mit dem Lebensalter, daß es klinisch keine scharfe Trennungslinie zwischen beiden frühkindlichen Petit mal-Formen gibt. Mit zunehmendem Alter treten sowohl im Einzelfall, wie im Vergleich früher und später erkrankender Fälle die globalen Formen des Salaam- und Blitzkrampfes, die für die früh einsetzenden Erkrankungen typisch sind, gegenüber den partiellen Varianten des oberen, besonders aber des unteren Körperpoles zurück. Dem entspricht auch ein allmählicher Wandel der elektrobiologisch faßbaren Funktionsstörungen

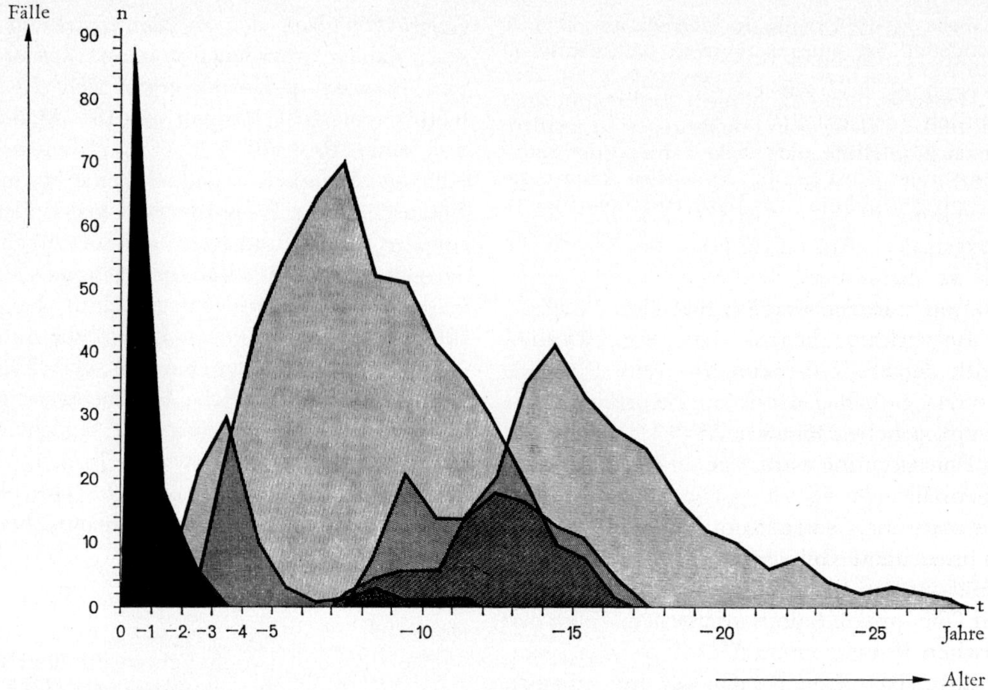

Abb. 13. Erkrankungsalter bei altersgebundenen Petit mal-Epilepsien (1169 Fälle). Schwarz: Epilepsien mit Propulsiv-Petit mal (114 Fälle).

mit dem Lebensalter, insofern als in den ersten beiden Jahren das Bild der diffusen gemischten Krampfpotentiale (Hypsarrhythmie) vorherrscht, im dritten und vierten Lebensjahr dagegen mehr das Bild der diffusen langsamen spikes and waves (»Petit-mal-variant«).

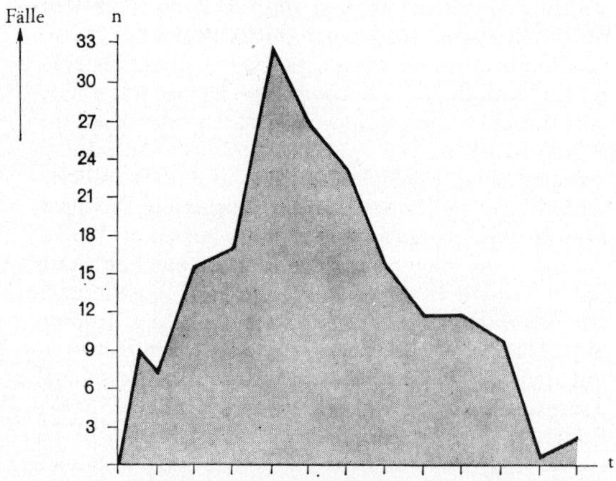

Abb. 14. Erkrankungsbeginn von Epilepsien mit Propulsiv-Petit mal im ersten Lebensjahr. (165 Fälle von Janz u. Matthes und von Jeavons u. Bower.)

Daß sich das Erkrankungsalter über eine bestimmte Periode erstreckt, die für die Entwicklung des Säuglings wesentlich ist, kann pathogenetisch nicht bedeutungslos sein. Wir hatten festgestellt, daß das motorische Grundmotiv der Anfälle gleichsam in einem Negativum zur Bewegung des Aufrichtens bestehe. Die Ausbildung dieser Leistung geht physiologischerweise genau in der Zeitspanne vor sich, in der die Anfälle erstmals in Erscheinung treten. Denn die Stufen der statischen Entwicklung, das Tragen des Kopfes, das freie Sitzen und das freie Stehen werden genau in den Monaten erreicht, in denen die Erkrankungen bevorzugt beginnen. Im allgemeinen wird im 4. Monat der Kopf – beim Sitzen mit Unterstützung – aufrecht gehalten und frei bewegt. Im 6. Monat beginnt das freie Sitzen, vom 8. Monat an – bei der Möglichkeit, sich festzuhalten – das freie Stehen[128] und vom 9. bis 10. Monat an das Schreiten[123]. Wenn auch das Endziel der statischen Entwicklung im engeren Sinne mit der Fähigkeit des freien, aufrechten Ganges im allgemeinen am Ende des 1. Jahres erreicht wird, so ist die weitere statische Ausdifferenzierung zur endgültigen Gangart, zu fließend und weich modulierten Bewegungen und zur endgültigen Form des spezifisch menschlichen symmetrischen Aufstehens (aus Rückenlage) erst mit dem 5. Lebensjahr abgeschlossen[123, 137]. Daß sich diese Erkrankung in ihren paroxysmalen und postparoxysmalen Auswirkungen am statischen Apparat manifestiert, dem System also, dessen Funktion während der Säuglingszeit in stärkster Entwicklung begriffen ist, spricht dafür, daß die der Statik dienende Funktionsstruktur entweder elektiv betroffen wird oder schon prämorbid betroffen war. Auch darin könnte eine Entsprechung vermutet werden, daß sich die Anfälle, je später sie einsetzen, desto mehr auf das als Variante des unteren Körperpols bezeichnete Hinstürzen durch Einknicken in Hüften und Knien beschränken. Die unteren Gliedmaßen jedoch werden im Zuge der statischen Entwicklung, die am Kopf beginnt und über Hals, Rumpf und obere Gliedmaßen sich nach unten ausbreitet, ganz zuletzt in den Dienst der Fortbewegung einbezogen (Gesetz der zephalo-kaudalen Entwicklungsrichtung).

Verlauf und Prognose: Wir waren, wie andere Autoren, der Meinung, daß sich die meisten Kinder bis zum Einsetzen der Anfälle normal entwickeln. Bei genauerer Beachtung ergab sich jedoch, daß dies nur auf eine Minderheit der Fälle zutrifft. Unter 25 eingehend daraufhin untersuchten Kindern waren nur 8, die sich von der Geburt an unauffällig entwickelt hatten, während bei 17 irgendwelche Störungen zu erfahren waren, sei es, daß sich, wie bei 12 Kindern, nach der Geburt Neugeborenenkrämpfe einstellten, die bei der Hälfte der Fälle unmittelbar in Propulsiv-Petit mal übergingen, sei es, daß eine ausgeprägte Trinkschwäche, eine Atemschwäche, eine Neigung zu Erbrechen oder eine Verzögerung der psychomotorischen Entwicklung zu beobachten war, derart, daß die Kinder nicht oder nicht rechtzeitig fixierten, den Kopf zu halten oder zu sitzen lernten oder ihre Umgebung zu erkennen vermochten[73].
Mit Einsetzen der Anfälle verlangsamt sich das Entwicklungstempo. Je häufiger und intensiver die Anfälle werden, desto eher kommt es zunächst zu einem Stillstand und dann zu einem Rückgang von erworbenen psychomotorischen Leistungen, was sich am auffälligsten in einem Nachlassen der statischen Funktionen äußert. Der Kopf kann nicht mehr angehoben, der Oberkörper nicht mehr aufgerichtet werden. Stehen und Gehen werden unmöglich. Die Motilität regrediert auf eine primitive Stufe ataktisch ausfahrender oder choreo-athetotischer Bewegungen; die Sprache wird dysarthrisch oder beschränkt sich wieder nur auf unartikulierte Laute. Entsprechend der Schwere und Häufigkeit der Anfälle resultiert dann ein motorisches Syndrom, das meist durch eine Hypotonie – selten eine rigide Steifigkeit – der Muskulatur bei ungeschickt ausfahrenden ataktischen und choreoathetotischen Willkür- und Spontanbewegungen gekennzeichnet ist[109]. Nicht selten kommt eine dranghafte Bewegungsunruhe hinzu, die sich zusammen mit der Rückbildung der geistigen Leistungen bis auf die Stufe eines primitiven Triebwesens, je nachdem als agile Imbezillität oder als versatile Idiotie bezeichnen läßt. Werden die vitalen Funktionen nicht unmittelbar über eine statusartige Häufung von Anfällen oder über interkurrente Erkrankungen bedroht, geht das Wachstum ungestört weiter, wobei häufig ein besonders guter Ernährungszustand auffällt.
Solche desolaten Verläufe sind, seit es eine wirksame Therapie gibt, selten geworden. Die Kenntnis ihrer Bedingungen ist aber trotzdem wichtig, da manche Autoren von der Progredienz solcher Verläufe derart beeindruckt waren, daß sie daraus den Schluß zogen, es müsse eine eigenständige zerebrale Erkrankung, sei es degenerativer[14], sei es enzephalitischer Art[44, 53] zugrunde liegen. Wir sind jedoch der Ansicht, daß der mit Beginn der Anfälle einsetzende Rückschritt als Anfallsfolge aufzufassen ist, wobei es zunächst nur zu funktionellen reversiblen Störungen kommt, wie manche, geradezu spektakuläre Behandlungserfolge, auch schon aus der Zeit vor der Hormontherapie belegen.

Fall Peter Hans D.

Mit $2^1/_4$ Jahren 8 Tage hohes Fieber, danach im Wesen verändert, bösartig, launisch, enthemmt. Daher Enzephalitis angenommen. Mit $2^3/_4$ Jahren Einsetzen nächtlicher Serien von 2—12 Krampfanfällen, wobei er symmetrisch gestreckt steif

Tabelle 1: *Prognose von Propulsiv-Petit-mal-Epilepsien.* (Nach JANZ und MATTHES.)

Verlaufsjahr	0—1	1—2	2—3	3—4	4—5	5—6	6—8	8—10	10—15	15—25
Anfallsfrei	6 (7%)	12 (17%)	13 (21%)	11 (20%)	8 (17%)	8 (18%)	5 (12%)	5 (13%)	4 (12%)	3 (11%)
Isolierte Propulsiv-Petit mal	59 (67%)	33 (46%)	20 (32%)	13 (24%)	12 (25%)	9 (20%)	9 (22%)	5 (13%)	3 (8%)	2 (7%)
Propulsiv-Petit mal und Grand mal	20 (22%)	22 (30%)	23 (38%)	24 (45%)	20 (43%)	21 (47%)	20 (49%)	19 (51%)	16 (48%)	8 (30%)
Gestorben	3 (4%)	5 (7%)	6 (9%)	6 (11%)	7 (15%)	7 (15%)	7 (17%)	8 (23%)	11 (32%)	14 (52%)
Insgesamt (je 100%)	88	72	62	54	47	45	41	37	34	27

wurde, die Augen verdrehte und bewußtlos war. Später wurden die Anfälle von einem Schreien eingeleitet und gingen mit einer Salaambewegung einher. Sie wiederholten sich serienförmig in Abständen von 4 Tagen bis 3 Wochen, blieben einmal 5 Monate aus, kehrten aber seit einem Jahr vor der Klinikaufnahme im Alter von 5 Jahren in Intervallen von Tagen bis zu 3 Wochen wieder. Seit dem 3. Jahr kam es außerdem jeden Tag zu 5—30 Blitzkrämpfen, wobei er plötzlich nach vorne schlug, sich an der Stirn verletzte oder nur kurz in den Knien oder im Hals einknickte, und zu unzähligen kurzen Absencen, wobei er nur die Augen verdrehte.

Er konnte nur mit Unterstützung sitzen und gehen, wobei er in unvorhersehbarer Weise nach vorne einknickte. Die Sprache war nasal unartikuliert und nur den Eltern verständlich; aus dem Mund lief fortwährend Speichel. Die Fütterung nahm viel Zeit in Anspruch, weil sie immer wieder durch Verschlucken und Nickanfälle unterbrochen wurde. Wenn ihm etwas nicht behagte, schrie er laut oder schlug auf die Nahekommenden ein. Die Untersuchung ergab eine durchgehende Hypotonie der Muskulatur, eine grobe Rumpf- und Gliedmaßenataxie, außer einer Gaumensegelparese aber keine Lähmungen, auch keine Reflexstörungen.

Vom 2. Tag der Medikation mit 300 mg Diphenylhydantoin und 600 mg Trimethadion p.d. an, die im Laufe von 5 Jahren allmählich abgesetzt wurde, kam es bis heute — 14 Jahre danach — zu keinem Anfall und zu keiner Absence mehr. Er konnte sofort wieder ohne Hilfe sitzen und stehen. Gehen lernte er in wenigen Tagen, wenn er zunächst auch noch für die ersten Monate auf den Beinen und im Greifen unsicher war. Die Eßstörung war sofort behoben; die Sprache blieb noch längere Zeit nasal, war aber im Laufe einiger Wochen wieder artikuliert.

Am frappantesten schien den Eltern, daß er sich an die zurückliegende Zeit gut erinnern und zuvor gehörte Geschichten wiedergeben konnte, wie er auch mit Spielzeug sofort wieder wie zuvor umging. Er ist jetzt 19 Jahre alt, konnte vom 8. Jahr an die Volksschule besuchen, ohne sitzen zu bleiben, und ist jetzt Handelslehrling.

Vor Beginn der Behandlung lag ein amyostatisch-bulbärer Symptomenkomplex mit Hypotonie der Muskulatur, Ataxie des Rumpfes und der Gliedmaßen, Astasie und Abasie, Gaumensegellähmung, Schluckstörung und Salivation vor, der von einer Idiotie begleitet schien. Die Rückbildung unter der Behandlung bewies, daß es sich dabei jedoch nicht um ein organisches Defektsyndrom, sondern nur um funktionell reversible Störungen gehandelt hat, die zum Teil durch häufige Anfälle, zum anderen aber durch postparoxysmale Erschöpfungen bewirkt worden waren.

Aber wie es reversible Symptome gibt, so bleiben besonders nach schweren Verläufen sowohl bei spontaner wie bei therapeutischer Heilung häufig genug irreversible Defekte zurück, die nicht nur auf die prämorbide Verfassung bezogen werden können, sondern auch als Ausdruck anfallsbedingter Hirnschädigungen gelten müssen. Da die Anfälle, wie noch zu zeigen ist, im weiteren Verlauf auch ohne Behandlung spontan aufhören können, kommt einer frühzeitigen Behandlung in erster Linie die Bedeutung zu, die infolge der Anfälle zu erwartende Hirnschädigung zu vermeiden.

Über die Prognose und den Verlauf im Hinblick auf *Kombination mit großen Anfällen, Heilung und Tod* unterrichten Abb. 15 und Tabelle 1, die das Ergebnis von Nachuntersuchungen wiedergeben, die wir gemeinsam mit MATTHES an 88 von 1920 bis 1954 an der Kinder- und an der Nervenklinik in Heidelberg diagnostizierten Fällen durchgeführt haben. Da die Hälfte der Katamnesen bis zu 15 und noch $^1/_3$ bis zu 25 Jahre vor 1954 zurückreicht, in eine Zeit also, in der noch nicht

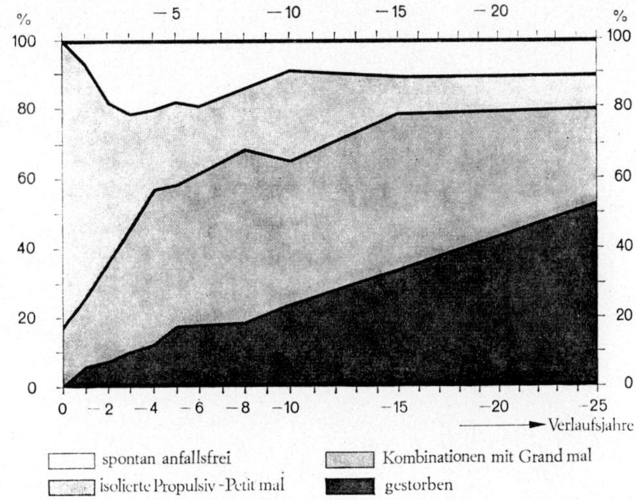

Abb. 15. Verlauf von Epilepsien mit Propulsiv-Petit mal. (Nach JANZ, D., A. MATTHES: Die Propulsiv-Petit-mal-Epilepsie. Karger, Basel 1955.)

konsequent behandelt wurde, gibt das Schema im wesentlichen die Verhältnisse wieder, die bei spontanem Krankheitsverlauf festzustellen sind. Die *Letalität* ist bei unbeeinflußtem Verlauf relativ hoch. Nach 5 Jahren waren 15%, nach 10 Jahren 23% gestorben, die Mehrzahl im Status epilepticus.

Sieht man von Neugeborenenkrämpfen ab, die in 17%[110] bis 48%[73] voraufgehen, so ist ein »milder« Beginn mit kleinen Anfällen wesentlich häufiger (82%) als ein »heftiger« Beginn mit großen Anfällen (18%)[76]. Doch treten bei einer Reihe von Fällen schon in den ersten Krankheitsjahren große Anfälle hinzu, so daß nach dem dritten Jahr etwa $^1/_3$ mit Grand mal kombiniert verlaufen. Nach dieser Zeit ist mit einem Übergang in Kombinationen kaum noch zu rechnen.

Im spontanen Krankheitsverlauf sind zwei entscheidende Wendezeiten zu erwarten: im zweiten und dritten Krankheitsjahr nehmen die meisten entweder einen günstigen oder einen ungünstigen Verlauf. Entweder hören die Anfälle spontan auf wie in $^1/_5$ der Fälle, oder das Hinzutreten von Grandmal kündigt einen deletären Verlauf an, der bei $^1/_{10}$ der Fälle letal endet. Spontanes Aufhören bedeutet jedoch für einen Teil nur eine Scheinheilung, weil die Anfälle in einer zweiten Krisenzeit, die sich vom 4.—9. Jahr erstreckt, rezidivieren können. Diese Tatsache stellt sich auf der Abbildung in einem Wiederanstieg der reinen Propulsiv-Petit-mal-Epilepsien auf Kosten der bis dahin anfallsfrei gewordenen Fälle dar.

Daß *Spontanheilungen* möglich sind, hatten schon CLARKE, FINKELSTEIN und ZELLWEGER beobachtet. Sie sind sogar nicht einmal selten, wenn auch dadurch getrübt, daß trotz Anfallsfreiheit meist geistige Defekte zurückbleiben. PACHE hatte festgestellt, daß nach 5 Jahren 23%, wir mit MATTHES, daß nach 8—10 Jahren 13% der Kinder spontan anfallsfrei geworden waren. Das ist kaum weniger als bei der Pyknolepsie, der im Gegensatz zu der Propulsiv-Petit-mal-Epilepsie meist eine grundsätzlich gute Prognose nachgesagt wird, die nach unseren Erfahrungen nur für 16%[70], von anderer Seite allerdings für 31%[117] zutrifft. Ein »trauriger Ausgang«[4] ist bei unbehandeltem Verlauf für dieses Leiden kennzeichnend. Trotzdem kann man aber nicht immer, wenn man »Blitzkrämpfen bei einem Säugling begegnet«, wissen, »wieviel es geschlagen hat«, wie ASAL und MORO meinten. Immerhin kennen wir wie Fall Hans Peter D. noch einige Patienten, die, nachdem sie anfallsfrei geworden waren, die Schule mit durchschnittlichen Leistungen besucht haben und jetzt einen Beruf ausüben.

Die längste Katamnese stammt von einem 1954 zur Zeit der Untersuchung 33 Jahre alten Landwirt, der sich verheiratet hat und Vater eines gesunden Kindes ist. In den ersten 8 Tagen nach der Geburt bekam er »Hirngichter« und dann vom 6. Monat bis zum 9. Jahr in der Woche 3—4mal bis täglich 1—3mal Anfälle, wobei er plötzlich einmal blitzartig zuckte. Dabei beugte er den Kopf ruckartig nach vorn und zog Arme und Beine an den Körper an. Nachdem er Gehen gelernt hatte, fiel er dabei

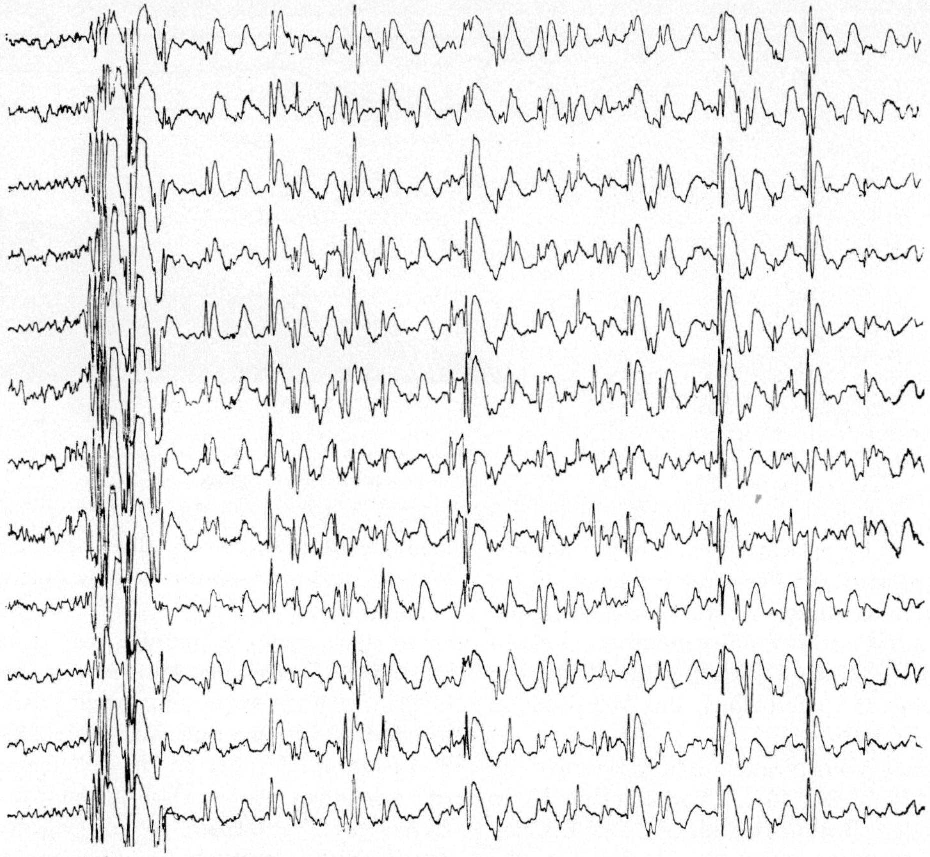

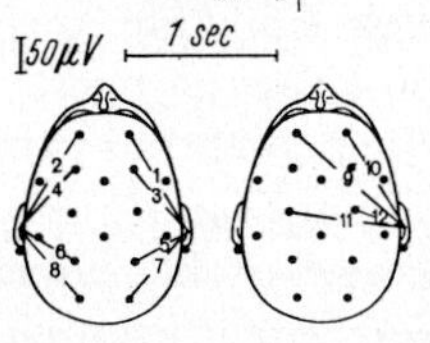

Abb. 16a u. b. Altersmodifikation im Hirnstrombild während eines Verlaufswandels von Propulsiv-Petit mal zu pyknoleptischen Retropulsiv-Petit mal. (Fall Gisela R.)
a) zeigt das EEG im Alter von 7 Jahren während eines im Text beschriebenen Propulsiv-Petit mal.

oft hin und zog sich Verletzungen zu. Trotzdem entwickelte er sich in normaler Weise und hat später den Krieg als Soldat mitgemacht.

Daß Propulsiv-Petit mal lange Zeit persistieren, ohne daß Grand mal hinzutreten, ist eine Ausnahme. Bei zwei derartigen Fällen, die wir bis ins 10. und 13. Lebensjahr verfolgt haben, hatten die Anfälle später eine Veränderung durchgemacht, indem sie sich auf Kopf und Augen beschränkten und jetzt mit rhythmischen Bewegungen wie bei pyknoleptischen Anfällen einhergingen.

Verlaufswandel: Eine gleichzeitige Kombination von Propulsiv-Petit mal mit andersartigen kleinen Anfällen kommt, abgesehen von den ohnehin nahe verwandten myoklonisch-astatischen Petit mal, nach unseren Beobachtungen nicht vor. Doch kommt es, wenn auch selten, während des Krankheitsverlaufs zum Übergang in eine andere Epilepsieform. Ein solcher Verlaufswandel geht nur unter bestimmten Bedingungen und nur in bestimmten Richtungen vor sich[27, 88, 132]. Wir unterscheiden Übergänge durch Weiterdifferenzierung und Übergänge durch Entdifferenzierung[71]. Die erste Modalität liegt vor, wenn Propulsiv-Petit mal zur altersentsprechenden Zeit von myoklonisch-astatischen Petit mal oder von pyknoleptischen Anfällen abgelöst werden, die zweite Modalität, wenn psychomotorische Anfälle nachfolgen.

Ein Verlaufswandel von Propulsiv-Petit mal zu myoklonisch-astatischen Petit mal ist »sicher häufiger als innerhalb der anderen al-

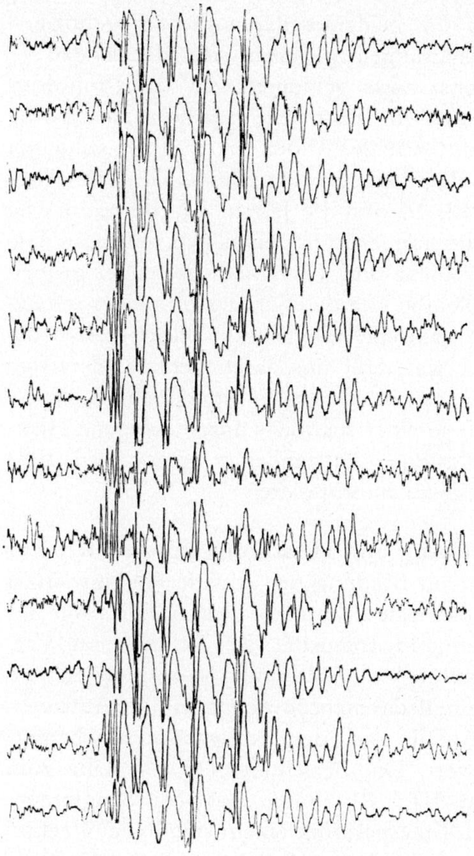

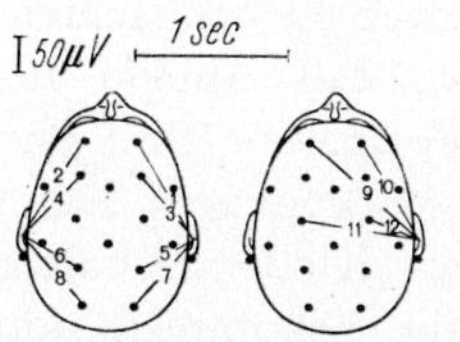

Abb. 16b zeigt das EEG im Alter von 8 Jahren während eines Retropulsiv-Petit mal.

tersabhängigen Petit mal-Verläufe und beweist die Verwandtschaft« beider frühkindlicher Petit mal-Formen[88].

KRUSE beschreibt den Krankheitsverlauf eines Patienten, bei dem im Alter von 6 Monaten zunächst für eine Dauer von 5 Monaten Salaamkrämpfe auftraten, an die sich nach einem anfallsfreien Intervall im Alter von 15 Monaten für eine Dauer von 6 Monaten Anfälle anschlossen, die wie psychomotorische Anfälle aussahen. Dann traten mit 2 Jahren für die Dauer von einem Jahr astatische Anfälle in Erscheinung und nach 6 anfallsfreien Monaten im Alter von 3 ½ Jahren myoklonische und astatische Anfälle, die 4—5 Monate anhielten und dann unter Sukzinimid-Therapie seit 1 ½ Jahren ausgeblieben sind. Elektroenzephalographisch konnte der Verlauf nur von der 3. in die 4. Phase verfolgt werden. Doch ließen die EEG-Kontrollen eine Tendenz von »mehr polymorphen Krampfpotentialen in kurzen Ausbrüchen« zu »besser organisierter synchronisierter Krampfaktivität« erkennen. Nach GASTAUT et al.[49] gibt es Fälle, die im EEG zunächst eine typische Hypsarrhythmie zeigen, die samt den entsprechenden Anfällen unter einer Hormonbehandlung für eine Zeitlang verschwinden kann, um dann durch bilateral-synchrone, pseudorhythmische Entladungen von langsamen spikes and waves und diesem Muster entsprechenden Anfällen ersetzt zu werden. Nach DOOSE[30] liegt das Erkrankungsalter in Fällen, bei denen beide Anfallsformen ineinander übergehen, »später als bei der Mehrzahl der Fälle mit reinen Blitz-Nick-Salaamkrämpfen«. Übergänge können sowohl kontinuierlich wie nach einem freien Intervall erfolgen.

Demgegenüber ist ein Verlaufswandel von Propulsiv-Petit mal zu pyknoleptischen Anfällen extrem selten. RABE konnte in unserem großen Krankengut nur drei Fälle ausfindig machen, die einen solchen Übergang nahelegen.

Fall Gisela R. (Fall 1 von RABE):

Als Beispiel gelte der Krankheitsverlauf bei einer 8jährigen Patientin, die im Alter von 1 ½ Jahren täglich in Serien von 10—20 auftretende Anfälle bekam, bei denen sie plötzlich mit dem Kopf, oft auch mit dem Oberkörper unter einem schrillen Schrei vornübersackte, einen Augenblick in dieser Haltung verharrte und sich dann wieder aufrichtete. In Rückenlage schnellte sie dabei ruckartig mit Kopf und Oberkörper bei leichter Adduktion der Beine hoch. Daneben traten 1—2mal in der Woche tageszeitlich diffus verteilte generalisierte tonisch-klonische Krampfanfälle auf. — Als sie 7jährig zu uns kam, bot sie neurologisch ein hypotones Syndrom und erwies sich in psychischer Hinsicht auf den Stand einer 2—3jährigen retardiert. — Unter 650 mg Primidon und 1200 mg Methsuximid p.d. kam es zu einer weitgehenden Anfallsminderung, die im Laufe des folgenden Jahres mit einem raschen geistigen Fortschritt einherging. — Als sie 8 Jahre alt war — 1 Jahr nach Behandlungsbeginn — kam es bei gleichbleibender Therapie im Laufe von 2 Monaten zu 5 großen Anfällen, die jeweils morgens kurz nach dem Erwachen auftraten. Gleichzeitig erschien eine neue Art von kleinen Anfällen: nicht mehr in Serien, sondern in unregelmäßigem Abstand über den Tag verteilt, hielt sie plötzlich inne, war nicht mehr ansprechbar, währenddessen die Augen wie beim klassischen Retropulsiv-Petit mal rhythmisch nach oben ruckten. Nach wenigen Sekunden war sie plötzlich wieder bei sich und setzte ihre unterbrochene Tätigkeit fort. Leider konnten wir den Verlauf im EEG nur während des Jahres, in dem sie bei uns in Behandlung stand, verfolgen (Abb. 16a u. b).

Bemerkenswerterweise erfolgte der Übergang von einer Propulsiv-Petit-mal-Epilepsie zu einer Pyknolepsie mit Retropulsiv-Petit mal erst nach einer eindeutigen körperlichen und geistigen Weiterentwicklung und erst, nachdem das Pyknolepsie-Alter erreicht war. Die Reifung zeigte sich zugleich im EEG mit einer zunehmenden Rhythmisierung und Frequenzbeschleunigung der Grundaktivität wie der Spike-wave-Komplexe. Doch bleibt anzumerken, daß das Spike-wave-Muster nicht völlig dem für eine primäre Pyknolepsie typischen 3/sec-Spike-wave-Komplex entspricht, da ihm »rhythmische ϑ-Wellen folgen, wie sie für Petit mal-Formen des Kleinkindesalters charakteristisch sind«[30].

Ein Übergang von Propulsiv-Petit mal zu Impulsiv-Petit mal war nie zu beobachten. Dagegen scheint ein Verlaufswandel durch Entdifferenzierung mit Entwicklung einer psychomotorischen Epilepsie häufiger vorzukommen. Von Rabe wurden drei entsprechende Beobachtungen mitgeteilt.

Fall Werner G., 15 Jahre alt (Fall 2 von Rabe):

Kam nach Übertragung mit Zangenhilfe zur Welt, schien sich normal zu entwickeln, bis mit 2 Monaten offensichtlich wurde, daß seine körperliche und geistige Entwicklung verzögert war. Mit 3 Jahren setzten Anfälle ein, bei denen er plötzlich die gebeugten Arme über der Brust zusammenschlug, mit dem Kopf vornüber sackte und sich nach einigen Sekunden wieder langsam aufrichtete. Diese Anfälle wiederholten sich mit Intervallen von höchstens 2 Wochen in über mehrere Tage hin gehenden Serien von jeweils 10—20 am Tage. Seit dem 8. Lebensjahr traten große Anfälle hinzu, die sich alle 8—14 Tage ebenfalls in Serien und immer nur nachts während des Schlafs ereigneten. Zugleich damit ließen die kleinen Anfälle allmählich nach und hörten dann völlig auf. 5 Jahre später trat neben den großen Anfällen eine neue Form von Äquivalenten in Erscheinung: dabei fiel den Eltern auf, daß der Patient sich zunächst blaß, dann rot verfärbte, starr vor sich hinsah, nicht mehr reagierte und dann mehrfach hintereinander auffällig zu schlucken begann. Nach 1—2 min kam er allmählich wieder zu sich und konnte sich daran nicht erinnern. — Während er vor Einsetzen der großen Anfälle sprechen und sich selbst versorgen konnte, war seither eine erhebliche Verschlechterung eingetreten, so daß er jetzt mit 15 Jahren gefüttert werden mußte und sich nur durch einsilbige Worte verständlich machen konnte.

Auch die beiden anderen hierher gehörigen Beobachtungen gleichen sich darin, daß es zunächst zwar gelungen war, die Propulsiv-Petit mal medikamentös zu beherrschen, die großen Anfälle jedoch hartnäckig anhielten oder sich sogar häuften, bevor dann im Alter von 10, 14 und 19 Jahren psychomotorische Anfälle, immer vom oralen Typ, auftraten. Die Progredienz und Therapieresistenz der großen Anfälle, die von der Entwicklung einer schweren organischen Demenz in diesen Fällen begleitet war, läßt uns daran denken, derartige Übergänge in eine psychomotorische Epilepsie im Sinne einer sekundär durch iktogene Hirnschädigungen entstandenen temporalen Epilepsie[115] zu interpretieren.

Auslösung und Hemmung der Anfälle: Zur situativen Bindung der Anfälle fiel Newnham auf, daß »die Heftigkeit des Anfalles mit der Dauer und Intensität des Schlafes im Verhältnis stehe«. Asal und Moro hielten »im Gegenteil das nahezu gesetzmäßige Auftreten der Anfälle nach dem Aufwachen« für bemerkenswert. Die Beziehungen der Anfälle zum Schlaf-Wach-Rhythmus sind bei Säuglingen, deren Tagesperiodik einem ständigen Wechsel unterworfen ist, noch schwer zu beobachten. Immerhin ist festzuhalten, daß Anfälle aus dem Schlaf sicher keine Ausnahme sind und sicher auch nicht selten vorkommen. Denn von 60 darauf untersuchten Kindern[76] hatten 40 auch im Schlaf Anfälle bekommen und 9 Kinder überhaupt nur während des Schlafes. Etwas häufiger, bei 13 Kindern, folgten die Anfälle der Regel, die »nach übereinstimmender Auffassung der Autoren« als »fast ausschließlich«[167] bezeichnet wird, sich vorwiegend beim Erwachen, nach dem Erwachen (gleich um welche Tageszeit) oder am frühen Vormittag einzustellen. Doch ist bei diesen Beobachtungen nicht eindeutig auseinandergehalten worden, ob die Kinder infolge der Anfälle aus dem Schlaf erwacht sind oder infolge des Aufwachens Anfälle bekommen haben. Im ersten Falle müßten sie als Schlafanfälle interpretiert werden, im zweiten Falle als Aufwachanfälle.

Daß aber der Schlaf als anfallsbegünstigendes Moment für Anfälle dieser Art eine Rolle spielt, geht auch daraus hervor, daß die begleitenden generalisierten Krampfanfälle häufig aus dem Schlaf heraus auftreten. Unter 58 daraufhin untersuchten Fällen waren bei 6 (10%) die großen Anfälle vorwiegend nach dem Erwachen und vormittags, bei 22 (38%) unregelmäßig »diffus« und zwar vorwiegend tagsüber verteilt, während sie bei 30 (52%) vorwiegend oder nur im Nachtschlaf auftraten. Demnach verlaufen die begleitenden großen Anfälle in über der Hälfte der Fälle als sogenannte Schlafepilepsien[69].

Daß unangenehme oder freudige Erregungen sowie plötzliches Erschrecken kleine Anfälle unmittelbar hervorrufen könnten, wurde zwar verschiedentlich von den Eltern angegeben, ließ sich aber in keinem Fall durch eigene Beobachtung bestätigen[6].

Auch anderen sensoriellen Reizen gegenüber scheinen Propulsiv-Petit mal völlig unempfindlich zu sein. Auf Photostimulation mit Flickerlicht kommt es weder zu Anfällen[6] noch zu einer Veränderung des EEG[47]. Diese Tatsache kann differentialdiagnostisch nützlich sein zur Unterscheidung von Myoklonien im Verlauf einer amaurotischen Idiotie (TAY-SACHS) oder einer subakuten Leukoenzephalitis (VAN BOGAERT), die oft durch Laut- oder Lichtreize oder Berührung auszulösen sind. Einige Male war ein umstimmender Effekt nach Pneumenzephalographie oder nach spontanen wie therapeutisch gesetzten Infektionen zu sehen; sowohl in dem Sinne, daß die Anfälle häufiger wurden — in einem Fall nach Injektion von Pyrifer derart, daß das Kind im Status starb —, mehr aber so, daß die Anfälle zeitweilig oder — wie in einem Falle nach einer Mittelohrentzündung — dauernd (9 Jahre) ausblieben. Beobachtungen über anfallshemmende Umstände sind uns nicht bekannt geworden.

Ätiologie: Alle Autoren, die eine größere Anzahl von Epilepsien mit Propulsiv-Petit mal untersucht haben, stimmen darin überein, daß Gehirnschädigungen verschiedener Art beim Zustandekommen dieser Krankheitsform eine wesentliche Rolle spielen. Wir[76] hatten 1955 nur 38 (43%) von 88 Fällen, GIBBS et al. 1954 nur 105 (45%) von 237 Fällen als symptomatische Epilepsien rubriziert. Wenig später ermittelten andere Autoren schon 47%[112], 58%[82] und 64%[101]. Wieder andere berichten sogar über 82%[140], 88%[6] und 92%[5], was dem Ergebnis der jüngsten Untersuchung nahekommt, die bei 99 (95%) von 104 Fällen Anhaltspunkte für eine ätiologisch verantwortliche Hirnschädigung erheben konnte[110]. Wir sind mittlerweilen zu der Überzeugung gekommen, daß sich bei gründlicher Untersuchung wahrscheinlich kein Fall von Propulsiv-Petit mal mehr in dem Sinne als idiopathisch oder genuin interpretieren läßt, daß keine ätiologisch erheblichen Schädigungen oder Befunde nachweisbar wären. Jedenfalls haben wir letzthin bei einer systematischen Durchforschung einer allerdings kleinen Gruppe von 25 Patienten überhaupt keinen Fall mehr gefunden, bei dem die Untersuchung in dieser Richtung völlig leer ausging[73].

Die ätiologisch wirksamen Faktoren werden nach dem Zeitpunkt ihrer Einwirkung eingeteilt in solche, die den Organismus pränatal während der Fötalperiode, die ihn perinatal d. h. kurz vor, während und kurz nach der Geburt, und die ihn postnatal während seiner Entwicklung bis zum Einsetzen der Anfälle treffen (s. Tab. 2).

1. Pränatale Faktoren. — a) Gebäralter der Mutter und Schwangerschaftsreihenfolge des Kindes: Nach DOOSE[27] ist die Zahl der späten Erstgebärenden unter den Müttern überzufällig groß, während die Verteilung der Geburtenordnungszahlen normal ist. Nach unseren Erhebungen waren 13 von 25 Müttern bei der Geburt der Patienten über 28 Jahre, 6 sogar über 36 Jahre alt.

b) Vorhergegangene Fehl- und Frühgeburten: Der Anteil von vorangegangenen Fehl- und Frühgeburten weicht mit 8 (22,9%) von insgesamt 62 Graviditäten weder vom Durchschnitt, der von STOECKEL mit 9—15% angegeben wird, noch von deren durchschnittlicher Häufigkeit bei epileptischen Müttern ab, die wir mit 13,6% ermittelt haben[75].

c) Schwangerschaftsanamnese: Die Schwangerschaften selbst waren in 13 von 25 Fällen durch Infektionskrankheiten, Abtreibungsversuche, epileptische Anfälle, Nephropathien, Präeklampsien und Übertragungen kompliziert. Der Zeitpunkt der Komplikationen lag meist, soweit zu erfahren, zwischen dem 2. und 4. Monat. Auch von anderen Autoren werden

Tabelle 2: *Ätiologische Faktoren bei Propulsiv-Petit mal.* (Aus JANZ, D.: J. neurol. Sci. 4 [1967] 401.)

Faktoren	*Fälle Nr.* 1	2	3	4	5	6	7	8	9	10	11	12	13	14	15	16	17	18	19	20	21	22	23	24	25	Summe
Pränatale																										
Epilepsie in Familie																×						×	×		×	4
Gebäralter über 28 Jahre	×	×						×	×		×				×	×		×	×	×	×		×	×		13
vorherg. Früh- und Fehlgeburten					×				×					×		×			×			×				6
Schwangerschaftskomplikationen	×	×	×		×		×	×				×		×	×			×				×	×		×	13
Fehlbildungen und Funktionsstörungen:																										
Augen	×	×	×	×	×		×		×					×		×		×	×					×		11
Andere		×	×	×			×		×							×		×	×							8
Mikrozephalie	×	×	×	×	×		×	×	×	×	×	×		×	×										×	14
Summe	4	5	4	3	3		4	3	5	1	2	2		4	3	5		4	3	1	1	3	3	2	3	
Peri- und postnatale																										
Frühgeburt	×					×								×												3
Geburt verlängert							×	×		×		×						×							×	6
Asphyxie			×	×			×	×			×			×			×		×				×			9
Zange oder Sectio								×				×														2
‚Lebensschwäche'	×					×					×				×										×	5
Neugeborenenkrämpfe		×	×	×	×		×				×		×	×	×										×	10
Infekte			×					×	×															×		4
Summe	2	1	3	2	1	2	3	4	1	1	3	2	1	3	2	—	1	1	1	—	—	—	1	1	3	
Summe aus beiden	6	6	7	5	4	2	7	7	6	2	5	4	1	7	5	5	1	5	4	1	1	3	4	3	6	

häufig Schwangerschaftskomplikationen berichtet, wie Sturz der Mutter während der ersten Monate der Schwangerschaft[76, 94], Nephropathien[167], Blutungen während des dritten Schwangerschaftsmonats, Toxämien, Diabetes der Mutter[5], Embryopathien (Rubeolen, Herpes zoster)[76, 135].

d) Kongenitale Krankheiten: Nach der Literatur werden in 8–12% aller Fälle mit Propulsiv-Petit mal folgende kongenitale Erkrankungen angetroffen: konnatale Toxoplasmose oder Syphilis, Phakomatosen (tuberöse Sklerose, STURGE-WEBER-Syndrom), angeborene Stoffwechselerkrankungen (Morbus Fölling, Dyslipoidosen), Mongolismus[4, 5, 6, 9, 10, 16, 39, 48, 53, 54, 76, 78, 79, 82, 84, 101, 103, 104, 110, 134, 138, 140, 141, 146, 154].

Mindestens 6% – vermutlich häufiger, da sich die Hauterscheinungen meist erst in der späten Kindheit zeigen – aller Erkrankungen mit

Propulsiv-Petit mal liegt eine tuberöse Sklerose zugrunde[48]. Umgekehrt sollen Epilepsien bei tuberösen Sklerosen meist unter dem Bild einer Propulsiv-Petit-mal-Epilepsie einhergehen[48]. Ähnlich steht es mit der FÖLLINGschen Krankheit, von der berichtet wird, daß von 10 Kindern mit epileptischen Anfällen allein 7 Propulsiv-Petit mal boten[103].

e) Kongenitale Mißbildungen: 18 von 25 Patienten wiesen eine oder meist mehrere anlagebedingten Fehlbildungen oder Funktionsstörungen auf. Die häufigste Mißbildung ist ein Mikrozephalus. Bei 10 (40%) Kindern war der Schädelumfang mindestens 2,5 cm, bei 14 (56%) mindestens 2 cm unter der altersgemäßen Norm. Frühere Angaben lauten 33%[76] und 40%[6]. In 12 von 25 Fällen handelte es sich um okuläre Symptome (Strabismus convergens, chorio-retinitische Herde, Makrokornea, Katarakt, Optikuskolobom), deren Katalog nach der Literatur noch durch das Vorkommen von Mikrophthalmie, Optikusatrophie, Amaurose, retinale Degeneration und Netzhauttumoren ergänzt werden kann[5,53,56,110]. Darüber hinaus waren an 8 von 25 Fällen insgesamt 10 weitere Mißbildungen (Balkenmangel, Lippenspalte, ausgeprägte Skoliosen, Spina bifida, offener Ductus Botalli, doppelseitige Hüftgelenksluxation, Herzvitium, Hämangion) festzustellen. – Auf 14 Pneumenzephalogrammen waren, abgesehen von den erwähnten 3 Fällen mit Balkenmangel, 10mal symmetrische Erweiterungen der inneren Hohlräume zu sehen, was im Zusammenhang mit dem klinischen Bild als Hinweis auf eine Frühschädigung gelten kann[139].
Insgesamt ergaben sich an 25 Kindern mit Propulsiv-Petit mal 16mal Hinweise auf eine mögliche pränatale Schädigung und 20mal Mißbildungen, die während der Fötalperiode entstanden sein mußten. Oder mit anderen Worten, es ergab sich, was die Schwangerschaftsanamnese und Mißbildungen angeht, nur in $^1/_5$ der Fälle kein Anhalt für eine pränatale Schädigung.

2. Perinatale Faktoren. – a) Geburtsverlauf: In 16 Fällen war der Geburtsverlauf kompliziert, sei es, daß die Geburt verzögert ablief, die Kinder als Frühgeburten oder blau-asphyktisch zur Welt kamen. Einen noch höheren Anteil von Frühgeburten fanden BAIRD u. BOROFSKY, die berichten, daß 11 von 51 Kindern bei der Geburt weniger als 4 Pound (= 1814 g) gewogen haben. – Zwei unserer Fälle hatten einen sehr ausgeprägten Icterus neonatorum. In der Literatur werden nicht selten Fälle mit einem Kernikterus aufgeführt[5, 53, 76, 101, 167]. – Mechanische Geburtstraumen und Gehirnblutungen sind nach unseren Erfahrungen, wie nach der Literatur, ausgesprochen selten.

b) Neugeborenen-Periode: 7 Kinder sind nach der Geburt als lebensschwach bezeichnet worden. 10 Kinder bekamen Neugeborenenkrämpfe, die sich bei 5 wiederholten und allmählich in Propulsiv-Petit mal übergingen.

3. Postnatale Faktoren. – Bei 4 unserer Patienten waren Infekte dem Beginn der Anfälle unmittelbar vorausgegangen, denen aber kaum mehr als eine auslösende Rolle zukommen kann, da alle diese Fälle einen oder mehrere Anhaltspunkte für eine pränatale Vorschädigung aufwiesen. Andere ätiologische Faktoren, wie traumatische Hirnschädigungen, zerebrale Blutungen und Gefäßverschlüsse, spielen nach der Literatur keine nennenswerte Rolle. Lediglich die Möglichkeit einer enzephalitischen Genese wird verschieden beurteilt, wobei die Angaben von 0%[13] über 9%[101, 110] bis zu 16%[140] und 18%[53] gehen. Bei 16 von 112 Kindern, über die JEAVONS und BOWER berichten, wurden die ersten Anfälle im Laufe der ersten Woche nach einer Schutzimpfung beobachtet.

Heredität: Bei 4 (16%) unter 25 Patienten hatten nähere Angehörige (Eltern und Geschwister) eine Epilepsie. In der Literatur wird der Anteil familiärer Epilepsien mit 7%[53], 18%[76], 25%[6] und 25%[27] angegeben. Über die Verteilung von Epilepsie und Gelegenheitskrämpfen in der engeren oder weiteren Familie berichtet DOOSE[27], der unter 71 Patienten in der engeren Familie 12mal (17%) Epilepsie und 3mal (4%) Gelegenheitskrämpfe, in der weiteren Familie 2mal Gelegenheitskrämpfe und 1mal sowohl Epilepsie wie Gelegenheitskrämpfe fand. Diese Zahlen liegen über der durchschnittlichen Hereditätsquote bei epileptischen Erkrankungen und entsprechen denjenigen, die beim pyknoleptischen Petit mal und beim Impulsiv-Petit mal gefunden werden. Daß beim Propulsiv-Petit mal eine ebenso hohe endogene Disposition wie bei den anderen altersgebundenen Petit mal-Epilepsien nachzuweisen ist, steht in merkwürdigem Kontrast zu der Annahme seiner überwiegend exogenen Verursachung.

Die nosologische Eigenart des Propulsiv-Petit mal wird weiter unterstützt durch Berichte über homologe Erkrankungen bei Geschwistern [12, 76, 78, 156, 163, 167, 168], unter denen sich auch Zwillingsbrüder befinden [167].

Das Problem einer »multifaktoriellen« Ätiologie: Eine rein statistische Aufzählung ätiologischer Faktoren geht an dem Problem vorbei, das dadurch entsteht, daß in beinahe jeder Krankengeschichte mehrere Umstände zu eruieren sind, die ätiologisch bedeutsam sein können. Wir führen als Beispiel dafür zwei Krankengeschichten an:

Fall Martin H., geb. am 8. 1. 1960:

Nach 9stündiger Eröffnungsperiode haben sich die kindlichen Herztöne verschlechtert. Das Neugeborene zeigte eine starke blaue Asphyxie. Die Geburt wurde nach einer Übertragung künstlich eingeleitet. Geburtsgewicht 3250 g, Länge 52 cm. — Die 27jährige erstgebärende Mutter hatte während der Schwangerschaft eine Nephropathia gravis. In der Familie sind keine Anfallskrankheiten bekannt. — Das Kind wurde am 2. Lebenstag mit noch anhaltender livider Verfärbung und mit Ödemen ins Krankenhaus verlegt. In Abständen von 20—30 sec traten generalisierte klonische Krämpfe auf. Der Liquor war xanthochrom. Das Kind war bis Ende der ersten Lebenswoche somnolent. In der 4. Lebenswoche kam es zu einer schweren doppelseitigen Bronchopneumonie. Nach der Entlassung beobachtete die Mutter von der 7. Lebenswoche an täglich 4—6mal in Serien von 7—10 Anfällen auftretende Blitzkrämpfe mit heftigen Schreien. Befund am 24. 6. 1960: Tetraspastik mit Opisthotonus und starker Hyperreflexie. Strabismus convergens beiderseits. Das Kind fixiert nicht, greift nicht, lacht nicht und kann den Kopf nicht halten. Linksskoliose im Bereich der Brustwirbelsäule, Rechtsskoliose im oberen Lendenbereich. Röntgenaufnahmen der Wirbelsäule zeigen fehlenden Wirbelbogenschluß im distalen Lumbalbereich. Über dem Herzen ist ein mittellautes systolisches Geräusch hörbar, das in die Diastole übergeht. Im Herzschallbild ergibt sich ein hochfrequentes kontinuierliches Geräusch zur Zeit des zweiten Tones, das auf einen offen gebliebenen Ductus Botalli zurückgeführt wird. Röntgenbefund des Thorax: Thymushyperplasie, Infekthili und verbreiteter Herzschatten. Die Luftenzephalographie ergibt eine wesentliche Erweiterung aller Ventrikel und Zisternen. Im EEG diffuse gemischte Krampfpotentiale. Die Röntgenaufnahmen des Schädels zeigen eine deutliche Gesichts- und Gehirnschädelasymmetrie. — Somatische Messungen: Die Körperlänge ist 4 cm, der Kopfumfang 3 cm unterhalb der Altersnorm.

Hier fragt sich: Waren die Anfälle durch den schweren Infekt in der Neugeborenenperiode ausgelöst? War die Infektanfälligkeit selber schon die Folge einer Geburtsschädigung, die sich durch die Übertragung und durch die Asphyxie ausweist? Oder sind schon die Geburtskomplikationen letzten Endes Auswirkungen einer intrauterinen Fruchtschädigung, die bei der Nierenerkrankung der Mutter während der Schwangerschaft und bei den zahlreichen Mißbildungen naheliegt?

Fall Karl Heinz B., geb. 28. 8. 1959:

Wurde einen Monat zu früh geboren. Die Geburt erfolgte in der Klinik und verlief rasch. Das Kind kam blau-asphyktisch zur Welt, wurde sofort abgesaugt und nach Verschwinden der Pulsation abgenabelt. Danach schrie es auf und sah rosig aus. Es wurde sofort in ein Sauerstoffbett gelegt. Nach 4 Stunden traten leichte Krämpfe auf. Geburtsgewicht 2660 g, Länge 49 cm, Kopfumfang 33 cm. — Die 37jährige Mutter war 5mal gravide. Die erste Schwangerschaft wurde mit Hormonen unterstützt. Dann folgten drei Fehlgeburten. Der Patient ist das zweite ausgetragene Kind. Die Mutter wird seit Jahren wegen einer Nierenerkrankung behandelt. In den ersten Monaten der letzten Schwangerschaft machte das erstgeborene Kind eine Virushepatitis durch, ohne daß die Mutter manifest miterkrankte. Aber es traten zu dieser Zeit präeklamptische Symptome auf. Der Blutdruck betrug 160/100, im Katheterurin war Eiweiß stark positiv. Während der Schwangerschaft häufiges Erbrechen. In der Familie keine Anfallsleiden. — In den ersten Lebensmonaten nahm das Kind nur langsam an Gewicht zu. Den Eltern fiel auf, daß es schlecht sah und den Kopf nie halten konnte. Mit 6 ½ Monaten wurde das Kind in die Klinik aufgenommen, weil kurz zuvor Blitzkrämpfe aufgetreten waren. Das Kind fixierte, griff und spielte nicht. Bei der Untersuchung der Augen ergab sich, daß sich die Pupillen auch bei Anwendung hoher Dosen von Mydriatika nur wenig erweiterten. Die Glaskörper zeigten eine nach hinten zunehmende homogene Trübung mit kleinzelligen Elementen. Von ophthalmologischer Seite wurde eine zentralbedingte Erblindung infolge von Mißbildungen angenommen. Im EEG diffuse gemischte Krampfpotentiale. Sonst kein krankhafter Befund.

Somatische Messungen: Körperlänge 2 cm, Körpergewicht 2,7 kg, Kopfumfang 3,1 cm unter der Altersnorm.

Auch hier ist schwer zu entscheiden, ob die Geburtsasphyxie über eine anoxämische Hirnschädigung für die Anfälle mitverantwortlich zu machen ist oder ob die perinatalen Komplikationen selbst schon durch eine pränatale Schädigung determiniert sind, auf die der Verlauf der Schwangerschaft, die häufigen Fehlgeburten und die Mißbildungen an Kopf und Augen hinweisen.

Aus einer Zusammenstellung aller ätiologisch namhaft zu machenden Faktoren bei einer gründlich untersuchten Gruppe von 25 Fällen (s. Tab. 2) ergibt sich zunächst, daß in jedem Fall eine oder mehrere Ursachen zu ermitteln waren. Von den 3 Fällen mit geringen Verdachtsmomenten hatte einer (Fall 20) einen Hydrocephalus internus; die beiden anderen (Fälle 13 und 21) waren nicht pneumenzephalographiert worden, zeigten aber schon vor Beginn der Anfälle keine statische Entwicklung.

Im Vergleich der Umstände überwiegen die pränatalen Faktoren. Auch wenn man Heredität, hohes Gebäralter und Komplikationen während früherer Schwangerschaften nicht als pränatale Faktoren im engeren Sinne anschlägt, bleibt es bemerkenswert, daß bei 20 Fällen – unter Einschluß somatischer und röntgenologischer Messungen bei 21 Fällen – Beweise oder starke Verdachtsmomente auf eine intrauterine Schädigung vorlagen. Von den restlichen 4 Fällen waren 2 (Fälle 13 und 21) nicht pneumenzephalographiert worden, während die beiden anderen (Fälle 17 und 20) im Pneumenzephalogramm einen symmetrischen Hydrocephalus internus aufwiesen. Geburtskomplikationen waren bei 15 Patienten zu verzeichnen. Da jedoch nur bei 2 von 16 »perinatalen« Fällen keine Hinweise auf pränatale Schädigungen zu finden waren, umgekehrt aber in 14 von 20 »pränatalen« Fällen die Geburt kompliziert war, liegt die Annahme nahe, daß die meisten als Geburtskomplikationen aufgeführten Umstände schon durch pränatale Bedingungen determiniert waren. Bekanntlich können pränatale Defekte zu komplizierten Geburten führen und »die Symptomatologie des Geburtstraumas imitieren«[6]. Die postnatalen Infekte können höchstens auslösend gewesen sein, da in jedem Fall Anzeichen für eine pränatale oder perinatale Schädigung bestanden.

Eine plurigenetische Auffassung von der Ätiologie der Propulsiv-Petit-mal-Epilepsie ist zwar insofern berechtigt, als nur bei 4 Fällen ein einziger ätiologischer Faktor zu ermitteln war, während bei je 2 Fällen 2 und 3, bei 5 Fällen 5 und bei je 4 Fällen 4, 6 und sogar 7 Faktoren ätiologisch in Frage kamen. Da jedoch vermutlich die früheste Schädigung ätiologisch den Ausschlag gibt, dürfte den pränatalen Faktoren das größte Gewicht zukommen. Da nur in 4 Fällen Anamnese und Befunde im Hinblick auf eine pränatale Schädigung unverdächtig waren, scheint für die Ätiologie weniger die Art der Umstände als der Zeitraum entscheidend zu sein, in dem sie den Organismus konvergierend treffen. Bevor die letzte Frage nach einer pathogenetisch gemeinsamen Endstrecke[102] gestellt werden kann, ist daher die vorletzte Frage nach dem ätiologisch gemeinsamen Zeitraum dahingehend zu beantworten, daß er höchstwahrscheinlich die Zeit der intrauterinen Entwicklung umgreift.

Pathologische Anatomie

Verglichen mit anderen Petit mal-Formen liegen über Propulsiv-Petit mal schon verhältnismäßig viele Obduktionsberichte vor. 1964 konnten Bignami et al. 38 Fälle und Radermecker et al. 40 Fälle zusammentragen. Einschließlich zweier älterer Beobachtungen (Volland: Fall 4, Liebers) und eigener Fälle der erwähnten Autoren, könnte man sogar Berichte über 50 Obduktionen anführen. Doch sind die Befunde zum Teil so unvollständig, daß nur etwa die Hälfte der Berichte strengen Anforderungen genügen würde. Geht man aber ohne Anspruch auf Vollständigkeit von 36 Fällen aus, über die einigermaßen hinlängliche Angaben vorliegen, so ergibt sich folgendes:

Zunächst beeindruckt die Vielgestaltigkeit der Befunde, die der Vielfalt an ätiologisch namhaft gemachten Faktoren entspricht. Nur in 2 Fällen (Bignami et al.: Fall 4 und 5) wurde nichts Bemerkenswertes gefunden, obwohl es sich im einen Fall um eine Frühgeburt mit blauer Asphyxie und schon vor Beginn der Anfälle erheblicher Entwicklungsverzögerung gehandelt hat. Allerdings konnte in beiden

Fällen keine ausgiebige mikroskopische Untersuchung durchgeführt werden.
In 3 Fällen (Radermecker et al.: Fall 6, 7, 8) standen Zeichen einer lymphozytären Meningoenzephalitis im Vordergrund, die in zwei Fällen jedoch als interkurrente Erkrankung zu deuten und im dritten Fall so diskret ausgeprägt war, daß sie kaum für die Symptomatik einer Tetraspastik mit schwerer Idiotie verantwortlich sein konnte.
Veränderungen, die ebenso als Folge anoxämischer Krampf- wie von Geburtsschädigungen gedeutet werden können, waren in 8 Fällen zu sehen. Im einzelnen handelte es sich 4mal um einen Status spongiosus (Poser: Fall 1, 2, 3, Martin et al.), 4mal um Ulegyrien (Bignami et al.: Fall 1, 2, Christensen u. Melchior: Fall 2, Martin et al.) und 1mal um einen Status marmoratus (Sinton u. Patterson). Davon boten 5 Fälle auch klinisch Anzeichen eines komplizierten Geburtsverlaufs (Bignami et al.: Fall 2, Martin et al., Poser: Fall 2, 3, Sinton u. Patterson). Doch befanden sich darunter 3 Fälle, die zugleich auch Anhaltspunkte für pränatal entstandene Schädigungen oder Entwicklungsstörungen im Sinne von Mikrogyrien (Christensen u. Melchior: Fall 3, Poser: Fall 3), Heterotopien (Christensen u. Melchior: Fall 3) und Mikrozephalien (Christensen u. Melchior: Fall 3, Martin et al.) aufwiesen.
Am häufigsten waren Fehlbildungen und Erkrankungen des Gehirns, die einen sicheren Schluß auf eine zeitlich in die Fötalperiode fallende Schädigung erlauben. Meist — in 15 Fällen — wurden Entwicklungsstörungen der Hirnrinde gefunden, sei es in Form einer Agyrie oder Lissenzephalie (Druckman et al., Harris u. Pampiglione: Fall 1), von Pachygyrien (Wenderowich u. Solansky, Crome: Fall 1, 2, Bignami et al.: Fall 5, 6, Tucker u. Solitaire) oder von Mikrogyrien bzw. Mikropolygyrien (Poser: Fall 3, Tucker u. Solitaire, Bignami et al.: Fall 7, Christensen u. Melchior Fall: 3, 5, 6, Bamberger u. Matthes[6], Kramer). Häufig wurden auch andere Migrationsstörungen im Sinne von Heterotopien grauer Substanz (Bamberger u. Matthes[6], Christensen u. Melchior: Fall 3. 4, 5, 6, Bignami et al.: Fall 5, 7) beobachtet, Unter der Voraussetzung, daß unter Porenzephalie wie unter Schizenzephalie eine entwicklungsmechanisch bedingte Höhlenbildung verstanden wird, wären hier noch 4 weitere Fälle (Yakovlev u. Wadsworth, Harris u. Pampiglione: Fall 2, Christensen u. Melchior: Fall 2, 3) anzuführen. Darüber hinaus sind an genetisch oder pränatal determinierten Zuständen oder Krankheiten erwähnt: je 1 Fall einer Toxoplasmose[36], einer amaurotischen Idiotie (Tay-Sachs)[97] und einer vermutlichen tuberösen Sklerose[6], in 3 Fällen eine Leukodystrophie (Bischoff, Willi u. Bischoff) und in 8 Fällen eine Mikrozephalie (Christensen u. Melchior: Fall 1, 2, 3, Martin et al., Paludan, Willi u. Bischoff: Fall 1, 2, 3).
Zusammenfassend waren also unter 36 Autopsien 2mal nichts Bemerkenswertes, 3mal nur Anzeichen für postnatale Entzündungen, 5mal nur perinatale Schädigungsmuster zu finden, dagegen 26mal Befunde zu erheben, die den Verdacht auf genetisch oder exogen bedingte zerebrale Entwicklungsstörungen oder Erkrankungen während der Fötalperiode nahelegen.

Pathogenese

Lokalisation: Die erste lokalisatorische Vermutung von Newnham (zit. nach Zellweger), daß das Mesenzephalon affiziert sein müsse, lebt in moderner Konzeption wieder in der sogenannten retikulären Theorie der Anfälle auf, wie sie die Schule von Marseille vertritt. Vom EEG ausgehend sehen Gastaut et al.[47] die Anfälle durch eine Aktivierung der Formatio reticularis des unteren Hirnstamms zustande kommen, wobei sie zur Begründung anführen: 1. In der Desynchronisierung der Kurven während der meisten Anfälle drücke sich die Erregung des aufsteigenden aktivierenden Systems aus. 2. Der Krampf selbst sei die Folge einer Erregung der retikulären tonogenen Strukturen. 3. In den vegetativen Symptomen, die ihn begleiten, kämen die vegetativen Zentren der Formatio reticularis ins Spiel.

Lederer vergleicht die in den Anfällen erscheinenden »stereotypen Massenbewegungsimpulse« mit der physiologischen Motorik des Neugeborenen und des frühen Säuglingsalters, die analoge Be-

wegungsabläufe bietet und sieht daher im Anfall »phylogenetisch und ontogenetisch ältere Hirnregionen plötzlich ungehemmt in Tätigkeit treten«. Da das frühzeitig myelinisierte Pallidum als ein phylogenetisch älteres Bewegungsorgan für die frühesten Massenimpulse verantwortlich zu machen sei, die mit der späteren Reifung des Striatums allmählich gehemmt und zu Einzelbewegungen differenziert werden, deutet sie die Anfälle als »fokale Krämpfe, deren Sitz im Pallidum zu suchen ist«. SPIEGEL sowie VIZIOLI haben diese Annahme zu einer »striopallidären Hypothese« der Salaamkrämpfe erweitert, indem sie auf je einen Fall von Propulsiv-Petit mal bei einer tuberösen Sklerose hinweisen, deren Anfälle nach neurochirurgischer Entfernung bzw. Verkochung eines im Nucleus caudatus gelegenen Knotens aufhörten. SPIEGEL berichtet über 4 weitere Fälle ohne tuberöse Sklerose, die im EEG bei Tiefenableitungen pallidäre Entladungen zeigten und auf eine Elektrokoagulation des Pallidums mit einem Nachlassen der Anfälle reagierten. VIZIOLI erwähnt, leider nicht ausführlich, einen Fall mit einem angeblichen Ependymom des dritten Ventrikels und des rechten Seitenventrikels, das den Kopf des Nucleus caudatus »in Mitleidenschaft« gezogen habe.
Aus Beobachtungen an Hirntumoren kann man nur sehr begrenzt lokalisatorische Schlüsse ziehen. Auch sprechen die pathologisch-anatomischen Befunde nicht für eine pallidäre Genese. Aber auch aus anderen Gründen glauben wir nicht, daß man Propulsiv-Petit mal in Analogie zu den JACKSON-Anfällen als fokale Anfälle einer bestimmten subkortikalen Struktur deuten kann, weil sie sonst in jedem Lebensalter und bei jeder umschriebenen Affektion dieser bestimmten Struktur in Erscheinung treten müßten.

Unsere lokalisatorischen Erwägungen gehen einerseits von der phänomenologischen Analyse des umgreifenden Anfallsmotivs aus und andererseits von den biologischen Bedingungen dieser Krankheitsform, die mit der Beschränkung auf ein bestimmtes Erkrankungsalter gegeben ist. Die Anfälle und ihre Folgen paralysieren in erster Linie die Fähigkeiten des Sich-Aufrichtens. Dieser paroxysmale und später auch kontinuierliche Funktionswandel im statischen System tritt in deutlicher Entsprechung über eine Altersspanne in Erscheinung, die sich über die Zeit erstreckt, in der die statische Reifung einsetzt, vor sich geht und ihren Abschluß erreicht. Wir nehmen daher an, daß die in den Anfällen enthemmte oder aktivierte Funktion das gesamte der Statik dienende motorische System betrifft und daß die affizierte Funktionsstruktur daher das gesamte extrapyramidal-zerebellare System einbezieht. Da die Anfälle keine Symptome enthalten, die primär vom Zwischenhirn oder von der Rinde ausgehen, darf behauptet werden, daß diese beiden Hirnregionen jedenfalls nicht wesentlich zur Gestaltung der Anfälle beitragen.
Auch die als Anfallsfolge zu beobachtenden Funktionsstörungen dürfen als Beleg für diese Hypothese gelten, da sie als unmittelbare negative Auswirkungen von im Anfall positiv betroffenen Funktionen (»after-effects« nach JACKSON) die gleiche symptomatische Bedeutung haben: Hypotonie und Ataxie als häufige und in der zeitlichen Entwicklung vorangehende, Rigidität und Choreoathetose als seltene und später zu beobachtende Erscheinungen weisen auf eine systematische, über das Pallidum und Striatum hinaus bis zu den Kleinhirnkernen sich erstreckende Störung hin, in die die Formatio reticularis des Hirnstamms einbezogen ist[108].

Aufgrund der lokalisatorischen Analyse der paroxysmalen und postparoxysmalen Symptome wie der bioelektrischen Phänomene ist die Propulsiv-Petit-mal-Epilepsie daher nicht als eine besondere Herdepilepsie, sondern als Variante einer systembezogenen oder vom EEG her einer generalisierten Epilepsie aufzufassen. Daß der Entwicklung und Rückbildung einer Hypsarrhythmie im EEG fokale Aktivitäten und Anomalien vorauslaufen oder nachfolgen können[27, 47, 110], bedeutet keinen Einwand, da der Vorgang einer »sekundären Generalisierung«, wenn auch seltener, prinzipiell auch bei anderen Varianten von »zentrenzephalen« Epilepsien möglich ist und beobachtet wird. Aber auch in solchen Fällen wird der herdförmigen Läsion nur eine auslösende Rolle für eine systematische Funktionsstörung zugeschrieben, die, auch wenn sie sich klinisch oder hirnelektrisch noch nicht äußert, doch potentiell, sei es morphologisch oder metabolisch, vorgegeben sein muß. Von welcher Art diese primär gegebene systembezogene Funktionsstörung ist, darüber kann nur unter Einbeziehung weiterer Daten, die wir als biologische zusammenfassen, Aufschluß erwartet werden.

Biologie: LEDERER hat als erste darauf hingewiesen, daß die Anfälle so aussehen, »als ob der Körper die intrauterine Haltung wieder einzunehmen bestrebt sei«. Diese Analogie wäre nichts weiter als eine Allegorie, wenn ihr Bedeutungsgehalt nicht durch einige bemerkenswerte biologische und klinische Befunde erhellt würde:

Der erste betrifft die Begrenzung auf ein bestimmtes Lebensalter. Man weiß durch PORTMANN, daß sich die menschliche Entwicklung gegenüber allen höheren Säugern dadurch unterscheidet, daß sie erst nach einem Jahr den Ausbildungsgrad erreicht, den ein entsprechendes Säugetier schon zur Zeit der Geburt verwirklicht. Der Mensch kommt sozusagen als eine physiologische Frühgeburt zur Welt und beendet seine — biologisch gesehen — fötale Ausreifung erst im Laufe des ersten Lebensjahres. Die als Propulsiv-Petit mal beschriebenen Anfälle setzen also in einer Zeit ein, die PORTMANN das extrauterine Frühjahr nennt, in der der Säugling biologisch noch ein Fötalwesen ist. Es bedürfte daher keines Rückgriffs auf phylogenetisch verankerte Bewegungsschablonen, wie etwa die Kletterhaltung der Anthropoiden[94], wenn die Interpretation des Anfallsmotivs als eine Regression auf ontogenetische Bewegungsformen näher liegt. Die Hypothese, die zu verifizieren wäre, lautet: Deuten diese Anfälle, wenn sie nach einem Vorschlag von P. VOGEL als Ausdruck einer fötalen Epilepsie zu verstehen sind, grundsätzlich auf eine Entwicklungsstörung hin derart, daß sich die davon Betroffenen während ihres extrauterinen Frühjahrs hirnpathologisch noch unter Bedingungen befinden, wie sie für die intrauterine Fötalperiode angemessen sind? Oder mit anderen Worten: Sind die Anfälle als Ausdruck einer Reifungshemmung zu deuten, die die zerebralen Funktionen zumindest teilweise auf einer fötalen Stufe fixieren?

Für diese Annahme sprechen folgende Gründe: 1. In den meisten Fällen verläuft die psychomotorische Entwicklung schon vor Beginn der Anfälle verzögert. 2. In den meisten Fällen ist eine Schädigung während der Fötalperiode oder eine in die Fötalzeit zurückreichende metabolisch oder morphologisch bedingte Entwicklungsstörung wahrscheinlich zu machen. 3. 80% der Kinder haben irgendwelche Mißbildungen. 4. Alle Kinder bieten anthropometrisch mehr oder weniger ausgeprägte Abweichungen von der Norm im Sinne einer pränatal determinierten Unterentwicklung[73].

Über die psychomotorische Entwicklung wurde im klinischen Abschnitt, über die pränatalen schädigenden Einflüsse und Mißbildungen im ätiologischen Abschnitt berichtet. Systematische *anthropometrische Messungen* an 25 Kindern führten zu folgenden Ergebnissen: Körpergewicht und Körperlänge zeigten keine signifikanten Abweichungen von der Altersnorm, ebensowenig die Brustmaße. Die pathologischen Körper- und Kopfmaße — in erster Linie eine übergroße relative Kopfhöhe, die ein gutes Maß für den Entwicklungsgrad darstellt, da der Anteil des Kopfes an der Körperlänge im Laufe der Entwicklung abnimmt — sprechen für einen Rückstand im Wachstum des Körpers und der unteren Extremitäten gegenüber dem Kopf. Wenn dieser Befund als Folge eines krankheitsbedingten Mangels von äußeren Wachstumsreizen zustande käme, wären in Fällen mit frühem Krankheitsbeginn, schwerem Verlauf und ausgeprägter statischer Retardierung häufiger pathologische Maße zu erwarten als in Fällen mit spätem Beginn und ungestörter statischer Entwicklung. Da sich die Wachstumsstörungen aber in beiden Gruppen gleich verteilen, sind sie eher als Ausdruck einer primären Entwicklungsstörung zu deuten.

An den *Schädel-Röntgenogrammen* von 50 Fällen durchgeführte *Messungen* von 10 Strecken und 4 Winkeln hatten folgende Ergebnisse: In über der Hälfte der Fälle war eine Verkleinerung des Schädels in fronto-okzipitaler Ausdehnung festzustellen, die im Einklang steht mit dem häufig angegebenen Befund einer Brachyzephalie. Wenn die bei dieser Schädelform anzutreffende Abflachung der okzipitalen Wölbung wie bei anderen mit Bettlägerigkeit einhergehenden frühkindlichen Erkrankungen durch das Aufliegen des Hinterkopfes bedingt wäre, müßte sie durch eine seitliche Ausdehnung des Schädels kompensiert werden. Das trifft jedoch für 15 unter diesen 26 Fällen, bei denen auch der biparietale Durchmesser verkleinert gefunden wurde, nicht zu. Weitere Maße erlaubten den Schluß, daß sich die Wachstumshemmung weniger im Bereich des Gesichtsschädels als im Bereich des Gehirnschädels auswirkt. Daß der das Gehirnschädelvolumen angebende Quotient bei 28 Fällen unter der Norm lag, steht im Einklang mit dem klinisch häufigen Befund einer Mikrozephalie. Winkelmessungen ergaben ferner, daß sich die Wachstumshemmungen vorwiegend auf die vordere Schädelgrube erstrecken, woraus auf eine Entwicklungshemmung vorwiegend des Vorderhirns geschlossen werden kann. — Die Ausbildung der Handwurzelknochenkerne ergab bei 7 von 10 röntgenologisch untersuchten Kindern Verzögerungen des Ossifikationsalters.

Diese Ergebnisse verifizieren die Hypothese, daß die Propulsiv-Petit-mal-Epilepsie im wesentlichen eine fötale Epilepsie sei, d. h. daß der gemeinsame pathogenetische Nenner in einer Reifungshemmung zu suchen ist, die den Organismus während seiner Fötalperiode trifft.

Dabei ist es gleichgültig, von welcher Art diese Schädigung ist, ob sie hereditär-genetisch vorbestimmt ist oder durch eine exogene Schädigung während der Schwangerschaft zustande kommt.

Wenn also plurigenetische Ätiologie und einheitliche Krankheitsform durch ein gemeinsames Zwischenglied miteinander verbunden sind, müssen die verschiedenartigen Schädlichkeiten das Zentralorgan in der gleichen Phase seiner intrauterinen Entwicklung treffen und die im lokalisatorischen Abschnitt näher bestimmten Strukturen auf einem bestimmten Stand fixieren. Der Zeitraum innerhalb der Fötalperiode, in dem die Schädigung stattgefunden haben muß, läßt sich an Hand der Mißbildungen und der Entwicklungsstörungen ungefähr abgrenzen.

Für eine exogen entstandene Mikrozephalie ist die zeitliche Determination der Schädigung seit dem Atombomben-Abwurf von Hiroshima genau bekannt. Damals haben 7 von 11 Müttern, die in der 6.—17. Schwangerschaftswoche waren und sich innerhalb eines Radius von 1200 m vom Kern der Bombenwirkung befanden, Kinder mit einem schweren Mikrozephalus geboren[86]. Zur Bestimmung des frühesten Zeitpunkts einer Schädigung eignen sich die Fälle mit tuberöser Hirnsklerose und mit einem Optikuskolobom. Für die tuberöse Hirnsklerose wird die 3.—4. Embryonalwoche[56], für Optikuskolobome die 4.—5. Embryonalwoche angegeben[20]. Die Persistenz einer Gesichtsspalte spricht für eine Schädigung vor dem 1.—2. Monat[125], ein Balkenmangel für eine Schädigung im 2.—3. Schwangerschaftsmonat. Der späteste Zeitpunkt ist vielleicht durch die Beobachtung eines Falles mit einer Spina bifida abzugrenzen, da sich die dorsalen Wirbelbögen im 4. Monat der Schwangerschaft schließen[20].

Die formalgenetische Analyse der Mißbildungen macht es möglich, die Hypothese dahingehend zu präzisieren, daß die hirnpathologische Grundlage der Propulsiv-Petit-mal-Epilepsie in Reifungshemmungen zu suchen ist, die sich genetisch oder exogen zwischen der 4. Woche und dem 4. Monat der Fötalperiode auswirken.

Andere Autoren, die eine ähnliche Auffassung vertreten[19, 93, 108], begründen ihre Annahme mit der Analogie der Anfallmuster oder des EEG-Musters zu archaischen Reflexabläufen, mit dem »chaotischen«, »archaischen« Aspekt der elektrobiologischen Vorgänge, vor allem aber mit der erstaunlichen therapeutischen Wirkung der Behandlung mit Hormonen. In der Tat läßt sich der nahezu spezifische Effekt der Behandlung mit ACTH oder Kortikosteroiden bei der Propulsiv-Petit-mal-Epilepsie kaum anders als durch eine therapeutisch erzwungene Nachreifung erklären.

Therapie

Frühbehandlung und Rezidivbehandlung sind die prinzipiellen Gebote in der Therapie von Propulsiv-Petit mal. Eine Frühbehandlung ist die beste Prophylaxe gegen eine irreversible anfallsbedingte Deterioration. Rezidive sollten nicht entmutigen, sondern zu einem neuen Behandlungsversuch auffordern. Es ist eine bewährte Erfahrung, daß oft erst wiederholte Behandlungen mit den gleichen oder einem anderen Verfahren zu einem dauerhaften Erfolg führen.

Das therapeutische Repertoire besteht aus Antiepileptika und Hormonen. Man beginnt mit Nitrazepam, das durch Kortikotropine oder Kortikosteroide ergänzt oder ersetzt werden kann. Unter Reduktion von kleinen Anfällen auftretende große Anfälle machen eine Zugabe von Primidon oder Phenytoin erforderlich.

Antiepileptika: Nitrazepam gilt seit der Prüfung von Markham als Mittel der ersten Wahl. Völzke et al. erzielten damit Anfallsfreiheit mit weitgehender Besserung oder Normalisierung des EEG bei 13 (54%) von 24 Kindern mit Propulsiv-Petit mal und Hypsarrhythmie, deren Alter bei Beginn der Behandlung zwischen 1 Monat und $1^1/_2$ Jahren lag. Als Dosis werden bei Säuglingen und Kleinkindern 0,3—1,0 mg/kg p.d. angegeben[113, 157] und für Kinder vom 3. bis 12. Jahr 6—20 mg p.d.[50, 159]. Auf die Behandlung mit Nitrazepam resistente Fälle können noch auf eine Behandlung mit Hormonen ansprechen und umgekehrt[113]. Alle Erfahrungen sprechen dafür, die Behandlung von Propulsiv-Petit mal mit Nitrazepam zu beginnen und bei mäßigem oder fehlendem Erfolg durch eine Hormonkur zu ergänzen oder zu ersetzen.

Unter *Diazepam* wurden 6 von 14 Kindern anfallsfrei; doch scheint die Wirkung mit der Zeit nachzulassen. Der Dosierungsbereich liegt zwischen 5 und 40 mg p.d.[158]. Im Vergleich mit Nitrazepam ist Diazepam unterlegen[50]. Doch wird es in langsamer intravenöser Injektion von 2—10 mg zur Kupierung eines Propulsiv-Petit-mal-Status empfohlen[7].

Phenobarbital verdient nicht vergessen zu werden. Wir haben damit bei einer relativ kleinen Gruppe meist älterer Kinder in 45% Anfallsfreiheit erzielen können[72]. Baird u. Borofsky berichten von einer signifikanten Besserung bei 22 von 42 Fällen, die jedoch nur bei 6 Kindern von Dauer war. Auch Livingston et al. führen Phenobarbital in ihrer Liste der wirksamen Medikamente an erster Stelle an. Allerdings ist auch bei 1—2jährigen Kindern eine relativ hohe Dosis von 60—120 mg erforderlich. Bamberger u. Matthes[6] schildern die Behandlung eines 10 Monate alten Kindes, das erst auf eine Dosis von 210 mg Phenobarbital anfallsfrei wurde.

Über die Wirkung von *Primidon* liegt nur die Angabe von Baird u. Borofsky vor, die bei zusätzlicher Medikation zu Phenobarbital und Phenytoin damit bei 10 von 12 Kindern Anfallsfreiheit für 1—3 Monate erreicht haben, die jedoch trotz fortgesetzter Medikation nicht angehalten habe.

Die Wirkung von *Phenytoin* liegt mit 10% bis 30%[5, 6, 72] noch im Bereich des Zufalls. Bamberger u. Matthes[6] haben mit Hydantoinen nur in 3 von 31 Fällen Anfallsfreiheit erreicht.

Mit *Dionen* hat man nur selten Erfolge gesehen. Nach unseren Erfahrungen nur bei gleichzeitiger Zusatzmedikation von Phenobarbital. Bamberger u. Matthes[6] registrierten nur in 2 von 21 Fällen Anfallsfreiheit.

Unter den *Sukzinimiden* scheint bisher nur das Äthosuximid bei Propulsiv-Petit mal angewandt worden zu sein. Faßt man die bisherigen Berichte zusammen [32, 110, 144, 147], kommt man auf 21 Behandlungen, die nur in 3 Fällen zu Anfallsfreiheit führten.

Mephobarbital scheint eine gewisse Wirkung auszuüben, jedoch nur, wenn es zusätzlich verabreicht wurde[5, 101].

Antibiotika: Unter der Vorstellung, daß der Propulsiv-Petit-mal-Epilepsie eine chronische Enzephalitis zugrunde liege, haben 1950 Stamps et al. die Wirkung hoher *Aureomycin*-Gaben geprüft und damit in 7 von 25 Fällen eine dramatische klinische Besserung mit weitgehender Normalisierung des EEG gesehen. Auch Bamberger u. Matthes[6] berichten, daß es unter 5 mit hohen *Terramycin*-Dosen behandelten Kindern einmal zu völliger Anfallsfreiheit und elektroenzephalographischer Normalisierung gekommen ist. Die Frage bleibt offen, ob es sich in solchen Fällen um eine echte antibiotische Wirkung auf eine Begleitenzephalitis oder um die Folge einer unspezifischen Stoffwechselumstimmung durch das Antibiotikum gehandelt hat.

Hormone: Obwohl schon 1950 von Klein u. Livingston eine günstige Wirkung von ACTH bei epileptischen Anfällen im Kindesalter vermeldet wurde, gab doch erst die 1958 erfolgte Mitteilung von Sorel u. Dusaucy-Bauloye, daß ATCH speziell bei Propulsiv-Petit mal indiziert sei, den entscheidenden Anstoß dazu, diese neue Form der Behandlung allgemein einzuführen. Mittlerweilen ist eine genügend große Zahl von Fällen mit ACTH und/oder Kortikosteroiden behandelt worden, so daß sich die Gründe für die anfangs sehr unterschiedliche Beurteilung dieser Behandlungsmethode durch die einzelnen Autoren besser überblicken und durchschauen lassen[2, 3, 8, 13, 18, 24, 26, 35, 37, 41, 44, 47, 57, 78, 85, 89, 110, 114, 119, 122, 126, 138, 148, 150, 151].

Unbestritten ist jetzt der günstige, oft geradezu eklatante Erfolg auf die Anfälle wie auf ihr bioelektrisches Korrelat — die Hypsarrhythmie (s. Abb. 17a u. b). Die Wirkung auf die geistige und statische Entwicklung der Kinder wird jedoch nicht einhellig beurteilt. Wir lehnen uns an die Erfahrungen von Matthes u. Mallmann-Mühlberger sowie von Petersen et al. an, die über die größten Behandlungsserien von insgesamt 179 Fällen verfügen, von denen 111 mit Hormonen und 68 in herkömmlicher Weise mit Antiepileptika behandelt wurden.

Durchführung der Hormontherapie: Die Behandlung sollte wegen ihres »beträchtlichen Risikos«[110] immer klinisch vorgenommen werden. Im Laufe von 3 Tagen wird eine Tagesdosis von 4—9 mg Dexamethason oral oder von 80—160 IE ACTH i.m. aufgebaut und als Infektschutz Penicillin sowie als Grand-mal-Schutz Barbiturate (Phenobarbital 60—120 mg

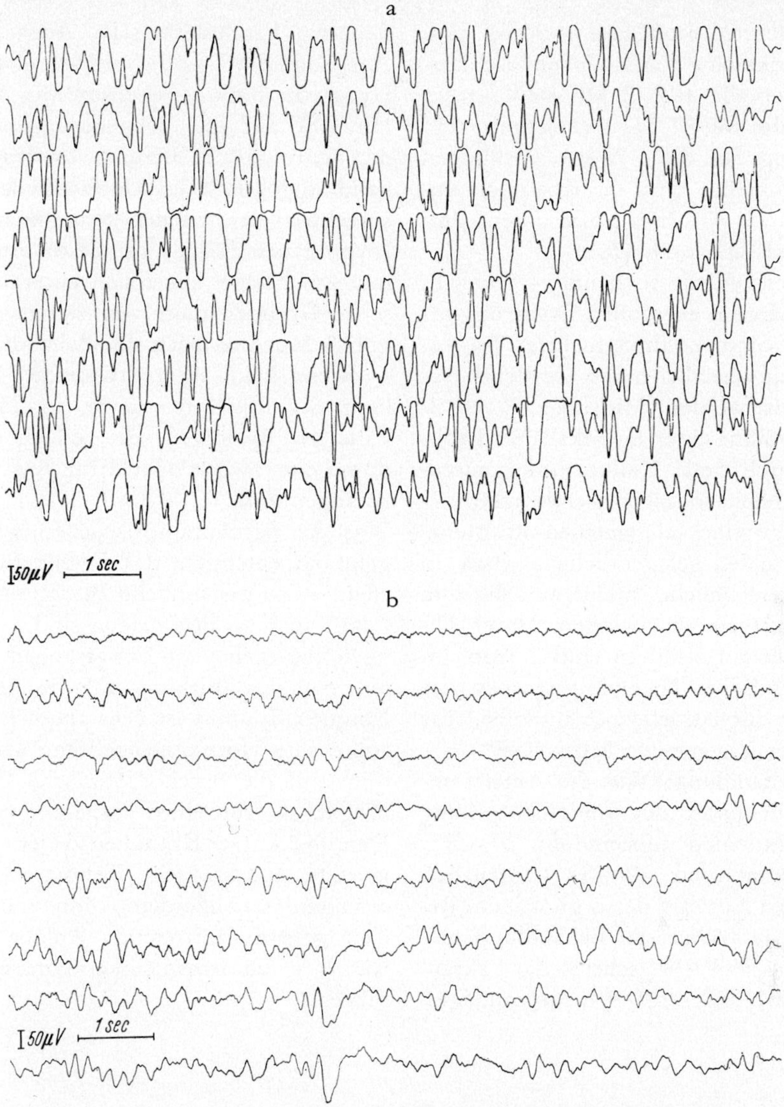

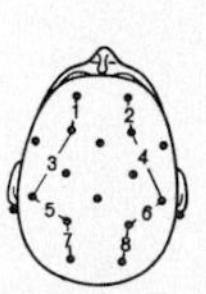

Abb. 17a u. b. EEG vor und nach einer Hormonbehandlung. — a) Im Alter von 6 Monaten typische Serien von Propulsiv-Petit mal, keine statischen Funktionen, kein Kontakt mit der Umwelt. Das EEG zeigt eine kontinuierliche Hypsarrhythmie. — b) EEG des gleichen Patienten 4 Wochen nach Beginn einer ACTH-Behandlung. Die Kurve ist frei von Anfallspotentialen; es besteht noch eine leichte unspezifische Allgemeinveränderung. Klinisch anfallsfrei; psychisch und statisch-motorisch keine wesentliche Änderung.

oder Primidon 250—500 mg) verordnet. Diese Behandlung wird so lange fortgesetzt, bis Anfallsfreiheit und »Normalisierung« des Elektroenzephalogramms eintritt, die in der Regel miteinander gekoppelt sind. Etwa 8 Tage danach wird die Dosis der Hormone im Laufe von 3—5 Tagen reduziert und abgesetzt, die Barbituratmedikation aber beibehalten. — Der Erfolg tritt gelegentlich schon in den ersten Tagen, meist aber in den ersten beiden Wochen ein. Ist auch nach 4 Wochen keine Besserung zu verzeichnen, ist eine Weiterbehandlung zwecklos.

Um in den erfolgreich behandelten Fällen ein Rezidiv zu vermeiden, kann man ambulant nach jeweils 10 hormonfreien Tagen einen

4tägigen Millicorten-Stoß mit 4—9 mg p.d. unter Antibiotikaschutz anschließen, die hormonfreien Intervalle nach 3 Monaten für ein weiteres 1/4 Jahr auf 20 Tage verlängern und die Behandlung auf diese Weise ausklingen lassen. Bei Rückfällen wird die Kur noch einmal, notfalls auch ein drittes Mal unter klinischen Verhältnissen durchgeführt.

Komplikationen: Nicht so häufig — etwa in 40% — wie man bei der hohen Dosierung erwarten sollte, kommt es zu vermehrter Wassereinlagerung mit anschließenden Gewichtsstürzen. Vereinzelt werden Mineralstoffwechsel-Störungen im Sinne einer Hypokaliämie beobachtet, die durch orale Kaliumzufuhr auszugleichen sind. Nicht so selten — etwa in 20% — treten als Folge einer allgemeinen Resistenzminderung leichte, gelegentlich — etwa in 10% — auch bedrohliche Infekte auf, die zum Absetzen der Hormone zwingen. Unter 111 hormonbehandelten Kindern sind 2 trotz intensiver antibiotischer Therapie gestorben, das eine an einer interstitiellen Pneumonie, das andere an einer allgemeinen Sepsis[110, 126].

Erfolg der Behandlung: Was die Anfälle angeht, so bleibt unter der Initialbehandlung etwa 1/3 der Patienten unbeeinflußt, 20—25% werden gebessert und 40—45% anfallsfrei. Während einige Autoren desto günstigere Resultate sahen, je früher die Behandlung eingesetzt hatte[119, 138, 140, 151], scheint die Erkrankungsdauer nach anderen[37, 41] nicht von signifikantem Einfluß zu sein. Auch erlaubt das Ausgangs-EEG – ob »typische« oder »atypische« Hypsarrhythmie — ebensowenig Schlüsse im Hinblick auf die Behandlungsprognose wie der neurologische Befund vor Beginn der Behandlung[110]. Etwaige Unterschiede in der Ansprechbarkeit zwischen symptomatischen und kryptogenen Fällen, wie sie ursprünglich vermutet wurden[145], lassen sich schon aus definitorischen Gründen kaum verifizieren. — Innerhalb von 3 Monaten nach der Behandlung kommt es, wenn keine intermittierende Nachbehandlung durchgeführt wurde, in 25—30% der Fälle zu Rezidiven, die jedoch fast immer durch eine zweite oder dritte Kur wieder aufzufangen sind.

Was die psychomotorische Entwicklung angeht, so entspricht der initiale Behandlungseffekt — so erstaunliche Besserungen im Einzelfall auch zu beobachten sind — doch meist nicht den gehegten Erwartungen. Ein direkter, von der Wirkung auf die Anfälle unabhängiger Einfluß ist sehr fraglich. Trotzdem sollte eine Hormonbehandlung auch im Hinblick auf die psychomotorische Entwicklung möglichst frühzeitig vorgenommen werden. Denn bei kurzer Krankheitsdauer sind weniger geistige und statische Beeinträchtigungen zu erwarten[126]. Außerdem können über längere Zeit gehäuft auftretende Anfälle — wie erwähnt — zu irreversiblen Hirnschädigungen führen.

Epilepsie mit myoklonisch-astatischen Petit mal

Synonyma: »Fallings«, »Falls« (Jackson 1886), Static seizures (Hunt 1922), Attaques statiques (Hunt 1924), Amyostatische Anfälle (Sanchez u. Hanon 1935), Akinetic seizures (Lennox 1945), Astatic seizures (Lennox u. Davis 1950), Petit mal variant epilepsy (Gibbs u. Gibbs 1952), Myoclono-amyotonic Petit mal (Gastaut u. Regis 1961), Epilepsie myokinétique grave de la première enfance avec pointe-onde lente (Sorel 1964), Akinetisches Petit mal (Doose 1964[29, 30]), Encéphalopathie épileptique de l'enfant avec pointe-onde lente diffuse (Dravet 1965), Myoklonisch-astatisches Petit mal (Kruse 1966), Lennox-Syndrom (Gastaut et al. 1966).

Legende: 1886 berichtete John Hughlings Jackson[67] über einen 7jährigen Jungen, der im Alter von $2^1/_2$ Jahren kleine Anfälle bekommen hatte, bei denen er 20—50mal am Tag plötzlich hinfiel und kurz danach wieder aufstand. Dabei lief er rot an, drehte die Augen nach rechts oben und hörte kurz auf zu atmen. Im Liegen waren die Anfälle leichter; dann ging nur eine kurze Zuckung durch die Glieder. Bei seinen »falls« hatte er sich häufig Verletzungen an Stirn, Nase und Lippen zugezogen. Jackson bezieht diese Art von Anfällen pathophysiologisch als »lowest level fits«[66] auf Entladungsstörungen, die von der Brücke oder der Medulla oblongata, der niedersten Ebene der cerebralen Entwicklung, ausgehen.

Ohne auf die Beobachtungen von Jackson Bezug zu nehmen, berichtete J. Ramsay Hunt 1922 vor der New Yorker Neurologischen Gesellschaft »über eine Form von epileptischen Anfällen, die durch einen plötzlichen Verlust der Haltungskontrolle charakterisiert« seien und die er daher »static seizures« nannte: »Der Patient fällt mit abrupter Heftigkeit nach dem Gesetz der Schwere zu Boden«, wobei es »nicht selten zu ernsthafteren Verletzungen, besonders des Gesichtes und des Kopfes«, kommt. »In einem Fall waren beide Kniescheiben durch häufige und schwere ›drop seizures‹ schwer beschädigt. Obwohl der Sturz plötzlich ist, dauert die Haltungserschlaffung nur kurz. Der Patient steht meist unmittelbar danach ohne Hilfe wieder auf. Das Hinfallen erfolgt gewöhnlich nach vorn und ist mit einer plötzlichen Erschlaffung oder einem »giving way« der unteren Extremitäten verbunden. In der Regel kommt es zu keinen Krampferscheinungen, obwohl beide Varianten von Anfällen kombiniert sein können.«

1945 beschrieb Lennox als »akinetisches Petit mal« Anfälle bei Kindern, die in leichter Form nur mit einem kurzen Herabfallen des Kopfes oder Einsinken des Körpers, in stärkerer Form auch mit einem Sturz und sofortigem Wiederaufstehen einhergehen. Auch er ist der Meinung, daß diese Anfälle durch »einen plötzlichen Verlust der Haltungskontrolle . . . ohne gleichzeitige Muskelzuckung« zustande kommen. Seine pathophysiologische Deutung fand in der Folgezeit lebhaften Widerspruch. Doch scheint die Alternative, ob die Anfälle durch eine plötzliche Zuckung oder durch einen plötzlichen Tonusverlust zustande kommen, inzwischen durch den Nachweis eines zeitlichen Nacheinander beider Phänomene überwunden zu sein[45].

Nosologisch führen Lennox u. Davis 1950 die in Anlehnung an Hunt jetzt »astatisch« genannten Anfälle, neben dem »reinen Petit mal«, dem »myoklonischen Petit mal« und den »massiven myoklonischen Zuckungen« als eine besondere Stimme in einem Petit mal-Quartett an. Auch andere Autoren zweifeln nicht mehr an ihrer Sonderheit und Zugehörigkeit zum Formenkreis der Petit mal-Epilepsien[14, 17, 34, 51, 55, 80, 92, 101, 111]. Sorel[144] und Doose[29, 30] kommen nach eigenen Untersuchungen an 18 bzw. 19 Fällen zu der Überzeugung, daß die als »myokinetische Epilepsie« bzw. »akinetisches Petit mal« bezeichnete Form klinisch der Propulsiv-Petit-mal-Epilepsie näher stehe als der Pyknolepsie. Auf Grund einer »gewissen Paralellität«[144] werden Propulsiv-Petit mal und myoklonisch-astatisches Petit mal »als

Symptome einer im wesentlichen gleichen«, nur »durch die jeweilige Reifungsstufe des Gehirnes modifizierten pathophysiologischen Störung aufgefaßt«[30]. Auch in ihrer letzten Untersuchung, die von 100 Fällen ausgeht, kommen GASTAUT et al.[49] zu dem Schluß, daß beide »Enzephalopathien« eng miteinander verwandt sind. Die elektroenzephalographischen und klinischen Unterschiede seien lediglich auf eine durch ihr verschiedenes Erkrankungsalter abgewandelte Reaktionsbereitschaft des Gehirns zu beziehen. Im gleichen Sinne hatten wir früher[76] die partiellen Anfallsvarianten als eine durch das spätere Erkrankungsalter bedingte Abwandlung des Propulsiv-Petit mal aufgefaßt. Wir haben uns aber nach Erfahrungen an 68 eigenen Fällen, vor allem aber durch die gründlichen Untersuchungen von KRUSE an 82 Fällen davon überzeugen lassen, daß gerade »das Auftreten im späteren Alter und die bessere Prognose zusammen mit den gewandelten Anfallsbildern, mit der Neigung zum Petit mal-Status und dem veränderten EEG-Befund, einen so deutlichen Unterschied im Verlaufscharakter besonders gegenüber den Verläufen darstellt, die im Säuglingsalter mit Blitz-Nick-Salaam-Krämpfen beginnen, daß die Eigenständigkeit einer besonderen Verlaufsform damit augenscheinlich wird«[88].

Terminologisch neigt man, abgesehen von der ehrenden Bezeichnung »LENNOX-Syndrom«, zu einer mittleren Lösung, die sich in den Kompromißformeln »myoklonisch-amyotonisches«[49] und »myoklonisch-astatisches Petit mal«[88] niederschlägt.

Die Anfälle enthalten Elemente des Propulsiv-Petit mal wie des pyknoleptischen Petit mal. Ihre relative Sonderstellung verdankt diese Krankheitsform im wesentlichen ihrem Erkrankungsalter, das zwischen dem 2. und 5. Lebensjahr liegt und ihrem EEG-Muster, das als »Petit mal variant« bezeichnet wird. Da sie auch im Hinblick auf Ätiologie, Therapie und Prognose eine Mittelstellung zwischen der Propulsiv-Petit-mal-Epilepsie und der Pyknolepsie einnimmt und keiner dieser beiden klinisch gut charakterisierten Krankheitsformen ganz zugehört, verdient sie eine gesonderte Betrachtung.

Anfallsformen

In der Regel sind im einzelnen Verlauf mehrere Anfallsformen zu beobachten, die sich jedoch nur in ihrer Intensität und Ausbreitung unterscheiden. Die globale Form wird als Sturzanfall, die partiellen Formen werden als Nickanfälle, reklinative Anfälle und als Absencen mit oder ohne Myoklonien bezeichnet.

Bei *Sturzanfällen* stürzen die Kinder plötzlich in sich zusammenfallend zu Boden, stehen aber sofort wieder auf, als ob nichts geschehen wäre. Die Plötzlichkeit des Geschehens kommt bildhaft in Beschreibungen »wie vom Blitz getroffen«[29], »wie ein gefällter Baum«[88], »als ob die Beine unter dem Körper weggezogen würden«[17] oder »wie ein Taschenmesser zusammenklappt«[81] zum Ausdruck (s. Abb. 18).

Die Kinder fallen oft nach vorn, wobei sie Gesicht und Knie aufschlagen, oder senkrecht, wobei sie mit dem Gesäß aufkommen, oder rücklings mit dem Hinterkopf auf den Boden.

Daß die Fallrichtung von der jeweiligen Lage des Körperschwerpunkts abhängig ist, kann in manchen Fällen dadurch belegt werden, daß man die Körperhaltung vor dem Anfall ändert. Läßt man die Kinder sich rückwärts neigen, so erfolgt der Sturz nach hinten. Daß sie meist nach vorne fallen, wird damit erklärt, daß Sturzanfälle meist aus Haltungen heraus erfolgen, in denen, wie beim Sitzen, Stehen und Gehen, der Schwerpunkt des Körpers physiologischerweise nach vorne verlagert sei[29]. Als weiteres Argument für die Abhängigkeit der Fallrichtung vom Schwerpunkt wird die Tatsache angeführt, daß Anfälle aus dem Liegen allenfalls mit kurzen Zuckungen durch die Extremitäten, aber nicht wie beim Propulsiv-Petit mal mit einer aktiven Beugung von Kopf und Beinen einhergehen. Doch ist bemerkenswert, daß die Anfälle bei manchen Kindern ausschließlich in einer Richtung, sei es nach vorn oder nach hinten ablaufen[88], wie auch die außerordentliche Intensität der Anfälle »mit der Schwerkraft allein nicht erklärt« ist[67].

Selten sind die Anfälle so mild, daß die Kinder mehr zu Boden gleiten oder sinken, so daß bei rechtzeitigem Zugreifen ein Hinfallen verhütet werden kann. Nur bei solchem ohne jede sichtbaren oder fühlbaren Myoklonien einhergehendem In-sich-Zusammenfallen wäre man berechtigt, von astatischen oder akinetischen Anfällen zu sprechen. Weit häufiger sind aber die Anfälle so intensiv, daß man selbst dann den Sturz nicht abfangen kann, wenn man das Kind an beiden Armen hält[88].

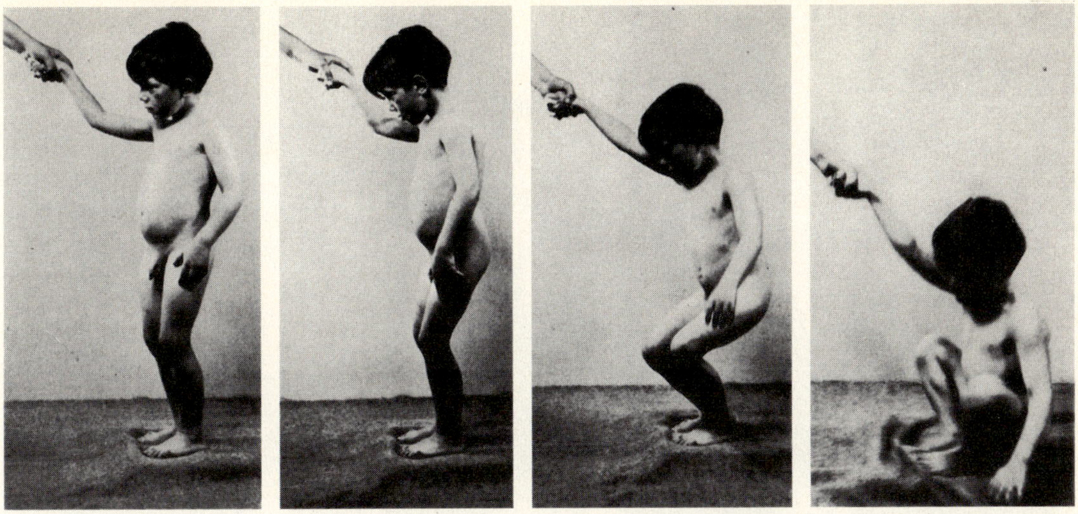

a b c d

Abb. 18a—d. Typischer Sturzanfall bei einem 5 Jahre alten Jungen. (Mit freundlicher Genehmigung von H. DOOSE.)

Die Art der Anfälle kann den Kindern vielfach schon am Gesicht abgelesen werden, das infolge der Verletzungen von Hautabschürfungen, frischen Platzwunden und alten Narben übersät sein kann (s. Abb. 19).

Der Sturz ist nur das augenfälligste Symptom dieser Anfälle. Wie die Abbildungen 18, 20 zeigen, geht zugleich damit der Kopf nach vorn; die Arme werden mindestens leicht, manchmal aber auch so heftig abduziert, daß sie bis über die Höhe des Kopfes schlagen, die Unterarme angebeugt und die Finger gespreizt. Die Augen bleiben geöffnet, die Lider blinzeln kurz, die Bulbi gehen nach oben, der Mund kann sich öffnen.

Das Bewußtsein ist bei kurzdauernden Anfällen nicht erkennbar unterbrochen. Doch fällt auf, daß die Kinder nicht über die Anfälle klagen, und, auch wenn sie älter sind – im Gegensatz zu Kranken mit Impulsiv-Petit mal –, nichts über ihre Zuckungen zu berichten wissen. Allerdings können sie, wenn sie nach einem heftigen Sturz nicht sofort wieder aufstehen, sondern noch einige Sekunden am Boden liegen – wenn auch verlangsamt –, wieder reagieren, wirken aber noch eine gewisse Zeit »wie betäubt« und etwas verstört.

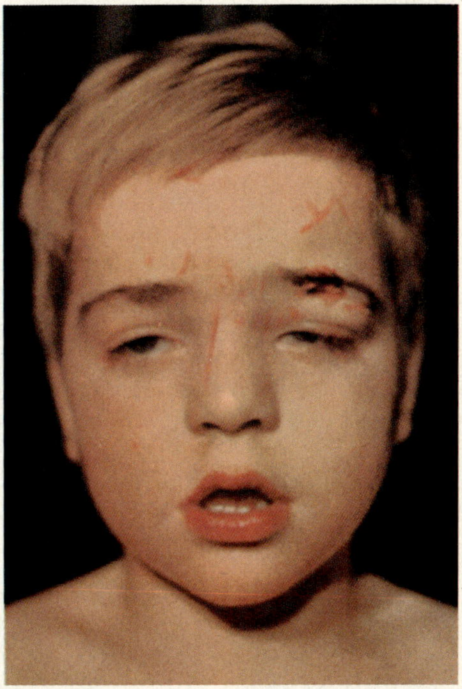

Abb. 19. Frische Verletzungen und ältere Narben im Gesicht als Folge gehäufter Sturz- und Nickanfälle. 6jähriger Junge mit myoklonisch-astatischen und mit großen Anfällen. (Aus KRUSE, R.: Das myoklonisch-astatische Petit mal. Monographien aus dem Gesamtgebiete der Neurologie und Psychiatrie, H. 124. Springer, Berlin 1968.)

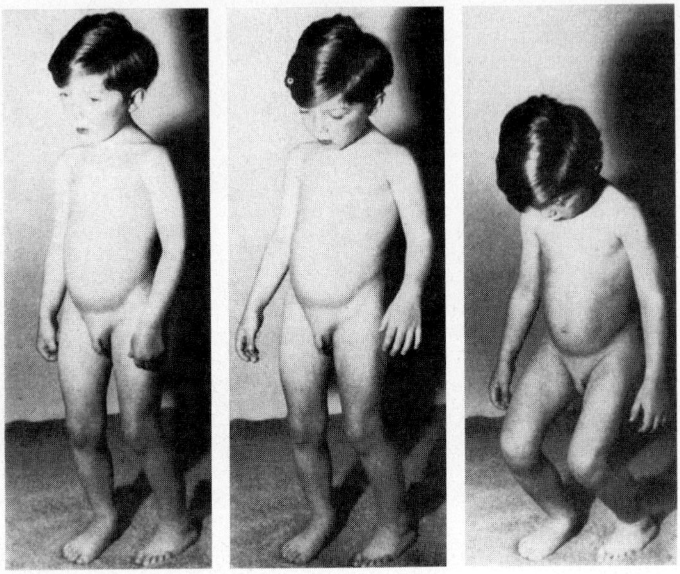

a b c

Abb. 20a—c. Abortiver Sturzanfall bei einem 5jährigen Jungen. (Aus Doose, H.: Arch. Psychiat. Nervenkr. 205 [1964] 625.)

Bei der mildesten Form von globalen Anfällen kommt es gar nicht zum Sturz, sondern nur zu kurzem Einsacken in den Knien, Neigen des Kopfes, Anheben der Arme und Spreizen der Finger (s. Abb. 20). Solche Anfälle werden anfangs oft als ein Stolpern beim Gehen oder eine kurze Schwächeanwandlung fehlgedeutet.

Nickanfälle: Im Sitzen, wenn der Stand nicht gefährdet ist, fallen die myoklonisch-astatischen Anfälle mehr durch das plötzliche Herabsinken des Kopfes auf (s. Abb. 21). Ebenso wie bei den Sturzanfällen der Sturz, ist auch bei den Nickanfällen das Nicken nicht das einzige, sondern nur das augenfälligste Symptom. Es hängt also mehr von der Ausgangssituation und vom Augenmerk des Untersuchers ab, ob ein myoklonisch-astatischer Anfall als Sturzanfall oder als Nickanfall imponiert. Denn auch hier sind — soweit zu beobachten — wieder die Augen mit einem Absinken, einem Blinzeln oder rhythmischen Zucken der Lider, bei stärkeren Ausprägungen auch die Arme mit einem mehr oder minder leichten Rucken in Beuge- oder Abduktionsstellung beteiligt.

Reklinative Anfälle: Zur Unterscheidung vom Retropulsiv-Petit mal im Rahmen der Pyknolepsie werden damit von Kruse die seltenen Anfälle im Rahmen des myoklonisch-astatischen Petit mal bezeichnet, bei denen die Bewegung nach hinten gerichtet ist statt nach vorne, wie es meist der Fall ist. Er fand diese Anfallsmodalität als gelegentliches Ereignis unter 14 von 82 Fällen, als alleiniges Anfallsbild über den gesamten Krankheitsverlauf jedoch nur in 2 Fällen. Häufiger komme es vor, daß

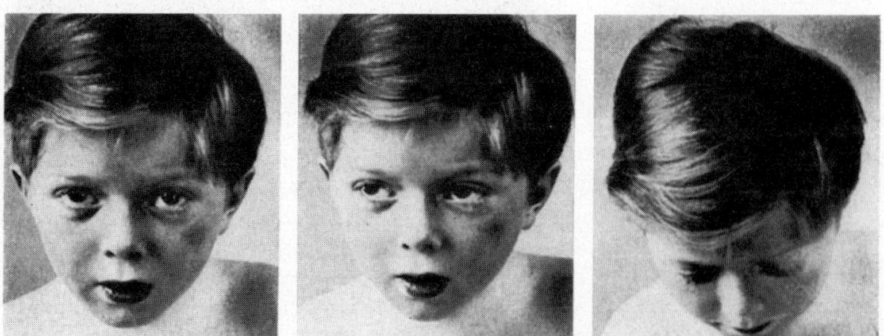

a b c

Abb. 21a—c. Nickanfall bei dem gleichen Patienten wie in Abb. 20. (Aus Doose, H.: Arch. Psychiat. Nervenkr. 205 [1964] 625.)

reklinative Anfälle einmal während einer Krankheitsphase vorherrschen, um dann wieder von propulsiv gerichteten Anfällen abgelöst zu werden.

Diese Beobachtung ist von zweifachem Wert: Die Seltenheit solcher Vorkommnisse im Rahmen der beschriebenen Krankheitsform erweist die enge pathophysiologische Verwandtschaft des myoklonisch-astatischen Petit mal mit dem Propulsiv-Petit mal. Darüber hinaus erleichtert sie die nosologische Zuordnung der seltenen Fälle von »frühkindlichem Retropulsiv-Petit mal« zur myoklonisch-astatischen Petit mal-Epilepsie. Denn bisher war es fraglich, ob solche Fälle wegen ihres retropulsiven Anfallscharakters der Pyknolepsie zuzuordnen oder wegen ihres frühen Erkrankungsalters, des meist heftigeren Anfallscharakters, der nicht immer pyknoleptischen Häufigkeit der Anfälle und vor allem wegen ihres »atypischen« Spike-wave-Musters im EEG von ihr abzutrennen seien.

Absencen: Kurze Absencen mit oder ohne leichte motorische Erscheinungen im Bereich der Augen stellen die mildeste und zugleich die am engsten begrenzte Anfallsmodalität im Rahmen myoklonisch-astatischer Anfälle dar. Als Anfallsphänomen sind Absencen nichts weiter als eine »unspezifische Minimalform jeder Art von Petit mal«, die »auch im Rahmen anderer epileptischer Krankheitsformen vorkommt«[70]. Mit ihrem Vorkommen allein ist daher noch keine besondere Anfalls- oder Verlaufsform belegt. Dennoch weisen die im Rahmen myoklonisch-astatischer Anfälle häufig – nach Kruse in fast $^3/_4$ der Fälle – vorkommenden Absencen gewisse Eigenschaften auf, die auch ohne weitere klinische und elektroenzephalographische Kriterien ihre Zugehörigkeit zu dieser Krankheitsform nahelegen: die Absencen dauern mit 1–2 sec im allgemeinen kurz, so daß blande oder indifferente Absencen meist übersehen und nur bei gleichzeitiger elektroenzephalographischer Registrierung bemerkt werden.
Diskrete motorische Symptome in Form eines Blinzelns, von Bulbusbewegungen, die meist nach oben erfolgen, und von Bewegungen in den Mundwinkeln, die meist symmetrisch ablaufen, sind gleichfalls kürzer und laufen rascher ab, als die analogen Erscheinungen bei pyknoleptischen Anfällen. Das Blinzeln der Lider, das Rucken der Augen nach oben, das Zucken in den Mundwinkeln kann kürzer dauern als die Absence selbst und sich bei serienförmigem Auftreten in kurzen Intervallen von 1–2 sec mehrmals wiederholen. Wenn die Serie insgesamt nicht länger dauert als ein pyknoleptisches Petit mal, ist der phänomenologische Unterschied nur noch durch den intermittierenden Charakter der Zuckungen gegeben.

Wenn Absencen mit einem länger dauernden rhythmischen Nicken des Kopfes einhergehen, spricht Kruse von »propulsiven Absencen«. Wahrscheinlich gehört ein Teil der von uns als pyknoleptische »Nickerchen« bezeichneten Anfälle hierher, die wir seinerzeit bei 8% aller Pyknolepsien gefunden und als besondere pyknoleptische Anfallsform beschrieben haben[70].

Fakultative Anfallssymptome: Obwohl die Anfälle in der Regel symmetrisch und die Zuckungen synchron ablaufen, sind gelegentlich doch auch asymmetrische und asynchrone Ausprägungen zu beobachten. Prodromi und Auren gehören nicht zum Bild dieser Anfälle. Vegetative Symptome in Form einer Röte oder Blässe, von Schweißausbruch oder Speichelfluß scheinen ausgesprochen selten. Die Häufigkeit »oraler Automatismen«, die allerdings nicht beschrieben werden, wird verschieden beurteilt[29, 88].
Ebenso wie beim Propulsiv-Petit mal stoßen die Kinder auch beim myoklonisch-astatischen Petit mal oft einen kurzen Laut aus, der sich wie ein Juchzer anhört. Diese Ausrufe werden nicht als Schreckäußerungen, sondern als Ausdruck einer Beteiligung des Zwerchfells an den Zuckungen gedeutet[29, 88], ein flüchtiges Weinen jedoch als Reaktion auf die Anfälle verstanden.

Große Anfälle: Die generalisierten Krampfanfälle, die bei $^3/_4$ der Fälle auftreten, können sowohl tonisch-klonisch, wie vorwiegend mit klonischen Zuckungen oder auch ausschließlich mit einem tonischen Krampf einhergehen. Die Haltung im Anfall kann sowohl emprosthotonen wie opisthotonen Charakter haben. Die tonischen Anfälle, die vorwiegend während des Schlafs auftreten[88], erinnern allerdings »in der motorischen Grundform an die Salaamkrämpfe des Säuglings«[29]. Überhaupt scheint in vielen Fällen keine eindeutige Abgrenzung zwischen kleinen und großen Anfällen möglich zu sein.

KRUSE beschreibt sogar Anfälle ohne sichtbare tonische oder klonische Zuckungen, die lediglich für einige Minuten mit einer Bewußtlosigkeit und einer muskulären Hypotonie einhergehen. Daran könne sich eine zweite Anfallsphase mit rhythmischen klonischen Zuckungen anschließen. Besonders während des Schlafs seien Anfallsmodalitäten in jeder Intensität und Verdünnung zu beobachten.

Zur Terminologie: Wenn es darauf ankommt, sich kurz zu verständigen, wird es genügen, wenn man Anfälle der beschriebenen Art als astatisches oder akinetisches Petit mal etikettiert. Strengen Anforderungen halten diese Bezeichnungen jedoch nicht stand. Was ihre Beziehung zur Körperhaltung angeht, so sind im Grunde alle altersgebundenen Petit mal »statische« Anfälle. Denn vom Propulsiv-Petit mal über das Retropulsiv-Petit mal bis hin zum Impulsiv-Petit mal tangieren alle, nur jeweils anders modifiziert, in erster Linie die Funktion der Statik[74]. Auch kann man schlechterdings nicht alle zum myoklonisch-astatischen Petit mal gehörenden Anfälle als akinetisch bezeichnen. Wenn auch im klinischen Bild dieser Anfälle die hemmenden Einflüsse auf den Tonus der statischen Muskulatur die erregenden zu überwiegen scheinen, so können doch weder die häufigen Zuckungen noch die experimentellen Tatsachen[45] übersehen werden. Was das Propulsiv-Petit mal rein phänomenologisch vom myoklonisch-astatischen Petit mal unterscheidet, ist lediglich eine verschiedene Gewichtsverteilung beider muskulärer Elemente, der Hypertonie und der Atonie im Anfall. Die altersabhängigen Varianten dürften daher im wesentlichen durch einen verschiedenen zeitlichen Ablauf von Anspannung und Entspannung in der betroffenen Muskulatur zustande kommen. Will man daher den Unterschied dieser beiden Petit mal-Epilpesien des frühen Kindesalters durch Bezeichnungen zum Ausdruck bringen, die sowohl das Erkrankungsalter als auch die Tonusverhältnisse im Anfall und das EEG-Muster angeben, so bietet sich unseres Erachtens folgender Vorschlag an: die Epilepsie mit Propulsiv-Petit mal als »frühinfantile tonisch-klonische Petit mal-Epilepsie mit Hypsarrhythmie« zu benennen und die Epilepsie mit myoklonisch-astatischem Petit mal als »frühinfantile klonisch-atonische Petit mal-Epilepsie mit langsamer Spike-wave-Variante«. Doch kommt auch in dieser Bezeichnung leider nicht zum Ausdruck, daß letztere häufig von indifferenten Absencen oder indifferenten Petit mal begleitet wird, die gelegentlich sogar den Verlauf bestimmen.

Wiederholung der Anfälle: Die kleinen Anfälle wiederholen sich in der Regel über Tage und Wochen hin täglich gehäuft bis zu 70 und 100mal am Tag. Doch kommt es im Gegensatz zur Pyknolepsie, bei der die Anfälle tagtäglich auftreten, auch spontan zu anfallsfreien Intervallen von der Dauer einiger Tage bis zu einigen Wochen. Auch scheinen Verläufe mit nur wenigen Anfällen am Tage nicht so selten wie dort. Ebenso wie Propulsiv-Petit mal neigen myoklonisch-astatische Anfälle dazu, sich in Salven oder Serien zu häufen oder zu ausgesprochenen Staten zu verdichten. Im Gegensatz zum Propulsiv-Petit mal dauern Serien von Nick- oder Sturzanfällen meist nur wenige Minuten.

Eine länger dauernde Häufung und Verdichtung zu einem *Status myoklonisch-astatischer Anfälle*, wie sie bei dieser Krankheitsform in 25% der Fälle zu beobachten ist[88], kann verschiedene Formen annehmen: Entweder stehen die Zuckungen mehr im Vordergrund oder ein Stupor, oder beide Symptome durchdringen sich zu einem wechselhaften Bild. Im ersten Falle kommt es in Abständen von ca. 3 min zu in ihrer Intensität sehr wechselnden symmetrisch-synchronen, aber auch vereinzelt auftretenden Zuckungen, vorwiegend im Bereich des Gesichts und der Arme, die zu kurzen in ganz unregelmäßigen Abständen wiederkehrenden Jaktationen, wie Hochreißen, Auseinanderschlagen, Schleuder- und Wedelbewegungen der Arme, führen. Obwohl die Kinder dabei auch in die Knie gehen können, sind sie doch meist in der Lage, die Balance zu halten. Im anderen Fall imponieren mehr eine akinetische Bewegungsarmut und eine antriebslose Apathie, während der nur ein gelegentliches Nach-vorne-Sinken des Kopfes oder Einknicken des Körpers an die Anfälle erinnert, soweit die Kinder nicht im Bett liegen. Das Bild beeindruckt weniger durch die dichte Folge sehr kurzer seelischer Pausen als dadurch, daß die Patienten in ihrer motorischen Verfügbarkeit behindert sind[29]. Die Unfähigkeit zu kauen, die Mühe zu schlucken, die Schlaffheit der Gesichtszüge, das Absinken der Lider und des Unterkiefers sowie das Speicheln erinnern an die Symptomatik einer Pseudobulbärparalyse[88], wie sie ZAPPERT als »epileptiformen, pseudobulbären Symptomenkomplex mit günstigem Verlauf« beschrieben hat.

Das EEG während eines Status myoklonisch-astatischer Anfälle unterscheidet sich nicht vom EEG-Muster eines einzelnen Anfalls, abgesehen davon, daß das individuelle Muster diskontinuierlich während der Dauer des Status beibehalten wird. Die von LANDOLT[90, 91] getroffene Unterscheidung von Petit mal-Status mit diskontinuierlichem und kontinuierlichem Spike-wave-Muster im EEG hat insofern eine nosologische Relevanz, als ein Status pyknolepticus häufiger mit einem kontinuierlichen und ein myoklonisch-astatischer Petit mal-Status häufiger mit einem diskontinuierlichen Spike-wave-Muster, wie im folgenden Fall, einhergeht:

Fall Liesel Sch., 24 Jahre:

Im Alter von 2½ Jahren fiel sie plötzlich, als sie sich einmal den Daumen zwischen die Tür geklemmt hatte, auf den Boden, lag einen kurzen Moment mit starrem Gesichtsausdruck da und spielte dann weiter. Seither bekam sie fast jeden Tag 2—3mal kurze Anfälle, die so aussahen, wie wenn sie gestolpert wäre. Sie fiel einfach nach vorne um und stand sofort wieder auf. Dabei zog sie sich häufig Verletzungen an der Stirn und an den Knien zu. Vom 7. Jahr an fiel sie dabei nicht mehr hin, sondern blieb kurz stehen, hielt den Kopf nach vorne gebeugt und zwinkerte einige Sekunden mit den Lidern und mit den Augenbrauen. Mit 12 Jahren wurden die Anfälle seltener, kamen dafür aber etwa alle 4 Wochen fast ununterbrochen den ganzen Tag über, so daß sie nichts unternehmen konnte, zu Hause im Wege stand, nicht ansprechbar war und sich wie eine Holzpuppe steif und mechanisch bewegte. Als sie mit 15 Jahren in die Klinik eingeliefert wurde, befand sie sich in einem solchen Zustand, bei dem man zunächst an einen Dämmerzustand dachte. Doch fiel dann auf, daß es sich dabei um eine nur durch 5—30 sec dauernde Intervalle unterbrochene ständige Abfolge von kleinen Anfällen handelte, bei denen der Kopf, die Lider und der Oberkörper leicht nach vorne wippten. Zwischendurch war sie sofort klar und ansprechbar, konnte kurz antworten, auch kurze Rechenaufgaben ausführen, bis der nächste Anfall kam. Wenn man ihr eine Besorgung auftrug, ging sie einige Schritte in der angegebenen Richtung, blieb dann stehen, wippte einige Sekunden nach vorn, ging dann wieder einige Schritte weiter und verlor dann die Orientierung, so daß sie schließlich ratlos und verlegen stehen blieb. Das EEG zeigte diffuse, unregelmäßige, generalisierte langsame Spike-wave-Folgen, die kaum von einer intervallären Dysrhythmie abgesetzt waren. Nachdem sie in der Nacht geschlafen hatte, war sie am Morgen wie verwandelt, gab prompt und lebhaft Antwort, war orientiert und hatte an den vergangenen Tag nur eine lückenhafte Erinnerung.

Nachdem jahrelange Therapieversuche mit 300 mg Phenytoin, 600 mg Phenantoin, 1800 mg Trimethadion versagt hatten und die Dämmerzustände bis zu ihrem 19. Lebensjahr sich in unregelmäßigen Abständen von 4—6 Wochen wiederholt hatten, ohne daß sie im Intervall irgendwelche Anzeichen kleiner Anfälle bot, führte endlich eine Medikation von 1800 mg Äthosuximid zu dem Erfolg, daß sie nunmehr seit 3 Jahren vollkommen davon verschont geblieben ist, — ein weiterer Beweis für den paroxysmal-epileptischen Charakter dieser episodischen Dämmerzustände.

EEG-Befunde

Wie in ihrem Anfallsmuster und Verlaufscharakter, so stehen myoklonisch-astatische Anfälle auch in ihrem EEG zwischen dem Propulsiv-Petit mal und der Pyknolepsie. So trifft man bei dieser Anfallsform weder das »archaisch« ungeordnete Muster der Hypsarrhythmie noch das »klassisch« geordnete Muster des 3/sec-Spike-wave-Komplexes an. Kennzeichnend für eine Epilepsie mit myoklonisch-astatischen Anfällen sind vielmehr alle Varianten des generalisierten Spitze-Welle-Musters, deren Frequenz langsamer als 3 sec ist.

1939 wurde von GIBBS und GIBBS u. LENNOX »ein Spike-wave-Muster, das langsamer ist als der 3/sec-Spike-wave-Komplex des eigentlichen Petit mal, das ihm aber in mancher Hinsicht gleicht, als Petit mal-Variante bezeichnet«[51]. Heute, da man einen elektrophysiologischen Befund nicht mehr mit einem klinischen Begriff belegt und da man mehrere Varianten des Spike-wave-Musters zu unterscheiden gelernt hat, zieht man es vor, anstelle dessen von »langsamen Spike-waves«[95], von »diffusen langsamen Spike-waves«[49] oder von der »langsamen Spike-wave-Variante« zu sprechen.

Die *Grundaktivität* wird bei wiederholten Ableitungen in je einem Viertel der Fälle als »stets normal« und als »stets pathologisch« befunden[88]. Häufig ist sie von unspezifischen paroxysmalen Störungen durchsetzt, die bei zwei Drittel der Fälle die Form generalisierter, bei fast der Hälfte der Fälle die Form okzi-

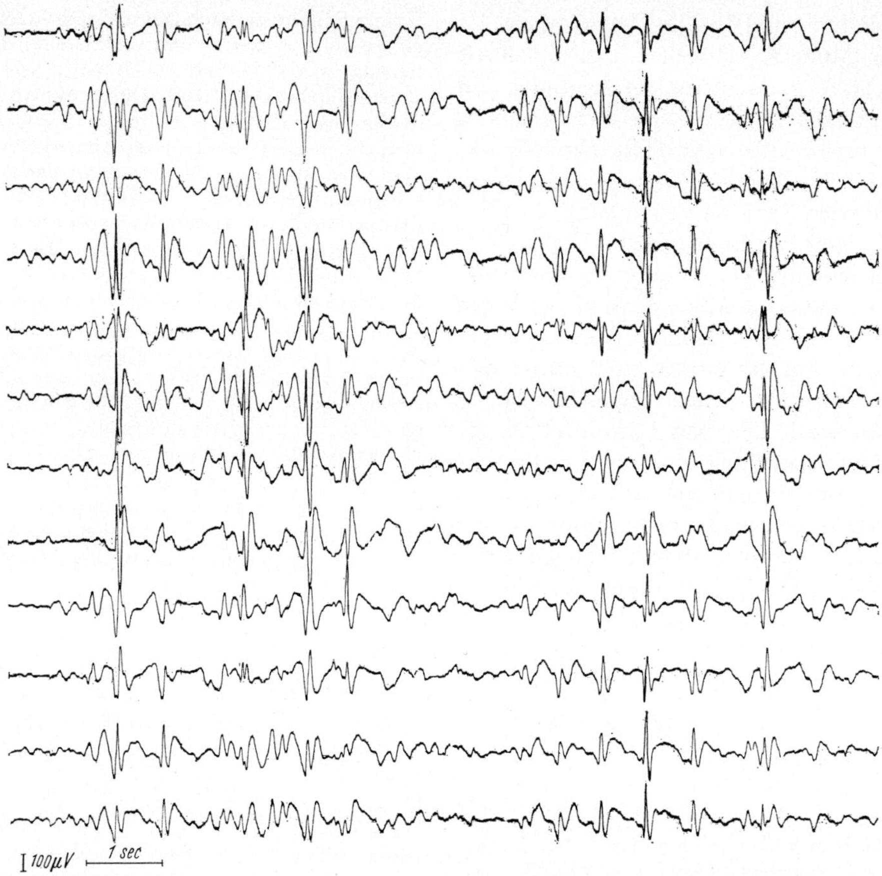

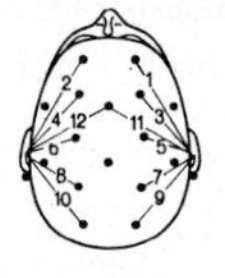

Abb. 22. Generalisierte bilateral-synchrone Sharp-slow-waves von 2—2,5 sec im EEG eines 7jährigen Mädchens, das seit 3 Jahren an häufigen myoklonisch-astatischen Anfällen und an Grand mal leidet. Kam zyanotisch nach verzögerter Geburt in Steißlage zur Welt. Neurologisch unauffällig; psychisch retardiert.

pital betonter steiler Ausbrüche, sowie von Gruppen bzw. längeren Zügen hoher, oft rhythmischer 3—5/sec-Wellen annehmen.
Solange Anfälle vorkommen, zeigen sich praktisch in jeder Ableitung auch spezifische Veränderungen. Im Intervall finden sich die gleichen Muster wieder wie während der Anfälle. Subklinische und klinische Muster unterscheiden sich lediglich quantitativ, d. h. was die Häufigkeit der Anfallspotentiale und ihre Dauer angeht. Daher erübrigt sich eine getrennte Beschreibung von *Anfalls-EEG und Intervall-EEG*.
Unter den anfallsspezifischen Mustern kommt es überwiegend zu regulären oder irregulären hohen Sharp-slow-wave-Komplexen in einer Frequenz von 2—2,5/sec (s. Abb. 22, 30a).
Die Frequenz der Komplexe schwankt beträchtlich. Bei früh beginnenden Erkrankungen finden sich häufiger bis zu einer Frequenz von 1—1,5/sec verlangsamte Muster, die dann einen sehr unregelmäßigen Charakter annehmen und — wenn sie in längeren Paroxysmen ablaufen — einen Übergang zur »modifizierten«, d. h. paroxysmal veränderten und »stark synchronisierten Hypsarrhythmie« darstellen[88]. Bei älteren Kleinkindern werden raschere und regelmäßigere Muster von 3—4/sec gesehen. Der Frequenzwechsel betrifft sowohl bei den langsameren wie bei den rascheren Ausprägungen des langsamen Sharp-slow-wave-Komplexes vor allem die langsame Komponente, so daß — da die scharfe Welle ihre langsame Frequenz und ihren stumpfen Charakter beibehält —

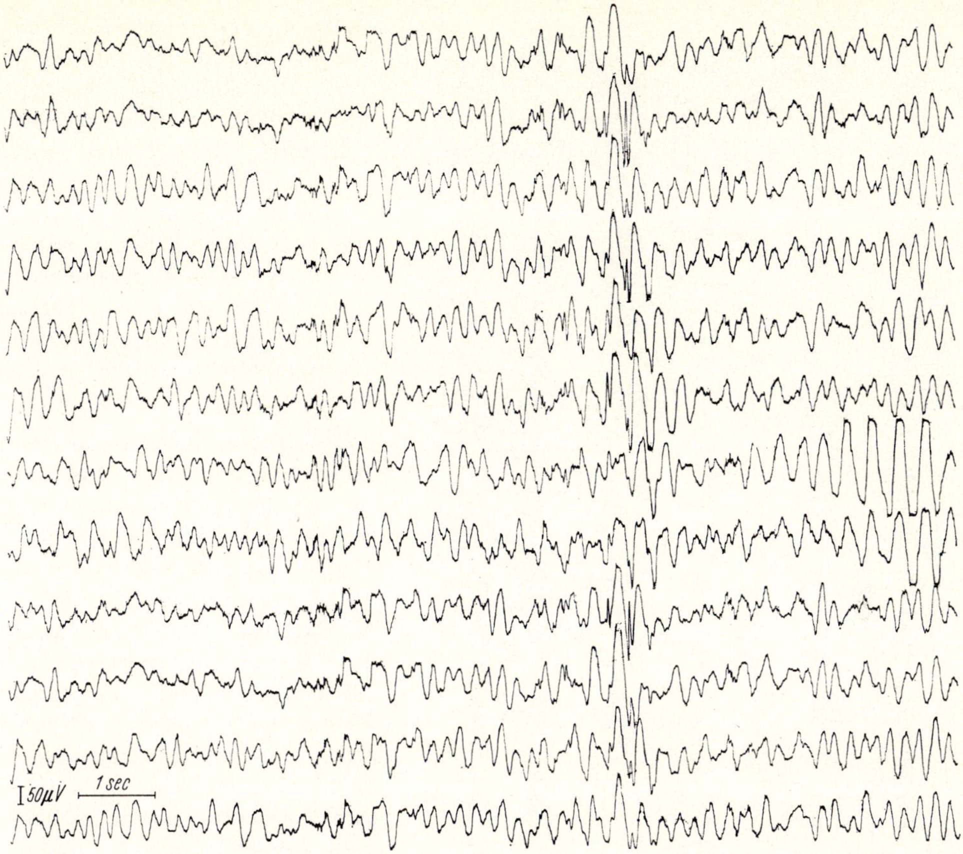

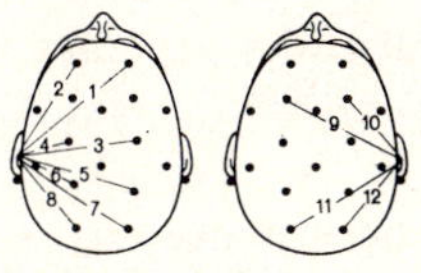

Abb. 23. EEG: mindestens leichte Allgemeinveränderung mit eingestreuten generalisierten, aber nicht synchronisierten irregulären 3—3,5/sec-Spike-wave-Komplexen. 4jähriger Junge, seit einem Jahr täglich gehäufte Nickanfälle und abortive Sturzanfälle.

trotz gleicher Dauer der Komplexe kein 3/sec-Spike-wave-Muster entsteht, was für die Unterscheidung von der Pyknolepsie wichtig ist. Regelmäßige 3/sec-Spike-wave- oder raschere Spike-wave-Komplexe hat Kruse nur in 7% seiner Fälle — durchweg bei älteren Kindern — angetroffen, in deren EEG jedoch immer auch irreguläre Spike-waves zu registrieren waren.

Spike-wave-Muster sind bei myoklonisch-astatischen Anfällen als »irreguläre und atypische« 3—4/sec-Spike-waves zu sehen, die oft nur eine partielle oder überhaupt keine Synchronizität aufweisen, mit deformierten langsamen Wellen und rasch rudimentär werdenden Spitzen einhergehen. In dieser deformierten Weise stellen Spike-waves sogar mit 67% das am häufigsten auftretende EEG-Muster, wenn bei seiner Variabilität überhaupt noch von einem Muster die Rede sein kann[88] (s. Abb. 23). Doch haben wir auch 2/sec-Slow-spike-waves entweder allein oder in Verbindung mit Sharp-slow-waves gesehen.

Während Doppelungen von Spitzen bzw. »scharfen« Wellen ziemlich häufig vorkommen, sollen Poly spikes bzw. Poly sharp-waves nach Kruse nur im Schlaf-EEG zu registrieren sein.

Während eines Status myoklonisch-astatischer Anfälle konnten wir allerdings einmal annähernd kontinuierlich Poly spike-waves ableiten (s. Abb. 24).

Im Verlauf der Zeit können sich Sharp-slow-waves zu irregulären und »atypischen« Spike-waves verwandeln; ob es aber einen Wandel von Sharp-slow-waves zu »klassischen« 3/sec-

Spike-waves mit streng bilateral-synchroner Anordnung gibt, ist fraglich [29, 88]. Fest steht, daß die ursprünglichen Anfallsmuster jahre- und jahrzehntelang unverändert fortdauern können, wie Abb. 25 zeigt. Andererseits sind uns auch einige jugendliche und erwachsene Patienten bekannt, die in früher Kindheit myoklonisch-astatische Anfälle durchgemacht haben, jetzt aber alle klinischen und elektroenzephalographischen Anzeichen einer temporalen Epilepsie bieten.

Provokationsmethoden: Unter *Photostimulation* kommt es nur ausnahmsweise zu den charakteristischen langsamen Spitze-Welle-Mustern[49] und nur in einem Viertel der Fälle zu einer Aktivierung (im Sinne von Verdeutlichung, Verlängerung und Vermehrung) oder Provokation von irregulären schnellen Spike-wave- und Polyspike-wave-Komplexen[88]. Deutlich wirksamer erweist sich die *Hyperventilation*, mit der in über der Hälfte der Fälle spezifische Anfallspotentiale aktiviert oder provoziert werden können – vorausgesetzt, daß man die Patienten zu einer intensiven Hyperventilation veranlassen kann[88]. Auch in der Fähigkeit klinische Anfälle hervorzurufen, scheint die Hyperventilation der Photostimulation überlegen[88]. Daß *Metrazol*-Injektionen zu einer verzögerten Intensivierung langsamer Spitze-Welle-Muster und erst in relativ hoher Dosierung zu Krampfanfällen führen, wird als Zeichen dafür angesehen, daß die »epileptische oder Krampfschwelle« bei dieser Verlaufsform im Gegensatz zur »gewöhnlichen generalisierten« Epilepsie normal oder sogar erhöht ist[49].

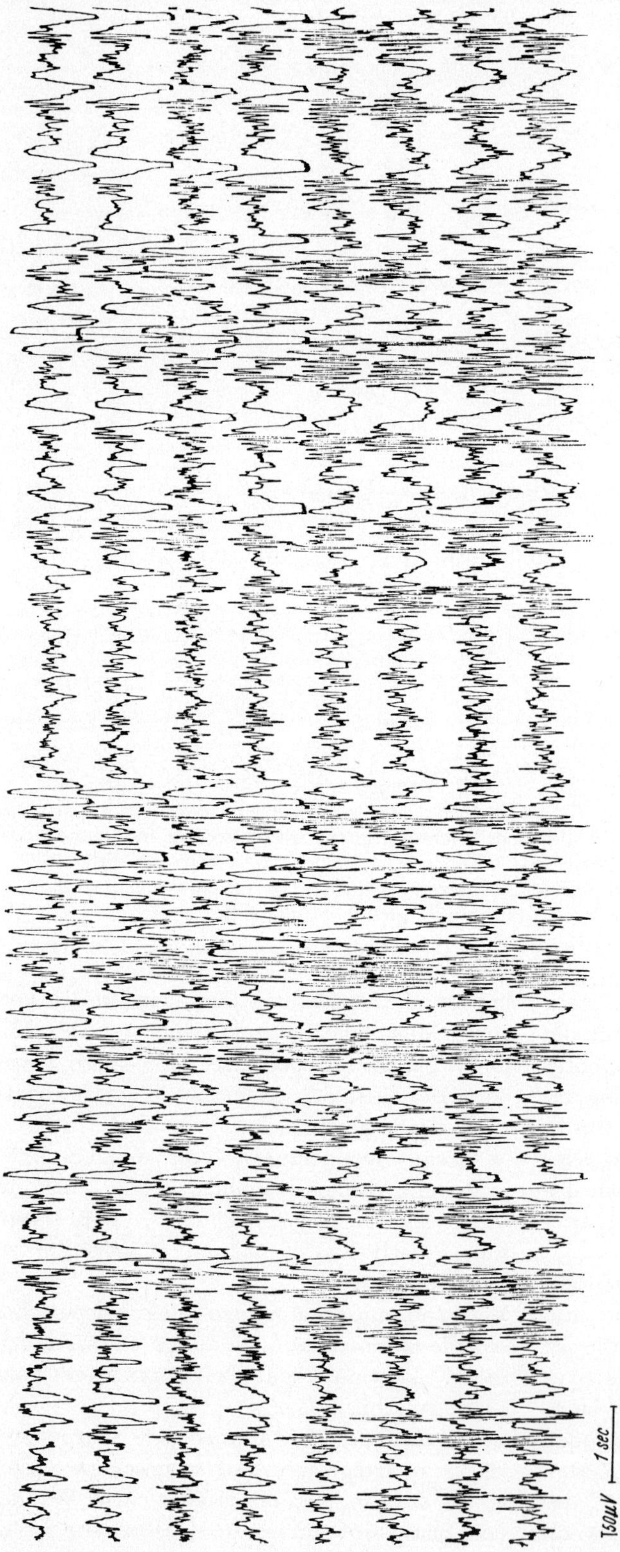

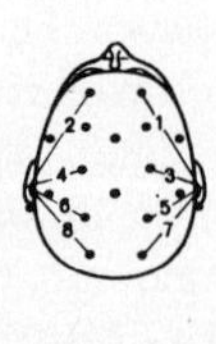

Abb. 24. 11jähriges Mädchen mit myoklonisch-astatischen Anfällen seit dem 2. Lebensjahr. EEG im Status: Nur von kurzen Pausen unterbrochenes, fast kontinuierliches Poly spike-wave-Muster.

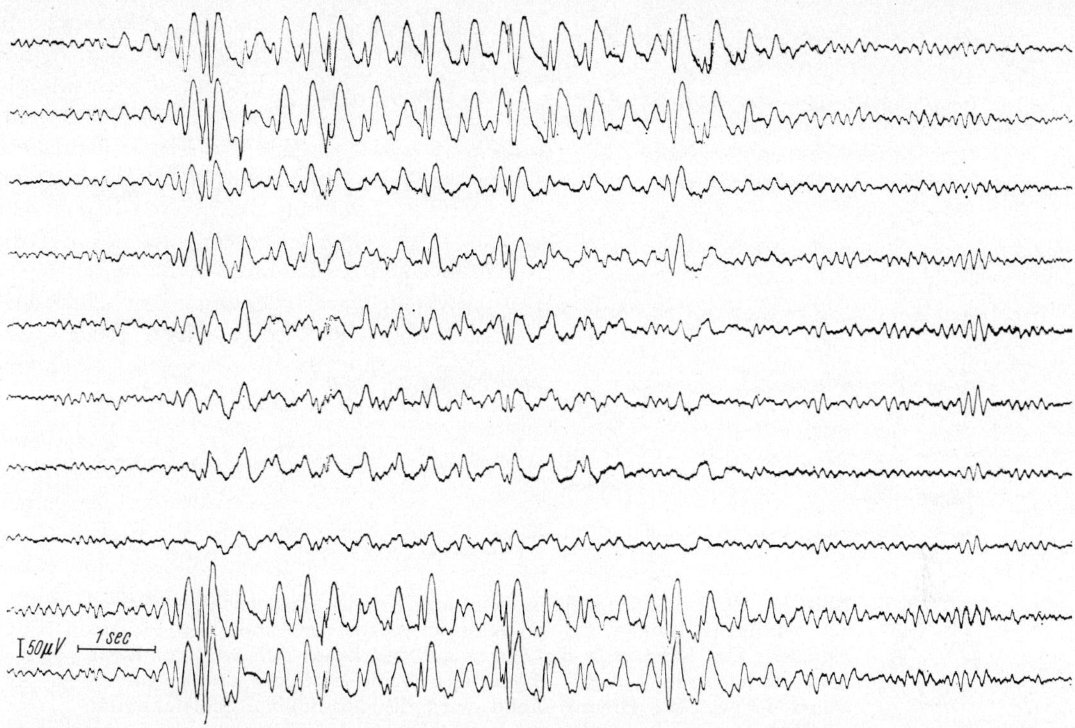

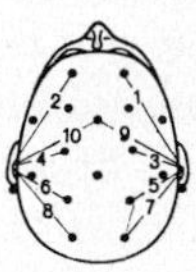

Abb. 25. EEG eines 19jährigen Mannes, der vom 3.—5. Lebensjahr gehäufte Nickanfälle hatte, die spontan aufhörten. Seit dem 12. Lebensjahr Aufwach-Grand mal in mehrwöchigen Abständen und gelegentliche kurze symmetrische Zuckungen durch Schultern und Arme. Das EEG zeigt einen vorwiegend aus α-Wellen bestehenden Grundrhythmus, der häufig von längeren Serien bilateraler fronto-temporal betonter Slow-sharp-waves unterbrochen wird.

Schlaf vermag Anfallspotentiale in beträchtlichem Maße zu aktivieren. Bei starker Müdigkeit, im Stadium A und B_1, treten die anfallsspezifischen Veränderungen deutlicher oder überhaupt erst in Erscheinung. Im Zustand eines leichten bis mitteltiefen Schlafs, in den Stadien B_2, C und im Beginn von D, verändert sich die Form der Entladungen durch Zunahme von Amplitude und Anzahl der Spitzen. Es treten jetzt häufig Poly spikes oder Poly-sharp-waves mit nachfolgenden mehr oder weniger deformierten Wellen auf, die meist subklinisch bleiben, gelegentlich aber auch von kurzen Zuckungen in den Lidern oder Armen begleitet werden, die von physiologischen Einschlafzuckungen nicht zu unterscheiden sind. Gelegentlich kommt es auch zu kurzen 2—5 sec dauernden Ausbrüchen von hohen generalisierten Spitzenpotentialen von ß-Frequenz, die den »Typ von Grand mal-Entladungen mit hoher Voltage« bzw. der »generalisierten ß-Aktivität vom Grand mal-Typ«[53] entsprechen (s. Abb. 26). Dieses Muster ist sowohl bei myoklonisch-astatischen Anfällen wie beim Propulsiv-Petit mal anzutreffen und wird von Kruse als das hirnelektrische Korrelat von tonischen Anfällen aus dem Schlaf angesehen, die wie ein Salaamkrampf, oft aber auch recht abortiv ablaufen können.

Herdbefunde: Fokale Veränderungen sind häufig, aber oft inkonstant. An konstanten Herdbefunden konnte Kruse unter 82 Fällen nachweisen: 19mal anfallsspezifische Herdbefunde, d. h. sogenannte epileptogene Herde und 13mal fokale Verlangsamungen, wovon 8 mit fokalen Entladungen kombiniert waren. Unter den spezifischen Befunden war in mehr als der Hälfte der Fälle eine Tendenz zur Generalisierung bzw. ein Übergang in ein generalisiert bilateral-synchrones Spitze-Welle-Muster festzustellen. Ohne Kenntnis des Verlaufs ist

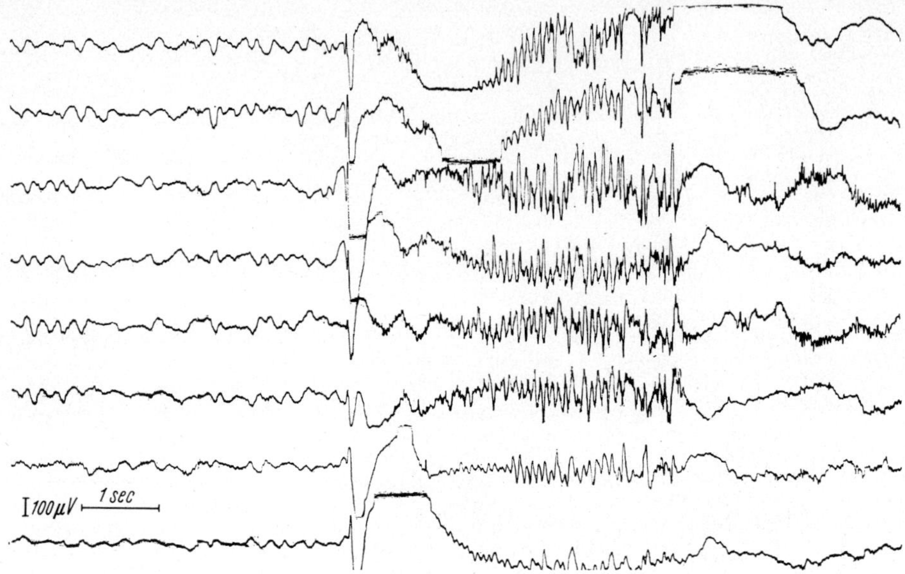

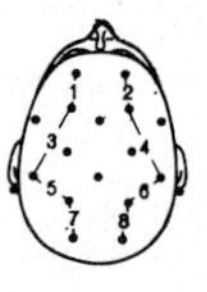

Abb. 26. EEG während eines tonischen Anfalls aus leichtem Schlaf bei 5jährigem Jungen mit myoklonisch-astatischen und mit großen Anfällen: Das Kind reißt die Augen auf und beugt sich vor; der Kopf wird nach vorne geneigt, Arme und Beine gestreckt und gespreizt. Dauer 12 sec. Im Hirnstrombild wird die unauffällige Schlafaktivität plötzlich durch ein generalisiertes Spitzenpotential unterbrochen, dem sich synchrone schnelle Entladungen von abnehmender Frequenz (15 bis 12/sec) und zunehmender Amplitude anschließen. Nach 4 ½ sec plötzlicher Abbruch; anschließend Bewegungsartefakte, die von Muskelpotentialen überlagert sind. (Nach Kruse, R.: Das myoklonisch-astatische Petit Mal. Springer, Berlin 1968.)

nicht zu entscheiden, ob die Herdveränderungen sekundär – etwa als ischämische oder traumatische Folgen der Anfälle – oder ob die Generalisierung sekundär – als Folge einer den Anfällen voraufgegangenen Läsion – zu deuten ist. Auf Herdbefunde allein läßt sich daher die Annahme einer »symptomatischen« Epilepsie nicht begründen.

Klinik

Häufigkeit: Wir fanden in unserem, allerdings mehr Jugendliche und Erwachsene als Kinder enthaltenden Krankengut von 6500 Epilepsien 73 (1,1%) Fälle mit myoklonisch-astatischen Petit mal. Im Krankengut der Heidelberger Universitätskinderklinik machte diese Krankheitsform etwa 5% aller Epilepsie-Patienten aus[88]. Diese Zahl entspricht den Angaben von Bridge mit 6%, von Druckman u. Chao mit 5,4% und von Hess u. Neuhaus mit 3% ebenfalls bei kindlichen Epilepsien. Im Verhältnis zu Propulsiv-Petit mal machen myoklonisch-astatische Anfälle 1:1,6 aus. Der Anteil myoklonisch-astatischer Anfälle unter allen Petit mal-Epilepsien eines pädiatrischen Krankenguts wird zwischen 10%[29] und 23%[97] angegeben. In unserem Krankengut machen myoklonisch-astatische Anfälle 6,2% (73 von 1169) sämtlicher altersgebundener Petit mal aus.

Geschlecht: Im Gegensatz zur Pyknolepsie und wie beim Propulsiv-Petit mal erkranken an myoklonisch-astatischen Anfällen vorwiegend Knaben. Im Krankengut von Kruse ergab sich ein Verhältnis von Knaben zu Mädchen wie 3,3:1. Aus der Summe seiner und unserer Fälle mit denen von Doose[29] kommt ein Verhältnis von 121 Knaben zu 52 Mädchen zustande, was einer Proportion von 2,3:1 entspricht.

Erkrankungsalter: Die Spanne des Erkrankungsalters reicht vom 9. Lebensmonat bis

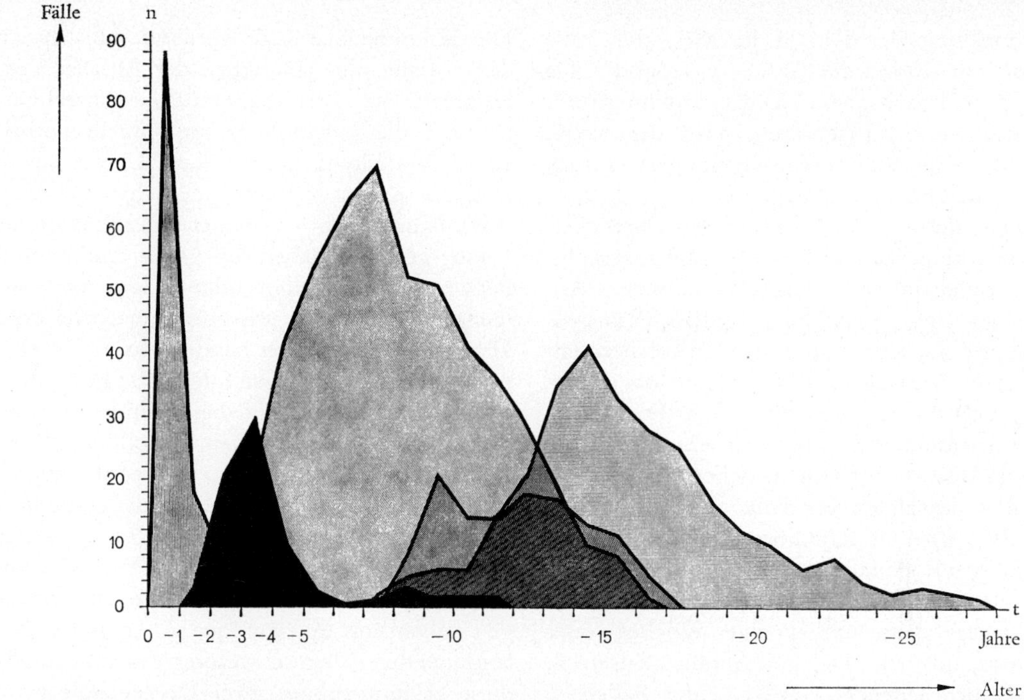

Abb. 27. Erkrankungsalter bei altersgebundenen Petit mal-Epilepsien (1169 Fälle). Schwarz: Myoklonisch-astatische Petit mal (73 Fälle).

zum 9. Lebensjahr. Früher – im Alter von 8 Monaten – erkrankt sind ein Patient von KRUSE, später – im Alter von 10, 11 und 12 Jahren – ein Patient von SOREL[144] und 4 Patienten von uns. Doch beginnt die Mehrzahl der Erkrankungen – mit 50 von 68 unserer Fälle wie bei KRUSE etwa zwei Drittel – im Alter von 2–4 Jahren. Der Altersgipfel liegt, wie aus der Erkrankungsalterskurve (s. Abb. 28) hervorgeht, eindeutig im 4. Lebensjahr. Die Kurve fällt nach dem 5. Lebensjahr steil ab, um sich in den Jahren, in denen die Pyknolepsie beginnt, der Null-Linie zu nähern. Myoklonisch-astatische Anfälle beginnen demnach genau in der Altersspanne, die zwischen der Propulsiv-Petit-mal-Epilepsie und der Pyknolepsie ausgespart bleibt (s. Abb. 27).

Verlauf und Prognose: Nach Befragung der Eltern war die psychomotorische und geistige

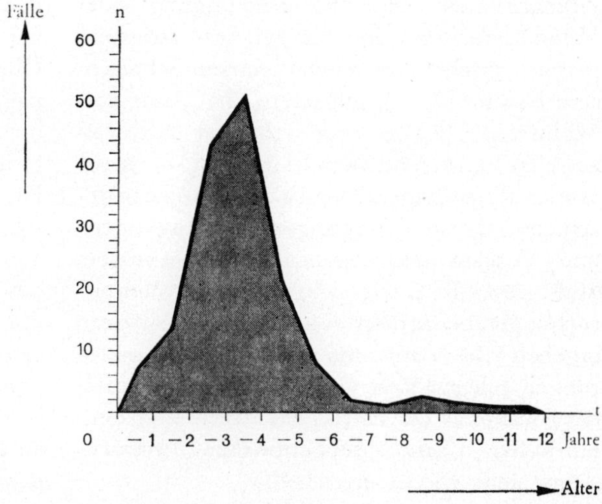

Abb. 28. Erkrankungsalter von 155 Epilepsien mit myoklonisch-astatischen Anfällen (73 eigene und 82 Fälle von KRUSE).

Entwicklung der Kinder in 38% der Fälle schon vor Beginn der Anfälle verzögert[88]. Da Eltern erfahrungsgemäß die Entwicklung ihrer Kinder meist überschätzen, wird der wahre Anteil prämorbider Entwicklungsstörungen vermutlich höher liegen.

Gelegentlich – in 6%[88] bis 11%[30] – entwickelt sich das klinische und elektroenzephalographische Syndrom myoklonisch-astatischer Anfälle aus einer typischen Propulsiv-Petit-mal-Epilepsie mit Hypsarrhythmie. In solchen Fällen eines Verlaufswandels scheint der Übergang von der einen in die andere Form häufiger kontinuierlich als nach einem anfallsfreien Intervall vor sich zu gehen.

In über der Hälfte der Fälle – in 52%[88] bis 69%[14] – wird die Krankheit durch einen oder einige große Anfälle eingeleitet, die gelegentlich als Fieberkrämpfe in Erscheinung treten. Es dauert dann nur wenige Wochen oder Monate, bis die kleinen Anfälle einsetzen. Wesentlich seltener – in 15% der Fälle[88] – treten große Anfälle erst im weiteren Verlauf hinzu.

In manchen Fällen, die unter dem Bild von Absencen mit mehr oder minder ausgeprägten Zuckungen im Bereich der Augen, des Gesichts und vielleicht auch der Arme beginnen, kann die Zuordnung anfangs aufgrund des Anfallsbildes schwierig sein. Doch läßt das EEG und das Hinzutreten von Sturz- und Nickanfällen im weiteren Verlauf dann die Zugehörigkeit erkennen.

Hinsichtlich Intelligenz und Verhalten zeigen etwa die Hälfte der Kinder während der akuten Krankheitszeit keine Beeinträchtigung oder Veränderung. Bei den übrigen war aufgrund psychologischer Untersuchungen ein Schwachsinn leichter (27%), mittlerer (23%), nur ausnahmsweise (2,5%) auch schwerer Art festzustellen und Verhaltensstörungen – meist von erethisch-hyperkinetischer Art – zu beobachten[88]. Beeinträchtigungen der Intelligenz und Verhaltensstörungen sind in gewissem Maße reversibel, wie sich aus Kontrolluntersuchungen bei anfallsfrei gewordenen Kindern ergeben hat. Vornehmlich die Verhaltensstörungen pflegen sich weitgehend zurückzubilden, während die Intelligenz einen »der prämorbiden Phase proportionalen Entwicklungsstand« wieder erreicht[88].

Die Krankheitsverläufe variieren hinsichtlich der Formen und Häufigkeit der Anfälle, Vorkommen von Petit mal-Status, Ansprechbarkeit auf die Behandlung und psychomotorischen Verhaltens beträchtlich. Unterscheidet man mit Kruse leichtere und schwerere Verläufe danach, ob sie länger oder kürzer als 1 Jahr gedauert haben, ob große Anfälle und Petit mal-Status selten oder häufig vorkommen und ob es sich um symptomatische oder kryptogene Epilepsien handelt, so ergibt sich nach seinen Erfahrungen folgendes: Früh, d. h. vor dem 2. Lebensjahr beginnende Erkrankungen, die seine »Kerngruppe« bilden, zeigen einen schwereren Verlauf, sind meist symptomatischer Genese und gänzlich oder zumindest längere Zeit therapieresistent. Ihr typisches EEG-Muster sind Sharp-slow-waves oder irreguläre Spike-waves. Zusammen mit wenigen Fällen von im typischen Alter und später beginnenden Fällen schwererer Verläufe, macht diese »Hauptgruppe« zwei Drittel aller Fälle aus. Das restliche Drittel, auch als »Randgruppe« bezeichnet, wird durch leichtere Verläufe gebildet, die bei typischem Erkrankungsalter häufiger idiopathisch als symptomatisch sind, auf die Behandlung mit Dionen oder Sukzinimiden gut ansprechen und zur Spontanheilung neigen. Im EEG treten Sharp-slow-waves gegenüber irregulären Spike-waves zurück. Bei spätem Erkrankungsalter sind leichtere Verläufe vorwiegend durch Absencen mit seltenen Sturzanfällen, aber häufigeren großen Anfällen charakterisiert; therapeutisch sind sie schwer zu beeinflussen; im EEG zeigen sich neben irregulären Spike-waves auch ganz regelmäßige rasche Spike-wave-Muster. Über die Prognose im Hinblick auf Kombination mit großen Anfällen, Persistenz isolierter myoklonisch-astatischer Anfälle und Anfallsfreiheit unterrichten Abb. 29 und Tab. 3.

Die Darstellung gibt nicht wie die prognostischen Schemata bei der Propulsiv-Petit-mal-Epilepsie und bei der Pyknolepsie den spontanen Krankheitsverlauf wieder. Auch reichen die Katamnesen im Vergleich damit nur über eine relativ kurze Zeit. Doch zeigen die Erhebungen immerhin, daß bis zum Ende des 4. Verlaufsjahres etwa ein Drittel der Kinder anfallsfrei geworden ist. Ob die Senke zwischen dem 3. und 5. Verlaufsjahr, nach der ein leich-

Tabelle 3: *Verlauf von Epilepsien mit myoklonisch-astatischen Petit mal.* (Nach KRUSE, R.: Das myoklonisch-astatische Petit Mal. Springer, Berlin 1968.)

Verlaufsjahr	0—1	1—2	2—3	3—4	4—5	5—6	6—7
Anfallsfrei	—	10 (12%)	16 (21%)	17 (28%)	17 (34%)	11 (32%)	9 (31%)
Isolierte myoklonisch-astatische Petit mal	32 (39%)	32 (39%)	30 (39,5%)	21 (35%)	16 (33%)	12 (34%)	10 (34,5%)
Myoklonisch-astatische Petit mal und Grand mal	50 (61%)	40 (49%)	30 (39,5%)	22 (37%)	16 (33%)	12 (34%)	10 (34,5%)
Insgesamt (= je 100%)	82	82	76	60	49	35	29

tes Wiederansteigen der Kurve erfolgt, dahin zu deuten ist, daß auch Epilepsien mit myoklonisch-astatischen Anfällen nach jahrelangen Remissionen wieder zu Rezidiven neigen, wie es bei der Propulsiv-Petit-mal-Epilepsie der Fall ist, muß bei der kleinen Zahl der Fälle vorläufig ungeklärt bleiben.

Die Langzeit-Prognose myoklonisch-astatischer Anfälle ist völlig unbekannt. Da man bei Erwachsenen mit frühkindlich beginnenden Epilepsien myoklonisch-astatische Anfälle nur äußerst selten zu Gesicht bekommt, andererseits die Letalität nicht hoch sein kann — KRUSE erwähnt einen einzigen Todesfall unter seinen 88 Patienten —, scheint mit den Jahren ein Verlaufswandel einzutreten, dessen Richtung noch weitgehend unerforscht ist.

Bisher sind manche dieser Fälle, besonders spätbeginnende und vorwiegend mit gehäuften Absencen einhergehende Erkrankungen, von vornherein der Pyknolepsie zugeschlagen oder zumindest als »atypische« Pyknolepsien klassifiziert worden.

Verlaufswandel: DOOSE[27] u. KRUSE beschreiben je 2 Fälle, die einen Übergang in eine Pyknolepsie nahelegen. Der Verlaufswandel erfolgte immer erst im typischen Pyknolepsie-Alter zwischen dem 5. und 8. Lebensjahr und konnte sowohl kontinuierlich vor sich gehen, wie erst nach einem anfallsfreien Intervall in Erscheinung treten. Im Anfallscharakter erinnert dann nichts mehr an das Vorspiel myoklonisch-astatischer Anfälle. Wie bei einer primären Pyknolepsie kommen sowohl indifferente Absencen, Absencen mit Automatismen, Retropulsiv-Petit mal wie pyknoleptische »Nickerchen« vor. Lediglich gewisse Unreinheiten, sei es, daß die Anfälle ungewöhnlich lang oder kurz dauern, daß sie nicht jeden Tag gehäuft auftreten, schlecht auf Behandlung ansprechen, daß die Kranken geistig retardiert sind, oder daß das Anfallsmuster im EEG nicht ganz regulär ausfällt, entsprechen dann nicht völlig dem Stil einer klassischen Pyknolepsie (s. Abb. 30a—d, und Abb. 31).

Die folgende Krankengeschichte stehe als Beispiel für den Symptomwandel der Anfälle im Laufe der Jahre, den Übergang in eine Pyknolepsie mit Retropulsiv-Petit mal, für einige diagnostische Kalamitäten und für die Möglichkeit, daß die kleinen Anfälle jahrzehntelang fortdauern können:

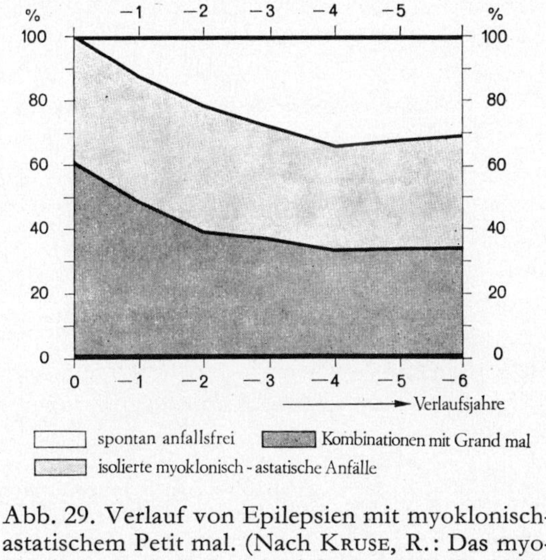

Abb. 29. Verlauf von Epilepsien mit myoklonisch-astatischem Petit mal. (Nach KRUSE, R.: Das myoklonisch-astatische Petit Mal. Springer, Berlin 1968.)

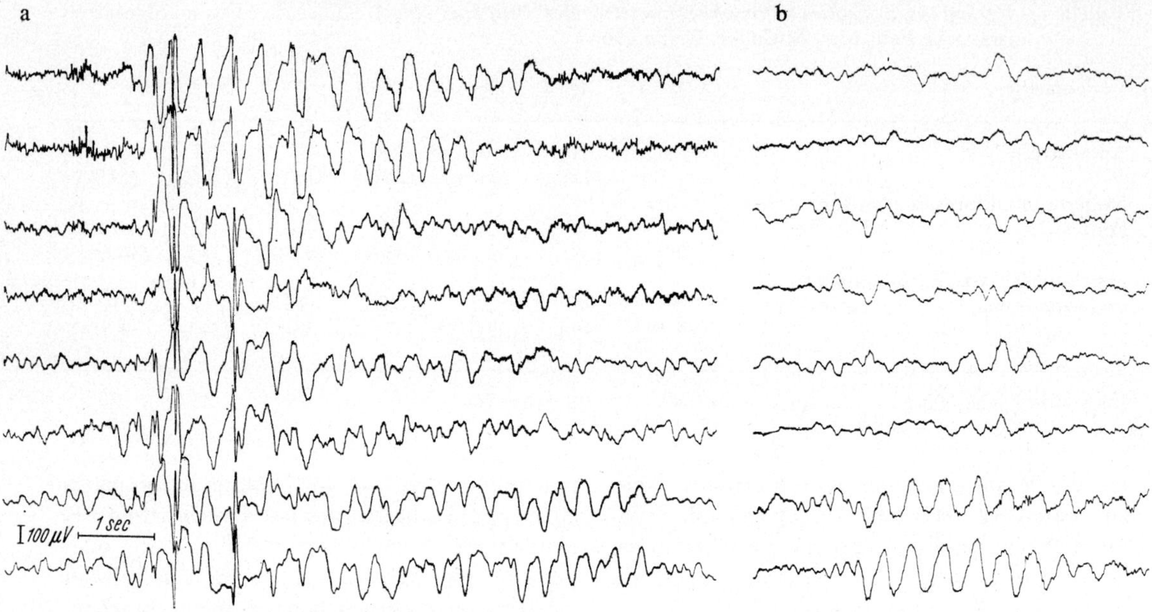

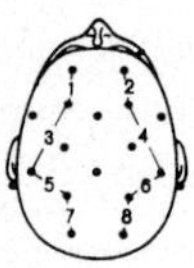

Abb. 30a—d. Altersmodifikation der Anfallspotentiale bei Verlaufswandel von einer myoklonisch astatischen Petit mal-Epilepsie zu einer Pyknolepsie. (Nach KRUSE, R.: Das myoklonisch-astatische Petit Mal. Springer, Berlin 1968.)

Abb. 30a und b. Mit 4 Jahren, während myoklonisch-astatischem Petit mal, irreguläre Spike-waves (a) und sinusoidale Wellen parieto-okzipital (b).

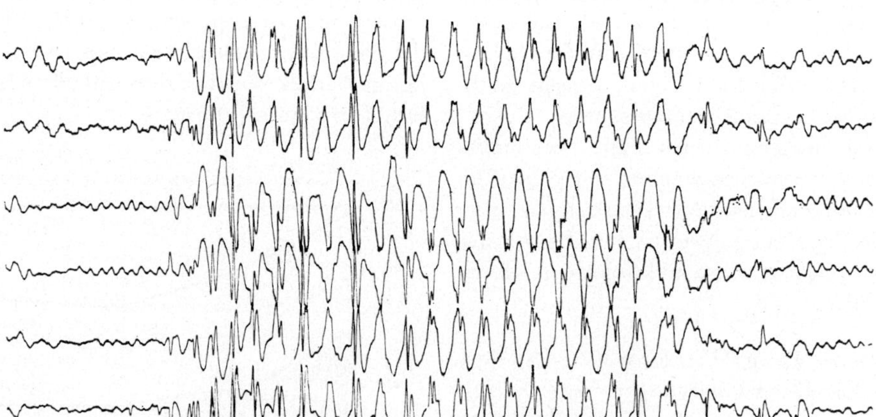

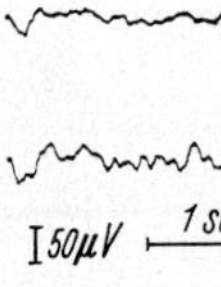

Abb. 30c. Mit 8 Jahren, nach eingetretenem Verlaufswandel, indifferente Absencen von ca. 7 sec Dauer mit unregelmäßigen Spike-waves um 3/sec.

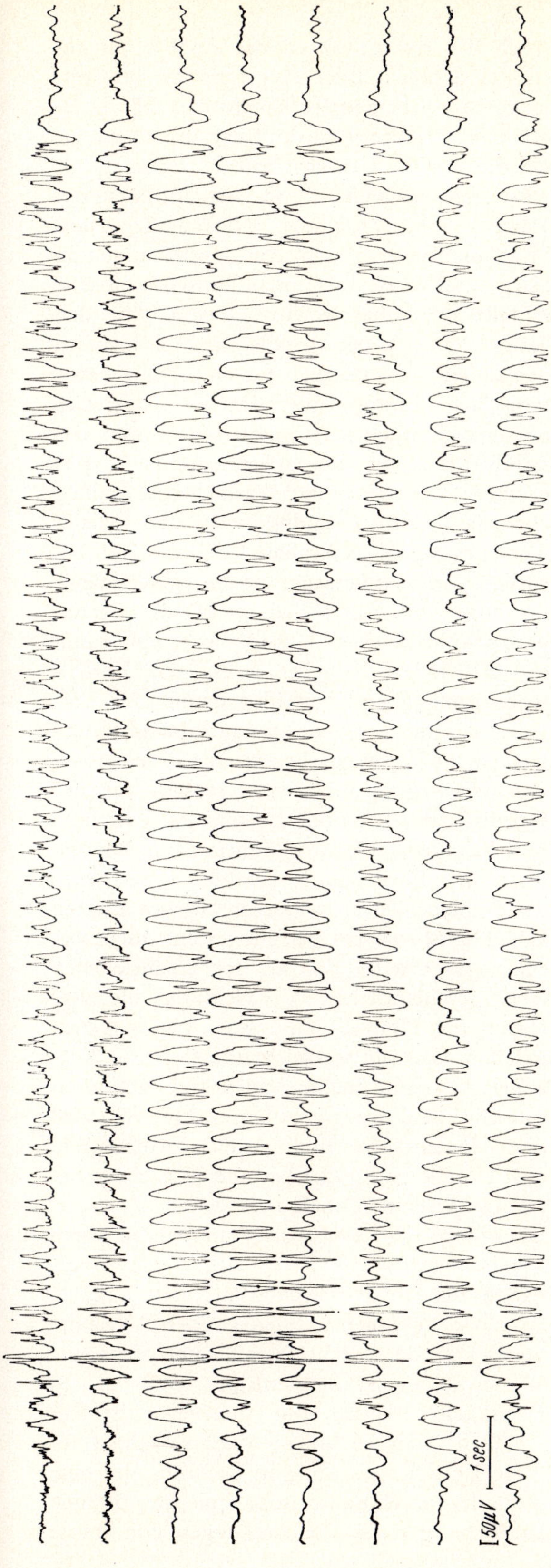

Fall Karl Schw., 49 Jahre:

Normale Geburt; im Alter von 1 Jahr hatte er einige Krämpfe, die als »Zahnkrämpfe« gedeutet wurden. Die Entwicklung war nicht verzögert. Er war ein ängstliches, schreckhaftes Kind, träumte lebhaft, hatte Angst im Dunkeln, war lange Bettnässer. »Aus Angst vor einem strengen Lehrer« begannen angeblich erst mit 8 Jahren Anfälle, die von Anfang an 20—30mal, auch 60mal am Tag, besonders morgens kurz nach dem Aufstehen und nach Aufregungen kamen. Zuerst habe er nur kurz »starr geguckt«, später dann mit leicht angebeugten Armen mit dem Kopf nach vorne genickt. Wenn es stärker kam, sei er »gestolpert«, nach vorn getaumelt, manchmal auch nach vorn gefallen, wobei er sich immer an der Stirn oder der Nase verletzte, gleich wieder erhob und bei sich war.

Mit 11 Jahren wurde in einer Kinderklinik ein Anfall beobachtet, der einsetzte, als er ein Brötchen aß. Dabei kaute er weiter, während der Blick bei engen Pupillen auf den Beobachter fixiert blieb; die Arme zuckten in angehobener Haltung ganz leicht rhythmisch; er versuchte sogar mit der linken zuckenden Hand das Brötchen weiter zum Mund zu führen. Er ließ sich darin aber durch Rütteln unterbrechen, nicht aber in den Zuckungen, die noch einige Sekunden fortdauerten. Daß sich die Anfälle durch kalte Güsse unterbrechen ließen, wurde damals als Hinweis auf ihre psychogene Natur gedeutet. Aus der Schule wurde er entlassen, weil er »störte«, nicht wegen seiner Leistungen, die durchschnittlich waren.

Eine Lehrstelle bekam er nicht. Er lungerte ohne Beschäftigung herum, machte harmlose, unnütze Streiche, ging ins Wirtshaus, um Karten zu spielen. Wein habe er nicht vertragen, nach $^3/_4$ l sei er »schon« betrunken gewesen. Mit 17 Jahren wurde er vom Jugendamt einer Psychiatrischen Klinik zugewiesen, weil er eine Gans gestohlen hatte. Dort wird er als »uninteressiert, durchschnittlich intelligent« beurteilt. Täglich bis 30 Anfälle. »Ein Anfall unterbricht das Gespräch so selbstverständlich wie ein Husten.« Er beginnt mit rhythmischem Kopfnicken, die Arme folgen nach 3—4 Zuckungen nach. Liegen sie auf den Knien, bleiben sie hin- und herruckend dort. Liegen sie frei, heben sie sich rhythmisch seitlich nach oben, wobei die Finger krallenförmig mitzucken. Die Augen sind bei lichtstarrer Pupille geradeaus gerichtet. Das dauert 10—15 sec. Dann ist er sofort wieder bei sich. Vom 17. bis 31. Jahr habe er große Anfälle gehabt, wobei er hinstürzte, steif wurde, eine kurze Zeit mit den Gliedern zuckte, sich die Zunge verletzte,

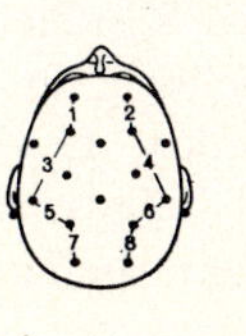

Abb. 30d. Mit 11 Jahren zeigt das EEG während einer 19 sec dauernden Absence mit oralen Automatismen und stereotypen Bewegungen der Hände ein ziemlich regelmäßiges 3/sec-Spike-wave-Muster.

aber nie einnäßte, und mit Kopfweh und abgeschlagenem Gefühl wieder zu sich kam. Jedesmal danach waren die kleinen Anfälle für einige Tage seltener. Eine Bindung an bestimmte Tageszeiten kann nicht erinnert werden; die Mutter weiß, daß sie tagsüber häufiger kamen, sich aber auch im Schlaf ereignet hätten. 1937 wird er im Alter von 31 Jahren zur Frage der Sterilisation begutachtet und dabei festgestellt: Der Vater hat gestottert, ein Bruder der Mutter hat sich erhängt, »weil er Vorwürfe von seiner Frau wegen seines Kopfschusses bekam«, ein zweiter Bruder der Mutter ebenfalls, weil er wegen Sittlichkeitsvergehen an Kindern angeklagt war. Er selbst hatte inzwischen ein uneheliches Kind und in seiner Ehe eine Totgeburt, außerdem »zahlreiche geschlechtliche Verhältnisse«. Er war mehrfach wegen Ruhestörung und wegen Beleidigung angezeigt und einmal wegen Körperverletzung (»Bierkrug bei Festlichkeit an Kopf eines aufreizenden Passanten«) bestraft worden. Psychologisch: gereizt, nörglerisch, scheu, schlapp, flegelig, kurz angebunden, sprunghafter Wechsel der Themen, Lockerung der Gedankenführung, »schleichende seelische Veränderung«. Aufgrund der Beurteilung »epileptischer Krankheitsprozeß, der bei der vorhandenen Belastung als erblich angesehen werden muß«, wird er sterilisiert. Seitdem nimmt er ½—1 Tabl. Phenobarbital 0,3, hatte keine großen Anfälle mehr, aber weiterhin die kleinen, etwa 20—30mal täglich, besonders morgens nach dem Aufstehen und nach Aufregungen. Nur nach einer Gehirnerschütterung und nach einer Grippe blieben die Anfälle einmal 8 und einmal 14 Tage aus. Ein »Freund« warf ihn im Anfall mal ins Wasser, worauf er sofort zu sich kam. Seit 18 Jahren arbeitet er in einer Fabrik und hat es trotz seiner Anfälle zum Maschinenführer gebracht. Er bedient einen großen Kran. Die jetzt beobachteten Anfälle waren alle darin gleich, daß er mit den leicht angewinkelten angehobenen Armen 3—5mal nach vorn schuckte. Dabei konnte er bei geradeausblickenden Augen mit dem Kopf nach vorn nicken, oder aber mit leicht aufwärtsgerichtetem Blick nach hinten rucken. Oft aber waren die Bewegungen so kurz und milde, daß sie zu keiner eindeutigen Richtungsveränderung führten. EEG s. Abb. 31.

Diese Krankengeschichte, die wir früher aufgrund des Erkrankungsalters und der »gehäuften kleinen Anfälle« ohne weiteres als Pyknolepsie gedeutet hätten, darf heute als charakteristisch für ein spät beginnendes myoklonisch-astatisches Petit mal gelten. Sie beginnt mit Gelegenheitskrämpfen, mit neurotischen Symptomen in der frühen Kindheit in Form von auffälliger Ängstlichkeit und Schreckhaftigkeit, lebhaftem Träumen, Dunkelangst und Bettnässen, wie sie häufig auch dem Beginn einer Pyknolepsie vorausgehen. Auch daß das Einsetzen der Anfälle auf ein starkes Schreck- oder Angsterlebnis bezogen wird, ist bei beiden Verlaufsformen häufig zu erfahren. Die Verwechslung lag um so näher, als die Anfälle zunächst nur in Form reiner Absencen erschienen und erst im weiteren Verlauf mit »Stolpern«, Nickanfällen und Sturzanfällen sowie typischen Verletzungen an Stirn und Nase als myoklonisch-astatische Anfälle erkennbar geworden sind. Mit den Jahren hat sich der Anfallscharakter insofern gewandelt, als jetzt auch für eine Pyknolepsie typische Retropulsiv-Petit mal auftreten, wenngleich noch ihre kurze Dauer und das EEG-Muster an den ursprünglichen Typus erinnern. — Die Krankengeschichte ist endlich auch die Geschichte individueller und sozialer Verstrickungen. Elternhaus, Schule und berufliche Umwelt versagen oft im Mißverständnis angesichts der früher meist als psychopathisch, heute eher als »organisch« und damit als unabänderlich gekennzeichneten Verhaltensstörungen und verfehlen damit ihre Aufgabe, auf die Lebensführung ordnend einzuwirken. Damit verstärken sie die exzentrische Lebensbewegung, die die Kranken aus der Gesellschaft hinaustreibt. Asoziales Verhalten und kriminelle Delikte können dann ein Stadium der Entwicklung markieren, das zum Trugschluß eines organisch determinierten Krankheitsprozesses verführt, wenn nicht berücksichtigt wird, daß an der beschriebenen lebensgeschichtlichen Verwicklung die Reaktion der Umwelt mindestens gleichen Anteil hat. Daß die »schleichende seelische Veränderung« nicht unabänderlich und auch nicht fortschreitend war, geht daraus hervor, daß dieser Patient, obwohl die Anfälle fortdauerten, eine Familie gegründet hat und jetzt einen Beruf als Maschinenführer ausübt.

Übergänge von Propulsiv-Petit mal zu myoklonisch-astatischen Petit mal, sowie Übergänge von myoklonisch-astatischen Anfällen zu einer Pyknolepsie zeigen einen Verlaufswandel an, der durch eine altersentsprechende Weiterdifferenzierung erfolgt. Daß es in Krankheitsverläufen mit gehäuften großen Anfällen auch zu einem Verlaufswandel infolge Entdifferenzierung in Richtung auf eine sekundäre psychomotorische Epilepsie kommen kann, belegen die Beobachtungen von Rabe.

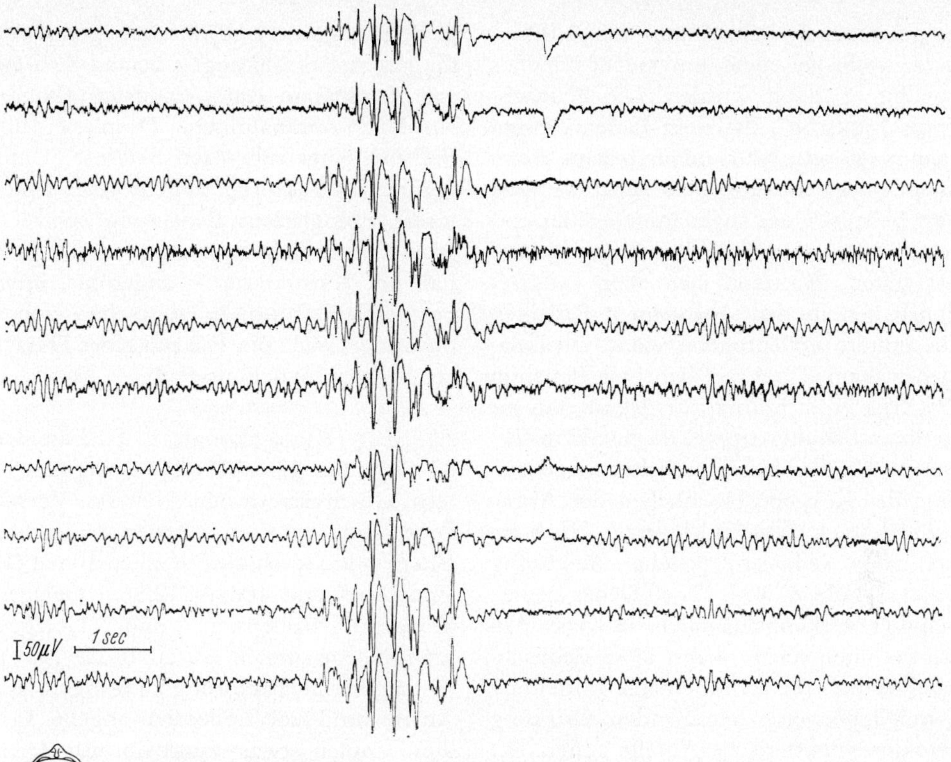

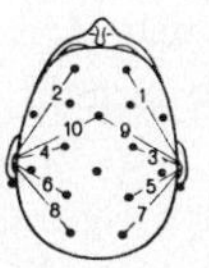

Abb. 31. Fall Karl Schw., 49 Jahre. Im EEG tritt während der Hyperventilation eine kurze Gruppe bilateral-synchroner 3,5/sec-Spike-wave auf, wobei der Patient kurz die Augen öffnet und wieder schließt.

Auslösung und Hemmung der Anfälle: Die Situation nach dem Erwachen aus dem Schlaf – gleichgültig ob Nachtschlaf oder Mittagsschlaf – fördert das Auftreten myoklonisch-astatischer Anfälle. Bei dieser Gelegenheit kommt es zu gehäuften Anfällen und zu Petit mal-Status. Aber auch die Situation der Ermüdung hat, wenn auch weniger ausgeprägt, eine anfallsfördernde Wirkung. In etwa der Hälfte der Fälle sind auch während des Schlafs Anfälle zu beobachten, die alle Intensitätsgrade aufweisen. Bei leichten Zuckungen im Schlaf ist es schwer zu unterscheiden, ob es sich dabei um physiologische Einschlafzuckungen oder um milde Anfälle handelt. Doch wenn Eltern, die ihre kranken Kinder zu sich ins Bett zu nehmen pflegen, verläßlich berichten, daß ständige, »die ganze Nacht« anhaltende Zuckungen des anfallskranken Kindes sie nicht hätten zur Ruhe kommen lassen, dann spricht dies mit hoher Wahrscheinlichkeit für eine epileptische Genese, besonders, wenn in der gleichen Krankheitsphase mit Hilfe eines Schlaf-EEG gehäufte Myoklonien nachgewiesen werden können[88].

Was die Abhängigkeit der großen Anfälle vom Schlaf-Wach-Zyklus angeht, so ergab sich unter insgesamt 64 Fällen von Kruse und von uns folgende Verteilung: in 14 (22%) Fällen traten die großen Anfälle bevorzugt nach dem Erwachen oder am Abend bei Ermüdung auf, bei 19 (30%) Fällen vorwiegend oder ausschließlich im Schlaf, während bei 31 (48%) Fällen keine tageszeitliche Bindung festzustellen war. Gegenüber dem Propulsiv-Petit mal ergibt sich damit beim myoklonisch-astatischen Petit mal eine Verschiebung der Grand mal-Verlaufsformen auf Kosten der Schlafepilepsie zugunsten der diffusen und mehr noch der Aufwachepilepsie.

Unter Hyperventilation kam es bei 12 von 49, unter Photostimulation bei 8 von 59 Patienten zu klinischen Anfällen[88]. Ob die Kinder auf andere sensorische Reize, auf plötzliche Geräusche[111] oder auf Erschrecken, wie die

Eltern gelegentlich behaupten, mit Anfällen reagieren, ist bisher nicht untersucht oder als überzufällig erwiesen worden. Die Beobachtung von JACKSON[67], daß sein Patient immer nur dann Nick- oder Sturzanfälle bekam, wenn sein Kopf oder sein Gesicht berührt wurden, kann als Beispiel einer sogenannten reflex-epileptischen Auslösung myoklonisch-astatischer Anfälle gelten. Während sich aber JACKSON vergeblich bemüht hat, bei seinem Patienten eine bestimmte epileptogene Zone ausfindig zu machen, kam es bei der 4jährigen Patientin von FORSTER et al. immer nur, wenn man ihr auf die linke Schulter tippte, zu myoklonisch-astatischen Anfällen mit plötzlicher Vorwärtsbeugung des Körpers, Hochheben der Arme, Sturz und kurzer Bewußtlosigkeit (s. auch im Kapitel über reflex-epileptische Auslösung kortikaler Anfälle, S. 404). Da einfaches Reiben der Schulter wirkungslos blieb, ja sogar Anfälle zu verhüten schien, kann diese Beobachtung zugleich als die bisher einzige Mitteilung einer möglicherweise hemmenden Wirkung auf myoklonisch-astatische Anfälle gelten.

Ätiologie: Aus den bisherigen Untersuchungen geht übereinstimmend hervor, daß die Epilepsien mit myoklonisch-astatischen Anfällen auch in ätiologischer Hinsicht eine Mittelstellung einnehmen zwischen der Propulsiv-Petit-mal-Epilepsie und der Pyknolepsie. Der Anteil der Erkrankungen, bei denen keine Ursache nachzuweisen war, wird mit 22%[14], 30%[49], 34%[88], 55%[144] und 70%[30] angegeben, der Anteil sicher symptomatischer Erkrankungen mit 23%[88], 30%[30], 45%[144] und 51%[14]. Eine Zwischengruppe von »symptomatischen Epilepsien unbekannter Ursache« macht bei BRIDGE 27% und bei KRUSE 43% aus. Da die hohen Zahlenangaben für idiopathische Epilepsien von kleinen, nicht auslesefreien Patientengruppen stammen, wird man in der Annahme nicht fehlgehen, daß bei myoklonisch-astatischen Anfällen vermutlich in je einem Drittel der Fälle ätiologische Faktoren gesichert oder wahrscheinlich sind oder fehlen, was den Feststellungen von KRUSE sehr nahe kommt.

Unter seinen 19 sicher symptomatischen Erkrankungen waren 4mal pränatale, 9mal perinatale und 5mal postnatale Faktoren ätiologisch maßgebend. Unter den pränatal determinierten Erkrankungen befand sich ein Fall von familiärem REESE-Syndrom (kongenitale enzephalo-ophthalmische Dysplasie) und ein Fall mit einer tuberösen Sklerose. Unter den perinatalen Faktoren werden unter anderen in ihrer ätiologischen Bedeutung schwer abzuschätzenden Geburtsschädigungen – auch ein Fall mit Kernikterus – angeführt, unter den postnatalen Faktoren, abgesehen von Enzephalitiden, auch ein Fall mit einer Dyssynergia cerebellaris myoclonica[63, 64].

Heredität: KRUSE konnte in 80 Familien von 82 Patienten 13mal (16%) Epilepsien bei Eltern, Geschwistern oder weiteren Verwandten ersten und zweiten Grades eruieren, unter Eltern und Geschwistern allein 10mal (12,5%) Epilepsien und 10mal (12,5%) Gelegenheitskrämpfe. Epilepsien und Gelegenheitskrämpfe zusammen waren in 23 (29%) von 80 Familien in Erfahrung zu bringen. Was den Anteil familiärer Epilepsien angeht, so liegen diese Zahlen etwas unterhalb, was den Anteil familiärer Gelegenheitskrämpfe angeht, etwas oberhalb der Zahlen, die bei der Propulsiv-Petit-mal-Epilepsie[27] und bei der Pyknolepsie[6] zu ermitteln waren. Immerhin ist die familiäre Anfallsbelastung bei Epilepsien mit myoklonisch-astatischen Anfällen noch deutlich größer als bei den Epilepsien mit psychomotorischen und mit kortikalen Anfällen. Das belegt auch unter genetischem Aspekt ihre Zugehörigkeit zu den altersabhängigen Petit mal-Epilepsien.

Daß auch bei dieser Krankheitsform homologe Erkrankungen bei Geschwistern vorkommen, bezeugen die Berichte von KRUSE über 3 Geschwisterpaare und von DOOSE[30] über 1 Geschwisterpaar. Die im Vergleich der Geschwistererkrankungen zu beobachtenden Unterschiede im Verlaufscharakter, den Anfallsformen und den EEG-Mustern lassen eine deutliche Abhängigkeit vom Erkrankungsalter erkennen.

Die an 227 Eltern und Geschwistern von 67 Probanden durchgeführten EEG-Untersuchungen ergaben keinen Anhalt dafür, daß das EEG-Merkmal »generalisierte langsame oder rasche Spike-waves bzw. Sharp-slow-waves« dominant vererbt werden[88].

Pathologische Anatomie

Obduktionsbefunde sind bisher nicht mitgeteilt worden.

Pathogenese

Nosologie: Epilepsien mit myoklonisch-astatischen Petit mal nehmen in jeder Hinsicht eine Mittelstellung ein zwischen der Propulsiv-Petit-mal-Epilepsie und der Pyknolepsie. Sie sind weder so überwiegend oder ausschließlich symptomatisch wie die eine, noch so überwiegend oder ausschließlich idiopathisch wie die andere. Ihre Anfälle enthalten sowohl gleichsam verdünnte Elemente von der einen wie auch gleichsam verstärkte Elemente von der anderen Krankheitsform. Ihr EEG imponiert weder als »chaotisch« noch als »klassisch«. Auch in ihrer Prognose steht sie zwischen dem Fluch einer vermeintlich besonderen »Bösartigkeit« und der Gnade einer vermeintlich besonderen »Gutartigkeit«. Daß mit dem myoklonisch-astatischen Petit mal nosologisch zwischen den beiden in Anfalls- und Verlaufsform, Ätiologie und Therapie so extremen Varianten altersgebundener Petit mal-Epilepsien eine Verbindung gegeben ist, war bisher wenig beachtet und in seinen Konsequenzen für die pathophysiologische und pathogenetische Deutung kaum bedacht worden.

Zum Tonusproblem: Die Beobachtung von »statischen Anfällen« hatte für HUNT[63, 64] damals »mehr physiologisches, als praktisches Interesse«. Denn sie erschienen ihm als klinische Modelle für die physiologische Vorstellung, daß »nahezu jeder Form einer kortikalen Bewegung eine Haltungserschlaffung vorauszugehen oder zu entsprechen scheint, so daß möglicherweise beide Elemente bei diesen kleinen motorischen Anfällen von Epilepsie eine Rolle spielen können«. In Anlehnung an die experimentellen Studien von HERING u. SHERRINGTON über die reziproke Innervation der Bewegungen hatte er die Vorstellung entwickelt, daß »es nicht nur einen kortikalen Mechanismus gibt, der die Bewegung produziert, sondern auch einen kortikalen Mechanismus, der die Haltung bestimmt«. Daher bezieht er »die als statische Anfälle bezeichneten Anfälle auf einen Verlust der Haltungskontrolle, wogegen die Krampfanfälle wirklich kinetisch im Ursprung« seien. Damals hatte L. Pierce CLARC in der sich anschließenden Diskussion die Meinung von HUNT damit abgetan, daß er glaube, die Annahme rein statischer Anfälle ohne vorhergehenden leichten Krampf beruhe einfach auf mangelhafter klinischer Beobachtung.

LENNOX hatte sich seit 1945 auf die Seite von HUNT gestellt und 1960 gegenteilige Ansichten einiger Neurologen [42, 76, 77, 124] auf deren begrenzte Erfahrungen mit Kindern bezogen. Wir hatten damals die Ansicht vertreten, daß in plötzlich einsetzenden Anfällen beide Elemente — das der muskulären Anspannung und das der muskulären Entspannung — »nahezu gleich stark und nahezu gleichzeitig daran beteiligt sein müssen, da der Bewegungseffekt um so rascher eintreten wird, je mehr und je weniger die entsprechenden Antagonisten im Sinne der betreffenden Bewegungsynergie reziprok innerviert werden . . .« Ferner, daß »Anfallsvarianten durch einen verschiedenen zeitlichen Ablauf von Anspannung und Entspannung zustande kommen«[76].

Der Forderung von LENNOX (1960) nach simultaner elektromyographischer und elektroenzephalographischer Registrierung haben GASTAUT u. REGIS mit der Untersuchung eines $3^1/_2$jährigen Jungen, der an myoklonisch-astatischen Anfällen litt, entsprochen. Dabei konnten sie nachweisen, daß der Hemmung des Muskeltonus eine Muskelkontraktion unmittelbar voraufging und daß es infolge einer postmyoklonischen Myatonie zum Sturz kam. Auch KRUSE hat »in gleicher Weise durch synchrone EEG-Registrierung Muskelaktivität bei scheinbar rein abortiv-astatischen Anfällen ableiten können, die in enger zeitlicher Beziehung zu den Krampfpotentialen im EEG auftraten und klinisch nicht tastbar waren, also subklinisch abliefen«.

Funktionelle Anatomie: JACKSON[66] hatte Anfälle der beschriebenen Art als »lowest level fits« bezeichnet und ihren Ursprung in der pontomedullären Region vermutet. Im Grunde nichts anderes besagt es, wenn heute das zentrenzephale System bzw. im Hinblick auf die myoklonisch-myatonischen Anfallserscheinungen der »kaudale Anteil des retikulären Systems«[43] oder im Hinblick auf die bilaterale, synchrone und symmetrische Verteilung des EEG-Musters »mesodienzephale Strukturen«[49] als Ursprung der Entladungsstörungen angegeben werden.

Biologie: Die bisherigen Kenntnisse über die Klinik und Pathophysiologie der myoklonisch-astatischen Anfälle reichen für eine begründete Vorstellung von ihrer Pathogenese nicht aus. Angesichts ihrer intermediären Stellung, die sie zwischen Propulsiv-Petit mal einerseits und pyknoleptischen Anfällen andererseits einnehmen, ist es ohnehin nicht wahrscheinlich, daß sich ihre pathogenetischen Bedingungen von denen der anderen altersabhängigen Petit mal-Epilepsien grundsätzlich unterscheiden. Das affizierte System ist vermutlich für alle gleich in zentrenzephalen Strukturen zu suchen. Ob lokalisatorische Nuancen im Befall des gleichen Systems die verschiedenen Varianten mitbedingen, ist eine Frage an die Morphologie. Vorerst liegt es näher, die verschiedenen Varianten als altersbedingte Reaktionsformen der gleichen Systemaffektion aufzufassen. Die Affektionen selbst, die bisher ätiologisch namhaft gemacht wurden, sind beim myoklonisch-astatischen Petit mal ebenso unspezifisch wie beim Propulsiv-Petit mal. Da auch der Zeitraum, in dem sie den Organismus treffen, ebenfalls von der Fötalperiode bis zum Beginn der Anfälle reicht, muß – wenn man eine gemeinsame pathogenetische Endstrecke unterstellt – angenommen werden, daß nicht alle eruierten Faktoren ätiologisch gleich relevant sind. Was so viel bedeutet, daß den frühesten die prägende und den späteren Umständen nur mehr eine auslösende Rolle für eine – exogen oder genetisch bedingt – schon vorangelegte »Schwäche« des zentrenzephalen Systems zukommt. Warum und unter welchen Bedingungen sich dann allerdings die gleiche Grundstörung klinisch auf verschiedenen Altersstufen manifestiert, bleibt weiterhin eine offene Frage.

Therapie

Die Behandlung ist meist schwierig. Myoklonisch-astatische Anfälle nehmen auch darin eine Mittelstellung ein, daß sie weniger gut auf Hormone ansprechen als Propulsiv-Petit mal und weniger gut auf Sukzinimide oder Dione als pyknoleptische Anfälle. Da es leider keine gezielte Therapie gibt, ist man noch darauf angewiesen, die geeignete Behandlungsweise individuell herauszufinden. Glücklicherweise wird die ungünstige Behandlungsprognose in manchen Fällen durch eine relativ günstige Spontanprognose neutralisiert. Auch zeichnen sich trotz noch beschränkter therapeutischer Erfahrungen schon erkennbare Vorzüge und Nachteile mancher Behandlungsverfahren ab, so daß ein ungefähres Behandlungsschema entwickelt werden kann: Unter den Medikamenten scheinen die Sukzinimide noch die günstigste Wirkung zu entfalten; in refraktären Fällen kann eine Hormonbehandlung weiterhelfen.

Antiepileptica: *Barbiturate* in Form von Mephobarbital und Phenobarbital mit oder ohne Weckaminzusatz scheinen bei dieser Krankheitsform nicht so nützlich wie beim Propulsiv-Petit mal. Dagegen hatten *Primidon* ebenso wie *Phenytoin* insofern einen günstigeren Effekt, als damit in je etwa 20% Anfallsfreiheit und in je etwa 35% Anfallsfreiheit oder eine wesentliche Besserung erzielt werden konnte.

Mit *Dionen* hat LENNOX (1947) in 64% von 38 Fällen, KRUSE nur in 26% von 31 Fällen eine mindestens 75%ige Besserung der Anfallsfrequenz erzielen können. Mit Äthosuximid war die gleiche Besserung in fast 60% der Fälle zu erreichen. Sukzinimide scheinen besonders bei den relativ spät beginnenden Erkrankungen mit gehäuften Absencen und selteneren Sturzanfällen wirksam zu sein.

Nitrazepam scheint nicht so wirksam wie beim Propulsiv-Petit mal. KRUSE hat in keinem von 15 Fällen, LENZ nur in einem von 8 Fällen Anfallsfreiheit gesehen. Eine Reduktion der Anfallshäufigkeit um 75% verzeichnen beide in 10 ihrer insgesamt 23 Fälle. MILLICHAP u. ORTIZ berichten von einer Besserung bei »annähernd 50%« ihrer 15 Patienten mit »myoklonischen Anfällen« ohne Hypsarrhythmie, die dem myoklonisch-astatischen Petit mal entsprechen dürften.

Tabelle 4: *Behandlungsergebnisse bei myoklonisch-astatischen Anfällen. Als »anfallsfrei« gelten nur Fälle mit mindestens 1 jähriger Anfallsfreiheit, als »wesentlich gebessert« eine Anfallsfreiheit von unter 1 Jahr Dauer oder eine mindestens 75% Besserung der Anfallsfrequenz für mehr als 6 Monate.* (Nach KRUSE, R.: Das myoklonisch-astatische Petit Mal. Springer, Berlin/Heidelberg/New York 1968.)

Mittel	Anfallsfrei	Wesentlich gebessert	Ohne wesentliche Wirkung oder Verschlechterung	Zahl der Fälle
Barbiturate	1	4	38	43
Primidon	12	9	40	61
Phenytoin	7	6	24	37
Dione	3	5	23	31
Äthosuximid	8	24	22	54
Hormone	2	12	13	27

Präparate wie Karbamazepin, Sulthiam, Diamox sind nach den Erfahrungen von KRUSE völlig wirkungslos.

Hormone: Über relativ günstige Erfolge mit ACTH oder Dexamethason haben DOOSE[29], GASTAUT et al.[49] und SOREL[144] berichtet. Doch folgen den spektakulären Anfangserfolgen häufig Rezidive, die allerdings gelegentlich durch eine zweite oder dritte Kur wieder aufgefangen oder durch eine längere intermittierende Behandlung wie beim Propulsiv-Petit mal verhütet werden können. KRUSE hat auf solche Weise in 52% seiner Fälle Anfallsfreiheit für die Dauer oder längere Zeit oder eine wesentliche Besserung erzielen können. Die Hormontherapie wird nach den im vorhergehenden Kapitel (S. 36—38) angeführten Richtlinien durchgeführt.
Auch in *therapiefraktären Fällen* ist es ratsam, immer wieder von neuem eine Behandlung mit Medikamenten oder Hormonen zu versuchen, weil im Spontanverlauf das Risiko ungünstiger Ausgänge größer ist als die Möglichkeit von Remissionen.
Daß man auch in aussichtslos scheinenden Fällen die Hoffnung nicht aufgeben soll, lehren Verläufe wie der folgende:

Fall Wolfgang Sch.

Der Junge kam im Alter von 12 Jahren zu uns, nachdem er seit seinem 3. Lebensjahr ununterbrochen täglich bis zu 20 Nickanfälle gehabt und seit kurzem einige große Anfälle morgens nach dem Aufstehen erlitten hatte. Bei den Anfällen, die wir gesehen haben, sank der Kopf bis auf die Brust, während die Arme nach vorne geführt wurden und mit dem Kopf und den Mundwinkeln leicht rhythmisch zuckten. Nach 6—8 sec waren die Anfälle vorüber. In den folgenden 8 Jahren wurden ihm jeweils über Monate bis zu 600 mg Phenantoin, 2400 mg Trimethadion, 2400 mg Paramethadion, 400 mg Phenobarbital, 1850 mg Primidon, 2250 mg Äthosuximid p.d., zum Teil kombiniert, verordnet, wobei es jeweils zu einer Reduktion der Anfälle, aber nie zu völliger Anfallsfreiheit kam. Erst im Alter von 21 Jahren wurde er auf eine Kombination von 2000 mg Äthosuximid, 750 mg Primidon und 200 mg Phenytoin vollkommen anfallsfrei. Er ist jetzt 28 Jahre alt, voll berufstätig und nimmt noch 750 mg Primidon und 1000 mg Äthosuximid ein.

Zur *Kupierung eines Status myoklonisch-astatischer Anfälle* hat sich die langsame intravenöse Injektion von 2–10 (–20) mg Diazepam am besten bewährt[7, 88]. Wenn die Unterbrechung gelungen ist, wird empfohlen, den Effekt mit peroralen Diazepam-Gaben zu halten. Da Diazepam aber wegen seiner raschen Ausscheidung nur flüchtig wirkt, sollte besser auf Nitrazepam oder Äthosuximid übergegangen werden.

Zur *Behandlung begleitender großer Anfälle* eignen sich Phenytoin oder Primidon am besten, unter denen es jeweils in der Hälfte der Fälle zu Anfallsfreiheit oder wesentlicher Besserung kam. Bei einem reinen Petit mal-Verlauf ist die zusätzliche Verordnung eines bei Grand mal wirksamen Medikamentes nur dann indiziert, wenn und solange eine Hormonbehandlung durchgeführt wird.

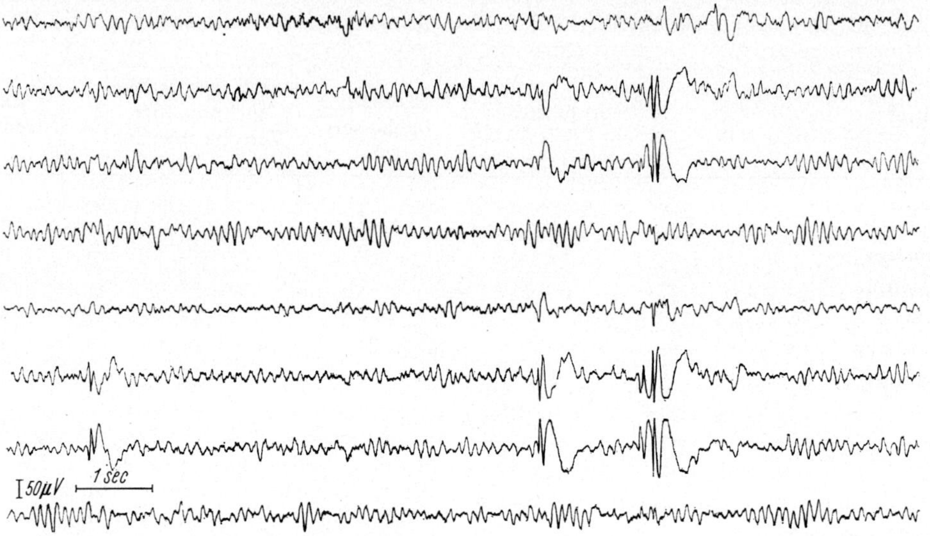

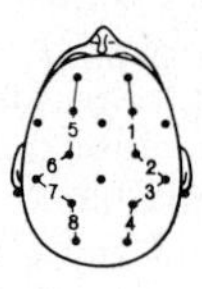

Abb. 32a u. b. Fall Wolfgang Sch.

Abb. 32a. Die Kurve zeigt im Alter von 14 Jahren vorwiegend ein α-EEG. Temporal links häufiger als rechts erscheinen öfter 3—4/sec-Spike-waves.

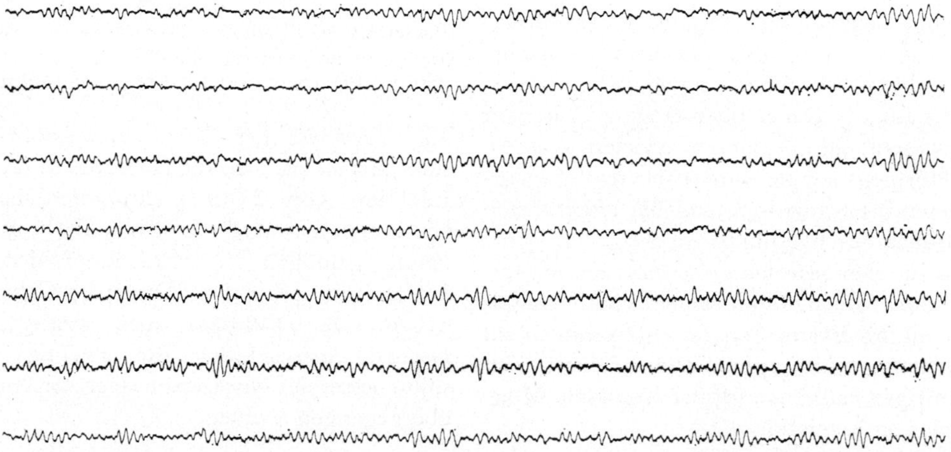

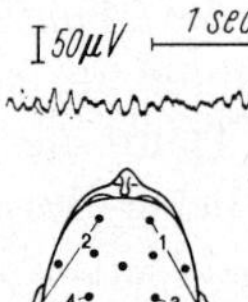

Abb. 32b. Mit 25 Jahren sind die Spike-wave-Komplexe völlig aus dem Kurvenbild verschwunden.

Die Petit mal-Epilepsie des Schulalters

Epilepsie mit pyknoleptischen Petit mal

Synonyma: Petits (TISSOT 1772), Gehäufte nicht-epileptische Absencen im Kindesalter (FRIEDMANN 1906, 1912, 1915), Gehäufte kleine Anfälle (HEILBRONNER 1906), Pyknolepsie (SAUER 1916), Pykno-epilepsy (LENNOX 1945), Simple petit mal (BRIDGE 1949), Juvenile petit mal (WILLIAMS 1950), Pure petit mal (LENNOX 1960).

Legende: Unter Pyknolepsie verstand man seit den Publikationen von FRIEDMANN in den Jahren 1906, 1912 und 1915 eine nicht-epileptische, gutartige Anfallserkrankung bei Kindern, die mit gehäuften Absencen einhergehe, nicht zu Persönlichkeitsveränderungen führe und in der Regel noch vor der Pubertät ausheile. Daß dieses Leiden nichts mit Epilepsie zu tun habe, schien, abgesehen von seiner günstigen Prognose, auch dadurch hinreichend begründet, daß es vorwiegend bei lebhaften und intelligenten Kindern vorkommt und daß die Anfälle durch antiepileptische Medikation kaum, um so mehr aber durch seelische und körperliche Umstände beeinflußbar sind.
Dieser legendäre Krankheitsbegriff ist 1939 von Grund auf erschüttert worden durch die Entdeckung von JUNG[259], daß pyknoleptische Anfälle und epileptische Absencen, die ja schon klinisch nie eindeutig zu unterscheiden waren, auch elektroenzephalographisch vollkommen identisch sind. Die Kurven bieten während der Anfälle immer das gleiche Bild: eine regelmäßige Wiederholung von spitzen- und wellenförmigen Potentialen mit einer durchschnittlichen Frequenz von 3 in der Sekunde (3/sec-Spike-waves). Diese Entdeckung setzte allen Zweifeln an der nosologischen Zuordnung dieser besonderen Anfallserkrankung ein Ende. Denn sie besagt eindeutig, daß Pyknolepsien eine Art von Epilepsie und pyknoleptische Anfälle eine Art von Petit mal sind.

Daß sich die Krankheitslegende trotzdem noch in manchen Lehrbüchern weiter erhält, ist um so bemerkenswerter, als ihre Aussagen in nahezu keinem Punkt der klinischen Wirklichkeit entsprechen. Ein *historischer Rückblick* läßt die Gründe zu dieser Legendenbildung als eine Auswirkung vorgefaßter Meinungen verstehen. Denn die klinischen Gegebenheiten waren damals, abgesehen vom EEG, kaum weniger bekannt und zugänglich als heute. Nur wurden sie völlig anders interpretiert, weil die Möglichkeit einer Spontanheilung, das Fehlen sogenannter typisch epileptischer Charakterzüge und die Beweglichkeit des Krankheitsgeschehens unter dem Einfluß äußerer Umstände nicht zu dem Begriff einer schicksalhaft progredienten, endogenen Verlaufsgesetzen unterworfenen und von geistigen und seelischen Veränderungen begleiteten Krankheit paßte, auf die die Lehrmeinung von der Epilepsie lange Zeit festgelegt war.

Schon vor FRIEDMANN hatten zwei Autoren weitgehend ähnliche Beobachtungen in verschiedener Weise interpretiert. In Anlehnung an Beobachtungen von WESTPHAL, FISCHER, MENDEL über anfallsweise Schlafzustände, in deren Konsequenz GÉLINEAU sowie REDLICH später den Begriff der Narkolepsie präzisierten, beschrieb BERKHAN, ein Kinderarzt, 1892 bei 6 Kindern »eigentümliche mit Einschlafen verbundene Anfälle«, die man nach der Beschreibung zum Teil als pyknoleptische erkennen kann. Obwohl ein Kind »seit längerer Zeit« geheilt schien und nur in einem anderen Fall später große Anfälle hinzutraten, zweifelte er nicht daran, daß es sich dabei um Epilepsien handelte. Dagegen rubrizierte der Psychiater FÜRSTNER 1896 die Beobachtungen an 11 Kindern, über die er summarisch berichtete und die man heute ebenso als Pyknolepsien bezeichnen würde (Auslösung durch Schreck, auffallend hohe Frequenz, Aussetzen in der Nacht, im Anfall Verdrehung der Augen nach oben, Fehlen von Nebenerscheinungen), als hysterisch. Seine Diagnose begründete er damit, daß diese Fälle nicht auf Brom ansprachen, remittierend verliefen oder spontan heilten, keine intellektuellen Veränderungen boten und von Gemütsbewegungen, wie von psychischer Behandlung — worunter er Milieuwechsel und »zweckbewußte Vernachlässigung« verstand — beeinflußbar waren.

Damit waren die beiden wesentlichen nosologischen Positionen umrissen. Eine Diskussion kam jedoch erst dadurch in Gang, daß FRIEDMANN 1906 seine Beschreibung »nichtepileptischer Absencen« bei 11 Erwachsenen und 4 Kindern noch als »kurze narkoleptische Anfälle« verstand, was den Einspruch HEILBRONNERS herausforderte, der mit der Zuordnung dieser Anfälle zur Narkolepsie nicht einverstanden war. Dadurch war FRIEDMANN gezwungen, seine ursprüngliche Annahme zu widerrufen und seine Beobachtungen als »gehäufte nichtepileptische Absencen im Kindesalter« (1912) oder kurz als »gehäufte kleine Anfälle« (1915) genauer zu präzisieren. Seine Konzeption wurde am wirksamsten unterstützt durch die Beiträge der Breslauer psychiatrischen Schule unter BONHOEFFER (1911) (MANN 1911, STÖCKER, KLIENEBERGER, SCHRÖDER 1913, auf dessen Anregung SAUER 1916 den Begriff Pyknolepsie eingeführt hat). Ihre rückhaltlose Zustimmung mußte ROSENTHAL dann 20 Jahre später (1926, 1928, 1931, 1935) »nach Bearbeitung des im Laufe fast eines Vierteljahrhunderts entstandenen gesamten einschlägigen Materials einer großstädtischen Klinik« (in Breslau) dahin revidieren, daß die Katamnesen »ein recht düsteres Bild von einem Leiden aufzeigen, das lange Zeit als vollkommen harmlos und gutartig angesehen worden ist«[338]. Begreiflicherweise wurde die Aussonderung der Pyknolepsie aus dem Kreis der Epilepsien besonders von Kinderärzten (HUSLER 1920, STARGARDTER 1921, KOCHMANN 1923, LINDENBLATT 1925) um der vermeintlich guten Prognose willen als »befreiend« empfunden[310]. Von einer Kinderärztin (Ursula MOELLER 1936) stammt die bis heute gültige Erfahrung, daß der von FOERSTER angegebene Hyperventilationsversuch sich als nahezu spezifischer Test zur Provokation pyknoleptischer Anfälle eignet. Auch STIER (1923) und POHLISCH (1923), die außer ROSENTHAL die größte Zahl von Fällen bearbeitet haben mit dem Ziel, die klinische Symptomatologie zu ergänzen, wobei STIER mehr die Bedeutung neuropathischer Symptome, POHLISCH mehr das Gewicht der psychopathischen Anlage hervorhebt, sind beide davon überzeugt, daß sich die Pyknolepsie immer klarer von der Epilepsie abgrenzen lasse und daß sie »letzten Endes als Symptom einer besonderen klinisch faßbaren Form der Psychopathie aufzufassen« sei[322].

In der vor-elektroenzephalographischen Ära ist dieser, fast ausschließlich von deutschen Klinikern inaugurierte Krankheitsbegriff von ausländischen Autoren entschieden abgelehnt worden. BOLTEN hat schon 1916 sein Urteil, daß der größte Teil aller »gehäuften kleinen Anfälle« nichts anderes als Rudimentärformen epileptischer Anfälle darstelle, mit Verlaufsbeobachtungen aus einer holländischen Epileptiker-Anstalt begründet, JELLIFFE u. NOTKIN (1934) sehen weder in der Therapieresistenz der Anfälle noch in ihrem gelegentlichen Verschwinden um die Pubertät einen hinreichenden Grund, sie deswegen aus der Epilepsie herauszulösen, und Kinnier WILSON (1935) beschreibt die Pyknolepsie ganz im heutigen Sinne als eine Variation epileptischer Petit mal. Zwischen 1939 (JUNG) und 1945 (LENNOX) ist dann mit Hilfe des EEG dieses dunkle Niemandsland kindlicher Anfallsleiden oder zwielichtige Grenzgebiet zwischen Epilepsie und Hysterie endgültig wieder eine epileptische Provinz geworden; doch würde man den aus der Entdeckungsfreude jener Jahre verständlichen Ausruf von LENNOX: »Pyknolepsie ist Epilepsie in ihrer reinsten Form«, heute allenfalls noch in der Abwandlung: »Pyknolepsie ist Epilepsie in besonders milder Form«, gelten lassen. Ebenso ist es an der Zeit, die aus jenen Tagen stammende Annektierung des Begriffes Petit mal nur für pyknoleptische Anfälle rückgängig zu machen und ihn wieder, wie er ursprünglich gemeint war, für jede Art von kleinen epileptischen Anfällen zu verwenden, wofür sich noch kürzlich Dennis WILLIAMS[372] eingesetzt hat. Die Art des jeweiligen Petit mal könnte dann wieder — wie es üblich war — durch ein kennzeichnendes Attribut charakterisiert werden. Da Pyknolepsien klinisch vor allem — wie der Name sagt — durch die Häufigkeit der Anfälle gekennzeichnet sind, ziehen wir es vor, ihre Anfälle als pyknoleptische Petit mal zu bezeichnen.

Anfallsformen

Pyknoleptische Anfälle haben keinen verbindlichen Anfallstypus. Allen gemeinsam ist lediglich, daß sie unmittelbar einsetzen und unmittelbar aufhören, daß sie mit einer Bewußtseinsstörung einhergehen und daß sie kurz dauern. Anfälle, die man herannahen fühlt und Anfälle, die mit einer Umdämmerung ausklingen, gehören nicht zur Pyknolepsie.

Die *Bewußtseinsstörung* ist vollkommen, aber sie reicht nicht tief. Die Patienten erinnern nicht, was währenddessen zu ihnen gesprochen wurde. Sie unterbrechen oft dabei ihre Tätigkeit und nehmen danach den Faden wieder auf, wo er abgerissen war. Oft aber auch fahren sie während der Anfälle gleichsam automatisch in ihrer Beschäftigung fort, nehmen aber keine neue Tätigkeit auf. Die Dauer der Anfälle schwankt von mindestens 5 bis höchstens 40 sec. Merkwürdigerweise beeinträchtigen kürzere Anfälle, die nur im EEG zu registrieren sind, nicht merklich die Aufmerksamkeit oder Reaktionsfähigkeit, während das Bewußtsein bei längeren Anfällen, die immer klinisch manifest werden, schon während der ersten 5 sec aussetzt.

Allerdings erweist sich bei psychometrischen Untersuchungen, daß schon während ganz kurzer, ½—1 ½ sec dauernder subklinischer Spike-wave-Entladungen die Reaktionszeit bis auf das 5fache verlängert sein kann[175, 193, 234, 346, 361]. Seltsamerweise ist die Reaktionszeit kurz vor klinischen Absencen verkürzt, und zwar deutlicher vor längeren als vor kurzen Absencen. Daß demnach schon während der »präparoxysmalen Arousal-Phase« die Dauer des nachfolgenden Anfalls festgelegt zu sein scheint, spricht dafür, daß schon während dieses kurzen Vorstadiums erregungsbegrenzende Mechanismen ablaufen, die im EEG auch gelegentlich an einer präparoxysmalen Desynchronisation erkenntlich werden[279].

Während der Absencen sind oft noch weitere Symptome zu beobachten, in denen sich aufs Ganze gesehen kein einheitliches funktions- oder ausdrucksgebundenes Motiv widerspiegelt. Analysiert man die Symptome nach ihrer *statistischen Häufigkeit*, so handelt es sich überwiegend (77,5%) um Veränderungen in der Stellung der Augen, dann folgen Symptome veränderter Kopfhaltung (69%), Bewegungen der Lider (29%), der Arme oder Hände (31%), mit Abstand dann Veränderungen der Rumpfhaltung (16%), der Oralmotorik (10%) und schließlich vegetative (Einnässen 12%) oder vasomotorische (Blässe oder Röte) Erscheinungen (10%). Unter den Augensymptomen sind vertikale Blickbewegungen etwas häufiger (65%) als ein geradeaus gerichteter starrer Blick (57%) zu beobachten, während Seitwärtsblicken selten vorkommt (11%). Der Kopf bewegt sich ebenfalls meist nach oben (36%), oder er verharrt unbewegt (39%), wenn er nicht unentschieden in der Sagittalen hin und her wippt (19%), nach vorne nickt (14%) oder nach der Seite ruckt (14%)[70, 251]. Kopf und Augen koordinieren sich oft zu einem Bewegungsbild, meist im Sinne einer Aufwärtsbewegung, gelegentlich auch zu einer Seitwärtswendung. Vorwärtsnicken oder indifferentes Wackeln kann sowohl mit einer vertikalen Blickbewegung wie mit einem »leeren«, geradeaus gerichteten Blick verbunden sein.

Die vielfältige Symptomgruppierung erlaubt es nicht, einen einheitlichen pyknoleptischen Anfallstypus zu beschreiben. Wenn auch die meisten pyknoleptischen Anfälle von Bewegungen der Augen und des Kopfes angeführt werden, auffallend milde verlaufen, kurz dauern und ausgesprochen selten vasomotorische oder vegetative Erscheinungen bieten, so genügen diese Abgrenzungen doch nicht zu einer positiven Kennzeichnung eines verbindlichen Anfallsmusters. Von daher gesehen sind pyknoleptische Anfälle zunächst nichts weiter als verdünnte Ausgaben, Formes frustes, von verschiedenartigen Formen kleiner Anfälle, die in einem anderen Lebensalter zwar nicht in dieser gehäuften Weise, dafür aber in ausgeprägterer Form in Erscheinung treten.

Nach der Art der klinischen Anfallssymptome lassen sich zwei Gruppen pyknoleptischer Anfälle unterscheiden. Die erste bietet uncharakteristische Erscheinungen, Symptome, aus denen sich kein prägnanter Anfallstypus ablesen läßt. Man könnte sie daher als *indifferente pyknoleptische Anfälle* bezeichnen. Die zweite Gruppe wird von solchen Anfällen gebildet, deren Symptomatik zwar verschiedene, aber in sich einheitliche Funktionsmotive widerspiegeln, so daß sich von daher leicht bestimmte Anfallscharaktere beschreiben lassen. Diese Gruppe könnte man als *differente pyknoleptische Anfälle* etikettieren.

Zu der ersten Gruppe der indifferenten pyknoleptischen Anfälle gehören in erster Linie die blanden, »reinen« oder auch indifferenten pyknoleptischen Absencen, sowie indifferente pyknoleptische Petit mal, worunter wir Anfälle verstehen, bei denen während der Absence motorische Symptome vorkommen, die nicht so charakteristisch sind, daß sie sich einem einheitlichen Funktionsbild fügen.

Unter den differenten pyknoleptischen Anfällen sind zunächst solche zu beschreiben, deren Charakter krankheitsspezifisch ist, weil sie nur bei Pyknolepsien vorkommen. Für Pyknolepsien spezifisch ist allein das Retropulsiv-Petit mal, wenn auch einzuräumen ist, daß Retropulsiv-Petit mal, besonders wenn sie erst nach dem 10. Lebensjahr einsetzen, selten auch einmal zykloleptisch auftreten. Darüber hinaus gibt es pyknoleptische Anfälle, deren Anfallsmuster zwar ein charakteristisches Gepräge hat, aber insofern nicht krankheitsspezifisch ist, als es nicht ausschließlich bei Pykno-

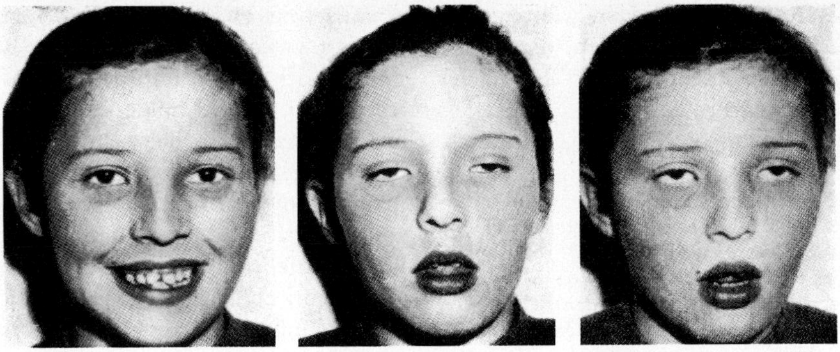

a b c

Abb. 33a—c. Blande Absence (»Traumliesel«) von 6 sec Dauer. (Aus BAMBERGER, PH., A. MATTHES: Anfälle im Kindesalter, Karger, Basel 1959.)

lepsien vorkommt. Dabei handelt es sich im wesentlichen um drei Anfallstypen: das Propulsiv-Petit mal, das Adversiv-Petit mal und das Oral-Petit mal, die, wenn sie auf pyknoleptische Weise auftreten, d. h. mit allen klinischen Eigenschaften der Pyknolepsie ausgestattet sind, mit dem Adjektiv »pyknoleptisch« gekennzeichnet werden.

Indifferente pyknoleptische Anfälle

Reine Absencen: Blande, »reine«, indifferente Absencen in Form »seelischer Pausen«, die dem Beobachter lediglich durch einen starren, träumerischen, abwesenden Blick, einen leicht geöffneten Mund (s. Abb. 33a u. c) und selten auch durch eine leichte Blässe oder Röte des Gesichts bemerkbar werden, sind oft als der eigentliche Typus pyknoleptischer Anfälle bezeichnet worden. Doch sind sie desto seltener, je schärfer man beobachtet. LENNOX[97] schätzt ihre Häufigkeit beim »pure petit mal« auf 30—40%. In unserem Krankengut bieten nur 21% aller Pyknolepsien das Bild reiner Absencen ohne jegliches symptomatologische Beiwerk.

In der vor-elektroenzephalographischen Ära konnten Anfälle, die mit nichts weiter als einer Bewußtseinsstörung einhergingen, nicht für epileptische Anfälle gelten, weil das Wesen des Epileptischen nach JACKSON in Entladungsvorgängen besteht. Es war daher nur konsequent, wenn für FRIEDMANN[213, 215] die »Unvollkommenheit oder Partialität der Bewußtseinsstörung, die nur die höheren Funktionen des Gehirns betrifft«, da »eine Hemmung des Denkens und der Willenshandlung bei erhaltener Fähigkeit, automatisch zu handeln«, zu beobachten sei, und »die Reinheit und Isoliertheit dieser Störung« wesentliche Argumente dafür waren, die Absencen auf »Hemmungsvorgänge« zu beziehen. Die Ausklammerung der Pyknolepsie aus dem Bereich der Epilepsie sah er theoretisch dadurch begründet, daß in der »regelmäßigen Beschränkung der Störung auf die höhere Denk- und Willenstätigkeit«, die nur als »Funktionsausfall« zu deuten sei, ein fundamentaler »Gegensatz zur Epilepsie« bestehe, bei der ja »ein latenter Reizzustand im Gehirn erzeugt« werde, der zu »explosiven Entladungen« führen müsse. Erst das EEG hat dann die Absence als das klinische Äquivalent rhythmisch alternierender und sich selbst aufhebender, aktivierender und bremsender Vorgänge im Zentralnervensystem erkennen lassen.

Aber nicht nur deswegen, weil reine Absencen eine Minderheit unter den pyknoleptischen Anfällen darstellen, geht es nicht an, pyknoleptische Anfälle und Absencen oder Pyknolepsie und Absencen-Epilepsie begrifflich zu identifizieren. Absencen stellen schlechthin eine unspezifische Minimalform verschiedener Arten von epileptischen Anfällen dar, so daß mit ihrer Feststellung allein noch keine spezielle Krankheitsform gegeben ist. Erfahrungsgemäß können sich im weiteren Verlauf oft prägnantere, typusbestimmende Symptome herausbilden oder umgekehrt prägnante Anfälle verschiedener Art spontan oder unter der Therapie auf besonders milde Anfallsäußerungen in Form von Absencen zurückbilden.

Daß pyknoleptische reine Absencen nicht den Idealtypus pyknoleptischer Anfälle darstellen, geht auch aus der Tatsache hervor, daß ihr

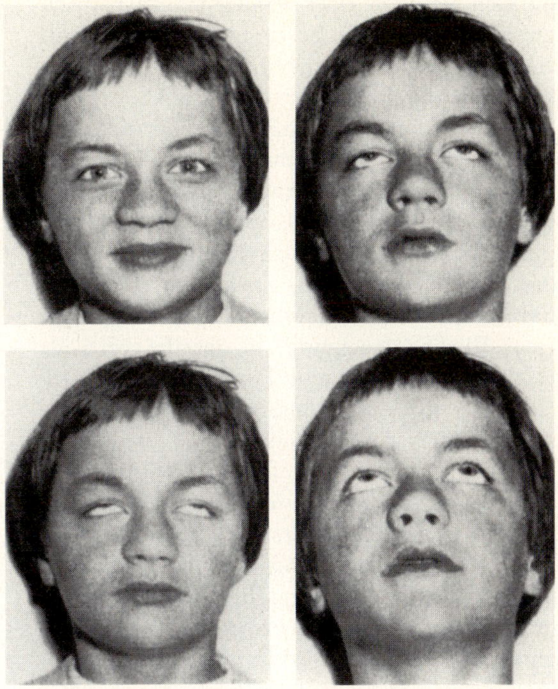

Abb. 34a—d. Retropulsiv-Petit mal (»Sterngukker«) von 15 sec Dauer. (Aus Bamberger, Ph., A. Matthes: Anfälle im Kindesalter. Karger, Basel 1959.)

Erkrankungsalter am späten Flügel des Altersspektrums für die Pyknolepsie liegt und im wesentlichen die Gruppe der Pyknolepsien ausmacht, die noch vom 9. bis 15. Lebensjahr beginnen. So gingen nahezu 40% aller nach dem 9. Lebensjahr einsetzenden Epilepsien mit reinen Absencen einher, dagegen nur knapp 20% der vor dem 9. Lebensjahr beginnenden Erkrankungen.

Die Feststellung, daß reine Absencen nicht unbedingt mit dem Begriff der Pyknolepsie identisch sind, hat auch eine differentialdiagnostische Bedeutung, weil es eine besondere Verlaufsform reiner Absencen gibt, die keinen pyknoleptischen, sondern eher einen zykloleptischen oder spanioleptischen Verlauf nehmen (s. folg. Kap.). Das Erkrankungsalter dieser nicht-pyknoleptischen indifferenten Absencen liegt zwischen dem der Pyknolepsie und dem der Impulsiv-Petit-mal-Epilepsie, d. h. zwischen dem 10. und dem 16. Lebensjahr. Zykloleptische oder spanioleptische Absencen unterscheiden sich, abgesehen von ihrer selteneren Wiederkehr und ihrem Erkrankungsalter, von den pyknoleptischen Absencen vor allem dadurch, daß das bioelektrische Anfallsmuster schneller, d. h. mit 4—5/sec Spike-wave-Komplexen und mit Doppel-Spike-wave-Komplexen einhergeht.

Indifferente Petit mal: Damit bezeichnen wir kleine Anfälle, die über das Symptom einer Absence hinaus noch irgendwelche motorischen Symptome bieten, die aber so uncharakteristisch sind, daß sie keinem bestimmten Anfallstypus zuzuordnen sind. Das war in 10% aller Pyknolepsien der Fall. Meist kommt es dabei zu einem leichten unentschiedenen Hin- und Her-Wackeln von Kopf und Oberkörper, während die Augen geradeaus gerichtet bleiben oder sich leicht nach oben bewegen können. Oft treten dabei auch, im gleichen Rhythmus der richtungsindifferenten Wackelbewegungen, symmetrische Zuckungen der Augenlider oder der Stirnmuskeln, gelegentlich auch der Mundwinkel auf. Auch hier gilt das gleiche wie für die reinen Absencen, daß sich bei längerem Verlauf die Bewegungen, die sich meist in der sagittalen Ebene abspielen, später für die eine oder andere Richtung, sei es nach vorne oder, wie häufiger, nach hinten entscheiden, so daß auch die indifferenten Petit mal sich im Laufe der Krankheitsentwicklung noch zu prägnanten Anfallsformen ausdifferenzieren können.

Differente pyknoleptische Petit mal

Retropulsiv-Petit mal: Die Mehrzahl – 54% – aller Pyknolepsien geht mit Anfällen einher, die sich als mehr oder minder starke Ausprägungen eines ganz bestimmten Anfallstypus erkennen lassen. Obwohl diese Anfälle zumeist nur durch eine vertikale Blickbewegung oder durch eine konjugierte Kopf- und Augenbewegung nach oben und hinten akzentuiert sind, liegt das Schwergewicht manchmal auch in der Bewegung des Kopfes oder der Neigung des Rumpfes nach hinten, ohne daß die Augen vorangehen. Deswegen sehen wir das umfassende Leitmotiv dieser Anfälle in einer Rückwärtsneigung, in der die vertikale Blickbewegung nur eine Facette darstellt. Anfälle von diesem Typus, die wir als Retropulsiv-Petit mal bezeichnen, sind nicht nur die häufigsten unter allen Pyknolepsien, sondern auch diejenigen unter allen Formen von Petit mal, die nahezu ausschließlich im Pyknolepsiealter einsetzen und fast nur auf eine pyknoleptische, d. h. tagtäglich gehäufte Weise in Erscheinung treten, weswegen sie als pathognomonisch für die Pyknolepsie gelten können.

Biologische Regeln sind jedoch keine naturwissenschaftlichen Gesetze. So gibt es selten auch Fälle von nicht-pyknoleptischen Retropulsiv-Petit mal. Bei Früherkrankungen handelt es sich dann um reklinative Anfälle im Rahmen eines myoklonisch-astatischen Petit mal; bei Spätfällen um primär zykloleptische Retropulsiv-Petit mal, vorausgesetzt, daß eine vorhergehende Pyknolepsie nicht übersehen wurde.
Hier ein Beispiel, das zugleich eine typische Situation, in der die Anfälle beginnen können, die Art der Bewußtseinsstörung und den Wandel der Anfälle im Laufe der Jahre wiedergibt:

Fall Hildegard F., 22 Jahre:

Geburt und Entwicklung unauffällig. Die Patientin führt die Anfälle, die mit 7 Jahren einsetzten, auf einen Schreck zurück, als sie in einer Schaubude auf dem Jahrmarkt einen hypnotisierten Mann gesehen habe, »der sich so mechanisch wie ein Automat bewegt« habe und »durch den man hindurchstechen konnte, ohne daß er es merkte«. Bei den Anfällen, die an »guten Tagen« 10—20mal, an »schlechten« mehrmals in der Stunde wiederkamen und sich mehr am Vormittag als am Nachmittag abspielten, hat sie, nach den Beschreibungen der Angehörigen, mit den Augen und den Oberlidern einige Sekunden lang ruckartig nach oben gezuckt, sich dabei nicht verfärbt, aber in den ersten Jahren einige Male dabei eingenäßt. Im Gespräch unterbricht sie sich, beim Geschirrabtrocknen setzt sie sich hin, beim Stricken strickt sie weiter, jedoch nicht das beabsichtigte Muster, sondern die gleiche Masche, bei der sie gerade ist, wenn der Anfall einsetzt. Beim Radfahren fährt sie, beim Gehen geht sie, die Augen nach oben gerichtet, weiter, ohne bisher Schaden genommen zu haben. Die Anfallshäufigkeit sei davon abhängig, ob sie genügend geschlafen habe oder übermüdet sei. — In der Klinik wurden Anfälle beobachtet, wobei sie etwa 20 sec bei geradeaus gerichtetem Blick mit den Oberlidern leicht und in kurzen Abständen rhythmisch nach oben zuckte. Dann nahmen ihre Züge einen verlegen-lächelnden Ausdruck an, wobei sie einmal unwillkürlich leicht schluckte und ein anderes Mal sich wie netzend mit der Zunge über die Lippen fuhr und eine leichte Röte ihr Gesicht überflog. Danach konnte sie angeben, daß sie wie durch einen Nebel wieder zu sich käme. Früher sei es aber so gewesen, daß sie »bloß nichts gesehen und gehört habe«. Sie ist von asthenischer Gestalt, intelligent und anpassungsfähig, aber sehr sensitiv und mißtrauisch. Unter Sukzinimiden reduzierten sich die Anfälle auf seltene anfallsweise Empfindungen, so »als ob die Gedanken für eine kurze Weile schwächer würden, ferner lägen«.

Ob dem »Hans Guck-in-die-Luft« ein Patient mit Retropulsiv-Petit mal zum Vorbild gedient hat, wissen wir nicht. Doch wäre das immerhin denkbar, da Dr. Hoffmann auch andere Gestalten aus dem »Struwwelpeter« den Erfahrungen seiner nervenärztlichen Praxis entnommen hat. Jedenfalls gibt seine Darstellung genau den Ausdruck wieder, der Patienten mit Retropulsiv-Petit mal immer wieder solche Spitznamen wie »Träumer«, »Mondkieker« oder »Sterngucker« einträgt. Wird die Retropulsivbewegung in milder Form nur durch rhythmischen Augenaufschlag oder Stirnrunzeln angedeutet, so kann sie in deutlicher Weise auch durch eine Auf- und Rückwärtsbewegung von Kopf, Rumpf und Extremitäten ausgeprägt sein, wie im folgenden Fall:

Fall Inge B., 13 Jahre:

Zweieiiger Zwilling, unkomplizierte Zangengeburt, normale Entwicklung. Die Mutter dachte anfangs, als Inge mit 6 Jahren alle paar Tage einige Male die Augen kurz nach oben richtete, sie treibe Unsinn. Dann sei es aber häufiger gekommen. Der Kopf ging zugleich mit den Augen ruckartig mit nach hinten. Dabei unterbrach sie sich im Gespräch, konnte danach aber sofort wieder anknüpfen, wo sie aufgehört hatte. Schließlich beugte sich auch der Oberkörper mit nach hinten und einige Male so weit, daß sie rücklings hinfiel, wobei sie aller-

Die Geschichte vom Hanns Guck-in-die-Luft.

Wenn der Hanns zur Schule ging,
stets sein Blick am Himmel hing.
Nach den Dächern, Wolken, Schwalbe
schaut er aufwärts allenthalben
Vor die eignen Füße dicht,
ja, da sah der Bursche nicht,
also daß ein jeder ruft:
„Seht den Hanns Guck-in-die-Luft!"

Kam ein Hund daher gerannt;
Hännslein blickte unverwandt
in die Luft.
Niemand ruft:
„Hanns! gib acht, der Hund ist nah!"
Was geschah?
Bauz! perdauz! — da liegen zwei,
Hund und Hännschen nebenbei.

Abb. 35. »Hans Guck-in-die-Luft« aus dem »Struwwelpeter«.

dings etwa ½ min lang nicht ansprechbar war. Das kam etwa 20—30mal am Tag und besonders morgens nach dem Aufstehen. Sie schläft schwer ein, steht schwer auf und muß zur Schule morgens immer geweckt werden. Sie wird als jungenhaft wild, intelligent und aufgeweckt beschrieben und sei in der Schule besser als ihre gesunde Zwillingsschwester.

Nicht selten ist bei Retropulsiv-Petit mal auch eine Mitbewegung der Arme zu sehen, die in den Schultern adduziert und im Ellenbogen leicht angebeugt in milder Weise symmetrisch nach oben rucken (s. Abb. 36 c). Obwohl die Bewegungen im Anfall mit unterschiedlichem Akzent mal auf eine vertikale Blickbewegung beschränkt bleiben oder mal durch eine konjugierte Kopf- und Augenbewegung nach oben und hinten angeführt werden und in anderen Fällen wieder zu einer Rückwärtsbeugung des Rumpfes führen, haben sie doch mit der Tendenz zur Auf- und Rückwärtsneigung ein einheitliches Leitmotiv, das wir mit dem Epitheton »retropulsiv« apostrophiert haben. Dieses Motiv ist in mildester Form schon in rhythmischen und symmetrischen Innervationen der Lider und der Stirn angedeutet, die von französischen Autoren als »myoclonies palpé-

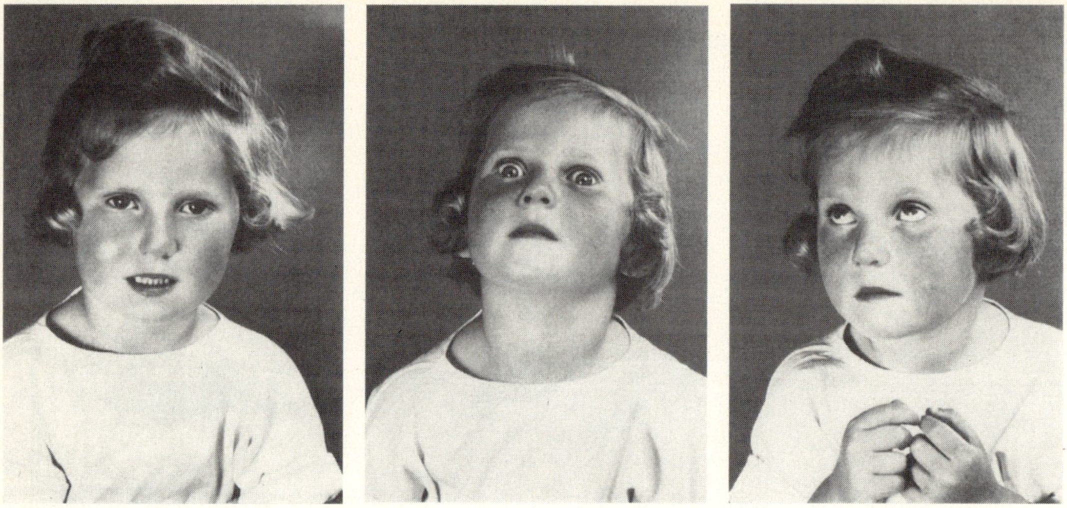

a b c

Abb. 36a—c. Retropulsiv-Petit mal bei einem 7jährigen Mädchen. (Mit freundlicher Genehmigung von H. DOOSE.)

brales« bezeichnet werden. Deutlicher kommt es in den Anfällen mit einer vertikalen Blickbewegung zum Ausdruck, die auch als »crises oculogyres« bezeichnet werden und die für ROSENTHAL das Kernsymptom des pyknoleptischen Anfalls überhaupt darstellen. Deutlicher wird die Retropulsion, wenn die Kranken die angebeugten Arme sakkadierend aufwärts führen, einige Schritte rückwärts gehen und hintüber zu fallen drohen. Die intensivste und zugleich auch seltenste Auswirkung erfahren jene Kranken, die im Anfall rückwärts umschlagen und kurz in einem opisthotonen Streckkrampf verharren, dessen Bewegungsbild dann dem sogenannten »cerebellar fit«[247] gleicht.

Unter den anderen Möglichkeiten differenter Anfallssyndrome heben sich besonders drei Formen hervor, die man als mitigierte Abwandlungen oder als Rudimentärformen charakteristischer Petit mal-Typen bezeichnen kann, die aber nur im Zusammenhang mit weiteren, der Pyknolepsie zugehörigen Eigenschaften als pyknoleptische Anfälle zu erkennen sind.

Pyknoleptische Propulsiv-Petit mal: Bei 5% aller Pyknolepsien kommt es während der Absencen zu einem leichten rhythmischen Wippen des Kopfes nach vorne. Die Augen sind dabei entweder starr geradeaus oder bei halb geschlossenen Lidern nach oben gerichtet. Die gleiche Anfallsform hatten wir schon beim Propulsiv-Petit mal und beim myklonisch-astatischen Petit mal kennengelernt und dort als Variante des oberen Körperpols, als Nickanfall oder als »Nickerchen« beschrieben. Es ist nicht zu verwundern, daß Propulsiv-Petit-mal, wenn sie im Pyknolepsiealter einsetzen, eben auf eine pyknoleptisch mitigierte Weise in Erscheinung treten. Pyknoleptische Propulsiv-Petit mal könnten daher rein phänomenologisch als der späteste und mildeste Ausläufer frühkindlicher Blitz-Nick-Salaam-Krämpfe gelten. »Nickerchen« im Rahmen einer Pyknolepsie unterscheiden sich jedoch weder nach dem EEG noch in ihrem Verlauf von anderen Pyknolepsien.

Ohne EEG — und in manchen Fällen selbst mit EEG — wird es in einigen Fällen schwierig sein zu entscheiden, ob eine Erkrankung, die mit gehäuft auftretenden Anfällen in Form eines milden Ruckens oder Nickens mit Kopf und Augen einhergeht, »noch« eine der frühkindlichen Petit mal-Epilepsien oder »schon« der Pyknolepsie zuzuordnen ist. Wichtiger als die Klassifikation solcher Fälle ist ihr exemplarischer Wert als Zwischenglieder im nosologischen System, die die frühkindlichen Petit-mal-Epilepsien mit der Pyknolepsie verbinden (s. die Fälle Liesel Sch. und Karl Schw., S. 45 und 55).

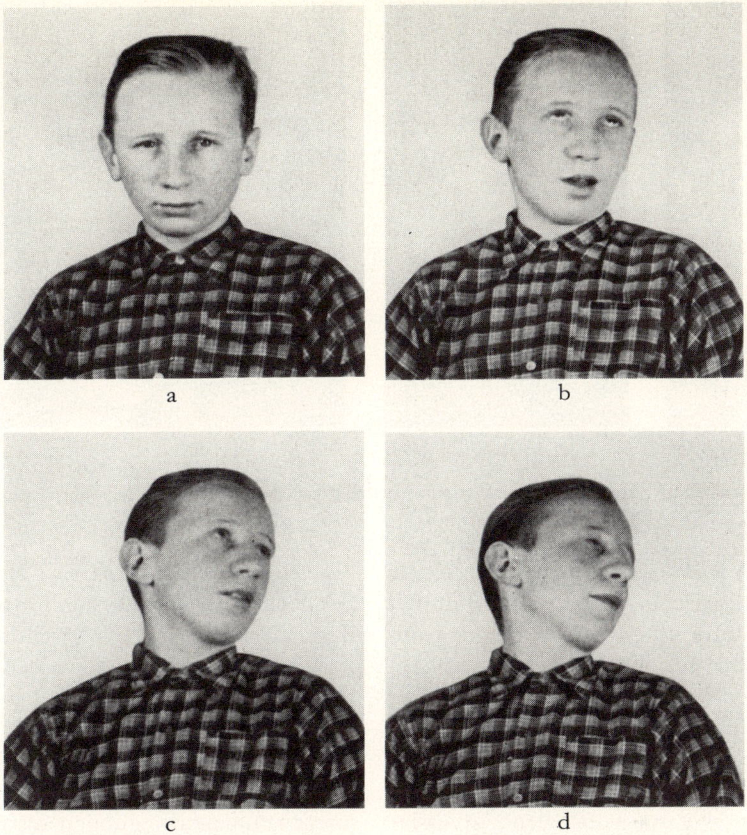

Abb. 37a—d. Adversiv-Petit mal von 8 sec Dauer bei einem 11jährigen Jungen. (Aus SELBACH, H.: Die cerebralen Anfallsleiden[428].)

Pyknoleptische Adversiv-Petit mal: Wieder andere pyknoleptische Petit mal sind dadurch charakterisiert, daß es während einer Absence zu milden, ruckartigen Wendebewegungen des Kopfes und der Augen nach einer Seite kommt (s. Abb. 37). Solche rhythmischen Adversivbewegungen waren in 5% der Fälle das führende Symptom.

Fall Wilhelm K., 31 Jahre:

Seit dem 8. Lebensjahr bekommt er jeden Tag mindestens 6, manchmal aber auch in einer Stunde bis zu 30 Anfälle, wobei er plötzlich ohne Aura 5—6 sec »weg« und danach sofort wieder klar ist. Währenddessen rucken der Kopf und die Augen, manchmal aber nur der Kopf nach der rechten Seite. Seit den Entwicklungsjahren kommt es etwa alle 14 Tage zu einer statusartigen Häufung der Anfälle, die sich dann eine Viertelstunde lang fast ununterbrochen wiederholen. Wenn die letzten Anfälle eines solchen Petit mal-Status abflauen, bemerkt er, während er schon hören kann, was in der Umgebung gesprochen wird und auch schon — wenn auch falsch — auf Fragen antworten kann, wie sein Kopf kurz und rhythmisch nach rechts zuckt. Unter einer ansteigenden Medikation von Trimethadion wurden die Anfälle allmählich seltener und milder; jetzt konnte er bei nur leicht getrübtem Bewußtsein wahrnehmen, daß sein Kopf etwa 5—6mal in gleichmäßigen Abständen nach der Seite ruckte und dabei jedesmal ein Stück weiter nach rechts ging; bei noch höherer Dosis bemerkte er nur noch ein »inneres« Rucken ohne äußere Bewegung und schließlich nur noch ein Gefühl »wie im Vorbeihuschen«, als ob jetzt irgendetwas gewesen sei.

Außer daß Konzentration und Freude anfallshemmend wirkten und daß die Anfälle an »schlechten Tagen« schon morgens im Bett oder beim Rasieren einsetzten, hatte er keine besonderen Abhängigkeiten bemerkt. Er bezeichnet sich als gehemmt, empfindlich und unmodern, weil er trotz leichten Studiums und guter Zeugnisse sich in seinem Beruf als Architekt nicht durchsetzen und selbständig machen könne. Er ist körperlich und psychisch asthenisch, hat aber außer einer leichten Gesichtsasymmetrie keine auffallenden Befunde. Große Anfälle sind nie aufgetreten.

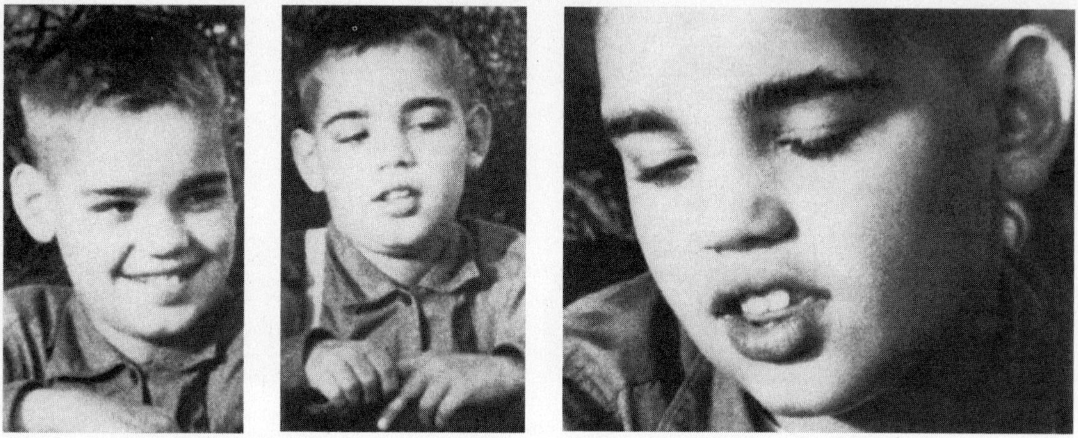

a b c

Abb. 38a—c. Oral-Petit mal. (Aus dem Fernsehfilm der Dtsch. Sekt. d. Internat. Liga gegen Epilepsie.)

Pyknoleptische Adversiv-Petit mal setzen wie andere pyknoleptische Anfälle unvermittelt ohne Aura ein und hören ohne Übergang unvermittelt wieder auf. Die Dynamik der Anfallsbewegungen ist immer wie im beschriebenen Falle rhythmisch-sakkadierend und bleibt meist auf Kopf und Augen beschränkt. Es gibt aber auch pyknoleptische Adversiv-Petitmal, bei denen wie im kortikalen Adversivkrampf der homolaterale Arm in leicht angebeugter Haltung angehoben wird und im gleichen Rhythmus wie Kopf und Augen mitzuckt. Meist bleibt die Richtung der Drehung bei den gleichen Kranken dieselbe. Gelegentlich kommt es aber auch bei ein und demselben Kranken zu Wendebewegungen nach beiden Seiten. Gelegentlich geht die Richtung der Bewegungen von Kopf und Augen schräg nach oben und seitlich hinten (s. Abb. 37b u. c), so daß man solche Anfälle nicht ohne Willkür entweder dem retropulsiven oder dem adversiven Typus zuordnen kann.

Differentialdiagnostisch lassen sich pyknoleptische Adversiv-Petit mal von anderen mit Adversivbewegungen einhergehenden epileptischen Anfällen leicht unterscheiden, wenn man daran denkt, daß sich kortikale Adversivkrämpfe meist bei freiem Bewußtsein abspielen und nicht ruckartig, sondern mit einem tonischen Krampf einhergehen. Adversionen im Rahmen psychomotorischer Anfälle haben dagegen den Charakter von langsamen Wendebewegungen. Weiterhin werden sowohl kortikale wie adversiv-psychomotorische Anfälle oft von Auren eingeleitet und letztere meist von einem kurzen Dämmerzustand beendet.

Pyknoleptische Oral-Petit mal: Häufig – in etwa der Hälfte der Fälle – kann man während eindeutig pyknoleptischer Anfälle retropulsiver, propulsiver oder adversiver Art beobachten, daß die Patienten außer den beschriebenen Bewegungen des Kopfes und der Augen mit den Lippen oder mit der Zunge leichte kostende oder schmatzende Bewegungen oder kurze Schluckbewegungen ausführen. Bei 10% aller Pyknolepsien kommt es jedoch zu Anfällen, bei denen während der Absencen lediglich ein starrer Blick und solche oralen Automatismen zu sehen sind, die man daher auch als pyknoleptische Oral-Petit mal etikettieren könnte.

Fall Evelyne P., 20 Jahre:

Als sie 10 Jahre alt war, setzten nach einer Angina zunächst 5—6mal, später bis 10mal täglich kleine Anfälle ein, die sich später nach der Menarche um die Periode auf 30—40 am Tag häuften, zwischen ihren Tagen aber auf 3—4mal täglich zurückgehen konnten. Wenn sie wenig geschlafen hatte, kamen sie mehr am Vormittag, wenn sie körperlich angestrengt war, angeblich mehr nachmittags. Während der Absencen schaut sie unverwandt 8—10 sec geradeaus, ist nicht ansprechbar, wird leicht rot im Gesicht, summt dabei vor sich hin und bewegt spielerisch ihre Finger. Manchmal schluckt sie ganz unauffällig 1 oder 2mal, wie wenn sich Speichel im Mund gesammelt hätte. Wenn der Anfall aufhört, ist sie noch einen kurzen Moment nicht recht im Bild. Nach dem Anfall kann sie sich erinnern, daß sie während der Absence etwas wie ein »fernes Dröhnen, wie wenn sich im Kopf etwas schnell bewegt« bemerkt habe, ein

a b c

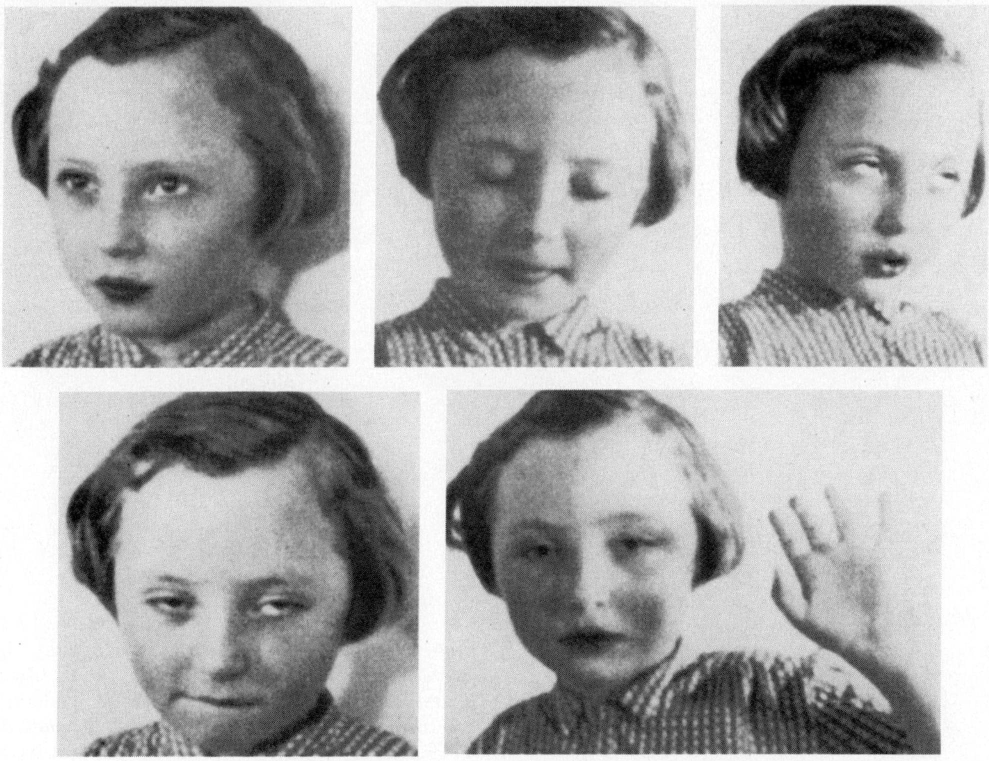

d e

Abb. 39a—e. Pyknoleptisches Rudiment eines psychomotorischen Anfalls mit Aura (a), Lecken (b), Aufwärtsbewegung der Bulbi und Mundspitzen (c), Einziehen der Unterlippe (d) und Reorientierung (e). (Aus Bamberger, Ph., A. Matthes: Anfälle im Kindesalter. Karger, Basel 1959.)

»Gefühl«, das sie »Sternschnuppen« nennt. Sie ist von asthenischem Wuchs, sehr aufgeweckt, kokett und anspruchsvoll in ihrem Auftreten, kurz angebunden und schnippisch in ihren Antworten. Von Beruf ist sie Bardame.

Solche Anfälle, in denen milde Leck-, Schmatz-, Schluck- und Kaubewegungen vorherrschen oder leise Töne von sich gegeben werden, während deren die Kranken auch leicht an ihren Kleidern oder Händen spielend herumnesteln oder -zupfen, sehen wie flüchtige Andeutungen psychomotorischer Anfälle aus. Da die für psychomotorische Anfälle charakteristische Dreigliederung des Anfallsablaufs in Aura, Oralmotorik und Dämmerzustand gelegentlich auch bei pyknoleptischen Oral-Petit mal, wenn auch auf Andeutungen reduziert, zu beobachten ist, könnte man diese Anfälle vom Erscheinungsbild her auch als *pyknoleptische Rudimentärformen psychomotorischer Anfälle* (s. Abb. 38 u. 39) beschreiben. Hinzu kommt ein leichtes Erblassen oder Erröten, das als vasomotorische Komponente den vegetativen Symptomen psychomotorischer Anfälle entspricht. Trotzdem bleibt – auch abgesehen vom EEG – an der nosologischen Zugehörigkeit dieser Anfälle zur Pyknolepsie kein Zweifel, wenn die Anfälle kurz und mild verlaufen, keine ausgeprägte Aura und keinen ausgestalteten Dämmerzustand aufweisen, wenn sie gehäuft auftreten und im Pyknolepsiealter einsetzen.

Es ist verständlich, daß die Zuordnung solcher Anfälle Schwierigkeiten bereitet, wenn man nicht weiß, welchem Kriterium man den Vorzug geben soll. Denn dem Erscheinungsbild nach sehen sie wie milde psychomotorische Anfälle aus, nach dem EEG und ihren sonstigen klinischen Eigenschaften gehören sie jedoch zur Pyknolepsie. Wenn man aber davon ausgeht, daß auch die anderen pyknoleptischen Anfälle bei gleichbleibendem uniformen EEG-Muster sehr verschiedenartige Symptome bieten, die auch bei nicht-pyknoleptischen

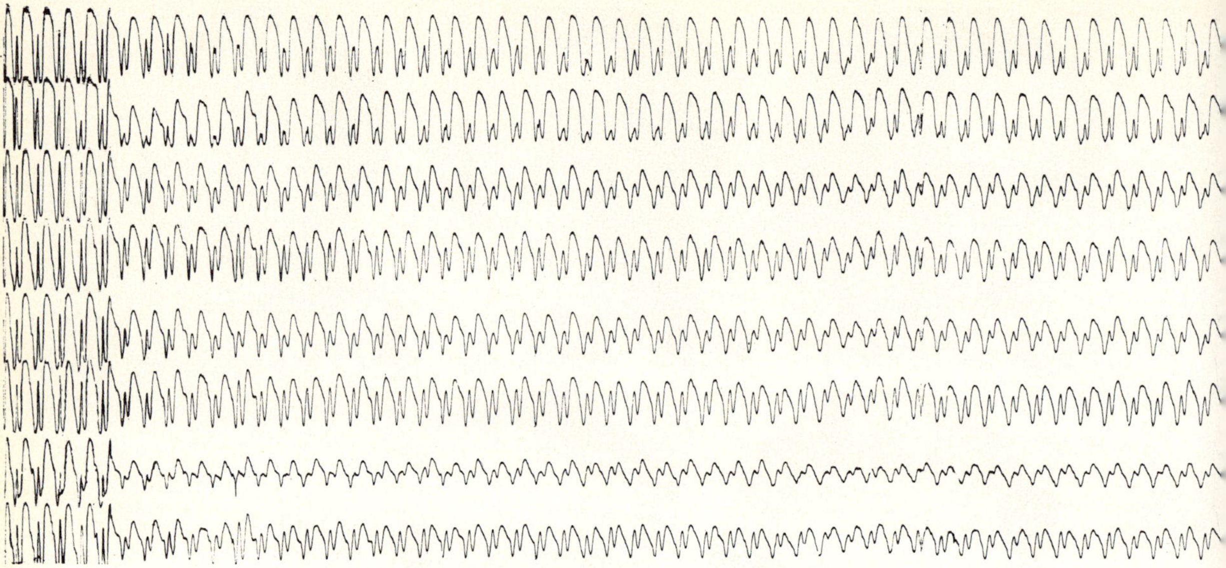

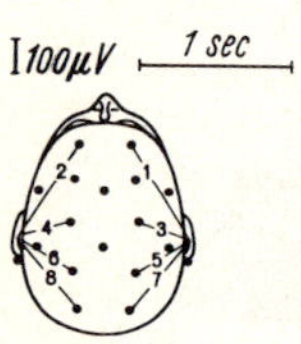

Abb. 40. EEG während eines im Text beschriebenen pyknoleptischen Oral-Petit mal (s. Fall Karin F.).

Anfällen vorkommen, nimmt es Wunder, daß diese Kalamität bisher nur am Beispiel des pyknoleptischen Oral-Petit mal bemerkt und diskutiert worden ist. JUNG[261] hebt sie als eine »atypische Sondergruppe« innerhalb der pyknoleptischen Anfälle hervor und vermutet, daß es sich dabei um eine kindliche Vorstufe der temporalen Epilepsie handelt. Das trifft nach unseren Erfahrungen nur insoweit zu, als leichtere psychomotorische, vor allem orale Symptome bei längerem Krankheitsverlauf und längerer Dauer der Absencen im Erscheinungsbild pyknoleptischer Anfälle häufiger auftauchen. Wir haben jedoch nie einen allmählichen Übergang von pyknoleptischen in psychomotorische Anfälle mit entsprechenden Veränderungen der hirnelektrischen Begleitvorgänge gesehen. Wohl gibt es Pyknolepsien, bei denen nach längerem Verlauf und immer nur nach gehäuften großen Anfällen eindeutige psychomotorische Anfälle auftreten, die im Zusammenhang mit charakteristischen temporalen EEG-Befunden dann als Ausdruck einer sekundären psychomotorischen Epilepsie infolge von Krampfschädigungen zu deuten sind[132].

Es gibt aber offenbar auch Fälle pyknoleptischer Oral-Petit mal — von PENFIELD u. JASPER[124] werden sie Petit mal-Automatismen und von LENNOX[97] Petit mal mit psychomotorischer Komponente genannt —, die klinisch wie psychomotorische Anfälle imponieren, denen im EEG vor der Generalisierung zu bilateral synchronen Spike-wave-Mustern eine unilaterale oder bilaterale Spitzenaktivität in den temporalen Ableitungen vorausgeht[218, 219, 311, 316]. BEAUSSART hat jedoch bei 17 Fällen pyknoleptischer Petit mal mit psychomotorischen Manifestationen nur 2 angetroffen, bei denen die generalisierten Veränderungen eine einseitige temporale Betonung zeigten, und einen Fall, bei dem der Generalisierung eine einseitige temporale Aktivität vorausging. Bei allen übrigen war es so, wie LENNOX[97], MAGNUS et al., FUSTER et al., COSSA u. MARTIN gesehen haben und wie es CHRISTIAN[190] kürzlich an einem unserer Fälle wieder beschrieben hat, daß die pyknoleptischen Anfälle mit oralen und psychomotorischen Symptomen im EEG ohne wesentliche Seitenbetonung unmittelbar aus einer normalen Grundaktivität sofort mit bilateral-synchronen 3/sec-Spikes-and-waves einsetzten, wie in folgendem Fall:

Fall Karin F.:

Die zum Zeitpunkt der EEG-Untersuchung 17jährige Patientin leidet seit dem 8. Lebensjahr an kleinen Anfällen, die zunächst einmal wöchentlich, später häufiger, schließlich täglich gehäuft auftraten. Art und Ablauf der Anfälle waren immer gleich geblieben und entsprachen dem von uns beobachteten und im EEG registrierten Anfall: Dabei öffnete sie plötzlich die Augen, verspürte ein merkwürdiges, von der Magengegend zum Hals hochsteigendes Gefühl mit einer nicht sicher als Geruch oder Geschmack zu differenzierenden Empfindung, starrte dann mit glasigen Augen vor sich hin, wandte sich leicht zur Seite und reagierte nicht mehr auf Anruf. Das Gesicht wurde blaß. 10 sec nach Beginn des elektrisch

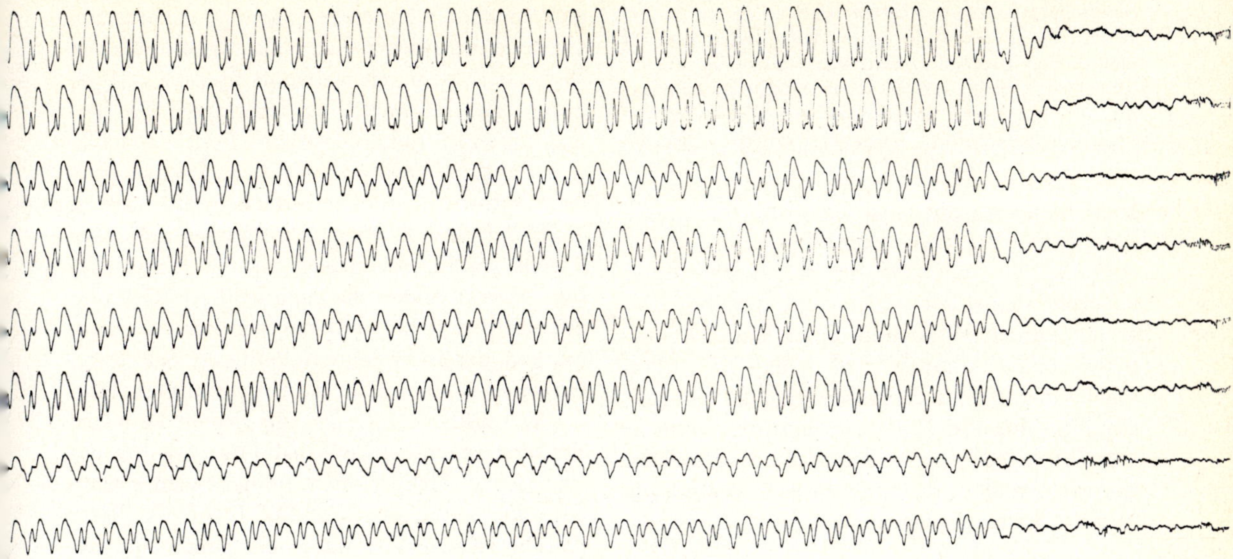

registrierten Anfalls kam es zu deutlichen Kau- und Schmatzbewegungen. Anschließend setzte sie sich etwas im Stuhl zurück, wurde plötzlich rot im Gesicht, hatte etwas Speichelfluß, beugte den Kopf nach vorn und hob den im Ellenbogen gebeugten rechten Arm nach oben, nestelte dann mit den Fingern an der Kleidung herum und war relativ schnell wieder bei sich. Der Anfall dauerte 34 sec. Im EEG zeigten sich während dieser Zeit, wie aus Abb. 40 hervorgeht, regelmäßige, generalisierte 3/sec-Spike-wave-Komplexe.

An diesem Fall war, abgesehen vom Anfallsbild, auch die Tatsache auffallend, daß die einzelnen Anfälle relativ länger dauerten, als man es von anderen pyknoleptischen Anfällen her gewohnt ist. Diese Beobachtung kehrt auch in den Beschreibungen anderer Autoren, die sich mit dieser besonderen Art pyknoleptischer Anfälle befaßt haben, wieder[336].

Vegetative Symptome: Pyknoleptische Anfälle, gleich welcher Art, sind meist von milden vegetativen Symptomen begleitet. Die Pupillen können etwas erweitert, selten auch verengt sein. Die Atmung wird während der Anfälle langsamer und unregelmäßig oder setzt für die Dauer der Anfälle aus[97, 181, 208, 259, 280]. Nur wenige Kranke wechseln die Farbe des Gesichtes im Anfall, wobei es zuerst zu einer Blässe und mit Ende des Anfalls zu einer Rötung kommt. Daß vermehrt Speichel gebildet wird, könnte man danach vermuten, daß manche Kranke während des Anfalls oder kurz danach hinunterschlucken. Einnässen während der Anfälle ist keine Ausnahme. Wir haben es bei 11% unserer Patienten als gelegentliches Ereignis vermerkt. Gastaut, Roger und Favel (1960) haben der Miktion im Verlauf pyknoleptischer Anfälle eine eigene Studie gewidmet, in der sie 13 Fälle beschreiben. Bei einer kleineren Zahl kam es zu Beginn der Absencen, meist gleichzeitig mit kurzen Zuckungen, zum Abgang von Urin, so daß die Miktion in solchen Fällen wie ein aktives Anfallsphänomen erscheint. Bei der Mehrzahl kam es jedoch erst gegen Ende besonders langer Absencen oder einer Serie von Absencen zum Einnässen, wobei wahrscheinlich die Bewußtseinsstörung eine begünstigende Rolle spielt. Einige Patienten hatten außer ihren Absencen, in denen sie gelegentlich einnäßten, auch eine Enuresis nocturna, die in einem Falle zugleich mit dem Aussetzen der Anfälle aufhörte, im anderen Falle aber fortdauerte, obwohl die pyknoleptischen Anfälle unter einer Behandlung aufgehört hatten.

Wir kennen eine 28jährige Patientin, die seit dem 7. Lebensjahr pyknoleptische Anfälle bekam, in denen sie gelegentlich Urin unter sich ließ. Seit ihrem 14. Lebensjahr näßte sie fast jede Nacht im Schlafe ein. Die Enuresis nocturna ging unbeeinflußt weiter, als die Absencen unter Behandlung aufhörten und sich auch das EEG normalisierte.

Sie beharrte jedoch darauf, daß sie noch weiter Anfälle habe und wies zum Beleg dafür auf ihr nächtliches Einnässen hin. Von dem Tag an, als ihr erklärt wurde, daß sie keine Anfälle mehr habe, und ihr, um sie zu überzeugen, das EEG vor und nach der Behandlung vorgezeigt wurde, hörte das nächtliche Einnässen auf.

Eine Enuresis nocturna ist also sicher kein Symptom einer Pyknolepsie, was nicht ausschließt, daß Patienten mit Pyknolepsie unter anderen neuropathischen und psychopathischen Stigmata[355] auch an einer Enuresis nocturna leiden können. Auf jeden Fall überschätzt Trousseau die Bedeutung der Enuresis nocturna für die Epilepsiediagnose, wenn er schreibt: »Jedes Individuum ohne organische Blasenstörungen, das ins Bett pißt, ohne es zu merken, ist ein Epileptiker«.

Zu Dynamik und Ausmaß der Anfallsmotorik: Wenn man von den reinen Absencen und den pyknoleptischen Anfällen mit psychomotorischen Symptomen absieht, bieten alle anderen pyknoleptischen Anfälle Bewegungen von einem einheitlichen dynamischen Charakter, der durch eine gleichmäßige Rhythmik von annähernd gleichen Exkursionen gekennzeichnet ist. Die Bewegungen wiederholen sich 2—4mal, im allgemeinen 3mal in der Sekunde und erfolgen synchron mit dem Spike-wave-Komplex, der in einer Frequenz von 2,5 bis 3,5 in der Sekunde abläuft. Die Zuckungen haben einen nystaktischen Charakter, insofern immer ein Ausschlag mit langsamer Komponente mit einem schnellen Rückschlag abwechselt. Darin unterscheiden sie sich grundsätzlich von der Dynamik des Propulsiv-Petitmal, das entweder tonisch gedehnt oder blitzartig kurz abläuft, und der Dynamik des Impulsiv-Petit mal, das sich in ungleichen Abständen ein- oder mehrmals blitzartig wiederholt. Der rhythmische Wechsel von Anspannung und Erschlaffung, dem im EEG ein ebensolcher Wechsel von spitzen- und wellenförmigen Potentialen entspricht, akzentuiert auch von der Seite der Dynamik her die Mittelstellung der pyknoleptischen Anfälle, die sie zwischen dem Propulsiv-Petit mal und dem Impulsiv-Petit mal einnehmen. Denn in diesen beiden tritt die jeweils betroffene Muskulatur oder besser die jeweilige Bewegungssynergie auf eine in der Richtung wie im zeitlichen Ablauf entschiedene, entweder mehr gedehnt anschwellende oder mehr ruckartig einsetzende Weise in Aktion, entweder als propulsive Beugung oder als impulsive Streckung. Die Bewegungen im pyknoleptischen Petit mal schlagen dagegen zwar in propulsiver, adversiver oder retropulsiver Version ebenfalls nach je einer der drei Ebenen des Raumes aus, aber jeweils rhythmisch wieder zurück. Unter diesem Aspekt bilden die auch in ihrer Richtung unentschieden hin und her wippenden Bewegungen der indifferenten Petit mal den intermediären Typus einer vom propulsiven über das retropulsive bis zum impulsiven Petit mal sich erstreckenden Petit mal-Trias, da ihre nystaktischen Exkursionen immer wieder zum Ausgang zurückpendeln. Die Dynamik dieser Anfälle ist also charakterisiert durch eine nystaktische Bewegungsweise, d. h. durch einen gleichmäßigen und in kurzen Abständen sich abspielenden Wechsel von Anspannung und Erschlaffung, in dem sich rhythmisch intermittierte Tonusschwankungen auf Blick-, Kopf- und Rumpfbewegungen auswirken.

Auch im Hinblick auf das Ausmaß und die Lokalisation der Bewegungen ergibt sich innerhalb der altersgebundenen Petit mal-Epilepsien eine fließende Reihe. Vom ausgebildeten Salaamkrampf, der die gesamte Willkürmotorik tonisch ergreift, vollzieht sich über die Blitzkrämpfe und die myoklonisch-astatischen Anfälle zunächst eine Fragmentierung in mehr den unteren oder mehr den oberen Körperpol betreffende Varianten. Bei den pyknoleptischen Anfällen verschiebt sich der lokalisatorische Akzent eindeutig nach kranial, während sich zugleich das Ausmaß der Bewegungen immer mehr einengt. In den indifferenten Absencen, in denen sich aktivierende und hemmende Vorgänge klinisch völlig paralysieren, ist der höchste Grad an Begrenzung erreicht. Um so merkwürdiger, daß beim Impulsiv-Petit mal wieder die Motorik ungehemmt, wenn auch auf Schultern und Arme beschränkt, in Erscheinung tritt.

Grand mal bei Pyknolepsien: Wenn Herpin recht hat damit, daß der kleine Anfall zum großen Anfall in einem Verhältnis steht wie eine unvollständige Skizze zu einem vollständig ausgeführten Bild, dann muß es im Grunde ebenso viele Arten von großen Anfällen geben, wie man kleine Anfälle unterscheiden kann. Qualitative Unterschiede wird man jedoch nicht an den Kardinalsymptomen der Bewußtlosigkeit und des generalisierten tonisch-klonischen Krampfes ablesen können, sondern nur an den fakultativen Symptomen wie der Aura, dem Initialschrei, der Haltung von Rumpf und Gliedmaßen sowie der Häufigkeit und Ausprägung von Zyanose, Zungenverletzungen und Einnässen, oder den Nacherscheinungen, wie Nachschlaf, postparoxysmalem Dämmerzustand oder dem Befinden nach dem Erwachen. Aus einer derartigen Symptomanalyse großer Anfälle, die im Rahmen von Pyknolepsien auftreten, ergibt sich folgendes: Nicht selten geht dem großen Anfall bei Pyknolepsien eine Serie oder eine statusartige Häufung kleiner Anfälle voraus, wobei zu beobachten ist, daß die in den kleinen Anfällen angedeutete Leitbewegung vom großen Anfall aufgegriffen und in äußerster Intensität durchgeführt wird. Besonders der große Anfall im Rahmen einer retropulsiven Pyknolepsie stellt sich meist als opisthotoner Streckkrampf mit in den Nacken gestrecktem Kopf und hohlem Kreuz – nach den Worten einer Mutter »wie wenn man das Rückgrat zusammenzieht« – dar. Dem entspricht es, daß die Kranken bei dieser Verlaufsform im großen Anfall fast nie nach vorne stürzen und auch keine Verletzungen im Gesicht davontragen, wie sie beim Propulsiv-Grand mal üblich sind, sondern meist nach hinten umschlagen und sich gelegentlich am Hinterkopf verletzen. Das tonische Stadium dauert gegenüber dem klonischen verhältnismäßig lange und führt sehr oft (58%) zu einer bedrohlich aussehenden Zyanose, die nicht nur auf die Lippen beschränkt ist, sondern das ganze Gesicht betrifft. Während die Augen (46%), der Kopf (42%) und der Rumpf (20%) retroflektiert sind, können die Arme ebenso oft angebeugt (29%) wie gestreckt (25%) sein, während die Beine häufiger gestreckt (29%) als gebeugt (13%) sind. Auren sind ausgesprochen selten (8%) und dann ganz uncharakteristisch. So verspürte ein Patient nur »ein Schweregefühl im Unterkiefer«, bevor er bewußtlos wurde, ein anderer »ganz kurz, wie er am ganzen Körper steif wurde«. Auffallend selten kam es zum Abgang von Urin (bei 70% nie), wogegen Bißverletzungen der Zunge und der Lippen häufig zu konstatieren waren (bei 13% nie). Postparoxysmale Umdämmerungen dauerten nur kurz. Meist wurde nach den Anfällen über Kopfschmerzen und Abgeschlagenheit geklagt[251].

Zur Terminologie: Um pyknoleptische Anfälle von anderen kleinen epileptischen Anfällen auch begrifflich abzutrennen, werden sie von Penfield u. Jasper[124] als »mental lapse«, von Bridge[14] als »simple petit mal« und von Lennox[97] als »pure petit mal« bezeichnet. Als weiteres Synonym wird gerne der Begriff »Absence« verwandt. Da jedoch auch andere, nicht-pyknoleptische Anfälle mit einer Bewußtseinsstörung oder einer »seelischen Pause«[244] einhergehen, die man füglich ebenso als Absencen bezeichnen könnte, kennzeichnet dieses Symptom, obzwar es bei allen pyknoleptischen Anfällen vorkommt, ihre Eigenart nicht hinreichend genug. Andererseits enthält das Anfallsbild kein weiteres charakteristisches Symptom, das für *alle* Anfälle dieser Krankheitsform verbindlich wäre, so daß wir an dem Begriff »pyknoleptische Anfälle« oder »pyknoleptische Petit mal« festhalten möchten, zumal er eine wesentliche, differentialdiagnostisch absolut verläßliche Eigenschaft wiedergibt: nämlich die Häufigkeit (πυκνός = dicht, häufig), mit der diese Anfälle sich tagtäglich über Wochen, Monate und Jahre wiederholen.

Wiederholung der Anfälle: Legt man dieses klinische Kriterium als Maßstab an, wird es leicht, zu bestimmen, was zur Pyknolepsie gehört und was nicht, vorausgesetzt, daß man angibt, was unter häufigen bzw. gehäuften Anfällen zu verstehen sei. Nach unseren Erfahrungen genügt es, wenn man feststellt, daß die Anfälle *jeden* Tag wiederkehren, um sie als pyknoleptische Anfälle erkennen zu können. Anfälle, die zwar über einige Tage gehäuft auftreten, dann aber wieder für Tage oder Wochen aussetzen, unterliegen keinem pyknoleptischen Verlaufsmodus, sondern einer Art von Wiederkehr, die wir zur Abgrenzung als zykloleptisch oder spanioleptisch bezeichnen. Nach oben ist der Häufigkeit keine Grenze gesetzt. Im Durchschnitt kommen die Anfälle etwa 5–30mal pro Tag. Größere Zahlen von 50–100 Anfällen am Tag kommen meist nicht

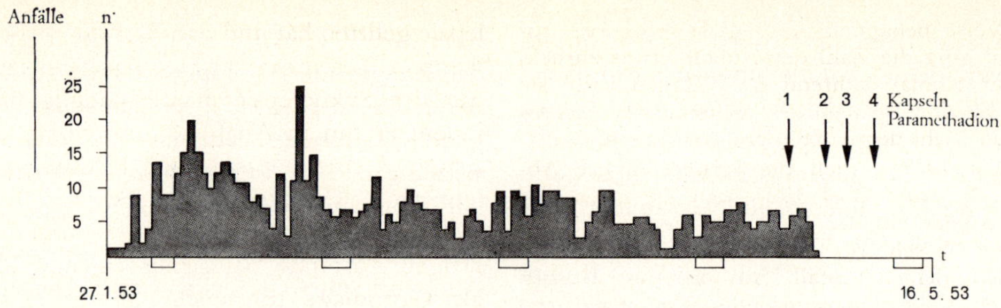

Abb. 41. Anfallshäufigkeit bei einer 16jährigen Patientin mit Retropulsiv-Petit mal.

durch Einzelanfälle, sondern durch eine statusartige Häufung zustande (Status pyknolepticus), die durch eine über Stunden dauernde, fast ununterbrochen gleichmäßige Aneinanderreihung von kleinen Anfällen gekennzeichnet ist. Die Anfallshäufigkeit ist auch bei spontanem Krankheitsverlauf durchaus nicht gleichmäßig, sondern von Tag zu Tag außerordentlich verschieden, wie Abb. 41 belegt:
Da die Anfälle vormittags, wenn die Kinder in der Schule sind, am häufigsten auftreten, darf man sich durch die Angabe der Eltern, daß sie zu Hause nur wenige oder gar keine Anfälle gesehen haben, nicht täuschen lassen. In der Regel pflegen die Anfälle nach einigen Jahren, besonders um die Pubertät und vor allem, wenn große Anfälle hinzutreten, seltener zu werden. Doch kennen wir auch Patienten, deren Anfälle auch noch im 2., 3. und 4. Lebensjahrzehnt unvermindert in pyknoleptischer Häufigkeit andauern.

Status pyknolepticus (Petit mal-Status, Epilepsia minor continua): Darunter versteht man einen stunden- bis tagelang anhaltenden Zustand, der klinisch wie ein *Dämmerzustand* imponiert, dem aber elektroenzephalographisch eine kontinuierliche oder diskontinuierliche Spike-wave-Aktivität entspricht. Daß einem epileptischen Ausnahmezustand eine ununterbrochene oder nur durch kurze Abstände unterbrochene Abfolge pyknoleptischer Anfälle zugrunde liegt, ist von Ratner schon 1927 erkannt, als *Status pyknolepticus* bezeichnet und in so klassischer Weise beschrieben worden, daß seine Beobachtung hier wiedergegeben sei:

Fall A. K., 18jähriges Mädchen:

»Die Patientin trat am 21. 5. 1926 in unsere Abteilung ein. Sie klagte über gehäufte (bis 40) kleine Anfälle, die sie im Alter von 7 Jahren nach einem Schreck erwarb. Sie stammt aus einer kerngesunden Bauernfamilie und weiß auch nichts von Geisteskrankheiten oder Epilepsie bei den nächsten Verwandten. Ihr Vater war kein Trinker, und ihre Geschwister erfreuen sich voller Gesundheit. Sie entwickelte sich in psychischer und physischer Hinsicht ganz normal, als sie (1915) im 7. Lebensjahr auf der Straße in einem weit entlegenen Dorfe« (in Rußland) »eine vorbeimarschierende Truppe deutscher Kriegsgefangener sah und außer sich von unbeschreiblicher Angst nach Hause eilte und ›bewußtlos‹ in die Arme der Mutter fiel. Seit dieser Zeit hatte sie im Anfang jeden Tag bis zu 150 Anfälle, die 30—40 sec dauern, über deren Verlauf sie gut berichten kann. Der Anfall wird nie vorgeahnt, wohl aber weiß sie jedesmal, daß sie eben einen Anfall gehabt hat. Sie ist niemals während des Anfalls umgefallen, hat auch nie den Harn verloren. Beim Gespräch wird der Faden plötzlich abgebrochen, sie setzt aber nach dem Anfall unbehindert den Satz fort. Auch beim Schulbrett stehend, vermochte sie immer die Rechenaufgaben richtig zu lösen. Wird sie beim Gehen auf der Straße oder zu Hause vom Anfall überrascht, so bleibt sie nie stehen, sondern geht ›automatisch‹, wie sie sich ausdrückt, ihren Weg, auch weicht sie den Hindernissen aus. Das Gespräch der Anwesenden während des Anfalls kann sie manchmal nicht verstehen; sehr oft fehlt aber jegliche Erinnerung an die Anfallperiode. . . . Nach dem Anfall errötet sie immer.
Vor 3 Jahren hatte sie im Eisenbahnzug, bevor sie auf der Station N. aussteigen mußte, bis 40 Anfälle in einer Stunde (Status pyknolepticus). Sie hat deutlich die Stimme des Schaffners, der ›Station N.‹ ausrief, gehört, stieg aus, schlug aber einen falschen Weg ein, erwachte schätzungsweise erst nach 3 Stunden, unter einer Tanne im Walde auf dem Schnee sitzend. Es handelte sich damals eigentlich nicht um ein Erwachen im strengen Sinne des Wortes, sondern um das vollständige ›Zu-sich-kommen‹, denn sie erinnerte sich, wenn auch undeutlich, an das Erlebte während des Anfalls. — ›Ich war mir eben, wie sonst während der üblichen kleinen Anfälle der ‚Automatie', meiner Handlungen halb bewußt, vermochte sie aber nicht zu unterdrücken, es war alles wie im Halbdunkel.‹ — Sie wurde seit dem Ausbruch der Krankheit in vielen Krankenhäusern auf verschie-

dene Weise behandelt, aber ganz erfolglos. Auf Luminal ging die Zahl der Anfälle etwas zurück, und nur einmal während 3—5 Tagen hatte sie keinen einzigen Anfall. . . . Während der Menses steigt die Zahl der Anfälle gewöhnlich an.

Am 11. 1. 1927 verließ die Kranke unsere Abteilung. Bis zum 22. 1. 1927 hatte sie jeden Tag 7—10 Anfälle. In der Nacht auf den 23. 1. 1927 erwachte sie sehr oft und bekam jedesmal einen typischen kleinen Anfall. Am nächsten Morgen nach dem Frühstück legte sie sich nochmals hin mit dem Gedanken, daß sie um 12 Uhr erwachen und ihre Bekannte aufsuchen müsse. Sie schlief dann ruhig ein, wachte um 12 Uhr auf, zog sich an und ging aus. Wir lassen nun die Erzählung der Kranken am 26. 1. 1927 folgen:

›Jetzt erinnere ich mich vieler Einzelheiten, damals habe ich aber nichts verstanden. Wohin ich meine Schritte, nachdem ich meine Wohnung verließ, gerichtet habe, kann ich jetzt nicht angeben. Ich wanderte durch die Stadt, erinnerte mich nur des Bahnhofs N., des Zirkusplatzes (ca. 6 km von ihrer Wohnung entfernt). Aus dem Dunkel des Erlebten taucht mit lebhafter Schärfe ein kurzes Gespräch mit unbekannten Leuten auf. Man fragt mich, wo ich wohne? Ich antwortete: ‚Bei meinem Bruder!‘ (richtig). ‚Warum gehen Sie nicht nach Hause? Haben Sie sich mit ihm verzankt?‘ — ‚Nein‘, antwortete ich, ‚aber ich will nicht nach Hause gehen‘. Ich entsinne mich, wie drei junge Leute mir nachgestiegen waren, wie ich sie abgewiesen habe und drohte, den Schutzmann zu rufen. Ich stieg dann in die elektrische Straßenbahn, bin lange herumgereist, stieg dann wieder aus, klopfte an die Tür einer Restauration, trotz des Anschlages, daß kein Essen verteilt werde, klingelte an manchen mir ganz unbekannten Wohnungen an. Ich erinnere mich ferner, wie ich plötzlich einen starken Hunger verspürt habe. Als mich nun der Schutzmann, an den ich mich mit der Bitte um ein Stückchen Brot wandte, frug, wo ich wohne, wußte ich selbst nicht, daß ich bei meinem Bruder logiere, und habe auf alle seine Fragen mit ‚ich weiß nicht!‘ geantwortet. Da der betreffende Milizagent gerade vom Posten abgelöst wurde, führte er mich in die Milizkaserne, wo man mir Brot, Salz und Wasser angeboten hat. Ich habe es hastig alles hinuntergeschluckt, habe mir selbst aus zusammengerückten Stühlen eine Schlafgelegenheit zurechtgestellt und bin schnell eingeschlafen. Ich erwachte am nächsten Morgen und fühlte mich ganz hergestellt. Als ich dem Milizagent über meine Krankheit berichtet hatte, wurde ich entlassen. Ich ging nach Hause, wo ich über das Vorgefallene dem Bruder weinend erzählte, . . . seit dem 23. 1. habe ich keinen einzigen Anfall gehabt. Seitdem ich krank bin, müssen es wohl die ersten ganz anfallsfreien Tage gewesen sein!‹«

Auch ohne EEG kann man sicher sein, daß das russische Bauernmädchen an einer Pyknolepsie gelitten hat und daß RATNER recht hatte, wenn er diesen eigenartigen Ausnahmezustand mit der Pyknolepsie in Verbindung brachte, indem er ihn in Analogie zum Status epilepticus auf eine statusförmige Häufung pyknoleptischer Absencen bezog. Seitdem LENNOX 1945, angeregt durch die Beobachtung derartiger Zustände bei seiner eigenen Kusine, als Grundlage für solche abrupt einsetzenden und abrupt aufhörenden Episoden von getrübtem Bewußtsein im EEG eine anhaltende Spike-wave-Aktivität entdeckt und ohne Bezug auf die Beobachtung von RATNER die Bezeichnung *Petit mal-Status* dafür gewählt hat, sind eine ganze Reihe ähnlicher Beobachtungen beschrieben worden. Doch ist schon bald, besonders von HASAERTS u. TITECA, FRIEDLANDER u. FEINSTEIN, LANDOLT[271, 272, 273] darauf hingewiesen worden, daß der Begriff Petitmal-Status nicht deutlich genug den klinischen Unterschied wiedergebe, der zwischen Zuständen bestehe, die mit diskontinuierlichen und solchen, die mit kontinuierlichen Spike-wave-Mustern einhergehen.

Bei einer Häufung pyknoleptischer Petit mal zu *Petit mal-Serien* oder Kettenabsencen, wie die Patienten das gerne nennen, kann man noch nicht von einem Status pyknolepticus sprechen. Bei pyknoleptischen Petit mal-Serien betragen die Intervalle zwischen den einzelnen Anfällen, die sich klinisch gut voneinander abheben, etwa $^1/_4$—$^1/_2$—1 min, so daß die Kranken jeweils zwischen ihren Anfällen wieder zu sich kommen und sich voll orientieren können. Eine derartige Häufung der Anfälle, »daß man sie nicht mehr zählen kann«, bedeutet zwar für den Patienten eine erhebliche Behinderung einer auf längere Zeit sich erstreckenden Tätigkeit, imponiert aber keineswegs weder dem Beobachter noch dem Kranken selbst als ein psychopathologisch abnormer Zustand.

Das wird anders, wenn die Abstände zwischen den einzelnen Anfällen nur eine oder wenige Sekunden dauern und es dann dem Kranken nicht mehr möglich ist, sich während der Pausen wieder vollkommen zurechtzufinden und sein Verhalten der Umgebung anzupassen. Wir dürfen annehmen, daß der von RATNER beschriebene *Fugue-Zustand* durch eine Bewußtseinsstörung bedingt war, wie sie durch eine

Häufung von Absencen mit sehr kurzen Intervallen entsteht, weil sowohl HASAERTS u. TITECA, wie VIZIOLI u. MAGLIOCCO ganz ähnliche Beobachtungen mitgeteilt haben, die sie elektroenzephalographisch verifizieren konnten. Der einzige Unterschied zu dem Fall von RATNER betraf die Tatsache, daß es sich bei den Kranken der erwähnten Autoren um 19 und 20 Jahre alte Männer handelte, die beide neben ihren pyknoleptischen Anfällen seit dem 14. Jahr auch an großen epileptischen Anfällen gelitten hatten.

Robert, der junge Mann aus Brüssel, fand sich einmal 15 km von seinem Ausgangsort entfernt in einer ihm völlig fremden Gegend wieder, ohne sich daran erinnern zu können, welchen Weg er genommen und was ihn dort hingeführt habe. Die ihm begegnet waren, hatten nichts Auffälliges an ihm wahrgenommen. Er sei allen Hindernissen aus dem Wege gegangen und habe sich dem Verkehr angepaßt. — Der junge Mann aus Rom kam, nachdem er einen Bus bestiegen hatte, ohne zu wissen wie, an der Endstation wieder zu sich. Er konnte sich an lichte Augenblicke erinnern, in denen er mal kurz eine Kirche, ein antikes Gebäude oder einen Park gesehen hatte.

Schon RATNER war die lakunäre Amnesie, aus der kleine Erinnerungsinseln hervorragen, als differentialdiagnostisches Moment gegenüber einem üblichen postparoxysmalen epileptischen Dämmerzustand aufgefallen. Warum diese Form des Dämmerzustandes bei den erwähnten Fällen sich in einer Fugue ambulatoire ausgewirkt hat, wird wohl damit zusammenhängen, daß die Kranken gerade unterwegs waren, als die Störung einsetzte, die Beeinträchtigung des Bewußtseins aber nicht so tief ging, um ihre Anpassung an die Umgebung zu behindern, andererseits jedoch die lichten Momente zu kurz dauerten, um sie ihrer eigentlichen Absichten inne werden zu lassen.

Ein Petit mal-Status mit diskontinuierlichem Spike-wave-Muster ist eher für den myoklonisch-astatischen Petit mal-Status typisch.

Wenn ein Status pyknolepticus mit diskontinuierlichem Spike-wave-Muster einhergeht, so wird er sich nur ausnahmsweise unter dem Bild eines Fugue-Zustands äußern. Die Kranken zeigen eher das Bild einer Benommenheit mit fluktuierendem Bewußtsein und erschwertem Auffassungs- und Reaktionsvermögen, wie es die Beobachtungen von LENNOX[97] (Georg Rm., S. 82), von PINTUS u. ARDITO, von SCHWAB[347] und ZAPPOLI[375] (Fall 1) belegen. Allerdings wird man bei genauer Beobachtung in solchen Fällen meist sehen können, daß über Minuten und Stunden ein kleiner Anfall dem anderen in kurzen Abständen folgt, wobei sich die einzelnen Anfälle durch kurze Intervalle getrennt oft nur durch einen starren Blick und ein Zwinkern der Augenlider, selten auch mit einem leichten Rucken der Arme voneinander abheben. Doch gibt es offenbar, wie LENNOX[97] es von einem 30jährigen Arzt, George Rm., beschreibt, Zustände eines diskontinuierlichen Status pyknolepticus, die sich vorwiegend in einer Störung des Befindens bei weitgehend erhaltener Orientierung äußern.

Der Kollege, von dem LENNOX[97] berichtet, bemerkte alle paar Wochen für einige Stunden, daß er sich schlecht und übel fühlte, Durchfall und Herzklopfen bekam, häufiger urinieren mußte, reizbar wurde und daß sich sein Denken und Sprechen verlangsamte. Seinen Routinepflichten konnte er in diesem Zustand nachkommen. Tätigkeiten aber, die Konzentration und Urteil forderten, wie einen Patienten zu befragen und zu untersuchen, waren ihm dann nicht möglich.

Für die zweite, eher bei der Pyknolepsie anzutreffende Form eines Petit mal-Status, die mit einem kontinuierlichen Spike-wave-Muster einhergeht, haben FRIEDLANDER u. FEINSTEIN die Bezeichnung *Epilepsia minor continua* vorgeschlagen, weil es sich dabei eigentlich um eine einzige, anomal lange Absence handelt und nicht um eine Serie von zahlreichen Absencen, die durch kurze Pausen voneinander getrennt sind. Derartige Beobachtungen sind von LUGARESI u. DAZZI 1957, MANN 1954, TUCKER u. FORSTER 1950, ZAPPOLI (Fall 2) 1955, beschrieben worden. LANDOLT[271, 273], dem wir die erste psychopathologisch zulängliche Deskription dieser besonderen epileptischen Dämmerzustände verdanken, beschreibt sie als Stupor mit erschwertem Auffassungsvermögen, Schwerbesinnlichkeit, starker Neigung zu Perseverationen, allgemeiner Antriebslosigkeit und Apathie. Die Patienten können einfachen Aufforderungen nachkommen, reagieren aber langsam, sind örtlich und zeitlich meist desorientiert, wirken ratlos, verlegen und unbeholfen. Bisweilen kann man die Umdämmerung durch starke Reize kurz aufheben.

Im EEG zeigt sich währenddessen eine ununterbrochene Abfolge von Spike-waves in einer vom Lebensalter abhängigen Frequenz von 2,5—3,5/sec. Gelegentlich gehen den wellenförmigen Potentialen auch Doppel-spikes oder mehrere Spikes, jedoch nicht mehr als 4—5 voraus. Die Kurven zeigen oft einen unruhigeren, ungleichmäßigeren Ablauf als bei einem einzelnen pyknoleptischen Anfall und eine niedrigere Amplitude der Spitzenpotentiale. Die Spike-wave-Formationen haben, wie bei den pyknoleptischen Anfällen, ihre höchsten Amplituden in den frontalen Ableitungen. Die Tiefe der Bewußtseinsstörung scheint davon abzuhängen, wie generalisiert und diffus sich die Spike-wave-Potentiale ausbreiten[289].

Über die Stellung des Status pyknolepticus im Rahmen pyknoleptischer Krankheitsverläufe ist wenig bekannt. Gibbs u. Gibbs[51] geben unter 1039 »Petit mal-Fällen« eine Häufigkeit von 2,5% an. Wir kennen, ohne systematisch darauf geachtet zu haben, 15 Fälle unter ca. 300 Pyknolepsien, das sind 5%, Weber nennt 6%, Livingstone et al.[286] 9% und Bridge sogar 14%. Bei Fällen mit Petit mal-Status sollen häufiger Anzeichen von Hirnschädigungen nachweisbar sein als bei anderen Pyknolepsien[286]. Dem entspricht die Erfahrung, daß sie ebenso wie symptomatische Epilepsien therapeutisch oft schwer zu beeinflussen sind.

Obwohl ein Status pyknolepticus vielleicht schon bei jungen Kindern vorkommen kann — Mann berichtet von einem 3jährigen Jungen, Bamberger u. Matthes[6] von einem 5jährigen Mädchen, wobei es sich aber auch um einen myoklonisch-astatischen Petit mal-Status gehandelt haben könnte —, sind doch die meisten Patienten über die Pubertät hinaus, im Jugendlichen- oder Erwachsenenalter. Der älteste Fall betrifft eine 43jährige Patientin von Tucker u. Forster, die an pyknoleptischen und an großen Anfällen litt, ihre kleinen Anfälle aber schon seit 3 Jahren verloren hatte, als sie 3 Tage nach der Operation eines Mammakarzinoms in einen Verwirrtheitszustand geriet, der sich elektroenzephalographisch als Petit mal-Status entlarvte.

Daß eine Epilepsie mit einem Petit mal-Status beginnt, ist noch nie beschrieben worden. Krankheitsverläufe, die lediglich in Form von periodisch wiederkehrenden Petit mal-Status vor sich gehen, wie Landolt[271] meint und als Beweis für eine rein psychische, episodische Form von Epilepsie — die »Mania epileptica« von Morel — anführt, scheinen ausgesprochen selten.

Jaffe berichtet über eine 75jährige Frau, die seit 30 Jahren durch selten auftretende 2 bis 6 Tage anhaltende Verwirrtheitszustände auffiel, die dem EEG nach als Petit mal-Status anzusprechen waren, ohne daß ihr je etwas von Anfällen bekannt geworden ist. Nach unseren Erfahrungen wird man jedoch vermuten können, daß in solchen Fällen die seit der Kindheit voraufgegangenen Absencen nicht bemerkt oder nicht als epileptische Phänomene gedeutet worden sind. Bemerkenswert scheint uns, daß ein Status pyknolepticus sehr viel häufiger bei solchen Verläufen zu beobachten ist, in denen große Anfälle hinzugetreten sind, als bei reinen Pyknolepsien. In der Literatur stehen 3 Beobachtungen von Petit mal-Status bei reinen Pyknolepsien 15 Beobachtungen bei Kombinationsformen gegenüber. In unserem Krankengut beträgt das Verhältnis 2:13, bei Doose et al. 2:18.

Eine wesentliche Bedingung dafür, daß sich pyknoleptische Anfälle statusförmig häufen, liegt in den Veränderungen der Anfallsrhythmik begründet, die unter der Pubertät vor sich geht. Um diese Zeit gerät die Wiederholung der Anfälle unter den Einfluß periodischer Vorgänge, die sich in einem periodischen An- und Abschwellen der Anfallshäufigkeit abzeichnen. Nicht selten steigert sich dann eine Serie pyknoleptischer Anfälle zu einem Petit mal-Status, der von einem großen Anfall abgeschlossen wird. Eine seltene, aber prinzipiell verwandte Variation stellen dann solche Krankheitsverläufe dar, wie sie Lennox[97] an einem Kollegen demonstriert hat, die ohne pyknoleptisches Vorspiel gleich mit großen Anfällen einsetzen, denen jeweils als *Prodrom* ein Status pyknolepticus voraufgeht.

Fall Dr. Gerald N.:

So kennen wir ebenfalls einen Arzt, der jetzt 45 Jahre alt ist und seit dem 30. Lebensjahr meist vormittags, später auch nachmittags generalisierte Krampfanfälle bekam, denen jeweils stundenlang Prodromi vorausgingen, die charakteristisch für einen Petit mal-Status waren, weil er dann schon

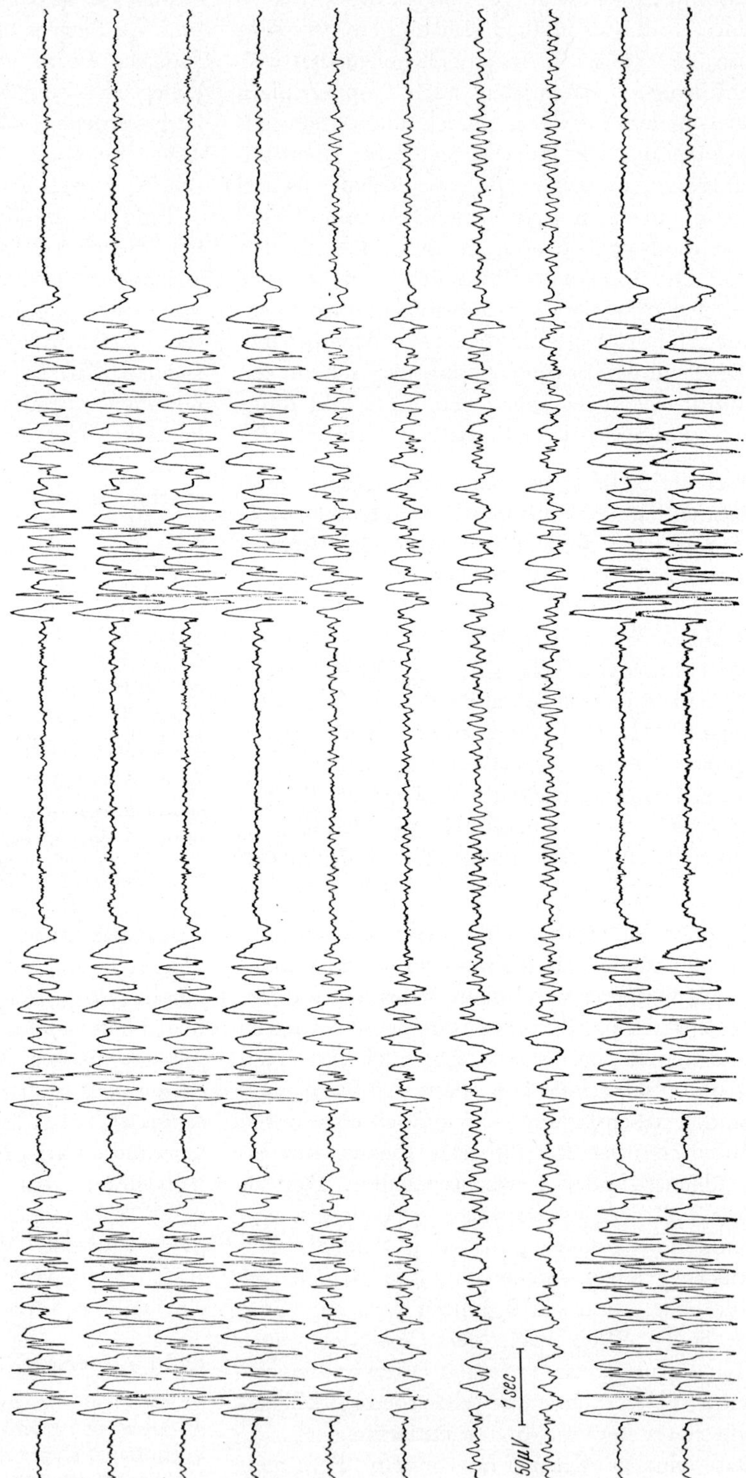
1 sec
50μV

Fortsetzung von Abb. 42

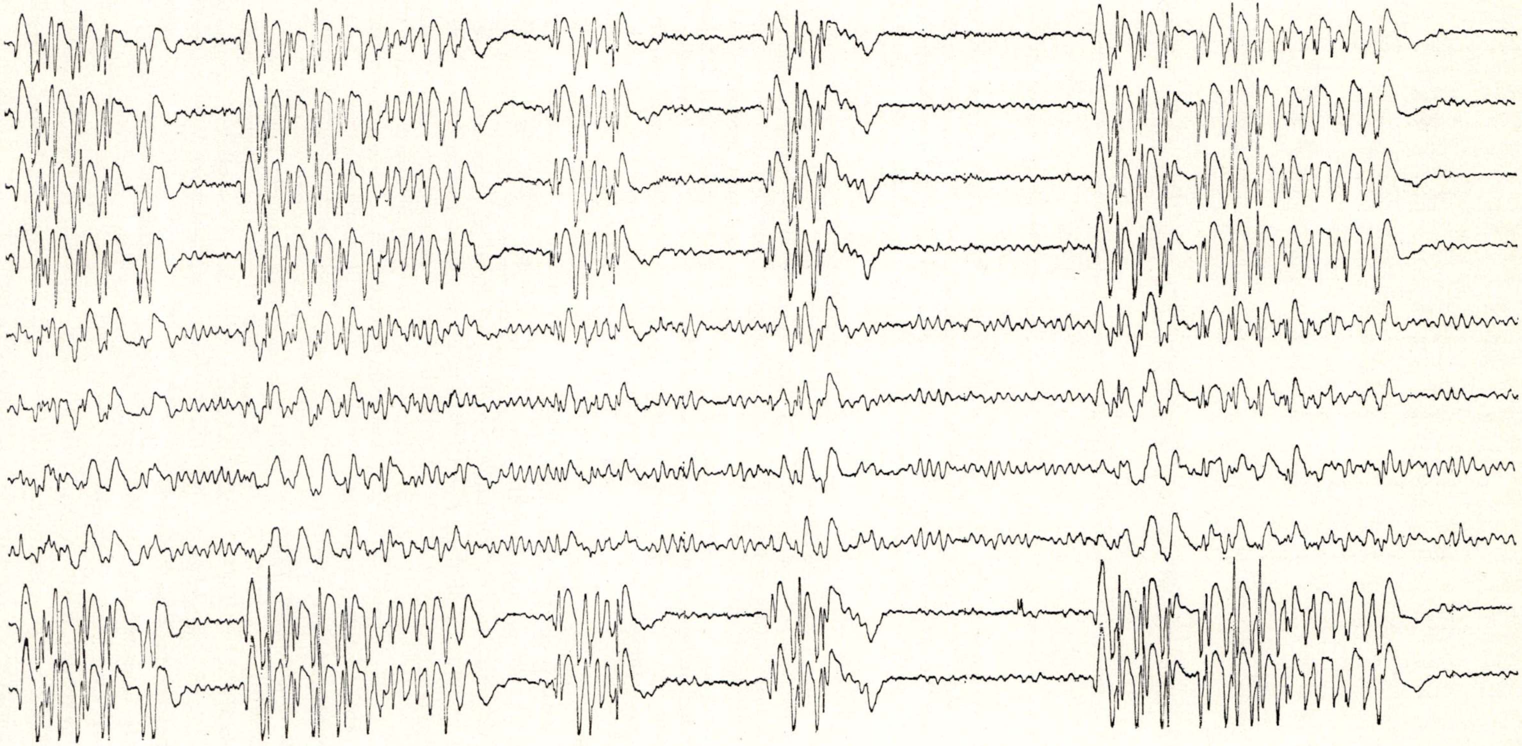

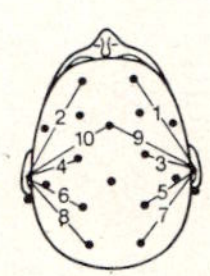

Abb. 42. EEG während eines diskontinuierlichen Petit mal-Status. Fall Marie-Luise R., 21 Jahre. Hat seit ihrem 11. Jahr in 4—8wöchigen Abständen Aufwach-Grand mal. Etwa 2 Tage vor den großen Anfällen treten bis zum Status gehäuft indifferente Absencen auf. Dabei wirkt sie verhangen, antwortet stockend auf Fragen und bringt keinen Satz zu Ende. Während der bioelektrischen Entladungen kann man ein feines, kaum wahrnehmbares Lidzittern beobachten, wobei die Augen kurz nach oben „verschwimmen". Das EEG zeigt Gruppen bzw. Serien etwas unregelmäßiger, bilateral-synchroner Spike-wave-Komplexe mit häufig mehreren Spike-Komponenten. Die Pausen zwischen den Spike-wave-Formationen sind von unterschiedlicher Dauer.

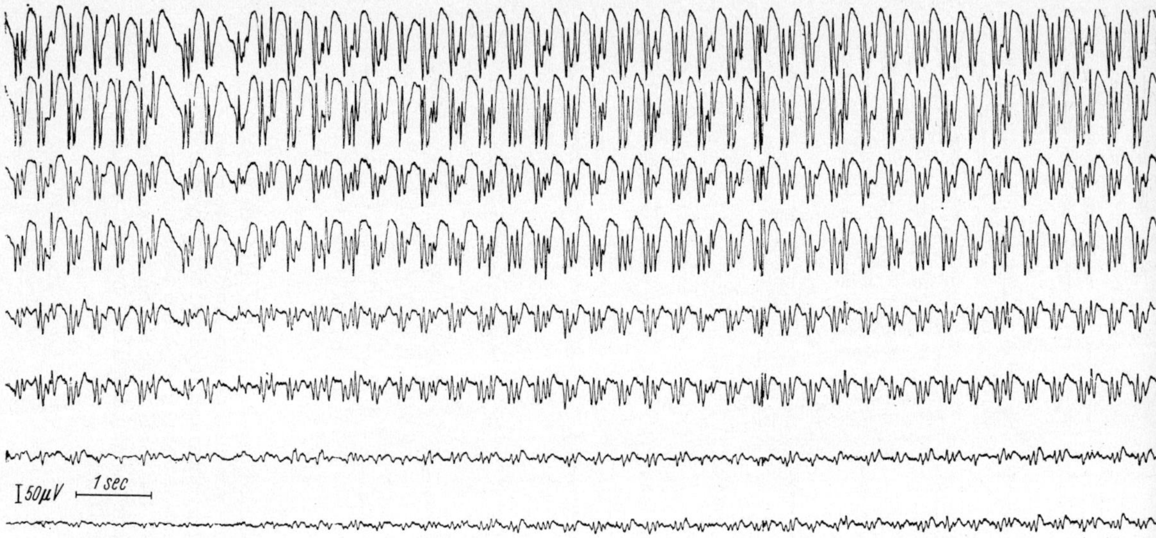

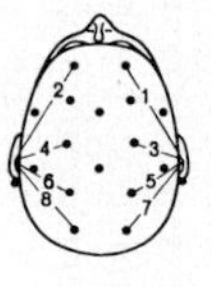

Abb. 43. EEG während eines kontinuierlichen Petit mal-Status. Fall Dieter N., 25 Jahre. Seit dem 10. Jahr zykloleptisch indifferente Absencen, seit dem 16. Jahr auch große Anfälle 1—2mal in der Woche, immer nach dem Aufwachen. Mit Häufung der Anfälle in den letzten Jahren kommt es fast täglich zu stundenlang anhaltenden Zuständen, in denen er benom-

vom Aufstehen an wie geistesabwesend war und seiner Tätigkeit nur quasi mechanisch nachkommen konnte, wobei es ihm sehr schwer wurde, sich zu konzentrieren. Anfangs wurde er aus diesem Zustand immer durch einen großen Anfall erlöst. Später, als er behandelt wurde, kam es aber auch isoliert zu stundenlang anhaltenden Benommenheitszuständen, die er nur durch einen ausgiebigen Schlaf beenden konnte.

Solche Beobachtungen werfen ein neues Licht auf die in der alten Literatur so ausführlich beschriebenen langwährenden Prodromalerscheinungen vor epileptischen Anfällen, die im ganzen gesehen recht selten sind.

Landolt[271, 272] macht einen scharfen Unterschied zwischen postparoxysmalen Dämmerzuständen, die man als sogenannte Erschöpfungspsychosen nach einem oder einer Serie generalisierter Krampfanfälle auffaßt, und Dämmerzuständen als Ausdruck eines Petit mal-Status, die wohl vor, aber nie nach einem großen Anfall auftreten können. Doch hat Lennox[97] einen und wir zwei Fälle gesehen, die in einem (zeitlich gesehen) postparoxysmalen Dämmerzustand elektroenzephalographisch eindeutig den Befund eines kontinuierlichen Petit mal-Status geboten haben:

Fall Richard R.:

Bei dem einen Patienten handelt es sich um einen jetzt 32jährigen Landwirt, der seit seinem 9. Lebensjahr täglich mehrfach Absencen bekommen hatte, bei denen er die Augen und den Kopf nach oben und hinten verdrehte. Im Alter von 15 Jahren hörten die Anfälle allmählich ganz auf. Mit 24 Jahren bekam er nach einem Alkoholexzeß morgens nach dem Aufstehen einen großen generalisierten Krampfanfall, dem dann in großen zeitlichen Abständen und immer nur, wenn er zu wenig geschlafen und zu viel getrunken hatte, weitere folgten. Mit 30 Jahren wurde er eines Vormittags in tiefbenommenem Zustand in unsere Klinik eingeliefert. Da er seit dem frühen Morgen drei große generalisierte Krampfanfälle bekommen hatte, dachten wir an einen postparoxysmalen Dämmerzustand, leiteten aber trotzdem in diesem Zustand ein EEG ab, in dem sich zu unserer Überraschung fortlaufend, ohne Unterbrechung Spike-and-waves in einer Frequenz von 3/sec wie in Abb. 43 zeigten. Der Kranke kam zunächst nicht wieder zu sich, bis sich am Abend des Einweisungstages noch einmal ein großer Krampfanfall ereignete, dem nur noch ein kurzdauernder Verwirrtheitszustand folgte. Danach war er ziemlich rasch wieder bei Besinnung, hatte aber keine Erinnerung an den zurückliegenden Tag.

Bietet sich vielleicht bei dieser Beobachtung die stumpfe Reglosigkeit und Apathie als differentialdiagnostisches Kriterium gegenüber postparoxysmalen Erschöpfungsdämmer-

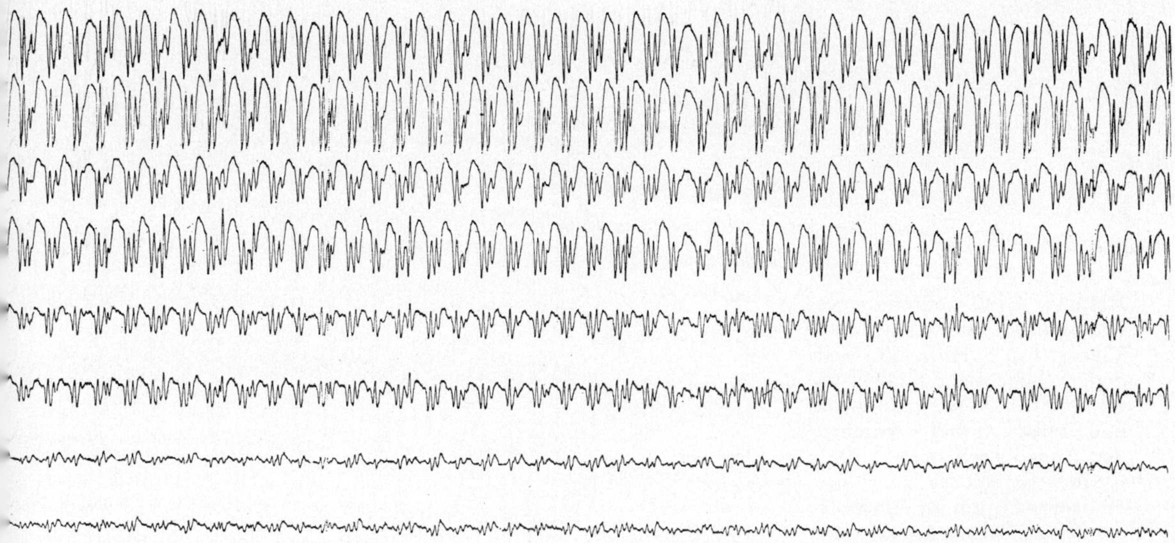

men wirkt, notdürftig reagiert, aber nicht antwortet und sich automatenhaft bewegt. Währenddem ist ein fast ununterbrochenes Vibrieren der Stirn- und Lidmuskeln zu sehen. Das EEG zeigt ein regelmäßiges, kontinuierliches Muster von 3/sec-Spike-waves mit meist 2, gelegentlich auch mit 3 Spitzen.

zuständen an, in deren Verhalten mehr eine dranghafte Unruhe und primitive Abwehr- und Angriffsreaktionen vorherrschen, während das EEG eine generalisierte, frontal betonte, mehr oder weniger träge Dysrhythmie zeigt, so bestand das wesentliche Differentialkriterium im anderen Falle in einem inadäquaten Verhältnis zwischen vorausgegangenem Anfall und der Dauer des nachfolgenden Dämmerzustandes:

Fall Lothar C.:

Der jetzt 20jährige Student hatte seit seinem 16. Lebensjahr in größeren Abständen immer nur einzelne generalisierte Krampfanfälle bekommen, wenn er auf einem Fest oder bei sonstigen besonderen Gelegenheiten länger als gewöhnlich aufgeblieben war, Alkohol getrunken hatte und den nächsten Morgen früh aufstehen mußte. Auffällig war, daß er nach jedem Anfall stundenlang bewußtlos blieb und erst nach einem zweiten Anfall wieder zu sich kam. So war er einmal mit 18 Jahren nach dem Abschlußball seiner Schule, bei dem er zwei Flaschen Wein getrunken hatte, erst um Mitternacht nach Hause gekommen. Um die Mittagszeit des folgenden Tages, nachdem er verhältnismäßig spät aufgestanden war, sank er plötzlich unter einem furchtbaren Schrei sich nach rechts drehend zu Boden und bekam einen von einer Adversivdrehung nach rechts eingeleiteten generalisierten Krampfanfall mit erheblicher Zyanose, Zungenbiß, Schaum vor dem Mund und erheblichem Schweißausbruch. Nach diesem Anfall kam er 40 Stunden lang nicht zur Besinnung. Die Augen seien während dieser Zeit halb offen und stets nach oben verdreht gewesen. Fast ununterbrochen war ein Lidflattern und mit kurzen Zwischenräumen ein Zucken in der Muskulatur der Stirn und der Augenbrauen zu sehen. Dieser Zustand habe von Sonntag mittag bis Dienstag morgen gedauert. Dann trat ein zweiter großer Anfall ein, nach dem er ziemlich rasch wieder zur Besinnung kam, sich aber so erschöpft fühlte, daß er noch 3 Tage das Bett hüten mußte. An die ganze Zeit hatte er keine Erinnerung. Weder früher noch später waren bei ihm je isolierte kleine Anfälle beobachtet worden, wohl aber später noch isolierte große Anfälle, einmal auch ein isolierter kurzer Petit mal-Status von ½ Stunde.

Da die Dauer eines postparoxysmalen Erschöpfungsdämmerzustandes in der Regel von der Häufigkeit der unmittelbar vorausgegangenen großen Anfälle abhängt, wird man immer dann an die Möglichkeit eines post- oder besser *interparoxysmalen Petit mal-Status* denken müssen, wenn ein postparoxysmaler Dämmerzustand im Verhältnis zur Zahl der großen Anfälle inadäquat lange anhält.

Die Unterscheidung dieser beiden Formen, eines erschöpfungsbedingten und eines erregungsbedingten postparoxysmalen Dämmerzustandes hat auch insofern eine *therapeutische* Bedeutung, als nur letzterer durch einen spontanen oder artifiziell gesetzten Krampf-

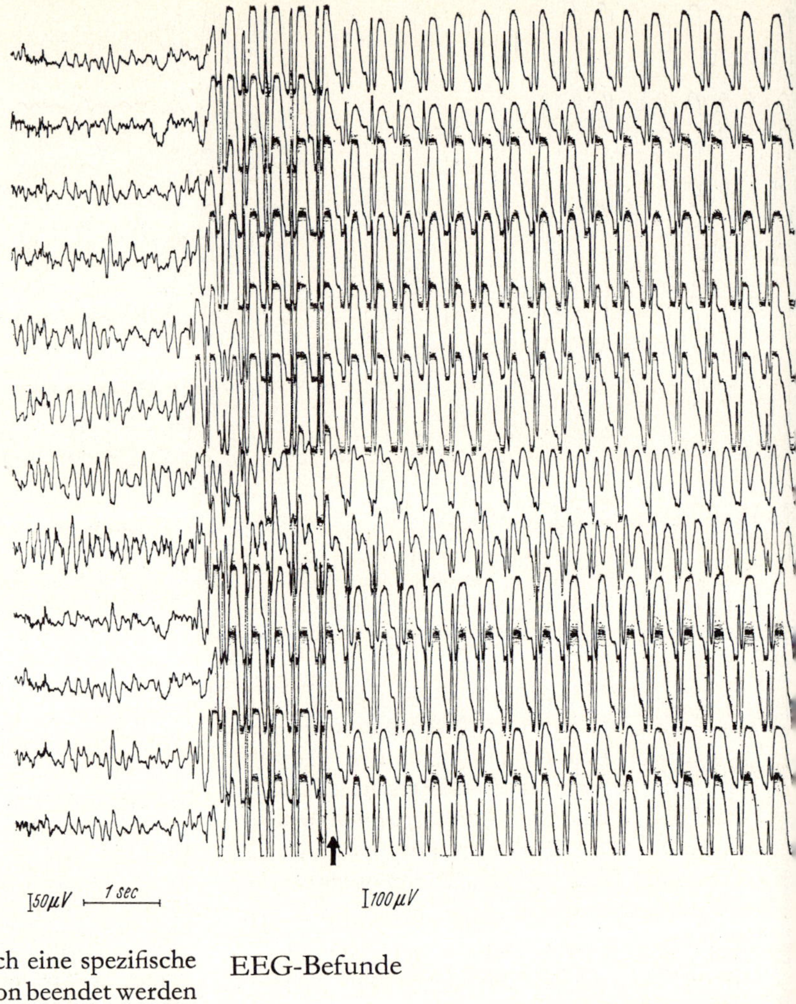

Abb. 44. EEG während eines Retropulsiv-Petit mal. Fall Viktor L., 8 Jahre alt. Seit dem 5. Lebensjahr täglich bis zu 100mal kurze Absencen mit Lidflattern und Verdrehen der Augen nach oben. Unbehandelt kommt es unter der Hyperventilation zu einem 16 sec dauernden Anfall. Im EEG sieht man während dieser Zeit regelmäßige synchrone 3/sec-Spike-waves, die sich im Laufe des Anfalls auf 2,5 sec verlangsamen. (Bei ↑ Reduktion der Amplituden auf die Hälfte.)

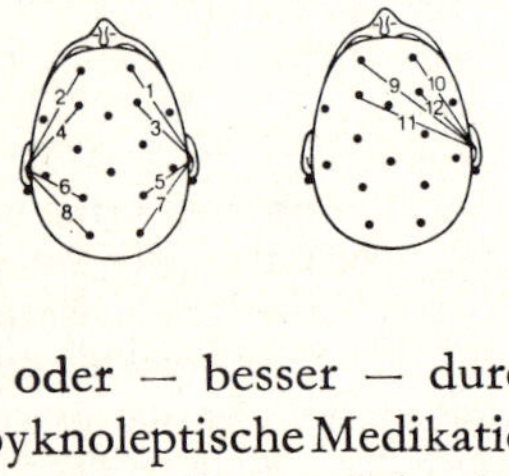

anfall oder – besser – durch eine spezifische anti-pyknoleptische Medikation beendet werden kann, während eine Schocktherapie im ersten Fall nur eine Verlängerung und Vertiefung der Umdämmerung zur Folge haben kann. Pyknoleptische Petit-mal-Status können ziemlich sicher durch eine langsame intravenöse Injektion von 2,5—10 mg Diazepam[7, 174, 222, 288, 339] oder 1 g Trimethadion[347, 364] unterbrochen werden, der man nötigenfalls im Abstand von 10 min eine zweite Injektion folgen lassen kann. Die Wirkung tritt schon nach wenigen Sekunden ein und führt im allgemeinen dazu, daß sich die Spike-wave-Abläufe für kurze Zeit noch zu paroxysmalen Komplexen formieren, dann gänzlich verschwinden und dem üblichen Grundrhythmus Platz machen, der im Vergleich zum präparoxysmalen EEG keine wesentliche Unterschiede, besonders keine Verlangsamung als Folge einer Erschöpfung zeigt.

EEG-Befunde

Während der Anfälle sieht man über allen Ableitungen in monotoner Gleichmäßigkeit spitzen- und wellenförmige Potentiale in einer Frequenz von annähernd 3/sec ablaufen. Selbst ein Laie könnte diese für die Pyknolepsie nahezu pathognomonischen Komplexe nicht übersehen noch überhören, da sie mit einer sehr hohen Amplitude von 200 bis zu 1000 µV und mehr aus dem Grundrhythmus hervortreten, so daß die Schreibfedern hörbar rhythmisch anschlagen. Man hat dieses eindrucksvolle Spitze-Wellen-Muster auch als Dart-and-egg- oder als Dart-and-dome-Komplex bezeichnet. Doch hat sich allgemein der von GIBBS mit DAVIS u. LENNOX (1935) eingeführte Begriff des Spike-and-wave-Komplex eingebürgert. Den gelegentlich im deutschen Schrifttum synonym verwandten Begriff »Krampfpotentiale« halten wir nicht für glück-

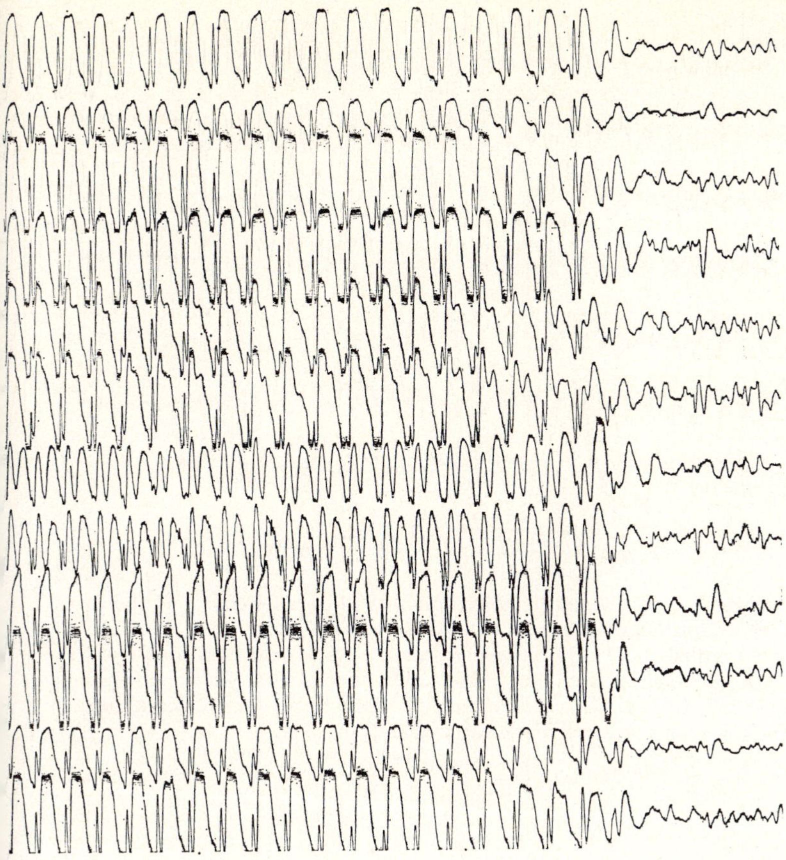

lich, da gerade pyknoleptische Anfälle, für die das Muster charakteristisch ist, alles andere als Krämpfe darstellen.

Die Spike-wave-Potentiale setzen gleichzeitig mit dem klinischen Anfall und zugleich über allen Hirnregionen ein, sind aber über den Frontal- und Zentralgebieten am besten ausgeprägt. Die Höhe der Amplituden nimmt okzipitalwärts ab.

Die Spitze des Spike ist nadelscharf, wenn seine Amplitude ebenso hoch oder höher als die der nachfolgenden Welle ist. Niedrigere Spikes sind stumpf und erscheinen nur noch als kurzer Sporn zwischen zwei Wellen, oder sie sind gar zu kurzen Einkerbungen im Ablauf der Wellen degradiert.

Die Spitzen wie die Wellen sind immer negativ gerichtet und verteilen sich generalisiert über allen Ableitungen, bilateral über beiden Seiten, setzen synchron ein und sind weitgehend symmetrisch ausgeprägt.

Sie wiederholen sich in einer Frequenz von annähernd 3/sec, selten etwas langsamer, gelegentlich etwas schneller bis zu 3,5 und 4/sec. Die Frequenz hängt nach unseren Erfahrungen in erster Linie vom Erkrankungsalter, in zweiter Linie auch vom Lebensalter ab. Früh, d. h. im Alter von 3–4 Jahren beginnende und um diese Zeit registrierte Pyknolepsien können Frequenzen zeigen, die um ein weniges langsamer als 3/sec sind, während Pyknolepsien, die spät, d. h. etwa im Alter von 10–12 Jahren einsetzen, oft schnellere Frequenzen um 3,5/sec zeigen. Daß die Frequenz auch mit dem Lebensalter etwas zunimmt, ist von Paal und von Rabe beschrieben worden, Lennox[97] erwähnt eine jetzt 35jährige Frau, bei der er vor 25 Jahren das erste EEG registrieren konnte, das damals klassische 3/sec-Spike-waves bot, jetzt aber kurze Spike-wave-Formationen mit einer Frequenz von 4/sec. Während eines einzelnen

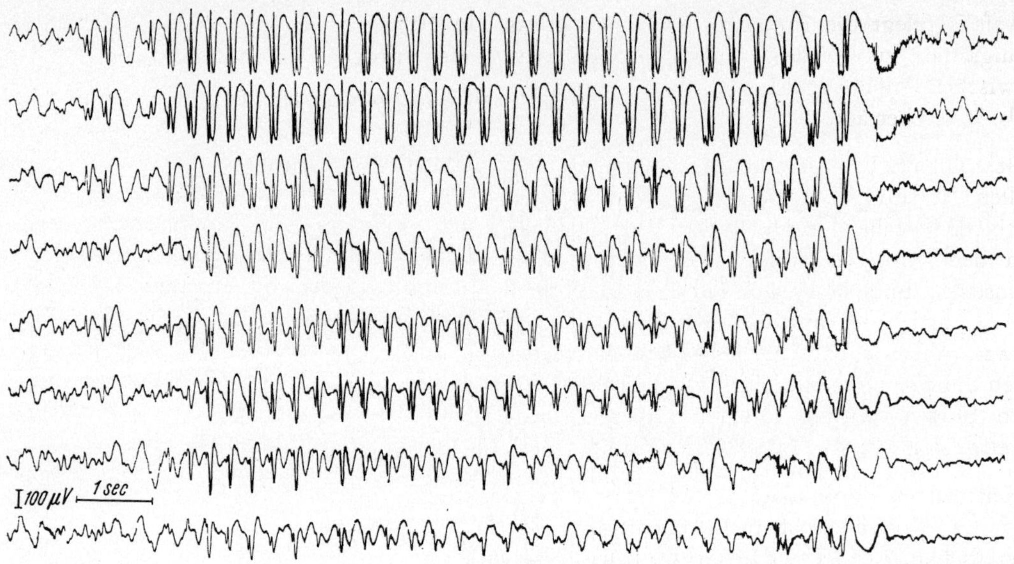

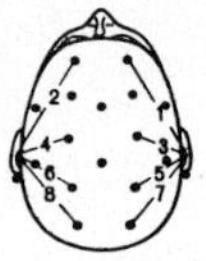

Abb. 45. EEG während eines Retropulsiv-Petit mal. Fall Reinhard G., 11 Jahre alt. Der Großvater mütterlicherseits hat eine Aufwach-Epilepsie. Bei Reinhard werden seit 3 Jahren täglich bis zu 30 Absencen bemerkt, bei denen er kurz innehält, nicht mehr ansprechbar ist und die Augen nach oben dreht. Während eines solchen Anfalls zeigen sich im EEG regelmäßige synchrone Spike-waves, deren Frequenz sich im Verlauf von 4/sec auf 3/sec verlangsamt.

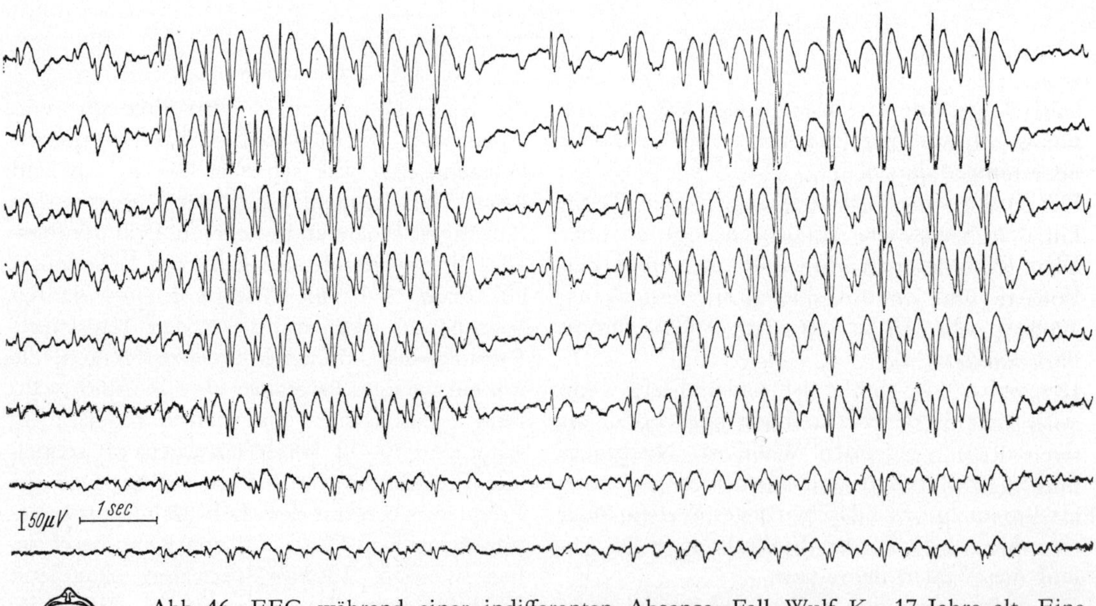

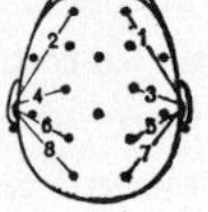

Abb. 46. EEG während einer indifferenten Absence. Fall Wulf K., 17 Jahre alt. Eine Tante väterlicherseits hatte epileptische Anfälle. Er selbst bekam seit dem 7. Lebensjahr Aufwach-Grand mal und gehäufte Absencen mit Blässe, starrem Blick und feinem Flattern der Lider. Unter der Hyperventilation tritt eine Absence ein, die auf Anruf kurz zu unterbrechen ist. Zugleich damit tritt auch im regelmäßigen 3/sec-Spike-wave-Ablauf für 2 sec eine Pause ein, während der nur ein einzelner kleiner Spike-wave-Komplex durchkommt.

Anfalls pflegt die Frequenz allmählich etwas langsamer zu werden, wobei die Differenz zwischen Anfang und Ende jedoch kaum mehr als ½ sec beträgt.

Gewöhnlich beginnen die Entladungen über allen Ableitungen gleichzeitig. Wenn Unterschiede bestehen, so nur in dem Sinne, daß sie in den vorderen Ableitungen etwas früher einsetzen und sich nach hinten ausbreiten[97]. Manchmal und nur bei Kindern – nach PAAL überwiegend bei Mädchen – gehen den Anfällen okzipital betonte langsame Wellen (Slow-waves von GIBBS u. GIBBS[51], Sinuswellen von HESS u. NEUHAUS[61]) voraus.

Meist enden die Entladungen ebenso abrupt, wie sie eingesetzt haben. Gelegentlich laufen sie aber auch noch einige Sekunden in langsamen Wellen aus, deren Frequenz immer langsamer und deren Amplitude immer niedriger wird.

Zur Illustration siehe das Anfalls-EEG während eines pyknoleptischen Oral-Petit mal (Abb. 40), während einer pyknoleptischen indifferenten Absence (Abb. 46) und während pyknoleptischer Retropulsiv-Petit mal (Abb. 44 u. 45).

Das EEG im Intervall: Der Grundrhythmus ist in etwa ²/₃ der Fälle frei von Allgemeinveränderungen[97, 117], worunter ein Überwiegen von ϑ- oder Zwischenwellen bei nur geringem oder fehlendem α-Rhythmus zu verstehen ist. Bei etwa ¹/₃ der Fälle sieht man im Intervall kurze, klinisch nicht manifest werdende Spike-wave-Komplexe, in etwa der Hälfte der Fälle isolierte oder in Gruppen auftretende steile Wellen, während isolierte Spitzen sehr selten vorkommen. Nicht so selten – in 15%[6] – 18%[312] – 27%[287], bei symptomatischen Pyknolepsien in 24%[304] – treten über den hinteren Regionen, meist okzipital, aber auch über dem hinteren Schläfen- und Scheitelhirn langsame sinusoidale, in diskontinuierlichen Gruppen formierte Wellen in einer Frequenz von 3/sec auf. Diese sind nicht selten asymmetrisch und asynchron ausgeprägt, werden durch Augenschluß blockiert und durch Hyperventilation verstärkt[239, 256], haben aber keine fokale Bedeutung. Ein sogenannter Krampffokus wird bei Pyknolepsien – nach PAAL[312] in 10,5% – nach unserer Erfahrung jedoch ausgesprochen selten angetroffen.

Unter Provokation: Die von FÖRSTER 1924 zur Aktivierung epileptischer Anfälle eingeführte Hyperventilationsmethode ist zur Provokation pyknoleptischer Anfälle am besten geeignet, während die Zuwachsrate spezifischer Befunde im Schlaf bei Pyknolepsien ganz geringfügig ist. So erwähnt LENNOX[97], daß man bei Pyknolepsien im wachen Zustande in 81,6% spezifische Anfallspotentiale sieht, im Schlaf in 89,1%. Die Wirkung von intermittierenden Lichtreizen ist wenig zuverlässig. LOISEAU et al. konnten durch Photostimulation nur bei 8 von 60 Fällen klinische Anfälle auslösen.

Zur Frage der Spezifität des 3/sec-Spike-wave-Komplexes: GIBBS, LENNOX u. GIBBS haben 1936 konstatiert: »Das 3/sec-Spike-wave-Muster ist pathognomonisch für Petit mal-Epilepsie.« Auch wenn man »Pyknolepsie« anstelle von »Petit mal-Epilepsie« setzt, so gilt dieser Satz nur mit der Einschränkung, daß beim Nachweis dieses Musters nicht selten – in 20–30% der Fälle – keine Pyknolepsie, sondern eine reine Grand mal-Epilepsie vorliegt. In solchen Fällen sind allerdings nur kurze Gruppen von Entladungen zu sehen (s. Abb. 158). Andererseits darf als Regel gelten, daß Pyknolepsien nur ausnahmsweise mit schnelleren oder langsameren Spike-wave-Entladungen als 3 in der Sekunde einhergehen. Langsamere Entladungen sprechen für Absencen in Begleitung myoklonisch-astatischer Anfälle, schnellere Entladungen für nichtpyknoleptische Absencen oder für indifferente Absencen in Begleitung von Impulsiv-Petit mal. Bei exakter Diagnostik besteht daher eine enge Korrelation zwischen Klinik und EEG.

Nach LENNOX[97] sind bei Petit mal in 81,6% und bei Petit mal in Kombination mit Grand mal in 65,1% 3/sec-Spike-waves nachzuweisen. Bei Ableitungen im Schlaf erhöht sich der Anteil auf 89,1% bzw. 82,8%[51]. Daß die charakteristischen Entladungen bei Grand mal-Kombinationen seltener sind als bei reiner Pyknolepsie, erklärt sich leicht aus der Tatsache, daß nach Hinzutreten großer Anfälle die kleinen oft seltener werden oder ganz ausbleiben. Bei umgekehrter Betrachtung fand zwar LENNOX[97] unter 200 Fällen mit 3/sec-Spike-waves keinen, der nicht eine oder

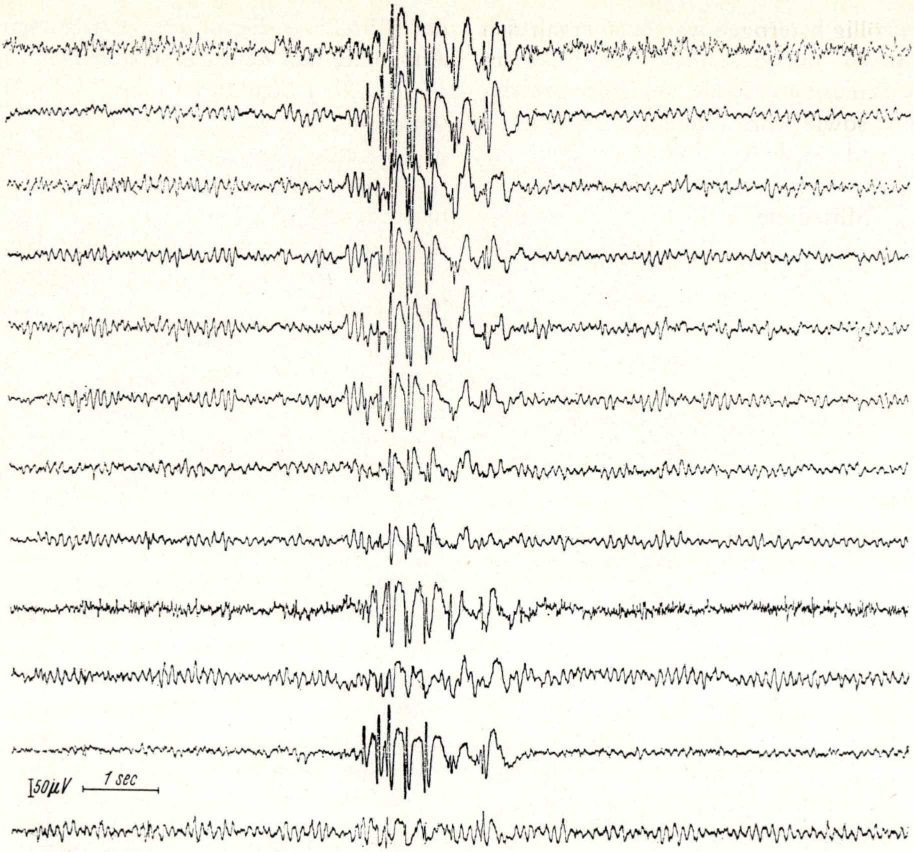

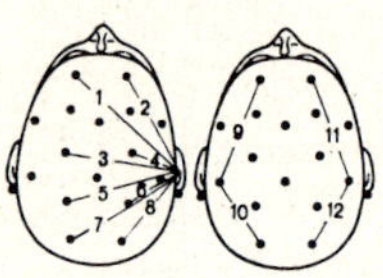

Abb. 47. EEG: Ziemlich stabiler α-Grundrhythmus ohne sichere Seitendifferenzen. Keine Herdzeichen, ganz selten generalisierte bilateral-synchrone 4—3,5/sec Spike-wave-Komplexe.

mehrere Arten von Anfällen aus der Petit mal-Trias geboten hätte, andere Untersucher[192] jedoch 21%, bei denen nur große Anfälle vorkamen. Petit mal ohne myoklonische oder akinetische Varianten waren das klinische Korrelat von 55% aller Fälle mit dem klassischen 3/sec-Spike-wave-Muster[290].

Wenig untersucht ist die Frage, ob sich das EEG innerhalb der Pyknolepsie, d. h. bei den verschiedenen pyknoleptischen Anfallssyndromen unterscheidet. Es wird angegeben, daß die Kurven bei Absencen, die mit »Myoklonien« einhergehen, nahezu immer intervalläre Anomalien und Dysrhythmien aufweisen und die Anfälle selbst von unregelmäßigeren Spike-waves und von Multispike-waves begleitet sind[287]. Pyknoleptische Oral-Petit mal bzw. orale Absencen oder Absencen mit Automatismen unterscheiden sich, entgegen der Annahme, daß sie regelmäßig ein pathologisches Intervall-EEG mit Herdsymptomen und rhythmischen parieto-okzipitalen δ-Wellen aufweisen[295], nicht vom Intervall- oder vom Anfalls-EEG anderer pyknoleptischer Anfälle[28, 202, 287]. Auch besteht keine Beziehung zwischen der Dauer der Anfälle und der Manifestation von Automatismen[202, 287] (s. Abb. 40).

Zur Frage von Spike-wave-Komplexen bei morphologischen Läsionen und Prozessen: Daß klinisch eindeutige Pyknolepsien nie auf einen Hirntumor zurückgehen, ist allgemein anerkannt. Bemerkenswert ist jedoch, daß man im EEG von Tumor-Kranken — wenn auch extrem selten — generalisierte Spike-wave-Komplexe antreffen kann. Ajmone-Marsan u. Lewis haben 1960 11 derartige Fälle aus der Literatur zusammengestellt und 2 eigene Beobachtungen hinzugefügt. Wenn auch die Geschwülste nach ihrer Art völlig heterogen waren, so ergab sich lokalisatorisch, mit Ausnahme von je einem in einer Hemisphäre des Großhirns und des Kleinhirns, sowie von 3 temporal gelegenen Tumoren und einem Akustikusneurinom, eine gewisse Bevorzugung von Strukturen im Bereich der Mittellinie und des Hirnstamms (Kleinhirn, vierter Ventrikel, Pinealis, dritter Ventrikel, Hypothalamus, Thalamus). Von einem Akustikusneurinom mit Spike-waves berichtet auch PETSCHE. Irreguläre 2,5 bis 3,5/sec-Spike-wave-Muster fanden SCHERMAN u. ABRAHAM in 4 Fällen von Pubertas praecox, bei denen sich in 2 Fällen pneumenzephalographisch Verdachtsmomente auf einen Prozeß in der Gegend der Pinealis bzw. der Corpora mamillaria ergaben. Wir kennen zwei ähnliche Fälle, einen 59jährigen Patienten mit kurzen irregulären generalisierten 3,5/sec-Spike-waves bei einem parasagittalen Meningiom des mittleren Sinusdrittels und einen 56jährigen Patienten mit wiederholten kurzen Gruppen regelmäßiger bilateral-synchroner 3—3,5/sec-Spike-waves (Abb. 47) bei einer parietalen Hirnmetastase eines Karzinoms. Nur im letzten Fall kam es auch klinisch zu Anfällen in Form von dem EEG-Herd entgegengesetzt nach rechts adversiv eingeleiteten Grand mal. Wenn wir, wie AJMONE-MARSAN u. LEWIS, zur Frage eines zufälligen Zusammentreffens die Zahl der Tumoren (1100) zu der Zahl unserer Beobachtungen (2) in Beziehung setzten, kämen wir ebenfalls zum Ergebnis eines überzufälligen Zusammenhangs, der aber nicht mehr, so wie bei ihrer Zusammenstellung von 6 Fällen unter 1071 Hirntumoren, statistisch signifikant ist. Uns scheint daher die Frage noch nicht restlos geklärt, ob es sich in solchen Fällen nicht doch um idiopathische Epilepsien oder um klinisch latente Epilepsien handelt, die zufällig oder etwa im Zusammenhang mit Mißbildungen, die der Anlage zur Epilepsie korreliert sind, einen Hirntumor entwickeln. In Anbetracht der Seltenheit solcher Fälle wie der Tatsache, daß die Spike-wave-Muster dann immer nur kurz dauern und oft unregelmäßig ausgeprägt sind, kann jedenfalls nicht gefolgert werden, daß man auch bei klassischen 3/sec-Spike-wave-Mustern an einen Tumor zu denken habe. Beobachtungen von Spike-waves bei Prozessen im Bereich der Mittellinie dienen als Bestätigung für die Annahme, daß derartige Entladungen in zentrenzephalen Strukturen entstehen[171, 290a]. Beobachtungen von Spike-waves bei Läsionen des Kortex werden dagegen als Ausdruck einer sekundären bilateralen Synchronie interpretiert[365]. Als Erklärung wird angenommen, daß die kortikale Aktivität in solchen Fällen, besonders von der parasagittalen Region ausgehend, einen zentral im Zwischenhirn gelegenen Schrittmacher befeuert, der somit sekundär bilateral-synchrone Entladungen über der Rinde beider Hemisphären in Erscheinung treten läßt[365]. Doch abgesehen von dem im Hinblick auf das klassische Muster »atypischen« Charakter der elektrobiologischen Phänomene, entsprechen auch die klinischen Erscheinungen mehr kortikalen und psychomotorischen als pyknoleptischen Anfällen[232, 236, 242]. Als Beispiele einer sekundären bilateralen Synchronie mit 3/sec-Spike-waves bei symptomatischen Pyknolepsien können die Fälle Gudrun Sch. und Heide G. im Kapitel über kortikale Anfälle (S. 348 und 349) gelten.

Klinik

Häufigkeit: Pyknolepsien machen in unserem Krankengut 7,8% (505 von 6500) aller Epilepsien aus. Diese Häufigkeit entspricht annähernd den in der Literatur mit 8%[14], 9%[51] und 10%[6] gemachten Angaben. Andere Autoren nennen mit 2,3%[286] bzw. 2—3%[198] einen geringeren Anteil. Da sowohl die größeren wie die kleineren Zahlen von Pädiatern wie von Neurologen genannt werden, ist zu vermuten, daß Pyknolepsien in einem neurologischen und in einem pädiatrischen Krankengut annähernd gleich häufig vorkommen. Im Unterschied zu den frühkindlichen Petit mal-Epilepsien, die der Pädiater ungleich häufiger zu Gesicht bekommt und im Unterschied zu den während der Adolenszenz beginnenden Petit mal-Epilepsien, die der Neurologe häufiger sieht, scheinen sich in der Pyknolepsie beide ärztliche Erfahrungsbereiche gut zu decken. Auf alle altersgebundenen Petit mal-Epilepsien bezogen, machen Pyknolepsien 43,2% (505 von 1169) aus.

Geschlecht: Merkwürdigerweise werden überwiegend Mädchen von Pyknolepsien betroffen.

Das Verhältnis von Mädchen zu Knaben beträgt bei mehreren Autoren übereinstimmend 60:40%[6, 251, 313, 315, 338]. LIVINGSTON[283] fand unter 503 Patienten mit »Petit mal-spells« ein Verhältnis von 76:24%, wir jedoch unter 505 Patienten mit Pyknolepsie ein Verhältnis von 56:44%. Die Unterschiede erklären sich daraus, daß die sogenannte Mädchenwendigkeit bei Pyknolepsie nicht an die Krankheitsform, sondern an das Erkrankungsalter geknüpft ist. Denn unter 102 noch nach dem 11. Lebensjahr einsetzenden Erkrankungen überwogen sogar mit 54% die Knaben. Somit wird sich in einem pädiatrischen Krankengut, das mehr Früherkrankungen enthält, immer eine stärkere Mädchenwendigkeit herausstellen als in einem neurologischen Krankengut, das auch die später einsetzenden Erkrankungen einschließt.

Erkrankungsalter: Das Alter, in dem Pyknolepsien einsetzen, umspannt den Zeitraum vom 4. bis 14. Lebensjahr. Daß eine Pyknolepsie schon vor oder noch nach dieser Zeit beginnt ist eine Ausnahme. $^3/_4$ aller Fälle (75%) erkranken zwischen dem 5. und 11. und über $^1/_4$ (27%) im 7. und 8. Lebensjahr. Das eigentliche Prädilektionsalter der Pyknolepsie liegt also genau zwischen dem für die myoklonisch-astatischen Anfälle und dem für die nicht-pyknoleptischen Absencen, bzw. dem für das Impulsiv-Petit mal. Denn im 5. Lebensjahr, in dem die Häufigkeit des myoklonisch-astatischen Petit mal nachläßt, steigt die Erkrankungskurve für Pyknolepsien an, um nach dem 11. Lebensjahr allmählich wieder abzufallen und sich noch vor der Pubertät im 12.–13. Lebensjahr unter der ansteigenden Kurve für nicht-pyknoleptische Absencen und Impulsiv-Petit mal zu verlieren (s. Abb. 48).

Verlauf und Prognose: – *Verlauf:* Wann und unter welchen Umständen die pyknoleptischen Anfälle begonnen haben, ist nachträglich oft nicht mehr zu rekonstruieren, weil sie anfänglich so selten oder so milde abgelaufen sind, daß sie nicht bemerkt oder nicht erkannt, sondern zunächst als eine Eigenart oder gar eine Unart abgetan worden sind. Auch wenn die Anfälle in unmittelbarem Zusammenhang mit einem dramatischen, meist einem schreckhaften äußeren Ereignis geradezu explosionsartig ausgebrochen sind, wie es FRIEDMANN[213, 214, 215] und andere geradezu für charakteristisch halten, wird man nicht ganz sicher sein können, ob hier nicht eine nachträgliche Legendenbildung vorliegt, die nach jeder einleuchtenden Erklärung greift, die sich anbietet. Doch ist auf der anderen Seite eine übertriebene Skepsis gegenüber äußeren Anlässen bei dieser Krankheitsform nicht am Platz, da ihre enorme Anfälligkeit gegenüber äußeren – auslösenden sowohl wie hemmenden – Faktoren durchaus erwiesen ist.

Wenn auch »Pykno-Epilepsien« (LENNOX[95]) im Gegensatz besonders zum myoklonisch-astatischen Petit mal und zum Impulsiv-Petit mal in der Regel mit kleinen Anfällen einsetzen und oft noch jahrelang als reine Pyknolepsie weiterlaufen, so ist das nicht in allen Fällen selbstverständlich. Nach unseren Erfahrungen wurden pyknoleptische Anfälle in 12,5% der Fälle erst dann bemerkt, wenn ein oder einige große Anfälle aufgetreten sind. Doch ist es nicht ausgeschlossen, daß in solchen Fällen erst durch die großen Anfälle die Aufmerksamkeit auf die kleinen Anfälle gelenkt wurde. BAMBERGER u. MATTHES[6] weisen darauf hin, daß bei Pyknolepsien nicht selten – in 10% – in der Anamnese von einigen Fieberkrämpfen berichtet wird. Umgekehrt hatten unter 31 aus »Infektkrämpfen hervorgegangenen Epileptikern« ihres Krankengutes allein 12 Kinder gehäufte Absencen.

Prognose: Obwohl eindeutig feststeht, daß Pyknolepsien eine Art von Epilepsie und pyknoleptische Anfälle eine Art von Petit mal sind, ist die prognostische Beurteilung weiterhin strittig geblieben. Auch heute noch stehen sich die Ansichten über eine vermeintlich gute Prognose (GIBBS u. GIBBS, HERTOFT, HESS[239], KÖNIGSBECK, KUHLO, LENNOX[97], LIVINGSTON et al.[286], PAAL[117, 312]) und eine vermeintlich schlechte Prognose (BRIDGE, CURRIER et al., JANZ[70, 251], LEES u. LIVERSEDGE, PETERMANN) anscheinend unvereinbar gegenüber. Dabei könnte man zur Beurteilung des spontanen Verlaufs durchaus auf ausführliche katamnestische Untersuchungen aus der vortherapeutischen Ära zurückgreifen[70, 117, 251, 313, 315, 338].

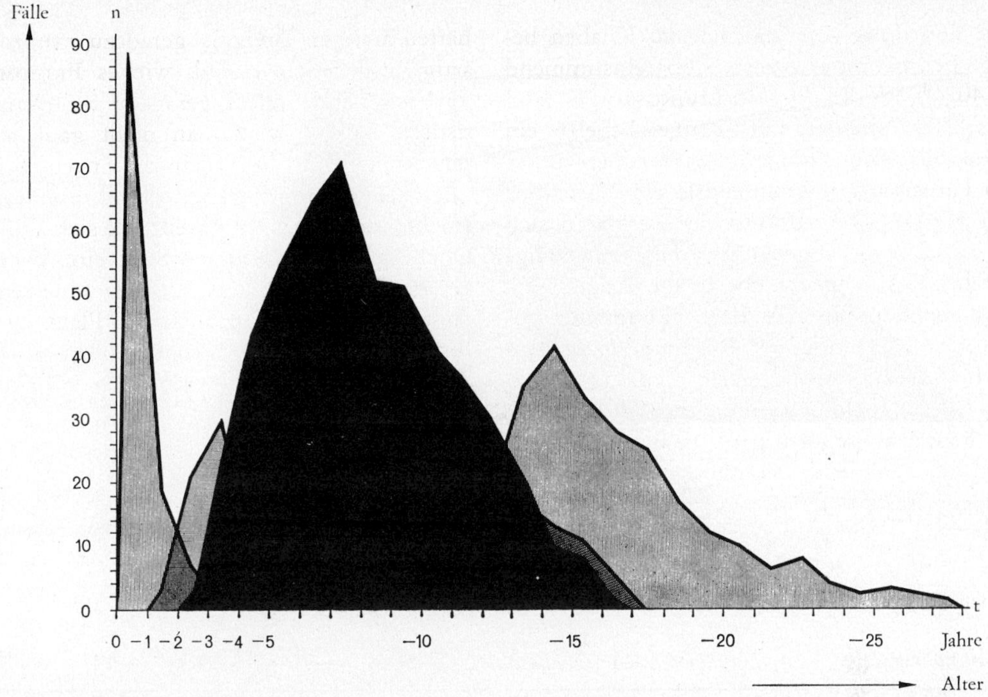

Abb. 48. Erkrankungsalter altersgebundener Petit mal-Epilepsien (1169 Fälle). Schwarz: Pyknolepsie (505 Fälle).

Die entscheidende Schwierigkeit liegt aber in der Definition des Krankheitsbegriffs, von der die Auswahl der Fälle abhängt. Erkennt man als Pyknolepsien nur Fälle an, die zum Zeitpunkt der Auswahl noch keine großen Anfälle gehabt hatten, so lautet deren Prognose nach dem Urteil sämtlicher Untersucher, die diesen Maßstab zugrunde legen, ungefähr gleich: Nach durchschnittlich 6–14 Krankheitsjahren sind etwa $^1/_3$ spontan anfallsfrei geworden, $^1/_3$ haben weiter kleine Anfälle und $^1/_3$ große Anfälle hinzubekommen[118, 269, 313, 314, 315, 338]. Zu diesem relativ günstigen Ergebnis kommt man allerdings nur auf dem Weg einer Auslese, indem man alle Fälle mit früh hinzugetretenem Grand mal von der Verlaufsbeobachtung ausnimmt. So scheidet ROSENTHAL von seinen vorwiegend aus der Literatur gesammelten 252 Fällen allein 86, PAAL von 85 Fällen allein 47 und KUHLO von 80 Fällen allein 42 von der Verlaufsbeobachtung aus, weil sie bei der Erstuntersuchung schon große Anfälle hatten.

Wir haben ohne Vorauslese 98 Erkrankungen, die von 1942 bis 1954 an unserer Klinik als Pyknolepsien diagnostiziert worden waren, katamnestisch verfolgt[70]. In 10 Fällen waren pyknoleptische Anfälle erst nach dem ersten großen Anfall bemerkt worden, 88 Fälle hatten als Pyknolepsien begonnen. Bei 30 Patienten konnten wir den Krankheitsverlauf 10—14 und noch bei 14 Patienten 15 bis 25 Jahre lang verfolgen. Spontan geheilt fanden wir nur eine einzige, jetzt 45jährige Patientin, die vom 7. bis 22. Lebensjahr an Retropulsiv-Petit mal litt, die ohne Behandlung aufhörten. Da das durchschnittliche Alter bei Spontanheilungen 10,5—10,7 Jahre beträgt[338], werden die günstigen Verläufe weit eher dem Kinderarzt als dem Nervenarzt bekannt werden. Um diesen Nachteil auszugleichen, haben wir unser Krankengut mit den Katamnesen eines pädiatrischen Krankenguts zusammengelegt, das von PACHE[313, 314, 315] untersucht worden ist. Seine Ergebnisse stützen sich auf 75 Kranke, die von 1910 bis 1950 an der Münchner Universitätskinderklinik als Pyknolepsien diagnostiziert worden waren. Der Mangel von EEG-Untersuchungen wird durch den Vorteil eines weitgehend natürlichen Verlaufs aufgehoben, da beide Kollektive aus einer Zeit stammen, in der noch keine moderne Therapie betrieben wurde.

Danach stellt sich die Spontanprognose von Pyknolepsien folgendermaßen dar (s. Abb. 49 und Tabelle 5): Spontan geheilt, d. h. 10 bis 14 Jahre nach Beginn der Erkrankung ohne moderne Medikation mindestens 2 Jahre anfallsfrei geworden waren nur 16 %, immer noch pyknoleptisch 31 %, während die Mehrzahl (53 %) große Anfälle hinzubekommen hatte,

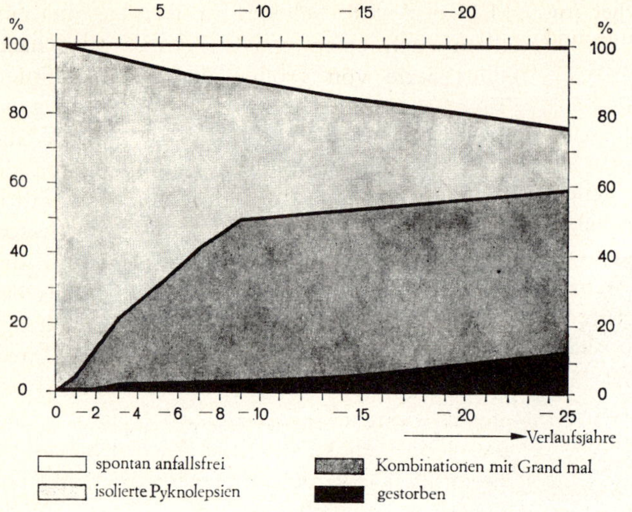

Abb. 49. Verlauf von Pyknolepsien.

Tabelle 5. *Verlauf von Pyknolepsien*

Krankheitsjahre	—1	—3	—5	—7	—9	—14	—25
Anfallsfrei	2 (1%)	6 (4%)	9 (7%)	10 (10%)	8 (10%)	10 (16%)	8 (24%)
Reine Pyknolepsie	153 (94%)	105 (74%)	85 (63%)	48 (48%)	34 (40%)	19 (31%)	6 (18%)
Hinzutreten von Grand mal	8 (5%)	30 (21%)	40 (29%)	40 (40%)	40 (48%)	30 (48%)	15 (46%)
Gestorben	—	1 (1%)	1 (1%)	2 (2%)	2 (2%)	3 (5%)	4 (12%)
Zusammen	163	142	135	100	84	62	33

ganz in Grand mal-Epilepsien übergegangen oder gestorben war. Zur Beurteilung noch längerer Zeiträume reichen die Zahlen nicht aus, um signifikante Angaben zu erlauben. Da jedoch die Verlaufstendenz gleich bleibt, darf vermutet werden, daß bei längerem Verlauf noch mehr »reine« Pyknolepsien entweder spontan heilen oder in Grand mal-Kombinationen übergehen.

Die — aufs Ganze gesehen — eher seltenen Spontanheilungen erfolgen durchschnittlich nach 3,6 bis 4,5[338] und selten später als nach 10 Jahren. Bei unserer Patientin blieben die Anfälle jedoch erst nach 15, in einem Fall von Paal gar erst nach 17 Jahren aus. Da aber noch $^1/_3$ der ungünstig verlaufenden Fälle erst nach 10[338], ja bis nach 22 Krankheitsjahren[327] in Grand mal-Epilepsien übergeht, ist bei einer Pyknolepsie, die über 15 Jahre gedauert hat, eher zu erwarten, daß noch große Anfälle hinzukommen, als daß sie spontan aufhören wird. Die meisten Spontanheilungen erfolgen noch vor der Pubertät, nach Rosenthal durchschnittlich mit 10,5—10,7 Jahren, während ein Übergang in Grand mal-Epilepsien meist während der Pubertätsjahre vor sich geht. Natürlich bleibt es problematisch, von einer Heilung zu sprechen, wenn noch nach Jahren ein Rückfall erfolgen kann, wie wir es von einem Patienten kennen, der 9 Jahre, nachdem seine Pyknolepsie während der Pubertät spontan aufgehört hatte, erstmals große Anfälle nach Art einer Aufwach-Epilepsie bekam. Kuhlo berichtet über eine Patientin, die 14 Jahre später, nachdem sie während der Pubertät anfallsfrei geworden war, im Zusammenhang mit einer latenten parathyreopriven Tetanie große Anfälle bekam und mehrfach in einen Petit mal-Status hineingeriet. Nicht unwidersprochen blieb die Feststellung mancher Autoren, daß Mädchen eher zu Spontanheilung und persistierenden Pyknolepsien neigen, wogegen Übergang in Grand mal-Epilepsien häufiger bei Knaben zu beobachten sei[238, 269, 303, 312, 315].

Pyknolepsien neigen also nur wenig mehr als andere Epilepsien dazu, spontan zu heilen. Auch andere Formen von Epilepsie haben eine gewisse Quote von Spontanheilungen aufzuweisen. Aus der Perspektive der Klinik entsteht leicht ein zu ungünstiger Eindruck, da die Vielzahl der milden, akuten, oligoepileptischen und nur eine Episode darstellenden epileptischen Verläufe kaum in ihren Gesichtskreis treten.

Alle bisher zur Beurteilung der Prognose angegebenen klinischen, elektroenzephalographischen oder psychologischen Anhaltspunkte scheinen sich nicht durchgesetzt oder nicht bestätigt zu haben. Für die Prognose scheint es gleichgültig, ob es sich um idiopathische oder um symptomatische Pyknolepsien handelt, ob die Anfälle vor oder nach dem 7. Lebensjahr beginnen[238], ob die Anfälle mit oder ohne Automatismen während der Absencen einhergehen[269, 342], ob im EEG eine Allgemeinveränderung, ob Dysrhythmien oder Sinuswellen über den hinteren Hirnregionen vorliegen oder nicht[269, 309, 336]. Lediglich konstante Herdbefunde waren im EEG solcher Fälle, die sich später mit großen Anfällen kombinierten signifikant häufiger anzutreffen[185, 269, 309, 367].

Die Möglichkeit, daß Pyknolepsien lange Zeit persistieren, ohne auszuheilen oder große Anfälle hinzuzubekommen, wird bei einer durchschnittlichen Krankheitsdauer von 10 Jahren von allen Autoren mit 30–32%[70, 117, 238, 251, 312] angegeben. Bei etwa 20jährigen Katamnesen werden nur noch 18%[70, 251] bis 24%[269] reine Pyknolepsien angetroffen. Vermutlich werden persistierende Pyknolepsien bei längerem Verlauf sich gänzlich auflösen, indem sie eine günstige oder ungünstige Wendung durchmachen. Denn uns ist kein Patient bekannt, der noch nach dem 35. Lebensjahr lediglich an pyknoleptischen Anfällen gelitten hätte. Allerdings scheint sich auch der Verlaufscharakter von Pyknolepsien vor allem unter der Pubertät insofern zu verändern, als die Anfälle dann seltener werden, nicht mehr tagtäglich, sondern mehr periodisch gehäuft – in zykloleptischer Weise – auftreten.

Schon bevor, spätestens nachdem die ersten großen Anfälle aufgetreten sind, pflegen die kleinen Anfälle seltener zu werden und vor allem nach einem großen Anfall oder nach einer Serie von großen Anfällen für einige Tage oder Wochen nachzulassen oder ganz auszubleiben. Indem die kleinen Anfälle allmählich wieder häufiger werden, kündigen sie damit — wie ein Wetterleuchten das Gewitter – den nächsten großen Anfall an, mit dessen Entladung dann wieder für eine Zeitlang Ruhe eintritt. Wenn trotz eines großen Anfalls die kleinen nicht aufhören oder sich sogar zu einem Petit mal-Status zusammenballen, muß man für die nächsten Stunden oder Tage mit einem zweiten Grand mal oder einer Grand mal-Serie rechnen. In einer solchen Schaukelsituation kann man therapeutisch entweder mit einer lediglich gegen die kleinen Anfälle gerichteten Medikation eine Umwandlung in eine reine Grand mal-Epilepsie oder umgekehrt mit einer allein auf die großen Anfälle gerichteten Behandlung eine Rückverwandlung in eine reine Pyknolepsie anstreben. Bei unbeeinflußtem Verlauf halten sich große und kleine Anfälle für eine gewisse Zeit die Waage, bis das Pendel in der Regel endgültig zugunsten der großen Anfälle ausschlägt. Dann erinnert nur noch die Anamnese oder nur noch das EEG an die Herkunft der Grand mal-Epilepsie aus einer Pyknolepsie. Daß sich eine Kombination unbehandelt wieder in eine reine Pyknolepsie zurückverwandelt, ist eine Ausnahme.

In der Regel bedeuten also Pyknolepsien ein Petit mal-Vorspiel späterer Grand mal-Epilepsien. Das pyknoleptische Vorspiel dauert nach unseren Erfahrungen durchschnittlich 4,7, nach anderen Erfahrungen 4,2[315] bis 7,2[338] Jahre. Es kann aber auch 22 Jahre dauern. Das Lebensalter, in dem die großen Anfälle erstmals auftreten, umgreift die Spanne von 6 bis 24 Jahren und liegt nach unseren Erfahrungen im Durchschnitt bei 12,7, nach anderen bei 12,2[315], 12,8[338] und 15[269] Jahren.

Grand mal-Verlaufsformen bei Pyknolepsie: Die nosologische Sonderstellung der Pyknolepsie ist besser zu verstehen, wenn man sie im Zusammenhang mit den Eigentümlichkeiten der nachfolgenden oder begleitenden großen Anfälle betrachtet: Von 505 mit pyknoleptischen Anfällen einhergehenden Epilepsien hatten 336

(66,5%) irgendwann im Verlauf auch große Anfälle. Sieht man von 28 Fällen ab, die bisher nur einen oligo-epileptischen Verlauf mit wenigen großen Anfällen geboten haben, so fällt auf, daß allein in 272 (88%) der verbleibenden 308 Erkrankungen die großen Anfälle die Neigung hatten, vorwiegend nach dem Erwachen — meist am frühen Vormittag — oder »um Feierabend« — meist am späten Nachmittag — aufzutreten. Nur in 24 (8%) Fällen wiederholten sich die Anfälle regellos und in 12 (4%) vorwiegend im Schlaf. Pyknolepsien münden daher in der Regel in sogenannte Aufwach-Epilepsien ein. Damit, daß sie ein Petit mal-Vorspiel von Aufwach-Epilepsien darstellen, wird manches an ihrer klinischen Eigenart verständlich, das besonders ihrer Zuordnung zu dem in der vor-elektroenzephalographischen Ära geläufigen Begriff von Epilepsie im Wege stand. Denn was für die Pyknolepsie früher unter den Epilepsien mit kleinen Anfällen galt, das galt entsprechend für die Aufwach-Epilepsie unter den Grand mal-Epilepsien. Pyknolepsie und Aufwach-Epilepsie, die in ihrem klinischen Gepräge und in pathophysiologischer Hinsicht miteinander verwandt sind, schienen so lange dem herkömmlichen Begriff von Epilepsie zu widersprechen, als dieser Begriff vornehmlich an der Erfahrung mit psychomotorischen Epilepsien und von Schlaf-Epilepsien gewonnen war. Die Eigenschaften, die sie miteinander verbinden und von anderen Epilepsien unterscheiden, sind folgende: die Häufung der Anfälle in den frühen Morgenstunden (nach dem Erwachen) und in Entspannungssituationen (um Feierabend), ihre Abhängigkeit von Umweltfaktoren, vor allem von Störungen im Schlaf-Wach-Rhythmus, von konzentrationsfordernden Leistungen, von emotionellen Spannungen und von Hyperventilation; die Möglichkeit einer günstigen Beeinflussung durch Klima- und Milieuwechsel, durch Rhythmisierung vegetativer Funktionen (vor allem eine Regelung des Schlafs) und durch Vermeiden von Überforderungen, für die die Kranken selber kein Maß zu haben scheinen. Dazu kommen ein relativ milder Verlauf, der bei Pyknolepsien durch langes Verschontbleiben von großen Anfällen und bei Aufwach-Epilepsien durch anfangs oft lange und unregelmäßige Anfallsintervalle gekennzeichnet ist, sowie bestimmte konstitutionelle und seelische Besonderheiten, die noch zu beschreiben sind.

Verlaufswandel: Meist bleibt der jeweilige Anfallscharakter auch bei längerem Krankheitsverlauf konstant, wie es bei Wilhelm K. der Fall (S. 71) war, der von Anfang an bis zu seinem 31. Lebensjahr immer die gleiche Art pyknoleptischer Adversiv-Petit mal hatte. Manchmal jedoch ändert sich das Anfallsmuster oder der Verlaufscharakter mit der Zeit in bestimmter Weise, wofür sechs Modalitäten anzuführen sind:

1. kann eine Pyknolepsie selber schon aus einer Propulsiv-Petit-mal-Epilepsie bzw. aus myoklonisch-astatischen Anfällen hervorgegangen sein, wie es Rabe und auch Kruse beschrieben haben und wofür Gisela R. und Karl Schw. als Beispiele angeführt worden sind.

2. Wenn eine Pyknolepsie mit reinen Absencen oder indifferenten Petit mal beginnt und sich mit der Zeit ein prägnanter Anfallstypus herausbildet, handelt es sich nicht um einen Wechsel des Anfallscharakters, sondern um eine Differenzierung des zugrunde liegenden Anfallstypus, die sich im Zuge einer Intensivierung der Anfallsvorgänge einstellt. Dementsprechend ist ein Nebeneinander von reinen Absencen und irgendwie differenten Anfällen im gleichen Krankheitsverlauf nicht als Kombination von zwei Anfallstypen, sondern nur als eine verschieden intensive Ausprägung des gleichen Anfallsgeschehens anzusehen, was auch daraus hervorgeht, daß reine Absencen beim gleichen Patienten kürzer dauern als differente pyknoleptische Anfälle.

3. Gelegentlich wird im Verlauf der ursprüngliche Anfallstypus durch Hinzutreten von Symptomen eines anderen Anfallsmusters verdeckt oder verfremdet. Oder es kommt zu einer Mischung oder Konkurrenz von Symptomen, etwa wenn, wie auf Abb. 37, die Bewegungen von Kopf und Bulbi nach links oben gehen oder wenn etwa während eines Retropulsiv-Petit mal auch leichte Schluckbewegungen zu sehen sind (s. auch Abb. 39). Doch wird man, wenn man die Anfälle selbst gesehen hat oder den Verlauf eine Zeitlang überblickt, meist leicht

entscheiden können, welches Muster im Einzelfall überwiegt. Wiederholt geäußerte Bedenken, daß man die typusbestimmende Bedeutung oraler Symptome überschätze[202, 272], könnte man dadurch zerstreuen, daß man orale Symptome nur dann als konstitutiv ansieht, wenn sie im Rahmen einer Absence die einzigen sind, daß man sie aber vernachlässigen kann, wenn andere, prägnante Symptome das Anfallsbild bestimmen. Ganz in diesem Sinne sprechen wir daher von pyknoleptischen Oral-Petit mal, »psychomotorischen Petit mal «oder» Petit mal mit Automatismen« nur dann, wenn orale oder andere psychomotorische Symptome die einzigen Kennzeichen pyknoleptischer Anfälle sind.

4. Veränderungen des Anfallstypus, die sich aber noch im klinischen Rahmen der Pyknolepsie halten, sind auf folgende Weise möglich: a) Daß sich pyknoleptische Propulsiv-Petit mal mit der Zeit in pyknoleptische Retropulsiv-Petit mal verwandeln, wie am Fall Karl Schw. zu demonstrieren war. Bei seiner Pyknolepsie hatten sich nach einem myoklonisch-astatischen Vorspiel im Laufe von 40 Krankheitsjahren lediglich die Bewegungen im Anfall von einem Vorwärtsnicken zu einem Rückwärtsneigen verändert. b) In anderen Fällen verwandelt sich der Anfallscharakter in Richtung auf ein Impulsiv-Petit mal, ohne daß sich an der Häufigkeit der Anfälle, den begleitenden Absencen und dem für die Pyknolepsie charakteristischen EEG-Muster etwas ändert. Hierfür ein Beispiel:

Es betrifft einen jetzt 15jährigen Jungen (Fall Eduard O.), der seit seinem 8. Lebensjahr von gehäuften Anfällen mit rhythmischer Retropulsion von Kopf und Augen befallen war, bei denen die Arme leicht angebeugt mitzuckten. Seit dem 12. Lebensjahr bekommt er außerdem große Anfälle, die sich immer nur am frühen Vormittag nach dem Aufwachen abspielen. In der letzten Zeit hatten sich die Anfälle dahin verändert, daß Kopf und Augen während der Absencen jetzt unbewegt verharren, während die leicht angebeugten Arme in der Schulter symmetrisch und rhythmisch 5—8 sec lang nach vorne »schucken«, wobei er leicht in die Knie geht.

Anfälle solcher Art, bei denen sich die rhythmisch ruckenden Bewegungen vom Kopf und von den Augen auf die Schultern und Arme verschoben haben, ohne daß sich die übrige pyknoleptische Symptomatik verändert hat, könnte man auch in Analogie zu den übrigen pyknoleptischen Anfallssyndromen als pyknoleptische Impulsiv-Petit mal oder mit Kruse als »impulsive Absencen« bezeichnen. Es gibt aber auch Entwicklungen vom klassischen Retropulsiv-Petit mal zum klassischen Impulsiv-Petit mal, die den Rahmen der Pyknolepsie sprengen, wovon noch zu handeln sein wird. c) Eine dritte Möglichkeit dafür, daß sich die Form pyknoleptischer Anfälle verändern kann, ohne daß damit auch ein Wechsel der Krankheitsform gegeben wäre, ist an solchen Fällen zu beobachten, bei denen sich aus Retropulsiv-Petit mal allmählich Oral-Petit mal bzw. rudimentäre psychomotorische Anfälle entwickeln, die aber immer noch von typischen 3/sec-Spike-wave-Mustern begleitet werden. Eine solche Beobachtung beschreibt Rabe als Fall 15:

Mechthild F., 22 Jahre:

»Normale Geburt und frühkindliche Entwicklung. Keine hereditäre Belastung. Mit 7 Jahren begannen Retropulsiv-Petit mal in pyknoleptischer Häufigkeit etwa 20mal pro Tag. Während des Anfalls unterbrach sie ihre jeweilige Tätigkeit, reagierte für wenige Sekunden nicht auf äußere Reize, blieb dabei stehen oder sitzen, starrte vor sich hin, wobei die Augenbulbi nystaktisch nach oben ruckten, und war dann ohne Übergang plötzlich wieder bei vollem Bewußtsein.

Mit der Menarche (5 Jahre später) ließ diese Anfallsform spontan nach und zeigte zunehmend die Tendenz zu serienförmigem Auftreten in längeren Intervallen (d. h. zu einem zykloleptischen Verlauf). Im gleichen Alter von 13 Jahren traten zunächst daneben psychomotorische Anfälle auf: Ohne vorhergehende Aura wurde sie auffallend blaß, wendete leicht den Kopf nach links, blickte starr, spielte mit den Fingern an den Lippen, kramte dann an ihrer Kleidung oder in ihrer Tasche herum, fiel aber nie hin. Während der ganzen Zeit von ca. 2 min war sie nicht ansprechbar und fand sich dann über einen kurzen Zeitraum von Verwirrtheit allmählich wieder in ihrer Umgebung zurecht.

Mit 17 Jahren kam sie zu uns... Während der EEG-Ableitung beobachteten wir einen solchen psychomotorischen Anfall mit einer Drehung des Kopfes nach links, der von dem geschilderten nur insofern abwich, als sie jetzt etwa 20 sec lang automatisch Kaubewegungen ausführte. Im Hirnstrombild registrierten wir währenddessen 33 Sekunden lang regelmäßige, synchrone, symmetrische 4—3/sec-Spike-waves« (s. Abb. 50).

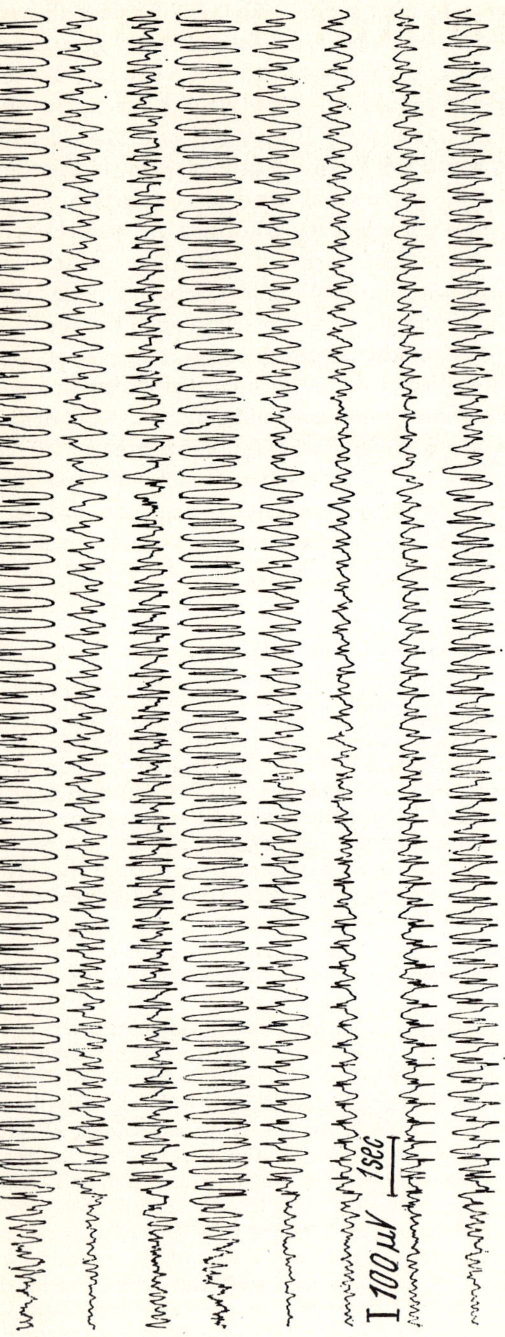

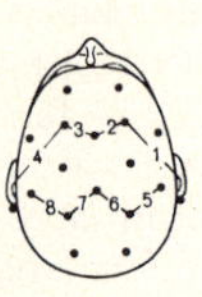

Abb. 50. EEG von Mechthild F. während eines im Text beschriebenen Anfalls. (Nach RABE, F.: Dtsch. Z. Nervenheilk. 182 [1961] 201.)

Von welchen Bedingungen solche sich noch innerhalb der Pyknolepsie abspielenden Änderungen im Anfallsmuster abhängen, ist noch unbekannt. Man kann nur sagen, daß der Übergang in eine andere Altersstufe ein wesentliches Moment zu sein scheint, ohne daß notwendig auch große Anfälle aufgetreten sein müssen.

5. Als eine weitere Modalität können solche Verläufe angesehen werden, bei denen mit der Zeit neben die ursprünglichen pyknoleptischen Anfälle, die ihr typisches EEG-Muster beibehalten, noch andere klassische Anfallsformen hinzutreten, die gleichfalls ihr zugehöriges EEG-Korrelat bieten, so daß man eine echte Kombination von zwei verschiedenen Anfallsformen vor sich hat: a) Die erste und im Grunde auch einzige echte Kombination betrifft solche Beobachtungen, bei denen zu typischen Retropulsiv-Petit mal später typische Impulsiv-Petit mal hinzutreten, die sich auch im EEG jeweils durch 3/sec-Spike-wave-Komplexe bzw. Multispike-wave-Formationen auszeichnen, die man sogar während einer einzigen EEG-Ableitung sowohl klinisch wie elektrisch nacheinander beobachten kann.

b) Oder es kommt zu einer Kombination pyknoleptischer mit psychomotorischen Anfällen, wie im Fall 16 von RABE:

Fall Peter Sch.:

Peter bekam mit 7 Jahren Retropulsiv-Petit mal. Er hatte nie große Anfälle. 6 Jahre später, mit 13 Jahren, traten auch psychomotorische Anfälle auf, die durch eine epigastrische Aura, ein Jamais-vu-Erlebnis eingeleitet wurden, dann zu einer Absence führten, während der er automatische Kau- und Schluckbewegungen ausführte. Dabei wurden die Lippen zyanotisch. Beide Formen kleiner Anfälle wechselten einander ab, ohne sich zu beeinflussen. Mit 17 Jahren bekam er bei uns während der EEG-Ableitung 4 der beschriebenen psychomotorischen Anfälle, die im Hirnstrombild ebenso wie die Retropulsiv-Petit mal von 3/sec-Spike-and-wave begleitet waren und weder eine temporale Betonung während des Anfalls noch ein temporales Präludium im EEG aufwiesen (s. Abb. 51a). Immerhin war im Intervall-EEG eine Dysrhythmie beiderseits temporobasal nachzuweisen (s. Abb. 51b). Daß die beiden Anfallsformen trotz des gleichen EEG-Musters nicht die gleiche biologische Dignität haben, ging auch daraus hervor, daß unter einer speziell gegen die Pyknolepsie gerichteten Therapie mit 200 mg Phenobarbital und 1200 mg Trimethadion die

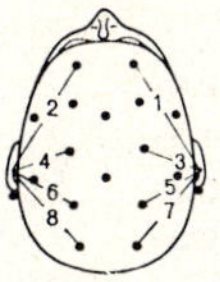

Abb. 51a u. b. EEG von Peter Sch.

Abb. 51a. Während eines pyknoleptischen Oral-Petit mal permanentes 3/sec-Spike-wave-Muster.

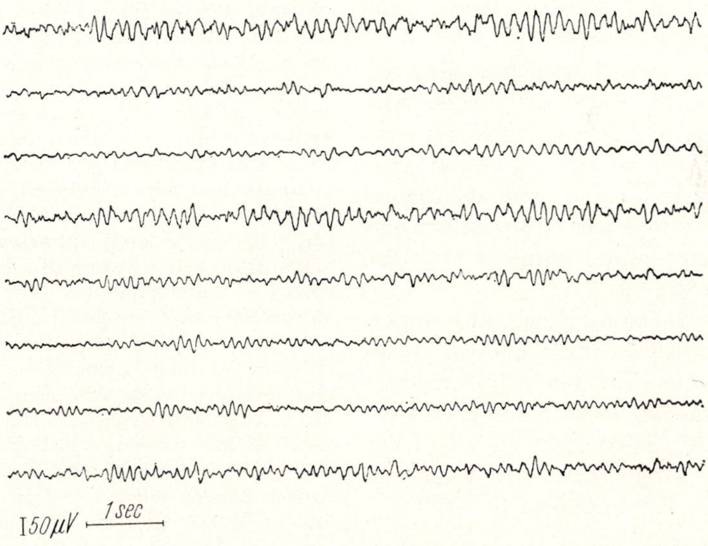

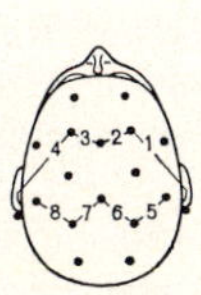

Abb. 51b. Im Intervall Dysrhythmie beiderseits temporo-basal, in geringem Ausmaß auch temporal hinten. (Nach RABE, F.: Dtsch. Z. Nervenheilk. 182 [1961] 201.)

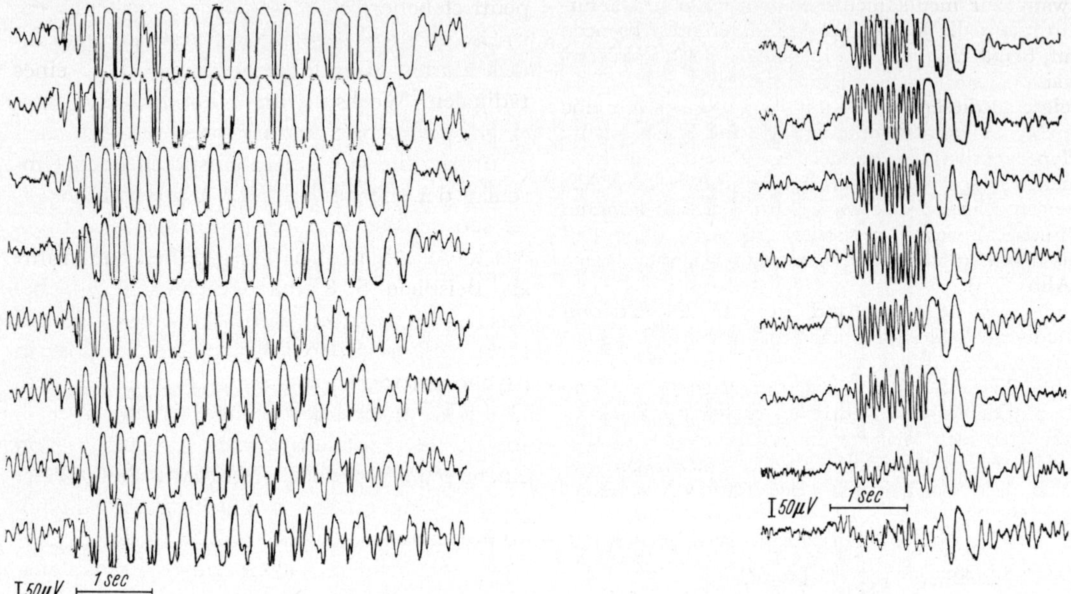

a b

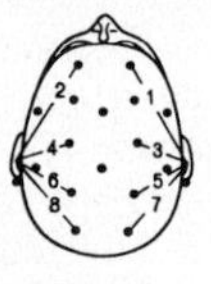

Abb. 52a und b. EEG-Ableitungen bei Wilma G. im Abstand von einem Jahr. a) zeigt das EEG im Alter von 15 Jahren während eines kurzen Retropulsiv-Petit mal, b) das EEG im Alter von 16 Jahren mit einem subklinisch bleibenden Multispike-wave-Komplex. (Nach RABE, F.: Dtsch. Z. Nervenheilk. 182 [1961] 201.)

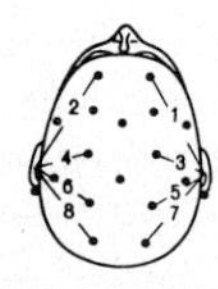

pyknoleptischen Anfälle völlig beseitigt werden konnten, während die psychomotorischen Anfälle unbeeinflußt weitergingen.

Eine Kombination einer Pyknolepsie mit einer temporalen Epilepsie derart, daß Anfälle beider Krankheitsformen nicht nur klinisch, sondern auch bioelektrisch eindeutig unterscheidbar nebeneinander bei ein und demselben Kranken nachzuweisen waren, haben wir nie beobachtet. Derartiges ist bisher auch nicht beschrieben worden.

6. Pyknolepsien können nach zwei Richtungen in andersartige Epilepsieformen überwechseln: einmal in Richtung einer Impulsiv-Petit-mal-Epilepsie, zum anderen in Richtung einer psychomotorischen Epilepsie.

a) Für die erste Möglichkeit gibt RABE ein Beispiel in seinem Fall 7: Wilma G.

»Die 18jährige erkrankte mit 11 Jahren an täglich gehäuft auftretenden Anfällen. Es bestand keine hereditäre Belastung. Geburt und Entwicklung waren normal verlaufen. Die Anfälle zeigten sich täglich mindestens 10mal, überwiegend vormittags, aber auch zu anderen Tageszeiten. Jedesmal unterbrach sie ganz plötzlich ihre jeweilige Tätigkeit, verharrte regungslos, wobei nur die Bulbi, oft auch der Kopf nystaktisch nach oben ruckten. Seltener folgten die angewinkelten Arme ›rastend‹ dieser Bewegungsrichtung. Während des 6—10 sec dauernden Anfalls reagierte sie nicht auf äußere Reize. Danach war sie ebenso plötzlich wieder bei sich und konnte meist — ohne sich besinnen zu müssen — die unterbrochene Tätigkeit fortsetzen. Manchmal jedoch hatte sie den ›Faden verloren‹ und blickte lächelnd, etwas ratlos scheinend, um sich. Sie selbst wußte immer nur hinterher, daß wieder ›etwas gewesen war‹. — Diese pyknoleptischen Retropulsiv-Petit mal wiederholten sich unverändert 1 Jahr lang, bis mit der Menarche auch Grand mal auftraten. Immer nur morgens, kurz nach dem Aufwachen, stürzte sie plötzlich — ohne Warnung — zu Boden, wurde blau im Gesicht, lag mit offenen Augen auf dem Rücken, schäumte und zuckte rhythmisch symmetrisch mit Armen und Beinen, näßte oft ein und biß sich öfters auf die Zunge. Diese großen Anfälle blieben selten (1—2 pro Jahr).

Mit 15 Jahren kam die Patientin zu uns ... Im EEG ... leichte Hyperventilationsveränderung. Zweimal im Rahmen eines Retropulsiv-Petit mal wurde eine paroxysmale Dysrhythmie mit regelmäßigen 3/sec-Spike-waves registriert. Kein Herdbefund (Abb. 52a).

Unter Behandlung mit 1800 mg Paramethadion und 100 mg Phenobarbital war sie 1 Jahr ohne jeden Anfall. Plötzliches Absinken der Leukozytenzahl zwang zur medikamentösen Umstellung. Daraufhin traten alle 4—6 Wochen indifferente Absencen auf, bei denen die Patientin nur 2—3 sec abwesend war und starr vor sich hin blickte ... Das EEG zeigte zu dieser Zeit — mit 16 Jahren — nur eine leichte Allgemeinveränderung und eine leichte Hyperventilationsveränderung. Zweimal im Rahmen klinisch manifester kurzer indifferenter Absencen 3,5/sec-Spike-waves. Im Intervall konnten Multispike-waves registriert werden, ohne daß bis dahin Impulsiv-Petit mal vorgekommen waren (Abb. 52b).

Unter der neuen Behandlung war die Patientin wiederum 6 Monate anfallsfrei, bis mit 17 Jahren plötzlich Impulsiv-Petit mal auftraten: Nahezu ausschließlich morgens nach dem Erwachen bemerkte sie plötzliche, unwillkürliche, ruckartige Zuckungen in beiden Armen, die so überraschend und heftig waren, daß ihr Dinge aus der Hand geschleudert wurden. Das Bewußtsein war dabei nicht verändert.

Im EEG zeigten sich jetzt sowohl 3,5/sec-Spikewaves wie auch Multispike-wave-Komplexe, sonst keine weiteren pathologischen Veränderungen«.

Bei allen 6 Patienten von Rabe, die von einer Pyknolepsie zu Impulsiv-Petit mal überwechselten, waren zu den pyknoleptischen Anfällen nach 1—10 Jahren relativ seltene große Anfälle hinzugetreten. 5—10 Jahre nach Beginn der Pyknolepsie manifestierten sich zwischen dem 15. und 22. Lebensjahr dann Impulsiv-Petit mal. Bei allen Fällen handelte es sich um idiopathische Epilepsien, die einen auffallend milden Verlauf nahmen. In einem Fall war die den Impulsiv-Petit mal vorausgehende Pyknolepsie spontan, in anderen Fällen medikamentös ausgeheilt, so daß die Kranken eine von Anfällen unbehinderte körperliche und geistige Weiterentwicklung nehmen konnten. Bei wiederholten Kontrollen des Hirnstrombildes im Laufe der Jahre ließ sich die gleiche Reifung sowohl an der Beschleunigung des Grundrhythmus, wie an einer Frequenzzunahme der Spike-wave-Muster und am Auftreten von Multispike-waves ablesen. Als entscheidende Bedingungen für den Übergang einer Pyknolepsie in eine Impulsiv-Petit-mal-Epilepsie durch »Weiterdifferenzierung« wird man mit Rabe einmal einen besonders gutartigen Krankheitsverlauf ansehen dürfen, der eine biologische Weiterreifung des Gehirns ermöglicht, dann ein Übertreten in die Altersstufe, in der sich Impulsiv-Petit mal manifestieren, und drittens äußere Bedingungen, die zu einem Rezidiv der ursprünglich spontan oder therapeutisch beherrschten Anfallsneigung beitragen.

b) Die zweite Möglichkeit eines Verlaufswandels durch »Entdifferenzierung«, d. h. eines radikalen Wechsels im Krankheitsbild von einer Pyknolepsie zu einer psychomotorischen Epilepsie, die von einem entsprechenden Umschlag der spezifischen EEG-Korrelate begleitet sein müßte, ist noch problematisch. Rabe, der diese Möglichkeit für gegeben hält, führt als Beispiele 5 Krankengeschichten an, bei denen sich pyknoleptische Anfälle mit klassischen 3/sec-Spike-waves später fraglos in psychomotorische Anfälle verwandelt haben. Da diese psychomotorischen Anfälle aber — soweit sie registriert werden konnten — von einem pyknoleptischen EEG-Muster begleitet waren, können seine Beobachtungen lediglich als Exempel einer noch im Rahmen der Pyknolepsie bleibenden Veränderung des Anfallsbildes gelten, wie sie oben unter 4c (S. 97) beschrieben wurden.

Bisher ist noch kein Fall bekannt geworden, dessen Verlaufswandel zu einer psychomotorischen Epilepsie sich auch im EEG mit einem Anfallsmuster dokumentiert hätte, wie es für psychomotorische Anfälle im Rahmen temporaler Epilepsien charakteristisch ist. Immerhin zeigten einige der Fälle von Rabe im Intervall entweder eine temporo-basal betonte Dysrhythmie oder synchrone biphasische steile Wellen, so daß die darin zum Ausdruck kommende Tendenz zur temporalen Epilepsie die Möglichkeit eines Übergangs in diese Krankheitsform wahrscheinlich werden läßt. Die gemeinsamen Bedingungen für solche Übergänge, die Rabe an seinen Fällen erarbeitet hat, lassen es verstehen, daß man im Rahmen einer Ambulanz und auch einer neurologischen Klinik derartige Entwicklungen nur sehr selten zu Gesicht bekommt. Denn es handelte sich, ganz im Gegensatz zu den bisher dargestellten Verläufen immer um Epilepsien, die durch eine starke Progredienz, d. h. durch lange Krankheitsdauer, häufige große Anfälle mit Neigung zu Grand mal-Serien oder -Status, sowie durch eine entsprechend ausgeprägte Wesensänderung und durch Symptome eines dementiellen Abbaus ausgezeichnet waren. Hirnelektrisch waren bei Verlaufsuntersuchungen keine Zeichen zunehmender Reifung mit einer Frequenzzunahme des Grundrhythmus oder der Anfallsmuster, wohl aber meist ein Hinzutreten von Herdveränderungen zu beobachten. Die Manifestation psychomotorischer Anfälle war nicht wie die von Impulsiv Petitmal an ein bestimmtes Erkrankungsalter, sondern an eine Frequenzzunahme der großen Anfälle gebunden.

Auf Grund dieser Argumente bezieht RABE die Entstehung psychomotorischer Anfälle in solchen Fällen nicht wie den Übergang zum Impulsiv-Petit mal auf eine Weiterdifferenzierung durch mögliche Reifungsvorgänge, sondern auf eine Entdifferenzierung infolge iktogener Hirnschädigungen. Ein Wechsel von einer Pyknolepsie zu einer temporalen Epilepsie ist daher nur im Sinne einer sekundären Entstehung einer zweiten Epilepsieform möglich, deren Bedingungen nichts mit der Art der vorausgegangenen Petit mal-Epilepsie, wohl aber mit der Häufigkeit der sich im Gefolge der Pyknolepsie einstellenden großen Anfälle und ihren organischen Konsequenzen zu tun haben.

Einem solchen Verlaufswandel, der unter klinischem Aspekt als »sekundäre psychomotorische«[115] oder unter elektroenzephalographischem Aspekt als »sekundär fokalisierte«[201] Epilepsie bezeichnet wird, liegen morphologisch sehr wahrscheinlich von Anfall zu Anfall zunehmende hypoxämische Parenchymnekrosen in den medio-basalen Anteilen des Schläfenhirns zugrunde. Vielleicht hat man bisher deswegen keinen »vollkommenen« Übergang in eine auch bioelektrisch rein temporale Epilepsie beobachten können, weil er an die kaum zu erwartende Voraussetzung geknüpft sein müßte, daß die »zentrenzephalen« Entladungen verschwunden sind. Wenn das aber — wie bei solch schweren Verläufen fast selbstverständlich — nicht erwartet werden kann, ist es auch nicht zu verwundern, wenn sich die generalisierten Anfallsmuster gegenüber umschriebenen Entladungen durchsetzen.

Auslösung und Hemmung der Anfälle:

Daß pyknoleptische Anfälle sich mit »Vorliebe in bestimmten Situationen«[213] ereignen, war immer schon bemerkt und meist als Hinweis auf ihre nicht-epileptische Genese angesehen worden, weil man früher gerade in der Abhängigkeit oder Unabhängigkeit von äußeren Umständen den wesentlichsten Unterschied zwischen hysterischen und epileptischen Anfällen zu sehen glaubte.

Am deutlichsten ist eine *Vorliebe für bestimmte Tageszeiten* zu beobachten. Während bei einem Viertel unserer Kranken keine besondere Neigung zu erfahren war (außer, daß die Anfälle nur tagsüber kamen), war es bei zwei Drittel der Kranken die Regel, daß die Anfälle die Zeit kurz nach dem Aufstehen und am frühen Vormittag bevorzugten. Nur bei wenigen wiederholten sich die Anfälle vorwiegend am späten Nachmittag und am Abend. Wahrscheinlich würden sich auch bei denjenigen, die keine Bevorzugung beobachtet haben, bei genauer Kontrolle gewisse Schwerpunkte im Tageslauf herausstellen, wie aus folgender Tageszeitkurve (Abb. 53) hervorgeht, in der wir den Zeitpunkt von 777 Anfällen bei einer Patientin, die eine unregelmäßige Anfallsverteilung angegeben hatte, aufgezeichnet haben.

Daß pyknoleptische Anfälle auch im Schlaf vorkommen, ist ausgesprochen ungewöhnlich, kann jedoch nicht völlig von der Hand gewiesen werden, da STIER einen Fall (Fall 14) erwähnt, bei dem Retropulsiv-Petit mal im Schlaf zu beobachten gewesen seien. Auch wir haben bei 3 Kranken von dieser Möglichkeit erfahren. Bei zwei von diesen war es je nur einmal und bei dem dritten »gelegentlich« beobachtet worden. Daß pyknoleptische Anfälle aber häufiger oder gar vorwiegend im Schlaf kämen, wie es bei Propulsiv-Petit mal und bei psychomotorischen Anfällen möglich ist, kann als ausgeschlossen gelten.

Wenn bei fast allen Patienten *seelische Erlebnisse* oder *geistige Anforderungen* als anfallsfördernd angegeben werden, so kann das nicht mehr allein auf das Erklärungsbedürfnis der Kranken und der Angehörigen zurückgeführt werden. Relativ häufig wird ein starkes Schreck- oder Angsterlebnis — wie im Fall Hildegard F. (S. 68) — für den Beginn der Erkrankung verantwortlich gemacht. War es dort die Erregung beim Anblick eines hypnotisierten Mannes, der sich ungerührt stechen ließ, so ist es in anderen Fällen die Angst vor einem strengen Lehrer, der überraschende Schrecken durch plötzliche Fliegerangriffe oder durch plötzlich angreifende oder anfliegende Tiere, wie es häufig in der Literatur beschrieben ist, oder die panische Angst, wie sie durch Gruselgeschichten oder Theater- oder

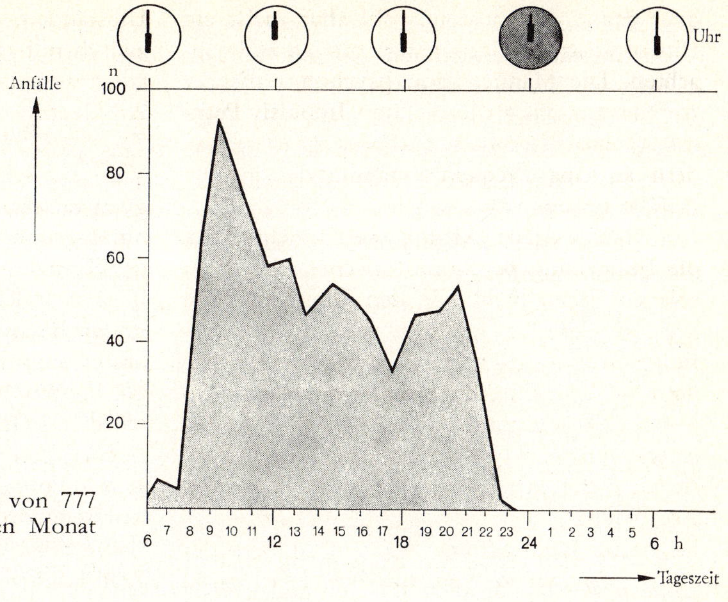

Abb. 53. Tageszeitliche Verteilung von 777 pyknoleptischen Anfällen, die einen Monat lang registriert wurden.

Filmaufführungen von Schauermärchen erzeugt wird, oder solche Angst wie in einem Fall, als der von der Front heimkehrende Vater in schlechtem Scherz sein Gewehr auf die kleine Tochter anlegte, oder die Bedrängung, in die ein anderes Kind geriet, als es trotz seiner Weigerung gezwungen worden war, die aufgebahrte Leiche seiner sehr geliebten Großmutter noch einmal zu sehen. Es mag auch sein, daß die Umgebung der Versuchung nicht widerstehen kann, solche besonders ängstlichen und scheuen Kinder zu verschrekken, sei es, daß man sich selber einen Spaß damit macht oder daß man eine pädagogische Absicht im Sinne der »Abhärtung« damit verbindet.

Wenn man die psychischen Anlässe zu ordnen sucht, die im Fortgang der Erkrankung anfallsunterhaltend in Frage kommen, so betreffen sie besonders zwei Vorgänge: einerseits konzentrationsfordernde Leistungen, wie Schulaufgaben (besonders Rechnen) oder gemeinsames Karten- oder Schachspiel, andererseits aber auch ängstliche Erregungen durch furchteinflößende Erlebnisse bei Drohungen, Schelten und Züchtigungen, wogegen Anfälle als unmittelbare Schreckreaktionen ausgesprochen selten sind. Diese Beobachtungen unterstützen nicht die Theorie von einer hysteriformen Psychogenie der Anfälle, in der die Abwendung, das Ausweichen-wollen vor unangenehmen Situationen als das Gemeinsame gesehen und dementsprechend die Anfälle als ein Abschalten gedeutet werden[177, 371], da ja im konzentrierten Spiel dazu kein Anlaß wäre. Näher liegt es, anzunehmen, daß die Anfälle über eine allgemeine affektive Erregung ausgelöst werden, die unter verschiedenen Bedingungen, am ehesten aber unter starker Konzentration, unter Furcht und Angst zustande kommen kann. Da auch forcierte Atmung fast gesetzmäßig pyknoleptische Anfälle auszulösen vermag, ist zu vermuten, daß Affekte und Hyperventilation, also unwillkürliche und willkürliche Vorgänge, die gleiche vegetative Situation hervorrufen können, die das Auftreten dieser Anfälle begünstigt.

Die Besonderheit pyknoleptischer Anfälle wird dadurch unterstrichen, daß sich die Hyperventilation als Provokationsmethode für andere epileptische Äquivalente wie das Propulsiv-Petit mal, die psychomotorischen und die fokalen Anfälle sehr viel weniger eignet, und daß die Affekte Spannung und Furcht, die pyknoleptische Anfälle fördern, psychomotorische Anfälle eher hemmen.

Der bei pyknoleptischen Anfällen besonders wirksamen Provokationsmethode der Photostimulation mit intermittierenden Lichtreizen liegt die schon von älteren Autoren[206, 214, 259, 345, 355] bemerkte Beobachtung zugrunde, daß sich die Anfälle häufen können, wenn die

Kinder in die Sonne blicken. Die Beschreibung dieser Umstände verdient eine gesonderte Darstellung im Rahmen dieses Kapitels, obwohl die Lichtempfindlichkeit wie auch das Phänomen der Autoprovokation von Anfällen durch Lichtreize nicht auf Epilepsien mit pyknoleptischen Anfällen beschränkt ist, sondern das Gebiet der zentrenzephalen Epilepsie schlechthin betrifft.

Schlafmangel ist für die Pyknolepsie ebenso wie für andere zentrenzephale Epilepsien das stärkste Anfallsprovokativum. Daher wirkt alles anfallsauslösend und anfallshäufend, was den Schlaf stört, sei es, daß die Kinder zu spät ins Bett kommen oder zu früh geweckt werden, oder sei es, daß sie vor Aufregung, wie etwa nach Geburtstagen oder anderen Festlichkeiten oder nach dem Fernsehen lange nicht schlafen können oder nur unruhig schlafen und lebhaft träumen. Auch wenn bei interkurrenten Erkrankungen die Anfälle zunehmen, wird man das pathogenetische Zwischenglied zunächst in unruhigen Nächten und mangelndem Schlaf zu suchen haben. Vermutlich wird auch die Beziehung zwischen Anfallsdichte und Wetterbewegungen[313, 315] durch den Schlaf vermittelt.

Anfallshemmend wirkt entsprechend alles, was eine seelische Ausgeglichenheit bei Tage und einen erholsamen Schlaf bei Nacht fördert. Die Abschirmung unzuträglicher Reize und das Nachlassen von Überforderungen ist vermutlich der wesentliche Grund dafür, daß die Anfälle nicht selten spontan weniger werden oder sogar aufhören, wenn die Kinder von zu Hause fortkommen, in die Klinik aufgenommen werden, Ferien haben und aufs Land geschickt werden. Dem entspricht auf der körperlichen Seite, daß die Anfälle seltener werden, wenn die Kinder an Gewicht zunehmen, was man mit der Verordnung fettreicher Diäten (ketogene Kost) therapeutisch nutzen kann. Eine vorübergehende Anfallsminderung sieht man während fieberhafter Infekte und nach Luftfüllungen, aber auch für kurze Zeit bei stimulierenden Vorgängen wie freudigen Erregungen, nach Bohnenkaffee oder analeptisch wirkenden Drogen (Koffein, Amphetamin und Ephedrin).

»Photogene« Epilepsie: Daß schon ein Blick in die Sonne oder in flackerndes Licht gelegentlich epileptische Anfälle auslösen kann, hat den Anlaß gegeben, solche Fälle als »photogene Epilepsie« zu bezeichnen.

Obwohl schon älteren Autoren bekannt, von FRIEDMANN (1912) in seiner Arbeit über die »gehäuften nichtepileptischen Absencen im Kindesalter« schon erwähnt und von RADOVICI et al. (1932) und von GOODKIND (1936) schon eigens beschrieben, ist dieses Phänomen doch erst in der EEG-Ära eingehend untersucht worden. Denn erst mit der Einführung der Stroboskopie als Provokationsmethode durch WALTER et al. (1946) war es möglich geworden, die Lichtempfindlichkeit Gesunder und Anfallskranker zu testen. Entsprechend der klinischen Erfahrung, daß es weniger auf die Helligkeit der Lichtquelle als auf den Wechsel von Hell und Dunkel ankommt, wird die Photostimulation mit einem Flickergerät durchgeführt, das kurze, intensive Einzel- oder Doppellichtblitze in variierbarer Frequenz zu erzeugen erlaubt. In bestimmten Frequenzbereichen kann man auch bei Gesunden durch Flickern eine von ADRIAN u. MATTHEWS (1934) als auch »photic driving« bezeichnete Synchronisierung der okzipitalen Hirnpotentiale im EEG erzielen. Treten jedoch während dieser Provokation elektroenzephalographisch hypersynchrone Entladungen in Erscheinung, ist eine abnorme Reaktionsfähigkeit gegeben, die man als Photosensibilität bezeichnet. Auf diese Weise photosensibel reagieren etwa 3% der Gesunden[226], 8% der Angehörigen von Epileptikern[199] und 10—20% von Epileptikern[173, 220, 298, 299]. Daß die Photosensibilität bei Kindern mit Epilepsie auf 35%[341] ansteigt, dürfte mit der Altersabhängigkeit der Lichtempfindlichkeit, aber auch mit einem höheren Anteil an zentrenzephalen Epilepsien bei Kindern zusammenhängen. Denn offensichtlich reagieren zentrenzephale Epilepsien in erhöhtem Maße photosensibel, was daraus hervorgeht, daß die durch Lichtstimulation provozierten Anfallspotentiale fast ausschließlich bilateral-symmetrische Spitzen, Spike-wave- oder Multispike-wave-Komplexe darstellen, wie auch daraus, daß die klinisch provozierten Effekte in der Regel Absencen, Impulsiv-Petit mal und symmetrische Grand mal sind. So waren bei zentrenzephaler Epilepsie in 18 unter 34 Patienten durch Flickern Spikes oder Spike-waves auszulösen, dagegen bei »fokaler« Epilepsie nur bei 2 von 66 Patienten[354]. Kommt die Photosensibilität unter künstlicher Photostimulation nur elektroenzephalographisch zum Ausdruck, spricht man von einer latenten photosensiblen Epilepsie, kommt sie auch klinisch zum Ausdruck, von einer manifesten oder kurz von einer photosensiblen Epilepsie. Von einer photogenen Epilepsie ist dann die Rede, wenn Anfälle schon unter natürlichen Umständen durch Lichtquellen alltäglicher Art ausgelöst werden.

Selten genügt schon ein Blick in die Sonne[214, 326, 345], meist jedoch ist ein Blinzeln oder sonst ein alternierender Wechsel von hell und dunkel erforderlich, um bei entsprechender Disposition Anfälle hervorzurufen. Die Patienten berichten, daß sie gefährdet sind, wenn sie bei schrägem Sonnenlicht durch Alleen oder an Lattenzäunen entlang gehen oder fahren oder wenn sie durch windbewegte Laubbäume zum besonnten Himmel oder durch flatternde Vorhänge zum durchsonnten Fenster hinausschauen, wenn sie in den Ferien an der See auf die Brandung oder im Gebirge auf Gletscher im Gegenlicht, auf in der Sonne langsam rotierende Propeller[334] oder durch einen sich glitzernd vorm Hintergrund des Himmels drehenden Rotor eines Hubschraubers[357], in flackernde Beleuchtungskörper, ja selbst wenn sie auf stark gemusterte Kleider blicken, die das Licht schillernd reflektieren.

Unter den Spektralfarben ist der rote Anteil etwa 10mal wirkungsvoller als der grüne[186, 282, 332, 333], so daß sich lichtanfällige Patienten durch das Tragen entsprechender Sonnenbrillen schützen können. Daß Anfälle während einer Kinoaufführung selten sind, dürfte auf den heute üblichen hohen Bildwechselfrequenzen (über 48/sec) beruhen[335]. Dagegen kommt es nicht selten vor dem Fernsehschirm zu Anfällen, worauf noch einzugehen sein wird.

Rein photogene Epilepsien in dem Sinne, daß Anfälle nur bei Lichteinwirkung auftreten, sind extrem selten, nach Gastaut[221] bei 4 von 1000 Epileptikern. Photogene Epilepsien in einem weiteren Sinne, wobei es sowohl unter Lichtreiz wie auch spontan zu Anfällen kommt, machen nach Gastaut 3% aller Epilepsien aus. Die Anfälle, die man durch intermittierende Lichtreize provozieren kann, sind entweder primär generalisierte tonisch-klonische Anfälle oder eine der beiden Spielarten der Petit mal-Trias, die wir als pyknoleptische Anfälle und als Impulsiv-Petit mal bezeichnen. Bei den photogenen Epilepsien handelt es sich klinisch nach eigenen Erfahrungen wie nach den Fallbeschreibungen der Literatur in der Regel um Grand mal-Epilepsien vom Aufwachtyp mit oder ohne pyknoleptische Anfälle oder Impulsiv-Petit mal. Fokale und psychomotorische Epilepsien sind nicht besonders lichtempfindlich[221, 354], wiewohl hier vereinzelte Beobachtungen zu erwähnen sind, wonach kortikale Anfälle mit optischen Auren durch Lichtreize und kortikale Anfälle mit akustischen Auren durch akustische Reize auszulösen waren[196, 197, 330]. Dessen ungeachtet scheint die photogene Epilepsie als Modell einer sogenannten Reflexepilepsie in der Gruppe der zentrenzephalen Epilepsien etwa denselben Stellenwert einzunehmen wie die musikogene Epilepsie in der Gruppe der temporal-rhinenzephalen Epilepsien.

Dem entspricht eine familiäre Häufung epileptischer Erkrankungen in der Familie von Patienten mit photogener Epilepsie, wie die Beobachtung, daß nicht selten auch Geschwister[233] oder Verwandte[221] ebenfalls an photogenen Anfällen leiden oder zumindest latent photosensibel sind. Schaper konnte bei 32% der Eltern und Geschwister und bei 43% nur der Geschwister von Patienten mit einer photosensiblen Epilepsie, Haneke sogar in drei Generationen einer Familie eine deutliche Photosensibilität nachweisen.

Manche — nach Gastaut[221] die meisten — dieser Patienten meiden helles Licht und suchen sich schon aus eigenem Antrieb dadurch vor Anfällen zu schützen, daß sie während einer Reise nicht aus dem Fenster schauen, keine Seefahrt unternehmen und bei Sonne dunkle Gläser aufsetzen.

Andere dagegen — die Literatur enthält 51 solcher Beobachtungen — setzen sich bei jeder Gelegenheit dem Licht aus und suchen mit allen Mitteln die Situationen zu arrangieren, in denen sie Anfälle bekommen. Obwohl die allem Anschein nach durch zufällige Lichteinwirkung ausgelöste Form vermutlich häufiger ist als die wesentlich durch das Verhalten der Patienten mitbestimmte »photogene Epilepsie mit selbstinduzierten Anfällen«, verdient letztere aus theoretischen Gründen ein besonderes Interesse.

Photogene Epilepsie mit selbstinduzierten Anfällen: Als Beispiel zunächst der Fall einer 19jährigen Patientin, Maria P.:

Die Mutter litt in den ersten Schwangerschaftsmonaten einige Wochen lang täglich unter mehrmals auftretenden, nur wenige Minuten andauernden Schlafanfällen. Die Patientin bekam nach normaler Geburt und unauffälliger Entwicklung im 7. Lebensmonat während einer fieberhaften Erkrankung im Laufe von 2 Tagen insgesamt drei generalisierte Krampfanfälle. Über neurotische Symptome in der Kindheit war nichts zu erfahren. Als das Kind 5 Jahre alt war, bemerkten die Eltern während eines Spaziergangs an einem sonnigen

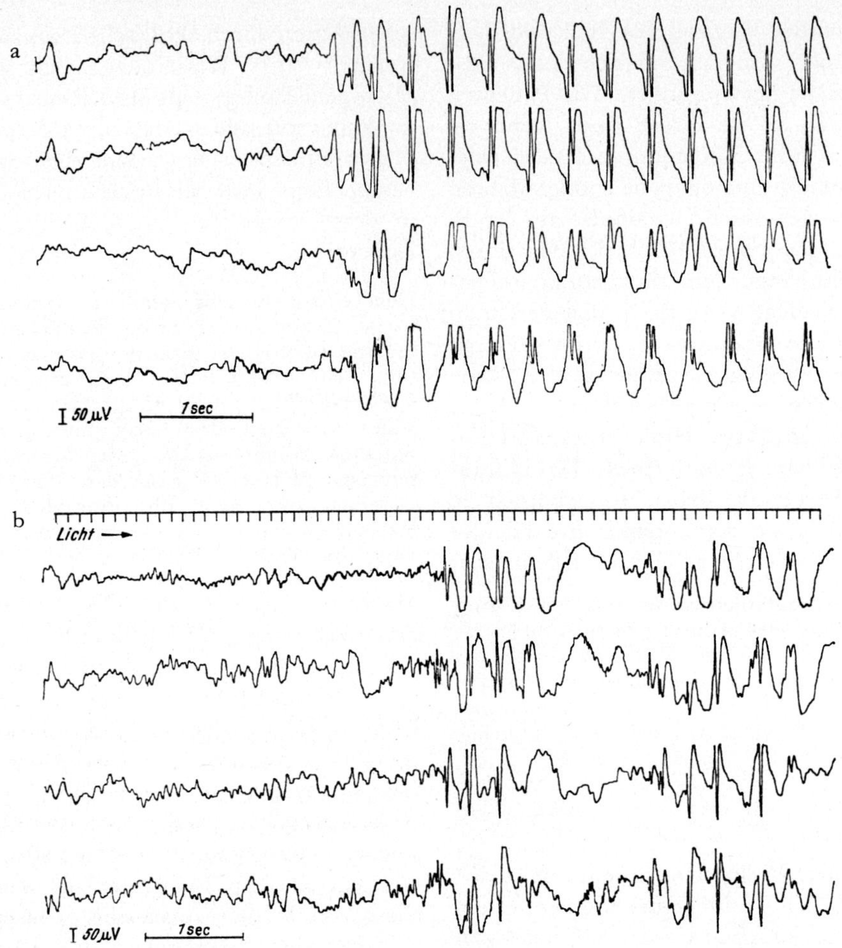

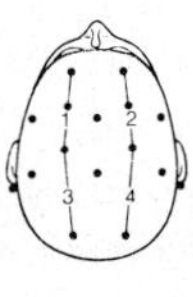

Abb. 54a u. b. Maria P., EEG-Ableitung im Alter von 8 Jahren. a) Nach 4 min Hyperventilation treten bilateral-synchrone 3/sec-Spike-waves auf. b) Bei Flickerlichtprovokation (Blitzfrequenz 9/sec) kurze paroxysmale Gruppen unregelmäßiger bilateral-synchroner Spike-waves und vereinzelte Spikes. (Nach Matthes, A.: Z. Kinderheilk. 75 [1954] 162.)

Sommermorgen, daß ihre Tochter, als der Weg gerade an einem von der Sonne durchschienenen Gartenzaun entlang führte, ihren Schritt verlangsamte und wie eine Traumwandlerin ihren Blick im Weiterschreiten gegen die Latten des Zaunes gerichtet hielt. Auf Zuruf habe sie nicht reagiert, sondern sei schließlich einen Augenblick wie in Gedanken stehengeblieben, um sich dann wieder der Familie anzuschließen, als ob nichts geschehen sei. Anfangs wiederholten sich die Absencen, während deren das Kind einige Sekunden abwesend war, die Augen leicht ruckend nach oben führte und manchmal auch 1—2 Schritte rückwärts ging, noch selten und auch bei anderen Gelegenheiten. Doch traten sie gehäuft auf, wenn sie in die Sonne blickte. Im ersten Schuljahr fiel den Mitschülern auf, daß sie sich gelegentlich absonderte, in die Sonne blickte und mit den gespreizten Fingern der rechten Hand vor ihren Augen fächelnde Bewegungen ausführte. Dann antwortete sie nicht mehr; die Umwelt schien für sie versunken zu sein. Wenn man sie dabei zu stören versuchte, wurde sie zornig und lief davon, um an einer anderen Stelle wieder damit anzufangen. Wegen dieses merkwürdigen Verhaltens bekam sie in der Schule die Spitznamen »Blinzelbiene« und »Fuchtelliese«.

Alle Versuche der Eltern, ihr das Fächeln mit Güte auszureden oder mit Strafen auszutreiben, fruchteten nichts. Nachdem man ihr einige Tage die Hände auf dem Rücken festgebunden hatte, begann sie heimlich wieder zu fächeln. Bis zu ihrem

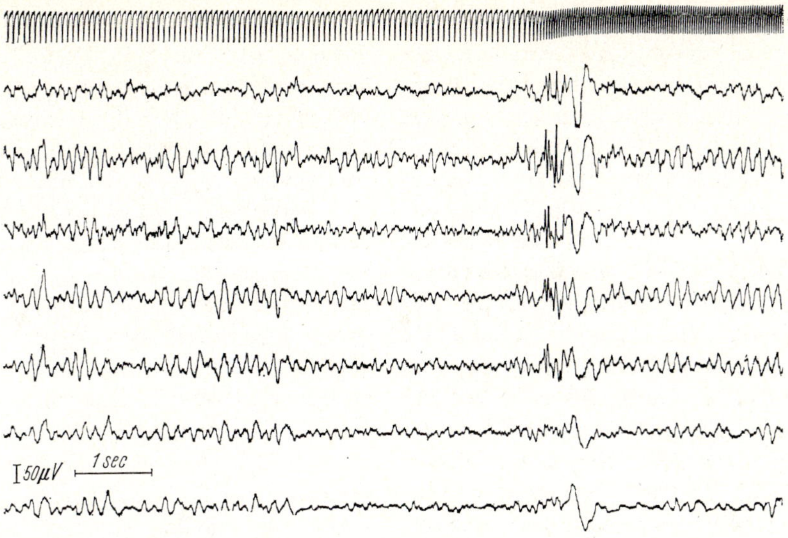

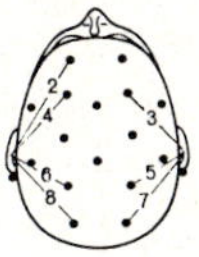

Abb. 55. Maria P., EEG-Ableitung im Alter von 19 Jahren. Während des Flickerns erscheint bei plötzlicher Beschleunigung der Blitzfrequenz von 15/sec auf das Doppelte frontal bis parietal eine subklinische Serie von Spikes mit einem kurzen Anhang hoher langsamer Wellen.

13. Lebensjahr fächelte sie jeden Tag, an dem die Sonne schien, manchmal eine volle Stunde lang. Im Alter von 9 Jahren bekam sie um die Mittagszeit eines sonnigen Tages zum erstenmal einen großen Anfall, als die Mutter sie wieder beim Fächeln angetroffen hatte und sie darin unterbrechen wollte.

Der darauf über ein Jahr hin unternommene Versuch einer ambulanten und stationären Behandlung durch die Kinderklinik (EEG damals s. Abb. 54) mit bis zu 1500 mg Trimethadion, 250 mg Phenytoin und schließlich 500 mg Phenantoin scheiterte einerseits daran, daß die Patientin vier Sonnenbrillen im Laufe eines Jahres verloren oder zerbrochen hatte, ja selbst mit einer Sonnenbrille weiterfächelte, und andererseits daran, daß die Eltern trotz eines gewissen Erfolgs der medikamentösen Therapie die Tabletten immer wieder eigenmächtig absetzten.

Bis zur Aufnahme in unsere Klinik im Alter von 19 Jahren (EEG s. Abb. 55) wiederholten sich die großen Anfälle in Abständen von 2—5 Wochen. Sie traten mit einer einzigen Ausnahme immer morgens in der ersten Stunde nach dem Erwachen, manchmal unmittelbar nach dem Aufstehen auf. Besonders anfallsbereit war sie vor und während der Periode, nach Auseinandersetzungen mit den Eltern und nach spätem Zubettgehen.

Nach anfänglich unauffälliger intellektueller Entwicklung ließen ihre Leistungen in der Schule nach, so daß sie zweimal sitzenblieb und wegen der Anfälle ein Jahr vorzeitig aus der Schule entlassen wurde. Mehrfache Arbeitsversuche schlugen fehl. Jetzt sitzt sie als Aschenputtel zu Hause und muß erleben, daß ihr die jüngeren Schwestern vorgezogen werden.

Obwohl sie angibt, keine Absencen mehr zu haben, sind auf der Station täglich mehrere typische Retropulsiv-Petit mal zu beobachten, die sowohl spontan, wie besonders leicht schon beim Blick in die Sonne und leichtem Blinzeln gegen das Licht auftreten, wie sie auch von ihr — wenn sie sich nicht beobachtet glaubt — durch das beschriebene Fächeln mit der rechten Hand vor den Augen ausgelöst werden. Dabei hat man auch heute — wie MATTHES[294] bei der gleichen Patientin vor 10 Jahren — den Eindruck, als ob sie sich durch das Fächeln in einen lustbetonten Trancezustand versetze. Danach befragt, warum sie in die Sonne blicke oder fächle, gibt sie nicht mehr wie vor 10 Jahren an »weil es mir Spaß macht«, sondern, daß »es« ihre Augen so zur Sonne hinziehe, daß sie den Kopf zu Boden drehen müsse, »um nicht in Versuchung zu kommen«. Früher sei es so gewesen, daß »es« auch ihre Hand zum Fächeln hochgezogen habe. Jetzt mache sie das »einfach so«, ohne sagen zu können warum. Es sei ihr weder angenehm noch unangenehm. Wenn sie lange mit den Fingern gefächelt habe, werde es ihr »taumelig im Kopf«. Das komme daher, daß die Sonne sie »halt schwach« mache.

In ihrem Verhalten auf der Station wirkte sie phlegmatisch, konnte aber auch aufsässig sein und freche Antworten geben. Sie verhielt sich oft trotziger und kindlicher, als es ihrem Alter entsprach.

Der beschriebene Fall ist insofern typisch für eine »photogene Epilepsie mit selbstinduzierten Anfällen«, als er ein Mädchen betrifft, das aus einer mit Anfallsleiden belasteten Familie stammt, schon als Kleinkind Gelegenheitskrämpfe durchgemacht und im Vorschulalter gehäufte Absencen bekommen hatte, die erstmals unter natürlichem Flickerlicht in Erscheinung traten und schließlich selbst »manipuliert« wurden. Auch der weitere Verlauf entsprach insofern den Erfahrungen in ähnlichen Fällen, als es weder mit erzieherischen Maßnahmen noch mit Medikamenten gelang, der Anfälle Herr zu werden, daß Verhaltensstörungen zu Schwierigkeiten in Schule und Elternhaus führten und die emotionelle und intellektuelle Entwicklung schließlich eine ungünstige Wendung nahm.

Daß überwiegend Mädchen erkranken — das Verhältnis von männlichen zu weiblichen Patienten beträgt etwa 3:5 — bedarf keiner besonderen Erklärung, da es sich fast immer um Pyknolepsien handelt, bei denen Mädchenwendigkeit die Regel ist. Auch unter den 6 Patienten unserer eigenen Beobachtung — 3 männlichen und 3 weiblichen — litten 5, wie die Mehrzahl der beschriebenen Fälle, an einer klassischen Pyknolepsie und 1 an einer Grand mal-Epilepsie vom Aufwachtyp. Unter den Pyknolepsie-Patienten hatten sich, wie es die Regel ist, in 3 Fällen um die Pubertät auch große Anfälle eingestellt, die vorzugsweise morgens nach dem Erwachen auftraten. Soweit den Anfallsbeschreibungen in der Literatur zu entnehmen, lagen einschließlich der eigenen Beobachtungen nur in 3 von 35 Literatur-Fällen Impulsiv-Petit mal vor.

Als Methoden zur Auslösung der Anfälle dient den Patienten meist ein Fächeln mit der rechten Hand vor den der Sonne zugewandten Augen, manchmal aber nur ein Blinzeln in die Sonne, selten auch ein Blick auf gescheckte Muster oder gar ein rhythmisches Schütteln oder Wippen mit dem Kopf in Richtung zum Licht. Manchmal werden die Eltern erst durch solche »Unarten« auf die Anfälle aufmerksam; selten wird die Neigung zur Selbstreizung erst bei der klinischen Beobachtung entdeckt[262].

Was sie dazu treibt, die Anfälle selbst auszulösen, darüber ist von den Patienten selbst meist wenig zu erfahren. Über diesen Vorgängen liegt ein merkwürdiger Schleier, wobei man den Eindruck hat, daß die Befindlichkeit schwer zu beschreiben ist, aber auch, daß eine Abneigung besteht, darüber zu sprechen. Meist wird ausgesprochen wortkarg lediglich ein »merkwürdiges«, »traumartiges« »Gefühl zwischen Befriedigung und Abneigung« beschrieben, wenn die Frage nicht einfach mit der Bemerkung, daß man es tun müsse, daß man einfach zum Licht hingezogen werde, abgetan wird. Nach dem Gesichtsausdruck zu schließen, scheint das Fächeln einen lustbetonten Zustand herbeizuführen.

Erscheinung und Erlebnis der Anfallsauslösung haben nicht den Charakter einer dem freien Willen des Patienten unterstehenden Handlung, sondern verweisen auf ein zwanghaftes Geschehen. Als Zwangshandlung könnten die Manipulationen jedoch auch vom Anfall selbst erzwungen, also selbst schon Teil des Anfalls sein, wie LIVINGSTON u. TORRES annehmen. Die gleiche Ansicht kommt in den diagnostischen Vermutungen der einweisenden Ärzte zum Ausdruck, die die Manipulationen für den Ausdruck fokaler Anfälle halten. Doch ist das leicht zu widerlegen: denn abgesehen davon, daß die Fächelbewegungen weit länger dauern als Jackson-Anfälle, bleibt die fächelnde Hand nicht immer die gleiche. Außerdem hat das Geschehen nicht Krampfcharakter, sondern Handlungscharakter, wie auch zweckvoll erscheinende Handlungen nicht zur Symptomatik pyknoleptischer Anfälle gehören. Auch bliebe schließlich das von vielen Patienten erlebte Bedürfnis, sich dem Licht zuwenden und mit der Hand fächeln zu müssen, als Auraerlebnis ganz unbefriedigend erklärt.

Ebenso unbefriedigend ist eine rein aktualneurotische Interpretation, wonach die Selbstreizung etwa durch das Bestreben, einer unerwünschten Situation zu entgehen, Aufmerksamkeit zu erregen oder einen Lustgewinn aus den Anfällen zu ziehen, motiviert sei. Unbefriedigend deshalb, weil damit auch unter der Voraussetzung einer erhöhten Lichtempfindlichkeit die allmähliche Gewöhnung und jahrelange Fixierung eines abnormen Verhaltens kaum verständlich wird.

Daher scheint uns die von MATTHES[294] in die Diskussion geworfene und von anderen Autoren[205, 262, 366] aufgegriffene Analogie zur Entstehung einer Sucht den Vorgang umfassender zu treffen, weil damit ein pathogenetisches Prinzip eingeführt wird, das sowohl den psychologischen wie den biologischen Aspekt, die Entstehung wie die Bahnung und Gewöhnung eines abnormen Verhaltens zu erläutern vermag. Definiert man Sucht als einen anfangs noch aus einer besonderen Situation verständlichen Drang, der mit dem Zwang der Wiederholung allmählich zu einer »eingefleischten Gewohnheit« wird[253], so ist zu fragen 1. nach der Situation, in der die Möglichkeit zur Selbststimulation entdeckt wird, 2. nach den Bedingungen, die zu ihrer Wiederholung führen, und 3. nach der Struktur der »eingefleischten Gewohnheit«, die am Ende resultiert. Daß wir die Kranken erst im letzten Stadium zu Gesicht bekommen, ist wahrscheinlich der Grund dafür, daß uns der Beginn meist verborgen bleibt. Doch läßt sich der Gang der Entwicklung weitgehend aus Indizien rekonstruieren:

Ad 1: Die Entdeckung der Möglichkeit zur Selbstreizung geschieht rein zufällig. Sie setzt eine endogen erhöhte Photosensibilität und die Erfahrung einer exogenen Auslösbarkeit von Anfällen durch intermittierende Lichtreize voraus, wie sie jederzeit – bei unserer Patientin en passant – gegeben sein kann.

Ad 2: Da die meisten Patienten mit photogener Epilepsie Situationen meiden, die zu Anfällen führen, darf angenommen werden, daß für die wenigen, die diese Situationen aufsuchen, mit den Anfällen ein Krankheitsgewinn verbunden ist, der jeweils individuellen Motiven entspricht. In seinem Fall Peter Sch. hatte Kammerer die ursprüngliche Motivation als Flucht in eine süchtige Befriedigung eines durch seine Mutter frustrierten Patienten definiert. Wahrscheinlich konstellieren Versagungssituationen bei rezeptiv-passiver, narzißtischer Grundeinstellung die psychologische Bedingung, der die erhöhte Photosensibilität von der somatischen Seite entgegenkommt. Die Einübung der Anfallsprovokation bis zum Wiederholungszwang der Manipulationen kann dadurch gefördert werden, daß sich im Laufe der Zeit weder an der narzißtischen Grundhaltung der Patienten noch an der frustrierenden Haltung der Bezugspersonen etwas ändert. Zum primären Lustgewinn kann ein die Ich-Bildung zusätzlich hemmender sekundärer Krankheitsgewinn hinzutreten, wenn durch die Anfälle Anforderungen oder Strafen umgangen werden. Eine Debilität, wie sie häufig vorliegt, kann das pathologische Verhalten begünstigen[209, 348], muß aber nicht gegeben sein.

Ad 3: Am Ende resultiert eine psychophysische Struktur, die mit einem sensuellen Reizgewinn auf Kosten des Kontakts mit der Umwelt, einem zunehmenden Mangel an Einsicht in die Schädlichkeit des Vorgangs und einem gegen Unterbrechung und Entwöhnung resistenten Wiederholungszwang alle Kennzeichen einer Sucht hat. Wahrscheinlich kommt im Verhältnis der psychophysischen Bedingungen im Beginn der Entwicklung dem somatischen Faktor der Photosensibilität das größere Gewicht zu. Wenn dieser im Laufe der Entwicklung zwar nicht entbehrlich wird, so scheint er doch gegenüber der süchtigen Fehlhaltung zurückzutreten. Denn nicht selten ist – besonders bei älteren Patienten – zu beobachten, daß Anfälle oder Anfallspotentiale nur noch über eine Autoprovokation, nicht mehr aber durch künstliche Stimulation mit Flickerlicht ausgelöst werden können.

Diese Diskrepanz wird von manchen Autoren[179, 348] auf physiologische Unterschiede im Reizparameter bei stroboskopischer und bei Reizung durch Fächeln zurückgeführt. Andere[205, 245, 262, 294] denken an psychologische Unterschiede, wenn sie die Manipulationen in Analogie zur Masturbation bringen, wobei sie an die rhythmisch-manuelle Betätigung, die Schamhaftigkeit und Heimlichkeit sowie an die Erfolglosigkeit drakonischer Maßnahmen bei beiden Vorgängen erinnern. Dieser Zusammenhang lag bei dem von Ehret u. Schneider ausführlich beschriebenen Fall auf der Hand: Dabei handelte es sich um einen 32jährigen Patienten, der über das Fächeln und die nachfolgenden Absencen in einen sexuellen Erregungszustand hineingeriet, der zu Erektionen führte und mit Masturbation endete. War hier die Anfallsprovokation durch photogene Selbstreizung von einem sexuellen Erregungszustand mit einer zum Orgasmus führenden sexuellen Selbstreizung gefolgt, die beide übrigens ausblieben, wenn es zum großen Anfall kam, so schien es im Falle H. Sch. von Kammerer, als ob die durch das Fächeln und die Absencen erzielte Selbstbefriedigung an die Stelle einer sexuellen Befriedigung getreten sei. Auch wenn man der Selbststimulation in der Vorpubertätsperiode nicht unbedingt sexuelle Valenzen im engeren Sinne zuerkennen muß, wird man sie doch den autoerotischen Betätigungen im weiteren Sinne zurechnen müssen, zu denen beim Kleinkind etwa das Spielen mit dem Genitale, das Schaukeln mit dem Körper und das Daumenlutschen gehören. KAMMERER weist darauf hin, daß diese Betätigungen erst dann pathologisch werden, wenn sie mit fortschreitendem Lebensalter persistieren und zum Anzeichen einer narzißtischen Fehlhaltung werden. Daher ist es bemerkenswert, daß bei den wenigen über die Pubertät hinaus verfolgten Fällen der Vorgang der Selbstreizung, wie die Anfälle selbst, eine eindeutig sexuelle Valenz angenommen haben.

KAMMERER erinnert in diesem Zusammenhang an das biologische Modell einer Triebabfuhr, das die Verhaltensforschung als »Übersprunghandlung« bezeichnet. Wenn Tiere in der natürlichen Abfuhr ihrer Triebe behindert werden, springt die ursprüngliche Triebhandlung in eine andere Handlung um, so etwa Agressivität in Körperpflege bei Vögeln[359], Sexualität in Nestfächeln bei Stichlingsmännchen. Auch bei Menschen sind solche Übersprunghandlungen bekannt: So kommt es etwa anstelle agressiver Handlungen zu Nägelabbeißen, Sich-Kratzen, Übers-Haarstreichen oder im Augenblick höchster Anspannung zu unüberwindlichem Schlafbedürfnis, in Momenten freudiger oder zorniger Erregung zu Harnentleerung, aus unbewältigter Enttäuschung oder Wut zu Onanie. So konnte auch das Fächeln selbst im Falle H. Sch. von KAMMERER den Charakter einer Übersprunghandlung annehmen, indem der Patient immer dann, wenn er sich über jemanden heftig geärgert hatte, seinem Ärger aber schlecht Luft schaffen konnte, sich unvermittelt zur Sonne wandte und sich heftig fächelnd einen großen Anfall auslöste. Auch im Falle von EHRET u. SCHNEIDER konnte es nach dem Fächeln und nach den Absencen ebenso zu sexuellen wie zu aggressiven Entladungen in Form sadistischer Handlungen an Kindern kommen. Solche Beobachtungen legen es nahe, daß im Anfall eher unspezifische als spezifische Triebenergien zur Entladung kommen.

Fernsehen und Epilepsie: Nicht selten hört man davon, daß Anfälle mit dem Fernsehen in Zusammenhang gebracht werden. Dabei können jedoch recht verschiedenartige pathogene Faktoren im Spiel sein. Synkopale Anfälle vor dem Fernsehschirm sind meist auf eine vorhergehende körperliche Erschöpfung und auf den affektiven Text der Sendung zu beziehen. Wenn epileptische Anfälle geraume Zeit nach einer Sendung auftreten, wird eher der mit der Teilnahme an einem langen Fernsehprogramm verbundene Schlafmangel und Alkoholkonsum verantwortlich sein, die auch unter anderen Umständen besonders bei Aufwach-Epilepsien anfallsfördernd wirken. Selbst einen unmittelbar nach einer Sendung auftretenden Anfall wird man eher einer Ermüdung als der Lichteinwirkung zur Last legen müssen.

Nur wenn ein Anfall während der Sendung vorkommt, ist eine photogene Provokation diskutabel. Daß Epileptiker außer ihren »spontanen« Anfällen gelegentlich auch Anfälle während einer Fernsehsendung bekommen, ist nicht weiter verwunderlich, wenn man bedenkt, daß viele Fernseher rund $^{1}/_{4}$ der Zeit, die sie nicht schlafen, vor dem Apparat verbringen. Ob in solchen Fällen der Lichteinwirkung ein unmittelbar provozierender Effekt zukommt, wird nur danach zu entscheiden sein, ob der Anfall in unmittelbarem Zusammenhang mit einer der noch zu erwähnenden Bedingungen stand oder ob sonst Anzeichen einer erhöhten Photosensibilität vorliegen, die sich auch experimentell nachweisen läßt. GASTAUT et al.[223, 224] fanden unter 19 Epileptikern mit gelegentlichen Anfällen vor dem Fernsehschirm 6 Fälle mit einer photosensiblen Epilepsie. Ausgesprochen selten sind dagegen Beobachtungen von exklusiv durch Fernsehen ausgelösten Anfällen, die allein den Titel »Fernseh-Epilepsie« verdienen[187, 204, 223, 224, 263, 264, 265, 270, 274, 297, 317, 335, 343, 350]. Daß auch in solchen Fällen neben einer erhöhten Photosensibilität, die immer nachweisbar ist, noch andere Faktoren mitspielen, geht daraus hervor, daß sich die Anfälle immer in Zuständen einer physischen Erschöpfung, während oder kurz vor der Periode, während oder in der Rekonvaleszenz nach einer fieberhaften Erkrankung ereignet[223] haben.

Was die Art der Anfälle vor dem Fernsehschirm angeht, so berichtet die Literatur nur über große Anfälle, wenngleich nach unserer Erfahrung auch Absencen und Impulsiv-Petit mal vorkommen.

Für den Provokationseffekt ist nicht die Wechselspannung des Fernsehbildes verantwortlich, die 50/sec beträgt, da die kritischen Frequenzen in der Regel unter 35/sec liegen. Auslösend wirken vielmehr die spontan, durch Antennenstörungen oder durch Umschalten der Kanäle bedingten Veränderungen der Lichtintensität. Daß die Anfälle oft dann einsetzen, wenn sich der Patient dem Lichtschirm nähert, kann daher ebensowohl mit dem durch Manipulationen hervorgerufenen Flackern zusammenhängen, wie damit, daß die Intensität des Lichtes mit der Nähe entsprechend zunimmt. Um Anfällen vorzubeugen, sollte daher vor allem in Zeiten größerer Abspannung, während und nach Infekten, während und vor der Periode, bei Überarbeitung und nach Schlafentzug Fernsehen völlig gemieden, im übrigen aber empfohlen werden, genügend Abstand vom Schirm zu halten, Manipulationen zu unterlassen und den Raum möglichst wenig abzudunkeln, um Differenzen der Lichtintensität weitgehend einzuschränken.

Ätiologie: Pyknolepsien gelten allgemein als der Prototyp einer essentiellen, idiopathischen oder funktionellen Epilepsie. Denn einer Pyknolepsie liegt nie eine prozessuale und nur selten eine residuale Erkrankung des Gehirns zugrunde. Dem entspricht es, daß nur ausnahmsweise bei der Untersuchung zentralnervöse Funktionsstörungen festzustellen sind, wie in einem unserer Fälle, bei dem nach einer geburtstraumatisch (Vorderhauptslage) entstandenen zerebralen Kinderlähmung mit residuärer Hemiplegie im Alter von 9 Jahren gehäufte Retropulsiv-Petit mal einsetzten. Immerhin werden oft eine Reihe von Faktoren angeführt, deren ätiologische Bedeutung allerdings zweifelhaft ist und auch sehr verschieden beurteilt wird, wie aus der Diskrepanz der Zahlenangaben bei verschiedenen Autoren hervorgeht. Die Skala ätiologisch relevanter Faktoren reicht von 0%[172] über 5%[286], 8%[296], 9%[192], 12%[287] und 22%[238] bis zu 30%[117, 290] und 34%[336]. Gibbs u. Gibbs geben bei 335 nur mit »Petit mal« einhergehenden in 14,6% und bei 704 mit Grand mal kombinierten Erkrankungen in 21% eine »vermutlich bekannte Ätiologie« an. In unserem Krankengut kommt man unter Anführung aller Faktoren wie Geburtskomplikationen, Kopftraumen und Infekten, die möglicherweise ätiologisch von Bedeutung sein können, auf 6 (9,5%) unter 63 reinen Pyknolepsien und 14 (3,2%) unter 442 mit Grand mal kombinierten Pyknolepsien. Oder zusammengenommen auf 20 (4%) unter 505 Fällen.

Was die Art der vermuteten Schädigungen nach dem Zeitpunkt im Laufe der kindlichen Entwicklung angeht, so wird die Häufigkeit der pränatalen Schädigungen mit 0,6%[51], 1,6%[296], 6,2%[203], 8%[6], die der perinatalen Schädigungen mit 1,6%[296], 3%[51], 11,8%[203], 16,6%[6], 18,1%[336], 30%[306] und die der postnatalen Schädigungen mit 3,4%[296], 5%[287], 5,5%[6], 9%[203], 10%[238], 15,8%[51], 15,9%[336], 30%[117] angegeben. Bei der Streubreite der der Literatur entnommenen Zahlen muß berücksichtigt werden, daß es sich dabei meist um kleine Kollektive handelt, die nicht speziell im Hinblick auf die Ätiologie untersucht worden sind und auch nicht immer nur Pyknolepsien, sondern auch andere Petit mal-Epilepsien enthalten. Immerhin ist bemerkenswert, daß im Hinblick auf die Häufigkeit ätiologischer Faktoren das von Gibbs u. Gibbs nach dem EEG-Merkmal »3/sec spike and wave« ausgewählte Krankengut annähernd die gleichen Verhältnisse zeigt wie unser unter dem klinischen Begriff »Pyknolepsie« begrenztes Krankengut.

Aufschlußreicher sind die Ergebnisse einer speziell auf die Ermittlung von Art und Häufigkeit ätiologischer Faktoren zielenden Untersuchung, die Reimold an 53 Patienten mit Pyknolepsie und »klassischem« 3/sec-Spike-wave-Muster durchgeführt hat. Darüber hinaus erstreckte sie sich auch auf die geistige und körperliche Entwicklung und schloß anthropometrische, somatoskopische und röntgenologische Untersuchungen an Schädel und Handwurzelkernen mit ein.

1. *Pränatale Faktoren.* – a) Gebäralter der Mutter und Stellung des Kindes in der Reihenfolge der Schwangerschaften: Die von Hertoft aufgrund der Tatsache, daß 26 (52%) von 50 Müttern pyknoleptischer Kinder bei der Geburt 30 Jahre und älter waren, geäußerte Vermutung eines überdurchschnittlich hohen Gebäralters konnte von Doose et al. im statistischen Vergleich mit dem Gebäralter einer Normalpopulation nicht bestätigt werden. Das Ergebnis der Untersuchungen von Weber läßt jedoch »eine gewisse Häufung von sogenannten alten Erstgebärenden und vor allem ein höheres Alter der Mütter bei der Geburt der Patienten erkennen«. Nach der Geburtenordnung, die nach Doose et al. eine normale Verteilung zeigt, sind Pyknolepsiepatienten nach Weber überdurchschnittlich häufig – in 58,9% anstelle von 43% – Erstgeborene. Auch uns war aufgefallen, daß pyknoleptische Kinder etwas häufiger (51%) als Kinder mit Propulsiv-Petit mal (40%) als Erstgeborene zur Welt kamen[331].

b) Vorhergegangene Fehl- und Frühgeburten: Der Anteil von 11 (7%) Fehlgeburten und 3

(2%) Frühgeburten unter 159 Graviditäten der Mütter von 53 Patienten entspricht dem Durchschnitt, der insgesamt mit 9–15% angegeben wird[149] und liegt noch unter deren durchschnittlicher Häufigkeit bei epileptischen Müttern, die 13,6% beträgt[75].

c) Schwangerschaftsanamnese: 12 von 44 Müttern gaben folgende Komplikationen während der Schwangerschaft an: 5mal eine Hyperemesis, 3mal besondere körperliche Anstrengungen, 4mal besondere seelische Belastungen, 2mal Sturz in den ersten Schwangerschaftsmonaten, 5mal Erkrankungen (Nierenleiden, Herzkrankheit, Zystitis, Thyreotoxikose, Magenulkus), 2mal Zwischenblutungen, 2mal 7monatige Schwangerschaftsdauer. In 5 von 12 Fällen wurden 2, in 2 Fällen 3 der erwähnten Faktoren angegeben. Doose et al. erwähnen Schwangerschaftskomplikationen in 6,2% von 149 Fällen. Aus dem Vergleich mit den Erhebungen beim Propulsiv-Petit mal geht hervor, daß bei Müttern pyknoleptischer Kinder Schwangerschaftskomplikationen wesentlich milder und seltener zu sein scheinen.

d) Kongenitale Krankheiten und Mißbildungen: Beides kam in unserem Krankengut nicht vor. Gibbs u. Gibbs erwähnen unter 1041 Fällen je 1 mit Mikrozephalus, Mongolismus, Sturge-Weberscher Krankheit und 2 Fälle mit kongenitaler Syphilis, Bamberger u. Matthes[6] unter 36 Patienten 3 mit pränatalen Schädigungen. In diesem Zusammenhang sei erwähnt, daß auch Linkshändigkeit mit 13 unter 106 Fällen ausgesprochen selten ist[203]. Insgesamt sind also Anzeichen für pränatale Schädigungen bei Pyknolepsie ausgesprochen selten.

2. *Perinatale Faktoren.* – a) Geburtslage: Entgegen der Angabe von Churchill, daß Kinder mit Spike-waves mit 19,6% signifikant häufiger, als es der normalen Erwartung von 3,4% entspricht, in Steißlage geboren worden seien, fanden wir nur 3mal unter 53 Fällen mit Pyknolepsie und Doose et al. nur 4mal unter 149 Fällen mit Absencen eine Beckenendlage bei der Geburt, was mit 5,7% bzw. 2,7% dem Durchschnitt entspricht. Alle übrigen unserer Patienten wurden mit einer Ausnahme aus einer Schädellage geboren.

b) Geburtsverlauf: Bei 12 (22,7%) von 53 Fällen verlief die Geburt kompliziert. Im einzelnen handelt es sich um folgende Komplikationen: 1mal ungewöhnlich lange Geburtsdauer bei Geburtsgewicht von 2250 g, 8mal – einschließlich der 3 Steißlagen – schwerer Geburtsverlauf mit langer Geburtsdauer oder Placenta praevia mit Sectio caesarea, 5mal blaue Asphyxie bei Frühgeburt, Nabelschnurumschlingung, Nabelschnurvorfall, Fruchtwasseraspiration. Bei 4 von 33 Patienten, bei denen das Geburtsgewicht bekannt war, handelte es sich um Frühgeburten mit einem Geburtsgewicht von 1500–2250 g. Doose et al. berichten von 6,2% Geburtskomplikationen und von 2,8% Frühgeburten.

c) Neugeborenen-Periode: Bei 1 Kind kam es zu Neugeborenen-Krämpfen. Da die Geburtsanamnese nicht bei allen 53 Patienten gleich gründlich erhoben werden konnte, wird der Anteil von Geburtskomplikationen in der Vorgeschichte von Pyknolepsie-Kranken eher noch höher als 22,7% liegen. Auch nach anderen Erhebungen[195] nehmen perinatale Komplikationen unter allen ätiologischen Faktoren die größte Stelle ein.

3. *Postnatale Faktoren.* – a) Okkasionskrämpfe: 2 von unseren 53 Patienten und 9 unter 145 Patienten von Doose et al. bekamen Infektkrämpfe. Paal[117] verzeichnete bei 6 von 43 Patienten »Säuglings- oder Fieberkrämpfe«, Loiseau et al. bei 6 von 60 Fällen.

b) Infekte: Bei fast der Hälfte der Kinder war in Erfahrung zu bringen, daß sie irgendwann ohne engere zeitliche Beziehung zum Beginn der Anfälle Infektionskrankheiten durchgemacht hatten. Aber nur bei 2 Patienten handelte es sich wahrscheinlich um eine Meningitis bzw. Meningoenzephalitis.

c) Traumen: 6 Kinder hatten vor Beginn der Anfälle Kopftraumen erlitten. Doch war nach den Umständen nur in 1 Fall eine Commotio cerebri und in keinem Fall eine Gehirnkontusion anzunehmen.

Heredität: Von 70 (13,9%) unter 505 Fällen wurden uns epileptische Erkrankungen in der näheren oder ferneren Verwandtschaft angegeben. Auch die Zahlen anderer Autoren – 10%[258], 12%[336], 18%[338], 20%[97] belegen, daß Pyknolepsien eine relativ hohe Hereditätsquote haben. In der näheren Familie, d. h. unter Geschwistern, Eltern, Eltern-Geschwistern und Großeltern von 53 Patienten erfuhren wir von Epilepsien in 8 (15,1%) und in 2 (3,8%) Fällen von Okkasionskrämpfen. DOOSE et al. ermittelten in der näheren Familie von 149 Patienten in 17,2% Epilepsien und in 8,1% Okkasionskrämpfe. LENNOX[97] fand in einer Gruppe von »200 Personen, deren EEG schnelle Spike-wave-Entladungen bot, 34,2% mit Epilepsien in der Familie«. Nach seinen Zwillingsuntersuchungen beträgt die Konkordanz von Petit mal bei identischen Zwillingen 75% und die Konkordanz des 3/sec-Spike-wave-Komplexes 84%.

Bei gezielter Untersuchung konnten MATTHES u. WEBER in 41 (31,8%) von 129 Fällen mit Pyknolepsie Epilepsien und in 28 (21,7%) Gelegenheitskrämpfe in der Familie (Eltern, Geschwister und weitere Verwandte I. und II. Grades) eruieren. Unter Eltern und Geschwistern allein waren 17mal (13,2%) Epilepsien und 21mal (16,3%) Gelegenheitskrämpfe in Erfahrung zu bringen. Bemerkenswert daran ist, daß sich die Quote der Epilepsiebelastung in der engeren Familie bei der als Prototyp der idiopathischen Epilepsie geltenden Pyknolepsie in der gleichen Größenordnung bewegt wie bei den altersmäßig vorangehenden Petit mal-Epilepsien, die vorwiegend als symptomatische Epilepsien angesehen werden (Propulsiv-Petit-mal-Epilepsie: 17%[27], myoklonisch-astatische Petit mal-Epilepsie: 12,5%[88], Pyknolepsie: 13,2%[296]).

Wenig beachtet ist die Tatsache, daß Pyknolepsien nicht selten *in homologer Weise bei Verwandten* auftreten, wie schon den Berichten von FRIEDMANN (1906), von STIER und von ROHDE zu entnehmen ist. Sie kennen ebenso wie AHLERS, BOMPART, JANSEN, PACHE[315], LOISEAU et al. und wir selbst[251] Pyknolepsien bei Eltern und Geschwistern, bei Onkeln und Tanten, Vettern und Basen, MÖLLER gar in drei Generationen. Wie JANSEN erwähnen auch LENNOX u. DAVIS ein eineiiges Zwillingspaar, die beide pyknoleptisch waren und das gleiche EEG hatten. Auch CHARLTON u. YAHR fanden unter 11 Geschwisterpaaren (darunter 4 Zwillinge) bemerkenswerte Konkordanzen. MATTHES u. WEBER konnten feststellen, daß 7 von 9 epileptischen Geschwistern und jeder der 8 an Epilepsie erkrankten Eltern ihrer 129 Probanden gleichfalls an einer Pyknolepsie erkrankt waren, was dafür spricht, daß nicht eine unspezifische Bereitschaft zu Epilepsie schlechthin, sondern eine spezifische Bereitschaft zur Pyknolepsie vererbt wird.

Diese Vermutung wird durch das Ergebnis von *EEG-Familienuntersuchungen* bestätigt. Ausgehend von 108 Probanden haben MATTHES u. WEBER bei 68 (34,5%) von 197 Eltern und bei 63 (38,4%) von 164 Geschwistern pathologische Kurvenveränderungen (generalisierte und fokale Anfallspotentiale, paroxysmale Dysrhythmien, δ-Wellen, unspezifische Herd- und Allgemeinveränderungen) gefunden. Das pyknolepsie-spezifische EEG-Merkmal des 3/sec-Spike-wave-Musters war bei den Eltern in 2,5% und bei den Geschwistern in 9,2% nachzuweisen. Da jedoch über ein Drittel der Merkmalsträger zur Zeit der Untersuchung älter als 16 Jahre alt war, nur eine einzige EEG-Ableitung durchgeführt werden konnte und auf eine Schlafprovokation verzichtet werden mußte, darf vermutet werden, daß bei frühzeitigen und/oder häufigeren Untersuchungen eine größere Zahl von Merkmalsträgern aufzufinden ist. Dazu kommt, daß sich bei manchen der klinisch ausgeheilten oder in reine Aufwachepilepsien übergegangenen familiären Pyknolepsien keine spezifischen 3/sec-Spike-wave-Muster mehr nachweisen ließen. Nach MATTHES u. WEBER macht die klinisch und/oder elektroenzephalographisch verifizierte hereditäre Belastung mit manifesten und latenten Pyknolepsien 23,2% aus. Daß auch Fälle mit nachweisbarer Ursache davon nicht ausgenommen sind, unterstützt die Annahme von DOOSE et al.[202, 203], daß auch symptomatische Pyknolepsien zu dem genetisch bedingten Formenkreis zentrenzephaler Epilepsien gehören.

Obwohl es nach den bisherigen Untersuchungen wahrscheinlich ist, daß das EEG-Merkmal »3/sec-Spike-wave« Ausdruck einer Anlage zu zentrenzephaler Epilepsie, genauer zu Pyknolepsie darstellt, ist die Frage nach dem Erbgang der Pyknolepsie nicht genau zu beantworten. Denn einer systematischen Untersuchung stehen nicht nur methodische Schwierigkeiten entgegen, die mit der Abhängigkeit positiver Befunde von der Häufigkeit und von der Technik der EEG-Ableitungen gegeben sind, sondern auch die Tatsache, daß das entscheidende Merkmal weitgehend an ein bestimmtes Lebensalter gebunden ist. Nach METRAKOS u. METRAKOS[301, 302] ist das bei klinisch gesunden Angehörigen von Kindern mit typischen und atypischen Spike-waves häufig nachweisbare 3/sec-Spike-wave-Muster zu 50% nur zwischen dem 4. und 16. Lebensjahr anzutreffen. METRAKOS u. METRAKOS nehmen daher für dieses Merkmal einen einfachen autosomal-dominanten Erbgang durch ein Gen mit einer altersabhängigen Expressivität an, was zumindest für die Pyknolepsie, die eine ausgesprochen »mädchenwendige« Erkrankung ist, fraglich erscheint. Zurückhaltender urteilen MATTHES u. WEBER, wenn sie die Pyknolepsie als eine »genetisch bedingte Epilepsieform bisher ungeklärter Ätiologie« bezeichnen, als deren Ursache sie eine angeborene metabolische Störung vermuten.

Somatische Entwicklung und Befunde: Die körperliche Entwicklung von Kindern, die an Pyknolepsie erkranken, vollzieht sich, wie durch ausgiebige anthropometrische, somatoskopische und radiometrische Untersuchungen am Handskelet nachgewiesen wurde[331], nicht gleichmäßig. Sie erfolgt nicht nur insgesamt, sondern oft beim selben Kranken in mannigfachen Retardationen und Akzelerationen. Maße und Funktionen, die bei gesunden Probanden harmonisch ausreifen, entwickeln sich oft asynchron, d. h. verfrüht oder verzögert. Bei vielen Kindern setzt die statische Entwicklung früher ein, ohne jedoch früher beendet zu sein. Zur Zeit des ersten Gestaltwandels erfolgt oft ein Wachstumsschuß, der die retardierten Patienten zur durchschnittlichen Größe aufrücken läßt. Kranke mit einer mehr kontinuierlichen Größenentwicklung machen zur Zeit des zweiten Gestaltwandels eine Wachstumsbeschleunigung durch, die sie zum Teil überdurchschnittliche Größen erreichen läßt. In konstitutioneller Hinsicht überwiegen athletische und asthenische Züge.

Bei 20% eines Kollektivs von 80 Patienten fielen uns degenerative Stigmata wie Asymmetrien des Gesichtes und des Körpers, Deformitäten des Kopfes, des Thorax oder der Gliedmaßen, Spina bifida, akzessorische Mamillen, Behaarungsanomalien, Kryptorchismus, kongenitaler Nystagmus, chorio-retinitische Herde, Brechungsfehler und Schielstellung der Augen sowie Schwerhörigkeit auf. Nur in 1 Fall hatten sich diese Erscheinungen aus dem Symptomkreis des Status dysrhaphicus zum Bild einer Syringobulbie mit einer einseitigen Hypoglossuslähmung und Zungenatrophie, einer dissoziierten Sensibilitätsstörung im Trigeminusgebiet und Schluckstörungen verdichtet. Anomalien an der Hand im Sinne von Vierfingerfurchen, Klinodaktylie, Brachykarpie und Syndaktylien werden in 7% der Fälle gefunden[370].

In ihrem vegetativen Verhalten bieten die Kranken oft Zeichen einer vasomotorischen Labilität — Blässe der Haut, Neigung zu anhaltendem Nachröten und Pulsschwankungen. Bei 13 von 53 Kranken kam es bei Lagewechsel und bei orthostatischen Belastungen leicht zu Schwindel und Ohnmachten. Aus der gleichen Gruppe berichteten 20 Patienten über eine ausgeprägte Neigung zum Schwitzen und 24 Patienten über ungewöhnlich starken Durst. Sehr oft sind Störungen im Schlafverhalten zu erfahren, worauf ROSENTHAL schon hingewiesen hat, dem häufig eine Enuresis nocturna aufgefallen war, die wir jedoch nach dem 3. Lebensjahr nur noch bei 5 unter 53 Patienten festgestellt haben. Etwa ein Drittel der Kinder gehen abends ungern zu Bett; etwa die Hälfte der Kinder sind morgens schwer zu wecken oder noch lange schlaftrunken. Etwa ein Fünftel der Kinder schlafen oberflächlich, wachen öfter auf, haben einen traumreichen Schlaf, in dem Angstträume überwiegen. Bei der Mehrzahl liegt das Maximum ihrer Wachaktivität eindeutig in den Nachmittags- und Abendstunden. Es scheint so, als ob Anstrengungen und Erregungen zwar erschöpfen, aber nicht ermüden. Die Kinder überspielen den Punkt, an dem andere von einer zwingenden Müdigkeit überfallen werden, so daß sie sich leicht übernehmen. Dem entspricht eine Neigung zu migräneartigen Kopfschmerzen, über die ein Fünftel der Kranken zu klagen hatten, oder eine als Kopfdruck beschriebene morgendliche Benommenheit. Kranke mit einer Pyknolepsie bekommen auffällig häufiger als solche mit anderen Epilepsieformen unter der Pubertät eine starke Acne vulgaris, die besonders bei Mädchen erheblich zur Verstärkung von Minderwertigkeitsgefühlen beiträgt.

Zur Beurteilung von Synchronie und Asynchronie in der Entwicklung wurden anthropometrisch, somatoskopisch und radiologisch folgende Werte bestimmt und ihre Abweichungen vom Mittelwert der Altersnorm in Monaten und Jahren angegeben[331]: Gewichtsalter, Längenalter, Indizes für die relative Kopfhöhe, die relative Sitzhöhe und die relative Symphysenhöhe, Geschlechtsalter, Knochenalter und der Stand der Schädelbasisbeugung gemessen am Winkel α nach Schmid u. Fischer, dem Winkel β nach Pankow und dem Winkel γ nach Landzert. Bei synoptischer Betrachtung der Werte für die einzelnen Merkmale (Körpergröße, sexuelle Reifezeichen, Knochenkerne usw.) traten im Vergleich zu den Mittelwerten zum Teil recht erhebliche Asynchronien zutage. Besonders deutlich weichen somatische Größenentwicklung und Beugung der Schädelbasis voneinander ab. Auch erscheinen zwischen Knochenalter und Schädelbasissenkung starke Unterschiede. Ferner ergibt sich häufig eine Dissoziation der normalerweise engen Verbindung zwischen sexueller Entwicklung und Skeletreifung, die auf eine tiefgreifende Entwicklungsstörung schließen läßt[331].

Ein Beispiel, das zugleich die Schwierigkeiten der ätiologischen Diagnostik aufzeigt, soll diese Befunde erläutern:

Fall Brigitte R., 5 Jahre und 10 Monate alt:

Ein Bruder der Mutter hatte in der Kindheit Nickanfälle und anschließend Aufwach-Grand mal. Die Eltern sind nicht blutsverwandt. Der Vater war 23 Jahre alt, die Mutter 22 Jahre bei der Geburt der Patientin. Ein 8jähriger Bruder und eine 3jährige Schwester sind gesund. Die Mutter hatte keine Fehlgeburten.

In den ersten Monaten der Gravidität hatte die Mutter eine leichte Emesis. Am Ende der 4. Woche glitt sie auf der Kellertreppe aus und rutschte auf dem Steiß mehrere Stufen hinunter, ohne sich zu verletzen. Keine Zwischenblutungen, keine Krankheiten, keine Medikamente während der Schwangerschaft. Der Ernährungszustand war zu dieser Zeit gut. Damals leistete die Mutter schwere körperliche Arbeit, indem sie beim Hausbau mithalf. Die Geburt erfolgte zum richtigen Termin, verlief leicht, dauerte aber 14 Stunden. Die Nabelschnur fiel während der Eröffnungsperiode vor. Das Kind wurde aus einer Schädellage geboren und kam zyanotisch zur Welt. Es aspirierte Fruchtwasser und atmete die ersten 5 min nicht.

Die Patientin wurde 8 Monate gestillt. Die gesamte Entwicklung setzte früher ein und ging schneller vor sich als bei Gleichaltrigen und Geschwistern. Brigitte lernte mit 9 Monaten laufen, die Schwester mit 12 Monaten, der Bruder mit 14 Monaten. Sie war auch immer größer als ihre Altersgenossen. Auch ihre geistige Entwicklung war beschleunigt. Sprechen lernte sie mit 9 Monaten, sauber war sie mit 1 ½ Jahren. Gleichaltrigen war sie in ihrer Intelligenz überlegen. So berichtete die Mutter, daß die Patientin im Kindergarten am schnellsten ein Gedicht auswendiglernen und allein aufsagen konnte. 6 Monate vor der Untersuchung und 2 Monate vor der Manifestation der Pyknolepsie stellten die Eltern ein beschleunigtes Wachstum fest, bei dem die Patientin in 5 Wochen ein neues Paar Schuhe auswuchs.

Mit 1 Jahr stürzte sie eine Treppe hinunter und zog sich eine leichte Commotio cerebri zu. Mit 15 Monaten bekam sie eine schwere Enteritis und anschließend daran einen sehr schweren Keuchhusten.

4 Monate vor der Untersuchung und 2 Monate nach dem Wachstumsschuß bekam die Patientin ihre ersten Petit mal. Sie starrte dabei für 1 min geradeaus und dann nach oben, hielt in ihrer Tätigkeit inne und war nicht ansprechbar. Bei der Untersuchung konnten mehrere Retropulsiv-Petit mal beobachtet werden: Dabei stand sie z. B. plötzlich von ihrem Stuhl, auf dem sie bis dahin gesessen hatte, auf und ging in Kreisbögen im Zimmer umher, den Rock hochhebend und an der Taille nestelnd. Dauer 30 sec. Die Anfälle traten 10—20mal täglich auf, dauerten bis zu 1 min und waren bisher nicht behandelt worden. Eine tageszeitliche Bevorzugung konnten die Eltern nicht feststellen; sie hatten aber den Eindruck, daß sie in Entspannungsphasen häufiger auftraten oder auch, wenn sich die Patientin nicht beobachtet fühlte. Im EEG bilateral-symmetrische 3/sec-Spike-wave-Komplexe.

Die Wachaktivität war vormittags und nachmittags groß. Ihren kindlichen Schlafrhythmus hatte sie noch nicht aufgegeben. Sie schlief über Mittag gut und ging abends gern ins Bett. Einschlafdauer und Aufwachdauer sind gewöhnlich kurz; nachts wacht sie nicht auf, träumt ab und zu. Zeichen einer Kreislauflabilität waren nicht vorhanden, kein Bückschwindel, keine Kopfschmerzen. Die Patientin schwitzt aber sehr viel und klagt über starken Durst. Der Appetit ist wechselnd, die Verdauung unauffällig.

Bei der neurologischen Untersuchung der mageren Patientin war ebenso wie am Augenhintergrund kein pathologischer Befund zu erheben. In psychischer Hinsicht wirkte sie sehr zappelig, unstet, aufgeweckt, sehr lebendig und übererregbar. So konnte sie auch kaum für kurze Zeit stillstehen oder sitzen, sondern lief sofort umher, wenn bei der Untersuchung eine kurze Pause eintrat.

Die Intelligenzentwicklung lag über der Altersnorm. Größen- und Gewichtsmaße lagen um 10 Monate im Rückstand; die longitudinalen Proportionen wiesen dagegen einen Entwicklungsvorsprung von 4 Jahren auf, mit Ausnahme der relativen Kopfhöhe, die um 2 Jahre retardiert war. Sie befand sich noch mitten im ersten Gestaltwandel und bot ein ausgesprochen asynchron entwickeltes Bild. Von 9 Reifezeichen waren 6 fertig ausgebildet, 3 retardiert. Insgesamt resultiert für den Gestaltwandel ein Entwicklungsvorsprung von + 5 Monaten. — Die Entwicklung der einzelnen Knochenkerne lag entweder in der Altersnorm oder leicht darunter (Knochenalter: minus drei Monate). Die Schädelbasisbeugung war leicht beschleunigt.

Was zunächst die Ätiologie angeht, so steht man in solchem Fall wieder, wie dies schon im Kapitel über Propulsiv-Petit mal behandelt wurde (s. S. 30), vor dem Problem einer »multifaktoriellen« oder »plurigenetischen Ätiologie«, wenn man entscheiden soll: Ist die Pyknolepsie hier hereditär bedingt, durch ein intrauterines Trauma entstanden, die Folge einer hypoxämischen Geburtsschädigung, eines postnatalen Gehirntraumas oder einer parainfektiösen Encephalitis? — Die somatische Entwicklung ist nicht — wie so häufig bei den infantilen Petit mal-Epilepsien — verzögert, aber dennoch in einer eigentümlichen Weise unharmonisch verlaufen. Bemerkenswert ist die Entwicklungsbeschleunigung vor Manifestation der Pyknolepsie, auffällig auch die Diskrepanz zwischen Größenentwicklung einerseits und sexueller Entwicklung andererseits. Auch ist die sonst enge Verbindung zwischen sexueller Entwicklung und Skeletreifung gelockert.

Als bemerkenswertes Ergebnis seiner Untersuchungen konnte Reimold bei fast allen seiner 53 Pyknoleptiker eine beträchtliche Disharmonie in der Entwicklung der untersuchten Merkmale feststellen, die jedoch auf keine bestimmte Regel festzulegen war: Die jeweiligen Entwicklungsphasen begannen zum Teil vor dem physiologischen Zeitpunkt, zum Teil später. Einerseits waren Retardationen nachzuweisen, die ihre Ursache nicht in einem zu späten Beginn, sondern in einer Verlangsamung der Entwicklung hatten. Andererseits fanden sich Akzelerationen, die durch Wachstumsschübe oder durch kontinuierliche Beschleunigungen hervorgerufen wurden. Doch verlief die Entwicklung nicht immer gleichmäßig beschleunigt oder gleichmäßig verlangsamt. Oft ergab sich eine Dissoziation im Wachstum, wobei ein Merkmal beschleunigt, ein anderes verlangsamt weiterentwickelt wurde. Die Asynchronie konnte sich zwischen verschiedenen Entwicklungszweigen, wie z. B. der Skeletreifung auf der einen und der sexuellen Entwicklung auf der anderen Seite abspielen, aber auch innerhalb eines Entwicklungszweiges wie etwa der Knochenentwicklung. So konnte z. B. das Alter einzelner Handwurzelknochen um mehrere Jahre differieren. Und schließlich war auch gelegentlich eine Umkehr von Entwicklungstendenzen zu bemerken, wenn z. B. die intellektuelle Entwicklung der somatischen vorausgeeilt war, im weiteren Verlauf aber der intellektuelle Stand nicht gehalten wurde, sondern unter Durchschnitt absank und nun die somatische Entwicklung akzelerierend die intellektuelle überholte — wie dies vor allem im weiteren Verlauf der Erkrankung oft geschieht.

Geistige Entwicklung und psychisches Verhalten: Die besondere Wesensart pyknoleptischer Kinder wurde schon früher oft als ausgesprochen »unepileptisch« hervorgehoben, womit man — von einem fragwürdigen Vorurteil gegenüber anderen Epilepsien ausgehend — charakterisieren wollte, daß pyknoleptische Kinder meist sehr intelligent und lebhaft sind. Wohl kann man mit Rosenthal einen Prädilektionstypus »lebhafter bis überlebhafter, geistig regsamer und ausgesprochen intelligenter Kinder« beschreiben und diesen ersten Eindruck durch die Aufzählung weiterer Merkmale wie: altklug, vorlaut, frühreif oder launisch, empfindsam, verwöhnt oder ängstlich, schreckhaft, schüchtern, mißtrauisch ergänzen, womit jedoch nicht viel mehr als eine Skala von Verhaltensweisen beschrieben wäre, die in diesem Alter häufig anzutreffen ist. Man spricht geradezu in der Zeit des ersten Gestaltwandels von einer »physiologischen Neuropathie«[240]. Es scheint jedoch, als ob die bei Kindern dieses Alters übliche Lebhaftigkeit und Stimmungslabilität bei pyknoleptischen Kindern besonders intensiv ausgeprägt ist. Ebenso wie sie durch physische Einwirkungen leicht in ihrem vegetativen Gleichgewicht zu stören sind, sind sie auch psychischen Einflüssen leichter zugänglich und leichter ablenkbar, als es einer gleichmäßigen Entwicklung und Ausbildung zuträglich ist. So hat man davon gesprochen, daß Kranke mit einer Pyknolepsie in somatischer wie in psychischer Hinsicht »viel stärker im kommunikativen Medium eingebettet« seien, als etwa Kranke mit einer psychomotorischen Epilepsie[276, 277]. Die positiven Züge, wie ihre guten intellektuellen Fähigkeiten und ihr lebhaftes Interesse verdecken leicht die bedenkliche Seite ihrer Veranlagung, die BRIDGE anschaulich schildert, wenn er berichtet, daß sie im Spiel mit anderen Kindern überlebhaft seien, niemals aufhörten, um sich auszuruhen und offenbar keine Müdigkeit kennen; daß sie zu Hause und in der Schule – für Kritik und Tadel sehr empfindlich – ihren Pflichten übereifrig nachzukommen bestrebt sind. Die Folge sei, daß die Kinder ihre schwachen Kräfte über Gebühr beanspruchen, ohne es zu merken. Aber auch die Erfahrung, daß sich solche zunächst als freundlich, aufgeweckt und intelligent imponierenden Kinder – sie werden geradezu »Modellkinder« genannt[14] – bei näherem oder längerem Umgang als vorlaut oder frech, als flüchtig und nicht so klug herausstellen, wie sie scheinen, oder daß anfangs gehemmt und schüchtern wirkende Kinder sich später wild und distanzlos gebärden, stimmt bedenklich gegenüber allzu hochgeschraubten Erwartungen, die die Umgebung ihnen entgegenbringt.

Nach psychodiagnostischen Untersuchungen von FREUDENBERG am Krankengut der Universitäts-Kinderklinik in Heidelberg verhalten sich etwa drei Viertel aller Kinder mit Pyknolepsie in der beschriebenen lebhaften bis überlebhaften Weise, etwa ein Viertel aber eher besonnen, umständlich und pedantisch. Extreme Verhaltensweisen in Richtung des Erethischen nach der einen und des Enechetischen nach der anderen Seite sind nur bei relativ wenigen Kindern (4 bzw. 5%) anzutreffen. Eine durchschnittliche Intelligenz war bei 72%, eine überdurchschnittliche bei 16% der Kinder festzustellen, wogegen 12% ein unterdurchschnittliches Intelligenzniveau aufwiesen, was ungefähr dem Ergebnis der psychometrischen Untersuchungen von CHARLTON u. YAHR entspricht. Überdurchschnittlich intelligente Kinder hatten zu 76% reine Pyknolepsien, unterdurchschnittlich begabte nur zu 20%. Die Kombination mit großen Anfällen ist daher mit einer Senkung des Intelligenzniveaus korreliert. Neurotische Symptome im Sinne von Nägelbeißen, Stottern, Pavor nocturnus, Somnambulismus, Einnässen, Einkoten, Blinzeltics und übergroßer Ängstlichkeit waren bei 26% der Kinder festzustellen, respiratorische Affektkrämpfe bei 8% aufgetreten[370]. SIEGMUND u. PACHE kommen auf Grund von RORSCHACH-Untersuchungen zu ähnlichen Resultaten.

Die geistige und seelische Weiterentwicklung der Kinder vermittelt einen klareren Einblick, da die Entfaltung und Prägung dauerhafter Wesensmerkmale erst unter der Pubertät vor sich geht. Selbst dann, wenn bei den Kranken zunächst noch keine großen Anfälle auftreten, erfüllen sie die im Kindesalter gehegten Erwartungen oft nicht. Ihre Schulleistungen beginnen nachzulassen. Die Eltern klagen darüber, daß sie jetzt nur noch durchschnittliche Schüler seien, obwohl sie früher zu den besten zählten, weil sie »trotz ihrer Intelligenz zu leichtsinnig seien«, nicht aufpaßten und »zu viel andere Gedanken im Kopf« hätten. Was früher Interesse und Aufgewecktheit schien, erweist sich jetzt als Unkonzentriertheit und Flüchtigkeit, die Lebhaftigkeit als Nervosität, die rasche Auffassung als Mangel an Gründlichkeit. In dieser scheinbaren Metamorphose vom intellektuellen Wunderkind zum Durchschnittsschüler oder gar zum Versager spiegelt sich eine häufige Fehlbeurteilung durch die Erwachsenen wider[70]. Die Enttäuschung der Angehörigen wird zur Verzweiflung, wenn unter dem Hinzutreten großer Anfälle Symptome organischer Demenz die prämorbiden Wesensmerkmale akzentuieren und Unbeständigkeit zu Getriebenheit, Ablenkbarkeit zu Haltlosigkeit, Flüchtigkeit zu Liederlichkeit, Unbekümmertheit zu Gleichgültigkeit entarten.

Die beschriebene Entwicklung ist zwar typisch, aber keineswegs verbindlich. Sie kann auch ausbleiben, solange keine großen Anfälle hinzutreten. Aber auch dann fällt an den Kranken auf, daß sie, die als Kinder besonders frühreif schienen, jetzt nach der Pubertät sich mehr oder minder infantil verhalten. Sie bleiben suggestibel, stimmungslabil, urteilen nach dem ersten Eindruck, gefallen sich darin, verwöhnt zu werden, ohne mit altersentsprechenden Leistungen aufzuwarten und erscheinen daher leicht anspruchsvoll und egozentrisch. Darin, wie sie ihre Ansprüche nicht mit ihren Möglichkeiten in Übereinstimmung bringen, ständig die ihnen gesetzten Grenzen überschreiten, andererseits aber jeder Aufgabe, die Mühe, Konzentration und Geduld erfordert, aus dem Wege gehen, zeigt sich ein Verhalten, in dem der Abwehrmodus der Verleugnung in den Dienst der Konfliktbewältigung gestellt wird. Bei Kindern ist es natürlich, daß sie unliebsame Realitäten einfach leugnen. Wenn dieses Verhalten, das einer frühen Organisationsstufe des Ich entspricht, jedoch über das Schulalter hinaus vorherrschend bleibt, so wird man daraus auf eine Störung in der Entwicklung des »Selbst« oder »Ich« zu schließen haben. Diese »Ich-Schwäche« mag im Schulalter noch als positiv gelten, weil zu dieser Zeit noch eine übermäßige Anpassung an die Umgebung zu guten Leistungen führt. Später jedoch, wenn eigene Leistungen und Verantwortung gefordert werden, wirkt sie sich eher negativ aus und kann dann zu einem Schwanken zwischen maßloser Selbstüberschätzung und hemmungsloser Selbstkritik führen. Solange die Kranken und ihre Umgebung noch unter den Anfällen zu leiden haben, können die Persönlichkeitsmängel unter dem Mantel der Nachsicht und Fürsorge verdeckt bleiben. Wenn aber die Anfälle »spontan« oder unter einer geeigneten Therapie seltener werden oder ausbleiben, kommt es häufig zu Krisen, die in leichter Weise die Form psychoneurotischer Reaktionen oder auf die Medikamente bezogener somatischer Verstimmungen annehmen. Gefährliche Krisen führen zu imaginärer Selbstbehauptung in Psychosen[90, 189, 271, 273, 358] (s. S. 282ff) oder zu realer Selbstvernichtung im Suizid[252, 254, 255] (s. S. 434). Das ist der Sinn der Aussage einer Patientin, daß die Behandlung ihr die Augen geöffnet habe, »über mich, mein Unvermögen meine Kontaktschwäche, daß ich nicht weiß, was ich will, was ich bin, was ich werden soll, und daß ich alle Liebe und Fürsorge bisher nur meiner Krankheit, nicht aber mir selbst zu verdanken hatte.«

Für die Wesensgestalt von Pyknolepsie-Kranken aufschlußreich sind die bedachtsamen Erörterungen, mit denen LEDER[275] die RORSCHACH-Phantasien einer pyknoleptischen Patientin kommentiert: »In der Hoffnung, auf Themen aufmerksam zu werden, die für solches Dasein bezeichnend sind, und in der Hoffnung, auch das spezifisch Atmosphärische, das sich in solchem Kranksein kundtut, an Hand der phantasierten Äußerungen zu erfahren«, werden an den Protokollen drei Besonderheiten aufgezeigt: Erstens eine Bewegung im phantasierenden Denken, die sich nicht als kontinuierliches Fortschreiten, sondern als ein überspringendes Bemühen darstellt, an etwas Umfassendes, Endgültiges zu gelangen, das immer wieder an der Anmaßung der Intention scheitert und sich in Unverbindlichem auflöst. Zum zweiten sprachen die Phantasien eine Besorgnis aus, sich erheben zu können, einen sicheren Stand zu gewinnen, und den Wunsch, sich von der Erde in die Luft aufzuschwingen, um dort jedem Streit enthoben, von jeder Fessel befreit zu sein. Als drittes Thema durchzieht die Protokolle die Bemühung, sich zu distanzieren und selbsthaft abgegrenzt dazustehen, um ein Gleichgewicht von Ich und Welt und eine Grenze zwischen Innen und Außen zu finden. Diese Bemühung ist durch eine Labilität vereinigender und entzweiender Tendenzen, die Unvereinbarkeit einer inneren Verletzbarkeit und einem Drang sich abzuschließen, ständig gefährdet.

Für die nosologische Stellung der Pyknolepsie ist die Eigenart des psychischen Verhaltens insofern von Bedeutung, als der psychologische Prädilektionstypus nur eine kindliche Vorstufe eines psychopathologischen Syndroms darstellt, das in altersentsprechender Abwandlung bei den Grand mal-Epilepsien vom Aufwach-Typus anzutreffen ist[70, 250]. In der psychologischen Eigenart von Pyknoleptikern spiegeln sich auf kindlicher Stufe alle Wesensmerkmale wider, die auch die – im entsprechenden Kapitel dargestellte (s. S. 468ff) – psychologische Struktur von Aufwach-Epileptikern kennzeichnen. Pyknolepsien sind daher auch unter psychologischem Aspekt das Petit mal-Vorspiel einer bestimmten Art von Grand mal-Epilepsie, deren Psychosyndrom sich ebenso wie das der Pyknolepsie nicht dem bisher als »typisch epileptisch« bezeichneten Psychosyndrom einfügt, welches eher bei psychomotorischen und Schlaf-Epilepsien anzutreffen ist.

Pathologische Anatomie

Obduktionsbefunde sind bisher nicht bekannt geworden. Lediglich BRIDGE erwähnt kurz den Befund eines Jungen, der im 14. Lebensjahr an einem akuten rheumatischen Fieber in Verbindung mit einer hämorrhagischen Nephritis gestorben war, nachdem er im Alter von 4 Jahren einen einzelnen Krampfanfall durchgemacht und seit dem 8. Lebensjahr an einer Pyknolepsie gelitten hatte. Das Gehirn erschien bei der Autopsie makroskopisch normal. »Die Sektion zeigte normale Strukturen mit Ausnahme von perivaskulären Infiltrationen mit Lymphozyten in der Region des Ammonshorns«, deren Zusammenhang mit der Epilepsie jedoch zweifelhaft war.

Pathogenese

Ätiologie: Jeder Versuch einer pathogenetischen Erklärung der Pyknolepsie begegnet der gleichen Schwierigkeit wie bei den anderen Petit mal-Epilepsien: Man kann sich nicht damit begnügen, ätiologische und lokalisatorische Gesichtspunkte miteinander in Beziehung zu setzen, sondern muß immer zugleich eine dritte Dimension im Auge behalten, die durch den biologischen Tatbestand der Altersabhängigkeit gegeben ist. Das bedeutet, daß mit der Feststellung, Pyknolepsien seien häufig hereditär oder gelegentlich durch erworbene Gehirnschädigungen bedingt, wenig für die spezielle Pathogenese gewonnen ist. Denn es gibt auch andere im gleichen Alter beginnende Epilepsieformen, die hereditär oder durch erworbene Gehirnschädigungen entstanden sind. Aufschlußreicher ist die Angabe von Jung[261], die sich auf Untersuchungen von Meyer-Mickeleit u. Schneider stützt, daß bei symptomatischen Pyknolepsien die vorausgehenden Gehirnschädigungen von diffuser und vom EEG her gesehen von multifokaler Art sind, während halbseitige bzw. fokale Veränderungen praktisch fehlen. Dem entspricht es, daß bisher kein Fall einer Pyknolepsie bei einer umschriebenen Hirnerkrankung, sei es bei einem Tumor oder bei einer umschriebenen Gehirnverletzung, bekanntgeworden ist. Eine Beobachtung wie die von Gudrun Sch. (s. S. 348) scheint daher eine extreme Ausnahme zu sein. Leider sind bisher auch keine vergleichenden pathologisch-anatomischen Untersuchungen durchgeführt worden. Selbst wenn bei mikroskopischer Untersuchung nur Anfallsfolgen nachzuweisen wären, würde es sich lohnen, das Verteilungsmuster der Krampfschädigungen festzuhalten, um es mit dem Verteilungsmuster bei anderen Epilepsieformen zu vergleichen. Für die Ätiologie der Pyknolepsie ergibt sich aus dem Vergleich mit anderen altersgebundenen Petit mal-Epilepsien immerhin, daß bei etwa gleich hoher Hereditätsquote der Anteil exogener Hirnschädigungen wesentlich geringer ist als beim Propulsiv-Petit mal und beim myoklonisch-astatischen Petit mal, aber noch deutlich höher liegt als beim Impulsiv-Petit mal. Was die Art der ätiologisch namhaft zu machenden Faktoren angeht, so überwiegen bei der Pyknolepsie die perinatalen Faktoren, beim Propulsiv-Petit mal dagegen die pränatalen Faktoren, während sich beim myoklonisch-astatischen Petit mal beide etwa die Waage halten. Es scheint also bei der Pyknolepsie im Vergleich zu den frühkindlichen Petit mal-Epilepsien nicht nur nach dem Anteil, sondern auch nach Art und der ätiologischen Noxen eine Verschiebung vorzuliegen.

Funktionelle Anatomie: Wenn man von der Vermutung Ratners absieht, die pyknoleptischen Anfälle gingen vom Zwischenhirn aus, so begann die lokalisatorische Diskussion mit den tierexperimentellen Untersuchungen von Jasper u. Droogleever-Fortuyn (1947) und Hunter u. Jasper (1949), die dem Thalamus eine maßgebliche Rolle zuerkannten. Die gleichzeitige Ausbreitung der Spike-wave-Entladungen über den gesamten Kortex beider Hemisphären legte es nahe, nach einem subkortikalen, möglichst mittelständigen oder beide Hemisphären eng miteinander verbindenden Organ oder Organsystem zu suchen, das den Entladungen als Schrittmacher dient. Penfield u. Jasper bezeichnen dieses System als zentrenzephales System. Anatomisch umfaßt es heterogene Anteile des höheren Hirnstamms, d. h. Thalamus, Dienzephalon, Mesenzephalon und Rhombenzephalon und ist funktionell identisch mit der retikulären Formation des höheren Hirmstamms. Jasper und seine Mitarbeiter glaubten, da sie durch Reizung der intralaminären Kerne des Thalamus bei Katzen synchron und bilateral über dem Kortex Spike-wave-ähnliche Entladungen erzeugen konnten, in diesen retikulären Thalamusstrukturen den Entstehungsort der für pyknoleptische Anfälle verantwortlichen Funktionsstörungen gefunden zu haben. Die Tatsache, daß Williams[373] bei Pyknolepsien in kombinierten Thalamus- und Kortexableitungen ein Vorangehen der thalamischen Entladungen registrieren konnte, schien diese Hypothese zu bestätigen. Aber abgesehen davon, daß mit elektrischer Reizung bei Tieren nie sich selbst unterhaltende, ohne weitere Reizung fortdauernde Spike-wave-Entladungen erzeugt werden konnten[246], haben andere Autoren[179, 235, 261, 351] nachgewiesen, daß man Spike-wave-Komplexe bei Epileptikern, die klinisch pyknoleptische Anfälle hatten, auch von anderen tieferen Hirnregionen, die hinter dem Thalamus liegen, auslösen kann. Die Annahme, daß pyknoleptische Anfälle vom Thalamus ausgehen, wurde weiterhin durch die Tatsache erschüttert, daß man durch eine Thalamotomie kein Aufhören der Anfälle erzielen kann[261, 352]. Wenn auch die tier- und humanexperimentellen Befunde es nicht erlauben, ein bestimmtes Organ für die Entstehung der pyknoleptischen Anfälle verantwortlich zu machen, so weisen doch die klinischen und elektrischen Anfallserscheinungen auf ein weit ausgedehntes subkortikales Funktionssystem hin, das JUNG[261] mit dem unspezifischen afferenten System des Hirnstamms identifiziert. Zur Begründung weist er darauf hin, daß man pyknoleptische Anfälle in ihrem klinischen und elektrischen Ablauf durch akustische und durch Schmerzreize blockieren kann. Die Blockierung hat eine relativ lange Latenz von mehr als 0,3 sec und ist regelmäßig mit vegetativen Reaktionen (Atmungsbeschleunigung, Vasokonstriktion und galvanischer Hautreflex) verbunden[259].

Die Frage, ob die Funktionsstörung, die den pyknoleptischen Anfällen zugrunde liegt, primär von den Funktionsstrukturen des unspezifischen afferenten Systems im Hirnstamm ausgeht oder von multifokalen, außerhalb dieses Systems gelegenen Läsionen, zwingt nicht zu einer alternativen Entscheidung. Das einheitliche Erkrankungsalter, die uniforme Reagibilität auf äußere und auf innere (biochemische) Veränderungen, die Vergleichbarkeit der klinischen Eigenschaften und des Krankheitsverlaufs fordern die Annahme einer für alle Pyknolepsien gleichen und gemeinsamen Funktionsstörung, die verschiedene Strukturen zu einem sich selbst unterhaltenden, eigenartig rhythmisierten Vorgang miteinander verbindet. Wenn man mit JUNG[261] diese Funktionsstörung in das unspezifische afferente System des Hirnstamms verlegt, so kann dieses System in vielen, wahrscheinlich in den meisten Fällen von Pyknolepsie der primäre Ursprungsort sein, in anderen, vor allem den symptomatischen Fällen aber, den Schrittmacher für Entladungen darstellen, die primär von anders lokalisierten Läsionen ihren Ausgang nehmen und solchermaßen sekundär zum Phänomen einer bilateralen Synchronie führen. Man könnte im ersteren Fall auch von primär zentrenzephalen oder retikulären Epilepsien, im letzteren Fall auch von sekundär retikulären Pyknolepsien sprechen.

Die Analyse der klinischen Anfallssymptome unterstützt die vorwiegend bioelektrisch begründeten Annahmen über die funktionelle Lokalisation: Wir hatten als häufigstes pyknoleptisches Anfallssyndrom den Typus des Retropulsiv-Petit mal herausgestellt[70, 251]. ROSENTHAL ist der einzige, der von diesem Anfallsbild her lokalisatorische Erwägungen über den »Angriffspunkt der irritativen Noxe« anstellt: »Da in $^3/_4$ aller Fälle Blicksymptome im Anfall beobachtet sind, ist anzunehmen, daß die dem Kernsyndrom des pyknoleptischen Anfalls zugrunde liegenden pathogenetischen Mechanismen auf den Hirnstamm, und zwar besonders auf den Bereich der Corpora quadrigemina bzw. der Haube der Pedunculi zu beziehen sind.«[338c] 1955 hatten wir[70] eine Beobachtung mitgeteilt, die damit übereinstimmt. Sie betraf einen 17jährigen Jungen, der zwei Jahre nach Entfernung eines Tumors über der Vierhügelregion (Pinealom) neben großen auch kleine Anfälle bekam, die mit Blickwendung nach oben, Zurückbeugung des Kopfes und rhythmischem Nach-hinten-Rucken bei angebeugten Armen alle Merkmale eines ausgeprägten Retropulsiv-Petit mal hatten. Von einer Pyknolepsie unterschieden sie sich abgesehen vom späten Erkrankungsalter auch darin, daß sie sich nicht pyknoleptisch gehäuft wiederholten. ROSENTHAL sieht daher zu Recht an der Symptomgestaltung der Anfälle, die durch eine vertikale Blickbewegung und eine Neigung zum Opisthotonus ausgezeichnet sind, primär die Gegend der Brückenhaube, d. h. der meso-dienzephalen Übergangsregion beteiligt. Vermutlich lassen sich die von seitlichen Blickwendungen bestimmten Anfälle des adversiven Syndroms mehr in lateralen Gebieten und die propulsiv akzentuierten Petit mal mehr auf rostral gelegene Strukturen beziehen. Auch ihr dynamischer Charakter, den wir als nystaktische Tonusschwankungen ausgemacht haben, spricht für diese Lokalisation, da das Mittelhirn als funktionelles Zentrum der Tonusregulation zu gelten hat. Indifferente Absencen werden als undifferenzierte Minimalform jeder Art von pyknoleptischen Petit mal vermutlich von einer breiteren Basis ausgehen, während die oralen Automatismen in pyknoleptischen Oral-Petit mal auf den funktionellen Widerhall rhinenzephaler Strukturen schließen lassen. Nach unseren Erfahrungen sind bei Kranken mit pyknoleptischen Oral-Petit mal häufiger, als es bei anderen Pyknolepsien üblich ist, exogene Schädigungen in der Vorgeschichte, wenn auch Schädelasymmetrien wie bei psychomotorischen Epilepsien festzustellen, weswegen wir in solchen Fällen eine Interferenz annehmen zwischen einer primär gegebenen retikulären Funktionsstörung mit einer unter Umständen sekundär erworbenen Anomalie im Gebiete des Schläfenhirns.

Unter klinischem Aspekt wäre daher der gemeinsame »Ursprung« aller pyknoleptischen Anfälle ebenso wie unter elektrophysiologischem Aspekt im gesamten Hirnstamm anzugeben. Das jeweilige klinische Kolorit erscheint durch verschiedene lokale Akzente jeweils verschieden gefärbt. Die bioelektrischen Vorgänge erscheinen im Vergleich zu den Nuancen der klinischen Anfälle weit globaler und auf ein physiologisches Radikal reduziert.

Biologie: Damit ist die Pyknolepsie aber keineswegs eine fokale Epilepsie des retikulären Systems; andernfalls müßten Pyknolepsien in jedem Alter durch Herderkrankungen im Gebiet der Formatio reticularis entstehen können. Die anatomisch-funktionellen Bedingungen, die zur Manifestation einer Pyknolepsie führen, müssen daher mit einer biologischen Minderwertigkeit dieses Systems zusammenhängen, die präformiert gegeben ist und sich im Pyknolepsiealter manifestiert. Wenn aus der Altersabhängigkeit der Pyknolepsie und des 3/sec-Spike-wave-Komplexes lediglich der Schluß gezogen wird, sie seien Ausdruck einer abnormen Reaktionsform des kindlichen, d. h. des noch nicht ausgereiften Gehirns auf verschiedenartige Reize[260, 287], so bleibt dabei unberücksichtigt, daß unter den gleichen ätiologischen und lokalisatorischen Bedingungen und im gleichen Lebensalter, d. h. bei gleichem Reifungsgrad des Gehirns, nicht nur Pyknolepsien, sondern oft auch andersartige Epilepsien mit fokalen oder mit psychomotorischen Anfällen zustande kommen. Der Unterschied zwischen Pyknolepsien und anderen Epilepsien, die im gleichen Alter entstehen, kann also nicht nur in der mit dem Alter gegebenen physiologischen Unreife des Gehirns liegen, sondern muß in einer für dieses Alter besonderen Unreife zu suchen sein, die speziell jene Funktionsstruktur betrifft, die bei allen Pyknolepsien verbindlich gestört ist. Nicht eine altersphysiologische Unreife des gesamten Gehirns also, sondern eine pathologische Reifungshemmung, die sich an den Strukturen der Formatio reticularis abspielt, wäre demnach anzunehmen. Diese Vermutung gibt an, in welcher Richtung man bei künftigen pathologisch-anatomischen Untersuchungen ein besonderes Augenmerk zu lenken hat.

Wenn es — was sich am Beispiel des Propulsiv-Petit mal als fruchtbar erwiesen hat — erlaubt ist, das für die Pyknolepsie spezifische Anfallsmotiv als Wegweiser zur Pathogenese zu benutzen, wenn man also fragen darf, welcher Zeitpunkt im Laufe der Ontogenese im Bild des Retropulsiv-Petit mal — wenn auch fragmentarisch — festgehalten, aktualisiert und in Erinnerung gebracht wird, so wird man auf den Übergang von der kriechenden Bewegung zum aufrechten Stehen verwiesen. Dieser Übergang vom — phylogenetisch gesprochen — Vierfüßler zum Zweifüßler wird von der Bewegung der Augen und des Kopfes nach oben angeführt, dem dann der Rumpf, die Arme und die Beine folgen. Unter diesem Aspekt könnte es — wie beim Propulsiv-Petit mal — im Sinne einer Regression auf ein ontogenetisches Stadium sinnvoll erscheinen, daß die Entwicklung zur aufrechten Haltung von dem gleichen Bewegungsmotiv angeführt wird, das im Retropulsiv-Petit mal zur Erscheinung kommt: der Blickwendung nach oben, der Retroflektion des Kopfes, dem Anheben der gebeugten Arme. Daraus wäre zu schließen, daß dann auch die die Reifung hemmenden Faktoren vor der Zeit einsetzen müssen, in der dieses ontogenetische Stadium natürlicherweise vor sich geht, d. h. also vor dem Ende des ersten Lebensjahres. Dem entspricht es, daß bei symptomatischen Pyknolepsien der Zeitpunkt der Gehirnschädigung zum überwiegenden Teil vor diesem Termin liegt[304].

Wahrscheinlich werden die pyknoleptischen Anfälle von der gleichen Funktionsschicht getragen und geprägt wie die Propulsiv-Petit mal, die myoklonisch-astatischen Petit mal und auch die Impulsiv-Petit mal. Damit erhebt sich aber die Frage, warum dann zu verschiedenen Lebensaltern verschiedene Anfalls- und Verlaufsformen in Erscheinung treten. Vor allem der Vergleich des Propulsiv-Petit mal zur Pyknolepsie läßt die Vermutung zu, daß eine wesentliche Bedingung in einer verschieden starken Ausprägung von Reifungsstörungen zu suchen ist, die die gleiche Funktionsstruktur betreffen. Denkbar wäre auch, daß die Faktoren, die die Reifungshemmung bewirken, zu verschiedenen Zeiten der ontogenetischen Entwicklung einwirken. Die ätiologischen Bedingungen, von denen JUNG[261] sagt, daß sie bei Pyknolepsien mehr diffuser und im allgemeinen leichter Natur seien, hätten dann eher – in Analogie zur Propulsiv-Petitmal-Epilepsie – die Bedeutung zeitlich determinierender Faktoren. Zu welchem Zeitpunkt aber deren Einwirkung anzusetzen ist, bleibt völlig offen.

Therapie

Mit seiner klassischen Arbeit über die Petit mal-Epilepsien hat LENNOX 1945 eine Wende im nosologischen Schicksal der Pyknolepsie eingeleitet, die wie ein Akt ausgleichender Gerechtigkeit anmutet. Denn zugleich mit ihrer Annexion wurde ihr darin das Trimethadion als spezifisches Therapeutikum zugewiesen. Damit war aus einem als prognostisch günstig und nicht epileptisch, aber als therapiefraktär geltenden Anfallsleiden eine zwar eindeutig epileptische, aber therapeutisch aussichtsreiche Erkrankung geworden. Pyknolepsien haben auch heute noch die besten therapeutischen Chancen unter allen Formen von Epilepsie, vorausgesetzt, daß die verfügbaren Möglichkeiten rechtzeitig und konsequent verwirklicht werden. Dazu gehört die schon während ihrer vorepileptischen Ära geläufige Erfahrung, daß man bei pyknoleptischen Anfällen mit den konventionellen Antikonvulsiva nichts ausrichtet und die seit 1945 immer wieder bestätigte Erfahrung, daß man mit spezifisch Petit mal-wirksamen Medikamenten in 80 bis 90% der Fälle eine Heilung erzielen kann. Als allgemeine Regeln für eine wirksame Therapie gelten, daß die Behandlung frühzeitig, möglichst noch vor dem Einsetzen großer Anfälle zu beginnen hat, daß eine Dosis verordnet werden muß, die angemessen ist, um auch die im EEG nachweisbaren Anfallspotentiale auszulöschen, daß die Medikation nicht zu früh und nicht ohne EEG-Kontrollen reduziert werden darf und daß die Behandlung jahrelang, bei frühem Beginn möglichst bis zur Pubertät, konsequent fortzusetzen ist.

Das therapeutische Repertoire enthält Medikamente aus der Gruppe der Dione und der Gruppe der Sukzinimide, unter denen letztere den Vorzug verdienen, weil sie besser wirken und weniger unerwünschte Nebenwirkungen haben (s. Tabelle 6). In Fällen, bei denen auch große Anfälle vorkommen, ist eine zusätzliche Medikation von Grand mal-wirksamen Medikamenten, vorzugsweise aus der Gruppe der Barbiturate, indiziert (s. Tab. 7).

Hydantoine, und zwar sowohl Phenytoin wie Phenantoin haben praktisch keine Wirkung. Aus der Erfahrung heraus, daß Phenytoin nicht selten sogar einen Petit mal-provozierenden Effekt ausübt, verwenden wir bei einer Kombination mit großen Anfällen vorzugsweise Primidon als Grand mal-wirksames Medikament.

Unter den *Barbituraten* wirkt Primidon nur gelegentlich nach der Pubertät auch auf kleine Anfälle, wenn sie mit Einsetzen von großen Anfällen ohnehin an Häufigkeit nachgelassen haben. Phenobarbital hat unter allen Antikonvulsiva noch den relativ günstigsten Effekt auf pyknoleptische Petit mal, vor allem wohl deswegen, weil es die bei Patienten mit Pyknolepsie häufig vorkommende Einschlafstörung beseitigt und zur Vertiefung des Schlafes beiträgt.

Unter den *Dionen* ist eine Wahl zu treffen zwischen dem etwas weniger toxischen, aber auch weniger wirksamen Paramethadion und dem wirksameren Trimethadion, das aber häufig eine Lichtscheu hervorruft und vor allem durch seine Fähigkeit, Agranulozytosen und aplastische Anämien, selten auch Nephrosen hervorzurufen, in Mißkredit geraten ist. Die wirksame Dosis liegt bei beiden Medikamenten zwischen 1,2 und 1,8 g bzw. 4 und 6 Kapseln p.d., die maximale Dosis bei 2,4 g bzw. 8 Kapseln p.d. Wenn Sukzinimide versagen, ist nach unserer Erfahrung auch von den Dionen keine Wirkung mehr zu erwarten.

Als Mittel der Wahl gelten die *Sukzinimide*, Äthosuximid und Methsuximid. Während das Methsuximid ein breiteres Wirkungsspektrum aufweist, zumal es nicht selten auch große und auch psychomotorische Anfälle günstig beeinflußt, hat das Äthosuximid jedoch die bessere Verträglichkeit für sich. In ihrer Wirkung sind beide gleich hervorragend. Die auf der Tabelle 6 ersichtliche Wirkungsdifferenz beruht auf einem Auswahlfaktor; denn wir pflegen Methsuximid seiner Nebenwirkungen wegen in der Regel erst einzusetzen, wenn Ätho-

Tabelle 6: *Statistischer Vergleich der Wirkung verschiedener Medikamente auf pyknoleptische Anfälle.*

	Anfallsfrei		Reduktion über 75%		Reduktion über 50%		Reduktion bis 50%, keine Wirkung oder Anfallshäufung		Total	
	n	%	n	%	n	%	n	%	n	%
Phenytoin	12	20	5	9	7	12	35	59	59	100
Primidon	8	23	4	11	2	6	21	60	35	100
Phenobarbital	21	31	15	22	9	13	23	34	68	100
Paramethadion	12	32	12	32	5	14	8	22	37	100
Trimethadion	50	62,5	14	17,5	9	11	7	9	80	100
Methsuximid	21	70	5	17	1	3	3	10	30	100
Äthosuximid	87	78	13	12	6	5	6	5	112	100

suximid nicht befriedigt hat. Denn Methsuximid hat den Nachteil, nicht selten zu Überempfindlichkeitsreaktionen in Form von Exanthemen, Fieber und Schwellungen der Halslymphdrüsen zu führen, die aber durch einen allmählichen Dosisanstieg vermieden werden können. In höherer Dosierung entfaltet Methsuximid einen sedierenden Effekt, der sich, wenn gleichzeitig Primidon verordnet wird, schon bei geringerer Dosis bemerkbar macht. Äthosuximid hat den Nachteil, gelegentlich bei höherer Dosierung ein leichtes Übelkeitsgefühl und manchmal einen hartnäckigen Singultus hervorzurufen, der sich in der Regel durch Akineton kupieren läßt. Die wirksame Dosis beträgt bei Äthosuximid 1,0 – 1,5 g bzw. 4–6 Kapseln p.d. und bei Methsuximid 0,9–1,5 g bzw. 3–5 Kapseln p.d. Maximal kann Äthosuximid bis 2,0 g bzw. 8 Kapseln und Methsuximid bis 2,1 g bzw. 7 Kapseln p.d. dosiert werden.

Bei kombinierten Pyknolepsien haben Barbiturate, vor allem Phenobarbital, die beste Wirkung auf Grand mal, während Phenytoin statistisch gesehen nicht befriedigt (s. Tab. 7). Die Wirkungsdifferenz zwischen Barbituren und Phenytoin ist die gleiche wie bei isolierten Grand mal-Epilepsien vom Aufwach-Typ. Das ist verständlich, weil Grand mal-Epilepsien in Begleitung pyknoleptischer Petit mal in der Regel Aufwach-Epilepsien sind.

Tabelle 7: *Wirkung von Phenytoin und Barbituraten auf große Anfälle bei Kombinationsformen pyknoleptischer Petit mal.*

	Anfallsfrei		Reduktion über 75%		Reduktion über 50%		Reduktion bis 50%, keine Wirkung oder Anfallshäufung		Total	
	n	%	n	%	n	%	n	%	n	%
Phenytoin	13	42	7	23	2	6	9	29	31	100
Primidon	18	58	6	19	5	16	2	7	31	100
Phenobarbital	29	66	8	18	1	2	6	14	44	100

Tabelle 8: *Petit mal-Freiheit bei reinen und bei mit Grand mal kombinierten Pyknolepsien.*

Petit mal-Freiheit durch		Phenytoin n	%	Phenobarbital n	%	Trimethadion n	%	Äthosuximid n	%
Bei isolierter Pyknolepsie	anfallsfrei	4	17	7	27	37	77	41	80
	total	24	100	26	100	48	100	51	100
Bei kombinierter Pyknolepsie	anfallsfrei	8	23	14	35	13	41	47	77
	total	35	100	42	100	32	100	61	100

Pyknolepsien mit isolierten Petit mal sprechen, wie Tabelle 8 zeigt, auf Dione und Sukzinimide etwas besser an als pyknoleptische Anfälle in Kombination mit Grand mal. Daß man in 80% Anfallsfreiheit erzielen kann, solange noch keine großen Anfälle aufgetreten sind, ist die empirische Grundlage für die Forderung nach einer möglichst frühzeitigen Behandlung. Die wenigen therapieresistenten Fälle rekrutieren sich meist aus symptomatischen Pyknolepsien, aus Fällen mit Status pyknolepticus und aus Patienten, deren familiärer Hintergrund einer konsequenten Behandlung ungünstig ist. Eine therapeutische Crux stellen manche Kombinationsformen dar, bei denen eine Erhöhung der Grand mal-Medikation zu einer Vermehrung der kleinen und vice versa eine Erhöhung der Petit mal-Medikation zu einer Vermehrung der großen Anfälle führt, eine gleichzeitige Erhöhung beider Medikamente aber an Unverträglichkeitserscheinungen scheitert. In solchen Fällen empfiehlt es sich, zunächst nur die großen Anfälle zu behandeln, um erst nach längerer Grand mal-Freiheit eine zusätzliche Petit mal-Medikation aufzubauen.

Heikel sind auch Behandlungsverläufe, bei denen sich mit dem Verschwinden der kleinen Anfälle zuerst neurotisch erscheinende, dann ausgesprochen psychotische Symptome mit allen Zeichen einer alternativen Psychose bei »forcierter Normalisierung des EEG« (LANDOLT) entwickeln. Um der Gefahr eines Suizids oder einer Chronifizierung der Psychose vorzubeugen, muß dann die Medikation unter klinischer Aufsicht sofort abgesetzt werden. Klagen im Beginn der Behandlung über Eingeengt- oder Bedrücktfühlen, Unruhe, Herzklopfen, Schweißausbruch oder Schlafstörungen sollten rechtzeitig alarmieren und zu einer Reduktion der Dosis veranlassen. Da der Ausbruch einer Psychose – wie TELLENBACH gezeigt hat – vor allem durch die behandlungsbegleitenden Schlafstörungen bedingt ist, kann man schon zu Beginn der Behandlung prophylaktisch über Wochen ein Schlafmittel, am besten Phenobarbital, verordnen, das zudem den Vorzug hat, nicht selten auch die kleinen Anfälle wirksam zu beeinflussen. Nicht selten gelingt es nur unter sorgfältigster Medikation und in engem psychotherapeutischen Rapport, »zwischen der Skylla der Anfälle und der Charybdis von Psychosen«[358] glücklich hindurchzusteuern.

Die mit dem Verschwinden der kleinen Anfälle oft verbundene Störung des Schlafs ist wahrscheinlich auch der Anlaß dafür, daß gelegentlich mit der Erhöhung der Petit mal-wirksamen Dosis zum erstenmal ein großer Anfall auftritt. In solchem Fall empfiehlt es sich, den Schlaf zu regulieren, eine zusätzliche Grand mal-Medikation aber erst dann aufzubauen, wenn sich die großen Anfälle wiederholen.

Was die Medikation nicht bewirkt, kann zum großen Teil durch eine *diätetische Regelung der Lebens- und Schlafgewohnheiten* erreicht werden. Das gilt auch umgekehrt in dem Sinne, daß geregelte Verhältnisse Medikamente sparen. Doch soll man so wenig Verbote aussprechen wie möglich, um die Bereitschaft zu wecken, die wenigen notwendigen Gebote zu halten. Die Gebote beschränken sich auf eine Disziplinierung des Schlafverhaltens mit der Sorge für ein rechtzeitiges Zubettgehen, mehr aber noch für ein regelmäßiges, auch sonn- und feiertags einzuhaltendes rechtzeitiges Aufstehen und auf eine zeitliche Begrenzung der Mittagsruhe. Dem Nachtschlaf förderlicher ist es, wenn keine Mittagsruhe eingehalten und jeden Tag für körperliche Bewegung gesorgt wird. Selbst Sport und körperliche Anstrengungen sollten eher bejaht werden, wie alles, was die Spannkraft, Wachheit und Konzentration erhöht und der Entfaltung eigener Initiative zugute kommt. Wie überhaupt für Kranke mit pyknoleptischen Anfällen Schonung und Passivität mindestens vom gleichen Übel sind wie Unruhe am Abend und Störungen während der Nacht.

Eine diätetische Umstimmung über die *Ernährung* kann als vorübergehende Maßnahme angebracht sein, um die Ansprechbarkeit auf Medikamente zu erhöhen. Unter den geläufigen, zum Teil widerspruchsvollen Empfehlungen, wie etwa Zufuhr von Flüssigkeit oder Flüssigkeitsbeschränkung, vegetabilischer Kost oder tierischem Eiweiß, sind nur drei Verfahren geprüft und wirksam befunden worden:

1. Die Einschränkung von Kochsalz, die aber nur im Zusammenhang mit einer Bromtherapie sinnvoll ist. 2. Eine auf 3–6 Tage zu beschränkende Fastenkur. 3. Eine über einige Wochen durchzuführende ketogene Diät. Sowohl das Fasten wie die ketogene Diät laufen darauf hinaus, durch eine Ketose eine Umstimmung der Stoffwechsellage herbeizuführen. Beide sollten nur unter klinischer Kontrolle vorgenommen werden, weil sie im Rahmen der Familie praktisch schwer durchzuführen und psychologisch eher schädlich als nützlich sind. Die Wirkung scheint weniger von der Art der Anfälle als vom Lebensalter abhängig zu sein, da sowohl große Anfälle wie kleine vom Typ der myoklonisch-astatischen und der pyknoleptischen Anfälle darauf ansprechen. Daher hat eine ketogene Kur, sei es über Fasten oder über eine fettreiche Ernährung bei minimalen Gaben von Eiweiß und Kohlehydraten nur, Sinn bei Kindern im Alter von 2–8 Jahren. Praktische Anweisungen zur diätetischen Ernährung findet man in den Lehrbüchern über Epilepsien im Kindesalter[6, 14, 284, 305].

Eine azidotische Stoffwechsellage kann ebenso auch durch Zufuhr von Ammoniumchlorid[200], von Borsäure oder auch durch Karboanhydrasehemmer vom Typ des Diamox erreicht werden. Diamox wirkt im Experiment nicht mehr antiepileptisch, wenn Natriumbikarbonat zugeführt wird. Seine antiepileptische Wirkung hat daher nichts mit seinem Einfluß auf die Karboanhydrase zu tun, sondern mit seinem Einfluß auf den Säure-Basen-Haushalt[225]. Daß sich eine azidotische Stoffwechsellage anfallsverhütend und umgekehrt eine alkalotische Stoffwechsellage, wie sie etwa durch die Hyperventilation herbeigeführt wird, anfallsfördernd auswirken kann, läßt vermuten, daß die Durchlässigkeit der Blut-Hirn-Schranke für die Anfallsbereitschaft eine entscheidende Rolle spielt[324, 325, 362]. Es fragt sich nur, ob daraus eine generelle Regel abgeleitet werden kann in dem Sinne, daß eine gesteigerte Durchlässigkeit der Blut-Hirn-Schranke grundsätzlich mit einer gesteigerten Anfallsbereitschaft und eine verminderte Permeabilität der Blut-Hirn-Schranke grundsätzlich mit einer verminderten Anfallsbereitschaft einhergeht. Aufgrund klinischer Erfahrungen kann diese Regel vorläufig nur für Erkrankungen, die auf eine ketogene Diät ansprechen, also kindliche Epilepsien bis zum 8. Lebensjahr und für solche Formen eine gewisse Wahrscheinlichkeit beanspruchen, die wie die zentrenzephale Epilepsie auf Hyperventilation mit einer erhöhten Anfallsbereitschaft reagieren und während erhöhter Anfallsbereitschaft eine Verschiebung im Elektrolythaushalt im Sinne einer Retention von Natrium aufweisen[344]. Als Gegenbeispiele verweist Quadbeck[33] auf Epilepsieformen hin, die nicht durch Hyperventilation zu provozieren sind, und auf Patienten, bei denen nach Ansäuerung vermehrt Anfallspotentiale im EEG zu beobachten sind. Der Kliniker wird bei solchen Beispielen unschwer an Kranke mit psychomotorischen Anfällen erinnert, die immer wieder berichten, auf fettreiche und ansäuernde Kost mit Anfällen zu reagieren.

Die juvenilen Petit mal-Epilepsien

Epilepsie mit nicht-pyknoleptischen Petit mal

Zwischen der Pyknolepsie und der Impulsiv-Petit mal-Epilepsie liegt eine weitere Verlaufsform altersgebundener Petit mal, die klinisch vorwiegend mit reinen Absencen und elektroenzephalographisch mit schnellen Spike-wave-Komplexen einhergeht. Von einer Pyknolepsie unterscheidet sie sich nur dadurch, daß die kleinen Anfälle nicht pyknoleptisch, d. h. nicht tagtäglich gehäuft, sondern entweder zykloleptisch, d. h. periodisch gehäuft oder spanioleptisch (Doose et al.[203]) — von σπάνιος = selten — auftreten. Von der Impulsiv-Petit mal-Epilepsie, die nicht selten auch von reinen Absencen begleitet wird, unterscheidet sie sich klinisch durch das Fehlen typischer impulsiver Stöße und elektroenzephalographisch durch das Fehlen typischer Multispike-wave-Komplexe. Mit beiden gemeinsam hat sie die häufige Kombination mit Aufwach-Grand mal, eine hohe Hereditätsquote und die Seltenheit ätiologisch relevanter Noxen. Therapeutisch sprechen Fälle mit zykloleptischem Verlauf ebenso gut auf Sukzinimide an wie Pyknolepsien und solche mit spanioleptischem Verlauf ebenso gut auf Primidon wie Impulsiv-Petit mal.

Nosologische Abgrenzung: Nach Ausschluß aller Epilepsien mit kleinen Anfällen, die weder den bisher bekannten Formen altersgebundener Petit mal-Epilepsien noch den psychomotorischen oder den fokalen Anfällen zugehören, ergeben sich in unserem Krankengut 197 Fälle mit bisher unklaren Petit mal. Ihr Erkrankungsalter zeigt eine breite Streuung vom 2. bis 40. Jahr, in der sich allerdings ein kleiner Gipfel vom 5. bis 9. und ein größerer Gipfel vom 11. bis 15. Lebensjahr abzeichnet (s. Abb. 56). Zwischen beiden entsteht durch eine Senke im 10. Lebensjahr eine Zäsur, die für Doose et al.[203] mitentscheidend dafür war, eine spätinfantile, meistens pyknoleptisch verlaufende Absence-Epilepsie von einer juvenilen, meistens zykloleptisch oder spanioleptisch verlaufenden Absence-Epilepsie zu unterscheiden. Dieser zweiten Form, die unter Einschluß der vom 10. bis zum 17. Lebensjahr beginnenden Erkrankungen 116 Fälle umfaßt (s. Abb. 60), gilt unsere Darstellung.

Um sämtliche 197 Fälle kurz zu charakterisieren, so handelte es sich der Anfallsform nach vorwiegend (76%) um indifferente Absencen, gelegentlich

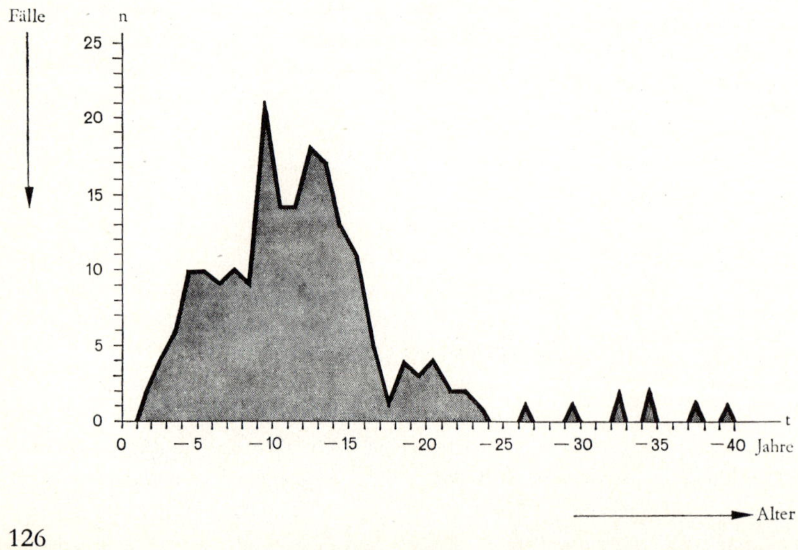

Abb. 56. Erkrankungsalter von 197 Epilepsien mit Petit mal, die keiner bisher bekannten Form zugehören.

(10%) um indifferente Petit mal oder um Absencen mit oralen Automatismen (11%) und selten (8%) um vereinzelte Retropulsiv-Petit mal. 16% der Erkrankungen verliefen als isolierte Petit mal-Epilepsien, 84% in Kombination mit Grand mal. Bei 8% waren ätiologisch relevante Vorschädigungen in Form von Geburtstraumen, entzündlichen oder traumatischen Hirnläsionen festzustellen, bei 9,5% Epilepsien in der Familie zu eruieren. Begleitende große Anfälle verliefen in 70% als Aufwach-Grand mal, in 17% als Schlaf-Grand mal und in 13% als diffuse Grand mal.

Anfallsformen

Bei der Mehrzahl (86%) kam es lediglich zu blanden oder reinen Absencen, die wir, da jedes motorische oder sensorische Beiwerk fehlt, auch als (motorisch und sensorisch) indifferente Absencen bezeichnen (vgl. Abb. 33). Die Bewußtseinsstörung ist oft so milde, daß sie von den Patienten selbst nicht bemerkt wird. Daher wird das Vorkommen von indifferenten Absencen häufig erst unter dem EEG entdeckt. Auf entsprechende Fragen wird dann allerdings oft zugegeben, daß man solche Zustände von »Gedankenlosigkeit«, von »flüchtigem Kopfschwindel« oder von »Denkpausen« schon kenne, aber für etwas ganz Natürliches gehalten habe. Nicht selten werden solche Absencen überhaupt erst wahrgenommen, wenn auch große Anfälle aufgetreten sind. Dem Beobachter fällt dabei lediglich eine leichte Trübung des Blickes auf, während die Patienten in einer gerade begonnenen Beschäftigung »gedankenlos« fortfahren und unter dem EEG die Hyperventilation nicht unterbrechen.

Schon im Pyknolepsie-Kapitel war darauf hingewiesen worden (S. 66f), daß indifferente Absencen an sich nichts weiter als eine Minimalform epileptischer Anfälle darstellen, die bei jeder Art von Petit mal vorkommt[70]. Selbst psychomotorische Anfälle können, wenn sie besonders milde ablaufen, in Form indifferenter Absencen vor sich gehen. Da dieses Symptom also typologisch völlig unspezifisch ist, kann auch der Begriff »Absence« — ohne weiteres Kennzeichen angewandt — keine spezielle Krankheitsform charakterisieren. Denn auch bei der Pyknolepsie, die unklarerweise oft als »Absence-Epilepsie« bezeichnet wird, sind Verläufe, bei denen indifferente Absencen die einzige Anfallsmanifestation darstellen, in der Minderheit.

Relativ selten (6%) sind Fälle mit indifferenten Petit mal, d. h. Absencen, die von milden klonischen Zuckungen der Lider oder leichten Ruckbewegungen des Kopfes in der Sagittalen begleitet werden oder Absencen mit oralen Automatismen (5%) (vgl. Abb. 38 u. 39); noch seltener (3%) sind bei dieser Krankheitsform Anfälle, bei denen der Bulbus rhythmisch nach oben und der Kopf mit leichten ruckenden Bewegungen nach hinten geht (vgl. Abb. 34 u. 36). Daß solche typischen Retropulsiv-Petit mal auch einmal auf eine nicht-pyknoleptische Weise vorkommen können, bestätigt als Ausnahme die Regel, daß Retropulsiv-Petit mal pathognomonisch für die pyknoleptische Variante der Petit mal-Epilepsien sind.

Wiederholung der Anfälle: Wohl gibt es auch Verläufe mit relativ häufigen Anfällen, die sich am Tag 4—10 bis höchstens 15mal wiederholen. Zum Unterschied von der Pyknolepsie kommt es aber nach einigen Tagen der Anfallshäufung immer wieder zu Perioden von Tagen oder auch Wochen, in denen die Anfälle ausbleiben. Ein solches periodisches An- und Abschwellen in der Anfallshäufigkeit ist bezeichnend für einen *zykloleptischen* Verlauf. Eine Extremvariante zykloleptischer Verläufe stellen Erkrankungen dar, bei denen es nach längeren anfallsfreien Perioden zu einer über Stunden bis Tage gehenden ununterbrochenen Anfallshäufung im Sinne eines *Petit mal-Status* kommt. Bei 10% unserer Patienten mit einer juvenilen nicht-pyknoleptischen Petit mal-Epilepsie kam es wiederholt zu einem Petit mal-Status, der unbehandelt in der Regel dann durch einen großen Anfall abgeschlossen wird. Erkrankungen mit *spanioleptischem* Verlauf sind meist solche, bei denen die Absencen als Nebenbefund bei der Befragung oder erst bei der elektroenzephalographischen Untersuchung herauskommen. Da die großen Anfälle, die die Kranken in die Sprechstunde bringen, meist in Form von Aufwach-Epilepsien verlaufen, kann man bei Aufwach-Epilepsien, die zwischen dem 10. und dem 15. Lebensjahr beginnen, mit ziemlicher Sicherheit voraussagen, daß auch gelegentliche Absencen vorkommen.

Zur Illustration der Anfallsformen und des Krankheitsverlaufs mögen folgende Krankengeschichten dienen:

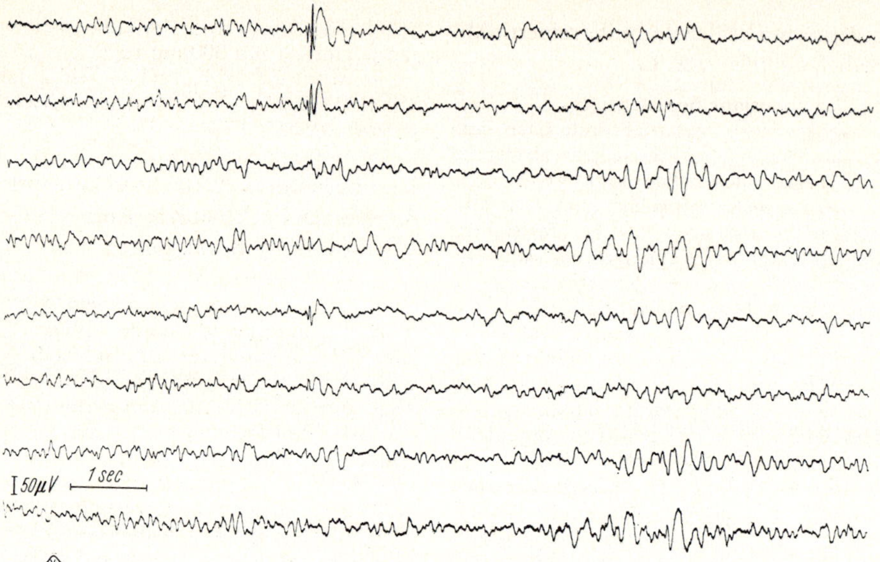

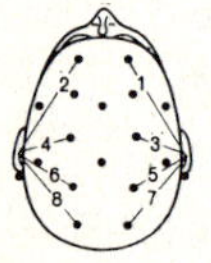

Abb. 57. Intervall-EEG (unter Hyperventilation) bei nicht-pyknoleptischen indifferenten Absencen (Dorothea von G.).

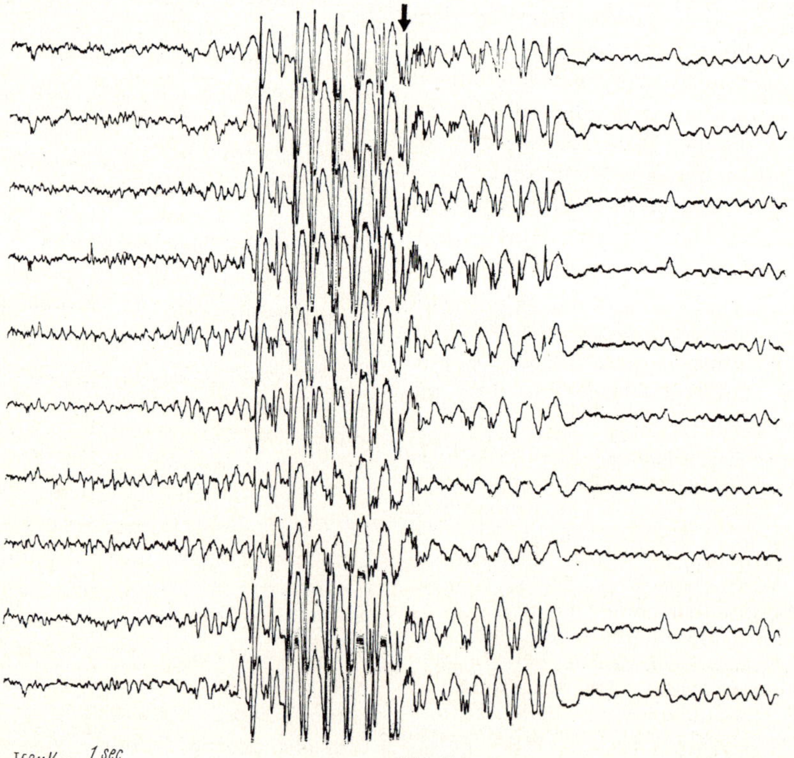

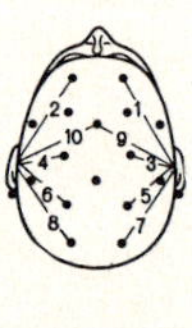

Abb. 58a

Abb. 58a u. b. Anfalls-EEG (unter Hyperventilation) bei kurzen nicht-pyknoleptischen indifferenten Petit mal (Christoph S.). (Bei ↓ Reduktion der Amplituden auf die Hälfte.)

Isolierte Petit mal-Epilepsie mit reinen Absencen: Fall Dorothea von G.:

Seit ihrem 10. Lebensjahr beobachteten die Eltern, daß sie besonders in der ersten Stunde nach dem Aufstehen für wenige Sekunden wie abwesend schien, einen leeren Blick bekam und kurz in ihrer Beschäftigung innehielt. Sie selbst bemerkte vorher gar nichts, konnte aber nachher feststellen, daß sie »einen Moment weggetreten« war. Die Anfälle wiederholten sich einige Tage lang bis 4- und 5mal täglich, blieben dann aber wieder für einige Tage ganz aus. Mit 12 Jahren trat sie in unsere Behandlung. Sie wirkte schüchtern, war hager gewachsen, im übrigen aber gesund. Das EEG zeigte schon bei der Standardableitung, abgesehen von einer leichten bis mäßigen Allgemeinveränderung, häufige kurze dysrhythmische Gruppen, wobei die δ- und die Zwischenwellen auch als steile Abläufe imponierten. Am Ende der Hyperventilation traten frontal einzelne Spike-wave-Abläufe von 3—3,5/sec auf. Dabei handelte es sich um Einer- oder Zweierkomplexe, die entweder von einem isolierten Spike oder auch von mehreren Spikes eingeleitet waren (s. Abb. 57).

Auf eine Behandlung mit 1800 mg Paramethadione p.d. verschwanden die Absencen und die Anfallspotentiale. Nach dem 14. Lebensjahr wurde die Dosis jährlich um 300 mg reduziert. Die Patientin ist jetzt mit 22 Jahren schon seit 2 Jahren auch ohne Medikation bei normalem EEG anfallsfrei geblieben.

Kombination von nicht-pyknoleptischen indifferenten Petit mal mit Aufwach-Grand mal: Fall Christoph S., 34 Jahre:

Der Patient bekam seit seinem 10. Lebensjahr ohne Warnung kurzdauernde Absencen, bei denen lediglich ein rhythmisches Lidflattern zu beobachten war. Diese Anfälle wiederholten sich über Tage hin etwa 12- bis 15mal am Tag, konnten dann aber wieder einige Tage bis zu einer Woche völlig ausbleiben. Sie traten bevorzugt am Vormittag auf und besonders gerne, wenn er die vorhergehende Nacht wenig geschlafen hatte. Mit 18 Jahren bekam er nach einer Festivität mit reichlichem Alkohol und spärlichem Schlaf morgens nach dem Aufstehen einen generalisierten Krampfanfall. Weitere große Anfälle wiederholten sich etwa einmal im Jahr und ereigneten sich immer in Abhängigkeit von Schlafentzug nur morgens nach dem Aufstehen. In seinem beruflichen Fortkom-

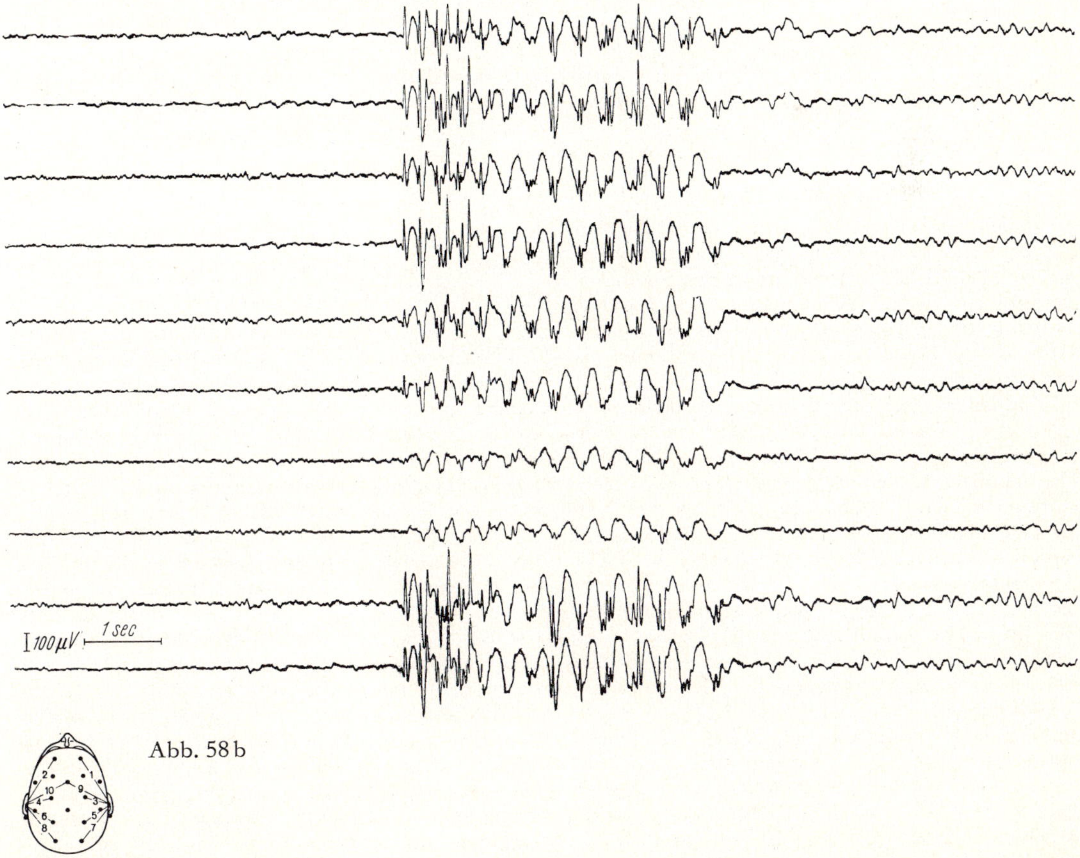

Abb. 58 b

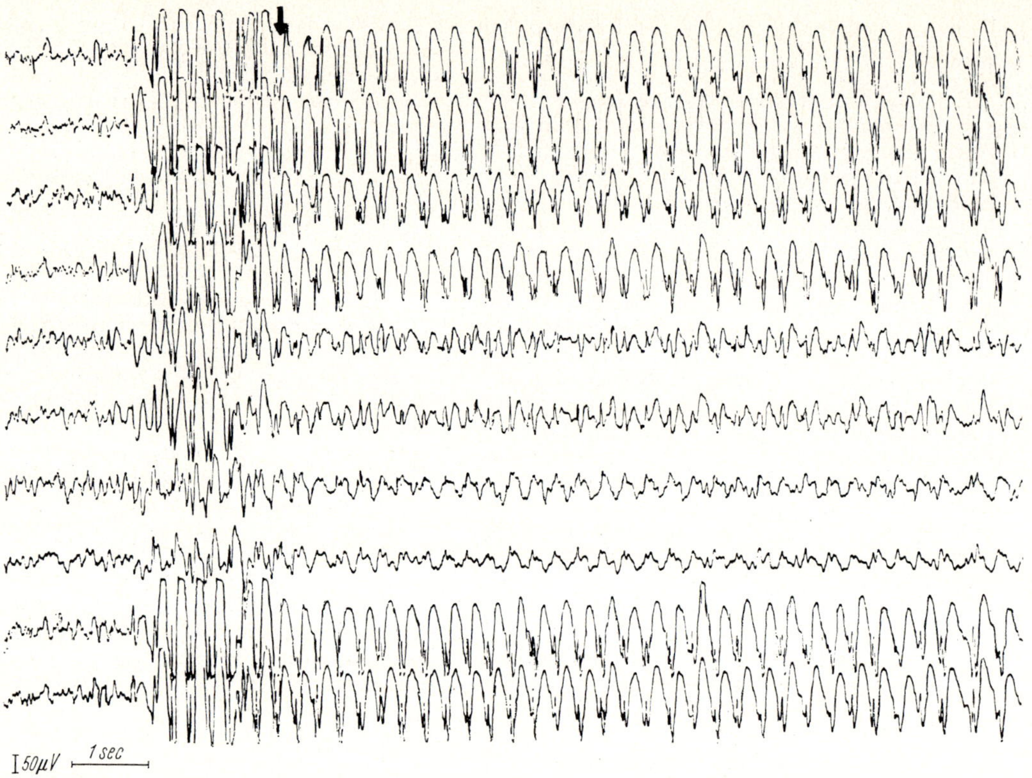

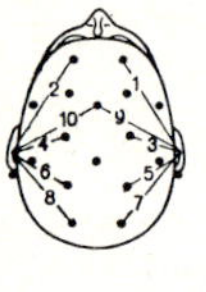

Abb. 59. Anfalls-EEG (unter Hyperventilation) einer subjektiv nicht bemerkten Absence (Robert K.). (Bei ↓ Reduktion der Amplituden auf die Hälfte.)

men als leitender Angestellter eines internationalen Finanzunternehmens war er nicht wesentlich behindert. Das EEG zeigte während der Standardableitung eine leichte Allgemeinveränderung mit Übergang des α-Rhythmus in Zwischenwellen. Während der Hyperventilation kam es 5mal zu kurzen indifferenten Petit mal mit Abwesenheit und Lidflattern, die von 2,5—4,5 sec dauernden synchronen, etwas unregelmäßigen 3,5—4/sec Spike-wave-Komplexen begleitet waren. Die Anfallspotentiale wurden meist von zwei, aber auch mehreren Spitzenpotentialen eingeleitet (s. Abb. 58). Auf eine Medikation von 1500 mg Methsuximid wurden die Anfälle wesentlich seltener; das EEG blieb aber unverändert. Nach Umstellung auf 1250 mg Äthosuximid p.d. verschwanden die Anfälle; im EEG waren aber immer noch kurze Gruppen frequenter Spike-waves mit sehr steilen biphasischen initialen Spitzenpotentialen zu sehen, die erst auf eine Medikation von 2000 mg Äthosuximid p.d. verschwanden. Nach 2 Jahren konnte die Dosis auf 1850 mg und nach weiteren 2 Jahren auf 1500 mg p.d. reduziert werden, ohne daß wieder Anfälle oder Anfallspotentiale auftraten.

Kombination von Aufwach-Grand mal mit subjektiv nicht bemerkten indifferenten Absencen: Fall Robert K., 24 Jahre:

Der Patient hatte von seinem 12. bis zu seinem 17. Lebensjahr, als er in unsere Behandlung trat, insgesamt 28 große Anfälle erlitten, die ohne Ausnahme im Laufe der ersten 2 Stunden nach dem Aufwachen eintraten. Der erste Anfall ereignete sich in der Rekonvaleszenz nach einer fieberhaften Erkrankung, die weiteren immer in Zusammenhang mit Schlafmangel, oft an Sonntagen, Feiertagen oder Ferientagen. Von Absencen war weder ihm noch den sorgfältig beobachtenden Eltern etwas bekannt. Im EEG kam es jedoch bei mehrfachen Registrierungen einige Male unter der Hyperventilation zu 8—24 sec dauernden regelmäßigen synchronisierten Spike-wave-Folgen, während deren er ruhig weiter atmete, nicht die Augen öffnete und auch sonst nichts äußerlich erkennen ließ. Auf eindringliches Befragen gab er an, ein leichtes Schwindelgefühl gespürt zu haben, das auch sonst gelegentlich auftrete. Abb. 59 zeigt einen 24 sec dauernden Paroxysmus von regelmäßigen 3,5/sec-Spike-waves, die teilweise von

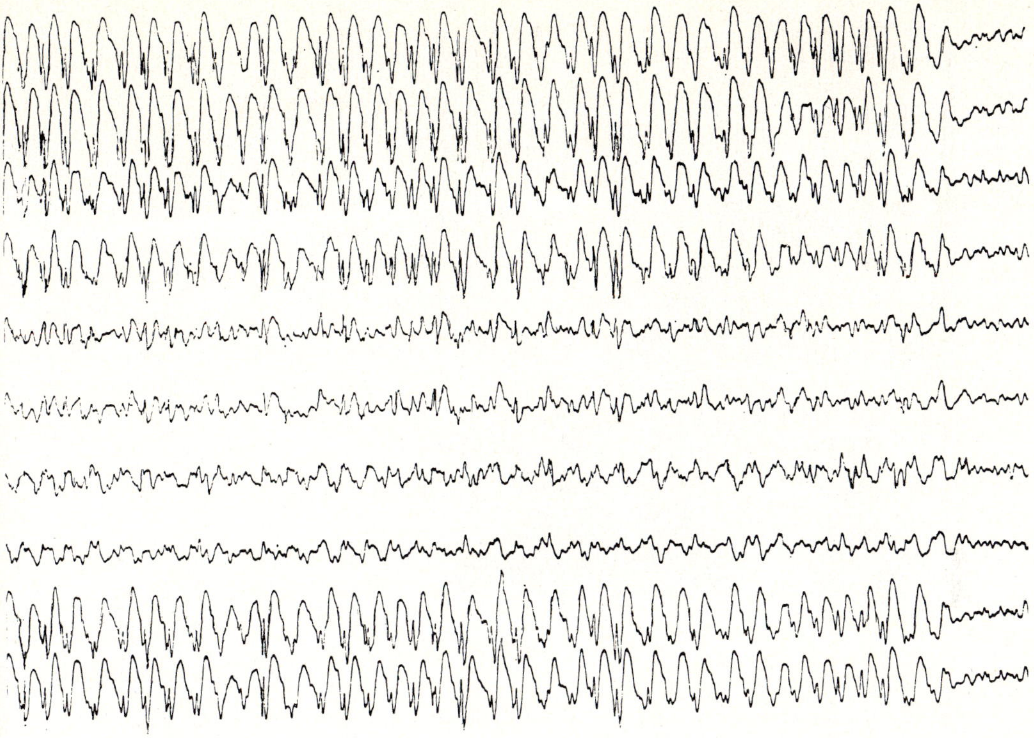

Doppelspikes eingeleitet sind. Während dieses Anfalls hatte er wieder ein leichtes Schwindelgefühl verspürt, ohne daß eine Veränderung an ihm zu beobachten war.
Unter einem strengen Schlafreglement und einer Medikation von 1250 mg Primidon p.d. blieben die großen Anfälle in den vergangenen 7 Jahren aus, so daß die Medikation mittlerweile auf 500 mg Primidon p.d. reduziert werden konnte. Die Spike-wave-Entladungen sprachen auf Primidon nicht an, wohl aber auf eine zusätzliche Medikation von 750 mg Äthosuximid p.d., das inzwischen auch auf 500 mg p.d. reduziert werden konnte.

EEG-Befunde

Die abgebildeten Hirnstromkurven geben die wesentlichen hirnelektrischen Merkmale dieser Krankheitsform wieder. Die Grundaktivität weist etwas häufiger als bei Epilepsien mit Impulsiv-Petit mal und etwas seltener als bei Pyknolepsien eine leichte bis mäßige Allgemeinveränderung auf. Eine ausgeprägte Zwischenwellen- und δ-Wellen-Aktivität in den Standardableitungen schließt eine juvenile Absence-Epilepsie jedoch aus. Auch die Anfallspotentiale lassen sich am besten als Zwischenformen zwischen dem klassischen regelmäßigen synchronen bilateralen 3/sec-Spike-wave-Muster bei der Pyknolepsie und dem für Impulsiv-Petit mal charakteristischen Multi-Spike-wave-Komplex beschreiben. Die Spike-wave-Muster beim nicht-pyknoleptischen juvenilen Petit mal laufen meist rascher, in einer Frequenz von 3,5–4/sec ab und enthalten einleitend sehr frequente Spike-Entladungen, die gelegentlich biphasischen Charakter haben. Häufig gehen 2 oder 3 Spikes den langsamen Wellen vorauf, nie jedoch 5 oder gar 10 wie bei einem Multispike-wave-Komplex. Die Entladungen sind in der Regel bilateral symmetrisch und über den vorderen Hirnregionen regelmäßiger ausgeprägt als über den hinteren. Da die nicht-pyknoleptischen Anfälle schon klinisch seltener auftreten als die pyknoleptischen Petit mal, erscheinen sie seltener schon in den Standardableitungen, sondern meist erst während der Hyperventilation. In Zweifelsfällen kann man weitere positive Befunde von Ableitungen nach Schlafentzug erwarten. Denn Schlafent-

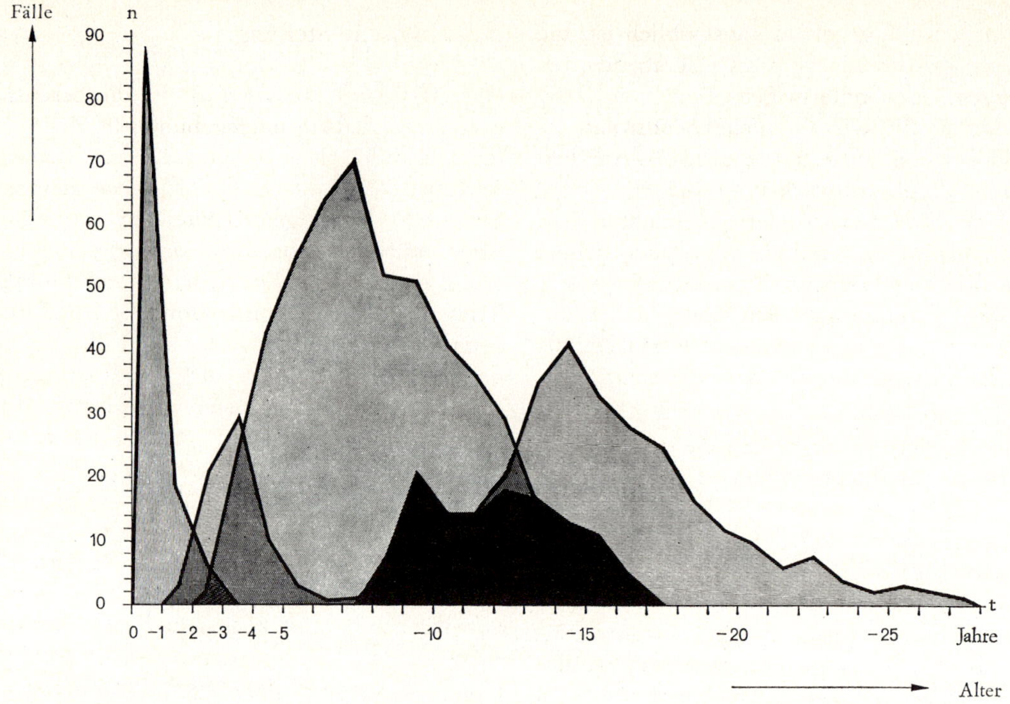

Abb. 60. Erkrankungsalter altersgebundener Petit mal-Epilepsien (1169 Fälle). Schwarz: Epilepsien mit nicht-pyknoleptischen Petit mal (116 Fälle). Die früher und die später beginnenden Erkrankungen (s. Abb. 56, 81 Fälle) sind hier ebenso wie auf den Abb. 13, 27, 48 und 70 weggelassen worden.

zug scheint die wirksamste biologische Provokationsmethode bei dieser Art von Epilepsie zu sein.

Klinik

Häufigkeit: Mit 116 Fällen ist das juvenile nicht-pyknoleptische Petit mal im Gesamtkrankengut zu 1,8% und unter den altersgebundenen kleinen Anfällen zu 9,9% vertreten. Da die frühinfantilen Petit mal-Epilepsien in unserem Krankengut nicht ihrer tatsächlichen Häufigkeit nach repräsentiert sind, darf angenommen werden, daß Erkrankungen mit juvenilen nicht-pyknoleptischem Petit mal etwa gleich häufig vorkommen wie solche mit myoklonisch-astatischen Anfällen. *Geschlecht:* Mit 62:54 überwiegen weibliche Patienten über männliche Patienten. Der Unterschied, der im prozentualen Verhältnis 53:47% beträgt, ist statistisch nicht gesichert.

Das *Erkrankungsalter* zeigt — wie besprochen — einen Gipfel, der vom 10. bis zum 14. Lebensjahr reicht und damit genau die Lücke ausfüllt, die zwischen den Gipfeln für die Pyknolepsie und für das Impulsiv-Petit mal liegt (s. Abb. 60).

Verlauf: 20 Fälle (17%) verliefen als reine Petit mal-Epilepsien und 96 (83%) in Kombination mit großen Anfällen. Diese Verlaufsform scheint daher seltener als die Pyknolepsie und häufiger als Impulsiv-Petit mal lediglich mit kleinen Anfällen in Erscheinung zu treten. Unter den Kombinationen waren 46 primär durch kleine Anfälle eingeleitet und 38 sekundäre Kombinationen, während bei 12 Fällen der Beginn nicht auszumachen war. Was die Verlaufsform der großen Anfälle angeht, so verliefen unter 79 Fällen — in 4 weiteren Fällen waren erst vereinzelt Grand mal aufgetreten — allein 59 (75%) in Form von Aufwach-Epilepsien, 11 (14%) in Form von Schlaf-Epilepsien und 9 (11%) in tageszeitlich ungebundener, diffuser Form. Auffällig erscheint uns, daß die großen Anfälle bei Aufwach-Epilepsien im Rahmen dieser Krankheitsform häufiger, als es sonst üblich ist, die Zeit am Spätnachmittag, »um Feierabend«, bevorzugen. Bekanntermaßen begünstigt die Ermüdung, die wir als »Feierabendsituation« bezeichnen, das Auftreten von großen Anfällen besonders bei Aufwach-Epilepsien[250]. Nicht nur vom EEG her, sondern auch unter dem Gesichtspunkt des klinischen Verlaufs, gehört daher die beschriebene Krankheitsform zur Gruppe der zentrenzephalen Epilepsien. Denn die Aufwach-Epilepsie darf gewissermaßen als das leibeigene Grand mal der zentrenzephalen Epilepsie gelten.

Dem entspricht es auch, daß die auslösenden Umstände für nicht-pyknoleptische Petit mal die gleichen sind wie für Pyknolepsien und Impulsiv-Petit mal auf der einen Seite und für Aufwach-Epilepsien auf der anderen Seite, nämlich Störungen im Schlaf-Wach-Rhythmus, physische Anspannungen und Erkrankungen sowie emotionelle Spannungen, die ein Schlafdefizit hervorrufen.

Ätiologie: Nur in 4 Fällen (3,5%) waren Anhaltspunkte für eine erschwerte Geburt zu eruieren, die möglicherweise zu einer geburtstraumatischen Hirnschädigung geführt haben könnte. Andere ätiologisch relevante Noxen waren nicht in Erfahrung zu bringen. Juvenile Petit mal-Epilepsien mit nicht-pyknoleptischen Petit mal sind daher ebenso wie die Pyknolepsie und die Impulsiv-Petit-mal-Epilepsie in der Regel idiopathische Epilepsien.

Heredität: Von 13 (11,2%) unter 116 Patienten wurden uns epileptische Erkrankungen in der Verwandtschaft angegeben. Das entspricht ungefähr dem Anteil, der bei den altersmäßig vorangehenden Petit mal-Epilepsien bei routinemäßiger Befragung zu erfahren war. Bei der Impulsiv-Petit-mal-Epilepsie beträgt die Hereditätsquote allerdings mehr als das Doppelte (25%). Differenzierte genetische Familienuntersuchungen, wie sie von KRUSE und von MATTHES u. WEBER am myoklonisch-astatischen Petit mal und bei der Pyknolepsie durchgeführt worden sind, stehen allerdings für die beiden Gruppen des juvenilen nicht-pyknoleptischen Petit mal und des Impulsiv-Petit mal noch aus.

Nosologische Stellung

Unter typologischem Aspekt ist die beschriebene Verlaufsform altersgebundener Petit mal ohne Zweifel als eine Zwischenform zu bezeichnen. Wenn man den Maßstab der seit LENNOX[95] geläufigen Einteilung zugrunde legen würde, so bedürfte sie keiner besonderen Erwähnung. Denn in seiner Petit mal-Trias von Absencen, myoklonischen und akinetischen Anfällen ginge sie völlig im Begriff der Absencen auf. Aber auch bei unserer vorwiegend am Anfallsmuster orientierten Einteilung der Petit mal-Trias in Propulsiv-Petit mal Retropulsiv-Petit mal und Impulsiv-Petit mal [70, 74, 76, 251, 408] wäre eine Zwischenform nicht erforderlich gewesen, da es uns darauf ankam, die verschiedenen Anfallsformen als Varianten einer die Statik betreffenden Funktionsstörung darzustellen. Immer hin waren uns dabei gewisse Diskrepanzen zwischen Anfallsbild und Verlaufsform aufgefallen, die nach genaueren Unterscheidungen verlangten. Solange wir an unserer rein typologischen Betrachtung der Krankheitsformen festhielten, mußten wir aber so fragwürdige Begriffe wie »Kernsymptom« und »Randsymptom«, »Frühfälle« und »Spätfälle« zu Hilfe nehmen. Mittlerweile sind die jedoch von uns noch als »Spätfälle von Propulsiv-Petit mal«[76] bezeichneten Erkrankungen von DOOSE[29, 30], SOREL[144], GASTAUT et al.[49] und von KRUSE[88] als eine eigene frühinfantile Form mit myoklonisch-astatischen Petit mal präzisiert und zwischen die Epilepsie mit Propulsiv-Petit mal und die Pyknolepsie eingereiht worden. Weiterhin haben DOOSE et al.[203] die von JANZ u. CHRISTIAN[74] schon erwähnte Gruppe mit nicht-pyknoleptischen indifferenten Absencen, »die klinisch eine Zwischenstellung zwischen dem Retropulsiv-Petit mal und dem Impulsiv-Petit mal einnehmen«[74], neuerdings als »juvenile Absencen-Epilepsie« bezeichnet und aufgrund von Verlaufsbeobachtungen an 34 Fällen schärfer von der Pyknolepsie abgehoben. Damit ist in den 20 Jahren, die seit der Arbeit von LENNOX[95] bis zu der Arbeit von DOOSE et al.[203] vergangen sind, aus der Petit mal-Trias von Absencen, myoklonischen und akinetischen Anfällen ein *Quintett* altersgebundener kleiner Anfälle geworden, das vom Propulsiv-Petit mal über das myoklonisch-astatische Petit mal, das pyknoleptische Petit mal und das juvenile nicht-pyknoleptische Petit mal bis zum Impulsiv-Petit mal reicht.

Nach ihren klinischen Merkmalen erscheinen die frühinfantile Petit mal-Epilepsie mit myoklonisch-astatischen Anfällen und die juvenile Petit mal-Epilepsie, die vorwiegend mit indifferenten Absencen einhergeht, wie Zwischenformen: Nach ihrem Erkrankungsalter nehmen sie die Plätze ein zwischen dem Propulsiv-Petit mal und dem pyknoleptischen Petit mal einerseits und zwischen dem pyknoleptischen Petit mal und dem Impulsiv-Petit mal andererseits. Auch im Erscheinungsbild und in den Verlaufseigenschaften enthalten ihre Anfälle Elemente aus den beiden, sie jeweils flankierenden, markanten Krankheitsformen. Nicht zuletzt sind sie auch in elektroenzephalographischer Hinsicht insofern Zwischenformen, als die ersteren mit ihrem irregulären, langsamen Spike-wave-Muster zwischen der Hypsarrhythmie und dem 3/sec-Spike-wave-Komplex stehen und letztere mit ihrem regulären, schnellen Spike-wave-Muster zwischen dem 3/sec-Spike-wave- und dem Multispike-wave-Komplex. Trotzdem ist es nicht ausgeschlossen, daß beide Anfalls- und Verlaufsformen eigene Krankheitsformen darstellen, was jedoch erst zu entscheiden sein wird, wenn einmal differenzierte genetische Untersuchungen vorliegen. Für das myoklonisch-astatische Petit mal wird diese Frage zunächst noch widersprüchlich beurteilt[88, 203].

Die juvenile Absence-Epilepsie bzw. Petit mal-Epilepsie mit nicht-pyknoleptischen Anfällen ist bisher genetisch noch nicht gesondert untersucht worden.

Epilepsie mit Impulsiv-Petit mal

Synonyma: Impulsions, secousses, commotions épileptiques (HERPIN 1867), Petit mal moteur (DELASIAUVE 1854, FÉRÉ 1890), Myoclonies épileptiques (RABOT 1899), Intermittierende Myoklonusepilepsie (LUNDBORG 1903), Regionäre Zuckungen (MUSKENS 1926), Myoclonic epilepsy (LENNOX 1945), Épilepsie myoclonique benigne ou fonctionelle (SOLÉ-SAGARRA 1952), Myoclonic petit mal (PENFIELD u. JASPER 1954), Impulsiv-Petit mal (JANZ 1955a), Epilepsie géneralisée à myoclonies intermittentes ou sporadiques (LECASBLE 1958), Epilepsia mioclónica bilateral y consciente (CASTELLS u. MENDILAHARSU 1958), Jerk epilepsy (LENNOX 1960).

Die sich altersmäßig zuletzt manifestierenden kleinen Anfälle gleichen völlig einem plötzlichen Zusammenfahren wie bei einem heftigen Schrecken. Die Kranken berichten, daß sie – meist morgens nach dem Aufstehen, bei der Toilette oder beim Frühstück – unvermittelt jäh zusammenzucken und dabei Rasierapparat oder Tasse oder was sie sonst gerade in den Händen halten, weit von sich schleudern. Das kann bloß einmal geschehen oder mehrere Male hintereinander erfolgen oder sich zu einer regelrechten Salve von arrhythmischen Zuckungen steigern. Das kann so milde vor sich gehen, daß es von der Umgebung nicht bemerkt wird, aber auch so heftig in Erscheinung treten, daß der Kranke jäh zu Boden stürzt, sich sogleich aber wieder erheben kann.

Legende: Wenn auch ältere Autoren vielleicht schon die gleichen Phänomene im Auge hatten, wenn HEBERDEN (1804) schreibt: »signa epilepsiae remotoria sunt jactitatio et cetera«, so gebührt doch HERPIN (1867) das Verdienst, sie zum ersten Mal exakt bezeichnet und vergleichbar beschrieben zu haben: »Der Typ dieser Varietät von (Anfalls-)Vorspiel ist ein Stoß (secousse), der den ganzen Körper wie ein elektrischer Schlag erschüttert.« Seine 24. Beobachtung enthält die erste klare Beschreibung einer Impulsiv-Petit-mal-Epilepsie:

»14jähriger Arztsohn, sehr intelligent. Die Großmutter von väterlicher Seite war in fortgeschrittenem Alter epileptisch. Im selben Monat, in dem bei dem Enkel die Epilepsie mit den Erschütterungen (commotions) begann, hat er einen lebhaften Schreck durch Sturz von einem Wagen erlebt. Er war 13 Jahre alt, als dieser leichte Grad von epileptischen Anfällen auftrat. Zunächst selten, wurden sie immer häufiger bis zum Auftreten von großen Anfällen. Seit dieser Zeit sind sie weniger stark und weniger häufig, im Durchschnitt 6—7mal am Tag. Die großen Anfälle setzten 3 Monate nach den ›Erschütterungen‹ ein. Sie kamen zunächst einmal, dann 2—3mal im Monat. Anfälle und Erschütterungen ereigneten sich anfangs fast immer tagsüber, neuerdings kommen die Anfälle meistens im Bett. Zu Beginn beschränkte sich die Erschütterung oder der Stoß auf die obere Körperpartie, später wurde sie allgemein. Wenn der Junge steht oder geht, kann er fallen; aber das ist selten, daß es zum Sturz kommt. Er erhebt sich sofort wieder. Im Augenblick des Stoßes läßt er fahren oder schleudert von sich, was er in den Händen hält. Er behauptet, daß er die Sicht im Augenblick der Erschütterung verliert, aber sie kehre sofort danach wieder. Die Mutter nennt diese Zustände ›Beben‹ (tremblement), der Vater ›Stöße‹ (secousses).
Die Schwindelerschütterungen ziehen sich mehr in die Länge als die einfachen. Auf einen ersten allgemeinen Stoß folgt nach kurzem Intervall ein zweiter und selbst ein dritter, der von einem Schrei begleitet wird und zu einem Sturz führt, wenn man nicht zuvorkommt. Wenn er gefallen ist, erhebt er sich nach weniger als einer Minute und sagt, daß er einen Krampf des Magens gespürt habe, der seine Atmung arretiert hat.
Dem großen Anfall gehen 2 oder 3 oder mehrere Erschütterungen voraus, man hat bis 9 beobachtet. Die Hände werden nach vorne geschleudert, und er würde immer stürzen, wenn man ihn nicht festhielte. Die Augen nach oben gewandt, Drehung des Kopfes, allgemeine Starre, die sofort von klonischen Zuckungen begleitet ist. Asphyxie, violette Lippen, später Blässe, Speichelfluß, Röcheln, fast nie Zungenbiß, niemals Urinabgang. Nach einigen Augenblicken der Erschöpfung sieht er verstört aus und ist verwirrt. Aufs Bett gelegt, schläft er eine Stunde, selten länger. Beim Erwachen klagt er über Magenschmerzen, am häufigsten ist er zerschlagen. Plötzliches und erzwungenes Aufwachen hat einige Male einen Anfall in der Nacht ausgelöst«.

DELASIAUVE (1854), REYNOLDS (1861), FÉRÉ (1890), BINSWANGER (1899) und GOWERS (1902)

erwähnen in ihren Monographien derartige »ruckartige Stöße« als Ausdruck von Prodromen, Auren oder abortiven Anfällen (Petit mal moteur), ohne auf phänomenologische oder krankheitstypologische Differenzierungen einzugehen. Den Anstoß dazu gaben Funde, die auf einem nosologischen Territorium gemacht wurden, das damals von der Epilepsie weit abgelegen schien:
1881 hatte FRIEDREICH eine als Paramyoclonus multiplex bezeichnete und bis heute diagnostisch ungeklärte Beobachtung bei einem 50jährigen Mann beschrieben mit »klonischen Krämpfen in einer Anzahl symmetrischer Muskeln der oberen und unteren Extremitäten, welche nach einem heftigen Schreck entstanden, nach mehrjähriger Dauer auffallend rasch zur Heilung gelangten, im Schlaf und während willkürlicher Bewegungen sistierten und die grobe motorische Kraft sowie die Koordination in keiner Weise beeinträchtigten«. Sein Bericht löste eine Flut von Veröffentlichungen aus, die meist nur darin miteinander vergleichbar waren, daß von unwillkürlichen Zuckungen gehandelt wurde, denen aber die verschiedenartigsten Krankheiten wie Hysterien, Tics, choreatische Erkrankungen, Encephalitiden, Paralysis agitans und spinale Systemerkrankungen zugrunde lagen. Aus dem »Chaos von motorischen Neurosen und aus der trüben Mutterlauge der zahlreichen Publikationen« hat UNVERRICHT dann ein eigenständiges Krankheitsbild auskristallisiert, das er 1891 an 5 Geschwistern und 1895 an 3 Geschwistern einer weiteren Familie studieren konnte. Dabei handelte es sich um eine zwischen dem 7. und 15. Lebensjahr beginnende, meist nur bei Geschwistern einer Generation auftretende Kombination von nächtlichen, epileptiformen Krampfanfällen von besonderer Art mit eigenartigen »blitzartigen, arrhythmischen, isolierten Zukkungen einzelner, funktionell nicht zusammengehöriger Muskeln beider Körperhälften, welche bei Willensanstrengungen geringer, bei psychischen Erregungen stärker werden und im Schlaf ganz aufhören«. Daher auch seine Bezeichnung »Myoklonie«, welche er später durch »familiär« ergänzt hat, weil ihm das familiäre Auftreten den Beweis gegen die Einwände liefern konnte, die gegen FRIEDREICHS und andere Beobachtungen erhoben wurden, es habe sich dabei um Hysterien gehandelt. Die epileptischen Anfälle behandelte er semiologisch noch als Komplikation. Daß er bei seinen eingehenden differentialdiagnostischen Erörterungen die damals noch als »secousses« bezeichneten intervallären und präparoxysmalen Zuckungen bei Epileptikern überhaupt nicht erwähnt, obwohl ihm als Kenner der Epilepsie diese Phänomene sicher bekannt waren, läßt darauf schließen, daß er das, was er als Myoklonien und was HERPIN als »secousses« beschrieben hatten, für unverwechselbar verschiedene Erscheinungen ansah. Diese Klarheit hielt nicht lange an. 1899 führten DIDE und RABOT fast gleichzeitig den Begriff »Myoklonie« in das Vokabular der Epilepsien ein. Dabei nähert DIDE – mehr unter semiologischem Gesichtswinkel (La myoclonie dans l'épilepsie) – die »klonischen Zuckungen, die manchmal auf einen plötzlichen Ruck beschränkt bleiben, manchmal eine plötzliche Bewegung der Glieder nach sich ziehen« – in denen man die »secousses« von HERPIN erkennt –, den »rhythmischen Krämpfen, Vibrationen und choreiformen Bewegungen« an, die mehr der UNVERRICHTschen Myoklonie entsprechen. RABOT behandelt dagegen mehr unter nosologischem Aspekt (»De la myoclonie épileptique«) den Äquivalentcharakter der von ihm jetzt schon begrifflich zu »secousses myocloniques« verschmolzenen Erscheinungen – die er daher auch in Antithese zu dem unweit geläufigeren Petit mal intellectuel als Petit mal moteur bezeichnet. Seine Krankengeschichten enthalten aber, wie die folgende, im wesentlichen das, was HERPIN beschrieben hat und was wir jetzt als Impulsiv-Petit mal bezeichnen.

»Ein 24jähriger Bäckerlehrling wird mit 15 Jahren während der Arbeit von seinem ersten epileptischen Anfall betroffen. Unter Brom blieb er 2 Jahre anfallsfrei. Dann bekam er wieder epileptische Anfälle, die sich im allgemeinen durch das Auftreten von myoklonischen Zuckungen ankündigten. Es ist besonders morgens beim Erwachen, daß die Zuckungen anfangen. Sie dauern so lange, bis ein Anfall kommt, d. h. im allgemeinen 1 bis 2 Stunden, können aber 24 Stunden und länger anhalten. Das Gehen hat keinen Einfluß, ebensowenig die Lage. Sie hören mit dem Anfall auf. Er vergleicht sie mit einem elektrischen Schlag, der ihn ganz unerwartet trifft. Die Zuckungen bringen alle Muskeln des Körpers in eine heftige und schnelle Kontraktion. Falls er sitzt, macht er auf seinem Stuhl einen Sprung. Beim Stehen überfällt ihn ein Beben, und er sinkt auf die Knie, alles in einem Augenblick. Das Bewußtsein ist völlig bewahrt, jeder Willensakt aber gehindert. Der Satz wird im Sprechen vom Anfall abgeschnitten. Vor der Behandlung war er alle Tage zwischen 6 und 7 Uhr morgens von fast ununterbrochenen myoklonischen Zuckungen befallen«.

RABOT hat seine Krankengeschichten als eine Bestätigung und Fortführung der Beobachtungen von HERPIN verstanden. Ihm kam es darauf an zu belegen, daß solche Zuckungen jahrelang den großen Anfällen vorausgehen können, daß sie bevorzugt am Morgen nach dem Erwachen auftreten, daß sie sich gern in Serien wiederholen und daß sie sich einige Tage vor den Anfällen häufen, um danach wieder eine Zeitlang wie ausgelöscht zu sein. Wenige Jahre später (1902) brachten CLARK u. PROUT für ihre Fälle UNVERRICHTscher Myoklonien, die sie noch 1900 als »Paramyoklonus multiplex associated with epilepsy« beschrieben hatten, den Begriff »Myoclonus epilepsy« in Vorschlag. Daher fand LUNDBORG die gleiche Bezeichnung für zwei verschiedene Erkrankungen vor, als er sich 1903 für eine geeignete Benennung für die von UNVERRICHT konzipierten und von ihm an 18 Gliedern eines schwedischen Bauerngeschlechts bestätigten, in ihrem Verlauf eingehender studierten Krankheit zu entscheiden hatte. Daß er dabei dem Kriterium des Verlaufs den Vorrang gegenüber dem Kriterium des Symptoms gab, führte dazu, daß er »die mit der UNVERRICHTschen Myoklonie identische« als die »progressive familiäre Myoklonusepilepsie« zu bezeichnen vorschlug und »die der essentiellen Epilepsie näherstehende« als die »intermittierende sporadische Myoklonusepilepsie (RABOTscher Typus)«. Zur Unterscheidung von Epilepsien, die mit partiellen Myoklonien einhergehen, wird letztere dann von LECASBLE (1958) »generalisierte Epilepsie mit intermittierenden oder sporadischen Myoklonien« und von CASTELLS u. MENDILAHARSU »bilaterale und bewußte myoklonische Epilepsie« genannt. Der von LENNOX[97] zuletzt angegebene Begriff »jerk epilepsy« trifft genau das, was wir [251, 408] als »Impulsiv-Petit mal« zu bezeichnen vorgeschlagen und zusammen mit CHRISTIAN[74] eingehend beschrieben haben: eine altersabhängige Petit mal-Epilepsie, die mit Anfällen von ruck- oder stoßartigem Charakter bei freiem Bewußtsein einhergeht.

Anfallsform

In den Schilderungen der Kranken kehren drei Momente immer wieder: das jähe Einschießen »wie ein elektrischer Schlag«, die kurze Dauer »wie ein Blitz« und das Richtungslose der Bewegungen »wie ein schreckhaftes Zusammenfahren«. Die Intensität kann sehr verschieden ausgeprägt und empfunden werden: als ein »inneres Schucken«, das äußerlich nicht oder kaum wahrnehmbar wird, als plötzlicher Ruck oder jähes Schleudern oder als ein heftiger Stoß oder Schlag.

Betroffen sind immer und in erster Linie Schultergürtel und Arme – meist in symmetrischer und synchroner Weise –, seltener die Beine oder der Kopf. Die Beine werden nie ohne die Arme befallen. Es zucken immer Glieder oder Gliedmaßen, nie isolierte Muskeln oder Muskelbündel, weswegen die Bezeichnung Myoklonie verfehlt ist. Oft werden die Ereignisse wie ein Schlag, der durch *alle* Glieder fährt, beschrieben, und erst bei genauer Befragung oder Beobachtung erfährt man, daß vor allem die Arme aus den Schultern heraus einwärts oder auswärts zucken, wobei in der Hand gehaltene oder in der Nähe befindliche Gegenstände wegfliegen oder fortgeschleudert werden. Dabei kommt es meist zu einer Beugung der Unterarme und zu einer Streckung in den Fingern. Gelegentlich wird dabei ein Schlag im Nacken oder ein Schucken im Kopf empfunden. Wenn der Impuls stärker ist, knicken auch die Beine ein. Das kann kaum merklich »wie ein Knicks« geschehen, aber auch so heftig, daß der Kranke »wie vom Blitz getroffen« hinschlägt, meist aber – »wie ein Stehaufmännchen« – sofort wieder auf den Beinen ist. Gelegentlich wirken sich die Zukkungen in inkonstantem Wechsel asymmetrisch aus. Leichte Asynchronien sind nur bei gleichzeitiger elektromyographischer Registrierung zu erfassen. Daß auch das Zwerchfell oder die Bauchmuskulatur an den Zukkungen teilnimmt, ist daraus zu schließen, daß nicht selten zugleich ein inspiratorisches

Geräusch erfolgt, das wie ein Schluchzen, Juchzen oder Grunzen oder wie ein kurzer Aufschrei klingt –, auch darin, wie der gesamte Anfall, einer natürlichen Schreckreaktion täuschend ähnlich.

Im Gegensatz zu den Zuckungen beim myoklonisch-astatischen Petit mal erleben die Kranken die Zuckungen beim Impulsiv-Petit mal meist bei klarem Bewußtsein. Bei heftigeren Stößen sind sie jedoch »leicht benommen«, »momentan umschleiert« und auch »kurz von Sinnen«. Wenn sie zu Boden stürzen, kann es vorkommen, daß sie einen Augenblick »wie betäubt« liegenbleiben und auch nicht ansprechbar sind. Doch ist es die Regel, daß das Bewußtsein nie vor Beginn der Zuckung, sondern nur im Augenblick des Stoßes beeinträchtigt und spätestens 1–2 sec danach wieder verfügbar ist.

Die Möglichkeit einer Bewußtseinsstörung ist abhängig von der Intensität der Zuckungen, nicht von ihrer Dauer. Bewußtsein und Motorik verhalten sich beim Impulsiv-Petit mal genau entgegengesetzt wie beim pyknoleptischen Petit mal, bei dem die »Absence« auffällt, während die – meist retropulsiven – Bewegungen sehr milde ablaufen. Die Tatsache, daß es bei heftigen Stößen zu einer Bewußtseinstrübung kommen kann, erlaubt daher auch nicht, sie als ein rein motorisches Petit mal (Petit mal moteur) zu kennzeichnen. Da es sich auch nicht, wie schon betont, um Myoklonien handelt, sondern um Bewegungen von Rumpf und Gliedmaßen, sind sie auch nicht als myoklonisches Petit mal (myoclonic petit mal) zu charakterisieren, abgesehen davon, daß dieser Begriff auch deswegen ungeeignet ist, weil er schon für so verschiedenartige Anfallssymptome wie für die Blitzkrämpfe des Propulsiv-Petit mal (Massive myoclonic jerks[98]), die Zuckungen beim myoklonisch-astatischen Petit mal, die rhythmischen Innervationen im Rahmen pyknoleptischer Anfälle (Myoclonies palpébrales) wie auch für die echten Myoklonien bei der Myoklonusepilepsie verbraucht worden ist. – Folgende Beispiele mögen die Beschreibung erläutern:

Fall Eleonore O., 34 Jahre, Serviererin:

Vater Alkoholiker. Ist die älteste von 13 Geschwistern, mußte von klein auf im Haushalt mitarbeiten. Mit 15 Jahren bekam sie, besonders morgens nach dem Aufstehen, gelegentlich plötzlich ein Zucken in die Arme, die blitzschnell nach außen schlugen. Dann war es wieder vorbei oder wiederholte sich noch einige Male in unregelmäßigen Abständen. Dabei hat sie schon Kaffee verschüttet, Geschirr zertrümmert und einmal einen Spiegel zerschlagen. Manchmal ist das Zukken so heftig, daß sie dabei in den Beinen einknickt. Sie ist aber nie hingefallen. Diesen Erscheinungen wurde zunächst kein Gewicht beigelegt. Ein Jahr später bekam sie den ersten großen Anfall morgens 7 Uhr beim Ankleiden, nachdem sie bis 4 Uhr in der Nacht aufgeblieben war, weil ihr Bruder überraschend aus dem Feld in Urlaub gekommen war. Er verlief wie alle weiteren, die immer morgens beim Ankleiden und besonders nach frühem Aufstehen oder spätem Zubettgehen kamen. Erst gingen einige Zuckungen voraus; dann schlug sie plötzlich ohne Aura bewußtlos um, indem sie die Arme hochwarf, nach vorne stürzte, steif verkrampft dalag, im Gesicht blau anlief, die Augen nach oben verdrehte, Schaum vor den Mund bekam und schließlich kurz am ganzen Körper klonisch zuckte. Sie biß sich fast immer in die Zunge, hat aber nie eingenäßt. Nachbeschwerden hatte sie keine, so daß sie manchmal selbst gar nicht wußte, daß sie einen Anfall gehabt hatte. Die Zuckungen kommen häufiger als die großen Anfälle, mit denen sie alle vier Wochen einmal rechnen muß.

Sie gehe gerne spät ins Bett, sei morgens nie ausgeschlafen, dürfe sich dann nicht beeilen, weil sonst bestimmt ein Anfall komme. Sie müsse erst »richtig da sein«, bevor sie mit der Arbeit beginnen könne. – Grobknochiger, aber eher asthenischer Wuchs, vasomotorisch labil, Gesichtsasymmetrie. Nervöses Gebaren, ängstlich, mißtrauisch, affektlabil, schämt sich ihres Vaters, ihrer Beziehungen zu amerikanischen Soldaten, ist frigide, neigt zu hysterischen Symptombildungen, unbeständig, hatte in kurzer Zeit mehrere Berufe angefangen und wieder aufgegeben.

Fall Gerhard W., 23 Jahre, Adjunkt bei Steuerberater:

Der 38jährige Bruder hatte vom 20. bis 30. Jahr epileptische Anfälle. Als der Patient 15 Jahre alt war, begann es damit, daß ihn beim Schreibmaschinenschreiben vormittags (während des Mittelschulunterrichtes) ein »Zucken der Hände« überfiel. Bals sei die rechte, bald die linke Hand — kaum beide gleichzeitig, aber angeblich auch nicht vorwiegend die eine oder die andere — durch eine Beugung und Außenrotation der Arme »von den Tasten weg und hoch geschleudert worden«. Das habe nur ganz kurz gedauert, aber er habe sich dabei schwindlig benommen und »wie von der Außenwelt abgeschlossen« gefühlt. Er sei dann gleich nach Hause gegangen und habe zwei Stunden geschlafen. Nach dem Aufstehen wieder Schwindel, Benommensein, dann plötzliches Hinstürzen, völlige Bewußtlosigkeit, Zuckungen,

krampfhafte Atmung, blaues Gesicht. Dauer etwa 30 sec. Nach Aufhören der krampfhaften Zukkungen noch etwa 2—3 min bewußtlos; anschließend kein Terminalschlaf, sondern rasches Zusichkommen mit Abgeschlagenheit, aber auch mit einem eigenartigen Gefühl des »Befreit-« und »Entspanntseins«.
Große Anfälle hatte er in den letzten 9 Jahren nur 5 bis 7, Zuckungen der Hände ohne anschließenden großen Anfall etwa 15 bis 20 erlebt. Er unterscheidet jetzt dreierlei Formen krisenhafter Zustände: Am häufigsten bemerkt er — besonders morgens nach dem Erwachen — ein 1 bis 2 Stunden anhaltendes Benommenheits- und Druckgefühl im Kopf, wobei er sich nicht konzentrieren kann. Etwas seltener kommt es während dieser Zustände zu Zuckungen, die sich 1 bis 2 Stunden lang in längeren oder vor den großen Anfällen in kürzeren Abständen wiederholen. Die großen Anfälle ereigneten sich fast alle vormittags nach durchtanzten und durchzechten Nächten. Er geht spät (gewöhnlich 23 bis 1 Uhr) ins Bett und steht um 7 Uhr auf.
Asthenischer Habitus, aufgeschossen, großer Wuchs. Nimmt die Erscheinungen auf die leichte Schulter, macht einen flotten wurstigen Eindruck, erzählt seine Geschichte in belustigtem Ton, als ob es sich um jemand ganz anderen handle (EEG während eines Impulsiv-Petit mal s. Abb. 62).

Fall Karl-Heinz K., 35 Jahre. Kaufmännischer Angestellter:

Familien- und Eigenanamnese unauffällig. Angeblich erst mit 24 Jahren, 6 Wochen nach einer leichten Gehirnerschütterung, fuhr ihm plötzlich ein heftiges Zucken durch Arme und Beine. Das wiederholte sich in der Folgezeit fast täglich, meist morgens beim Waschen ein- bis zweimal und betraf vor allem die Schultern und die Arme, die angebeugt nach außen schlugen. Im Augenblick der Zuckung legt sich ihm ein Schleier vor die Augen und er ist nicht ganz bei sich. Das dauert nur den Bruchteil einer Sekunde. Wenn es besonders heftig kommt, knickt er in den Knien ein oder stürzt auch jäh zu Boden, ist aber sofort wieder auf den Beinen. Das geht so schnell und ohne sein Zutun vor sich, daß er sich selbst mit einem Stehaufmännchen vergleicht. Nicht selten zieht er sich dabei Verletzungen an den Kniescheiben und im Gesicht zu. Mit der Zeit wurden die Zuckungen häufiger, bis 6 und 12mal und mehr, oder kamen statusartig zusammengedrängt, in ganz unregelmäßigen Unterbrechungen, manchmal kurz hintereinander, dann wieder mit minutenlangen Pausen 1 bis 2 Stunden lang. Er hatte die Erfahrung gemacht, daß bei gehäuften Zuckungen Alkohol am besten hilft, bekommt aber danach, wenn er aus dem Rausch wieder zu sich kommt, um so mehr Zuckungen.
Drei Jahre nach Beginn ereignete sich morgens nach dem Aufstehen der erste große Anfall, wobei er nach vorausgehender Häufung der Zuckungen plötzlich unter einem unlokalisierbaren Hitzegefühl das Bewußtsein verlor, an allen Gliedern zuckte, Schaum vor dem Mund bekam und wie bei fast allen folgenden Anfällen sich in die Zunge gebissen, aber nicht eingenäßt hatte. Danach hatte er Kopfschmerzen, fühlte sich aber erleichtert und war einige Tage frei von Zuckungen. Die großen Anfälle, die seither in großen Abständen von Monaten wiederkehrten, kamen meist vormittags oder nachmittags, wenn er geschlafen hatte, und wurden immer durch Zuckungen eingeleitet. Weil er seine Arbeitskollegen mit den plötzlichen Zuckungen erschreckte und auch die Gegenstände, die er gerade in der Hand hatte, dabei wegschleuderte, wurde er arbeitslos und mußte an Stelle seiner Frau, die nun arbeiten ging, seine drei kleinen Kinder versorgen, was seine Erkrankung nur verschlimmerte, da unregelmäßiger Schlaf Zuckungen und Anfälle provozierte. Er konnte schon früher schwer einschlafen, träumte lebhaft und erwachte morgens immer mühsam und unter einem Druck im Kopf. Wenn er jetzt nachts aufzustehen hat, um die Kinder zu versorgen, »kommt es 100%ig sicher« zu Zuckungen oder Anfällen.
Ausgesprochen asthenisch gewachsen, macht er einen sehr nervösen unruhigen Eindruck, streift während der Beobachtung viel umher ist schwer zu fixieren. Er ist intelligent und wendig, begreift rasch und verspricht gerne, ist aber unzuverlässig, flüchtig und unzusammenhängend im Gedankenablauf, affektiv leicht erregbar und aufbrausend, wodurch es zu Hause oft zu Streitigkeiten und Mißstimmungen kommt (EEG s. Abb. 66).
Seine über 12 Tage aufgezeichneten Zuckungen hatten folgende tageszeitliche Verteilung: s. Abb. 61.

Fall Johanna R., 28 Jahre, Hausfrau:

Nach unauffälliger Geburt und Entwicklung setzten bei dem damals 16jährigen Mädchen während der Flucht aus ihrer Heimat, die mit Aufregungen und Strapazen verbunden war, jähe Zukkungen ein, die so aussahen wie ein Zusammenfahren bei plötzlichem Erschrecken. Ein Bruder ihres Vaters habe auch solche Zuckungen gehabt und sei daran gestorben. Bei ihr kam es in milder Form lediglich zu einem kurzen Ausfahren der Hände, bei heftigen Zuckungen ging sie dabei kurz in die Knie oder schlug sogar rücklings um, wonach sie jedoch sofort wieder aufstehen konnte. Dabei verlor sie das Bewußtsein nicht. Die Zukkungen traten mit Vorliebe nach Schlafmangel, Alkoholgenuß und während der Menstruation auf, bevorzugten die Zeit nach dem Erwachen und setzten nur einmal längere Zeit während ihrer einzigen Gravidität aus. Seit dem 21. Jahr bekam sie auch generalisierte Krampfanfälle ohne Seitenbetonung mit ausgeprägter Zyanose, ohne Zungenbiß oder Einnässen, die sich in den folgenden 7 Jahren insgesamt nur 7mal wiederholt haben. Die großen Anfälle waren bis auf einen, der sich

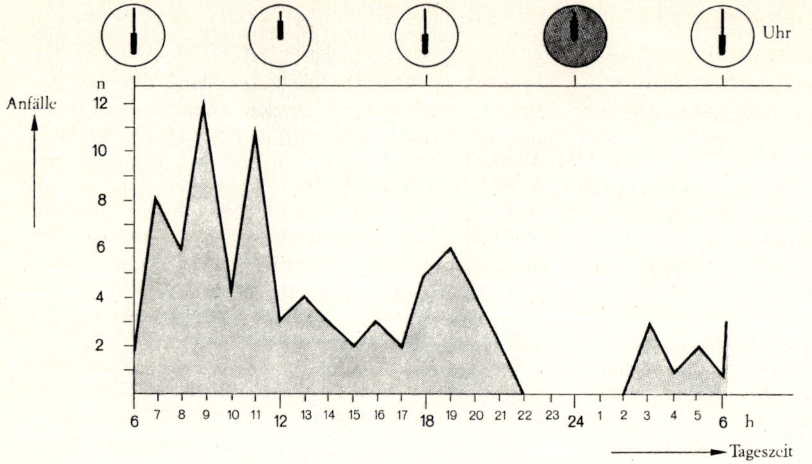

Abb. 61. Tageszeitliche Verteilung von 73 über 12 Tage hin registrierten Zuckungen bei einem Kranken mit Impulsiv-Petit mal (Karl-Heinz K.).

am Nachmittag abgespielt hatte, immer morgens nach dem Erwachen aufgetreten.

In neurologischer Hinsicht bestand außer einem Horizontalnystagmus beim Blick in die Endstellungen kein krankhafter Befund. Bei mäßiger Intelligenz faßte sie rasch auf, war wendig und anpassungsfähig, leicht beeinflußbar, aber unzuverlässig, in ihren Affekten lebhaft, aber einem starken Wechsel ihrer Stimmungen ausgesetzt. Sie hatte eine asthenisch-leptosome Konstitution, war engbrüstig und untergewichtig.

Wir haben die Patientin 10 Jahre lang ambulant betreut. Einer wirksamen Behandlung waren durch die Schwierigkeiten ihres Charakters Grenzen gesetzt. Eines Tages wurde sie von ihrem Manne tot in der Wohnung liegend aufgefunden, ohne zuvor krank gewesen zu sein. Möglicherweise hatte sie Suizid verübt. Die Obduktionsbefunde, über die wir an anderer Stelle ausführlich berichtet haben[409], sind unter »Pathologische Anatomie« (s. S. 157) abgehandelt.

Verschiedene Ausprägungen von Impulsiv-Petit mal kommen lediglich durch eine unterschiedliche Intensität und Ausbreitung der Zuckungen zustande. Daneben treten jedoch nicht selten – in etwa 15% der Fälle – auch kurze blande Absencen auf, die oft weder von den Kranken noch von ihrer Umgebung registriert werden, sondern erst unter dem EEG bemerkbar werden. Solche *indifferenten Absencen* im Rahmen einer Impulsiv-Petit-mal-Epilepsie entsprechen klinisch und bioelektrisch völlig den im vorigen Kapitel als eigene Krankheitsform altersgebundener Petit mal-Epilepsien beschriebenen zykloleptischen indifferenten Absencen. Sie laufen ohne jegliches sensorische oder motorische Beiwerk ab, gehen mit starrem Blick und Unansprechbarkeit einher, dauern meist kürzer und wiederholen sich seltener als die indifferenten Absencen im Rahmen einer Pyknolepsie. Vermutlich ist die frühmorgendliche Benommenheit und Unkonzentriertheit, über die viele Kranke mit Impulsiv-Petit mal zu klagen haben, Ausdruck einer serien- oder statusförmigen Häufung solcher indifferenter Absencen.

Vegetative Symptome sind beim Impulsiv-Petit mal nicht auffällig. Doch sind bei polygraphischer Registrierung zugleich mit den Zuckungen Veränderungen in Amplitude und Frequenz der Atmung und in der Frequenz des Herzschlags zu registrieren[381].

Impulsiv-Grand mal: Die Zuckungen können plötzlich oder, wenn sie immer wieder in diskontinuierlichen Abständen anschwellen und abklingen, in mehreren Anläufen – gewissermaßen crescendoartig – einen generalisierten Krampfanfall einleiten. Nach einer großen Entladung, die trotz nachfolgender Kopfschmerzen und einem Gefühl der Abgeschlagenheit oft wie eine Befreiung oder Entlastung erlebt wird, pflegen die Zuckungen tage- bis wochenlang auszubleiben. Darin hat LUNDBORG ein wesentliches differentialdiagnostisches Kriterium gegenüber der »progressiven« Myoklonus-Epilepsie gesehen, wenn er diese Form als eine »intermittierende« zu bezeichnen vorschlug. Der Typus des großen Anfalls bei dieser Krankheitsform ist durch das Fehlen einer sinnlichen Aura, durch die Symmetrie, vor allem aber durch die außerordentliche Heftigkeit und lange Dauer des tonischen

Krampfes — oft von opisthotonem Charakter — und eine dementsprechend ausgeprägte Zyanose sowie durch (oft doppelseitige) Bißverletzungen der Zunge charakterisiert. Nur ausnahmsweise kommt es zum Abgang von Urin.

Wir hatten schon in den vorhergehenden Kapiteln darauf hingewiesen, daß auch die großen Anfälle, die im Rahmen verschiedener Petit mal-Epilepsien vorkommen, sich bei genauer Beobachtung in gewissen Zügen unterscheiden. Sowohl UNVERRICHT[435, 436] wie LUNDBORG haben den besonderen Charakter des großen Anfalls bei der progressiven Myoklonus-Epilepsie betont, bei dem das Bewußtsein lange Zeit erhalten bleibt und erst auf dem Höhepunkt des sich immer mehr steigernden Krampfes — im Stadium der Erschöpfung — schwindet und ihn daher als »tetaniform« bezeichnet. Die großen Anfälle im Rahmen einer Impulsiv-Petit-mal-Epilepsie, die wir an 45 Patienten studiert haben[251], boten folgende Eigenheiten: 6 Kranke hatten vom Aufwachen bis zum Einsetzen des großen Anfalls ein benommenes Gefühl im Kopf bemerkt. Eine sinnliche Aura war nie zu erfahren. Bei 18 Kranken begann der Anfall mit einem initialen Laut, der sehr verschieden als Grunzen, Krächzen, Stöhnen, als kurzer oder langer Schrei beschrieben wurde. Bei 24 Kranken kennen wir die Haltung im Anfall: sie war bei 18 ausgesprochen opisthoton mit nach oben gerichteten Augen und gestreckten Extremitäten. Die Krämpfe waren immer symmetrisch und wurden nur 4mal von einer Kopfdrehung, die nicht bei Bewußtsein erlebt wurde, eingeleitet. Besonders auffällig waren die Intensität und die lange Dauer des tonischen gegenüber dem klonischen Stadium sowie die oft bedrohlich anmutende Zyanose, die meist nicht auf die Lippen beschränkt blieb. Der plötzliche Beginn führt häufig zum Hinstürzen und damit zu Verletzungen, die je nach Richtung des Falls im Gesicht, meist jedoch am Hinterkopf lokalisiert sind. Zu Urinabgang kam es bei 30 Fällen niemals, in 14 Fällen sehr selten, nur in 1 Fall jedesmal; zu Speichelfluß und Schaumbildung in der Hälfte der Fälle, zu Bißverletzungen der Zunge oder Lippen bei 29 Fällen immer oder sehr oft, bei 15 Fällen selten oder nie. Nach den Anfällen wird oft trotz häufiger Kopfschmerzen, Muskelkater und Abgeschlagenheit ein Gefühl der Befreiung angegeben, besonders wenn dem Anfall eine bleierne Schwere und Benommenheit vorausging.

Zur Terminologie: Die beschriebene Art von kleinen Anfällen schlechthin als »motorisches Petit mal« zu bezeichnen wäre einer Unterscheidung gegenüber anderen kleinen Anfällen, die gleichfalls mit motorischen Symptomen einhergehen, wenig dienlich. Daß aber auch alle Bezeichnungen, die das Epitheton »myoklonisch« verwenden, sowohl verwirrend wie auch unzutreffend sind, wurde wiederholt vermerkt[74, 383, 432]. So weist STRAUSS darauf hin, daß »diese Anfälle als myoklonische zu beschreiben (intermittierende Myoklonusepilepsie: LUNDBORG; myoklonische Epilepsie: LENNOX[95]; myoklonisches Petit mal: PENFIELD u. JASPER; generalisierte Epilepsie mit intermittierenden Myoklonien: LECASBLE;) zu Verwirrung führt, weil die Bewegungen dieser Patienten nicht eigentlich myoklonisch im Sinne neurologischer Nomenklatur sind und weil die Bezeichnung nur zu leicht zu Verwechslungen mit der UNVERRICHT-LUNDBORGschen Myoklonusepilepsie Anlaß gibt«. Zudem scheint LENNOX[95, 97] unter »myoklonischem Petit mal« die von uns als Propulsiv-Petit mal und myoklonisch-astatische Petit mal differenzierten kleinen Anfälle des frühen Kindesalters verstanden zu haben, was zwar aus seiner klinischen Beschreibung nicht eindeutig hervorgeht, wohl aber der Anwendung dieser Bezeichnung in seiner Schule zu entnehmen ist[288]. Um das Leitsymptom der stoßartigen Zuckungen anzugeben, nennen wir[74, 251, 408, 409] diese Fälle daher in Anlehnung an HERPIN, der sie als »impulsions« charakterisiert, Impulsiv-Petit mal (impulsio = Stoß). Diese Bezeichnung hat den Vorteil, sich auch sprachlich gut an die Bezeichnungen für andere altersabhängige und pathophysiologisch miteinander zusammenhängende Petit mal-Formen — des Propulsiv-Petit mal und des Retropulsiv-Petit mal — anzuschließen.

Wiederholung der Anfälle: Wenn auch die Häufigkeit der Zuckungen von Fall zu Fall und auch im individuellen Verlauf sehr wechselt, so läßt sich doch die Art ihrer Wiederkehr, besonders im Vergleich zu anderen Petit mal-Formen, genauer präzisieren: Selten bleibt es bei einem einzigen Ruck, häufiger kommen die Stöße 2—3—4mal hintereinander in ganz kurzen, aber unregelmäßigen Abständen. Bei rascher Progredienz oder nach längerem Verlauf bildet sich eine bestimmte Art der Abfolge aus, die man als *Impulsiv-Petit-mal-Serie* oder auch mit einem Ausdruck der Kranken selbst als eine *Salve von Zuckungen* bezeichnen kann. Wenn man sich eine Vorstellung von der

Eigenart ihrer zeitlichen Wiederholung machen will, so kann man die zwar kurzen, aber doch unregelmäßigen und unberechenbaren Abstände mit dem Nacheinander und Durcheinander von Blitzen vergleichen, wenn mehrere Unwetter aneinanderstoßen.
Gelegentlich folgen die Zuckungen sich so dicht und minutenlang oder mit Unterbrechungen auch über Stunden hin (s. Fall Karl-Heinz K.), daß man von einem Zustand von Zuckungen, einem *Impulsiv-Petit-mal-Status* sprechen kann, wobei das Bewußtsein jedoch im Gegensatz zu einem myoklonisch-astatischen Petit mal-Status, einem Status pyknolepticus und einem Grand mal-Status kaum beeinträchtigt ist. Ein Status von Impulsiv-Petit mal stellt sich als ein Chaos regellos mehr oder minder rasch, mal in Salven, mal einzeln sich folgender, mal zu einer tonischen Starre ineinanderfließender Zuckungen dar. Während es bei vereinzelten Stößen meist zu koordinierten und symmetrischen Bewegungsimpulsen ungerichteter Art kommt, beeindruckt ein Impulsiv-Petit-mal-Status durch unkoordinierte, nach Frequenz und Intensität regellose Jaktationen, die mal mehr die Schultern und Arme, mal mehr den Rumpf oder die Beine betreffen und das Zwerchfell mit einschließen. Obwohl vegetative Symptome bei Impulsiv-Petit mal sonst nicht auffällig werden, verspüren die Kranken bei einer statusförmigen Häufung von Zuckungen lebhaftes Herzklopfen und geraten in Schweiß. Wer Gelegenheit hat, einen solchen Status zu beobachten, wird nie ein unwillkürliches Spiel von einzelnen Muskeln oder Muskelbündeln konstatieren können, wohl aber zunächst angesichts dieser willkürlich anmutenden jähen, heftigen, ausfahrenden, stoßenden, wippenden, schleudernden Bewegungen an eine Chorea — LENNOX[97] denkt daran, daß die in der älteren Literatur als »Chorea electrica«[406] beschriebenen Fälle hierher gehören — oder an eine hysterische Demonstration denken, bis dann — was die Regel ist — ein großer epileptischer Anfall die Szene beendet.

EEG-Befunde

Die klinische Sonderstellung der Impulsiv-Petit mal-Epilepsie findet in charakteristischen elektroenzephalographischen Befunden ihre Bestätigung. Nicht nur der Anfall selbst hat sein ganz bestimmtes, ihm allein eigenes bioelektrisches Äquivalent, auch im Intervall finden sich typische Veränderungen im Hirnstrombild, so daß sich auch von daher die Möglichkeit und Berechtigung ergibt, diese Form von anderen Epilepsien abzugrenzen. Für Impulsiv-Petit mal ist ein Spike-wave-Komplex pathognomonisch, bei dem ein Schwarm von Spitzen von langsamen Wellen abgelöst wird — eine Formation, die auch als Multispike-wave oder Polypointe-onde bezeichnet wird.

Anfalls-EEG: Fast immer tritt paroxysmal aus einer normalen Grundaktivität heraus ein Schwarm von Spitzen zunehmender Amplituden auf, denen langsame Wellen von wechselnder Frequenz und Amplitude folgen. Es entsteht das Bild von Spike-wave-Komplexen mit einleitenden, nachfolgenden oder superponierten Spitzen. Die Zahl der Spikes ist außerordentlich variabel und schwankt zwischen 5 und 20. Sie steht offensichtlich in einem Verhältnis zur Intensität, nicht zur Dauer des Anfalls. Auch deswegen ist das Impulsiv-Petit mal keine Myoklonie im eigentlichen Sinn, weil eine Zuckung eines isolierten Muskels im Aktionsstrombild einen ganz anderen Ablauf zeigt.
Stärkere Stöße gehen im EEG mit häufigen, steilen Spitzen, dafür aber flachen, langsamen Nachschwankungen einher. Bei milderem Rukken sieht man eine geringere Anzahl von Spitzen, dafür aber größere, langsame Wellen. Die Amplituden der Spikes erreichen mitunter 150—300 μV; ihre Frequenz variiert zwischen 12 und 15 Hz; sie sind negativ gerichtet. Die langsamen Wellen haben durchschnittlich eine Länge von 200—250 msec, was einer Frequenz von 3—5/sec entspricht. Ihre Amplituden liegen meistens bei 200—350 μV und überschreiten nur selten 400 μV.
Der Gesamtkomplex der Multispike-wave-Formation ist hinsichtlich seiner Form und Dauer außerordentlich variabel. Der bioelektrische Paroxysmus kann in 2 sec ablaufen, kann sich aber auch über 10 sec erstrecken, selbst wenn die klinische Attacke nur 1—1½ sec dauert. Bei gleichzeitiger Registrierung des

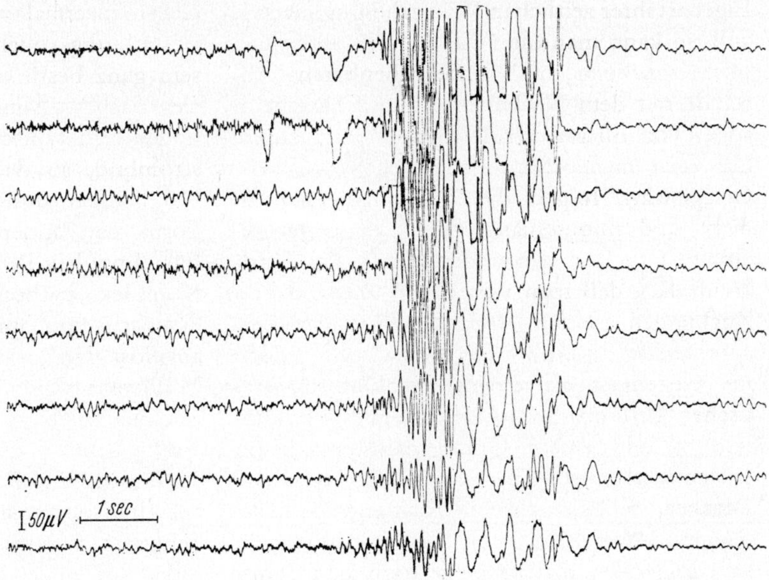

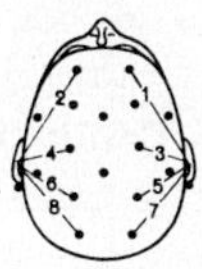

Abb. 62. Anfalls-EEG während eines Impulsiv-Petit mal (Fall Gerhard W.). Kurz nach Augenschluß tritt ein Schwarm von generalisierten Spikes auf, denen hohe langsame Wellen bzw. hohe Spike-waves folgen.

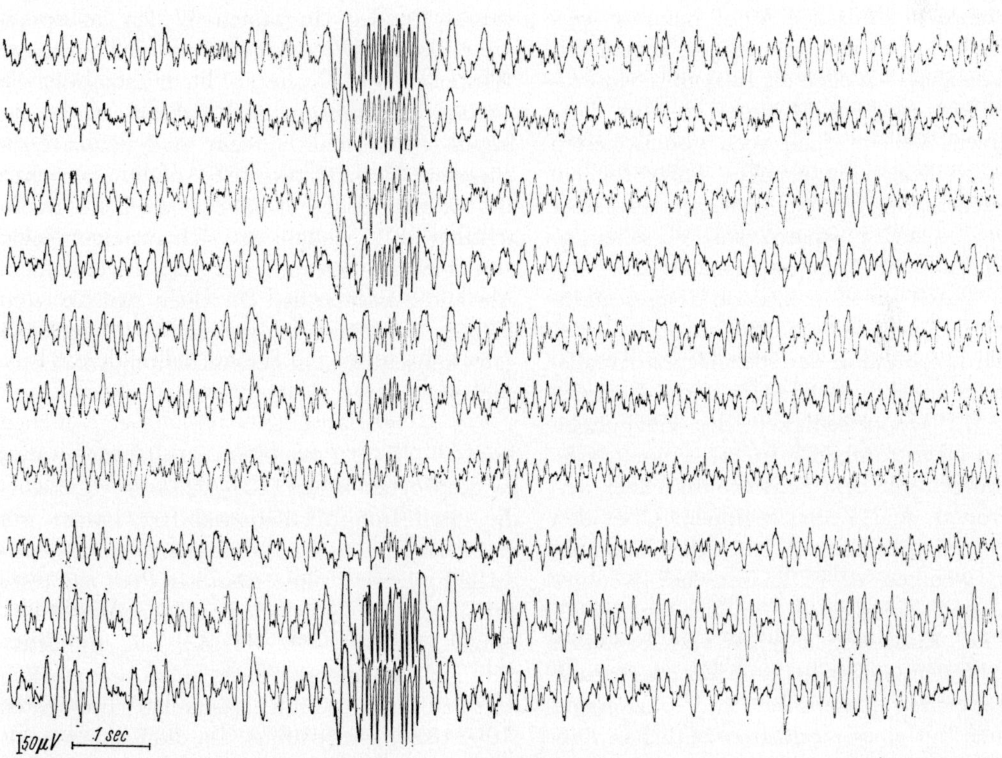

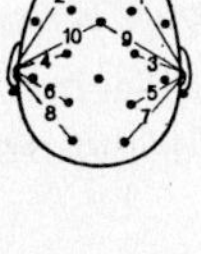

Abb. 63. Anfalls-EEG während eines Impulsiv-Petit mal. Aus einer ziemlich hohen und etwas verlangsamten Grundaktivität hebt sich plötzlich ein bilateral-synchroner Multispike-wave-Komplex mit fronto-zentral betonten Spikes heraus.

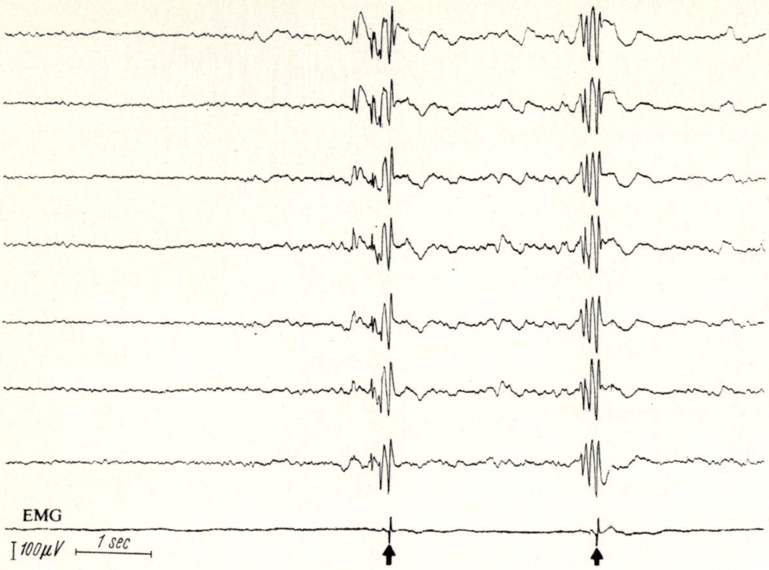

Abb. 64. Synchrone Registrierung von EEG und EMG während eines Status von Impulsiv-Petit mal.

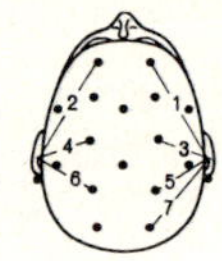

Elektromyogramms (s. Abb. 64) ist nachzuweisen, daß den multiplen Spitzen, die synchron mit dem klinischen Anfall manifest werden, oft Gruppen unregelmäßiger, langsamer, steiler 2—3/sec-δ-Wellen als subklinische »Prodromi« vorausgehen. Mitunter werden diese langsamen Wellenformen auch von isolierten oder auch von Doppelspikes unterbrochen. Die gleichen Folgen unregelmäßiger, langsamer Wellen sind auch postparoxysmal zu sehen, so daß der klinische Anfall — bioelektrisch gesehen — durch einen crescendo-descrescendoartigen Verlauf gekennzeichnet ist.

Was die Lokalisation der spezifischen Anfallspotentiale angeht, so findet man in Entsprechung zur Doppelseitigkeit der Zuckungen auch im Hirnstrombild bilateral symmetrische Entladungen mit dem Schwerpunkt über beiden Frontal- und Zentralregionen. Über den anderen Hirnabschnitten sind die Veränderungen weniger, d. h. kürzer, mit weniger Spikes und niedrigeren Amplituden ausgeprägt. Die Entladungen gehen vom frontalen oder zentralen Gebiet aus und leiten sich nach den parietalen, temporalen und okzipitalen Regionen mit einer merkbaren zeitlichen Differenz fort (s. Abb. 63).

Multispike-waves sind nicht so exakt synchronisiert wie 3/sec-Spike-waves, woraus man schließen kann, daß die subkortikale Steuerung der Entladungen bei Impulsiv-Petit mal weniger streng ist als bei pyknoleptischen Anfällen. Dafür haben auch Bremsvorgänge — gemessen an den langsamen Wellen im Spikewave-Komplex[413] — bei ersteren eine geringere Wirkung als bei letzteren. Dem entspricht die klinische Erfahrung, daß Erkrankungen mit Impulsiv-Petit mal häufiger und schon nach kürzerem Verlauf in große Anfälle übergehen als pyknoleptische Anfälle — und die Beobachtung im Einzelfall, daß sich aus einer Folge von Impulsiv-Petit mal mit kürzer werdendem Abstand zwischen den einzelnen Anfällen und seltener werdenden langsamen Wellen im EEG ganz konsequent ein generalisierter Anfall entwickelt.

Intervall-EEG: Allgemeinveränderungen sind ausgesprochen selten (10%). Das ist merkwürdig, weil Impulsiv-Petit mal fast immer mit Aufwach-Epilepsien kombiniert sind, Aufwach-Epilepsien ohne Impulsiv-Petit mal aber auffallend häufig (76%) Allgemeinveränderungen bieten[385, 386]. Kranke mit Impulsiv-Petit mal haben sogar meist ein ausgesprochen regelmäßiges EEG mit einem relativ frequenten (10—11/sec) α-Rhythmus. Da die Frequenz des Grundrhythmus weitgehend altersabhängig ist, läßt die gute Ausprägung des α-Rhythmus und das Zurücktreten langsamer Wellen bei Impulsiv-Petit mal den Schluß zu, daß sich die Funktionsstörung, die dieser Epilepsieform

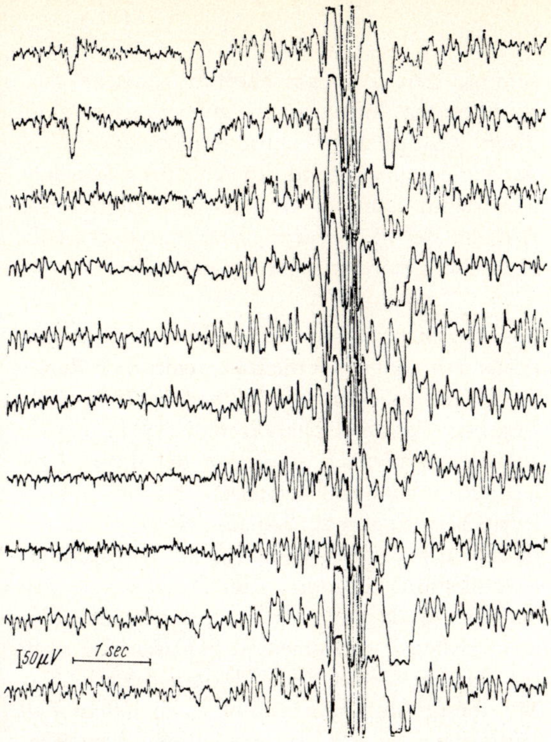

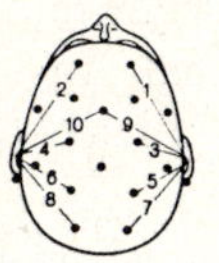

Abb. 65a

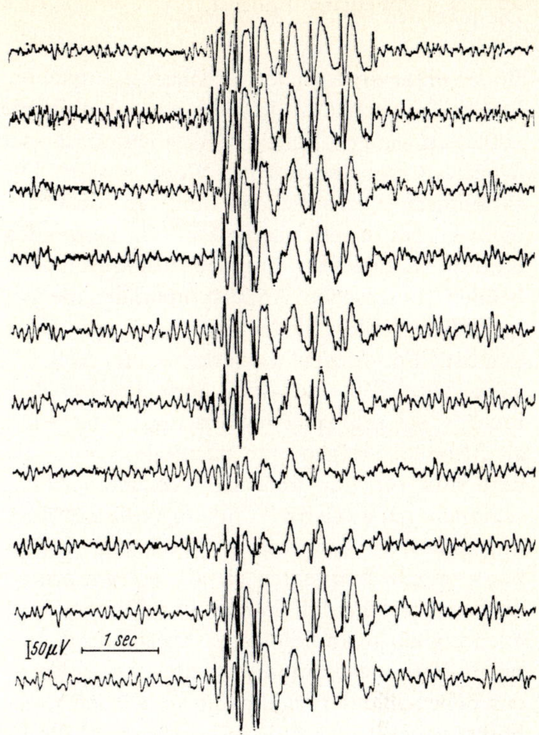

Abb. 65b

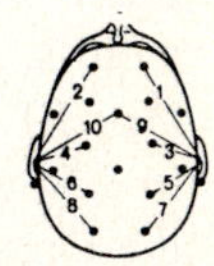

Abb. 65a—c. Varianten subklinischer Anfallspotentiale bei Impulsiv-Petit mal. (a: Fall Friedrich T.)

Abb. 65c

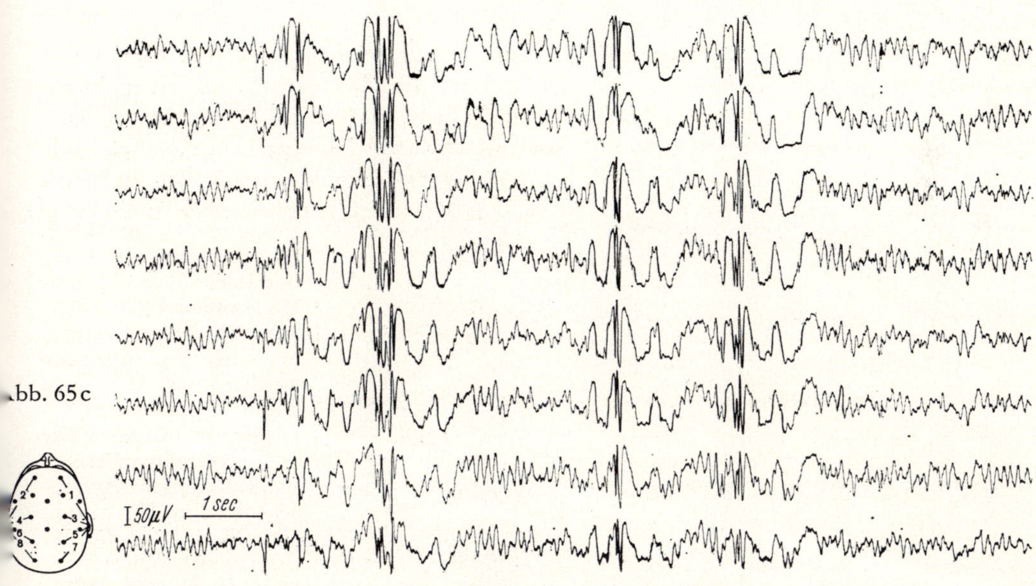

zugrunde liegt, relativ spät — jedenfalls erst nach dem Pyknolepsiealter — manifestiert, zu einer Zeit also, in der der α-Rhythmus schon festgelegt ist. Denn bei pyknoleptischen Petit mal und erst recht bei myoklonisch-astatischen und bei Propulsiv-Petit mal zeigen sich häufiger und vor allem weit schwerere Allgemeinveränderungen. Herdbefunde fehlen im EEG, was der klinischen Erfahrung entspricht, daß Impulsiv-Petit mal nicht auf dem

Boden einer organischen Hirnläsion entstehen. Die subklinischen Multi spike-wave-Komplexe enthalten weniger Spikes. Oft gehen nur 2 oder 3 Spitzen einer langsamen Welle voraus. Die subklinischen Äquivalente müssen durchaus nicht kürzer dauern als die klinisch werdenden Komplexe. Die Frequenz der subklinisch bleibenden spezifischen Anfallspotentiale, die gelegentlich isoliert, manchmal auch mit einer gewissen Periodizität wiederkehren (s. Abb. 65, auch Abb. 52b und Abb. 66c), bewegt sich um 3,5—4,5/sec, ist jedenfalls immer schneller als 3/sec. Sie zeigen eine bilaterale Symmetrie und sind oft nur über den vorderen Hirnregionen nachweisbar. Spike-wave-Komplexe im Rahmen von Impulsiv-Petit mal laufen zwar immer frequenter ab als bei pyknoleptischen Anfällen, d. h. immer schneller als 3/sec. Wenn aber pyknoleptische Anfälle und Impulsiv-Petit mal kombiniert auftreten, so können nebeneinander regelmäßig synchrone 3/sec-Spike-waves und Multispike-waves vorkommen (s. S. 98 u. 151).

Das EEG zeigt bei Impulsiv-Petit mal schon in der Standardableitung auffallend oft positive, die Diagnose sichernde Befunde, vorausgesetzt daß man die Ableitung am Vormittag vornimmt, weil dann am ehesten klinische oder subklinische Paroxysmen zu erwarten sind. Nach unseren Beobachtungen bekamen 39% der Patienten während der Ableitung klinische und damit auch elektrisch zu registrierende Anfälle. Bei 93% waren charakteristische subklinische Veränderungen zu erkennen[74].

Provokationsmethoden: Mit Hilfe von Provokationsmethoden steigt die Rate positiver Befunde auf 96% an. Obwohl Hyperventilation bei Impulsiv-Petit mal charakteristische Potentiale auszulösen vermag, wirkt sie bei dieser Epilepsieform nicht so spezifisch wie bei pyknoleptischen Petit mal. Schlafableitungen haben nie einen provozierenden Effekt. Die spezielle Provokationsmethode zur Auslösung von Impulsiv-Petit mal oder subklinischen bioelektrischen Paroxysmen ist Schlafentzug nach reichlichem Genuß von Alkohol oder Kaffee. Mit dieser Methode kommt es in jedem Fall mindestens zu subklinischen Veränderungen, meist aber auch zur Auslösung klinischer Anfälle. Schlafentzug und Alkohol als Provokation sind selbst der von GASTAUT angegebenen kombinierten Licht-Metrazol-Stimulation (s. Abb. 66a u. b) überlegen. Seine sogenannte

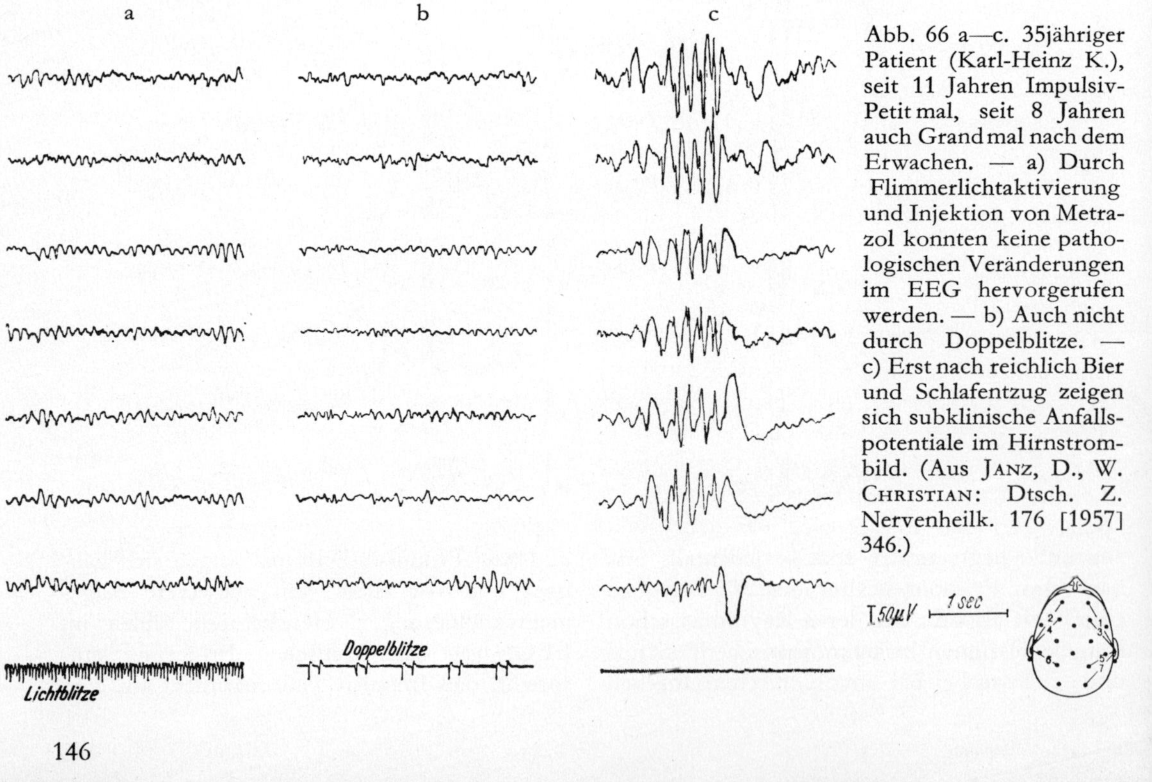

Abb. 66 a—c. 35jähriger Patient (Karl-Heinz K.), seit 11 Jahren Impulsiv-Petit mal, seit 8 Jahren auch Grand mal nach dem Erwachen. — a) Durch Flimmerlichtaktivierung und Injektion von Metrazol konnten keine pathologischen Veränderungen im EEG hervorgerufen werden. — b) Auch nicht durch Doppelblitze. — c) Erst nach reichlich Bier und Schlafentzug zeigen sich subklinische Anfallspotentiale im Hirnstrombild. (Aus JANZ, D., W. CHRISTIAN: Dtsch. Z. Nervenheilk. 176 [1957] 346.)

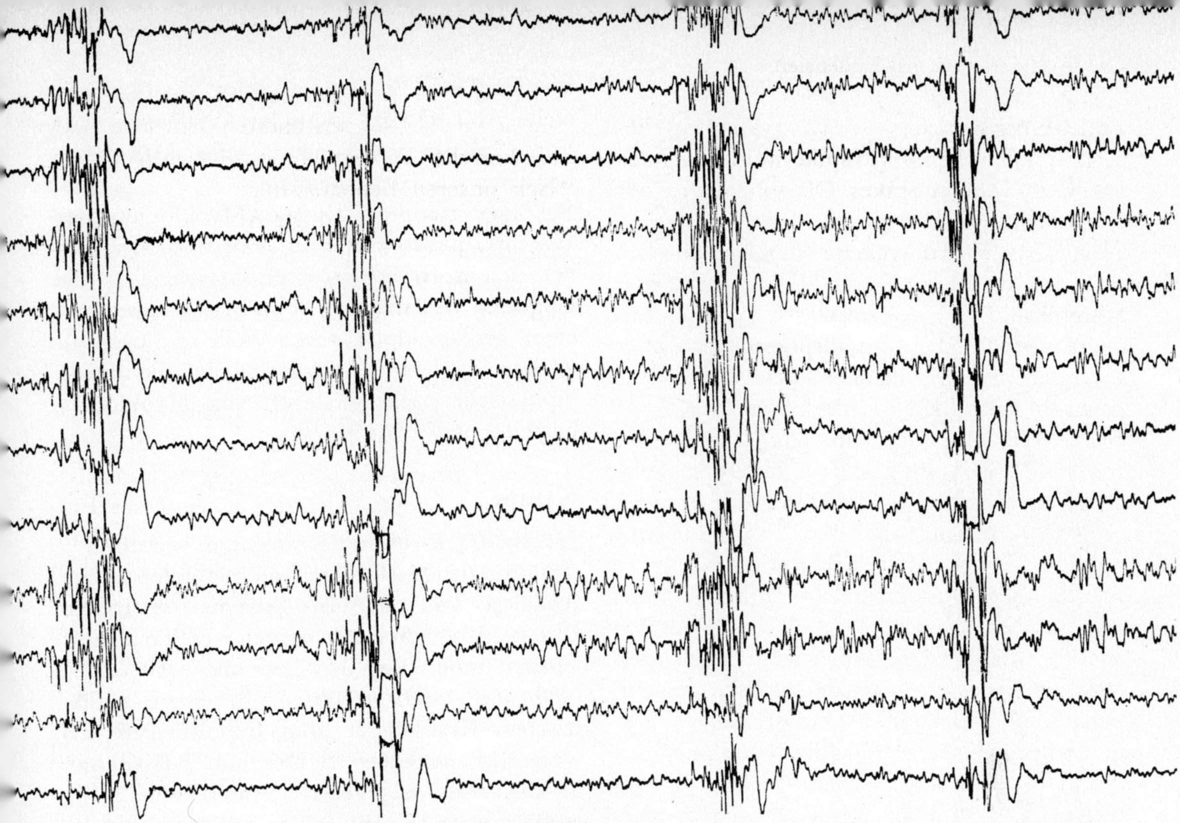

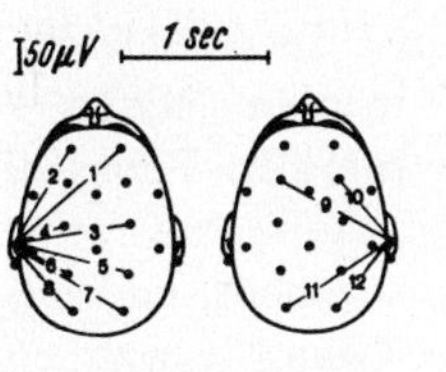

Abb. 67. EEG bei einem 25jährigen Mann mit einer progressiven Myoklonus-Epilepsie (Unverricht-Lundborg). Leidet seit dem 12. Lebensjahr an allmählich zunehmenden Myoklonien der Extremitäten und im Gesicht, die sich gelegentlich nachts zu generalisierten klonisch-tonischen Krampfanfällen steigern. Hat »gute« und »schlechte« Tage. Kann zur Zeit der Ableitung nicht stehen und sitzen. EEG: Leichte bis mittelschwere Allgemeinveränderung. Rhythmisch auftretende generalisierte Multispike-wave-Komplexe, die mit myoklonischen Zuckungen korrelieren.

Myoklonusschwelle ist kein streng definierter Wert; sie ist auch bei Gesunden sehr variabel. Eine erniedrigte »Myoklonusschwelle« ist jedenfalls nicht allein für Impulsiv-Petit mal pathognomonisch.

Differentialdiagnose: Impulsiv-Petit mal sind auch im EEG gegenüber der progressiven Myoklonusepilepsie[417, 435, 436], den Schreck- und Einschlafzuckungen und den symptomatischen Myoklonien bei der subakuten Leukoenzephalitis deutlich zu unterscheiden: Bei der *progressiven Myoklonusepilepsie* (Unverricht-Lundborg) findet man im Gegensatz zu Impulsiv-Petit mal immer eine deutliche, meist sogar eine schwere Allgemeinveränderung (s. Abb. 67). Der α-Rhythmus ist hier durch langsame Zwischen- und δ-Wellen ersetzt, die von immer wieder auftretenden Gruppen steiler Wellen und Spitzenpotentialen unterbrochen werden[392]. Diese können mit muskulären Entladungen verbunden sein, müssen aber nicht. Bei der Myoklonusepilepsie ist die Zahl der Spitzenserien im Rahmen der Spike-wave-Komplexe geringer. Es besteht auch keine so strenge Korrelation zwischen den klinischen und den kortikalen Entladungen, wie sich bei gleichzeitiger Registrierung von Elektromyogramm und Elektroenzephalogramm erkennen läßt. Myoklonien können den Anfallspotentialen sowohl vorausgehen wie auch nachfolgen. Sie erscheinen nur selten gleichzeitig, worauf auch Jung hinweist.

Einschlafzuckungen gehen nicht mit EEG-Veränderungen einher (Gibbs u. Gibbs). Bei den als reine »Schrecksynkinesien« bezeichneten Zuckungen, die durch unerwartete motorische oder sensible Reize hervorgerufen

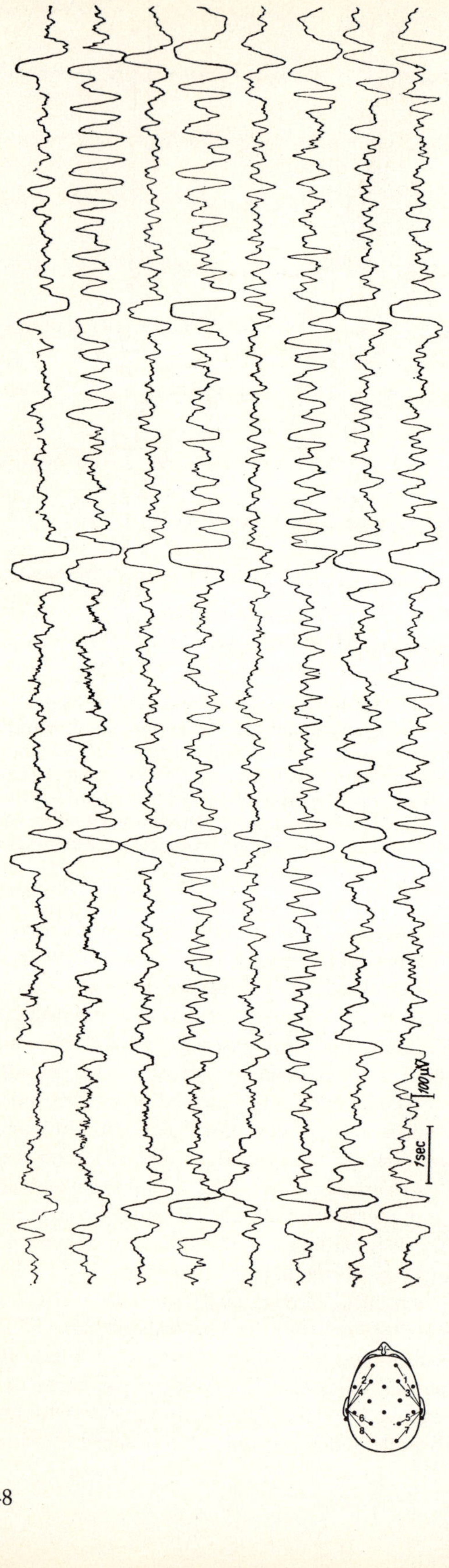

werden, fanden ALAJOUANINE u. GASTAUT steile Abläufe bzw. typische Anfallspotentiale vom Spike-wave-Charakter oder auch keine begleitenden Hirnpotentiale.
Bei den symptomatischen Myoklonien der *subakuten Leukoenzephalitis* (VAN BOGAERT) zeigen sich im EEG periodisch auftretende große langsame Wellen (Abb. 68) oder Komplexe mit einer großen biphasischen Welle und nachfolgenden langsamen Abläufen, wobei die initiale biphasische steile Welle oft von Myoklonien begleitet ist[389, 394, 422, 434].

Klinik

Häufigkeit: In unserem Krankengut waren 4,3% (280 von 6500) aller Kranken mit epileptischen Anfällen von Impulsiv-Petit mal betroffen. Unter den altersabhängigen Petit mal-Epilepsien sind Impulsiv-Petit mal mit 24% (280 von 1169) vertreten. In einem pädiatrischen Krankengut sind Impulsiv-Petit mal wesentlich seltener[6, 29]. Der von BAMBERGER u. MATTHES angegebene Anteil von 3,1% enthält nach KRUSE auch Fälle von myoklonisch-astatischem Petit mal. In der Heidelberger Kinderklinik sind in den letzten 7 Jahren nur 2 Fälle von Impulsiv-Petit mal diagnostiziert worden[88].
Vergleichbare Angaben aus einem anderen Krankengut fehlen. GIBBS u. GIBBS[51] erwähnen unter 11600 elektroenzephalographisch untersuchten Epilepsien 133 (1,1%) mit sogenannten »myoclonic fits«, während LENNOX[97] die Häufigkeit der »jerk epilepsy« in seinem Krankengut auf annähernd 7% beziffert.

Geschlecht: Von unseren 280 Kranken mit Impulsiv-Petit mal waren 149 männlichen und 131 weiblichen Geschlechts. Im Unterschied zu den anderen Formen altersabhängiger Petit mal-Epilepsien wird daher von Impulsiv-Petit mal kein Geschlecht bevorzugt betroffen.

Abb. 68. 5 Jahre altes Kind mit subakuter Leukoenzephalitis. Rhythmische extrapyramidale Bewegungsstörungen, Myoklonien, vegetative Störungen, Demenz. Charakteristischer Liquorbefund: tiefer, breiter Ausfall im Anfangsteil der Mastixkurve, starke Vermehrung des γ-Globulins bei der elektrophoretischen Untersuchung. Im EEG deutliche Allgemeinveränderung mit häufigen, periodisch auftretenden, langsamen großen δ-Wellen.

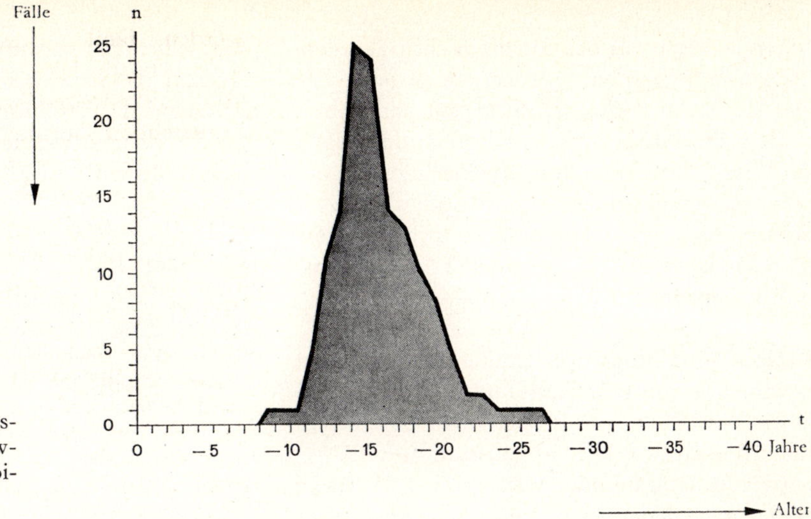

Abb. 69. Erkrankungsalter von 139 mit Impulsiv-Petit mal beginnenden Epilepsien.

Erkrankungsalter: Impulsiv-Petit mal können zwischen dem 9. und dem 27. Lebensjahr einsetzen (s. Abb. 69). Weitaus die meisten Erkrankungen (85%) beginnen jedoch zwischen dem 13. und dem 20. Lebensjahr. Vor diesem Zeitraum – vom 9. Lebensjahr an – und danach – bis zum 27. Lebensjahr – haben sich nur noch 6% bzw. 9% aller Fälle manifestiert. Über $^3/_4$ der Fälle (79%) erkrankten zwischen dem 13. und dem 19. und noch $^2/_3$ (64%) zwischen dem 14. und 18. Lebensjahr. In 73% der 138 Fälle von Lecasble und in 50 (71,4%) der 70 Fälle von Castells u. Mendilaharsu begann die Erkrankung im Alter zwischen 11 und 20 Jahren. Das Prädilektionsalter für Impulsiv-Petit mal schließt sich daher – auf die Petit mal-Trias bezogen – genau an das der Pyknolepsie und – auf das Petit mal-Quintett be-

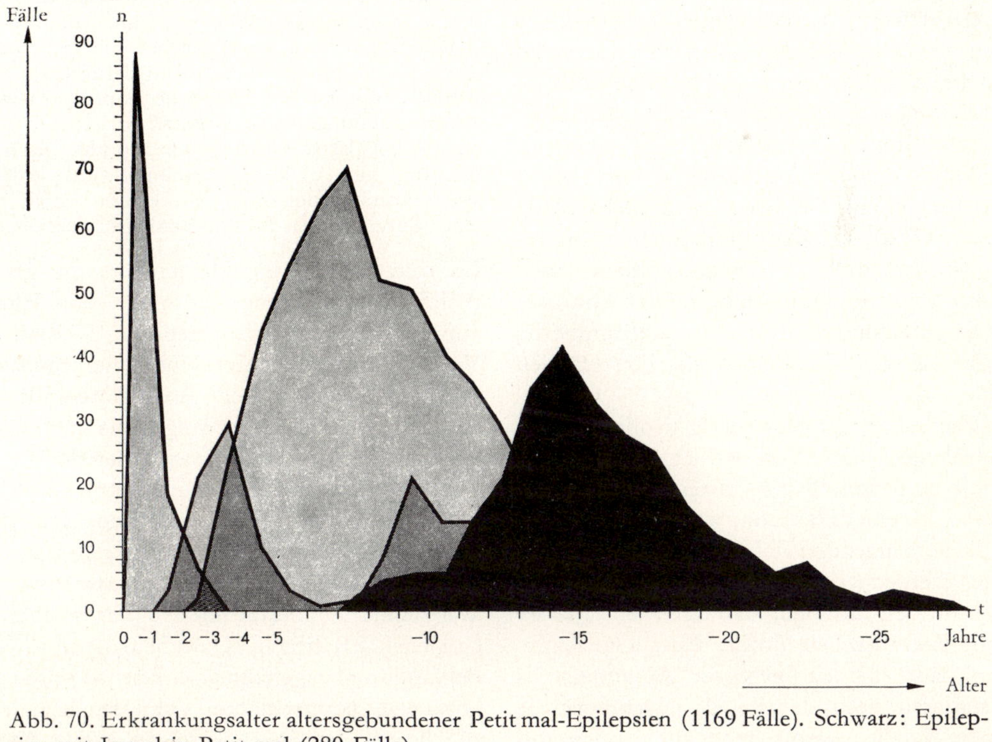

Abb. 70. Erkrankungsalter altersgebundener Petit mal-Epilepsien (1169 Fälle). Schwarz: Epilepsien mit Impulsiv-Petit mal (280 Fälle).

zogen – genau an das für die nicht-pyknoleptischen indifferenten Absencen an (s. Abb. 70). Der Zeitraum deckt sich zwar mit dem Alter, in dem die Pubertät vor sich geht; doch liegt der Gipfel der Erkrankungen eher in der Nachpubertät oder Adoleszentenperiode, der Zeit des sogenannten zweiten Gestaltwandels, die biologisch durch ein betontes Längenwachstum gekennzeichnet ist.

Verlauf und Prognose: Häufig (50%) kommt es monate- und jahrelang nur zu kleinen Anfällen, bevor der erste große Anfall (im Durchschnitt nach 3,3 Jahren) einsetzt. Oft (37%) wird die Erkrankung von großen Anfällen eingeleitet, denen sich bald, manchmal aber erst nach mehreren Jahren, kleine Anfälle hinzugesellen. Gelegentlich (13%) setzen Petit mal und Grand mal fast gleichzeitig ein. Im Vergleich zur Pyknolepsie selten (10%) sind Verläufe, die jahrelang – nach unserer Kenntnis bis zu 20 Jahren – allein unter dem Bild von Impulsiv-Petit mal einhergehen. Wahrscheinlich sind jedoch Verläufe mit isolierten Impulsiv-Petit mal häufiger als wir wissen, weil derartige Störungen, solange keine großen Anfälle auftreten, meist nicht ernst genommen, sondern als Schreckreaktion oder als hysterische Faxen verkannt werden. Bezeichnenderweise handelte es sich in einem dieser Fälle um eine Medizinstudentin, die ihre Zuckungen selber erst als Impulsiv-Petit mal diagnostizierte, nachdem sie in der Vorlesung davon gehört hatte. Ein anderer Fall betraf ein Hausmädchen unserer Klinik, bei der wir dadurch aufmerksam wurden und die Diagnose dann auch elektroenzephalographisch bestätigen konnten, daß sie auffallend viel Geschirr zertrümmerte, das ihr bei den Zuckungen aus den Händen fuhr.

Die Zuckungen treten häufig isoliert – als Äquivalente – auf. Vor den großen Anfällen kommt es gewöhnlich – nach Art von *Prodromen* – zu einer Häufung, wobei die Kranken aus der zunehmenden Heftigkeit und den immer kürzer werdenden Intervallen manchmal darauf schließen können, daß jetzt ein großer Anfall auszubrechen droht. Aufs Ganze gesehen, läßt sich ein gewisser Antagonismus konstatieren nach der Regel: je häufiger die kleinen Anfälle, desto seltener die großen und umgekehrt. Bei gehäuften großen Anfällen erscheinen die kleinen nur noch als Einleitung der Grand mal. Mit zunehmendem Alter scheinen die kleinen Anfälle gegenüber den großen zurückzutreten und können völlig verschwinden.

Fall Friedrich T.:

Daß aber eine Impulsiv-Petit-mal-Epilepsie auch jahrzehntelang anhalten kann, dafür als Beispiel die Krankengeschichte eines jetzt 58jährigen Studienrates, der mit 22 Jahren den ersten großen Anfall bekam, der wie alle folgenden morgens nach dem Aufwachen eintrat. Von seiner Frau war zu erfahren, daß die großen Anfälle, die sich etwa 1—2mal im Jahr und immer nur nach Alkoholexzessen und Schlafentzug wiederholten, durch ein besonders lang anhaltendes tonisches Streckstadium in opisthotoner Haltung und eine bedrohliche Zyanose ausgezeichnet sind, wobei er sich häufig in die Zunge beißt, aber nie einnäßt. Sicher seit seinem 23. Lebensjahr, möglicherweise aber auch seit früherer Zeit, leidet er außerdem an 1—2mal in der Woche isoliert und vor den großen Anfällen gehäuft auftretenden, plötzlich einsetzenden Zuckungen der Arme aus den Schultern heraus, wobei er Gegenstände, die er gerade in der Hand hält, fortschleudert. Solche Zuckungen sollen sich meistens nach Nächten ereignen, in denen er schlecht geschlafen hat. Da sie immer nur morgens nach dem Aufstehen auftreten und nach kurzer Zeit wieder abklingen, war er dadurch nie behindert, seinem Beruf nachzugehen. Neurologisch bot er keinen krankhaften Befund. Im EEG waren subklinisch ablaufende Multispike-wave-Komplexe zu sehen (s. Abb. 65a).
Inzwischen ist er seit 3½ Jahren unter einer Medikation von 1000 mg Primidon und 1000 mg Äthosuximid, abgesehen von einem Anfall nach einer durchzechten Nacht, anfallsfrei geblieben.

Da sich sowohl die kleinen wie die großen Anfälle oft jahrelang nur unter dem Einfluß äußerer Umstände manifestieren, ist auch der Verlaufscharakter durch eine außerordentliche Unregelmäßigkeit der Anfallsintervalle bestimmt. Im ganzen überwiegen die milden Verläufe, wobei die Intervalle zwischen den großen Anfällen Monate und Jahre betragen. Systematische Verlaufsuntersuchungen sind nicht durchgeführt worden. Nach unserem Eindruck scheinen jedoch Spontanheilungen relativ selten. Wir kennen 5 Fälle, die mit den Jahren–in einem Fall nach 21jähriger Krankheitsdauer – ohne Behandlung ausgeheilt sind. Ebenso selten sind bösartige, progrediente Verläufe, bei denen zunehmend häufiger werdende große Anfälle die kleinen allmählich ersetzen. Wir wissen von 4 Kranken, die später in eine Anstalt eingewiesen wurden, wobei jedoch nur in einem Fall therapeutische Gründe maßgebend waren, während bei den anderen die Unordnung der häuslichen Verhältnisse die wesentliche Veranlassung zur Einweisung gab. Drei unserer Kranken sind an interkurrenten Erkrankungen und drei infolge von Suiziden gestorben. Bei der Mehrzahl der von uns Betreuten führte die Behandlung dazu, daß sie sich von der Erkrankung unbehindert weiterentwickeln oder tätig sein oder, wenn sie zuvor erwerbsunfähig geworden waren, ihren alten Beruf wieder aufnehmen konnten.

Grand mal-Verlaufsformen bei Impulsiv-Petit mal: Die großen Anfälle bei Impulsiv-Petit-mal-Epilepsien verlaufen fast ausschließlich als Aufwach-Epilepsien, d. h. sie treten vorwiegend nach dem Erwachen oder gelegentlich auch am Spätnachmittag und Abend – am »Feierabend« – auf. Nach Abzug von 27 Fällen, die bisher lediglich kleine Anfälle, und von 2 Fällen, die bisher nicht mehr als 5 große Anfälle hatten, bleiben 251 Erkrankungen, unter denen 238 (95%) als Aufwach-Epilepsien verliefen, und 8 (3%), bei denen eine regellose, diffuse Verteilung der Anfälle registriert wurde. Nur 5 Fälle (2%) waren als Schlaf-Epilepsien anzusprechen, da die großen Anfälle vorwiegend aus dem Schlaf heraus auftraten. Damit erweist sich, was die Verlaufsform der großen Anfälle angeht, ebenso wie für die Pyknolepsie und die nicht-pyknoleptischen indifferenten Absencen, auch für das Impulsiv-Petit mal ein enger klinischer Zusammenhang mit der Grand mal-Epilepsie vom Aufwach-Typ, der sich auch in anderen klinischen und pathophysiologischen Eigenschaften bestätigt.

Kombination und Wandel der Anfallssyndrome: Nicht selten (10%) kombinieren sich Impulsiv-Petit mal mit indifferenten Absencen, d. h. mit kurzen, wenige Sekunden dauernden seelischen Pausen, die ganz blande, ohne jede Aura und ohne motorische Erscheinungen einhergehen. Manchmal treten Impulsiv-Petit mal und indifferente Absencen von Anfang an alternierend in Erscheinung; manchmal gehen die Absencen einige Zeit den ersten Impulsiv-Petit mal voraus. Bei solchen Kombinationen treten die Absencen nie derart gehäuft wie bei Pyknolepsien auf, sondern drängen sich auf einige Stunden oder Tage, ganz selten auch zu einem Petit mal-Status zusammen, können dann jedoch wieder Tage oder Wochen völlig aussetzen.

Eine Kombination von Impulsiv-Petit mal mit psychomotorischen Anfällen oder kortikalen Anfällen haben wir nie gesehen. Selten – in 13 von 461 Pyknolepsien – entwickeln sich Impulsiv-Petit mal aus einer schon jahrelang voraufgehenden Pyknolepsie entweder derart, daß neben die ursprünglich pyknoleptischen Anfälle später, in der altersentsprechenden Zeit, typische Impulsiv-Petit mal hinzutreten, wobei sich dann beide Anfallsarten auch im EEG durch entsprechende Anfallsmuster unterscheiden, d. h. sowohl durch 3/sec-Spike-wave-Komplexe wie durch Multi spike-wave-Formationen, die man dann sogar während einer einzigen EEG-Ableitung sowohl klinisch wie elektrisch nacheinander beobachten kann (s. S. 98); oder es liegt zwischen der Pyknolepsie und der Impulsiv-Petit-mal-Epilepsie ein anfallsfreies Intervall. Die Pyknolepsie ist inzwischen ausgeheilt, wenn dann im entsprechenden Alter Impulsiv-Petit mal einsetzen (s. S. 100f). Rabe beschreibt derartige Entwicklungen als Beispiel für die Weiterdifferenzierung im Verlauf[71] zu einer zweiten altersgebundenen Petit mal-Form, die er in 6 Fällen beobachtet hat.

Etwas häufiger sind Verläufe von Pyknolepsien zu beobachten, deren Anfallssymptomatik zunächst im Sinne typischer Retropulsiv-Petit mal mehr die Augen und den Kopf betrifft, sich dann aber im Laufe der Jahre nach unten verschiebt, indem jetzt mehr die Schultern und Arme von Zuckungen befallen werden. Bei einer solchen Akzentverschiebung handelt es sich noch nicht um einen Wandel von Retropulsiv-Petit mal zu Impulsiv-Petit mal, da die Zuckungen rhythmisch bleiben und auch weiterhin von einer Absence begleitet sind (s. S. 97). Auch unterscheidet sich das EEG solcher Anfälle nicht von dem eines typisch pyknoleptischen Anfalls. Doch erweist sich an solchen Beobachtungen immerhin eine Tendenz zu einem altersentsprechenden Symptomwandel im Verlauf. Diese Tendenz kann in seltenen Fällen einer Kombination von klassischen Retropulsiv-Petit mal mit typischen Impulsiv-

Petit mal ausgeprägt in Erscheinung treten. Während aber der Übergang einer Pyknolepsie in eine Impulsiv-Petit-mal-Epilepsie immer einen relativ milden Verlauf mit verhältnismäßig seltenen großen Anfällen voraussetzt, wobei die psychologische Weiterreifung nicht behindert wird, scheint der Übergang einer Impulsiv-Petit-mal-Epilepsie in eine psychomotorische Epilepsie nur unter der Bedingung eines progressiven Krankheitsverlaufs möglich, wie folgendes Beispiel zeigt:

Fall Katharina S., 54 Jahre:

Die Geburt und frühkindliche Entwicklung waren unauffällig verlaufen. Mit 16 Jahren erkrankte sie an Impulsiv-Petit mal und Grand mal. Besonders morgens spürte sie bei erhaltenem Bewußtsein ein plötzliches, symmetrisch in beide Arme einschießendes Rucken, das manchmal isoliert, mehrfach auch in kurzen Salven auftrat. Selten sackte sie währenddessen auch in die Knie, kam aber sofort wieder hoch. Von den großen Anfällen wurde sie ohne vorhergehende Aura immer morgens kurz nach dem Aufstehen überrascht. Manchmal kam es jedoch vorher zu einer Häufung der Impulsiv-Petit mal, die in immer kürzer werdenden Abständen schließlich in den großen generalisierten Anfall einmündeten. Während die Grand mal sich zunächst alle 3—6 Monate wiederholten, steigerten sie sich während des Klimakteriums zu Serien von 3—4, einmal gar 12 Anfällen an einem Tag. Später verkürzten sich auch die Abstände

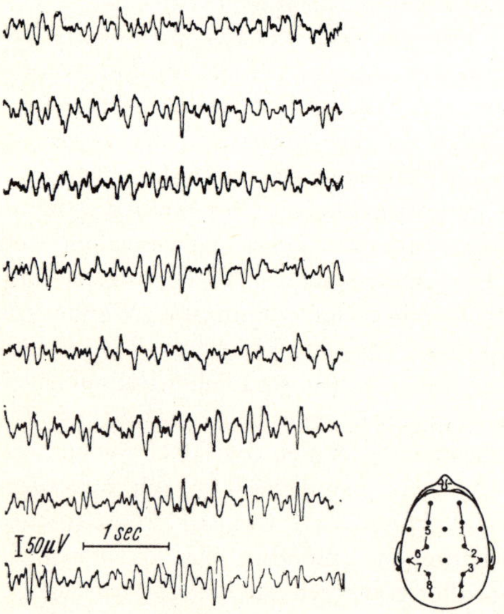

Abb. 71. EEG von Katharina S. im Alter von 54 Jahren: Temporal links biphasische Steilwellen im Anfallsintervall.

zwischen den Serien auf 1—3 Wochen. Gleichzeitig ging die Bindung an das morgendliche Erwachen verloren. Die Anfälle waren immer durch ein starkes und langanhaltendes tonisches Stadium ausgezeichnet. Die Patientin stürzte jeweils schwer und zog sich häufig Platzwunden am Kopf und im Gesicht zu. Mehrfach war sie bis zu 45 min bewußtlos, erbrach nachher heftig und klagte dann längere Zeit über Kopfschmerzen und Schwindel, so daß zu vermuten war, daß sie sich während der Stürze Gehirnerschütterungen zugezogen hatte.
Die Impulsiv-Petit mal hörten nach 28jährigem Krankheitsverlauf mit 44 Jahren auf, als die großen Anfälle zahlreicher wurden. 7 Jahre später zeigten sich erstmals psychomotorische Anfälle, die dann in 1—2wöchentlichen Abständen zu Serien von 6—8 Anfällen über 2 Tage verteilt waren: Nach einer unbestimmten Aura blickte die Patientin starr, leckte sich die Lippen, begann dann eine lustige Melodie zu pfeifen oder zu summen, nestelte anschließend an den Kleidern herum oder zog sich aus. Wenige Minuten später hellte sich das Bewußtsein langsam auf. Für die Dauer des Anfalls von 2—4 min bestand Amnesie.
Befund: 54jährig kam sie zu uns, hatte keine Impulsiv-Petit mal mehr, aber häufige, diffus über den Tag verteilte Grand mal und die beschriebenen psychomotorischen Anfälle. Neurologisch: aromatische Anosmie, sonst o. B. Psychisch: deutliche Merkschwäche und Verlangsamung, keine »epileptische« Wesensänderung. EEG: mäßig, mitunter gering ausgeprägter α-Rhythmus. Generelle Dysrhythmie mit häufigen hohen langsamen Zwischen- und 3/sec-Wellen. Mehrfach Vorkommen biphasischer, synchroner steiler Potentiale. Geringe Herdveränderungen über der linken Hemisphäre mit Überwiegen von Zwischenwellen (Abb. 71).

Allen 6 Beobachtungen einer Entdifferenzierung im Verlauf[71,132] war gemeinsam, daß zu den Impulsiv-Petit mal große Anfälle hinzutraten, die wie im beschriebenen Falle ohne Warnung einsetzten, in einem heftigen tonischen Krampf die Kranken zu Boden schleuderten, so daß sie sich Gesichts-, Schädel- und Gehirnverletzungen zuzogen. Aus der klinischen Entwicklung war abzulesen, daß sich die ursprüngliche Epilepsieform unter dem Einfluß traumatischer und bei gehäuften Anfällen auch iktogener Hirnschädigungen allmählich sekundär zu einer symptomatischen Epilepsie mit dem Syndrom: diffuse Grand mal und psychomotorische Anfälle in Richtung einer sekundären temporalen Epilepsie verwandelt hatte.

Situative Bindung der Anfälle: Als sehr charakteristisch wurde auch von anderen Autoren, besonders von Muskens, schon festgehalten, daß sich die Zuckungen vorwiegend, bei den meisten Kranken ausschließlich, morgens kurze Zeit nach dem Aufwachen abspielen (sogenannte *matutinale Zuckungen*) (s. Abb. 61). Daß dabei aber nicht die Tageszeit des Vormittags an sich eine Rolle spielt, sondern der Vorgang des Wachwerdens nach dem Aufwachen, geht daraus hervor, daß die Zukkungen auch dann einsetzen, wenn die Kranken zu anderer Tageszeit aufwachen oder aufgeweckt werden, etwa nach dem Mittagsschlaf. Da sich die Stöße noch im Liegen abspielen können, kann das anfallsfördernde Moment nicht im Aufstehen, also im orthostatischen Wechsel vom Liegen zum Stehen begründet sein, sondern muß mit dem Vorgang des Wachwerdens nach dem Schlaf zusammenhängen. Denn selbst jene Kranken, die es sich zur Gewohnheit gemacht haben, morgens noch längere Zeit im Bett zu bleiben, fürchten weniger das Aufstehen als das jähe Gewecktwerden und die Eile, mit der man sie treibt, wachzuwerden. – Nur bei wenigen Kranken kommt es auch nachmittags oder abends, wenn sie übermüdet sind, zu Zuckungen, nie jedoch während des Einschlafens oder im Schlaf – im Gegensatz zur Myoklonusepilepsie, deren Zuckungen auch im Schlaf auftreten.

Die physiologischen, jedermann geläufigen Zukkungen beim Einschlafen, die MUSKENS noch für epileptische Manifestationen hält, haben mit Impulsiv-Petit mal nichts zu tun. Sie sind bei diesen Kranken weder häufiger noch heftiger als bei Gesunden anzutreffen, noch lassen sie pathophysiologisch eine Gleichsetzung zu. Einschlafzuckungen haben überhaupt nichts mit Epilepsie zu tun. Sie sind nicht von elektroenzephalographischen Veränderungen begleitet[51].

Auslösung und Hemmung der Anfälle: Beginn und Verlauf von Impulsiv-Petit-mal-Epilepsien sind in besonderer Weise vom Einfluß äußerer Umstände abhängig[74]. Meist war dem ersten Anfall ein ungewohnter Schlafmangel mit plötzlichem Gewecktwerden oder (und) ein Alkoholexzeß voraufgegangen. Andere Erstanlässe treten dagegen zurück. Nur selten wird eine körperliche Anstrengung oder die Menarche angeschuldigt. Selbst wenn die auslösenden Umstände des ersten Anfalls im Dunkel liegen, kann man doch immer für die weiteren Anfälle bestimmte Anlässe eruieren, unter denen ungewohnter Schlafmangel, übermäßiger Alkoholgenuß und vorzeitiges Gewecktwerden oder übereiliges Aufstehen die Hauptrolle spielen. Etwa die Hälfte der Frauen geben eine gewisse Bindung der Anfälle an die Periode an. Unmittelbar vorausgehende seelische Erregungen oder körperliche Anstrengungen werden nur selten verantwortlich gemacht. Ein Kranker bekam seine Anfälle nach intermittierenden Lichtreizen beim Durchfahren besonnter Alleen oder Entlangfahren an durchsonnten Zäunen.

Diese Erfahrungen, die therapeutisch nützlich sind, zumal nicht wenige Kranke ihre Anfälle nur nach solchen Exzessen bekommen, haben uns veranlaßt, den Schlafentzug zu diagnostischen Zwecken als *Provokationsmittel* zu verwenden[74]. Die Kranken werden angewiesen, sich ein bis zwei Abende nicht vor 1 Uhr in der Nacht schlafen zu legen und vorher starken Kaffee oder eine Flasche Wein zu trinken. Diese Provokation führt in 9 von 10 Versuchen zu dem Erfolg, daß es am nächsten, spätestens am übernächsten Morgen über eine Serie von Zuckungen zu großen Anfällen kommt, selbst bei Kranken mit großen Spontanintervallen, und in jedem Fall wenigstens zu subklinischen typischen EEG-Veränderungen. Zum elektroenzephalographischen Nachweis der für diese Form spezifischen Anfallspotentiale genügt immer eine einmalige Provokation mit einer Ableitung am nachfolgenden Morgen, möglichst bald nach dem Erwachen.

Zwar kommt es auch mit kombinierter Licht- und Metrazol-Provokation in 60% der Fälle mit Impulsiv-Petit mal »zu klinischen Zuckungen oder mindestens zu Multispikewaves im EEG«[415]; jedoch ist diese Methode nicht spezifisch, da sie auch bei Gesunden zu den gleichen Effekten führen kann, was immerhin bedeutet, daß dem Impulsiv-Petit mal vergleichbare Phänomene auch experimentell hervorzurufen sind.

Anfallshemmende Faktoren sind nicht bekannt. Die Annahme, daß sich Schwangerschaften bei Patientinnen mit Impulsiv-Petit mal besonders günstig auswirken[384, 405, 415] hat sich nicht bestätigt. Unter 36 Schwangerschaften hat sich der Verlauf der Epilepsie in 19 Fällen nicht wesentlich geändert, in 10 Fällen eine günstige und in 7 Fällen eine ungünstige Wendung genommen[399].

Ätiologie: Epilepsien mit Impulsiv-Petit mal können mit Recht als »der Prototyp der essentiellen Epilepsie«[415] oder als »die einzige Form von Epilepsie, aus deren Symptomatologie allein schon eine symptomatische Epilepsie ausgeschlossen werden kann«[74], bezeichnet werden. Denn unter 280 Patienten fanden wir nur 1 mit einer sicher nachweisbaren Gehirnschädigung in der Vorgeschichte. Dabei handelte es sich um ein Geburtstrauma mit einer residualen Hemiplegie, durch die aber die Symmetrie der Zuckungen nicht beeinträchtigt war. Obwohl gelegentlich einmal – von 9 Patienten – ein Kopftrauma (wie im Fall Karl-Heinz K.), das nicht über eine Gehirnerschütterung hinausging, oder selten einmal – von 3 Patienten – eine erschwerte Geburt angegeben wurde, erwies sich der Verdacht auf eine organische Gehirnschädigung in keinem weiteren Falle als begründet. Fieber- bzw. Gelegenheitskrämpfe sind mit 8,6%[384] etwa ebenso häufig wie bei der Pyknolepsie in Erfahrung zu bringen.

Die erwähnte Beobachtung erlaubt die Folgerung, daß auch Kranke mit einer Hirnschädigung einmal eine essentielle oder idiopathische Epilepsie bekommen können, ohne daß ein Kausalnexus gegeben ist. Die Möglichkeit, daß eine Hirnschädigung und eine Epilepsie auch voneinander unabhängig sein können, ist bei allen altersgebundenen Petit mal-Epilepsien und bei Grand mal mit EEG-Befunden, die auf eine zentrenzephale Epilepsie hinweisen, immer mit in Erwägung zu ziehen.

Heredität: Von 70 (25%) unter 280 Patienten wurden Epilepsien auch in der näheren oder ferneren Blutsverwandtschaft angegeben. Damit scheint unter allen altersgebundenen Petit mal-Epilepsien beim Impulsiv-Petit mal die spezifisch epileptische Belastung am stärksten ausgeprägt zu sein.

Das entspricht der Erwartung. Denn wenn die Annahme eines reziproken Verhältnisses von exogenen und endogenen Faktoren in der Pathogenese von Epilepsien zutrifft, so müßte beim Impulsiv-Petit mal die höchste Hereditätsquote nachzuweisen sein. Zwar liegt eine genaue erbbiologische Untersuchung der Impulsiv-Petit-mal-Epilepsie noch nicht vor. Doch haben Castells u. Mendilaharsu bei 26 (37,1%) ihrer 70 Fälle epileptische Erkrankungen in der Familie erfahren können, wobei es sich bei 14 (20%) um Eltern oder Geschwister gehandelt hat. Begrenzt man ihr Krankengut auf die nach dem 7. Lebensjahr beginnenden Erkrankungen, so litten immerhin noch 10 (17,4%) der Eltern und Geschwister von 59 Probanden an einer Epilepsie. Wenn sich dieser Befund an einem größeren Krankengut bestätigte, dann wäre nicht die Pyknolepsie, bei der die analoge Quote 13,2%[296] lautet, sondern die Impulsiv-Petit-mal-Epilepsie der Prototyp der »genuinen« Epilepsie.

Ebenso wie bei den anderen Petit mal-Epilepsien gibt es auch beim Impulsiv-Petit mal *gleichförmige Erkrankungen* in der Familie. Wir kennen zwei Geschwisterpaare, die beide etwa im gleichen Alter Impulsiv-Petit mal bekamen und beide auch bei der EEG-Untersuchung die gleichen typischen Anfallspotentiale geboten haben. Auch in der Literatur sind Beobachtungen über gleichartige Anfälle bei Geschwistern erwähnt, die der Beschreibung nach eindeutig als Impulsiv-Petit mal zu erkennen sind[378, 390, 397]. Wahrscheinlich gehören auch manche Berichte der älteren Literatur[377, 429] hierher und nicht zur Unverricht-Lundborgschen Myoklonusepilepsie, der gegenüber also ein familiäres Auftreten kein entscheidendes Differentialdiagnostikum bedeutet.

Somatische Befunde und vegetative Funktionen: Nach Untersuchungen von Westphal sind bei genuinen Epileptikern annähernd gleich häufig Kranke mit leptosomer, athletischer und dysplastischer Konstitution anzutreffen. Helmchen konnte den Nachweis, daß die athletische Konstitution den Schnittpunkt der Konstitutionskomponenten bildet, durch die Feststellung erweitern, daß Kranke mit Aufwach-Epilepsien mehr zu einer leptosom-asthenischen und Kranke mit Schlaf-Epilepsien mehr zu einer dysplastischen Konstitution tendieren. Bei Kranken mit Impulsiv-Petit mal verschiebt sich der Schwerpunkt ganz in Richtung der leptosom-asthenischen Körperbauform. Von 40 Patienten mit Impulsiv-Petit mal waren nur 8 reine Athletiker, 11 zeigten athletisch-asthenische Mischkonstitutionen und 13 einen rein leptosom-asthenischen Körperbau (6 waren dysplastisch, 1 vorwiegend pyknisch und 1 mesosom). Selbst die vorwiegend

Tabelle 9. *Häufigkeit von Schädelknochenanomalien* (nach KAMMERER, TH. Dtsch. Z. Nervenheilk. 182 [1961] 13).

	Sklerose	Dicke Kalotte	Interne Hyperostose
Impulsiv-Petit-mal (33 Fälle)	25%	43%	11%
Gesunde (100 Fälle)	8%	11%	2%
Idiopathische Epilepsien anderer Verlaufsform (240 Fälle)	11%	9%	2%

athletischen Kranken waren »nicht ganz geglückte Athletiker«[405], insofern sie entweder grobknochig, massig-groß oder gedrungen erschienen oder aber bei athletischer Schulterpartie in der Ausprägung der übrigen Körpergebiete weniger differenziert waren und im Knochenbau graziler wirkten. Nicht selten ist man erstaunt, wenn Männer, die man in Kleidung für Athletiker hält, entkleidet nicht halten, was ihr Aspekt zu bieten scheint (»Pseudo-Athletiker«). Die Gestalten sind eher schmal, mit langem Hals, langem, engem und auch flachem Thorax; die Körperhaltung ist relativ schlaff.

Der Index des proportionellen Brustumfangs gibt 23 Engbrüstige, 13 Normalbrüstige und 2 Weitbrüstige, und nach dem Pignet-Index (Körpergröße in cm — Brustumfang + Körpergewicht in kg) sind sogar 31 Kranke leptosom, 4 athletisch und 2 pyknisch gebaut. Weitere Angaben über die Ausbildung der Muskulatur, des Fettgewebes, den Zustand der Haut, die Form des Gesichts, der Nasen, der Lippen und Ohren, über Behaarung und Handformen finden sich bei HELMCHEN.

Die im Aspekt hervortretenden Anomalien in der Ausbildung des Knochensystems haben wir durch vergleichende Untersuchungen der Schädelröntgenbilder objektiviert, wobei sich ergab, daß bei Kranken mit Impulsiv-Petit mal wesentlich häufiger als bei Gesunden und bei anderen Epilepsie-Formen Veränderungen an der Schädelkalotte im Sinne einer Sklerose (Verdickung der Lamina externa und der Lamina interna auf Kosten der Diploë), einer Verdickung der Kalotte und von Hyperostosen der Tabula interna nachzuweisen waren[74, 414] (s. Tabelle 9).

Kranke mit Impulsiv-Petit mal sind ebenso wie Kranke mit reinen Aufwach-Epilepsien vegetativ besonders labil, schwitzen leicht, haben feuchte, kalte Hände und Füße, reagieren vasomotorisch lebhaft, weisen häufig eine Akrozyanose und eine Cutis marmorata auf und geben an, in ihrer Leistungsfähigkeit von äußeren Einflüssen stark abhängig zu sein. HELMCHEN fand besonders bei Frauen häufig eine leichte diffuse Schilddrüsenvergrößerung. Bei vielen Kranken geht das Wachstum während der Entwicklungsjahre nicht kontinuierlich, sondern in Form von Wachstumsschüben vor sich, die gelegentlich ein beträchtliches Ausmaß erreichen[405]. HELMCHEN hat weiter auf bedeutsame Unterschiede im Appetit-, Durst- und Sexualverhalten hingewiesen, die im Zusammenhang mit den Grand mal-Epilepsien erörtert werden.

Hinsichtlich des *Schlafverhaltens* gleichen sich alle Kranken mit Impulsiv-Petit mal darin, daß sie morgens beschwerlich aufwachen, erst langsam zu sich kommen und noch längere Zeit schlaftrunken sind. Fast jeder kann darüber berichten, daß er schwer zu wecken sei, gerne noch länger liegen bliebe, daß ihm »der Schlaf noch in den Gliedern stecke«, daß er zunächst noch einen »dumpfen Kopf« habe und anfangs nur »ganz automatisch«, »wie im Dämmer« handle. Viele stellen sich darauf ein, indem sie länger schlafen und im Bett frühstücken. Andere, die es sich nicht leisten können, stecken den Kopf in kaltes Wasser oder brauen sich einen starken Kaffee, »um zu sich zu kommen«. Alle betonen, daß sie »viel Schlaf brauchen«, und meinen, daß sie sehr tief schlafen. Darin liegt nach unseren Erfahrungen aber eine Verkennung. Weil die Kranken oft erst am Nachmittag und Abend frisch und aktiv werden, gehen sie in der Regel spät ins Bett, schlafen mühsam ein und kommen auch dementsprechend später erst in tiefen Schlaf, der aber nicht mehr ausreichend lang und tief genug ist, um das Schlafdefizit aufzuholen[385, 386]. Aus elektroenzephalographischen Untersuchungen und Messungen der

Schlaftiefe geht hervor, daß nicht nur das Quantum an Schlaf geringer, sondern auch die Qualität des Schlafs durch die zeitliche Verschiebung innerhalb der Tagesperiodik charakteristisch verändert ist[385, 386, 410, 411, 412]. Dieser Schlaftypus des Späteinschlafens und Spätaufwachens, der bei Aufwach-Epilepsien überdurchschnittlich häufig vorkommt (s. S. 464ff) ist bei Impulsiv-Petit-mal-Epilepsien, deren große Anfälle auch nach dem Aufwachtyp verlaufen, die Regel.

Nach unseren Erfahrungen ist es so, wie SCHULTE vermutet, daß dieses Schlafverhalten primär, d. h. vorwiegend in der Konstitution begründet ist, und nicht erst sekundär, d. h. durch die Anfallserkrankung zustande kommt. Der jeweilige Schlaftypus ist ein Indikator für eine umfassende tagesperiodische Leistung, den Wechsel von Leistungsfähigkeit und Ruhebedürfnis innerhalb des Tageslaufs. Diese Leistung ist bei Aufwach-Epilepsien und besonders bei Kranken mit Impulsiv-Petit mal dadurch, daß sie der Tagesperiodik durch die Verschiebung der polaren Schwerpunkte von Aktivität und Passivität nur notdürftig angepaßt ist, ständig in Gefahr, durch einen zusätzlichen Stress überfordert zu werden. Solche Überforderungen – durch späteres Zubettgehen als gewöhnlich, durch früheres Aufstehen als gewöhnlich, durch Überspannung des Wachseins, durch forciertes Wecken, durch emotionelle oder medikamentöse Stimulierung, durch körperliche oder geistige Überanstrengung – führen dann immer wieder über eine Verkürzung des Schlafs zu erneuten Anfällen. Unter diesem Aspekt erscheinen die Anfälle als Notfallsfunktionen eines in seiner Leistungsfähigkeit in einer bestimmten Richtung überspannten vegetativen Systems, wobei – final gesehen – die aus den Zuckungen resultierende Wachheit oder die dem großen Anfall folgende Müdigkeit eine gegenregulatorische Funktion haben (SELBACH[428]). Daraus ergeben sich gewisse therapeutische Konsequenzen im Sinne einer Disziplinierung des Tagesrhythmus, auf die jedoch die Kranken aus Gründen, die in ihrer psychischen Struktur liegen, nicht aus eigener Einsicht kommen.

Seelisches Verhalten und soziale Entwicklung: Ihr seelisches Verhalten ist sehr oft – wie bei Aufwach-Epileptikern – durch Unstetigkeit, Haltlosigkeit, Genußsucht und Gleichgültigkeit ihrer Krankheit gegenüber gekennzeichnet. Wie »unepileptisch« dieses Verhalten wirkt, geht aus dem diagnostischen Urteil der vorbehandelnden und einweisenden Ärzte hevor, wenn sie »epileptische Anfälle bei haltlosen Psychopathen« oder »Neurasthenie mit epileptiformen Anfällen« oder – solange es noch nicht zu großen Anfällen gekommen war – »psychogene Zustände«, »Hysterie« oder »nervöse Erschöpfung« konstatieren.

Da sich Kranke mit Impulsiv-Petit mal auch in psychischer Hinsicht weitgehend ähneln, ist es möglich, einen Typus darzustellen: Nur ein Kranker war von Haus aus debil; die meisten waren intellektuell durchschnittlich, keiner überragend begabt. Da sie aber durchweg rasch auffassen und urteilen, wendig und anpassungsfähig sind, fallen ihnen Schule und berufliche Ausbildung zunächst leicht. Aber sie versprechen mehr als sie halten. Von den Männern, deren berufliche Entwicklung wir genauer kennen, sind nicht wenige zu Hilfsarbeitern abgestiegen, nachdem sie zuvor kaufmännische Angestellte, Handwerker, Facharbeiter, Studenten usw. gewesen waren. Wenn daran sicher auch psychische und soziale Auswirkungen des Anfallsleidens selbst mit Schuld waren und der Beginn der Erkrankung auch meist gerade in die Zeit der Berufsausbildung fällt, so ist doch auch ein charakterlicher Mangel an Zielstrebigkeit und Ausdauer für diese negative Entwicklung verantwortlich. Das Verhalten der Kranken wirkt sich auf die Behandlung oft ungünstig aus. Sie beteuern zwar bereitwillig, sich an die Vorschriften zu halten, versäumen es aber gerne, sich wieder vorzustellen oder die Tabletten regelmäßig einzunehmen. Sie führen sich oft betont selbstsicher und großspurig, die Mädchen und Frauen kokett und anspruchsvoll ein, können sich aber auch ausgesprochen mißtrauisch und schüchtern, ängstlich und gehemmt verhalten. Ihr labiles Selbstbewußtsein äußert sich auch darin, daß sie einerseits übereifrig helfen, einladen, schenken, andererseits aber paranoisch empfindlich reagieren können. Ihre Stimmung und Affekte wechseln rasch und oft. Das macht sie im Umgang reizvoll und schwierig. Sie lassen sich leicht ermuntern, aber auch deprimieren; sie sind leichtgläubig und unzuverlässig. Ihre Suggestibilität erleichtert den Kontakt und erschwert das Vertrauen. Dieses Charakterbild spiegelt sich in den verschiedensten Schattierungen wider, von einer sympathischen Nonchalance oder Schüchternheit über ein psychasthenisches Syndrom bis hin zu jenen Entartungen, die als sensitive oder haltlose Psychopathien bezeichnet werden. Trotz dieser asozialen Stigmen war es aber nur bei 4 Kranken nötig geworden, sie deswegen in einer Anstalt betreuen zu lassen. Alle anderen – bis auf 3, die Suizid verübt haben – fanden sich bis jetzt mit ihrer Eigenart in der Gesellschaft zurecht, darunter die am besten, die ihrer Neigung nach Abwechslung als Verkäufer, Botengänger, Reisender, Musikant, Zirkusdiener, als »Ami-Braut«, Bedienerin, Geschäftsfrau, Sekretärin, Hausmädchen entsprechen können. Merkwürdigerweise übt niemand einen selbständigen, freien Beruf aus, obwohl alle, außer 4 Patienten, die in eine Anstalt gekommen sind, 1, der invalidisiert wurde, und 2 jüngeren, die noch ohne Arbeit bei ihren Eltern leben, ihrem Studium oder einer bezahlten Beschäftigung nachgehen.

Pathologische Anatomie

Das Fehlen jeglicher anatomischer Untersuchungen rechtfertigt es, über den bisher einzigen Obduktionsbefund bei einer Impulsiv-Petit-mal-Epilepsie[409] – es handelt sich um den Fall Johanna R. – etwas ausführlicher zu berichten.

Unter den bei der Gehirnsektion zu erhebenden pathologischen Befunden interessieren: 1. solche, die als Anfallsfolgen imponieren, 2. solche, die als Reifungsstörungen aufzufassen sind.

Ad 1: Als sogenannte Krampfschäden anzusprechende Parenchymnekrosen waren im Kleinhirn sowohl an den Purkinje-Zellen wie am Nucleus dentatus am stärksten ausgebildet. Ihrer Schwere nach folgen an zweiter Stelle disseminierte Zelluntergänge im Nucleus ruber mit einer deutlichen Rarefizierung des Zellbestands. Wesentlich geringer ausgeprägt waren ältere disseminierte Ganglienzelluntergänge in den latero-basalen Anteilen der Temporalrinde, im Inselgebiet und im Unkus, weniger zahlreich in der Frontal- und Präzentralregion anzutreffen. Im Ammonshorn waren dagegen nur verhältnismäßig wenig alte Ausfälle zu sehen.

Ad 2: Als Befunde, bei welchen es sich mit Sicherheit weder um sekundäre Krampfschäden noch um Folgen einer finalen Zirkulationsstörung handeln kann, waren hyperplastische Vorgänge des subependymalen Kielstreifens Weigert am medialen Rand der unteren Umschlagfalte des Vorderhorns und der Balkenunterfläche anzusehen. Diese sind als Ausdruck eines überschüssigen Wachstums des Stratum subependymale mit teilweiser Verklebung der Ventrikelwände unter Abschnürung einzelner Ependymschläuche während der Hemisphärenentwicklung zu deuten[380]. – Ein weiterer Befund »primärer« Art ist der Nachweis von in kleinen Gruppen im Kleinhirnmark liegenden heterotopen Ganglienzellen. Dabei handelt es sich um den Ausdruck einer leichten Retardierung der postnatalen Kleinhirnausreifung mit Liegenbleiben einiger Purkinje-Matrixzellen während der Migration von Kleinhirnkernen zur Rinde.

Die Untersuchung ergab keinen Grund, die klinische Diagnose einer idiopathischen Epilepsie zu korrigieren. Denn die pathologischen Befunde waren entweder wie die Krampfschäden eindeutig sekundärer Natur oder wie die Reifungsstörungen ätiologisch irrelevant. Die Anzeichen einer Migrationshemmung im Kleinhirnmark sind zu gering, um als Mißbildung angesprochen zu werden; die relativ ausgeprägten Ependymgranulationen hinwieder betreffen das Stützgewebe und nicht das nervöse Parenchym selbst.

Im Vergleich mit den nach Scholz[424, 425, 426] und nach Peiffer bei Epilepsien allgemein hinsichtlich Quantität und Verteilung zu erwartenden Krampfschäden fallen an unserem Fall jedoch zwei Besonderheiten auf: 1. das im Hinblick auf das klinische Bild unerwartete Ausmaß der Schädigungen; 2. ihre von der »üblichen« topistischen Reihenfolge deutlich abweichende Verteilung.

Ad 1: Da kleine epileptische Anfälle – wie allgemein angenommen wird – keine morphologischen Schäden hinterlassen, so müssen die erheblichen Parenchymnekrosen und Markschädigungen in unserem Fall die Folge von nur 7 großen Anfällen sein. Die Diskrepanz ist so auffällig, daß man sich zu fragen hat, ob die besondere Art der großen Anfälle bei dieser Krankheitsform dafür verantwortlich sein könnte. Bei Anfällen, die sich durch ein derart protrahiertes tonisches Stadium mit dementsprechend stark ausgeprägter Zyanose auszeichnen, liegt es nahe, anzunehmen, daß sie auch von einer besonders lang anhaltenden

Anoxie begleitet sind, die entsprechend erhebliche Parenchymschäden zur Folge haben kann. – Aber auch die besondere Verteilung der disseminierten Parenchymuntergänge im Großhirn mit Bevorzugung der medio-basalen Bezirke des Schläfenlappens und der Windungstäler im Inselgebiet läßt die Frage berechtigt erscheinen, ob zwischen dem besonderen Charakter von Impulsiv-Grand mal und dem Lokalisationsort der Schläfenlappenschäden pathogenetische Beziehungen bestehen. Die Ähnlichkeit des Impulsiv-Grand mal mit einem paroxysmalen Einklemmungssyndrom legt die Vermutung nahe, daß auch die temporalen Läsionen in diesem Fall über eine mechanische Kompression der Arteria cerebri posterior im Tentoriumschlitz nach dem Modus einer temporalen Einklemmung, d. h. infolge von paroxysmal ausgelösten Zirkulationsstörungen mit nachfolgenden ödematösen Reaktionen zustande gekommen sind[416]. Wenn diese Erklärung zutrifft, könnten schon wenige Anfälle von dieser Art im Stande sein, erhebliche Parenchymschäden hervorzurufen.

Ad 2: Was die topistische Verteilung bei Epilepsien allgemein angeht, so erweisen sich statistisch gesehen »gewisse Hirnörtlichkeiten bevorzugt und in bestimmter Reihenfolge von den Krampfschäden betroffen«[424], wobei das Ammonshorn am häufigsten befallen ist. Dann folgen Kleinhirnrinde, Nucleus amygdalae, Großhirnrinde (besonders okzipital) und Thalamus, während das Striatum, Nucleus dentatus und die unteren Oliven viel weniger regelmäßig beteiligt sind. Als fast nie verändert gelten Globus pallidus, Corpus subthalamicum, Hypothalamus und das zentrale Höhlengrau. Im Vergleich mit diesem Schema üblicher Verteilung weicht die Reihenfolge in unserem Fall erheblich ab: das Ammonshorn war hier fast unversehrt; die schwersten Veränderungen betreffen Kleinhirnrinde, Nucleus dentatus und Nucleus ruber; dann folgen Anteile der Großhirnrinde (Insel- und basale Temporalregion) und Thalamus. Die Stammganglien sind minimal, Mandelkern, Substantia nigra, Hypothalamus und zentrales Höhlengrau überhaupt nicht betroffen. Diese Reihenfolge widerspricht der statistisch zu erwartenden fast diametral. Denn der fast als typisch geltende Befund einer Ammonshornsklerose (s. Abb. 103) fehlt hier, während Veränderungen an einer Stelle überwiegen, die bisher im Katalog der Krampfschädigungen nie aufgeführt wurden. Bei SCHOLZ und bei PEIFFER wird der Nucleus ruber nicht einmal unter den selten betroffenen Kernen erwähnt. Wir würden nicht daran denken, daß diesen Befunden eine Bedeutung zukommt, wenn nicht zwischen Klinik und Anatomie dieses Falles so einleuchtende Zusammenhänge aufweisbar wären. Jedenfalls erlaubt es die Prädilektion der Schäden im Nucleus ruber, der Substantia reticularis tegmenti und im Dentatum von einer elektiv schwereren Schädigung derjenigen grauen Kerne zu sprechen, in denen man aus klinischen und neurophysiologischen Gründen die für Impulsiv-Petit mal spezifischen Funktionsstrukturen vermuten darf.

Die Systembezogenheit der Schäden in diesem Fall regt dazu an, die auch für andere Formen idiopathischer Epilepsien geltende Frage zu stellen, welche Umstände für die jeweilige topistische Prägung oder Reihenfolge der Krampfschäden bestimmend oder mitbestimmend sein mögen. Eine Frage, die sich SCHOLZ selber wiederholt gestellt und für deren Beantwortung er auch selbst schon die Richtung angegeben hat, indem er auf »immanente Eigenschaften der betroffenen Strukturen« hinwies, die sich »in einer topistischen Prägung des morphologischen Bildes manifestieren«[424]. Darin trifft sich die Problematik der pathologischen Anatomie mit der ganz analogen Aufgabe, der sich die Klinik gegenübersieht, nämlich jeweils die immanenten Eigenschaften aufzudecken, die für die unterschiedliche symptomatologische Prägung des klinischen Bildes verantwortlich sein könnten. Ohne Zweifel ist die Altersbindung der Anfälle eine jener »immanenten Eigenschaften«, die im Zusammenhang mit anderen klinischen und elektrobiologischen Eigenschaften daran denken lassen, daß der gemeinsame Nenner dieser Krankheitsform vermutlich eine Reifungsstörung sei. Unter diesem Aspekt gewinnen daher die beiden, bisher noch nicht diskutierten Befunde eine gewisse Relevanz: Die Ependymgranulationen und die für sich genommen bedeutungslos erscheinenden relativ geringfügigen Reifungshemmungen, die im Marklager des Kleinhirns als bei der Migration liegengebliebene Matrixzellen zu erkennen sind. Diese Befunde haben selbstverständlich keine ätiologische Bedeutung. Man wird sie jedoch nicht ignorieren dürfen, wenn man auf der Suche nach immanenten Eigenheiten der betroffenen Struktur, d. h. nach Faktoren Ausschau hält, die für die topistische Auswahl von Krampfschäden mit verantwortlich sein können. Wenn man nicht mehr in Verdacht steht, derart unspezifische und geringfügige Reifungshemmungen als Ursachen anzuschuldigen, wird man sich fragen dürfen, ob diese Reifungsstörungen nicht vielmehr als Anhaltspunkte dafür dienen können, daß in den betroffenen Gebieten entsprechend veränderte Stoffwechsel- und Schrankenverhältnisse vorliegen mögen, die geeignet sind, bei gegebener Epilepsie die besondere klinische und anatomische Ausprägung des Krankheitsbildes zu bestimmen. Dann wird auch die Frage aktuell, ob nicht nur der örtliche Schwerpunkt, sondern auch der ontogenetische Zeitpunkt der Reifungshemmung[430] eine Bedeutung hat.

Pathogenese

Funktionelle Anatomie: Impulsiv-Petit mal sind nosologisch eine Variante der Petit mal-Trias bzw. des Petit mal-Quintetts und lassen sich daher nur im Zusammenhang mit deren anderen Varianten sinnvoll einordnen und interpretieren. Denn zu den beiden anderen Gruppen kleiner epileptischer Anfälle, den kortikalen wie den psychomotorischen, bestehen weder klinisch noch elektrophysiologisch irgendwelche Beziehungen. Die den Anfällen der altersabhängigen Petit mal-Epilepsien zugrunde liegenden Funktionsstörungen lassen sich vom EEG her als eine jeweils spezifische Abwandlung eines gemeinsamen generalisierten Entladungsmusters definieren, das vom Bild der Hypsarrhythmie über die Slow-sharp-waves und 2/sec-Spike-waves, die 3/sec-Spike-waves und Doppel-Spike-waves bis zu den Multispike-waves reicht. Daß die Entladungen bei allen Varianten sich, abgesehen von den altersspezifischen Abwandlungen ihrer Frequenz, darin gleichen, daß sie am besten über den vorderen Hirnregionen ausgeprägt sind und bilateral über beiden Hemisphären auftauchen, spricht dafür, daß die Erregungen in einem subkortikalen mittelständigen Organsystem entstehen, das von Penfield u. Jasper als zentrenzephales System bezeichnet wird.

Auch die klinische Symptomatologie der Anfälle weist darauf hin, daß sich in ihren verschiedenen Ausprägungen jeweils nur altersspezifische Abwandlungen einer gemeinsamen Funktionsstörung kundtun. Wenn das Bewegungsmotiv beim Propulsiv-Petit mal als eine anfallsweise propulsiv-emprosthotone und beim Retropulsiv-Petit mal als eine mehr oder minder starke retroflektierte Körperhaltung zu bezeichnen war, so ist das Bewegungsmotiv des Impulsiv-Petit mal als eine aus Rumpf und Schultern heraus erfolgende Streckbewegung anzugeben. Die motorische Symptomatologie dieser drei markanten Anfallsformen ist also darin vergleichbar, daß Augen, Kopf, Rumpf und Extremitäten Bewegungen ausführen, die in der sagittalen Ebene vor sich gehen. Das bedeutet — auf die Funktionsschicht bezogen —, daß die Statik des Körpers von den Anfällen betroffen ist, und zwar von jeder Anfallsform auf eine besondere Weise: vom Propulsiv-Petit mal im Sinne einer Vor- und Einwärtsbeugung, vom Retropulsiv-Petit mal im Sinne einer Auf- und Rückwärtsbeugung, vom Impulsiv-Petit mal im Sinne einer Streckung. Auch die klinischen Symptome lassen daher darauf schließen, daß die zugrunde liegenden Funktionsstörungen von einer einheitlichen Funktionsstruktur ausgehen, die die Leistung der Körperhaltung repräsentiert. Klinik wie EEG dieser sozusagen statischen Petit mal-Trias weisen daher auf die der Statik dienenden Apparate des Mittelhirns als den Ausgangsort der pathologischen Vorgänge hin.

Für den speziellen Stellenwert des Impulsiv-Petit mal scheint uns der Hinweis auf die Ähnlichkeit mit dem Bild der Enthirnungsstarre bedeutsam[74]. Impulsiv-Petit mal sehen aus wie paroxysmal verlaufende Rudimente einer Enthirnungsstarre, oder auch, was gleichbedeutend ist, wie abortive »cerebellar fits«[247]. Die Analogie zwischen beiden Vorgängen wird besonders deutlich am Impulsiv-Grand mal, das mit seiner extrem tonischen Streckstarre und seiner enormen Zyanose an ein Einklemmungssyndrom erinnert. Verweisen solche klinischen Beobachtungen darauf, daß für die Entstehung von Impulsiv-Petit mal eher kaudale Abschnitte des Hirnstamms in Frage kommen, wogegen etwa für Propulsiv-Petit mal eher rostrale Abschnitte verantwortlich zu machen sind, so sprechen auch die Ergebnisse experimenteller Forschung für diese Vermutung.

Da ein schreckhaftes Zusammenfahren auf akustischen Reiz hin, dem das Impulsiv-Petit mal täuschend ähnlich sieht, auch schon bei »Mittelhirnwesen«[395, 400] vorkommt, ist erwiesen, daß der entsprechende Reflexbogen nicht über oralwärts vom Mittelhirn liegende Hirnteile verlaufen kann. Für das Zustandekommen von Myoklonien hat die experimentelle Neurophysiologie immer wieder die Bedeutung des Dentatum, der Oliven und der zentralen Haubenbahn hervorgehoben. Myoklonien können auch durch Irritation des Pyramidensystems ausgelöst werden[382]. Auf Grund elektrophysiologischer Analysen glaubt man, das Zentrum für Myoklonien in der Substantia reticularis gefunden zu haben. Die gestörten Impulse könnten so[422] über den Tractus reticulo-spinalis den Schaltzellenapparat des Rückenmarks erreichen und hier vielleicht Automatismen der Motoneurone freisetzen[403]. Als das Substrat der Enthirnungsstarre werden von Rademaker und von Weed die roten Kerne angesehen, deren Erregung auch von Strauss[432] für das dem Impulsiv-Petit mal phänomenologisch verwandte Zusammenschrecken verantwortlich gemacht wird. Hassler sieht die mögliche funktionelle Bedeutung der vom Nucleus ruber zu- und abführenden Neuronensysteme, die ihn über das Dentatum mit dem Kleinhirn, über die unteren Oliven mit dem Kleinhirn und den Pyramiden sowie mit der Substantia reticularis verbinden, in einer »Ingangsetzung der proximalen Abstützungsinnervationen«, dem gleichen Bewegungsbild also, das im Impulsiv-Petit mal paroxysmal in Erscheinung tritt. Diese, aus der Symptom- und Funktionsanalyse abgeleiteten Erwägungen finden eine konkrete Entsprechung in den morphologischen Befunden des bisher einzigen zur Obduktion gekommenen Falles einer Impulsiv-Petit-mal-Epilepsie, der eine Prädilektion der Schäden im Ruber, der Substantia reticularis tegmenti und im Dentatum aufwies[409] (s. unter »Pathologische Anatomie«).

Biologie: Aber ebenso wie die anderen Varianten altersabhängiger Petit mal-Epilepsien, können auch Impulsiv-Petit mal nicht einfach als eine fokale Epilepsie des Hirnstamms oder des retikulären Systems interpretiert werden, auch wenn die verschiedenartige Prägung der verschiedenen Anfallsformen einer gewissen topistischen Gliederung entsprechen sollte. Denn es gibt, ebenso wie bei den anderen Anfällen des Petit mal-Quintetts, keine symptomatische Impulsiv-Petit-mal-Epilepsie infolge einer umschriebenen Läsion des Hirnstamms. Die Altersspezifität fordert wie für die anderen Varianten eine biologisch fundierte Erklärung, die sich nicht mit dem Hinweis auf die physiologische Unreife des Gehirns während dieser Zeit, in der sich Impulsiv-Petit mal manifestieren, begnügen darf. Denn im gleichen Alter können häufig genug auch andersartige Epilepsien einsetzen. Nicht eine altersphysiologische Unreife des gesamten Gehirns also, sondern eine pathologische Reifungshemmung steht zu vermuten, die sich speziell an den der Statik dienenden Funktionsstrukturen ausprägen müßte. Denn aus der Analyse der Anfallssymptome war zu schließen, daß sich die epileptische Funktionsstörung primär am statischen Apparat manifestiert. Daß das Manifestationsalter der drei statischen Anfallsformen jeweils mit den Altersperioden koinzidiert, in denen die Ausbildung der aufrechten Haltung und das Längenwachstum besonders forciert und akzentuiert vor sich gehen, ist auffällig. Die Koinzidenz läßt daran denken, ob nicht eine angelegte oder erworbene, aber klinisch weitgehend kompensierte Reifungsstörung im zentralen System in den Zeiten, in denen die Funktionen und Leistungen der Statik und des Wachstums besonders beansprucht werden, zu anfallsweisen Entgleisungen führt und damit eine altersentsprechende Spielart der zentrenzephalen Epilepsie in Gang gesetzt wird.

Auch unter entwicklungsgeschichtlichem Aspekt sind gewisse Rückschlüsse von den Bewegungsmustern der Anfälle auf die Art der zugrunde liegenden Störungen möglich: nach Jackson[407] äußert sich in epileptischen Anfällen nicht eine Summe von regellosen Symptomen, sondern immer die Aktion eines einheitlichen Funktionssystems. Er hat diese für alle epileptischen Anfälle zutreffende Erkenntnis folgendermaßen formuliert: Der epileptische Vorgang sei eine Übertreibung — wenn auch eine ungeheuerliche — von normalen nervösen Entladungen, von normalen physiologischen Vorgängen. Unter diesem Blickwinkel hatten wir das im Propulsiv-Petit mal aktualisierte physiologische Bewegungsmuster als Rückgriff auf ein ontogenetisch vorhergehendes Motiv — die Haltung des Fötus im Uterus — interpretiert. Unter dem gleichen Aspekt scheinen die Bewegungen des Retropulsiv-Petit mal — wenn auch fragmentarisch — die ontogenetisch vorhergehende Entwicklung vom Kriechen zum aufrechten Stand zu aktualisieren.

Für die Zuordnung des Impulsiv-Petit mal ist anzuführen, daß sich sein Prädilektionsalter weniger mit der Pubertät deckt als mit der Zeit des sogenannten zweiten Gestaltwandels, die durch ein besonders intensives, in unseren Breiten durchschnittlich mit 19 Jahren beendetes Längenwachstum ausgezeichnet ist. Aus den Untersuchungen von HELMCHEN geht hervor, daß das Längenwachstum bei Kranken mit Impulsiv-Petit mal überdurchschnittlich forciert umd häufig im Form von Wachstumsschüben vor sich geht. Von daher gesehen erscheint auch das Bewegungsmuster des Impulsiv-Petit mal als Übertreibung einer physiologischen Leistung, nämlich einer Streckung des Körpers während des Wachstums. Ob allerdings die Analogie zu den anderen Varianten so weit geht, daß in der paroxysmalen Streckung während der Anfälle wieder ein entwicklungsgeschichtlich vorhergehendes Motiv aus der Latenz tritt, muß offen bleiben. Immerhin kann daran erinnert werden, daß der Wachstumsakzent während der Zeit des sogenannten ersten Gestaltwandels, die ja dem Erkrankungsbeginn von Impulsiv-Petit mal voraufgeht, auf einer Streckung der oberen Körperhälfte liegt. Jedenfalls unterstützt diese Betrachtung die Vermutung, daß auch dem Impulsiv-Petit mal eine entwicklungsbedingte und damit ontogenetisch früh determinierte funktionelle Störung im statischen System zugrunde liegt.

Wenn aber alle Ausprägungen der Petit mal-Epilepsien grundsätzlich von der gleichen Funktionsschicht getragen und gestaltet werden, dann erhebt sich die Frage, aus welchen Gründen jeweils nur immer eine der beschriebenen Varianten aus dem Gesamtmotiv der Statik altersentsprechend in Erscheinung tritt bzw. durch jeweils altersentsprechende Anforderungen oder Überforderungen aus der Latenz gehoben wird. Das könnte damit zusammenhängen, daß die supponierte funktionelle Läsion im gleichen System verschieden lokalisiert ist. Daß jedoch lokale Akzentverschiebungen ausschlaggebend sind, ist unwahrscheinlich, weil dann die einzelnen Varianten regellos über die gesamte Manifestationsperiode der Petit mal-Epilepsien auftreten müßten. Mehr Wahrscheinlichkeit hat die Annahme, daß die Unterschiede in den Krankheitsvariationen durch verschieden starke Ausprägungen der Schädigung im gleichen System zustande kommen, so daß sich also schwerere Schädigungen relativ früh — in Form von Propulsiv-Petit mal — und leichtere relativ spät — in Form von Impulsiv-Petit mal — klinisch auswirken. Dafür spricht, daß bei gleichbleibender Endogenität die Häufigkeit und Schwere exogener Faktoren vom Propulsiv-Petit mal über die Pyknolepsie bis zum Impulsiv-Petit mal abnehmen.

Die Auswirkungen einer Schädigung werden nicht zuletzt auch vom Zeitpunkt mitbestimmt, zu dem das in Entwicklung befindliche Zentralnervensystem davon betroffen wird. Unter der Voraussetzung, daß alle altersabhängigen Petit mal-Epilepsien letztlich auf eine endogen oder exogen bedingte Störung des Zentralorgans während seiner fötalen Ausreifung zurückzuführen sind, wäre daran zu denken, daß in den klinischen Varianten zeitlich verschiedene Einwirkungen während der fötalen Entwicklung zum Ausdruck kommen, wofür bis jetzt jedoch kein Anhalt besteht.

Therapie

Diese Krankheitsform bedarf einer besonders planvollen und strengen therapeutischen Führung, die immer drei Gesichtspunkte zu berücksichtigen hat:

1. die Neigung zu Leichtsinn und die Gleichgültigkeit gegenüber jeder Regelmäßigkeit bei diesen Kranken mit einzukalkulieren und danach zu verfahren;

2. die äußeren Anlässe, die fast regelmäßig die Anfälle provozieren, soweit wie möglich zu vermeiden;

3. das geeignete Medikament in der wirksamen Dosis zu ermitteln und so lange wie nötig zu verordnen.

Ad 1: Aus der Erfahrung heraus, daß Kranke mit Impulsiv-Petit mal auf sich allein gestellt die Verordnungen meist nur kurze Zeit einhalten und dann nachlässig werden, ist es ratsam, einen der Angehörigen, der Autorität hat, für die Durchführung der Behandlung mitverantwortlich zu machen. Aus dem gleichen Grund sollte man die Abstände, in denen sich der Kranke mit seinem Betreuer wieder zur Kontrolle einzufinden hat, nicht zu groß wählen und nicht nachlassen, auch bei gutem Erfolg die Behandlungsregeln jedesmal erneut ins Bewußtsein zu hämmern. Nicht selten erschwert die Unordnung der häuslichen Verhältnisse das therapeutische Regime so erheblich, daß zunächst eine längere stationäre Behandlung vorgenommen werden sollte, während deren fürsorglich eine Ordnung der sozialen Umstände angestrebt werden kann.

Tabelle 10. *Wirkung auf Impulsiv-Petit mal.*

	Anfallsfrei		Reduktion über 75%		Reduktion über 50%		Reduktion bis 50%, keine Wirkung oder Anfallshäufung		Total	
	n	%	n	%	n	%	n	%		
Phenobarbital	24	67	9	25	2	5	1	3	36	100
Primidon	69	82	13	16	2	2	—	—	84	100
Phenytoin	8	32	9	36	—	—	8	32	25	100

Ad 2: Aus einer eingehenden Vorgeschichte ergibt sich von selbst, was zu gestatten, was zu verbieten und was zu regeln ist. Alkohol verbieten wir strikt in jeder Form und Menge. Vom Rauchen ist ein ungünstiger Einfluß nicht bekannt, auch nicht von Art und Menge der Ernährung, so daß wir keine Notwendigkeit sehen, den Kranken in dieser Hinsicht Beschränkungen aufzuerlegen. Das Wichtigste ist eine Regelung des Schlafverhaltens, sowohl im Hinblick auf den Schlaftermin wie auf die Schlafdauer. Die Kranken sollten nie weniger als 8—9 Stunden schlafen. Fast noch wesentlicher ist das Gebot, ohne Ausnahme früh, d. h. durchschnittlich um 21 Uhr, spätestens um 22 Uhr und keinesfalls später schlafen zu gehen und morgens nicht zu früh aufzustehen, aber auch nicht zu spät, weil dadurch das Schlafbedürfnis am Abend, auf das es sehr ankommt, reduziert werden könnte. Stimulantien wie Kaffee oder Tee wird man nicht grundsätzlich untersagen müssen, sonder gut tun, sie nur am Vormittag zu erlauben, gegen Abend aber zu verbieten.

Ad 3: Wenn man völlige Anfallsfreiheit als Ziel der Behandlung ansieht, wird man auch bei leichtesten Fällen nicht auf Medikamente verzichten können. Trotzdem sollte man vor Beginn der Behandlung nie versäumen, Patienten wie Angehörige danach zu fragen, ob sie bereit sind, eine jahrelange Medikation durchzuhalten, um ihre eigene Verantwortung zu wecken.

Nach unseren Erfahrungen sind *Barbiturate* die Mittel der Wahl bei Epilepsien mit Impulsiv-Petit mal. Wie aus den Tabellen 10 und 11 hervorgeht, werden damit bei entsprechender Dosierung 70—90% der Fälle sowohl von kleinen wie von großen Anfällen frei. Wegen seiner besseren Verträglichkeit ist Primidon dem Phenobarbital vorzuziehen. Doch kann eine abendliche Zugabe von Phenobarbital bei Patienten nützlich sein, die abends nicht müde werden und unter Einschlafschwierigkeiten leiden. Erfahrungsgemäß klagen die Patienten spontan kaum je über Schlafstörungen, sondern eher über eine Müdigkeit am Morgen, die sie dann den Tabletten zur Last legen, anstatt sie auf spätes Zubettgehen und auf Einschlafstörungen zu beziehen. Wenn begleitende Absencen eine Kombination von Primidon mit Äthosuximid erforderlich machen, ist gelegentlich eine zusätzliche Verordnung von Phenobarbital schon deswegen indiziert, um die stimulierende Wirkung von Äthosuximid zu kompensieren. Eine Kombination von Primidon mit Methsuximid, das nicht stimulierend und gegen Absencen oft wirksamer ist als Äthosuximid, scheitert oft daran, daß eine Gesamtdosis, die über 750 mg Primidon und 900 mg Methsuximid pro Tag hinausgeht, in der Regel erhebliche Nebenwirkungen in Form von Ataxie und Müdigkeit hervorruft. Von *Hydantoinen* ist bei Impulsiv-Petit mal wenig Nutzen zu erwarten. Wenn auch die Behandlungszahlen mit Phenytoin relativ klein sind, so weisen doch auch unsere Erfahrungen mit vorwiegend Phenytoin enthaltenden Kombinationspräparaten wie auch mit Phenantoin in die gleiche Richtung.

Bei Kombinationsformen sprechen die großen Anfälle auf die gleichen Medikamente und in der Regel im gleichen Maß an wie die Impulsiv-Petit mal (s. Tabelle 11). Auch hier gilt, wenn wir unsere Erfahrungen mit vorwiegend Phenytoin enthaltenden Kombinationspräparaten sowie mit Phenantoin berücksichtigen, daß Barbiturate den Hydantoinen überlegen sind. Im allgemeinen erstreckt sich die Wirkung von Barbituraten auch auf begleitende Absencen, wenn diese vor der Behandlung relativ selten aufgetreten sind. Häufigere Absencen

Tabelle 11. *Wirkung auf Grand mal bei Impulsiv-Petit mal.*

	Anfallsfrei		Reduktion über 75%		Reduktion über 50%		Reduktion bis 50 % keine Wirkung oder Anfallshäufung		Total	
	n	%	n	%	n	%	n	%		
Phenobarbital	15	71	3	14	2	10	1	5	21	100
Primidon	72	89	5	6	2	2,5	2	2,5	81	100
Phenytoin	7	39	2	11	1	6	8	44	18	100

und längere Perioden von schnellen Spike-wave-Mustern im EEG erfordern jedoch eine Zugabe von Äthosuximid, wofür aber meist eine Tagesdosis von 750—1000 mg genügt, um auch die Anfallspotentiale zum Verschwinden zu bringen.

Unter medikamentösem Aspekt würde die Behandlung von Impulsiv-Petit-mal-Epilepsien keine Schwierigkeiten bereiten, wenn nicht die Patienten selbst immer wieder dazu neigen würden, die Behandlungsregeln zu durchbrechen und sich der Gefahr erneuter Anfälle auszusetzen. Diesen Schwierigkeiten kann man durch eine Umstellung der Medikation nicht gerecht werden. Deshalb haben wir es uns bei diesen Kranken, wie bei allen Patienten mit Aufwach-Epilepsien, zur Regel gemacht, an ihre eigene Verantwortlichkeit für jeden einzelnen Anfall zu appellieren; was für den Arzt bedeutet, alle Umstände, die den Anfällen voraufgegangen sind, mit dem Patienten bis ins einzelne durchzusprechen, weil das meist nützlicher ist, als an einer bewährten Medikation herumzukorrigieren.

EPILEPSIEN MIT NICHT ALTERSGEBUNDENEN KLEINEN ANFÄLLEN

Epilepsie mit psychomotorischen Anfällen

Synonyma: Petit mal intellectuel (FALRET 1861), Epilepsie de l'intelligence (LEGRAND DU SAULLE 1877), Epilepsia procursiva (TROUSSEAU 1848), Fugues épileptiques (MOREL 1860), Automatismes ambulatoires (CHARCOT 1874), Intellectual aura (QUAERENS 1874), Dreamy state (JACKSON 1888a), Rotatorische Epilepsie oder Epilepsie gyratoire (SCHUSTER u. MENDEL 1880), Epilepsie psychique pure (LAROUSSINIE 1895), Uncinate group of epileptic fits (JACKSON 1899), Psychomotorism (TURNER 1907), Psychomotorische Äquivalente (FOERSTER 1926), Psychic variant (WILSON 1935), Psychomotor epilepsy (GIBBS, GIBBS u. LENNOX 1938), Dämmerattacken (MEYER-MICKELEIT 1950), Automatisms and psychical seizures (PENFIELD u. JASPER 1954), Oral-Petit mal (HALLEN 1954a), Psychomotorische Anfälle vom oralen, vom adversiven, vom Vokalisations- oder dysphasischen Typus (HALLEN 1962).

Legende: Daß diese in ihrer Erscheinungsweise wie in ihrer Namensgebung so verwirrend vielfältigen epileptischen Äquivalente, die heute gemeinhin als psychomotorische Anfälle bezeichnet werden, pathophysiologisch zusammengehören und auch klinisch beschreibbare Gemeinsamkeiten aufweisen, ist erst in unserer Zeit, im wesentlichen gestützt auf vergleichbare elektroenzephalographische Befunde, Gemeingut geworden. Zwar lassen sich partielle Kenntnisse historisch weit zurückverfolgen. So verweist LENNOX[97] auf Hippokrates (5. Jahrhundert v. Ch.), der schon solche Zustände gekannt haben muß. HESS u. WEBER führen Aretaeus von Kappadozien (2. Jahrhundert n. Chr.) an, der anfallsartige optische Geruchs- und Geschmacksauren beschrieben habe, und MATTHES[295] zitiert einen englischen Arzt, Whyte, der 1765 bei einem 10jährigen Jungen eindeutig als psychomotorisch erkennbare Anfälle beobachtet hat. Doch gebührt dem englischen Neurologen John Hughlings JACKSON das Verdienst, die Eigenart dieser Anfälle erkannt und systematisch beforscht zu haben. Die Lektüre seiner dreizehn zwischen 1866 und 1899 über dieses Thema handelnden Arbeiten[407, 641, 644, 645, 646, 647, 648, 651, 653, 654, 655, 656, 657], zeigt eindrucksvoll, wie sich ihm das Bild dieser Anfälle Zug um Zug in zunehmender Vervollkommnung erschloß, so daß er in seiner letzten Arbeit eine zusammenfassende Darstellung versprechen konnte, woran ihn leider seine bald danach einsetzende Krankheit verhindert hat.

Den Anstoß dazu gab ihm die Beschäftigung mit dem *Dreamy state*, einem anfallsartigen eigentümlichen Seelenzustand, den HERPIN[60] als »aura intellectuel«, FALRET als »emotion«, TROUSSEAU als »remembrance« bezeichnet hatten, von dessen Enträtselung er sich einen Einblick in die funktionelle Organisation seelischer Vorgänge versprach.

Die Bezeichnung »dreamy state«, d. h. traumartiger oder traumhafter Zustand, übernahm JACKSON[407] von einem Patienten. Er selber spricht häufig auch von »reminiscence« oder »recollection«, von einer Art Erinnerung, da alle Empfindungen dieser Art den Eindruck gemeinsam haben, man erlebe bereits Erlebtes noch einmal. Den Patienten drängen sich Gedanken oder Gesichte auf, die vertraut scheinen; eine fremde Umgebung wird plötzlich wie bekannt empfunden, so daß die Kranken daran denken, es handle sich um Kindheitserinnerungen. JACKSON verglich diese Erlebnisse mit dem auch Gesunden vertrauten Déjà-vu-Gefühl, wie es DICKENS etwa im David Copperfield beschreibt:

»Wir alle kennen ein Gefühl, das uns gelegentlich befällt, als ob das, was wir gerade sagen oder tun, schon vor langer Zeit einmal gesagt oder getan worden wäre, als ob wir in dunklen Zeiten dieselben Gesichter, Dinge und Verhältnisse um uns gehabt hätten, als ob wir genau wüßten, was jetzt gleich gesprochen würde, so wie wenn wir es plötzlich erinnerten« (nach JACKSON[407]).

Später erfuhr JACKSON[657], daß das Gefühl des Bekannt- oder Vertrautseins nicht das einzige

Charakteristikum dieser Zustände ist, sondern daß außer der Erinnerung auch das Erlebnis der Entfremdung und der räumlichen Entfernung möglich ist, so daß er den Dreamy state schließlich als Scheinveränderung von Ort und Zeit definierte.

Nachdem ihm 50 Fälle dieser Art bekannt geworden waren, formulierte er seine Erkenntnisse, daß der Dreamy state häufig mit einer Aura aus dem Gebiet der niederen Sinnesempfindungen, auffallend selten jedoch mit anderen Sinnesempfindungen — vestibulärer, optischer oder akustischer Art — verbunden ist, zum Begriff eines eigenen epileptischen Anfallstypus, den er zunächst als eine »particular variety of epilepsy«[407] bezeichnete.

Die Patienten beschrieben einen metallenen oder Fettgeschmack oder diverse scharfe, stechende, würzige unangenehme oder angenehme Gerüche, die jedoch niemals bekannten Gerüchen präzis vergleichbar waren. Vielmehr zeichneten sich diese Wahrnehmungen stets durch eine gewisse Unbestimmtheit aus, so daß er sie als undifferenzierte Sinneseindrücke, als »crude sensations«, rohe, unentwickelte Geruchs- oder Geschmacksempfindungen bezeichnete. Die gleiche Unbestimmtheit kennzeichne eine weitere Aura bei diesen Anfällen, die fast immer diffus und ungefähr in die Gegend des Magens lokalisiert werde; die Patienten sprechen hiervon meist als von einer Art Schmerz, Druck oder Stechen oder aber von Furcht, Schreck, unbeschreiblicher Angst oder von einem verwunderlichen Überkommen, einem »coming over queer«, wobei sie oft mit der Hand in die Gegend des Epigastriums weisen. In der Verbindung dieser Sensationen während der Aura bestimmter epileptischer Anfälle sieht JACKSON[644] den Ausdruck einer natürlichen Verknüpfung dieser, im Gegensatz zu den mehr objektiven höheren Sinnen des Hörens und Sehens, mehr subjektiven niederen Sinnesqualitäten. Im Grunde erscheinen in diesen Anfällen stets Empfindungen, die sich auf ein bestimmtes System, nämlich »grob gesprochen« das Verdauungssystem beziehen, weswegen er sie auch in Anlehnung an LEWES als Systemempfindungen anspricht oder als *digestive Sensationen* zusammenfaßt.

Die Verknüpfung von — wir würden sagen — oral-digestiven Systemempfindungen mit Furcht oder Angst und mit Reminiszenzen des Dreamy state regte JACKSON zu Überlegungen an über »die Zusammenhänge zwischen Stimmung und digestiven Vorgängen, wie sie zwischen Sättigung und Befriedigung, von Hunger und Mißstimmung und von Magenbeschwerden und Melancholie« bestehen. Auch verweist er auf den Zusammenhang von Riechen und Erinnern: wird doch der Geruch »der suggestivste aller Sinne genannt seiner Fähigkeit wegen, Erinnerungen an vergangene Szenen wachzurufen«[653].

In seinen letzten Arbeiten ergänzt JACKSON die Beschreibung dieses Anfallstypus durch die Beobachtung, daß — wenn die Kranken bewußtlos werden — *an die Stelle* der Empfindungen motorische Entäußerungen aus der gleichen Sphäre treten. So sind nach oder anstelle eines Dreamy state, einer Geruchs- oder Geschmacksempfindung Bewegungen des Mundes und Kiefers zu sehen, in Form von Schlucken, Kauen, Spucken, Schlecken — motorische Phänomene, die er auch unter dem Begriff *Mastikationsbewegungen* zusammenfaßt. Zu der Zeit, als er die Anfälle schließlich als »uncinate group of epileptic fits« oder auch kurz als *Unzinatusfälle* (1899) bezeichnet hat, sah er ihre konstitutiven Symptome sowohl in den oral-digestiven Systemempfindungen wie in den als ihr Äquivalent zugeordneten oralen Bewegungen — in solchen Erscheinungen also, die man allein als direkten Effekt einer Entladungsstörung eines umschriebenen Rindenanteils ansprechen konnte.

Als Lokalisation gab er den Uncus gyri hippocampi an oder »eine Region, von der dieser Gyrus ein Teil ist — eine sehr vage Umschreibung, ich gebe es zu —, die Unzinatusregion«[657]. JACKSON legte Wert auf die Feststellung, daß der Dreamy state durch seinen ausgearbeiteten (»elaborated«), differenzierten Charakter eine Erscheinung anderer Art darstellt als die mehr rohen (»crude«), undifferenzierten oral-digestiven Empfindungen, da ihm auch auf der motorischen Seite des Anfalls eine ähnliche Anordnung begegnete. Hier folgen den mehr einfachen Mastikationsbewegungen eher komplizierte Handlungen, die auf eine differenziertere psychische Verfassung (»elaborated mental state«) schließen lassen. Nach dem Differenzierungsgrad der Empfindungen und der Bewegungen sieht er eine Entsprechung zwischen dem Dreamy state und den Handlungen des postparoxysmalen Dämmerzustandes einerseits, wie zwischen den oral-digestiven Sensationen und den Mastikationsbewegungen andererseits. Nur letztere seien als direkte Effekte einer primären Entladungsstörung der betroffenen Funktionsschicht anzusehen. Der Dreamy state und die postparoxysmalen Handlungen könnten unmöglich durch primäre epileptische, d. h. »plötzliche, übermäßige und sehr schnelle« Entladungen entstanden sein. Ihrer Differenziertheit wegen führt er sie auf schwache Erregungen in gesunden nervösen Anordnungen bzw. auf eine allmähliche Erholung einer nächst niederen Funktionsschicht zurück. Daher weisen ihm allein die oral-digestiven Empfindungen und die Mastikationsbewegungen den Weg zum Sitz der Entladungsstörung. Sie sind die eigentlichen Lokalsymptome, während Dreamy state und Handlungen im Dämmerzustand – mit unseren Worten – mehr Allgemeinsymptome sind. Aus der Analyse des Bewußtseinszustandes gewinnt JACKSON die Vorstellung, daß mit dem Beginn einer Entladungsstörung die hemmende und kontrollierende Funktion der höheren über die nächst niederen Funktionsschichten ausfällt, so daß es innerhalb der letzteren zu einer Überfunktion kommen kann, was in einer Bewußtseinsstörung doppelter Art resultiert. Denn das Bewußtsein im Dreamy state ist einmal durch eine Bewußtseinstrübung, also ein negatives Symptom charakterisiert, zu gleicher Zeit aber durch einen »quasi parasitischen Bewußtseinszustand«, der dadurch, daß sich Bilder, Erinnerungen oder Gefühle aufdrängen, auch ein positives Symptom darstellt. Das gleiche Nebeneinander von positiven und negativen Symptomen sieht JACKSON[646, 647, 650] in den *postparoxysmalen Handlungen* ausgeprägt, für die eine vollständige Amnesie besteht. Den Formen dieser postepileptischen Zustände hat JACKSON in mehreren, meist unbekannt gebliebenen Arbeiten ein lebhaftes Interesse zugewandt, da sie ihm, ebenso wie die postparoxysmale Lähmung, über den Abbau motorischer Funktionen, über den Abbau psychischer Funktionen Aufschluß zu geben versprachen. Er zweifelte nicht daran, daß die komplexen Handlungen und Automatismen im Rahmen von Anfällen Nachwirkungen (»after effects«) und nicht direkte Auswirkung lokaler epileptischer Erregungen sind. Auf Grund seiner klinischen Erfahrung schlug er eine Unterteilung dieser postepileptischen Handlungen in fünf Gruppen vor, wobei er diese Gruppierung nicht als endgültig ansah: 1. Die Kranken handeln beinahe normal; nur wirken ihre Bewegungen unvollendet oder grotesk umgestaltet. Die 2. Gruppe enthält Fugues-Zustände, die 3. Automatismen, d. h. rhythmische koordinierte Bewegungen, wie etwa Radfahrbewegungen. Die 4. Gruppe umfaßt ausgestaltetere Szenen, die meist mit hysterischen Zuständen verwechselt werden, wenn der vorausgehende spezifische Anfall übersehen oder nicht ernstgenommen wird. Die 5. Form umschließt maniakalische Zustandsbilder.

JACKSON traf selbst einmal resigniert die Feststellung, daß seine Publikationen über den Unzinatusanfall, trotz dessen klinischer und wissenschaftlicher Bedeutung, so wenig Widerhall fänden[407]. Das gilt auch heute noch, denn in der Tradition hat sich der Unzinatusanfall nur auf die Geruchs- und Geschmacksaura verkürzt und auf ein epileptisches Lokalsymptom verdünnt erhalten. So kam es, daß 1938 das Ehepaar GIBBS mit LENNOX diese Anfälle wiederentdecken konnten ohne JACKSON zu erwähnen, diesmal aber nicht als ein klar gegliedertes und in einer bestimmten klinisch-physiologischen Anordnung ablaufendes Anfallsbild, sondern als ein klinisches Korrelat einer hirnelektrisch definierten Funktionsstörung, dessen klinische Formel in einer statistischen Summe völlig heterogen anmutender Symptome bestand. Weil »kein einziges Wort weit genug schien, die Fülle der verschiedenen Phänomene einzufangen«[704], adoptierten sie die Bezeichnung »*psychomotorische Anfälle*«, die vor ihnen schon TURNER 1907 (»psychomotorism«) und FOERSTER 1926 (»psychomotorische Äquivalente«) zur Bezeichnung dieser »epileptischen Äquivalente« (HOFFMANN 1862) verwandt hatten. Die seither als klassisch geltende Beschreibung ihrer Symptomatik von GIBBS, FUSTER u. GIBBS (1948) lautet:

»Während eines psychomotorischen Anfalls ist der Patient verwirrt und – obwohl amnestisch – gewöhnlich nicht bewußtlos. Seine

Bewegungen sind zweckmäßig, aber mangelhaft koordiniert, und sein Verhalten ist gewöhnlich negativistisch. Sein Gebaren ist das einer Person, die wie in einem schlechten Traum handelt. Während des Anfalls kommt es oft zu Anzeichen von Angst oder Wut mit Kreischen oder Schreien. Meist sind die Bewegungen einfach, stereotyp und mehr oder weniger automatisch, wie Schmatzen mit den Lippen, Verdrehen der Hände oder Zupfen an den Kleidern. In anderen Fällen sind die Bewegungen mehr ausgestaltet und ganz zweckvoll; die Sprache kann unbeeinträchtigt sein, ausgenommen, was ihren Inhalt angeht.«

Ähnlich wie Gibbs u. Gibbs[51], denen »die Bewegungen und das Verhalten der Patienten während der Anfälle eine gestörte psychische Funktion nahelegen«, sieht Meyer-Mickeleit[744] ihr Kernsymptom in einer Bewußtseinsveränderung, weswegen er sie als »Dämmerattacken« zu bezeichnen vorschlägt. Seine Definition, die diese Anfälle im deutschen Sprachgebiet weithin bekanntgemacht hat, lautet: »Dämmerattacken sind kurze, anfallsartige Bewußtseinsveränderungen, die meist von motorischen Automatismen, vegetativen Symptomen, sinnlosem Handeln und Sprechen begleitet sind. Die motorischen Erscheinungen bestehen oft in einförmig wiederholten Bewegungen, oralen Automatismen oder tonischen Deviationen. Sie gehen häufiger als andere Anfallsformen mit Halluzinationen und sonstigen abnormen Erlebnissen einher«.

Versuche zu einer Gliederung der Anfallssymptome dringen nicht über eine Einteilung nach vorgegebenen Kategorien hinaus. Lennox[704] gruppierte die Vielfalt in eine Trias psychischer, motorischer oder psychomotorischer Symptome. Gastaut u. Gastaut klassifizieren in sensorische, psychische, vegetative und motorische Symptome, Penfield u. Jasper unterscheiden nach dem vorherrschenden Symptomcharakter sensorische Anfälle, autonome Anfälle, psychische Anfälle und Automatismen. Je präziser die bioelektrische Definition und die topische Zuordnung dieser Anfälle wird, wie sie Jasper u. Kershman 1941, Gibbs, Gibbs u. Fuster 1948, Hill 1949, H. Gastaut u. Y. Gastaut 1951 Schritt für Schritt festlegen, desto mehr verschwimmen die klinischen Konturen ins Uferlose, so daß man sich im Überblick einem Katalog von Symptomen gegenüber findet, der eine Unsumme von Details enthält, aber keine physiognomische Struktur widerspiegelt.

So werden von Meyer-Mickeleit[744] unter den »objektiven Symptomen« 30 verschiedene Spielarten von Automatismen, nahezu 20 sonstige motorische Entäußerungen und über 10 differente Formen einer Aura als Ausdrucksmöglichkeit psychomotorischer Anfälle aufgeführt. Bamberger u. Matthes[6] stellen 41 Variationen von Automatismen, 10 verschiedene vegetative Erscheinungen und 17 unterschiedliche Modifikationen einer Aura zusammen.

Struktur der Anfälle: Nach unserer Ansicht mit der wir uns ganz in der Nachfolge von Jackson wissen, sind aber epileptische Anfallsbilder nicht als semiologische Summenformeln, sondern nur unter dem Aspekt mehr oder weniger denaturierter biologischer Leistungen zu verstehen. Wir folgen in unserer Beschreibung des klinischen Ablaufs psychomotorischer Anfälle im wesentlichen der Darstellung, die Hallen unter diesem Gesichtswinkel in mehreren Publikationen gegeben hat[600,601,602,603,604,605].

Man hört oft die in freimütiger Selbstbeschränkung geäußerte Ansicht, bevor man mehr wissen könne, komme alles auf das Sammeln von Fakten an. Nun sind Fakten an sich noch kein Wissen; nur einer denkenden Anschauung geben sie zu erkennen, wie sie miteinander zusammenhängen. Erst die Einsicht möglicher Ordnungen also bringt Fakten zum Sprechen. Weiter ist anzumerken: Anfallssymptome sind keine Fakten, sondern Rollen eines Geschehens, das sich in der Zeit abspielt. Und wie man ein Geschehen nie ganz erfaßt, wenn man entweder nur agierend oder nur beobachtend teilnimmt[909, 917], wird man auch einem psychomotorischen Anfall ebensowenig beikommen, wenn man — von der psycho-sensoriellen Seite ausgehend — die motorischen Symptome nur als Epiphänomene betrachtet, wie wenn man sich nur von den Handlungen und Bewegungen beeindrucken läßt. Beim psychomotorischen Anfall handelt es sich um einen echten senso-motorischen bzw. psycho-physischen Akt, der nur unter Respektierung der gegenseitigen Verschränkung von sensorischen und motorischen bzw. psychischen und physischen Erscheinungen adäquat zu beschreiben ist. So muß die beobachtende Zuwendung sowohl das vom Patienten Erfahrbare, das sich der Fremdbeobachtung entzieht, wie das am Patienten Sichtbare, das seiner Selbstwahrnehmung verborgen bleibt, zu einem aufeinander bezogenen Vorgang ergänzen. Erst dann wird erkennbar, daß das Pathologische dieses Geschehens nicht in einem sinn- und wahllosen Mosaik heterogen durcheinandergewürfelter psychischer, sensorischer, motorischer und vegetativer Elementarfunktionen besteht, sondern in der Partialisierung und Integration eines an sich globalen physiologischen Aktes, dessen Teile jeweils ein Ganzes sinnvoll andeuten und repräsentieren. Die adäquate Methode der Erfassung kann sich daher nicht mit der sammelnden Deskription von Einzelheiten begnügen, wenn sie ihrer wissenschaftlichen Aufgabe der Erkenntnis von Wesentlichem gerecht werden will; sie muß vielmehr — wie die Archäologie — kompositorisch vom Fragment auf das Ganze zu interpretieren suchen. An die Beziehung zur Vorgeschichte zu denken, liegt beim psychomotorischen Anfall auch deswegen nahe, weil in seinen Entäußerungen eine Thematik aus der Frühgeschichte des Menschen stammelnd zur Sprache kommt.

Wir interpretieren die Struktur der Anfälle mit Hilfe folgender Schlüsselerfahrungen:

1. Manche Anfälle bleiben nur auf Selbstwahrnehmungen (Aura) beschränkt, manche wieder nur auf beobachtbare Bewegungen und Handlungen, die die Kranken nicht erinnern (Amnesie). Andere gehen sowohl mit vom Kranken wie vom Beobachter registrierbaren Vorgängen einher.
2. Die Abfolge der Vorgänge läßt eine stereotype Sukzession der Symptome[272] erkennen. Der zeitliche Ablauf der subjektiven und objektiven Phänomene erfolgt in Phasen, die allenfalls — etwa unter einer Behandlung — abgeschwächt sein oder auch ausfallen, aber nie eine Umkehr erfahren können. Die subjektiven Erlebnisse gehen den objektiven Erscheinungen immer voraus.
3. Wenn man bei wiederholten Anfällen auf die Konstanz oder Wandelbarkeit der Symptome achtet, läßt sich ein stetiger »endogener« Anfallskern von veränderlichen, situationsabhängigen »exogenen« Randerscheinungen unterscheiden, die sich in der zeitlichen Abfolge zwar überlappen können, oft aber nach den Kriterien des Geschehnis- bzw. Handlungscharakters durch eine deutliche Zäsur voneinander getrennt sind.
4. Die Kernsymptome können bei verschiedenen Patienten verschieden sein; bei ein und demselben Patienten bleiben sie im Prinzip einander gleich (Gesetz der Identität von Herpin[60]).
5. Die Symptomatik des Anfallskerns läßt sich nicht durch künstliche Denkkategorien (psychisch, sensorisch, motorisch, vegetativ), sondern nur durch eine natürliche Funktionsordnung angemessen beschreiben, deren Thematik sich im wesentlichen auf drei Funktionskreise beschränkt: auf den oral-digestiven, den adversiven und den der Sprache.

Wir unterscheiden daher mit Hallen (1962) nach dem Leitmotiv des Anfallskerns folgende Spielarten psychomotorischer Anfälle: 1. den *oralen Typ*, 2. den *adversiven Typ* und 3. mit *Sprach-Symptomen* einhergehende Anfälle, unter denen wieder solche mit *geordneten Sprach-Automatismen* und solche mit *dysphasischen Symptomen* zu unterscheiden sind. Eine letzte uncharakteristische Gruppe ist noch am ehesten durch das Vorherrschen affektiver und vegetativer Symptome zu kennzeichnen.

Eingerahmt wird das Vollbild sämtlicher Varianten durch das Präludium einer Änderung des Befindens, die seit Jackson[407] als Dreamy state bezeichnet wird und durch das Nachspiel einer Änderung im Verhalten, die als postparoxysmaler Dämmerzustand zu deuten ist.

Nicht zum Bild psychomotorischer Anfälle gehören Symptome von seiten des statischen Systems — mit Ausnahme der seltenen sogenannten temporalen Ohnmachten im Sinne von Landolt[272] —, Sensationen oder Bewegungen einzelner Muskeln oder Gliedmaßen, wie überhaupt klonische oder nystaktische Bewegungsformen.

Psychomotorische Anfälle beginnen nie plötzlich und dramatisch, sondern in einem fast unmerklichen, gleitenden Übergang aus einem gesunden Befinden. Sie enden auch nie unvermittelt und abrupt, sondern klingen allmählich aus, so daß sich die Kranken oft schon ganz besonnen und angemessen verhalten, obwohl die Amnesie noch nicht völlig behoben ist.

Solche typologischen Begriffe wie Kern und Rand, Bild und Rahmen, Vorspiel und Nachspiel stellen nicht mehr als Hilfsbegriffe dar für den Versuch, von den klinischen Phänomenen her die der Erregung des betroffenen Hirnsubstrats entsprechenden Symptome begrifflich abzugrenzen gegenüber denjenigen Erscheinungen, die durch eine Ausbreitung auf oder eine Hemmung von ausgedehnteren Nachbarregionen ausgelöst werden. Diesem Versuch liegt das seit Jackson bewährte klinisch-physiologische Prinzip zugrunde, daß die Erregung umschriebener Hirnareale nur undifferenzierte Empfindungen oder elementare Bewegungen bzw. primitive Akte hervorzurufen vermag. Komplexe Erlebnisse kommen dagegen durch die Miterregung bzw. experimentell durch Reizung von ausgedehnteren Arealen und komplizierte Handlungen nur im Rahmen von Anfällen bzw. experimentell nur dann zustande, wenn durch Reizung ein Anfall ausgelöst wurde.

Lokalisatorische Zuordnung und nosologische Stellung:

"I have ... suggested for these cases the name of Uncinate Group of Fits; this was on the hypothesis that the discharge lesions in these cases are made up of some cells, not of the uncinate group alone, but of some cells of different parts of a region of which this gyrus is part — a very vague circumscription, I admit — the uncinate region. In cases of this group there is at the onset of the paroxysms a crude sensation of smell or one of taste, or there are movements of chewing, smacking of the lips, etc. (sometimes there is spitting). In some cases of this group there is a warning by what is known as the epigastric sensation, a crude development of a systemic sensation; this warning sometimes occurs along with a crude sensation of smell or with the chewing, etc., movements. Different varieties of this group of cases, depend, I suppose, on discharge lesions of different parts of what I call the uncinate region. As will have been inferred, it is supposed that especially in this cortical region, not confined to this region, are the physical bases of some of the systemic sensations — the physical bases of those systematic sensations which, to speak very roughly, especially appertain to the digestive system.
Many of the symptoms of even slight paroxysms of uncinate fits depend, of course, on discharges widespread beyond, some far beyond, the uncinate region — depend on discharges *secondary* to the *primary* discharge, that of the discharge lesion.
There is the dreamy state in the paroxysms of many, not of all, cases of the uncinate group of epileptic fits. I hope soon to be able to write more fully on the uncinate group of epileptic fits" (JACKSON[657]).

Man mag darüber spekulieren, ob der Epilepsieforschung manche Umwege erspart geblieben wären, wenn JACKSON sein Versprechen hätte einlösen können, woran ihn eine schwere Erkrankung, die zum Tode führte, verhindert hat. Aber man kann nicht daran zweifeln, daß er mit seinen letzten Worten zu diesem Thema das Wesentliche von dem, was wir heute wissen, vorweggenommen hat. Geändert haben sich nur die Bezeichnungen. Statt von Unzinatusanfällen, spricht man jetzt von psychomotorischen Anfällen, statt von Unzinatusregion von pararhinaler Region, vom Rhinenzephalon oder vom limbischen System.

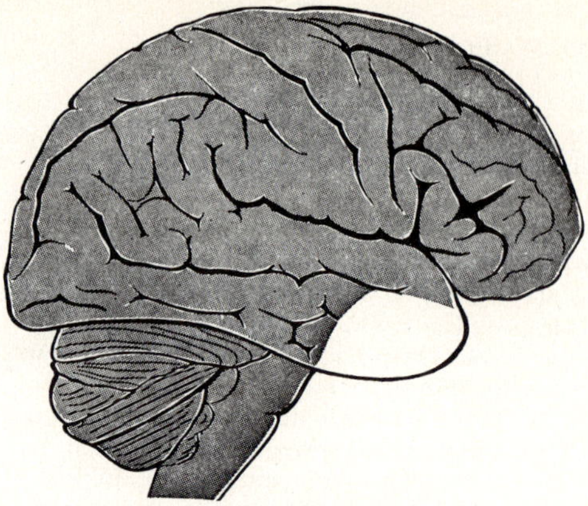

Abb. 72

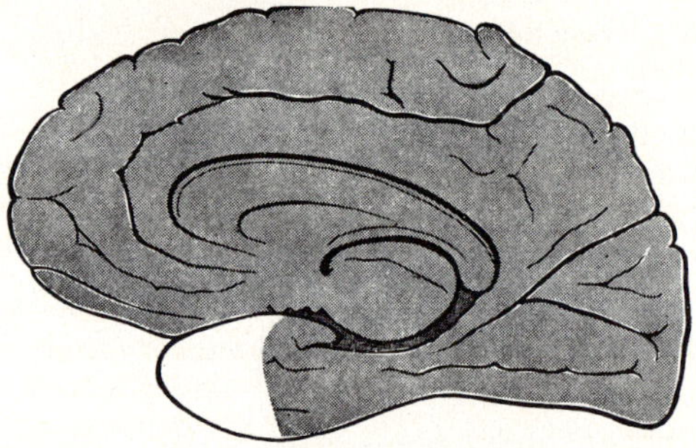

Abb. 73a

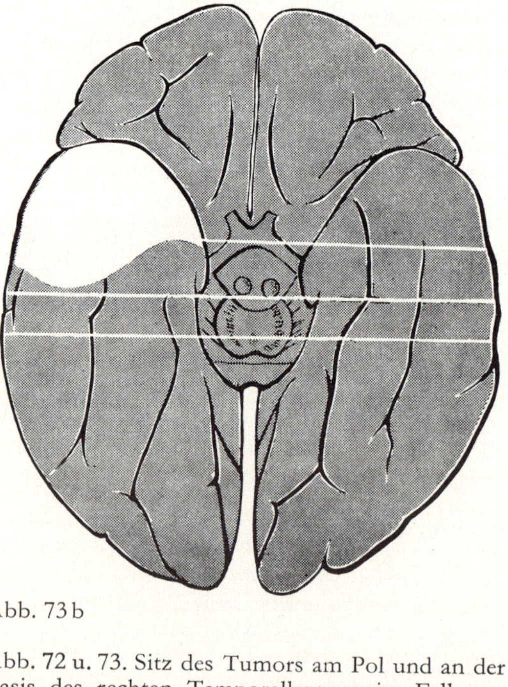

Abb. 73b

Abb. 72 u. 73. Sitz des Tumors am Pol und an der Basis des rechten Temporallappens im Fall von JACKSON u. BEEVOR. Abb. 72: laterale Ansicht, Abb. 73: a) medialeAnsicht, b) basale Ansicht. (Aus JACKSON, H., C. E. BEEVOR: Brain 12 [1890], 346.)

Abb. 74. Sitz der Erweichungszyste im linken Gyrus uncinatus im Fall von Jackson u. Colman. Der gestrichelte und der ausgezogene Kreis bezeichnen die Lage der Läsion. a: mediale Ansicht der Hemisphäre. b: Vertikalschnitt durch die Hemisphäre. (Aus Jackson, H., W. S. Colman: Brain 21 [1898], 580.)

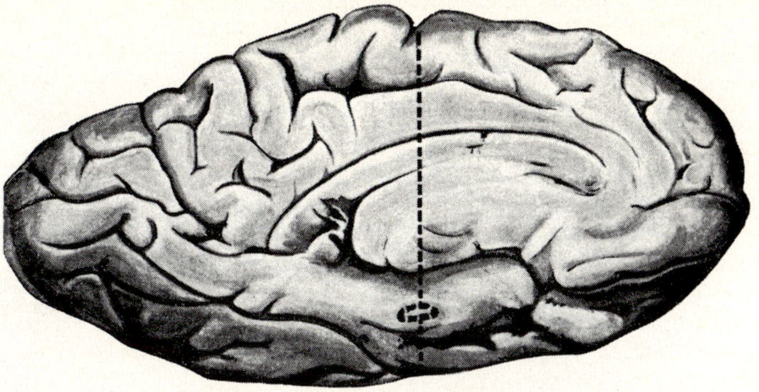

Abb. 74a

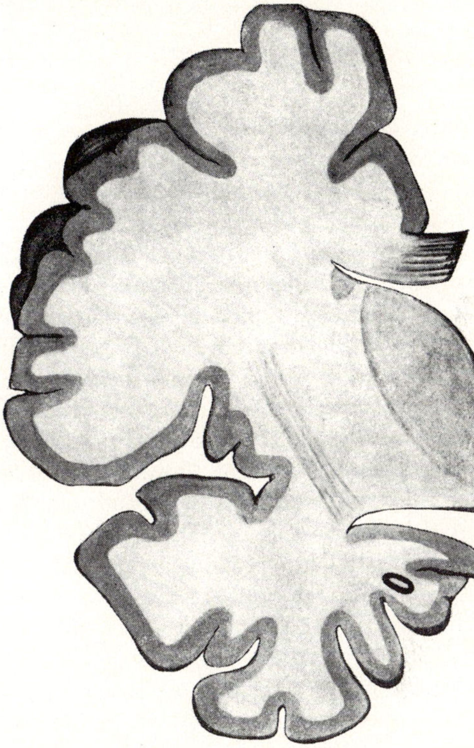

Abb. 74b

1874 hatte Sanders den Obduktionsbefund eines 33jährigen Mannes mitgeteilt, der ein Jahr zuvor Anfälle bemerkt hatte, die von einem unangenehmen Geruch eingeleitet waren; dann »wurde er rot, hatte Schweiß auf der Stirn und machte mit dem Mund kauende Bewegungen; die Augen wurden etwas starr; dabei lief ihm das Wasser im Mund zusammen, es kam ihm wie aus dem Magen herauf, so daß er nachher ausspuckte, womit der Anfall schloß«. Dann stellten sich zunehmend Stirnkopfschmerzen, eine Gedächtnisschwäche und 4—5 Wochen vor seinem Tode eine Schwäche im rechten Bein ein. Die Obduktion ergab einen an der Hirnbasis zwischen linkem Stirn- und Schläfenlappen sich flach und halbkugelig vorwölbenden Tumor, der median bis zur Mittellinie reichte, zum größeren Teil dem Schläfenlappen angehörte, sich aber nach vorne über die Fossa Sylvii fortsetzte, so daß der hintere Anteil des Tractus olfactorius in die Geschwulst einbezogen war. Als Ausgangspunkt des Tumors wurde die Gegend des Trigonum olfactorium angesehen. Während Sanders unter Hinweis auf Meynert die epileptischen Anfälle auf das Ammonshorn bezieht, die Geruchsauren jedoch als Reizerscheinungen des Tractus olfactorius deutet, zieht Jackson (mit Colman) nicht nur die Beobachtungen von temporo-sphenoidalen Basistumoren (einen 1890 zusammen mit Beevor publizierten (s. Abb. 72 u. 73) und einen 1886 von Anderson erwähnten Fall), sondern auch biologische Erwägungen über die Bedeutung der Hippokampusformation bei Makrosmatikern (Ferrier) heran, um die Annahme eines Zusammenhangs dieser Art von Anfällen mit der Unkusregion zu unterstützen. Ferrier glaubte auf Grund mechanischer Reizversuche an Hunden, deren grobe Methodik jedoch schon damals umstritten war, in der Unkusgegend die Repräsentationsfelder für Geruchsempfindungen erkennen zu dürfen. So konnte Jackson 1898, als der Kollege Z., gestorben war, dessen Krankengeschichte er seit Jahren kannte, Dr. Colman[656] bitten, sorgfältig auf die von Ferrier angegebene Region zu achten. Z. hatte nach seiner selbstverfaßten und Jackson (1888) anvertrauten Krankengeschichte (s. S. 176 ff) seit seinem 20. Lebensjahr an Dreamy states mit Schmatz- und Kaubewegungen sowie schließlich auch an großen Anfällen gelitten und war im Alter von 49 Jahren an einer Chloralvergiftung gestorben. Tatsächlich »fand Dr. Colman einen sehr kleinen Erweichungsherd in dieser Region (im Gyrus uncinatus) der linken Gehirnhälfte« (s. Abb. 74)[656].

In der EEG-Ära der Epilepsieforschung wurden die Unzinatusanfälle als psychomotorische Anfälle wiederentdeckt und lokalisatorisch, da sich die bioelektrischen Störungen vorwiegend über der Kopfhaut der Schläfenregion ableiten lassen, als Ausdruck einer *temporalen*

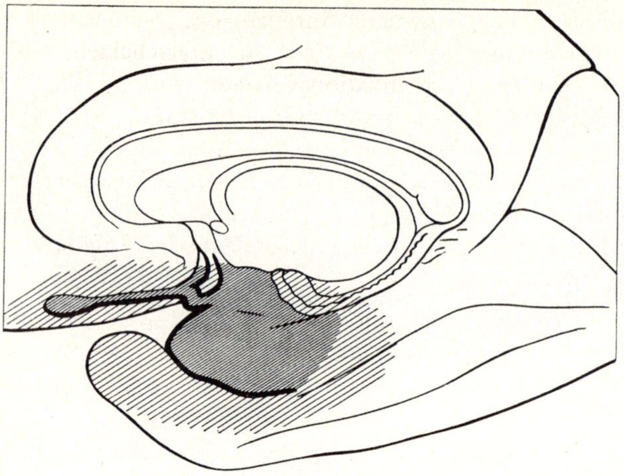

Abb. 75. Schematische Darstellung der pararhinalen Region (schraffiert). In der Mitte dieses Gebietes, das den Sulcus rhinalis (—) umgibt, befinden sich der Gyrus hippocampi und der darunter liegende Nucleus amygdalae. (Nach GASTAUT, H.: Triangel (De) 3 [1957] 98.)

oder *Schläfenlappen-Epilepsie* gedeutet. Gegen diesen Begriff, der zu dem Mißverständnis Anlaß gibt, psychomotorische Anfälle seien als fokale Anfälle auf Funktionsstörungen der unter den Ableitungspunkten gelegenen Rinde zu beziehen, sind folgende Bedenken erhoben worden: Klinische Schläfenlappensymptome (aphasische, hemianopische, auditive, vertiginöse) sind bei psychomotorischen Epilepsien sowohl während der Anfälle wie im Intervall ausgesprochen selten. Die bioelektrischen Symptome (steile biphasische Entladungen im Intervall, Zwischenwellen-Rhythmus während der Anfälle) können, da sie keine Spitzenentladungen darstellen, nicht unmittelbar auf Erregungen der darunterliegenden Rinde bezogen werden[559]. Die klinischen wie die bioelektrischen Symptome weisen vielmehr auf die Beteiligung von basal und median gelegenen Strukturen hin, die nur bestimmte Anteile des Schläfenhirns mit einschließen, zum Teil aber darüber hinausgehen, auf ein Gebiet, das von GASTAUT[556] als *pararhinale Region* (s. Abb. 75) bezeichnet wird und eine engere Verwandtschaft zum Rhinenzephalon oder zum limbischen System aufweist als zu den neokortikalen Anteilen des Schläfenlappens. Die parahinale Region umfaßt folgendes Gebiet: Die vorderen Anteile des Gyrus hippocampus einschließlich Uncus, Nucleus amygdalae, Ammonshorn, den vorderen Pol des Schläfenlappens, von der Inselregion besonders das Operculum, die Substantia perforata anterior und die hinteren Anteile der Gyri orbitales. Noch ist die Diskusion darüber im Gange, welche Rolle den verschiedenen kortikalen und subkortikalen Strukturen im einzelnen bei der Gestaltung der Anfälle zukommt, ob mehr den Polgebieten, der Hippokampusformation mit dem Ammonshorn oder dem Nucleus amygdalae und Uncus der Vorrang gebührt. Doch haben alle Experimente ergeben, daß die besagten Gebiete eine besondere Neigung zu generellen Entladungen schon auf minimale mechanische, chemische oder elektrische Reize haben[260, 419, 554], daß die Antworten vorwiegend aus oral-nutritiven Akten, vegetativen Symptomen, aus Wendebewegungen und affektgetönten Abwandlungen des Verhaltens bestehen und daß sie auch anatomisch-physiologisch eng miteinander verbunden sind. Die intramuralen Verbindungen untereinander und die extramuralen Verbindungen zum Zwischenhirn und zum Mittelhirn haben die pararhinale Region als Bestandteil eines relativ einheitlichen und autonomen Funktionssystems erkennen lassen, das mehr klinisch-physiologisch als anatomisch definiert ist und als *limbisches System*[480, 718, 773] bezeichnet wird (s. Abb. 76). Wesentlich für die hirnlokalisatorische Bedeutung der psychomotorischen Anfälle ist die Tatsache, daß innerhalb dieses Systems keine punktförmige Lokalisation isolierter Einzelsymptome, auch keine konstante Relation von Reizgröße und Reizbeantwortung nachzuweisen ist, sondern immer komplexe Antworten von Funktionsschemata oder Funktionsschablonen zu erzielen sind, die auf Leistungen wie etwa auf Nahrungsaufnahme, Flucht- oder Kampfverhalten ausgerichtet sind. Darüber hinaus haben die Entladungen die Tendenz, sich nach Art einer Kettenreaktion im gesamten System und auf die entsprechenden Strukturen des kontralateralen Systems auszubreiten. Die anatomische Beziehung zur pararhinalen Region zu Strukturen der Mittellinie wie ihre engen funktionellen Verbindungen mit den mittelständigen Funktionssystemen des Zwischenhirns und Mittelhirns machen die eigentümlich intermediäre Stellung verständlich, die die psychomotorische Epilepsie unter nosologischem Aspekt einnimmt. Denn hatte man früher mehr auf ihren »genuinen« Charakter abgehoben, seit Einführung des EEG jedoch den Akzent mehr auf den Herdcharakter der Anfälle gelegt, so wird ihr neuerdings aufgrund des »sowohl herdförmigen wie diffusen Charakters der Entladungen ein besonderer Platz zwischen der Gruppe der partiellen und der Gruppe der generalisierten Epilepsien[565]« zugewiesen.

Klinisch-anatomische Klassifikationsversuche: Da die pararhinale Region zu dem entwicklungsgeschichtlich ältesten Bestandteil des Endhirns, dem Rhinenzephalon, gehört, wird die psychomotorische Epilepsie gelegentlich auch als *»rhinenzephale«* oder *»limbische Epilepsie«* (FULTON) bezeichnet. Voraussetzung für eine klare klinische Definition dieses Begriffes müßte die Möglichkeit sein, die von rhinenzephalen Strukturen geprägten und die von den neokortikalen Anteilen des Schläfenlappens ausgehenden Anfälle zu unterscheiden, wofür die Klassifikationsversuche von GASTAUT[552], GASTAUT et al.[560], GIBBS[573] HALLEN[605] und JASPER[663] fruchtbare Ansätze zeigen: Mit je nach Blickpunkt verschiedenen Kriterien wird eine Gruppierung in temporo-laterale, rhinenzephale und hypothalamische Anfälle angestrebt:

1. Die der Oberfläche des Temporallappens zuzuordnende Form ist relativ selten. Sie geht von Entladungsstörungen der vier temporalen Windungen (der oberen, mittleren, unteren und des Gyrus fusiformis) mit Ausnahme des Temporalpols aus. Das EEG zeigt im Intervall gewöhnlich homolaterale, über der mittleren und hinteren Temporalregion lokalisierte kurze Spitzen und während der Anfälle entsprechend lokalisierte, sich allmählich verlangsamende Spitzenentladungen. In der Symptomatologie der Anfälle überwiegen akustische, visuelle, vestibuläre, dysphasische (wenn über der dominanten Hemisphäre) Auren und Angstgefühle. Sie können auch mit Dreamy states einhergehen, die nach reizexperimentellen Untersuchungen der PENFIELDschen Schule[124, 663, 757, 784] auf ausgedehnte, die spezifischen auditorischen und vestibulären Projektionsgebiete sowie die Sprachregion ausschließenden Areale des temporalen Neokortex bezogen werden. Die von temporo-lateral herkommenden Anfälle scheinen seltener von Bewußtseinsstö-

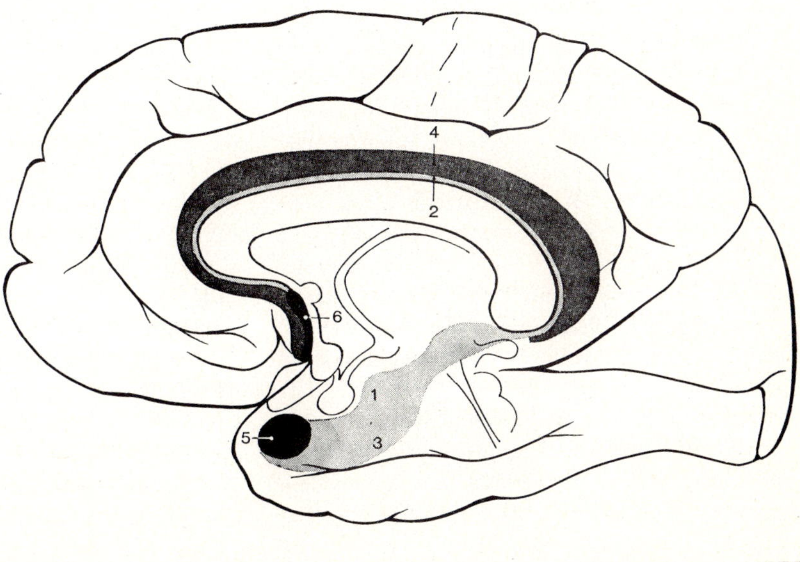

Abb. 76. Schematische Darstellung des limbischen Systems. 1. Hippokampus, 2. Indusium griseum, 3. Area entorhinalis, 4. Gyrus cinguli, 5. Nucleus amygdalae, 6. Area septalis. (Nach AKERT, K. u. P. HUMMEL: Anatomie und Physiologie des limbischen Systems, Hoffmann-La Roche, Basel 1963.)

rungen begleitet und von Dämmerzuständen gefolgt zu sein und häufiger mit adversiven als mit oralen Automatismen einherzugehen.

Gibbs[570, 573] hat vorwiegend bei Kindern im Schulalter einen »mid-temporal focus« beobachtet, wobei es häufig zu fokalen Krampferscheinungen, die gewöhnlich auf eine Seite des Gesichts beschränkt bleiben, und zu dysphasischen Symptomen komme. In solchen Fällen sei eine gute Prognose zu stellen. Mit zunehmendem Alter pflegen die Anfälle und auch die EEG-Veränderungen zu verschwinden. Nur selten entwickle sich daraus ein vorderer Schläfenlappenfokus mit typischen psychomotorischen Anfällen.

2. Die rhinenzephale Gruppe der psychomotorischen Epilepsie ist weitaus am häufigsten. Sie ist identisch mit den Unzinatusanfällen von Jackson, entspricht also Entladungsstörungen in der Unzinatusregion oder der pararhinalen Region. Die Unzinatusregion umschließt nach Jasper[663] den Nucleus amygdalae, die Pars uncinata des Gyrus hippocampi und die vorderen insulären und periinsulären Gebiete des Schläfenlappens, vielleicht auch den Hippokampus und die Area entorhinalis. Die pararhinale Region von Gastaut[556] geht insofern darüber hinaus, als sie auch die Substantia perforata anterior und die hinteren Anteile der Gyri orbitales mit einschließt. Das EEG zeigt im Intervall gewöhnlich homolaterale oder bilaterale steile Einzelentladungen über der vorderen Schläfenregion und während der Anfälle sich über beide temporo-frontale Regionen bilateral und synchron ausbreitende Zwischenwellen-Entladungen. Die klinische Symptomatik deckt sich mit dem von Hallen[605] beschriebenen oralen Typus psychomotorischer Anfälle, ist also durch Dreamy states, digestiv-orale Auraempfindungen und durch oral-motorische und vegetative Symptome mit anschließenden kurzen Dämmerzuständen gekennzeichnet. Bei Anfällen mit einer sehr deutlichen vegetativen Symptomatik sind die Intervall-Entladungen fast immer doppelseitig[190]. Geht den Anfällen ein Dreamy state voraus, ist die fokale temporale Dysrhythmie ausgeprägter als bei rein oral-psychomotorischen Anfällen[190].

3. Die Möglichkeit, eine hypothalamische oder dienzephale Form psychomotorischer Epilepsie abzugrenzen, ist zweifelhaft geworden. Gibbs[573] beschreibt als ihr charakteristisches elektrobiologisches Korrelat ein Muster mit 14/sec und 6/sec positiven Spikes, das vorwiegend bei Jugendlichen zu beobachten sei. Klinisch handle es sich dabei meist um Schwindelanfälle und Kopfschmerzattacken, die mit Parästhesien, viszeralen und vegetativen Störungen (Röte oder Blässe des Gesichts, Schweißausbruch, Gänsehaut oder Schüttelfrost, Gähnen, Singultus oder Erbrechen, Herzklopfen und Tachykardie, Abfall oder Anstieg des Blutdrucks, Abfall oder Anstieg der Temperatur, Pupillenveränderungen) und mit einer emotionalen Labilität einhergehen. Die von Penfield[778] als dienzephal-autonome Anfälle beschriebene Form entspricht dem Bild sympathiko-vasaler Krisen. Ihre Zugehörigkeit zum epileptischen Formenkreis erscheint zweifelhaft, auch wenn sie wie in den von Penfield (1929), von Engel u. Aring (1945) und von Lang u. Bettag (1959) beschriebenen Fällen durch in der Nähe des Zwischenhirns gelegene Tumoren oder Angiome ausgelöst wurden, zumal kein Fall mit einem chronischen Verlauf bekannt geworden ist.

Anfallsformen

Der Bericht des Kollegen Z.: Nicht wenige ihrer Kenntnisse verdankt die Medizin der gewissenhaften Eigenbeobachtung und Selbstwahrnehmung von Ärzten, die ihre eigene Leidensgeschichte beschrieben haben. Ein solches für die Kenntnis der psychomotorischen Anfälle exemplarisches Dokument hat Jackson[407] in der Niederschrift des Kollegen Z. überliefert, den er 15 Jahre lang bis zu seinem Tode behandelt hatte. Dieser »hochgebildete Mediziner« hatte seit seinem 20. Jahr an psychomotorischen Anfällen, seit seinem 23. Jahr auch an großen Anfällen gelitten und war im Alter von 43 Jahren an einer Chloralvergiftung gestorben. Im Ergebnis der von Colman durchgeführten Obduktion, bei der sich ein kleiner Erweichungsherd im Gyrus uncinatus der linken Hemisphäre herausstellte, (s. Abb. 74), konnte Jackson[656] seine lokalisatorische Vermutung bestätigt sehen. Die Wiedergabe des Berichts von Z. bedarf keiner Rechtfertigung. Die umfassende Schilderung gibt Gelegenheit bei der Besprechung der Anfallssymptome auf Einzelheiten Bezug zu nehmen:

»Zum ersten Mal bemerkte ich Symptome, die ich später als kleine epileptische Anfälle (Petit mal) zu beschreiben lernte, 1871 als ich an einer unserer Universitäten studierte. Ich war damals bei sehr guter Gesundheit und wußte von keinen vorübergehenden Störungen. Ich wartete gerade am Fuße einer Treppe, die zum Hörsaal führte, im Freien auf einen Freund, der herunterkam, um mich zu treffen. Ich schaute sorglos um mich, Vorübergehenden nachsehend usw., als meine Aufmerksamkeit plötzlich von meinem eigenen seelischen Zustand in Anspruch genommen wurde, von dem ich nicht mehr weiß, als daß eine sehr lebhafte und unerwartete »Erinnerung« (»recollection«) mich zu befallen schien — von was, das weiß ich nicht. Mein Freund fand mich ein oder zwei Minuten später mit dem Rücken an die Mauer gelehnt, sehr blaß aussehend und mich etwas verwirrt und betäubt fühlend. Ein oder zwei Minuten später fühlte ich mich wieder ganz normal und war ebensowie mein Freund belustigt, daß ich keine klare Auskunft darüber geben konnte, was eben passiert war oder was ich »erinnert« hatte.

Während der nächsten zwei Jahre ereigneten sich einige ähnliche, aber leichtere Attacken, die seelische Zustände enthielten, die mich wie das erste und die anderen Male betrafen, von welchen ich jetzt aber keine Einzelheiten mehr erinnern kann. Ich suchte ärztlichen Rat, bekam aber keine Erklärung, erhielt auch keine Behandlung und nahm die Sache nicht weiter wichtig. Ich habe mein Leben lang immer sehr wenig geträumt, aber während dieser Jahre bemerkte ich gelegentlich, daß ich nachts aufwachte mit dem Eindruck, daß es mir gelungen war, etwas zu erinnern, das ich zu erinnern wünschte; aber ich war zu schläfrig, um es mir zu merken und hatte am Morgen keine genaue Vorstellung davon. Diese Gefühle waren etwas unangenehm und — wie ich meine — gewöhnlich begleitet von einem unwillkürlichen Speichelfluß, was ich am Morgen am Kopfkissen bemerkte, und ein- oder zweimal von einem schmerzhaften Gefühl an der Zungenspitze, woraus ich auf einen leichten Zungenbiß schließen mußte. Das wiederholte sich nicht mehr nach 1875.

1874 hatte ich zum ersten Mal einen großen Anfall, dem das gleiche seelische Befinden vorausging, das ich in den kleinen Anfällen bemerkte, und nach einer Konsultation eines Arztes in London lernte ich die Natur dieser Krankheit kennen und begann nun etwas sorgfältiger auf die Symptome zu achten, die mich um so mehr interessierten, als ich begonnen hatte, meine Aufmerksamkeit der Medizin zuzuwenden ... Der Charakter der kleinen Anfälle wurde allmählich stereotyper, und von 1876 bis 1886 variierten sie nur in verhältnismäßig engen Grenzen. Ich will versuchen, ihre Eigenschaften, die allen oder nahezu allen gemeinsam waren, zu beschreiben.

Seelischer Zustand: In der Mehrzahl der Fälle war das Hauptsymptom seelischer Art und bestand in einem Gefühl von Erinnerung, d. h. einer Realisierung dessen, daß was die Aufmerksamkeit gerade beschäftigt, so ist, als ob es sie früher einmal beschäftigt hätte und ganz vertraut gewesen ist, aber nur für eine Zeit vergessen war, und daß es nun mit einem leichten Gefühl der Genugtuung, als ob man danach gesucht hätte, wieder auftaucht. Mein Gedächtnis ist an sich schlecht, und ein ähnliches, nur viel schwächeres Gefühl einer plötzlichen Erinnerung einer vergessenen Sache ist mir vertraut. Aber in diesen abnormen Zuständen ist die Erinnerung viel gegenwärtiger, mehr in Anspruch nehmend, weit lebendiger und im Augenblick viel befriedigender, als ob sie eine Leere füllt, von der ich mir in diesem Moment einbilde, sie vorher vergebens auszufüllen versucht zu haben. Zur selben Zeit, oder vielleicht sollte ich genauer sagen unmittelbar danach, merke ich dunkel, daß diese Erinnerung unecht und mein Zustand nicht normal ist. Die Erinnerung kommt immer in Gang durch die Stimme einer anderen Person oder durch meine eigenen in Worte gefaßten Gedanken oder durch das, was ich gerade lese und geistig in Worte fasse; und ich meine, daß ich während des abnormen Zustandes überhaupt Worte bilde im Sinne einfacher Phrasen des Wiedererkennens wie »oh ja — ich weiß«, »natürlich — ich verstehe« usw., aber ein oder zwei Minuten später kann ich weder die Worte noch die Wortgedanken erinnern, die Anlaß zu diesem Wiedererkennen gegeben hatten. Ich fühle nur deutlich, daß sie dem gleichen, was ich vorher unter ähnlich abnormen Bedingungen gefühlt habe. Ich kehre in den Lauf des normalen Lebens in der Regel schnell zurück — manchmal, soweit ich es nach meinen eigenen Bewegungen und den Aussagen anderer beurteilen kann, im Laufe von 10 oder 15 Sekunden; dennoch kommt das normale Bewußtsein nie so rasch zurück, wie das anomale Bewußtsein einsetzt. Es geht mehr stufenweise vor sich, und es ist schwer zu sagen, wann es wieder vollständig da ist, weil es fast immer zu einem passiven und unkritischen Verhalten führt, in dem ich keine eigenen seelischen Impulse fühle. Obwohl ich mir dunkel darüber klar bin, den Wunsch dazu zu haben, bin ich doch immer geneigt, es zu vermeiden, meinen abnormen Zustand kritisch durchzustehen und auf all seine Einzelheiten zu achten. Aber die Aufmerksamkeit scheint nicht ganz unter meiner Kontrolle zu stehen; manchmal schiebe ich es beiseite und täusche mich selbst mit dem Eindruck, daß die Erinnerung nach weiteren 5 Minuten wieder vollständig sein wird, manchmal lasse ich es entschlüpfen mit einem Gefühl der Gleichgültigkeit und manchmal, wenn ich in Begleitung bin oder bei einer aktiven Beschäftigung, habe ich kein Bedürfnis nach Selbstkritik oder -analyse. Neben diesem Wunsch, meine Reflexionsfähigkeit zu kontrollieren, bemerke ich oft einen vorübergehenden Gedächtnisverlust für gewöhnlich vertraute Namen oder Tatsachen, der ein oder zwei

Minuten dauert oder auch mehr, obwohl mein Bewußtsein sonst normal scheint. Das kann mit einem so normalen Bewußtsein einhergehen, daß ich, wie ich glaube, keine Schwierigkeiten habe zu sagen, was ich sagen will, und so verfalle ich dann und wann in den Fehler, ohne Zögern einen Satz zu beginnen, den ich dann nicht beenden kann. Einmal fand ich mich kurz nach einem kleinen Anfall an einem Fahrkartenschalter, in der Meinung nach K . . . zu fahren und ohne Zögern zu verlangen: »Zweite Klasse hin und zurück nach . . . nach . . . dieser Schule, verstehen Sie nicht . . .« (oder so ähnliche Worte) und war ziemlich bestürzt über meine Vergeßlichkeit.

Ein kleiner Anfall hat sich 2- oder 3mal ereignet, als ich laut Gedichte las — die Zeile, die ich las oder gerade im Begriff war zu lesen, erschien mir irgendwie vertraut oder gerade das, was ich zu erinnern versuchte, obwohl ich sie niemals vorher gesehen oder gehört hatte. Ich bemerke das Krankhafte und halte ein, obwohl ich sonst vernünftig genug bin, die Zeile oder den ganzen Satz zu beenden und verhalte mich für eine Minute ungefähr ruhig; dann fahre ich fort, wo ich stehengeblieben war, wobei mein Sinn für Rhythmus und Metrik früher wiederkommt als meine Fähigkeit, den Worten Aufmerksamkeit zu schenken oder sie zu verstehen. Ich erinnere mich nicht, jemals entschlossen versucht zu haben, koste es, was es wolle, während eines kleinen Anfalls laut weiterzulesen. Ich habe verschiedentlich kümmerliche Anstrengungen gemacht, im Schreiben fortzufahren und 4 oder 5 Proben davon aufbewahrt. Sie stammen von sehr leichten kleinen Anfällen. Das Schreiben ging langsam und in einer ganz normalen Schrift vor sich. Ich war hauptsächlich von dem üblichen Eindruck von Erinnerungen in Anspruch genommen, war mir aber dunkel im klaren, daß ich krank war, und versuchte gegenüber dem, was ich schrieb, kritisch zu bleiben. Mein Eindruck, während ich schrieb, war der, daß die Worte und der Sinn ganz vernünftig waren und daß ich mich darin in ganz vertrauten und klugen Grenzen des Ausdrucks hielt. Ich hatte, so dachte ich, genau die Worte getroffen, nach denen ich gesucht hatte. Eine oder zwei Minuten später konnte ich sehen, daß einige Worte merkwürdig unpassend waren, obwohl ich glaube, daß die grammatikalischen Formen immer beibehalten waren. Ich konnte nicht herausfinden, von welchem unterirdischen Strom von Gedanken oder Erinnerungen diese unpassenden Worte hergekommen waren.

Physische Bedingungen: Was die physischen Bedingungen angeht, die diese psychischen Zustände begleiten, so kann ich nur wenig aus eigenem Wissen dazu beitragen: Ein wenig mehr habe ich von freundlichen Beobachtern erfahren. Zu Beginn kann ich kaum eine körperliche Veränderung an mir selbst bemerken, weil meine Aufmerksamkeit ganz von meinem seelischen Befinden in Anspruch genommen ist; aber ein- oder zweimal konnte ich, als ich in der Nähe eines Spiegels stand, eine Blässe im Gesicht feststellen — wie andere sagten, sei das immer so — und daß meine Augen einen etwas stieren leeren Blick annahmen, als ob sie nicht mehr auf etwas in meiner Nähe gerichtet seien oder überhaupt von irgend etwas besonders Notiz nähmen. In diesem Zustand soll ich oft — und gelegentlich erinnere ich es auch — »ja« sagen mit dem Ausdruck vollkommener Zustimmung auf irgendeine Bemerkung hin, die zu mir gemacht wird, ob es paßt oder nicht; und weiter daß ich gelegentlich einen leisen, etwas wie ein Vokal klingenden Laut von mir gebe . . . Das sei, so wurde mir gesagt, *wie ein verändertes und undeutliches Schmatzen mit der Zunge, wie eine Schmeckbewegung und ist meist von einer Bewegung des Unterkiefers* (von Jackson hervorgehoben) begleitet und manchmal von einem leichten Zucken um einen oder beide Mundwinkel oder von den Backen, aber ohne eine Geschmacksempfindung nach meiner Erinnerung . . . Auch habe ich nie selbst bemerkt, sondern von anderen erfahren, daß ich manchmal, besonders im Sitzen, ein- oder zweimal mit einem Fuß auf den Boden stampfe; und in den wenigen Fällen, in denen dies genau beobachtet wurde, geschah es mit dem rechten Fuß.

Mit der Rückkehr des normalen Bewußtseins fühle ich meist einige Wallungen über die Haut laufen, besonders über das Gesicht, und ein leicht beschleunigtes und mehr stoßendes Herzklopfen, das nicht abklingt und mir ein leichtes Unbehagen bereitet. Ein sehr konstantes Symptom ist vermehrte Urinsekretion, die sich manchmal in einer Zeit von 5 oder 10 Minuten bemerkbar macht, aber gewöhnlich nach einem längeren Intervall . . .

Die kleinen Anfälle sind nicht begleitet oder gefolgt von Halluzinationen des Gesichts, Gehörs, Geschmacks, Geruchs oder Gefühls. Auch kommt es nicht, so denke ich, zu einem Verlust des Gleichgewichts. Ich erinnere mich gut, daß mich, als ich 1878 über einen Gletscher in der Schweiz lief und über viele kleine Gletscherspalten sprang, der Anfangszustand einer Aura überkam und mir der Gedanke durch den Kopf schoß, daß, wenn ich je teuer für die Dummheit, weiterzugehen, zu bezahlen hätte, dann jetzt. Aber ich hatte eine ungenügende Kontrolle, mich selbst zu stoppen und fühlte keine Furcht, sondern nur ein leichtes Interesse daran, was passieren würde. Ich ging durch die vertrauten Empfindungen des Anfalls mit solch einer Aufmerksamkeit hindurch, als hätte ich mich nur darauf zu konzentrieren und nicht auf den Gletscher, und nach einigen Minuten erlangte ich mein normales Befinden zurück, ohne irgendeinen Schaden genommen zu haben. Mit Bestürzung blickte ich auf den langen Abhang von Eisbrocken zurück, über den ich unbeschädigt gelaufen war, meinen Weg, ich weiß nicht wie, über ein Gelände findend, das schon normalerweise für mich schwierig gewesen wäre. Ebenso waren, wenn ich beim Tennisspielen einen kleinen Anfall bekam, meine

Schläge oder die Einschätzung meiner Schritte und der Position der Bälle nach der Meinung meines Gegners nicht schlechter als sonst. Während einer oder zwei Minuten hatte ich lediglich keine Erinnerung an die Schläge.

Ich hatte keinen großen Anfall vor 1874, und seitdem wiederholten sich solche Anfälle meist in langen Abständen, manchmal von mehr als 18 Monaten; nur während ... 1875—1876 hatte ich so viel wie 7 oder 8 in zwei Monaten. Die Erinnerungsaura ist all diesen mehr oder weniger vorausgegangen, wenn sie auch weniger lebhaft in meiner darauffolgenden Erinnerung blieb als nach einem kleinen Anfall. Meine Evidenz für die folgenden Phänomene des großen Anfalls ist sehr unvollständig. Meine Bewußtlosigkeit schien denjenigen, die mich beobachtet haben, nicht länger zu dauern als 5—10 Minuten in der Regel, aber mein Erinnerungsverlust hat länger gedauert und mein Bewußtsein kam allmählicher zurück. Ich habe nicht gehört, daß sie mit einem epileptischen Schrei einhergingen; die Muskelkrämpfe waren unterschiedlich, aber meist leicht und nicht besonders lokalisiert (mit Ausnahme, daß ich einmal mit dem rechten Arm und der Hand anhaltend Kreisbewegungen ausgeführt haben soll). In ein oder zwei Fällen sind die Krämpfe nicht bemerkt worden, und der Zustand wurde zunächst als eine Ohnmacht angesehen; aber einige Schnarcher sind fast immer bemerkt worden, bevor ich wieder zu mir kam. Mein nachfolgender körperlicher Zustand war der einer Gleichgültigkeit und eines Gefühls von Müdigkeit; mein körperliches Befinden war in der Regel so, als sei ich überall leicht geschlagen worden.

Im vergangenen Jahr (1887) und besonders während der letzten 4 Monate gab es einige Veränderungen in den Symptomen der kleinen Anfälle derart, daß dabei, kurz gesagt, weniger die lebhafte Empfindung im Sinne einer Erinnerung auftrat, sondern längere Perioden von automatischem Verhalten ohne Bewußtsein. Ich denke, am besten versuche ich, was ich meine, durch zwei oder drei Beispiele zu erläutern.

Im Oktober 1887 fuhr ich mit der Metropolitan in der Absicht, an der 4. Station auszusteigen und zu einem Haus zu gehen, das eine halbe Meile entfernt war. Ich erinnere, die zweite Station erreicht zu haben, und dann erinnere ich undeutlich das Auftreten einer Aura, in der die Unterhaltung zweier Fremder im gleichen Wagen mir wie die Wiederholung von etwas erschien, das ich von früher kannte — eine Erinnerung, in der Tat. Das nächste, woran ich irgendeine Erinnerung habe, war, daß ich die Stufen in dem Haus hinaufging (das ungefähr eine halbe Meile von der 4. Station entfernt war) und in meiner Tasche nach einem Schlüssel suchte. Ich erinnerte mich fast unmittelbar, daß ich einen kleinen Anfall bei der 2. Station bekommen hatte, und war überrascht, mich dort zu finden, wo ich war. Ich erinnerte mich auch, daß ich die Absicht hatte, das Haus nicht später als 12.45 h zu erreichen, und ich war im Zug noch sehr im Zweifel, ob ich wohl pünktlich sein würde. Ich sah auf meine Uhr und fand, daß es in ein oder zwei Minuten 12.45 h sei. Ich suchte in der Tasche nach der Fahrkarte, die für die 4. Station ausgestellt war, fand sie nicht mehr und schloß daraus, daß ich an der 3. Station vorbeigefahren und an der 4. ausgestiegen sei, meine Fahrkarte abgegeben habe und weitergegangen war, wie ich es beabsichtigt hatte, obgleich ich keine Erinnerung an irgend etwas seit der 2. Station, also an die vorhergehenden 10 oder 12 Minuten, hatte. Ich stelle mir vor, daß ich meine Absicht automatisch und ohne Erinnerung ausgeführt habe.

Ein anderes Mal, im November 1887, nach Dunkelwerden — so um 6 h nachmittags — ging ich gerade in westlicher Richtung eine Straße in London entlang, als ich einen kleinen Anfall kommen fühlte, von dem ich keine Einzelheiten erinnere. Ich hatte die Absicht, ungefähr eine halbe Meile nach Westen zu gehen; in Gedanken war ich mit einigen Büchern beschäftigt, in denen ich unmittelbar vorher in einem Haus gelesen hatte. Als mein Gedächtnis zurückkam (das unvollständig und ungenau war), fand ich mich in einer Straße wieder, die ich zuerst nicht erkannte. Ich war etwas durcheinander und schaute an den Straßenecken, um mich über den Namen der Straße zu unterrichten. Ich las den Namen (P-Straße), die meinen Weg im rechten Winkel kreuzte, und stellte mit einiger Mühe fest, daß ich nicht westwärts gegangen war, wie ich beabsichtigt hatte, sondern ostwärts, der Straße entlang, die ich gekommen war, und daß ich tatsächlich den gleichen Weg—etwa 300 oder 400 Yards—noch einmal zurückgelegt hatte. Ich konnte keinen Sinn in diesem Tun entdecken und kein Ziel, irgendwohin zu gehen; um weiteren Schwierigkeiten zu entgehen und weil ich verwirrt war, nahm ich eine nahe stehende Droschke. Ich erinnere mich nicht daran, dem Fahrer irgendeine Anweisung gegeben zu haben, und befand mich in einem recht gedankenlosen Zustand. Ich hatte den Eindruck, daß der Kutscher schnell zu dem richtigen Haus hinfuhr, und ich erinnere deutlich erstaunt gewesen zu sein darüber, daß er das Haus kannte, und weiter, daß ich mich dabei entdeckte, ihm einen Schilling zu geben, obwohl ich zweifelte, ob ich imstande gewesen wäre zu erklären, wo ich ihn her hatte. Unmittelbar nachdem ich das Haus betreten hatte, erkannte ich ziemlich deutlich, was wahrscheinlich vorgegangen war, und mit einem Blick auf meine Uhr rechnete ich aus, daß ich nicht mehr als 5 Minuten — wenn überhaupt — dadurch verloren hatte...

Eine ... (weitere) Begebenheit ist vielleicht wert, berichtet zu werden. Ich empfing einen jungen Patienten, den seine Mutter wegen Lungensymptomen zu mir brachte. Ich wollte seinen Thorax untersuchen und bat ihn, sich auf einer Couch auszuziehen. Er schien mir krank auszusehen, aber ich habe keine Erinnerung, daß ich ihm empfehlen wollte, sich sofort ins Bett zu legen, oder überhaupt an eine Diagnose. Während er sich auszog, merkte ich, daß ein kleiner Anfall kam. Ich weiß noch, daß ich mein Stethoskop herausnahm und mich etwas abwandte, um ein Gespräch zu vermeiden. Das nächste, was ich wieder erinnere, ist, daß ich im gleichen Raum am Schreibtisch sitze und mit einer anderen Person spreche, und als mein Bewußtsein klarer wurde, fiel mir mein Patient ein, aber ich sah ihn nicht im Zimmer. Ich war begierig, mich zu vergewissern, was geschehen war, und fand Gelegenheit, ihn 1 Stunde später im Bett liegen zu sehen mit der Bezeichnung einer Diagnose, die ich gemacht hatte: »Lungenentzündung des linken Unterlappens.« Indirekt erfuhr ich aus der Unterhaltung, daß ich eine körperliche Untersuchung vorgenommen, diese Worte aufgeschrieben und ihn angewiesen hatte, sich gleich ins Bett zu legen. Ich untersuchte ihn nochmals mit einiger Neugier und fand, daß meine bewußte Diagnose die gleiche war wie meine unbewußte — oder vielleicht sollte ich sagen, wie meine unerinnerte Diagnose. Ich war ziemlich überrascht, aber nicht ganz so unangenehm, wie ich es vielleicht hätte sein sollen.«

Psychomotorische Anfälle können auf subjektiv erlebte Empfindungen oder auf objektiv beobachtbare Phänomene beschränkt bleiben oder von subjektiven Empfindungen eingeleitet werden, denen dann mit Aussetzen des Bewußtseins objektive Phänomene nachfolgen. Unter den subjektiven Symptomen hat der Dreamy state einen besonderen Rang.

Dreamy state: Als Dreamy state wird seit JACKSON[407, 655, 656, 657] eine eigentümliche Veränderung von Wahrnehmung, Vorstellung und Befinden bezeichnet, die sich gewissermaßen parasitisch in das normale Bewußtsein einschiebt. Dieses auch als »Petit mal intellectuel« (FALRET 1861), »intellectual aura« (QUAERENS), »perceptual-ideational aura« (HILL u. MITCHELL) bezeichnete Phänomen ist von anderer Ordnung als die sensiblen und sensorischen Auren epigastrischer, olfaktorischer und gustatorischer Art, die häufig damit kombiniert sind, oder auch als die haptischen, akustischen oder optischen Auren, mit denen es praktisch nie gemeinsam auftritt. Denn handelt es sich bei den sensiblen und sensorischen Auren um »rohe«, undifferenzierte Empfindungen, so stellt der Dreamy state einen komplexen Zustand von höchst differenziertem Charakter dar.

Die kennzeichnende Veränderung besteht darin, daß Wahrnehmung, Vorstellung und Befinden von der Tönung des Vertrauten, Bekannten, Anheimelnden oder des Fremden, Unbekannten, Unheimlichen durchtränkt werden. Je nachdem, ob sich diese Täuschung auf die Interpretation der Realität oder auf gleichzeitige Trugwahrnehmungen bezieht, unterscheidet man mit HALLEN[600, 605] einen *illusionistischen* und einen *halluzinatorischen Dreamy state* oder mit PENFIELD *Illusionen der Interpretation*[757] und *Halluzinationen der Erfahrung*[784]. Weiterhin kann man danach unterscheiden, ob die Täuschung mehr die visuellen oder mehr die akustischen Wahrnehmungen betrifft und ob sie auch Veränderungen der subjektiven Zeit und des subjektiven Raumes mit einbezieht. Doch sind allen Klassifikationsversuchen nach vorgegebenen Kategorien nicht nur dadurch Grenzen gesetzt, daß sich die einzelnen Kategorien oft untrennbar miteinander vermengen oder daß einzelne Phänomene eine verschiedene Deutung oder Zuordnung erlauben, sondern vor allem dadurch, daß die Erlebnisse ihrer Natur nach schwer zu beschreiben sind. Sie haben dieselbe diffuse und nur annäherungsweise umschreibbare Qualität wie Träume, weswegen auch ihre Bezeichnung als Dreamy state noch am besten wiedergibt, wie und was dabei erlebt wird.

So wie man von einem Traum zunächst nicht mehr als eine vage Anmutung erinnert, so ist auch von den Kranken oft zunächst nicht mehr davon zu erfahren, als daß sie immer wieder so ein merkwürdiges, komisches, traumartiges Gefühl überkomme. Das schwer Beschreibliche läßt sich jedesmal wieder an der Verlegenheit und den ratlos umherirrenden, wie nach Vergleichen suchenden Augen der Kranken ablesen, wenn sie zur Schilderung ihrer Sensationen ansetzen. Formulierungen wie: »Es ist etwa wie . . .« oder »Nein, eher wie . . .« oder »Ungefähr wie . . .« zeugen von Erfahrungen, für die es an Worten gebricht. Aber gerade weil diese Empfindungen so außerhalb aller geläufigen Erfahrungen stehen, daß sie sich kaum in Worte fassen lassen, werden sie von den Kranken bei flüchtiger Befragung zunächst oft in einer rationalen Form wiedergegeben: »Ich bekomme immer so Schwindel«, »Ich hab's immer so im Leib, . . . am Herz, . . .

im Kopf.« Wenn man jedoch die erste Fassung nicht als bare Münze nimmt, sondern eine genauere Beschreibung verlangt, werden sie ratlos, suchen nach Worten und geben schließlich kopfschüttelnd zu, daß es im Grunde kein richtiger Schwindel sei und eigentlich auch nicht genau im Leib, am Herz oder im Kopf vor sich gehe, sondern daß es ein diffuses und nur vage zu lokalisierendes »Es« sei, das sich schwer beschreiben lasse. Wir meinen, daß diese *»Es«-haftigkeit*, das an keine geläufige Erfahrung Erinnernde und daher Unbeschreibliche die mildeste Ausprägung eines Dreamy state anzeigt und daß alle Auren, in denen dieses Phänomen vorkommt, schon ein Element des Dreamy state enthalten.

Deutlicher ausgeprägt ist er jedoch in allen Zuständen, in denen Wahrnehmung, Vorstellung und Befinden durch die *»Jemals-Tönung«* des Vertrauten, Bekannten und Anheimelnden oder die *»Niemals-Tönung«* des Fremden, Unbekannten und Unheimlichen bestimmt sind. Diese Tönung kann so lebhaft werden, daß sie wie eine innig vertraute Erinnerung an ein Erlebnis in der Kindheit bzw. wie eine Ahnung von einer ganz anderen Welt erlebt und daher auch als eine Art Wiedergeburt bzw. als Schwelle zum Tode erfahren wird. Diese auch als Déjà- oder Jamais-vu, -entendu,- vécu, -raconté, -éprouvé bekannten Erlebnisse treten in der Regel nicht gleichzeitig auf. Ersteres ist häufiger als letzteres. Der Kollege Z. beschreibt die »Jemals-Tönung« recht genau damit, daß es so sei, als ob »was die Aufmerksamkeit gerade beschäftigt, so ist, als ob es sie früher einmal beschäftigt hätte und ganz vertraut gewesen ist, aber nur für eine Zeit vergessen war, und daß es nun mit einem leichten Gefühl der Genugtuung, als ob man danach gesucht hätte, wieder auftaucht«. Solange sich die Erlebnisse in diesem Rahmen halten, berichten die Patienten davon nur, wenn sie danach gefragt werden, weil sie das für ganz natürliche Erscheinungen halten, die jeder Mensch kenne. Manchmal scheuen sie sich aber davon zu sprechen, weil sie ihre Erlebnisse für so unnatürlich halten, daß sie befürchten, für verrückt angesehen zu werden. Tatsächlich spielen in den Psychosen der Kranken mit einem Dreamy state die Anmutungen der Vertrautheit und der Entfremdung eine wesentliche Rolle.

Illusionistischer Dreamy state: Die Illusionen betreffen oft nur die optische oder nur die akustische Seite der Wahrnehmung. So berichtete uns ein Kranker, daß ihm die gerade anwesenden und vorhandenen Personen und Gegenstände fremder erscheinen, während ihm der Klang der Stimmen und Geräusche vertraut bleibe. Oder andere, daß ihnen gerade Musik besonders vertraut vorkomme, während sich an der Selbstverständlichkeit der visuell wahrgenommenen Umgebung nichts ändere. Wesentlich seltener ist die Erfahrung, daß im Dreamy state alle Sinne auf eine hellere, schärfere, andere Art mitzuteilen vermögen, das Gehör lauter, das Gesicht schärfer, das Getast rauher werde.

Ein Kranker charakterisierte seinen nur wenige Sekunden anhaltenden Dreamy state als einen Zustand, bei dem ihn die »Sinne trügen«, bei dem er »alles durch eine andere Brille sehe«; Gespräche hörten sich auf einmal irgendwie anders an, der Partner rücke ferner, bekannte Dinge würden fremd und unnatürlich. Beim Betasten des Tisches empfand er die Oberfläche rauher, selbst seine eigene Stimme erschien ihm wie die Stimme eines anderen »aus dem Grabe«. – Wie auch ein Patient von GRIESINGER (1868/69): »Die Sinneswahrnehmungen kommen in einer Weise zum Bewußtsein, die nicht zu definieren ist, sondern nur dadurch bezeichnet werden kann, daß sie anders als sonst sind; ich höre die Vögel anders singen, meine Verwandten sprechen anders zu mir, die Luft weht mich anders an, der Körper scheint aus einem anderen Material als in gesunden Tagen zu bestehen.« Auch diese »Allsinnveränderung«, womit einer unserer Kranken diese im Dreamy state manifest werdende Störung des Sensorium commune treffend bezeichnete, läuft immer darauf hinaus, daß in der Wahrnehmung aller Einzelempfindungen Bekanntes fremd oder Fremdes vertraut erscheint.

MULLAN u. PENFIELD (1959) haben unter 214 operierten Fällen mit einer temporalen Epilepsie 70 (33%) Kranke mit einem Dreamy state vom Charakter der illusionären Interpretation gefunden. Sie unterscheiden 1. auditorische Illusionen, wenn Geräusche lauter oder klarer, schwächer oder genauer, näher oder ferner erscheinen; 2. visuelle

Interpretative Illusionen

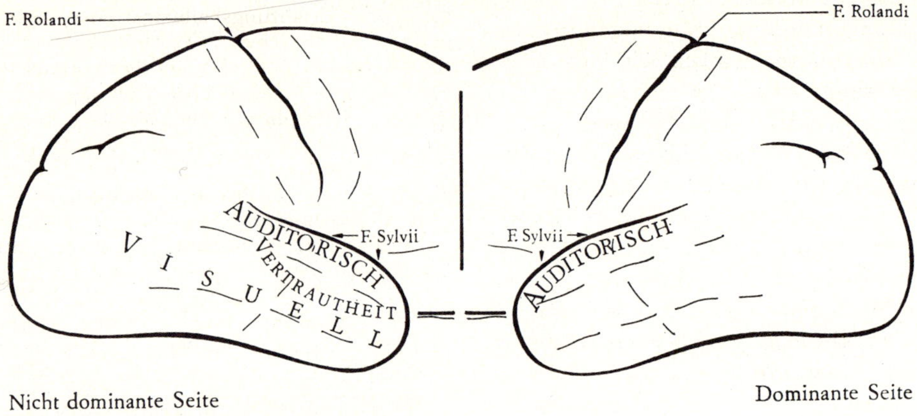

Abb. 77. Interpretative Illusionen oder Signale. Illusionen der Vertrautheit und visuelle Illusionen waren bei elektrischer Reizung vorwiegend von der nicht dominanten Hemisphäre, auditorische Illusionen von beiden Seiten, hauptsächlich der ersten temporalen Windungen, auszulösen. Gefühle von Furcht, Unwirklichkeit, Einsamkeit oder von Irgendwo-anders-Sein waren von der Temporalregion beider Seiten hervorzurufen. (Nach Mullan S., W. Penfield: Arch. Neurol. (Chic.) 81 [1959], 269.)

Illusionen, wenn Dinge klarer oder verwischt, näher oder ferner, größer oder kleiner, dicker oder dünner erscheinen; 3. Illusionen der Wiedererkennung, wenn gegenwärtige Erfahrungen vertraut, fremd, verändert oder irreal scheinen; 4. illusionäre Emotionen, wenn Gefühle von Furcht, Einsamkeit, Trauer oder Widerwillen auftauchen. Aufgrund ihrer Reizexperimente an der freigelegten Rinde des Temporallappens schließen sie, daß visuelle Illusionen und Illusionen von Vertrautheit vorwiegend mit dem lateralen Kortex des nicht dominanten Temporallappens verbunden sind, während auditorische Illusionen von beiden Seiten, hauptsächlich von den ersten temporalen Windungen aus, zu erzielen sind. Für Angstgefühle fanden sie die größte Konzentration entsprechender Reizantworten von den tiefen und medialen Partien des vorderen Schläfenlappens. Vom Kortex anderer Hirnabschnitte und von der Sprachregion waren niemals derartige Illusionen zu produzieren, ebensowenig vom akustischen Projektionsfeld des vordersten der drei Gyri temporales transversi (Heschl) (s. Abb. 77). Auch nach anderen Untersuchungen ist ein Déjà-vu signifikant häufiger bei einem Fokus über der nicht dominanten als über der dominanten Hemisphäre anzutreffen[466, 490]. Bei Tumorepilepsien fand Lund jedoch eine annähernd gleiche Verteilung auf beiden Seiten.

Halluzinatorischer Dreamy state: Seltener als illusionäre Täuschungen sind Trugwahrnehmungen während eines Dreamy state, unter denen die visuellen wieder die akustischen an Häufigkeit überwiegen. Manchmal berichten die Kranken davon, in ihren Anfällen eine bildhafte Erinnerung oder eine regelrechte visuelle Szene zu sehen, wie in folgendem Fall, Irene D.:

Die Anfälle dieser Patientin begannen mit einer traumhaften Aura, in der sie sich statuarisch unbewegten Figuren gegenübersah. Während zugleich ein undefinierbarer Geruch »vom Magen hochstieg«, wurde sie von Angst befallen. Bei den Personen handelte es sich um bärtige Männer, die nebeneinander standen; hinter ihnen befand sich eine weitere übergroße, ebenfalls bärtige Gestalt, die eine Pelzmütze trug und in der rechten Hand einen Dolch hielt, dessen Spitze auf sie gerichtet war. Im Vordergrund des Bildes sah sie eine gebückte alte Frau, die sich als einzige bewegte und meist den Kopf schüttelte. Dieses Bild stand nur einige Sekunden vor ihr. Dann verlor sie die Besinnung, verharrte einen Moment ruhig, schmatzte dabei, während die Atmung beschleunigt war und das Gesicht blaß wurde. Anschließend schaute sie sich ängstlich um und lief schnell fort, wobei sie die Arme schützend vor das Gesicht hielt und im Wege stehende Leute beiseite stieß. Wenn sich ihr Mann oder ihre Kinder in der Nähe befanden, schlug sie heftig auf diese ein.

In den Bildern sind Menschen, Tiere oder Fabelwesen in undeutlichen, unproportionierten und daher beklemmend wirkenden Formen dargestellt. Unsere Kranken sahen den Vater, den lieben Gott, einen Onkel, Zwerge, Polypen, eine Frau mit Brille auf der Nase usw. Derartige Bilder sind fast immer unheimlich: Der Vater hält Gericht, der liebe Gott blickt unerbittlich streng, der Onkel »macht so merkwürdige Bewegungen mit dem Munde«, die Zwerge winken wie zum Tode, der Polyp streckt seine Arme aus.

Gelegentlich werden auch Stimmen wie im Fall von EFRON[520] (s. S. 247ff) oder auch Musik wie im Fall Werner B. gehört. Wenn auch die Kranken steif und fest behaupten, daß es sich immer um das gleiche handle, auch das gleiche bedeute und auch von der gleichen bedrohlich oder wohlig erlebten Stimmung begleitet werde, so können sie doch meist nicht genau erinnern, was oder wen sie gehört haben.

Manchmal entdeckt jedoch die genauere Befragung, daß eine vorgebliche Halluzination sich als eine Rationalisierung herausstellt. Während noch die erste Version sinnlich klar und inhaltlich präzis erscheint, schrumpft das Erlebnis, je genauer man es festlegen will, letztlich auf eine Anmutung, ein »Etwas« zusammen, von dem nur noch zu erfahren ist, daß es dem Kranken bekannt vorkomme.

Fall Helga F.:

Eine Patientin hatte z. B. zunächst angegeben, sie sehe während des Anfalls immer das Haus ihrer Tante vor sich. Befragt, wo sie es sehe, erwidert sie: »Innen, vor meinem inneren Auge.« Aufgefordert, es genau zu beschreiben, wieviel Fenster es habe, wo der Eingang sich befinde usw., gestand sie, das nicht zu können, weil sie es nicht richtig sehe; es sei nur eine Vorstellung von einem Haus. Bei weiterer Exploration ergab sich, daß sie das Haus ihrer Tante, die schon gestorben war, bevor sie zur Welt kam, nie gesehen hat. Sie habe während des Anfalls nur eine anheimelnde Vorstellung wie aus guter alter Zeit und erinnert sich, daß sie die gleiche Empfindung schon einmal gehabt habe, als man ihr einmal von ihrer Tante erzählt hat.

Andere Trugwahrnehmungen sind nicht auf ein bestimmtes Sinnesgebiet festgelegt. Wenn man sich genauer erkundigt, werden die Kranken unschlüssig, ob es sich wirklich um ein Bild, eine Vorstellung, eine Erinnerung oder gar um einen Klang oder »nur« um einen Gedanken handelt.

PENFIELD u. PEROT hatten unter 520 zur Operation gekommenen Fällen mit Temporallappen-Anfällen 53 Kranke mit einem Dreamy state vom Charakter der Erfahrungshalluzination angetroffen. In 12 Fällen handelte es sich um auditorische, in 21 Fällen um visuelle, in 11 Fällen um kombinierte und in 9 Fällen um unklassifizierbare Halluzinationen. Erfahrungshalluzinationen waren experimentell nur vom Temporallappen her auszulösen. Visuelle »Erfahrungsantworten« waren vorwiegend vom lateralen Kortex der nicht dominanten Hemisphäre, auditorische Erfahrungsantworten nur wenig häufiger von der dominanten Hemisphäre zu erzielen. Wieder erwies sich die Sprachregion über der dominanten und das Gebiet des auditorischen Kortex im vorderen transversalen Gyrus temporalis (Heschl) auf beiden Seiten als ausgespart. — Es scheint demnach, daß illusionäre Verkennungen und halluzinatorische Trugwahrnehmungen im Dreamy state annähernd die gleiche kortikale Repräsentation haben, die sich mit Aussparung der primären sensorischen Projektionsfelder und der Sprachregion über den ganzen Temporallappen erstreckt. Bemerkenswerterweise konzentrieren sich die auditorischen interpretativen und halluzinatorischen Signale um das primäre akustische Projektionsgebiet, während das Gebiet, von dem aus visuelle Signale zu erhalten sind, auf der nicht dominanten Hemisphäre an das optische Projektionsgebiet heranreicht (s. Abb. 78).

Die *Veränderung der Stimmung*, die den Dreamy state begleitet, wird selten als wohlig, angenehm, behaglich empfunden, sondern häufiger als ungemütlich, unheimlich, beklemmend oder bedrohlich erlebt, wenn auch nicht selten mit euphemistischen Wendungen, etwa als »gspässiges Gefühl«, belegt. Aber weder die angenehme noch die unangenehme Verfassung wächst je über ein Gefühl des Wohlgefallens hinaus[879] zur ekstatischen Freude oder über das Gefühl einer unbestimmten Bedrohung hinaus bis zur panischen Angst. Sie wird auch dann, wenn sie beglückt, eher wie von Kirilloff in den »Dämonen« DOSTOJEWSKIS als »die Gegenwart der vollständig erreichten ewigen Harmonie« erlebt oder wenn sie, was häufiger ist, bis zum Gefühl geht, »es könne jetzt alles aus sein«, mehr als eine unbestimmte, unerklärliche, beklommene Ängstlichkeit empfunden, die den Patienten veranlaßt, nach Gründen zu suchen. So kann er sich etwa herumdrehen, weil er meint, es stehe jemand hinter ihm, oder unter das Bett leuchten in der Furcht, es liege jemand dort, oder von dem vagen Gedanken befallen werden, er müsse irgend etwas verbrochen haben.

Daß eine Affektstimmung wie Furcht, seltener Freude selbst Anfallssymptom sein und nicht als Reaktion auf den Anfall gelten könne, hat JACKSON

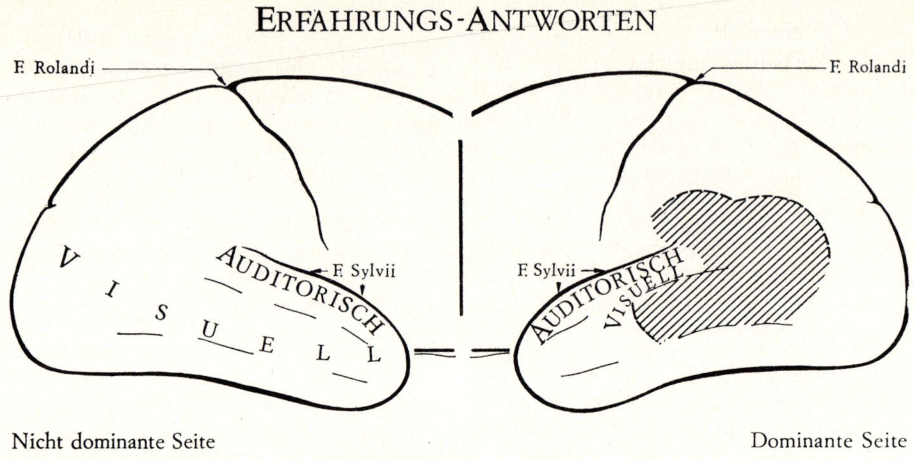

Abb. 78. Auditorische und visuelle Erfahrungsantworten auf Reizung, dargestellt für die laterale Oberfläche beider Hemisphären. Die temporale Sprachregion ist auf der linken Hemisphäre schraffiert. Die Anzahl visueller Erfahrungsantworten ist weit größer auf der nicht dominanten Seite und erstreckt sich dort bis zum okzipitalen Kortex. Bei Reizung der Sprachregion kam es zu keinen Erfahrungsantworten. (Nach Penfield, W., Ph. Perot: Brain 86 [1963] 595.)

schon in seiner hirnphysiologischen Bedeutung erkannt, was dann später, besonders MacLean[717], in seiner Lehre vom »visceral brain« und Klüver u. Bucy in ihrer Lokalisationslehre der Affekte ausgebaut haben. Jackson[646] erwähnt 1879 bei der Beschreibung eines Patienten, der sich in einem Anfall erschrocken, furchtsam, ängstlich und verzweifelt fühlte: »Es kann natürlich sein, daß die Furcht eine normale Furcht ist, daß sich der Patient ganz natürlich fürchtet aus der Erfahrung, daß jetzt ein Anfall kommt. Die Patienten selbst aber lehnen gewöhnlich eine solche Interpretation ab.« Später kommt er[657] darauf zurück, als er von einem Patienten spricht, der Dreamy states hatte: »Da gab es auch einen abnormen Gefühlszustand in einigen seiner schweren Anfälle — Furcht und ein Gefühl des herannahenden Todes . . . Ich sage abnorm, weil ich nicht glaube, daß es sich um eine natürliche Furcht vor dem Anfall selbst gehandelt hat, sondern um eine Furcht, die 'durch sich selbst kommt' — das Symptom Furcht.« Seitdem haben viele Autoren diese Meinung von Jackson bestätigt und immer neue Ansätze zu einer hirnphysiologischen Interpretation der Affekte unternommen[497, 500, 722, 723, 756].

Selten spielen in Dreamy states auch Veränderungen des Zeiterlebens und des Zeiterfassens im engeren Sinne hinein. Hallen[606] leitet die Beschreibung von »*Störungen des Zeiterlebens* in der epileptischen Aura« mit der Bemerkung des Epileptikers Kirilloff aus den »Dämonen« ein: »Es gibt Augenblicke, Sie gelangen zu diesen Augenblicken und die Zeit bleibt plötzlich stehen und ist ewig. . . . In diesen 5 Sekunden durchlebe ich ein ganzes Leben.« Und im »Idiot« läßt Dostojewski den Fürsten Myschkin den Schwur des siebenten Engels in der Apokalypse des Johannes aufnehmen: »In diesem Augenblick glaube ich, jenes ungeheure Wort zu verstehen, daß hinfort keine Zeit mehr sein soll. Es ist wohl dieselbe Sekunde, die nicht ausreicht, um das Wasser aus dem umgestürzten Kruge des Epileptikers Mohammed ausfließen zu lassen, während Mohammed in der Zeit alle Wohnstätten Allahs besichtigen konnte.«

Noch ganz im Banne des Erlebten berichtete ein Patient (David J.), der während der Visite einen psychomotorischen Anfall hatte: Eben sei ihm Gott erschienen; auf einem übergroßen Stuhl habe ein bärtiger Mann gesessen, der ihm, obwohl er sein Gesicht nicht erkannt habe, bekannt erschienen sei. Er habe sich unbehaglich gefühlt, wie bei einem schlechten Gewissen. Wie lange das gedauert habe, wisse er nicht, denn während seiner Vision sei die Zeit immer langsamer verlaufen — ja er hatte schließlich sogar den Eindruck, sie könne ewig währen. Da habe ihn die Ahnung beschlichen, daß der Bärtige Gott selber gewesen sein müsse.

So kann wohl wie im vorliegenden Fall (s. auch den Fall von Efron, S. 248 f) die innere Zeit, das Ichtempo abgewandelt, wie auch die Zeitgestalt der Umgebung verändert erfahren werden, und beides wieder sowohl im Sinne einer

Dehnung wie einer Beschleunigung. Auch gibt es Fälle, die beides zugleich erleben.

Fall Jakob W.:

Ein 33jähriger Patient mit einer traumatischen Epilepsie nach einer linksseitigen Hirnkontusion, deren klinische Restsymptome, wie das EEG, auf einen linksseitigen vorwiegend parietal, aber auch okzipital und temporal lokalisierten Kontusionsherd hinweisen, bot psychomotorische Anfälle, die von einem Dreamy state eingeleitet wurden. Er wußte davon nur zu berichten, daß in diesen Zuständen sich regelrechte kleine Szenen abspielten, die ihn an irgend etwas Bekanntes erinnerten, ohne daß er darauf kommen konnte, worum es sich eigentlich handelte. Während er beim Anblick dieser Szenen das Empfinden hatte, die Zeit vergehe unendlich langsam, schienen die Szenen selber zunehmend immer schneller und endlich wie gehetzt vor sich zu gehen.

Daß die Kontinuität des Ichbewußtseins beim Dreamy state im Gegensatz zu schizophrenen Depersonalisationserlebnissen nie in Frage gestellt wird[742], geht auch aus dem Erlebnis des nächsten Patienten hervor, der die mit dem Ende seines Dreamy state plötzlich aufhörende Zeitsinnstörung in eine sinnvoll scheinende Veränderung der zeitlichen Abläufe in seiner Umgebung umdeutete.

Der jetzt 12jährige Patient (Wilfried O.) bekam seit seinem 9. Lebensjahr anfallsweise Gefühle, in denen »alles so schnell« ging. Dabei fühlte sich auch die Haut seines eigenen Körpers anders, »so komisch, so hart« an. Geräusche wurden lauter, aber auch schneller. Da auch alle Bewegungen schneller vorsichzugehen schienen, bat er seine Umgebung, doch stehenzubleiben. Einmal, als er gerade ein Stück Kuchen im Mund hatte, hörte er auf weiterzuessen, weil es ihm vorkam, als ob er zu schnell kaute. Wenn man mit ihm sprach, meinte er, man rede immer hastiger auf ihn ein, so daß er ängstlich darum bat, man möge die Unterhaltung langsamer führen. Als einmal ein solcher Zustand einsetzte, während jemand vor der Haustür ein Motorrad antrat, das aber noch einige Zeit bei gleichförmig laufendem Motor stehen blieb, glaubte er, die Maschine fahre ab, weil ihm die einzelnen Stöße des Motorengeräusches immer schneller aufeinander zu folgen schienen. Als kurz darauf der Dreamy state zu Ende war, dachte er, der Fahrer habe jetzt den nächsten Gang eingeschaltet, weil der Motor, der immer gleichmäßig wie zuvor weitergelaufen war, für ihn jetzt einen langsameren Rhythmus hatte.

Ganz ähnlich zieht in anderen Fällen alles »gedrängt wie im Film« vorüber, oder es drängen sich vertraut erscheinende Vorstellungen mit einer Eile auf, »wie wenn man sein ganzes Leben noch einmal erlebe«. Es scheint in der Regel so zu sein, daß nur der innere Zeitablauf zunehmend langsamer werden kann bis zum Erlebnis, daß die Zeit still steht, »wie wenn es nie ein Ende nehmen könnte«, »als ob der nächste Moment unerreichbar sei«, während der äußere Zeitablauf, die Wahrnehmung des Tempos äußerer Vorgänge beschleunigt sein kann. Sehr wesentlich scheint uns, worauf Hoff u. Pötzl (1934) hinweisen, daß die Tempi nie unvermittelt wechseln und dann gleich bleiben, wie etwa im Wechsel von einem Adagio in ein Allegro, sondern entweder eine dynamische Beschleunigung im Sinne eines Accelerando oder eine allmähliche Verlangsamung im Sinne eines Ritardando nehmen[606].

Ausgesprochen selten ist die Kombination eines Dreamy state mit *Körperschemastörungen*. Eine auf ein imaginäres Gegenüber projizierte Heautoskopie erlebt der Kranke (Karl J., s. S. 186), der während eines Dreamy state »seinen Onkel« schmatzen sieht, während er selbst zur gleichen Zeit schmatzende Mundbewegungen ausführt. Ähnlich, wenn auch auf sich selbst bezogen, hatte eine Patientin von Ionașescu während ihrer Anfälle die Empfindung, als ob sie sich selbst in einem Anfall sehe, wie sie ängstlich, blaß und die Hände reibend hilflos hin und her rennt. Eine Patientin von Genner sah im Dreamy state ihr eigenes Spiegelbild von einer runden Vignette umrahmt, was sie bei einer anschließenden psychoanalytischen Sitzung einen Brunnenrand assoziieren ließ, in dem sie sich wie Narziß spiegelte.

Körperschemastörungen im engeren Sinne, die nach Jaspers den Leibbewußtseinsstörungen zuzuordnen wären, sind illusionäre Verformungen des eigenen Körpers im Sinne einer Schrumpfung oder Vergrößerung, sei es der ganzen Statur oder einzelner Gliedabschnitte. Partielle körperliche Transformationen betreffen stets distale Gliedabschnitte, auch den Mund, die Nase oder die Zunge. Im Gegensatz zu den Körperschemastörungen im Verlauf parietaler kortikaler Anfälle (S. 377ff), sind körperliche Transformationen im Verlauf eines Dreamy state immer wie im Fall Rosa L. symmetrisch ausgeprägt[605] und wie im Fall Georg Sch. vorwiegend auf den Kopf bezogen[638].

So berichtet etwa IONÂSESCU von einem Patienten, der während einer epigastrischen Aura das Gefühl bekam, als ob seine Zunge steif werde, anschwelle und zu groß für seinen Mund werde. Dann hatte er die Empfindung, als ob sein Kopf größer und schwer werde. Zugleich schienen die Gegenstände in seiner Umgebung größer zu werden, während seine eigene Person zu schrumpfen schien. Wenn der Anfall fortdauerte, hatte er den Eindruck, daß er lang vergangene Szenen als Schulbub wieder erlebe. — In einem anderen Fall wurden auditorische Halluzinationen, die von einem Gefühl begleitet waren, in einer ganz anderen Welt zu sein, von der Empfindung eingeleitet, als ob sich die Knochen des Kopfes auflösten und der Kopf anwachse. Bei einer dritten Beobachtung hatte eine Patientin während einer Aura das Gefühl, als ob ihre Nase übermäßig groß werde.

Liftgefühle bzw. Empfindungen einer körperlichen Verlagerung, die in der Regel mit vestibulären Sensationen verbunden sind, scheinen bei einem Dreamy state nie vorzukommen. Dagegen kann sich – wenn auch selten – während eines Dreamy state auch die räumliche Distanz zur Umgebung verändern, indem sie näher (Peleopsie) oder ferner (Porropsie) rückt, wie auch die Gegenstände kleiner (Mikropsie) oder größer (Makropsie) gesehen werden können (s. Kap. Kortikale Anfälle, S. 373 ff).

Obligate Symptome des Dreamy state sind die Scheinveränderungen der Vertrautheit. Alle anderen Veränderungen, der Stimmung, des Zeitablaufs, der räumlichen Ferne oder Nähe, körperlicher Verkleinerungen oder Vergrößerungen, akustischer oder optischer Verkennungen oder Halluzinationen sind fakultativer Art und können daher, wenn sie isoliert, d. h. nicht im Rahmen der obligaten Symptome auftreten, nicht als Ausdruck eines Dreamy state gelten.

Das *Bewußtsein* ist im Dreamy state auf eine doppelte Weise verändert: Einer gewissen Einengung der Bewußtheit für die Außenwelt entspricht eine gesteigerte Aufmerksamkeit auf die Innenvorgänge[916], was JACKSON[657] veranlaßt hat, von »psychischen Doppelbildern« zu sprechen, bei denen in das normale Bewußtsein ein »quasi parasitischer Bewußtseinszustand« eingebettet sei. Aber auch die Einstellung der Kranken zu den Erlebnissen ist, wie in dem Bericht des Kollegen Z. zum Ausdruck kommt, gespalten zwischen dem Wunsch nach kritischer Analyse und der Neigung zu unkritischer Gleichgültigkeit.

Alle Entfaltungen des Dreamy state, sowohl des rätselhaft Unbekannten wie des anheimelnd Vertrauten, der illusionären Verkennung wie der halluzinatorischen Trugwahrnehmungen, sind nicht eigentlich Zustände, sondern Vorgänge mit einer Tendenz, sich vom Vagen zum Prägnanten zu entwickeln. Normalpsychologisch ist ein Dreamy state am ehesten einer Ahnung vergleichbar, die zu Gewißheit drängt. Davon zeugt einmal die *Faszination*, von der die Kranken, selbst bei unangenehmen Zuständen, gebannt werden. Einer unserer Patienten erklärte, selbst wenn ihm jemand 1000 Mark in diesem Augenblick geben wollte, so würde er nicht darauf achten, sondern weiter auf die rätselhaften Bilder starren. Oder die Patienten von EFRON[520]: »I fall for it« (S. 249). Und der Kollege Z.: »In diesen abnormen Zuständen ist die Erinnerung viel gegenwärtiger, mehr in Anspruch nehmend, weit lebendiger und im Augenblick viel befriedigender, als ob sie eine Leere füllt, von der ich mir in diesem Moment einbilde, sie vorher vergebens auszufüllen versucht zu haben.« Oder wie DOSTOJEWSKI von seiner eigenen Aura Sonja KOWALEWSKA gestanden hat: ». . . alle Freuden, die das Leben geben kann, würde ich dafür nicht nehmen.« – Davon zeugt andererseits auch ein *Drang zum Enträtseln*, was mit diesen Erlebnissen eigentlich gemeint sei; ein Drang, der bei manchen Patienten geradezu in einen Grübelzwang ausartet. Manche nehmen sich immer wieder vor, beim nächsten Anfall genau darauf zu achten, wenn auch meist vergebens (s. aber Fall Kollege Z. [S. 178] und Fall Gotthart K. [S. 198]). So hatte sich ein Patient für diesen Fall sogar Bleistift und Papier zurechtgelegt, damit er es sich während der Aura festhalten könnte, doch war das Papier immer leer geblieben.

Fall Karl J.:

Nur einmal schien dieser Patient der Lösung ganz nahe: Während seiner Dreamy states glaubte er immer seinen Onkel vor sich zu sehen, wovon ihm nachher nur erinnerlich war, daß dieser eine merkwürdige Haltung eingenommen und mit dem Mund schmatzende Bewegungen ausgeführt habe. Daß er selbst dabei schmatzte, konnte uns nur seine Frau berichten, weil er selbst keine Erinnerung daran hatte. Bei näherem Befragen stellte sich heraus, daß der Patient gar keinen Onkel hatte, sondern die Person, die er sah, nur deswegen so nannte, weil sie ihm einen würdigen und älteren Eindruck machte — er selbst war Justizrat und 67 Jahre alt — und weil sie ihm ein so vertrautes Gefühl erweckte, wie er es nur jemandem aus der eigenen Familie gegenüber hätte empfinden können. Jahrelang war er dahinter her, das Inkognito dieser Erscheinung zu lüften. Er wollte sie in einer Zeichnung festhalten oder sie seiner Frau genau beschreiben, wenn der Zustand wiederkäme. Aber es gelang ihm nie, sei es, daß er kein Papier zur Hand hatte oder die Frau nicht zugegen war, sei es, daß er wieder zu sich kam, ohne etwas gezeichnet oder aufgeschrieben zu haben. — Eines Sonntagnachmittags jedoch, als er nach einem Spaziergang beim Kurkonzert saß und der Musik zuhörte, begannen ihn plötzlich die Bewegungen des Dirigenten auf eine merkwürdige Weise zu berühren und zu fesseln. Da beschlich ihn die Ahnung, daß er die gleichen beschwingten Gesten doch schon einmal gesehen habe, und er starrte fasziniert auf den Dirigenten. Plötzlich überkam ihn die Gewißheit, daß der Dirigent der längst Gesuchte sei. Doch im gleichen Augenblick verlor er sein Bewußtsein und stürzte in einem großen generalisierten Krampfanfall zu Boden.

An solchem Bericht ist zu bemerken, daß dem Ausdruck der Augen, die für den Betrachter »ins Leere« zu gehen scheinen, eine Innenseite — des gebannten Starrens oder des faszinierten Blicks — entspricht. Merkwürdig auch, daß das Bewußtsein aus- und der Anfall einsetzt gerade in dem Augenblick, in dem das Rätsel gelöst, das Geheimnis entschleiert, die Ahnung zur Gewißheit werden soll.

Auf welche *Entscheidung* hin der Dreamy state *anthropologisch* angelegt ist, hat VOGEL[910] anhand der Selbstwahrnehmung DOSTOJEWSKIS in seinem vollen Gehalt ausgelegt. Er bezieht sich dabei auf eine Äußerung, die Kiriloff in dem Roman »Die Dämonen« abgibt:

»Das ist nichts Irdisches; ich will damit nicht sagen, daß es etwas Himmlisches sei, sondern möchte nur darauf hindeuten, daß der Mensch in seiner irdischen Gestalt es nicht zu ertragen vermag. Er muß sich entweder physisch umgestalten oder sterben. Das ist ein klares und unbestreitbares Gefühl ... Wenn es länger als 5 Sekunden dauern würde, dann könnte es die Seele nicht mehr aushalten und müßte vergehen. Um 10 Sekunden dieses Gefühls zu ertragen, muß man sich physisch umgestalten ...«.

»Nicht genug damit also, daß dieses Auraerlebnis die Grenzen des individuellen Bewußtseins auflöst. Um seine Fülle fassen und ertragen zu können, müßte sich auch das irdische, natürliche Gefäß — der Leib — verwandeln. Der auf das äußerste veränderte innere Zustand drängt auf eine Umbildung, auf eine Metamorphose der physischen Existenz. Würde das Geschehen, welches in der Aura sich ankündigt, bis in den Grund der menschlichen Physis sich durchsetzen, so müßte das Unfaßliche sich vollziehen: eine Transfiguration, eine Verklärung des natürlichen Menschen oder seine endgültige Auflösung«[910].

Der Dreamy state ist die vom Kranken selbst oft nur wie ein Wetterleuchten wahrgenommene Seite eines Vorgangs, bei der es nach VOGEL[910] um »eine das Ganze des Daseins umfassende Wandlungskrisis, in der es um eine letzte und radikale Metamorphose geht. Aber diese kann nicht gelingen, und am Unmöglichen scheiternd bricht der Mensch unter Aufgabe des Bewußtseins im Krampf zusammen.«

Vielleicht beruht die zwielichtige Stellung der Epilepsie als heilig-unheilige Krankheit in der Antike und im Mittelalter auf den als übernatürlich empfundenen Fähigkeiten der Rückschau und der Vorschau, der Besessenheit von zu unheimlicher Gewißheit drängenden Ahnungen, wie der Teilhabe an einer anderen Welt, die dem Dreamy state das Gepräge gibt.

Dreamy states können sowohl isoliert wie auch als Einleitung jeder Art von psychomotorischen Anfällen vorkommen, wenn auch mit unterschiedlicher Häufigkeit. Die verschiedenen Typen psychomotorischer Anfälle unterscheiden sich in klinischer Hinsicht nach der Verschiedenheit der in den Anfällen zur Darstellung kommenden senso-motorischen Funktionskreise. Obwohl gewisse Überschneidungen und Durchmischungen vorkommen, lassen sich doch durch die Häufigkeit der Symptome und ihre funktionelle Zuordnung belegbare Typen beschreiben, denen auch elektroenzephalographisch nachweisbare Unterschiede[190] entsprechen.

Psychomotorische Anfälle vom oralen Typus: Anfälle dieser Art machen mit 71% den häufigsten Typus psychomotorischer Anfälle aus.

Aura: Mit Aura war, wie HERPIN (1852) berichtet, ursprünglich nicht wie heute ein systematischer Begriff für alle Arten von epileptischen Vorempfindungen gemeint. GALEN hatte diese Bezeichnung von einem Patienten seines Lehrers PELOPS übernommen, der das, »was in ihm aufstieg«, damit zu umschreiben suchte, daß er die Empfindung mit einem Wind, einer Brise, einem Hauch, der sich erhebt, verglich: αὖραν τίνα ψυχράν heißt es im Urtext. Diese Aura κατ᾽ ἐξοχήν enthält die wesentlichen Kriterien für jene Art von Vorempfindungen, die oft vor psychomotorischen Anfällen vorkommen: Einmal die Tatsache, daß es sich dabei nur selten um die Wahrnehmung einer einzelnen, spezifischen Sinnesempfindung handelt, sondern um eine Art undifferenzierter Empfindung, eine »crude sensation«, wie JACKSON[407] es nennt, die so unbeschreiblich ist, daß sie manchmal nur als »Es«, ein »Etwas«, ein »Fluid« oder ein »Hauch« bezeichnet werden kann. Aber auch dann, wenn sie als Welle, Wärme, Kühle, als Weh, als Strom, als Wind, als Druck oder als Bangigkeit zu umschreiben versucht wird, bedeutet das immer nur eine Annäherung an etwas so Flüchtiges, Mildes und sinnlich Undifferenziertes, wie es im Fühlbild einer Brise überzeugend getroffen und unmittelbar nachzuempfinden ist. Im griechischen Begriff klingt also das undefinierbar Irreale des Dreamy state noch an. Aber auch daß sich diese Vorempfindungen bewegen, und zwar meist von unten nach oben aufsteigen, oder »einen anfliegen« ist im Vergleich mit einem Wind, der sich am Morgen erhebt, am besten wiedergegeben, weil er das Milde und Flüchtige wie das sinnlich Undifferenzierte mit der Richtung des Aufsteigenden und dem Ungefähren ihrer Herkunft übereinstimmend verbindet.

Vegetative Aura: Um den Ort anzugeben, von dem diese Empfindungen ausgehen, spricht man von epigastrischen, abdominalen oder von kardialen Auren oder, um das vorwiegend betroffene System anzugeben, von digestiven[644] oder vegetativen Systemempfindungen. Meist bekommt man aber nur ungefähre topographische Angaben: »irgendwie von unten rauf«, »im Persönlichkeitsbereich, dort, wo das Ich konzentriert ist«, wie ein Kranker sagte, dem es selbstverständlich schien, daß das Ich in der Mitte zwischen den Füßen und dem Kopf lokalisiert sei. Am häufigsten wird in die Gegend des Leibes verwiesen, oft in den Oberbauch, selten hinter das Brustbein. Manchmal steigen die Empfindungen von den Füßen oder Beinen, von den Genitalien oder von der Gesäßregion auf. Nicht selten wird die Gegend des Herzens als Ursprung bezeichnet. Alle Empfindungen aus den Beinen, den Genitalien und Gedärmen scheinen »durch den Leib« passieren zu müssen, von wo sie, wie die von der Magengegend ausgehenden, entweder direkt oder hinter der Brust aufsteigend den Kopf erreichen oder den Weg über das Herz und den Hals nehmen. Selten werden die Sensationen im Gedärm auch als Rumpeln, als Blähungen oder als Stuhldrang empfunden. Trotz ihrer kurzen Dauer kann oft erfahren werden, daß sie sich auf dem Weg, den sie nehmen, verändern. Sie beginnen so undefinierbar undifferenziert, daß ihnen zu Beginn noch die irreale Tönung des Dreamy state anhaftet. Dann gehen sie in eine vage »Übelkeit« über, die nichts von einer Nausea an sich hat. Öfters wird dabei ein Gefühl der Enge, der Beklemmung, der Verkrampfung ums Herz oder hinter dem Brustbein empfunden, das aber nie mit ausgesprochenen Schmerzen, gelegentlich aber mit Herzklopfen und Tachykardie einhergeht. Am häufigsten verwandeln sich die »crude sensations« des Vegetativums zu Temperaturempfindungen in Form von Frösteln mit offensichtlicher Gänsehaut oder von aufsteigenden Hitzeempfindungen, die von Schweißausbruch begleitet sein können. Gelegentlich wird dabei Harn- oder Stuhldrang verspürt.

Scheint das undefinierbar Irreale mit dem vagen Ursprung und das vegetativ Unqualifizierbare mit der Passage der Bauch- und Brusthöhle in einer etappenweisen Entsprechung zu stehen, so erfahren die Empfindungen, wenn sie in das Gebiet des Kopfes eintreten, eine letzte Verwandlung, die HALLEN[605] als eine Veränderung vom allgemein Zuständlichen zum spezifisch Gegenständlichen beschreibt. Oft wird diese Etappe nicht mehr erlebt, weil dann das Bewußtsein aussetzt. Manchmal können die Kranken nur noch erinnern, daß das Gefühl den Kopf erreicht hatte, aber nicht mehr, ob und wie es sich dabei verändert hat.

sofern soll die Bezeichnung »oral-psychomotorische Anfälle« nichts mehr und nichts weniger bedeuten, als daß hier die oralsensorischen und die oral-motorischen Symptome wieder in ihrem ursprünglichen Aktzusammenhang gesehen werden.

Psychomotorische Anfälle vom adversiven Typus: Wenn sich Augen, Kopf und Rumpf in einem Anfall nach einer Seite drehen, so besagt das allein noch nichts über seine klinische Zuordnung. Denn alle Arten epileptischer Anfälle können von einer Drehung eingeleitet oder von einer Drehung begleitet werden. Zudem sind Adversionen bzw. Kontraversionen experimentell nahezu von allen kortikalen und subkortikalen Gebieten auszulösen, so daß ihr semiologischer und lokalisatorischer Stellenwert erst aus dem Kontext mit anderen Symptomen hervorgeht. So sind die ohne Aura beginnenden und ohne nachfolgenden Dämmerzustand einhergehenden rhythmisch-milden Wendebewegungen während pyknoleptischer Absencen im Pyknolepsie-Kapitel als Zeichen pyknoleptischer Adversiv-Petit mal (S. 71 f) beschrieben, wie andererseits die bei freiem Bewußtsein ablaufenden klonischen und tonischen Adversivbewegungen im Zusammenhang mit den JACKSON-Anfällen und den Adversivkrämpfen als Ausdruck kortikaler Anfälle (S. 332 ff) dargestellt sind.
Auch bei oral-psychomotorischen Anfällen kommen gelegentlich Wendebewegungen von Augen, Kopf und Rumpf nach einer Seite vor, entweder gleichzeitig oder vor oder nach den oralen Automatismen. Innerhalb der Gruppe psychomotorischer Anfälle jedoch einen eigenen Typus adversiv-psychomotorischer Anfälle zu beschreiben und ihn besonders von pyknoleptischen Adversiv-Petit mal und von kortikalen Adversivkrämpfen zu unterscheiden, scheint uns symptomatologisch aus folgenden Gründen gerechtfertigt:
1. Adversiv-psychomotorische Anfälle können von den gleichen Auren eingeleitet werden wie oral-psychomotorische Anfälle, haben aber oft eigene Auraformen. 2. Die Adversivbewegungen können von den Patienten nicht erinnert werden, gehen also nicht bei freiem Bewußtsein vor sich. 3. Die Bewegungen laufen nie klonisch- oder tonisch-krampfhaft ab, sondern gehen geschmeidig wie eine natürliche Zu- oder Abwendebewegung vor sich. 4. Sie führen nie zu einer typischen Fechterstellung. 5. Die Anfälle klingen meist mit einem kleinen Dämmerzustand aus.
Adversiv-psychomotorische Anfälle machen 10% aller psychomotorischen Anfälle aus.

Aura: Auren sind vor psychomotorischen Anfällen vom adversiven Typus genauso häufig (70%) wie bei anderen Typen. Allerdings kommt es nur selten zu einem Dreamy state (6%) oder zu epigastrischen Sensationen (6%). Am häufigsten sind sensorische Auren aus der Gruppe statisch-akustisch-optischer Empfindungen (35%, d. i. 50% aller Auren), wie sie bei anderen psychomotorischen Anfällen nicht vorkommen, wohl aber bei parieto-okzipitalen Rindenanfällen, von denen sie aber durch die natürlich erscheinende Drehbewegung wie durch den nachfolgenden Dämmerzustand zu unterscheiden sind.
Oft handelt es sich um akustische Halluzinationen nach der Art von Akuasmen (8%), häufiger um ungestaltete oder geometrisch-figürliche optische Wahrnehmungen (12%), meistens aber um vestibuläre Schwindelerlebnisse (15%) wie in folgendem Fall.

Fall Kurt L.:

Ein 20jähriger schildert als Aura einen heftigen Schwindel, bei dem er glaubte, die Umgebung drehe sich immer schneller nach links. Zugleich bemerkte er einen Brechreiz. Das dauerte nur einen kurzen Moment, dann wurde er bewußtlos und wandte langsam Kopf und Rumpf nach rechts, wobei sein Blick starr wurde und auch nach rechts ging, bis sein Gesicht einen verklärten Ausdruck bekam und er heiter beschwingt Drehungen um die eigene Körperachse ausführte. Dieses Kreisen nahm immer mehr tänzerischen Charakter an und mündete schließlich in ein pathetisches Schreiten aus. Auch dabei neigte er weiter dazu, nach rechts abzuschwenken.

Meist kombinieren sich in den Auren vor adversiv-psychomotorischen Anfällen mehrere Sinnesempfindungen. Die Auren werden, besonders wenn sie länger dauern, mit der Tendenz einer Herannäherung und Beschleunigung erlebt. Optische Elemente beginnen zu kreisen, Geräusche heller und lauter, ein Schwindel immer bedrohlicher zu werden, bis eine kritische Nähe oder Frequenz erreicht wird, auf

deren Höhe das Bewußtsein erlischt. Meist werden die Empfindungen von einer Seite her kommend erlebt, die auch die gleiche ist, zu der sich die Kranken hinwenden oder unwiderstehlich hingezogen fühlen, wie es die Patientin von EFRON anschaulich[520] beschreibt (S. 249). Manche Patienten nehmen nicht eine Scheindrehung der Umgebung, sondern die Selbstdrehung zu Beginn noch wahr und interpretieren sie dann als eine aktive Hinwendung. Selten kommt es vor, daß sich die Kranken von der Seite, von der sich die Empfindungen nähern, wegdrehen und diesen Vorgang dann als eine Abwendung deuten.
Als emotionelle Stimmung wird während der Aura am häufigsten das Gefühl einer unbestimmten Beklemmung oder Furcht angegeben, die aber nie zu einer unmittelbaren Todesangst führt, wie sie von manchen Kranken mit kortikalen Adversivkrämpfen erlebt wird.

Adversiv-psychomotorische Automatismen: Im Gegensatz zu kortikalen Adversivkrämpfen kann die Richtung der Drehung bei ein- und demselben Kranken von Anfall zu Anfall wechseln. Bei 61% unserer Fälle blieb die Richtung festgelegt. Hierzu zählen alle mit einer symptomatischen Genese. Bei den übrigen 39% konnte die Drehung mal nach der linken, mal nach der rechten Seite ablaufen. Die Wendebewegungen waren in milden Fällen nur auf den Kopf beschränkt, in ausgeprägteren nahm auch der Rumpf daran teil. Fast immer zeigen die Augen dabei eine Deviation zur Seite der Drehbewegung. Dauert der Anfall länger, wird die Bewegung weiter fortgesetzt, so daß es zu langsamen Drehungen um die eigene Achse kommt, ohne daß die Kranken dabei hinstürzen. Wir haben Anfälle beobachtet, in denen sich die Kranken bis zu siebenmal um sich selbst gedreht haben. Gelegentlich kommt es auch im kontralateralen Arm zu einer leichten Verkrampfung und Anbeugung, manchmal auch zu einem leichten Zucken im seitenentsprechenden Mundwinkel.

Nach der Ausbreitung der Wendebewegung unterscheiden GASTAUT u. GASTAUT[559] 1. eine Déviation conjuguée der Augen, so wie wenn man nach der Seite blickt, 2. eine Déviation conjuguée des Kopfes und der Augen, so wie wenn man zurückschaut, 3. eine Crise adversive, wobei sich außerdem der kontralaterale halbgebeugte Arm mit geschlossener Faust in Abduktionsstellung anhebt und 4. eine Crise gyratoire, wobei es darüber hinaus noch zu einer Drehung des Körpers kommt.

Wenn sich an die für diesen Anfallstypus konstitutiven Wendebewegungen andere Automatismen anschließen, so handelt es sich vorwiegend um orale Automatismen. Meist nehmen die Kranken in dem nachfolgenden Dämmerzustand das Thema der Drehung auf und gestalten es szenisch aus, indem sie die Wendung in die Pantomime eines beschwingten Tanzes, wie im Fall Kurt L., oder in ein kreisförmiges Umherlaufen übersetzen. Nach HALLEN[605] unterscheiden sich die Dämmerzustände nach adversiv-psychomotorischen Anfällen auch darin von denen beim oralen Typus, daß sich die Patienten dabei aktiver und zielstrebiger, intentionaler verhalten.

Psychomotorische Anfälle mit Sprach-Symptomen: Störungen der Sprache und des Sprechens sind bei epileptischen Anfällen nicht selten und schon von JACKSON[640, 642, 643, 651, 652] und von FOERSTER[541] als unmittelbarer Ausdruck epileptischer Erregungen vermerkt worden. Spezielle Untersuchungen[442, 466, 485, 496, 612, 613, 704, 786, 846] gelten einer Ordnung der vielfältigen Symptome unter semiologisch-nosologischen und klinisch- oder reizphysiologisch-lokalisatorischen Gesichtspunkten. Während der Aura, der Anfälle oder der Dämmerzustände können folgende Symptome auftreten: Unfähigkeit zu sprechen bei erhaltenem oder beeinträchtigtem Wortverständnis, Vokalisationsphänomene im Sinne einfacher Lautgebungen, dysarthrische Entäußerungen, geordnete oder paraphasisch entstellte Äußerungen von Worten oder Sätzen, agraphische und alektische Störungen.
Unter diesen epileptischen Störungsformen der Sprache und des Sprechens haben zwei Symptome mit psychomotorischen Anfällen nichts zu tun: die Unfähigkeit zu sprechen bei erhaltenem Wortverständnis und vokalisatorische bzw. dysarthrische Entäußerungen. Diese Erfahrung bestätigt sich bei der korrelationsstatistischen Symptomanalyse und steht im Einklang mit den Ergebnissen reizexperimenteller Untersuchungen.

HÉCAEN u. ANGELERGUES haben die Anfallssymptome bei 208 epileptischen Patienten mit anfallsweisen Sprachstörungen zusammengestellt (siehe

Tabelle 12 *Anfallssymptome bei 208 Patienten mit paroxysmalen Sprachstörungen* (nach HECAEN, H., R. ANGELERGUES: Encéphale 49 [1960] 138).

	Verbale Automatismen	Worttaubheit	Wortfindungsstörungen	Paraphasien	Unfähigkeit zu sprechen allein	Unfähigkeit zu sprechen in Verbindung mit anderen aphasischen Störungen
Zahl der Fälle	37	52	35	21	96	46
Dreamy state	21,6	13,4	17,1	9,5	6,25	13
Angstgefühle	16,2	11,5	8,5	9,5	9,4	10,9
Geruchsaura	8,1	1,9	—	—	4,2	6,5
visceral-vegetative Störungen	35,1	11,5	14,3	19	15,6	15,2
psychomotorische Automatismen	64,9	13,4	2,1	14,3	14,6	17,4
akustische Auren	5,4	19,2	20	14,3	5,2	13
vestibuläre Auren	8,1	15,4	10,9	19	8,3	19,6
optische Auren	5,4	9,6	10,9	14,3	6,25	8,7
sensible Auren	2,7	13,4	14,3	23,8	18,75	23,9
Metamorphopsien	8,1	13,4	5,4	—	3,1	4,3
Körperschemastörungen	—	—	5,4	4,8	4,2	2,2
JACKSON-Anfälle	10,8	17,3	25,4	28,6	38,5	28,3
Deviation Augen + Kopf	18,9	15,4	14,3	23,8	21,9	15,2
Verbale Automatismen	×	3,8	6,9	9,5	—	8,7
Worttaubheit	5,4	×	48,3	57,1	—	71,7
Wortfindungsstörungen	5,4	26,9	×	51,1	—	36,9
Paraphasien	2,7	23,1	34,3	×	—	26,1
Unfähigkeit zu sprechen	10,8	63,5	58,6	57,1	×	×
Vokalisation	—	1,9	5,4	9,5	12,5	6,5

Die Zahlen geben Prozentzahlen an.

Tab. 12). Danach war »Unfähigkeit zu sprechen allein« nur selten in Verbindung mit für psychomotorische Anfälle charakteristischen Symptomen zu registrieren. Dem entspricht es, daß PENFIELD und seine Mitarbeiter[783, 786] Hemmung und Entstellung von Sprechen durch elektrische Reizung nicht vom vorderen Schläfenlappen, sondern erstens von der hinteren Temporo-parietalregion, zweitens vom Brocaschen Gebiet vor dem Fuß der unteren vorderen Zentralwindung und drittens von der supplementär-motorischen Region, die an der Medialfläche der Hemisphäre vor dem präzentralen Fußfeld gelegen ist, der dominanten Hemisphäre hervorrufen konnten. Vokalisationseffekte waren fast ausschließlich vom Gebiet der unteren Zentralregion, also der Gegend, in der die Bewegungen von Lippen, Kiefer, Larynx und Zunge repräsentiert sind, und zwar auf beiden Seiten auszulösen.

Darüber hinaus ergeben sich – von den agraphischen und alektischen Störungen zunächst einmal abgesehen – zwei Formen paroxysmaler Sprachstörungen, von denen die erste ausschließlich und die zweite sehr häufig mit anderen Symptomen psychomotorischer Anfälle korreliert ist: eine, in der sprachliche Automatismen dominieren und eine andere —auch dysphasisch genannte[612, 846]—, die durch aphasische Symptome im engeren Sinne, d. h. durch expressive oder rezeptive Störungen der »inneren«Sprache gekennzeichnet ist. Da beide Phänomene nicht nur symptomatologisch verschiedene Aspekte anfallsweiser Sprachstörungen bieten, sondern auch klinisch und lokalisatorisch verschiedene, sich nahezu ausschließende Anfallsformen konstituieren, hat man zwei Typen psychomotorischer Anfälle mit Sprachstörungen zu unterscheiden:

Psychomotorische Anfälle mit geordneten Sprachautomatismen: Sprachautomatismen sind Äußerungen identifizierbarer, linguistisch korrekter Worte oder Sätze während der Anfälle, für die der Patient eine Amnesie hat. In der Regel bleiben die Äußerungen bei demselben Patienten über längere Zeit oder über die gesamte Krankheitsdauer gleich. SERAFETINIDES u.

FALCONER unterscheiden fünf Typen von Sprachautomatismen: 1. Ankündigungen zu Beginn der Anfälle, die die Patienten nachher nicht erinnern. So kann geäußert werden: »jetzt kommt's wieder«, »mir wird's komisch«, »ich fühl mich schlecht«; oder einfache Phrasen des Wiedererkennens, wie im Falle des Kollegen Z. »oh ja — ich weiß«, »natürlich — ich verstehe«, während zugleich schon eine Veränderung des Gesichtsausdrucks oder ein Starrwerden des Blickes zu beobachten ist. 2. Stereotyp wiederholte Äußerungen derart, daß die Patienten unablässig sinnlos erscheinende Phrasen perseverieren, wie etwa »ja, ja, ja, ja . . .« (s. Fall Ilse W.), »Vater, Vater . . .«, »da ist er, da ist er . . .« oder »so ein Quatsch, so ein Quatsch . . .«. 3. Irrelevante Äußerungen, die, im Gesprächston vorgebracht, offenbar zusammenhanglos sind. Die Patienten scheinen etwas zu beschreiben oder sich über etwas zu unterhalten, wofür der Beobachter keinen Grund sieht. 4. Emotionelle Äußerungen, die in ein Verhalten eingebettet sind, das vermuten läßt, daß die Patienten dabei affektiv erregt sind oder einen affektgetönten halluzinatorischen Zustand erleben. Als Beispiel sei der auf S. 213 angeführte Patient von HILL u. MITCHELL angegeben, der in einer Abwehrhaltung ausrief: »Schlag mich nicht, Vater, bitte schlag mich nicht!«. Oder die auf S. 207 erwähnte, sonst so sittsam wirkende Patientin von HALLEN[600], die während ihrer Anfälle ganz ordinäre Flüche ausstieß. 5. Äußerungen von Ratlosigkeit gegen Ende des Anfalls, wie »was ist?«, »warum nicht?«, »wer sind Sie?«, die meist nur auf Fragen zustande kommen und wahrscheinlich einen Versuch darstellen, sich wieder zurechtzufinden.

Wenn auch die in der ersten und letzten Gruppe angeführten Äußerungen, die den Beginn und das Ende der Anfälle ankündigen, trotz der Amnesie keine integralen Anteile des Anfallsmusters darstellen, können sie immerhin als Anhalt für die Feststellung dienen, daß Sprechen und Sprache während solcher Anfälle ungestört sind. Dem entspricht es, daß in solchen Fällen fast nie dysphasische Anfallssymptome zu beobachten sind[846].

Als psychomotorische Anfälle mit Sprach-Automatismen im engeren Sinne wird man daher nur solche Fälle zu bezeichnen haben, in denen die unter 2., 3., und 4. beschriebenen stereotypen, irrelevanten und emotionellen Äußerungen vorherrschen. — Die Häufigkeit dieses Anfallstypus wird sehr verschieden angegeben. SERAFETINIDES u. FALCONER fanden unter 100 allerdings nach ihrer Operabilität ausgewählten Patienten mit psychomotorischen Anfällen 38 mit Sprach-Automatismen aller fünf Arten bzw. 24 mit Sprach-Automatismen im engeren Sinne, HÉCAN u. ANGELERGUES unter 208 epileptischen Patienten mit anfallsweisen Sprachstörungen 37 mit verbalen und HALLEN[605] unter 712 Patienten mit psychomotorischen Anfällen 27 mit vokalen und verbalen Automatismen. Die tabellarische Zusammenstellung nach HÉCAEN u. ANGELERGUES auf S. 193 gibt eine statistische Begründung für die Zugehörigkeit des Symptoms »verbale Automatismen« zu den psychomotorischen Anfällen. Denn verbale Automatismen sind unter allen anderen Symptomen der Sprache und des Sprechens weitaus am häufigsten mit Symptomen verbunden, die für psychomotorische Anfälle charakteristisch sind. Die Berechtigung einen eigenen Typus psychomotorischer Anfälle mit Sprach-Automatismen aufzustellen, ergibt sich nicht zuletzt aus der Beobachtung von HALLEN[605], daß verbale Automatismen nur zu einem Viertel »in eine adversive oder orale Anfallsszene eingestreut« waren, in über der Hälfte seiner Fälle dagegen »in psychomotorischen Anfällen auftraten, in denen sie einzig und allein die eigentliche Anfallsphase füllten«. Bemerkenswert, daß als Vorgefühle dieser Anfälle nicht nur viszeral-vegetative und olfaktorische Auren, sondern auch relativ häufig Angstgefühle beschrieben werden[605, 612].

Es fragt sich, ob es natürlich ist, die sprachliche Symptomatik dieses Typus psychomotorischer Anfälle auf das Symptom »Sprach-Automatismus« zu beschränken. Denn auf der subjektiven Seite gibt es ganz analoge Phänomene, die als Zwangsgedanken oder »forced thinking« während der Aura erlebt werden. *Sprachliche Vorstellungen* während der Aura können ebenso wie *sprachliche Entäußerungen* während der Anfälle geformt oder ungeformt, linguistisch korrekt oder inkorrekt sein, aus Worten oder Sätzen bestehen und ebenso wie die drei wesentlichen Sprachäußerungen stereotypen, irrelevanten und emotionellen Charakter haben. Als sprachliche Vorstellungen während der

Aura, die den beschriebenen Sprach-Automatismen analog sind, kämen daher auch linguistisch korrekte Vorstellungen von Worten oder Sätzen in Frage, die als sinnlose Einfälle oder zwanghafte Gedanken erlebt werden, auch wenn sie nachher in einem biographischen Kontext verständlich erscheinen. So war es bei Marliese G. (S. 211) der Fall, der sich während der Aura der Gedanke »immer mehr, immer mehr . . .« aufdrängte, ein andermal »nicht mehr rückgängig, nicht mehr rückgängig . . .« oder »Schlipse, Schlipse, Schlipse . . .«. Eine Synopsis aller anfallshaften subjektiven und objektiven Phänomene geordneter Vorstellungen und Äußerungen sprachlicher Art zu einem gemeinsamen Typus psychomotorischer Anfälle mit sprachlich geordneten Automatismen ist auch deswegen nicht so abwegig, weil ja bei dem im folgenden zu besprechenden dysphasischen Typus psychomotorischer Anfälle ebenfalls keine Trennung von subjektiven und objektiven Phänomenen vorgenommen wird.

Psychomotorische Anfälle mit dysphasischen Symptomen: Epileptische Dysphasien sind anfallsweise Störungen, bei denen die Patienten, obwohl sie noch hören können, nicht mehr verstehen was gesprochen wird, und die Umgebung nicht mehr versteht, was die Patienten sprechen. Wenn auch die Betroffenen meist nur eines der beiden Phänomene für mitteilenswert halten, sind in der Regel doch beide Seiten – die rezeptive und die expressive – der »inneren« Sprache beteiligt. So wird man fast immer, wenn ein Patient zwar noch hören, aber den Sinn des Gehörten nicht mehr versteht, erfahren können, daß er nicht spricht, weil er weiß, daß dabei nur Unsinn herauskommt. Man hat daher eine dysphasische Sprachhemmung, bei der der Patient nur nicht sprechen möchte, weil er die Erfahrung gemacht hat, daß er dann nur »Kauderwelsch« produziert, streng zu trennen von einer anarthrischen Sprechhemmung bzw. einer dysarthrischen Sprechstörung, in der der Patient überhaupt nicht sprechen kann bzw. Schwierigkeiten hat, exakt zu artikulieren. Auch umgekehrt wird man, wenn Patienten paraphasisch sprechen, Neologismen bilden oder im Sinne einer »Jargonaphasie« reden, meist erfahren können, daß ihnen das, was sie hören, »spanisch vorkommt«. Das Bemerken beider Störungen hängt davon ab, ob sich der Kranke beim Herannahen eines Anfalls in einer Situation befindet, die sprachliche Kommunikation erfordert.

Über ein ausgezeichnetes Beispiel von dysphasisch-psychomotorischen Anfällen hat KISKER (1957) berichtet. Die lange Dauer der Ausnahmezustände, die semiologisch als prolongierte Dreamy states mit dysphasischen Denk- und Sprechstörungen im Sinne einer Aura continua aufzufassen sind, gab eine günstige Gelegenheit, dieses Phänomen zu studieren:

»Es handelt sich um einen jetzt 22jährigen Theologiestudenten, der im Frühjahr 1952, im 18. Lebensjahr, einen ersten epileptischen Krampfanfall durchmachte. Bis heute kam es zu 3 oder 4 großen Anfällen. Eine stationäre Untersuchung ... ergab ... keinen auffälligen neurologischen Befund. Im EEG ließen sich bei häufigen Ableitungen während zweier Jahre zweimal links temporal gelegene Herdbefunde sicherstellen ...

Wir sehen den Patienten, der stets über einen Mangel an Konzentrations- und Merkfähigkeit klagt, seit 2 Jahren in der ambulanten Sprechstunde. Ein Intelligenzabbau bestand nicht, aber eine mäßige Wesensveränderung mit haftender Pedanterie und Hypersozialität. In den ersten beiden Jahren nach der Anfallsmanifestation kam es zu etwa einem halben Dutzend kurzer Attacken mit Desorientiertheit, erschwerter Fixierbarkeit und formelhaften, fragend vorgebrachten sprachlichen Äußerungen, wie z. B.: ›Nazareth? ... Bruder? ... Gebet? ... Tod?‹. Diese ... verloren sich im Herbst 1954, und es kam seither zu neun, jeweils Stunden bis Tage dauernden Ausnahmezuständen mit klischeeartiger Ähnlichkeit ...

Der Patient hat es in diesen geordneten Dämmerzuständen mit Worten zu tun – Worten, die man als deformierte deutsche Stämme mit uniformen, an hebräische Klangfiguren erinnernden Endungen ansprechen kann und deren automatischem Ablauf unser Patient denkend, sprechend und hörend in einem Zustand angenehmer Passivität ausgesetzt ist. Wir geben eine Auswahl aus 80 Worten wieder, die wir in den Ausnahmezuständen notierten oder die er selbst, da keine Amnesie besteht, danach aufzeichnete. (Die Aufgliederung nach der Silbenzahl ist lediglich ein äußerlicher Ordnungsgesichtspunkt.)

Geschwörschafttenekel, Geschwörschafttrinekel, Geschwörschafttruwekeil, Geschwörschafttrizekel. – Gesendschafttruwekeil, Gesendschaftbrutikel, Gesendschafttreiler, Kenerschafttrizikel. – Davonbrutekeil, Proneiwustekel, Oneitruwekel, Prunaiwutekel, Preuvanetekel, Djerwaprutekeil, Anaftrutekeil, Pönpeintraftrekel, Köneiwistekel. –

Schlawastikel, Schachtrutrekel, Kenwatischkes. — Prutekel, Truwekeil, Prunewaff. — Plönei, Pruwaff.
Die Zustände durchlaufen bis zum Kulminationspunkt des Automatismus vier deutlich abhebbare Steigerungsstufen . . . :
1. Er wird allmählich bei der Arbeit zerstreut, träumerisch und gerät in eine oft Tage währende angenehm-erwartungsvolle Spannung, in der er ›auf das Kommen der Worte konzentriert‹ ist.
2. Er hat dann die Worte ›gedanklich klar‹ vor sich. Er konzentriert sich angelegentlich auf ihre Aussprache, aber das gelingt ihm noch nicht. ›Ich habe das Wort, obwohl ich seinen Schall noch nicht höre‹. Durch Lektüre kann er sich ablenken, kommt auch noch zu einem geordneten Gespräch mit anderen, gleitet jedoch bei fehlender Ablenkung gewissermaßen in seine ›Leervorstellungen‹ zurück. Neben der angenehmen hat diese Situation auch eine leicht peinliche Tönung, denn ihn überkommt ein ›schlechtes Gewissen‹, weil er die Sache fördert und weitertreibt, wie er überhaupt ›beängstigenderweise an der Krankheit manchmal Gefallen‹ findet.
3. Dann hat er ›das Gefühl, als sei es bald so weit, die Worte auszusprechen‹. ›Es bricht durch‹, sagt der Patient. Er hat das Wort ›akustisch vor sich, aber ohne sinnliche Beimengung; so klar, daß ich es eben ausspreche‹. Diese Worte tauchen dann meist allein, oft auch bis zu fünfen gereiht im Zusammenhang seiner lauten Selbstgespräche oder seiner Antworten an Gesprächspartner auf. Sie stehen jedoch stets außerhalb der grammatischen Struktur des sonst Gesagten. Er bemerkt die Unstimmigkeit der verbalen Einschiebsel, die für ihn jedoch ›sinnvoll‹, jedenfalls ›kein Geplapper oder Gequassel‹ sind. ›Sie werden sinnvoll dadurch, daß sie mir gefallen, wie ich auch sonst gern griechische oder englische Sätze spreche, des Klanges wegen und ohne mir dabei etwas vorzustellen. Die helle Klarheit der vorgestellten Worte bewirkt, daß ich stundenlang mit mir selbst ein Gespräch führe‹. Alle Worte haben für ihn einen diffusen Bekanntheitswert.
4. Der Höhepunkt dieses Vorgangs wird erreicht, wenn er mit anderen im Gespräch ist. Er hört nämlich dann deren sprachliche Äußerungen akustisch-leibhaft zum Teil in der Form der merkwürdigen Worte und seine Repliken enthalten sie ebenfalls. Er vermerkt, eine angeregt gesellige Stimmung und Umgebung könne den Zustand von der 2. zur 3. und 4. Stufe weitertreiben. Man muß ihm bestimmte Äußerungen, z. B. den Namen eines Neuankömmlings, mehrfach deutlich wiederholen, bis er ihn nicht mehr als ›Teinelwuschastrikel‹, sondern als ›Herr Heinze‹ versteht. Die Verlaufsstruktur der Störungen ist nicht kontinuierlich, sondern rhythmisch: Im Wechsel von ½—1 min hört und spricht er nur die erwähnten Worte, um dann für etwa den gleichen Zeitraum klar hören und sprechen zu können. Er hat den Gesprächspartnern gegenüber kein Fremdheitserlebnis, bewältigt die Situation gesellschaftlich korrekt und täuscht dann meist Kopfschmerzen vor, um sich an einen ruhigen Ort zu begeben; denn sobald weder er noch andere sprechen, hat er die Worte wie vorher als Vorstellungen. Trotz der ästhetischen Annehmlichkeit des Wortklangs und des Fehlens jeder ängstlichen oder gequälten Stimmung wünscht er den Zustand zu beenden, da er peinlich empfindet, daß niemand ihn versteht. ›Die Worte, wenn ich sie bei einem anderen oder bei mir selbst höre, haben einen bestimmten Sinn für mich, ohne daß ich ihn nennen kann, wenn ich aus diesem Zustand in den normalen zurückkomme, wo ich den Blödsinn der Worte sehe‹.
Die Erscheinungen pflegen dann mit einem längeren Schlaf abzuklingen. Er fühlt sich frischer, entspannter und spürt, daß er für einige Wochen davon verschont bleiben wird. Schlafmangel ist offenbar ein Auslösefaktor. Das eben geschilderte Kulminationsstadium tritt nur in den Spätnachmittags- und Abendstunden auf. Abortivzustände, bei denen die Störung an jeder der beschriebenen Phasen sistieren und sich zurückbilden kann, sind nicht selten«.

Die Überlegungen, die KISKER zur Gegebenheitsweise und Verlaufsstruktur des Gesamtphänomens anschließt, sind folgende:
Der Patient erwartet zuerst das Kommen der Worte; sie sind ihm zunächst nur in einer *diffus-atmosphärischen Anmutungsqualität* (1) gegeben. Auf der nächsten Verdeutlichungsstufe hat er das Wort, wie er sagt, »gedanklich klar«, aber »ohne Schall« (im Sinne der traditionellen Terminologie also als *unanschauliche Vergegenwärtigung* [2]) vor sich. Der Prägnanzgrad der Gegebenheitsweise reicht hier noch nicht zu einer Transposition ins Sprachliche aus. Der nächste Schritt führt zum »Durchbruch« einer *akustisch-anschaulichen Vorstellung* (3), der eine »sinnliche Beimengung« allerdings noch fehlt. In dieser Phase erzwingt die Schärfe des Vorgestellten eine Versprachlichung.
Schließlich wird die Gegebenheitsweise zu einer *akustisch-leibhaftigen* (4), jedoch nur dann, wenn akustisches »Material« zur funktionell-halluzinatorischen Umarbeitung verfügbar ist. Diese Umarbeitung geht, wie wir sahen, so weit, daß sich der Patient erst nach mehrmaligem Hinhören der Erlebniswucht seiner verbalen Stereotypie entziehen und z. B. den vorgestellten Neuankömmling als »Herrn Heinze« begrüßen kann. Man könnte jetzt noch die äußerste erlebnismäßige Steigerungsstufe einer umwelt-autonomen akustischen Halluzination postulieren. Dazu kommt es jedoch nicht; zur

Versinnlichung bedarf es bei ihm einer anregenden akustischen Kommunikation.

Ungewöhnlich an den Anfällen dieses Patienten ist ihre zeitliche Erstreckung im Sinne einer Aura continua, die aber eine günstige Gelegenheit gibt, den Wandel des Gesamtphänomens gewissermaßen in Zeitlupe zu studieren. Dabei stellt sich heraus, daß die Symptome nicht wie bei experimentellen Reizantworten schlechthin gegeben sind, sondern aus einer ursprünglich diffusen Eindruckshaftigkeit sich zunehmend ausdifferenzierend auf eine Erlebnisprägnanz hinzielen. Auch sprach-psychomotorischen Anfällen eignet also ein Erlebniswandel im Verlauf, den KISKER in seinem Fall als Tendenz auf Prägnanz bezeichnet. Im kritischen Erlebnisablauf unterscheiden sich alle epileptischen Auren, gleich welcher Qualität, von den sensorischen oder psychischen Antworten bei elektrischer Reizung des Gehirns, sofern nicht Nachentladungen und damit epileptische Anfälle ausgelöst werden.

CRITCHLEY[496] erwähnt einmal, daß die epileptischen Sprachstörungen nichts Fruchtbares beitrügen zum Problem der zentralen Repräsentation der Sprache, weil man sie nicht als positive Manifestationen auf dem Gebiet der Linguistik ansehen könne. Die Phänomene seien im Ganzen nichts weiter als Hör-Tics oder Stereotypien, die sich komplizierter artikulatorischer Mechanismen bedienten. Sie seien vor allem nicht kommunikativ, weder ihrer Absicht noch ihrem Wesen nach. Im Gegenteil, weit davon entfernt kommunikativ zu sein, paralysierten sie geradezu die Kommunikation im Augenblick. Sie seien nichts weiter als »linguistische Interferenzen« und stünden zur Sprache in keinem anderen Zusammenhang als eine anfallsweise Teichopsie zur Gesichtswahrnehmung. Dieser scharfen Kritik, die sich vorwiegend gegen den von PENFIELD u. ROBERTS unternommenen Versuch wendet, aus — abgesehen von Vokalisationsphänomenen — rein negativen Effekten von Reizversuchen eine anatomische Repräsentation der Sprache herzuleiten, ist jedoch am Beispiel des Patienten von KISKER entgegenzuhalten, daß die Sprachstörungen, so sehr sie die sprachliche Kommunikation mit der Umgebung unterbrechen, doch auch wieder in eigenartiger Weise vom sprachlichen Kontakt abhängen und gefördert werden. Und dies nicht nur in psychogenetischer Hinsicht, obwohl es nicht belanglos sein wird, daß der Patient zur Zeit seines ersten Anfalls einen hebräischen Sprachkurs absolvierte, bei welchem seine ästhetische Empfänglichkeit für Wortklänge stark angesprochen wurde und daß sein erster Anfall während eines angeregten englischen Gesprächs mit amerikanischen Studienkollegen auftrat, sondern auch von der situativen Abhängigkeit des Anfallsablaufes her. Denn das Ausmaß der Störung stand auf jeder Stufe seiner Entwicklung in einem gegenläufigen, gewissermaßen kontrapunktischen Verhältnis zum Kontakt mit seiner Umgebung. Bei einer Lektüre oder einem geordneten Gespräch konnte nämlich die Tendenz zu einem gegenseitigen Mißverstehen noch bewältigt und aufgehalten werden. Je geselliger der Kontakt und je angeregter die Stimmung jedoch wurde, desto stärker drohte die Kohärenz des gegenseitigen Verstehens zu zerreißen. Bei diesem Vorgang spielte die Stimmung eine entscheidende Rolle, insofern das ästhetisch gestimmte Vor-Urteil sich von der logischen Einsicht immer mehr ablöste und in eine kritische Konkurrenz geriet, die jedoch, solange der Patient bei Bewußtsein blieb, nicht so weit ging, sich gegenseitig aufzuheben. Allerdings ist aus der Analogie mit anderen Auren, deren dynamische Struktur bis zu dem Punkt bekannt ist, an dem die Aura in Bewußtlosigkeit umschlägt, anzunehmen, daß auch bei dysphasisch-psychomotorischen Anfällen die kritische Grenze zur Bewußtlosigkeit erreicht ist, wenn die Dissonanz des emotionellen und des intellektuellen Urteils unerträglich geworden ist (s. auch die Interpretation der Aura Kiriloffs durch VOGEL auf S. 187).

Darüber hinaus gibt es noch objektive und subjektive dysphasische Anfallssymptome, die von einer sprachlichen Kommunikation unabhängig sind. Da das Fehlen oder Vorhandensein einer Amnesie nicht entscheidend sein kann, wird man auch linguistisch inkorrekte paraphasische und neologistische Äußerungen während der Anfälle, an die sich der Kranke hernach nicht erinnern kann, hier aufzuführen haben. Bei solchen dysphasischen Automatismen mit ungeordneten Sprachäußerungen trifft man ebenso wie bei den geordneten Sprach-Automatismen solche an, die stereotyp wiederholt werden, wofür der auf S. 213 angeführte 2. Fall von HILL u. MITCHELL als Beispiel gelten kann. Dagegen ist uns kein Beispiel von in offensichtlicher Erregung ausgestoßenen Paraphasien und Neologismen bekannt. Ohne nähere Prüfung kann nur vermutet werden, daß hierin ein Unterschied zwischen der vorsätzlichen und der affektiven Sprache zum Ausdruck kommt.

Manche Patienten berichten als Aura von einer paroxysmalen Verwirrung ihres sprachlichen Denkens. Solche Phänomene können negativ als »völlige Leere im Kopf« und als Unfähigkeit zu jeglicher Wortvorstellung oder positiv als eine Überfülle von ungeordneten sprachlichen Gedanken, Wortbruchstücken oder Satzfetzen beschrieben werden (s. auch Fall Ilse W.).

Fall Gotthart K.:

So berichtete uns ein jetzt 34 Jahre alter Kranker von seinen Anfällen: Es beginne mit einem traumartigen Zustand, bei dem die Umwelt kleiner wird und in die Ferne rückt; dann bekomme er einen »Wirbel« im Kopf, zugleich aber auch eine Leere, so wie wenn er »überhaupt kein Gehirn mehr« habe. Manchmal habe er aber auch den Eindruck, als sei die Umgebung ganz leer, so daß er um sich blicke, um festzustellen, ob das überall so sei. Diese Empfindungen können in jeder Phase ihrer Entwicklung wieder zurückgehen. Wenn sie aber deutlicher werden, drängen sich »hinter der Stirn« ganz unzusammenhängende Wortbruchstücke auf, so »als ob der Kopf allein suchen« wolle, ohne aber den Zusammenhang zu finden. Gelegentlich komme es so weit, daß »das Gehirn den Satz finde«, der dann jeweils der gleiche bleibe. Es gebe nur 2—3 Sätze, die aber nie zusammen vorkommen. Bei jedem Anfall sei es nur ein einziger Satz, von dem er nur weiß, daß er einen bestimmten Sinn habe, an den er sich später jedoch nicht mehr erinnern könne. Dieser Satz wiederhole sich während des Anfalls 2—4mal. Wenn man dann mit ihm spreche, könne er zwar hören, was man zu ihm sage, aber den Sinn der Worte nicht mehr verstehen, weil — wie er glaubt — seine Aufmerksamkeit von den »inneren« Sätzen im Gehirn in Anspruch genommen sei. Zugleich überkomme ihn ein dumpfer Kopfschmerz, Herzklopfen, Luftmangel und ein Angstgefühl.

Wenn diese Aura länger dauert, werde er nicht bewußtlos. Bei den Anfällen aber, bei denen er bewußtlos wurde, konnte er sich hinterher nur an ein ganz kurzes, meist aber an überhaupt kein Vorgefühl erinnern. Wir haben mehrere solcher Anfälle gesehen und einen auch unter dem EEG beobachtet: Er blickte dann starr, wurde blaß, bekam eine Gänsehaut, lachte einmal kurz auf und machte dann längere Zeit mit dem Daumen und Zeigefinger der rechten Hand reibende Bewegungen, wie wenn er Geld zählen wollte. Währenddessen sprach er in stereotyper Wiederholung immer wieder gleiche einsilbige unverständliche Worte oder Wortbruchstücke aus, in denen immer nur der Vokal »e« vorkam. Danach nestelte er an sich herum, wischte auch die nächstliegenden Gegenstände ab, wobei er vorwiegend die rechte Hand benutzte, wurde dann unruhig und lief mit ängstlichem Gesichtsausdruck ziellos umher, ohne die Umgebung zu erkennen. Zu Hause soll er in solchen Dämmerzuständen schon kilometerweit fortgelaufen sein, bis er wieder zu sich kam.

Einmal gelang es ihm, einen der Sätze, von denen er immer meinte, daß sie einen bestimmten Sinn enthielten, noch während der Aura niederzuschreiben. Nachher wunderte er sich, daß auf dem Zettel nur zu lesen stand: »INSCHELAUE FLU PLETZETSCH TRE TENSCH«.

Das EEG (s. Abb. 79) zeigte eine fokale Dysrhythmie links temporal mit vereinzelten steilen Wellen temporo-basal und temporal hinten. Während eines Anfalls, der von Anfang an abgeleitet werden konnte, waren im EEG regelmäßige synchrone steile Wellen anfangs von 6/sec, später bis zu 3/sec ohne Seitenbetonung — auch nicht im Beginn — zu sehen (s. Abb. 90). Im Luftenzephalogramm zeigte sich eine mäßige Ausweitung des linken Seitenventrikels im mittleren und hinteren Abschnitt.

Die Berechtigung, einen Typus psychomotorischer Anfälle mit geordneten Sprach-Automatismen von psychomotorischen Anfällen mit dysphasischen Störungen zu unterscheiden, ergibt sich nicht nur aus symptomatologischen, sondern auch aus lokalisatorischen Gründen. Alle Untersucher stimmen darin überein, daß dysphasische Symptome mit großer Sicherheit auf eine Läsion in der dominanten Hemisphäre hinweisen, während Anfälle des erstbeschriebenen Typus von beiden Hemisphären ihren Ausgang nehmen können und sogar etwas häufiger vom Schläfenlappen der rezessiven als der dominanten Seite[466, 612, 846].

Serafetinides u. Falconer verweisen insofern auf weitere Unterschiede zwischen beiden Gruppen, als nach ihren Beobachtungen dysphasisch-psychomotorische Anfälle häufiger mit Grand mal kombiniert auftraten als solche mit Sprach-Automatismen. Auch war in der ersten Gruppe häufiger röntgenologisch eine Verkleinerung der linken Schädelhälfte nachzuweisen, was auf eine ausgedehnte frühkindlich entstandene Hemisphärenschädigung schließen läßt. Damit gewinnt die Vermutung an Boden, daß die Entladungen in solchen Fällen leichter den empfindlichen Sprachapparat in der hinteren linken Temporalregion erreichen, während das in den Fällen mit Sprach-Automatismen nicht der Fall ist.

Dysphasische Anfallssymptome stehen nicht in so eindeutiger Beziehung zum Formenkreis psychomotorischer Anfälle wie die als geordnete Sprach-Automatismen beschriebenen Symptome. Denn paroxysmale Dysphasien können sowohl isoliert wie mit psychomotorischen Anfällen, als auch mit andersartigen kortikalen Anfallsphänomen auftreten. Da es also rein dysphasische Anfälle, wie sensorische Anfälle, Adversivkrämpfe und Jackson-Anfälle mit dysphasischen Störungen gibt, können dysphasisch-psychomotorische Anfälle keinen eigenen Anfallstypus darstellen. Doch ergibt sich unter lokalisatorischem Gesichtswinkel eine gewisse Berechtigung, sie

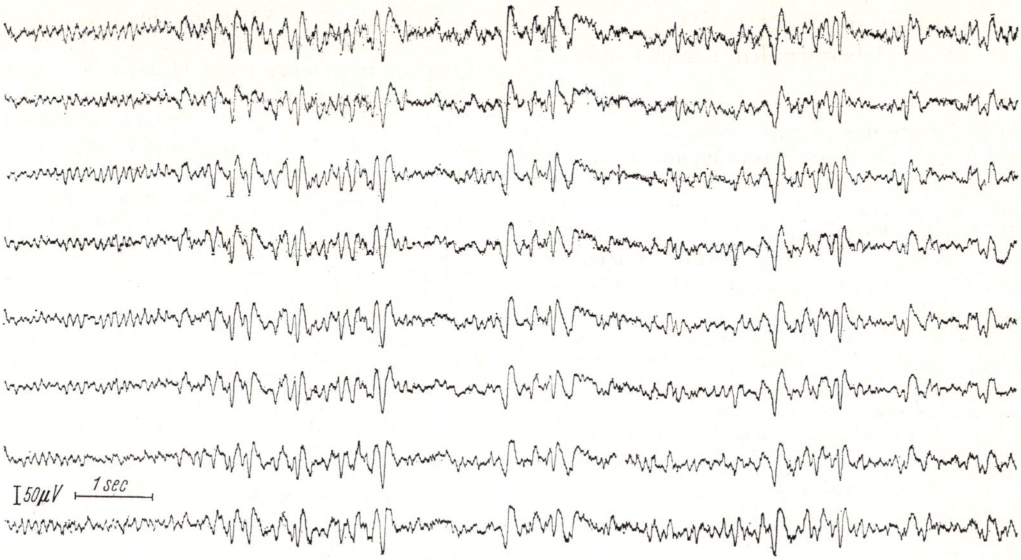

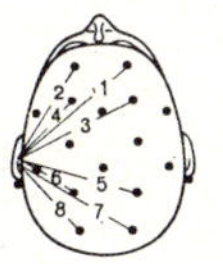

Abb. 79. Intervall-EEG von Gotthart K.: Paroxysmale Dysrhythmie mit steilen Ausbrüchen links temporo-basalen Ursprungs.

gegenüber anderen Anfällen mit dysphasischen Symptomen abzugrenzen. Psychomotorische Anfälle sind lokalisatorisch Anfälle der paläokortikalen, dysphasische Störungen Symptome neokortikaler Anteile des Schläfenhirns. Wenn daher dysphasische Symptome im Verlauf von psychomotorischen Anfällen auftreten, so verweist das darauf, daß die zugrunde liegende Störung funktionell oder läsionell beide Anteile betrifft. So führen auch PENFIELD u. ROBERTS aus, daß eine Dysphasie bei vorderer Schläfenlappen-Epilepsie durch Ausbreitung der Erregung auf die hintere Temporoparietalregion der dominanten Hemisphäre entsteht. Ein instruktives Beispiel für das EEG während eines dysphasisch-psychomotorischen Anfalls gibt HESS[625].

Die Häufigkeit dysphasischer Anfallssymptome ist schwer zu beurteilen, da ihr Nachweis weitgehend vom Grad der Exploration der Patienten und der Beobachtung der Anfälle wie auch von der Mitarbeit und Intelligenz der Patienten abhängt. Die Angaben streuen von 11 Fällen unter 6000 Epilepsien[826] bis zu 34 unter 100 Fällen psychomotorischer Epilepsie[846]. Jeweils unter anderer Auswahl wird von dysphasischen Krisen bei 176 von 208 Epileptikern mit paroxysmalen Sprachstörungen[612], bei 25 unter 200[485], bei 16 unter 74[466] temporalen Epilepsien, und bei einem Drittel von 57 nach Sprech- und Sprachstörungen unter 712 psychomotorischen Epilepsien ausgewählten Fällen[605] berichtet.

Störungen des Lesens – epileptische Alexie – sind ebenso selten wie *Störungen des Schreibens – epileptische Agraphie* –, weil die Patienten meist gerade nicht lesen oder schreiben oder damit aufhören, wenn eine Aura kommt. Beide Störungen kommen fast ausschließlich nur in Verbindung mit paroxysmalen Sprachstörungen vor, wie HÉCAEN u. ANGELERGUES feststellten, die unter ihren 208 Beobachtungen epileptischer Sprachstörungen in 11 Fällen eine Lesestörung und in 5 Fällen eine Schreibstörung anführen. Eindrucksvolle Beispiele findet man bei MARCHAND u. AJURIAGUERRA[105].

Fall Ilse W.:

Als Beispiel einer *paroxysmalen Dyslexie* diene der Bericht einer 37jährigen Patientin, deren Anfälle mit einem leichten Stechen in der Herzgegend beginnen, dann »verhaken sich die Gedanken«, aus denen sich immer der gleiche manierierte Satz herauskristallisiert und ganz von ihrem Denken Besitz nimmt, den sie danach nicht mehr erinnern kann. Anfangs versuchte sie, ihrer Umgebung die Störung anzukündigen, was sie später aber unterließ, weil dann immer nur Unverständliches

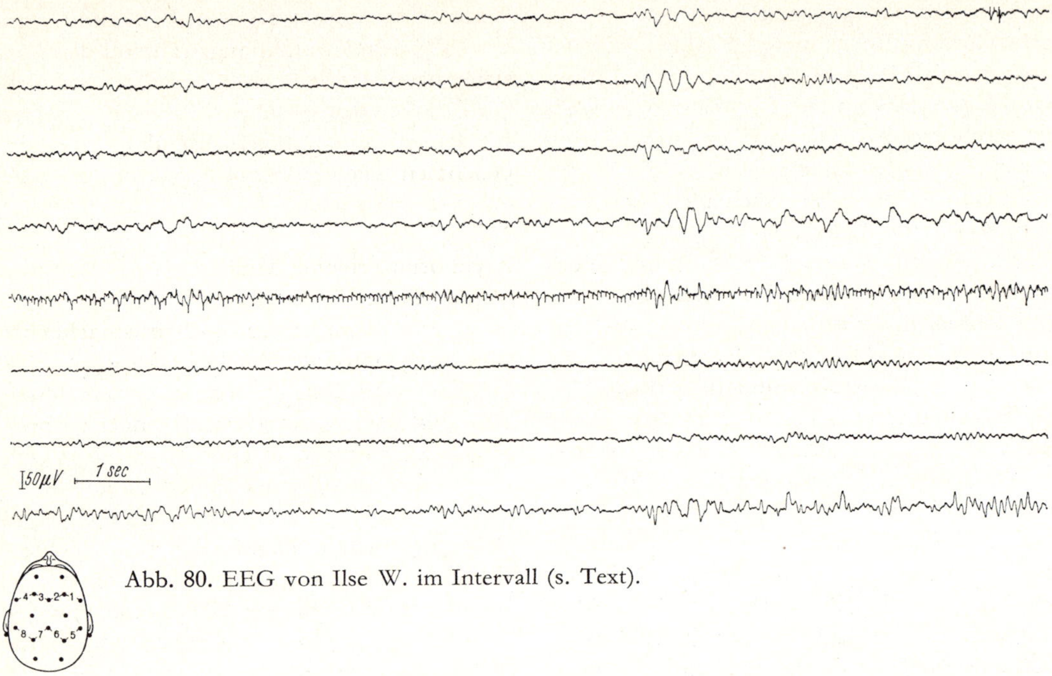

Abb. 80. EEG von Ilse W. im Intervall (s. Text).

herauskam. Wenn sie abwesend wird, spricht sie nur eintönig »ja, ja, ja«, wobei ihre Mimik ein eigentümliches Lächeln annimmt, — »ein Gleißen wie in den Gesichtern der Bamberger Figuren«. Kürzlich bekam sie wieder einen solchen Zustand, als sie beim Einkaufen war. Sie verließ schleunigst das Geschäft, um nicht sprechen zu müssen, war aber hinreichend orientiert, um auf ein Delikatessengeschäft zuzugehen, was sie an sich vorgehabt hatte. Unterwegs zog sie einen Merkzettel aus der Handtasche, auf dem sie aufgeschrieben hatte, was sie besorgen wollte. Sie las darauf das Wort »Käsegebäck«, wußte jedoch nichts damit anzufangen. Nachher erinnerte sie sich, daß sie das Wort deutlich lesen konnte, doch sei es ihr in diesem Zustand völlig fremd, ohne jeden Sinn und Zusammenhang vorgekommen. Als sie kurz darauf in das Geschäft trat, war sie wieder völlig im Bilde.
Die Untersuchung wies mit einer mimischen Fazialisschwäche rechts, einer Verkleinerung der linken Gesichts- und Schädelhälfte und einer Ausweitung des linken Seitenventrikels im Pneumenzephalogramm auf eine frühkindlich entstandene Atrophie der linken Hemisphäre hin. Das EEG zeigte dementsprechend neben einer diffusen, stellenweise auch einer paroxysmalen Dysrhythmie Herdveränderungen temporal links vorn, im geringeren Maße auch temporal links hinten. Die Herdveränderungen erstrecken sich mitunter bis okzipital (s. Abb. 80).

Wie das Schreiben während eines dysphasischen Anfalls bei korrekter Schrift in völlig unverständliche litterale Paragraphien entarten kann, belegt das auf S. 198 angeführte Beispiel. Eine andere Art Schreibstörung von mehr repetierend-automatischem Charakter ist auf Abb. 81 zu sehen. Sie stammt von einer Patientin, die gerade im Begriffe war, sich auf einer Postkarte ein Haarentfernungsmittel zu bestellen, als sie von einem adversiv-psychomotorischen Anfall überrascht wurde.

Lachen als Symptom psychomotorischer Anfälle: Daß manche Patienten wie Gotthart K. während ihrer Anfälle kurz auflachen oder andere wie Ilse W. eine lächelnde Miene einnehmen, ist zwar ein seltenes Kuriosum, verdient aber eine kurze Erwähnung, weil mannigfache Spekulationen daran anknüpfen. Lachen als Anfallssymptom kommt keineswegs nur bei psychomotorischen Anfällen vor. Bei den Beobachtungen, die Druckmann u. Chao mitteilen, handelte es sich durchweg um Kinder mit Propulsiv-Petit mal, bei denen es ohne äußeren Anlaß, entweder isoliert oder im Zusammenhang mit ihren Anfällen, an Stelle des häufiger zu beobachtenden Weinens oder Aufschreiens zu einem kurzen zwanghaften Auflachen oder Lächeln kam. In manchen Berichten über eine sogenannte gelastische Epilepsie[500] ist die Art der vorliegenden Epilepsie nicht eindeutig zu erkennen, in anderen eine differentialdiagnostische Abgrenzung gegenüber einem neurotischen Zwangslachen nicht ganz überzeugend. Doch entspricht es auch unserer Erfahrung, daß dieses Symptom meist im Zusammenhang mit psychomotorischen Anfällen auftritt, nach Ketz (1966) in 4,6% seiner Fälle,[97, 374, 537, 669, 687, 703, 710, 728, 762, 816, 919]. Nach allem, was man weiß, soll keine Beziehung zwischen emotionaler Stimmung während der Aura und affektivem Verhalten während des Anfalls bestehen. So konnten sich die Patienten, die während ihrer Anfälle lachten, nachher nicht an ein angenehmes Vorgefühl erinnern, während in den Beschreibungen der Patienten mit einer Glücks-Aura nichts über ein dementsprechendes Ausdrucksverhalten berichtet wird. Immerhin erscheint uns bemerkenswert, daß sowohl die beiden Patienten von Subirana mit einer Glücks-Aura wie die beiden Patienten von Daly u. Mulder und unsere beiden (Gotthart K. und Ilse W.) mit gelastisch-psychomotorischen Anfällen allesamt temporale Herdbefunde auf der Seite der dominanten Hemisphäre aufwiesen. – Daß es keine umschriebenen zerebralen Repräsentationsstellen für Freude und Furcht, Lachen und Weinen gibt, scheint reizexperimentell erwiesen. Weder Foerster[541] noch Penfield[124] haben je derartige Effekte von irgendeiner Stelle des Kortex produzieren können. Gleichwohl hat man sich bei der Bedeutung, die das limbische System für das emotionale Gestimmtsein und Verhalten hat, eher zu verwundern darüber, daß die den psychomotorischen Anfällen zugrunde liegenden Entladungen, nicht häufiger die angenehme Seite des affektiven Komplexes mit heraufrufen. Nach unserer Erfahrung wird eine angenehme Stimmung während der Aura sicher häufiger erlebt, als es nach den spontanen Äußerungen den Anschein hat[756]. Doch neigen die Patienten paradoxerweise dazu, ihre angenehmen Erlebnisse eher zu verschweigen als ihre unangenehmen.

Psychomotorische Anfälle ohne führendes Motiv: Neben den psychomotorischen Anfällen mit oralen, adversiven oder sprachlichen Kardinalsymptomen bleibt schließlich eine Gruppe zu erwähnen, deren Symptomatologie nicht auf einen gemeinsamen Nenner zu bringen ist. Sie macht in unserem Krankengut 11% aller psychomotorischen Epilepsien aus. Darunter befinden sich eine Reihe von Fällen mit mangelhaften Daten, die bei genauerer Kenntnis der subjektiven oder objektiven Symptome vermutlich einer der beschriebenen Gruppen zuzuordnen wären. Doch bleibt davon abgesehen noch ein beträchtlicher Rest, der nach Hallen[605] über die Hälfte dieser Gruppe ausmacht, deren Anfälle trotz charakteristischer Dreigliederung in Aura, Anfall und postparoxysmalem Dämmerzustand die Symptome vermissen lassen, die für die anderen Typen kennzeichnend sind. In den Auren kommt es sowohl zu epigastrischen wie auch zu anderen Vorsensationen, auch ebenso häufig wie vor dem oralen Typus zu einem Dreamy state. Während der amnestischen Anfallsphase sind wieder komplexe, aber stereotyp wiederholte, mechanisch ausgeführte Bewegungen bzw. Automatismen zu beobachten, unter denen Kratz- Juck-, Wisch- oder Reibebewegun-

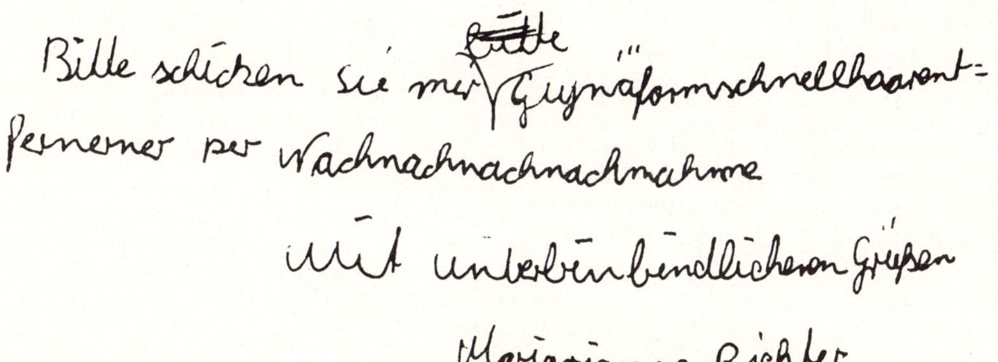

Abb. 81. Schreibstörung während eines psychomotorischen Anfalls.

gen mit den Händen, Scharren, Stampfen oder Strampeln mit den Beinen am häufigsten sind. In den ausklingenden postparoxysmalen Dämmerzuständen unterscheiden sie sich nicht von anderen psychomotorischen Anfällen.

Nach HALLEN[605] und LANDOLT[272] soll es auch psychomotorische Anfälle ohne produktive motorische Entäußerungen geben, die mit einem völligen Tonusverlust einhergehen, der ein schlaffes Zusammensacken zur Folge hat. Das Bild erinnert an eine Ohnmacht und wird auch von LANDOLT geradezu als *»temporale Ohnmacht«* bezeichnet, die sich von vasomotorischen Synkopen in verschiedener Hinsicht unterscheiden soll. Die Anfälle können ohne Prodromi oder Auren unvermittelt einsetzen und ebenso plötzlich zu Ende sein. Wenn Sensationen vorausgingen, handelte es sich nicht um ein für vasovagale Synkopen charakteristisches »Schwinden der Sinne«, sondern um epigastrische oder olfaktorische Auren, in einem Fall sogar um einen Dreamy state[605]. Bisher weiß man von solchen ohnmachtsähnlichen Anfällen bei psychomotorischer Epilepsie nur aus den Beschreibungen von Angehörigen und Patienten. Auch sind solche Anfälle noch nicht elektroenzephalographisch abgeleitet worden[190, 272, 605]. Noch ist es nicht entschieden, ob es sich bei diesen extrem seltenen Kombinationen – HALLEN[605] führt 9 Beobachtungen unter 712 psychomotorischen Epilepsien an – nicht um ein zufälliges Zusammentreffen von psychomotorischen Anfällen mit vasomotorischen Synkopen handelt, was bei der Häufigkeit von letzteren durchaus denkbar ist. Immerhin erwähnt CHRISTIAN[190] 4 Patienten mit ausschließlich Ohnmachtsanfällen, die intervallär ein für »temporale Epilepsie« charakteristisches EEG geboten haben.

Wohl gibt es psychomotorische Anfälle, bei denen vegetative Symptome, d. h. Veränderungen der Atmung, des Kreislaufs oder der sekretorischen Funktionen so auffällig sind, daß die charakteristische Symptomatik in den Hintergrund rückt. Anfälle jedoch, die lediglich unter dem Bild vegetativer Krisen einhergehen, wie sie von BINSWANGER und von PETTE als vegetative Epilepsie oder vegetative Anfälle, von PENFIELD[778] und von PENFIELD u. JASPER als dienzephal-autonome Epilepsie oder Anfälle und von GIBBS u. GIBBS[51] als hypothalamische Anfälle beschrieben worden sind, gehören nicht zum Bild der psychomotorischen Epilepsie.

Vegetative Symptome: Eng verzahnt mit den psychischen, sensorischen und motorischen Kardinalsymptomen treten bei psychomotorischen Anfällen immer auch in bunter Durchmischung mannigfache Symptome von seiten des vegetativen oder autonomen Nervensystems auf.

Wohl am häufigsten sind Pupillenveränderungen, meist in Form erweiterter, selten verengter Pupillen bei abgeschwächtem oder aufgehobenem Lichtreflex und einem Nachlassen des Tonus der sympathisch innervierten Augenmuskeln, was den Blick starr, leer, trüb, abwesend erscheinen läßt. Unter den sichtbaren Erscheinungen während des Anfalls steht an erster Stelle ein Farbwechsel im Gesicht, das blaß wird. Gelegentlich werden die im Anfall blassen Kranken auffallend rot, wenn das Bewußtsein wiederkehrt, so daß man an eine reaktive Röte vor Verlegenheit oder Scham denkt. Manchmal beschränkt sich die Blässe auf die periorale Region und setzt sich scharf gegen eine Rötung des übrigen Gesichts ab. Nicht selten färben sich die Lippen oder das ganze Gesicht zyanotisch, weil die Atmung stockt. Oft kommt es auch nur zu einer Verlangsamung der Atmung, die von einem Röcheln, Seufzen oder Stöhnen begleitet wird, oder zu einer sichtbaren Atemnot, gelegentlich auch zu einer Tachypnoe.

Wieso es bei kleinen Anfällen zum Atemstillstand kommen könne, hatte schon JACKSON[653] so beschäftigt, daß er sich die Frage vorlegte: »Kann eine erwähnenswerte Art von Asphyxie bei leichten Anfällen ohne Spasmus, ohne wirklichen tonischen oder klonischen Krampf der Arme vorkommen?« Weil es ihm selbstverständlich schien, daß die Zyanose bei großen epileptischen Anfällen die Folge einer Atembehinderung durch den Krampf der Brustmuskulatur und vielleicht auch des Zwerchfells sei, hatte er auch bei leichten Anfällen einen Krampf vorausgesetzt. Daran war er aber mehr und mehr zweifelhaft geworden, nachdem er bei Unzinatus-Anfällen oft eine Zyanose der Lippen ohne jeden sichtbaren Krampf beobachtet hatte. Insofern war JACKSON der erste, der sich fragte, ob ein vegetatives Symptom primär durch eine epileptische Entladungsstörung zustande kommen könne. Seine Frage kann heute nach unseren[251, 600] und anderen klinischen Untersuchungen

[208, 259, 900] eindeutig bejaht werden, wie auch inzwischen durch eine große Anzahl reizexperimenteller Untersuchungen an Primaten[461, 852, 857] und an Menschen[124, 671, 708, 840] sowohl eine Beschleunigung wie eine Hemmung der Atmung nachgewiesen wurde.

Als Äquivalente von Temperaturschwankungen sind selten eine Gänsehautbildung, häufiger ein Schweißausbruch, der meist die Stirn betrifft, zu beobachten. Sehr häufig kommt es zu Hypersalivation, selten — bei Kindern offenbar häufiger[295] — auch zu Erbrechen. Tränenfluß im Anfall scheint eine Rarität zu sein[600].

Verhältnismäßig oft kommt es zu Abgang von Urin, sehr selten von Kot und nur ausnahmsweise zu Samenerguß. Auch dabei kann es sich nicht um sekundäre Auswirkungen anfallsbedingter Krampf- oder Lähmungserscheinungen an den entsprechenden Schließmuskeln, sondern nur um primäre Inszenierungen handeln, zumal sie auch während Anfällen vor sich gehen, die nicht die geringsten Krampfsymptome erkennen lassen. Manchmal wird schon während der Aura ein Harn- oder Stuhldrang verspürt, oft auch während des Dämmerzustandes die Richtung zur Toilette eingeschlagen, so daß man, wenn man die Auraempfindungen mit analem oder genitalem Ursprung oder entsprechenden sinnlichen Qualitäten hinzuzählt, zu der Feststellung kommt, daß subjektive und objektive Entäußerungen der Urogenitalsphäre im Rahmen dieses Anfallsbildes eine gewisse Rolle spielen.

Wenn man während der Anfälle Gelegenheit hat, den Kreislauf zu prüfen, ist häufig eine Beschleunigung des Pulses und ein Anstieg des Blutdruckes festzustellen.

Eine Reihe autonomer Funktionen, wie die Pulsfrequenz, das Blutdruckverhalten, dieAtmung, den Hautwiderstand, die Oberflächentemperatur, die periphere Durchblutung (plethysmographisch) und die Ösophagus- und Magenmotilität hat van Buren 1958 bei spontanen und 1960 zusammen mit Ajmone-Marsan bei durch Metrazol provozierten psychomotorischen Anfällen simultan registriert. Wenn es dabei zu Veränderungen autonomer Funktionen kam, war die Richtung ganz stereotyp. Der Blutdruck und die Pulsfrequenz stiegen an, der Hautwiderstand nahm ab, die Amplitude der Abweichung des Fingerplethysmogramms engte sich ein; es kam zu Schlucken oder Würgen, die Magenperistaltik ließ nach, ebenso die Atemfrequenz, wenn es nicht — wie gewöhnlich — zu einer exspiratorischen Apnoe kam. Mit Ausnahme der Pulsfrequenz entsprachen diese Veränderungen den Antworten, die man bei Reizung des limbischen Systems bei Primaten erhält. Die Verhaltensmuster entsprachen nicht einem ergotropen oder trophotropen Schema im Sinne von Hess[627]. Die verschiedenen autonomen Funktionen zeigten vielmehr eine bemerkenswerte Unabhängigkeit während der Anfälle. In der zeitlichen Abfolge erschien zuerst ein Abfall des Hautwiderstands und/oder ein Schlucken, dann folgten Atmungsveränderungen, gewöhnlich im Sinne einer exspiratorischen Apnoe, die aber auch zu jedem Zeitpunkt während der Anfälle auftreten konnten, während eine Tachykardie mit oder ohne Blutdruckanstieg gewöhnlich etwas später in Erscheinung trat. Merkwürdigerweise wurde erst gleichzeitig mit den kardiovaskulären Veränderungen oder sogar erst etwas später eine Aura erlebt oder eine Bewußtlosigkeit beobachtet. Die vegetativen Funktionsstörungen gingen also gewöhnlich den subjektiven oder objektiven Anfallssymptomen voraus. Die Magenperistaltik, die übrigens bisher nur von Penfield u. Faulk (1955) durch Reizung der unteren Portion der Insel nach temporaler Lobektomie geprüft und im Sinne einer Verminderung wie auch einer Beschleunigung der Kontraktionen verändert befunden wurde, entsprach in ihrer Frequenz während spontaner Anfälle der Frequenz, in der sich die Magenwände im Hungerzustand zusammenkrampfen[483, 484], — womit sich wieder eine Vermutung von Jackson[649] bestätigt hat, der die digestiven Sensationen Im Verlaufe von Unzinatusanfällen als sensorische Äquivalente des Hungerzustandes interpretiert hatte. Van Buren[900] erwähnt, daß paradoxe Reaktionen offenbar in Abhängigkeit zu einem abnormen Ausgangswert stehen.

Daß in den Anfällen, wie übrigens auch bei Reizversuchen, eine Dissoziation einzelner Funktionen in Erscheinung tritt, wie etwa zwischen Blutdruck und Atmung, entwerte nach van Buren nicht das Konzept gleichsinniger Funktionsmuster etwa im Sinne einer ergotropen oder trophotropen Reaktion, wie sie unter physiologischen Bedingungen gelten, sondern sei ein Exempel dafür, daß epileptische Anfälle auch im vegetativen Bereich zu einer Desintegration von Funktionsmustern führen.

Tonische Krämpfe oder Tonusverlust: Nicht selten — nach unseren Erfahrungen bei etwa 20% der Fälle — kommt es zu kurzen tonischen Verkrampfungen, die sich meist symmetrisch äußern und auf die leicht angebeugt gehaltenen Arme und geballten Fäuste beschränken. Gelegentlich aber gehen sie in einen generalisierten tonischen Krampf über, der opisthotonen Charakter hat oder nur eine kurze Strecksteife der Glieder darstellt. Manchmal äußern sich die tonischen Krämpfe auch asymmetrisch, indem sie nur einen Arm oder ein Bein oder sogar nur eine Hand betreffen. Ein allgemeiner tonischer Krampf führt dazu, daß die Kranken hinfallen. Gelegentlich – nach unseren Erfahrungen in 10% der Fälle – sinken sie aber während des Anfalls langsam in sich zusammen, so daß man einen Tonusverlust annehmen muß.

Klonische Zuckungen gehören nicht in das Symptomrepertoire psychomotorischer Anfälle. Ihr Fehlen ist daher manchmal der einzige Anhaltspunkt zur Unterscheidung gegenüber einem großen Anfall, die manchmal recht schwierig ist, zumal nicht nur tonische Krämpfe, Lippenzyanose und Einnässen, sondern auch Symptome, die bisher nur großen Anfällen vorbehalten zu sein schienen, wie Bißverletzungen der Zunge, der Lippen und der Wangen noch im Rahmen psychomotorischer Anfälle möglich sind. Bißverletzungen, die bei psychomotorischen Anfällen nicht einmal selten sind – nach unseren Erfahrungen bei 16% der Fälle –, hat HALLEN[600] »unverkennbar als Folge der oralen Bewegungen« interpretiert.

Wenn auch ein anderer dabei zu Schaden kam, so ist doch die Geschichte, die PENFIELD u. JASPER von ihrem Patienten H. Cn. erzählen, dafür bezeichnend: Dieser bemerkte von seinen Anfällen, bei denen er abwesend wurde, einen starren Blick annahm, sich rot verfärbte und kaute, gewöhnlich weder vorher noch nachher etwas. Als er wieder einmal bei einer geschäftlichen Besprechung, während er Pfeife rauchte, einen Anfall bekam, versuchte sein Partner, ihm die Pfeife aus dem Mund zu ziehen und wurde dabei in die Finger gebissen. Als der Patient wieder zu sich kam, sah er, daß sich sein Partner den Finger verband. Auf seine Frage, was ihm denn zugestoßen sei, mußte er erstaunt vernehmen, daß er selber der Schuldige gewesen war.

Postparoxysmales Verhalten, »postepileptic actions« (JACKSON[647, 650]), kleiner Dämmerzustand (HALLEN[600, 605]): Manchmal ist ein psychomotorischer Anfall schon nach der Aura wieder zu Ende. Wenn aber mit oder ohne Aura das Bewußtsein aussetzt, dann folgt den typischen Anfallsentäußerungen oraler, adversiver oder sprachlicher Art jeweils ein kürzer oder länger dauernder Dämmerzustand, in dem die Kranken sich mehr oder minder auffällig benehmen, ohne sich daran spontan erinnern zu können. Diese letzte, (nach dem Dreamy state und dem sensorischen wie motorischen Anfallsvorgang) vierte Phase des klinischen Anfallsablaufs kann so kurz dauern und so schlicht sein, daß man lediglich ein kurzes verwundert-ratloses Umherblicken und die erstaunte Frage: »Was war eigentlich los?«, darauf beziehen kann, daß der Kranke umdämmert war. Meist dauert sie aber einige, im allgemeinen 2–10 Minuten, selten auch längere Zeit. Währenddessen geben die Patienten eine solche Fülle merkwürdiger Verhaltensweisen zu beobachten, daß es verständlich ist, wenn manche Autoren weniger von den schlicht und selbstverständlich erscheinenden kurzdauernden Initialsymptomen als von der bunten Vielfalt der meist länger anhaltenden Nacherscheinungen beeindruckt waren, wie es in den Bezeichnungen »psychic seizures«, »automatismes psychomoteures«, »automatismes ambulatoires«, »fugues épileptiques«, »psychische Äquivalente«, »psychomotor fits«, »Dämmerattacken« zum Ausdruck kommt.

Die Frage, welche während der Anfälle zu beobachtenden Symptome allein als Ausdruck von Entladungsstörungen und welche als Nacherscheinungen zu gelten haben, wird in der älteren Literatur allein von JACKSON[646, 647, 650] eindeutig entschieden. Er begründet seine Ansicht durch eine minutiöse Analyse der zeitlichen Abfolge der Anfallssymptome wie nach ihrem jeweiligen Stellenwert als Lokal- oder als Allgemeinsymptome bzw. als Korrelat der Erregung oder Erschöpfung zentralnervöser Funktionen. Wie erwähnt (s. S. 169), hat JACKSON diese »postepileptic actions«, in denen er »after effects« analog den postparoxysmalen Lähmungen nach Rindenanfällen oder dem postparoxysmalen Nachschlaf nach großen Anfällen sah, in fünf Gruppen gegliedert. Obwohl sich die wenigen Autoren, die sich in jüngster Zeit damit beschäftigt haben, darüber einig sind, daß es primäre und sekundäre Symptome gibt, und obwohl man erwarten sollte, daß diese Entscheidung heute mit Hilfe des EEG leichter fällt, besteht doch keine Einmütigkeit darüber, was noch zum eigentlichen Anfall und was schon zum postparoxysmalen Dämmerzustand gehört. Das strittige Grenzgebiet betrifft diejenigen Symptome, die man in unterschiedlicher Definition als Automatismen bezeichnet. Unsere Meinung, die von HALLEN[600, 602, 605] mehrfach expliziert und von CHRISTIAN[190] auch elektroenzephalographisch begründet wurde, besagt:

Anfallssymptome haben den Charakter von Geschehnissen, Symptome von Dämmerzuständen den Charakter von Handlungen. Im eigentlichen Anfall, gleich welcher Art, sind die Kranken Objekt der ablaufenden Ereignisse, während sie im Dämmerzustand als handelnde Personen auftreten. Im Anfall sind die Kranken den Vorgängen erleidend ausgesetzt. Im Dämmerzustand hingegen bezeugen ihre Handlungen, auch wenn sie noch so abnorm erscheinen, ein Verhalten, das auf eine Innenwelt oder auf eine Umwelt Bezug nimmt. Der Übergang ist oft durch eine deutliche Zäsur markiert, die sich an einer Veränderung der Augen und der Mimik ablesen läßt: Das trübe Starren weicht einem Blicken, wobei die Augen wieder – wenn auch ratlos und erstaunt – umherschweifen; die vorher starren Pupillen reagieren wieder auf Licht; das blasse Gesicht rötet sich, die ausdruckslose Miene belebt sich wieder.

Diese Zweiphasigkeit war alten Autoren bekannt: mit seinen »hystéries à attaques mixtes« beschrieb BRIQUET die gleichen Zustände. CHARCOT stellte in seiner Dienstagsvorlesung psychomotorische Anfälle unter dem Begriff »attaques accès« vor, weil er in der Verknüpfung eines epileptischen Anfalls mit einem nachfolgenden Gebaren, das er seiner Dramatik und seiner Umweltverhaftung wegen als hysterisch ansah, eine Kombination (»crises combinées«) vermutete. In der Tat kann die Ausdrucksverwandtschaft hysterischer Demonstrationen mit postparoxysmalen Handlungen nicht selten ein differentialdiagnostisches Problem werden[800].

Doch ist der Übergang vom eigentlichen Anfall zum Dämmerzustand nicht immer scharf abgesetzt. Gelegentlich gehen beide Phasen fließend ineinander über, oder sie sind derart ineinander verschoben, daß sich Anfallssymptome noch ein- oder zweimal im Laufe des Dämmerzustandes wiederholen oder daß man Symptome, die sonst nur während des Dämmerzustandes zu beobachten sind, schon gleichzeitig mit den typusbestimmenden Anfallssymptomen auftreten sieht.

Zum Begriff der »Automatismen«: Die Schule von Marseille[565, 771] sieht einen fundamentalen Unterschied zwischen forcierten Bewegungen, worunter Krämpfe zu verstehen sind, und einer motorischen Aktivität in Form von Gesten, die als Reaktion auf psycho-sensorische Wahrnehmungen interpretiert werden, gleich ob solche erinnert werden oder nicht. Diese gestischen Bewegungen werden in ihrer Gesamtheit psychomotorische Automatismen genannt. Da Krampferscheinungen nicht obligat zum Bild psychomotorischer Anfälle gehören, werden nur die Aura-Phänomene als primäre Anfallssymptome und die Automatismen als sekundäre Reaktionen auf erinnerte oder nicht erinnerte Aura-Erlebnisse verstanden.

PENFIELD u. JASPER nennen den Zustand, in dem ein Individuum fähig ist, sich in einer relativ normalen Weise zu bewegen, ohne sich hernach daran erinnern zu können, einen Automatismus, weil die Patienten während dieser Zeit unbewußt und unwillkürlich, gleichsam automatisch handeln. Sie unterscheiden zwischen paroxysmalen Automatismen (»ictal automatisms«) und postparoxysmalen Automatismen (»postictal automatisms«) nach elektroenzephalographischen Kriterien, d. h. je nachdem, ob das Verhalten durch Entladungen oder durch eine »Lähmung der höchsten Zentren« nach einem Anfall zustande kommt.

Da man jedoch die Anfälle nicht bei jedem Patienten elektroenzephalographisch verfolgen kann, bleibt man unseres Erachtens zur klinischen Unterscheidung auf die beschriebene Zäsur zwischen eigentlichem Anfall und postparoxysmalem Dämmerzustand bzw. auf die zeitliche Sukzession der Symptome angewiesen.

Bei der Seltenheit exakter elektro-klinischer Anfallskorrelationen wird es verständlich, daß die meisten Autoren auf eine genaue klinische Differenzierung verzichten, obwohl sie deren prinzipielle Berechtigung anerkennen. So kommt es, daß in den Beschreibungen dessen, was als Automatismen zu verstehen sei, so verschiedenartige Erscheinungen wie orale Bewegungen, Adversivbewegungen, Nesteln, Zupfen, Klopfen, Scharren, Herumsuchen, Angriffs- und Fluchtbewegungen als scheinbar gleichwertige Symptome aneinandergereiht werden. Die theoretische Implikation, daß all diese Erscheinungen Ausdruck von nicht erinnerten psychischen Vorgängen seien, macht eine klinische Ordnung nur schwieriger. Dem liegt die durch elektrische Reizung an der Hirnrinde von Epileptikern gewonnene Vorstellung von PENFIELD u. JASPER zugrunde, daß alles, was von Patienten erlebt und berichtet wird, die Folge einer Aktivierung von Ganglienzellen ist und alle unbewußten Handlungen durch eine Interferenz mit der normalen Hirntätigkeit zustande kommen. Doch legen auch die reizexperimentellen Ergebnisse eine Unterscheidung zwischen paroxysmalen und postparoxysmalen Automatismen nahe, da einige Automatismen eine relative Lokalspezifität besitzen, andere dagegen nie in vergleichbarer

Weise wiederholt durch elektrische Stimulation umschriebener Hirnabschnitte zu produzieren sind. Wir haben versucht, die psychomotorischen Anfälle nach den auf der Seite der Aura wie auf der Seite der paroxysmalen Automatismen sich gleichbleibenden und funktionell aufeinander bezogenen Symptomen zu gruppieren, um auf diese Weise eine Unterscheidung gegenüber den weit variableren und mehr umweltbezogenen postparoxysmalen Automatismen oder, wie wir sie zu nennen vorziehen, postparoxysmalen Handlungen treffen zu können.

Die postparoxysmalen Handlungen gruppieren wir in Anlehnung an JACKSON[649, 650] und ganz ähnlich wie COSSA u. MARTIN[194] nach ihrer Einfachheit bzw. Komplexität, nach ihrer Ichbzw. Umweltbezogenheit, wie nach ihrer Konstanz bzw. Variabilität wie folgt: 1. Stereotype Handlungen. 2. Szenische Handlungen. 3. Der Reorientierung dienende Handlungen.

Stereotype Handlungen: Da sind zunächst einfache motorische Stereotypien umschriebener Gliedmaßen oder des Rumpfes anzuführen, wie monotones Klopfen, Taktieren, Pillendrehen, Geldzählbewegungen (s. Fall Gotthart K.) mit den Händen und Armen, Scharren, Treten, Pendeln oder Wippen mit einem Bein oder Fuß, Wiegen oder Drehen des Rumpfes, Nicken des Kopfes oder stures Anziehen oder Wegstrecken eines Beines oder Armes. Manchmal kann bemerkt werden, daß für die jeweilige Symptomwahl dieser stereotypen Iterativbewegungen ein den vorhergehenden Anfall begleitender leichter Krampf im betreffenden Gliedmaßen-, Rumpf-, oder Kopfabschnitt bestimmend war. Der postepileptische Vorgang hat dann den entdifferenzierten Krampf in eine schablonisierte Stereotypie verwandelt. Eine solche Transformation einer einfachen Anfallsbewegung in eine postparoxysmale Handlung kann auch ausdrucksvoller vor sich gehen und dann wie eine komplexe Ausführung eines einfachen Motivs erscheinen, wie etwa bei Kurt L., dessen Adversivwendung in eine tänzerisch beschwingte Drehung überging. Wenn solche motorischen Stereotypien regelmäßig an den Gliedmaßen einer Seite ablaufen oder regelmäßig eine Seite bevorzugen, können sie als Hinweis für einen kontralateralen Fokus dienen. So auch am klassischen Beispiel des Kollegen Z., der im postparoxysmalen Dämmerzustand wiederholt mit dem rechten Fuß aufstampfte, wobei sich dann bei der Obduktion ein Erweichungsherd in der linken Unzinatusregion herausstellte. Etwas ausdrucksvollere, aber gleichfalls noch primitive Bewegungsakte wie Rudern mit den Armen, Radfahren mit den Beinen, Wälzen mit dem Rumpf, Schnicken mit den Fingern, Strampeln, Schaukeln, Sichaufbäumen, Hin-und-her-Werfen, Räkeln, Umrühren, Kreisdrehungen erfolgen schon weniger rhythmisch schablonisiert, aber noch wenig beeinflußt durch äußere Umstände und vermutlich auch wenig bestimmt durch innere Vorstellungen. Auch etwas kompliziertere Stereotypien wie Herumfuchteln, Trippeln, Tänzeln, Reiben, Wischen, Wühlen, Zupfen, Kratzen, Fädeln, Glätten, Kramen, Nesteln scheinen mehr Ausdruck eines primitiven Beschäftigungsdrangs zu sein als von komplexen Vorstellungen. Auch beziehen sich die Kranken bei dieser Art von Handlungen noch mehr auf sich selbst als auf ihre Umgebung. Sie wirken so, als ob sie unbeobachtet einer momentanen Lust oder Unlust nachgeben.

Szenische Handlungen: Darunter sind alle Vorgänge mit deutlichem und sinnvoll scheinendem Ausdrucksgehalt zu verstehen. Sind die Stereotypien meist einförmig oder bei aller Mehrfalt doch auf das begrenzte Repertoire von Primitivreaktionen beschränkt, so scheint die Skala der szenischen Handlungen unerschöpflich: Einfache Szenen sind Räumen, Staubwischen, Putzen, An- und Auskleiden. Ausgeprägter sind alle Akte, die ebenso treffend durch die Stimmungen, die sich darin ausdrücken, wie durch die Handlungen, die vorgenommen werden, beschreibbar sind. So etwa ein Sich-Verkriechen mit dem Ausdruck großer Angst wie im Fall von HIRSCH (S. 214 f), sexuelle Akte exhibitionistischer, aggressiver oder onanistischer Art mit dem Ausdruck der Lüsternheit (wie im Fall Ortrud O.), Zuschlagen mit dem Ausdruck der Wut, furchtsame Abwehr- oder Umklammerungsszenen oder Zustände, deren Grundton lediglich eine Affektgestimmtheit wie unstete Getriebenheit oder ängstliche Gespanntheit auszumachen scheint, vor deren Hintergrund etwaige Flucht- oder Angriffshandlungen erst durch akzidentelle Umstände ausgelöst werden. Hierher zählen auch die als Fugues oder »automatismes ambulatoires« bezeichneten Zustände dranghaften Umherirrens. Nicht selten nehmen die Kranken bei ihrem Fortlaufen, wie von einem plötzlichen Harndrang bestimmt, die Richtung zur Toilette, wie überhaupt viele szenische Handlungen plötzlichen Eingebungen oder Impulsen zu entspringen scheinen, die, lange zurückgehalten, sich nun ungehemmt darstellen oder austoben.

Es scheint überhaupt, als ob sich in den Szenen des postparoxysmalen Dämmerzustandes eine zweite Natur zum Ausdruck bringt, die mit dem üblichen intervallären Verhalten der Patienten in krassem Gegensatz steht. So kommt es, daß sonst unbeholfene Menschen sich während dieser Zustände anmutig benehmen, scheue Naturen unverschämt gebärden, Devote aggressiv werden oder sonst Ungeschickte akrobatische Kunststücke vorführen, wie Hallen[600] an Beispielen belegt:

Ein 23jähriger begann nach einem kurzen Stadium, bei dem er innehielt, einen starren Blick bekam, schmatzte oder schluckte, Saltos und Purzelbäume über Stühle und Tische zu schlagen, plötzlich einen Handstand aufzuführen oder in großen Sätzen durch den Saal zu jagen, wobei er wie ein Hürdenläufer über Tische und Bänke sprang.

Ein 24jähriges sehr scheues und frommes Mädchen, das sonst überaus bescheiden und fügsam war, fing nach einem Anfall, der von einem Meckern eingeleitet wurde, wonach sie schmatzte, plötzlich an, Grimassen zu schneiden, die Zunge herauszustrecken, in ungebärdiger Wut zu schimpfen und Gegenstände zu zerschlagen. Einmal rannte sie nach einem Anfall auf den Balkon hinaus und schleuderte auf die ordinärste Weise Flüche und das bekannte Götz-Zitat auf die Straße.

Ein sonst stumpf vor sich hindösender 30jähriger Patient bekam nach einem kurzen Anfall, bei dem er blaß wurde und mehrfach hinunterschluckte, einen ganz seligen Gesichtsausdruck, wobei er in vollendeter Pantomime mit seinen Händen ein so feines imaginäres Spiel aufführte, daß man gerne zusah, auch wenn man nicht wußte, was es bedeuten sollte. Wieder zu sich gekommen, verfiel er wieder in ein stumpfes Vor-sich-Hindösen.

Nicht selten handeln die Kranken so selbstverständlich und natürlich, daß das Krankhafte ihres Zustandes gar nicht erkannt wird, wie in folgendem Beispiel.

Fall Wolfgang Sch.:

Bei diesem 46jährigen Kranken begannen die Anfälle früher mit einer Geruchsaura, später mit dem Gefühl, als ob eine Hitzewelle in den Kopf zieht, während vom Magen ein unbeschreibliches Gefühl zum Halse hochstieg. Dann wurde er bewußtlos, verfärbte sich hochrot, bekam Schweiß auf die Stirn und führte etwa 1 min lang Schmatzbewegungen aus. Danach kleidete er sich entweder aus und legte sich zu Bett, oder er zog seine Schuhe aus und stellte sie wie zum Putzen vor die Tür, oder er verließ das Haus, um sich dann später in unbekannten Straßen wiederzufinden. Einmal begann er im Geschäft nach einem Anfall einen großen Schrank mit alten Akten systematisch auszuräumen. Das geschah so selbstverständlich, daß sein Lehrjunge ihm beisprang, um ihm dabei behilflich zu sein. Als er wieder zu sich kam, sah er seinen Gehilfen emsig damit beschäftigt, den Schrank auszuräumen, und machte ihm deswegen heftige Vorwürfe. — Ein anderes Mal sollte er als Leiter eines Wandervereins eine »Wanderung ins Blaue« leiten. Er traf sich mit den Mitgliedern seines Vereins an einer Straßenbahnhaltestelle. Im Augenblick, als er mit seiner kleinen Gesellschaft in die Straßenbahn einstieg, bekam er — von seiner Umgebung unbemerkt — einen kleinen Anfall. Während des nachfolgenden Dämmerzustandes dirigierte er die Teilnehmer kreuz und quer durch die große Stadt. ließ sie mehrfach umsteigen und Fahrkarten lösen, bis er an einer Endstation in einem Fabrikvorort wieder zu sich kam. Seine Vereinsmitglieder hatten den abnormen Zustand gar nicht bemerkt und alles lediglich für einen inszenierten Scherz gehalten.

Es ist verständlich, wenn man solche Zustände, in denen der Patient plötzlich fortrennt, als Epilepsia procursiva oder cursiva oder als »running fits«[97] beschrieben hat. Bei genauer Beobachtung ergibt sich jedoch immer, daß dem plötzlichen Fortlaufen eine Aura oder ein kurzer Anfall vorausgegangen war. Manchmal geschieht es auch, daß der Patient zu Beginn noch sagt: »Jetzt kommt es wieder«, obwohl er sich nachher an keine Aura mehr erinnern kann. Jedenfalls ist an dem Stellenwert solchen plötzlichen Fortlaufens als eines postparoxysmalen Verhaltens und an seiner Zugehörigkeit zur psychomotorischen Epilepsie kein Zweifel, wenn es verhältnismaßig kurz dauert.

Schwieriger ist die Zuordnung solcher Zustände wie im Fall Wolfgang Sch. und auch bei Gotthard K., in denen längere Zeit sinnvoll und natürlich erscheinende Handlungen ausgeführt werden, ohne daß sich die Patienten hernach daran erinnern können. Denn solche »besonnenen oder orientierten Dämmerzustände«, die gelegentlich auch einmal forensische Bedeutung haben[741], können sowohl als epileptische Ereignisse wie auch ohne jeden Zusammenhang mit Epilepsie auftreten. Als postparoxysmales Verhalten nach psychomotorischen Anfällen dauern sie in der Regel nicht sehr lange, höchstens ½–1 Stunde lang, während postparoxysmale Dämmerzustände nach Grand mal-Serien, die sich aber auch meist durch ein desorientiertes Gebaren anzeigen, tagelang andauern können. Nicht-epileptische, meist hysterisch oder neurotisch entstandene Dämmerzustände, in denen unvorbereitet Reisen angetreten oder auch ausgeführt, Geschäfte getätigt werden und – wenn auch seltener »als die Romanschriftsteller es schildern und ein Laienpublikum es ihnen gerne glaubt« (BASH) – verbrecherische Handlungen begangen werden, können Wochen, selbst Monate lang dauern.

Einprägsame Beispiele eines besonnenen Verhaltens im postparoxysmalen Dämmerzustand enthält der Bericht des Kollegen Z., der sogar einmal während eines Anfalls einen Patienten untersucht, die richtige Diagnose gestellt und eine entsprechende Therapie verordnet hatte, ohne sich daran erinnern zu können. Daß er ein anderes Mal auf einer Gletscherwanderung während eines Anfalls seinen Weg fortsetzte, ohne Schaden zu nehmen, zeugt für die traumwandlerische Sicherheit der »automatischen Handlungen«.

Die Kenntnis derartiger Zustände eines postparoxysmalen Umherwanderns oder Umherirrens nach psychomotorischen Anfällen hat Anlaß gegeben, die Frage zu erörtern, ob nicht alle Zustände von krankhaftem Wandertrieb und Fortlaufen, wie sie als »fugue«, »vagabondage impulsive«, »automatisme ambulatoire«, »délire ambulatoire«, Dromomanie und Poriomanie seit langem bekannt und beschrieben waren, als epileptische Ereignisse anzusehen sind. Der Erfahrung, daß Epileptiker nur sehr selten poriomane Zustände bekommen und unter Poriomanen nur sehr wenige anzutreffen sind, die auch unter epileptischen Anfällen leiden[615, 874, 921, 922, 923], versuchte man die Annahme einer rein psychischen Epilepsie und den Nachweis relativ häufiger abnormer EEG-Befunde bei Poriomanen entgegenzuhalten. WISSFELD (1957) hat jedoch unter 50 – auch hirnelektrisch untersuchten – Kranken, die an poriomanen Zuständen litten, nur 1 Patienten gefunden, der klinisch sicher eine Epilepsie hatte.

Szenische Dämmerzustände nach psychomotorischen Anfällen sind von anderen Dämmerzuständen, seien sie epileptischer (postparoxysmal nach Grand mal-Serien oder nach einem Grand mal-Status, als Ausdruck eines Petit mal-Status oder eines Status psychomotoricus) oder nicht-epileptischer Art (wie die episodischen Dämmerzustände von KLEIST oder die Poriomanien), durch ihre relativ kurze Dauer und den Nachweis spezifischer psychomotorischer Anfallssymptome zu unterscheiden.

Der Reorientierung dienende Handlungen: Alle Phänomene, die den Anschein haben, als ob die Kranken bemüht sind, sich wieder in ihrer Umgebung zurechtzufinden, fassen wir als Reorientierungshandlungen zusammen. Während stereotype Aktionen oder szenische Handlungen nicht bei jedem Kranken und nicht nach jedem psychomotorischen Anfall vorkommen, sind irgendwelche Anzeichen für eine Reorientierung nach jedem psychomotorischen Anfall, der von einer Amnesie begleitet ist, zu beobachten. Darin unterscheiden sich psychomotorische Anfälle grundsätzlich von pyknoleptischen Anfällen, daß die Patienten erst allmählich »auftauen« und nicht plötzlich wieder »da« sind. Sei es, daß die Kranken nur kurz wie staunend oder ratlos um sich blicken, sei es, daß sie sich verlegen durchs Haar streichen, über die Augen wischen oder sonst eine verlegene Geste machen, – selbst bei kürzester Anfallsdauer kommen sie nur langsam und mit dem Gebaren, als ob sie eben aus einem Rausch oder Traum erwachen, wieder zu Bewußtsein. Wenn sich dieser Vorgang über eine längere Zeit hinzieht, wird gekramt, herumgesucht, wie ordnend oder vergewissernd am Bett oder an der Kleidung herumgetastet, das Nächstliegende in die Hand genommen, verständnislos gemustert, wieder weggelegt oder solange daran herumhantiert, bis es mit den Zeichen des Erkennens wieder »begriffen« wird. Was die Kranken tun, scheint nicht mehr irgendwelchen Affekten, Vorstellungen oder Erinnerungen, sondern einer ratlosen Verlegenheit zu entspringen und dazu zu dienen, wieder mit ihrer Umgebung vertraut zu werden, sich wieder zurechtzufinden.

In dieser letzten Phase wirken die Kranken verhangen, reagieren aber – wenn auch noch verhalten – auf ihre Umwelt, beantworten – wenn auch noch verstört – Fragen und nehmen auch – wenngleich noch zögernd – eine vorher begonnene Tätigkeit wieder auf. Die Amnesie überdauert selbst diese letzte Phase noch eine ganze Weile. Auch wenn die Kranken schon wieder ganz angepaßt zu handeln und zu reagieren scheinen, haben sie doch noch für eine gewisse Zeit, die die sichtbaren Zeichen der Umdämmerung überdauert, keine Erinnerung. Währenddessen kann man auf eindringliches Befragen mehr oder minder ausführliche Erinnerungsbruchstücke erfahren, die inhaltlich dem szenischen Verhalten entsprechen, ohne daß sich der Patient danach erinnern kann, wonach er gefragt wurde und was er berichtet hat.

Wie sich die Rückkehr des Bewußtseins in der Selbstwahrnehmung der Kranken darstellt, wird vom Kollegen Z. in detaillierter Weise geschildert. Auch wenn es schnell geht, »kommt das normale Bewußtsein nie so rasch zurück, wie das abnorme Bewußtsein einsetzt. Es geht mehr stufenweise«, über ein passiv-unkritisches Verhalten vor sich, wobei noch eine Zeitlang amnestisch-aphasische Störungen vorherrschen. So erfährt man, daß beim Lesen von Gedichten der »Sinn für Rhythmus und Metrik früher wiederkommt, als die Fähigkeit, den Worten Aufmerksamkeit zu schenken oder sie zu verstehen«. Die Kritikschwäche während der Umdämmerung beeinträchtigt weniger die formalen als die inhaltlichen Bestimmungen des Verhaltens. Das geht auch aus den während der Anfälle verfaßten Schriftstücken hervor, die unpassende Worte in grammatisch korrekten Formen enthalten.

Zur Verlaufsstruktur der postparoxysmalen Handlungen: Nicht jeder Kranke durchmißt alle drei Stadien der postparoxysmalen Handlungen. Trotzdem sind sie als Phasen zu verstehen, weil sie eine bestimmte zeitliche Sukzession aufweisen, die, obwohl einzelne Phasen ausfallen können, jedoch prinzipiell nicht invertierbar ist. So können z. B. einfache Stereotypien nie nach szenischen Handlungen, szenische Vorgänge nie nach Reorientierungshandlungen auftreten. Insofern läßt sich auch im Ablauf der postparoxysmalen Handlungen wieder ein bestimmter Verlaufswandel ablesen, der sich spiegelbildlich zu der Verlaufsstruktur der psycho-sensoriellen Auraphänomene verhält: War der Erlebniswandel der Aura als eine Entwicklung vom diffus Zuständlichen zum spezifisch Gegenständlichen oder von einer komplexen Eindruckshaftigkeit zu einer existentiellen Betroffenheit zu beschreiben, so läßt sich der Geschehniswandel des postparoxysmalen Verhaltens dementsprechend als eine Rückbildung von mehr undifferenziert mechanischen Aktionen zu mehr differenziert natürlichen Handlungen, von einfachen Stereotypien zu komplexen Handlungen charakterisieren. Jeder Phase entspricht ein bestimmtes Verhältnis von Bewußtseinsstörung und Motorik, deren jeweiliger Ausdrucksgehalt entsprechend verschieden tiefe oder verschieden qualifizierte psychische Vorgänge vermuten läßt. Während sich die schablonisierten Stereotypien leichter als Transformationen umschriebener motorischer Krämpfe erklären als durch unerreichbar tiefe psychische Vorgänge verstehen lassen, legen die primitiven Bewegungsakte schon eher hypobulisch-unterbewußte Mechanismen im Sinne von KRETSCHMER[692] nahe, während sich in den szenischen Handlungen regelrechte Erlebnisse widerzuspiegeln scheinen und in den Reorientierungshandlungen eine Tendenz, sich wieder zurechtzufinden, zum Ausdruck kommt. Das Verhalten in den verschiedenen Phasen ist ferner durch eine unterschiedliche Abhängigkeit von der Umgebung gekennzeichnet: Die eigentlichen Anfallsbewegungen sind durch einen autonomen Ablauf charakterisiert. Obwohl die Seite, nach der die Drehung in adversiv-psychomotorischen Anfällen erfolgt, bei ein und demselben Kranken wechseln kann, scheint sie weder von der Umgebung bestimmt, noch durch ein aktives Eingreifen im Anfall bestimmbar zu sein, wovon sich P. VOGEL[908] überzeugt hat, dem es nie gelungen ist, die Drehrichtung durch aktives Eingreifen zu verändern. Eine Ausnahme, die die Regel bestätigt, wird am Fall Marliese G. (unten S. 211) beschrieben. Ebenso autonom gehen die oralen Bewegungen vor sich, wie die auf S. 204 erwähnte Beobachtung von PENFIELD u. JASPER belegt, deren Patient eine gerade im Mund gehaltene Pfeife zu zerbeißen drohte und dann seinem Partner in den Finger biß, als dieser die Pfeife retten wollte, – aber auch eigene Beobachtungen, wonach Patienten gerade zwischen den Lippen befindliche Zigaretten achtlos zerkauten oder an gerade im Mund befindlichen Speisen gleichsam im Leerlauf weiterkauten, ohne den Vorgang der Nahrungsaufnahme durch ein Hinunterschlukken fortzusetzen. Die stereotypen Aktionen nehmen schon eher eine gewisse Rücksicht auf die gegenwärtigen Umstände und lassen sich auch schon durch Eingreifen unterbrechen oder modifizieren. Je komplexer die Vorgänge und je ausdrucksvoller die Szenen, desto geringer ist ihre Autonomie und desto größer wird ihre Modifizierbarkeit durch die jeweilige Umgebung.

Als Maß für die Tiefe oder die Oberflächlichkeit der jeweiligen Bewußtseinsstörung in den verschiedenen Phasen des Anfalls kann auch die experimentelle Eruierbarkeit von Erlebnisinhalten während postparoxysmaler Dämmerzustände gelten, die durch eigene und Untersuchungen anderer Autoren[465, 523, 630, 809, 810, 819, 830, 831, 832, 873] belegt ist. Wenn man noch während des Dämmerzustandes sofort mit einer nachhaltigen Exploration einsetzt oder nachträglich in Hypnose eruiert, gelingt es fast immer, Erlebnisse zu erfahren, die manchmal nur inhaltsleere Affekte oder Stimmungen, manchmal Bruchstücke von Vorstellungen oder Erlebnissen, manchmal aber auch ganze Geschichten enthalten. Für die theoretisch bedeutsame Unterscheidung von paroxysmalen Bewegungen (»ictal automatism«) und postparoxysmalen Handlungen (»postictal automatism«), erscheint es wesentlich, daß man durch unmittelbare oder durch nachträgliche Exploration immer nur Erinnerungsbruchstücke erfahren kann, die über den Reorientierungszustand in die szenischen Handlungen hineinreichen. Nie jedoch kann man die Amnesie aufheben, die über den oralen und adversiven Bewegungen liegt. Auch MAGNUS hat (zusammen mit PENFIELD u. JASPER) auf das merkwürdige Ausschlußverhältnis von »Kauen und Bewußtsein« im psychomotorischen Anfall hingewiesen, das sich selbst reizexperimentell immer wieder bestätigt hat.

Da die oralen wie die adversiven Bewegungen und die sprach-motorischen Automatismen die einzigen motorischen Symptome bei psychomotorischen Anfällen sind, die weder während der Aura erlebt noch nach dem Anfall rückerinnert werden können, dürfen sie mit Recht auch als die einzigen konstitutiven motorischen Symptome dieses Anfallstypus gelten.

Über den Inhalt von Auren und Dämmerzuständen: “Hitherto the phenomena of epilepsy have been studied by neurologists and psychopathologists without interchange of ideas, using separate languages which allow for no easy intercommunication. The present decade is one which promises to break down the barrier separating these different disciplines”. (HILL u. MITCHELL 1953)

Besonders solche Beobachtungen fordern zu einer den psychologischen und den physiologischen Vorgängen gleichermaßen angemessenen Interpretation auf, bei denen sowohl im Erlebnis der Aura, wie am Verhalten während des Dämmerzustandes, Situationen aufscheinen, deren Bedeutung erst aus der Biographie der Kranken verständlich wird. Daß sich unbewußte Wünsche oder Ängste der Aura einprägen und im postparoxysmalen Verhalten ausprägen können, ist einmal von praktisch-diagnostischem Wert, insofern derartige Anfallsvorgänge nicht nur »den Weg zum Sitz der Entladungsstörung« (JACKSON[407]) zeigen, sondern auch den Weg zu verdrängten Konflikten angeben können. Die Möglichkeit, sowohl die hirnphysiologischen Bedingungen der Verdrängung, wie die tiefenpsychologischen Bedingungen des Anfalls an solchen Beispielen modellhaft zu studieren, verspricht darüber hinaus einen theoretischen Gewinn für die Verknüpfung organischer und funktioneller Vorgänge.

Von Auren: Mit der Aura tauchen oft Erlebnisse in mehr oder minder verstümmelter und verschlüsselter Form wieder auf, in denen sich Situationen und Ereignisse widerspiegeln, die manchmal vor Beginn des Anfallsleidens, manchmal auch erst im Verlauf der Erkrankung mit großer Eindringlichkeit erlebt und empfunden worden sind.

Fall Marliese G.:

20jähriges Mädchen; der Vater ist Elektriker; »wir können uns wohl zum Mittelstand rechnen ... Was der Vater sagt, wird getan ... Er hat auch gesagt, wenn du den R. nicht kennengelernt hättest, hättest du keine Anfälle bekommen«. Sie hat eine (zweieiige) Zwillingsschwester, die »ganz anders« ist als sie, »immer gesund, robust, immer rote Backen«, während sie selbst immer kränkelte. Seit 1 Jahr bekommt sie, anfänglich fast jede Nacht, dann auf Phenobarbital in Abständen von 2—3 Wochen weiterhin nur nachts Anfälle, bei denen sie unter großer Angst aufwacht; dann verspürt sie Herzklopfen und ein Gefühl, als ob es ihr die Kehle zuschnüre, so daß sie kaum noch Luft bekommt. Dabei winkeln sich die Arme an den Körper an, der Oberkörper dreht sich unter Führung des Kopfes nach links. Gleichzeitig beginnt im Kopf ein leichtes Dröhnen, das sich schnell und unheimlich verstärkt und schließlich so unerträglich den ganzen Kopf erfüllt, daß sie bewußtlos wird. Kurz davor hat sie noch die Empfindung, als würde sie gerufen. Während der anschließenden Krämpfe sind die Augen geöffnet. Meist hat sie sich in die Zunge gebissen, und zwar immer auf der linken Seite (nur einmal fand die Kopfdrehung nach rechts und auch der Zungenbiß auf der rechten Seite statt, als sie mit ihrer Schwester zusammen schlief, deren Kopf über ihrer linken Schulter ruhte, so daß für eine Linksdrehung des Kopfes kein Platz mehr war). Manchmal kann sie den Anfall noch unterdrücken, wenn sie, solange sie noch bei Bewußtsein ist, die Fäuste fest ballt, sich aufsetzt und die Arme auf die Brust preßt, aber auch nur dann, wenn es etwas hell im Zimmer ist und sie sich an irgend etwas mit den Augen »festhalten« kann.

In der zweiten Nacht ihres Aufenthaltes in der Klinik träumte ihr: Sie sei mit ihrer Mutter im Wald gewesen und habe Erdbeeren gepflückt. Sie habe die kleinen roten Beeren deutlich vor sich gesehen und danach gegriffen. Je mehr sie pflückte, desto mehr Erdbeeren sah sie vor sich; sie pflückte immer schneller, es wurden immer mehr. Sie bekam Angst, pflückte schneller und schneller, ein heißes brennendes Gefühl stieg in ihr auf, rhythmisch wie das Pflücken und wie der Gedanke des »immer mehr — immer mehr«, von den Oberschenkeln rasch über den Leib, die Brust, griff zur Kehle, würgte sie, während immer mehr Erdbeeren vor ihr auftauchten. Da wachte sie in höchster Angst und Atemnot auf, im Kopf hämmerte es rhythmisch: »immer mehr — immer mehr«; sie preßte beide Fäuste an den Hals, die Arme an den Leib, — und unter Aufbietung äußerster Kraft gelang es ihr, den drohenden Anfall zu unterdrücken.

Nachdem sie wieder eingeschlafen war, kam ein zweiter Traum: Sie sah den R. (ihren Freund) vor einem Spiegel stehen, in dem sie sich selbst erblickte, und sich einen weißblauen Schlips mit Streifen umbinden. Er unterhielt sich dabei spöttisch über die Schulter hinweg mit noch anderen, die hinter ihm im Zimmer standen. Unter diesen war auch Peter (ihr anderer Freund). — Dazu erläutert sie: Sie hatte ihre Schwester, die nach Nizza fuhr, gebeten, ihr für R. von dort einen Schlips zu schicken, den sie ihm zum Geburtstag schenken wollte. Später kam sie auf den Gedanken, die Schwester auch noch um Schlipse für Peter und dessen Brüder zu bitten, die sie ihnen zu Weihnachten geben könnte. — Im Traum sagte R., indem er den Schlips fest anzieht, über die Schulter hinweg: »Wenn die anderen auch Schlipse kriegen, dann ziehe ich den ›Schlägerschlips‹ (Peter ist Boxer) nicht an«. Sie ärgert sich, daß sie auch um Schlipse für die anderen geschrieben hat, lacht aber, als sie an R.'s Gesicht denken muß, wenn er mit ihrem Schlips sonntags in die Kirche kommt und dann sieht, daß die anderen denselben Schlips wie er tragen. Plötzlich fällt ihr aber siedendheiß ein, was wäre denn, wenn sie das nicht mehr rückgängig machen könnte, und sie bekommt furchtbare Angst, daß er ihn dann nicht mehr haben will, daß er ihr dann wieder Szenen macht, eifersüchtig wird und Streit anfängt. Sie denkt: »Oh Gott, nicht mehr rückgängig — nicht mehr rückgängig« —; rasend schnell hämmert es ihr in äußerster Angst durch den Kopf: »Schlipse-Schlipse-Schlipse«; das siedendheiße Gefühl stieg wieder zur Kehle auf und würgte sie. Atemlos wachte sie auf, drehte den Kopf nach links, um ihre Nachbarin zu rufen, bekommt aber keinen Ton heraus, kann auch nun, da sie den Kopf schon einmal gewendet hat, die weitere Drehung nicht mehr aufhalten. Wieder wie sonst, aber so heftig wie noch nie, dreht sich der Kopf und der Körper weiter und weiter nach links, die Arme zucken angepreßt; als der Kopf nicht mehr weiterkommt, beginnt das unheimliche Dröhnen immer stärker, immer unerträglicher, bis es mit einem grausamen Ruck abreißt und sie bewußtlos wird.

Am nächsten Morgen nach der Bedeutung der Träume und der Anfälle befragt, erklärt sie, ihre Mutter habe gesagt, ihr wäre es lieber gewesen, sie hätte ein lediges Kind mit nach Hause gebracht, als die Anfälle. Vor 2 Jahren habe sie sich mit dem 23jährigen Automechaniker R. befreundet, der sie heiraten will. Sie mag ihn ganz gern, hat aber auch oft Streit mit ihm, weil er so eifersüchtig sei, bereut es aber immer, wenn sie ihn eifersüchtig gemacht hat. Ihr sei es nicht so ganz ernst mit dem Heiraten. Sie wolle erst mal gesund werden, dann vielleicht sich verloben und nächstes Jahr heiraten. Wenn sie aber nicht gesund werde, dann heirate sie Peter. Der studiert Chemie und versteht vielleicht medizinische Dinge besser. — 3 Monate vor Beginn der Anfälle habe sie mit R. im Freien das erste und einzige Mal Verkehr gehabt, wahrscheinlich habe sie sich dabei erkältet, denn kurz danach bekam sie einen Ausfluß. Sie habe ihm Vorwürfe gemacht, weil er sie so bedrängt habe, und er habe sie dann zum Arzt geschickt. An die folgenden beiden Monate habe sie fast keine Erinnerung. Während der Zeit sei die Periode ausgeblieben. Sie weiß nur, daß sie kurz vor ihrem ersten Anfall mit R. Krach bekam wegen ihrer Unterleibsgeschichte und dann ohne Abschied in Ferien gefahren sei. Dort habe sie dann Heimweh nach ihm bekommen und ihm alles verziehen, dann aber aus einem Brief von ihrer Mutter erfahren, daß er mit einer anderen gehe, und es mit der Angst bekommen. In dieser Zeit geschah es das erste Mal, daß sie nachts aufwachte, große Angst hatte, das Herz bis zum Hals schlagen spürte, ein unerklärliches Brausen im Kopf hörte und danach wieder einschlief oder ohnmächtig wurde. Die nächste Nacht bog sich ihr Kopf mit einem Dröhnen unwillkürlich nach der Seite, daß sie erstaunt aufwachte. Wieder in einer der nächsten Nächte wachte sie auf, wie sich Kopf und Körper nach der Seite drehten; jedesmal schlief sie dann ein oder wurde ohnmächtig. Es dauerte etwa 1 Woche, bis ihr deutlich wurde, daß das, was nachts mit ihr vorging, Anfälle waren. Es wurde ihr immer unheimlicher, und es graute ihr vor der Nacht. In dieser Zeit setzte auch die Periode wieder ein. Die folgenden beiden Monate hatte sie fast ständig Blutungen.

Solche Beobachtungen, die sich in ihrem biographischen Zusammenhang von selbst auslegen, bezeugen, wie sich epileptische Anfälle unmittelbar aus Träumen heraus entwickeln können, Träume, in denen sich Konflikte symbolisch verdichten und zuspitzen. Die Verbindung zwischen Traum und Anfall scheint dann durch einen beiden Vorgängen identischen Affekt — in unserem Beispiel dem der Angst — hergestellt zu werden. In anderen Auren sind fragmentarisch oder vollständig szenische Erlebnisse eingeblendet, die ihnen wahrscheinlich unter dem Druck starker Affekte »imprägniert« wurden[402, 471, 609, 622, 623, 776, 808, 811].

So berichten Hoff u. Hoffmann u. a. über einen Patienten, der als Aura das Gefühl hatte, als würde etwas von der Magengegend langsam zum Kopf aufsteigen; dann setzte sich dieses Gefühl in den Augen fest und nun war es ihm, als würden diese aus seinem Kopf heraustreten. Der Sehraum ging weit zurück, ähnlich wie sich im Kino das Bild ändert, wenn der Aufnahmeapparat zurückgeschoben wird, um den Szenenraum zu vergrößern. Bei der Exploration war zu erfahren, daß der Patient im Alter von 4 Jahren während des Faschings eine Maske angelegt hatte und auf einen Diwan gestiegen war, um sich im Spiegel zu betrachten. Dabei stürzte er nach rückwärts, immer in den Spiegel sehend. Nach dem Sturz war er einige Tage lang bewußtlos. Da es möglich schien, daß sich in der Aura das Erlebnis zwar nicht in Form des Rückwärtsfallens, sondern als Gefühl des Wegrückens wiederholte, wurde der Versuch gemacht, diese Situation experimentell zu wiederholen und zur Anfallsprovokation zu benutzen. Der Patient wurde auf ein vertikal aufgestelltes Brett angegurtet und aufgefordert, in einen vor ihm stehenden Spiegel zu schauen. Das Brett war drehbar und wurde rasch in die horizontale Lage gebracht. Es gelang auf diese Weise immer, einen Anfall auszulösen. — Ähnliches berichtet Pateisky, daß er die Anfälle eines Okzipitalhirnverletzten, der während seiner Aura in einem hellen Feld eine dunkle Person immer auf derselben Stelle laufen sah, wobei der Hintergrund in seiner Lichtintensität einem ständigen frequenten Wechsel unterlag, durch Imitation mit Flackerlicht provozieren konnte. Die inhaltliche Bedeutung dieser Aura, über die der Patient offenbar nichts anzugeben wußte, ergab sich erst bei einer Aussprache mit einem Kriegskameraden, der berichtete, daß der Patient seine Verletzung in einer Situation erlitten hat, in der er, ein schweres Maschinengewehr bedienend, im Zielfernrohr einem davoneilenden Soldaten nachschoß.

Den Mechanismus der Fixierung von Erlebnisinhalten in der Aura umschreibt Pötzl in Analogie zu dem biologischen Phänomen des Tonusfangs von v. Uexküll als *Erregungsfang*, mit dem er auch Beobachtungen auf anderen Gebieten interpretiert, wie z. B. die Fixierung eines Phantomarmes auf die zum Zeitpunkt des Traumas intendierte Bewegung oder die Fixierung von Sprachresten bei Aphasikern auf die im Augenblick des Schlaganfalles intendierte Vorstellung. Als Tonusfang hatte v. Uexküll solche biologischen Phänomene bezeichnet, bei denen eine muskuläre Erregung nicht wieder erlöschen kann, wenn das nervöse Zentralorgan ausgeschaltet wird und daher den Rückfluß der Erregung nicht wieder in sich aufzunehmen vermag. In Analogie dazu hat Pötzl die Fixierung psychischer Erregungen bei traumatisch oder epileptisch bedingter vorübergehender »Ausschaltung« zentraler Funktionen als Erregungsfang bezeichnet.

Unter mehr psychopathologischem Aspekt beantwortet Bornstein die Frage, wie es kommt, daß sich gewisse Erlebnisse bei ein und demselben Kranken während der Aura immer wiederholen. Er sieht in dem Hervortreten tief mit der Persönlichkeit verbundener affektiver Erlebnisse während des Dreamy state die Folge einer durch die veränderte Hirntätigkeit zustande kommenden Lockerung des Bewußtseins oder eines Nachlassens der Bewußtseinskontrolle, die es zulasse, daß affektive Erlebnisse, die zum Teil vergessen, zum Teil verdrängt sind, wieder hervorbrechen. Als Beispiele berichtet er von Patienten, die im Dreamy state ihre auf tragische Weise umgekommenen Angehörigen wiedersehen und zitiert einen Fall von PENFIELD, bei dem die Patientin im Dreamy state die Geburt eines Kindes mit genauen Einzelheiten des wirklichen Geschehens nacherlebte.

Unter weniger spekulativen Vorzeichen berichten HILL u. MITCHELL über 50 Beobachtungen mit der Absicht, den Inhalt, die Qualität, die psychologischen Beziehungen und den möglichen Bedeutungsgehalt dieser Art von Auren im Hinblick darauf zu studieren, was sich daraus für den Mechanismus der Verdrängung ergibt. Von der These ausgehend, daß den verschiedenartigen Formen des Dreamy state eine unterschiedliche Bewußtseinsfähigkeit bzw. Reproduzierbarkeit ihrer Inhalte entspräche, formulieren sie drei Kategorien, die sich durch die Unvollständigkeit oder Vollständigkeit der gegebenen Inhalte unterscheiden. Die erste betrifft »komplette« Erinnerungen, die meist visualisiert, ohne akustische oder vestibuläre Komponenten, gegeben sind, meist als unangenehm und mit dem Gefühl des Vertrautseins empfunden werden und sich von normalen Erinnerungen durch ihre unwiderstehliche und überwältigende Unmittelbarkeit auszeichnen.

Als Beispiel wird unter anderen die Geschichte eines 39jährigen Mannes angeführt, dessen Anfälle im Alter von 10 Jahren begannen. Dabei hob er die Hand vor sein Gesicht, kauerte nieder und rief: »Schlag mich nicht, Vater, bitte schlag mich nicht!« Er beschrieb, daß er seinen Vater über sich stehen sehe, der ihn mit einem Feuerhaken traktiere. Ein Angehöriger berichtete, daß ihn sein Vater tatsächlich kurz vor seinem ersten Anfall mit dem Feuerhaken geschlagen hatte. Sein EEG zeigte bilateral unabhängig auftretende Spike-Foki in den hinteren Temporalregionen.

Bei der zweiten Gruppe drängen sich einzelne Worte, meist zwei oder drei, ins Bewußtsein. Gelegentlich begleitende Szenen haben nicht den Charakter des Unmittelbaren »hic et nunc«, sondern mehr die Art einer hartnäckigen Reminiszenz. Die Patienten finden diese »parasitischen« Worte, die meist dieselben sind, ganz harmlos oder bedeutungslos, oder sie assoziieren ganz affektfreie Bedeutungen dazu. Unter anderen Beispielen wird ein 32jähriger Mann erwähnt, der seit dem 16. Jahr Anfälle bekam. Sein EEG zeigte eine epileptische Aktivität vorwiegend über der linken Temporalregion. Seine Anfälle wurden eingeleitet durch das immer wiederkehrende Wort »Diplomatie«, aber später wurde daraus »Ploma, Plomatie, Platie oder Plama« (im Englischen heißt es: »diplomacy, ploma, plomacy, plucy, or pluma«). Mit Diplomatie meint er »Diplom« als ein Abzeichen für Erfolg. Er hatte eine Abneigung gegen seinen Vater und Angst vor Autoritätsfiguren. Im freien Assoziationsversuch verknüpfte er Diplomatie mit Käse (»diplomacy - cheese«) und dann seine Abneigung gegen seinen Vater.

Die dritte Gruppe bilden Zustände eines gewissermaßen von Inhalten gereinigten Dreamy state, der lediglich in einer Bekanntheitsanmutung besteht oder dem Eindruck, als ob eine bedeutsame Erinnerung aufsteigen will, die aber nicht erinnert werden kann, weil das Bewußtsein aussetzt; oder die Patienten berichten nachher, sie hätten eine wichtige und ihnen ganz bekannt erscheinende Erinnerung gehabt, die sie nicht mehr reproduzieren können.

Ihre Meinung, daß sich in den beschriebenen drei Kategorien verschiedene Stufen der Verdrängung darstellen, belegen HILL u. MITCHELL sowohl aus der Erfahrung eines Wechsels der Kategorien im Krankheitsverlauf, wie aus ihrer verschiedenen explorativen Zugänglichkeit.

Wenn sich die Aura bei ein und demselben Patienten während des Krankheitsverlaufes ändert, so immer nur in der Richtung, daß die komplexen, szenischen Erinnerungen zuerst verschwinden und auch später nicht mehr erinnert werden können, dann die isolierten Komponenten eines forcierten Denkens oder »parasitischer« Worte und endlich der reine Dreamy state, der in von Inhalten gereinigter Form noch am ehesten erinnerungsfähig bleibt. Ein Wechsel der Aura könne hervorgerufen sein durch eine fortschreitende Zerstörung derjenigen Strukturen, die für die Merkfähigkeit mitverantwortlich sind, etwa bei Hirntumoren. Für den Wechsel der Aura bei residualen Schädigungen oder bei Epilepsien ohne makroskopische Läsionen bieten sich zwei Erklärungsmöglichkeiten an, eine physiologische und eine psychologische, die beide möglicherweise identisch seien. Die im Laufe der Zeit fortschreitende inhaltliche Entleerung der Aura könnte mit einer zunehmenden zeitlichen Vorverlegung des Bewußtseinsverlustes verbunden sein, wie sie möglicherweise durch einen Wechsel der fokalen epileptogenen Aktivität hervorgerufen werde. Da es bekannt ist, daß der Fokus nicht nur selbst mit der Zeit wechseln kann, sondern auch die Aktivität der Neuronennetze, mit denen er verknüpft ist, verändern kann, ist es denkbar, daß mit der Zeit Strukturen in die Entladungen einbezogen werden, deren Aktivierung zu einer zeitlichen Vorverlegung des Bewußtseinsverlustes führt.

Genauer untersucht sind die psychologischen Bedingungen: Zur Identifizierung der Auraerlebnisse in der ersten Kategorie mit biographischen Ereignissen war keine vertiefte Exploration notwendig. Die Beziehungen zwischen dem Inhalt der Auren in der zweiten Kategorie, die den Patienten zunächst bedeutungslos scheinen, mit bestimmten Lebenserfahrungen herzustellen, erforderte schon eine eingehende psychiatrische Untersuchung, aus der hervorging, daß es sich dabei um Deckerinnerungen für verdrängte Begebenheiten von emotioneller Bedeutung handelt. Die Auren der dritten Kategorie werden als Residuen von Begebenheiten angesehen, deren Bedeutung vom Bewußtsein ausgesperrt wird. Die Bestätigung dafür, daß derartige reine Dreamy states von komplexen Inhalten gereinigte Auren darstellen, deren Szenen durch Verdrängungsmechanismen ausgelöscht worden sind, sehen Hill u. Mitchell im Ergebnis ihrer Versuche, das verdrängte Material wieder ins Bewußtsein zu heben. Dazu bedurfte es in diesen Fällen immer einer psychotherapeutischen Technik mit tiefenpsychologischer Methodik, wobei es dann allerdings zu wiederholten Suizidversuchen in einem Fall und in einem anderen zu einer Psychose kam.

Von Dämmerzuständen: Die Erfahrung, daß sich auch in den postparoxysmalen Handlungen Erlebnisinhalte ausprägen, die nicht zufällig, sondern tiefer begründet sind, hatte den Nachweis zur Voraussetzung, daß die Amnesie, die über den postparoxysmalen Dämmerzuständen liegt, grundsätzlich aufhebbar ist. Schon Trousseau hatte berichtet, daß es den Kranken bisweilen gelingt, durch eigene Anstrengung Bruchstücke von Ereignissen, die während des Dämmerzustandes aufleben, wieder aufzufinden. Systematische Untersuchungen mit Hilfe von Hypnose um die Jahrhundertwende[585, 759, 809, 810] widerlegten die Annahme eines grundsätzlichen Unterschieds zwischen epileptischen und hysterischen Dämmerzuständen, wonach es sich bei der epileptischen Amnesie um eine Zerstörung von Gedächtnismaterial, bei der hysterischen um eine irgendwie motivierte Hemmung im Reproduktionsablauf handeln sollte[877]. Doch ist schon damals festgestellt worden, daß nur den »koordinierten Bewegungen« während der Bewußtlosigkeit Vorstellungen entsprächen, während dem Anfall im engeren Sinne »keine entsprechenden Vorstellungen zugrunde liegen«[809]. Von Binder wird diese Distinktion nach einer weitgehenden Aufhellung der Dämmerzustände bei einem Kranken, dessen Anfälle jedoch jeglicher inhaltlichen Reproduktion widerstanden, im Sinne von Jaspers begrifflich als eine Unterscheidung »kausaler und verständlicher Zusammenhänge« beschrieben. Auch bei Anwendung psychoanalytischer Techniken gelingt es lediglich, unter der Amnesie der postparoxysmalen Handlungen verborgene Erlebnisse ins Bewußtsein zu heben. Dabei kann sich bei therapeutischem Vorgehen sowohl der Inhalt der Aura wie das Verhalten im Dämmerzustand ändern. Die Vorgänge jedoch, die dem Anfallskern, d.h. auf psychomotorische Anfälle bezogen, den paroxysmalen Bewegungen (»ictal automatisms«) zugrunde liegen, bleiben psychologisch unzugänglich[524].

Aus den zahlreichen Beispielen für die Zusammenhänge zwischen dem Inhalt des Erlebens während der postparoxysmalen Dämmerzustände und dem Affektleben oder der Tiefenperson der Kranken, wie sie von Hirsch und von Ruffin berichtet werden, sei ein Fall von Hirsch angeführt:

»... junges Mädchen ... im Alter von 18 Jahren ... Diese Patientin litt in der Jugend an Fraisen; sie war später gesund und lernte in der Schule ganz gut; nach dem Tode der Eltern lebte sie bei ihren fast gleichaltrigen Brüdern. Mit der Pubertät kamen die ersten epileptischen Anfälle ... Sie verspürte als Aura plötzlich eine vom Herzen aufsteigende Angst, ›eine ganz eigenartige Angst, wie wenn Kinder sich am Abend fürchten und um Hilfe rufen wollen, sich aber nicht trauen‹. Meist flüchtet

sie sich auf eine Truhe, die auf dem Gang der Klinik steht, oder ins Bett, hält sich die Kleider nach unten zu und streift sie nach unten zu ab, als ob sie etwas an ihr Heraufkriechendes abwehren wollte. Dabei ist sie bleich, bewußtlos, reagiert auf keinerlei Reize, auch nicht auf Nadelstiche, und wischt dauernd an sich herum . . . Nach wenigen Minuten klingt der Anfall ab; sie schaut verwirrt um sich, erkennt fürs erste die Umgebung nicht, wird aber nach und nach wieder luzid . . . und ist dann für den Anfall amnestisch. Krampfanfälle wurden nie beobachtet.
Aufgefordert, die Anfälle zu beschreiben, berichtet sie zunächst, sie wisse vom Anfall selbst nichts; vorher aber spüre sie eine eigenartige Angst; später gibt sie dann an, in der Aura vor Mäusen Angst zu haben. Deshalb setze sie sich, wenn diese Angst komme, immer auf die Truhe oder ›sonstwohin, wo unten kein leerer Raum ist‹, aufs Fensterbrett, ins Bett usw. Im Verlaufe der nun an die folgenden Anfälle anschließenden Examina berichtet sie dann, sie sei noch vor den ersten Anfällen öfter dadurch in Schrecken gejagt worden, daß Freunde ihres Bruders — sie war damals schon Waise — sich zum Scherze unter das Bett versteckt hatten und dann gegen sie herausgesprungen wären. Ein selbstverständlicher natürlicher Zusammenhang mit dem Inhalt der Aura scheint damit allein aber noch nicht gegeben zu sein.
Der erste epileptische Anfall fand aber unter Bedingungen statt, die den Zusammenhang des Auraerlebnisses und dem nun nachfolgenden Inhalt der epileptischen Anfälle wahrscheinlich machen, die vielleicht sogar anfallauslösend gewirkt haben mögen. Sie ging eines Abends bei Halbdunkelheit irgendeiner häuslichen Besorgung nach, als plötzlich aus einem im Gang liegenden Bretterhaufen eine Maus hervorsprang; sie erschrak heftig, stürzte zu Boden und bekam einen epileptischen Anfall. Es war ihr erster Anfall überhaupt.

Diese beiden Vorgänge (Erschrecken durch die Freunde, später durch die hervorspringende Maus) können allerdings zunächst nur entfernt ähnlich erscheinen; vielleicht vermittelt aber ein beiden Erlebnissen gemeinsamer sexueller Einschlag ihre Deckung. Es soll z. B. auch einigemal vorgekommen sein, daß der Jugendfreund des Bruders sich unter der Bettdecke versteckte, um sie zu erschrecken, ohne daß den kurz vor der Reife stehenden Kindern das Sexuelle an diesem Spiel bewußt oder vollbewußt gewesen wäre. Die anfallauslösende Kraft des ›Mäuseschreckens‹ war wohl nicht nur durch die selbst im Zeitlichen übereinstimmende äußere Ähnlichkeit (Abenddämmerung), sondern auch durch eine innere Ähnlichkeit determiniert; die erste war sozusagen durch die letztere verstärkt.

Auf diese Weise in den Anfall gebracht, blieb er noch lange mit ihm verbunden und führte einigemal zu folgender Reaktion:

Eines Tages, nachdem sie schon mehrere Tage hindurch anfallsfrei gewesen war, kam wieder wie gewöhnlich ein Angstzustand vor Mäusen; sie sprang aber diesmal nicht auf die Truhe und nicht ins Bett, sondern mit einem Ruck auf den vor dem Tische stehenden Stuhl, nahm dort eine halb kniende, halb hockende Stellung ein und ergriff mit beiden Händen — eigentlich mit den Fingerspitzen der flach gegeneinander gekehrten Hände — ein Stückchen Brot von dem dort liegenden Teller, führte es, indem sie steif sitzen blieb, zum Munde und knabberte daran; dabei quietschte sie wie eine Maus und sprang dann wieder mit einem Ruck auf den Boden. Sie war während des ganzen Vorganges bleich und nachher amnestisch dafür. Einigen Kranken und dem Wartepersonal war dieses Verhalten ›wie eine Maus‹ spontan aufgefallen; sie schickten nach den Ärzten, und wir konnten den Rest des Anfalles, der im ganzen 2—3 min dauerte, zu Ende beobachten«.

Wir kennen ein 20jähriges Mädchen, deren szenisches Verhalten im postparoxysmalen Dämmerzustand ein erst während des Krankheitsverlaufs stattgefundenes starkes Affekterlebnis wiederholte:

Fall Ortrud O.

Mehrere psychomotorische Anfälle, die wir auf der Station beobachten konnten, zeigten immer den gleichen Ablauf: Ohne irgendeine Aura wurde sie plötzlich abwesend und blaß im Gesicht, fuhr einige Male mit der Zunge über die Lippen und fiel dann plötzlich mit einem lauten Kreischen zu Boden, wobei sie die Beine weit auseinandergespreizt hielt, sich vorwärts beugte und mit einem mänadischen Gesichtsausdruck mit den Armen zwischen den Beinen herumfuchtelte, wie in Abwehr eines imaginären Angreifers. Nach etwa 15 sec beruhigte sie sich, stand langsam auf, strich sich die Haare aus dem Gesicht und kam unter verlegenem Lächeln und Rotwerden allmählich wieder zu sich. — Danach konnte sie sich angeblich an nichts mehr erinnern, aber die Eltern berichteten uns, daß die Anfälle zu Beginn, als sie mit 14 Jahren einsetzten, anders ausgesehen hätten: Damals war sie nur kurz abwesend und schmatzte dabei. Das Gebaren, das sie jetzt nach den Anfällen bietet, sei erst zu beobachten, seitdem einmal, als sie 17 Jahre alt war, nachts ein Neger durchs Fenster in ihr Zimmer eingestiegen sei, wobei sie aufwachte, laut aufschrie und ohnmächtig wurde.

Ein ähnliches Ereignis, dessen Amnesie sich allerdings erst durch monatelanges Liebeswerben des Attentäters selbst beheben ließ,

beschreibt HEINRICH VON KLEIST in seiner Novelle »Die Marquise von O . . .«.
Da sich das Verhalten im ersten Fall als eine Umsetzung des Auraerlebens erwies, was allerdings erst auf eindringliches Befragen herauskam, darf auch in unserem Falle eine dem postparoxysmalen Verhalten entsprechende Aura vermutet werden, die einem einfachen Befragen nicht zugänglich war. Nach den Untersuchungen von HIRSCH und von RUFFIN ist eine Beziehung der Inhalte von Aura und Verhalten zum Leben der Kranken nur möglich, wenn man die psychologischen Mechanismen der Traumarbeit berücksichtigt, d. h. die ins Bewußtsein geförderten Erlebnisbruchstücke als Verschiebungen, Verdichtungen und als Deckerinnerungen verdrängter Erlebnisse erkennt.
Die Zugänglichkeit zum Erlebnisinhalt der Verhaltensmuster wie zu den in den Auren eingefangenen Erinnerungen scheint der Tiefe der Verdrängung entsprechende explorative Techniken erforderlich zu machen. Sehr selten berichten die Kranken spontan, gelegentlich auf einfaches Befragen, dann aber so zögernd, daß man hartnäckig insistieren muß. Mehr erfährt man, wenn man noch während des Dämmerzustandes oder danach in Hypnose exploriert. Am meisten versprechen tiefenpsychologische Methoden, die aber nur selten angewandt wurden.
Der Ertrag solcher Versuche ist nicht zuletzt auch abhängig von der innerpsychischen Bedeutung der von den Anfallsvorgängen eingefangenen verdrängten oder verborgenen Erlebnisse. Denn es ist nicht gleichgültig, ob es sich dabei um Aktualkonflikte, um neurotische Konflikte oder um »endogene« Grenzsituationen handelt.
Wenn auch der Erfahrung von LANDOLT[272] beizupflichten ist, daß manche postparoxysmalen Handlungen sich bei genauer Beobachtung als »eingebahnte oder habituelle Gewohnheitshandlungen, Verlegenheitsreaktionen und Dissimulationsbemühungen« herausstellen, wofür er instruktive Beispiele gibt, so ist seine Frage, ob eine psychologische Interpretation der beschriebenen Erlebnisse und Verhaltensmuster nicht »beliebig anpaßbar ist und gar nicht zutreffend zu sein braucht«, nach den sehr gründlichen Untersuchungen der zitierten Autoren dahin zu beantworten, daß es sich dabei »nicht um die Manifestierung beliebiger, sondern um ein Auftauchen ganz bestimmter, stets latent gebliebener Konflikte – Bedrohung der persönlichen oder sexuellen Existenz – handelt« (RUFFIN). Die Evidenz psychologischer Zusammenhänge ist allerdings eine andere als die physiologischer Vorgänge. Abgesehen von der rein psychogenetischen Deutung, wie sie STEKEL und einige orthodoxe Psychoanalytiker dem Anfall selbst unterlegen, wird nie bezweifelt, daß das Auftauchen innerpsychischer Vorgänge »nur die Aura und den dem Anfall folgenden Zustand« (RUFFIN) betrifft.
Der Beantwortung der Frage, wie die Verknüpfung von Affekt und Aura, von Lebensbewegung und Anfallsvorgang zu denken ist, ist weder mit rein psychologischem Verstehen noch mit rein physiologischem Erklären gedient. Sie erfordert eine hermeneutische Methode, die solche im Umfeld der Anfälle aufbrechenden menschlichen Leidenschaften wie Liebe, Haß und Angst, mit solchen psychophysiologischen Erkenntnissen, wie sie in die Begriffe von Entladung, Verdrängung, Unterdrückung oder Wiederholungszwang gefaßt sind, in Beziehung setzt.

Wiederholung der Anfälle: – *Anfallsintensität:* Obwohl es Verläufe gibt, in denen das Anfallsmuster weitgehend konstant bleibt, ist bei längerer Dauer der Krankheit meist ein Wandel der Anfallssymptome zu beobachten. Dieser Symptomwandel ist jedoch in der Regel nicht durch eine Veränderung der Anfallsqualität, sondern der Anfallsintensität bedingt. Ob ein Anfall lediglich mit einer Aura, ob er mit motorischen Leitsymptomen oder mehr oder weniger ausgeprägten Verhaltensstörungen während der Dämmerzustände einhergeht, hängt von der Intensität ab, mit der er sich ausgestaltet. Auch das Hinzutreten großer Anfälle bedeutet noch keinen Übergang in eine andere Anfallsqualität, sondern eine Intensivierung des Anfallsgeschehens, weshalb auch die für solche Fälle üblich gewordene Bezeichnung einer Anfallskombination eigentlich unzutreffend ist.
Qualitative Veränderungen, die sehr selten und immer auf einen expansiven Prozeß ver-

dächtig sind, liegen dann vor, wenn zu den bisherigen sensorischen oder motorischen Leitsymptomen artfremde Symptome hinzutreten oder sie allmählich ersetzen, wie etwa parästhetische, optische, akustische oder vestibuläre Empfindungen zu oral-sensorischen oder vegetativen Auren oder hemilaterale oder adversive Krampfsymptome zu den für psychomotorische Anfälle typischen motorischen oder vegetativen Symptomen.

In therapeutisch unbeeinflußten Verläufen nimmt die Intensität der Anfälle meist in dem Sinne zu, daß sich aus ursprünglich isolierten Aura-Empfindungen später dann von Auren eingeleitete psychomotorische Anfälle mit motorischen Symptomen entwickeln, die der Erinnerung nicht zugänglich sind. Selten verfällt später auch die Aura der Amnesie, was wahrscheinlich als prognostisch ungünstiges Zeichen zu werten ist[629]. Umgekehrt pflegen sich unter geeigneter Behandlung zuerst die großen Anfälle, dann die dem Bewußtsein verborgene motorische Phase der psychomotorischen Anfälle zurückzubilden, während die Auren, die oft hartnäckig widerstehen, zuletzt verschwinden. Isolierte Dreamy states scheinen eine besonders milde Verlaufsform zu sein, da sich nach unseren Erfahrungen daraus relativ selten und erst spät ausgeprägtere psychomotorische und große Anfälle entwickeln. Andererseits wachsen sich nach unserem Eindruck psychomotorische Anfälle, denen keine Aura voraufgeht, relativ häufig und früh zu großen Anfällen aus.

Anfallsfrequenz: Die Anfallsfrequenz steht in einem Abhängigkeitsverhältnis zur Anfallsintensität. Das geht nicht nur aus dem Häufigkeitsverhältnis kleiner Anfälle zu großen im Verlauf »kombinierter« Erkrankungen hervor, für die die Regel gilt, daß die Zahl der kleinen die der großen um ein mehrfaches übertrifft, sondern auch für die Verhältnisse innerhalb reiner psychomotorischer Epilepsien, in deren individuellem Verlauf die schwächeren Anfallsausprägungen die stärkeren zahlenmäßig überwiegen. Häufig treten bei ein und demselben Kranken mehrere Intensitätsgrade in dem bezeichneten Häufigkeitsverhältnis nebeneinander auf. Dem Gesetz der Identität von Herpin[60], wonach verschiedenartig scheinende Anfälle bei demselben Kranken verschieden starke Ausprägungen desselben Anfallsgeschehens darstellen, darf daher die erwähnte Regel zur Seite gestellt werden, daß sich die Häufigkeit, mit der verschiedene Anfallsausprägungen bei demselben Kranken vorkommen, nach dem Grad ihrer Intensität richtet und zwar: je milder, desto häufiger; je stärker, desto seltener. Diese Regeln gelten nicht nur für die leichteren und schwereren Ausprägungen der psychomotorischen Anfälle selbst, sondern auch für das Verhältnis der psychomotorischen Anfälle zu großen Anfällen im Rahmen »kombinierter« Erkrankungen, wenn auch mit der Einschränkung, daß mit zunehmender Progredienz, d. h. Intensivierung des Krankheitsgeschehens die schweren Anfälle die leichten weitgehend ersetzen können.

Anfallsrhythmik: Die Art und Weise, in der sich psychomotorische Anfälle wiederholen, ist in den meisten Fällen so charakteristisch, daß man nicht selten allein mit der Frage nach der Rhythmik der Anfälle zu der richtigen Diagnose kommt. Psychomotorische Anfälle pflegen periodisch gehäuft aufzutreten. Die Intervalle zwischen den Anfallsperioden können sehr verschieden sein und schwanken im allgemeinen zwischen einer und sechs Wochen. Die Anfallsperioden dauern meist 2—4 Tage. Die Häufigkeit der Anfälle während der Perioden schwankt zwischen 2 und 8 Anfällen am Tag. Häufig liegen in den anfallsbereiten Tagen 1 oder 2 anfallsfreie Tage dazwischen, so daß sich bei der Aufzeichnung der Anfälle in einem Anfallskalender ein eigentümlich skandiertes (»verkleckertes«) Verteilungsmuster ergibt (s. Beispiele Abb. 82). Um die Eigenart dieser Rhythmik wiederzugeben, bezeichnen wir diesen Modus in Analogie zu der pyknoleptischen (tagtäglich gehäuften) als eine *zykloleptische (periodisch gehäufte) Verlaufsform* [251, 616].

Die Beispiele geben mehrere Variationen eines zykloleptischen Krankheitsverlaufs wieder. Im ersten (a) und im letzten Fall (d) kam es spontan zu mehrere Monate dauernden Intervallen, die mit Anfallsperioden mit kürzeren Abständen abwechselten. Die beiden mittleren Diagramme (b u. c) stehen als Beispiele für Krankheitsverläufe mit einer periodischen Anfallshäufung

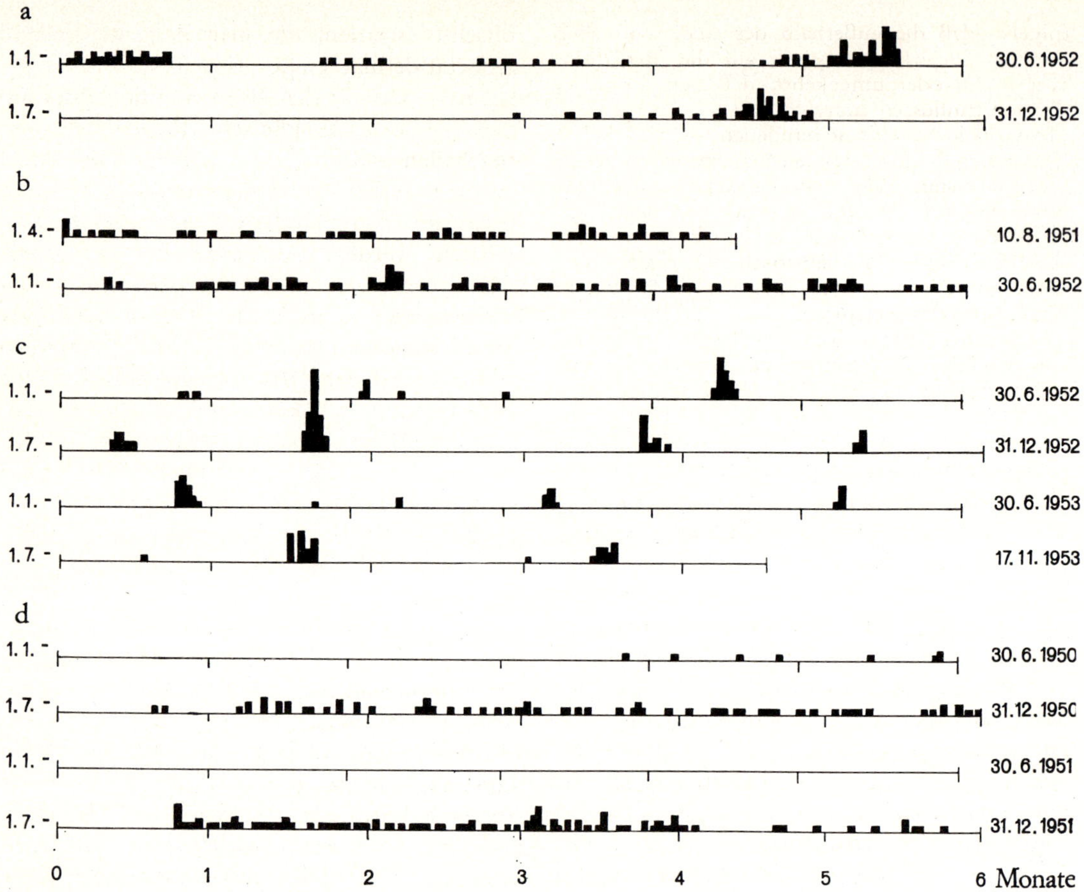

Abb. 82a—d. Beispiele für die Wiederholung psychomotorischer Anfälle über längere Zeit.

nach mehrtägigen bis mehrwöchigen Abständen. Die Bedingungen für diese merkwürdige Anfallsrhythmik liegen noch weitgehend im Dunkeln. Griffiths u. Fox haben eine Reihe von Beispielen mit Intervallen von 2, 3, 5, 7 Wochen bis zu 3 Monaten tabellarisch aufgezeichnet. Da sie keine äußeren Anlässe eruieren konnten, denken sie an »inhärente, konstitutionelle« Faktoren. Die naheliegende Vermutung, daß diese Art der Wiederholung von endogenen oder exogenen rhythmischen Vorgängen, wie der menstruellen Periode oder lunaren Rhythmen abhänge, läßt sich bei der »verkleckerten« Verteilung psychomotorischer Anfälle rein eindrucksmäßig schwer belegen.

Obwohl manche Patienten darauf insistieren, wird eine Korrelation von Anfallshäufigkeit und bekannten endogenen oder exogenen Rhythmen, wie der menstruellen oder der lunaren Periodik, aus den Anfallskalendern meist nicht evident. Aus den Notizen der Kranken gewinnt man immer wieder den Eindruck, als sei die Verteilung der Anfälle nichts weiter als eine zufällige Streuung. Um so verdienstlicher ist es, daß Helmchen, Künkel u. Selbach zum erstenmal den Versuch gemacht haben, mit der statistischen Kommunikationstheorie entnommenen mathematischen Methoden periodische von nicht periodischen Einflüssen bei der Anfallsverteilung voneinander abzugrenzen. Dabei ließ sich bei allen drei untersuchten Kranken mit psychomotorischen Epilepsien von zyklolepticschem Verlauf nachweisen, daß ein periodischer Einfluß auf die Anfallshäufigkeit maßgebend war. Wenn auch die bei jedem Kranken verschiedene, aber im Einzelfall konstante Periodenlänge keine Aussage über die Art des periodischen Einflusses erlaubte, erwies sich immerhin, daß bei einer weiblichen Patientin eine aus dem Anfallskalender nicht ersichtliche Bindung des Maximums an einen bestimmten Abschnitt des Menstruationszyklus vorlag, der wahrscheinlich dem Follikelsprung entsprach. Bei dieser Patientin war ferner bemerkenswert, daß die zugrunde liegende Periodik profilierter hervortrat, nachdem es unter einer antiepileptischen Medikation zu einer Reduktion der Anfallsfrequenz gekommen war. Daraus war zu folgern, daß die außerhalb des Maximums vorkommenden Anfälle leichter auf die Medikation ansprachen oder umgekehrt, daß sich die periodischen Einflüssen unterworfenen — hier an den Menstruationszyklus gebundenen — Anfälle als therapieresistenter erwiesen als die aus aperiodischen Umständenen entstehenden Anfälle. Mit Hilfe der von HELMCHEN et al. ausführlich beschriebenen Methode wird es vermutlich möglich sein, den Regeln mathematisch näherzukommen, die für die Wiederholung der Anfälle zu Beginn der Krankheit, das Einspielen eines Anfallsrhythmus während der Krankheit und vielleicht auch die mit zunehmender Progredienz zu erwartende Entdifferenzierung in eine völlige Regellosigkeit gelten.

Es ist selten, daß psychomotorische Anfälle sich nicht in locker gruppierten Serien, sondern vereinzelt – in *monoleptischer Verlaufsform* –, wie man sagen könnte, wiederholen. Monoleptische psychomotorische Anfälle gehen gelegentlich mit kurzen tonischen Krämpfen einher und sind dann nicht leicht von großen epileptischen oder von hysterischen Anfällen zu unterscheiden.

Wenn psychomotorische Anfälle in *pyknoleptischer Verlaufsform*, d. h. tagtäglich gehäuft auftreten, kann man darüber diskutieren, ob man eine »zentrenzephale« Version einer psychomotorischen Epilepsie oder eine »temporale« Version einer Pyknolepsie anzunehmen hat. Die Anfälle unterscheiden sich von den üblichen psychomotorischen Anfällen darin, daß Aura und postparoxysmaler Dämmerzustand fehlen. Sowohl in prognostischer wie in therapeutischer Hinsicht verhalten sich solche Fälle, die 7% aller Pyknolepsien oder 2% aller psychomotorischen Epilepsien ausmachen, wie Pyknolepsien. Das EEG während der Anfälle entspricht ebenfalls dem bei pyknoleptischen Anfällen und unterscheidet sich auch im Intervall nicht von dem bei anderen Pyknolepsien [202, 287] (s. Abb. 40, S. 120 f u. 238).

Status epilepticus mit psychomotorischen Anfällen: Ohne Zweifel kann es auch zu einer derartigen Häufung psychomotorischer Anfälle kommen, daß man in Analogie zum Status epilepticus anderer epileptischer Anfallsformen berechtigt ist, von einem Status psychomotorischer Anfälle zu sprechen[6, 97, 514, 562, 614, 694, 837].

Auch kann gelegentlich im EEG über längere Zeit eine kontinuierliche oder diskontinuierliche temporal betonte Anfallsaktivität beobachtet werden, die man dementsprechend als »état de mal temporal« (CHAVANY) bezeichnet hat. Doch ist die Diskussion noch im Fluß darüber, wie das klinische Erscheinungsbild beschaffen ist und ob sich mit der Zeit einmal ein oder mehrere klar definierte klinisch-elektroenzephalographische Syndrome herausschälen werden. Aufgrund der bisherigen Mitteilungen ist im Gegensatz zu anderen Statusformen eine breite Vielfalt klinischer Manifestationen zu erwarten, der vermutlich recht verschiedene elektrobiologische Befunde entsprechen.

Das klinische Spektrum reicht von Phänomenen, die als »Aura continua«[124, 749, 843] bezeichnet worden sind, über psychopathologische Zustände, die unter dem Begriff »epileptische Delirien« oder »episodische Dämmer- bzw. Verwirrtheitszustände«[124, 681, 775] bekannt sind, bis hin zu gehäuft auftretenden, aber deutlich voneinander abgesetzten psychomotorischen Anfällen mit intervallär unauffälligem Verhalten[514].

Als *Aura continua* werden Zustände von länger anhaltenden sensiblen, sensorischen oder psychischen Empfindungen bezeichnet, die sonst als kurze Aura einen epileptischen Anfall einleiten. So wie länger dauernde umschriebene Parästhesien im Rahmen einer Epilepsie mit senso-motorischen JACKSON-Anfällen als sensibles Analogon der motorischen Epilepsia partialis continua gelten[124, 821], so kann man auch epigastrische, olfaktorische oder gustatorische Auren und Dreamy states, wenn sie länger anhalten, als Ausdruck eines sensorisch begrenzten Status epilepticus bei psychomotorischer Epilepsie auffassen. Jedoch ist auch die Verlaufsstruktur eines solchen Aura-Status ebenso wie bei den anderen Statusformen nicht kontinuierlich, sondern rhythmisch. Daher denn auch die Empfindungen nicht als ein Zustand, sondern als ein »periodisches Anbranden« erlebt werden, wie es einer unserer Patienten (Jochen F.) ausgedrückt hat. Ein Aura-Status kann Minuten, Stunden und selbst Tage anhalten und wie ein Petit mal-Status entweder durch Schlaf oder durch einen Anfall beendet werden. Von welchen EEG-Veränderungen er begleitet wird, ist nicht bekannt. Als Beispiele für statusförmig gehäufte Dreamy states sei auf den Fall von KISKER (S. 195) verwiesen, der vorwiegend dysphasische Symptome bot, sowie auf die Patientin von EFRON[520, 521] (S. 247ff), die sich aus Ort und Zeit entrückt fühlte und auf Jochen F. (S. 246), der von intellektuell-emotionellen Zweifeln geplagt wurde, die auf ein visuelles Erinnerungsbild hinführten. — Das Bewußtsein ist bei einem psychomotorischen Aura-Status nur in dem Sinne verändert, daß eine gewisse Einengung der Wahrnehmung für die Außenwelt mit einer Steigerung der Aufmerksamkeit für die Innenvorgänge einhergeht. Die Kranken erscheinen wechselweise traumverloren und wach; der Kontakt bleibt erhalten; eine Amnesie besteht nicht. Kennzeichnend für *epileptische Delirien* oder *episodische Verwirrtheitszustände* ist ein stärkerer Grad von Bewußtseinstrübung, der mit einem produktiv-psychotischen Verhalten einhergeht. Psychopathologisch besteht kein prinzipieller Unterschied zu einem postparoxysmalen Dämmerzustand, so daß man ihn bei »spontanem« Auftreten je nach seinem Verhältnis zu Anfällen auch als präparoxysmalen oder als intervallären Dämmerzustand klassifizieren kann. Das Bewußtsein kann nur flach im Sinne einer Benommenheit oder tiefer im Sinne einer schweren Eintrübung gestört, die Erinnerung daher insulär erhalten (lakunäre Amnesie) oder vollständig aufgehoben (totale Amnesie) sein. Die Patienten verhalten sich mutistisch, negativistisch, motorisch unruhig und neigen, wenn man sich ihnen nähert, in wahnhafter Verkennung der Situation zu aggressiven Gewalttaten. Auffassung und Gedankenablauf sind deutlich verlangsamt. Daß solche Zustände durch eine intermittierend auftretende, vermehrte epileptische Aktivität vor dem Hintergrund einer allgemeineren Störung zustande kommen, ist klinisch daran zu erkennen, daß ein sogenanntes alternierendes Bewußtsein[594] besteht und daß in den Dämmerzustand intermittierend Automatismen wie bei psychomotorischen Anfällen eingeblendet sind. Das EEG ist durch träge Frequenzen charakterisiert, die immer wieder von gruppenförmig angeordneten Anfallspotentialen oder typischen synchronisierten steilen Abläufen unterbrochen werden (siehe Abb. 83). »Das periodische Vorkommen der epileptischen Potentiale legt die Vermutung nahe, daß hier latent eine unterschwellige Krampfaktivität vorhanden ist, die nicht zum Austrag kommt, weil die Interferenz von regional bestimmten Krampfwellen und langsamen Schwankungen auf das generalisierte Anfallsgeschehen stabilisierend wirkt. Die Instabilität des Vorgangs kommt, biologisch gesehen, in den Anfallsfragmenten zum Ausdruck, die in partialen, aber schon entdifferenzierten Hirnfunktionen, d. h. in abortiven Handlungen, motorischen Phänomenen, Stereotypien, archaischen Mechanismen in Erscheinung treten, ohne im globalen Anfallsgeschehen unterzugehen« (CHRISTIAN[190]).

Als Beispiel sei eine Patientin von v. HEDENSTRÖM u. SCHORSCH[614] angeführt, die außer psychomotorischen Anfällen und großen Anfällen mit postparoxysmalen Dämmerzuständen auch im Intervall Dämmerzustände bekam. Dabei wirkte sie mürrisch und schweigsam, war motorisch unruhig und kaum ansprechbar. Zuweilen spitzte sie den Mund oder rieb sich die Hände, was aber so gering ausgeprägt war, daß man kaum darauf geachtet hätte, wäre nicht durch das EEG die Aufmerksamkeit auf diese Erscheinungen gelenkt worden. Denn nach dem Hirnstrombild konnte kein Zweifel daran sein, daß diese manchmal auch mit Schluck- und Kaubewegungen, Speichelfluß und Händereiben in den Dämmerzustand eingeblendeten Symptome als Ausdruck abortiver psychomotorischer Anfälle zu deuten waren.

Die dritte Form, bei der die einzelnen Anfälle deutlich voneinander abgesetzt sind, könnte auch als *diskontinuierlicher Status psychomotorischer Anfälle* bezeichnet werden. Die Anfälle folgen einander in Abständen von 2—10 min. Die Patienten bleiben im Intervall ansprechbar, sind aber bewußtseinsgetrübt und in ihren Reaktionen verlangsamt. Nachträgliche Exploration ergibt meist eine lakunäre Amnesie. In dem Fall, über den DREYER (1965) berichtet, wurden in 4 Stunden 110 Anfälle gezählt, die mit einer tonischen Verkrampfung, fuchtelnden Bewegungen, unartikulierten Lauten und unverständlichen, zusammenhanglosen Sätzen einhergingen. Der Status konnte durch Injektion von 500 mg Phenytoin unterbrochen werden. In einem Fall von KROTH u. HOPF, der 10 ½ Stunden dauerte, gelang die Unterbrechung mit Injektionen von Somnifen und Diazepam und mit dehydrierenden Maßnahmen.

In einem Fall eigener Beobachtung (Ernst B.) ereigneten sich im Laufe einer halben Stunde 7 kurzdauernde Anfälle, die jedoch nicht wie psychomotorische Anfälle, sondern wie Absencen imponierten. Der Patient wurde blaß, bekam einen

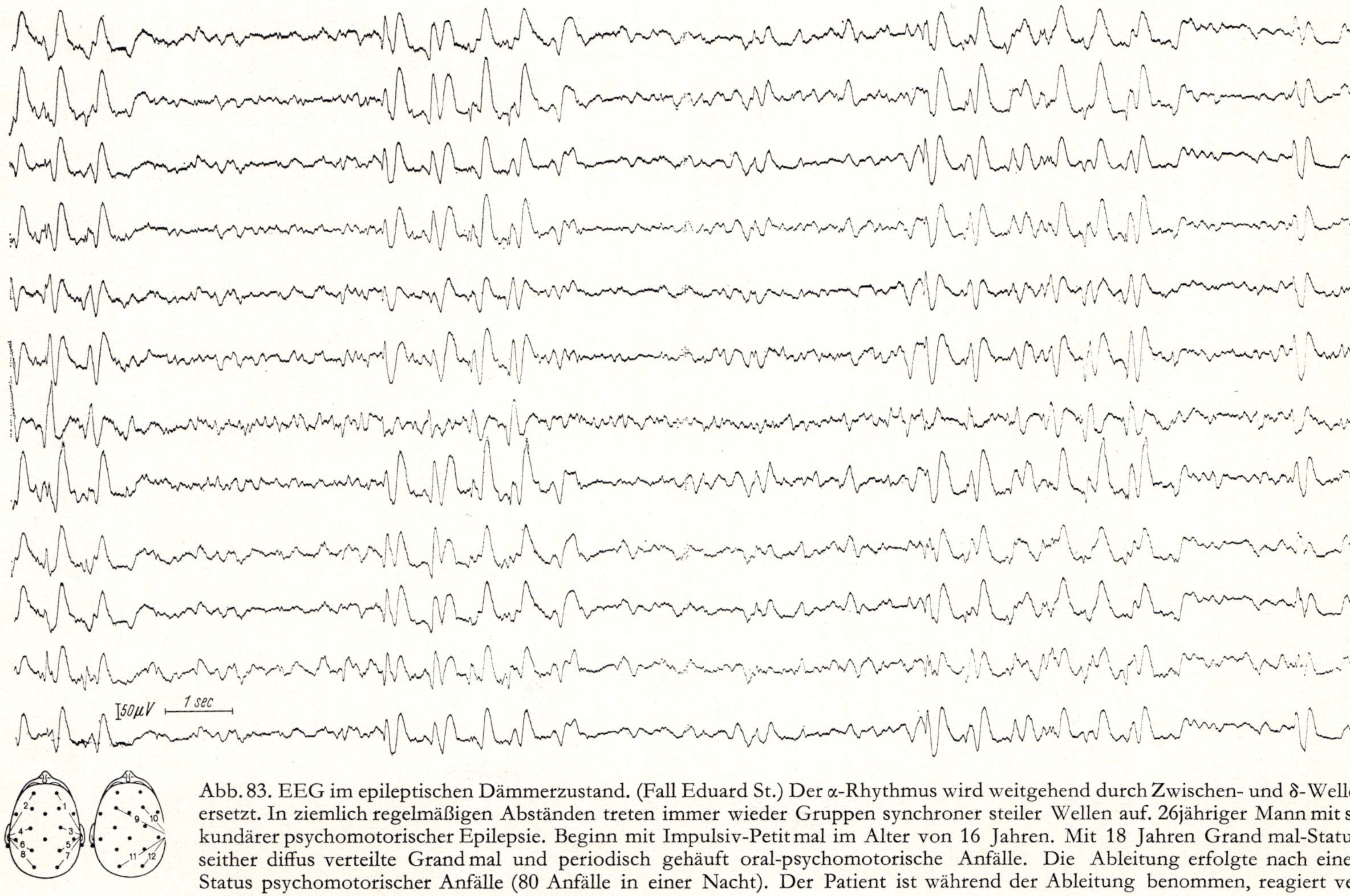

Abb. 83. EEG im epileptischen Dämmerzustand. (Fall Eduard St.) Der α-Rhythmus wird weitgehend durch Zwischen- und δ-Wellen ersetzt. In ziemlich regelmäßigen Abständen treten immer wieder Gruppen synchroner steiler Wellen auf. 26jähriger Mann mit sekundärer psychomotorischer Epilepsie. Beginn mit Impulsiv-Petit mal im Alter von 16 Jahren. Mit 18 Jahren Grand mal-Status; seither diffus verteilte Grand mal und periodisch gehäuft oral-psychomotorische Anfälle. Die Ableitung erfolgte nach einem Status psychomotorischer Anfälle (80 Anfälle in einer Nacht). Der Patient ist während der Ableitung benommen, reagiert verlangsamt, wirkt apathisch, verhält sich aber geordnet.

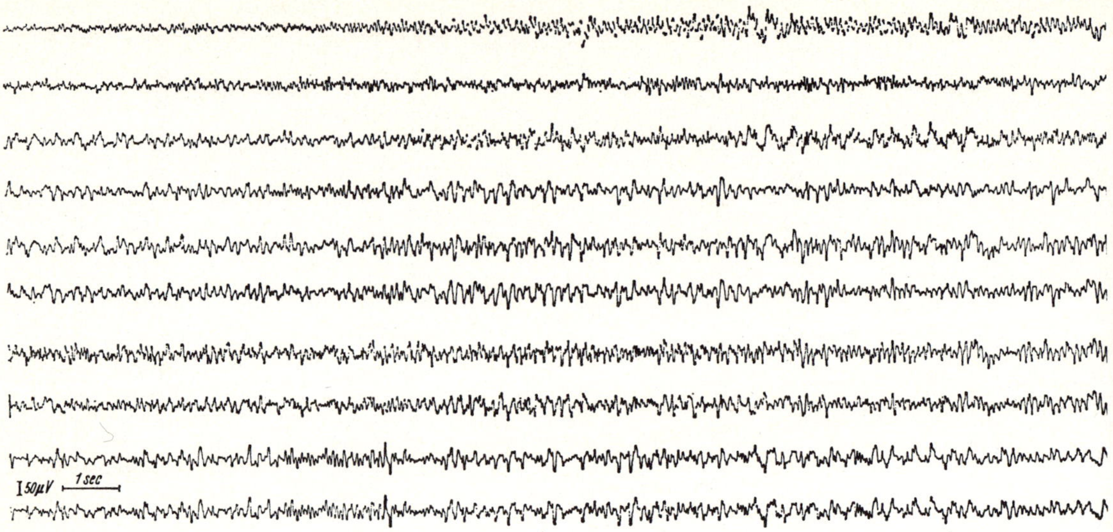

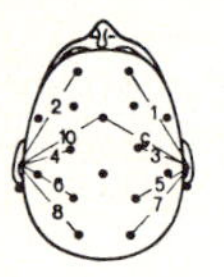

Abb. 84. EEG von Ernst B. während des im Text beschriebenen Zustandes (Status psychomotorischer Anfälle?). Die generelle Dysrhythmie wird frontal rechts von immer höher werdenden α-Wellen abgelöst. Über den anderen Hirnregionen alternieren die hohen,

trüben Blick, senkte leicht den Kopf und war nach 15 sec wieder ansprechbar. Im Intervall wirkte er ebenso wie der erwähnte Patient von Dreyer leicht benommen, aber euphorisch »überdreht«, bewegte sich hastig und drang mit einem schwer zu bändigenden Redeschwall auf den Arzt ein. Der Zustand gehäufter Anfälle hatte vor der Einlieferung schon zwei Wochen lang bestanden und schlug nach Aufbau einer antiepileptischen Medikation in eine alternative Psychose paranoider Prägung bei forcierter Normalisierung des EEG um. Aus der Vorgeschichte ging hervor, daß der 42jährige Patient seit seinem 15. Lebensjahr an seltenen nächtlichen großen und an häufigen psychomotorischen Anfällen litt, die von einem Dreamy state eingeleitet und von oralen Automatismen begleitet waren.

EEG-Befunde

»Vor der Einführung der Elektroenzephalographie herrschte keine Einmütigkeit darüber, ob die psychomotorischen Anfälle überhaupt als Anfälle oder als Äquivalente oder als postparoxysmale Symptome zu gelten hätten«. Wenn auch diese Behauptung von Gibbs u. Gibbs (1952) zum mindesten für den Kerntypus psychomotorischer Anfälle – die von Jackson konzipierten Unzinatusanfälle – nicht zutrifft, so gebührt doch dem Ehepaar Gibbs zusammen mit Lennox das Verdienst, 1937 zum ersten Mal beschrieben zu haben, daß auch psychomotorische Anfälle relativ typische EEG-Merkmale aufweisen. Anfänglich lag der Akzent auf der Beschreibung eines dem Spike-wave-Komplex bei pyknoleptischen Anfällen analogen spezifischen Anfallsmusters bei psychomotorischen Anfällen, das die genannten Autoren »psychomotor type« nannten und als generalisierte Entladungen sägezahnförmiger, »square topped«, langsamer hoher Wellen von 4–6/sec, kombiniert mit steilen Wellen von 2–4/sec, definierten. Später, nachdem Jasper u. Kershman[256] auf die Bedeutung des Schläfenlappens und der darunter gelegenen Strukturen für diese Art von Anfällen aufmerksam gemacht hatten, trat der lokalisatorische Aspekt mehr in den Vordergrund. Seitdem Gibbs, Gibbs u. Fuster[571] als wesentlichstes EEG-Charakteristikum psychomotorischer Anfälle intervalläre Entladungen über dem vorderen Anteil des Schläfenlappens, dem Temporalpol beschrieben haben, die sie im Wach-EEG bei 30% und im Schlaf-EEG bei 98% von 300 Patienten registrieren konnten, ist lebhaft darüber diskutiert worden, ob »psychomotorische Epilepsie« und »temporale Epilepsie« im wesentlichen das gleiche bedeuten oder nicht[880]. Trotz der Einwände[552, 553, 555, 628, 779], an dem Konzept von Gibbs u. Gibbs[51], ob der Begriff »vordere Temporallappenepilepsie« ebenso hinreichend synonym für die psy-

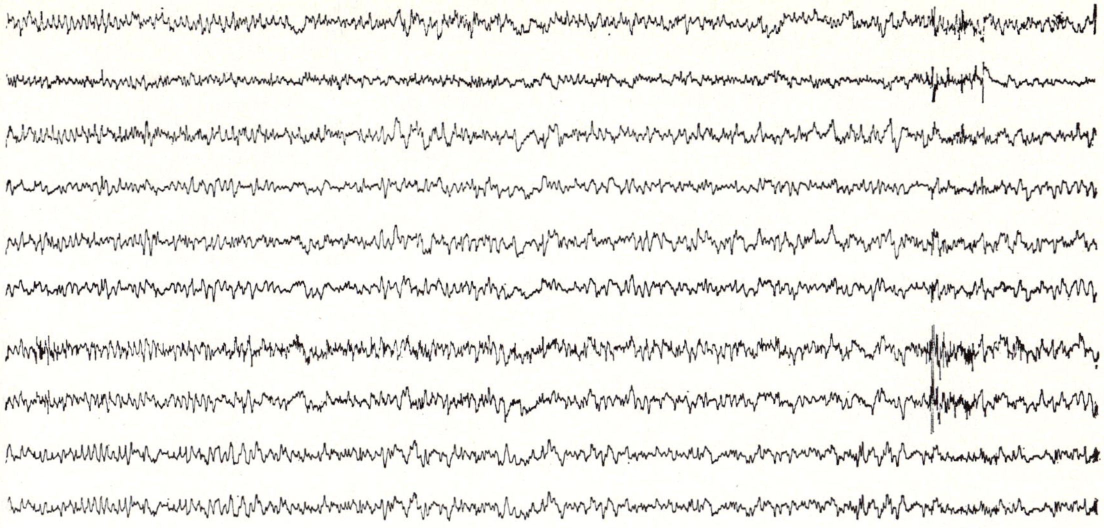

bzw. steilen α-Wellen mit ebenfalls rechtsbetonten unregelmäßigen langsamen Wellen, die öfter von steilen Potentialen unterbrochen werden. Währenddessen war einer der im Text beschriebenen Anfälle zu beobachten.

chomotorische Epilepsie verwendet werden dürfe wie der Begriff »Epilepsie der Zentralregion« für die JACKSON-Epilepsie, blieb doch von allen Untersuchern und Schulen die enge statistische Korrelation zwischen der klinisch definierten Epilepsieform mit psychomotorischen Anfällen und den bioelektrisch ableitbaren Entladungen über der temporalen Schädelregion unbezweifelt. Revidiert und eingeschränkt wurde die Identität beider Begriffe durch die Erfahrung, daß das hirnpathologische Substrat für psychomotorische Anfälle nicht auf den Temporallappen begrenzt ist, sondern sich auf eine umfassendere Funktionsstruktur erstreckt, die mit dem limbischen System[716] anzugeben ist. Dazu kam die Feststellung, daß das hirnelektrische Korrelat der sogenannten temporalen Epilepsie nicht nur bei psychomotorischen, sondern auch bei andersartigen epileptischen Anfällen angetroffen wird[507].

Im Gegensatz zum EEG bei pyknoleptischen Anfällen unterscheidet sich das EEG bei der psychomotorischen Epilepsie recht erheblich, je nachdem, ob es im Intervall oder während der Anfälle abgeleitet wird. Auch sind die bioelektrischen Symptome während des Intervalls relativ einheitlich, wogegen die paroxysmalen Entladungen recht verschiedenartig sein können.

EEG im Intervall (s. Abb. 79, 80, 85, 86, 87, 98): Charakteristisch, wenn auch nicht spezifisch für eine Epilepsie mit psychomotorischen Anfällen, sind steile Einzelabläufe – in Form von Spitzenpotentialen oder scharfen Wellen – oder Dysrhythmien mit 4/sec- und 6/sec-Wellen, die einseitig oder beidseitig über der vorderen Schläfengegend auftreten. Die steilen Wellen folgen sich meist als Einzelentladungen in größeren Abständen, gelegentlich auch intermittierend in kürzeren Zwischenräumen und treten selten auch in Gruppen zusammen. Darüber hinaus sieht man nicht selten temporale Herdveränderungen (fokale langsame Wellen) ohne paroxysmale Potentiale.

Temporale Herdveränderungen epileptischer und nicht-epileptischer Art fanden wir in einem Krankengut von 712 Patienten mit psychomotorischen Anfällen (allein oder in Kombination mit Grand mal) bei wiederholten Ableitungen in 69% (MEYER-MICKELEIT[744] in 76%) (s. Tabelle 13). Unter den auf die Schläfenregion beschränkten Entladungen, die wir in 55% antrafen (GASTAUT u. Mitarbeiter[560] in 59%), überwiegen die scharfen Wellen (52%–75%) gegenüber den Spitzenpotentialen (37%–43%) und den fokalen Dysrhythmien (12%–40%) (nach JASPER et al.[666] und GASTAUT[552]). Nur WADA u. LENNOX fanden häu-

Abb. 85a

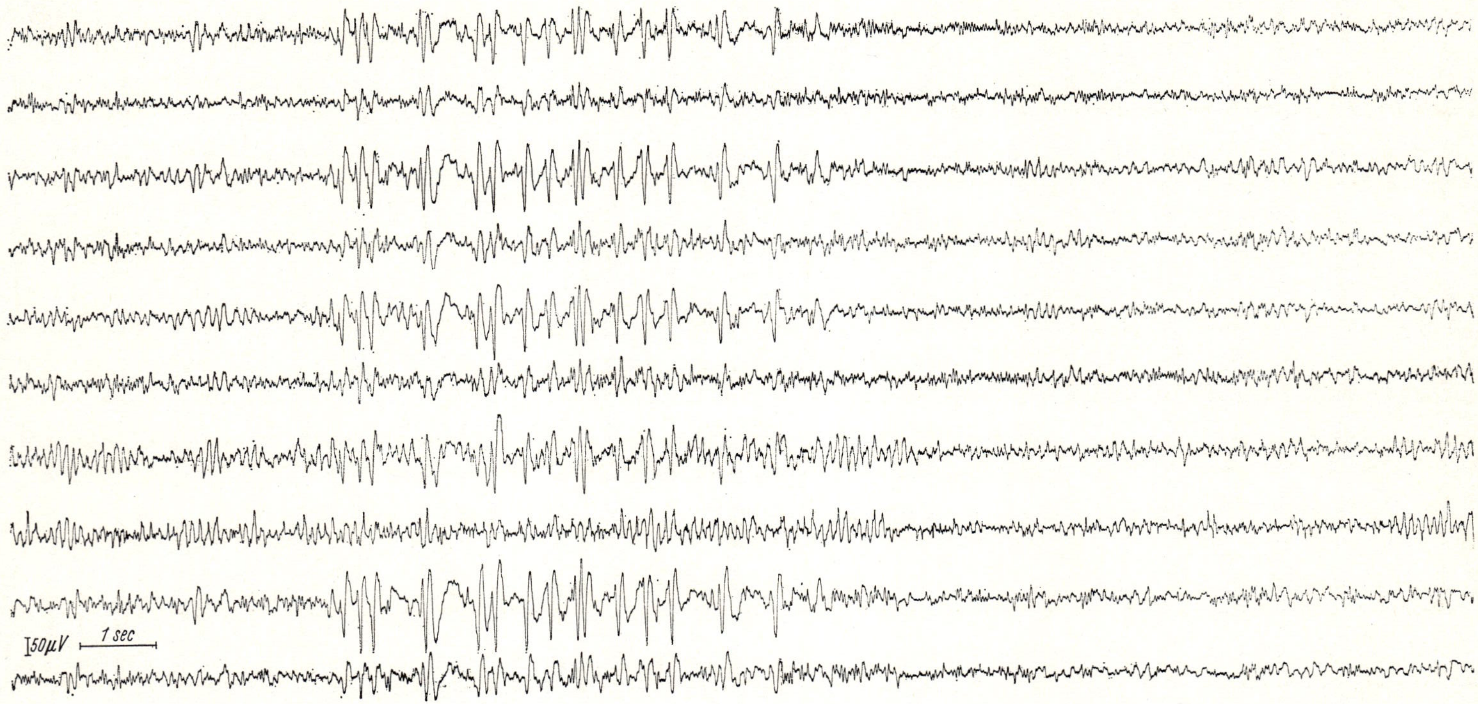

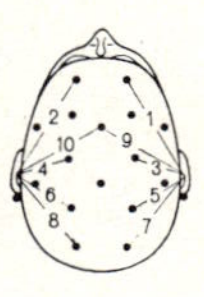

Abb. 85a u. b. Intervall-EEG bei psychomotorischer Epilepsie. 16jährige Patientin, die seit einem prolongierten Fieberkrampf im Alter von 5 Jahren an monoleptisch auftretenden oral-psychomotorischen Anfällen mit epigastrischer Aura leidet. Neurologisch kein krankhafter Befund. Im EEG kürzere und längere Folgen rechts temporaler, bzw. temporo-basaler Spikes und Sharp-waves. a: unipolare Ableitung gegen das gleichseitige Ohr, b: bipolare Längsreihe (↑) Augenöffnen, (↓) Augenschließen.

Abb. 85 b

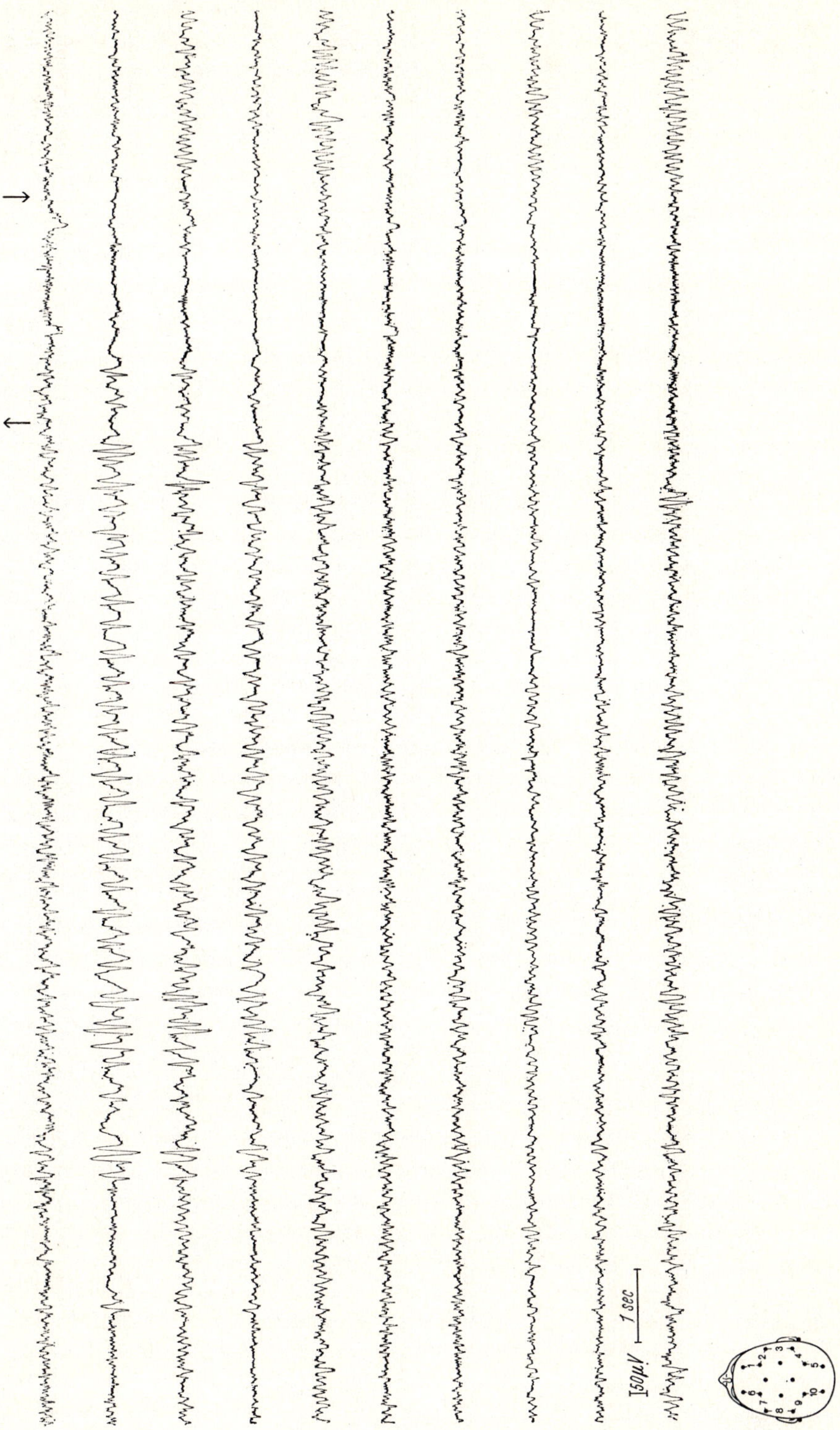

Tabelle 13: *Temporale Herdveränderungen im EEG bei psychomotorischer Epilepsie* (nach CHRISTIAN, W.: Dtsch. Z. Nervenheilk. 183 [1962] 218).

Psychomotorische Epilepsie	Kryptogen 571 Fälle		Symptomatisch 141 Fälle		Zusammen 712 Fälle	
	n	%	n	%	n	%
Epileptogener Fokus bzw. fokale Dysrhythmie temporal und temporo-basal	340	60	55	39	395	55
a) streng unilateral	115	34*	32	58*	147	37
b) überwiegend unilateral	50	15*	6	11*	56	14
c) bilateral	175	51*	17	31*	192	49
davon mit Fokuswechsel	31	9	3	5	34	9
Temporale Herdveränderungen ohne epileptische Potentiale	67	12	36	26	103	14

* Die Prozentzahlen beziehen sich nur auf die Anzahl der Patienten mit einem epileptogenen Fokus bzw. einer fokalen Dysrhythmie (also 340 bei den kryptogenen und 55 bei den symptomatischen Epilepsien).

figer Spitzenpotentiale (47%) als scharfe Wellen (31%) und fokale Dysrhythmien (22%). Eine Beziehung zwischen der Form der epileptischen Potentiale und ihrer zeitlichen Verteilung zu klinischen Eigenschaften der Anfälle und Krankheitsverläufe ist bisher nicht ermittelt worden. MEYER-MICKELEIT[744] hat den Eindruck, als ob die intermittierend auftretenden steilen Wellen eine gesteigerte Anfallsbereitschaft anzeigen. Wir sehen es jedoch nicht selten, daß psychomotorische Epilepsien mit besonders häufigen Anfällen ein in jeder Hinsicht normales EEG bieten.

Die Entladungen sind zwar meist (59%) auf die Temporalregion beschränkt, gehen jedoch nicht selten (16%) – vor allem in Richtung auf die Parietalregion – darüber hinaus. Vor allem bei Kindern sollen sie auch über einer anderen (8%) oder über mehreren anderen (7%) Hirnregionen nachzuweisen sein (Zahlen nach GASTAUT et al.[560]). Extratemporale Entladungen bei Erwachsenen lassen daher die Annahme psychomotorischer Anfälle zweifelhaft erscheinen. Immerhin wurde über klinisch eindeutig psychomotorische Anfälle bei umschrieben frontaler[628], parietaler und präzentraler[666] Lokalisation berichtet, die durch eine Fortleitung der Anfallsaktivität in temporale Regionen interpretiert werden[872].

Die temporalen Entladungen prädominieren über der vorderen Schläfenregion (64% nach GASTAUT[553], 80% nach STAMPS[863]), können aber auch über dem hinteren Schläfengebiet lokalisiert sein. Untersuchungen mit basal – sphenoidal oder pharyngeal – angebrachten Elektroden oder mit Tiefenableitungen ergaben, daß man selbst bei Fällen mit negativem Intervall-EEG noch von den basalen und medialen Partien des Temporallappens Anfallspotentiale ableiten kann[675, 720, 817, 818]. Unter Ausnutzung aller technischen Möglichkeiten läßt sich in Erfahrung bringen, daß »die stärksten interiktalen EEG-Veränderungen nicht über den vorderen und lateralen, sondern den medio-basalen und orbito-frontalen Regionen zu finden sind«[872].

Daß die psychomotorische Epilepsie unter die fokalen Epilepsien eingereiht und konsequenterweise dann als symptomatische Epilepsie angesprochen wurde, liegt im wesentlichen darin begründet, daß frühere Untersucher einseitig begrenzte Entladungen weit häufiger antrafen als bilaterale Entladungsmuster. So fanden GIBBS u. GIBBS[51] in 71% und WADA u. LENNOX in 85% einseitige und nur in 29% bzw. 15% doppelseitige Befunde. Mit der Erfahrung, daß bei häufigeren Ableitungen oft ein Fokuswechsel zu konstatieren ist, verminderte sich jedoch der Anteil konstant unilateraler Entladungen zugunsten der bilateralen Befunde, deren Verhältnis jetzt von den meisten Autoren etwa mit 50%:50% angegeben wird[560, 561, 666, 744]. Streng einseitige Potentiale fand CHRISTIAN[190] in unserem Krankengut bei 37% und überwiegend einseitige in 14%, während bilaterale epilepsiespezifische Veränderungen bei 49% ausgeprägt waren (s. Tabelle 13). Damit hat sich auch die nosologische Stellung der psychomotorischen Epilepsie insofern verändert, als ihr

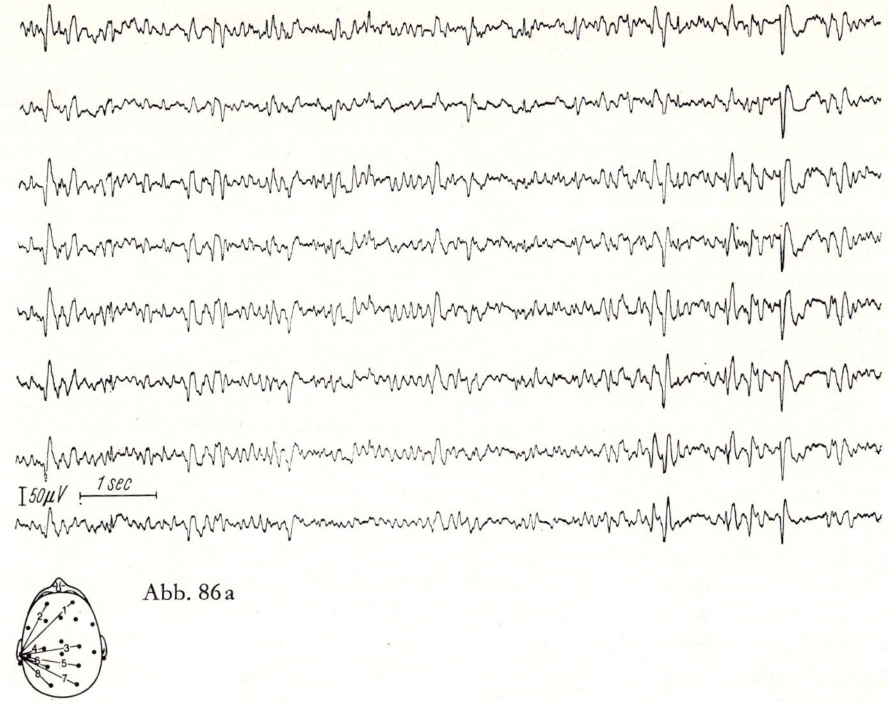

Abb. 86a

Abb. 86a u. b. Intervall-EEG bei psychomotorischer Epilepsie. 47jähriger Mann — 2 Vettern leiden an epileptischen Anfällen —, der seit dem 12. Jahr oral-psychomotorische Anfälle mit epigastrischer Aura und diffus verteilte große Anfälle bekam. a: zeigt Sharp-waves synchron über der ganzen linken Hemisphäre, b: fokale Sharp-waves temporal links vorn und hinten.

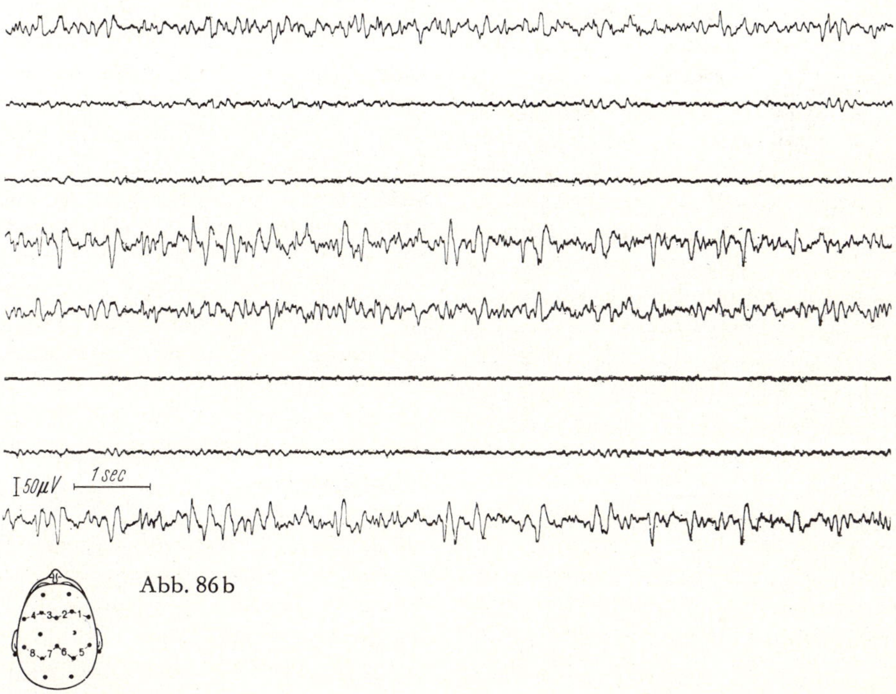

Abb. 86b

— nach den Worten von GASTAUT u. VIGOUROUX — bei dem »sowohl herdförmigen wie diffusen Charakter der Entladungen ein besonderer Platz zwischen der Gruppe der partiellen und der Gruppe der generalisierten Epilepsien zukommt. Daher betrachten wir die ›psychomotorischen‹ Anfälle als vielfältige Variationsstufen zwischen den plötzlichen Entladungen der Petit mal-Epilepsie und der streng lokalisierten Entladung der typischen Jackson-Epilepsie«[565].

Eine Unterscheidung zwischen kryptogenen und symptomatischen Formen ist aufgrund des EEG allein nicht möglich. Die statistischen Korrelationen geben jedoch gewisse differentialdiagnostische Anhaltspunkte (siehe Tab. 13 S. 226). Anfallspotentiale bzw. fokale Dysrhythmien kommen bei kryptogenen Epilepsien häufiger (60%) vor als bei eindeutig symptomatischen Formen (39%). Umgekehrt sind temporale Herdveränderungen ohne spezifisch epileptische Potentiale bei den symptomatischen Formen (26%) wesentlich häufiger anzutreffen als bei den idiopathischen (12%). Konstant unilaterale Entladungen finden sich bei den symptomatischen Formen nahezu doppelt so häufig wie bei den kryptogenen Formen. Nahezu umgekehrt ist das Verhältnis der bilateralen spezifischen Potentiale, die bei den kryptogenen wesentlich häufiger zu registrieren sind. Danach müssen zwar einseitig umschriebene Herdveränderungen mit und ohne entsprechende epileptische Potentiale die diagnostische Vermutung in Richtung auf eine symptomatische Genese lenken; dafür beweisend sind sie jedoch nicht. Denn der noch relativ hohe Anteil unilateraler temporaler Entladungen bei kryptogenen psychomotorischen Epilepsien, wie auch der relativ hohe Anteil bilateraler »Herde« bei den symptomatischen Formen widerlegen die Gültigkeit der vielerorts geläufigen diagnostischen Faustregel, daß ein unilateraler Fokus mit Sicherheit für die symptomatische Genese der Anfälle spricht, bilaterale Veränderungen dagegen ein symptomatisches Geschehen ausschließen[190].

Um trotz der Häufigkeit bilateraler Befunde die Annahme aufrecht zu erhalten, die psychomotorische Epilepsie sei grundsätzlich eine Herderkrankung, hat man mehrere Hilfshypothesen in Anspruch genommen: Es seien in solchen Fällen dann entweder eine rasche Fortleitung zur Gegenseite oder Herde auf beiden Seiten oder ein subkortikaler Fokus anzunehmen. Jede dieser Vermutungen läßt sich stützen: Bei der engen funktionellen Verknüpfung der beiden Seiten, wobei die Temporalpole und die mediobasale Rinde teils über die vordere Kommissur und teils über die Ammonshörner via Psalterium miteinander verbunden sind, ist es ohne weiteres denkbar, daß Entladungen der einen Seite sich leicht und unmittelbar auf die andere Seite ausbreiten. Die Möglichkeit doppelseitiger Herde ist besonders für GASTAUT und seine Schule[559, 560, 565] ein Grund, den Kontusionsschäden eine bedeutende Rolle bei der Ätiologie der psychomotorischen Anfälle zuzuerkennen, obwohl die Beteiligung des medialen Schläfenhirns damit nicht erklärt ist[727]. Weiterhin ergaben tierexperimentelle Untersuchungen, daß sich nach Setzen eines lokalen Reizherdes im Temporallappen auch sekundäre Foki in benachbarten oder korrespondierenden kontralateralen Regionen ausbilden können, die auch nach Exstirpation des primären Fokus weiterbestehen bleiben[560, 561, 566].

Aber auch wenn man als Örtlichkeiten, von denen die Erregungen ihren Ausgang nehmen, nicht nur den Temporallappen, sondern das gesamte Rhinenzephalon und Dienzephalon annimmt und sowohl die anatomisch engen Verbindungen wie die physiologischen Möglichkeiten einer raschen Ausbreitung der Entladungen zur Gegenseite berücksichtigt, bleibt es bedenklich, alle widersprüchlichen Befunde als das Resultat von Projektionen einer im Prinzip fokalen Entladungsstörung, sei sie läsioneller oder funktioneller Art, zu interpretieren. In vielen Fällen handelt es sich — vor allem, wenn psychische Auren vorkommen — »wahrscheinlich um paroxysmale Koordinationsstörungen des ganzen limbischen Systems«[872]. Angemessener erscheint uns daher die umgreifendere Hypothese, daß psychomotorische Epilepsien sowohl durch fokale wie auch durch Systemaffektionen zustande kommen können. Die Unterscheidung wird in eindeutigen Fällen leicht sein, auch wenn einmal bei einem temporalen Tumor bilaterale Entladungen[190, 869] oder bei hereditären Fällen einseitige Entladungen[456] vorkommen. Für die Mehrzahl bedeutet sie eine schwierige Aufgabe, die oft auch mit allen klinischen Mitteln nicht befriedigend zu lösen ist.

Einen gewissen differentialdiagnostischen Anhaltspunkt bedeutet die Unterscheidung der psychomotorischen Anfälle in verschiedene klinische Formen, wie sie HALLEN[605] beschrieben hat. Oral-psychomotorische Anfälle sind danach zu 25% symptomatisch bedingt, adversiv-psychomotorische Anfälle dagegen zu mindestens 53%. Dem entsprechen gewisse

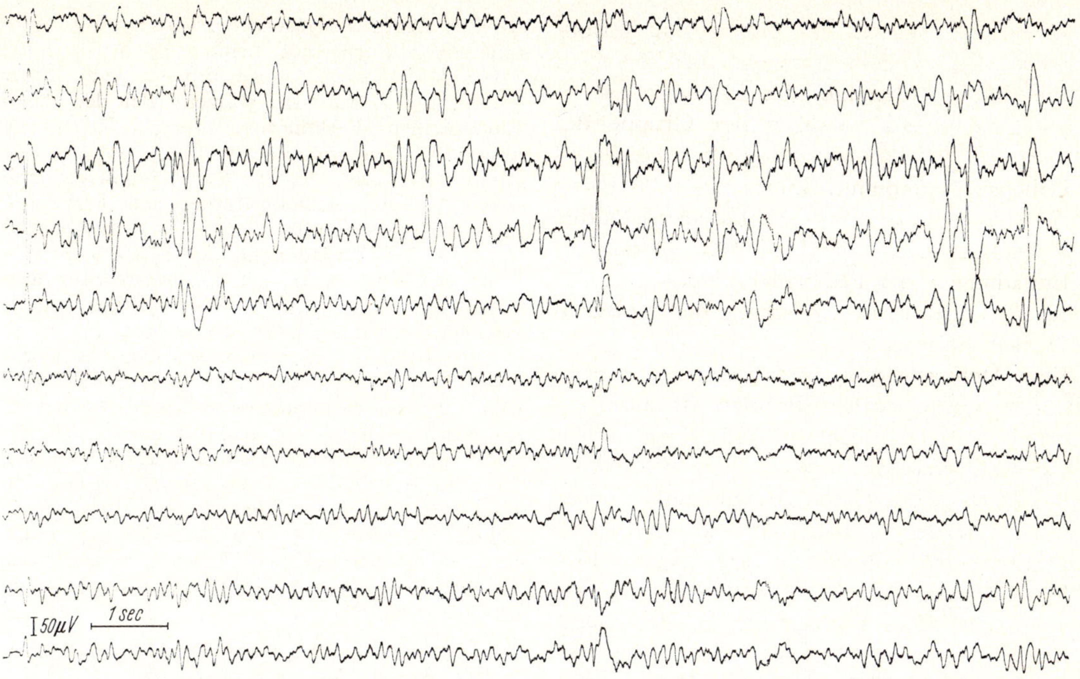

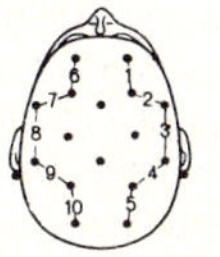

Abb. 87. Intervall-EEG bei psychomotorischer Epilepsie. 18jähriger Junge mit adversiv-psychomotorischen Anfällen seit dem 6. Lebensjahr. Temporal betonte Atrophie der rechten Hemisphäre nach Contusio cerebri im Alter von 2 Jahren. Herdveränderungen über der ganzen rechten Hemisphäre mit häufigen Sharp-waves temporal rechts bzw. temporo-parietal rechts.

Korrelationen in elektroenzephalographischer Hinsicht.

Das Intervall-EEG bei oral-psychomotorischen Anfällen (s. Abb. 85, 86, 97) zeigt nach Christian[190] »am konstantesten Entladungsherde über den vorderen oder medio-basalen Anteilen des Schläfenlappens«, was auch den Reizergebnissen an Tier und Mensch entspricht, wonach »für die oralen Automatismen, die fast immer mit Bewußtseinstrübungen einhergehen[291], [für] die Geruchs-, Geschmacks- sowie die Eingeweidesensationen eine fokale Krampftätigkeit im Bereich der medialen temporo-basalen Rinde und den Mandelkernen anzunehmen ist« (Sperling u. Creuzfeldt). »Diese Foki waren relativ begrenzt, irradiierten kaum zu Nachbarregionen und waren, wenn sich im Anfall deutliche vegetative Symptome bemerkbar machten, fast immer doppelseitig vertreten. Ging den sensorischen Erscheinungen oder oral-motorischen Entäußerungen ein Dreamy state voraus, so war die fokale temporale Dysrhythmie im allgemeinen ausgeprägter als bei Anfällen mit nur oder vorwiegend oralen Automatismen. Die temporalen EEG-Veränderungen bei reinen Dreamy states fanden sich ebenso häufig uni- wie bilateral« (Christian[190]).

Beim adversiven Typus sind in der Regel deutliche Herdveränderungen ausgeprägt (s. Abb. 87). Sie beschränken sich nicht nur auf die Schläfenlappengegend, sondern erstrecken sich oft perifokal auf die ganze Hemisphäre. Epileptische Potentiale fehlen häufig. Statt dessen imponiert oft eine mehr oder weniger umschriebene ϑ- oder δ-Aktivität. Meist (80%) befindet sich der Herd kontralateral zur Drehrichtung im Anfall, gelegentlich (15%) ipsilateral; selten (5%) sind bilaterale Herde nachweisbar[190].

Das EEG bei dysphasisch-psychomotorischen Anfällen (s. Abb. 79, 80) zeichnet sich dadurch aus, daß die Herde fast ausschließlich über dem dominanten Schläfenlappen liegen und sich auf die hinteren Anteile des Schläfenlappens sowie der angrenzenden unteren Parietalregion er-

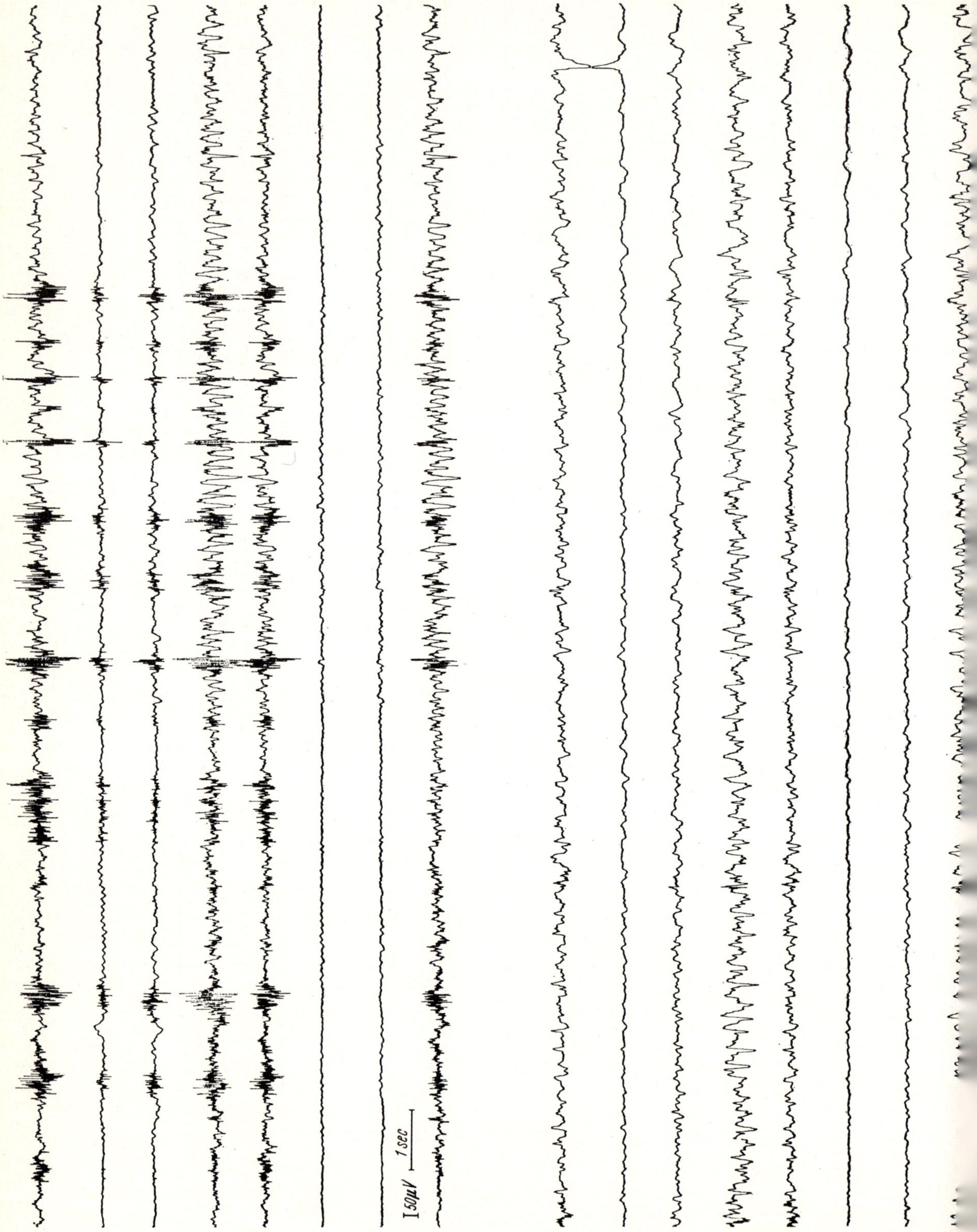
1 sec
50µV

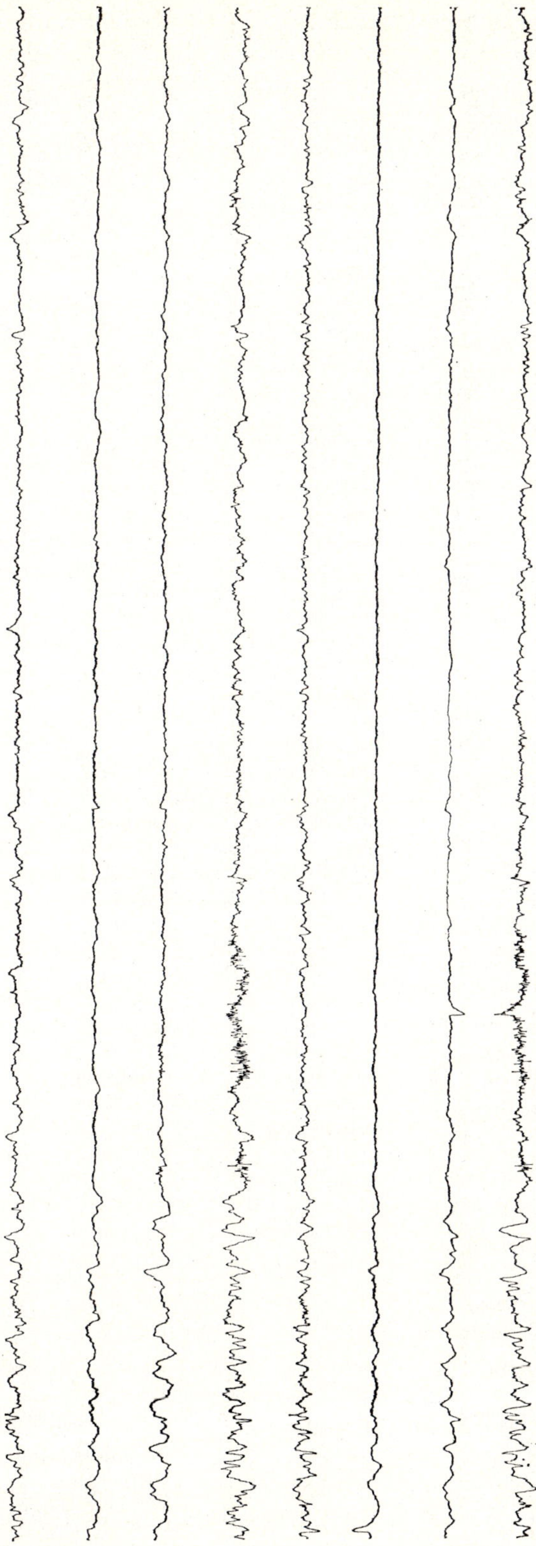

Abb. 88. EEG während eines oral-psychomotorischen Anfalls bei einem 65jährigen Mann, der seit 3 Jahren seltene nächtliche Grand mal und periodisch gehäuft psychomotorische Anfälle bekommt. Eine Nichte leidet auch an Epilepsie. Der elektroenzephalographisch registrierte Anfall beginnt damit, daß der Patient einen starren Blick annimmt, nicht mehr ansprechbar ist und ganz weiß im Gesicht wird. Dann zwinkert er mit den Lidern, schmatzt und schluckt und reibt sich die Hände. Bemerkenswert ist die Abflachung der Kurve zu Beginn und nach Ende des Anfalls. Die Kaubewegungen sind an den rhythmischen Muskelartefakten zu erkennen, die die Anfallsaktivität überlagern. (Fortlaufende Registrierung von links oben nach rechts unten.)

strecken, während sie bei den psychomotorischen Anfällen mit geordneten Sprach-Automatismen bei einseitiger Ausprägung vorwiegend die rezessive Seite betreffen und mehr auf die vorderen und medio-basalen Anteile des Schläfenhirns begrenzt bleiben[846].

Bei psychomotorischen Anfällen ohne besondere biologische Thematik fand CHRISTIAN[190] im Intervall häufiger als beim oralen Typus extratemporal gelegene Herde. Die steilen Wellen ließen hierbei öfters eine gewisse Formierung zu bilateral-symmetrischen Gruppen erkennen. Wenn sich psychomotorische Anfälle mit großen Anfällen kombinieren, so unterscheidet sich das Intervall-EEG gegenüber reinen psychomotorischen Epilepsien nur dadurch daß häufiger Allgemeinveränderungen zu registrieren sind[51]. Auch wir sahen bei kombinierten Epilepsien etwa doppelt so häufig eine Verlangsamung des Grundrhythmus, was wahrscheinlich als Auswirkung von Krampfschäden infolge häufiger großer Anfälle zu interpretieren ist[482].

Bei psychomotorischen Epilepsien im *Kindesalter* ist das Intervall-EEG seltener als bei Erwachsenen vollkommen normal und zeigt häufiger extratemporale und multiple Herde und nicht selten bilateral-synchrone oder halbseitig betonte typische oder atypische Spike-wave-Komplexe[218, 311, 579, 730, 827]. MATTHES[730] weist darauf hin, daß sich bei mehrjährigen Verlaufsuntersuchungen eine »Fokalisation« beobachten läßt in dem Sinne, daß generalisierte, bilateral-synchrone Spike-wave-Komplexe oder auch ausgedehnte Herdveränderungen über einer Hemisphäre auf temporal begrenzte Foki zusammenschrumpfen können. Andererseits aber sei nicht selten auch eine »Fokusregression« zu beobachten derart, daß ursprüngliche Herde mit der Zeit verschwinden oder aber sich in eine generalisierte pathologische Aktivität verteilen[239, 639]. Eine sogenannte »Fokusmigration«, womit GIBBS, GILLEN u. GIBBS[572] die allmähliche Verlagerung einer fokalen Aktivität von parieto-okzipital nach temporal verstehen, konnten weder MATTHES[730] noch ISLER u. HESS beobachten.

EEG während der Anfälle (s. Abb. 88, 89, 90, 95): So klassisch und eindeutig das EEG-Muster während eines pyknoleptischen Anfalls aussieht, so widersprüchlich und vieldeutig erscheinen die Kurvenbilder, die im Verlauf psychomotorischer Anfälle abzuleiten sind. Das ist jedoch nicht verwunderlich angesichts der Vielfalt und Verschiedenartigkeit der klinischen Anfallserscheinungen, die man mehr oder weniger willkürlich unter dem Begriff psychomotorischer Anfälle zusammenfaßt. Nicht nur die Klinik, sondern auch das EEG bekräftigt den Verdacht, daß dieser Begriff weniger eine positiv umschriebene Krankheitseinheit als eine Gruppe von Epilepsien bezeichnet, die im wesentlichen exklusiv definiert ist.

Widersprüche entstehen zum Teil aus Schwierigkeiten der Abgrenzung einerseits gegenüber den fokalen Anfällen der neokortikalen Rinde, besonders den Mastikatoriusanfällen, die vom Fuß der Zentralregion ausgehen, und den Anfällen der temporo-parietalen und temporo-okzipitalen Übergangsregion und andererseits gegenüber den altersgebundenen kleinen Anfällen des zentrenzephalen Systems, besonders den pyknoleptischen Anfällen, die mit psychomotorischen Symptomen (»petit mal automatisms« nach PENFIELD u. JASPER[124], »fausses absences« nach PAILLAS, GASTAUT u. TAMALET[316]) einhergehen. Weitere Schwierigkeiten ergeben sich daraus, daß der Befund einer Zwischenwellendysrhythmie für psychomotorische Anfälle zwar charakteristisch, aber nicht spezifisch ist, da er auch bei nicht-epileptischen Anfällen (synkopale Anfälle) und Zuständen (Psychopathien) vorkommen kann. Weiterhin können selbst eindeutig psychomotorische Anfälle auch ohne jede Veränderung im EEG vor sich gehen, was die oft schon klinisch schwierige Differentialdiagnose gegenüber hysterischen Anfällen nicht erleichtert. Schließlich wird eine systematische Beforschung der Beziehungen zwischen klinischer und hirnelektrischer Symptomatik durch den Umstand sehr erschwert, daß Anfälle unter dem EEG nur relativ selten spontan auftreten und deren Kurven zudem gelegentlich von Bewegungsartefakten gestört sind, wogegen die Ergebnisse bei künstlich, vor allem durch Metrazol induzierten Anfällen nur mit kritischen Vorbehalten zu verwerten sind.

Trotz der erwähnten Einschränkungen darf folgendes Wellenmuster für psychomotorische Anfälle als typisch gelten: fokale oder generalisierte synchrone, sinusförmige, steile langsame Wellen in einer Frequenz von 3–6/sec. Variationen werden bedingt durch vorangehende, das beschriebene Muster einleitende Veränderungen, sowie durch Unterschiede in der Lokalisation und Ausbreitung der Entladungen.

Zu Beginn des Anfalls kommt es nicht selten anstelle einer Zunahme zu einer oft temporal betonten, oft aber auch generalisierten Abnahme der Amplituden für 5—10 Sekunden ohne Veränderung des Grundrhythmus (siehe Abb. 88, 95). Diese *Abflachung*, die gelegentlich auch vor Jackson-Anfällen oder vor großen Anfällen zu beobachten ist, kann eine vorangehende intervalläre Spitzen- oder Steilwellenaktivität auslöschen und wird daher auch als Suppression oder nach Mazars (1950) als »phénomène d'extinction« bezeichnet.

Wiewohl noch nicht systematisch auf ihre klinische Bedeutung untersucht, wird diese präparoxysmale Kurvenabflachung (»aplatissement« nach Gastaut[553]), über deren theoretische Deutung lebhaft diskutiert worden ist[272, 539, 542, 553, 665, 666, 733, 836, 844, 902], meist als Beleg für die Existenz von Unterdrückermechanismen angesehen, die durch eine fokale Erregung in Gang gesetzt werden. Landolt[272] betont, daß diese Phase bereits zum Anfallsgeschehen gehöre und daß darin einer der den Anfall einleitenden Vorgänge zum Ausdruck komme. Wenn sich sein Hinweis darauf, daß diese Suppression vor allem mit den psychischen Initialsymptomen der Anfälle einhergehe, bestätigt, wäre das elektroenzephalographische Korrelat zur Aura und damit ein methodischer Zugang zur Untersuchung psycho-physischer Anfallsvorgänge gefunden. Da das Phänomen völlig dem On-Effekt gleicht, wie er im EEG sowohl beim Öffnen der Augen wie bei einer Steigerung der Aufmerksamkeit zu beobachten ist, wäre es durchaus denkbar, daß die beschriebene Abflachung ein physiologisches Äquivalent der immer mit vermehrter Konzentration und Faszination sowie besonderer affektiver Gestimmtheit einhergehenden Aura darstellt. Schorsch u. v. Hedenström haben eine solche Verminderung der Spannungsproduktion unmittelbar vor einem psychomotorischen oder einem großen Anfall in 7 von 11 Fällen beobachtet. Gastaut[553] fand sogar in 21% seiner durch Metrazol provozierten psychomotorischen Anfälle lediglich eine Abflachung der Kurven ohne nachfolgende Entladungen. Bei dem einzigen Fall, dessen Kurve er abbildet, bestand der Anfall lediglich aus einer Geschmacksaura.

Manchmal bahnt sich der Anfall im EEG dadurch an, daß sich die Dysrhythmie vorwiegend über den temporalen Regionen allmählich verstärkt und gehäuft steile Wellen hinzutreten. Manchmal setzt auch der Anfall plötzlich mit steilen 3—6/sec-Wellen ein. Bei unipolarer Ableitung gegen das Ohr erscheinen die Zwischenwellen in allen Ableitungen als »synchrone« Wellen. Da die Ohrelektrode bei unipolarer Ableitung jedoch keine »indifferente« Elektrode mehr ist, nimmt sie die Potentiale, die aus den temporo-basalen Hirnregionen stammen, auf. Manchmal sind zwischen den langsamen Anfallswellen kleine scharfe Zacken zu erkennen, so daß ein angedeutet sägezahnähnliches Muster entsteht, ohne daß jedoch typische Spike-wave-Abfolgen entstehen. Selten bleiben die Anfallsentladungen auf eine Hemisphäre beschränkt, gelegentlich auch nur auf die Temporalregion einer oder beider Hemisphären. Meist erscheinen jedoch bilaterale und synchrone Entladungen über beiden Hemisphären, die häufig über einer oder beiden Temporalgegenden betont sind.

Die Beziehungen zwischen der Art der psychomotorischen Anfälle und der Form und Ausbreitung der elektrischen Entladungen sind noch wenig durchforscht. »Leichtere« Anfälle sollen nach Meyer-Mickeleit[743, 744] von ungewöhnlich regelmäßigen Zwischenwellen, nach Christian[190] von einem »relativ unspezifischen EEG, das sich lediglich durch eine erhebliche diffuse Dysrhythmie« auszeichne, begleitet sein. »Schwere« Anfälle sind nach Meyer-Mickeleit[744] mit langsamen δ-Wellen bis 1 sec korreliert. Nach Christian[190] sind δ-Wellen das Charakteristikum für psychomotorische Anfälle ohne orale oder adversive Symptomatik, die außerdem meist eine strenge Synchronisierung der Wellenfolgen vermissen lassen. Isolierte viszerale, gustatorische oder olfaktorische Auren sollen meistens mit einer paroxysmalen Dysrhythmie einhergehen, die sich auf die temporo-basalen Hirnregionen beschränke[190]. Diffus über einer Hemisphäre ablaufende Entladungen sollen klinisch dieselbe Anfallssymptomatik bieten wie generalisierte Störungen[190].

Das Ende des Anfalls kündigt sich im EEG durch eine allmähliche Abnahme der Frequenzen, dann auch der Amplituden an. Der Anfall ist beendet, wenn der α-Rhythmus wieder einsetzt. Nach einem psychomotorischen Anfall kommt es niemals zu einem Erlöschen der kortikalen Aktivität, wie es nach einem großen Krampfanfall die Regel ist. Die präparoxysmalen intervallären Entladungen bleiben nach dem Anfall längere Zeit völlig aus oder treten nur in verminderter Form auf. Mitunter findet man jedoch noch Stunden nach dem Anfall sogar eine verstärkte Dysrhythmie und steile Nachentladungen. Und schließlich kann man auch gelegentlich beobachten, daß nach einem klinischen Anfall Zeiten einer relativen Entladungsruhe mit Zeiten vermehrter Entladungen abwechseln.

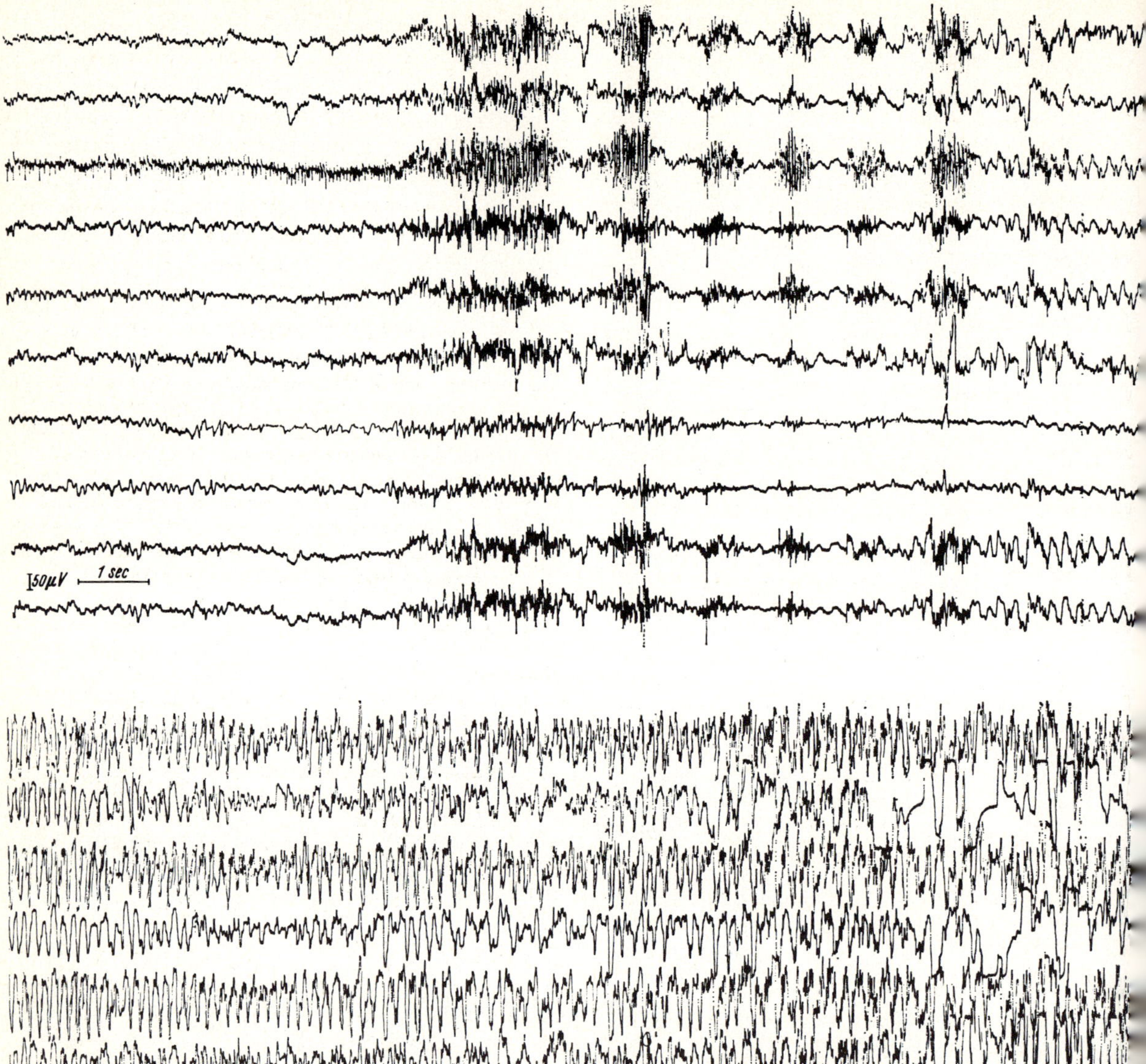

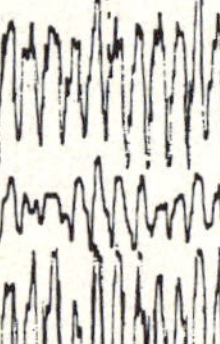

Abb. 89. EEG während eines oral-adversiv-psychomotorischen Anfalls bei einem 35jährigen Mann, dessen Vater eine Epilepsie hat. Er selbst leidet seit seinem 15. Jahr an diffus verteilten großen und an psychomotorischen Anfällen, die von einer epigastrisch-olfaktorischen Aura eingeleitet werden. Ablauf des elektroenzephalographisch abgeleiteten, durch Hyperventilation provozierten Anfalls: Augenöffnen, trüber, abwesender Blick, unter Kau- und Schluckbewegungen Kopfdrehung nach rechts; der linke Arm wird angewinkelt, die

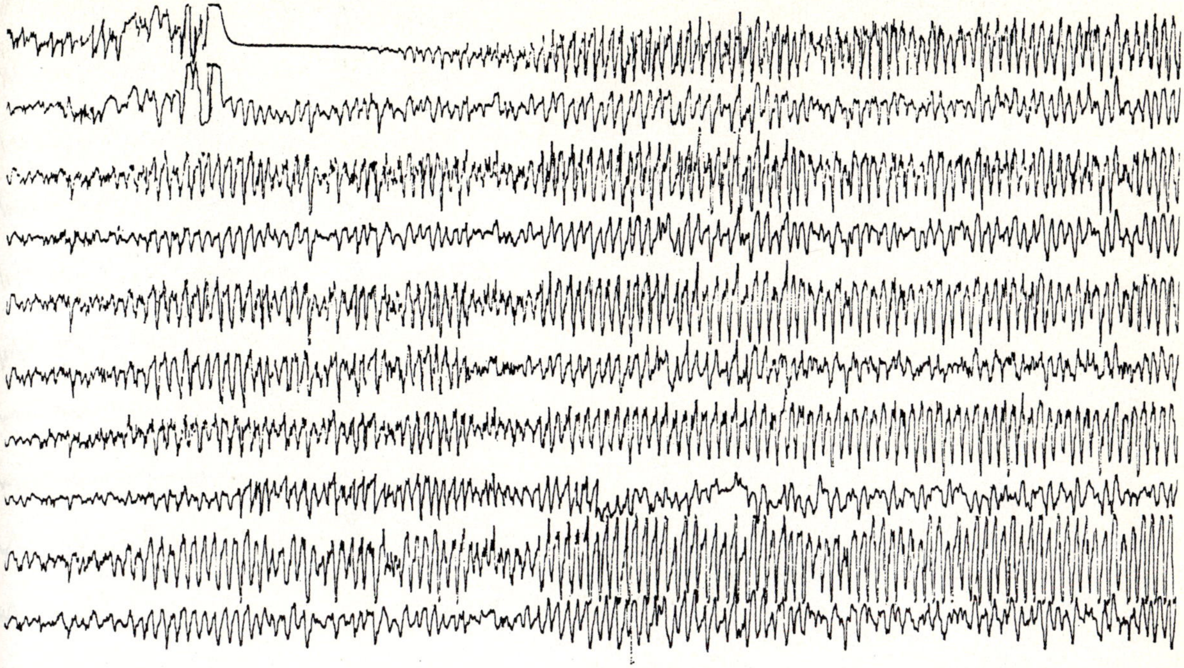

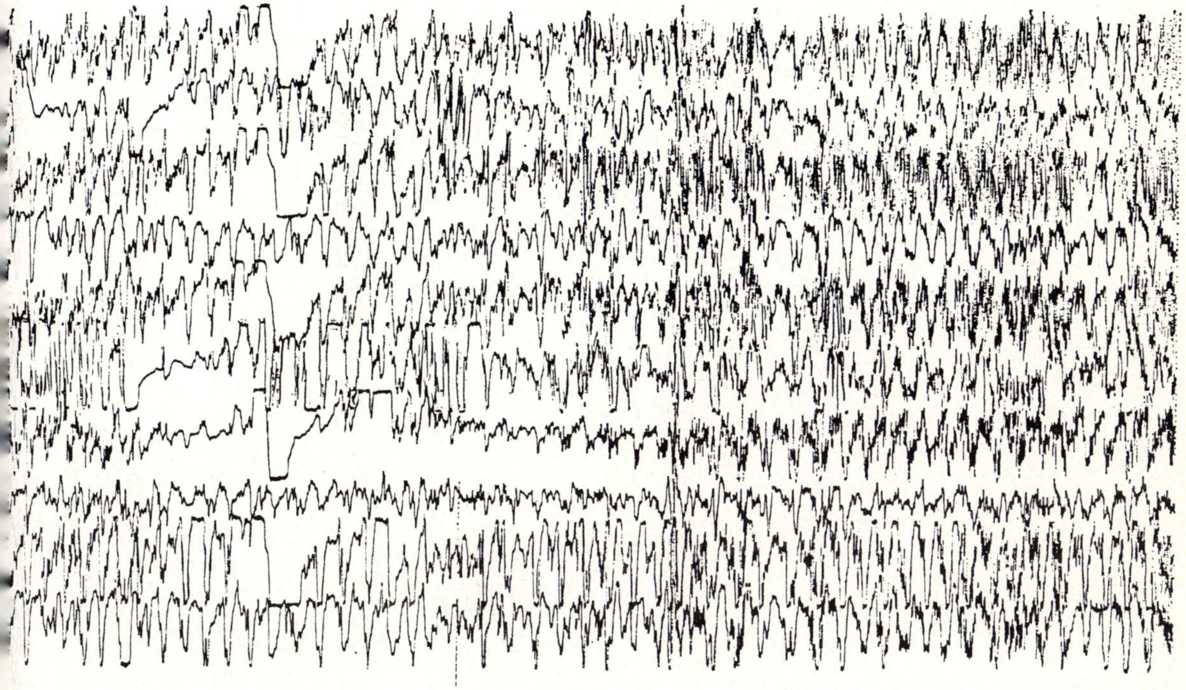

Hand zur Faust geballt, das rechte Bein angezogen, das linke gestreckt. Danach beugt er sich unter einer Rechtsdrehung des Körpers nach vorn und zieht seinen Schuh aus. Schließlich versucht er auch den rechten Schuh auszuziehen, fingert aber dann nur am Strumpf herum. Etwa 3 min nach Anfallsbeginn beginnt er auf Anrede zu reagieren und wird dann nach einer Weile ratlosen Um-sich-Schauens allmählich wieder klar. (Die den Anfall einleitenden oralen Automatismen prägen sich auf der Kurve eindrucksvoll in rhythmisch auftretenden Muskelartefakten aus.)

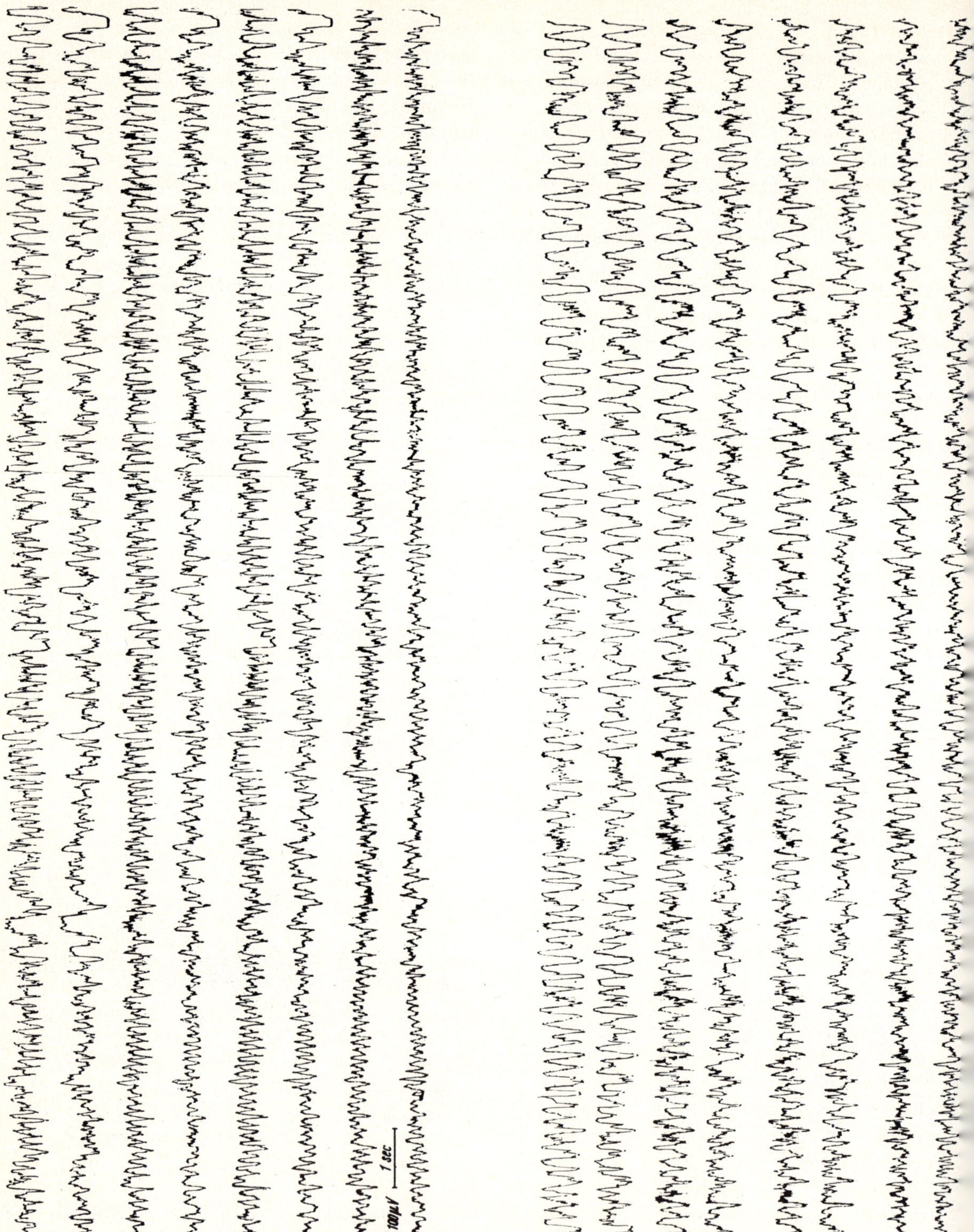

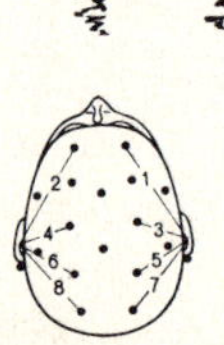

Abb. 90. EEG während eines dysphasisch-psychomotorischen Anfalls (Fall Gotthart K.), dessen Ablauf auf S. 198 beschrieben ist.

Langfristige Verlaufsuntersuchungen, die die Schwankungsbreite der hirnelektrischen Erregbarkeit in ihrer Beziehung zum Zustand vor und nach den Anfällen zum Gegenstand hatten, führten SCHORSCH u. v. HEDENSTRÖM an einem allerdings nach Anfalls- und Verlaufsform heterogenen Krankengut zu der bemerkenswerten Feststellung, daß eine zunehmende Normalisierung des Hirnstrombildes im Intervall oft als Vorbote eines nahenden Anfalls zu werten ist, die dann über die beschriebene Reduktion der Spannungsproduktion unmittelbar in den Anfall hineinführt, wogegen sie nach einem Anfall fast immer eine verstärkte pathologische Aktivität beobachtet haben. Mit Recht werden diese Beobachtungen in Analogie zu den Erfahrungen von LANDOLT[271] über das kontradiktorische Verhältnis zwischen seelischer Gestimmtheit und bioelektrischer Tätigkeit gesetzt und auf das kontrapunktische Verhalten zwischen seelischer Verstimmung und hirnelektrischer Normalisierung vor dem Anfall, sowie seelischer Ausgeglichenheit und pathologischer Aktivität nach dem Anfall hingewiesen. Wenn es sich bestätigen würde, daß die unmittelbar vor dem Anfall einsetzende Abnahme der Spannungsproduktion mit der jeweiligen Aura korreliert, so wäre es besonders bemerkenswert, daß die der Aura äquivalente Abflachung meist über der Herdseite ausgeprägt ist, die Aura also aus der Phase einer präparoxysmalen Verstimmung mit generalisierter Normalisierung unter den Zeichen einer fokalen Aktivitätsminderung hervorgeht. Auf die theoretische und nicht zuletzt auch therapeutisch-praktische Konsequenz dieser Beobachtungen für eine im eigentlichen Sinne psycho-somatische Interpretation der zum Anfall führenden doppelläufigen Vorgänge und für die Gültigkeit des Äquivalenzprinzips VIKTOR VON WEIZSÄCKERS für die Symptompaare Verstimmung—Erschöpfung, Psychose—Anfall und der psycho-sensorischen wie der motorisch-vegetativen Seite des gesamten Anfallsvorganges sei hier nur hingewiesen[90, 189, 190, 271, 272, 273, 358, 902].

Die statistische Verteilung der verschiedenen EEG-Befunde ist nach einem Bericht von GASTAUT et al.[560] aufgrund ihrer Beobachtungen an 300 durch Metrazol provozierten psychomotorischen Anfällen folgende: Bei 46% waren die beschriebenen regelmäßigen, sinusoidalen langsamen steilen Wellen in einer Frequenz von 2—8/sec zu sehen, die dazu neigten, sich auszubreiten und zu generalisieren, aber meist über einer Seite und am häufigsten über der Temporalregion dominierten. In 18% erschienen die Entladungen vollkommen lokalisiert über einer oder beiden Seiten, wobei wieder die Temporalregion am häufigsten betroffen war, aber auch eine andere Lokalisation, vor allem okzipital und parietal, gelegentlich auch eine multiple Verteilung vorkam.

Daß in solchen Statistiken immer wieder auch Anfälle aus neokortikalen Rindenregionen dem Begriff psychomotorischer Anfälle subsumiert werden, geht auch daraus hervor, daß bei weiteren 7% während der Anfälle rasche Rhythmen in einer Frequenz zwischen 14/sec und 20/sec über beiden Hemisphären zu registrieren waren. Dem entspricht, daß dieser schnelle Rhythmus im Beispiel des Falles, dessen EEG abgebildet ist, über der Zentralregion dominiert. Auch die beiden hierher gehörigen Fälle von v. HEDENSTRÖM u. SCHORSCH boten keine typischen psychomotorischen Anfälle, sondern Absencen mit einer tonischen Verkrampfung, besonders der Unterkiefer und des Halses, die differentialdiagnostisch an Mastikatoriusanfälle oder an mastikatorisch akzentuierte tonisch-axiale Anfälle denken lassen.

Besonders überraschend ist, daß GASTAUT et al.[560] in 29% während der Anfälle überhaupt keine elektrischen Entladungen im EEG beobachten konnten. Wenn man die Beobachtungen abzieht, in denen das elektrische Äquivalent lediglich in einer Abflachung oder Suppression bestand, so bleiben noch 7%, bei denen sich das EEG während des Anfalls überhaupt nicht verändert hat. Die Deutung solcher »elektrisch symptomlosen Anfälle«[124] ist schwierig. JASPER[662] nimmt an, daß in solchen Fällen entweder Entladungen in einem subkortikalen Gebiet stattfinden, das keine Verbindung zur Rinde der Konvexität hat, oder daß die Entladungen zur Reizung eines Unterdrückersystems führen. JASPER et al.[666] sowie DELGADO u. HAMLIN konnten elektrokortikographisch und mit Tiefenableitungen in solchen Fällen noch Entladungen nachweisen. Es kann daher bei der Vielzahl von bestätigenden Beobachtungen[236, 440, 560, 661, 666, 730, 902] kein Zweifel daran sein, daß bei psychomotorischen Epilepsien, wenn auch selten, klinische Anfälle ohne hirnelektrisches Äquivalent vorkommen.

Doch muß ebenso wie an eine physiologische, auch an eine psychologische Erklärung gedacht werden, da gerade bei psychomotorischen Epilepsien nicht selten auch hysterische Anfälle auftreten[800]. Besonders die beiden von v. HEDENSTRÖM u. SCHORSCH[236] angeführten Fälle lassen diese Deutungsmöglichkeit offen. Eine sichere Unterscheidung ist jedoch nicht nur aus praktischen Gründen erschwert, weil Tiefenableitungen nur in Ausnahmefällen möglich sind und weil die klinischen Kriterien nicht eindeutig feststehen, sondern auch aus theoretischen Gründen. Wenn es sich so verhält, daß bei Anfällen, die klinisch als hysterisch imponieren, eindeutige epileptische Entladungen zu registrieren sind und andererseits Anfälle, die man für psychomotorische hält, ohne epileptische Entladungen einhergehen können, beginnt die grundsätzliche Trennungslinie zwischen Epilepsie und Hysterie, die man seit CHARCOT nicht nur im Hinblick auf die Symptomatik, sondern auch auf die Pathogenese gezogen hat, wieder fragwürdig zu werden[800].

Bei *Kindern* sind die bilateral-synchronen, generalisierten oder fokalen langsamen steilen Entladungen oder rein fokal begrenzten langsamen Anfallspotentiale etwas seltener – in 42% nach MATTHES[730] – als bei Erwachsenen zu sehen. Gelegentlich – in 10% nach MATTHES[730] – sind psychomotorische Anfälle von atypischen, generalisierten Spike-waves von langsamer Frequenz begleitet[218, 236, 730]. Wenn pyknoleptische Anfälle klinisch mit psychomotorischen Symptomen, hirnelektrisch aber mit den Pyknolepsie-spezifischen generalisierten bilateral-synchronen 3/sec-Spike-waves einhergehen, werden sie von Kinderklinikern gerne der psychomotorischen Epilepsie zugerechnet und diese Zuordnung damit begründet, daß sich in solchen Fällen – im Gegensatz zur Pyknolepsie – regelmäßig ein pathologisches Intervall-EEG mit uni- oder bilateralen temporalen Foki, rhythmischen δ-Gruppen parieto-okzipital oder einer »allgemeinen Verlangsamung der Grundaktivität« (MATTHES[730]) finde. Gleichwohl ist es strittig, ob diese Sonderform, über die viele Autoren berichten[124, 194, 217, 287, 311, 551, 579, 598, 691, 730, 814] eine Unterform der Pyknolepsie oder eine »kindliche Vorstufe der Temporal-Epilepsie«[261] darstellt. Nach den klinischen Eigenschaften des Verlaufs und der therapeutischen Ansprechbarkeit gehören diese Fälle eher zur Pyknolepsie. Nach den pathologischen EEG-Befunden im Intervall und den Ableitungsergebnissen mit Tiefenelektroden, womit DELGADO u. HAMLIN es wahrscheinlich gemacht haben, daß ein oberflächlich nicht nachweisbarer Primärfokus im Temporallappen offenbar einen zentrenzephalen Schrittmacher aktiviert, gehören sie eher zur psychomotorischen Epilepsie. Die nosologische Frage wird vom Standpunkt des Klinikers bestimmt, die pathophysiologische Problematik davon, ob man die primäre Aktivität im zentrenzephalen System nachweisen kann, die sich zur Gestaltung der Anfallssymptomatik einer vorgegebenen fokalen Anomalie bedient, oder ob man annimmt, daß in solchen Fällen das zentrenzephale System primär von einer fokalen Störung in Gang gesetzt wird (s. auch S. 120f, 219 und 348ff).

EEG nach Provokation: Die sowohl zur Provokation spezifischer intervallärer Veränderungen, wie zur Auslösung typischer Anfälle gebräuchlichen Stimulationsmethoden zeigen bei psychomotorischen Epilepsien eine verschiedene Wirksamkeit, die sich von der bei Petit mal-Epilepsien fast diametral unterscheidet. Hyperventilation, die bei Petit mal-Epilepsien am ergiebigsten ist, bringt bei psychomotorischen Epilepsien nur einen mäßigen Zuwachs positiver Befunde. Eine Ausnahme bilden psychomotorische Anfälle bei Kindern[730]. Dagegen ist der Wert von Schlafableitungen, die bei Petit mal-Epilepsien keinen wesentlichen diagnostischen Gewinn bedeuten, für die psychomotorische Epilepsie unbestritten. Zwar kommt es im künstlich herbeigeführten oder im natürlichen Schlaf nur selten zu Anfällen, wohl aber fast regelmäßig zu typischen Anfallspotentialen. Allerdings ist die praktische Bedeutung der Schlafprovokation von GIBBS u. GIBBS[51, 569] und GIBBS, FUSTER u. GIBBS[568] anfänglich sehr überschätzt worden. Diese hatten einen Zuwachs positiver Befunde vom Wach-(30%) zum Schlaf-EEG (98%) um 68% festgestellt, während GLOOR et al. (1958) an einem allerdings ausgelesenen und gründlich (einschließlich Pharyngealelektroden) voruntersuchten Krankengut schon bei 72% spezifische Befunde im

Wach-EEG registrieren konnten und nur bei weiteren 7% auch im Schlaf-EEG. Auch eine Reihe anderer Autoren[445, 551, 579, 730] sind nach ihren Erfahrungen von der praktischen Notwendigkeit, Schlaf-EEGs als Routinemethode anzuwenden, nicht überzeugt. Es scheint nicht wenige Fälle zu geben – nach GLOOR et al. 30%, nach MATTHES[730] sogar 54% –, bei denen es im Schlaf zu keinem aktivierenden Effekt kommt, sondern gelegentlich sogar zu einer Verminderung der epileptischen Aktivität. Eine Notwendigkeit, zu diagnostischen Zwecken ein Schlaf-EEG abzuleiten, ergibt sich im wesentlichen nur bei Patienten mit vorwiegend nächtlichen Anfällen[582]. Positive Befunde kann man ebenso gut im medikamentös herbeigeführten, wie im natürlichen Schlaf erwarten[582, 672, 673].

Trotz ihrer Wirksamkeit werden andere chemische Provokationsmethoden mit Phenothiazinen (Megimid, Megaphen), mit Metrazol und mit injizierbaren Pyramidonpräparaten (Aneuxol) nicht mehr routinemäßig, sondern nur noch in besonderen Fällen, etwa bei operativer Indikation, angewandt. Aneuxol, dessen Wirkung von CHRISTIAN u. HALLEN gefunden und beschrieben wurde, ist deswegen von besonderem Interesse, weil es auch bei Nicht-Epileptikern typische oral-sensorische Auren hervorzurufen vermag, die dann merkwürdigerweise nicht von temporalen Anfallspotentialen, sondern von isolierten oder gruppenförmigen 3–4/sec-Spike-waves begleitet sind, während bei psychomotorischen Epilepsien regelmäßig temporal oder temporobasal lokalisierte paroxysmale Dysrhythmien oder steile Entladungen auszulösen sind. Der spezifische Effekt von Aneuxol für psychomotorische Epilepsien wird dadurch unterstrichen, daß weder bei Jackson-Epilepsien noch bei Pyknolepsien entsprechende spezifische Entladungsmuster zu provozieren sind.

Eine Photostimulation durch langsam ansteigende Flickerfrequenzen mit Einzel- und Doppelblitzen, die bei pyknoleptischen Anfällen und bei Impulsiv-Petit mal fast spezifisch wirkt, ist bei psychomotorischen Anfällen ohne praktischen Nutzen[551, 621, 730]. Nicht selten kommt es dabei sogar zu einer Hemmung der temporalen Entladungen[730, 907].

Klinik

Häufigkeit: Psychomotorische Anfälle sind unter allen Arten kleiner epileptischer Anfälle die häufigsten. Wenn man auch sensorische Fragmente in Form isolierter epigastrischer, olfaktorischer und gustatorischer Sensationen und Dreamy states mit einschließt, so gehen nahezu ein Drittel aller Epilepsien mit psychomotorischen Anfällen einher. In unserem Krankengut fanden wir mit 30,6% (1990 von 6500 Fällen) einen im Vergleich mit anderen Autoren eher hohen Anteil (GLASER u. GOLUB 15%, JASPER, PERTUISSET u. FLANIGIN 20%, LENNOX[704] 20,7%, MATTHES[730] 21%, GIBBS u. GIBBS[51] 22%, JERAS 25%, GLASER u. DIXON 30%, GARSCHE[551] 30%).

Bei Kindern sind psychomotorische Epilepsien etwas seltener als bei Jugendlichen und Erwachsenen. Wir fanden bei 2275 bis zum 14. Jahr einsetzenden Epilepsien 651 = 28,6% mit psychomotorischen Anfällen. Nach dem 14. Lebensjahr sind es 31,7% (1339 von 4225). Nach dem 30. Lebensjahr steigt ihr Anteil auf 36% (622 von 1729) an.

Primäre, d. h. mit kleinen Anfällen beginnende psychomotorische Epilepsien machen 17,5% (1137 von 6500), sekundäre, d. h. mit großen Anfällen einsetzende Erkrankungen 9,2% (595 von 6500) aller Epilepsien aus. In 4,0% der Fälle (258 von 6500) war nicht auszumachen, ob kleine oder große Anfälle den Verlauf eröffnet hatten. Das Verhältnis von primären zu sekundären psychomotorischen Epilepsien, das annähernd 2:1 beträgt, bleibt sich in allen Lebensaltern nahezu gleich, mit Ausnahme der ersten 3 Lebensjahre, in denen die sekundären deutlich überwiegen (s. Abb. 91).

Geschlecht: Die Tatsache, daß männliche Patienten etwas häufiger als weibliche von psychomotorischen Anfällen betroffen werden – in unserem Krankengut im Verhältnis 56,5%:43,5% – ist wahrscheinlich dadurch erklärt, daß Männer ein größeres Risiko haben, von traumatischen Hirnschädigungen betroffen zu werden. Denn erstens überwiegen die Männer unter allen symptomatischen Formen nur bei den Erkrankungen mit traumatischer Ätiologie, und zweitens ergibt sich unter Berücksichtigung des Erkrankungsalters, daß sich das Geschlechtsverhältnis erst bei den nach

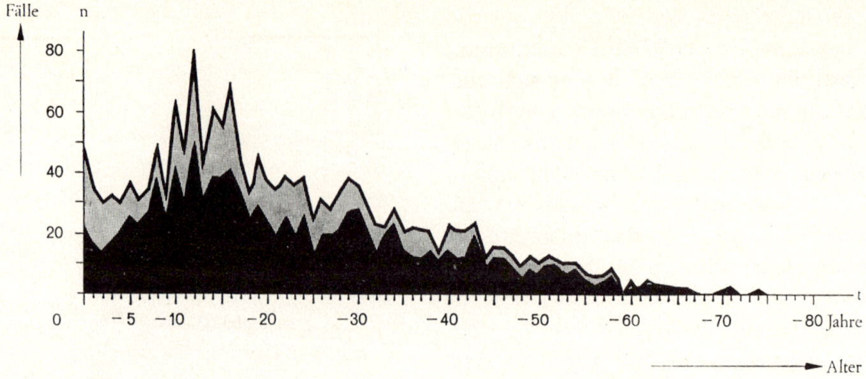

Abb. 91. Erkrankungsalter von 1732 primären (schwarz) und sekundären (grau) psychomotorischen Epilepsien.

dem 20. Lebensjahr einsetzenden Erkrankungen zugunsten der Männer verschiebt. Die Relation männlicher zu weiblicher Erkrankungen ist bei primären wie bei sekundären psychomotorischen Epilepsien gleich, so daß wir nicht mehr an unserer früher einmal geäußerten Vermutung festhalten können, daß Frauen zu einem »milden« und Männer zu einem »heftigen« Erkrankungsbeginn neigen[251].

Erkrankungsalter: Epilepsien, die mit psychomotorischen Anfällen einhergehen, können in jedem Lebensalter einsetzen. Unser ältester Patient ist ein 84jähriger, von Vaterseite mit Epilepsie belasteter Mann, der mit 71 Jahren zum erstenmal psychomotorische Anfälle bekommen hatte. Die meisten (67%) primär mit psychomotorischen Anfällen beginnenden Erkrankungen hatten zwischen dem 7. und dem 35. Lebensjahr ihren Anfang genommen. Das Maximum der Erkrankungshäufigkeit liegt mit 33% zwischen dem 10. und 20. Lebensjahr. 36% der Fälle waren vor dem 15. Lebensjahr und noch 49% erst nach dem 20. Lebensjahr erkrankt. Das Erkrankungsalter der sekundären psychomotorischen Epilepsien weist ungefähr die gleiche Verteilung auf, abgesehen von den ersten 3 Lebensjahren, in denen die sekundären die primären Erkrankungen überwiegen.

Verlauf und Prognose. – *Reine und kombinierte, primäre und sekundäre psychomotorische Epilepsien:* So wie alle anderen Formen kleiner epileptischer Paroxysmen können auch psychomotorische Anfälle isoliert, als »reine« Verlaufsform, oder im Wechsel mit großen Anfällen, als »kombinierte« Verlaufsform, in Erscheinung treten. Das Verhältnis von isolierten zu kombinierten Formen beträgt 1:1,7 (725:1265 = 36%:64%).

Wenn eine psychomotorische Epilepsie mit kleinen Anfällen beginnt, handelt es sich um eine primäre Verlaufsform. Wenn zunächst nur große Anfälle auftreten, denen sich erst im Verlauf psychomotorische Anfälle hinzugesellen, sprechen wir von einer sekundären psychomotorischen Epilepsie. Das Verhältnis von primären zu sekundären Formen beträgt ungefähr 2:1 (1137:595 = 66%:34%, bei 258 Fällen war der Beginn unklar).

Über die *Prognose* primär mit psychomotorischen Anfällen beginnender Epilepsien unterrichtet das Diagramm auf Abb. 92, das die Ergebnisse katamnestischer Untersuchungen an 167 kryptogenen Fällen aus einer Zeit wiedergibt, in der noch spontane, therapeutisch unbeeinflußte Verläufe zu beobachten waren.

Spontanheilungen kommen vor, doch sind sie selten (7% nach 20 Krankheitsjahren). Bemerkenswert ist die Tatsache, daß nach 10 Jahren noch zwei Drittel und nach 20 Jahren noch etwa die Hälfte (52%) auch ohne Behandlung »rein«, d. h. von großen Anfällen verschont bleiben. Bemerkenswert deswegen, weil primäre psychomotorische Anfälle trotz ihrer Neigung zu »mildem« Verlauf in der Regel medikamentös schwer – wenn auch nicht ganz so schwer wie sekundäre – zu beeinflussen sind. Ob eine Progredienz eintritt, indem sich die kleinen Anfälle zu großen intensivieren bzw. mit großen Anfällen kombinieren, entscheidet sich im Wesentlichen im Verlauf der ersten 3 Jahre, wenngleich auch noch nach 10, 15 und selbst nach 18 Jahren große Anfälle hinzutreten können. Nach unseren Erfahrungen läßt sich nicht nur nach der Dauer des Vorspiels ungefähr voraussagen, ob noch große Anfälle hinzutreten werden, sondern auch welche Grand mal-Verlaufsform und welches Verlaufstempo zu erwarten sein wird: Je kürzer das Vorspiel dauert, desto eher resultiert eine – meist progredient verlaufende – Schlaf-Epilepsie, später eine – meist stationäre – Aufwach-Epilepsie, und je länger es dauert, desto mehr wird eine – meist oligoepileptisch einhergehende – diffuse Epilepsie die Folge sein[71, 251].

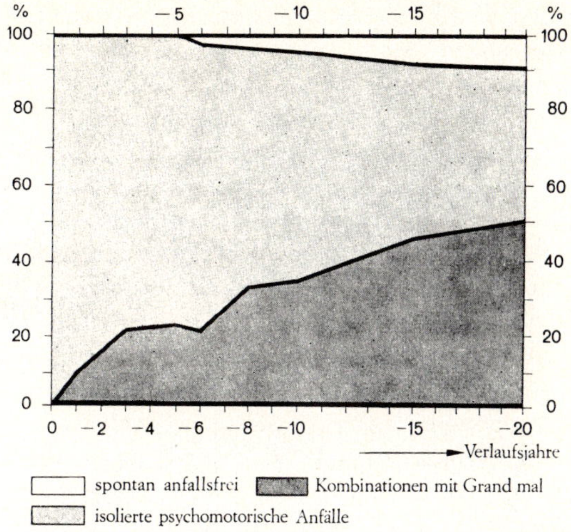

Abb. 92. Verlauf von 167 mit psychomotorischen Anfällen beginnenden kryptogenen Epilepsien. (Nach Janz, D.: Die Petit mal-Epilepsien[251].)

Grand-mal-Verlaufsformen bei psychomotorischer Epilepsie: In Kombination mit großen Anfällen verbinden sich psychomotorische Anfälle meist (55%) mit Schlaf-Epilepsien, oft (30%) mit diffusen Epilepsien und nur relativ selten (15%) mit Aufwach-Epilepsien. Die Verteilung bei primären und sekundären psychomotorischen Epilepsien weicht davon nicht wesentlich ab (s. Tab. 14). Wenn man jedoch die Ätiologie mitberücksichtigt, so steigt bei nachweisbar symptomatischer Genese der Anteil der diffusen Epilepsie auf Kosten der Schlaf- und der Aufwach-Epilepsie erheblich an, – die Regel bestätigend, daß eine zeitlich ungebundene Verteilung der großen Anfälle auf eine exogene Ursache schließen läßt.

Daß psychomotorische Anfälle sich so häufig mit Schlaf-Grand mal und so selten mit Aufwach-Grand mal verbinden, unterstreicht die tiefe nosologische Zäsur, die sich zwischen der Schlaf-Epilepsie und der psychomotorischen Epilepsie auf der einen Seite, sowie den altersabhängigen Petit mal-Epilepsien und der Aufwach-Epilepsie auf der anderen Seite hindurchzieht. Isolierte Schlaf-Grand mal sind elektroenzephalographisch ebenso wie psychomotorische Anfälle meist Ausdruck temporaler Epilepsien, isolierte Aufwach-Grand mal ebenso wie die altersgebundenen kleinen Anfälle meist Ausdruck zentrenzephaler Epilepsien. Dem entspricht auch, daß Kombinationen von psychomotorischen Anfällen mit Auf-

Tabelle 14: *Verteilung der Grand mal-Verlaufsformen bei kombinierten psychomotorischen Epilepsien* (A = Aufwach-Grand mal, S = Schlaf-Grand mal, D = diffuse Grand mal).

Verlaufsform:		A				S				D				zusammen	
		n	%	n	%	n	%	n	%	n	%	n	%	n	%
Primär	Kryptogen			46	15			163	55			90	30	299	100
	symptomatisch			7	8,5			33	41			41	50,5	81	100
	Summe	53	14			196	52			131	34			380	100
Sekundär	Kryptogen			56	19			202	70			33	11	291	100
	symptomatisch			18	12			52	34			82	54	152	100
	Summe	74	17			254	57			115	26			443	100
Zusammen		127	15			450	55			246	30			823	100

wach-Grand mal nur selten symptomatische Epilepsien sind. Diese Kombinationsform scheint daher nosologisch eine Mittelstellung zwischen der temporalen und der zentrenzephalen Epilepsie einzunehmen. Ihre pathogenetische Bedingungen lassen sich aber, was ihre primären und sekundären Verlaufsformen angeht, noch etwas näher präzisieren: Bei der Entstehung von primär mit psychomotorischen Anfällen beginnenden und sich später mit Aufwach-Grand mal kombinierenden Epilepsien wird vermutlich eine starke endogene Komponente beteiligt sein. Aufwach-Epilepsien, bei denen sekundär psychomotorische Anfälle hinzutreten, sind vermutlich vorwiegend endogen determiniert und werden erst im Laufe der Krankheit infolge iktogener Hirnschädigungen sekundär zu »symptomatischen« Epilepsien. Diese aus der klinischen Erfahrung abgeleiteten Vermutungen sind inzwischen neuropathologisch[115] und elektroenzephalographisch[482] weitgehend verifiziert worden.

Unter *sekundären psychomotorischen* bzw. *temporalen Epilepsien* versteht NEIMANIS »Epilepsien, bei denen psychomotorische Anfälle nicht primär, sondern erst nach einem Grand mal-Vorspiel in Erscheinung treten. Die klinische Vorgeschichte und die morphologischen Befunde berechtigen in solchen Fällen zu der Deutung, daß die psychomotorischen Anfälle sekundär, d. h. von den durch die generalisierten Anfälle bewirkten Krampfschäden ausgelöst sein könnten.«

Die klinischen Argumente für die von LENNOX[706] zum ersten Mal ausgesprochene Hypothese, daß die zeitliche Abfolge auf einen pathogenetischen Zusammenhang schließen lasse, sind folgende: Psychomotorische Anfälle setzen weit häufiger als andere kleine epileptischen Anfälle nach einem Grand mal-Vorspiel ein. LENNOX hatte besonders oft psychomotorische Epilepsien nach vorausgegangenen Fieberkrämpfen beobachtet. Im Krankengut von MATTHES[730] waren in 12 von 62 »sekundären« Fällen Infektkrämpfe und in weiteren 7 Fällen ein Status epilepticus der Entwicklung psychomotorischer Anfälle voraufgegangen. Unter 100 Kindern der Serie von OUNSTED et al. hatten allein 29 vor Beginn ihrer psychomotorischen Epilepsie einen Status epilepticus durchgemacht. Die Häufigkeit psychomotorischer Epilepsien scheint mit der Schwere und der Dauer epileptischer Krankheitsverläufe zuzunehmen, was daraus hervorgeht, daß psychomotorische Anfälle und temporale Herdveränderungen im EEG unter Anstaltspatienten mit 60%—80% wesentlich häufiger anzutreffen sind als bei ambulanten oder Klinik-Patienten[463, 726, 813], bei denen sie ca. 25% ausmachen. Daß psychomotorische Epilepsien die »gemeinsame Endstrecke«[548] primär anders differenzierter Epilepsieformen sein können, jedoch immer nur unter der Bedingung eines mehrjährigen, besonders schweren Krankheitsverlaufs mit gehäuften großen Anfällen, Grand mal-Serien oder -Status, geht nicht zuletzt aus den klinischen und klinisch-morphologischen Untersuchungen von RABE[132] und von NEIMANIS hervor. RABE beschreibt Übergänge in psychomotorische Epilepsien aus ursprünglich altersgebundenen Petit mal-Epilepsien, NEIMANIS aus primär idiopathischen Grand-mal-Epilepsien vom Aufwachtyp.

Die sekundäre psychomotorische Epilepsie stellt sicherlich ein Sammelbecken ursprünglich heterogener Epilepsieformen dar. Daß in dieser Gruppe auch eine Anzahl primär zentrenzephaler Epilepsien verborgen sind, die einen Verlaufswandel zu temporalen Epilepsien durchgemacht haben, geht daraus hervor, daß der Anteil hereditärer Belastung bei der sekundären Form um etwa die Hälfte größer ist als bei der primären und bei der reinen psychomotorischen Epilepsie[482]. Nicht zuletzt findet man beim Vergleich der EEG-Merkmale bei der sekundären Form häufiger generelle und paroxysmale Dysrhythmien und Spike-wave-Komplexe – die bei der primären Form völlig fehlen – und häufiger doppelseitige Herde als bei der primären und bei der reinen pychomotorischen Epilepsie[482] (s. Abb. 93).

Nach den Untersuchungen von CANGER u. JANZ an 260 psychomotorischen Epilepsien treten statistische Differenzen einzelner EEG-Merkmale deutlicher hervor, wenn die kombinierten Formen nach der Art der begleitenden Grand mal-Verlaufsform unterteilt werden. Nach CHRISTIAN[385] unterscheidet sich die reine Aufwach-Epilepsie im EEG durch ausgeprägte Allgemein- und Hyperventilationsveränderungen sowie durch generelle und paroxysmale Dysrhythmien von der reinen Schlaf-Epilepsie (s. S. 474). Da Kombinationen von Aufwach-Grand mal und psychomotorischen Anfällen relativ selten sind, wurden Kombinationen mit diffusen Grand mal hinzugenommen und beide Formen zusammen der Kombination psychomotorischer Anfälle mit Schlaf-Grand mal gegenübergestellt. Dabei wurde von der Voraussetzung ausgegangen, daß die reine diffuse Epilepsie der reinen Aufwach-Epilepsie elektroenzephalographisch nähersteht als der Schlaf-Epilepsie

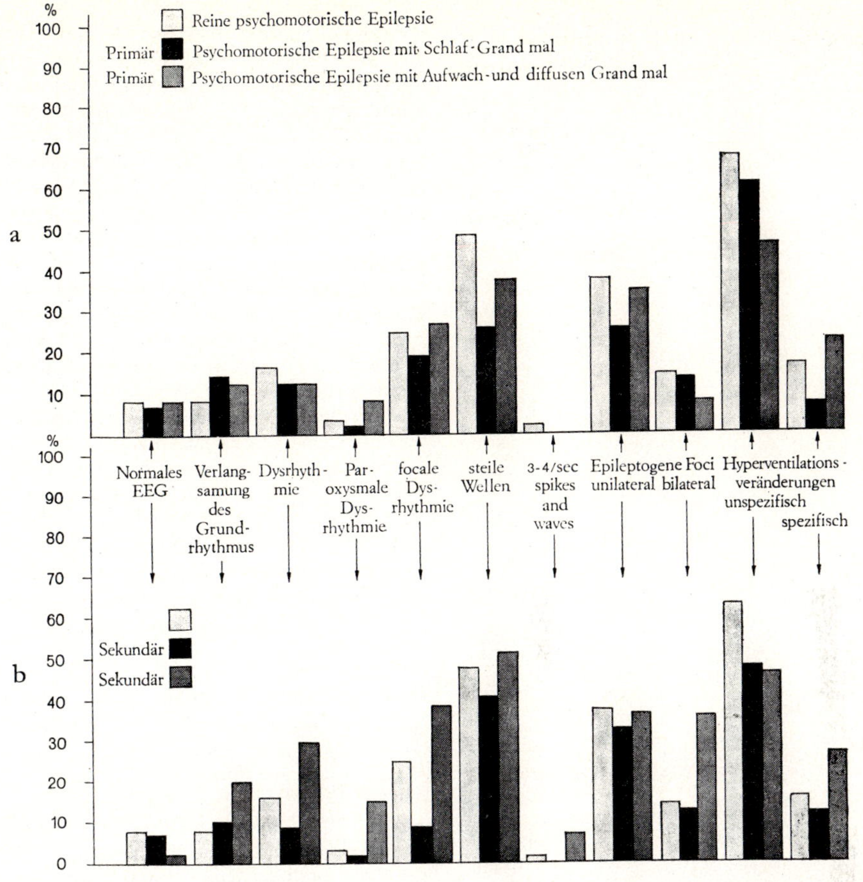

Abb. 93a u. b. EEG-Befunde bei primärer (a) und sekundärer (b) psychomotorischer Epilepsie, unterteilt nach ihrer Kombination mit Schlaf-Grand mal sowie Aufwach-Grand mal und diffusen Grand mal. (Nach Canger, R., D. Janz: Riv. Neurol. 36 [1966] 321.)

(Gänshirt u. Vetter). Wie aus Abb. 93a hervorgeht, unterscheiden sich die Untergruppen der primären psychomotorischen Epilepsie sowohl untereinander wie von der reinen psychomotorischen Epilepsie nicht wesentlich. Bei den Untergruppen der sekundären psychomotorischen Epilepsie (Abb. 93b) fällt jedoch auf, daß bei der Kombination mit Aufwach- und diffusen Grand mal wesentlich häufiger Allgemeinveränderungen in Form einer Grundrhythmusverlangsamung und häufiger generelle und paroxysmale Dysrhythmien anzutreffen sind, daß ferner Herdbefunde an Häufigkeit eher zurücktreten, daß unter den epileptischen Potentialen häufiger fokale Dysrhythmien und gelegentlich auch Spike-wave registriert werden und daß beidseitige Herdbefunde etwa doppelt so häufig wie bei reinen und mit Schlaf-Grand mal kombinierten psychomotorischen Epilepsien auftreten.

Bei Vorliegen einer kombinierten psychomotorischen Epilepsie ist daher immer auch zu erwägen, ob es sich dabei nicht um eine pathogenetisch sekundär entstandene psychomotorische Epilepsie handelt. Klinisch liegt die Entwicklung einer primär zentrenzephalen zu einer sekundär temporalen Epilepsie immer dann nahe, wenn sich aus der Anamnese mit genügender Klarheit ergibt, daß ursprünglich altersgebundene Petit mal und/oder Aufwach-Grand mal vorgelegen haben, zu der psychomotorische Anfälle erst im weiteren Verlauf hinzugetreten sind. Diese Vermutung erfährt eine Unterstützung, wenn im EEG ausgeprägte Allgemein- und Hyperventilationsveränderungen, generelle und paroxysmale Dysrhythmien oder sogar Spike-wave-Komplexe und bei wiederholter Untersuchung konstant doppelseitige Herdbefunde nachzuweisen sind.

Auslösung und Hemmung der Anfälle: Auffallend selten werden Schlafmangel, Alkoholgenuß und körperliche Strapazen bei psychomotorischen Epilepsien als anfallsauslösend angegeben. Häufiger berichten die Kranken über vage Zusammenhänge mit dem Wetter, mit Aufregungen oder Verdauungsstörungen. Nur wenige vermelden, überhaupt keine Abhängigkeiten zu bemerken. Da alle solche Angaben schwer nachprüfbar sind, neigt man, auch im Hinblick auf die lockere Anfallsgruppierung mit ihren undurchsichtigen Intervallen (s. S. 217ff) und auf ihre offensichtliche Unabhängigkeit von konstanten periodischen Vorgängen und gröberen äußeren Veranlassungen, gern zu der Annahme, daß eben krankheitsinhärente Faktoren für die Manifestation der Anfälle verantwortlich seien. Die sehr feine, wenn auch in ihren Bedingungen undurchschaubare Abstimmung zwischen Intensität und Frequenz, deutet auf ebenso fein abgestufte untergründige Krankheitsvorgänge energetischen Charakters hin. Es scheint geradezu, als ob sich in den Anfällen krankhaft gestaute Energien nach dem Maß ihrer Intensitäten verschieden stark entladen. Daß aber Zeitpunkt und Grad der Anfälle nicht lediglich vom Grad der »Ladung« oder »Anfallsbereitschaft« bestimmt werden, sondern wesentlich auch vom Umgang des Kranken und der Auseinandersetzung des Organismus mit den zur Entladung drängenden Energien, geht aus den Beobachtungen über anfallshemmende und anfallsfördernde Umstände hervor, die nahezu aus jedem Krankheitsverlauf zu erfahren sind.

Beziehung der Anfälle zum Schlaf-Wach-Rhythmus: Unter den biologischen Umständen interessiert zunächst wieder die Frage nach den Beziehungen zum Schlaf-Wach-Rhythmus. Es gibt bei psychomotorischen Anfällen jede Art der Bindung und der Ungebundenheit, d. h. sowohl Verlaufsformen mit Anfällen ausschließlich oder vorwiegend aus dem Schlaf heraus, wie solche mit Anfällen ausschließlich oder vorwiegend nach dem Erwachen, wie auch solche mit unregelmäßiger Verteilung der Anfälle. Unter 100 nicht mit großen Anfällen kombinierten psychomotorischen Epilepsien fanden wir 38, deren Anfälle zu Beginn der Erkrankung vorwiegend aus dem Schlaf heraus, 28, deren Anfälle vorwiegend nach dem Erwachen aufgetreten sind und 34 mit unregelmäßiger, »diffuser« Anfallsverteilung[251].

Zum Problem der Anfallsbereitschaft sind folgende Einzelheiten erwähnenswert: Während Kranke vor großen Anfällen im Schlaf nicht wach werden, außer wenn sie durch Jackson-Anfälle oder Adversiv-Krämpfe eingeleitet werden, berichten Kranke mit psychomotorischen Anfällen aus dem Schlaf heraus davon, daß sie dann oft von einer Aura geweckt werden, bevor sie die Besinnung verlieren. Ferner bevorzugen psychomotorische Anfälle während des Schlafs — umgekehrt wie die großen Anfälle — häufiger die Zeit kurz nach dem Einschlafen als die zweite Nachthälfte. Damit verbunden neigen psychomotorische Anfälle auch häufiger als Grand mal zu Anfällen im Mittagsschlaf (Abb. 94a). Wenn bei demselben Kranken sowohl psychomotorische wie große Anfälle während des Schlafs auftreten, was wir immer nur im Rahmen einer Kombination von Schlaf-Grand mal mit auch tagsüber auftretenden psychomotorischen Anfällen beobachtet haben, bevorzugen die psychomotorischen Anfälle die Zeit nach dem Einschlafen und die großen Anfälle die Zeit vor dem Erwachen gegen Ende der Nacht. Die Verfassung nach dem Einschlafen, in der auch im EEG häufiger spezifische Potentiale zu sehen sind als im Tiefschlaf, scheint daher für psychomotorische Anfälle fördernd, für eine Generalisierung des Anfallsgeschehens eher hemmend zu wirken. Psychomotorische Anfälle bleiben im weiteren Verlauf selten (10%) an den Schlaf gebunden. Oft (20%) treten bald auch Anfälle aus dem Wachen hinzu, die an Zahl die nächtlichen übertreffen können (8%)[251] — wieder im Unterschied zu Schlaf-Grand-mal-Epilepsien, die ungefähr zur Hälfte reine Schlaf-Epilepsien bleiben. Bei der größeren Neigung psychomotorischer Schlaf-Epilepsien, mit der Zeit einen diffusen Verlauf anzunehmen, muß jedoch berücksichtigt werden, daß bei dem häufig serienförmigen Auftreten der psychomotorischen Anfälle im Grunde nur der erste, der »Herold«-Anfall[592], für die Zuordnung bestimmend sein dürfte.

Aber auch psychomotorische Epilepsien, deren Anfälle sich vorwiegend in der Zeit nach dem Erwachen in den frühen Morgenstunden abspielen (Abb. 94b), zeigen eine größere Tendenz zu »diffuser«, relativ ungebundener Verteilung, als sie bei Grand mal-Epilepsien vom Aufwach-Typ zu beobachten ist. In Analogie zur Aufwach-Epilepsie gibt es auch bei psychomotorischen Anfällen eine »Feierabend«-Verlaufsform (Abb. 94c), sogar häufiger als bei den Grand mal-Epilepsien. Im Vergleich mit den Verlaufsformen großer Anfälle nehmen psychomotorische Anfälle relativ häufig von vornherein einen diffusen, d. h. einen nicht an die Schlaf-Wach-Periodik gebundenen Verlauf (Abb. 94d).

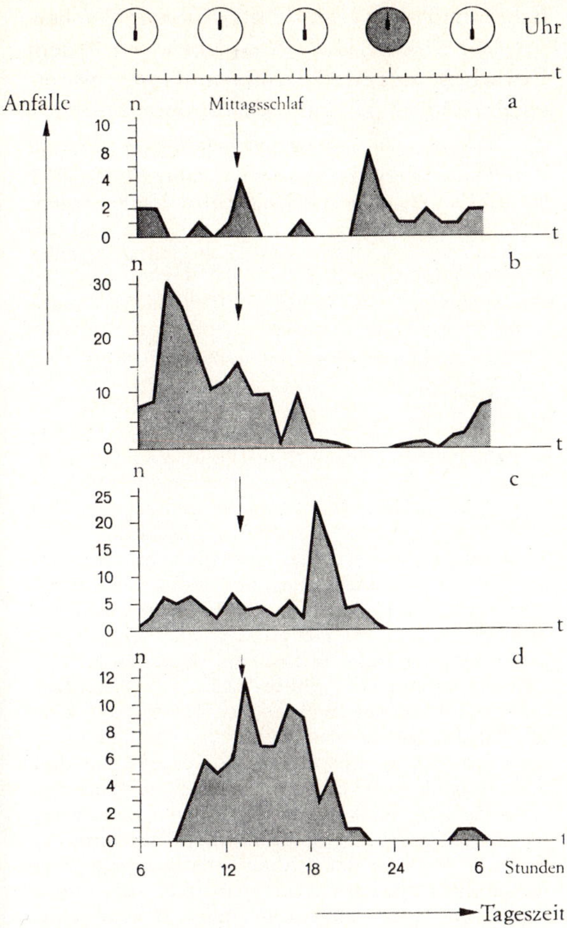

Abb. 94a-b. Beispiele für die Abhängigkeit oder Unabhängigkeit psychomotorischer Anfälle vom Schlaf-Wach-Rhythmus, a) vorwiegend an den Schlaf (Nacht- und Mittagsschlaf), b) vorwiegend an die Zeit nach dem Aufwachen, c) vorwiegend an die »Feierabend« Situation gebunden, d) zeitlich ungebundene Verteilung.

Daß kleine Anfälle mehr als große zur Unabhängigkeit vom Schlaf-Wach-Rhythmus neigen, gilt sogar für die graduell verschiedenen Ausprägungen der psychomotorischen Anfälle selbst. Wenn in einem Krankheitsverlauf sowohl isolierte Auren, wie Auren mit nachfolgenden kürzeren oder längeren, leichteren oder schwereren Anfällen vorkommen, dann erweisen sich die stärkeren Ausprägungen auch stärker an die Tagesperiodik gebunden, während die isolierten Auren von der Tagesperiodik unabhängig sind (s. Tabelle 15).

Andere Gelegenheiten: Wenn – wie sehr häufig – »Aufregungen« verantwortlich gemacht werden, sind die Anfälle fast nie unmittelbare Folge von akuten, heftigen Erregungen, sondern meist Auswirkungen von Erlebnissen, die Stunden bis Tage zurückliegen, und daher allenfalls als Anlaß oder Ausdruck einer länger dauernden Verstimmung gedeutet werden können. Während von Zusammenhängen mit dem Wetter, den Mondphasen, der Menstruation (s. aber S. 218) von Alkohol, Schlafentzug und körperlicher Erschöpfung bei psychomotorischen Anfällen kaum die Rede ist, werden Mahlzeiten oft als anfallsfördernd angegeben, worauf auch die Mittagsgipfel in den angeführten Beispielen (Abb. 94) hinweisen könnten. Jeder, der viel mit Anfallskranken umgeht, kennt und fürchtet die Patienten, die hartnäckig auf dem Zusammenhang mit Verdauungsbeschwerden bestehen und bis in Einzelheiten ausführlich davon berichten, daß sie während der Anfallsperioden unter Blähungen oder Verstopfung, manchmal auch unter Miktionsschwierigkeiten zu leiden haben. Und jeder Therapeut kennt die Versuchung, solche Angaben mehr oder minder geduldig zu überhören oder mit dem Hinweis auf die allgemeine Häufigkeit von Verdauungsstörungen zu entkräften[284]. Wie dem auch sei, diese Angaben können nicht ganz irrelevant sein, da sie fast nur von Kranken mit psychomotorischen Anfällen vorgebracht werden. Bemerkenswert ist die Beobachtung von

Tabelle 15: *Anfallsintensität und Bindung an die Schlaf-Wach-Periodik* (aus Janz, D.[251]).

Verlaufsform	Grand mal	Anfallsform psychomotorische Anfälle	Dreamy state
S: vorwiegend im Schlaf	45%	38%	24%
A: vorwiegend nach dem Erwachen und zum Feierabend	34%	28%	33%
D: diffuse, ungebundene Verteilung	21%	34%	43%

Stevens, daß Geruchsreize bei Patienten mit psychomotorischen Anfällen zu einer gesteigerten epileptischen Aktivität im EEG führen. Häufig hört man, daß die Anfälle besonders gern »beim Kartenspiel«, »beim Stricken«, »bei der Sonntagszigarre«, »beim Hochamt, kurz vor Ende der Predigt«, »beim Zeitungslesen«, »am Radio«, »beim Kurkonzert«, »immer wenn ich mich gerade mal ausruhen will« kommen. Die Gemeinsamkeit solcher Situationen wird deutlicher, wenn man die Kranken nach den Gelegenheiten befragt, in denen sie erfahrungsgemäß nie von Anfällen betroffen werden: »immer wenn ich konzentriert sein muß«, »im dichten Verkehr«, »im angeregten Gespräch«, oder wenn sie davon berichten, wie sie die Anfälle, die sich ankündigen, zu unterdrücken versuchen: indem sie ein Riechfläschchen benutzen[521], durch tiefes Atemholen, durch »Dagegenstemmen«, »Dagegenschlucken«, oder indem sie alle Konzentration auf einen bestimmten Gedanken richten. Wieder andere versuchen sich durch eine vermehrte motorische Aktivität »abzulenken«. Einen schon im Gang befindlichen psychomotorischen Anfall durch Anrufen, Erschrecken oder Wachrütteln »abzustoppen«, wie manche Angehörige berichten, ist uns jedoch nur selten gelungen.

Anfallsfördernd scheinen danach alle – auch untertags – zum Schläfrigwerden und anfallshemmend alle zum Wachwerden tendierenden Situationen zu wirken. Man kann daher diese als partielle Schlaf-Wach-Schwankungen anzusprechenden »diffusen« Gelegenheiten für psychomotorische Anfälle den globalen Schlaf-Wach-Umstellungen an die Seite stellen, die mehr für große Anfälle typisch sind. Da aufkeimende Anfälle durch Aufmerksamkeit und Wachheit unterdrückt werden können und partielle Vigilanzschwankungen eher verhindern, daß kleine Anfälle zu großen werden, da ferner selbst die Situation kurz nach dem Einschlafen noch Grand mal-resistenter ist als die im späten Schlaf, kann die Frage, warum es in einer gegebenen Situation zu einem kleinen oder zu einem großen Anfall kommt, sicher nicht allein unter dem Aspekt der zur Entladung drängenden Energien betrachtet werden. Welcher Anfall jeweils zustande kommt, kann nur als das Ergebnis einer Auseinandersetzung von zur Entladung drängenden mit die Entladung verhindernden Vorgängen angesehen werden. Die Art der Krise wird daher wesentlich von der jeweiligen Gesamtverfassung des Organismus mitbestimmt sein, wie es Selbach in seiner Krisenlehre als das Ergebnis einer Konkurrenz der vegetativen Systeme expliziert. Die anfallsbegünstigende Labilität, die unter biologischem Aspekt als Wettstreit der vegetativen Partner[428, 844] erscheint, kann unter anthropologischem Horizont als eine bis in die Tiefen der Person reichende Unentschiedenheit begriffen werden, wenn man die Selbstwahrnehmungen der Kranken mit berücksichtigt, wofür folgender Eigenbericht als Beispiel stehen soll:

Fall Jochen F.:

»Unentschlossenheit, dies oder jenes zu tun, das ist der beste Nährboden für Anfälle. Wenn sie allmählich kommen, geschieht es folgendermaßen: in meinen Gedankenablauf schiebt sich beharrlich die Frage ein: warum will ich eigentlich nicht klar dies oder jenes? Aha, soll der Tanz wieder einmal losgehen und sollte sich auf diese Art wieder ein Anfall einschleichen wollen? Aber nein, eigentlich geht es mir doch recht gut; der morgendliche Anfallstermin ist auch schon längst überschritten, also nein. — Nach einer Weile treten Zweifel auf . . . ich bin ja nicht gefeit davor, er könnte theoretisch ja noch kommen. Aber nein, ich darf ja diesen Gedanken gar nicht aufkommen lassen, er ist bei längerem Umgehen damit doch sehr gefährlich; nur nicht, daß er zum Vorboten eines Anfalls wird! — Schon daß er auftritt, ist er es ja eigentlich schon — aber ich wollte mich doch nicht weiter mit ihm beschäftigen!! Es ist nicht zum Aushalten! Hör doch auf damit, Jochen! (während ich das denke, kommen bange Gefühle, eine leise Furcht, daß ich wieder einmal hilflos einem Anfall zusteure, kommen aber trotzdem und beherrschen jetzt das Feld) — da habe ich es also wieder einmal so weit gebracht, und ich wollte es doch gar nicht so weit kommen lassen! (dabei bin ich gespannt, ob ich diesmal noch davonkomme, glaube es aber nicht mehr) — Ich Trottel! Was soll ich jetzt tun? Wie ist jetzt die günstigste Verhaltensweise, das ist die Frage. Es muß doch eine Art Verhalten geben, um aus dieser elenden Notwendigkeit herauszukommen? Oder daß wenigstens der Anfall nicht eintritt? (Die Gefühle werden immer stärker in ihrem periodenweisen Anbranden) — plötzlich ein »Unwirklichwerden« der Umwelt, ein anderes Bild, meist eines aus der Erinnerung, steht wie die Wirklichkeit in einem und engagiert den ganzen Menschen, — als gefühlte Wirklichkeit. Man meint, quasi dort zu sein. Aber sofort meldet sich die wahre Umwelt durch die sinnliche Wahrnehmung, die einem ebenso unleugbar vor Augen steht. Und nun habe ich zwei Umwelten sozusagen: eine in mir und eine außer mir. — Und nun beginnt der zweite Teil des Anfalls, der darin besteht, zur richtigen Umwelt wieder hinzufinden. Man kann sich passiv dabei verhalten und sich an den Gedanken halten, daß alles wieder vorübergeht und von selbst sich regelt, (wozu aber Ungestörtheit gehört und moralisch-ethische Zielsetzung und einige Realisationen davon) oder aktiv, indem man um das »wahre« Bild ringt, was oft Lautäußerungen (Schreien) im Gefolge hat, da man eine gewisse Schmerzlichkeit, leise Furcht und ein gewisses Getriebensein, — da kein Eingreifen mehr möglich ist, — spürt und trotzdem noch eine leise Wachheit da ist. Man erlebt dadurch den Unterschied von »innerer« und »äußerer« Umgebung bewußt, und löst sich diese Zweiheit nicht nach einigen Minuten, sondern wird immer deutlicher, kommt es zum eigentlichen Anfall (Chaos im Denken, unkontrollierbare, rasche, wechselnde Bildfolge). Das Gefühl ist dabei so, daß der Kopf, der sich dreht, gewissermaßen der einen Umgebung gehorcht und der Körper der anderen.«

Scheinbar im Widerspruch dazu steht die Angabe mancher — auch unseres — Patienten, daß sie besonders in solchen Situationen einen Anfall bekommen, in denen sie »ganz«, mit ganzem Herzen und allem Überschwang »dabei« sind, gerade in solchen Augenblicken, in denen sie nichts Schlimmes gewärtigen und, arglos alle Reserven fallen lassend, sich ganz einem übermächtigenden Gefühl oder Gedanken oder einer unwiderstehlichen Idee hingeben. Doch wird damit nur die Kehrseite dieses anfallsbegünstigenden Zustands sichtbar, der untrennbar in die Aura übergeht, in dem eine Abwendung von der Umwelt, die als Bewußtseinstrübung erscheint, mit einer Zuwendung für die Innenwelt, die nachträglich als abnorm gilt, verbunden ist. Eine meisterhafte Darstellung davon, wie sich dieser Wettstreit in der Brust des Kranken wie im Spiegel seiner Umwelt abspielt, gibt DOSTOJEWSKI im »Idiot« am Beispiel des Anfalls, von dem Fürst Myschkin in der Abendgesellschaft betroffen wird.

Spezifische Konstellationen: Faßt man die Faktoren, die nach der Selbsterfahrung der Patienten hemmend oder fördernd auf psychomotorische Anfälle wirken, nach ihrer Art und Häufigkeit gruppiert zusammen, so sind es folgende: Überwiegend handelt es sich um psychische Vorgänge, die die Aufmerksamkeit verändern, d. h. entweder im Sinne der Konzentration erhöhen oder im Sinne der Entspannung vermindern. Damit sind häufig Schwankungen der emotionellen Stimmung verbunden, entweder in Richtung von Furcht oder Angst oder in Richtung von Faszination oder Lust. Weniger faßbar, aber in ihrer Häufigkeit nicht abzuweisen sind viszeral-autonome Einflüsse, die zwar gleichfalls die Bewußtseinshelle und die Gefühlslage betreffen, von den entsprechenden Organen her aber als Einflüsse von seiten des Magens oder Darmes, der Blase, der Sexualorgane sowie des Herzens unterschieden werden können. Für eine genauere Analyse wäre es nützlich, den jeweils für die Auslösung bzw. Hemmung verantwortlichen Funktionszustand dieser Organe zu kennen. Unter den Spezialsinnen haben für psychomotorische Anfälle im wesentlichen nur Geschmacks- und Geruchsreize ein Gewicht, während optische, haptische und vestibuläre bedeutungslos sind und auditive Reize wahrscheinlich nur in Verbindung mit einer bestimmten emotionellen Bedeutung wirksam werden, wie bei der musikogenen Epilepsie. Die Frage nach einer etwaigen Entsprechung von Reiz und Anfall, d. h. ob das Verhältnis ein unspezifisches sei oder spezifisch sein müsse derart, daß nur ein der jeweiligen Aura adäquater Reiz hemmend oder auslösend wirken könne, ist noch kaum ins Blickfeld der Forschung getreten. Lediglich GOWERS erwähnt, daß sehr häufig Anfälle, die mit einer olfaktorischen Aura beginnen, durch Einatmen von Amylnitrit zu kupieren seien.

Als Beispiel für die *hemmende Wirkung durch einen der Art der Aura* psychomotorischer Anfälle *adäquaten Sinnesreiz* ist die Beobachtung von EFRON[520, 521] anzuführen, die in musterhafter Weise zeigt, zu welchen prinzipiellen Ergebnissen eine rein kasuistische Untersuchung führen kann:

Es handelte sich um eine 41jährige amerikanische Negerin, von Beruf Sängerin, die seit 26 Jahren an großen Anfällen litt, die sich zwischen 7- und 18mal im Monat wiederholten und nie länger als 14 Tage ausgeblieben waren. Die Anfälle wurden regelmäßig von einer längerdauernden Aura eingeleitet, während der immer in der gleichen Reihenfolge ein Dreamy state mit Depersonalisationserscheinungen und Zwangsgedanken, dann Geruchsempfindungen und schließlich Gehörshalluzinationen und eine Adversivdrehung des Kopfes abliefen. Bisher war es nie zu isolierten Auren gekommen; nach den ersten Anzeichen einer Aura war unvermeidlich mit einem großen Anfall zu rechnen. Mit der Darbietung eines spezifischen sensorischen Reizes in Form eines unangenehmen Geruchs während der Aura konnten nun sowohl die weitere Entwicklung der Aura wie der große Anfall verhütet werden. Nachdem durch genügend lange gleichzeitige Darbietung des spezifischen Geruchsreizes mit einem optischen Reiz in Form eines silbernen Armbandes eine Koppelung nach Art eines bedingten Reflexes hergestellt war, so daß die Patientin nun schon beim Blick auf das Armband allein den Geruch verspürte, brauchte sie dann nur noch, wenn sich eine Aura meldete, auf das Armband zu blicken, um ein Fortschreiten der Aura und damit auch große Anfälle zu verhüten. Später genügte es sogar im entscheidenden Moment an das Armband zu denken, um sofort den Geruch zu verspüren, und damit die Aura zu unterbrechen. In der vorletzten Phase dieser Selbstbehandlung, die sich über zwei Jahre hinzog und von Anfang an ohne jegliche Medikamente vor sich ging, wurden die Auren, die jeweils durch Anblick des Armbands abzustoppen waren, immer seltener, dafür traten häufig spontane Halluzinationen desjenigen Geruchs auf, der ursprünglich als Gegenmittel gedient hatte. 15 Monate lang wiederholten sich dann nur noch Halluzinationen des ursprünglich künstlich gesetzten Geruchs ohne jegliche Auren, zunächst in der gleichen Frequenz wie die früheren Anfälle, wurden dann jedoch seltener und hörten schließlich ganz auf, so daß sie sich am Ende dieser Behandlung als geheilt betrachten und ihren Beruf als Sängerin wieder voll aufnehmen konnte.

Ihrer prinzipiellen Bedeutung wegen sei die außerordentliche Geschichte dieser Behandlung hier ausführlich wiedergegeben:

Den Teil des Anfalls, den sie bewußt erlebte, beschrieb die Patientin mit folgenden Worten: »Aus völligem Wohlbefinden heraus kann ich mich plötzlich wie entrückt fühlen. Dann habe ich die Empfindung, als ob ich an zwei Plätzen zugleich sei, aber an keinem Platz ganz — es ist ein Gefühl, als ob man ganz weit weg sei. Ich kann lesen, schreiben und sprechen und sogar meine Lieder singen. Ich weiß ganz genau, was los ist, aber ich scheine irgendwie nicht in meiner eigenen Haut zu stecken. Manchmal weckt es mich auf in der Nacht. Aber gewöhnlich kommt es tagsüber. Wenn das Gefühl kommt, weiß ich, daß ich einen Anfall bekomme. Ich versuche es zu verhindern, daß er passiert. Aber was ich auch tue, es kommt immer. Alles geht weiter wie nach einem Fahrplan. In dieser Phase meines Anfalls fühle ich mich sehr aktiv. Wenn ich zu Hause bin, mache ich die Betten, fege, kehre oder richte die Mahlzeiten. Meine Schwester sagt, daß ich dann alles in einem halsbrecherischen Tempo tue — ich renne herum wie ein Huhn mit abgeschnittenem Kopf. Aber mir scheint das alles ganz langsam vor sich zu gehen. Ich bin dann sehr interessiert an der Zeit, ständig schaue ich auf meine Uhr und frage irgendwen alle fünf Minuten nach der Zeit. Deswegen weiß ich auch genau, wie lange dieser Teil des Anfalls dauert. Wenn es kurz war, waren es 10 min; es konnte aber auch den größeren Teil eines Tages dauern: dann ist es wirklich die Hölle. Gewöhnlich dauert es so 20—30 min lang. Die ganze Zeit über fühle ich mich weit weg. Es ist, wie wenn man sich außerhalb eines Zimmers befände und durch ein Schlüsselloch hineinschauen würde, oder so, als ob ich Gott wäre, der nur so auf die Erde runterschaut, ohne zu ihr zu gehören. Diese Gefühle werden allmählich schlimmer während dieses Teils von meinem Anfall . . . Nachdem das so eine Zeitlang gegangen ist, komme ich an — wie ich das nenne — meinen ›Halbwegs-Punkt‹. Ich weiß ungefähr, wann das kommt. Wenn es passiert, dann werde ich plötzlich noch weiter entrückt. Ich bin noch weiter weg als zuvor. Noch weiß ich genau, was vor sich geht, aber jetzt gebe ich nicht einmal mehr einen Fluch von mir. Ich bin nicht mehr länger ungeduldig. Jetzt ist mir gleich, was passiert. Ich fühle mich träge wie ein Stück Lehm. Ich versuche nicht mehr den Anfall aufzuhalten.

Dann kommt mir auch am Halbwegs-Punkt eine komische Idee in den Kopf. Es ist schwer sie in Worte zu fassen. Es ist gerade so, daß ich jeden Moment erwarte, etwas zu riechen, aber noch rieche ich nichts. Ich glaube nicht, daß das daher kommt, daß ich schon so viele dieser Anfälle hatte. Als es das erstemal geschah, war ich auf dem Land und fühlte mich komisch. Ich war dabei, auf einem Feld Vergißmeinnicht zu pflücken. Ich erinnere sehr gut, daß ich glaubte, diese Blumen zu riechen, obwohl ich wußte, daß sie keinen Geruch hatten. Etwa eine halbe Stunde fuhr ich fort, an ihnen zu schnuppern, weil ich gewiß war, daß sie gleich beginnen würden zu riechen. Ich erinnere genau, dies meiner Freundin erzählt zu haben. Irgendwie meinte ich, daß die Blumen gleich riechen würden, obwohl ich gleichzeitig genau wußte, daß Vergißmeinnicht überhaupt keinen Geruch haben. Immer wenn mich dieses Gefühl eines kommenden Geruchs befällt, bin ich so weit weg von der Welt, daß ich es fast nicht weiß, daß ich weg bin; nur noch ein kleiner Winkel meiner Seele weiß davon. Ich weiß es und weiß es gleichzeitig nicht . . . Das ist so intensiv, daß ich nichts anderes mehr zu bemerken scheine als dieses Gefühl des Weitentferntseins und das Gefühl, daß ein Geruch kommt. Dieses Gefühl wird immer schlimmer, und ich scheine fortzuschweben. Doch weiß ich, was die ganze Zeit vor sich geht. Ich kann lesen und sprechen, aber ich fühle es nicht. In diesem Zustand pflegte ich die Bibel laut vorzulesen, aber ich gab es auf, weil meine Familie den monotonen Klang meiner Stimme nicht aushalten konnte. Sie sagten, es klänge wie ein Beerdigungsredner. Deswegen mache ich das nicht mehr.«

(Während dieser Phase ihres Anfalls rief die Patientin einmal telefonisch an. Ihre Stimme hatte ihre Eigenart und ihre charakteristischen Merkmale verloren und war nicht wieder zu erkennen. Sie war ganz monoton, charakter- und ausdruckslos geworden. Der schleppende Akzent, wie er für amerikanische Neger charakteristisch ist, fehlte völlig.)

»Der Teil vom Halbwegs-Punkt bis zum Krampf ist immer kürzer als der erste Teil. Er kann nur 5 min dauern, aber nie mehr als 20 oder 30 min. Dann bin ich an der Zeit nicht mehr interessiert. Früher fuhr ich fort zu arbeiten, obwohl ich mich so fühlte, aber ich bin so oft aufgeschlagen und übel gefallen, daß ich mich jetzt auf den Boden lege. Ich schiebe alle Möbel zur Seite, damit ich mich nicht verletze, wenn es passiert. Dann, wenn ich mich so weit weg fühle wie irgend möglich, befällt mich urplötzlich wie eine Explosion ein Geruch. Das geht nicht allmählich vor sich, sondern ist auf einmal ganz da. Im gleichen Augenblick, in dem der Geruch durchbricht, bin ich wieder zurück in der wirklichen Welt — fühle ich mich nicht mehr weit weg. Der Geruch ist unangenehm süß und durchdringend wie ein sehr billiges Parfüm. Ich halte grad inne, wenn ich ihn rieche. Alles scheint sehr ruhig. Ich weiß nicht einmal, ob ich in diesem Moment hören kann. Ich bin ganz allein mit dem Geruch. Ich glaube nicht, daß das länger als ein paar Sekunden dauert, dann verschwindet der Geruch rasch. Dann befinde ich mich fast normal, abgesehen davon, daß alles sehr ruhig scheint. Diese Ruhe dauert so 5—10 sec, aber ich bin nicht ganz sicher. Dann höre ich eine Stimme, die von rechts her meinen Namen ruft: ›Thelma, Thelma.‹ Das Rufen dauert an, aber es ist nicht so, wie wenn man eine Stimme im Traum hört. Es ist eine wirkliche Stimme, die mich ganz überwältigt (›I fall for it‹). Es ist weder die Stimme eines Mannes noch die einer Frau. Ich erkenne sie nicht. Nur eines weiß ich, daß, wenn ich mich zu der Stimme hinwende, ich einen Anfall bekomme. So versuche ich mit aller Anstrengung nicht nach der Stimme hinzublicken. Oft habe ich meinen Kopf nach links gedreht, um nicht nach rechts zu schauen. Aber die Stimme fährt fort, meinen Namen zu rufen, fast als ob sie mich zu ihr hindrehen wolle. Wie heftig ich auch immer mich gewehrt habe, so ist es mir doch nie gelungen, meinen Kopf davor zurückzuhalten, sich nach der Stimme hin zudrehen. Immer fühle ich, daß wenn ich nicht hinschauen würde, so bekäme ich auch keinen Anfall. Aber es ist unwiderstehlich. Wenn mein Kopf sich dreht, geht es zuerst langsam, dann immer schneller. Schließlich durchfährt mich ein heftiger Schlag und mein Kopf schwingt herum nach rechts. Manchmal merke ich noch, daß mein rechter Arm hochfliegt. Das ist alles. Ich bin am Ende. Dann hab ich den Anfall.«

Es war die zwingende Überzeugung der Patientin, daß irgendeine Unterbrechung der unerbittlich fortschreitenden Aura den Anfall aufhalten müsse, die EFRON dazu angeregt hat, einen therapeutischen Versuch mit einem olfaktorischen Stimulus zu machen. Als Arbeitshypothese legte er die Annahme von GOWERS zugrunde, daß durch diese Art von sensorischem Reiz vermutlich die zentralen Wege vorübergehend blockiert oder refraktär und damit die Ausbreitung der epileptischen Entladung unmöglich gemacht werde, so daß dann der Anfall schon vor seiner Generalisierung zu Ende käme.

Zunächst wurde die Patientin mit einem Fläschchen von N-Äthyl-butyrat, das einen scharfen, stechenden, besonders unangenehmen Geruch hat, versorgt und angewiesen, daran, kurz bevor sie ihre Geruchsempfindung im Laufe der Aura erwarten konnte, zu riechen. Das wurde dreimal versucht und schlug jedesmal fehl. In diesem kritischen Moment der Untersuchung gaben eine Überlegung des Arztes und eine Bemerkung der Patientin Anlaß, die Versuchsanordnung zu ändern. Die Überlegung des Arztes war folgende: Das Vorgefühl eines kommenden Geruches, das der eigentlichen Geruchsempfindung im Laufe der Aura vorausging, konnte psychologisch über eine durch die Erfahrung vieler Anfälle bedingte Voreingenommenheit verständlich oder aber dadurch erklärbar sein, daß sich darin schon eine Ausbreitung der Entladung in einem »höheren« olfaktorischen Zentrum, wenn auch noch nicht im eigentlichen Geruchszentrum, repräsentiere. Die Angabe der Patientin, daß sie dieses Vorgefühl schon bei ihrem ersten Anfall bemerkt habe, sprach gegen eine psychologische Deduktion, so daß man das Vorgefühl schon als einen »positiven« epileptischen Effekt interpretieren konnte. Dann war der Fehlschlag vielleicht dadurch bedingt, daß man den Reiz zu spät angeboten hatte. – Die Bemerkung der Patientin war die, daß ihr der angebotene Stoff zu ähnlich dem während der Aura empfundenen Geruch vorkam, so daß sie darum bat, ihr einen möglichst konträren Geruch anzubieten. Unter einer Reihe von Chemikalien wählte sie dann selbst Schwefelwasserstoff als geeignet aus. (Da sich später erwies, daß auch andere Geruchsstoffe die gleiche Wirkung hatten, und daß es im wesentlichen auf eine frühe Darbietung ankam, scheint es, als habe EFRON recht behalten.)

Während nun der erste Versuch wieder fehlschlug, wenn sich auch die Geruchshalluzination verzögerte, wahrscheinlich weil die Darbietung wieder zu spät kam, hatte der zweite Versuch insofern ein erstaunliches Ergebnis, daß, als sie – wie angewiesen – am »Halbwegs-Punkt« ihrer Aura an dem Schwefelwasserstoff roch, sie sich plötzlich in einer Richtung unwillkürlich in einem Kreis herumrennend fand, als ob sie nach der Stimme schaue. Das dauerte etwa 15 min, bis sie erschöpft zu Boden fiel, ohne daß eine Geruchsaura, die Stimmen oder gar ein großer Anfall aufgetreten waren. Sie war durch diese Erfahrung sehr erschrokken, hatte sie doch nie zuvor eine Aura erlebt, ohne daß es zu einem Anfall kam, und fühlte sich ganz gedankenlos und mit einem Kopf »voll Watte«. Schon der dritte und vierte Versuch führten insofern zu einem vollen Erfolg, als sie beim Riechen des Gegenmittels kurz vor dem »Halbwegs-Punkt« bemerkte, daß der Dreamy state zurückging. Doch fühlte sie sich danach leer im Kopf, elend und niedergeschlagen. Sie glaubte, daß irgendetwas Schreckliches passieren würde und geriet in einen akuten Angstzustand. Auch bei den nächsten Versuchen gelang es immer schon den Dreamy state zu unterbrechen, doch fühlte sie sich danach noch stundenlang benommen, krank und übel.

Um nun zu prüfen, ob – nachdem ein psychologischer Suggestiveffekt auszuschließen war – die Wirkung auf neurophysiologischem oder auf pharmakologischem Wege zustande kam – denn Schwefelwasserstoff führt bekanntlich zu einer histotoxischen Anoxie –, wurden andere Geruchsstoffe von verschiedener molekularer Zusammensetzung angeboten, unter anderem auch das zuerst verwendete N-Äthyl-butyrat und später auch verschiedene Sorten von Parfüm, mit dem Ergebnis, daß nur scharf und unangenehm riechende Stoffe geeignet waren, Anfälle zu verhüten.

Um den Einfluß der Geruchsapplikation auf den Verlauf des Anfalls unter dem EEG zu studieren, wurden ihr in Abständen von 30 sec je 25 mg Metrazol injiziert. Nach 75 mg wurde die Injektion unterbrochen. 3 min danach begann eine Aura mit den typischen Depersonalisationserscheinungen, ohne daß im EEG Veränderungen zu sehen waren. Etwa 90 sec später gab sie an, daß sie sich ihrem Halbwegs-Punkt nähere. Nach weiteren 40 sec trat ein kurzer Ausbruch von Spikes über der mit einer naso-pharyngealen Elektrode abgetasteten Unzinatusregion auf, der sich nach weiteren 28 sec noch einmal wiederholte. Unmittelbar darauf wurden ihr Dimerkaprol (BAL) unter die Nase gehalten, worauf wenige Sekunden später noch einmal ein Ausbruch von Spitzen erfolgte; dann blieb die Kurve normal.

Den Erfolg seiner Behandlung überdenkend, kommt der Autor zu dem Schluß, daß seine ursprüngliche auf GOWERS zurückgehende Hypothese, daß der ankommende sensorische Reiz die Bahnen besetzt halte und somit eine weitere Ausbreitung der epileptischen Entladungen verhindere, nicht mehr länger haltbar sei; denn nicht nur, daß die Lösung der Aura desto schneller vor sich ging, je früher in ihrem Verlauf der Reiz gesetzt wurde, und daß die Lösung dem Reiz unmittelbar folgte und die Aura nicht erst bis zu einem Punkt weiterging, an dem die Erregung auf einen refraktären Bereich stieß, daß ferner die EEG-Untersuchung zeigte, daß selbst eine umschriebene Erregung durch den Reiz dazu gebracht werden konnte, wieder abzuklingen, – auch aus anderen Gründen hält er eine vorwiegend passive Rolle der sensorischen Afferenzen für weniger plausibel als die Annahme, daß dadurch ein umschriebenes Hemmungssystem aktiviert werde. Wohl gebe es vermutlich ausgedehntere Hemmungssysteme, die durch unspezifische Reize in Gang gebracht werden. Die Tatsache aber, daß nicht jede Art von Reiz wirksam sei, sondern meist – wie in seinem Fall – solche von einer gewissen Spezifität im Hinblick auf die Art des Anfalls, ferner die Rolle, die der Zeitpunkt spiele, zu dem der Reiz eintreffen müsse, um noch wirksam zu sein, sprächen gegen einen nach dem »Alles-oder-Nichts-Gesetz« ablaufenden Mechanismus. Offenbar komme es darauf an, einen der jeweiligen Art der fokalen Aura angemessenen Reiz zu setzen, um das entsprechende lokale Hemmungssystem zu aktivieren. Wenn man die falsche Modalität wähle, müsse man, da man damit ja nicht ein entsprechendes umschriebenes Hemmungssystem treffe, ein weit ausgedehnteres Hemmungssystem in Gang setzen. Das verlange aber eine solche Verstärkung des Reizes, wie sie wahrscheinlich vom Patienten nicht mehr vertragen werde.

In der Einleitung seiner zweiten Arbeit über »Die konditionierte Hemmung von Unzinatusanfällen« gibt EFRON[521] seiner Verwunderung darüber Ausdruck, daß Klinik und Laboratorium bisher so emsig bemüht gewesen waren, Auslösungsmethoden aller Art für epileptische Anfälle ausfindig zu machen, ohne aber dem Phänomen der Anfallshemmung, trotz seiner eminenten Bedeutung für die Theorie und die Therapie, bisher ernstlich nachzugehen. Zu weiteren Experimenten mit seiner Patientin sah er sich angeregt durch die Analogie einer klinischen Beobachtung von GOWERS mit den berühmten Hunde-Experimenten von PAWLOV. GOWERS hatte über einen Patienten mit kortikalen Anfällen berichtet, die, nachdem ihr Verlauf durch regelmäßiges Anlegen einer Binde gestoppt werden konnte, später auch ohne Binde nur noch bis zu dem Punkt fortschritten, an dem früher die Ligatur angelegt worden war. Daraus schloß GOWERS, daß die Ligatur offenbar »einen dauerhaften Anstieg des Widerstandes in einem bestimmten Gebiet des labilen Nervensystems« hervorgerufen hatte. Wenn also die Analogie zu den Experimenten von PAWLOV zuträfe, so könne man annehmen, daß die Ligaturen als spezifische unkonditionierte Reize nach wiederholter zeitlicher Verknüpfung mit einem unspezifischen Reiz allmählich unnötig wurden, weil sich letzterer als ebenso wirksam erwies, den Anfall zu hemmen, als ursprünglich die Ligatur selbst. Dann müsse es auch im Falle der Patientin möglich werden, den nozizeptiven anfallshemmenden Reiz in der gleichen Weise durch einen konditionierten unspezifischen Reiz abzulösen, wie man einen Hund durch einen Glockenton zur Speichelsekretion bringen könne. Tatsächlich gelang es ihm, nicht nur die Anfälle der Patientin durch einen konditionierten unspezifischen visuellen Reiz zu hemmen, sondern sogar noch durch die Einrichtung eines bedingten Reflexes zweiter Ordnung.

Zunächst wurden der Patientin über einen Zeitraum von 8 Tagen vom morgendlichen Aufwachen bis zum Zubettgehen alle 15 min zwei Reize gleichzeitig angeboten, und zwar sowohl der Geruch von Jasmin, der sich schon als wirksam erwiesen hatte, wie zugleich der Anblick eines billigen Silberarmbands. Sie wurde angewiesen, jedesmal 15—30 sec aufmerksam auf das Armband zu schauen, während sie an dem Jasmin-Fläschchen roch. Um die Antwort auf die Darbietung der beiden Reize nicht an eine bestimmte Person zu binden, wechselten sich 5 Personen darin ab. Am Ende der 8 Tage empfand die Patientin schon, wenn sie das Armband ansah, einen lebhaften Jasmin-Geruch. In der folgenden Woche wurden ihr beide Reize nur noch zweimal am Tag angeboten. In diesen Tagen kam es zu einem spontanen Anfall, der allein durch Blick auf das Armband unterbrochen werden konnte. Die Patientin berichtete, daß die Aura, wie das auch später immer der Fall war, nicht so abrupt wie nach Einatmung von Jasmin zu Ende ging, sondern mehr allmählich aufhörte. Dann wurde sie mit der Anweisung, ihre Anfälle durch das Armband zu kontrollieren, was ihr auch immer gelang, nach Hause entlassen.

Nur zweimal kam es noch zu einem großen Anfall, als sie den Versuch machte, möglichst spät im Verlauf der Aura das Armband anzublicken. Bei diesen Versuchen geriet sie in eine solche Passivität hinein, daß sie unfähig war, das Armband aus ihrem Geldbeutel hervorzuholen. Ein anderes Mal nahm sie das Armband heraus, als sich die Aura meldete, und legte es vor sich auf den Tisch, ohne es anzublicken. Diesmal dehnte sich die Aura viel langsamer aus, kam aber doch über den früher kritischen Punkt hinaus, worauf sie das Armband anblickte und den Anfall noch verhüten konnte. Einmal meldete sich die Aura während eines Gesangauftritts. Sie hatte das Armband angelegt, aber mit einem Handschuh bedeckt. Trotzdem kam es zu der Halluzination von Jasmin, und die Aura wich, ohne daß irgend jemand anderes als der Dirigent bemerkt hatte, daß irgend etwas nicht stimmte.

In dieser Zeit wurde versucht, die Metrazol-Schwelle unter elektroenzephalographischer Kontrolle zu bestimmen. Während der Ableitung lag das Armband vor ihr, sie hatte nur die Augen zu öffnen. Diesmal bedurfte es einer wesentlich größeren Menge von Metrazol, um eine Aura hervorzurufen. Auch machte die Patientin die Erfahrung, daß die Aura wieder schwand, noch bevor sie das Armband angesehen hatte. In einem folgenden Versuch wurden im Laufe von 11 min insgesamt 1150 mg Metrazol infundiert. Währenddessen trat eine ungewöhnlich langsam progrediente Aura auf. Nach 11 min öffnete sie die Augen und sah das Armband an, worauf es zu einer rapiden Lösung der Aurasensationen kam, obwohl — und das war das Außerordentliche — während der folgenden 2 min noch weitere 200 mg Metrazol infundiert wurden.

Aus der Befragung nach dem Versuch ging hervor, daß die Patientin, in Sorge ob ihr das Armband rechtzeitig präsentiert würde oder ob es auch diemals wirke, dauernd an das Armband gedacht hatte. Da es also möglich war, daß die erstaunliche Unempfindlichkeit gegenüber dem Metrazol damit zusammenhing, daß das Denken an das Armband den Hemmungsmechanismus vorzeitig aktiviert hat, wurde die Patientin angewiesen, von jetzt ab nur noch an das Armband zu denken, wenn eine Aura auftrat. Von nun ab genügte lediglich der Akt des Denkens an das Armband, um zu verhüten, daß die Aura weiterging. Während der folgenden 6 Wochen empfand die Patientin mehrere Male spontan einen Geruch von Jasmin, ohne daß sie an das Armband dachte und auch ohne, daß sich ihre Aura bemerkbar gemacht hatte. In einer weiteren Übergangszeit von 3 Wochen wurden diese spontanen Geruchshalluzinationen häufiger, wogegen die Auren, die weiterhin durch Denken an das Armband kupiert werden konnten, zurückgingen, um dann schließlich ganz aufzuhören. An deren Stelle traten in den folgenden 6 Monaten, in der Frequenz der früheren Auren und sie gewissermaßen ersetzend, nur noch spontan kurzdauernde Halluzinationen des Jasmin-Geruches auf, die dann schließlich während der letzten 8 Monate der Beobachtung auch noch verschwanden. Damit schien die Patientin endgültig geheilt.

Die merkwürdige Substitution der Auren durch die auf dem Weg eines bedingten Reflexes gesetzten Geruchshalluzinationen versucht sich EFRON durch einen extremen Grad von »Antizipation« verständlich zu machen. Er hält es für möglich, daß der Hemmungsmechanismus nun, nachdem er einmal auf konditioniertem Wege eingerichtet ist, unmittelbar nach Beginn der epileptischen Entladungen in Gang kommt, was so viel heißt, als daß die Anfallshemmung nunmehr schon vor Beginn irgendwelcher subjektiven Anfallsempfindungen einsetzt. Daß dann die den Hemmungsmechanismus repräsentierenden Geruchshalluzinationen mit der Zeit auch noch abgeklungen sind, sei damit allerdings nicht zu erklären.

Abschließend stellt EFRON die Frage, ob nicht bei allen fragmentarischen epileptischen Anfällen im Grunde solche Hemmungsvorgänge im Spiele sind, sei es, daß die Hemmung über noch unentdeckte sensorische Reize oder über intellektuelle Vorgänge vor sich gehe.

Als Beispiel für die *auslösende Wirkung durch eine spezifische Konstellation* berichten MITCHELL, FALCONER u. HILL über den ungewöhnlichen Fall eines Mannes, der jedesmal beim Blick auf ein sexuell besetztes Objekt — in seinem Fall handelte es sich um eine Sicherheitsnadel — psychomotorische Anfälle bekam. Sowohl die Anfälle wie der Fetischismus verschwanden nach einer temporalen Lobektomie.

Solange er sich erinnern konnte, fühlte der 38jährige Mann, wenn er eine Sicherheitsnadel ansah, etwas, das er eine »geistige Befriedigung« nannte. Das war ihm höchst angenehm, und er suchte die Abgeschiedenheit von Waschräumen auf, um dieser seit der Kindheit bestehenden merkwürdigen, mit einer Verlegenheit verbundenen Gewohnheit zu frönen. Etwa seit seinem 8.—11. Lebensjahr war die »geistige Befriedigung« von einer kurzen Abwesenheit gefolgt. Da er es geheim gehalten hatte, war die erste Zeugin dieser Ereignisse seine Frau, die ihn, als er 23 Jahre alt war, zufällig einmal dabei beobachtet hatte, als er eine Sicherheitsnadel vor sich hin hielt und dabei offensichtlich seine Umgebung vollkommen vergessen hatte. Während der nächsten Jahre wurde ihr, nachdem sie mehrere dieser Zustände gesehen hatte, das Bild immer klarer: Er starre etwa 1 min auf die Nadel und bekomme dann einen glasigen Blick. Er summe einige Sekunden vor sich hin und mache dann für einige weitere Sekunden saugende Bewegungen mit den Lippen. Schließlich stehe er noch 2 min unbeweglich und ohne zu reagieren da und komme dann unmittelbar wieder zu sich. Später kam es nach dem Anfall noch zu einem kurzen Dämmerzustand, in dem er rückwärts ging, mit der rechten Hand am linken Ärmel zupfte und gelegentlich dann die Kleider seiner Frau anzog.

Jeder Anfall war durch eine Sicherheitsnadel ausgelöst und daher sozusagen willkürlich hervorgerufen. Notwendig war »eine hell glänzende« heile Nadel; oft waren mehrere davon wirksamer als eine allein. Vor seiner Heirat mußte die Spitze der Nadel nicht unbedingt durch eine Kappe geschützt sein; zwischen dem 14. und 17. Jahr benutzte er auch zusätzlich Scheren als — wenn auch weniger erwünschte — Reizobjekte. Abgesehen von diesen geringfügigen Abweichungen war der Trigger also spezifisch. Vorstellungen oder Träume von — oder auch der zufällige Anblick — einer Sicherheitsnadel konnten ebenso wirksam sein.

Anfänglich kamen die Anfälle im Intervall von einem Monat. Aber zur Zeit der Beobachtung wiederholten sie sich in Gruppen von 2 oder 3 alle 7—10 Tage. Während der Intervalle hatte der Anblick einer Sicherheitsnadel keine Wirkung. Das Verlangen auf eine Nadel zu blicken, erwachte meist in Situationen, die ihn sexuell erregten oder die Angst hervorriefen. Am häufigsten ereigneten sich die Anfälle kurz nach dem Erwachen, wenn er — mit einer vollen Blase — sexuell begierig war, aber von seiner frigiden Frau zurückgewiesen wurde. Zu anderen Zeiten waren die Anfälle nicht von Erektionen begleitet, traten aber gelegentlich während des Verkehrs oder während der Masturbation auf, wenn er sich seinen Fetisch vorphantasierte.

Der Patient war der einzige Sohn einer überzärtlichen Mutter und eines distanzierten und älteren verantwortungsscheuen Vaters. Die Mutter pflegte eine außerordentlich enge Beziehung zu ihrem Sohn und zog ihn als ausgesprochenes Gegenbild zu seinem Vater auf. So wurde er ein exemplarisch weibischer Junge, der seiner Mutter durch sein ganzes Leben eine tiefe Anhänglichkeit bewahrt hat. Geburt und körperliche Entwicklung verliefen normal. Nach der Schule wurde er Zimmermann und Schreiner, heiratete mit 21 Jahren und hat ein 7jähriges gesundes Kind. Er erinnert sich lebhaft daran, schon als kleines Kind »hellglänzende Sicherheitsnadeln« gesammelt und mit ihnen gespielt zu haben. Er hatte immer eine Menge davon in seiner Tasche, und sein Lieblingsspiel war es, sie in eine Kette gefädelt den Boden entlang zu ziehen. Er brachte sie mit Servietten und mit seiner Mutter in Beziehung und erinnert sich deutlich, einmal eine in ihrer abgelegten Unterwäsche gesehen zu haben. Die »geistige Befriedigung« betrachtete er als das größte Erlebnis in seinem Leben — »schöner als Geschlechtsverkehr«. Andere Aspekte seiner Sexualgeschichte sind autoerotische Betätigungen, als Junge gegenseitige homosexuelle Masturbation und voyeurhafte Neigungen, vorwiegend auf weibliche Brüste. Während der ersten Jahre seiner Ehe kam es etwa 2mal im Monat zum Verkehr. In den letzten 5 Jahren wurde er zunehmend impotent, weil — wie er behauptete — die Sicherheitsnadel anstelle einer genitalen Befriedigung getreten war. Er war immer übermäßig passiv, kleinlich, gewissenhaft, geizig und kindlich in Sprache und Verhalten gewesen. Sein Ziel war es, ein musterhafter Gatte und Vater zu sein.

In Behandlung trat er erst, als er ausgehoben wurde und vom Militärdienst freizukommen wünschte. Nachdem eine antiepileptische Medikation ohne Wirkung geblieben war, wurde über 4 Jahre eine psychotherapeutische Behandlung durchgeführt, allerdings nur mit einer Stunde im Monat. Aufgrund eines linksseitigen temporalen Fokus im EEG wurde er dem Maudsley Hospital in London überwiesen. Im Intervall zeigte das EEG einen klaren Spike-Fokus über der linken basalen Elektrode, der sich zur linken Konvexität hin ausbreitete. Die Darbietung einer Sicherheitsnadel führte zunächst zu einem Anstieg der Pulsfrequenz von 70 auf 80/min und die Darbietung von 4 Sicherheitsnadeln 1 min später zu einem Anstieg auf 90/min sowie zu frequenten Entladungen im EEG, die am deutlichsten über der linken Fronto-Temporal-Region in Erscheinung traten. 30—40 sec später trat ein klinischer Anfall auf, der von einer irregulären fluktuierenden Aktivität hoher langsamer Wellen gefolgt war, die zuerst bilateral und dann mehr auf der linken Seite, vorwiegend über der Fronto-Temporal-Region, in Erscheinung traten.

Die Luftfüllung ergab lediglich eine umschriebene Erweiterung des linken Unterhorns. Operativ wurde der linke vordere Schläfenlappen, einschließlich des Unkus und des vorderen Anteils des Hippokampus, reseziert. Histologisch ergab sich lediglich eine minimale Atrophie des Kortex und der weißen Substanz mit kompensatorischer Gliose, jedoch keine Sklerose des Ammonshorns, insbesondere keine des Sommerschen Sektors.

Eine Nachuntersuchung 16 Monate nach der Operation ergab, daß er in der Zwischenzeit keine Anfälle und auch kein Verlangen mehr hatte, auf eine Sicherheitsnadel zu schauen. Medikamentös hatte er nur unregelmäßig kleine Mengen von Phenobarbital eingenommen. Er war wieder so potent wie in der ersten Zeit seiner Ehe geworden. Lediglich die Tatsache, daß er in erregten Situationen Schleim aus dem Rektum absonderte, schien ihm noch bemerkenswert. Elektroenzephalographisch zeigte die Kurve im Wachen noch gelegentlich einen Spike von niederer Amplitude und etwas beschleunigte Aktivität über der linken mittleren Temporalregion hinter dem Operationsgebiet. Vorhalten einer Sicherheitsnadel führte jetzt zu keiner Veränderung der Kurve mehr, obwohl die Pulsfrequenz kurz zuvor von 54 auf 72 angestiegen, dann aber auf die Darbietung hin wieder auf 60 abgefallen war.

In der Diskussion dieses ungewöhnlichen Falles verweisen die Autoren auf die bekannte Tatsache, daß epileptische Anfälle nicht selten über Emotionen ausgelöst werden, wie das in dem am besten bekannten Beispiel der musikogenen Epilepsie der Fall ist. Auch sei bekannt, daß die Erinnerung an besondere Erlebnisse, die dem Beginn der Epilepsie vorausgingen, wie auf S. 210ff beschrieben, in den Inhalt der Auren eingehen können derart, daß in einem Dreamy state das jeweilige Erlebnis wieder erinnert wird. Ihr Fall sei aber deswegen mit den bekannten Erfahrungen nicht zu vergleichen, weil das entsprechende Erlebnis hier durch eine perverse Art sexueller Befriedigung im Sinne eines fetischistischen Verhaltens verdeckt werde und weil sich hier der Patient selber – und wie wir sagen würden – geradezu süchtig in den Zustand versetzt hat, der die Anfälle auslöste. Der musikogenen Epilepsie vergleichbar sei, daß eine spezifische emotionelle Situation – Zeiten erhöhter Anfallsbereitschaft vorausgesetzt – anfallsauslösend wirkte. Nicht vergleichbar sei der Zwang, diese Situation immer wieder aufzusuchen, was in den Fällen musikogener Epilepsie fehle. Daß diese Annahme jedoch nicht für alle Fälle musikogener Epilepsie zutrifft, wird im folgenden Abschnitt dargestellt.

Aus psychoanalytischen Studien über den Feteschismus geht hervor, daß das Objekt, das um seiner sexualsymbolischen Bedeutung willen gewählt wird, eine Erinnerung aus dem 5.–6. Lebensjahr repräsentiert. Solche sogenannten Deckerinnerungen dienen bekanntlich dazu, für das Bewußtsein weniger annehmbare Erinnerungen zu verbergen. Hill u. Mitchell haben – wie auf S. 213 f berichtet – nachgewiesen, daß die in Auren eingefangenen Erlebnisse solche Deckerinnerungen darstellen. Wie sich im beschriebenen Falle die Befriedigung des Bedürfnisses nach dem Fetisch mit dem Einsetzen epileptischer Anfälle verbunden habe, müsse vorläufig offen bleiben. Jedenfalls könne es sich dabei nicht um einen direkten physiologischen Zusammenhang etwa in dem Sinne handeln, daß die physiologischen Begleiterscheinungen eines Koitus oder einer erotischen Erregung als solche den Anfall ausgelöst haben, da es während eines Geschlechtsverkehrs niemals zu einem Anfall kam, wenn nicht die Vorstellung an den Fetisch phantasiert wurde. Da also nur die Kombination eines bestimmten emotionellen Zustands und einer bestimmten geistigen Verfassung mit einer bestimmten Vorstellung wirksam war, sei zu vermuten, daß die Verbindung von Fetischismus und Anfall auf dem Weg eines bedingten Reflexes zustande gekommen war.

Die Autoren spekulieren nicht darüber, wie man sich das Ergebnis der Operation zu erklären habe. Daß die Anfälle nach einer temporalen Lobektomie ausbleiben, ist nicht ungewöhnlich. Daß aber ein neurotisches Symptom durch die Entfernung eines umschriebenen Gehirnteils geheilt worden ist, wie in dem Fall von Bräutigam u. Czernigewycz eine Zwangsneurose durch einen hirnatrophischen Prozeß oder in dem Fall von Hunter, Logue u. McMenemy Transvestismus und Fetischismus durch eine temporale Lobektomie, läßt die Frage zu, ob die Anfälle selbst nicht mindestens ebenso zur Unterhaltung der Neurose beigetragen haben wie das neurotische Bedürfnis nach einer fetischistischen Selbstbefriedigung zur Unterhaltung der Anfälle. Es scheint, als ob der Verlauf dieses Falles wieder einmal eine kreisförmige Verschränkung des Reiz-Reaktions-Schemas in der Pathogenese epileptischer Anfälle demonstriere und auf seine Weise nahelege, daß eine Unterbrechung bzw. Entschränkung der Verbindung zwischen beiden sowohl von den Umständen wie von den Folgen her möglich ist.

Denn es scheint hier am Spezialfall einer süchtigen Verschränkung von Bedürfnis und Befriedigung so, als ob man – wie auch bei anderen Suchten – das Bedürfnis auch dadurch behandeln könne, daß man die Befriedigung – hier in den Anfällen – versagt, und nicht nur, wie bei einem rein psychotherapeutischen Ansatz zu fordern wäre, indem man die Behandlung allein auf die Beherrschung oder Sublimierung des Bedürfnisses konzentriert. Daß mit einer lediglich auf die Beseitigung der Anfälle gerichteten Behandlung auch eine sexuelle Fehlhaltung verschwinden kann, berichtet Hunter[636] am Beispiel eines Transvestiten, der zugleich an Dreamy states gelitten hat. Durch eine antiepileptische Medikation gelang es, sowohl die Anfälle wie den Transvestismus aufzuheben.

»Musikogene« Epilepsie: Wenn epileptische Anfälle nur oder mit einer gewissen Regelmäßigkeit beim Anhören von Musik auftreten, spricht man von »musikogener Epilepsie«. Obwohl nicht gerade häufig — bisher sind, einschließlich 4 eigener, 72 Fälle bekannt geworden* —, verdienen sie als ein für die psychomotorische Epilepsie spezifisches Modell einer sog. Reflexepilepsie besonderes Interesse.

Den ersten derartigen Fall hat MERZHEEVSKY 1884 in der Psychiatrischen Gesellschaft zu Petersburg vorgestellt. Der Kranke hatte dreimal Anfälle bekommen, die von einem Gefühl, als ob es ihm die Kehle zusammenschnüre, eingeleitet wurden. Jedesmal waren sie durch Melodien oder Musikstücke ausgelöst, die ihm unbekannt waren. Weitere Beobachtungen[462, 470, 584, 763, 768, 867, 805, 890] ließen bald insofern eine gewisse Charakteristik erkennen, als den Patienten meist nur eine bestimmte Art von Musik, ja selbst der Gedanke daran gefährlich wurde, daß sie dann oft über ein unangenehmes Beklemmungsgefühl in einen Anfall gerieten und daß sich nach diesen Erfahrungen nicht selten eine ausgesprochene Musik-Phobie entwickelte. Obwohl nicht gerade eine besondere musikalische Vorbildung, wohl aber eine gewisse Liebe zur Musik erforderlich scheint, hat der von NIKITIN beobachtete Fall eines Sängers eine gewisse Berühmtheit erlangt, weil er seine Anfälle immer nur beim Anhören oder auch beim Selber-Singen einer bestimmten Arie des Zaren Berendej aus der Oper »Snegurotschka« von Rimskij-Korssakow bekam. Später brauchte er sogar nur an diese Arie zu denken, um einen Anfall zu bekommen. CRITCHLEY[197, 495] schließt aus der Beobachtung von 13 eigenen und 9 Fällen aus der Literatur, daß den durch die Musik hervorgerufenen Gemütsbewegungen die entscheidende Rolle bei der Auslösung der Anfälle zukommt, vorausgesetzt "the gun was loaded". Mit Anwendung des EEG an inzwischen 29 Fällen (einschließlich unserer eigenen) hat sich bestätigt, was nach der Art der klinischen Anfälle zu vermuten war, daß nahezu immer eine temporale Epilepsie vorlag[97, 330, 455, 498, 501, 608, 631, 670, 689, 795, 806, 847, 878, 881, 888, 906, 915]. Aus der Tatsache, daß es Fälle rein musikogener Epilepsien und solche gibt, die auch Anfälle bei anderen Gelegenheiten bekommen, erwächst der Vorschlag einer Einteilung in eine primäre und eine sekundäre Form[498], wobei im ersten Falle der affektiven Auslösung die Hauptrolle zukomme, im zweiten Falle nur der Trigger-Mechanismus zu erklären sei, da eine Epilepsie schon vorher bestehe. Eine andere Einteilung möchte die musikogenen Epilepsien nach ihren physiologischen und psychologischen Bedingungen unterscheiden in solche, bei denen die affektive und assoziative Ansprechbarkeit auf Musik ausschlaggebend ist, und in solche, bei denen die physikalische Natur der Töne selbst als epileptogener Reiz in Frage kommt[795]. Die physikalischen Bedingungen sind jedoch bisher nur in einem Falle von POSKANZER, BROWN u. MILLER gründlich und die psychologischen Bedingungen nur im Falle der Patientin von BASH u. BASH-LIECHTI eingehend untersucht worden.

Musikogene Epilepsien beginnen meist im mittleren Lebensalter. 34 (75%) von 45 Fällen erkrankten zwischen dem 20. und dem 50. Lebensjahr. Frauen und Männer werden gleich oft betroffen (24:24). Das Verhältnis rein musikogener Epilepsien zu solchen, die auch unter anderen Umständen Anfälle bekommen, beträgt 2:7. In den meisten Fällen war kein Anhalt für eine organische Erkrankung des Gehirns gegeben, außer einem vorangegangenen Kopftrauma in einigen Fällen. Eine musikogene Epilepsie bei einem Gehirntumor ist bisher nicht bekannt geworden. Bei dem einzigen bisher operativ durch eine temporale Lobektomie behandelten Fall von STUBBE-TEGLBJAERG war makroskopisch nichts Besonderes zu erkennen. Die Anfälle traten übrigens postoperativ nach einem längeren freien Intervall wieder auf und blieben weiter an die gleiche Auslösung durch Musik gebunden.

Was die Anfälle angeht, so handelt es sich — soweit den Beschreibungen zu entnehmen — immer wie auch in unseren Fällen um große Anfälle oder um psychomotorische Anfälle oder um eine Kombination von beiden. Die großen Anfälle verlaufen oft nach Art einer Schlaf-Epilepsie, wobei selbst Träumen von Musik einen Anfall auslösen kann[881].

Das Elektroenzephalogramm zeigt im Intervall bei $^1/_4$ der Fälle überhaupt keinen krankhaften Befund, in etwa der Hälfte der Fälle eine generelle Dysrhythmie und in $^1/_4$ der Fälle fokale Dysrhythmien, Spitzen und scharfe Wellen in einer der beiden Temporalregionen. Die EEG-Veränderungen während der Anfälle bestanden zu $^1/_3$ in generalisierten langsamen Wellen, selten in generalisierten Spitzen, gelegentlich in fokalen Spitzen oder, wie in über der Hälfte der Fälle, in fokalen langsamen oder Zwischenwellen, die nahezu immer eine der beiden Temporalregionen betrafen[670].

* 65 Fälle wurden von TITECA (1965) gesammelt und durch einen eigenen ergänzt. Weitere Fälle stammen von DEARMAN u. SMITH, TOIVAKKA u. LEHTINEN und 4 Fälle von uns.

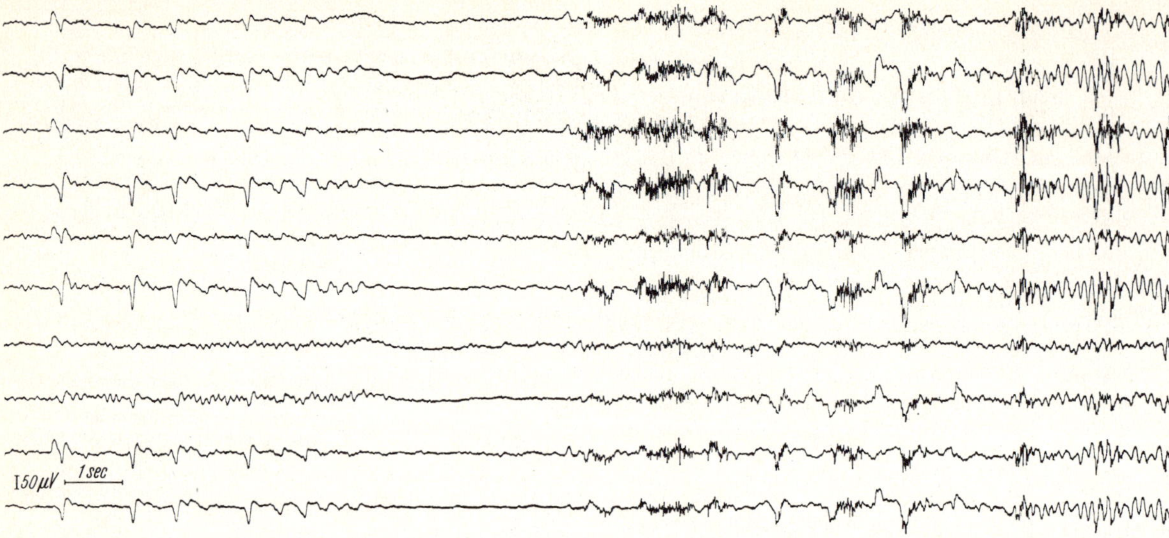

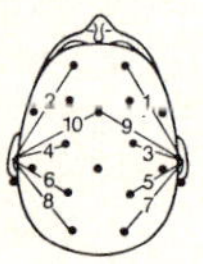

Abb. 95. EEG während eines musikogenen psychomotorischen Anfalls. Die Kurve gibt die bioelektrischen Veränderungen zu Beginn des im Text beschriebenen Anfalls wieder (Fall Rosine H.).

Beginnen kann es damit, daß sich schon der erste Anfall im Zusammenhang mit dem Anhören von Musik ereignet, wie aber auch damit, daß dem ersten musikogenen Anfall schon jahrelang Anfälle unter anderen Umständen oder zumindest nicht als Anfälle erkannte Auren vorausgegangen sind.

Einer unserer Patienten, Alexander R. (s. unten S. 277 ff), über den Bräutigam ausführlich berichtet hat, bekam seinen ersten Anfall in Form eines Dreamy state im Alter von 30 Jahren während seiner Soldatenzeit, kurz nachdem er erfahren hatte, daß ein von ihm wegen Veruntreuung angezeigter Vorgesetzter zur Strafe an die Front versetzt worden war, und er gerade aus dem Radio einen damals sehr beliebten Schlager — die »Donkey-Serenade« — hörte. Der Anfall setzte an der Stelle ein, an der als Refrain ein Pferdegetrappel zu hören ist. Als Assoziation kam ihm die Erinnerung, daß er als Kind einmal unter einen Pferdewagen gefallen und heftig erschrocken war, weil er fürchtete, die Pferde würden ihn zu Tode trampeln. Bei der Analyse ließ sich wahrscheinlich machen, daß er den Vorgesetzten mit seinem gefürchteten und gehaßten Vater identifizierte, so daß das Pferdegetrappel sehr wohl als eine die Rache des Vaters symbolisierende Deckerinnerung für ein frühkindliches Todeserlebnis dienen konnte. Die Wiederholung von Dreamy states war in den nächsten Jahren zunächst immer nur an das Anhören des Pferdegetrappels in der »Donkey-Serenade« gebunden; sie lösten sich aber später davon ab, ohne eine Verbindung mit anderen audiogenen oder musikogenen Anlässen einzugehen.

Folgender Fall stehe als Beispiel dafür, daß sich erst im Laufe einer Epilepsie eine Bindung der Anfälle an Musik einstellen kann:

Fall Rosine H.:

Die jetzt 55jährige Patientin bekam seit ihrem 43. Lebensjahr, kurz nachdem ihr Mann gestorben war, jährlich einmal — merkwürdigerweise immer gerade kurz vor Weihnachten am Todestag ihres Mannes — nächtliche Serien von großen Anfällen. Seit 5 Jahren häuften sich die Anfälle und traten auch tagsüber auf, nun aber meist, wenn bei einer Beerdigung, in der Kirche, am Radio eine rührselige Musik ertönte, oder wenn ihr einziger Sohn Trompete spielte. Das Intervall-EEG zeigte eine für eine Schlaf-Epilepsie ungewöhnliche leichte bis mäßige Allgemeinveränderung vom Typ der Dysrhythmie und während der Hyperventilation eine ausgeprägte paroxysmale Dysrhythmie. Bei der über 4 Stunden durchgeführten Schlafableitung kommt die Patientin nur bis zum B-Stadium, wobei nur isolierte generalisierte steile Potentiale auftreten.

Darbietung von klassischer Musik führt zu keiner Veränderung des EEG. Erst als eine sentimentale Melodie gespielt wird, kommt es zu einem Anfall, bei dem die Patientin bewußtlos wird, zunächst eine Kopfwendung nach rechts und dann kauende und schmatzende Bewegungen mit dem Mund ausführt. Dem klinischen Anfall gehen, etwa 25 sec lang, intermittierend auftretende, vorwiegend links synchronisierte und nach rechts fortgeleitete steile Wellen voraus. Etwa 8 sec vor Beginn

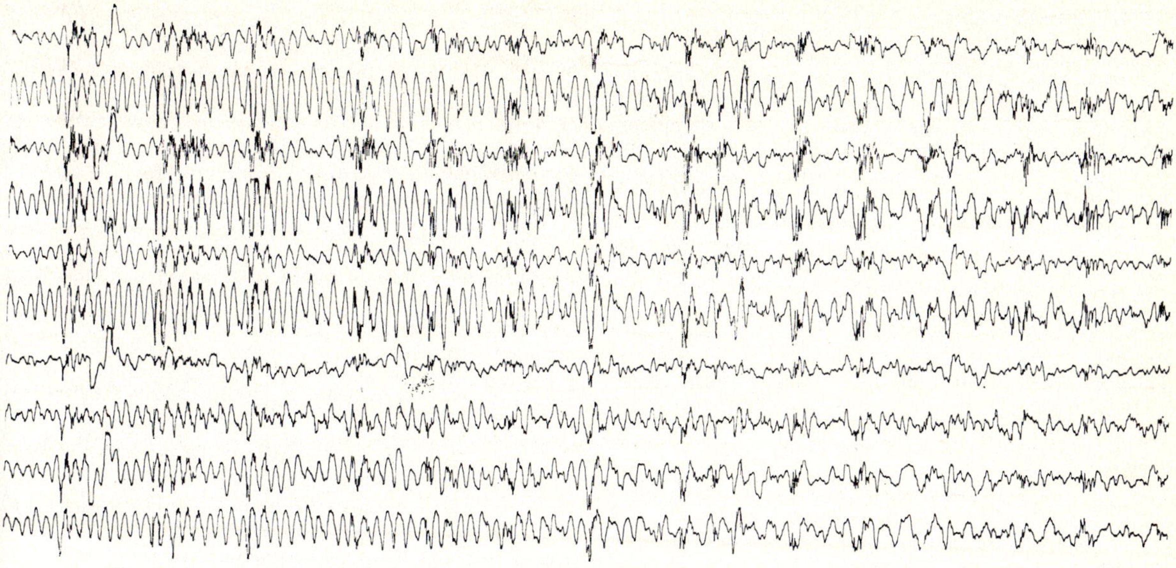

des Anfalls kommt es zu einer generellen Kurvenabflachung. Dann entwickeln sich linksseitig synchrone, sehr regelmäßige Zwischenwellen von allmählich zunehmender Amplitude und einer Frequenz von 5/sec. Über der rechten Hemisphäre sind die Zwischenwellen von gleicher Frequenz, aber unregelmäßiger in ihrer Amplitude und wesentlich kleiner als links. 14 sec nach Beginn der Abflachung geht die Kurve in δ-Wellen, dann in ein Gemisch von α-, ϑ- und δ-Wellen über, die weiter über der linken Hemisphäre betont bleiben. In diesem Stadium wird die Patientin wieder ansprechbar (s. Abb. 95).

Manche Patienten entwickeln aufgrund dieser Erfahrungen eine regelrechte »*Angst vor Musik*«, womit Herr Nikonov, ein damals als »homme de lettres« wohlbekannter Patient von Bechterew, in seiner selbstverfaßten Krankengeschichte das Gefühl beschrieb, das ihn beim Anhören etwa von Militärmusik ergriff. Er spürte dann Atemnot und Herzklopfen, so daß er, wenn es ihm auf der Straße begegnete – wie er schrieb –, äußerst feige wurde und irgendwohin davonrannte, in eine Nebenstraße, in das nächstgelegene Haus oder in den nächstbesten Laden, den er sah.

Unsere dritte Patientin wagte nicht mehr, in Gesellschaft, in die Kirche, ins Konzert, in ein Kaffee, ja kaum noch auf die Straße zu gehen, da sie überall befürchtete, von Musik überrascht zu werden und einen Anfall zu bekommen:

Fall Ruth Sch.:

Es handelte sich um eine 49jährige Frau, die im Krieg einen Soldaten geheiratet hatte, der bald darauf in Rußland als vermißt galt. Ihren ersten Anfall bekam sie mit 32 Jahren, kurz nachdem sie gezwungen gewesen war, eine Arbeit anzunehmen, um Geld zu verdienen. Als dann wenige Tage darauf ihre Kolleginnen während der Arbeit ein Lied anstimmten, überlief sie eine Gänsehaut, die vom Nacken zum Hinterkopf aufstieg; dann wurde sie bewußtlos und fiel in einem großen Anfall zu Boden. Weitere Anfälle ereigneten sich, als sie ihren Sohn von der Kirche abholen wollte und noch die letzten Akkorde der Orgel vernahm, bei der Beerdigung ihrer Mutter, als der Pfarrer eine, wie sie meinte, zu lange und monotone Rede hielt, bei einer Trauungsfeier vor dem Fernsehschirm mit Predigt und Kirchenmusik, beim Abhören französischer Vokabeln und auch sonst vornehmlich bei monotoner Musik und bei monotonen Reden. Bei den Anfällen, die später auch bei anderer Gelegenheit auftraten, handelte es sich sowohl um tageszeitlich diffus verteilte große wie um oral-psychomotorische Anfälle. Das Intervall-EEG zeigte eine leichte bis mäßige Allgemeinveränderung mit paroxysmaler Dysrhythmie, eine mäßige Hyperventilationsveränderung mit Zunahme der diffusen und paroxysmalen Dysrhythmie sowie einen δ-Wellen-Fokus temporal links vorn. 3 min nach Beginn einer musikalischen Provokation durch einen relativ monotonen persischen Marsch aus dem Radio treten plötzlich synchron über allen Hirnregionen hohe regelmäßige 9/sec-Wellen auf, die sich unter Vergrößerung der Amplitude auf 7/sec verlangsamen. Über der linken Hemisphäre sind die Veränderungen unregelmäßiger und langsamer ausgeprägt. Mit dem Einsetzen der Zwischenwellen öffnet die Patientin die Augen, blickt starr, dreht den Kopf nach rechts, stößt einen Schrei aus und bekommt einen generalisierten tonisch-klonischen Krampfanfall, dessen weiterer Ablauf im EEG nicht verfolgt werden kann.

Bisher ist der Frage wenig Aufmerksamkeit geschenkt worden, ob die anfallsfördernden Anlässe nicht immer nur gemieden, sondern gelegentlich auch gesucht werden. Immerhin enthalten die Berichte einige Hinweise darauf, daß auch in einigen Fällen von musikogener Epilepsie ähnlich wie bei den photogenen Epilepsien mit selbstinduzierten Anfällen ein *süchtiges Verhalten* mit im Spiele ist.

In diesem Zusammenhang bemerkenswert ist es, wenn Herr Nikonov schreibt: »Trotz der Tatsache, daß die unangenehmen Empfindungen« (gemeint ist die Aura) »immer häufiger zu werden begannen und beständig auftraten, wenn ich allein an einer musikalischen Veranstaltung teilnahm, ging ich doch tapfer immer wieder hin.« Oder daß die Patientin von Dearman u. Smith keine Anstalten machte, das Radio abzustellen, wenn es ergreifende Choräle brachte, und der Patient von Nikitin immer wieder die Arie von Rimskij-Korssakow, die ihm gefährlich wurde, selber sang, anhörte und daran dachte. Oder noch deutlicher bei dem Patienten von Stubbe-Teglbjaerg, einem 54jährigen Mann, der in einer Zeit großen seelischen Kummers Trost suchte in Beethovens Symphonien, weil er dabei eigenartige, ekstatische Glücksgefühle empfand. Doch fuhr er darin über 15 Jahre lang fort, obwohl sich daraus schon nach 2 Jahren regelrechte epileptische Anfälle entwickelten. Nahezu vollkommen ist die Analogie zu den selbstinduzierten Anfällen bei photogener Epilepsie im Fall von Dearman u. Smith, einer 39jährigen Frau, die offenbar mit Absicht immer wieder Musik — vorwiegend Choräle — anhörte, die ihr gefährlich wurden.

War jedoch über die Motivation von ihr wenig zu zu erfahren, um so mehr von dem ersten Fall von Daly und Barry, einer 24jährigen Frau, die mit 19 Jahren einen nächtlichen großen Anfall und kurz danach visuelle Halluzinationen bekam, wann immer sie Jazz-Musik hörte. Drei Jahre später löste die gleiche Art von Musik keine Halluzinationen mehr, aber ein Gefühl von Angst aus, als ob etwas Furchtbares geschehen würde; ihr Herz begann zu schlagen, ihr Atem ging rascher und ihre Hände wurden feucht. Dann bekam sie einen starren Blick, war nicht mehr ansprechbar, die Hände verkrampften sich, das Gesicht verzog sich rhythmisch zu Grimassen und sie stieß stereotyp die Worte aus: »Uh-huh, uh-huh; come on Baby, come on Baby; O. K. Honey, O. K. Honey; come on Baby, come on Baby«. — Aus der Vorgeschichte und einer Analyse von 120 Stunden ergab sich, daß sie von früh auf musikbegeistert war und ein starkes Bedürfnis hatte, ihre Gefühle mit Tanzen auszudrücken. Ihr Vater war ein zurückhaltender, passiver Mann, der wenig Zärtlichkeit äußerte. Sein einziger Gefühlsausdruck war, daß er seine Tochter gelegentlich nahm und mit ihr nach der Musik im Radio im Zimmer herumtanzte. Bei anderen Gelegenheiten behandelte er sie rauh und herzlich, als ob sie ein Junge sei. Als ihr 8 Jahre jüngerer Bruder geboren wurde, wandte er diesem allen Rest von Zärtlichkeit zu. Obwohl sie ihren Bruder gern hatte, erinnert sie sich einiger Wutattacken gegen ihn, die jedesmal ein schlechtes Gewissen zurückließen. Bis zu ihrem 22. Jahr war sie Enuretikerin. Sexuell wurde sie nie aufgeklärt; ihre Periode war kurz, unregelmäßig und dysmenorrhoisch. Mit 22 Jahren hat sie ihren ersten Liebhaber geheiratet, der sie mit der gleichen rauhen Herzlichkeit wie ihr Vater behandelte. Die Beziehung war für sie sexuell unbefriedigend wegen Vaginismus, Dyspareunie und Frigidität. — Mit 16 Jahren war sie ein langes mageres Mädchen, das sich einsam und minderwertig vorkam. Zu dieser Zeit wollte sie oft im Wohnzimmer tanzen, aber der Vater verspottete sie wegen ihrer »jitterbug antics« (Tanzpossen). Gekränkt zog sie sich in ihr Zimmer zurück und legte sich Schallplatten mit Swingmusik auf, wobei sie entdeckte, daß sie, wenn sie sich intensiv konzentrierte, Visionen sehen konnte, die gewöhnlich aus einer blonden Frau und einem dunkelhaarigen Mann in Abendkleidern bestanden, die miteinander zu tanzen schienen. Sie fand ein Vergnügen an diesen Bildern und dem tranceartigen Zustand, in den sie bei längerem Zuhören hineingeriet.

Bei der Analyse kam heraus, daß sie, kurz bevor die visuellen Halluzinationen auftraten, angefangen hatte, zu masturbieren und daß sie das bis zu ihrer Heirat unter schweren Schuldgefühlen fortgesetzt hatte. Während der Psychotherapie wurden die Anfälle seltener, doch entwickelten sich jetzt bei der Patientin, wenn sie Musik hörte, sexuelle Phantasien sado-masochistischen Inhalts, die auf den Therapeuten gerichtet waren.

Wenn auch die Art der Musik von Patient zu Patient verschieden ist und das Repertoire im Ganzen von monotonen Klängen über Instrumentalmusik bis zu Symphonien, von Jazz über Schnulzen bis zu klassischer Musik, von Gesang über Klavier, Trompete, Violine bis zu Orchestermusik, von getragenen Weisen bis zu flotten Rhythmen reicht, so ist doch jeder Patient nur für eine bestimmte Art von Musik besonders empfänglich. Fast in jedem Fall wird berichtet, daß es nur bei einem bestimmten Stück, sogar an einer bestimmten Stelle eines Stücks oder doch zumindest bei Melodien eines bestimmten Charakters zum Anfall kam. Der Übergang zum Anfall geschieht nie unmittelbar, sondern entweder über eine Aura oder sehr oft auf diese Weise, daß den Patienten beim Spielen, Singen, Hören, Denken oder sogar Träumen »seiner« Musik ein merkwürdiges, zwischen angenehm und unangenehm schillerndes, von Herzklopfen, Beklemmung oder Seligkeit und von objektivierbarem Anstieg des Blutdrucks, der Herz- und Atemfrequenz[847] begleitetes Gefühl befällt, das dann fließend in Aura und Anfall übergeht.

Das Problem, das mit der in vielen Fällen offensichtlichen Spezifität zwischen Reiz und Reaktion gegeben ist, haben Poskanzer, Brown u. Miller von der *physiologischen* Seite dadurch zu lösen versucht, indem sie es an ihrem Fall unternommen haben, den akustischen Reiz physikalisch, durch die Ermittlung der kritischen Frequenzbreite zu bestimmen.

Bei ihrem Patienten handelte es sich um einen 62jährigen Beamten, der seit 6 Jahren immer nur dann psychomotorische Anfälle bekam, wenn er im Freien wie am Radio dem Klang von Kirchenglocken ausgeliefert war. Dieses Zusammenhangs wurde er sich erst später bewußt, als er sich erinnerte, daß die ersten Anfälle immer in der gleichen Situation, nämlich vor dem Radio und in der gleichen Minute des Tages, nämlich um 20.59 Uhr aufgetreten waren, als die Glocken der Bow Church — das Pausenzeichen des BBC — ertönten. Später wurde er zu einer Dienststelle versetzt, wo der Dienstschluß jeden Nachmittag durch Lautsprecher mit einem Glockenspiel der St. Margaret-Kirche von Westminster angekündigt wurde. Die ersten neun Monate, die er dort arbeitete, hatte er jedoch keinen Anfall, weil nämlich der Lautsprecher in seinem Büro nicht funktionierte. Nachdem dieser wieder repariert war, überkamen ihn auf dieses Geläut hin und selbst, nachdem eine andere Platte aufgelegt worden war, auf der die Glocken der Abtei von St. Martin ertönten, insgesamt sieben Anfälle. — Im Routine-EEG und im Schlaf-EEG zeigten sich keine Besonderheiten, aber beim Läuten von Kirchenglocken kam es 6—30 sec nach Beginn des Geläutes zu einem Anfall mit einem Fokus über der linken Temporalregion. Um nun zu prüfen, ob ein durch eine bestimmte Wellenlänge definierter Tonreiz ohne psychologische Assoziation für die Auslösung der Anfälle verantwortlich sei, wurden verschiedene akustische Arrangements von reinen Tönen, Geräuschen, Piano- und Orgelmusik bis zu Glockengeläute in verschiedenen Oktaven in Intervallen von 1—2 Wochen angeboten, nachdem die Medikation jedesmal 3 Tage vorher abgesetzt worden war. Die Untersuchung führte zum Ergebnis, daß Töne oder Serien von Tönen, auch wenn sie im Geläut vorherrschten und auch wenn sie in den gleichen Intervallen angeboten wurden, in denen sie beim Glockengeläut vorkamen, ebensowenig eine Wirkung zeigten, wie Geräusche, Piano- und Orgelmusik, auch wenn diese auf Oktaven eingeengt und auf verschiedene Wellenlängen zentriert wurden. Auch wenn das Glockengeläute rückwärts gespielt wurde, d. h. bei unverändertem physikalischen, aber total verändertem Klangcharakter, kam es zu keinem Anfall. Anfälle waren nur durch Glockengeläute mit einem Frequenzband zwischen 290 und 1120/sec, oft auch in einem engeren Wellenbereich auszulösen, oder wie der Patient angab, nur wenn die ihm angebotenen Töne einen dem Klang von Glocken gleichen Eindruck hervorriefen. Dann kam ein kurzes Gefühl über ihn, als ob er die Besinnung verliere, fortgetrieben und machtlos werde, dem Anfall zu widerstehen. Nach einem Kribbeln in den Händen verlor er das Bewußtsein. Objektivierbar ging den Anfällen jedesmal eine leichte Beschleunigung der Puls- und Atemfrequenz voraus.

Obgleich sich die Autoren durch die Ergebnisse ihrer Experimente in ihrer Annahme, daß »der epileptogene Reiz völlig eine Angelegenheit des physikalischen Tones« sei, nicht bestätigt sahen, waren sie andererseits auch nicht davon überzeugt, daß die Anfälle auf affektivem Wege ausgelöst, d. h. über eine durch das Glockengeläut angestoßene, emotionell besetzte Erinnerung in Gang gesetzt wurden, weil — wie sie sagen — der Patient »eine ungewöhnlich gut angepaßte Persönlichkeit zu sein schien«, der »bestritt, irgendeine besondere Gefühlsbeziehung zu Glocken« zu haben, und daß ihm dabei »irgendeine Assoziation in den Sinn« komme. Auch kam es beim Versuch, solche Assoziationen mit Hilfe eines narkoanalytischen Interviews aufzudecken, zu keinem Ergebnis.

Um die *psychologischen* Bedingungen aufzuklären, unter denen Musik zu einem anfallsauslösenden Reiz werden kann, sind Bash u. Bash-Liechti in ihrem Fall den anderen Weg einer über 4 Jahre währenden psychoanalytischen Exploration gegangen mit dem Ergebnis, daß im Laufe der Krankheitsentwicklung »eine immer größere Spezifität der inneren Konstellation, jedoch nicht des äußeren Anlasses« zu vermerken war.

Ihre Patientin war eine zu Beginn der psychotherapeutischen Behandlung (1954) 40jährige schweizerische Hausfrau, die mit ihrem Mann — einem Mechaniker — und ihrem 16jährigen Sohn auf dem Land lebte. Seit ihrem 24. Jahr, unmittelbar nach ihrer Entbindung, hatten sich psychomotorische Anfälle und seit ihrem 27. Jahr auch große Anfälle eingestellt, die beide oft beim Anhören von Musik aufgetreten waren. 1949 wurde in der Neurochirurgischen Klinik Zürich das erste EEG abgeleitet mit dem Ergebnis: »zuerst fast normaler Befund ohne fokale Aktivität. Musik: im EEG zeigt sich ein klarer fokaler Anfall aus dem vorderen mittleren Temporalgebiet rechts.« Ein Abschnitt der EEG-Kurve ist bei KRAYENBÜHL (1952) abgebildet. Weitere EEG-Kontrollen: »12. 8. 1950: mehr schnelle Aktivität, etwas beschleunigter α-Rhythmus. Keine sicheren Epilepsie-Potentiale, auch nicht bei akustischer (rhythmischer) und photischer Stimulation, sowie bei Musik.« — »September 1951 und Juli 1952: in beiden (sc. EEG) deutlicher epileptogener Fokus rechts vorne temporal, im Juli 1952 bedeutend aktiver als die letzten Male. Dabei wird durch die Musik wieder nach etwa 2 min ein Zustand ausgelöst, der wahrscheinlich einem kleinen psychomotorischen Anfall entspricht, obwohl Patientin nichts davon merkt.« — Die psychomotorischen Anfälle wurden von einem »komischen Gefühl«, das vom Magen zum Rachen aufsteigt, einem würgenden Gefühl hinter dem Brustbein, wie wenn sich alles zusammenziehe, eingeleitet, das sich besonders beim Anhören von Musik einstellt. Seit der Entbindung und zugleich mit Beginn der Anfälle hat die Patientin über Rückenschmerzen und Ischiasbeschwerden zu klagen, eine Oligo- und Hypomenorrhoe bemerkt und zunehmend unter einer schweren Dyspareunie mit Vaginismus zu leiden, die seit 1943 einen Verkehr unmöglich machten, obwohl Libido und sexuelle Reizbarkeit unverändert erhalten waren. Der Ehemann hatte von Anfang an unter einer Ejaculatio praecox gelitten.

Die Umstände, die dem ersten großen Anfall voraufgingen, ließen sich leicht in Erfahrung bringen, da er auf den Tag nach der Hochzeit einer Schwägerin fiel, an der sie nur ungern teilgenommen hatte, da sie dort einen Bruder des Mannes treffen mußte, den sie nicht mochte und zum Unterschied zu einem anderen Bruder des Mannes als den »bösen« Schwager bezeichnete. Wie schon früher, habe sie sich auch beim Fest wieder über ihn geärgert, am folgenden Morgen sehr müde gefühlt, sich aber gezwungen aufzustehen, die Treppe zu putzen, verbissen geblockt, ein »gspässiges Gefühl« bemerkt und sei dann unten auf dem Flur wieder zu sich gekommen. Schwieriger war es, dem Beginn der Anfallsauslösung durch Musik nachzuspüren. Erst verlegte sie den Anfang ins Jahr 1945, dann 1944, als sie mit ihrem Mann und Sohn beim »guten« Schwager eingekehrt sei und am Radio Marschmusik gehört habe, was den Anlaß gab, über ihr eigentliches Verhältnis zum »bösen« Schwager nachzudenken. Im Laufe mehrerer Stunden kommt ihr die Erinnerung an ein Ereignis aus dem Jahre 1941, bei dem dieser Zusammenhang möglicherweise gestiftet wurde: Sie hatte immer eine natürliche Freude an Musik, besaß eine gute Stimme, die sie auch mit Gesangsstunden so weit ausgebildet hatte, daß sie hätte allein auftreten können. Nach ihrer Eheschließung sei sie in den Frauen- und Töchterchor eingetreten und sei verhältnismäßig bald zur Präsidentin gewählt worden. Aus Anlaß eines Festes habe der Frauenchor zusammen mit dem Männerchor gesungen und in diesem der »böse« Schwager, der ihr — ihr Mann war gerade wieder einmal zum Militärdienst eingezogen — an diesem Abend Vorwürfe gemacht habe, daß sie sich dem Dirigenten des Männerchors gegenüber zu freundlich verhalte. Als sie sich in die Nähe dieses Dirigenten gesetzt habe, sei der »böse« Schwager zu ihnen gekommen und habe gehässige Bemerkungen fallen lassen, worauf es ihr die Kehle zusammengeschnürt habe. Sie habe gezittert, kaum mehr schlucken können und sich beim Beginn der Musik erhoben und entfernt, weil sie es nicht mehr ausgehalten habe. Später erinnert sie, daß sie vor Beginn der Gesangsübung eine Auseinandersetzung mit dem »bösen« Schwager gehabt habe. Welches Musikstück gerade gespielt wurde, erinnerte sie aber erst einige Wochen später. Es war das Lied »La Paloma«, das jahrelang ein Lieblingsstück von ihr gewesen sei, das sie aber jetzt kaum mehr hören könne.

Im Laufe der Behandlung berichtet die Patientin von einigen Anfällen, die gerade dann aufgetreten waren, wenn sie in der Kirche oder auf einem Fest mit ihrem verhaßten Schwager zusammentraf und die Musik einsetzte. Mit der Zeit wurde ihr klar, daß ihr Mann darin ihrem Vater glich, daß er zwar still und gutmütig war, sie sich aber nicht genügend von ihm beschützt, sondern eher preisgegeben fühlte. Als aufgrund von Angstzuständen in der Kindheit, während der Schwangerschaft und während der Behandlung das Thema »Angst« durchgearbeitet wurde, erinnerte sie sich an ein Erlebnis aus der Verlobungszeit, die dem Beginn der psychomotorischen Anfälle etwa 2—3 Jahre voraufging: Sie befand sich gerade in der Vorratskammer ihres Elternhauses, als ihr ein um 3 Jahre älterer Vetter nachschlich, die Tür gegen ihren heftigen Widerstand zu öffnen suchte, bis sie auf einmal keine Kraft mehr hatte, losließ und zurückwich. Er verlangte Geschlechtsverkehr von ihr, doch vermochte sie sich zu wehren. Einige Monate später konnte sie die Erinnerung ergänzen: Gerade vor jenem Erlebnis habe sie ihr früheres Lieblingslied »La Paloma« gehört, und um die gleiche Zeit sei »das erste Krampfgefühl im

Hals . . . aufgetreten, als man sie einmal ungerecht behandelt habe«. — Unter der Behandlung, die allerdings medikamentös unterstützt wurde, traten keine großen Anfälle mehr auf, die psychomotorischen wurden wesentlich seltener, Musik löste oft nichts, gelegentlich noch Beklemmungen und nur etwa zweimal im Jahr noch psychomotorische Anfälle aus. Beim Abschluß der Behandlung zeigte Musik keine erkennbare Wirkung mehr auf das EEG.

Resümierend heben die Autoren hervor, »daß es sich bei jeder der symptombildenden Begegnungen mit der Musik für die Patientin um ein emotionell sinnvolles, bedeutungsgeladenes Ereignis handelte. Die Bedeutung war auch jeweils spezifisch und reichte weit über die einer bloßen allgemeinen Gefühlsaufwallung hinaus.« Die biographisch und analytisch vertiefte Krankengeschichte ließ erkennen, daß sich die musikalische Auslösung, vorbereitet durch die besondere musikalische Empfänglichkeit der Patientin, in den Dienst neurotischer Verschiebungen, Verdichtungen und Verdrängungen gestellt hatte. Die Wurzeln der Neurose waren in einem Elternkonflikt zu suchen. »Die eigentlichen Schwierigkeiten setzten mit der Schwangerschaft und Ehe ein«, wobei sie sich »gegen das zuerst von der Mutter, dann vom Ehemann nicht befriedigte Zärtlichkeitsbedürfnis durch eine Verkrampfung panzerte«. »Da sie gerne sang, wundert es nicht, daß der Krampf in Luftröhre und Kehle ihr gerade diese Möglichkeit abschnürte, während der Scheidenkrampf einen durchsichtigen sexuellen Abwehrmechanismus darstellt.« Aus ihrer Lebensgeschichte wird es auch verständlich, warum Musik, und zwar zunächst nur eine bestimmte Art von Musik, den Charakter einer Deckerinnerung annahm. Weil die Abwehr des ersten sexuellen Überfalls unter den Klängen eines bestimmten Liedes vor sich ging, konnte das gleiche Lied in einer von ihrer Phantasie in Analogie gesetzten Situation eine Verbindung mit der körperlichen Sensation, dem aufsteigenden Würgegefühl, eingehen, das, wie die Situationen evident machten, anstelle einer sexuellen Überwältigung auftrat. Daß das Anhören von Musik später dann auch ohne konkrete Situation von einem Würgegefühl gefolgt war, wäre dann als Folge einer Konditionierung von bestimmten Anlässen mit bestimmten Erinnerungen zu verstehen, und daß die anfängliche Spezifität zwischen äußerem Anlaß, d. h. einer bestimmten Melodie, und der Reaktion sich im Laufe der Zeit verwischt, mit der zunehmenden »Spezifität der inneren Konstellation«, von der es letzten Endes abhängt, was als »Reiz« zu gelten hat oder nicht. Warum die psychodynamischen Vorgänge nicht oder nicht nur zu neurotischen Symptomen im Sinne phobischer Krisen, sondern zu epileptischen Krisen führen, ist allerdings psychogenetisch nicht zu erklären. Aber auch der Rückgriff auf eine epileptische Anlage oder auf eine organisch oder funktionell vorgegebene »herdbedingte« Funktionsstörung im Temporallappen, erklärt im Grunde nichts. Die eigentliche Verknüpfung oder Nahtstelle zwischen neurotischem und epileptischem Geschehen stellt zweifellos in diesem Fall die Aura dar, weil sie sowohl neurosenpsychologisch als sensorielle Reaktion auf einen Abwehrmechanismus verstanden, wie auch gehirnphysiologisch als Resultat einer epileptischen Erregung erklärt werden kann. Mit der musikogenen Epilepsie stellt sich daher die Frage, ob speziell bei der psychomotorischen Epilepsie eine solche Verknüpfung zwischen biographischer und zerebraler Vorgeschichte nicht öfters gegeben ist, als man anzunehmen neigt.

Ätiologie: Während die alten Autoren die Eigenständigkeit einer »genuinen Epilepsie« vielfach mit Krankheitsbeschreibungen belegt haben, denen Epilepsien mit psychomotorischen Anfällen zugrunde liegen, wird die psychomotorische Epilepsie heute geradezu als Modell einer »symptomatischen Epilepsie« angesehen. Berief man sich früher zur Verteidigung der ersten Annahme auf den autonomen Krankheitsverlauf und die als »typisch epileptisch« geltende Charakterveränderung, so verweist man heute zur Verteidigung der zweiten Annahme auf den elektroenzephalographischen Befund »fokaler« Entladungen über der Schläfenregion. In Wahrheit nimmt die psychomotorische Epilepsie nicht nur in nosologischer, sondern auch in ätiologischer Hinsicht eine Mittelstellung ein zwischen den altersgebundenen Petit mal-Epilepsien und den Epilepsien, die mit Jackson-Anfällen, Adversiv-Krämpfen und sensorischen Anfällen einhergehen (s. auch S. 174 u. 228).

Tabelle 16: *Ätiologie bei psychomotorischen Epilepsien.*

Ätiologie	Alle Epilepsien mit psychomotorischen Anfällen		Isolierte psychomotorische Epilepsien		Kombinationen psychomotorischer Anfälle mit Grand mal					
					primär		sekundär		Beginn unbekannt	
	n	%	n	%	n	%	n	%	n	%
Prä- und perinatale Schädigungen	148	7,4	54	36	26	18	54	36	14	10
Trauma	131	6,6	41	31	19	15	43	33	28	21
Tumor	92	4,6	49	53	18	20	19	21	6	6
Miszellanea	93	4,7	31	33	14	15	37	40	11	12
Entzündliche Erkrankungen	53	2,7	23	43	10	19	15	28	5	10
Gefäßkrankheiten	17	0,9	5	—	1	—	7	—	4	—
Bekannte Ätiologie	531*	26,8	203	38	88	16	175	33	68	13
Unbekannte Ätiologie	1456**	73,2	522	36	320	22	434	30	180	12
Zusammen	1990▲	100	725	36	408	21	609	31	248	12

Davon { * 15 2,8; ** 115 7,9; ▲ 130 6,5 } Fälle mit Epilepsie in der Verwandtschaft.

Lennox[97] führt folgende Gründe für die Annahme an, daß psychomotorische Anfälle meist auf nachweisbare Gehirnschädigungen zurückgehen: 1. In der Vorgeschichte seien vorangehende Gehirnschädigungen häufig und eine familiäre Epilepsiebelastung selten. 2. Eine Konkordanz psychomotorischer Anfälle bei monozygoten Zwillingen sei relativ niedrig. 3. Werde diese Anfallsform mit zunehmendem Alter häufiger. 4. Psychomotorische Anfälle seien oft mit destruktiven großen Anfällen kombiniert und neigten dazu, Monate oder Jahre nach diesen aufzutreten. 5. Man erfahre oft von Geburtsschädigungen oder Fieberkrämpfen in der Anamnese. 6. Sowohl die klinischen Symptome wie die fokalen Entladungen im EEG deuteten auf einen lokalisierten Ursprung in der Gegend des Temporallappens hin. 7. Bei Operationen habe man häufig pathologische Veränderungen im Temporallappen gefunden. — Trotzdem könne aber die Bedeutung genetischer oder metabolischer Faktoren nicht übersehen werden. Denn wenn auch die Hereditätsquote bei psychomotorischen Epilepsien nur etwa halb so groß sei wie bei den Epilepsien mit altersgebundenen kleinen Anfällen, so liege sie doch immer noch fünfmal höher als die Morbiditätsquote in der Allgemeinbevölkerung.

Das Verhältnis von nachweisbar symptomatischen zu kryptogenen Formen beträgt 26,8:73,2% (s. Tabelle 16). Gibbs u. Gibbs[51] haben in ihrem Krankengut von 2484 Fällen in 23,7% bei reinen und in 26,8% bei kombinierten psychomotorischen Epilepsien ätiologisch relevante Gehirnschädigungen nachweisen können. In unserem Krankengut von 1990 Fällen handelte es sich bei 28% der isolierten und bei 26,2% der kombinierten Formen um symptomatische Epilepsien.

Andere Angaben lassen sich nicht vergleichen, da sie entweder von kleinen Zahlen ausgehen oder sehr großzügige Maßstäbe gelten lassen, bei denen selbst einfache Kommotionen, unkomplizierte Mittelohrentzündungen, Schutzimpfungen oder fieberhafte Infekte für ätiologisch relevant gehalten werden, oder weil das Krankengut durch eine bestimmte Auslese, sei es unter elektroenzephalographischem, operativem, psychopathologischem oder neuropathologischem Aspekt zustande gekommen ist. Trotzdem wird auch in einem unausgelesenen Krankengut der Anteil symptomatischer Epilepsien wahrscheinlich höher ausfallen, als es unsere Zahlen belegen, wenn man die Gelegenheit hat, an jedem Fall sämtliche diagnostischen Möglichkeiten, einschließlich röntgenologischer Kontrastmethoden und längerer Verlaufsbeobachtung auszuschöpfen. Die Angaben über positive ätiologische Befunde können daher, was unser Krankengut angeht, nur als untere Grenzwerte gelten. Wir halten es für möglich, daß man unter optimalen Bedingungen etwa bei einem Drittel aller psychomotorischen Epilepsien ätiologisch bedeutsame Umstände nachweisen könnte. Denn einmal sind Geburtstraumen und frühkindliche Erkrankungen von Jugendlichen oder Erwachsenen ohne zulängliche Fremdanamnese oft nicht mehr in Erfahrung zu bringen. Ferner haben wir Schädelasymmetrien, die in der Regel auf frühkindliche Gehirnschädigungen hinweisen, und pathologische pneumenzephalographische Befunde nicht als ätiologisch beweisend angesehen, sofern keine anamnestischen Angaben über die Art der Noxe vorlagen. Nicht zuletzt lassen sich Tumoren und Angiome nicht selten auch bei gründlicher Diagnostik lange Zeit nicht nachweisen, wie ihre nachträgliche Entdeckung bei temporalen Lobektomien[419, 487, 517, 518, 533, 597, 599] und bei Autopsien [736, 777] lehrt.

Bei psychomotorischen Epilepsien im Kindesalter lassen sich häufiger vorausgehende Gehirnschädigungen eruieren. Ounsted et al. haben in einer gründlichen Untersuchung bei 35 von 100 Kindern unzweideutige Ursachen, abgesehen von vorangehenden Fieberkrämpfen und Statusattacken, nachweisen können, Matthes[731] bei 74 (55%) von 135 Patienten einer Kinderklinik und Ketz (1966) bei 33 (54%) von 61 Kindern einer Anstalt für Epileptische.

Die Ätiologie der psychomotorischen Epilepsie ist nicht einheitlich. In der Gruppe mit bekannter Ätiologie spielen die gleichen Ursachen eine Rolle, die auch bei anderen symptomatischen Epilepsien bedeutsam sind. Am häufigsten sind Geburtsschädigungen; dann folgen traumatische Hirnschädigungen und Gehirntumoren, schließlich entzündliche Erkrankungen und Gefäßkrankheiten (s. Tab. 16). Gegenüber dem Krankengut von Gibbs u. Gibbs[51] ergibt sich nur insofern eine Verschiebung, als dort doppelt so häufig (12,7%) traumatische Gehirnschädigungen und wesentlich seltener (0,85%) Tumoren und Abszesse des Gehirns zu registrieren waren als bei uns.

Im Vergleich zu den Epilepsien mit kortikalen Anfällen ist bemerkenswert, daß das Verhältnis symptomatischer zu kryptogenen Erkrankungen dort umgekehrt ausfällt (76%:24%) als bei den psychomotorischen Epilepsien (27%:73%). Was die Art der Ursachen angeht, so rangieren dort die Gehirntumoren weit vor den Gehirntraumen, während sich die Verteilung der übrigen Schädigungsarten annähernd gleich verhält wie bei der psychomotorischen Epilepsie (s. S. 406ff).

Das *Erkrankungsalter* kann insofern ätiologische Hinweise geben, als einzelne Schädigungsarten in bestimmten Lebensperioden überwiegen (s. Tabelle 17).

Während der ersten Lebensdekade überwiegen geburtstraumatische Hirnschädigungen, die noch bis Ende der zweiten Dekade eine Rolle spielen. Die Bedeutung entzündlicher Hirnschädigungen nimmt von der ersten bis zur dritten Lebensdekade allmählich ab. Gehirnverletzungen dominieren in der zweiten Lebensdekade und konkurrieren dann mit den Gehirntumoren, die schon vom 20. Lebensjahr an eine bedeutsame Rolle spielen, bis in die fünfte Lebensdekade. Gefäßerkrankungen gewinnen erst im höheren Lebensalter an Gewicht.

Prä- und perinatale Hirnschädigungen rangieren in unserem Krankengut mit 7,4% an erster

Tabelle 17: *Ätiologie und Erkrankungsalter bei 430 symptomatischen psychomotorischen Epilepsien.*

	Jahre					
	0—9	10—19	20—29	30—39	40—49	50—75
Prä- und perinatale Schädigungen	85	49	12	—	—	—
Entzündliche Erkrankungen	28	12	11	—	—	—
Trauma	12	21	46	30	18	3
Tumor	—	10	14	29	18	15
Gefäßkrankheiten	—	—	—	—	2	15
	125	92	83	59	38	33

Stelle. Dabei handelt es sich vorwiegend um geburtstraumatisch, durch Blutungen oder Hypoxämien entstandene Schädigungen und nur zu einem kleinen Teil um pränatal entstandene Mißbildungen (STURGE-WEBER-Syndrom, Turmschädel, Kraniostenose, Mikrozephalus) oder angeborene Stoffwechselerkrankungen (amaurotische Idiotie, Phenylketonurie). In einem kindlichen Krankengut sind diese ätiologischen Faktoren etwa doppelt so häufig anzutreffen: So fanden MATTHES[731] 13% sicher und weitere 10% wahrscheinlich durch perinatale, und KETZ sogar 30% durch prä- und perinatale Schädigungen bedingt.

Wahrscheinlich liegt der Anteil geburtstraumatischer und überhaupt frühkindlicher Hirnschädigungen als Ursache psychomotorischer Epilepsien höher, als er mit unseren Zahlen angegeben wird, die nur die anamnestisch und durch neurologische Befunde ausgewiesenen Fälle registrieren. Denn recht häufig findet man besonders bei der psychomotorischen Epilepsie — nach McRAE[721, 724] bei der Hälfte aller nicht tumorbedingten fokalen Epilepsien — auf der Schädelleeraufnahme Zeichen einer Hemiatrophie des Schädels, die verläßliche Kriterien darstellen für eine im Laufe der ersten zwei Lebensjahre abgelaufene halbseitig betonte Hirnschädigung[486, 750, 751, 761] (s. S. 268ff).

Was die spezielle Rolle von Geburtstraumen in der Ätiologie psychomotorischer Epilepsien angeht, so fanden OUNSTED, LINDSAY u. NORMAN dafür sichere Anhaltspunkte in 10% und zweifelhafte Angaben in 7% ihrer vor dem 15. Lebensjahr erkrankten Fälle. Darüber hinaus konnten sie an Hand vergleichender Kontrolluntersuchungen des Geburtsgewichts belegen, daß weder einer Frühreife noch einem übergroßen Gewicht bei der Geburt irgendeine signifikante Bedeutung bei der Ätiologie zukommt.

Die klinischen Befunde erlauben daher nicht, die Mehrzahl aller psychomotorischen Epilepsien auf Schädigungen zurückzuführen, die durch eine Einklemmung der Hippokampus- und Unkusregion unter der Geburt zustande kommen, wie EARLE, BALDWIN u. PENFIELD meinen, die 63% ihrer Fälle temporaler Epilepsien auf eine »Hippokampuseinklemmung« zurückführen. Schon der Verlauf der Erkrankungsalterkurve spricht gegen diese Annahme. Denn selbst wenn man mit EARLE, BALDWIN u. PENFIELD unterstellen will, daß die angeblich geburtstraumatisch bedingten anoxämischen Parenchymschädigungen, deren histologisches Bild sie als »incisural sclerosis« bezeichnen, einen »Reifungsprozeß« durchmachen, bevor sie als epileptogener Fokus wirksam werden, müßte die Kurve des Erkrankungsalters wenigstens den gleichen Verlauf nehmen, wie bei den positiv belegten geburtstraumatischen Epilepsien. Erfahrungsgemäß beginnen die meisten Residual-Epilepsien in den ersten Lebensjahren. Die Erkrankungsalterkurve von psychomotorischen Epilepsien steigt dagegen in der 2. Lebensdekade an, um dann mit allmählicher Abflachung bis ins mittlere und höhere Lebensalter weiterzugehen (s. Abb. 91).

Infektkrämpfe und Status epilepticus waren in 6% unserer Fälle der Entwicklung einer psychomotorischen Epilepsie vorausgegangen. Vermutlich repräsentiert diese Zahl aber nicht hinreichend ihre tatsächliche Häufigkeit. Von anderen Autoren wurden solche Ereignisse in 9%[731], 16%[533] und 29%[770] notiert. Daß langanhaltende Krampfanfälle und Statusattacken von Hirnschädigungen gefolgt sind, die selber wieder zur Ursache nachfolgender Epilepsien werden können, ist durch gründliche klinische und pathologisch-anatomische Untersuchungen belegt[424, 425, 738, 767]. Daß aber sekundär sich auf dem Boden von Krampfschädigungen entwickelnde Epilepsien häufig die Form psychomotorischer Epilepsien annehmen, liegt in der Tatsache begründet, daß die aus Kreislaufstörungen und Sauerstoffmangel resultierenden Schädigungen in erster Linie den Hippokampus betreffen[419, 424, 770].

Traumatische Hirnschädigungen nehmen bei GIBBS u. GIBBS[51] mit 12,7%, KETZ mit 14,7%, GASTAUT[559] mit 35% und MEYER-MICKELEIT[744] mit 36% den ersten Platz ein. Unser vergleichsweise niedriger Anteil von 6,6%, der den 6% von OUNSTED et al. entspricht, erklärt sich daraus, daß wir nur eindeutig offene Verletzungen oder gedeckte Kontusionen des Gehirns als ätiologisch relevant ansehen, nicht aber einfache Gehirnerschütterungen, die in unserem Krankengut 7% ausmachen. Traumatische psychomotorische Epilepsien sind im Verhältnis 3,5:1 wesentlich häufiger die Folge von gedeckten als von offenen Hirnverletzungen. Sie stehen hierin im Gegensatz zu traumatischen Epilepsien mit kortikalen Anfällen, bei denen das Verhältnis 0,7:1 lautet. GASTAUT u. GASTAUT[559] meinen, daß die Mehrzahl aller psychomotorischen Epilepsien durch gedeckte Hirnkontusionen verursacht werde. Sie begründen ihre Ansicht mit der seit den Untersuchungen von SPATZ[855, 856] und von COURVILLE[493, 494] bekannten Tatsache, daß Kontusionsherde bei gedeckten Hirntraumen, wenn der Kopf im Moment des Aufpralls in Bewegung war, infolge eines Contrecoup-Mechanismus gewöhnlich an der lateralen Konvexität oder der basalen Unterfläche des Gehirns oder am Pol des Temporallappens entstehen, weil dort die den Aufschlag bremsenden Liquorkissen nur mangelhaft ausgebildet sind. Ihre Hypothese wird jedoch dadurch eingeschränkt, daß bei auf diesem Wege entstehenden Kontusionen in der Regel gerade die medialen Partien, der Unkus und der Gyrus hippocampi, die für psychomotorische Anfälle verantwortlich gemacht werden, verschont bleiben.

COURVILLE[494] konnte es autoptisch wahrscheinlich machen, daß in 20 von 54 Fällen psychomotorischer Epilepsie eine gedeckte Kontusion voraufging. Das entspricht den 36%, die von SANO u. MALAMUD festgestellt wurden. In die gleiche Richtung weist unsere Erfahrung, daß psychomotorische Anfälle nahezu dreimal so häufig nach gedeckten wie nach offenen Gehirnverletzungen auftreten, während umgekehrt kortikale Anfälle (Jackson-Anfälle, Adversiv-Krämpfe und sensorische Anfälle) fünfmal häufiger nach offenen als nach gedeckten Gehirnverletzungen zu beobachten waren (s. Tab. 33). Trotzdem kann die Beziehung zwischen Gehirntrauma und psychomotorischer Epilepsie nicht als geklärt gelten. So konnten MARGERISON u. CORSELLIS nur in 4 (11%) von 35 autoptisch untersuchten Fällen temporaler Epilepsie Contrecoup-Herde nachweisen, wobei nur in einem Fall ein verläßlicher Hinweis auf ein dem Beginn der Anfälle voraufgegangenes Kopftrauma vorlag. PFEIFFER[419] fand nur in 3 von 30 Fällen psychomotorischer Epilepsie bei der Autopsie traumatische Rindenprellungsherde, bei denen es zudem nicht auszumachen war, ob sie nicht durch Stürze in Anfällen zustande gekommen sind. Rückblickend konnte COURVILLE[494] in einem Sektionsgut von 113 Fällen mit alten traumatischen Temporallappenschädigungen nur bei 13 Fällen eine psychomotorische Epilepsie, dagegen in 18 Fällen eine Grand mal-Epilepsie ermitteln. Darüber hinaus fiel ihm auf, daß »die Kontusion nicht selten abseits des Unkus oder des Gyrus hippocampi« lokalisiert war, wie andererseits diesem Gebiet benachbarte Schäden »oft nicht von klinisch erkennbaren psychomotorischen Anfällen begleitet waren«. Von einer ähnlichen Diskrepanz zeugen unsere Befunde bei 12 psychomotorischen Epilepsien nach offenen Gehirnverletzungen. Soweit nach dem Ort des Schädeldefekts zu beurteilen, waren die Schädigungen dabei nur 6mal temporal, dagegen 5mal frontal und 1mal parietal lokalisiert.

Hirntumoren einschließlich Angiome und Hirnabszesse stehen mit 4,6% in der Ätiologie psychomotorischer Anfälle an dritter Stelle. Auch in einem neurochirurgischen Krankengut scheinen Tumoren als Ursache psychomotorischer Epilepsien nicht wesentlich häufiger zu sein. EARLE, BALDWIN u. PENFIELD haben unter ihren 157 chirurgisch explorierten Fällen von temporaler Epilepsie 11% mit Hirntumoren gefunden. Um solche Fälle einer rechtzeitigen chirurgischen Behandlung zuführen zu können, muß man auf tumorverdächtige Allgemeinbeschwerden, wie Kopfschmerzen, Schwindel, Erbrechen und zunehmende Wesensveränderung achten, eine gründliche neurologische Untersuchung vornehmen und nach charakteristischen Unterschieden zwischen tumorbedingten und nicht durch Tumoren bedingten psychomotorischen Epilepsien fahnden. Abgesehen davon, daß erhöhte Wachsamkeit geboten ist, wenn psychomotorische Anfälle nach dem 20. Lebensjahr einsetzen, ergeben sich nach unseren Erfahrungen weitere Verdachtsmomente aus bestimmten Eigenheiten des Krankheitsverlaufs und des Anfallscharakters: So beginnen die Tumorerkrankungen weitaus am häufigsten unter allen psychomotorischen Epilepsien mit kleinen Anfällen, d. h. als »reine« oder »primäre« Verlaufsform, und nur relativ selten mit großen Anfällen, d. h. als »sekundäre« Verlaufsform (s. Tabelle 16). Bei Kombinationsformen erlaubt die tageszeitliche Verteilung der großen Anfälle nur insofern gewisse Rückschlüsse, als residuale, d. h. traumatische und geburtstraumatische Formen häufiger mit diffusen und seltener mit Schlaf-Grand mal einhergehen als solche mit raumfordernden Prozessen. Letztere unterscheiden sich darin jedoch nicht von den Kombinationsformen unbekannter Ursache (s. Tab. 18).

Was die *Art der Anfallssymptome* angeht, so kommen gustatorische und olfaktorische Auren, aber auch paroxysmale Sprachstörungen im Sinne einer Sprechhemmung, dysphasischer Symptome und Sprachautomatismen bei tumorbedingten psychomotorischen Epilepsien relativ häufiger vor als bei psychomotorischen Epi-

Tabelle 18: *Tageszeitliche Verteilung der großen Anfälle bei geburtstraumatischen, traumatischen, tumorbedingten und kryptogenen Kombinationsformen psychomotorischer Epilepsie.*

	Psychomotorische Anfälle in Kombination mit							
	Aufwach-Grand mal		Schlaf-Grand mal		diffusen Grand mal		Total	
	n	%	n	%	n	%	n	%
Geburtstraumatisch	7	8	24	28	54	64	85	100
Traumatisch	9	11	29	35	45	54	83	100
Tumorbedingt	5	15	17	52	11	33	33	100
Kryptogen	115	13	461	54	287	33	863	100

lepsien anderer oder unbekannter Genese und Dreamy states relativ seltener[678, 876]. So hat Ketz (1966) unter 326 Kranken mit nicht durch Tumoren hervorgerufenen psychomotorischen Epilepsien bei 22 (6,7 %) Geschmacks- und bei 17 (5,2 %) Geruchsauren erfahren können, unter 121 Epilepsien bei Schläfenlappentumoren jedoch bei 11 (9,1 %) bzw. 20 (16,5 %).

Geschmacksauren, die unter allen Tumor-Epilepsien in 6,4 % vorkommen, weisen in erster Linie auf einen temporalen Sitz der Geschwulst, die den Hippokampus oder die Gegend um den Hippokampus erreicht[715].

8 %[715] bzw. 9,1 %[678] der Tumoren des Temporallappens gehen mit Geschmacksauren einher. Ihre Verbindung mit einseitigen Parästhesien der Zunge, des Gesichts oder Arms, oder akustischen Sensationen verweist auf eine Lokalisation in oder in der Nachbarschaft des Operculum parietale[715].

Geruchsauren, die bei 5,5 % aller Epilepsien bei supratentoriellen Hirntumoren vorkommen[715], haben eine noch engere Beziehung zum Uncus gyri hippocampi.

7,3 %[678] — 16,5 %[715], aller Temporallappengeschwülste sollen zu Geruchsauren führen. Zu etwa $^1/_3$ kommt es neben den Geruchssensationen auch zu Geschmacks- oder epigastrischen Auraempfindungen oder zu einem Dreamy state, jedoch nur ausnahmsweise zu Parästhesien im Sinne eines sensiblen Jackson-Anfalls[715].

Dreamy states sind zwar im Rahmen psychomotorischer Epilepsien anderer und unbekannter Ätiologie wesentlich häufiger als Geruchs- und Geschmacksauren, im Rahmen psychomotorischer Anfälle bei Gehirntumoren jedoch nur relativ selten. So verhält sich die Häufigkeit von Geschmacks- bzw. Geruchsauren zu Dreamy states bei psychomotorischen Anfällen insgesamt wie 1:4 bzw. 1:6, während die gleiche Beziehung bei tumorbedingten psychomotorischen Anfällen 1:1,5 bzw. 1:2 beträgt. So fand Lund unter 733 supratentoriellen Gehirntumoren bzw. 326 Tumor-Epilepsien 35 Fälle, d. h. 4,6 % bzw. 10,4 % mit einem Dreamy state. Darunter betrafen die große Mehrheit — 29 Fälle — den Temporallappen, davon in 15 Fällen ausschließlich.

In einigen Fällen waren zusätzlich die Parietal- und Okzipitalregion betroffen und seltener auch das Stirnhirn. Unter den 14 Fällen, bei denen ein Dreamy state im Laufe der Aura als Erstsymptom auftrat, waren 8 mit einförmiger Lokalisation in den oberen und hinteren Anteilen des Schläfenhirns, 3 mit Schwerpunkt über der Fronto-Temporal-Region, 1 mit Lokalisation basal in der mittleren Schädelgrube und 2 mit wesentlich voneinander abweichender Lokalisation (laterale Anteile der prämotorischen Region der eine und Septum pellucidum der andere). Unter seinen 35 Fällen fand Lund den Dreamy state überzufällig oft mit Geruchs- (7mal) oder Geschmacks- (10mal) oder mit beiderlei Sensationen (14mal), aber auch mit visuellen (8mal) und akustischen Empfindungen kombiniert. Im Ergebnis der lokalisatorischen Analyse der 14 Fälle mit einem Dreamy state als Erstsymptom im Verlauf der Aura, sieht er die reizexperimentellen Befunde von Penfield u. Erickson bestätigt, wonach der Dreamy state auf Affektionen der gesamten oberen Schläfenwindung und die vorderen Anteile der mittleren Schläfenwindung zu beziehen ist.

Als allgemeiner Hinweis kann dienen, daß den psychomotorischen Anfällen bei Hirntumoren relativ häufig während der Aura oder während der Bewußtlosigkeit fokale Akzente im Sinne halbseitiger Sensationen oder leichter Krampferscheinungen aufgesetzt sind, wie überhaupt auffällt, daß die Symptome psychomotorischer

Anfälle bei Hirntumoren oft aus mehreren Funktionsbereichen zusammengesetzt sind. Man erfährt auch häufiger von einem Wandel der Anfallssymptome im Krankheitsverlauf derart, daß frühere Symptome verschwinden und qualitativ andersartige neu auftreten.

Was die *Art der Tumoren* angeht, so überwiegen mit fast der Hälfte der Fälle die gutartigen Gliome, worunter Astrozytome die Häufigkeitsreihe anführen, gefolgt von Oligodendrogliomen und im Abstand von Ependymomen, während Riechhirnspongioblastome extrem selten sind[659]. Meningiome sind mit einem knappen Viertel, vaskuläre Mißbildungen und arterio-venöse Aneurysmen mit einem knappen Fünftel der Fälle vertreten. Glioblastome machen etwa ein Zehntel der Fälle aus. Der Rest rekrutiert sich aus Hypophysenadenomen und Kraniopharyngiomen[677, 715, 824, 899]. Die Symptomatik der psychomotorischen Anfälle erlaubt keinen Rückschluß auf die Art der zugrunde liegenden Tumoren.

Entzündliche Erkrankungen des Gehirns, die bei Kindern eine größere ätiologische Bedeutung haben — nach MATTHES[731] in 11% und nach OUNSTED et al. in 15% — stehen bei uns mit 2,7% an vierter Stelle. Dabei handelt es sich vorwiegend um primäre Enzephalitiden, um parainfektiöse und postvakzinale Enzephalitiden, seltener um Meningo-Enzephalitiden tuberkulöser, luetischer oder anderer Genese, um zerebrale Thrombophlebitis nach Mastoiditis und nur vereinzelt um eine Enzephalopathie bei Pertussis und konnataler Toxoplasmose. — Der Entwicklung einer psychomotorischen Epilepsie vorausgehende *Infektkrämpfe* haben wir in 4%, MATTHES[731] in 9% notiert.

GASTAUT et al.[560] sind der Ansicht, daß entzündliche Residuen besonders häufig zu psychomotorischen Epilepsien führen, was sie damit erklären, daß entzündliche Exsudate bei Meningo-Enzephalitiden in die Zisternen der sylvischen und Chiasmaregion absacken und dort in der »perifalziformen Region« zu Herden führen. Dem steht jedoch entgegen, daß bei psychomotorischer Epilepsie autoptisch nur ausgesprochen selten postenzephalitische und -meningitische Residuen gefunden werden[419, 727]. Bei temporalen Lobektomien ließ sich nur in 7% histologisch eine Enzephalitis als Ursache wahrscheinlich machen[439]. Auch liegt die Häufigkeit psychomotorischer Epilepsien in einem Krankengut von postenzephalitisch und postmeningitisch entstandenen Epilepsien wesentlich niedriger, als bei einer durchschnittlichen Verteilung zu erwarten wäre[695].

Klinisch bemerkenswert ist die Tatsache, daß psychomotorische Anfälle nach entzündlichen Gehirnerkrankungen nicht wie andere postencephalitische Epilepsieformen vorwiegend in den ersten 4 Lebensjahren, sondern eher zwischen dem 5. und dem 12. Lebensjahr beginnen, und daß das Intervall zwischen der akuten Erkankung und dem Einsetzen der Anfälle bei $^2/_3$ der Fälle weniger als 2 Jahre beträgt[695].

Unter *Miszellanea* sind neben nosologisch ungeklärten, aber durch eindeutig nicht-anfallsbedingte Befunde verifizierten Erkrankungen, präsenile hirnatrophische Prozesse, progressive Paralyse bei Erwachsenen, multiple Sklerose, Alkohol-Enzephalopathien und einige Fälle mit besonders ausgeprägten endokrinen Störungen (MOON-LAURENCE-BIEDL-Syndrom, Pubertas praecox, Dystrophia adiposogenitalis, Pseudohypoparathyreoidismus) aufgeführt.

Bei den wenigen *Gefäßkrankheiten* handelt es sich vorwiegend um eine Arteriosclerosis cerebri, seltener um eine Hochdruckkrankheit. Ob in solchen Fällen überhaupt ein Zusammenhang besteht, erscheint fraglich, da wir psychomotorische Anfälle im Gegensatz zu Jackson-Anfällen nie als Folge zerebraler Insulte beobachtet haben.

Heredität: Bei 6,5% (130 von 1990) von allen oder 7,9% (115 von 1456) nur der kryptogenen Fälle wurde eine Belastung mit Epilepsie in der näheren oder ferneren Blutsverwandtschaft angegeben. Die Hereditätsquote ist damit bei psychomotorischen Epilepsien zwar deutlich geringer als bei den altersgebundenen Petit mal-Epilepsien, bei denen sie nach unseren unsystematischen Ermittlungen zwischen 11,2% und 25% beträgt. Doch liegt sie immer noch wesentlich höher als die Erkrankungsrate in der Allgemeinbevölkerung (s. Tab. 16).

In einem gründlich untersuchten pädiatrischen Krankengut fand MATTHES[731] psychomotorische Epilepsien nur wenig seltener (33,2%) als Pyknolepsien (38,8%) und etwa gleich oft wie alle übrigen Epilepsien (31,3%) mit epileptischen Anfällen in der Familie belastet, davon 14% mit chronischen, 14% mit Gelegenheitsepilepsien und 5,2% mit beiden. Dem entspricht es, wenn KETZ in den Familien von 14 (18,4%) unter 76 Kindern mit psychomotorischen Anfällen chronische Epilepsien nachweisen konnte. An Anstaltspatienten mit psycho-

Tabelle 19: *Hereditätsquote bei isolierten und kombinierten psychomotorischen Epilepsien.*

	isoliert	primär	sekundär	Beginn unbekannt	zusammen
Hereditär	41	20	53	16	130
Insgesamt	725	408	609	248	1990
Prozentsatz	5,7	4,9	8,7	6,5	6,5

motorischer Epilepsie eruierten KETZ in 33 (17,1%) von 193, HALLEN[603] in 10 (38,5%) von 26 und MARGERISON mit CORSELLIS sogar in 19 (41%) von 51 Patienten eine familiäre Belastung. Bei Kindern scheint der Anteil familiärer Fälle bei symptomatischen und kryptogenen psychomotorischen Epilepsien etwa gleich hoch zu sein[731]. In unserem Krankengut trafen wir dagegen unter 534 symptomatischen nur 15 (2,8%) familiäre Fälle an (siehe Tab. 16).

Wenn man isolierte und kombinierte Formen gesondert betrachtet, ergibt sich mit 5,7% bei den isolierten und 7,0% bei den kombinierten Erkrankungen eine gewisse Differenz, die bei LENNOX[97] mit 1,7% zu 4,3% noch größer ausfällt. Daß ein deutlicherer Unterschied hervortritt, wenn man den Anteil familiärer Belastung bei primären (4,9%) und sekundären (8,7%) Kombinationen miteinander vergleicht (s. Tab. 19), unterstützt den Verdacht, daß ein nicht unbeträchtlicher Teil der sekundären psychomotorischen Epilepsien sich aus Fällen rekrutiert, die ursprünglich keine temporalen, sondern zentrenzephale Epilepsien gewesen sind. So erklärt sich vielleicht der hohe Anteil familiärer Belastung bei Anstaltspatienten mit psychomotorischer Epilepsie[603, 727] dadurch, daß sich dort die mit großer Progredienz verlaufenden, also auch die im Sinne von NEIMANIS durch anfallsbedingte Parenchymnekrosen sekundär in psychomotorische Epilepsien umgestaltete Erkrankungen versammeln.

Aus Zwillingsuntersuchungen ergab sich bei Monozygoten eine Konkordanz von 38,5%, bei Dizygoten eine von nur 6%[97]. In der Literatur ist über eine Reihe homologer Erkrankungen an psychomotorischer Epilepsie bei Geschwistern berichtet worden[97, 456, 499, 526, 576, 731, 802]. Doch müssen solche Vorkommnisse nicht notwendig eine hereditäre Genese haben, wie GIBSON am Beispiel von zwei Schwestern belegt, deren röntgenologische und histologische Befunde nach Lobektomie auch als die Folge von Geburtsschädigungen gedeutet werden können. Doch sind nicht nur unter Geschwistern, sondern auch in der Aszendenz Häufungen von Fällen mit temporalen Spitzen und steilen Wellen beschrieben worden[478, 812], die sich kaum noch durch exogene Einwirkungen erklären lassen. Was die Homologie der klinischen Phänomene angeht, so gehören wahrscheinlich auch Beobachtungen hierher, über die MATTHES[731] und wir verfügen, bei denen der Proband psychomotorische Anfälle hat und in der Sippschaft Epilepsien mit Schlaf-Grand mal vorkommen. BARSLUND u. DANIELSEN schließen aus der Beobachtung dreier monozygoter Zwillingspaare, deren Anamnese keinen Verdacht auf eine Geburtsschädigung bot, bei denen aber sowohl in der Aszendenz wie in der Deszendenz nähere Verwandte mit temporalen Spike-Foki im EEG vorkamen, daß »nicht wenige Fälle sogenannter temporaler Epilepsie von hereditärer ›funktioneller‹ Natur sind und nicht von exogenem ›organischem‹ Ursprung«.

Wie die Tabelle 20 zeigt, ist der Beginn familiärer Erkrankungen an kein bestimmtes Alter gebunden. Die Verteilung des Erkrankungsalters entspricht annähernd der bei allen psychomotorischen Epilepsien.

Somatische Befunde. – *Neurologische Befunde:* Da neurologische Ausfalls- und Funktionsstörungen bei kryptogenen Fällen fehlen und bei symptomatischen Fällen vom jeweiligen Grundleiden abhängen, verzichten wir darauf, sie gesondert anzuführen. Bemerkenswert scheint lediglich, daß spezifische Lokalsymptome des Schläfenhirns wie Hemianopsien und Aphasien ausgesprochen selten vorkommen[51, 555, 559, 730].

Röntgenbefunde am Schädel und Gehirn: Nicht selten – nach HELMCHEN in 17% – fällt schon bei Betrachtung des Gesichts und Kopfes von Kranken mit psychomotorischen Anfällen eine

Tabelle 20: *Erkrankungsalter hereditärer psychomotorischer Epilepsien.*

0—9 J.	10—19 J.	20—29 J.	30—39 J.	40—49 J.	50—75 J.
21	36	45	14	5	9

deutliche Asymmetrie auf, die sich vor allem im Tief- oder Hochstand eines Auges, der Verschmälerung einer Gesichtshälfte und der Verschmälerung oder Ausladung einer der beiden Schläfenpartien äußert. Da die Form des Gehirnschädels weitgehend vom Wachstum und der Entwicklung des Gehirns bestimmt wird, und das Gehirn während der ersten beiden Lebensjahre am stärksten wächst, führen Erkrankungen während dieser Lebensperiode, die von atrophischen Verkleinerungen oder zystischen Vergrößerungen einer Hemisphäre begleitet sind, zu entsprechenden Verformungen der knöchernen Umgebung, die sich deutlich auf den Schädelleeraufnahmen abzeichnen (s. Abb. 96 u. 97). Eine gründliche Röntgenuntersuchung kann daher diagnostisch oft ergiebiger sein als das EEG und nicht nur zur Bestimmung der Seite, sondern auch des Zeitpunkts der Läsion verhelfen. Darüber hinaus erleichtert sie die Differentialdiagnose gegenüber raumfordernden Prozessen, da Tumoren nach dem 4. Lebensjahr, abgesehen von Meningiomen, die zu umschriebenen Arrosionen und Verdickungen führen können, nicht mehr in der Lage sind, die Schädelform zu verändern.

Routinemäßig sollten in perfekter Symmetrie mindestens vier Projektionen, wenn möglich stereoskopisch untersucht werden: Posterior-anterior, anterior-posterior, lateral und die Schädelbasis, um die mittlere Schädelgrube darzustellen. — Die wichtigsten *Zeichen für Asymmetrie* sind folgende: I. Einseitige Abflachung der Schädelkonvexität, frontal, parietal oder temporal. II. Einseitige Verdickung der Schädelkonvexität, frontal parietal oder temporal. III. Einseitige Glätte der Tabula interna, frontal, parietal, oder temporal. IV. Umschriebene Verdünnung oder Ausbauchung im Bereich der Konvexität. V. Umschriebene Vergröberung der Tabula interna. VI. Laterale Verlagerung der Rinne des Sinus longitudinalis superior. VII. Mäßige bis ausgeprägte einseitige Hypertrophie des Sinus frontalis und/oder ethmoidalis. VIII. Aufrichtung einer Seite des Planum sphenoidale. IX. Aufrichtung eines kleineren Keilbeinflügels. X. Laterale Abweichung der Crista galli. XI. Einseitige Hypertrophie der Mastoid- und/oder Felsenbeinzellen. XII. Glätte einer Felsenbeinkante, XIII. Hochstand einer Felsenbeinkante. XIV. Tiefstand einer Felsenbeinkante. XV. Einseitiger Hochstand des großen Keilbeinflügels. XVI. Einseitige Abflachung der mittleren Schädelgrube. XVII. Einseitige Verkürzung der mittleren Schädelgrube. — Die unter I—VI genannten Veränderungen beziehen sich auf die Schädelkonvexität, die von VII—XVII auf die Schädelbasis, wovon VII—X eine Verkleinerung der vorderen und XI—XVII eine Verkleinerung der mittleren Schädelgrube anzeigen.

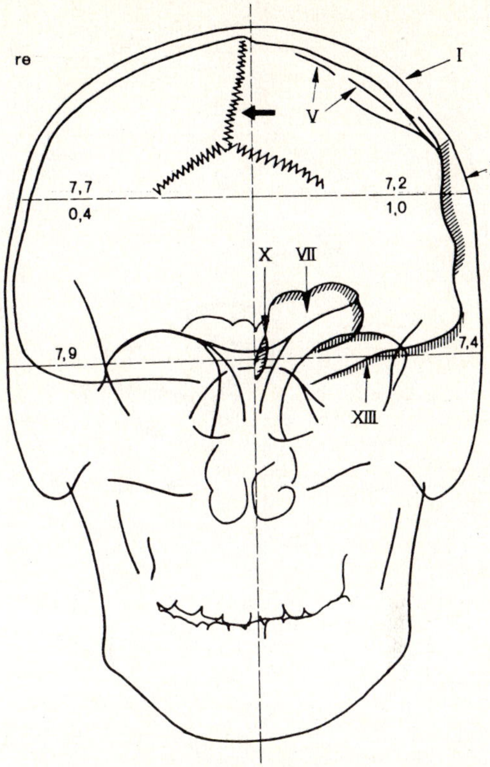

Abb. 96. Retraktive Hemiatrophie. — Heinrich S., 15 J. Mit 11 Monaten Pneumokokken-Meningitis. Zweitägiger rechts-brachial betonter Status hemiepilepticus. Entwicklungsverzögerung. Debilität. Ab 7. Lebensjahr fokal-tonische Anfälle rechts mit flektiert-adduziertem Arm, gestrecktem Bein in Equinovarus-Stellung, starrem Blick, Bewußtlosigkeit. Kein Hinstürzen. Anfallsdauer etwa 10 sec. EEG: Herdbefund über linker Hemisphäre mit temporalem Spike-Fokus. Schädelübersicht: Ausgeprägte Asymmetrie an Kalotte und Basis links. Konvexität abgeflacht, Kalotte verdickt, Tabula interna unregelmäßig, Sinus sagittalis superior verlagert. Anhebung des samt Mastoid vermehrt pneumatisierten Felsenbeins von glatter, dünner Kontur. Sinus frontalis, ethmoidalis und sphenoidalis erweitert, Ala magna angehoben, Crista-galli-Deviation. — Römische Ziffern beziehen sich auf die im Text angeführten Asymmetriezeichen.

Eine *pathologische Schädelasymmetrie* ist nicht durch absolute Maßdifferenzen einzelner Werte, sondern nur durch die Konvergenz mehrerer Asymmetriezeichen zu erfassen. Eine vollkommene Schädelasymmetrie ist selten. Physiologische Asymmetrien haben keine dia-

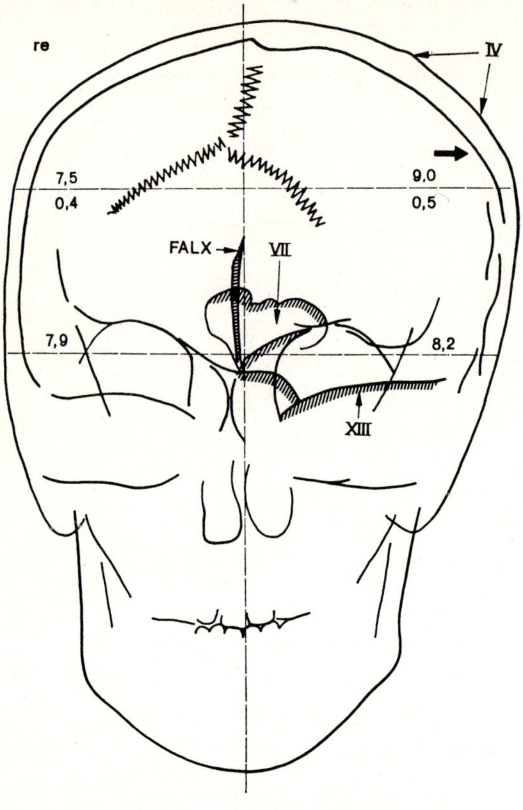

Abb. 97. Expansive Hemiatrophie. — Petra L., 18 J. Langdauernde Geburt mit starker Kopfverformung, Im 10. Lebensmonat hochfieberhafter Infekt mit kontinuierlichem Singultus und klonischen Krämpfen. Weitere Entwicklung unauffällig. Ab 4. Lebensjahr Anfälle mit Angstauren, plötzlichem Stillstehen mit Fallenlassen von Gegenständen, dann schlaffem Zusammenfallen und Bewegungsstereotypien der Beine. Vegetative Begleitsymptome. Auch Anfälle mit rechtsseitigen tonischen Krämpfen; ab 9. Lebensjahr auch mit Adversivdrehung von Rumpf, Kopf und Augen nach rechts. Neurologisch undifferenzierte Motorik, geistig retardiert. EEG: ausgedehnter Herdbefund über linker Hemisphäre mit Maximum fronto-temporal, fokale Dysrhythmie. Schädelübersicht: Ausweitung der linken Kalotte und Hemiatrophiezeichen der Basis mit Anhebung des Felsenbeins, erweiterten Sinus frontalis, ethmoidalis und sphenoidalis. — Römische Ziffern beziehen sich auf die im Text angeführten Asymmetriezeichen.

gnostische Bedeutung. Pathologische Asymmetrien sprechen jedoch mit Sicherheit für eine frühkindliche Hirnschädigung. Wenn epileptische Anfälle vorkommen, kann man verläßlich auf eine Residual-Epilepsie schließen. Unter den Residual-Epilepsien sind pathologische Asymmetrien am häufigsten bei zerebraler Kinderlähmung mit Hemiplegie und halbseitigen Krampfanfällen (HHE-Syndrom). Danach folgen psychomotorische Epilepsien nach frühkindlicher Hirnschädigung. So haben wir bei anamnestisch und klinisch belegten Residual-Epilepsien mit psychomotorischen Anfällen in 59% pathologische Asymmetrien gefunden, bei symptomatischen Formen anderer Ursache in keinem Fall und bei kryptogenen Formen in 5,5%. Da sich nur in 10% der Fälle mit pathologischer Asymmetrie anamnestisch keine frühkindliche Hirnschädigung, aber auch keine andere Ursache eruieren ließ, darf der beschriebene Röntgenbefund als ein hinreichend verläßliches ätiologisches Kriterium gelten. In unserem Krankengut fanden sich pathologische Asymmetrien bei psychomotorischen Epilepsien insgesamt in 5%. In der Literatur reichen die Angaben von 10% bei Kindern[730] bis zu 80% bei für eine Lobektomie ausgewählten Fällen[486]. Sprechen die Zeichen für eine Hemiatrophie des Schädels (retraktive Hypoplasie, s. Abb. 96), so kann mit Sicherheit auf eine homolaterale Hemiatrophie des Gehirns geschlossen werden, die selten auch die kontralaterale Hemisphäre mitergreift. Wesentlich seltener – in 5% aller pathologischen Asymmetrien – weisen die röntgenologischen Zeichen auf eine zystische Vergrößerung einer Hemisphäre hin (expansive Hypoplasie, s. Abb. 97), die im Gegensatz zu den retraktiven Hypoplasien, welche vorwiegend linksseitig vorkommen, fast nur rechtsseitig angetroffen wird[486, 751]. Nahezu 80% der fokalen EEG-Befunde sind homolateral zur pathologischen Seite der Asymmetrie (s. Abb. 98). Bei kontralateralen EEG-Veränderungen handelt es sich fast nur um rein epileptogene Foki. Bemerkenswerterweise entsprechen in Fällen mit einem »kontralateralen« Herdbefund etwaige Lateralisationstendenzen in den Anfällen stets dem kontralateralen Fokus. Bei expansiven Hemiatrophien sind spezifische Entladungen stets homolateral lokalisiert. – Daß psychomotorische Anfälle im Rahmen einer Pyknolepsie bzw. Petit mal-Automatismen mit Spike-wave-Komplexen auch dann eine andere Genese haben, wenn sich anamnestische Hinweise auf eine frühkindliche Hirnschädigung ergeben, geht

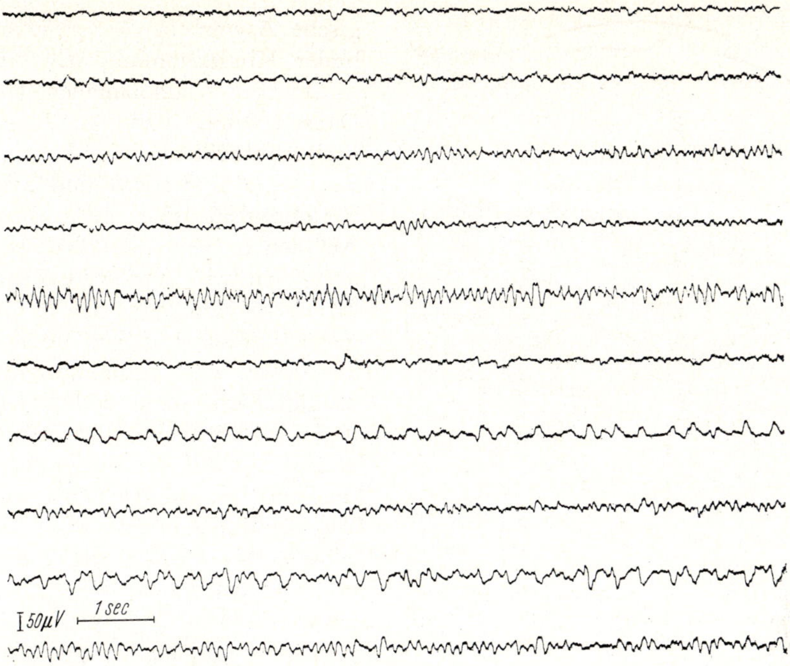

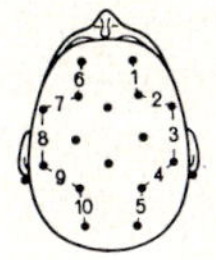

Abb. 98a

Abb. 98a u. b. EEG bei Hemiatrophia cerebri und psychomotorischer Epilepsie. 17jähriger Patient mit oral-psychomotorischen Anfällen seit dem 12. Lebensmonat und Schlaf-Grand mal seit dem 14. Lebensjahr. Schwere Geburt; im Alter von 6 Monaten fieberhafter Brechdurchfall mit Somnolenz. Bis auf eine Gesichts- und Schädelasymmetrie mit Verkleinerung der linken Seite neurologisch kein krankhafter Befund. Im EEG findet sich ein konstanter Herdbefund links temporal mit langsamen Wellen und einzelnen steilen Abläufen.

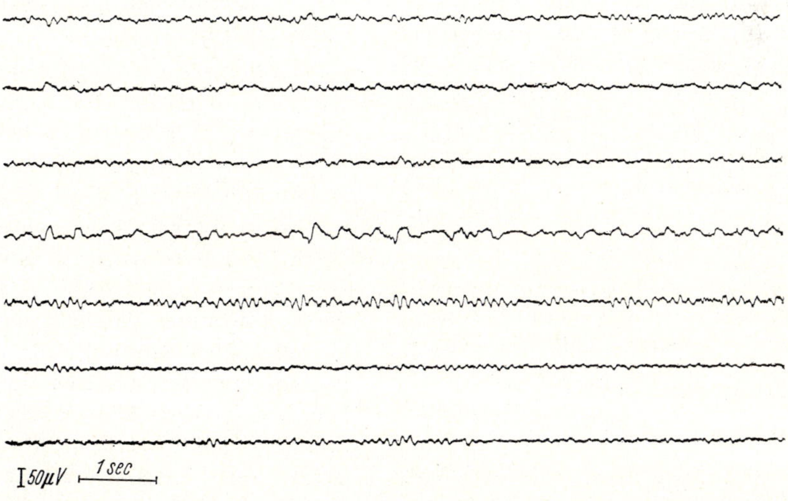

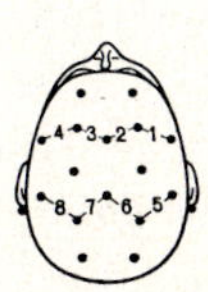

Abb. 98b

aus der Tatsache hervor, daß wir weder unter 20 Fällen kryptogener noch in 9 Fällen residualer Pyknolepsien mit psychomotorischen Anfällen je eine pathologische Schädelasymmetrie angetroffen haben.

Da einseitige Nebenhöhlenhyperplasien als Ausdruck einer Vakat-Kompensation[764] im Rahmen des neuroradiologischen Syndroms der Hemiatrophia cerebri[516] häufig sind, interessiert der Hinweis von Kammerer, daß er nicht nur bei psychomotorischen Epilepsien, sondern auch bei Schlaf-Epilepsien häufiger eine asymmetrische Ausprägung der Stirnhöhlen gefunden hat. Bei seinen im Hinblick auf mögliche Konstitutionsvarianten am Röntgenbild unternommenen Untersuchungen zeigte sich ferner bei psychomotorischen Epilepsien eine stärkere Tendenz zur Sklerosierung der Kalotte und eine größere Neigung zu Verkalkungen der Zirbel und der Falx als bei anderen Epilepsieformen, speziell der Impulsiv-Petit-mal-Epilepsie, die eher durch eine übermäßige Kalottendicke, häufigere Hyperostosen und ein Fehlen endokranieller Verkalkungen von Zirbel und Falx ausgezeichnet ist. Am Röntgenbild psychomotorischer Epilepsien ließ sich ferner, häufiger als bei anderen Epilepsien, ein negativer Mittelgesichtsindex, d. h. eine Hypoplasie der Infraorbitalpartie nachweisen, wie sie Pankow bei gewissen endokrinen Störungen angetroffen hat.

Körperbau: Den Eindruck, daß Kranke mit psychomotorischen Anfällen auch in Wuchs und Gestalt untereinander Ähnlichkeiten aufweisen, haben wir[251] zunächst mit den geläufigen Formeln eines dysplastischen Habitus oder einer enechetischen Konstitution[732] wiederzugeben versucht. Daß darüber hinaus auch häufiger als bei anderen Krankheitsformen Anzeichen einer »endokrinen Markierung«[105] auffallen, hat Hallen[600, 601, 603] mehrfach betont. Seitdem Helmchen an 83 Kranken, 33 mit einer reinen und 50 mit Grand mal kombinierten psychomotorischen Epilepsie systematische Untersuchungen zu Konstitution, Entwicklung, vegetativem und Triebverhalten durchgeführt hat, ist eine empirische Fundierung gegeben, von der wir ausgehen:
Der Körperbau der Kranken mit psychomotorischen Anfällen entspricht in der Mehrzahl (53%), wenn man die Konstitutionsformeln von Kretschmer[693] zugrunde legt, den Kriterien eines dysplastischen Konstitutionstypus, wogegen athletische (22%), athletisch-leptosome (6%) und asthenisch-leptosome (11%) Körperformen, welche bei Aufwach-Epilepsien überwiegen (83%), hier zurücktreten. Aber selbst die athletischen »Psychomotoriker« weisen einen durchweg untersetzten Habitus auf. Bei näherer Betrachtung der dysplastischen Wuchsformen ergeben sich zwei Spielarten. Die eine ist durch einen massig-plumpen, amorph-ungegliederten Körperbau mit starker, am Stamm, aber auch an Unterbauch und Hüften lokalisierter Fettverteilung gekennzeichnet, der andere zwar ebenfalls durch einen groben und plumpen Körperbau, aber durch eine Magerkeit, die vor allem an den Gesichtern hervortritt. Die Mageren lassen einen auf die distalen Extremitätenabschnitte und die Gesichtsakren verteilten Wachstumsakzent erkennen, der ihre Gestalten »verwurzt«-knochig und manchmal akromegaloid erscheinen läßt. Die Formen sind nicht harmonisch, die Bewegungen ohne Grazie. In beiden Gruppen fallen die Männer durch ein relativ flaches, breites und feminin wirkendes Becken auf. Daß beide Spielarten Entfaltungen des gleichen Typus sind, geht daraus hervor, daß die gleichen Patienten im Laufe der Jahre einen Gestaltwandel durchmachen, der vorwiegend durch starke, sich in der Fettverteilung abzeichnende Gewichtsschwankungen begründet ist.
Die meist länglich-ovalen, durch Betonung der Orbitalbögen und der Akren knochig erscheinenden Gesichter sind groß und stehen in auffälligem Kontrast zu den oft kleinen Hirnschädeln (Mikrozephalie in 18%). Die Stirn ist, besonders bei den Frauen, oft niedrig; die eher langen Nasen haben einen schmalen Rücken; die Lippen sind häufig schmal, selten fleischig, nie voll und rund, die Ohren meist lang und abstehend. Gesicht und Schädel sind oft asymmetrisch verformt (17%), wogegen bei Aufwach-Epilepsien Asymmetrien völlig fehlen. – Relativ häufig (38%) ist die Wirbelsäule skoliotisch, kyphotisch oder lordotisch verbogen, was besonders bei den Hageren den Eindruck des Mißgestalteten verstärkt. – Die Form der Hände ist meist breit, fleischig oder knochig und plump. – Was die Behaarung angeht, so ist das Kopfhaar oft dünn und schütter. Während die Männer oft zu Glatzen, meist zu Stirnglatzen, neigen und einen schwachen Bartwuchs haben, zeigen die Frauen in über der Hälfte eine ausgeprägte Gesichtsbehaarung. – Kranke mit psychomotorischen Anfällen

schwitzen wenig, haben eher trockene, warme Hände und bieten nur selten Anzeichen einer vegetativen Stigmatisation (Dermographismus, respiratorische Labilität, Vasolabilität, Akrozyanose, Cutis marmorata), aber auffallend häufig (28%), vorwiegend bei Frauen, angedeutete oder ausgeprägte Schilddrüsenvergrößerungen.

Entwicklung und Triebverhalten: Anzeichen einer endokrinen Stigmatisation treten besonders während der Pubertät hervor: Die sexuelle Entwicklung (Stimmbruch, Brustentwicklung, Schambehaarung, erste Erektion und Pollution, Menarche) setzt im Vergleich zur Aufwach-Epilepsie später ein. Manchmal kam es erst um das 20. Lebensjahr zum Stimmbruch, in einem Fall, wie auch in einem anderen von HALLEN[603], überhaupt nicht. Bei einigen Frauen dagegen wurden die Stimmen rauh, tief und ausgesprochen männlich. Bei 12% waren passagere endokrine Störungen im Sinne pathologischer Grundumsatzänderungen, glandulär-zystischer Hyperplasien, sekundärer Amenorrhöen und plötzlicher Pigmentverschiebungen im Sinne eines Chloasma zu eruieren[603]. Bemerkenswert sind häufige phasenhafte, bei den Frauen mit Regelstörungen einhergehende Gewichtsschwankungen während und nach der Pubertät. Das Längenwachstum erfolgt eher kontinuierlich als in Schüben, wie das bei Aufwach-Epilepsien die Regel ist.
Was das Schlafverhalten angeht, so pflegen Kranke mit psychomotorischen Anfällen in der Regel rasch einzuschlafen und mühelos aufzuwachen. Sie geben eine verhältnismäßig kurze Schlafdauer an. Gelegentlich kommt es zu phasenhaft wiederkehrenden Schlafstörungen mit Durchschlafschwierigkeiten und lebhaften Träumen. Besondere Höhepunkte ihrer Aktivität während des Tageslaufs sind nicht in Erfahrung zu bringen.
Das Triebverhalten läßt oft deutliche, von äußeren Bedingungen unabhängige, zyklische Schwankungen erkennen. Über ein Drittel berichten über periodische Schwankungen von Freßlust und Fasten, was von 1–2mal im Monat sich einstellendem Appetitverlust oder ebenso plötzlich auftretender Trinklust mit Tagen, an denen die Patienten »am Wasserhahn hängen«, alles Eßbare in sich hineinstopfen können, ohne satt zu werden, bis zu solchen Extremen[405,603] gehen kann, daß Patienten – was klinisch kontrolliert wurde – mehrmals im Jahr nach einer vorausgehenden außerordentlichen Appetitsteigerung für 2–3 Wochen weder essen noch trinken. – Die sexuelle Libido wird überwiegend als schwach geschildert. Manche Männer berichten, noch nie ein Sexualverlangen gespürt zu haben, einige hatten bis ins 4. und 5. Lebensjahrzehnt noch nie kohabitiert. Unter den Frauen ist die Zahl derer, die nie eine sexuelle Regung oder Befriedigung erlebt haben und ihren ehelichen Pflichten nur widerwillig nachkommen, noch größer.
LANDOLT[277], dessen Patienten das gleiche berichten, meint, diese Angaben mehr als hypochondrische Klagen interpretieren zu müssen. Doch haben auch GASTAUT u. COLLOMB in einer eigenen Studie festgestellt, daß bei Kranken mit psychomotorischen Anfällen sehr häufig eine permanente Hyposexualität vorliege. Nach HELMCHEN hat kein Patient eine starke Sexualität, nur 15% ein durchschnittliches Sexualverlangen und 72% ein vermindertes bis erloschenes Sexualempfinden angegeben. Bei nicht wenigen Patienten war die Libido erst im Laufe der Krankheit zurückgegangen. Andere wieder (13%) gaben ausgesprochen phasenhafte Schwankungen ihrer sexuellen Regsamkeit an.
Dem stehen zwar seltene, aber um so bemerkenswertere Beobachtungen über eine gesteigerte oder pervertierte Sexualität während der Anfälle gegenüber, wie sie schon FÉRÉ (1890) als Priapisme épileptique gekannt hat. HALLEN[600] und wir[251] haben unter den Anfallssymptomen selten auch sexuelle Empfindungen an den Genitalien und Ejakulationen vermerkt. Eingehender werden einige solcher Fälle mit gesteigerter sexueller Angriffslust oder exhibitionistischen Handlungen während der postparoxysmalen Dämmerzustände, sexueller Erregung vor den Anfällen, Erektionen und Masturbationen während der Anfälle von BENTE u. KLUGE, von GASTAUT u. COLLOMB, und von THOMPSON beschrieben. Eine Beobachtung von ERICKSON ist bemerkenswert durch die Präzision der lokalen Hirnschädigung: Eine Frau bot rein nymphomane Anfälle, die von den üblichen Empfindungen eines

Koitus, aber nur auf der linken Seite, begleitet waren. Kurz darauf traten Zuckungen im linken Bein auf. Die Anfälle verschwanden nach Abtragung eines Angioms, das im rechten Lobulus parazentralis lokalisiert war. Die erotischen Symptome führt er auf eine Reizung der die sakralen Abschnitte repräsentierenden kortikalen Region zurück.

Obwohl derartige Beobachtungen selten sind, stellt sich damit die Frage, ob sie als Symptome lokalspezifischer Erregungen oder als Enthemmungserscheinungen zu deuten sind, in denen latente Persönlichkeitszüge zum Ausdruck kommen.

Reizexperimente der rhinenzephalen Strukturen produzieren beim Tier in der Hauptsache motorische und vegetative Erscheinungen, die sich um oral-nutritive Verhaltensschemata herumgruppieren. Sexuelle Phänomene sind sehr viel seltener. Nur unter bestimmten Bedingungen kann man bei der Reizung des Ammonshorns, des Gyrus cinguli und des Septums »pleasure reactions«, eine vermehrte sexuelle Empfänglichkeit und ein auf die perigenitalen Regionen bezogenes Reinlichkeitsverhalten beobachten, das von Erektionen begleitet ist[719]. Dagegen stehen bei den Abtragungsexperimenten Veränderungen im sexuellen Verhalten an erster Stelle. Nach bitemporaler Lobektomie[682] kommt es neben der allgemeinen und besonders oralen Hyperaktivität auch zu einer Hypersexualität, ebenso wie nach beidseitiger Zerstörung der Nuclei amygdalae[796]. Die arhinenzephalen Katzen von Schreiner u. Kling zeigen eine perverse Hypersexualität: Unablässige Erektionen, wiederholten Koitus, gleichgültig mit welchem Partner und ohne Rücksicht auf dessen Geschlecht oder Gattung. Die Katzen nehmen auch gegengeschlechtliche Haltungen ein und vertauschen die Rollen im Verlauf wiederholter Begattungen, wie es auch Green et al[587] nach beidseitiger elektrolytischer Zerstörung des Cortex piriformis beobachtet haben. — Beidseitige Abtragungen der Schläfenlappen haben auch beim Menschen unter anderem eine sexuelle Enthemmung im Gefolge. Sawa et al. sowie Terzian u. Dalle Ore berichten von ihren Kranken eine Neigung zu sexueller Thematik im Gespräch, zu unablässigen Masturbationen, Exhibitionismen und homosexuellen Handlungen.

Bei diesem Stand der Dinge sind die Untersuchungen von van Reeth, Dierkens u. Luminet von besonderem Wert, die eine gründliche kasuistische Beschreibung ihrer Beobachtungen von 4 Fällen mit psychomotorischen Anfällen zum Teil bei Schläfenlappentumoren mitteilen, die während der Anfälle Symptome eines sexuellen Verlangens, genitaler und orgastischer Empfindungen sowie sexueller Verhaltensweisen von einer Art geboten haben, die mit ihrem üblichen und normalen sexuellen Verhalten erheblich kontrastierte. Aus den Lebensgeschichten und dem Ergebnis psychologischer Untersuchungen ging hervor, daß es sich dabei um eine spezifische Persönlichkeitsreaktion als Antwort auf eine fokale Erregung des Rhinenzephalons oder einen allgemeinen Enthemmungsvorgang gehandelt hat. Denn bei allen Patienten waren hypersexuelle Antriebe in der Vorgeschichte zu eruieren, eine konfliktreiche prämorbide Sexualität, so daß sich das neuartige sexuelle Gehabe als Ausdruck latenter Tendenzen enthüllte, die erst im Zusammenhang mit der Affektion des Rhinenzephalons ungehemmt in Erscheinung traten.

Psychopathologische Befunde: Daß sich die Beiträge der Anstalts-Psychiatrie zum gegenwärtigen Bild und Begriff der Epilepsie fast ausschließlich auf die Psychopathologie der psychomotorischen Epilepsie konzentrieren und beschränken, hat seinen wesentlichsten Grund darin, daß die psychomotorische Epilepsie die »gemeinsame Endstrecke«[548] aller anderen Epilepsien ist. So nimmt es nicht wunder, daß man den früher für die gesamte Epilepsie geltenden Katalog psychopathologischer Symptome von den Persönlichkeitsveränderungen über die Verstimmungen bis hin zu den Dämmer- und Ausnahmezuständen heute in den Beschreibungen der psychomotorischen Epilepsie wieder antrifft. Die Angabe, daß bei den psychomotorischen Epilepsien die häufigsten psychopathologischen Auffälligkeiten zu bemerken seien, hat daher wenig Wert ohne die Ergänzung, ob von reinen oder kombinierten, von primären oder sekundären psychomotorischen Epilepsien die Rede ist. Insofern ist der Katalog, wie ihn Gibbs u. Gibbs[51] anführen, aufschlußreich, als er erkennen läßt, daß sich die Häufigkeit neurotischer, psychotischer und dementieller Symptomverbände ganz verschieden verteilt, je nachdem, ob es sich um reine oder um kombinierte Formen handelt.

Neurotische Symptome, womit wir die von Gibbs u. Gibbs[51] aufgeführten Neurosen,

Tabelle 21: *Verteilung psychopathologischer Befunde bei reinen und bei kombinierten psychomotorischen Epilepsien (nach* Gibbs u. Gibbs[51]).

	Reine Formen	Kombinierte Formen
Neurotische Symptome	16,7 %	9,6 %
Psychotische Symptome	17,1 %	19,9 %
Dementielle Symptome	12,8 %	23,7 %

hysterischen Reaktionen und Verhaltensstörungen zusammenfassen, sind offenbar häufiger bei reinen als bei kombinierten Formen zu beobachten. Psychotische Episoden und Symptome, einschließlich Wahnideen und Halluzinationen, sind bei beiden etwa gleich häufig vertreten. Symptome eines organischen Psychosyndroms (Demenz, Gedächtnisabbau, Verwirrtheitszustände, Reizbarkeit und Wutanfälle) überwiegen eindeutig bei den kombinierten Formen. Das bedeutet zunächst, daß man mit jedem Versuch, charakteristische Verhaltensweisen und Persönlichkeitszüge zu beschreiben, von reinen psychomotorischen Epilepsien ausgehen müßte und daß man, wie nicht anders zu erwarten, desto mehr unspezifische Symptome eines organischen Abbaus antreffen wird, je mehr man ein mit Grand mal durchmischtes Krankengut vor sich hat. Leider ist in den deskriptiven Untersuchungen von Hallen[603], Gastaut[555] und von Landolt[272] eine solche Trennung nicht vorgenommen worden.

Persönlichkeit: Es scheint schwer, die Persönlichkeit der Kranken mit psychomotorischen Anfällen zu beschreiben, ohne das geläufige Bild der besonders im deutschen Sprachraum lange Zeit als typisch angesehenen sog. *epileptischen Wesensänderung* aufzurollen. Gastaut[555], der als Exponent der Meinung anzuführen ist, daß das früher für die idiopathische Epilepsie als charakteristisch geltende Psychosyndrom im wesentlichen für die psychomotorische Epilepsie zutreffe, hebt als elementare Störungen die Reizbarkeit, die Aggressivität und die Triebhaftigkeit hervor. Die Kranken seien unausgeglichen und explosiv, brüsken Stimmungsschwankungen unterworfen und zu heftigen Wutreaktionen geneigt. Sie seien zudem empfindlich, devot, klebrig und hätten perverse Charakterzüge, Zwangsvorstellungen und eine krankhafte Religiosität. Hallen[603] und Landolt[272] kommen in ihren deskriptiv-psychopathologischen Untersuchungen zu nuancierteren Aussagen: Hallen[603] fand unter 26 Kranken nur 1 vollkommen unauffällig, 4 dagegen von einer Wesensart, die als haltlos, unstet, willensschwach Merkmale einer psychopathischen Verfassung aufweist, wie sie häufig bei Aufwach-Epileptikern zu bemerken ist. Bei allen übrigen 21 Patienten traf er auf ein Profil, das mit einer allgemeinen Verlangsamung, einem Hang zu Pedanterie und Gerechtigkeitsfanatismus, egozentrisch bezogenen Interessen und affektbeeinflußten Urteilen der »typisch epileptischen« Wesensänderung nahekommt, wie sie Mauz als »enechetisches Syndrom« und Stauder[865] als »Haftsyndrom« beschrieben haben. An Gemeinsamkeiten zählt er auf: Veränderungen der Affektivität im Sinne gesteigerter Reizbarkeit, einer Neigung zu Verstimmungen und gefühlsbestimmten Verfälschungen von Werturteilen, eine Schwerflüssigkeit des affektiven Lebens, eine unterwürfige, hypersoziale Verhaltensweise sowie eine egozentrische, selbstgerechte Einstellung. Das Gebaren sei bestimmt durch eine deutliche Umständlichkeit und Klebrigkeit, ein unablenkbares Haften an einem bestehenden Affekt, einen unrealen und zwanghaften Gerechtigkeitssinn, eine bis zur Pedanterie gesteigerte Ordnungsliebe, eine schwülstige und vage Phraseologie, eine Tendenz zu Wiederholungen und eine Armut an Ideen und Einfällen bei auf sich selbst oder auf die eigene Familie bezogenen Interessen.

Vergleicht man diese Beschreibung mit den an der gleichen Anstalt, zum Teil sogar vielleicht am gleichen Krankengut gewonnenen Erfahrungen von Landolt[272], so ergeben sich zunächst frappierende Unterschiede. Landolt erscheinen die Klagen über depressive Stimmungen, über Impotenz, über eine Beeinträchtigung des Gedächtnisses nicht überzeugend. Die Reizbarkeit und Verstimmbarkeit sei nicht so erheblich wie bei anderen Epilepsie-Formen. Ihm fielen vor allem die hypochondrischen Züge auf, »das ständige Klagen von unfaßlichen, meist flüchtigen körperlichen und psychischen Beschwerden, die sich von Tag zu Tag, von Woche zu Woche ändern können«. Ihn bedrückt die »schwere Belastung«, die Beanspruchung durch diese Patienten, die immer »Grund zu erhöhter Beunruhigung und Sorge« darstellen, weil sie unberechenbar, unzuverlässig, unüberlegt seien.

Seinen Eindruck versucht er in freimütig eingestandener Subjektivität mit folgenden Andeutungen wiederzugeben: ». . . . ein ständiges, unstillbares Suchen, ohne recht zu wissen was, ohne es finden zu können oder einmal gefunden, dazu stehen zu können; eine Unfähigkeit, Erfahrungen anders als rein rational und zudem nur vorübergehend zu verwerten, sie tiefer in die Persönlichkeit einzubauen; ein Fähigsein zu allem, nur nicht zum Einsatz der Persönlichkeit, eine eigentümliche Beziehungslosigkeit zu sich selbst und der Umwelt . . .; konkrete und abstrakte Begriffe . . . werden zu nichts in lebendigen Zusammenhang gebracht. Die Intelligenz . . . besitzt keine Bedeutung für den Lebenserfolg. Das Gespräch kann anregend und gewinnend sein, hat aber keinen Widerhall, kann leicht distanzlos werden und wirkt doch unpersönlich. Die oft vorgebrachten, meist sehr verschiedenen und unklaren Klagen und Beschwerden wirken gedacht und nicht empfunden . . ., sogar die Selbstmordversuche und Selbstmorde (die bei dieser Epilepsieform auffallend häufig sind) machen den Eindruck, als seien sie wie zufällig und aus einer inneren Gleichgültigkeit, ohne innere Beziehung zum oft geringfügigen Anlaß begangen worden. Auch die depressiven Zustände . . . wirken unecht; die Patienten scheinen unter diesen ebensowenig wirklich zu leiden wie unter den angegebenen körperlichen Beschwerden; die Patienten scheinen in Mimik und Äußerungen auf den ersten Blick stimmungslabil, nach näherem Kennenlernen möchte man sie jedoch geradezu als stimmungslos bezeichnen . . . Alles an ihnen erscheint unmotiviert, ubiquitär, gestaltlos, inkonsistent, flüchtig und oberflächlich; es macht den Eindruck, als bestehe die Grundstörung in einer Schwäche, Erlebnisse und Erfahrungen in die Persönlichkeit einzubauen und sie zu verwerten und die eigenen Gedanken und Handlungen aus der Persönlichkeit heraus zu gestalten, — ja als seien die Betroffenen in ihrer Persönlichkeit selbst verödet«.

Uns will scheinen, als ob sich die vermeintlichen Widersprüche in bemerkenswert sinnvoller Weise aufheben, wenn man die aus verschiedenem Blickwinkel, die aus beobachtend objektivierender Haltung gewonnenen Ergebnisse von HALLEN[603] wie die auch die subjektive Reaktion miteinschließenden Eindrücke von LANDOLT[272], zu einem Gesichtskreis ergänzt, der allerdings unvollständig bliebe, wenn nicht berücksichtigt wird, daß das aus Beobachtung und Eindruck zugängliche Persönlichkeitsbild nur eine Maske darstellen kann, hinter der sich die eigentliche Persönlichkeit verbirgt. Darauf hat LANDOLT[272] hingewiesen mit der Erfahrung, daß »erst in den eigentlich psychotischen Zuständen« — wir würden hinzufügen: und im postparoxysmalen Verhalten (siehe S. 207ff u. 210) — die Persönlichkeit »wieder konsistenter, faßbarer, wesentlicher wird«.

Das Verständnis der Wesensstruktur erfordert daher eine Betrachtung, die die gegensätzlich erscheinenden Verhaltensweisen vor und nach den Anfällen, bei klarem Bewußtsein, wie im Traum oder in den Dämmer- und Ausnahmezuständen, in einen dialektischen, sich gegenseitig interpretierenden Zusammenhang setzt. Immer schon war die Polarität der epileptischen Wesensart bemerkt und entweder in ebenso einprägsamen Sentenzen wie der von SAMT, von den »armen Epileptischen . . . welche, das Gebetbuch in der Tasche, den lieben Gott auf der Zunge, aber den Ausbund von Canaillerie im ganzen Leibe tragen«, oder in einfachen Formeln wie der von DELBRÜCK von der »Gebundenheit-Getriebenheit« mehr oder minder unzulänglich zum Ausdruck gebracht worden. BRÄUTIGAM weist in seiner bisher alleinstehenden Strukturanalyse den Sinnzusammenhang zwischen retentiven und aggressiven Tendenzen auf, indem er das devot-unterwürfige, farblos-öde, hypersozial-mildtätige Gebaren als eine kompensatorische Reaktionsbildung auf unbewußte, überwertig-aggressive Antriebe verständlich macht, die gelegentlich schon außerhalb der Anfälle, der Träume und Psychosen in herrschsüchtigen Anmaßungen, zerstörerischen Impulsen, kleinlicher Rechthaberei, distanzlosen Annäherungen aufscheinen können. Wie HILL u. MITCHELL die szenischen Inhalte der Auren (s. S. 213) und TELLENBACH[883] in seinem Versuch einer Wesensbestimmung des epileptischen Fürsten Myschkin, so setzt BRÄUTIGAM das Ausmaß der Wesensänderung in ein Verhältnis zum Grad der aggressiven Kräfte und dem Grad der Verdrängung. Wenn die Eigenschaften der Kranken nicht als Tugenden wie Ehrerbietung, Frömmigkeit, Ordnungssinn, sondern in Zerrformen eines tugendhaften Verhaltens in Erscheinung treten, die als devot, frömmelnd, pedantisch bezeichnet werden, und insgesamt der Eindruck des Unechten, Gekünstelten und Unglaubwürdigen entsteht, so verweist BRÄUTIGAM zum Verständnis auf die »Nachtseite« der Persönlichkeit, die er in ausführlichen Krankengeschichten zugänglich macht. Hinter der Maske eines motorisch gehemmten, leidenschaftslosen, rational-farblosen, zu natürlichem Mitschwingen unfähigen Wesens verbirgt sich eine motorische, sexuelle und aggressive Triebhaftigkeit, die so stark ist, daß eine echte, d. h. natürliche und gesunde Polarisation nicht zustande kommen kann. Wenn man im therapeutischen Gespräch das uneigentliche Gebaren nicht abweist, sondern den langatmigen, umständlichen und egozentrischen Äußerungen standhält, wird man fast immer erfahren, daß die Kranken selbst ein Bewußtsein von den unerträglichen ambivalenten Tendenzen zwischen der Lust gut und der Lust böse zu sein haben. Ihr unechtes Gebaren ist der Ausdruck eines notwendigen, aber ständig mißlingenden Versuches, sich und den anderen zu beweisen, wie sie der »dunklen« Antriebe Herr werden. Die Ambitendenzen entfalten sich in allen bedeutungsvollen Beziehungen, zu Autoritätsfiguren, dem Partner, dem eigenen Ich und dem eigenen Leib. Zwischen Unterwürfigkeit und Auflehnung schwankt das Verhältnis zum Vater wie zu den Ärzten, zu Lehrern wie zu Polizisten. Von Dostojewski sagt FREUD[543]: »Er landete bei der Ehrfurcht vor dem Zaren und dem Christengott und bei einem engherzigen russischen Nationalismus, er hat sich zu den Kerkermeistern gesellt.« Impotenz und polyvalente sexuelle Gelüste bestimmen das Verhältnis zum Partner, Selbstzucht und Masochismus das Verhältnis zu sich selbst. Die Geschichte eines unserer Kranken mit einer musikogenen Epilepsie (s. S. 256), die BRÄUTIGAM berichtet, möge das verdeutlichen:

Fall Alexander R.:

Ein 38jähriger Handelsvertreter, blond, mittelgroß, schlank und sportlich wirkend. Seit 8 Jahren bekommt er periodisch gehäuft psychomotorische Anfälle, die von einer epigastrischen und olfaktorischen Aura eingeleitet werden, dann verliert er die Besinnung, wird blaß, schmatzt einige Male und kommt dann wieder zu sich. Die Anfälle traten anfangs immer nur dann auf, wenn er eine bestimmte Melodie hörte, später, wenn ihm ein bestimmter Gedanke in den Sinn kam. In den letzten 5 Jahren hatte er auch einige seltene nächtliche große Anfälle. — Der neurologische Befund ist normal, die Pneumenzephalographie unauffällig. Unfälle sind nicht vorausgegangen, seine Geburt ist normal verlaufen. In der letzten Zeit hatte er über Vergeßlichkeit zu klagen, weswegen er sich neuerdings alle Bestellungen und Verabredungen notieren muß. Im Gespräch wirkt er unlebendig, seine Sprache ist leise und monoton, seine Haltung betont zuvorkommend.

Ihm ist es selbst aufgefallen, daß er sich immer wie eingeengt und innerlich behindert fühlt. Er müsse jede Apfelsinen- und Bananenschale vom Gehweg beseitigen aus Angst, es könne jemand fallen und sich verletzen. Aber selbst wenn er die Schale bis zum Bordstein geschoben hat und weitergegangen ist, müsse er wieder zurückgehen und sie in den nächsten Kanaldeckel schieben, weil sich ihm die Vorstellung aufdrängt, es könne jemand auch auf der Straße darauftreten und hinstürzen. Er könne bei keinem Unfall dabei sein und kein Blut sehen; wenn die Straßenbahn, in der er sitzt, plötzlich stark bremst, springe er sofort ab und laufe in eine Nebenstraße, um nicht sehen zu müssen, ob jemand drunter liegt. Auf der Straße komme ihn oft der Zwang an, etwa 5 Schritte nach rechts und 4 Schritte nach links von einem Strich zu gehen, weil er befürchte, daß sonst jemandem etwas zustoße. Wenn er ein offenes Messer auf dem Tisch liegen sehe, rege ihn das maßlos auf, weil damit ein Unglück geschehen könne. — Manchmal sei er übertrieben genau. Wenn er nach dem Umsteigen in der Straßenbahn wieder auszusteigen habe, bevor der Schaffner gekommen sei, dränge er sich bis zu ihm durch, um ihm seinen Fahrschein zu zeigen, weil sonst jemand meinen könne, er wolle betrügen. Er sei überhaupt sehr für Ordnung und Disziplin. Wenn sich zwei Jungen auf der Straße prügeln, müsse er dazwischenfahren und sie trennen. Ein überheizter Kanonenofen im Büro eines Kunden beunruhigt ihn schwer, weil sich ihm die Vorstellung aufdrängt, daß dadurch ein Feuer ausbrechen könne. Auch eine Kiste mit alten Knochen in der Ecke eines Lagers beunruhigt ihn unerklärlich stark und lange. Er kann nicht allein in dem ärztlichen Untersuchungsraum bleiben, wenn der Arzt plötzlich herausgerufen wird. Er geht dann sofort mit hinaus, weil, wie er sagt, nachher etwas fehlen könne, und dann sei er es gewesen. — Über die kleinste Ungerechtigkeit kann er sich maßlos aufregen. Wenn er etwas derartiges beobachtet hat, schreibt er Leserbriefe an die Zeitung. Er ist außerordentlich sauber; seine Frau wundere sich immer, wieviel Papier er auf der Toilette verbrauche und wie häufig er sich die Hände waschen müsse. — Im Verkehr mit den Ärzten ist er höflich, korrekt und hilfsbereit, gibt nie eine Widerrede. Bei einer Spannung im Krankensaal durch randalierende Rentenneurotiker steht er betont auf seiten der Ärzte. In ambulanter Behandlung verliert er nie ein Wort darüber, wenn er einmal länger warten muß oder vergeblich kommt. Beim Eintreten entschuldigt er sich häufig, daß er zu spät komme, obwohl er immer pünktlich ist. Er nimmt jeden Rat fügsam und jedes neue Arzneimittel — die psychomotorischen Anfälle sind fast völlig therapieresistent — gehorsam an. — Er ist aber auch distanzlos, was sich zunächst darin ausdrückt, daß er einem beim Sprechen ganz nahe auf den Leib rückt. Er hat dann auch einen leicht vertraulichen Ton, der im wirklichen Verhältnis gar nicht begründet ist. So kann er auch in taktloser Weise wegen einer nichtigen Frage vom Krankensaal in die Ärztewohnung kommen. Auch nach der Entlassung sucht er den Arzt noch privat auf, um etwa zu erzählen, daß er ins Krankenhaus gekommen sei, um seinen ehemaligen Mitpatienten Zeitschriften zu bringen, daß er überhaupt sehr für sie sorge usw. Es ist dann schwierig, mit ihm ein Ende zu finden, er kann sich nicht trennen, man muß ihn beinahe körperlich aus dem Zimmer schieben. — Er neigt überhaupt zum Selbstlob und zum »Angeben«. Ganz nebenbei läßt er durchblicken, daß er der beste Schütze der Kompanie, der beste Fahrer des Regiments, der erfolgreichste Spieler seines Klubs und ein passionierter Autorennfahrer gewesen sei. Er bringt dem Arzt Briefe von Mädchen mit und erklärt: »die ist ganz toll nach mir«, und: »die liebt mich wirklich«. Er sei außerordentlich beliebt, die Mädchen hätten ihn früher »der Bildhübsche«, »der Allerschönste« genannt.

Aus seiner Lebensgeschichte: Er ist der ältere von zwei Söhnen eines kleinen Postbeamten. Der Vater stammt vom Land, war früher Wachtmeister bei der Kavallerie. Die Photographien aus dieser Zeit, von der der Vater noch zehrt, hängen zu Hause über dem Sofa. Der Patient erlebte den Vater von Kindheit an als sehr grob und gewalttätig. »Ich war aber auch sehr wild!« Bis zur Schulzeit spielte er dem Vater viele Streiche, erschreckte ihn aus dem Dunkeln usw. Seine früheste Erinnerung ist, daß er mit 3—4 Jahren vorn bei dem Vater auf dem Fahrrad sitzend plötzlich aus Versehen die Lenkstange herumgerissen habe, so daß sie beide hinstürzten. Weiter erinnert er sich, daß er zwischen den Eltern im Bett schlafend von einer Rauferei träumte — und dabei dem neben ihm liegenden Vater heftig ins Gesicht schlug. Als dieser aufwachte und ihn verprügeln wollte, stellte er sich in wahnsinniger Angst wieder schlafend. Er wurde von Kindheit an heftig geschlagen, so daß er in starker Furcht vor dem Vater aufwuchs und schließlich »parierte«. Aber als der Vater in den Krieg zog, war sein »einziger Wunsch, daß der Vater nicht wiederkommt«. Er hat es aber nie zu einem Streit kommen lassen; er hat sich ihm angepaßt und auf ihn eingestellt. Auch als er schon erwachsen war, hat er ihm nie widersprechen können, da ihm »die Furcht vor ihm in den Knochen sitzt«. — Die Mutter war eine harte und nüchterne Frau »die es an der rechten Liebe fehlen ließ«. Trotzdem mochte er sie lieber als den Vater. Bei den häufigen Ehestreitigkeiten wegen der Untreue des Vaters stand er innerlich auf ihrer Seite.

In 6 Jahren höherer Schule hatte er keine entscheidenden Eindrücke. Alle seine Kräfte wandte er dem Sport zu. Er wollte auch einen Beruf mit viel Bewegungsfreiheit ergreifen, da er sich in geschlossenen Räumen nicht wohlfühlte. Der Vater entschied jedoch, daß er Kaufmann werden solle. Er wagte nicht, sich dem zu widersetzen, wie er auch, obwohl sozial wie bildungsmäßig weit über dem Vater stehend, ihm heute noch die erste Widerrede zu geben hätte. Dabei stößt ihn vieles vom Vater ab, er ärgert sich ständig über dessen Geiz und Ungerechtigkeit. — Zu sexuellen Erfahrungen mit Frauen kam er früh; angeblich hatte er bis heute neben der Ehe unentwegt Liebesverhältnisse.

Wie der Vater war er immer sehr national, wurde mit Leib und Seele Soldat bei einer Kraftfahrtruppe und wollte die ersten Kriegsjahre nicht auf Urlaub fahren, aus Angst, die letzten Kriegshandlungen zu versäumen. Er sei bei den Vorgesetzten als ein sehr brauchbarer Soldat beliebt gewesen, wenngleich er innerlich an der Lebensführung der Offiziere mancherlei auszusetzen hatte. Er wurde mit einem älteren Verwaltungsoffizier näher bekannt und mußte dabei eines Tages die Entdeckung machen, daß dieser Warenschiebungen machte. Er erstattete sofort Meldung. Jener wurde durch ein Kriegsgericht abgeurteilt, während er selbst eine Belobigung erhielt und gleich darauf in ein Büro versetzt wurde. In dieser Zeit bekam er seine ersten Anfälle. (Die Frage, ob er an dem älteren Verwaltungsoffizier, der nach Rußland strafversetzt wurde und dort gefallen ist, richtig gehandelt hat, beschäftigt ihn heute noch.) Den ersten und die nächstfolgenden Anfälle bekam er regelmäßig nur, wenn er bei einem damals sehr beliebten Schlager — der »Donkey-Serenade« — die Stelle hörte, an der ein rhythmisches Pferdegetrappel einsetzt. (Als Erinnerung dazu kommt ihm, wie er mit 3 Jahren, von zu Hause auf die Straße laufend, unter eine Pferdedroschke kam, wie die Pferdebeine, dann die Räder vorbeigingen und er unverletzt wieder aufstand.)

Eine entscheidende Vertiefung im Verständnis seiner Wesensart und seiner Lebensgeschichte bringen Träume:

»Fahre mit meinem Auto, muß an der Brücke halten. Sehe Polizisten kommen, denke, hoffentlich merken die nicht, daß ich kein Nummernschild habe, die sehen es aber doch, setzen sich gleich in mein Auto, um in die nächste Polizeiwache zu fahren. Ich fahre los, da ist plötzlich schlechte Luft im Wagen. Ich will das Verdeck jedoch nicht zurückschieben, weil sonst die Leute denken, ich hätte etwas angestellt.«

Beim Autofahren, seiner liebsten Fortbewegungsart, ist er durch Verbote behindert, hat er ein schlechtes Gewissen. Polizisten, Vertreter der autoritären Strafgewalt halten ihn an; er fährt mit ihnen weiter, ohne sich offen zu wehren. Im täglichen Leben ist er Duzfreund von vielen Polizisten der Stadt; er hat sie durch den Sport kennengelernt. Auch er hat sich im Leben schon mehrfach »zu den Kerkermeistern gesellt«. Vier Menschen, die sich gegen die Gesetze vergingen, hat er ins Gefängnis gebracht. In der Identifizierung mit den ordnungserhaltenden Mächten verurteilt er seine eigenen aufrührerischen Tendenzen. Psychoanalytisch gesprochen introjiziert er das »Über-Ich«; alle spontanen triebhaften Regungen des »Es« werden unterbunden und sind, geweckt etwa durch den Anblick eines offenen Messers, mit Angst und Schuldgefühlen verknüpft. Schon die Möglichkeit eines Verdachtes wird geflohen, indem er aus dem Untersuchungszimmer geht. Aber, wie er im Traum mit den Polizisten fährt, kommt es doch zu einem versteckten Widerstand. Er stänkert gegen die Polizisten an. Es ist ein Widerstand hinten herum, auf einer analen, frühkindlichen Stufe. Auch aus anderen Träumen des Patienten, — in denen er z. B. beim Waschen riesige Kotklumpen an seinem Gesäß entdeckt, auf einen mit Kotwürsten bedeckten Baum steigt, Fleischstücke kauft, wo er aus den Därmen Kot herausdrückt und Fleischstücke mit Blut und Kot beschmutzt sieht —, spricht die verdrängte Triebhaftigkeit einer anal-sadistischen Welt, die er nicht zu assimilieren vermag, sondern als fremd und widerlich ablehnt.

Gegen wen die verdrängte und abgespaltene Angriffslust im Grunde geht, wird in weiteren Träumen deutlich: »Der Vater fällt im Wald einen Abhang hinunter in den Schlamm. Ich bin sofort und ohne zu überlegen nachgesprungen, um ihn herauszuholen. Es war dann auch ganz flach.« Mit Angst aufgewacht. (Als er diesen ihm unverständlichen Traum harmlos am nächsten Morgen seinem Vater erzählt, sagt dieser sofort in seiner galligen Weise: »ich hätte gedacht, Du läßt mich drin liegen und im Dreck ersticken!« — was von dem Patienten wortlos hingenommen wird.) Er erträgt es offenbar nicht, seinen Vater fallen und im Dreck (Kot) ersticken zu lassen, kann sich nicht von ihm trennen und distanziert sich durch Identifikation von seinen eigenen feindlichen Strebungen.

Noch deutlicher wird das in folgendem Traum: »Werde von meinem Vater in unseren Garten geschickt, um auf den Apfelbaum aufzupassen. Der Garten war aber (anders als in Wirklichkeit) an einer Straßenbahnendstation, wo viele Leute vorbeigingen und ich gleich mit einem Diebstahl rechnete. Es war kein Wunder, daß dann wirklich ein Junge in dem Baum saß und Äpfel stibitzte.« Wieder ist er der Aufpasser, Vertreter der Ordnung, vom Vater geschickt und dessen Standpunkt vertretend. Aber er ist auch — wie aus den Einfällen hervorgeht — der Junge, der in Vaters Garten eingestiegen ist. Distanziert, in einem »anderen Jungen«, erträgt er diesen Übergriff gegen den Vater, ja — in der Motivierung der Straßen- und Verkehrsnähe — entschuldigt er den Jungen. — Das Einsteigen in den Garten des Vaters und die Apfelsymbolik, die in ihm Gedanken an weibliche Reize wachruft, zeigt die Situation in der Ödipusphase, in der er hier agiert. Nach der analen Phase ist hier die zweite Periode der Über-Ich-Entstehung berührt, indem auch hier auf eine frühkindliche Luststrebung verzichtet werden muß. Seine ruhelosen außerehelichen Liebesabenteuer können am ehesten als heimliches Übertreten des väterlichen Anspruches auf die Mutter verstanden werden.

Die dunkle Gewalt der zerstörerischen Kräfte und die Tiefe, aus der sie hervorbrechen, zeigt ein anderer Traum, zu dem ihm bezeichnenderweise nichts einfällt: »Ich gehe eine Kellertreppe hinunter, einigen Leuten in Richtung auf eine große Tür langsam folgend. Vor der Eingangstür steht ein Liebespaar, beide lachen laut. Ich sage ihnen, sie sollen doch ruhig sein, das gehöre sich hier doch nicht. (Ich hatte von Anfang an die Vorstellung, daß es ein Krematorium sei.) Schließlich gehe ich selbst auch hinein. Es ist eine große Halle, in der einige große Dampfkessel stehen. Ich dachte, da werden die Menschen drin verbrannt. Vorn war ein Arbeiter, ich dachte gleich, der verbrennt die Menschen, der hat schon so ein grobes Gesicht. Hinten sehe ich Leute langsam in einem Kreis herumgehen, wohl um eine Leiche, die da liegt. In der Mitte des Raumes ist der Boden aufgerissen. In dem darunterliegenden Raum sehe ich lauter Konservenbüchsen.« Bräutigam deutet diesen Traum als Gang in die eigene Unterwelt, wo alles Lebendige zurückbleiben muß. Der Raum in der Tiefe ist ein Haus des Todes, in dem ihm sein eigener Schatten bei einem schauerlichen Werk begegnet. Die im tiefsten Grunde liegenden Konservenbüchsen offenbaren eine kannibalische Tendenz. Wessen Leiche die Leute langsam umkreisen, kann kaum fraglich sein. Es ist die Urszene des Vatermordes, das Endbild der Feindschaft gegen den Urvater, die nach Freud[544] in der kannibalischen Einverleibung des Vaters mit einer nachträglichen Identifikation abgeschlossen wird.

Die exemplarische Bedeutung eines solchen Falles erweist sich daran, wieweit er geeignet ist, den Zusammenhang bisher unvereinbarer oder widerspruchsvoll erscheinender Beobachtungen zu erhellen. Er macht deutlich, daß die häufig bemerkten Kontraste zwischen intervallärer Überanpassung und postparoxysmalen oder psychotischen Ausbrüchen auf einer lebensmäßig unvereinbaren Ambivalenz zwischen Anforderungen und Antrieben beruhen. Die unecht wirkende Außenseite verdeckt einen elementaren Hintergrund. Die Grundstörung ist in einer entweder mehr von außen oder mehr von innen her bedingten Unfähigkeit oder Schwäche zu suchen, die inneren Antriebe mit den äußeren Anforderungen in ein Gleichgewicht zu bringen. Es wird vom Blickpunkt, der Reaktion oder Reflektion des Beobachters, wie von dem davon nicht unabhängigen Verhalten des Kranken mitbestimmt werden, welche Verhaltensbestimmung als grundlegend angesprochen wird. So sieht HALLEN[603] das Wesen der Kranken mit psychomotorischen Anfällen im Unausgeglichenen, LANDOLT[272] im Unechten, BRÄUTIGAM u. LEDER[276, 277] in der durch einen anankastischen Abwehrmodus bedingten Unfreiheit und Unentschiedenheit begründet. Gleichviel welcher Bestimmung man den Vorzug gibt, so begreifen alle sowohl die Ambivalenz der psychischen Struktur wie die Undifferenziertheit der körperlichen Konfiguration, die Unentschlossenheit im Geistigen wie die Unlebendigkeit im Leiblichen mit ein. Die Wesensänderung erscheint daher als ein »mediokrer Kompromiß einer Mittelung«[883] gegenläufiger Tendenzen von starker Dynamik. Und Anfälle wie Psychosen als kritische Auslenkungen von dieser Mitte.

Da sich die Wesensänderung von Kranken mit psychomotorischen Anfällen von der bei Kranken mit Schlaf-Epilepsien nicht unterscheidet, werden ihre wesentlichen Merkmale, ergänzt durch die Ergebnisse der psychodiagnostischen Untersuchungen von LEDER[276, 277], im entsprechenden Kapitel zusammengefaßt und der Wesensänderung bei Petit mal-Epilepsien und Aufwach-Epilepsien gegenübergestellt (s. S. 468).

Bei Überlegungen zur Genese *der Wesensänderung* wird man sich klar zu sein haben darüber, daß die angegebenen Wesensbestimmungen nur den Schnittpunkt bezeichnen, an dem sich organische und funktionelle, zerebrale und personale Bedingungen treffen. Daher ist jede verallgemeinernde Erklärung der Persönlichkeit oder Wesensänderung der Kranken als Resultat einer rein psychogenetisch-neurotischen Entwicklung oder als alleiniger Ausdruck eines hirnlokalen Psychosyndroms unangemessen.

In genetischer Hinsicht müssen daher folgende Komponenten beachtet werden: 1. Die prämorbide Persönlichkeit. 2. Die psycho-reaktiven Auswirkungen der Anfälle. 3. Das psychische Korrelat der zerebralen Dysfunktion (Störungssyndrom von LANDOLT[272]). 4. Die organischen Rückwirkungen infolge anfallsbedingter Hirnschädigungen (organisches Psychosyndrom).

Ad 1: Über die *Persönlichkeitsentwicklung* bis zum Einsetzen der Anfälle ist so gut wie nichts bekannt. Von den wenigen Fällen, die Anlaß gegeben haben, sich in die Biographie der Kranken zu vertiefen, wird immer wieder von einer kontinuierlichen Entwicklung und nicht von einem seit Beginn der Anfälle datierenden sinnblinden Knick oder Umbruch berichtet[458, 473, 752, 802].

Ad 2: Daß die *Verhaltensstörungen* erst als Reaktion auf die Ablehnung und Diffamierung der Kranken durch die Umwelt entstehen, ist eine heute geläufige Interpretation. Dagegen weiß man merkwürdig wenig davon, wie das, was die Kranken von ihren Anfällen erleben, die »Selbstwahrnehmung der Epilepsie«[910], etwa das Erlebnis des doppelten Bewußtseins[124], der »mental diplopia«[407], des anheimelnd Vertrauten oder des unheimlich Fremden, der dumpfen Furcht oder der überirdischen Harmonie, auf sie zurückwirkt und ihr mitmenschliches und mitweltliches Verhalten prägt[797, 850]. Auch hierfür ist wieder auf DOSTOJEWSKI hinzuweisen, für den »die Anfälle zu einem Element seines Lebens und seiner Lebensgeschichte und zu einer Quelle der Selbsterfahrung wurden, die in seinen Werken einen einzigartigen Niederschlag gefunden hat«[910].

Ad 3: Die *Wesensänderung als hirnlokales Psychosyndrom* zu erklären[555] liegt nahe, seitdem PAPEZ und später MACLEAN[716, 717, 718] auf die Bedeutung des limbischen Systems für die Steuerung der Affekte hingewiesen haben. Bei Epileptikern, die wegen ihrer Reizbarkeit, Impulsivität und Aggressivität interniert werden, sind besonders häufig – nach ROGER u. DONGIER in 84% – temporal betonte EEG-Veränderungen nachzuweisen. Auch ohne epileptische Anfälle sollen aggressive Verhaltensstörungen im EEG häufig mit einer temporalen ϑ-Aktivität vergesellschaftet sein[676]. Daß Schläfenlappentumoren – selbst ohne epileptische Anfälle[913] – zu einer Wesensänderung im beschriebenen Sinne führen können, war schon von KNAPP (1918) und von STAUDER (1936) beschrieben worden. Dabei handelt es sich vor allem um langsam wachsende Tumoren mit

Massenverschiebungen nach frontal und median, merkwürdigerweise nur im linken Schläfenlappen, die die fronto-temporale Übergangsregion und das Amygdalum bzw. den Gyrus hippocampi schädigen[848, 849]. Nach klinisch-anatomischen Untersuchungen sind es vor allem die im Temporallappen liegenden paläokortikalen und vielleicht auch gewisse archikortikalen Strukturen, deren Schädigung zu einer epileptischen Wesensänderung führt[848, 849]. Während GIBBS[573] der Meinung ist, daß eine epileptische Wesensänderung fast ausschließlich bei Patienten mit Spitzenentladungen über der vorderen Temporalregion anzutreffen sei, fand LANDOLT[272] in solchen Fällen eine Korrelation mit einem trägen, eher rhythmischen und wenig veränderlichen Kurvenbild, in dem Anfallspotentiale selten sind oder ganz fehlen. Weil sich bei psychomotorischen Epilepsien keine Entsprechung zwischen einer temporalen pathologischen Aktivität im EEG und »chronisch-psychischen Störungen« erkennen lasse, faßt LANDOLT[272] die Wesensänderung als ein Störungssyndrom auf, das »höchstens mit denjenigen Vorgängen, die den unspezifischen elektroenzephalographischen Anomalien zugrunde liegen«, korreliert sei.

Ad 4: Das hirnlokal unspezifische organische Psychosyndrom, die sogenannte *epileptische Demenz*, wird bei symptomatischen Epilepsien mit dem jeweiligen Grundleiden und – wie bei allen anderen mit großen Anfällen einhergehenden Epilepsien – mit einer diffusen, entweder anfallsbedingten anoxämischen oder anfallsbedingt traumatischen Hirnschädigung in Zusammenhang gebracht.

Ungewiß ist noch die Zuordnung der *mnestischen Störungen*, über die besonders Kranke mit psychomotorischen Anfällen häufig klagen[272, 555, 603, 744], selbst wenn noch keine großen Anfälle vorgekommen sind. LANDOLT[272] reiht die Angaben über Merk- und Gedächtnisschwäche unter die hypochondrischen Klagen ein. Bei Kindern scheinen sie nicht auffällig zu sein[730]. Nach unserem Eindruck, der jedoch nicht testpsychologisch verifiziert ist, handelt es sich dabei nicht nur um Klagen, sondern um eine spezifische Leistungsminderung, die sich häufig schon im Gespräch dokumentiert und gelegentlich an amnestisch-aphasische Störungen heranreicht. Nach unseren Beobachtungen sind mnestische Störungen bei Kranken mit dysphasisch-psychomotorischen Anfällen geradezu die Regel. Sie fallen häufig schon bei der im Rahmen der neurologischen Untersuchung vorgenommenen Geruchsprüfung auf, wenn trotz sicherem Unterscheidungsvermögen aromatische Geruchsstoffe nicht benannt werden können.

Die Bedeutung des Ammonshornsystems als möglicher Störstelle mnestischer Leistungen [893, 894] scheint nach den Beobachtungen an doppelseitig klinisch entstandenen oder operativ gesetzten Läsionen[581, 593, 793, 841, 893, 894] unter allen lokalspezifischen Korrelationen am besten fundiert zu sein, wenn auch mit der Einschränkung, daß einer Merkfähigkeitsschwäche im Rahmen eines allgemeinen psychischen Abbaus keine lokaldiagnostische Valenz mehr zukommt. Das gleiche gilt für die amnestische Aphasie, die nur dann einen Lokalhinweis auf eine Schädigung des dominanten Temporallappens gibt, wenn sie isoliert auftritt oder sich aus gleichzeitigen psycho-organischen Allgemeinsymptomen wesentlich hervorhebt[848, 849, 913].

Episodische Verstimmungen: Kranke mit psychomotorischen Anfällen neigen ebenso wie Schlaf-Epileptiker zu länger dauernden, phasisch wiederkehrenden, episodischen Verstimmungen, während Affekte bei Kranken mit Petit mal-Epilepsien und Aufwach-Epileptikern jäh aufsteigen und rasch wieder abklingen. Dem Anschein nach ohne adäquate Anlässe oder ausreichende Motive werden sie für Stunden, Tage und selbst längere Zeit niedergeschlagen, mißmutig, wortkarg, traurig oder ängstlich, berichten über eine quälende Spannung, über Müdigkeit, Kopfdruck, Herzklopfen, Schwitzen, Magenbeschwerden, werden empfindlich und reizbar und entladen sich gelegentlich in plötzlichen Zorn- und Wutausbrüchen oder auch in hysterischen Anfällen[800]. Selten kann es auch zu manisch-ekstatischen Verstimmungen von entweder mehr ängstlicher Getriebenheit oder mehr feierlicher Beglückung kommen[815]. Daß diese Verstimmungen, je mehr man von lebensgeschichtlichen Zusammenhängen weiß, um so weniger als sinnblind und unmotiviert erscheinen, sondern oft als spannungsgeladene Situationen von Umständen und Verhältnissen, die durch Konflikte in den zwischenmenschlichen Beziehungen hervorgerufen zu sein scheinen, hat Dostojewski unübertrefflich im »Idioten« beschrieben. Doch verbietet sich gerade am Beispiel dieses sich über 20 Seiten hinziehenden minutiösen Berichtes über die Stunden anhaltende Verstimmung des Fürsten Myschkin vor seinem Anfall im Torbogen jede einseitige Auslegung. Denn: »Seelische Motive gewiß – Erlebnisse, die eine emotionelle Erregung entstehen lassen, sie fördern und steigern bis zur Kulmination des Anfalls – aber beginnt es nicht mit einer präparoxysmalen Unruhe, die den Erlebnissen und Motiven erst ihre Kraft und ihre Wucht verleiht? Die Darstellung ist immer so gehalten, daß wir nicht herausbekommen können, was die Lawine ins Rollen gebracht hat. Die Unruhe im biologischen Untergrund oder die seelisch motivierte Erregung. Die Verschränkung von Natur und Geschichte ist hier unauflösbar geworden« (Vogel[910]).

Die gleiche Unauflösbarkeit begegnet in der Analyse der Suizidabsichten oder Suizide, die von Kranken mit psychomotorischen Anfällen relativ häufig angegeben bzw. begangen werden. Über Suizidabsichten und Suizidversuche berichten Landolt[272] bei 18% und Hallen[603] bei 38% ihrer Kranken. Unter 19 unserer Patienten, die Suizid begangen haben, litten allein 11 (58%) an psychomotorischen Anfällen und nur 3 an altersgebundenen Petit mal. Suizide bei Epileptikern werden meist auf inadäquate Anlässe während depressiver Stimmungen bezogen[492, 504, 714, 725, 747, 837]. Doch ist es auch hier so, daß bei genauer Kenntnis der inneren und äußeren Umstände, die zu diesem Schritt geführt haben, diese Ansicht zumindest einseitig erscheint[607, 797] (s. S. 434). Oft werden solche Verstimmungen, die einer unserer Kranken treffend als »Gewitterwolke« bezeichnete, durch einen Anfall oder durch eine Serie von Anfällen beendet, oft auch durch eine wirksame, den Ausbruch von Anfällen verhindernde Behandlung ausgelöst oder verstärkt. Die Gegenläufigkeit von Stimmung und Anfallsbereitschaft wirft ernste therapeutische und wesentliche theoretische Probleme auf. Landolt[271, 696] hat als erster darauf aufmerksam gemacht, daß sich während solcher Verstimmungen das EEG normalisiert und bei ausgeglichener Stimmung wieder pathologisch wird: »Es sieht mit anderen Worten so aus, als gäbe es, grob gesagt, Menschen, die ein pathologisches EEG haben müssen, um psychisch gesund zu erscheinen und die bei einer bestimmten, aber beliebig bewirkten Normalisierung derjenigen Vorgänge im Gehirn, die im EEG zum Ausdruck kommen, geistesgestört werden« (Landolt[696]). Daß dieses kontradiktorische Verhältnis von pathophysiologischer Aktivität und psychischem Befinden auch oft für die unmittelbar den Anfällen voraufgehenden und nachfolgenden Zustände nachweisbar ist, haben Schorsch u. v. Hedenström beschrieben.

Nicht so selten – nach Landolt[272] in 7%, nach Hallen[603] in 23% – werden während der Verstimmungen Wahnideen geäußert, die meist um das Thema der Zurücksetzung kreisen. Die Kranken fühlen sich vernachlässigt, falsch oder ungerecht behandelt, wähnen sich verfolgt oder vergiftet und motivieren damit auch ihre Suizidanwandlungen. Die gleichen Kranken können sich auch zu Höchstem berufen, zu außerordentlichen Handlungen befähigt und dazu bestimmt fühlen, die Welt zu verbessern oder die Menschheit zu erlösen, ohne jedoch einen systematischen Wahn auszubilden[595].

Psychotische Episoden: Zwischen wahnhaften Verstimmungen und Episoden von ausgesprochen produktiv-psychotischem Gepräge scheint nur ein gradueller Unterschied zu bestehen. Beiden psychopathologischen Erscheinungsformen eignet der gleiche semiologische Stellenwert und der gleiche Entstehungsmodus. Da sie nicht postparoxysmal, sondern anstelle von Anfällen in Erscheinung treten, könnten sie als »psychische Äquivalente«[634] gelten. Denn mit Einsetzen der psychotischen Symptome verschwinden die Anfälle und mit der Wiederkehr von Anfällen geht die psychotische Symptomatik zurück. Da sie aber pathophysiologisch nicht wie der Petit mal-Status mit einer vermehrten, sondern mit einer verminderten epileptischen Aktivität im EEG einhergehen, werden sie besser nach dem Vorschlag von Tellenbach[358] als *alternative Psychosen bei »forcierter Normalisierung« (Landolt)* bezeichnet.

Im *psychopathologischen Erscheinungsbild* überwiegen paranoide Symptome mit Wahnwahrnehmungen und Wahneinfällen, Beeinträchtigungs- und Beeinflussungserlebnissen sowie akustischen Halluzinationen, während katatone und hebephrene Symptome, sowie Depersonalisations-Erscheinungen, Denkstörungen und Halluzinationen auf anderen Sinnesgebieten zurücktreten[189, 358, 460]. Selbst vor stuporösen wie vor erregten katatonen Ausprägungen wird meist eine paranoide Phase durchlaufen. Im Unterschied zur Schizophrenie bleibt das Wahnhafte unsystematisiert und thematisch, wenn auch nicht unabhängig von der Biographie, auf die gegenwärtige Umwelt bezogen. Der affektive Rapport ist relativ wenig beeinträchtigt.

Die Psychosen entwickeln sich aus einer Verstimmung heraus, während der über zunehmende Reizbarkeit, Verlangsamung und über Schlafstörungen geklagt wird. Die Kranken erleben den Beginn als eine unangenehme Einschränkung, ein zwanghaftes Eingeengtsein, das bis zum Gefühl einer Ummauerung gehen kann[358]. Meist berichten die Kranken schon während dieser Zwangsphase, daß sie von gewissen affektbesetzten Denkinhalten nicht mehr loskommen können.

Was als kritische Situation in den Ängsten und Wahneinfällen erlebt wird, zentriert sich, wie Tellenbach[358] belegt hat, immer wieder um die als gefährdet erlebte Elternbeziehung, speziell die Beziehung zum Vater. Dabei wird das zentrale Thema durchaus kontradiktorisch behandelt. Ängste, die Eltern zu verlieren, wechseln ab mit Aggressionen gegen die Eltern, die Furcht, vom Vater vergiftet zu werden, mit Erlebnissen, die den Tod des Vaters bedeuten. Daß derartige Beobachtungen sich nicht als Beleg für einseitige Interpretationen eignen, geht daraus hervor, daß die organismischen Bedingungen der präpsychotischen Verstimmung die konfliktuöse Situation nur noch verschärfen und diese wieder über eine Vertiefung der Verstimmung bzw. der Psychose auf die organismischen Bedingungen zurückwirkt. So wird »das Situative immer deutlicher eine Funktion des Organismischen und dieses wiederum eine Funktion des Situativen« (Tellenbach[358]).

Über die *klinischen Korrelationen* zwischen psychotischen Episoden und Epilepsie, ihre Häufigkeit schlechthin und ihre Abhängigkeit von organischen Vorschädigungen, erblicher Belastung, prämorbider Persönlichkeit und konfliktuösem Hintergrund, sowie über ihre Beziehung zu Dauer, Schwere und Form des epileptischen Leidens, herrscht noch keine Klarheit.

Wohl läßt sich den seit Einführung des EEG verfaßten Berichten entnehmen, daß psychotische Episoden erst nach längerer Krankheitsdauer, unabhängig von der Häufigkeit der Anfälle, häufig bei symptomatischen und vorwiegend bei temporalen Epilepsien in Erscheinung treten[441, 460, 511, 557, 711, 712, 746, 837, 851]. Doch sind diesem Begriff meist auch postparoxysmale Dämmerzustände mit schizophrener Symptomatik, paroxysmale Dämmerzustände mit vermehrter epileptischer Aktivität und verschiedenartige Dämmerzustände mit organischer Prägung subsumiert. In der älteren Literatur, die die Thematik unter der Frage einer zufälligen Koexistenz oder einer echten Kombination von Schizophrenie und Epilepsie behandelt, kann uns der Vorteil exakterer psychopathologischer Deskriptionen nicht für den Mangel an modernen epileptologischen Kriterien entschädigen[502, 509, 510, 545, 577, 580, 594, 635, 685, 822, 854, 865, 875, 911].

Die beschriebenen »alternativen Psychosen bei forcierter Normalisierung (Landolt)« sind keine Dämmerzustände, wie das Fehlen von Bewußtseinstrübung, Amnesie, Desorientierung und eines dafür charakteristischen EEG belegen[189, 190, 358]. Sie sind vielmehr durch ein besonders klares Bewußtsein ausgezeichnet[660]. Sie treten immer erst nach längerer Krankheitsdauer – durchschnittlich nach 14 Jahren[460] –, nach unseren Erfahrungen nicht vor dem 18. Lebensjahr und in der Regel erst nach einem längeren Grand mal-Vorspiel in Erscheinung. Trotzdem besteht keine Beziehung zur Schwere der Epilepsie, gemessen an der Zahl und Frequenz der großen Anfälle[460]. Wir kennen sowohl Kranke, die erst wenige, wie auch solche, die schon sehr viele große Anfälle erlitten hatten. Was die Art der Epilepsie angeht, so kommen Alternativ-Psychosen sowohl bei rhinenzephalen wie bei zentrenzephalen Epilepsien vor.

Die ersten Beobachtungen von Landolt[90, 271] stammen von psychomotorischen Epilepsien. Christian[189] hat als erster eine reine Halluzinose auf dem Boden einer forcierten Normalisierung

Abb. 99a—c. Alternative Psychose bei zentrenzephaler Epilepsie (Fall Ulla M.) EEG im psychisch unauffälligen Intervall (a), während des psychotischen Zustandes (b) und nach Abklingen der Psychose (c). (Nach CHRISTIAN, W.: Dtsch. Z. Nervenheilk. 176 [1957] 693.)

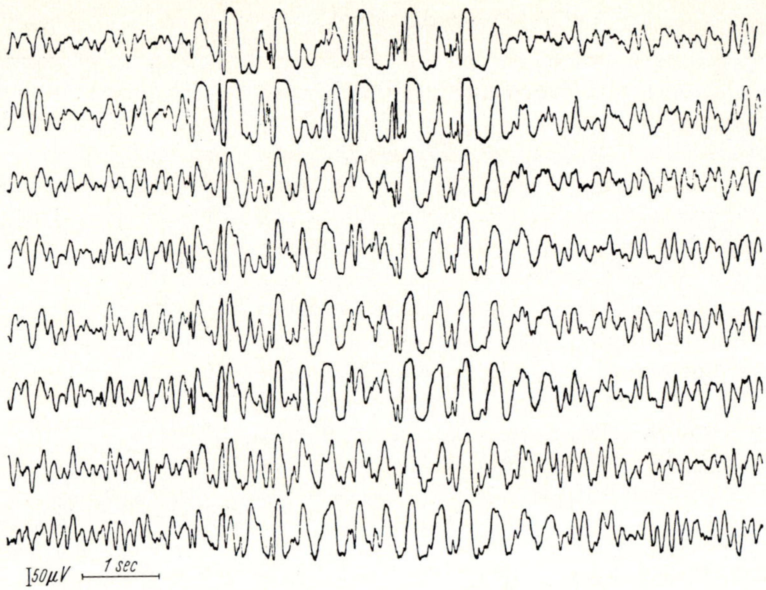

Abb. 99a

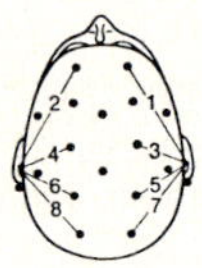

bei einer mit Aufwach-Grand mal kombinierten Pyknolepsie beschrieben. Einzelfälle der gleichen Art werden von FAU und von LOEB u. GIBERTI beschrieben. Nach den Erfahrungen von HALLEN[605] sind alternative Psychosen vorwiegend bei den relativ seltenen Kombinationen psychomotorischer Anfälle mit Aufwach-Epilepsien anzutreffen. BEARD u. SLATER fanden in ihren Fällen »schizophrenieähnlicher Psychosen bei Epilepsie« 45mal klinische und 50mal elektroenzephalographische Anhaltspunkte für eine temporale Epilepsie, dagegen nur 5 Fälle mit Petit mal bzw. 8 Fälle mit zentrenzephalen EEG-Befunden. DONGIER stellt in seinem Sammelbericht über 536 psychotische Episoden, deren Angaben ihm von 30 Klinikern überlassen wurden, 27 bei 215 zentrenzephalen Epilepsien, 49 bei 236 temporalen Epilepsien gegenüber. Unter 12 wegen alternativer Psychosen von unserer Klinik in die Psychiatrische Klinik verlegten Kranken fand TELLENBACH[358] 4 Pyknolepsien, die in eine Aufwach-Epilepsie übergegangen waren, 5 Aufwach-Epilepsien ohne Petit-mal-Prodrome und 3 mit diffus verteilten großen Anfällen, bei denen im Laufe der Zeit auch psychomotorische Anfälle aufgetreten waren. Da aber unter den 9 Erkrankungen, die primär als zentrenzephale Epilepsie begonnen haben, sich allein 4 durch Hinzutreten psychomotorischer Anfälle im Verlauf der Krankheit zu einer sekundären rhinenzephalen Epilepsie entwickelt hatten, waren insgesamt 7 von 12 Fällen bei Ausbruch der Psychose als psychomotorische Epilepsien anzusprechen.

Da also alternative Psychosen offenbar nicht bevorzugt bei der einen oder anderen der beiden großen epileptischen Krankheitsformen auftreten, wird man Interpretationen gegenüber, die die Rolle des Temporalhirns bei ihrer Entstehung betonen, zurückhaltend sein müssen. Pathophysiologisch weit aufschlußreicher als der gelegentliche Nachweis morphologischer Bedingungen oder lokalisatorischer Besonderheiten sind die *Veränderungen der bioelektrischen Aktivität*, die vor, während und nach der Psychose im EEG ablesbar sind. LANDOLT hat zuerst 1954 und dann immer wieder (1955, 1958, 1960, 1962, 1963, 1964) darauf hingewiesen, daß sich das vorher pathologische EEG während der Psychose weitgehend normalisiert und mit Wiederauftreten der Anfälle bzw. Abklingen der Psychose wieder pathologisch wird. Dieses Phänomen, daß das EEG im Vergleich zu vorher und nachher normaler oder völlig normal wird, und daß vor allem die Anfallspotentiale wesentlich zurückgehen oder ganz verschwinden, hat er als »forcierte Normalisierung« bezeichnet. Da sich die Normalisierung auf einen Vergleich der bioelektrischen Aktivität während des Verlaufs bezieht, also eine relative Normalisierung bedeutet, kann man die Diagnose einer alternativen Psychose nicht allein auf das EEG während der Psychose stützen. Nach unseren Erfahrungen sieht man eine völlige Normalisierung vor allem bei den psychotischen Episoden im Rahmen von zentrenzephalen Epilepsien, d. h. reinen Aufwach-Epilepsien und Kombinationen mit pyknoleptischen Anfällen oder Impulsiv-Petit mal.

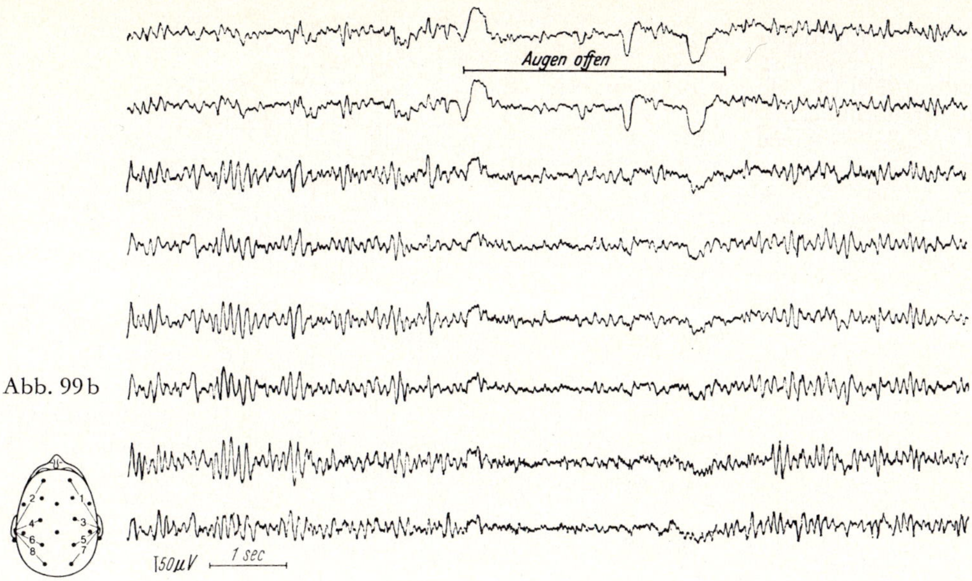

Abb. 99 b

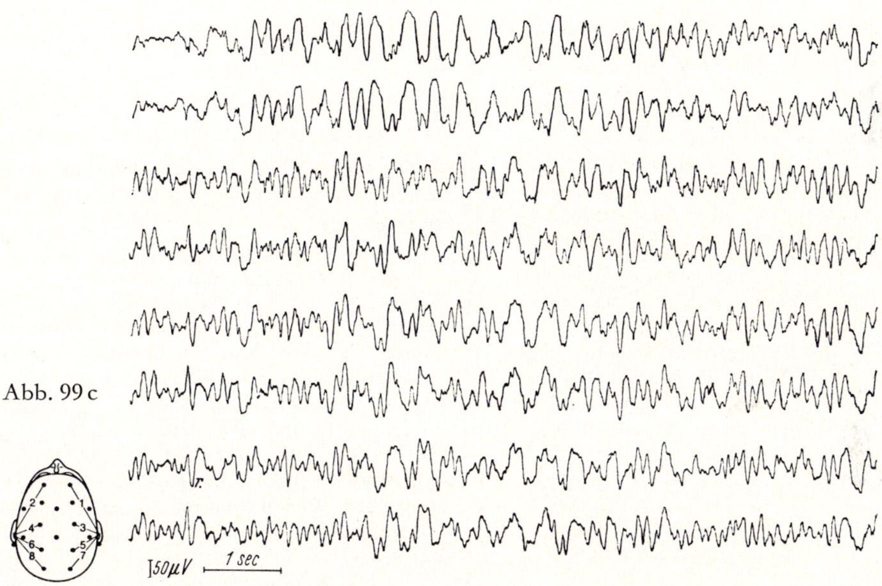

Abb. 99 c

Dagegen konnten wir bei der psychomotorischen Epilepsie nur selten eine völlige Normalisierung des Hirnstrombildes beobachten[190]. Wohl verschwanden die Anfallspotentiale; für die unspezifischen bioelektrischen Störungen – in erster Linie also dysrhythmische Veränderungen – traf dies jedoch nicht oder nur in geringem Maße zu. Die Abb. 99 und 100 geben Ausschnitte von Hirnstromkurven vor, während und nach alternativen Psychosen wieder.

Fall Ulla M.:

Abbildungen 99a—c stammen von einer 18jährigen Patientin, bei der im Alter von 11 Jahren eine Pyknolepsie mit Retropulsiv-Petit mal einsetzte und etwa ½ Jahr später auch große Anfälle vom Aufwachtyp, die sich vor Beginn der Behandlung 2—3mal in der Woche wiederholten. 3 Tage nach dem letzten Grand mal entwickelte sich für 7 Tage eine paranoide Psychose mit akustischen Halluzinationen und Gedankenlautwerden. Das EEG zeigt im psychisch unauffälligen Intervall (a) eine schwere paroxysmale Dysrhythmie mit steilen Zwischen- und δ-Wellen und unregelmäßigen

Abb. 100a—c. Alternative Psychose bei sekundärer temporaler Epilepsie (Fall Wolfgang B.) EEG vor (a), während (b) und nach der Psychose (c).

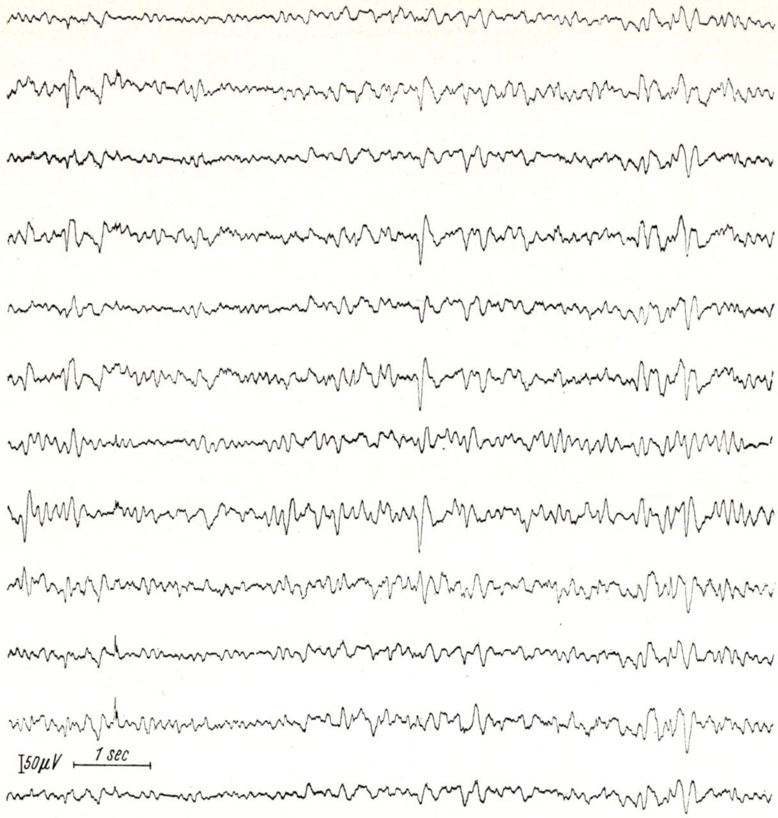

Abb. 100a

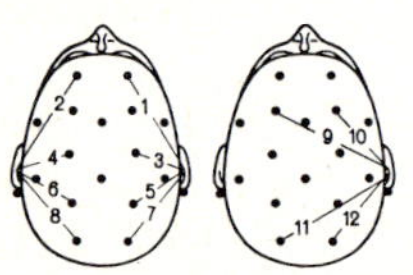

3—4/sec-Spike-and-waves über beiden Hemisphären. (Bei kleinen Anfällen traten klassische bilateral-synchrone, frontal betonte 3/sec-Spike-and-waves auf.) Während des psychotischen Zustandes (b) zeigt das EEG einen normalen, ziemlich regelmäßigen 9—10/sec-α-Rhythmus, der bei Augenöffnen blockiert wird. Die Dysrhythmie und die spezifisch epileptischen Potentiale sind völlig verschwunden. Nach Abklingen der Psychose (c) erkennt man im EEG wieder die schwere Dysrhythmie mit steilen Zwischen- und 3/sec-δ-Wellen. (Dabei handelt es sich um den Fall von epileptischer Halluzinose, über den CHRISTIAN 1957 berichtet hat.)

Fall Wolfgang B.:

Die Abbildungen 100a—c stammen von einem 28jährigen Patienten, dessen Vater wie auch ein Onkel mütterlicherseits an Aufwach-Epilepsien gelitten haben. Er selbst hatte seit seinem 16. Lebensjahr ebenfalls Aufwach-Grand mal bekommen, die sich anfangs fast täglich und seit seinem 18. Lebensjahr etwa wöchentlich wiederholten. Seit 5 Jahren waren auch psychomotorische Anfälle hinzugetreten, die sich etwa 3—4mal in der Woche wiederholten und in den letzten Jahren, seitdem die großen Anfälle unter der Therapie ausgeblieben waren die Szene beherrschten. Unter Einstellung auf 3,0 g Phenacetylharnstoff und 500 mg Phenytoin kam es unter Aufhören der Anfälle zu einer 14 Tage anhaltenden ausgeprägten paranoiden Psychose, die sich nach Reduktion der Dosis auf 300 mg Phenytoin nur unvollständig und 4 Tage nach Unterbrechung der Medikation mit Wiederauftreten der Anfälle völlig zurückbildete. Das EEG zeigt vor der Psychose (a) eine mäßige Allgemeinveränderung und einen Fokus steiler Wellen temporo-basal links. Während der Psychose (b) sind die epileptischen Potentiale ganz aus dem Kurvenbild verschwunden. Der Grundrhythmus besteht jetzt aus einem Gemisch von α-, β- und kleinen Zwischenwellen. Nachdem die Psychose abgeklungen und wieder Anfälle aufgetreten sind (c), ist im EEG wieder der hochaktive epileptogene Fokus temporo-basal links mit Fortleitung der steilen Wellen nach temporo-basal rechts zu erkennen. Dabei handelt es sich um den Fall 2 aus der Arbeit von TELLENBACH[358], zugleich Fall 1 der Arbeit von NEIMANIS, mit dem sie von pathologisch-anatomischer Seite die Entwicklung einer primär zentrenzephalen zu einer sekundär rhinenzephalen Epilepsie als Folge einer Aktivierung einer bis dahin schlummernden gliomatösen Fehlbildung im linken Ammonshorn durch die iktogenen Läsionen interpretiert hat (s. auch Abb. 102).

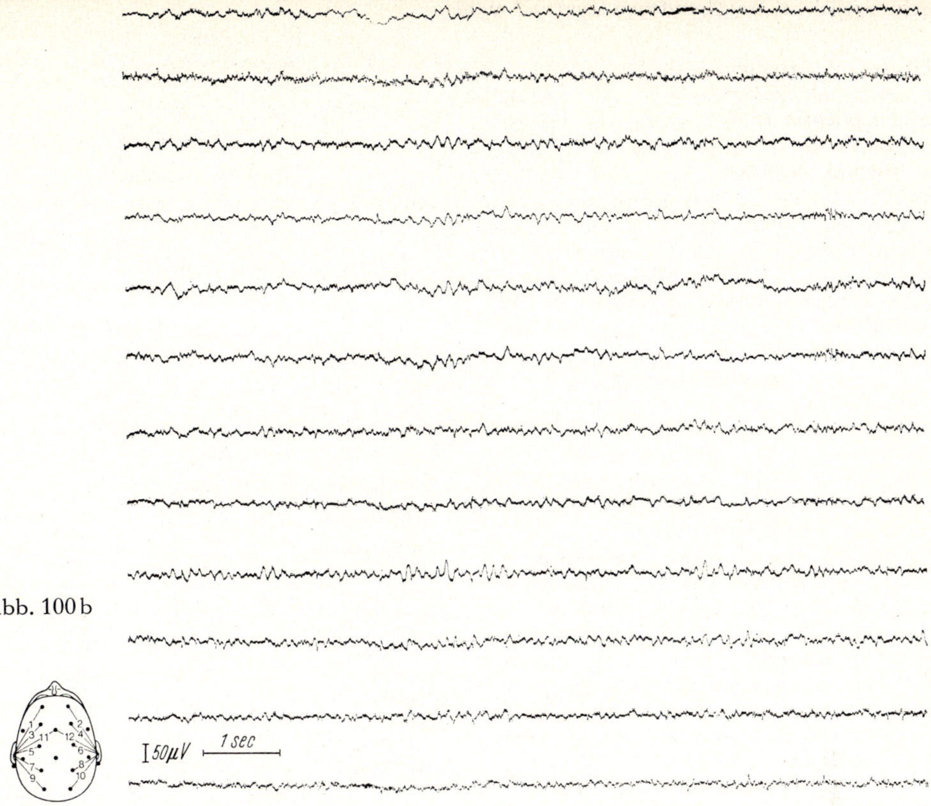

Abb. 100 b

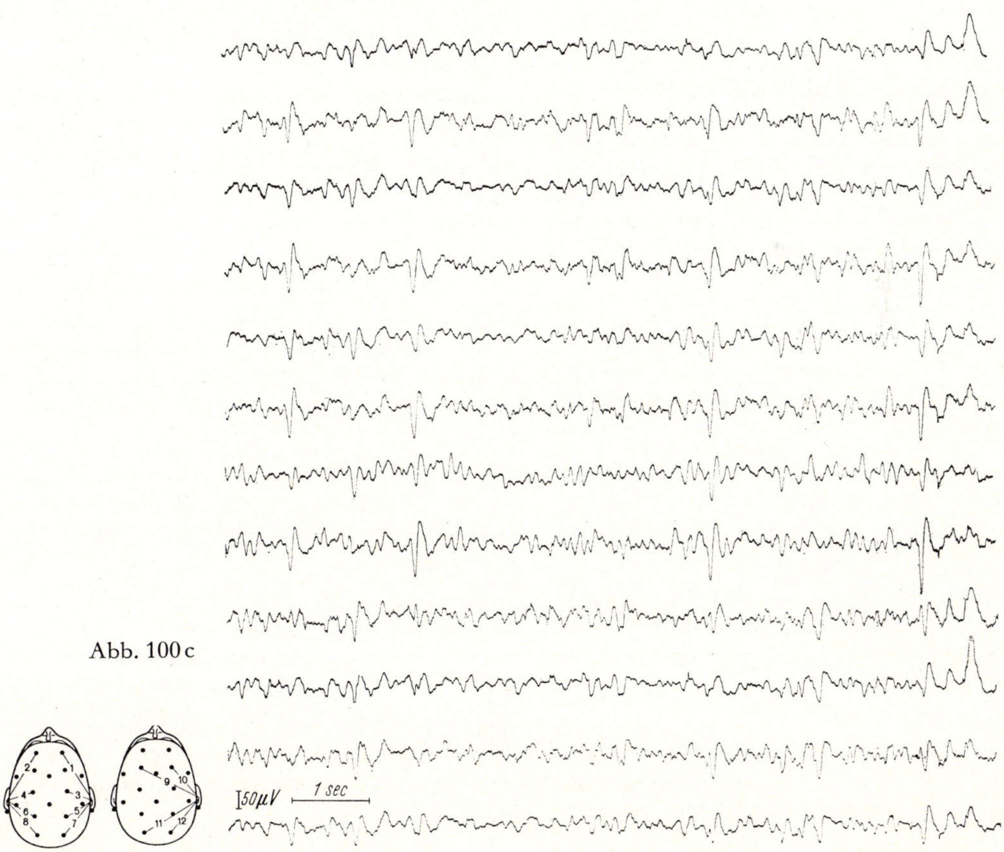

Abb. 100 c

Mit der an diesem Phänomen bezeugten Alternative zwischen Anfallsleiden oder Psychose scheint sich der von v. MEDUNA aufgrund psychiatrischer Erfahrung vermutete biologische Antagonismus zwischen Schizophrenie und Epilepsie zu bestätigen. Zugleich aber scheint sich in den Anfällen wie in den Psychosen unter jeweils veränderten Bedingungen die gleiche Grundstörung zum Austrag zu bringen. Auf eine Facette des beiden klinischen Erscheinungsformen Zugrundeliegenden weist TELLENBACH[358] hin, wenn er an dem in Einzelfällen evidenten durchgehenden Kontext von Traum, Aura und Psychose aufzeigt, daß es ganz so aussehe, »als ob hier etwas psychotisch zum Austrag käme, was sonst durch den Anfall heilsam verhindert werden soll«. In diesen Bereich gehört die sich in beiden klinischen Entfaltungen immer wieder mannigfach spiegelnde Todesproblematik; eine auf die Mitwelt gerichtete Aggressivität wie eine auf sich selbst bezogene Suizidalität. — Zur pathophysiologischen Erklärung der Alternative zwischen Anfallsleiden und Psychose geht CHRISTIAN[189] von der Grundstörung eines bei der Epilepsie vergrößerten Gesamtpotentials der elektrischen Aktivität aus, das durch eine — spontan erfolgende oder therapeutisch erzwungene — überschießende Bremsung eingeengt und damit wieder dem normalen Regelbereich angenähert wird. Normalerweise wird ein mittleres Erregungsniveau durch eine abgestimmte Zügelung von aktivierenden und bremsenden Vorgängen eingehalten. Wenn es nach JUNG u. TÖNNIES infolge eines Zusammenbruchs der Bremsfähigkeit im epileptischen Anfall zur Störung dieses Gleichgewichts kommt, so ist es vorstellbar, daß eine überwertige Bremsung zwar wieder zur Homöostase und zur Normalisierung des Hirnstrombildes führt, aber um den Preis einer Psychose. In die gleiche Richtung, wenn auch am anderen Zügel ansetzend, geht die Vermutung von HESS[624], der ähnlich wie LOEB u. GIBERTI die Normalisierung des Hirnstrombildes mit einer Aktivierung des »Wachzentrums« im Hirnstamm in Zusammenhang bringt. Damit stünde die klinische Erfahrung im Einklang, daß die Psychosen von Unruhe, Reizbarkeit und Schlafstörungen eingeleitet und von einem Zustand der Überwachheit begleitet werden.

Damit wird verständlich, daß alternative Psychosen auch »spontan«, d. h. durch Umstände, die zu einer länger anhaltenden Erregung und Schlaflosigkeit führen, ausgelöst auftreten. Wir haben sie zwar bisher nur als Auswirkung einer Umstellung oder Neueinstellung auf eine wirksame antiepileptische Medikation gesehen. Dabei scheint weder die Art des Medikaments noch die Höhe der Dosierung, sondern allein die Wirksamkeit der gegebenen Medikation ausschlaggebend zu sein. Daß in den letzten Jahren mehr Psychosen bei zentrenzephalen Epilepsien zur Beobachtung kommen[91], ist vermutlich auf die vermehrte Anwendung wirksamerer Substanzen, vor allem der Sukzinimide zurückzuführen. Doch ist ein Einfluß der bei dieser Stoffgruppe ähnlich wie beim Phenytoin bekannten Eigenwirkung, die in Richtung einer Aktivitätssteigerung geht, nicht von der Hand zu weisen.

Bei der *Behandlung* von Normalisierungs-Psychosen gilt es, »zwischen der Skylla der Anfälle und der Charybdis der Psychosen«[358] hindurchzusteuern. Beim Auftreten präpsychotischer Zustände von Unruhe, Erregtheit, Zwangssymptomen, selbstbeklagter Pedanterie und Verstimmungen genügt es meist, auf die halbe Dosis zurückzugehen. Sind wieder Anfälle aufgetreten und die Beschwerden abgeklungen, kann man nach geraumer Zeit den Versuch wagen, die Medikation in großen zeitlichen Schritten wieder auf die wirksame Dosis zu bringen. Bei eindeutig psychotischen Symptomen empfiehlt es sich jedoch, die Medikation radikal abzusetzen. Das Risiko von Grand mal-Serien oder eines Grand mal-Status ist geringer zu veranschlagen als das Risiko einer Chronifizierung der Psychose. Ein Status epilepticus kann bei rechtzeitigem Eingreifen unterbrochen werden, eine chronifizierte epileptische Psychose jedoch widersteht in der Regel jeder Behandlung. Wenn sich danach im EEG wieder Anfallspotentiale zeigen, ist auch die Psychose fast immer schon remittiert. Sie ist immer remittiert, wenn wieder große Anfälle auftreten. Wenn die Psychose trotz Absetzen der antiepileptischen Medikation nicht weicht, können Psychopharmaka gegeben werden, die allerdings die psychotischen Symptome meist wenig beeinflussen, es sei denn, daß sie Krampfanfälle provozieren. Spontane Anfälle haben einen günstigeren Effekt als durch eine Schockbehandlung ausgelöste Krämpfe. Wenn es nach abgeklungener Psychose trotz einer langsam einschleichenden antiepileptischen Medikation mit Nachlassen der Anfälle wieder zu einem Rezidiv der psychotischen Symptomatik kommt, wird man sich mit einem Kompromiß zu begnügen haben und Anfällen in erträglicher Frequenz den Vorzug vor chronischen Psychosen geben. Diese Lösung erlaubt wenigstens unter soge-

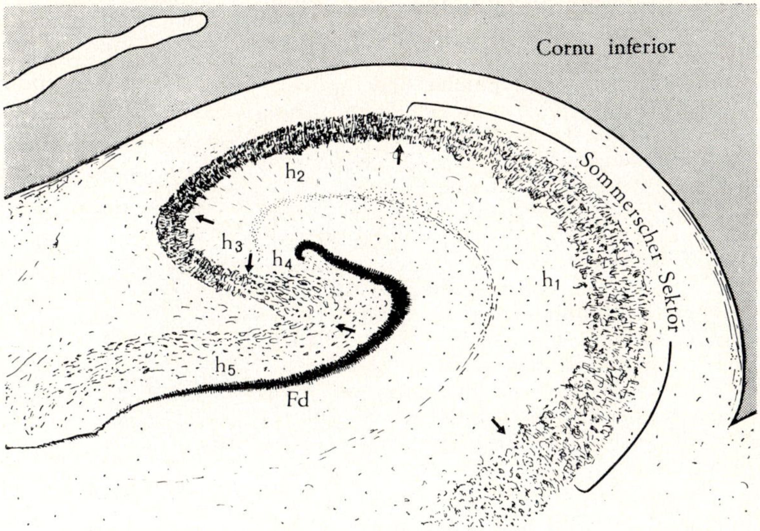

Abb. 101. Schematische Darstellung der Ammonshornformation. (h_1 — Sommerscher Sektor, h_2 — resistente intermediäre Zone, h_3, h_4, h_5 — Endblatt, Fd = Folia dentata).

nannten »behüteten« Bedingungen eine partielle Resozialisierung[358].

Pathologische Anatomie

Befunde: Der bei psychomotorischen Epilepsien am häufigsten nachweisbare Befund ist der einer *Ammonshornsklerose* bzw. *Hippokampussklerose*[419, 487, 517, 564, 599, 611, 727, 737, 740, 754, 777, 825, 864]. Darunter versteht man mehr oder weniger ausgeprägte Nervenzelluntergänge mit bis zu einer dichten Gliose gehenden Gliaproliferationen in dieser umschriebenen, dem Unkus und dem Nucleus amygdalae benachbart gelegenen Formation des medio-basalen Schläfenlappens (s. Abb. 101, 102 u. 103). Die erste makroskopische Beschreibung stammt von Bouchet u. Cazauvielh (1825), die erste mikroskopische Beschreibung von Sommer (1880), der schon auf die besondere Vulnerabilität des nach ihm benannten Sommerschen Sektors hinwies, der dem Feld h^1 entspricht. Bratz[175, 476, 477] beschrieb eine zusätzliche Vulnerabilität des mit den Feldern h^3–h^5 identischen Endblattes und eine weitgehende Resistenz der intermediären Zone (h^2). In schweren Fällen können alle Anteile des Pyramidenbandes und auch die Zellen des Gyrus dentatus mitbetroffen sein. Wenn, wie es häufig der Fall ist, nur die Nervenzellen untergegangen, die Gliazellen aber erhalten und proliferiert sind, spricht man mit Scholz[424] von *elektiven Parenchymnekrosen.* Die Sklerose kann sich rostralwärts bis in den Unkus hinein erstrecken[468, 739] und in schweren Fällen auch basale Anteile des Nucleus amygdalae miteinbeziehen[765]. Umgekehrt sind dagegen nie Amygdala-Schädigungen zu finden, ohne daß die Hippokampusformation mit betroffen wäre[727]. In der Reihenfolge ihrer Häufigkeit folgen dann Veränderungen in der *Kleinhirnrinde*, die unter dem Bild der disseminierten Läppchenatrophie erscheinen. In leichten Fällen handelt es sich um disseminierte Nekrosen der Purkinje-Zellen mit ihren Dendriten und dem charakteristischen Gliastrauchwerk, das durch proliferierende Gliazellen gebildet wird, die sich an die Zellausläufer der zugrunde gehenden Purkinje-Zellen anlagern. Vorzugsweise sind die in der Tiefe, um die Sulci gelegenen Rindenabschnitte und das benachbarte Marklager betroffen. In schweren Fällen gehen auch die Körnerzellen zugrunde, so daß nur noch die Bergmannschen Gliazellen den ursprünglichen Rindenverlauf anzeigen. Es können auch ganze Kleinhirnläppchen oder -hemisphären atrophisch werden, so daß das Bild dem bei hereditären Systemdegenerationen gleichkommt[737]. In etwa der Hälfte der mit Kleinhirnveränderungen einhergehenden Fällen sind auch in den unteren Oliven Nervenzelluntergänge und Gliosis anzutreffen[727].

Im Abstand folgen dann noch etwa in gleicher Häufigkeit Schädigungen im Gebiet des *zerebralen Kortex* und des *Thalamus.* Wieder handelt es sich um mehr oder weniger aus-

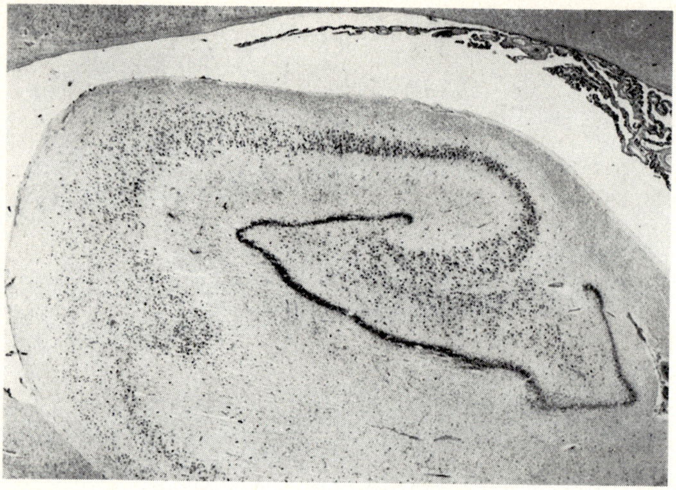

Abb. 102. Ausschnitt aus dem unauffälligen rechten Ammonshorn eines 28 Jahre alten Mannes mit theraphieresistentersekundärer rhinenzephaler Epilepsie nach vorausgegangener Aufwach-Grand-mal-Epilepsie (Fall Wolfgang B., S. 286): Der Zellbestand ist numerisch weder im Sommerschen Sektor noch im Endblatt erkennbar gelichtet. Keine Vermehrung von glialen Elementen. (Im linken Ammonshorn fand sich eine dysontogenetische gliomatöse Fehlbildung.)

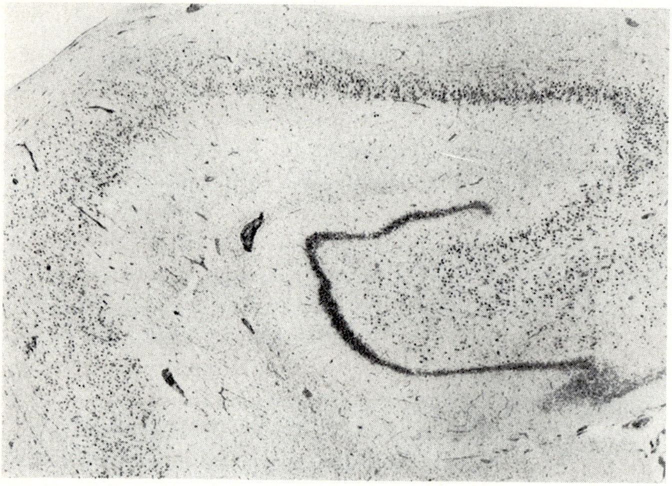

a

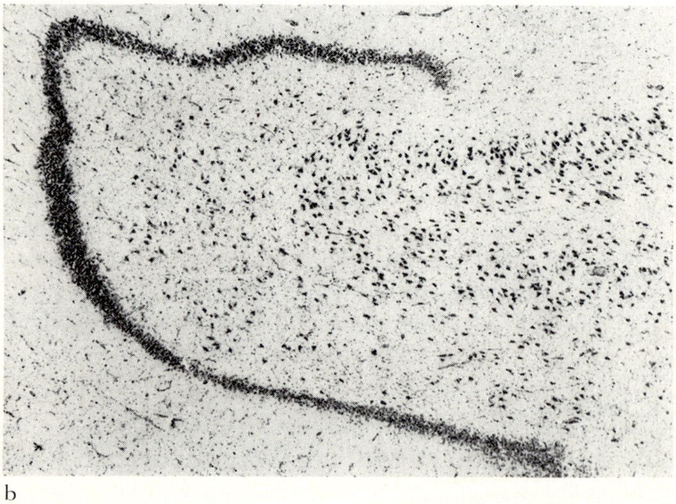

b

Abb. 103a—d. Sie stammen vom Gehirn eines 30 Jahre alt gewordenen Mannes mit perinataler hypoxischer Schädigung (Claus B.). Der Kranke kam als Frühgeburt (Geburtsgewicht 2250 g) zur Welt. Im Alter von 3 Monaten Säuglingskrämpfe. Nach unauffälliger statischer und intellektueller Entwicklung seit dem 17. Lebensjahr Ausbruch von therapieresistenten psychomotorischen Anfällen mit visuell-halluzinatorischem Dreamy state sowie szenisch ablaufender Drehbewegung des Körpers gegen den Uhrzeigersinn. Vom 20.—23. Jahr gelegentliche Grand mal ohne eindeutige Beziehung zum Schlaf-Wach-Rhythmus. a u. b: rechtes Ammonshorn, a: Endblattsklerose mit Lichtung des Feldes h_4 und Vermehrung der gliösen Elemente. Neuronenbestand im resistenten Feld h_2 und im Sommerschen Sektor nicht vermindert. b: Vergrößerter Ausschnitt mit deutlich erkennbarer Gliose im Endblatt. c u. d: Linkes Ammonshorn. Klassische Ammonshornsklerose. Vollständiger Neuronenausfall im Sommerschen Sektor und im Endblatt, Lichtung des resistenten Feldes h_2 und erhebliche Lichtung des Zellbestandes im Gyrus dentatus. Gleichmäßige dichte Gliose des Hippokampus. d: Vergrößerter Ausschnitt.

geprägte Nervenzelluntergänge mit bis zur Gliose gehenden Gliaproliferationen. Die Schäden im Thalamus bevorzugen kein besonderes Gebiet und sind nicht durch retrograde Degeneration infolge Zerstörung kortikaler Strukturen zu erklären[727]. Auch die Schäden im Kortex, die vorwiegend frontal und okzipital lokalisiert sind, lassen keine Bevorzugung einer der beiden Regionen erkennen[727].

Die Kenntnisse über die pathologische Anatomie der psychomotorischen bzw. der Temporallappen-Epilepsie waren bisher auf die Untersuchungen an Operationspräparaten nach temporaler Lobektomie[487, 517, 599, 754], auf autoptische Befunde bei zwar klinisch, aber nicht elektroenzephalographisch definierten Fällen[419, 777, 825, 864] und auf nur wenige Untersuchungen des gesamten Gehirns bei Einzelfällen beschränkt, von denen sowohl klinische wie elektroenzephalographische Daten vorlagen[115, 564]. Die Arbeit von Margerison u. Corsellis hat darum ein besonderes Gewicht, weil hierin von Corsellis über systematische pathologisch-anatomische Untersuchungen der Gehirne von 55 Fällen berichtet wird, die von Margerison vor ihrem Tode klinisch und elektroenzephalographisch gründlich untersucht worden waren. Zwar ist auch dieses Krankengut nicht auslesefrei, denn es stammt von zwei Anstalten, in denen vor allem inveterierte Epileptiker untergebracht sind. Auch hatten alle Patienten an großen Anfällen gelitten, so daß kein Fall einer »reinen« psychomotorischen Epilepsie vorlag. In 39 Fällen handelte es sich klinisch, weil psychomotorische Anfälle oder entsprechende Aurasymptome vorkamen, um eindeutige »Temporallappen-Epilepsien« (TE +), in 13 Fällen dagegen nicht (TE —); bei 4 Patienten war die Diagnose zweifelhaft (TE ?); in 12 Fällen unbekannt (u). Elektroenzephalographisch hatten 34 Patienten einen epileptischen Temporallappen-Fokus mit Spikes oder Sharp-waves in der vorderen oder mittleren Temporalregion (TF +), 21 dagegen nicht (TF —).

Abb. 104 zeigt, daß unter 26 klinisch als temporale Epilepsien diagnostizierten Fällen allein 22 und unter 34 elektroenzephalographisch als temporale Epilepsien diagnostizierten Fällen allein 30 eine Hippokampussklerose hatten. Umgekehrt lag von 13 klinisch nicht als temporale Epilepsie diagnostizierten Patienten allein bei 8 und unter 21 elektroenzephalographisch nicht als temporale Epilepsie diagnostizierten Patienten allein bei 15 keine Hippokampussklerose vor. Unter den 23 Patienten mit bilateralen EEG-Foki war in 14 Fällen die Hippokampussklerose ebenfalls beiderseits, aber in 9 Fällen nur einseitig ausgeprägt. Umgekehrt fand sich bei 11 Patienten mit einem einseitigen temporalen EEG-Fokus zwar 6mal eine einseitige Hippokampussklerose, die aber in 2 Fällen kontralateral zum EEG-Fokus lokalisiert war, in einem Fall eine beidseitige Hippokampussklerose und in 4 Fällen keinerlei Hippokampusveränderungen. Andererseits hatten 15 von 21 Patienten ohne temporale EEG-Veränderungen auch keine Hippokampussklerose, jedoch 4 von den übrigen 6 eine einseitige und 2 eine beidseitige Sklerose. — Von

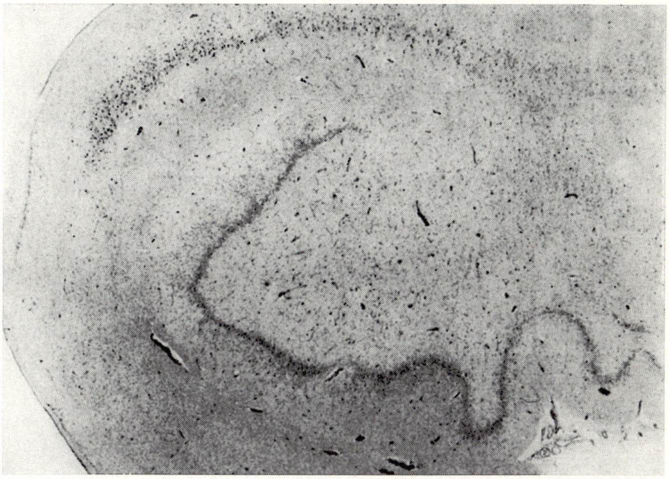
c

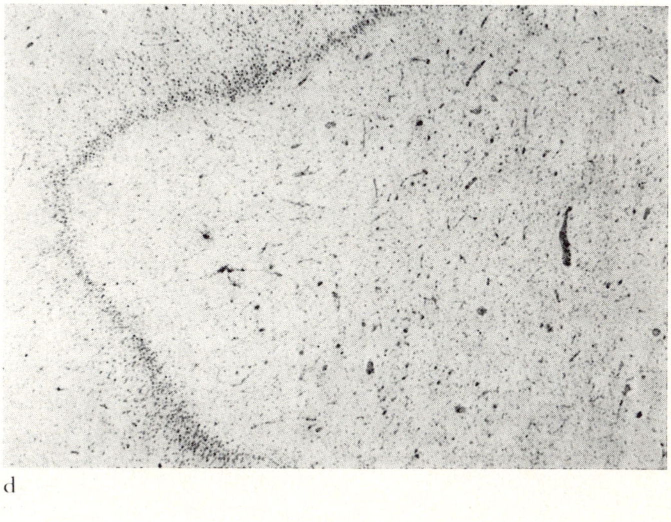
d

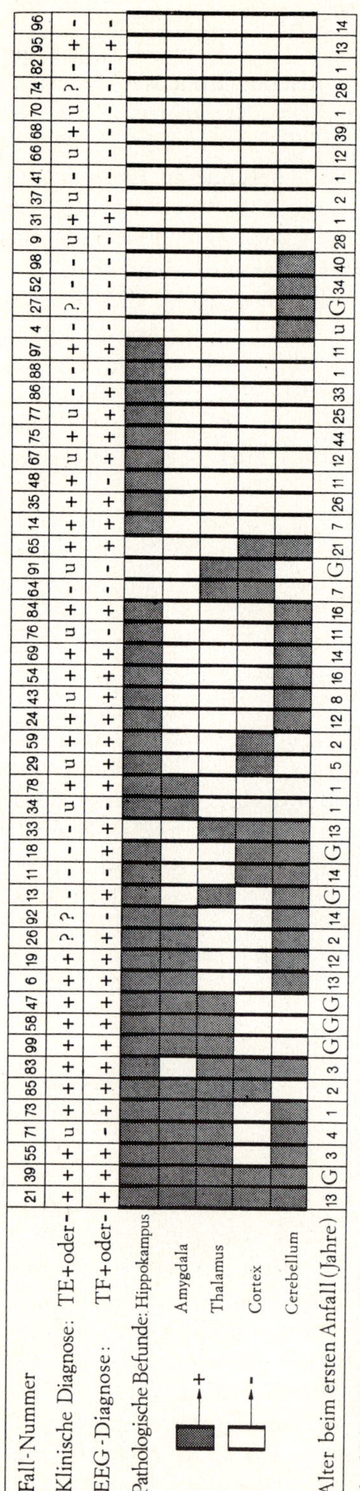

Abb. 104. Klinische Diagnose, EEG-Befunde und Verteilung hypoxämischer Schädigungen bei 55 Patienten mit Epilepsie. G = Geburt, weitere Abkürzungen s. Text. (Nach MARGERISON, J. H., J. A. N. CORSELLIS: Brain 89 [1966] 499.)

der Pathologie ausgehend zeigten 14 unter 17 Patienten mit beidseitiger Hippokampussklerose auch beidseitige EEG-Foki. Andererseits zeigten nur 6 von 19 Fällen mit einseitiger Sklerose einen einseitigen, aber 9 beidseitige und 4 überhaupt keine temporalen Foki im EEG. In den 19 Fällen ohne Hippokampussklerose hatten 15 auch keinen EEG-Fokus. — Geht man von den sowohl positiv wie negativ eindeutig definierten klinischen und elektroenzephalographischen Befunden aus, so ergab sich unter insgesamt 39 Fällen in 28 (72%) eine alle drei Aspekte einschließende Konkordanz, die in 21 Fällen positiv und in 7 Fällen negativ war, während sich die Befunde aus den drei Disziplinen bei den übrigen 11 Fällen diskordant verhielten. Da die größte Übereinstimmung bestand zwischen den Fällen mit der positiven oder negativen klinischen Diagnose einer Temporallappen-Epilepsie und im Vorliegen oder Fehlen einer Hippokampussklerose sowie dem elektroenzephalographischen Befund beidseitiger EEG-Foki mit beidseitigen Hippokampussklerosen und entsprechend fehlenden EEG-Foki und Hippokampussklerosen, konnte die Untersuchung die enge Beziehung der psychomotorischen bzw. temporalen Epilepsie zur Ammonshorn- bzw. Hippokampussklerose bestätigen. Allerdings betonen die Autoren, daß sie anderen Assoziationen nicht nachgegangen sind, daß man künftig auch die mögliche Bedeutung von Schäden in anderen Teilen des Gehirns berücksichtigen müsse und daß vermutlich auch die Schäden im Thalamus, Kortex und Zerebellum das Anfallsbild und das EEG-Muster beeinflussen könnten.

An anderen pathologisch-anatomischen Befunden ist erwähnenswert, daß man außer den in 5–10% der Fälle schon klinisch feststellbaren Tumoren und Angiomen oft erst im Operationspräparat oder bei der Autopsie *kleine Tumoren* und *Angiome* im Schläfenlappen antrifft, die sich klinisch vorher nicht bemerkbar gemacht haben. In solchen Fällen handelt es sich meist um therapieresistente psychomotorische Epilepsien mit einer langen – bei den 8 Fällen von CAVANAGH 10–15 Jahre dauernden – Anfallsvorgeschichte. Das EEG zeigt lediglich eine temporal begrenzte Anfallsaktivität, sonst aber keine auf eine morphologische Schädigung verdächtigen Befunde. Die Häufigkeit zufällig entdeckter kleiner Tumoren wird mit 10%[597, 736] bis 24%[533], und die von Angiomen mit 2% bis 11,4%[419, 517, 518, 599, 736] angegeben. Bei den Tumoren handelt es sich meist um gliomatöse oder um hamartomartige Formationen.

Die kleinen Knoten sind meist erst auf Schnittpräparaten makroskopisch, gelegentlich auch erst mikroskopisch zu erkennen und bestehen aus Zellgruppen mit gemischt neuroglialen Elementen, die fast keine infiltrative Tendenz und nur selten Ansätze zu neoplastischen Veränderungen aufweisen, so daß schwer zu entscheiden ist, ob sie schon als beginnende gutartige Gliome, als Gangliogliome[866] oder noch als hamartomartige Fehlbildungen zu klassifizieren sind[487]. Da alle Übergänge bis zu Heterotypien möglich sind[700, 820] und histologische Veränderungen vorkommen, die an Abortivformen einer tuberösen Sklerose oder einer Recklinghausenschen Neurofibromatose denken lassen, unterstützen diese Beobachtungen die Annahme einer Entstehung aus embryonalen Zellresten. An Hand der Beschreibung von drei Fällen mit sogenannten Riechhirnspongioblastomen haben wir mit NEIMANIS[659] darauf hingewiesen, daß bei der formalen Genese dieser Tumoren auch ein ortsgebundener formativer Faktor, der mit Besonderheiten der ontogenetischen Geschichte des Allokortex zusammenhängt, mit im Spiel sein könnte. Dem Einwand von SCHOLZ u. HAGER[426], wonach Fehlbildungen häufiger vorkommen müßten, wenn sie für die Entstehung einer Epilepsie Bedeutung hätten, ist entgegenzuhalten, daß sie oft so klein sind, daß sie nur bei entsprechender Untersuchung aufgedeckt werden[487] und daß Heterotypien im Schläfenlappen bei psychomotorischen Epilepsien tatsächlich häufiger vorkommen als bei nicht-epileptischen Patienten[586, 686].

Die als Angiome angeführten Bildungen, die als kapilläre Angiome, arteriovenöse Aneurysmen oder als Angiome aus der Gruppe des Haemangioma calcificans[787] anzusprechen sind, werden von EDGAR u. BALDWIN als kongenitale zerebrale arteriovenöse Mißbildungen des Temporallappens aufgefaßt.

Narben nach *traumatischen Rindenprellungsherden* werden wesentlich seltener gefunden, als nach den Vorstellungen von GASTAUT u. GASTAUT[559] zu erwarten wäre. Der von SANO u. MALAMUD angegebenen Häufigkeit von 36% steht gegenüber, daß HABERLAND, MEYER[736] sowie PEIFFER[419] zusammengenommen nur in 8 (7,5%) von 107 Fällen eindeutig traumatische Veränderungen festgestellt haben. MARGERISON u. CORSELLIS haben unter 35 klinisch und/oder elektroenzephalographisch als temporale Epilepsie diagnostizierten Fällen nur 4 (11%) mit posttraumatischen Narben gefunden, wovon aber nur in 1 Fall verläßlich zu erfahren war, daß ein Hirntrauma dem Beginn der Anfälle vorausging.

Noch seltener sind pathologische Befunde, die man auf entzündliche Prozesse, Enzephalitiden oder Meningitiden beziehen kann. Kaum häufiger werden Erweichungsherde bei Zerebralsklerose, oder bei andersartigen Gefäßprozessen gefunden.

Ein »kniffliges Problem«[727] stellen die Fälle psychomotorischer Epilepsie dar, deren Gehirne offensichtlich keinerlei neuropathologische Abnormitäten aufweisen. Die Häufigkeit normaler Befunde an Operationspräparaten wird mit 22%[533], 40%[481], 50%[450] und 60%[599] angegeben. Daß diese Zahl allerdings wesentlich kleiner wird, wenn beide Temporallappen und das gesamte Gehirn untersucht wird, geht aus der Arbeit von MARGERISON u. CORSELLIS hervor, die nur bei 3 von 35 klinisch und/oder elektroenzephalographisch als temporaleEpilepsie diagnostiziertenFällen überhaupt keine Veränderungen finden konnten.

Pathogenese

Die pathogenetische Bedeutung expansiver oder atrophisierender Prozesse, sofern sie auf Tumoren, Angiome, Mißbildungen, Erweichungen und Narben nach traumatischen und entzündlichen Schäden zurückzuführen sind, bedarf keiner speziellen Interpretation. Daß diese Schädigungen ihrer Art nach nicht spezifisch sind, und daß lediglich ihre Lokalisation im Schläfenhirn eine Bedingung für das Zustandekommen psychomotorischer Anfälle darstellt, berührt das allgemeine Problem der morphologischen Bedingungen für die Anfallsbereitschaft, das hier nicht zu erörtern ist. Nachdem vor allem durch die Untersuchungen von PEIFFER[419] und von MARGERISON u. CORSELLIS die besondere Beziehung zwischen der klinisch wie elektroenzephalographisch definierten psychomotorischen bzw. temporalen Epilepsie zu den als Ammonshornsklerose, Hippokampussklerose, Unkussklerose, »mesial sclerosis«, »incisural sclerosis« verifiziert worden ist, steht speziell die Frage zur Diskussion, welche pathogenetische Bedeutung diesen Veränderungen für die Entstehung dieser Form von Epilepsie zukommt.

Früher hatte man die Ammonshornsklerose für die Ursache der Epilepsie gehalten, bis PFLEGER (1880) nach präfinalen Grand mal-Serien frische Gewebsschäden beobachtete, die ihn daran denken ließen, »daß eine Ernährungsstörung durch Änderung in der Art und Weise der Zirkulation des Blutes während und nach dem epileptischen Anfall bei eigentümlicher

Anordnung und Lage der Blutgefäße des Ammonshorns vorliege«. Diese Auffassung, daß die Ammonshornveränderungen »nicht als Ursache der Epilepsie, sondern nur als eine Nebenerscheinung der epileptischen Degeneration« (ALZHEIMER) zu gelten haben, wurde von SPIELMEYER[858, 859, 860] damit begründet, daß die gleichen Veränderungen sowohl bei genuiner als bei symptomatischer Epilepsie, wie auch bei anderen, ohne Krampfanfälle einhergehenden Erkrankungen vorkommen und von SCHOLZ [424, 425, 426, 834] dahingehend präzisiert, daß es sich dabei um die Folgen anfallsbedingter anoxämischer Parenchymnekrosen handelt. Wenn auch die ursprüngliche Annahme, daß die Anämie durch Angiospasmen während oder kurz vor dem Anfall zustande komme, nicht aufrecht zu erhalten war, so besteht heute doch Übereinstimmung darüber, daß es im Verlauf von Krampfanfällen zu ausgeprägten Zirkulationsstörungen mit Anämie und Stasis kommt[737].

SCHOLZ konnte die gleichen Gewebsveränderungen sowohl nach experimentell gesetzten Krämpfen[835], wie nach gehäuften großen Anfällen und nach einem Status epilepticus beobachten. Durch eine Sammlung bezeichnender Einzelfälle schlug er eine »Brücke zwischen den frischen Zellveränderungen und Erbleichungen bis zu großräumigen Ulegyrien und konnte durch diese Stufenleiter zeitlich verschieden alter Gewebsschäden die Krampfgenese auch der alten Veränderungen wahrscheinlich machen, deren Entstehungsbedingung bis dahin oft unklar geblieben war«[419]. Unterstützt wird diese Auffassung durch die Beobachtung, daß man qualitativ und topisch gleich angeordnete Veränderungen sowohl bei symptomatischen wie bei idiopathischen Epilepsien findet. Nach PEIFFER richtet sich der Grad ihrer Ausprägung nach der Schwere und Häufigkeit der vorangegangenen Anfälle.

Der Folgerung von SCHOLZ, daß die im Gehirn von Epileptikern sowohl im Ammonshorn wie in anderen Anteilen anzutreffenden »elektiven Parenchymnekrosen« die Folgen anfallsbedingter anoxämischer Gewebsuntergänge darstellen, die sich von hypoxämischen Parenchymnekrosen anderer Genese nicht unterscheiden, ist mit zwei völlig verschiedenen Behauptungen widersprochen worden. Die eine spricht diesen Befunden jede pathogenetische Bedeutung ab, da sie auch bei anderen Krankheitszuständen anzutreffen seien[611, 753]. Die andere sieht in allen Vorgängen, die vor Ausbruch einer Epilepsie zu Schädigungen der Hippokampusformation führen können, die entscheidende pathogenetische Bedingung für die Entstehung einer psychomotorischen bzw. temporalen Epilepsie[517, 904, 905].

Gegen die erste Behauptung führen CORSELLIS (1957) und SCHOLZ (1959/60) an, daß sich das morphologische Bild im Ammonshorn bei Zerebralsklerose, seniler Demenz und Kernikterus grundsätzlich unterscheide von dem bei der klassischen Ammonshornsklerose. Bei Epilepsie treffe man nicht irgendwelche Veränderungen im Ammonshorn, sondern eine eindeutige Ammonshornsklerose an. Die Verteilung anfallsbedingter Hirnschädigungen wird entweder auf eine bestimmte Empfindlichkeit dieser Gebiete auf Sauerstoffmangel oder auf die Diskrepanz zwischen einem erhöhten Sauerstoffbedarf und einer verminderten Blutzufuhr während der Anfälle bezogen. Die elektive Vulnerabilität des Ammonshorns hänge möglicherweise mit dem relativ subtilen chemischen Aufbau seiner einzelnen Teile und besonders des Endblattes[798] zusammen. Wenn eine Ammonshornsklerose grundsätzlich als Folge von Anfällen anzusehen ist, bleibt allerdings ungeklärt, wodurch die ersten Anfälle zustande kommen.

Darauf bezieht sich die zweite Behauptung, aus der sich zwei Hypothesen abzweigen. Die erste wird von EARLE, BALDWIN u. PENFIELD (1953) vertreten, die die von ihnen auch als »incisural sclerosis« bezeichneten Veränderungen auf eine während der Geburt zustande kommende anoxämische Hirnschädigung zurückführen. Dabei soll es durch eine Deformation der Schädelknochen während des Geburtsaktes zu einer Einklemmung des Gyrus hippocampi in den Tentoriumschlitz kommen, die über eine Drosselung der Arteriae cerebri posterior, chorioidealis anterior und cerebri media zu ischämischen Ganglienzellnekrosen mit nachfolgender Sklerose führt, die im Laufe der Jahre zu einem epileptogenen Fokus heranreifen soll.

Die zweite Hypothese, die von GASTAUT et al. (1959) vertreten wird, sieht die Hippokampusschäden als die Folge einer Vielfalt postnataler Affektionen an, die über den gemeinsamen

Mechanismus eines Hirnödems die zuführenden Blutgefäße komprimieren und die Blutzufuhr einschränken.

Wenn auch gegen beide Hypothesen gewichtige Einwände mit klinischen und neuropathologischen Argumenten erhoben worden sind[425, 533, 766, 905], so kann doch ihre Gemeinsamkeit nicht übersehen werden, die darin besteht, daß beide eine mechanische Restriktion der Blutzufuhr zum medialen Schläfenlappen für das wesentliche pathogenetische Moment halten. Wenn auch keine Einigkeit darüber besteht, ob die Schädigungen in der Hippokampusregion als Ursache oder als Folge von Anfällen anzusehen sind, so stimmen die Schulen von Montreal und Marseille doch mit der von München darin überein, daß sie letztlich auf eine Störung in der Blut- und Sauerstoffzufuhr zurückgehen. MEYER[737] und neuerdings auch SCHOLZ[425] nehmen eine vermittelnde Stellung ein, indem sie darauf verweisen, daß LINDENBERG[416, 709] nach traumatischen Ödemreaktionen eine ganz ähnliche Verteilung der durch arterielle Kompression bedingten Schäden gefunden hat, die dem Muster der Krampfschäden von SCHOLZ sehr nahe kommt. Danach wäre es möglich, daß auch andere Zustände, die zu einem plötzlichen Druckanstieg im Gehirn führen, wie etwa Anoxien bei der Geburt oder in einer späteren Periode, die gleichen Folgen nach sich ziehen wie eine beträchtliche relative Anoxie während wiederholter Krampfanfälle oder Status-Attacken. Nach LINDENBERG[416] »bedeuten die Befunde einer typischen vaskulären Ammonshornsklerose im allgemeinen, daß da wenigstens einmal eine Phase einer supratentoriellen Hirndrucksteigerung durchgemacht wurde«.

Es ist erwiesen, daß bei Kranken mit einer psychomotorischen bzw. temporalen Epilepsie wesentlich häufiger als bei anderen Epilepsie-Formen posthypoxämisch entstandene Narben im Hippokampus-Unkus-Amygdala-Gebiet des mediobasalen Schläfenlappens mit Bevorzugung des Ammonshorns angetroffen werden. Diese Veränderungen können den Anfällen voraufgehen oder nachfolgen, also sowohl über eine Geburtsschädigung und eine Vielzahl von mit Hirnschwellungen einhergehenden Erkrankungen als Ursachen, wie auch über frühkindliche Gelegenheitskrämpfe, gehäufte große Anfälle oder einen Status epileptikus als Folgen eines epileptischen Anfallsleidens in Frage kommen. »Angesichts dieser Interpretation der klinischen und pathologischen Befunde verliert die Frage, ob die zerebrale Schädigung oder der epileptische Anfall zuerst kommt, viel von seiner Bedeutung. Entscheidend ist vielmehr, daß die Schädigung überhaupt stattgefunden hat. Unabhängig von ihrer Entstehung interferiert die Narbe mit der normalen Aktivität des Gehirns und trägt dazu bei, das Leiden zu chronifizieren. Darüber hinaus nimmt sie durch ihre Lokalisation im Gehirn ziemlich sicher einen Einfluß auf die Form der Anfälle. Auf diese Weise gerät der Patient in einen Circulus vitiosus, in dem er weitere Gehirnschädigungen riskiert, solange die Anfälle fortdauern, während die Anfälle weitergehen, weil Gehirnschädigungen vorliegen« (MARGERISON u. CORSELLIS). Da die Krankheitsform sowohl durch Vorschädigungen wie durch anfallsbedingte Schädigungen geprägt werden kann, stellt die psychomotorische bzw. temporale Epilepsie ein Sammelbecken dar, das sowohl primäre wie sekundäre psychomotorische bzw. temporale Epilepsien enthält. Es wird eine Aufgabe für die pathologisch-anatomische Forschung sein, bei zukünftigen Untersuchungen auf die Unterscheidung von primären und sekundären psychomotorischen Epilepsien zu achten. Dann erst kann entschieden werden, ob das Verteilungsmuster der Schäden in den wesentlichen Gebieten des Gehirns einem für alle Epilepsie-Formen allgemein gültigen Schema entspricht, oder ob – besonders in dem noch ausstehenden Vergleich mit dem Verteilungsmuster bei zentrenzephalen Epilepsien – noch andere Schemata möglich sind.

Einen ersten Ansatz dazu gibt NEIMANIS (1962) mit einer klinisch-neuropathologischen Korrelation der Befunde von 4 Patienten mit psychomotorischen Anfällen, die erst nach einem Grand mal-Vorspiel in Erscheinung getreten waren. Dem Verlauf nach handelte es sich bei 3 Fällen primär um eine hereditäre Aufwach-Epilepsie, während im 4. Fall nur zwei große Anfälle aufgetreten waren. Anamnese und Befunde erlaubten in den 3 Fällen, die als sekundäre psychomotorische Epilepsien zu klassifizieren waren, die Annahme, daß die psychomotorischen Anfälle sekundär, d. h. von den durch die generalisierten Anfälle bewirkten Krampfschäden ausgelöst sein konnten.

Tabelle 22: *Statistischer Vergleich der Wirkung verschiedener Medikamente auf psychomotorische Anfälle.*

	Isolierte psychomotorische Anfälle										Mit Grand mal kombi-			
	I		II		III		IV		Total		I		II	
	n	%	n	%	n	%	n	%	n	%	n	%	n	%
Phenobarbital	13	20	17	27	8	12	26	41	64	100	7	18	11	28
Primidon	19	40	11	23	4	9	13	28	47	100	30	29	34	33
Phenytoin	16	35	13	29	4	9	12	27	45	100	47	45	25	24
Phenantoin	16	33	9	18	7	14	17	35	49	100	31	31	24	24
Karbamazepin	12	38	8	25	1	3	11	34	32	100	20	28	15	21
Sulthiam	6	10	17	30	—	—	34	60	57	100	5	6	28	—

I = anfallsfrei, II = Reduktion um über 75%, III = Reduktion um über 50%, IV = Reduktion bis 50%,

Therapie

So differenziert die Kenntnisse von der Klinik, Pathophysiologie und Morphologie der psychomotorischen Epilepsie geworden sind, so unbefriedigend sind die therapeutischen Möglichkeiten geblieben. Es scheint nachgerade, als habe die Faszination, die von den verwirrend vielfältigen Erscheinungsweisen und Entstehungsbedingungen dieser Krankheitsform ausgeht, die Entwicklung rationaler Behandlungsmethoden weitgehend gelähmt. Denn selbst auf dem Gebiet der Pharmakotherapie mangelt es nicht nur an einem spezifischen Chemotherapeutikum, sondern schon an Erfahrungen mit den konventionellen Antiepileptika, die über Feststellungen ihrer globalen Wirksamkeit hinausgehen. So weiß man nichts darüber, von welchen klinischen Kriterien, wie Anfallssyndrom, Erkrankungsalter, Krankheits- und Behandlungsdauer, Vorbehandlung, EEG oder Ätiologie die Erfolge oder Mißerfolge der medikamentösen Behandlung abhängen, wie auch die Korrelationen zu psychischen oder sozialen Faktoren noch weitgehend im Dunkel liegen.

Immerhin können als Faustregeln der Erfahrung gelten: Erstens, daß eine Behandlung mit Hormonen und mit Petit mal-wirksamen Medikamenten bei psychomotorischen Anfällen verfehlt ist. Zweitens, daß mit den Grand mal-wirksamen Medikamenten aus der Gruppe der Barbiturate und Hydantoine und neuerdings mit Karbamazepin in je einem Drittel der Fälle Anfallsfreiheit, noch befriedigende und unbefriedigende Resultate zu erzielen sind. Und daß drittens für die therapieresistenten Fälle mit Hilfe chirurgischer Methoden wieder zu je einem Drittel der Fälle die gleichen Chancen bestehen. Über Notwendigkeit und Nutzen allgemein diätetischer Verordnungen, die bei den zentrenzephalen Epilepsien – mindestens was Schlafen und Wachen betrifft – wieder in die rationale Therapie Eingang finden, ist bei der rhinenzephalen Epilepsie nichts Spezielles bekannt. Das ist um so merkwürdiger, als gerade die Kranken mit psychomotorischen Anfällen oft sehr prononcierte Vorstellungen über fördernde und hemmende Umstände von Licht und Luft, Speise und Trank, Ausscheidungen und Absonderungen, Ruhe und Bewegung haben, die man nicht übergehen, sondern achtsam in den Therapieplan einfügen sollte. Nicht zuletzt scheint eine psychotherapeutische Behandlung bei der psychomotorischen Epilepsie eher lohnenswert als bei anderen Formen. Denn nicht nur, daß die Patienten selbst nicht selten den Gang der Behandlung in mehr oder minder verhüllter Form auf diese Fährte lenken und daß sich nicht selten medikamentös unerklärliche, »spontane« Remissionen rückblickend als psychotherapeutisch bewirkt herausstellen[658] –, auch die wenigen belegten psychotherapeutischen Erfolge sind gewiß nicht zufällig gerade bei Kranken mit psychomotorischen Anfällen erzielt worden[453, 454, 458, 617, 629].

nierte psychomotorische Anfälle						Isolierte und kombinierte psychomotorische Anfälle									
III		IV		Total		I		II		III		IV		Total	
n	%	n	%	n	%	n	%	n	%	n	%	n	%	n	%
5	13	16	41	39	100	20	19	28	27	13	13	42	41	103	100
11	11	28	27	103	100	49	33	45	30	15	10	41	27	150	100
10	9	23	22	105	100	63	42	38	26	14	9	35	23	150	100
11	11	35	34	101	100	47	31	33	22	18	12	52	35	150	100
14	20	22	31	71	100	32	31	23	22	15	15	33	32	103	100
—	31	56	63	89	100	11	7	45	—	—	31	90	62	146	100

keine Änderung oder Anfallshäufung.

So ist es zumindest bei dieser Krankheitsform nicht mehr weiter gerechtfertigt, daß – wie VOGEL[910] es einmal formuliert hat – die Psychotherapeuten vor den Erfolgsbannern der antikonvulsiven Chemie ihre bescheideneren Wimpel eingezogen halten, »als ob im Felde der Epilepsie das therapeutische Gespräch endgültig zu einem Gespräch über die Tablette und die beste Art ihrer Einverleibung geworden wäre«. Selbstverständlich wird man auch bei operativer, diätetischer oder psychischer Behandlung nicht auf eine Medikation als Basistherapie verzichten, die bei einer Kombination mit Grand mal um so mehr angebracht ist, als es mit ihrer Hilfe gelingt, bei $^3/_4$ der Fälle die Häufigkeit der großen Anfälle um mehr als 75% zu reduzieren und immerhin bei $^2/_3$ der Fälle völlig zum Aufhören zu bringen.

Medikamentöse Behandlung: Bei der psychomotorischen Epilepsie gibt es kein Mittel der Wahl, wohl aber vier Medikamente, die annähernd gleich wirksam sind, so daß man sie gegeneinander austauschen und die Wahl vorwiegend nach ihrer Verträglichkeit richten kann: Karbamazepin, Phenantoin, Phenytoin und Primidon.

Will man die Wahl des geeigneten Medikamentes nach dem bestmöglichen Verhältnis von Grad der Wirkung und Risiko etwaiger Nebenwirkungen treffen, so ergeben sich nach unseren auf Tabelle 22 aufgeführten Erfahrungen folgende Richtlinien:

Bei isolierten psychomotorischen Anfällen empfiehlt es sich, mit Karbamazepin zu beginnen und notfalls auf Primidon überzugehen. Mit Grand mal kombinierte psychomotorische Epilepsien wird man zunächst mit Phenytoin zu behandeln versuchen und notfalls Karbamazepin oder Primidon hinzufügen. Als Ultima ratio einer medikamentösen Therapie kann man bei Kranken, die nicht zu allergischen Reaktionen neigen und die sich verläßlich zu Kontrollen des Blutbilds wieder vorstellen, auch auf Phenantoin zurückgreifen, das aber nur bei völliger Anfallsfreiheit über längere Zeit beibehalten werden sollte.

Unter den *Barbituraten* ist Phenobarbital nicht nur deswegen unbefriedigend, weil es nur bei $^1/_5$ der Fälle zu Anfallsfreiheit führt, sondern auch, weil seine ausgeprägte sedierende Wirkung die enechetischen Wesenszüge verstärkt. Primidon wirkt dagegen in ausreichender Dosierung, die zwischen 1,0 g und 2,0 g p.d. liegt, besonders gut bei reinen psychomotorischen Epilepsien und bei kombinierten Formen auf die großen Anfälle, die in 84% der Fälle verschwinden.

Unter den *Hydantoinen* ist Phenytoin vorzuziehen, das mit 300 mg–400 mg p.d. dosiert und, wenn auf zerebellare Intoxikationssymptome geachtet wird, auch bis zu 500 mg p.d. verabreicht werden kann. Wenn man schon eine über 75%ige Anfallsreduktion als befriedigend ansieht, so übertrifft Phenytoin in dieser Hinsicht alle anderen Medikamente

(s. Tab. 22). Phenantoin schneidet statistisch ungünstiger ab, als ihm zukommt, da wir es in der Regel nur in Fällen einsetzen, bei denen andere Mittel versagt haben. Daß es mit 500 mg–800 mg p.d. höher dosiert werden kann als Phenytoin, bedeutet einen Vorzug. Daß es häufiger als dieses zu Leukopenien und Agranulozytosen führt, ist dagegen ein Nachteil, den nur eine sorgsame Überwachung ausgleichen kann. In der Fähigkeit, große Anfälle bei Kombinationsformen zu kupieren, liegt Phenantoin mit 62% nur wenig vor Phenytoin mit 58%.

Karbamazepin aus der Gruppe der *Diphenyl-Azepine* scheint besonders geeignet zur Behandlung isolierter psychomotorischer Anfälle[903]. Die Tagesdosis beträgt 800 mg–1600 mg. Da es subjektiv gut vertragen wird, kann es besonders bei Kombinationsformen, bei denen die Wirkung auf die Anfälle nicht so ausgeprägt ist, leicht mit anderen Medikamenten kombiniert werden. Relativ häufig auftretende Leukopenien lassen regelmäßige Leukozytenkontrollen ratsam erscheinen. Ein günstiger psychotroper Effekt, der nur bei $^1/_3$ der Patienten vermißt wird[701], läßt eine zusätzliche Medikation von Karbamazepin auch in Fällen mit hypochondrischen Beschwerden, Verstimmungen und Anzeichen einer enechetischen Wesensänderung angezeigt sein, wogegen eine hypomanische Verfassung eher noch akzentuiert wird.

Sulthiam, aus der Gruppe der *Sulfonamide*, hat die Erwartung »eine Lücke in der Epilepsiebehandlung« (Firmenprospekt) zu schließen, nicht erfüllt, weil der günstige Initialeffekt auf die Dauer nicht standhält. Auch als »Sparmittel« (Firmenprospekt) ist Sulthiam nicht unbedenklich, da es auf große Anfälle nicht sicher wirkt und mit der Reduktion der Basismedikation die Gefahr eines Status epilepticus droht[801]. Allenfalls kann bei gehäuften psychomotorischen Anfällen eine vorübergehende Zusatzmedikation von 200 mg–600 mg p.d. angebracht sein, wenn eine flüchtige Wirkung erwünscht ist.

Unter den Faktoren, die die *Behandlungsprognose* bestimmen, gilt für die Abhängigkeit von der *Krankheitsdauer* das gleiche wie für die anderen Epilepsien: Die Behandlung ist um so aussichtsreicher, je früher sie einsetzt. Unter 47 reinen psychomotorischen Epilepsien mit einer Krankheitsdauer bis zu 4 Jahren wurden 20 (42,5%) anfallsfrei, unter 85 mit einer längeren Krankheitsdauer nur 30 (35,2%). Für die kombinierten Formen beträgt die Differenz allerdings nur noch 1% (38% bzw. 37,1%). Nimmt man jedoch unter den kombinierten Fällen eine relativ homogene Gruppe — die bei hinreichend dosierter Vorbehandlung therapieresistenten Fälle — heraus, so ergibt sich wieder ein Wirkungsgefälle: Von 49 Fällen mit einer Krankheitsdauer bis zu 7 Jahren wurden noch 12 (25%), von 53 bis zu 14jähriger Dauer noch 9 (17%) und von 47 mit längerer Dauer nur noch 6 (13%) anfallsfrei. Daraus ergibt sich zugleich, daß selbst bei hinreichender Vorbehandlung durch eine medikamentöse Umstellung je nach Dauer der Krankheit noch bei 13%—25% der Fälle Anfallsfreiheit erreicht werden kann. — Das *Erkrankungsalter* spielt insofern eine Rolle, als in der Kindheit beginnende Erkrankungen schwerer zu behandeln sind als solche, die im Jugendlichen- oder Erwachsenenalter einsetzen. So wurden von 187 bis zum 14. Jahr 58 (31%), von 127 bis zum 25. Jahr 48 (37,8%) und von 136 später beginnenden Erkrankungen 51 (37,5%) anfallsfrei. — Das *Behandlungsalter* scheint für die therapeutischen Aussichten von geringerem Gewicht, wenn auch hier wieder eine Tendenz in Richtung auf ein ungünstigeres Ansprechen von jüngeren Patienten zu erkennen ist: Von 57 im Alter bis zu 14 Jahren Behandelten wurden 18 (31,6%), von 135 bis zum 25. Jahr 47 (34,8%) und bei 270 in höherem Alter Behandelten 97 (35,9%) anfallsfrei. — Nach dem *Stand der Vorbehandlung* ergeben sich die signifikantesten Unterschiede in der medikamentösen Ansprechbarkeit: Bisher unbehandelte Patienten mit isolierten und mit kombinierten psychomotorischen Anfällen haben die Chance in 48% bzw. 60,3% anfallsfrei zu werden, wogegen nur für 24,4% bzw. 17,7% noch die gleiche Chance besteht, wenn nach hinreichender Vorbehandlung eine Umstellung auf ein anderes Medikament vorgenommen wird. Die folgende Tabelle 23 gibt die Verhältnisse bei den unbehandelten, den lediglich anbehandelten und den hinreichend vorbehandelten Patienten wieder, wobei als Kriterium für eine hinreichende Behandlung die konsequente Einnahme von mindestens 300 mg Phenytoin oder Phenobarbital, 400 mg Phenantoin oder 1000 mg Primidon galt:

Entgegen aller Erwartung verhalten sich *primäre und sekundäre psychomotorische Epilepsien* in therapeutischer Hinsicht völlig gleich. Von 119 Fällen mit primärer Kombination wurden 41 (34,5%), von 141 Fällen mit sekundärer Kombination 48 (34,9%) anfallsfrei. Selbst wenn man die isolierten psychomotorischen Anfälle der primären Kombination hinzurechnet, was erlaubt ist, da sie gleichfalls primäre psychomotorische Epilepsien darstellen, und selbst wenn man die Gruppe mit Anfallsreduktion um mindestens 75% mit berücksichtigt, so ergibt sich mit 160 (61,5%) von 260 Fällen für die primäre Form kein statistisch signifikanter Vorteil gegenüber 85 (60,1%) von 141 Fällen bei der sekundären Form.

Tabelle 23: *Stand der Vorbehandlung und Behandlungsprognose.*

	Isolierte psychomotorische Anfälle				Mit Grand mal kombinierte psychomotorische Anfälle				Isolierte und kombinierte psychomotorische Anfälle			
	anfallsfrei		Total		anfallsfrei		Total		anfallsfrei		Total	
	n	%	n	%	n	%	n	%	n	%	n	%
Nicht vorbehandelt	24	48	50	100	41	60	68	100	65	55	118	100
Ungenügend vorbehandelt	6	—	10	—	38	44	87	100	44	45	97	100
Hinreichend vorbehandelt	20	24	82	100	26	18	147	100	46	20	229	100

Chirurgische Behandlung: In Fällen, die auf Medikamente nicht ansprechen, wird von neurochirurgischer Seite eine operative Behandlung empfohlen. Dafür kommen zwei Verfahren in Betracht: Die Resektion des Schläfenlappens oder die stereotaktische Zerstörung von Strukturen des limbischen Systems. Die temporale Lobektomie wird theoretisch mit der Entfernung des erkrankten Hirngewebes begründet, die stereotaktische Methode mit der Unterbrechung von Neuronenkreisen, in denen sich die Entladungen ausbreiten. Möglicherweise sind jedoch bei jedem Verfahren beide Faktoren wirksam.

Bei *stereotaktischen Eingriffen* werden einseitig Faserverbindungen oder Kerne innerhalb des limbischen Systems koaguliert. In Frage kommen in erster Linie die als Fornikotomie[895] bezeichnete Zerstörung des Fornix am Hinterrand der Commissura anterior oder die als Amygdalotomie bezeichnete Zerstörung des Nucleus amygdalae. Da aber offenbar weder die Fornikotomie allein noch die Amygdalotomie allein befriedigende Erfolge zeitigt, werden oft beide Strukturen und nicht selten darüber hinaus auch basale Kerngebiete »ausgeschaltet«[758, 760, 769, 774, 829, 882, 896, 897, 898, 914].

Die Eingriffe werden meist einseitig vorgenommen, können aber nach einem angemessenen Zeitraum auf der Gegenseite wiederholt werden. Bei doppelseitiger Fornikotomie kann es zu einem langanhaltenden Korsakow-Syndrom kommen[610, 829]. Die Multiplizität der Eingriffe und die mangelnde Korrelation zu pathologisch-anatomischen Befunden erschweren eine Beurteilung. Die Erfolge sind bisher wenig ermutigend. So berichten Umbach u. Riechert, daß von 18 stereotaktisch behandelten Patienten mit einer temporalen Epilepsie nur zwei völlig anfallsfrei geworden sind.

Seit Bailey u. Gibbs 1948 die Exzision von Teilen des Schläfenlappens als Behandlungsmethode für therapieresistente Fälle von »vorderer Schläfenlappen-Epilepsie« empfohlen haben und Bailey selber ausgedehnte Erfahrungen sammeln konnte[446, 447, 448, 450, 451], sind viele Berichte über die *temporale Lobektomie* erschienen[467, 588, 589, 590, 596, 597, 664, 690, 729, 754, 755, 771, 791, 792, 803, 804, 924], unter denen die von Rasmussen u. Branch und die von Falconer[527], Falconer et al.[529, 530], Falconer u. Cavanagh, Falconer u. Kennedy, Falconer u. Serafetinides durch die Zahl der Fälle, durch die Dauer der Katamnesen wie durch die Vergleichbarkeit der klinischen und operativen Daten hervorragen. Danach scheint der Erfolg weitgehend abhängig zu sein von der Auswahl der Fälle und vom Ausmaß der Operation. Als Indikationen gelten allgemein Therapieresistenz und konstant einseitiger EEG-Fokus über dem vorderen Schläfenlappen. Kriterien für den Begriff der Therapieresistenz werden allerdings nirgends angegeben. Im EEG muß bei wiederholten Ableitungen, die mindestens eine sphenoidale Ableitung in Barbituratnarkose einschließen, ein Herd von Spitzenentladungen nachzuweisen sein, der konstant einseitig oder — wenn bilateral — überwiegend auf der Seite lokalisiert bleibt, die zur Operation vorgesehen ist. Entfernt werden in der Regel die vorderen Anteile des Temporallappens einschließlich des Unkus, des lateralen Teils der Amygdala und der vorderen Anteile des Hippokampus, wie die vorderen Anteile der 2. und 3. Schläfenwindung, des Gyrus fusiformis und des Gyrus hippocampi. Um dysphasische Symptome zu vermeiden, wird bei Resektionen im Bereich der dominanten Hemisphäre die obere Schläfenwindung möglichst geschont.

Unter diesen Bedingungen ist in 39%[532] bis 43%[803] Anfallsfreiheit und in weiteren 25%[803] bis 30%[532] eine befriedigende Besserung zu erzielen. Allerdings wird in der Regel zugleich mit der Operation eine medikamentöse Umstellung auf eine Standard-Medikation vorgenommen, die auch bei gutem Erfolg nicht vor 2 Jahren reduziert wird.

Passagere Operationskomplikationen in Form von Jackson-artigen »Nachbarschafts«-Anfällen, Hemiparesen und Sprachstörungen sind ziemlich häufig. Als Dauerfolgen bleiben in 3% eine Hemiparese, in 14% eine komplette oder eine nur den oberen Quadranten betreffende homonyme Hemianopsie[534] und in 8,5% der auf der dominanten Seite operierten Fälle Wortfindungsstörungen[532] zurück. Nach Entfernung des dominanten Schläfenlappens kommt es fast immer für längere Zeit auch zu gewissen Hörstörungen, an die sich die Patienten jedoch gewöhnen. Der Möglichkeit, daß sich manche Verhaltensstörungen nach der Operation zurückbilden, steht ein von neurochirurgischer Seite gering geachtetes Risiko gegenüber, daß sich Persönlichkeitsveränderungen im Sinne einer leichten Enthemmung vor allem auf sexuellem Gebiet und einer Erschwerung der Lernfähigkeit einstellen. Das Ausmaß des Persönlichkeitsabbaues entspricht dem Maß, in dem Teile des limbischen Systems bei der Operation entfernt werden[678].

Temporale Lobektomien werden nur einseitig ausgeführt. Doppelseitige Resektionen sind nicht nur in bezug auf die Anfälle nutzlos[467], sie können auch schwere Gedächtnisstörungen[748, 793, 841, 842] und Antriebsstörungen, meist im Sinne oraler und sexueller Enthemmung wie bei einem Klüver-Bucy-Syndrom, zur Folge haben[884, 885].

Weitere Hoffnungen auf eine Verbesserung der Operationsergebnisse setzen die Neurochirurgen einerseits in eine Einengung der Indikation nach elektroenzephalographischen Kriterien und andererseits auf eine Ausweitung der Indikation auf kindliche Patienten. Wenn auch statistisch gesehen eine gute Korrelation zwischen Operationsergebnis und EEG-Befund nachzuweisen war, so bleibt es doch auffällig, daß manche geheilte Patienten ein abnormes EEG behalten, während sich bei anderen, die epileptisch bleiben, das EEG normalisieren kann. Da bei Kindern die Bestimmung eines konstanten Fokus schwierig ist, kommen sie für eine operative Behandlung nicht in Frage. Das bedeutet ein Handikap für die Prognose, weil eine frühzeitige Operation vermutlich bessere Chancen bieten würde.

Trotz allem wird eine chirurgische Behandlung in einer Institution für Anfallskranke, die sämtliche Möglichkeiten einer medikamentösen Therapie und einer soziotherapeutischen Betreuung ausschöpft, immer nur bei wenigen Fällen ärztlich indiziert und auch nur von sehr wenigen Patienten als Ultima ratio akzeptiert werden. Green u. Scheetz haben zwischen 1948 und 1961 von insgesamt 2500 Epilepsie-Kranken 78 (3,1%) einer temporalen Lobektomie unterzogen. Geht man davon aus, daß etwa $^1/_4$ aller Epilepsien psychomotorische Epilepsien darstellen, unter denen $^1/_3$ einen konstant einseitigen Fokus aufweisen, der in $^3/_5$ dieser Fälle auf den vorderen Schläfenpol begrenzt ist, so wird man in Rücksicht darauf, daß davon wieder mit Medikamenten 45% anfallsfrei und weitere 30% befriedigend einzustellen sind, unter allen Epilepsien kaum mehr als 1%–2% antreffen, bei denen eine Schläfenlappenresektion erwägenswert ist.

Eine gerechte Wertung der chirurgischen Behandlung ist durch den Umstand erschwert, daß alle Berichte bisher die Rolle der Medikation für den Behandlungserfolg unberücksichtigt lassen. Unabdingbare Voraussetzung zur Beurteilung einer therapeutischen Methode ist jedoch, daß sie die einzige therapeutisch wirksame Veränderung in einem zur Beurteilung anstehenden Zeitraum des Krankheitsverlaufs darstellt. Meist wird aber – sofern dessen überhaupt Erwähnung geschieht – zugleich mit der Operation auch die Medikation geändert. Eine Medikamentenprüfung, bei der man zugleich mit der Neueinstellung auch die Basismedikation verändert, wird man zu Recht als unkritisch bezeichnen. Daher sollte auch bei neurochirurgischer Behandlung die antiepileptische Medikation während eines für die Beurteilung ausreichenden Zeitraumes konstant bleiben.

Epilepsie mit (neo-)kortikalen Anfällen

Synonyma: Epilepsie hémiplégique (Bravais 1827), Epileptiform fits (Todd 1856), Unilateral epileptiform seizures, Regional spasms, Partial fits, Unilateral convulsions, Partial convulsions (Jackson 1863a, b, 1867, 1868, 1870) Epilepsie jacksonienne, Epilepsie bravais-jacksonienne (Charcot 1887), Epilepsie partielle (Charcot 1887), Crises partielles (Féré 1890), Local epilepsy (Holmes 1927), Umschriebene Rindenkrämpfe (Krause u. Schum 1931).

Im folgenden Kapitel werden diejenigen epileptischen Anfälle beschrieben, die von umschriebenen Störungen des Neopalliums ausgehen. Für diese Art von Anfällen gibt es keinen zusammenfassenden Begriff. Das ist sowohl in der Sache selbst wie in der Geschichte ihrer Erforschung begründet. Die Symptomatik dieser neokortikalen oder zytoarchitektonisch gesprochen vom Isokortex ausgehenden Anfälle ist uneinheitlich und jeweils von der entsprechenden Funktion des betroffenen Rindenareals geprägt. Daher werden sie nach den jeweils vorherrschenden klinischen Symptomen als motorische, sensible oder senso-motorische Jackson-Anfälle, als Adversiv-Krämpfe und als sensorische bzw. senso-motorische Anfälle des Isokortex bezeichnet. Wenngleich diese Anfälle auf Grund ihrer verschiedenartigen Symptomatik gesondert zu beschreiben sind, so können ihre klinischen Verlaufseigenschaften gemeinsam behandelt werden, da sie als Prototyp symptomatischer Epilepsien ohnehin von dem jeweiligen Grundleiden abhängen.

Zur Terminologie: Neokortikale Anfälle als »epileptiforme Anfälle« (Todd) zu bezeichnen, war nur so lange sinnvoll, als in der Epilepsielehre der Nosologen allein die großen als epileptische Anfälle galten. Heute könnte als »epileptiform« nur ein Anfall bezeichnet werden, der zwar einem epileptischen Anfall ähnlich sieht, aber sicher nicht epileptisch ist. Der Begriff »unilaterale Anfälle«, den Bravais (1827) und Jackson (1863a, b, 1867, 1868, 1870) verwenden, ist einerseits zu eng, weil er die Adversiv-Krämpfe und die sensorischen Anfälle akustischer, optischer und vestibulärer Art ausschließt, andererseits aber zu weit, weil darunter auch manche Halbseitenanfälle verstanden werden könnten, die nicht bei freiem Bewußtsein ablaufen, ohne »march of convulsion« einhergehen und nicht primär kortikal bedingt sind. Treffender wäre die Bezeichnung »partielle Anfälle«, die von Charcot (1876) geprägt, von Féré (1890) übernommen und vorwiegend von französischen Klinikern tradiert wird, weil darin der fragmentarische Charakter der Symptome zum Ausdruck kommt. Heute wird jedoch darunter ein Oberbegriff verstanden, der auch psychomotorische Anfälle mit einschließt. Nach der internationalen Klassifikation, wie sie von Gastaut et al. 1964 vorgeschlagen wurde, werden nämlich partielle Anfälle als Anfälle mit elementaren oder komplexen Symptomen definiert, bei denen sich im Anfalls-EEG »mehr oder weniger lokalisierte Entladungen über einer oder gelegentlich über beiden Hemisphären« zeigen. Das scheint berechtigt, solange man unter elektroenzephalographischem Blickwinkel nur eine dichotome Einteilung in partielle und generalisierte Epilepsien gelten läßt. Erweitert man jedoch den Gesichtskreis um den klinischen Blickwinkel, so drängt sich mindestens eine Dreiteilung auf. Denn die psychomotorische Epilepsie nimmt in ihrer Symptomatik, Klinik und Anatomie eine eigentümlich intermediäre Stellung ein zwischen der zentrenzephalen Epilepsie einerseits und der fokalen Epilepsie im engeren Sinne andererseits (Gastaut et al.[565]). Auch kann die psychomotorische Epilepsie im Gegensatz zur zentrenzephalen, die grundsätzlich eine Systemerkrankung, und im Gegensatz zur neokortikalen Epilepsie, die grundsätzlich eine Herderkrankung darstellt, sowohl als Systemaffektion wie als Herdaffektion auftreten. Der Tatsache, daß man sie klassifikatorisch weder der einen noch der anderen Seite ganz zuschlagen kann, sollte auch in terminologischer Hinsicht Rechnung getragen werden. Wenn auch der Begriff »psychomotorische Anfälle« für die vorwiegend vom Allokortex ausgehenden Anfälle nur ein Notbehelf ist, so ist er durch eine annähernde Übereinkunft über seinen Inhalt klinisch brauchbar geworden. Für die vom Isokortex ausgehenden Anfälle hat sich kein klinischer Begriff eingebürgert. Die Vielfalt der Anfallssymptome macht es unmöglich, sie unter einem klinischen Titel zusammenzufassen. Wir müssen uns daher begnügen, sie abweichend von unserer Gepflogenheit mit einer lokalisatorischen Bezeichnung zu versehen. Damit ist zwar die Schwierigkeit nicht aufgehoben, daß auch psychomotorische Anfälle gelegentlich von Entladungen in neokortikalen Gebieten ihren

Ausgang nehmen. Wenn man diese Möglichkeit jedoch im Auge behält, die durch die aus Anteilen des Allokortex wie des Neokortex zusammengesetzte Struktur des Schläfenlappens bedingt ist, so wird man die im folgenden zu behandelnden Jackson-Anfälle, Adversiv-Krämpfe und sensorischen Anfälle ohne allzu große Bedenken als neokortikale oder kurz auch als *kortikale Anfälle* zusammenfassen dürfen.

Legende: Die Legende der mit umschriebenen Krämpfen einsetzenden epileptischen Anfälle beginnt spätestens 1827 mit BRAVAIS, ihre Geschichte frühestens 1870 mit JACKSON. Anfälle mit einseitigem Beginn waren schon in der Antike von den Griechen ARETÄUS, GALEN, ALEXANDER VON TRALLES und später unter anderen von ALI-RODOHAM, BRASSAVOLA, SYLVIUS, FAVENTINUS, DOVINCTUS, HOLLIER beschrieben worden, wie aus einer Zusammenstellung von HERPIN (1852) hervorgeht. 1827 hatte L. F. BRAVAIS in seiner Doktorarbeit als erster solche Fälle unter dem Titel »*Recherches sur les symptômes et le traitement de l'épilepsie hémiplégique*« gesammelt. Darin hatte er schon die Frage aufgeworfen, ohne sie allerdings zu beantworten, in welcher Reihenfolge sich die Krämpfe ausbreiten. Doch war es ihm dabei weniger auf eine Erklärung des Anfallscharakters als auf die Beschreibung einer besonderen Krankheitsform angekommen.

Dem Wesen der Sache näher kamen die Erfahrungen von Richard BRIGHT, der 1831 und 1838 mehrere Fälle mit lokalisiert beginnenden Anfällen sorgfältig beschrieben und dabei auf das freibleibende Bewußtsein hingewiesen, wie auch schon die Annahme einer lokalen Schädigung auf der gegenüberliegenden Oberfläche des Gehirns begründet hatte. 1856 konnte Robert TODD den Ablauf der von ihm »epileptiform« genannten Anfälle folgendermaßen charakterisieren: »Ein Arm oder Arm und Bein einer Seite werden von krampfhaften Bewegungen klonischer oder epileptischer Art befallen. Diese kommen anfallsweise; der Anfall dauert verschieden lange und läßt dann nach, indem er eine mehr oder weniger allgemeine Erschöpfung und Schlafneigung zurückläßt; aber das Bewußtsein ist nicht beeinträchtigt. Doch kann kein Zweifel daran sein, daß solche Anfälle in einen richtigen epileptischen Anfall übergehen können; daher ist auch nicht selten zu beobachten, daß ein vollständiger epileptischer Anfall mit einer lokalen Störung der Sensibilität oder Motilität oder von beiden beginnt«. Doch steht er trotz der Erwähnung, daß er bei elektrischer Reizung der Hemisphären »leichte Zuckungen der Gesichtsmuskeln« beobachtet habe, noch ganz im Bann der Meinung, daß die Hirnrinde für seelische Vorgänge und speziell für intellektuelle Leistungen reserviert sei. Die Vermutung eines kortikalen Ursprungs dieser Anfälle war für damalige Verhältnisse schon deswegen fast undenkbar, weil man unter dem Einfluß der Reflexphysiologie in der Medulla oblongata die Hauptumschaltstelle von sensiblen Erregungen in motorische Entäußerungen sah. Von daher war es schon ein Fortschritt, als NOTHNAGEL (1868) das »Krampfzentrum« in die Brücke verlegte. Geradezu revolutionär aber mußte sich die auf CARPENTER (1858) zurückgehende Ansicht einiger englischer Ärzte ausnehmen, daß die Krämpfe im epileptischen Anfall noch weiter rostralwärts, vom Corpus striatum ausgehen, das man als eine Umschaltstelle der motorischen Bahn ansah, von dem unter dem reflektorischen Einfluß der über den Thalamus opticus einfließenden sensiblen Impulse alle motorische Aktivität ausgehend gedacht wurde; eine Annahme, die auch für JACKSON anfangs noch gültig war.

Da von TODD zum ersten Mal der bis heute gültige Ausdruck »Entladung« für den dem Anfall zugrundeliegenden Vorgang gebraucht worden ist, mag es nicht uninteressant sein, den Zusammenhang zu kennen, in dem er das erste Mal auftaucht: »Ich bin der Meinung, daß die besonderen Umstände eines epileptischen Anfalls durch eine allmähliche Anhäufung krankhafter Stoffe im Blut hervorgerufen werden, die ein solches Ausmaß erreicht, daß sie auf das Gehirn in einer geradezu explosiven Art wirkt; mit anderen Worten, die Wirkung dieser krankhaften Substanz erzeugt, wenn sie in ausreichender Menge vorhanden ist, einen hochpolarisierten Zustand im Gehirn oder in bestimmten Teilen davon, und diese entladen dann ihre nervöse Kraft auf andere Teile des zerebrospinalen Zentralorgans derart, daß es zu den Zeichen eines Anfalls kommt.« TEMKIN bemerkt, daß die Vorstellung von einer Entladung aus der Analogie mit der Leydener Flasche abgeleitet sei. Bekannter aber als durch seine »humorale Theorie der Epilepsie« ist TODD bis heute durch seine Annahme geblieben, daß die mit seinem Namen verknüpften transitorischen Lähmungen nach Halbseitenanfällen Ausdruck eines Erschöpfungszustandes des Gehirns seien, den er stoffwechselmäßig als einen geschwächten Ernährungszustand versteht.

CHARCOT[962] hat in einer seiner berühmten Dienstag-Vorlesungen, am 15. November 1887, nach der Vorstellung eines Falles von »partieller Epilepsie« das Verdienst von JACKSON mit folgenden Worten hervorgehoben: »Das Phänomen der partiellen Epilepsie ist das erste Mal beschrieben und von der allgemeinen Epilepsie unterschieden worden, durch jemanden namens BRAVAIS, der Assistent in diesem Hospital war. Das muß 1827 oder 1828 gewesen sein. Aber in der letzten Zeit ist ein englischer

Wissenschaftler, Mr. JACKSON aus London, wieder auf diesen Gegenstand zurückgekommen und hat ihn auf eine so ausgezeichnete Weise behandelt, daß ich darauf gekommen bin, diese Affektion JACKSON-Epilepsie zu nennen und diese Bezeichnung ist ihr geblieben. Durchaus mit Recht. Ich brauche das nicht zurückzunehmen. Ich habe damit BRAVAIS etwas Unrecht getan, aber die Untersuchung von Mr. JACKSON ist wirklich so wesentlich, daß er es wahrhaftig verdient, wenn man seinen Namen mit der Entdeckung verknüpft. Wenn man BRAVAIS und JACKSON, den Franzosen und den Engländer, miteinander verschmelzen könnte, indem man von einer BRAVAIS-JACKSON-Epilepsie spricht, so wäre das sehr recht; aber es ist wahr, daß diese Bezeichnung ein wenig zu lang sein würde«.

Die Untersuchung, von der CHARCOT so beeindruckt war, ist die *»Studie über Krämpfe«* (1870), in der JACKSON acht Fälle mit unilateralen oder epileptiformen Anfällen, wie er sie nennt, genau beschrieben und analysiert hat. Der Gang seiner Untersuchungen und Überlegungen ist kurz folgender: Ihn interessierte »das Wesen des Krampfes im allgemeinen«. Dies »läßt sich . . . am besten an möglichst einfachen Arten von Krampfanfällen studieren. Fälle von einseitigen Krampfanfällen sind fraglos die einfachsten«. Zur klinischen Charakterisierung gibt er an, daß man nach ihrem Beginn drei Arten unterscheiden könne: »solche, die in der Hand beginnen, solche, die im Gesicht und in der Zunge beginnen, und solche, die im Fuß beginnen«, wovon erstere die häufigsten, letztere die seltensten seien. »Die Krampfbewegungen erfolgen nicht gleichzeitig, sondern nehmen einen bestimmten Verlauf«, d. h. sie lassen »eine zusammengesetzte Reihenfolge« erkennen. »Sie können in fast jedem Stadium stehen bleiben und sogar künstlich durch eine Umschnürung im Anfangsstadium zum Stillstand gebracht werden« . . . »Bei diesen Krampfanfällen fehlt sehr oft der Bewußtseinsverlust«, fügt er vorsichtig hinzu.

Beim Versuch, ihr Zustandekommen pathophysiologisch zu erklären und ihrer Symptomatik etwas für das Verständnis der nervösen Funktionen abzugewinnen, geht er zunächst von der Analogie aus, daß »man die Halbseitenkrämpfe mit der Halbseitenlähmung, die der Krampf nicht selten hinterläßt, vergleichen und ihr gegenüberstellen kann«. Da unzweifelhaft die »häufigste Art der halbseitigen Krämpfe ein Symptom der gleichen Hirnpartie ist wie das Symptom der Hemiplegie«, sich beide also im wesentlichen nur durch die Art der Schädigung unterscheiden, kann gefolgert werden: »Die Hemiplegie zeigt eine Schädigung (im Sinne von Destruktion) der motorischen Bahn an, der Halbseitenkrampf eine Schädigung (im Sinne von Labilität) der gleichen Windungen, die sich auf dieser Bahn entladen. Die Lähmung hängt von Destruktion der Fasern ab und der Krampf von Labilität der grauen Substanz. Da die Windungen reich an grauer Substanz sind, halte ich sie für die Ursache . . .« Der Reichtum an entladungsfähigen Elementen ist sein erstes Argument für eine kortikale Lokalisation. Das zweite geht aus folgenden Überlegungen hervor: »Der Anfall beginnt gewöhnlich . . . in dem Teil des Gesichtes, des Armes und des Beines, der den mannigfaltigsten Gebrauch hat. . . . Das Gesetz läßt sich auch in Einzelheiten nachweisen. Denn . . . die in der Hand einsetzenden Anfälle beginnen gewöhnlich im Zeigefinger und Daumen; im Fuß einsetzende Anfälle gewöhnlich in der großen Zehe.« Dieses Gesetz müsse eine Bedeutung für die als »Koordination«, »Gruppierung«, »Lokalisation«, »Strukturplan der nervösen Organe« bezeichnete Problematik haben. Daß die »Häufigkeitsfolge, in der bestimmte Körperpartien von den Krämpfen ergriffen werden, vielleicht nur die Häufigkeitsfolge in der Krankheitsdisposition bestimmter Hirnpartien offenbart«, ist eine Konzeption, mit der er die Erfahrung einer unterschiedlichen Erregbarkeit der verschiedenen Gehirnregionen vorwegnimmt. Und mit dem nächsten Satz bringt er die jeweilige Differenzierungsstufe einer Funktion mit der Quantität des sie repräsentierenden Areals in Verbindung, wie es für die somatotopische Gliederung der Rinde später belegt worden ist: »Teile, die den mannigfaltigsten Gebrauch haben, werden im Zentralnervensystem durch mehr Ganglienzellen vertreten sein.«

Die mit den im gleichen Jahr (1870) publizierten Untersuchungen von FRITSCH u. HITZIG anbrechende *experimentelle Hirnphysiologie* bestätigte zwar JACKSONS Vermutung einer kortikalen Lokalisation in großartiger Weise, schien aber zunächst die Hypothese, die ihn dazu geführt hatte, zu widerlegen. War JACKSON gerade durch die Differenziertheit in der Auswahl und Art der vom Krampf betroffenen Bewegungen auf die Rinde verwiesen worden, so schien es zunächst, als ob experimentell von der Rinde ganz im Gegenteil nur isolierte oder kombinierte Muskelkontraktionen auszulösen seien. FRITSCH u. HITZIG hatten 1870 berichtet, daß sie bei elektrischer Reizung des »allgemein

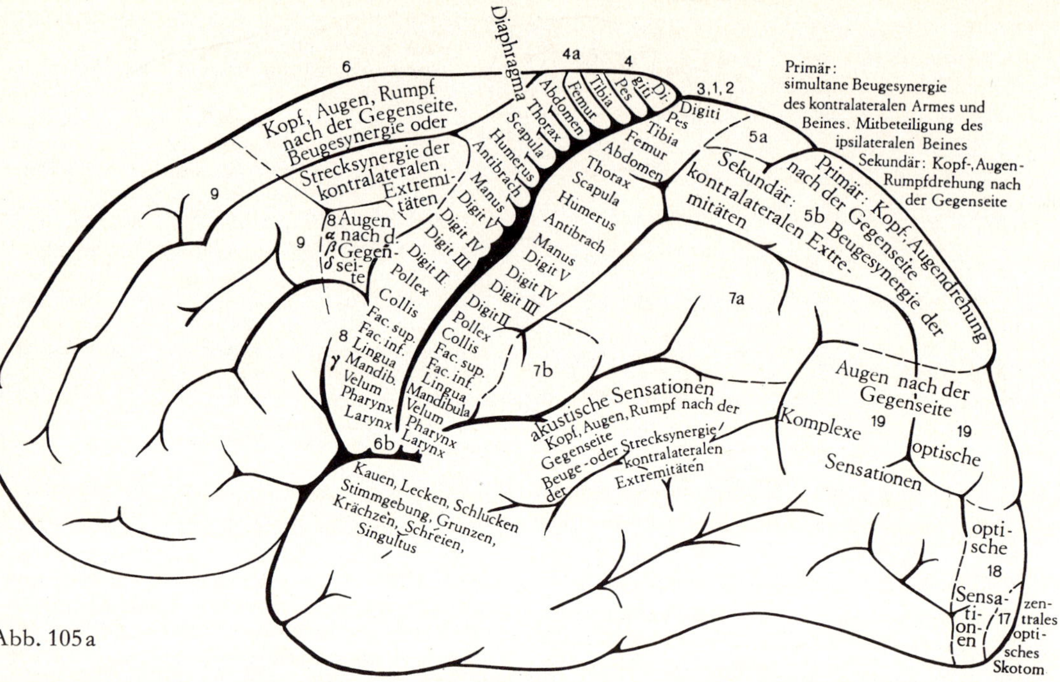

Abb. 105a

Abb. 105a u. b. Motorische Effekte nach elektrischer Reizung der Hirnrinde, a) Konvexität der Hemisphäre. (Nach FOERSTER, O.: Motorische Felder und Bahnen. In Hdb. d. Neurologie, Bd. VI. Springer, Berlin 1936.)

ausgedrückt, mehr nach vorn« liegenden Teils der Großhirnkonvexität bei Hunden »kombinierte Muskelkontraktionen der gegenüberliegenden Körperhälfte« beobachtet hätten. 4 Jahre später hatte HITZIG nach Reizung mit »schwachen Strömen« am Gehirn eines niederen Affen behaupten können, daß »die vordere Zentralwindung als die eigentliche motorische Partie der Hirnrinde des Affen, oder vielmehr als derjenige Teil zu bezeichnen« sei, »welcher in sehr oberflächlicher Lage Zusammenfassungen fast sämtlicher Körpermuskeln enthält«. Kurz vorher hatte FERRIER (1873) nachweisen können, daß eine Zerstörung vorwiegend präzentral gelegener Rindenbezirke das Auftreten von Lähmungserscheinungen und den Verlust feinerer Bewegungen zur Folge hat. Reizversuche an niederen, später auch an anthropoiden Affen von GRÜNBAUM u. SHERRINGTON (1901,1903) und von HORSLEY (1909) haben mit schwachen faradischen Strömen von der vorderen Zentralwindung stets Muskelzuckungen erbracht, mit stärkeren Strömen auch komplexe Bewegungseffekte zur Folge gehabt, die man jedoch weitgehend als eine Addition von Kontraktionen einzelner Muskeln interpretiert hat.

Reizversuche an der Hirnrinde des Menschen sind erst später vorgenommen worden. Das Experiment von BARTHOLOW, einem amerikanischen Chirurgen, der schon 1874 durch eine krankheitsbedingte Knochenlücke hindurch die motorische Rinde eines Patienten gereizt und dabei kräftige Bewegungen der gegenüberliegenden Körperseite beobachtet hatte, war nur eine jener zufälligen Begebenheiten, die erst der Historiker wiederentdeckt. Aber der bald darauf folgende Aufschwung der Neurochirurgie sorgte dafür, daß man sich nicht länger, wie CHARCOT[962] 1887 zu seinen Studenten sagte, damit trösten mußte, daß »der Mensch dem Affen doch in bestimmter Hinsicht derart gleicht, daß wir in diesem Hinblick vom Affen auf den Menschen schließen können«. Er meinte damit die Reizversuche von HORSLEY an Affen, die ihm vorkamen, als ob das Gehirn wie ein Klavier arbeite, worauf er hinzufügte: »Wir wissen nichts darüber, was beim Menschen vor sich geht, aber wir können uns nicht das unselige Vergnügen leisten,

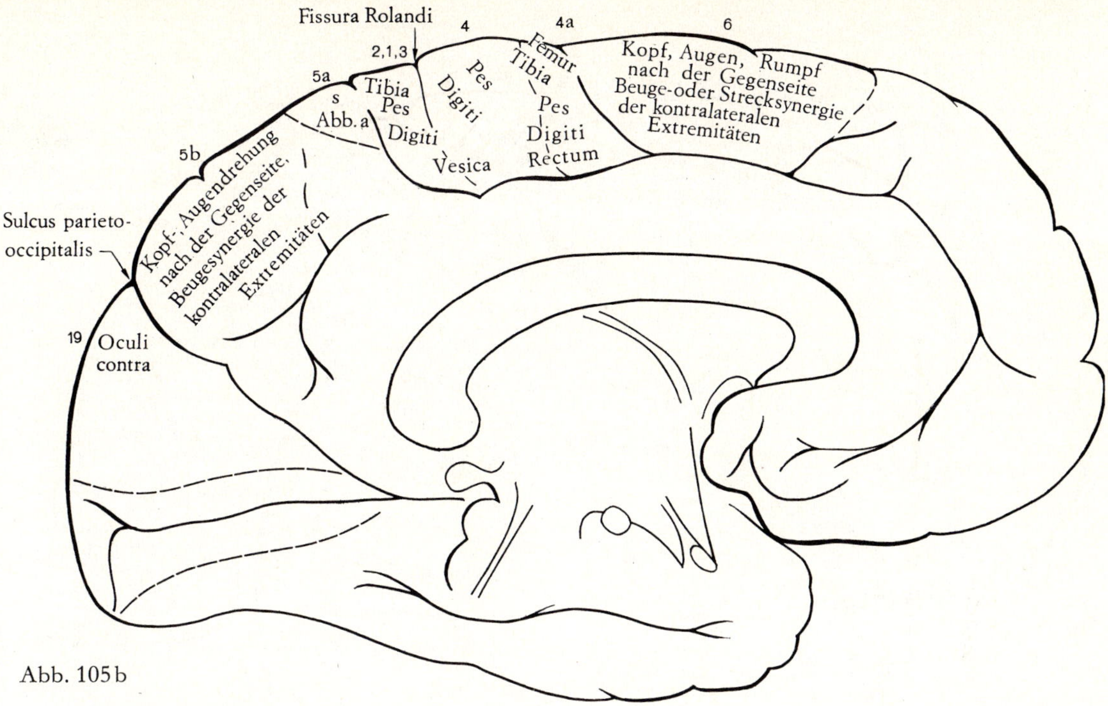

Abb. 105 b

b) Medianfläche der Hemisphäre.

menschliche Köpfe deswegen zu trepanieren.« Um die Jahrhundertwende hatte dann Fedor KRAUSE, der Mitbegründer der Hirnchirurgie, nachdem er sich von HITZIG in die Methodik hatte einweihen lassen, mit der faradischen Reizung an der freiliegenden Oberfläche des Gehirns menschlicher Patienten begonnen. Ihm folgten bald darauf Ofried FOERSTER (1926, 1936) und Wilder PENFIELD (1938, mit RASMUSSEN 1950, mit KRISTIANSEN 1951, mit JASPER 1954), um diejenigen zu nennen, die eine systematische Exploration vorgenommen haben.

Mittlerweile war der anatomische Aufbau des Zentralorgans, gestützt vor allem auf die Untersuchungen von MEYNERT (1867), BETZ (1874), FLECHSIG (1876) und RAMON Y CAJAL (1900—1906) so weit in seinen zyto- und myeloarchitektonischen Besonderheiten bekannt geworden, daß ausführliche topographische Gehirnkarten angelegt werden konnten, auf denen die anatomische Felderung[952, 958] mit der funktionellen Organisation in Beziehung gebracht wurde[541, 1007, 1196] (s. als Beispiel Abb. 105). Während die Karte von KLEIST (1934) die einzelnen Funktionen noch auf die architektonische Gliederung bezieht, aber nur noch als Beispiel eines besonders weit getriebenen Lokalisationsplanes Interesse hat, verzichten PENFIELD und seine Mitarbeiter auf eine strenge physiologisch-anatomische Kongruenz, indem sie ihre Ergebnisse in für die einzelnen Gehirnregionen getrennten Diagrammen wiedergeben.

Die Ergebnisse der reizexperimentellen Forschung waren eine Widerlegung der in der Auseinandersetzung mit der Phrenologie von GALL u. SPURZHEIM (1810—1819) aufgestellten und mit unzulänglichen Reizexperimenten gestützten Behauptung von FLOURENS (1823), die Großhirnrinde sei insgesamt von gleichem Bau und gleicher Wertigkeit, – die Einheit sei das große, die Funktionen des Zentralnervensystems beherrschende Prinzip. Daß vielmehr präzis umschreibbare Hirngebiete weitgehend spezifischen Leistungen dienen, ist seither die Grundlage für die Lehre von der Lokalisierbarkeit nervöser Funktionen geworden. Nur darüber, was als Funktion zu definieren, was also zu lokalisieren sei und nach welchem Schema oder Prinzip die kortikale Lokalisation zu denken sei, gehen die Meinungen auseinander.

Für die spezielle *Lokalisation der epileptischen Rindenanfälle* waren im groben die klinischen Erfahrungen und im einzelnen die Ergebnisse

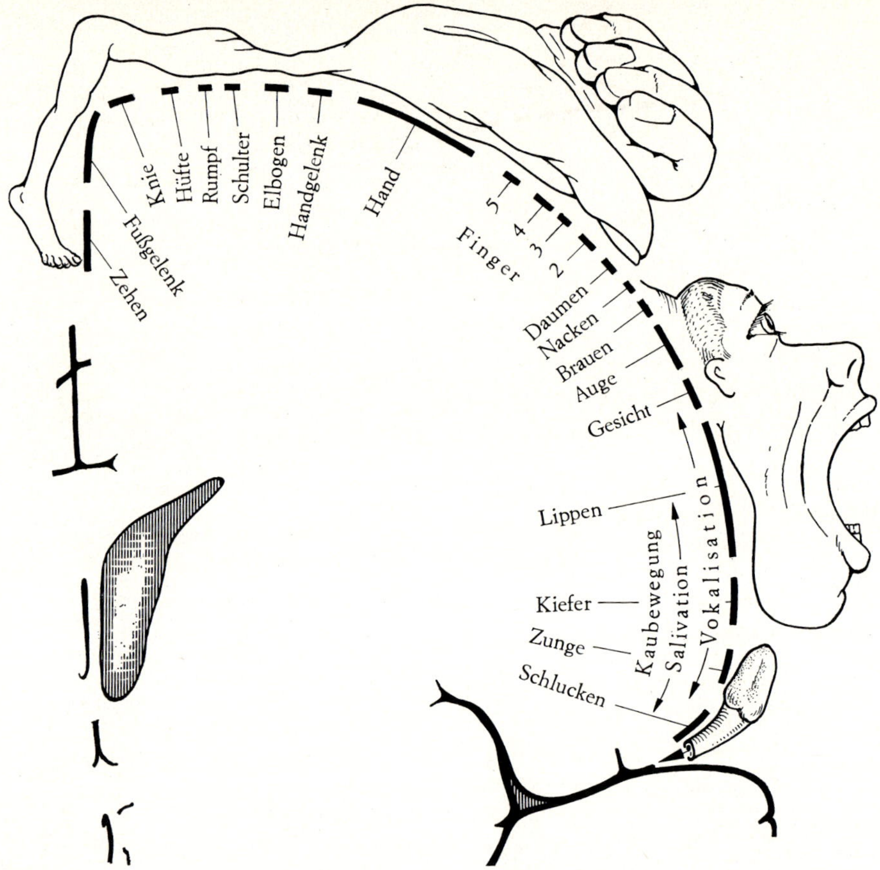

Abb. 106. »Motorischer Homunculus« zur Veranschaulichung der lokalisatorischen Repräsentation von Bewegungen in der vorderen Zentralwindung. (Nach PENFIELD, W. R., RASMUSSEN: The Cerebral Cortex of Man. Macmillan, New York 1950.)

der Reizexperimente wegweisend, die gezeigt hatten, daß die Rolandosche Fissur die Gehirnoberfläche jeder Seite funktionell in zwei Abschnitte teilt, eine vordere, von der vorwiegend motorische Effekte, und eine hintere, von der mehr sensible und sensorische Antworten zu erzielen sind. Eine somatotopische Gliederung ergibt sich insofern, als die Teile und Gliedmaßen des Körpers in umgekehrter Anordnung von den Zentralwindungen repräsentiert werden derart, daß die Felder für den Fuß oben und die Felder für den Kopf unten liegen (s. Abb. 105). Schon früh war bemerkt worden daß die »Teile, die dem mannigfaltigsten Gebrauch dienen«[1066] wie Hand, Gesicht und Fuß räumlich ausgedehnter vertreten sind als andere und innerhalb dieser Gebiete wieder Daumen, Lippen und Großzehe mehr als etwa die anderen Finger, die Stirn und die übrigen Zehen (s. Abb. 106). Sensibilität und Motilität des Körpers zeigen hinsichtlich ihrer zentralen somatotopischen Repräsentation eine weitgehend analoge Verteilung (s. Abb. 105, 106, 107, 108). Auch besteht kein Zweifel mehr darüber, daß motorische Effekte auch von der hinteren und sensible Reizerscheinungen auch von der vorderen Zentralwindung auszulösen sind, so daß beide als ein senso-motorisches Zwillingsorgan[917] oder eine senso-motorische Einheit[124] anzusehen sind, »bei der die hintere Zentralwindung schwerpunktmäßig die Körperempfindung, die vordere die bewußt kontrollierte Bewegung repräsentieren«[1035]. Übereinstimmung herrscht auch über die Zuordnung assoziierter kontraversiver Bewegungen der Augen, des Kopfes und des Rumpfes zur dorso-medialen und dorsolateralen Konvexität des Stirnhirns, unter be-

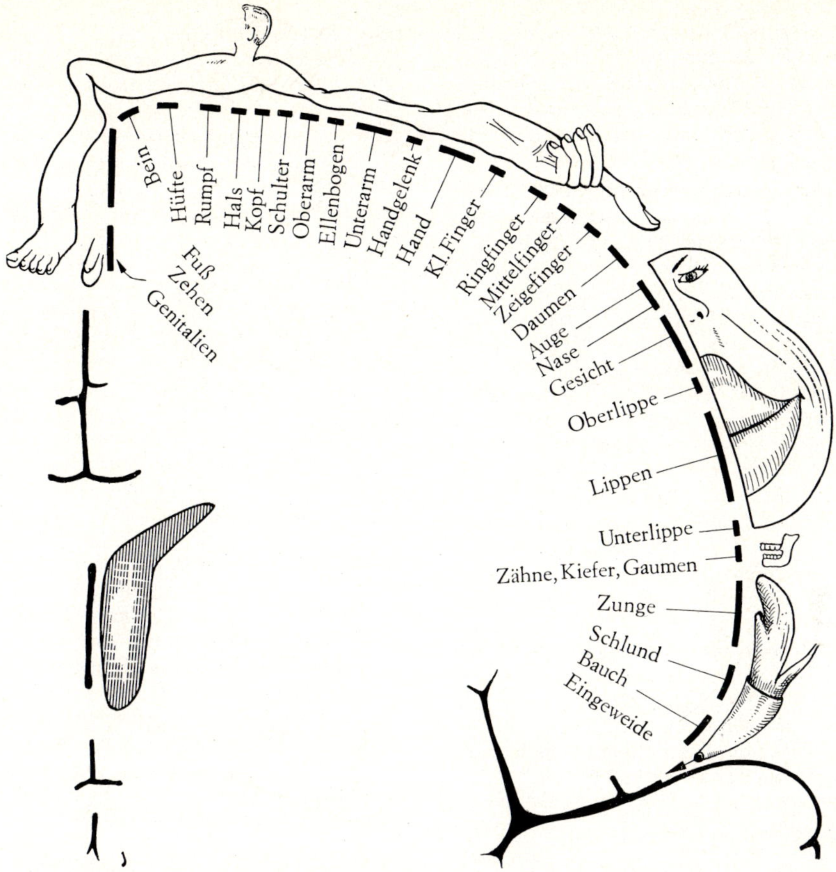

Abb. 107. »Sensibler Homunculus« zur Veranschaulichung der lokalisatorischen Repräsentation von Empfindungen in der hinteren Zentralwindung. (Nach Penfield, W., R. Rasmussen: The Cerebral Cortex of Man. Macmillan, New York 1950.)

stimmten Reizbedingungen auch der Parietal-, Okzipital- und Temporalregionen, und von komplizierten Akten bzw. Primitivformen von Handlungen, die als Mastikation bezeichnet werden, zur inselnahen Rinde in der Sylvischen Furche und zur medio-basalen Rinde des Schläfenhirns. Auch für die kortikale Repräsentation der Spezialsinne ergaben sich reizexperimentell Belege, die für eine weitgehend differenzierte Lokalisation der einzelnen sensorischen Funktionen sprechen.

Kritik an der Mosaiktheorie: Einwände gegen die Lokalisierbarkeit bestimmter Funktionen richten sich nicht gegen Beobachtungen und Befunde, seien sie klinischer oder experimenteller Art, sondern gegen ihre Interpretation. Die Diskussion geht erstens um die Frage, nach welchem Plan die motorischen Funktionen lokalisiert sind, zweitens nach welchem Plan die sensiblen Funktionen lokalisiert sind und drittens wie die Lokalisation psychischer Funktionen zu denken ist. Die erste Frage hat sich mit der Vorstellung einer mosaikartigen Anordnung von Zentren für einzelne Muskeln in der vorderen Zentralwindung auseinanderzusetzen, wie sie von Foerster[541] pointiert vertreten wurde, die zweite mit der Vorstellung von einer getrennten Vertretung spezifischer Sinnesempfindungen in der hinteren Zentralwindung, wie sie besonders von Kleist behauptet wurde, und die dritte mit der Vorstellung von der Lokalisierbarkeit von Erinnerungen, wie sie von Penfield (mit Perot 1963) angenommen wird.

Ausgehend von der klinischen Analyse von Jackson-Anfällen ist die lokalisatorische Zuordnung motorischer Funktionen bisher am besten beforscht worden, wobei man sich vorwiegend der Methode elektrischer Reizung von Rindenpunkten bedient hat. Doch ist schon 1894 von v. Frey und seither immer wieder darauf hingewiesen worden, daß die Anwendung elektrischen Stroms für die Gehirnrinde einen unphysiologischen Reiz darstelle, in dessen Beantwortung sich notwendigerweise die Unnatürlichkeit dieser Reizart widerspiegle[1197]. Gleichwohl ist von der Beobachtung differenter Reizeffekte von verschieden lokalisierten Reizpunkten auf eine mosaikartige Anordnung der lokalisatorischen Repräsentation verschiedener Funktionen in der Gehirnrinde geschlossen worden.

Für die Motilität besagt dieser als Mosaiktheorie bezeichnete Lokalisationsplan, daß jeder Muskel — nach FOERSTER[541] sogar Teile von Muskeln — an einem umschriebenen Punkt der vorderen Zentralwindung, seinem zugehörigen Fokus, isoliert repräsentiert sei und Bewegungen daher infolge gleichzeitiger Erregung mehrerer Foki zustande kommen. Nach FULTON und nach CHANG et al. kommen motorische Reizeffekte ausschließlich durch Erregung der Betzschen Riesenzellen zustande, von denen jeweils bestimmte Gruppen für die Innervation eines einzelnen Muskels verantwortlich seien. Mit der Annahme, daß in der Rinde »nicht für einzelne Muskeln, sondern sogar für einzelne Teile derselben Elemente für die Innervation vertreten« seien[541], und der Hypothese, »daß die Hirnrinde so vollständig über die spinale Etage dominiert, daß sie das Prinzip der reziproken Innervation ignorieren kann«[1010], war die Schichtentheorie von JACKSON auf den Kopf gestellt. Denn nach ihm sind isolierte Muskelkontraktionen nur auf der untersten Ebene der peripheren Innervation möglich, während das Rückenmark Massenbewegungen ermöglicht und auf kortikaler Ebene koordinierte oder organisierte Bewegungen zustande kommen.

Gegen die reizexperimentelle Begründung der Mosaiktheorie wird eingewendet, daß »Elektroden zwangsläufig immer viele Zellen in Erregung setzen, die zu verschiedenen funktionellen Gruppen gehören, welche niemals gleichzeitig zusammen feuern«[957]. Weiterhin haben die Ergebnisse aller Untersucher die Feststellung von BROWN u. SHERRINGTON über die Unbeständigkeit der kortikalen Reizpunkte bestätigt. Darunter versteht man, daß der Reizerfolg nicht konstant von der Reizgröße abhängt, sondern sich unter bestimmten Bedingungen verändert, die von SHERRINGTON als primäre und sekundäre Bahnung, als Abweichung und Umkehr der Reizantwort definiert worden sind. Oder mit anderen Worten, daß die Art des Reizeffekts von der Vorgeschichte des gereizten Rindenareals abhängt. Die Instabilität der Reizpunkte wurde vor allem aus dem Phänomen der Schwellenlabilität erschlossen, d. h. der Tatsache, daß bei wiederholter Reizung die Reizschwelle ansteigt bzw. die Erregbarkeit der Rinde absinkt. Bei wiederholter Reizung kommt es aber auch zu qualitativen Veränderungen der Antwort etwa derart, daß zuerst eine Beugebewegung, bei einem nachfolgenden Reiz aber eine Streckbewegung erfolgen kann. Daß die Erregbarkeit der Hirnrinde einem Funktionswandel unterworfen ist, brachte die Mosaiktheorie, die mit der Annahme strenger anatomisch-funktioneller Korrelationen von Rindenpunkt zu peripherem Muskel und konstanter Entsprechungen zwischen Reizgröße und Reizerfolg steht und fällt, ins Wanken. Die Schule von DUSSER DE BARENNE und MCCULLOCH[984, 985, 986] versucht sie dennoch zu halten, indem sie die Schwellenlabilität durch Auslöschung oder lokale Unterdrückung erklärt und in der Umgebung liegende Unterdrücker-Areale annimmt.

Daß bestimmte Glieder oder Gliedmaßenabschnitte von größeren Rindenarealen vertreten werden als andere, so daß etwa Bewegungen des Daumens von einem größeren Gebiet her zu erzielen sind, widerspricht einer Punkt-für-Punkt-Repräsentation jedes Muskels oder sogar einzelner Muskelfasern. So haben LIDDELL u. PHILLIPPS (1950) mit einzelnen Vierecksstromreizen von der motorischen Rinde drei sich weitgehend überlappende Felder nachgewiesen, von denen bei niederster Reizschwelle vorwiegend Bewegungen des Gesichts, des Daumens und Zeigefingers und des Fußes auszulösen sind. Das besagt, daß die Gliedmaßen, die dem mannigfaltigsten Gebrauch dienen, sich nicht durch eine exakte Lokalisation, sondern dadurch auszeichnen, daß sie die niedrigste Reizschwelle aufweisen, d. h. am leichtesten erregbar sind. Bei gleichzeitiger Registrierung der elektrischen Aktivität im Kortex nach definierten Reizen haben sie festgestellt, daß der schwächste, noch eben motorische Antworten auslösende Reiz ein Zellgebiet von 8 mm Durchmesser rund um die Reizelektrode in Erregung setzt.

Das bedeutet, daß etwa 2 Millionen Zellen erregt werden müssen, um in der Peripherie eine Bewegung in Gang zu bringen, was mit der Vorstellung kaum in Einklang zu bringen ist, daß jedem Muskel oder jeder Muskelfaser eine besondere nervöse Einheit in der Rinde zugeordnet ist: Wenn jeder Muskel in der Zentralregion 8 mm in Anspruch nehmen würde, hätte kaum die Vertretung der Hand genügend Platz auf der ganzen Oberfläche. VON WEIZSÄCKER[917, 1199] führt die Mosaiktheorie mit der Frage ad absurdum, wie die isolierte Leitung sensibler Erregungen über die afferenten Bahnen denkbar sei, wenn es nachweislich »4 Millionen durch ihre Empfindungsqualität und ihre Ortszeichen unterscheidbare Sinnespunkte der Haut (mit Ausschluß des Kopfes)« gibt, für die aber »allerhöchstens eine halbe Million das oberste Halsmark passierender sensibler Bahnen verfügbar sind«.

Die Mosaiktheorie ist pseudophysiologisch, weil sie ihre Axiome zwei fremden Lagern entnimmt, einer fragwürdig gewordenen Anatomie und einer fragwürdig gewordenen Psychologie. Anatomisch ist sie der Neuronenlehre verpflichtet, der neuroanatomischen Anwendung der Zellularmorphologie, welcher die Idee, ein Ganzes sei immer aus elementaren Teilen aufgebaut, als wissenschaftliche Maxime gilt. Ihr nach sollen jeder Funktion isolierte Strukturen entsprechen und Akte wie

Leistungen durch Addition elementarer Funktionen bzw. von Einzelapparaten zustande kommen. Psychologisch ist die Mosaiktheorie der sogenannten Assoziationspsychologie, besonders deren spezifischer Ausprägung in der Herbartschen Vorstellungspsychologie verpflichtet, wonach psychische Vorgänge ebenfalls durch eine Addition, die hier Assoziation genannt wird, von isolierbaren Elementarfunktionen erklärt werden. Neuronenlehre und Assoziationspsychologie dienen der Idee einer mechanisch-apparativen Erklärung psycho-physiologischer Zusammenhänge, wozu die an dekapitierten Lebewesen entwickelte Reflexphysiologie eine vorwiegend didaktischen Ansprüchen genügende Unterstützung bot. Die Psychologie hat sich mit Hilfe der Verhaltensforschung, Gestaltpsychologie und Tiefenpsychologie inzwischen aus den Fesseln des mechanischen Konzepts befreit. Aber auch die moderne Neuroanatomie hat Strukturen entdeckt und auf ihre funktionelle Bedeutung untersucht, die nicht mehr in Begriffen der Zellularpathologie zu beschreiben sind: unter anderen etwa die als Neuropil bezeichnete komplizierte Durchflechtung von Dendriten und Axonendigungen, die die Zellkörper der grauen Substanz des Zentralnervensystems umgeben. Dieser Apparat ist, wie die vergleichende Anatomie lehrt, beim Menschen von weit stärkerer Entwicklung und Bedeutung als bei niedereren Lebewesen. Es ist daher verlockend, alle nicht durch mathematische Integration aufzulösenden Probleme und Kompliziertheiten nervöser Funktionen auf eine im einzelnen noch ungeklärte, aber vermutlich unspezifisch vermittelnde Arbeitsweise dieses Netzapparates zu beziehen. Am weitesten geht darin HERRICK, der dem Neuropil eine synthetisierende und integrierende Funktion zuerkennt.

Da sich dessen Strukturen in den einzelnen Gehirnregionen nicht unterscheiden, schließt er, daß auch seine Funktion nicht festgelegt ist. HERRICK vermutet, daß die Strukturen der klassischen Projektions- und Assoziationsfasern die Leitungsbahnen darstellen, auf denen die angeborenen Reflexvorgänge ablaufen, während der Apparat für bedingte Reflexmuster und erlernte Handlungen eine andere Art von Gewebe erfordere, das einer ständigen Plastizität und einem dauernden Wandel von Funktionen angepaßt sei, aus denen spezifisch menschliche Leistungen oder zumindest alle diejenigen Handlungen resultieren, die sich kaum jemals ein zweites Mal exakt wiederholen.

Die klinischen Argumente gegen die Mosaiktheorie hat v. WEIZSÄCKER im »Gestaltkreis« am »Abbau motorischer Leistungen« behandelt: Daß von der Rinde nicht Muskeln isoliert innerviert werden, gehe schon daraus hervor, »daß Lähmungen einzelner Muskeln durch Läsion der vorderen Zentralwindung so gut wie unbekannt sind. Die Regel ist vielmehr, daß wir einen Gliedabschnitt, häufiger noch eine Extremität oder eine Halbseite betroffen sehen.« Aber auch nach Reizung der Rinde komme es weniger zu isolierten Muskelinnervationen, sondern meist zu komplexen Bewegungen, Synergien, die natürlichen Bewegungen ähneln. Auch liege der Ort in der Rinde, von dem eine bestimmte Bewegung ausgelöst werde, nicht völlig fest. Er könne innerhalb kurzer Zeit sich so verändern, »daß entweder gar keine oder eine andere Bewegung von ihm aus entsteht«. Auch habe die prärolandoische Windung kein Monopol für Bewegungseffekte, die — besonders was die Augenmuskeln angeht — auch von anderen Regionen auslösbar seien. Allein die Abhängigkeit der Sprache und der Fertigkeitsbewegungen von den großen Gebieten des Schläfen- und des Scheitellappens, wie die von komplizierten Synergien der Zuwendung und des Kauakts von anderen Gebieten machen eine eindeutige Zuordnung von Muskel zu Rindenfokus unwahrscheinlich. Man könne daher der vorderen Zentralwindung weniger eine muskel-innervatorische als vielmehr eine koordinative Funktion zusprechen. Die klinische Erfahrung, daß kortikale und pyramidale Lähmungen zu einer Entdifferenzierung der Bewegungen führen und gewisse Prädilektionstypen entstehen lassen, begründe die Regel: »Je vollständiger die Läsion ist, um so kollektiver ist die Innervation, die noch möglich ist.« Die Umkehr dieses Satzes ergibt, daß um so mehr Substanz erhalten sein muß, je differenzierter die Bewegungen sein sollen. Es ist daher nicht wahrscheinlich, daß die einzelne Pyramidenzelle durch ihre leitende Verbindung mit einem Einzelmuskel die Bedingung einer Einzelinnervation enthält. Wahrscheinlich ist vielmehr, daß es einer ausgedehnten Funktion großer zentraler Gebiete bedarf, um das kollektive Zusammenfließen vieler Erregungen zu hindern und die isolierte Innervation etwa eines Extensor indicis zu ermöglichen. Nicht die Ausbreitung, sondern die Einschränkung dieser Funktion ist das eigentliche Problem der Koordination.« Das heißt, daß für die isolierte Innervation eines einzelnen Muskels allgemein die Integrität der Rinde oder zumindest eines großen Teils der Rinde Voraussetzung zu sein scheint, »während die gemeinsame Innervation großer Muskelgruppen auch durch eine verhältnismäßig kleine übriggebliebene Substanzmenge noch ins Werk gesetzt werden kann«.

Aus der schon für JACKSONS Vorstellungen entscheidenden Beobachtung, daß kortikale und pyramidale Läsionen zu einem Verlust an Mannigfaltigkeit der Leistungstypen führen, leitet v. WEIZSÄCKER die Formulierung ab, daß die kortiko-pyramidale Region der Spezifikation der Bewegung diene und aus entsprechenden Beobachtungen, daß die extrapyramidal-zerebellare Region für den Formalismus der Bewegung entscheidend sei. »Es ist im Sinne dieser Auffassung, daß erfahrungsgemäß diese beiden Hauptgebiete einander im Falle der Zerstörung wenig aushelfen können. Es ist undenkbar, daß der Inhalt die Form ersetze oder umgekehrt«.

Anfallsformen

Jackson-Anfälle (motorische, senso-motorische und sensible sukzessiv sich ausbreitende Halbseitenanfälle): — Jackson-Anfälle sind dadurch charakterisiert, daß sie (1) mit Krämpfen oder Mißempfindungen oder mit beiden Symptomen einhergehen, die (2) an einem umschriebenen Abschnitt der Gliedmaßen, des Gesichtes oder des Körpers beginnen, (3) sich von dort sukzessiv nach bestimmten Regeln auf andere Regionen der gleichen Seite ausbreiten und (4) bei freiem Bewußtsein ablaufen. Bei weiterem Fortgang können sie (5) die gesamte Körperhälfte in den Krampf einbeziehen und (6) mit Schwinden des Bewußtseins in einen generalisierten Krampfanfall einmünden. Sie hinterlassen oft (7) eine vorübergehende Lähmung oder Taubheit der vom Anfall betroffenen Partien. Beginn und Ablauf der Anfallsäußerungen spiegeln (8) Ausgang und Ausbreitung der Entladungsvorgänge wieder, die sich in der kontralateralen Zentralregion abspielen.

1. Ein motorischer Jackson-Anfall beginnt mit *klonischen Zuckungen* in einem umschriebenen Gebiet.

Diese Kloni kommen wahrscheinlich durch rhythmisch alternierende Innervationen antagonistischer Muskelgruppen zustande und nicht durch eine rhythmische Unterbrechung der Innervation wie bei den klonischen Zuckungen des großen Anfalls. Denn im EEG sind zu Beginn eines Jackson-Anfalls fokale Spitzenentladungen und nicht periodische Gruppen von Spitzenserien mit langsamen Nachschwankungen zu sehen (s. Abb. 133). Auch die klinische Erfahrung spricht dafür, daß die im EEG sich abbildenden kontinuierlichen Entladungen nur deswegen zu klinisch-diskontinuierlich erscheinenden Effekten führen, weil die pathologischen Erregungen der Rinde die physiologische reziproke Simultan-Innervation der Antagonisten in eine reziproke Sukzessiv-Innervation abwandeln. Wenn man nämlich während des Anfalls künstlich die Auswirkung der Agonistenbewegungen unterdrückt, verschiebt sich der sichtbare Krampf in Richtung der antagonistischen Bewegung, wie sie Holmes (1927) beschreibt: »Die klonischen Bewegungen breiten sich häufig so langsam aus und bleiben so lange auf einen Abschnitt beschränkt, daß es möglich ist, sie sorgfältig zu studieren. Sie bestehen in kurzen tetanischen Kontraktionen all der Muskeln, die bei der Bewegung zusammenarbeiten; wenn es sich z. B. um eine Beugung des Ellbogens handelt, kontrahieren sich der Brachialis anticus, der Supinator longus und oft die langen Beuger der Hand und der Finger ebenso wie der Bizeps. Während der Kloni scheint es dabei immer zu einer Entspannung der Antagonisten zu kommen, des Trizeps z. B., wenn sich der Ellbogen beugt. Eine interessante Beobachtung, die ich wiederholt machen konnte, ist die, wenn das klonisch zuckende Glied passiv in die extreme Stellung bewegt wird, in die es die klonisch sich kontrahierenden Muskeln bringen würden, daß dann der Krampf in diesen Muskeln nachläßt und auf eine andere Gruppe übergreift, gewöhnlich auf ihre Antagonisten.«
Holmes scheint den Klonus bei Rindenanfällen noch als Ausdruck einer simultanen Erschlaffung bzw., pathophysiologisch gesprochen, einer Innervationshemmung der Antagonisten zu verstehen, was besagen würde, daß die epileptische Aktivität den physiologischen Vorgang der reziproken Simultan-Innervation nur intensiviert, d. h. nur quantitativ verändert. Aber nicht nur, daß bei einer gleichzeitigen Erschlaffung bzw. der Auswirkung einer kompletten Hemmung der Antagonisten die Bewegungseffekte beim klonischen Krampf weit größer und heftiger sein würden, auch die Abhängigkeit der Bewegungsrichtung, d. h. der Innervationsverschiebung, je nach der Ausgangsstellung des betroffenen Gliedes spricht nicht dafür, daß die epileptische Erregung nur eine quantitative Änderung der Funktion zur Folge hat. Vielmehr scheint sich in den von der Rinde ausgehenden kortikalen Krämpfen die von Sherrington belegte Labilität der kortikalen Elemente auszudrücken, deren Kennzeichen die Bahnung, Abweichung und Umkehr des Reizeffekts bei wiederholter Reizung sind.

Daß ein Jackson-Anfall mit einem *tonischen Krampf* beginnen könne, — Gowers[402] glaubte, daß jeder Anfall von einer tetanischen Kontraktion eingeleitet werde — ist gelegentlich behauptet worden[541]; doch spricht ein tonischer Beginn in der Regel dafür, daß die Erregung nicht von der vorderen Zentralwindung, sondern von anderen Gebieten, sei es der davor gelegenen Frontalregion oder von subkortikalen Strukturen ihren Ausgang genommen hat (s. Fall Karl K., S. 311). Tonische Krämpfe betreffen von Anfang an eine ausgedehntere Region und führen zu globaleren Bewegungen als klonische Zuckungen, die in der Regel ganz umschrieben und mit isolierten Bewegungen einsetzen. Tonisch beginnende Anfälle können von klonischen Zuckungen in anderen Körpergebieten begleitet oder gefolgt sein, wie auch umgekehrt die typischerweise mit klonischen Zuckungen einsetzenden Anfälle beim Fortschreiten zu tonischen Bewegungssynergien führen können, wobei im einen wie im

Tabelle 24: *Art der Symptome im Beginn und Verlauf von Jackson-Anfällen.*

	Rein motorisch		Senso-motorisch		Simultan senso-motorisch		Motorisch → sensibel		Rein sensibel		Total	
	n	%	n	%	n	%	n	%	n	%	n	%
HALLEN[1035]	30	58	14	27	6	11	1	2	1	2	52	100
FINCHER u. DOWMAN	84	60	20	14	17	12	9	7	9	7	139	100
Eigene Fälle *	187	56	65	19	60	18	7	2	16	5	335	100
	301	57	99	19	83	16	17	3	26	5	526	100

* 307 Fälle: Die Differenz zur Summe erklärt sich daraus, daß einige Patienten verschiedenartige Anfälle hatten.

anderen Fall aus der tonischen Komponente auf eine Mitbeteiligung von über die Zentralregion hinausgehenden Gebieten geschlossen werden darf.

Sofern Gliedmaßen betroffen werden, kommt es vorzugsweise zu Beugebewegungen, sowohl im Arm wie im Bein. Nach FOERSTER[541] soll es auch Anfälle geben, bei denen Strecksynergien überwiegen. Ob es bei Rindenkrämpfen, wie es für die Haltung der Gliedmaßen bei kortikalen Läsionen geläufig ist, bestimmte Prädilektionen synergistischer Innervationen gibt, ist nicht systematisch untersucht.

Über die Hälfte aller Jackson-Anfälle – 57%, wie aus der Tabelle 24 hervorgeht – beginnen und verlaufen rein motorisch. Bei den übrigen kommt es auch zu Mißempfindungen, die entweder den Zuckungen vorausgehen (19%), mit ihnen zugleich einsetzen (16%) oder ausnahmsweise erst gegen Ende des motorischen Anfalls (3%) auftreten. Rein sensible Jackson-Anfälle sind verhältnismäßig selten (5%).

Die *Mißempfindungen* bei einem sensiblen oder senso-motorischen Jackson-Anfall können, im Gegensatz zur Aura psychomotorischer Anfälle, meist gut beschrieben werden. Das gilt sowohl für die Art der Empfindung, wie für den Ort, von dem sie ihren Ausgang nehmen. Gewöhnlich handelt es sich um Kribbelparästhesien, die auch als Rieseln, Prickeln, Elektrisieren oder Ameisenlaufen beschrieben werden, oder um das Gefühl einer Ertaubung, das oft mit Kribbeln einhergeht. Seltener wird von Temperaturempfindungen berichtet, von einem Kälte- oder Wärmegefühl etwa oder gar von einem Brennen. Auch Schmerzen kommen nicht selten vor und sind dann häufig mit anderen sensiblen oder motorischen Symptomen verbunden.

Von 150 Kranken mit sensiblen oder sensomotorischen Jackson-Anfällen waren folgende Mißempfindungen in Erfahrung zu bringen, wobei die Zahlen in Klammern die Häufigkeit angeben: Kribbelparästhesien (99), Taubheit (74), Schmerzen (47), Temperaturempfindungen (29) — davon Hitze, Wärme, Brennen häufiger (23) als Kälte (6) —, Kitzeln (8), Jucken (2), Druck (3), Gefühle von Lähmung (9), Steifigkeit (12), Spannung (8), Krampf (21), von Klopfen (6), Zuckungen (4), Zittern (2), von Wusseln (1), Wühlen (1), Stechen (1), von Leichtigkeit (3) oder Schwere (16), von Überempfindlichkeit (2), als ob das Glied fremd sei (3), einem nicht gehöre (11), als ob es sich bewege (11), anschwelle und dicker werde (13), zerfließe (1), sich drehe (2) und nicht näher zu beschreibende Gefühle (15).

Fall Karl K.: Schmerzen, Brennen, Steifigkeitsgefühl bei vorwiegend tonischen Krämpfen; Jackson-Status.

Kam mit 35 Jahren das erstemal zu uns, weil er bisher selten Anfälle bekommen hatte, die mit Beschwerden im linken Oberbauch beginnen, so als ob sich dort Luft ansammeln würde; dann schieße ihm plötzlich, wie wenn er von einem elektrischen Schlag getroffen würde, ein heftiger Schmerz ins linke Bein und fast gleichzeitig auch in den linken Arm, wobei er ein starkes Spannungsgefühl in der linken Bauchmuskulatur verspüre. Manchmal setzen die Schmerzen auch zuerst im linken Bauch ein, um dann auf Arm und Bein der gleichen Seite überzugehen. Die Schmerzen werden als so furchtbar empfunden, daß er sofort nach einem Analgetikum greife, das ihm dann auch Linderung verschaffe. Nur weil er danach eine vorübergehende Schwäche der linken Seite bemerkt hat, wird er unter dem Verdacht auf Jackson-Anfälle nach Zuckungen befragt, worauf er angibt, daß Arm und Bein sich dabei bewegen und daß es auf der linken Gesichtsseite zu Zuckungen komme. — Er wurde klinisch untersucht, ohne daß zunächst ein krankhafter Befund zu erheben war. Im Laufe des folgenden Jahres entwickelte sich eine latente Parese auf der linken Seite und ein Herdbefund rechts parietal im EEG, doch fand sich pneumenzephalographisch und arteriographisch nichts Auffälliges. — 4 Jahre später wurde er wieder aufgenommen, weil die Anfälle an Häufigkeit zugenommen und die Parese deutlicher geworden und auf den linken Arm übergegriffen hatte. Der Patient war bei den Anfällen weiterhin vor allem durch die Schmerzen beeindruckt, die immer noch von einem Druckgefühl im Magen eingeleitet wurden, konnte jetzt aber berichten, daß dabei auch die linke Hand zu zucken begann und sich dann der Arm anbeugte, während das Bein in dieser Phase gestreckt und steif wurde. Dann begann auch das Bein zu zucken, während der Fuß sich dorsal flektierte. Währenddessen spürte er eine Steifigkeit in der linken Gesichtsseite und in der Zunge, so daß er beim Sprechen behindert war. — Wir hatten Gelegenheit einen Anfall zu beobachten, der damit begann, daß sich der Daumen einschlug und die Finger streckten, so daß der Daumen zwischen 1. und 2. Finger zu liegen kam. Dann begannen alle Finger und die Hand zu zucken, wobei sich die Finger einbeugten. Während dieser Zeit ging das Bein in Streckstellung und fing etwa 2—3 min nach Beginn des Anfalls ebenfalls an zu zucken. Der Patient gab dabei heftige Schmerzen an und äußerte nach etwa 6 min, daß er auf der linken Gesichtsseite ein Brennen spüre, das immer stärker würde. Zugleich damit waren für eine kurze Zeit Zuckungen in der linken Augengegend zu sehen, die nachließen, sobald sich Zuckungen in der linken Mundgegend bemerkbar machten, die aber auch nicht lange anhielten. Der Anfall dauerte insgesamt — wie er uns schon von seinen früheren Anfällen berichtet hatte, ohne daß wir ihm recht Glauben schenken konnten — $1^{1}/_{4}$ Std., wobei die Zuckungen im Bein während der ganzen Zeit regelmäßig anhielten, während die Zuckungen im paretischen Arm kamen und gingen. Zuckungen im Gesicht waren — wie beschrieben — nur für eine kurze Zeit zu beobachten. — Jetzt stellte sich bei der Luftfüllung ein rechts parietal gelegener raumfordernder Prozeß dar, bei dem es sich, wie die Operation bestätigte, um ein Oligodendrogliom handelte.

Schmerzen als Anfallssymptom sind nicht so ungewöhnlich, wie man nach dem Ergebnis von Rindenreizungen vermuten sollte, bei denen nur ausnahmsweise schmerzhafte Sensationen produziert werden[783, 1098]. Diese Diskrepanz läßt daran denken, daß Schmerzen wie im Fall Karl K. sekundäre Begleiterscheinungen lokaler Krämpfe sind. In der Tat war nachzuweisen, daß unter unseren 47 Patienten mit schmerzhaften Aurasensationen allein 22 waren, bei denen es gleichzeitig zu heftigen tonischen Verkrampfungen kam. Bei weiteren 12 Patienten traten die Schmerzen während klonischer Zuckungen auf. Doch bleiben immerhin 13 Fälle, bei denen isolierte Schmerzen als Aura vorkamen, wie dies auch von Russell u. Whitty (1953) und von Head u. Holmes (1911/1912) berichtet worden ist.

Die regionäre Verteilung der Schmerzen entsprach dem Beginn von Jackson-Anfällen überhaupt. In 19 Fällen waren die Schmerzen im Arm oder in der Hand oder in beiden lokalisiert, in 10 Fällen im Bein oder im Fuß, in 6 Fällen im Gesicht oder am Kopf und in 2 Fällen am Hals. Als Unterschied zum Beginn anderer sensibler Aurasymptome kann lediglich vermerkt werden, daß Schmerzen häufiger im Arm als in der Hand und häufiger im Bein als im Fuß einsetzen. Zur lokalisatorischen Bedeutung von Schmerzen kann aufgrund von 24 lokalisierbaren Tumoren nur bemerkt werden, daß weitaus die Mehrzahl (16) das Parietalhirn betrafen, wenige (4) nur die Zentralregion und nur 1 Fall isoliert die vordere Zentralwindung. In 3 Fällen waren die Tumoren parasagittal im hinteren Sinusdrittel lokalisiert.

Auch die nicht so seltenen *Temperaturempfindungen* scheinen insofern eine besondere Gruppe zu bilden, als sie gelegentlich den motorischen Symptomen nachfolgen, was für andere Sensationen ungewöhnlich ist. Temperaturempfindungen sind durch kortikale Reizung nicht reproduzierbar. Aufgrund der lokalisatorischen Analyse von traumatischen Epilepsien nach offenen Gehirnverletzungen halten Russell u. Whitty es für möglich, daß bei Fällen mit Temperatur-Auren das »sekundäre sensorische Gebiet« betroffen ist. Von dieser mit dem Operculum parietale identischen Region sind bei Reizung Sensationen vorwiegend kontralateral, aber auch auf beiden Seiten des Körpers mit Bevorzugung der distalen Partien zu erzielen[124].

Einige der angegebenen Empfindungen sind weniger den Mißempfindungen als den *Körperschemastörungen* zuzuordnen. Hierher gehören Gefühle einer besonderen Leichtigkeit oder Schwere eines Gliedes, das Anschwellen, Dickerwerden oder Zerfließen einer Extremität und die Empfindung, als ob einem das Glied nicht mehr gehöre oder fremd werde. Manchmal kommt es auch zu einem Gefühl, als ob sich ein Glied bewege, ohne daß eine Bewegung zu sehen ist (Fall Hans-Peter E.), oder zu einem Gefühl, als ob man ein Glied

Tabelle 25: *Häufigkeit der Ausgangspunkte motorischer und senso-motorischer Jackson-Anfälle.*

	HALLEN (1952)	RUSSEL und WHITTY (1953)	Eigene Fälle*	Total n	Total %
Kopf:				147	31
Mund	—	11	58		
Gesicht	14	—	37		
Kopf	2	4	8		
Augen	—	—	6		
Hals	1	—	6		
Obere Extremität:				207	44
Daumen	—	2	7		
Finger	—	3	42		
Hand	16	10	62		
Arm	—	11	54		
Rumpf:				22	5
Schulter	4	—	7		
Brust	1	—	6		
Abdomen	—	1	1		
Hüfte	—	—	2		
Untere Extremität:				92	20
Großzehe	—	—	2		
Zehen	—	—	3		
Fuß	10	4	35		
Bein	—	5	24		
Oberschenkel	4	—	5		
Total:	52	51	365	468	100

* 307 Fälle: Die Differenz zur Summe erklärt sich daraus, daß einige Patienten Anfälle mit verschiedenem Beginn hatten.

bewegen müsse, einem *Drang zu umschriebenen Bewegungen*. Die *Illusion einer Bewegung* kann so lebhaft und genau sein, daß der Patient beschreiben kann, wie er das Glied sich bewegen fühlt, ob es zittert oder zuckt und ob es eine natürliche oder eine vertrackte Stellung einnimmt. PENFIELD u. JASPER berichten, Gefühle von Bewegungsdrang als Reizeffekt von vor der Zentralfurche gelegenen Gebieten und Illusionen von Bewegungen von dahinter gelegenen Regionen ausgelöst zu haben.

2. Jackson-Anfälle können in jedem Abschnitt eines Gliedes, des Gesichtes oder des Körpers beginnen. Doch gilt für die *Ausgangspunkte* allgemein wie speziell innerhalb einer umschriebenen Region die schon von JACKSON (1870) angegebene Regel, daß »der Anfall gewöhnlich . . . in dem Teil des Gesichts, des Arms und des Beins beginnt, der den mannigfaltigsten Gebrauch hat«. Das bedeutet generell, daß »Anfälle, die in der Hand beginnen, etwas Gewöhnliches, Anfälle, die in der Wange und in der Zunge beginnen, weniger häufig und Anfälle, die im Fuß beginnen, selten sind«, und im einzelnen, daß »die in der Hand einsetzenden Anfälle gewöhnlich im Zeigefinger und Daumen beginnen, im Fuß einsetzende Anfälle gewöhnlich in der großen Zehe«[1066] und im Gesicht einsetzende Anfälle am Mund. Selten nehmen sie ihren Ausgang von den proximalen Gliedmaßenabschnitten des Oberarms und des Oberschenkels oder von Schulter oder Hüfte, nur ausnahmsweise von den Hals-, Brust- oder Bauchmuskeln und nie von der Rumpfmuskulatur. Für das Gesicht gilt entsprechend, daß ein Anfall meist in den Lippen oder in der Wange beginnt, kaum je in der periokulären Muskulatur und nie in der Stirn.

Wie die Tabelle 25 ausweist, beginnt etwa die Hälfte aller Jackson-Anfälle im Bereich der oberen Extremität, etwa $^1/_3$ im Bereich des Gesichts, etwa $^1/_5$ im Bereich der unteren Extremität und nur sehr wenige im Bereich des

Rumpfes. In der Häufigkeitsverteilung spiegelt sich die Ausdehnung wider, mit der die einzelnen Körperabschnitte in der Zentralregion repräsentiert sind.

Die Regel, wonach die am meisten spezialisierten, bzw. dem mannigfaltigsten Gebrauch dienenden Teile auch am meisten zu Anfällen neigen, gilt auch für die synergistisch zusammenarbeitenden Bewegungsorgane. Daher können die der Mastikation und Vokalisation dienenden Organe auch isoliert betroffen werden, die der Atmung und der Körperhaltung dienenden Apparate dagegen nicht.

3. »Der Anfall kann nahezu in jedem Stadium sozusagen stehenbleiben«, d. h. spontan wieder abklingen oder auch »artifiziell, durch eine Umschnürung in seinem frühesten Stadium zum Stillstand gebracht werden«[1066]. Meist jedoch breitet er sich sukzessive und in »überlappender Reihenfolge« auf andere Regionen aus. Das besagt, daß die Anfallssymptome »einen bestimmten Verlauf nehmen und einen verschiedenen Verlauf, je nach dem«[1066], wo sie beginnen. Mit «überlappender Reihenfolge« ist gemeint, daß die Symptome in der nächsten Region schon beginnen, bevor sie in der vorhergehenden erloschen sind. Der Weg den die Anfallssymptome bei ihrem Fortschreiten nehmen, was man – auf die Motilität bezogen – mit JACKSON als »*march of convulsion*« oder kurz als »*march*« bezeichnet, folgt gewissen Regeln: Anfälle, die in der Hand beginnen, pflegen, nachdem Arm und Schultern erreicht sind, auf das Gesicht überzugreifen oder vom Oberarm auf Bein und Fuß abzusteigen. Vom Gesicht ausgehende Anfälle steigen über Schulter und Arm zur Hand abwärts, können aber auch die Schulter überspringend zunächst die Hand und dann den Arm ergreifen. Vom Fuß her breiten sich die Anfallssymptome über das Bein aufsteigend ebenso oft über den Oberarm zur Hand, wie von der Hand zum Arm hin aus.

Bei aller Vielfalt der *Ausbreitungsmodi* gibt es gewisse Regelmäßigkeiten, die jedoch mehr die Geltung eines Funktionsprinzips als die Gültigkeit eines starren Lokalisationsprinzips belegen. Nach FOERSTER[541] spiegelt »die Reihenfolge, in welcher die . . . Körperteile nacheinander vom Krampf ergriffen werden, die somatotopische fokale Gliederung« der Rolandoschen Zone wider. Auch PENFIELD (mit JASPER 1954) behauptet, daß »das Ausbreitungsmuster bestimmt wird durch die Beziehung der Repräsentation der Gliedmaßen in der Präzentral-Windung«. Die Anordnung ihrer Repräsentation gibt er ebenfalls in einer durch Reizeffekte ermittelten somatotopischen Gliederung an, die sich von der FOERSTERS im wesentlichen nur durch eine andere Lokalisation der Halsregion unterscheidet. Wenn es wirklich zuträfe, daß – wie die klassische Lehre es annimmt – die Ausbreitung der epileptischen Erregung in der Zentralregion in der Reihenfolge vonstatten geht, wie es der Aneinanderreihung der experimentell ermittelten Foki entspricht, so müßte sich der »march« der Sensationen und Krämpfe in jedem Fall an diesen Plan halten (s. Abb. 105 und 108). Das trifft aber nur für einen Teil der Fälle zu. Häufig nehmen die klinischen Erscheinungen einen Weg, der nicht der angegebenen Somatotopik entspricht. Wollte man entgegen der klinischen Erfahrung trotzdem eine streng fokale Gliederung verteidigen, so wäre man gezwungen anzunehmen, daß die Erregung benachbarte Felder auslassen und auf ferner gelegene überspringen könne.

HALLEN[1035] hat nach gründlicher Analyse des Anfallsablaufs bei 52 Kranken mit Jackson-Anfällen überzeugend belegen können, daß sich »die verschiedenartigen und oft widersprüchlichen Ausbreitungen der motorischen und sensiblen Entäußerungen . . . in keiner Weise mit der Vorstellung einer differenzierten somatotopischen, räumlich-anatomischen Organisation der Zentralregion decken. Als Regel zeigte sich lediglich ein Fortschreiten der ablaufenden Erregungswelle vom Gesicht auf den Arm und das Bein, so daß nur eine zentrale räumliche Festlegung dieser drei globalen Funktionskreise in dem Sinne, daß der Arm die Mitte zwischen den beiden anderen Polen einnimmt, erlaubt ist.« Die von FOERSTER[541] erwähnten Fälle bestätigen ausnahmslos die von ihm selbst angegebene fokale Gliederung. Aber schon einige der klassischen Fälle von JACKSON[1066] fügen sich nicht diesem Schema. Über die Hälfte der von HALLEN[1035] beschriebenen Fälle zeigten erhebliche Abweichungen. So würde etwa die epileptische Erregung bei Anfällen, die vom Gesicht über den Oberarm zum Unterarm und zur Hand fortschreiten, das in allen Schemata dazwischenliegende Hand-Finger-Feld überspringen. In 24 Fällen, die den Arm und das Gesicht betrafen, nahmen die Symptome 10mal den klassischen Weg, indem sie von der Hand auf den Mund übergriffen, in 14 Fällen aber breiteten sie sich von der Hand über den ganzen Arm auf das Gesicht (oder umgekehrt) aus, anstatt dann, wie nach der angeblichen topischen Gliederung der Zentralregion zu erwarten gewesen wäre, über den Rumpf zum Bein abzusteigen.

Man hat Abweichungen von der angeblichen Regel durch die Annahme individueller Variationen in der Somatotopik der Zentralregion zu erklären versucht. Aber nicht allein ihre Häufigkeit, sondern auch die Tatsache, daß bei dem gleichen Patienten Anfälle mit verschiedenem Anfallsmuster vorkommen können, widerlegt diese Hypothese. Nach den klinischen Erfahrungen jedenfalls läßt sich eine anatomisch festgelegte, differenzierte Somatotopik der Zentralregion nicht belegen.

Unsere Erfahrung an Hand von 61 in ihrem Ablauf genau bekannten motorischen Jackson-Anfällen sind folgende: Unter 15 vom Gesicht absteigenden Anfällen wurde 9mal zuerst die Hand bzw. einzelne Finger der Hand und dann der Arm ergriffen, wie es nach der klassischen Lehre anzunehmen ist; in 6 Fällen ging der Weg aber vom Gesicht über Schulter und Arm zur Hand. Bei 26 von der Hand bzw. von den Fingern der Hand zum Gesicht aufsteigenden Anfällen nahmen alle den Weg über den Arm, 6 davon sogar über Arm und Schulter zum Gesicht; zu weiterer Ausbreitung auf das Bein und den Fuß kam es in 8 Fällen erst, nachdem das Gesicht erreicht war. Unter 20 vom Fuß über das Bein aufsteigenden Anfällen ging der Weg zum Arm in 7 Fällen direkt und in 3 Fällen über die Schulter, wie es nach der somatotopischen Gliederung der Zentralregion zu erwarten wäre; in 7 Fällen wurde der Arm jedoch erst erreicht, nachdem zuvor die Hand bzw. einzelne Finger der Hand von Zuckungen ergriffen waren. Nur in 3 Fällen setzte sich der Anfall vom Fuß über den Arm auf das Gesicht fort.

Sensibel beginnende Anfälle pflegen sich schneller auszubreiten als klonische Zuckungen. Obwohl sie ebenfalls in einem umschriebenen Gebiet beginnen, nehmen sie rasch mindestens eine Gliedmaße ein und werden in der Regel auch bald von klinischen Zuckungen gefolgt. *Rein sensible Jackson-Anfälle* sind so selten (s. Tab. 24, S. 311), daß man zunächst einmal andere Diagnosen, wie etwa ischämische Krisen oder neuritische Attacken, erwägen sollte[1036]. Erst mit dem Hinzutreten motorischer Entäußerungen kann die Annahme von Jackson-Anfällen als gesichert gelten. Wenn motorische Symptome hinzukommen, ergreifen die Zuckungen meist ausgedehntere Körperpartien als die einleitenden Sensationen. Gelegentlich aber breiten sich die

Sensorische Reihenfolge im Gyrus postcentralis	Sulcus centralis rechts	Motorische Reihenfolge im Gyrus praecentralis
Genitalien		
Zehen		Zehen
Fuß		Fußgelenk
Bein		Knie
Hüfte		Hüfte
Rumpf		Rumpf
Hals		
Kopfhaut		
Schulter		Schulter
Oberarm		
Ellbogen		Ellbogen
Unterarm		
Handgelenk		Handgelenk
Hand		Hand
Kleinfinger		Kleinfinger
Ringfinger		Ringfinger
Mittelfinger		Mittelfinger
Zeigefinger		Zeigefinger
Daumen		Daumen
		Nacken
		Brauen
Augen	→	Augenbewegungen
Nase		Lider
Gesicht		Gesicht
Oberlippe		
Lippen		Lippen
Unterlippe		Vokalisation
Mundschleimhaut und Kiefer		Kiefer
Zunge		Zunge
Mund		Salivation
Schlund		Schlucken
Eingeweide		

Abb. 108. Die Reihenfolge der reizexperimentell ermittelten somatotopischen Repräsentation im senso-motorischen Kortex. (Nach PENFIELD, W., H. JASPER: Epilepsy and the Functional Anatomy of the Human Brain, Little, Brown, Boston 1954.)

nachfolgenden motorischen Entladungen nicht über das gesamte, von den Mißempfindungen berührte Gebiet aus. Nur selten befallen die motorischen wie die sensiblen Symptome die gleichen Körperabschnitte wie in folgendem Fall, der zugleich als Beispiel für einen Wandel der Sensationen im Verlauf in Richtung auf eine Körperschemastörung (s. S. 377ff), für eine Veränderung der motorischen Symptome in Richtung auf einen tonischen Krampf und für eine postparoxysmale sensible und motorische Lähmung steht:

Fall Friedrich N.:

Der Patient litt jahrelang zunächst nur an sensiblen Krisen: An den Fingern trat für Sekunden ein Kribbeln auf, das sich schnell über die ganze linke Hand ausbreitete, auf den linken Mundwinkel übersprang und von dort in die Wange zog. Gleichzeitig lief die Empfindung von der Hand über den ganzen Arm bis zur Schulter und zur linken Halshälfte hinauf. Während dieses Fortschreitens änderte die Parästhesie ihren Charakter. Aus dem Kribbeln wurde ein Gefühl, als zöge ein elektrischer Strom spiralförmig hoch. Dieses verwandelte sich schließlich in die Empfindung, als ob alle befallenen Partien gespannt und vergrößert seien; währenddessen folgte der sensiblen Aura auf gleichem Wege ein sichtbares Muskelzucken, bei dem Finger und Hand sich wechselnd leicht beugten und streckten, und auch der Mundwinkel zuckte. Das Zucken ging schließlich in einen tonischen Krampf über. Nach Abklingen des Anfalls blieben für Minuten eine Parese und Taubheit des linken Armes und der linken Gesichtshälfte zurück. — Ein neurologischer Befund ließ sich bei den häufigen Untersuchungen niemals nachweisen. Erst eine Probetrepanation klärte die Genese: Es fand sich ein ausgedehntes Astrozytom im rechten Parietallappen, das sich vom mittleren und unteren Drittel der hinteren Zentralwindung bis zur vorderen Zentralwindung erstreckte.

Senso-motorische Jackson-Anfälle beginnen meist mit sensiblen Symptomen. Häufig setzen auch Mißempfindungen und Krämpfe gleichzeitig ein und laufen bis zum Abklingen des Anfalls einander parallel. Ganz ungewöhnlich ist es, daß sensible Symptome einem motorischen Jackson-Anfall nachfolgen, wie es eigentlich zu erwarten wäre, wenn die Ausprägung der klinischen Symptome nach rein anatomischen Gesetzen vor sich gehen würde.

Im folgenden Fall kam es zu rein sensiblen, zu rein motorischen und zu mit Mißempfindungen beginnenden oder endenden sensomotorischen Anfällen. Der Wechsel des Anfallsbeginns und die Buntheit der Symptome mag darauf zurückzuführen sein, daß die zugrunde liegende Läsion — im vorliegenden Fall ein Tumor — im Hemisphärenspalt, genauer im hinteren Anteil der supplementär-motorischen Region, lokalisiert war. Unsere Beobachtung entspricht weitgehend dem Fall A. Z. von Penfield u. Jasper:

Fall Martha E.:

Es handelte sich um eine Kranke, bei der ein parasagittales Meningiom des mittleren Sinusdrittels zu verschiedenartigen Anfällen geführt hatte: Zuerst bemerkte sie längere Zeit lediglich für mehrere Stunden ein kribbelndes Gefühl, »als ob alles eingeschlafen« sei. Diese Empfindung lief, an Zehen- und Fingerspitzen zugleich einsetzend, über das linke Bein und den linken Arm zum Hinterkopf. Später kamen rein tonische Anfälle hinzu: der linke Fuß wurde dorsal flektiert, das Bein adduziert, schließlich legte sich der Arm gewaltsam an den Rumpf. Darüber hinaus kam es zu Krisen, die sensible und motorische Symptome zeigten. Diese konnten sowohl mit Mißempfindungen beginnen und mit Krämpfen enden, aber auch umgekehrt durch motorische Symptome eingeleitet werden und mit Parästhesien abschließen. Im ersten Fall bemerkte sie ein »drehendes Gefühl« in der linken Hand, das sich zu einer Empfindung, als würden beide Hände und der linke Unterarm zermalmt, steigerte; darauf schienen ihr beide Hände und der linke Unterarm zu zerfließen, bis sie die Gliedmaßen überhaupt nicht mehr wahrnahm. Dann folgte eine Adduktionsbewegung des linken Armes und Beines. — Die zweite Version verlief dazu spiegelbildlich: Der linke Fuß zog sich hoch, das Bein wurde im Knie und in der Hüfte gebeugt. Darauf setzte ein rhythmisches Schlagen des Beines im Sinne einer alternierenden Streckung und Beugung ein. Anschließend krampfte der linke Arm. Zum Abschluß wurde in beiden Händen und im linken Unterarm wieder das unangenehme Gefühl des »Zermalmens« bemerkt.

Beidseitige sensible Symptome weisen lokalisatorisch entweder auf die supplementär-motorische und -sensorische Region im Medianspalt der Hemisphären oder auf das sekundär-sensorische Gebiet in der Gegend des Operculum parietale hin. Im ersten Fall sind die Sensationen mit tonischen Anfällen oder Adversiv-Krämpfen verbunden, im letzten Fall betreffen sie meist gleichzeitig — mit kontralateralem Akzent — Hand und Zunge.

Bilaterale Jackson-Anfälle sind eine ausgesprochene Rarität. Bisher sind 12 derartige Beobachtungen beschrieben worden, je eine von Pötzl u. Löwy, von Pötzl[1145], von Erickson, zwei von Gloning u. Hayden und sechs von Dechaume et al. Darunter befinden sich jedoch auch fragliche Fälle mit rein sensiblem Verlauf. Wir kennen außer dem Fall Martha E., die während ihrer Anfälle beidseitige sensible Symptome bemerkte, drei weitere Fälle mit beidseitigen motorischen Symptomen, die einen typischen »march« bei freiem Bewußtsein aufwiesen:

Der erste (Fall Robert B.) betrifft einen 62jährigen Mann mit multiplen zerebralen Metastasen eines

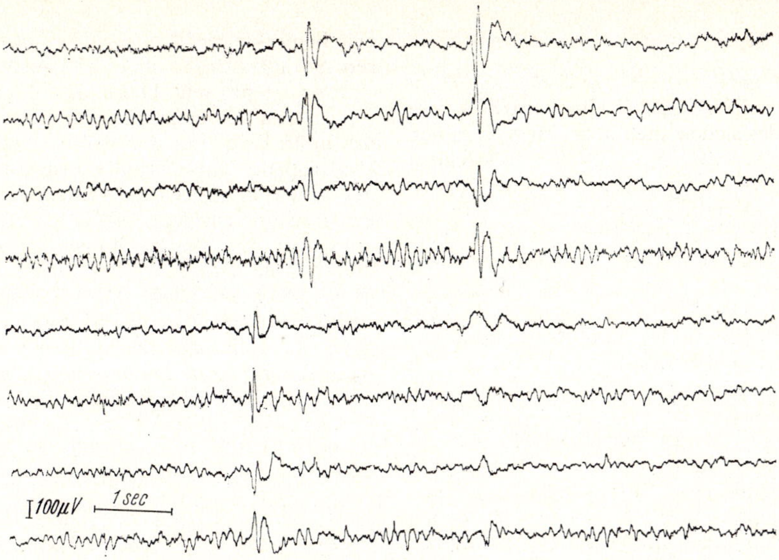

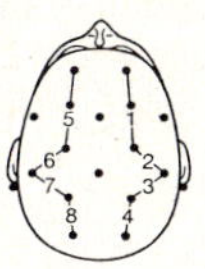

Abb. 109. Das EEG von Andreas Sch. zeigt multifokale Sharp-wave-Entladungen.

Larynxkarzinoms. Ein von uns beobachteter Anfall begann mit klonischen Zuckungen in der linken Hand, die sich auf den linken Arm, dann auf die linke Gesichtsseite und auf das linke Bein ausbreiteten und schließlich auch das rechte Bein ergriffen. Im Verlauf des Anfalls kam es unter einem Engegefühl auf der Brust zu Atemnot. Das EEG zeigte deutliche Herdveränderungen präzentral, temporal und parietal rechts.

Beim zweiten Fall handelt es sich um eine 60jährige Frau (Elvira Z.), die unserer Klinik schon seit 10 Jahren mit einer schubweise remittierenden multiplen Sklerose bekannt war. Während des letzten Schubs mit einer passageren Erblindung in Folge einer beidseitigen Optikusneuritis und mit einer Paraparese der Beine kam es zu einer Serie von 6 motorischen Jackson-Anfällen, die mit klonischen Zuckungen im rechten Fuß begannen, die über das rechte Bein auf die rechte Hand und auf den Arm übergriffen und dann — ohne Beteiligung des Gesichts — auf den linken Fuß übergingen und mit Zuckungen im linken Bein ausklangen. Im EEG waren auch nach Provokation mit Metrazol keine Herdveränderungen und keine spezifischen Entladungen zu sehen.

Beim dritten (Fall Andreas Sch.) handelt es sich um einen 6jährigen Jungen, der vor einem Jahr auf den Hinterkopf gestürzt war, aber keine Zeichen einer zerebralen Beteiligung geboten hatte. 6 Monate danach bekam er alle paar Tage klonische Zuckungen im rechten Mundwinkel, bei denen auch die rechte Wange und das rechte Augenlid mitzuckten. Diese Anfälle dauerten etwa 30 bis 40 sec. In den letzten 14 Tagen vor der Untersuchung bekam er unabhängig davon auch Zuckungen in den Fingern der linken Hand, die sich auf den linken Unterarm ausdehnten und schließlich auch den linken Arm und die Schulter ergriffen. Nach 30 sec klangen diese Anfälle ab und hinterließen für einige Minuten ein Gefühl der Schwäche und des Eingeschlafenseins im linken Arm. Das EEG (s. Abb. 109) zeigte multilokuläre Foki mit biphasischen Sharp-waves und Slow-sharp-waves.

Nach dem Verlauf kann man *alternierende bilaterale Jackson-Anfälle*, die – wie im letzten Fall (Andreas Sch.) – abwechselnd auf der einen und auf der anderen Seite auftreten, von Anfällen unterscheiden, deren Symptome wie in den beiden ersten Fällen (Robert B., Elvira Z.) im Laufe eines Anfalls beide Seiten abschreiten (»*crises bilaterales d'emblée*«). Alternierend bilaterale Jackson-Anfälle sind unschwer mit der Annahme von Erkrankungen zu erklären, die mit multiplen Herden einhergehen. Im Verlauf eines Jackson-Anfalls zur Gegenseite übergreifende Symptome erklärt man sich bei sensiblen Anfällen durch eine Ausbreitung der Erregung in sekundäre motorische oder sensible Regionen und bei motorischen Anfällen durch eine Verdoppelung der Erregung über das Corpus callosum. In diesem Zusammenhang bemerkenswert ist die Tatsache, daß unter insgesamt 12 Beispielen von »crises bilatérales d'emblée« allein 7, wie im Fall Elvira Z., vom Fuß über das Bein zum homolateralen Arm aufgestiegen sind, bevor die Zuckungen auf die andere Seite übergegriffen haben. In diesen Fällen handelte es sich meist um von der Mantelkante, dem Hemisphärenspalt oder direkt vom Corpus callosum ausgehende Geschwülste.

Wenn ein motorischer Anfall in Sensationen ausläuft, so handelt es sich dabei nicht um die »klassischen« Empfindungen von Seiten des Gyrus postcentralis, also nicht um Ameisenlaufen, Elektrisieren und Ertaubung, sondern — wie im Fall Martha E. — um Schmerzen oder Temperaturgefühle[1161] und als postparoxysmale Erscheinungen aufzufassende Symptome wie eine Taubheit und eine Glied-Agnosie.

Die Vielfalt qualitativer und zeitlicher Verschränkungen senso-motorischer Anfallssymptome bedeutet für die klassische Lehre einer getrennten Repräsentation sensibler und motorischer Elemente in der vorderen und der hinteren Zentralwindung gewisse Schwierigkeiten, die nicht durch die Vorstellung zu lösen sind, daß die Erregungswelle auf dem Weg der U-förmigen Assoziationsfasern auf die korrespondierende Zentralwindung übergreift. Schon die Tatsache, daß Sensationen sich rascher ausbreiten als motorische Symptome und häufiger von motorischen Entladungen gefolgt sind als motorische von sensiblen Erscheinungen, ist anatomisch allein nicht zu erklären. Daß motorische und sensible Symptome häufig gleichzeitig beginnen, würde zur Annahme zwingen, daß die Erregung an zwei Punkten zugleich beginnt und parallel miteinander verläuft, was jedoch der Annahme widersprechen würde, daß die epileptische Erregung grundsätzlich an einem Ort — dem Fokus — entsteht und sich von dort ausbreitet. Die klinischen Erfahrungen sprechen vielmehr für eine derart enge Verzahnung beider Phänomene, wie sie schon bei der natürlichen Leistung gegeben sind. Auch reizexperimentell ist erwiesen, daß in beiden Zentralwindungen sowohl motorische wie sensible Funktionen vertreten sind, wenn auch die vordere Zentralwindung mehr motorisch und die hintere mehr sensibel akzentuiert ist. Daß in den Anfällen Motorisches und Sensibles oft getrennt erscheint, ist daher nicht anders zu verstehen, als daß die epileptischen Entladungen zur Desintegration von natürlicherweise miteinander verschränkten Bewegungs- und Wahrnehmungsvorgängen führen. In den verschiedenen Formen der Anfälle bekunden sich Formen von Auflösungserscheinungen natürlicher Leistungen, die bestimmten Regeln des Abbaus unterworfen sind. Diese Regeln lassen sich weniger aus der anatomischen Struktur als aus der physiologischen Analyse von klinischen Beobachtungen ableiten.

Mit der regionalen Ausbreitung der Anfallserscheinungen geht häufig auch ein *Qualitätswandel der sensiblen und motorischen Entäußerungen* einher. Was die motorischen Symptome angeht, so kam es unter 25 Fällen 20mal zu einem Übergang von tonischen in klonische Zuckungen und nur 5mal von klonischen in tonische Krämpfe. HALLEN[1035] beschreibt einige Fälle, bei denen die Motorik anfangs Handlungscharakter hatte und dann in undifferenzierte klonische Massenentladungen überging: »Aus differenzierten, lokal beschränkten Entäußerungen (Klavierspiel, Schnalzen der Zunge, Mahlbewegungen des Unterkiefers) werden mit Ausbreitung des Anfalls undifferenzierte, grobe klonische Zuckungen.« Die Entwicklung ging hier vom Speziellen, Differenzierten zum Allgemeinen, Undifferenzierten, was er als einen Wandel motorischer Funktionen bezeichnet, der einem stufenweisen Abbau der Leistung über die Stadien der Kollektivierung und Entdifferenzierung bis zur Parese hin entspreche. — Auch die Qualität sensibler Erscheinungen kann sich im Verlauf des Anfalls ändern. Wie sich im Fall Friedrich N. aus einem Kribbeln zunächst das Gefühl eines elektrischen Stroms, dann einer Spannung und schließlich einer Vergrößerung der betroffenen Partien entwickelte und im Fall Martha E. ein »drehendes Gefühl« zum Gefühl des »Zermalmens«, so wurde im folgenden Fall aus einer Mißempfindung im weiteren Verlauf ein Schweregefühl:

Fall Albert T.:

Bei diesem Kranken mit langjährigen Jackson-Anfällen wurde der Wandel im Charakter der Sensationen besonders deutlich: der Anfall setzte mit einem kribbelnden Gefühl ein, das als »Ameisenlaufen« bezeichnet wurde. Die Parästhesie lief von der Leiste zum linken Fuß hinunter, sprang dann auf den Oberarm über und breitete sich bis zu den Fingern aus. Nach kurzer Zeit wurde die Empfindung des Ameisenlaufens durch ein anderes Gefühl ersetzt: das Bein wurde erst schwer, dann wie hölzern empfunden und schließlich überhaupt nicht mehr bemerkt. Gleichzeitig begannen alternierende, langsame Beuge- und Streckbewegungen des Beins, die in schnelle klonische Zuckungen übergingen, denen dann für 10 min eine Parese folgte.

Auch die sensiblen Phänomene lassen daher im Verlauf oft einen Funktionswandel erkennen. Die Tendenz geht von mehr ichfernen, gegenständlichen Empfindungen wie Ameisenlaufen, zu ichnahen, mehr Befindlichkeiten gleichenden Empfindungen wie Schmerzen, Temperaturempfindungen, Körperschemastörungen. Daran schließen sich entsprechend den Paresen auf der motorischen Seite oft eine Anästhesie oder ein Erlöschen der Eigenwahrnehmung an (s. Fälle Friedrich N., Martha E., Albert T., Edgar F.).

Daß im Fortgang der Anfälle spezielle und differenzierte Einzelleistungen zu undifferenzierten und kollektivierten Massenbewegungen und solidarisierten Wahrnehmungen abgebaut werden, kann nicht mehr zulänglich als ein getreues Spiegelbild einer räumlichen Ausbreitung der Erregungswelle über ein speziellen Elementarfunktionen dienendes, topistisch gegliedertes anatomisches Organ interpretiert werden. Verständlich werden die Regeln der Ausbreitung und des Funktionswandels motorischer und sensibler Anfallsphänomene allein mit der Annahme einer plastischen funktionellen Struktur der nervösen Substanz[917, 1035, 1038, 1197, 1199]. Daß weniger die räumliche Ausbreitung nach einer geometrischen Ordnung, sondern die Dynamik der Erregungsvorgänge für die klinischen Auswirkungen entscheidend ist, hatte auch schon Jackson[1066] behauptet, wenn er sagt: »Eine solche Aufeinanderfolge ist Ausdruck der Summe der festen zeitlichen Beziehungen, welche diese Körperteile untereinander in dem sich entladenden Teil des Nervensystems haben.«

Im folgenden Fall sind eine Reihe der beschriebenen qualitativen Veränderungen motorischer und sensibler Anfallssymptome beispielhaft zusammenfaßt. Bei dem Kranken kam es zu folgenden Anfallsvarianten: mastikatorische Jackson-Anfälle mit Vokalisation, Sprechdrang, Zwangsdenken, Mißempfindungen im Rachen und Adversiv-Krämpfen:
Vom Bein ausgehende, mit einem Gefühl von Schwere und Unbeweglichkeit einsetzende Jackson-Anfälle; gleichzeitiger Qualitätswandel der motorischen und sensiblen Symptome mit Körperschemastörungen; Korrespondenz von Temperatur- und Schmerzempfindungen zu tonischen Krämpfen; postparoxysmale Glied-Agnosie. – »Schlag« im Nacken als Einleitung eines sich vom Nacken über Hals und Schulter zur linken Hüfte ausbreitenden Jackson-Anfalls. – Von einem »Schlag« eingeleitete und von zunehmender Angst begleitete Adversiv-Krämpfe:

Fall Edgar F.:

Bei dem intelligenten, sich selbst gut beobachtenden Patienten war im Alter von 34 Jahren ein parasagittales Meningiom in Höhe des mittleren Sinusdrittels entfernt worden, das sich vorwiegend nach der rechten, mit einem kleineren Lappen aber auch nach der linken Hemisphäre zu erstreckte. In den vorhergehenden Jahren war es zu Anfällen von verschiedener Intensität gekommen, die mit der Zeit ihren Verlaufscharakter geändert hatten.

1. Anfangs bemerkte er, daß er plötzlich während des Sprechens nur noch lallen konnte, oder daß er plötzlich ohne Anlaß ein Bedürfnis zu sprechen hatte, wobei es nur zu einem Lallen kam, oder auch nur ein Bedürfnis, irgendeinen Laut von sich zu geben. Zugleich mußte er feststellen, daß sich der Unterkiefer unwillkürlich rhythmisch auf und ab bewegte. Dann spürte er ein Gefühl im Hals, wie wenn dort ein Gummischlauch aufgeblasen würde, manchmal auch ein Fremdkörpergefühl auf der Zunge. Dann erlebte er noch, während ihm das Bewußtsein schwand, daß die Augen und der Kopf nach einer Seite gezogen wurden.

2. Manchmal verlor er nicht völlig das Bewußtsein. Dann konnte er sich erinnern, daß der ganze Körper vorwiegend auf der linken Seite heftig gezuckt habe, während er wie unter einem Zwang dauernd an sinnlose Worte habe denken müssen, die sich immer wiederholt hätten. Dieser Zustand war vor allem wegen des »Litaneiendenkens« sehr quälend für ihn; er hörte sich röcheln, konnte seine Umgebung sehen, aber nichts sprechen und sich nach den Zuckungen noch eine zeitlang nicht bewegen.

3. Später änderten die Anfälle ihren Charakter und begannen damit, daß zunächst das linke Bein schwer wurde, so daß er es nicht mehr bewegen konnte. Das Gefühl war nicht beeinträchtigt, wovon er sich durch Betasten überzeugt hat. Auch habe sich das Bein in dieser Phase des Anfalls noch passiv bewegen lassen. Dann — wir haben mehrere solcher Anfälle beobachtet — setzten unter gleichzeitiger Streckung des linken Beins rhythmische Zuckungen im Fuß ein, die sich über das ganze Bein ausbreiteten. Während dieser Zeit, die ca. 2 min dauerte, entwickelte sich im Bein ein Gefühl, als ob es dick anschwelle und heiß werde, das sich zu starken Schmerzen steigerte, die bis zur Nabelgegend ausstrahlten. Dann bemerkte er ein Schweregefühl in den Fingern, dann in der ganzen Hand, die sich tonisch verkrampfte. Fast gleichzeitig zogen sich Kopf und Augen krampfhaft nach links oben, während das Schweregefühl, das allmählich ein Gefühl des Geschwollenseins annahm, auf den Arm überging, der rhythmisch zu zucken begann. Schließlich zuckte auch der

linke Mundwinkel, wobei er die Empfindung hatte, als ob das linke Auge ganz groß und kühl werde und herauszufallen drohe. Während des ganzen Anfalls, auf dessen Höhepunkt die gesamte linke Körperseite zuckte, konnte er sich mit Mühe sprachlich verständlich machen. Unmittelbar nach dem Anfall fragte er den Arzt: »Wo ist mein Arm?«, weil er das Gefühl hatte, dieser sei verschwunden. Für etwa 5 min war die linke Seite gelähmt. Als er selbst seinen Arm anfaßte, kam er ihm wie ein fremder Gegenstand vor.

4. Einige Anfälle überfielen ihn plötzlich mit dem Gefühl eines Schlags in den Nacken, so als ob ihn — wie er selber sagte — ein Panther von hinten anspringe. Zugleich zog er unwillkürlich den Kopf nach vorne, dann bemerkte er ein Zucken am Hals, dann an der linken Schulter und an der linken Hüfte. In solchen Fällen war er von dem Gefühl des Schlags so überwältigt, daß er die erste Zeit nicht angeben konnte, ob Hals, Schultern und Glieder tatsächlich zuckten oder ob er sich das nur einbilde.

5. Nach der Operation bekam er Anfälle, die mit einem leichteren »Schlag« einsetzten. Dann überkam ihn eine allmählich immer stärker werdende Angst, wobei er bemerkte, daß sich die Augen und gleichzeitig auch der Kopf krampfhaft nach links drehten.

Der Fall ist beispielhaft für die Möglichkeit verschiedenartiger Anfallsabläufe bei ein und demselben Patienten, für das Verständnis einzelner seltener Anfallssymptome, wie das Gefühl eines »Schlags« und von Schmerzempfindungen im Zusammenhang mit tonischen Krämpfen und für die qualitativen Veränderungen sensibler und motorischer Erscheinungen im Anfallsverlauf. Die mastikatorischen Anfälle und die Adversiv-Krämpfe sowie die Symptome Dysarthrie, Vokalisation, Sprechdrang, Zwangsgedanken und Angst während der Anfälle werden an gesonderter Stelle besprochen.

Der Verlauf der dritten Art von Anfällen, die vom Bein und Fuß aufsteigen, nimmt auf die im vorhergehenden Abschnitt behandelte qualitative Veränderung der Anfallssymptome Bezug. Sie begannen mit einer umschriebenen motorischen Hemmung im Bein, die von einem Schweregefühl begleitet war, und führten zugleich mit klonischen Zuckungen im Fuß zu einem tonischen Streckkrampf im Bein. Mit der Ausdehnung und Abwandlung des Krampfes ging auch auf der Empfindungsseite eine Veränderung einher, wobei sich das Schweregefühl über ein Gefühl des Geschwollenseins zu einem Brennen und schließlich zu Schmerzen gesteigert und verwandelt hat. Die gleiche Reihenfolge, Ausbreitung und Qualitätsveränderung wiederholte sich am Arm und mutatis mutandis auch am Kopf. Den motorischen Erscheinungen waren dem jeweiligen Stadium des Anfalls entsprechende sensible Erlebnisse zugeordnet, die die beschriebene Tendenz von gegenständlich-»objektiven« Empfindungen zu ichnahen-»subjektiven« Erlebnissen illustrieren. Dem konnte dann, gewissermaßen als letzte Stufe des Funktionsabbaus, ein Erlöschen jeglicher Wahrnehmung des betroffenen Gliedes erfolgen (Glied-Agnosie).

Daß die beschriebene Tendenz von differenzierten zu globalen Bewegungen und von gegenständlichen zu ichnahen Empfindungen im Anfallsverlauf in der Regel nicht umkehrbar ist, kann nur ein dynamisches Funktionsprinzip erklären. Wenn dafür ein topographisches Ausbreitungsprinzip Gültigkeit hätte, müßten die ichnahen Empfindungen auch isoliert vorkommen und nicht, wie wir aufgrund unserer Erfahrungen annehmen dürfen, an die Intensität des Anfallsgeschehens gebunden sein. Sicher gibt es rein motorische Anfälle, die auch bei großer Ausbreitung und Intensität jegliche nennenswerte begleitende Empfindung vermissen lassen. Wenn aber von leibnahen oder ichnahen Empfindungen oder Erlebnissen wie Temperaturempfinden, Schmerzen oder dem Gefühl eines elektrischen Schlags oder Schocks berichtet wird, kann man annehmen, daß zugleich damit in der entsprechenden Region ein heftiger tonischer Krampf vor sich gegangen ist. Daß dessen Beobachtung dem Patienten selbst gelegentlich entgeht, ist nicht verwunderlich, wenn man an das dialektische Verhältnis von Wahrnehmung und Bewegung denkt, das im Sinne des Drehtür-Prinzips v. Weizsäckers[917] auf dem Höhepunkt krisenhafter Auseinandersetzungen bis zur gegenseitigen Selbstverborgenheit gehen kann.

Die *Dauer von Jackson-Anfällen* ist sehr variabel. Sie können nur 10—20 sec, aber auch mehrere Minuten lang anhalten. Im allgemeinen dauern sensible Anfälle kürzer als motorische. Bei länger anhaltenden Anfällen spricht man von einem Jackson-Status bzw. einer Epilepsia partialis continua Kojewnikow (s. S. 386ff). Ein Beispiel für eine motorische Kojewnikowsche Epilepsie ist mit dem Fall Karl K., ein Beispiel für eine sensible Kojewnikowsche Epilepsie mit dem Fall Martha E. gegeben.

4.—6. Jackson-Anfälle verlaufen bei *freiem Bewußtsein*, weshalb die Patienten auch den Ablauf in der Regel gut beschreiben können.

Fokale Anfälle, die bei getrübtem oder gar fehlendem Bewußtsein beginnen, sind keine Jackson-Anfälle, d. h. keine Anfälle der Zentralregion.

Wie streng diese Regel ist, beweist die Seltenheit von Ausnahmen: Wir haben unter 219 Patienten mit Jackson-Anfällen nur 14 Patienten angetroffen, die gelegentlich eine Bewußtseinstrübung während der Anfälle angegeben haben. Die Anfälle gingen in 8 Fällen von der oberen Extremität, in 5 Fällen vom Bereich des Kopfes und in einem Fall vom Fuß aus. Diese der üblichen Häufigkeit des Anfallsbeginns entsprechende Verteilung belegt, daß etwaige Bewußtseinsstörungen nicht an den Ort des Anfallsbeginns gebunden sind.

Doch leiten auch Jackson-Anfälle wie jede Art von kleinen Anfällen, nicht selten zu einem *großen Anfall* über, dessen Beginn in der Regel durch den Verlust des Bewußtseins markiert ist. Wenn ausnahmsweise die Ausbreitung der Krämpfe auf die Gegenseite bei freiem Bewußtsein erlebt wird, ist daran zu denken, daß die Ausbreitung der Erregung über das Corpus callosum erfolgt, ohne daß das zentrenzephale System aktiviert wird[440, 990]. Weit häufiger aber hat sich der Jackson-Anfall noch nicht auf die gesamte Körperhälfte ausgebreitet, bevor das Bewußtsein erlischt und der große Anfall einsetzt.

Anfälle, die vom Gesicht ausgehen, sollen rascher als solche mit anderem Beginn zu Bewußtseinsverlust führen und ohne Beteiligung des Armes oder Beines in einen großen Anfall übergehen können. So berichten Russell u. Whitty (1953), daß 7 von 18 Fällen mit Beginn im Gesicht unmittelbar zu Bewußtlosigkeit führten, gegenüber einem von 27 Fällen, bei denen der Anfall im Daumen oder in den Fingern begann. Nach unseren Erfahrungen neigen jedoch Anfälle, die in der oberen Extremität beginnen, eher dazu, ohne weitere Ausbreitung in einen großen Anfall überzugehen, als solche, die in der unteren Extremität oder im Bereich des Kopfes beginnen. Denn von 165 Patienten mit von der oberen Extremität ausgehenden Jackson-Anfällen konnte es bei 22 (13,5%) ohne Übergang zu einem Grand mal kommen, dagegen bei 115 mit vom Kopf und bei 69 mit von der unteren Extremität ausgehenden Anfällen nur in 9 (7,8%) bzw. 5 (7,2%) Fällen.

Ein weiterer »march« vor einem großen Anfall erfolgt ferner nicht, wenn sich die Bewegungen globalisieren, in tonische Krämpfe übergehen oder mit tonischen Krämpfen beginnen, eine Adversiv-Drehung einsetzt, begleitende Sensationen zuständlicher und ichnäher werden, oder wenn akustische oder optische Sensationen hinzutreten.

7. Wenn der Anfall abgeklungen ist, bleibt zuweilen eine vorübergehende Lähmung oder Taubheit in den von den Krämpfen oder Mißempfindungen betroffenen Gebieten zurück. Diese *postparoxysmalen Lähmungen* sind seit Todd (1856) als Erschöpfungserscheinungen der grauen Substanz aufgefaßt worden. Jackson[649, 651] hat von dieser Beobachtung ausgehend alle einen epileptischen Anfall überdauernden und wieder abklingenden Symptome – auch postparoxysmale Aphasien, Hemianopsien, Amnesien und Verwirrtheitszustände – als Erschöpfungserscheinungen interpretiert und so schon vor der Verifizierung durch das EEG auch den postparoxysmalen Dämmerzustand als eine »Lähmung« der das Bewußtsein tragenden »höchsten Schicht« erklären können. Heute darf als gesichert angenommen werden, daß einer maximalen Stoffwechselsteigerung im Anfall eine entsprechende Stoffwechsel-»Erschöpfung« folgt, die sich klinisch in Lähmungen oder Koma und im EEG in einer umschriebenen oder allgemeinen Ruhe der Spontanaktivität ausdrückt.

Neuerdings ist die aus klinischen Phänomenen abgeleitete Erschöpfungstheorie durch eine Anoxietheorie ersetzt worden. Danach wird angenommen, daß es zu Lähmungen kommt, wenn der während der Anfälle enorm erhöhte Sauerstoffbedarf trotz erhöhter Blutzirkulation nicht völlig befriedigt wird[1133]. Experimentelle Untersuchungen, die diese Theorie zu unterstützen scheinen[1116], sind nicht unwidersprochen geblieben[988]. Beiden Theorien wird entgegengehalten, daß sie solche Beobachtungen, bei denen zwischen der Schwere der Anfälle und der Schwere der nachfolgenden Lähmungen ein Mißverhältnis besteht, nicht erklären können.

Jacksons (1890) Behauptung, daß postparoxysmale Lähmungen im allgemeinen in den Gebieten auftreten, die am stärksten von Krämpfen betroffen waren, hatte schon Gowers (1901) entgegengehalten, daß schwere Lähmungen auch nach leichten Anfällen auftreten können, und daß die Lähmungen nach Anfällen, die durch eine Ligatur unterbrochen wurden, oft ausgeprägter sind als nach Anfällen, die auf natürliche Weise zu Ende gehen. Auch verwies er auf Fälle, die gleichzeitig mit einer fokalen sensiblen Aura und mit Lähmungen der betroffenen Partien einhergehen, die ihm ein Beleg dafür zu sein schienen, daß partielle Hemmungs- und partielle Entladungsvorgänge gleichzeitig vor sich gehen können. JACKSON (1890) nahm gleichwohl für beide als postparoxysmale Lähmung bezeichneten Phänomene den gleichen Mechanismus an, wenn er es für möglich hielt, daß Entladungen gerade noch exzessiv genug sein könnten, um eine leichte Nacherschöpfung einiger motorischer Elemente hervorzurufen, aber nicht stark genug, um den Widerstand der niedersten motorischen Zentren zu überwinden und dadurch zu Krämpfen zu führen. Mit dem Nachweis sogenannter Unterdrücker-Areale in der Hirnrinde gewann die Vorstellung von eigenständigen inhibitorischen epileptischen Anfällen, die sich lediglich in vorübergehenden Lähmungen äußern, eine gewisse experimentelle Begründung. Seither stellt sich die Frage, ob auch schon während eines Anfalls vorkommende »negative« Symptome nicht besser als Hemmungsphänomene zu interpretieren sind. Doch steht, abgesehen von klinischen Einwänden, der Beweis dafür noch aus, daß während solcher angeblichen Lähmungsanfälle, inhibitorischen oder akinetischen Attacken im EEG entsprechende Erregungsvorgänge abzuleiten sind.

Wenn man die Klinik der als *paroxysmale Lähmungen* (*Lähmungsanfälle*) und als postparoxysmale Lähmungen beschriebenen Phänomene kritisch sichtet, so kann die Annahme einer lediglich mit Lähmungserscheinungen einhergehenden sogenannten *inhibitorischen Epilepsie* nicht überzeugen. Paroxysmal auftretende Ausfallssymptome sind nach der klinischen Erfahrung die Folgen eines herabgesetzten Funktionsstoffwechsels und sprechen im Zweifelsfall immer für *ischämische Krisen*, was auch PENFIELD u. JASPER bei ihrem einzigen als Beispiel von Lähmungsanfällen zitierten Fall für möglich halten.

Weiterhin ist bei Lähmungen nach leichten oder schweren, partiellen oder generalisierten epileptischen Anfällen daran zu denken, daß auch zerebrale Erweichungen und Hämorrhagien mit einem epileptischen Anfall einsetzen können. Schließlich gehen die passageren Lähmungen bei Karotisinsuffizienz nicht selten mit partiellen tonischen Verkrampfungen einher, die neuerdings auch als fokale ischämische Anfälle bezeichnet worden sind[1016]. Berücksichtigt man darüber hinaus, daß postparoxysmale sensible Lähmungen in Form von Taubheit, Schwere, Steifigkeit, gliedagnostischen und Körperschemastörungen von Patienten ebenso mit der Bezeichnung »Lähmung« belegt werden wie die Unfähigkeit zu motorischer Innervation, so scheint uns für den Großteil der dann noch verbleibenden Fälle das oben erwähnte Diktum von JACKSON[649, 651] weiterhin gültig zu sein. Auch unterstützt die klinische Erfahrung, wonach postparoxysmale Lähmungen häufiger bei prozessualen als bei residualen Erkrankungen vorkommen, eher die die Stoffwechselvorgänge berücksichtigenden Theorien der Erschöpfung bzw. Anoxie als die sich auf funktionell-anatomische Daten berufende Theorie der Hemmung.

Daraus ergibt sich, daß postparoxysmale Lähmungen und Sensibilitätsstörungen einen gewissen Wert für die ätiologische Differentialdiagnostik haben. Wenn postparoxysmale Symptome erst im Laufe wiederholter Jackson-Anfälle auftreten, wenn sie zunehmend länger anhalten und nicht mehr vollständig abklingen, wächst der Verdacht auf einen raumfordernden Prozeß. Relativ häufig sind sie auch bei Gefäßprozessen, in erster Linie bei Gefäßmißbildungen, weniger bei Zerebralsklerose. Andererseits führen Jackson-Anfälle auf dem Boden residualer Hirnschädigungen, nach Geburtsschäden, Enzephalitiden oder Hirntraumen relativ selten zu postparoxysmalen Lähmungen.

Nach unseren Erfahrungen kam es bei Jackson-Anfällen auf dem Boden progredienter Läsionen in 38% zu postparoxysmalen Lähmungen, bei residualen Läsionen dagegen nur in 26%. Im einzelnen handelte es sich um 39 (37%) von 105 Tumorfällen und um 7 (47%) von 10 Gefäßprozessen, bzw. um 13 (33%) von 40 geburtstraumatischen und postenzephalitischen, und um 11 (22%) von 51 traumatischen Epilepsien.

Auch kann eine Diskrepanz zwischen einem relativ milden Anfallsverlauf und relativ schweren Folgeerscheinungen zur Differentialdiagnose zwischen einer progredienten und einer residualen Erkrankung mit herangezogen werden. Länger anhaltende Lähmungen beobachtet man nach einem Status hemi-epilepticus, der in erster Linie auf einen Tumor oder ein Gefäßleiden verdächtig ist. Nach einem Anfall länger anhaltende Lähmungen weisen, wie erwähnt, immer auf eine Komplikation, sei es durch einen Gefäßverschluß oder ein perifokales Ödem hin, die nicht durch den Anfall selbst erklärt werden kann, sondern auf einen zugrunde liegenden Prozeß zu beziehen ist.

8. Daß der Beginn und Ablauf der klinischen Anfallsäußerungen den Ort, die Dynamik und die Ausbreitung der inneren Entladungsvorgänge widerspiegeln, die sich in der kontralateralen Zentralregion abspielen, wurde in den vorhergehenden Abschnitten abgehandelt.

Varianten von Jackson-Anfällen: Unter den Jackson-Anfällen nehmen die Anfälle, die sich im Bereich der Kiefer, der Zunge, des Pharynx und des Larynx abspielen insofern einen besonderen Platz ein, als diese Organe immer doppelseitig innerviert werden. Einseitige Herde in den entsprechenden Repräsentationsgebieten (s. Abb. 110) führen daher immer zu beidseitigen, wenn auch manchmal asymmetrisch ausgeprägten Bewegungseffekten in diesem Bereich. Es lassen sich gewisse Anfallsmodalitäten beschreiben, je nachdem, ob die Symptomatik mehr durch eine Beteiligung der Kiefer oder mehr das Larynx oder mehr durch positive oder negative Phänomene der Lautgebung geprägt ist. Je nach der vorherrschenden klinischen Symptomatik kann man daher a) mastikatorische und b) laryngeale Jackson-Anfälle und c) solche mit Sprechhemmung bzw. Vokalisation unterscheiden.

a) *Mastikatorische Jackson-Anfälle:* Anfälle, bei denen Kieferbewegungen ein führendes Symptom darstellen, werden als *mastikatorische Anfälle* bezeichnet. Entsprechend ihrer vielfältigen Verwendung nicht nur zum Kauen, kommt es bei mastikatorischen Anfällen auch nie lediglich zu isolierten Bewegungen der Kiefer, sondern stets auch zu einer partiellen oder gesamten Beteiligung der dem Sprechen, der Nahrungsaufnahme und der Atmung dienenden Organe im Bereich des Gesichtes, Mundes und Schlundes.

Die Bezeichnung »mastikatorisch« ist daher nur ein Notbehelf, weil es keinen Begriff gibt, mit dem alle Funktionen der Kiefer, des Mundes, der Lippen, der Zunge, des Pharynx und Larynx zusammengefaßt wiederzugeben sind. Der von uns gern verwandte Oberbegriff »oral« hat zwar gegenüber der Bezeichnung »mastikatorisch« den Vorzug, auch die Bewegungen des Mundes, der Lippen, der Zunge und des Schlundes zu umfassen, doch sind damit respiratorische und vokalisatorische Phänomene nicht ohne weiteres mit einbegriffen. So bleibt zunächst nichts anderes übrig, als »mastikatorisch« und »oral« synonym zu verwenden für alle Empfindungen und Bewegungen fragmentarischer oder komplexer Art derjenigen Organe, die beim Sprechen, bei der Nahrungsaufnahme und bei der Atmung teilnehmen.

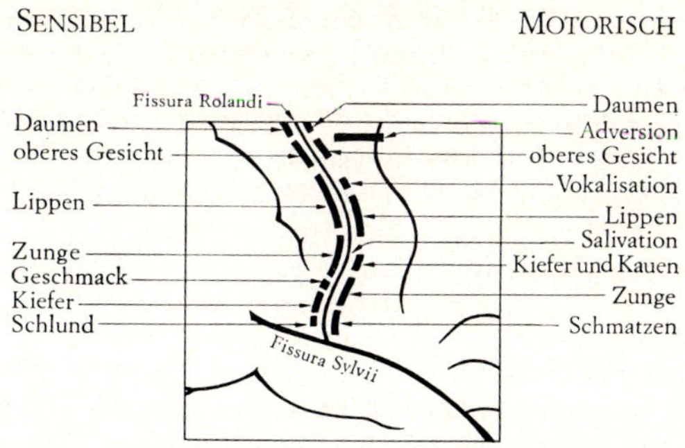

Abb. 110. Sensible und motorische Repräsentation in der unteren Zentralregion, ermittelt nach Reizversuchen. (Nach PENFIELD, W., C. ERICKSON: Epilepsy and Cerebral Localization, Thomas, Springfield, Ill. 1941.)

Mastikatorische oder orale Anfallssymptome sind diagnostisch vieldeutig, so daß ihr Vorkommen allein zunächst noch keinen eigenen Anfallstypus konstituiert. Doch sind sie bei verschiedenen Arten epileptischer Anfälle jeweils so charakteristisch ausgeprägt, daß es durchaus gerechtfertigt ist, besondere mastikatorische oder orale Anfallstypen zu beschreiben, vorausgesetzt, daß man auf die symptomatologischen Eigenheiten und den symptomatologischen Kontext achtet. Maßgebend für die differentialtypologische Abgrenzung sind die Art und Lokalisation etwa vorangehender Empfindungen, die Form und die Reihenfolge der ablaufenden Bewegungen bzw. Krampferscheinungen, der Bewußtseinszustand und die postparoxysmalen Symptome.

Mastikatorische oder orale Symptome können führend sein bei kortikalen Jackson-Anfällen, bei rhinenzephalen psychomotorischen Anfällen und bei zentrenzephalen Petit mal-Automatismen. Vorangehende Empfindungen und postparoxysmale Symptome fehlen bei der letztgenannten Anfallsform. Oral-psychomotorische Anfälle werden bekanntlich häufig von Dreamy states, epigastrischen, gelegentlich auch von olfaktorischen und gustatorischen Empfindungen eingeleitet und von kürzer oder länger dauernden postparoxysmalen Dämmerzuständen gefolgt. Was die Bewegungsform angeht, so kommt es bei oral-psychomotorischen Anfällen und bei pyknoleptischen Petit mal-Automatismen zu natürlich aussehenden Kau-, Leck-, Schmeck- oder Schmatzbewegungen, die immer bei getrübtem oder aufgehobenem Bewußtsein ablaufen, so daß sich die Kranken nicht daran erinnern können. Die Atmung kann bei allen drei Formen kurz aussetzen; Speichelfluß fehlt bei oralen Petit mal-Automatismen; zu einer vokalisatorischen Lautgebung im Sinne eines gepreßten Stöhnens oder auch eines kurzen lauten Schreis kommt es vor allem bei mastikatorischen Jackson-Anfällen.

Mastikatorische Jackson-Anfälle werden nach unseren Erfahrungen fast immer von *sensiblen Symptomen* eingeleitet oder begleitet. Dabei kann es sich sowohl um gut beschreibbare rohe Mißempfindungen im Bereiche der Lippen, der Mundhöhle, der Zunge, der Zähne oder des Gaumens handeln; häufiger aber werden schwer beschreibliche Sensationen »als ob ein Faden auf der Lippe liegt«, »ein Elektrisieren im Hals«, »eine Beklemmung am Kehlkopf« beschrieben. Fast nie wird die Angabe vermißt, daß die Zunge »lahm«, »dick«, »schwer« wird. Die Empfindungen beschränken sich im Gegensatz zu den motorischen Symptomen meist auf eine Seite und können sowohl von außen, von der Wange und den Lippen nach innen wandern, wie auch von innen nach außen und dann auf den Arm und die Hand übergreifen. Wenn die Mißempfindungen das Kopfgebiet verlassen, kommt es fast immer unmittelbar danach zu einem generalisierten Anfall.

Fall Karl S., 62 Jahre alt: Senso-motorische Mastikatorius-Anfälle mit Körperschemastörung, Sprechhemmung Vokalisation und postparoxysmaler Dysarthrie, Apraxie der Mundbewegungen und Parese des rechten Arms.

Seit drei Monaten bekam er, besonders während des Essens, etwa wöchentlich einen Anfall, der mit einem Gefühl begann, als ob auf der rechten Unterlippe ein Faden, dann ein Band liegen würde. Die Empfindung verwandelte sich unter Ausdehnung auf die rechte Oberlippe in ein Druckgefühl und schließlich ein Gefühl, als ob die rechte Unter- und Oberlippe dick werde. Anschließend entwikkelten sich Zuckungen im rechten Mundwinkel und in den Fingern der rechten Hand, wobei sich zugleich in der rechten Wange ein taubes Gefühl einstellte. Während solcher Anfälle konnte er beim Versuch zu sprechen nur noch unartikulierte Laute, aber keine Worte mehr hervorbringen. Nach dem Anfall, bei dem er ganz klar war, konnte er zunächst eine Zeitlang nicht sprechen. — Später begannen nach der sensiblen Einleitung die Kiefer wie im Schüttelfrost aufeinander zu schlagen, wobei sich der Mund immer weiter öffnete und der Unterkiefer immer schneller und mit solcher Kraft auf und ab schlug, daß er ihn mit der Hand nicht halten konnte. Mit zunehmender Häufigkeit der Anfälle blieben zunehmend Reste der postparoxysmalen Sprachstörung und einer Lähmung in der rechten Hand zurück, so daß er bei der Aufnahmeuntersuchung den Befund einer ausgeprägten kortikalen Dysarthrie, einer Apraxie der Mundbewegungen und einer umschriebenen Parese des rechten Armes bot. Bei der Operation ergab sich ein links fronto-parietal gelegenes, in Entartung begriffenes Oligodendrogliom, das im untersten Abschnitt der Zentralwindung die Rinde erreicht hatte und nach temporalwärts genau mit der Sylvischen Furche abschnitt.

Während der *motorischen Symptome* bleibt das Bewußtsein bei mastikatorischen Jackson-Anfällen stets erhalten, so daß die Patienten den Ablauf gut beschreiben können. Im Vordergrund stehen Krämpfe und Zuckungen der Kiefer, die von den Patienten oft wie ein unwillkürliches Zähneklappern bei einem Schüttelfrost erlebt werden. Dann handelt es sich um ein zuerst schnelles und mildes, dann heftiger und immer langsamer werdendes Auf- und Zuklappen der Kiefer im Rhythmus der klonischen Zuckungen. Manchmal überwiegt dabei ein Zug nach der Seite, so daß die Kiefer in klonischem Rhythmus hin und her zucken, woraus dann eine Schlittenbewegung resultiert, bei der der Unterkiefer nach einer Seite ausschlägt. Gelegentlich beginnen oder enden die Zuckungen in einem tonischen Kaumuskelkrampf, bei dem die Kiefer wie im Trismus aufeinander gepreßt werden. Ein tonisches Aufreißen des Mundes haben wir bei mastikatorischen Jackson-Anfällen nie, wohl aber bei mastikatorischen Krämpfen im Rahmen tonisch-axialer Anfälle — einer Variante des Propulsiv-Petit mal bzw. des myoklonisch-astatischen Petit mal (s. Fall Hannes Sch.) — gesehen. An den Zuckungen des Kiefers beteiligen sich in der Mundhöhle die Zunge und das Gaumensegel meist in symmetrischer Weise, wahrscheinlich auch die Larynxmuskeln, wie aus den begleitenden Empfindungen der Kranken, aber auch aus den begleitenden giemenden, stöhnenden oder röchelnden Lauten geschlossen werden kann. Die Beteiligung der Lippen kann selten zu einem symmetrischen Bewegungseffekt in Form eines rhythmischen Mundspitzens führen; häufiger verzieht sich ein Mundwinkel und die Wange im Rhythmus der Zuckungen nach einer Seite. Gelegentlich sind auch im Platysma, im Sternokleidomastoideus, Trapezius und Deltamuskel einer Seite Zuckungen zu sehen, die dann, wenn der Sternokleidomastoideus betroffen ist, meist zu leichten rhythmischen Zuckungen des Kopfes nach der den Zuckungen entgegengesetzten Seite und, wenn Trapezius und Deltamuskel beteiligt sind, zu einer leichten Anhebung der gleichseitigen Schulter führen. Wenn der Anfall auf den Arm übergreift, gerät der Arm in eine leichte Beugestellung und die Hand nimmt an den globalen Zuckungen des Armes teil.

Fall Stefan T.: Mastikatorisch-laryngeale Jackson-Anfälle mit Sprechhemmung, Vokalisation und postparoxysmaler Zungenparese.

70jähriger Mann, der seit 4 Monaten insgesamt 7 Anfälle bekam, die mit Zuckungen im Unterkiefer begannen und dann zu Zuckungen im linken Gesicht führten. Einmal war auch der linke Arm von der Hand bis zum Ellenbogen beteiligt; bei anderen Anfällen spürte er eine Beklemmung auf der linken Seite des Halses und im Kehlkopf. Während der Anfälle konnte er nicht sprechen, sondern nur lallende Laute von sich geben. Nach den Anfällen fühlte er eine Zeitlang heftige Schmerzen im Kehlkopf und konnte die Zunge, die sich schwer anfühlte, nicht bewegen. Die Krämpfe im Unterkiefer wurden uns sowohl wie ein Hin-und-her-Zucken als auch wie ein Zähneklappern beschrieben. Bei einem Anfall, den wir selbst beobachten konnten, zuckte der Unterkiefer im gleichen Rhythmus wie die linke Seite des Gesichtes etwa 2 min lang von rechts nach links. — Im EEG zeigte sich ein Herdbefund rechts präzentral und temporal vorn. Bei der Operation stellte sich ein Konvexitätsmeningiom über der rechten Operkularregion heraus, dessen unterer Pol in die Tiefe der Fissura Sylvii hineinreichte.

Während mastikatorischer Jackson-Anfälle ist das *Sprechen*, unabhängig von der Seite des Herdes, immer beeinträchtigt. Auf dem Höhepunkt der Anfälle können die Kranken entweder überhaupt nichts mehr oder nur mit heiserer Stimme kloßige, unartikulierte Laute von sich geben. Auch ohne jeden Versuch zu sprechen, können *Laute* geäußert werden, die entweder beim Aufeinanderkommen der Lippen oder der Zunge an den Gaumen wie Schmatzlaute klingen oder bei einer Beteiligung der Larynxmuskulatur als ein Grunzen, Ächzen oder Stöhnen vernehmbar sind. Alle unsere Patienten mit mastikatorischen Jackson-Anfällen hatten unabhängig von der Seite der Läsion postparoxysmal eine kürzer oder länger dauernde dysarthrische Sprachstörung, die meist mit einer entsprechenden Apraxie der Mund- und Zungenbewegungen verbunden war. Die klinische Erfahrung bestätigt daher den reizexperimentellen Befund von PENFIELD (mit JASPER), wonach Vokalisation als Reizeffekt von der unteren Zentralregion beider Hemisphären auszulösen ist. Die vokalisationsspezifischen Reizpunkte sind zwar beim einzelnen Patienten auf ein kleines Gebiet beschränkt, das aber keine konstante Lokalisation aufweist, sondern ziemlich breit über die Gebiete verteilt ist, die die Lippen-, Kiefer- und Zungenbewegungen kontrollieren. Obwohl nach seiner Repräsentation in der gleichen Gegend am Fuß der vorderen Zentralwindung (s. Abb. 110) Speichelfluß als häufiges Symptom bei mastikatorischen Jackson-Anfällen zu erwarten wäre, hatte uns nur ein Patient (Fall Stefan St.), angegeben, daß sein Mund, allerdings außerhalb seiner Anfälle, ständig voll Speichel sei. Der gleiche Patient hatte, ebenfalls unabhängig von seinen Anfällen, einen unstillbaren Singultus — nach FOERSTER[541] ein Reizeffekt des Feldes 6b —, bot aber darüber hinaus noch Symptome eines allgemeinen Hirndrucks:

Fall Stefan St.: Mastikatorische Jackson-Anfälle mit Vokalisation und postparoxysmaler Dysarthrie, Apraxie der oralen Muskulatur und Hemiplegie. Intervallär vermehrter Speichelfluß und Singultus.

46jähriger Mann, der wenige Monate vor der Aufnahme den ersten Anfall bekam, der damit begann, daß der Unterkiefer wie im Schüttelfrost zitterte und ihm die Zunge schwer und lahm wurde. Dann wurde er bewußtlos und bekam einen generalisierten Krampfanfall, wobei sich das Gesicht und der Mundwinkel nach links verzogen. Bei den weiteren Anfällen wurde er nicht mehr bewußtlos; nach dem »Schüttelfrost« im Unterkiefer und dem Schweregefühl in der Zunge bemerkte er, daß es nicht nur in der linken Gesichtshälfte, sondern auch in der Mundhöhle zuckte, so »wie wenn es drinnen lebendig wäre«. Manchmal spürte er dabei auch ein komisches Gefühl, das von den Zähnen oder vom Hals auf der linken Seite ausging. — Anfälle, die wir in der Klinik beobachtet haben, begannen zunächst mit leichten rhythmischen Bewegungen von Zunge, Kiefer und Mund, die im Effekt zu einem Spitzen des Mundes und zu schmatzenden Lauten führten. Dann gingen diese rhythmischen Bewegungen in ebensolche Zuckungen der linken Wangen- und Gesichtsmuskulatur über. Während der Anfälle, die etwa 2—3 min dauerten, war der Patient bei klarem Bewußtsein. Es ist nichts darüber bekannt, ob er dabei sprechen konnte. Doch war die Sprache im Intervall undeutlich dysarthrisch. Die Zunge konnte kaum vorgestreckt werden. Für Mund- und Zungenbewegungen bestand eine Apraxie und auf der linken Seite eine brachio-fazial betonte Hemiplegie. Bei der Operation stellte sich ein etwa pflaumengroßer, in der rechten Operkularregion gelegener, mit der Dura fest verwachsener, bis in den vorderen Schläfenlappen reichender Tumor heraus, der total entfernt werden konnte und sich histologisch als Oligodendrogliom erwies.

Mastikatorische Jackson-Anfälle weisen *lokaldiagnostisch* eindeutig auf die Gegend der unteren Zentralwindung, wo in der Reihenfolge von oben nach unten Wange, Mund und Lippen, Zunge und Kiefer (nach FOERSTER[541] s. Abb. 105, S. 304) bzw. Kiefer und Zunge (nach PENFIELD[124] s. Abb. 106, 108 und 110, S. 306, 315 und 323), Pharynx und Larynx repräsentiert sind.

Das unmittelbar daran nach unten anschließende, in die Fossa Sylvii hineinreichende Gebiet, nach O. VOGT das Feld 6b, ist von FOERSTER als ein besonderes »kortikales Mastikationsfeld« bezeichnet und für Anfälle mit »rhythmischen Kau-, Leck-, Schluck- und Schmeckbewegungen« reklamiert worden. Bei Reizung dieses Feldes konnte er, außer den beschriebenen Bewegungen, »lautes Schmatzen, Grunzen, Krächzen, gelegentlich auch Stöhnen« und »rhythmischen Singultus« auslösen. Leider ist der Beschreibung seiner drei klinischen Fälle nicht zu entnehmen, wie der Bewußtseinszustand war und ob die motorischen Symptome den Charakter von Zuckungen oder von primitiven Handlungen im Sinne von Automatismen hatten. — Unter ihren 23 Fällen mit oralen Automatismen während der Anfälle, von denen 19 lokalisierbar waren, erwähnen MAGNUS, PENFIELD u. JASPER[291] auch einen Fall mit einer umschriebenen Lokalisation in der unteren Zentralregion. Er unterschied sich klinisch von den anderen, deren Lokalisation sich auf die Insel (4 Fälle), die basalen und medialen Partien des Temporalpols (6 Fälle), die laterale Konvexität des Schläfenlappens (6 Fälle) und das basale Stirnhirn (2 Fälle) erstreckte, darin, daß ihm — wie in unseren Fällen mastikatorischer Jackson-Anfälle — eine sensible Aura vorausging mit Sensationen in der Zunge, in Schulter, in Arm, Hand und Bein. Dieser Beobachtung könnten wir analoge Erfahrungen über Fälle hinzufügen, bei denen eindeutig oral-psychomotorische Anfälle, d. h. Anfälle mit Amnesie während oraler Automatismen von eindeutig auf die Zentralregion zu beziehenden Auren eingeleitet wurden, bei denen es sogar gelegentlich noch zu initial bemerkten oder während der Amnesie ablaufenden Zuckungen in einem Mundwinkel oder einer tonischen Verkrampfung eines Armes kam. In solchen Fällen, die bei der anatomischen Nachbarschaft von unterer Zentralregion, Insel und Schläfenlappen nicht zu verwundern sind, wird man bei lokaldiagnostischen Überlegungen an eine Mitbeteiligung der unteren Zentralregion denken müssen, ohne zu der Annahme gezwungen zu sein, daß — wie FOERSTER[541] meint — »die ... rein motorischen Kau-, Leck-, Schmeck-Anfälle ... primär vom Felde 6b« ausgehen.

Unter 28 Fällen unseres Krankengutes mit mastikatorischen Jackson-Anfällen befanden sich, abgesehen von 11 diagnostisch ungeklärten, 6 traumatischen und 2 vaskulären Epilepsien, 9 Fälle mit Gehirntumoren. Bei allen Tumor-Epilepsien war lokalisatorisch die Gegend des Operkulum betroffen. Im einzelnen handelte es sich um 3 Oligodendrogliome, je 2 Meningiome und Astrozytome, 1 Glioblastoma multiforme und 1 histologisch ungeklärten Tumor.

Die Krämpfe bei mastikatorischen Jackson-Anfällen haben den Charakter von Elementarbewegungen, d. h. es kommt immer nur zu tonischen oder klonischen Verkrampfungen, aber nicht zu komplexen Bewegungen von Handlungscharakter wie bei oral-psychomotorischen Anfällen oder von automatischen Vorgängen wie etwa bei einem reflektorischen Schluckakt bei vermehrter Speichelbildung.

Bei Anfällen mit mastikatorischen Symptomen ist differentialdiagnostisch auch an eine durch akzentuierte Beteiligung der Kaumuskeln ausgezeichnete Variante sogenannter *tonisch-axialer Anfälle*[1020] (s. S. 324, 426) zu denken, die klinisch den infantilen Petit mal-Epilepsien — der Propulsiv-Petit-mal-Epilepsie bzw. dem myoklonisch-astatischen Petit mal zugehört. Folgender Fall möge dafür als Beispiel stehen:

Fall Hannes Sch.: Mastikatorisch akzentuierte generalisierte tonische Anfälle im Rahmen einer infantilen Petit mal-Epilepsie.

14jähriger Junge, bei dem seit dem 3. Lebensjahr, zunächst nur aus dem Schlaf heraus, ziemlich häufig Krampfanfälle aufgetreten waren, zu denen sich später auch häufige kleine Anfälle tagsüber hinzugesellten. Kleine und große Anfälle zeigten alle Abstufungen. Die mildeste Form bestand in einer kurzen indifferenten Absence mit einem kaum sichtbaren Lidflattern, bei stärkeren Anfällen kam es zu einem blitzartigen Aufbäumen des Oberkörpers bei nach außen geführten, leicht angewinkelten Armen und gestreckten Beinen. Starke Anfälle unterschieden sich lediglich durch eine etwas längere Dauer und durch eine größere Intensität des tonischen Krampfes und dadurch, daß er danach für eine kurze Zeit nicht sprechen konnte. Der Patient bemerkte das Herankommen der Anfälle nicht. Während der Anfälle ist er nicht bei sich, das Bewußtsein kehrt unmittelbar anschließend zurück. Von Anfang an waren die leichteren und stärkeren tonischen Anfälle durch eine besondere Ausprägung der Krampferscheinungen im Gebiet des Mundes und des Halses akzentuiert.

Anfallsbeobachtung: Auf den Beginn mancher Anfälle wurde man durch einen nicht sehr lauten gepreßten Schrei aufmerksam, der an eine forcierte Exspiration bei verengter Stimmritze denken ließ. Manche Anfälle verliefen lautlos, andere wieder mit einem giemenden inspiratorischen Laut. Am deutlichsten fiel in die Augen, daß sich die Kiefer krampfhaft öffneten, die tiefen Halsmuskel ansprangen, die Zunge sich in die Mundhöhle retrahierte und der Mundboden prall gewölbt war, während das Gaumensegel zu einem romanischen Bogen symmetrisch nach oben gezogen wurde. Im Liegen blieb der Kopf auf der Unterlage, während der Oberkörper sich abhob und die Arme etwas asymmetrisch und angebeugt bei leicht verkrampfter Stellung der Finger ziemlich rasch, aber nicht blitzartig nach außen oben geführt wurden. Körper und Beine befanden sich zugleich in einem mäßigen tonischen Streckkrampf mit plantarflektierten Füßen. — Anfälle im Sitzen unterschieden sich nur darin, daß der Kopf nach vorne fiel und der allgemeine Strecktonus nicht so ausgeprägt war, daß der Patient nicht sitzend gehalten werden konnte. Die Augen waren immer geöffnet, die Bulbi zeigten leicht nach oben, manchmal auch nach rechts oben. Bei allen Anfällen waren die tonischen Verkrampfungen im Bereich der Kiefer-, Zungen-, Mundboden- und Pharynxmuskulatur am stärksten ausgeprägt.
Im EEG zeigten sich während der Anfälle zunächst nur präzentral beiderseits symmetrisch einzelne Spikes, die allmählich häufiger wurden und dann auch in den parietalen und schließlich in allen Ableitungen, wenn auch präzentral und parietal betont, symmetrisch auftraten und allmählich die Form großer steiler Potentiale mit Spike-wave-ähnlichen Abläufen annahmen. Nach 7 sec kommen Spike-Serien über allen Ableitungspunkten vor, öfters unterbrochen von großen steilen Abläufen. Nach 12 sec besteht das EEG aus bilateral symmetrischen 3-sec-Spike-waves (mit auffallend großen Spitzen), die nach weiteren 5 sec abrupt abbrechen. Bei den klinisch heftigsten Anfällen werden, wie bei der tonischen Phase eines großen Anfalls, überhaupt nur 6 sec lang anhaltende Spikes registriert, ohne daß dem jähen Abbruch Spike-wave-Entladungen folgen (s. Abb. 136, S. 426).

Der klinischen Verlaufsform nach kann man diese Erkrankung den infantilen Petit-mal-Epilepsien zuordnen. Die vorherrschende Anfallsform entsprach einem tonischen Blitzkrampf mit propulsiver Komponente. Wie oft bei Propulsiv-Petit mal bzw. myoklonisch-astatischen Petit mal kam es dabei auch zu tonischen Streckkrämpfen, wie zu einem Vorfallen des Kopfes, was auf eine atonische Komponente schließen läßt. Gastaut et al.[1020] haben solche generalisierten tonischen Anfälle mit all ihren globalen und partiellen Varianten ausführlich beschrieben und dabei schon darauf hingewiesen, daß einige durch eine »Kontraktion der mastikatorischen Muskeln« akzentuiert sein können. Bemerkenswert an unserem Fall scheint uns, daß am tonischen Krampf nicht nur die Kau- und Kiefermuskeln, sondern auch die Zungen-, Mundboden-, Pharynx- und wahrscheinlich auch die Larynxmuskulatur teilnimmt. Die Hypothese von Jackson u. Singer[1068], daß es sich bei solchen Anfällen um den Ausdruck von Entladungen sehr tief gelegener motorischer Zentren handle, wird von Gastaut et al.[1020] dahin ergänzt, daß sie unter der Voraussetzung von zerebralen Reifungsstörungen oder diffusen zerebralen Schädigungen infolge einer funktionellen Enthemmung mesenzephalo-ponto-bulbärer Strukturen zustandekommen. Die Annahme ist daher nicht abwegig, daß sich im mastikatorischen Akzent solcher tonisch-generalisierter Anfälle die Beteiligung des bulbären Mastikationszentrums[1052] ausprägt.

b) *Laryngeale Jackson-Anfälle:* Nicht selten nimmt bei mastikatorischen Jackson-Anfällen auch der *Larynx* am Krampf teil, was sich subjektiv in einer zwanghaft erlebten Atmung äußert, die entweder als beschleunigt oder als behindert erfahren werden kann. Das kann ohne jede emotionelle Beteiligung vor sich gehen, aber auch von einer panischen Erstikkungsangst begleitet sein. Auch Sensationen von Kribbeln, Rieseln, Elektrisieren im Rachen, Abschnürungs-, Würge-, Engigkeitsgefühlen wie die Empfindung, als ob sich der Kehlkopf auf und ab bewege, gehören hierher. Objektiv kann sich eine Beteiligung des Kehlkopfes in bestimmten Lautgebungen wie Stöhnen, Röcheln, Krächzen, Räuspern, Gurgeln, Japsen, Husten, in einem bis zur Aphonie gehenden Heiserwerden der Stimme, einer schnappenden Atmung und in rhythmischen Auf-und-Ab-

Bewegungen des Adamsapfels äußern. In der Regel sind die Erscheinungen von seiten des Larynx eingebettet in eine Symptomatologie, die auch Schlund, Zunge und Kiefer (wie im Fall Edgar F.) einbezieht und durch Freibleiben des Bewußtseins wie durch halbseitige Zuckungen eindeutig als Jackson-Anfälle erkennbar ist, wie in folgendem Fall:

Fall Erika B., 36 Jahre: Senso-motorische laryngeal-mastikatorische Jackson-Anfälle mit Dysarthrie, Vokalisation, Heiserkeit und postparoxysmaler Dysarthrie, Aphonie und Apraxie der oralen Muskulatur.

Seit 14 Jahren bekommt die Patientin Anfälle, die mit einem nur kurz dauernden Taubheitsgefühl in der Zungenspitze, der rechten Mundhälfte und der rechten Wange einsetzen, dem dann Zuckungen im Unterkiefer, im Mundwinkel und in der Zunge folgen. Zugleich verspürt sie ein steifes, wie gelähmt anmutendes Gefühl im rechten Arm. Trotz recht häufiger Anfälle hat sie nur dreimal danach das Bewußtsein verloren. Bei diesen stärkeren Anfällen wurde ein Zucken des rechten Arms und der Augen nach rechts bemerkt. Häufige leichte Anfälle äußerten sich lediglich in Zuckungen der Zunge. Nach den Anfällen ist die Sprache kloßig und die Stimme heiser. Bei der Untersuchung war außer einer Schwäche im rechten Mundfacialis nur eine Apraxie der Zungen-, Lippen- und Mundbewegungen festzustellen. — Wir hatten Gelegenheit, mehrere Anfälle zu beobachten: Wenn ein Anfall während der Unterhaltung auftrat, wird die Sprache kloßig, undeutlich und heiser. Dann tritt zunächst eine tonische, trismusähnliche Starre der leicht geöffneten oder fest geschlossenen Kiefer auf. Der rechte Mundwinkel verzieht sich nach lateral oben. Etwa 2—4 sec nach Beginn des tonischen Krampfes kommt es zu sehr feinen klonischen Zuckungen im Bereich der Kaumuskulatur auf beiden Seiten. Dabei sind unter der bedeckenden Facialismuskulatur unterhalb des Jochbogens klonische Zukkungen des Bukzinator beiderseits zu tasten. Dann wird der rechte Mundfazialis und das rechte Platysma mit in die klonischen Zuckungen einbezogen, die nach weiteren 2 sec gröber werden, langsamer aufeinander folgen und dann verebben. Meist endet der Anfall mit einem leichten Vibrieren der rechten Oberlippe. Während des Anfalls spricht die Patientin Testworte verwaschen und undeutlich aus. Das Bewußtsein ist klar. Bei anderen Anfällen gibt sie schmatzende Laute von sich und atmet tief durch, angeblich weil sich dann der Krampf besser löst. Nach dem Anfall dauert es eine Zeit, bis sie wieder normal sprechen kann und die Stimme nicht mehr heiser ist. — Öffnet man zu Beginn des Anfalls den Mund, dann sieht man in der tonischen Phase ebenfalls eine Starre des Gaumensegels und der Zunge. Die klonische Phase setzt mit feinen, seitengleichen Zuckungen des Gaumensegels ein, die sich auf die Zunge ausbreiten; erst dann setzt der klonische Krampf an der Kau- und Fazialismuskulatur in der oben beschriebenen Weise ein. Die Zuckungen verebben in der gleichen Reihenfolge, in der sie aufgetreten sind. — Die Ursache der Anfälle konnte nicht geklärt werden.

Die Anfälle dieser Patientin betrafen das Velum und die Zunge, die Pharynx- und die Larynxmuskulatur und die Kiefermuskeln in symmetrischer Weise und endeten meist in einseitigen Gesichtszuckungen. Sensible und motorische Erscheinungen gingen einander parallel. Gelegentliche Ausbreitungen erfolgten in der Reihenfolge Stirn, Hals und Arm. Bemerkenswert ist, daß die Anfälle sich mit Hemmungssymptomen ankündigten, die sich in einem zunehmenden Undeutlich- und Kloßigwerden der Sprache äußerten. Es liegt aber nahe anzunehmen, daß die Behinderung nicht durch eine »paroxysmale Lähmung«, sondern durch den beginnenden tonischen Krampf der bulbären Muskulatur zustande kam. — Der Kern des Anfallsgeschehens entsprach in allen Einzelheiten den von FOERSTER[541] als von der Regio facio-linguo-masseterica der Zentralregion ausgehend interpretierten Anfällen. Lediglich, daß bei weiterer Ausbreitung nach dem Hals nicht die Hand, sondern der Arm ergriffen wurde, fügt sich nicht der somatotopischen Gliederung ein.

Die symmetrische Beteiligung von Larynx, Pharynx, Gaumensegel und Kiefer am Krampf entspricht der Erfahrung, daß einseitige Reizung der entsprechenden Region immer nur zu bilateralen motorischen Effekten in den beschriebenen Organen führt. Nur bei Öffnung des Kiefers kann eine Abweichung nach der Gegenseite auf den Sitz des Fokus schließen lassen.

Daß auch kleine Anfälle anderer Art mit Symptomen von seiten der *Atmung* einhergehen können, wie es JACKSON[653] schon an den Unzinatusanfällen aufgefallen war, wurde in den entsprechenden Kapiteln behandelt. Zum Unterschied davon gehen die Atemsymptome bei Jackson-Anfällen jedoch bei freiem Bewußtsein und mit Krampferscheinungen einher. Nicht selten werden auch kortikale Adversiv-Krämpfe von Atemsymptomen begleitet, die sich dann meist mit einem Erstickungs- oder Würgegefühl äußern. Die Anfälle im folgenden Fall begannen als senso-motorische Mastikationsanfälle und gingen dann unter akustischen Sensationen in tonische Krämpfe mit Adversion über, während der der Patient sehr ausgesprochene respiratorische Symptome bemerkte.

Fall Arthur S.: Senso-motorische laryngeal-mastikatorische Anfälle mit Sprechhemmung, Hitze- und Schmerzaura bei tonischen Adversiv-Krämpfen, die von akustischen Sensationen und respiratorischen Symptomen eingeleitet werden.

37jähriger Mann, der seit einem Jahr fast jeden Tag mehrfach Anfälle bekommt, die mit einem nicht näher beschreibbaren, von der Stirn in die linke Wange herabziehenden Gefühl beginnen. Dann spürt er, wie die linke Gesichtshälfte einschläft und die Zunge schwer und taub wird, so daß er nicht mehr sprechen kann. Zugleich bemerkt er ein ziehendes Gefühl entlang des linken Unterkiefers. Unmittelbar darauf hat er ein glühend heißes Gefühl in der linken Hand, im Arm und in der linken Gesichtshälfte. Jetzt fangen Unterkiefer und Zunge an erst schnell und relativ milde, dann immer langsamer und stärker zu zucken. — Bei heftigen Anfällen wird der linke Arm ganz steif und dreht sich unter starken Schmerzen, als ob er ausgekugelt würde, nach außen und hinten. Zugleich damit beginnt ein Rauschen im Kopf, der sich langsam krampfhaft nach links dreht. Unter der Drehung muß der Patient krampfhaft nach Luft schnappen und ebenso krampfhaft die Luft wieder auspressen. Er verspürt keine Atemnot, auch keine Angst, sondern hat nur die Empfindung, als ob der Kehlkopf an den Zuckungen teilnehme, wodurch er gezwungen werde, die Luft schnappend einzuziehen und krampfhaft wieder auszustoßen. Auf dem Höhepunkt des Anfalls rauscht und braust es ringsherum. »Wie mit einem Schlag, der von oben kommt«, verliert er dann plötzlich das Bewußtsein. — Die Anfälle können in jedem Stadium ihres Verlaufs stecken bleiben und wieder zurückgehen. In ihrem Ablauf variieren sie nur unwesentlich: So beginnen sie manchmal mit einem Fremdkörpergefühl im linken Auge und mit einem Zittern im linken Augenwinkel, wonach ein Gefühl wie Ameisenlaufen über die linke Gesichtshälfte, Nase und Lippen, auf Zunge und Unterkiefer herabzieht. — Manchmal beginnen sie aber plötzlich »wie ein elektrischer Schlag«, der vom linken Kopf übers Gesicht durch den linken Arm in die Hand fährt, wobei die Finger zu zittern beginnen und dann erst in der linken Gesichtshälfte ein Taubheitsgefühl bemerkt wird. — Manchmal lassen die Sensationen auch, wenn sie zum Gesicht und Unterkiefer absteigen, den linken Arm aus und gehen auf die linke Brust und Hüfte über, wo dann Zuckungen einsetzen. Wenn der Arm ergriffen wurde und sich der Kopf nach der Seite drehte, kam es immer zu einem großen Krampfanfall. — Bei der Operation ergab sich ein im Bereich des rechten fronto-parietalen Operkulums gelegenes protoplasmatisches Astrozytom mit Übergang in Gliablastoma multiforme.

In vorliegendem Falle entsprach die Reihenfolge der Anfallssymptome ziemlich genau einer sich vom Augenfeld in der hinteren Zentralwindung nach unten über das Operculum parietale bis zur Inselrinde absteigenden Erregungsausbreitung, die schließlich auch die in den Heschlschen Windungen des angrenzenden Temporallappens gelegenen akustischen Repräsentationsfelder erreichte. Im folgenden Fall, für den wir allerdings keinen lokalisatorischen Beleg haben, schien sich die Erregungswelle dagegen von unten, von der Insel her, in Richtung auf die untere Zentralregion auszubreiten und sich, wenn es nicht zu großen Anfällen kam, auf die Produktion vorwiegend laryngealer Symptome zu beschränken:

Fall Peter C.: Laryngeale Anfälle mit postparoxysmaler Dysarthrie.

20jähriger Student, der seit 3 Jahren häufige kleine und selten vorwiegend nächtliche große Anfälle bekommt. Leichteste Anfälle beginnen mit einer rasch aus der Gegend des Magens nach oben in die Gegend des Halses aufsteigenden Sensation, die von einem Engegefühl auf der Brust begleitet wird und schon nach 2—3 sec in einem beklemmenden Gefühl am Kehlkopf endet. — Wenn der Anfall stärker wird, kommt es danach zu einer Atembeklemmung, einem bitzelnden Gefühl um den Mund, der sich zu einem Schnauzkrampf formt. Die Atembeklemmung nimmt zu; er hört sich selber bei unverändert verkrampftem Mund, ohne etwas dazu zu tun, einen stöhnenden Laut ausstoßen. Auf dem Höhepunkt stärkster Beklemmung setzt eine schnappende Atmung ein, die mit einem Gefühl des Hintüberfallens in generalisierte klonische Zuckungen des ganzen Körpers übergeht, wobei Speichel aus dem Mund fließt. Während des Anfalls ist der Patient nicht völlig bewußtlos. Nach 1—2 min läßt das Japsen nach, lebt noch 1—2mal auf und geht dann in einige röchelnde Hustenstöße über, währenddessen die Herrschaft über den Körper wiederkehrt. Danach bleibt er noch 1—2 min ziemlich atemlos und kann nur schwer und mit lallender Zunge sprechen. — Bei nächtlichen Anfällen wacht er regelmäßig vorher auf, verliert aber auf dem Höhepunkt der Atembeklemmung immer das Bewußtsein. Tagsüber kann er gelegentlich herankommende Beklemmungen durch »geschicktes Ein- und Ausatmen« wieder lösen. — Mit langsam ansteigender Medikation bis zu 400 mg Diphenylhydantoin werden die Anfälle schwächer: Nach der Beklemmung kommt es zu einem Krampfgefühl, dann zu einem Zukken und Klopfen im Kehlkopf, das zunächst rasch abläuft und dann immer langsamer wird, bis es ausklingt. Nach 3 Behandlungsjahren konnte die Medikation abgesetzt werden, ohne daß seit nunmehr 7 Jahren wieder ein Anfall aufgetreten ist.

Anfälle der beschriebenen Art, bei denen laryngeale Symptome ganz im Vordergrund stehen, sind sehr selten. Sie könnten als »laryngeale Jackson-Anfälle« den mastikatorischen Jackson-Anfällen zur Seite gestellt werden. Doch ist der Begriff einer »*laryngealen Epilepsie*« schon für eine andere Art von Anfällen reserviert, bei denen es sich überhaupt nicht um epileptische Anfälle handelt. Charcot hatte 1876 zwei Fälle mit Schwindel- und Ohnmachtsanfällen beschrieben, die durch Hustenstöße ausgelöst wurden. Voraus ging jeweils ein kitzelndes Gefühl im Kehlkopf, das zu einem kurzen trockenen Husten führte, wobei die Patienten ein kurzes Schwindelgefühl überkam, oder eine Ohnmacht, bei der die Glieder einige Male klonisch zuckten. Charcot hatte diese heute als *Husten-Synkopen* bekannten Zustände als »vertige laryngé« bezeichnet und die Entstehung der Symptome in Analogie zu den Ménièreschen Schwindelattacken, die er durch eine Irritation des achten Gehirnnerven im Innenohr verursacht sah, durch eine Reflexirritation des den Kehlkopf innervierenden Vagus erklärt. Die gelegentlich dabei auftretenden klonischen Zukkungen der Glieder und im Gesicht ließen manche Autoren an eine laryngeale Reflex-Epilepsie denken[1201]. Doch ist heute erwiesen, daß diese Zustände, die vorwiegend bei plethorischen Männern in mittlerem Lebensalter vorkommen, die an einer Laryngitis oder Bronchitis leiden, vagovasale Synkopen darstellen, die über einen Valsalva-Mechanismus ausgelöst werden. Eine andere Erklärung wird darin gesehen, daß es durch den Husten zu einer plötzlichen Blutdrucksteigerung kommt, die über die Karotissinus-Reflexe zu einer depressorischen Kreislaufreaktion und damit zu einer akuten zerebralen Ischämie führt.

c) *Dysarthrische Jackson-Anfälle:* Bei epileptischen Anfällen, die mit Störungen des Sprechens und der Sprache einhergehen, sind dysarthrische von dysphasischen Symptomen zu unterscheiden (s. auch S. 192ff). Erstere beziehen sich auf das artikulierte Sprechen, letztere auf die »innere« Sprache. Dysarthrische Symptome reichen von einfacher Sprechhemmung bei erhaltenem Wortverständnis über Vokalisationsphänomene im Sinne einfacher Lautgebungen bis zu dysarthrischer Entstellung gesprochener Worte. Dysphasische Symptome reichen von einer Unfähigkeit zu sprechen bei gestörtem Wortverständnis (Worttaubheit) über Wortfindungsstörungen bis zu paraphasischen Entstellungen von Worten oder Sätzen. Während dysphasische Anfallssymptome in der Regel im Zusammenhang mit psychomotorischen Anfällen auftreten und dann auf eine Herdläsion in der Sprachregion der dominanten Hemisphäre hinweisen, treten dysarthrische Anfallssymptome im Zusammenhang mit Jackson-Anfällen auf und haben keine seitenlokalisatorische Valenz.

Zu dysarthrischen Symptomen kommt es im Laufe von Jackson-Anfällen immer dann, wenn die Krämpfe die Sprachmuskulatur erreichen und eine geordnete Artikulation unmöglich machen. Daher gehen die sogenannten mastikatorischen und laryngealen Jackson-Anfälle immer mit dysarthrischen Symptomen einher, wie es im entsprechenden Abschnitt (S. 325) besprochen wurde und wie es die Beschreibungen der Anfälle bei den Fällen Karl S., Stefan T., Stefan St., Edgar F., Erika B. und Arthur S. belegen. Dabei kam es immer zu einer Sprechhemmung, meist auch zu unwillkürlichen Lautgebungen und beim Versuch, während der Anfälle zu sprechen, auch zu einer Dysarthrie. Nach den Anfällen blieb für kurze Zeit noch eine Behinderung der Artikulation zurück, die bis zur Anarthrie und Aphonie gehen konnte. Da es keine auf dysarthrische Symptome beschränkt bleibenden Anfälle gibt, genügen die angeführten Beispiele.

Motorische Sprechhemmung und Vokalisation sind reizexperimentell von beiden Hemisphären und nicht nur von den die Lippen, Kiefer und Zungenbewegungen kontrollierenden Gebieten der vorderen Zentralwindung, sondern auch von der sogenannten supplementär-motorischen Region auszulösen[786]. Während aber eine Abtragung der supplementär-motorischen Region keine Störung des Sprechens hinterläßt, kommt es nach Entfernung der Regio facio-linguo-masseterica der

Zentralregion auf beiden Seiten zu einer Anarthrie. Die auf Reizung erfolgende Lautgebung hört sich wie ein langgezogener Schrei an, der gewöhnlich wie der Vokal »a« klingt. Näher der Sylvischen Fissur kommt es bei Reizung eher zu einem Grunzlaut, in der supplementär-motorischen Region zu etwas komplizierteren, wie rhythmisch repetierte Worte klingenden Lauten[124].

Zur Differentialdiagnose von Jackson-Anfällen:

Epileptische Halbseitenkrämpfe: Schon Gowers (1901) hat darauf hingewiesen, daß es noch eine andere Art umschriebener epileptischer Krampfanfälle gibt, die aber im Gegensatz zu Jackson-Anfällen nicht mit einem »march« einhergehen, sondern eine Hälfte des Körpers gleichzeitig befallen (s. auch S. 426). Von Gastaut et al.[1019] werden solche Anfälle in *Hemi-Grand mal* und *hemiklonische Anfälle* unterschieden. Ist bei ersteren das Bewußtsein aufgehoben, so bleibt es bei letzteren erhalten. Beide können sich statusartig häufen, wonach dann meist eine postparoxysmale Hemiparese zurückbleibt. Das EEG eines Hemi-Grand mal unterscheidet sich nicht von dem eines symmetrischen Grand mal. Hemiklonische Anfälle sind im EEG gewöhnlich von bilateral-synchronen langsamen 2/sec-Wellen begleitet, die auf der Seite der Krämpfe oft eine niedrigere Amplitude aufweisen und auf der Gegenseite teilweise unter schnelleren 8—10/sec-Wellen verdeckt sind. Beide Anfallsarten kommen vorwiegend bei Kindern vor. Bei beiden kann die Seite der Krämpfe von Anfall zu Anfall oder selbst im Laufe eines Anfalls wechseln. Konstant auf eine Seite beschränkte Krämpfe können auf eine Schädigung der entgegengesetzten Hemisphäre hinweisen. Liegt eine residuale Hemiplegie auf dem Boden einer ausgedehnten Schädigung der kontralateralen Hemisphäre vor, können sich die Krämpfe oft nur auf der nicht gelähmten Seite äußern. Ein Seitenwechsel, wie er auch bei Epilepsien mit asymmetrischen Propulsiv-Petit mal oder myoklonisch-astatischen Anfällen vorkommt, spricht gegen eine fokale Läsion.

Nicht selten verlaufen auch kindliche Gelegenheitskrämpfe bei einem Infekt oder bei Hypokalzämie unter dem Bild von Halbseitenkrämpfen. Kommt es dann zu einem Status hemi-epilepticus, so können irreversible Krampfschädigungen eintreten, die selber wieder die Ursache für eine sekundäre, mit Halbseitenkrämpfen oder mit psychomotorischen Anfällen einhergehende Epilepsie abgeben können.

Nicht-epileptische Halbseitenanfälle: Bei arteriellen Durchblutungsstörungen des Gehirns kann es zu *fokalen ischämischen Anfällen*[1016] kommen, die zu Verwechslungen mit fokalen epileptischen Anfällen Anlaß geben können. Je nachdem, ob sich die passageren Ischämien im Versorgungsgebiet der A. carotis interna bzw. der A. cerebri media oder im Gebiet der A. basilaris bzw. der A. cerebri posterior auswirken, unterscheidet man Media-Anfälle und Basilaris-Anfälle.

Media-Anfälle können sich äußern 1. in Form von flüchtigen Parästhesien, die aber im Gegensatz zu sensibel beginnenden Jackson-Anfällen keinem »march« folgen, sondern sich auf Teile eines Gliedes oder einer Gliedmaße beschränken oder sofort eine Körperhälfte befallen; 2. in Form flüchtiger Dysarthrien, die auch an eine beginnende multiple Sklerose denken lassen[992], oder — bei Lokalisation in der dominanten Hemisphäre — Aphasien; 3. in Form kurzer, heftiger, unrhythmischer, zuckender Stöße durch die kontralateralen Gliedmaßen; wieder breiten sich die Zuckungen im Gegensatz zu einem Jackson-Anfall nicht sukzessiv aus und gehen auch nicht bei freiem, sondern bei getrübtem oder aufgehobenem Bewußtsein vor sich; 4. in Form einer kurzen tonischen Anspannung der kontralateralen Körperhälfte mit Adversivhaltung von Kopf und Augen sowie Abduktion und Anbeugung des kontralateralen Armes. Im Unterschied zu epileptischen Adversiv-Krämpfen ist das Bewußtsein aufgehoben, im Unterschied zu einer »unbewußten« Adversiv-Einleitung eines generalisierten Krampfanfalls kommt es im Gefolge eines ischämischen Adversiv-Anfalls nicht zu einem Grand mal.

Basilaris-Anfälle gehen mit flüchtigen Amaurosen, Hemianopsien, Schwindelanfällen, mit »Schwarzwerden vor den Augen« oder Doppelbildern einher.

Die häufigsten Fehldiagnosen unterlaufen bei flüchtigen Lähmungen mit der Annahme »inhibitorischer« Jackson-Anfälle und bei flüchtigen Parästhesien mit der Annahme »rein sensibler« Jackson-Anfälle. Zum Unterschied von fokalen ischämischen Anfällen gehen motorische Jackson-Anfälle jedoch bei freiem Bewußtsein, mit einer Ausbreitung der Zuckungen und erst postparoxysmal mit Lähmungen einher. Zum Unterschied von sensiblen ischämischen Anfällen können sensible Jackson-Anfälle nur dann von Lähmungen gefolgt sein, wenn auch Zuckungen vorausgegangen sind. Mit bilateralen Parästhesien beginnende Anfälle sind nur dann epileptisch, wenn sie in einen Adversiv-Krampf einmünden. Daß Jackson-Anfälle auch zu bilateralen Symptomen führen können, ist grundsätzlich möglich (s. S. 216f). Doch wechselten die Anfallssymptome bei allen überzeugend belegten Fällen erst dann zur anderen Seite über, wenn sie ihr Ausdehnungsgebiet auf der kontralateralen Körperhälfte bereits abgeschritten hatten[1036].

Adversiv-Krämpfe. – Adversiv-Krämpfe (1) sind durch eine tonisch-krampfhafte (2) Wendung nach der Seite charakterisiert, an der selten die Augen allein, häufiger der Kopf und die Augen, manchmal auch die seitenentsprechende Schulter, die obere Extremität und gelegentlich sogar Rumpf und alle Extremitäten teilnehmen, so daß eine Bewegung oder Haltung zustande kommt, die so aussieht, als ob der Kranke über seine Schulter hinweg oder nach seinem erhobenen Arm hinblicke, oder als ob er eine Fechterstellung einnehme (3). Der Anfall kann in jeder Phase des Verlaufes haltmachen, auf die Augen, auf Kopf und Augen, auf Arm und Schulter, selten sogar auf ein Bein beschränkt bleiben und wieder abklingen oder aber sich auf alle Extremitäten ausbreitend in einen generalisierten Krampfanfall übergehen (4). Adversiv-Krämpfe weisen im allgemeinen auf Entladungsstörungen der zur Seite der Drehung kontralateralen Hemisphärenrinde hin (5). Da sie sowohl durch umschriebene wie durch diffuse kortikale wie subkortikale Schädigungen bedingt sein können, läßt sich ihr spezieller lokalisatorischer Stellenwert (6) erst im Zusammenhang mit dem Bewußtseinszustand, mit vorangehenden, gleichzeitigen oder nachfolgenden Jackson-Anfällen oder mit sensorischen Auren beurteilen. Lokaldiagnostisch am verläßlichsten sind die von der prämotorischen Rinde bzw. der supplementären motorischen Region ausgehenden Adversiv-Krämpfe, die meist keine oder recht unspezifische Auren haben und bei freiem Bewußtsein ablaufen, und die von der Temporal-, Okzipital- und Parietalregion ausgehenden senso-motorischen Adversiv-Krämpfe, die mit sensorischen Auren beginnen und meist schon zu Bewußtlosigkeit führen bevor die Drehung einsetzt (7). Adversiv-Krämpfe werden oft mit dem Gefühl einer ausgesprochenen Todesangst erlebt (8).

1. *Semiologie von Adversiv-Anfällen:* In semiologischer Hinsicht sind Adversiv-Krämpfe ein Sonderfall der sogenannten *Adversiv-Anfälle*, worunter man ganz allgemein epileptische Anfälle versteht, die mit einer Dreh- oder Wendebewegung einhergehen. Die Bezeichnung »Adversion« stammt von O. u. C. Vogt[1195] und gibt nichts weiter als den Eindruck wieder, daß der im Tierexperiment erzielbare Bewegungseffekt einer Zuwendung gleicht. Bei unvoreingenommener Betrachtung könnte man eigentlich nur von einer »Version« und demnach bei Anfällen, die mit einer Wendebewegung einhergehen, nur von Versiv-Anfällen sprechen, wie es Gastaut[42] auch tut. Doch konstituieren Wendebewegungen im Anfall noch ebensowenig einen eigenen Anfallstypus wie etwa orale Bewegungen. Und ebensowenig wie man mit der Bezeichnung »orale Anfälle« etwas anfangen könnte, ohne hinzuzufügen, ob die oralen Symptome im Rahmen pyknoleptischer, psychomotorischer oder kortikaler Anfälle zu beobachten sind, so ist man auch für die spezielle Zuordnung von Adversiv-Anfällen auf ergänzende symptomatologische und nosologische Kriterien angewiesen. So sind etwa – was die Unterscheidung verschiedener klinischer Formen von Adversiv-Anfällen angeht – *pyknoleptische Adversiv-Petit mal* (s.S.71f) außer durch ihr spezielles Erkrankungsalter, das Fehlen einer Aura und eines postparoxysmalen Dämmerzustandes dadurch charakterisiert, daß Kopf und Augen während einer Absence unter einem leichten klonischen Rucken mit einer Frequenz von 3/sec nach der Seite gehen[70, 978]. Bei *psychomotorischen Adversiv-Anfällen* (s. S. 191f) gleicht die Bewegung mehr einer

natürlichen Geste im Sinne einer Zu- oder Abwendung oder auch, wenn der ganze Körper an der Drehung teilnimmt, einer Pirouette wie im Tanz[600, 605]. Auch große Anfälle werden nicht selten von einer Adversiv-Bewegung eingeleitet, die dann meist tonischen Charakter hat.

2. *Adversiv-Krämpfe:* Bei kortikalen Adversiv-Anfällen geht die Wendebewegung tonisch-krampfhaft vor sich, weswegen wir sie als Adversiv-Krämpfe bezeichnen. Wenn zwar die Regel gilt, daß kortikale Adversiv-Anfälle immer Adversiv-Krämpfe sind, so sind andererseits jedoch nicht alle Adversiv-Krämpfe kortikalen Ursprungs. Denn nicht nur, daß gelegentlich auch große Anfälle im Rahmen zentrenzephaler Epilepsien von einer krampfhaften Adversiv-Bewegung eingeleitet werden können, und nicht nur, daß gelegentlich in der Erschöpfungsphase eines Grand mal-Status abortive Anfälle zu beobachten sind, die sich auf einen Adversiv-Krampf beschränken, auch nach Zerstörung ausgedehnter Rindengebiete kann es noch zu Adversiv-Krämpfen kommen, die dann meist mit Halbseitenkrämpfen einhergehen. Um kortikale Adversiv-Krämpfe zu diagnostizieren, bedarf es daher noch weiterer Kriterien, unter denen das Bewegungsmuster, der Bewußtseinszustand und die Art einleitender oder begleitender Aurasensationen maßgeblich sind.

3. *Bewegungsmuster:* Nach Beschränkung oder Ausdehnung des Krampfes kann man Anfälle unterscheiden, bei denen nur die Augen teilnehmen, oder solche, bei denen sich die Augen und der Kopf nach der Seite wenden, und solche, bei denen außerdem die Schulter, der Rumpf, die obere und gelegentlich auch die untere Extremität mitmachen. Ferner sind gewisse Dissoziationen im Bewegungsmuster möglich, sei es, daß die Augen an der Drehung nicht teilnehmen oder daß sich der Kopf nach der einen Seite dreht, während der Arm der anderen Seite krampfhaft in die Höhe geht, oder daß der Arm oder sogar das Bein allein die ihm bei einem voll ausgebildeten Adversiv-Krampf zukommende Haltung einnimmt.

a) Anfälle mit einer isolierten Deviation der Augen nach der Seite, der manchmal klonische Zuckungen der Bulbi im Sinne eines sogenannten »epileptischen Nystagmus«[1015, 1018] voraufgehen, sind sowohl in tonischer wie in klonischer Form extrem selten. Doch kann man gelegentlich von Patienten erfahren, daß sie schon längere Zeit vor Ausbruch des ersten eindeutigen Adversiv-Krampfes an anfallsweisen *Blickkrämpfen nach der Seite* gelitten haben, die entweder von ihnen selbst oder von ihren Ärzten nicht ernstgenommen worden sind (s. Fälle Ernst Sch. und Hilde M.).

Fall Ernst Sch.: Anfälle mit tonischer Deviation der Augen, »bewußte« Adversiv-Krämpfe mit Engegefühl, Vokalisation und Sprechhemmung bei links frontal paramedianem Astrozytom.

Seit 9 Jahren litt der 33jährige Patient unter Anfällen, bei denen sich zunächst nur die Augen für einige Sekunden unwillkürlich nach rechts drehten. Später bemerkte er dabei auch ein Engegefühl im Hals und gleichzeitig ein Rucken des Kopfes nach rechts. Mit der Zeit kam es auch zu stärkeren Anfällen, die, wenn er gerade etwas sagen wollte, mit einem kurzen Schrei begannen, wobei zugleich der Kopf auch nach rechts schlug und kurz darauf unter heftiger Rechtsdrehung des Körpers auch beide Arme und Beine unter starken Schmerzen zuckten. Nach seiner Meinung sei er dabei bei vollem Bewußtsein geblieben, habe jedoch nicht sprechen können. — Einen Anfall, den wir beobachtet haben, kündigte er mit dem Ausruf an: »ein Anfall«, dann drehte sich der Kopf ruckend nach rechts, wobei zugleich die Augen extrem nach rechts gingen, das Gesicht jedoch an den Zuckungen nicht teilnahm. Während der Zuckungen fuhr er sich mit der linken Hand an den Kopf, wie um ihn zurückzuhalten. Auf Fragen konnte er nur mühsam antworten, sich jedoch später nicht mehr daran erinnern, daß er die Hand zum Kopf genommen hatte. Er wußte noch, daß er eine zunehmende Engigkeit im Hals verspürt hatte, als ob ihm der Kragen zugezogen würde, und daß sich dann der Kopf nach rechts gedreht hatte. — Seit Jahren litt er unter gelegentlichen Kopfschmerzen. Zur Aufnahme kam er, weil sich nach einem heftigen Sturz aufs Gesäß Hirndrucksymptome eingestellt hatten. Die Untersuchung ergab außer nicht mehr ganz frischen Stauungspapillen lebhaftere Eigenreflexe rechts und eine latente Parese am rechten Bein. — Bei der Operation konnte ein im linken hinteren Stirnhirn paramedian gelegenes Astrozytom entfernt werden.

Als kortikale Reizeffekte sind isolierte Blickbewegungen nach der Seite vom frontalen Augenfeld (Area 8 α, β, δ)[541, 1134, 1154], von dem unmittelbar dahinter bis zur Rolandoschen

Fissur reichenden Gebiet, wie auch gelegentlich von der supplementär-motorischen Region im Interhemisphärenspalt[124] ausgelöst worden. Die in der Zentralwindung gelegenen Reizpunkte für Augenbewegungen liegen zwischen denen für den Daumen und für das obere Gesicht (s. Abb. 108). Von den der Rolandoschen Fissur näherliegenden Punkten sollen auch rotierende, aufwärts gerichtete und ipsilaterale, von den mehr vor der Präzentralwindung gelegenen Punkten fast nur kontralateral gerichtete Blickwendungen erzielt werden. Vom okzipitalen Augenfeld (Area 19)[541] bzw. einer etwas ausgedehnteren Okzipitalregion[124] auslösbare Blickbewegungen nach der Gegenseite sind immer mit einer optischen Aura und gelegentlich mit einer Pupillenerweiterung verbunden[124, 541] (s. Abb. 105).

b) Eine auf Kopf und Augen beschränkte Drehung nach der Seite wird von CHAVANY als »*einfache Adversion*« bezeichnet, zum Unterschied von c) einer »*kompletten Adversion*«, an der Schultergürtel und Rumpf und der der Drehung zugewandte Arm teilnehmen. Ob dieser Unterscheidung ein lokaldiagnostischer Wert zukommt, ist umstritten. Während GASTAUT[42] nur in den auf Kopf- und Augenbewegungen beschränkten Anfällen einen lokalisatorischen Hinweis auf die okzipitale und häufiger noch auf die mittlere Präzentralregion sieht, den komplexen Adversivbewegungen im Anfall jedoch keine lokalisatorische Bedeutung beimißt, läßt sich aus einem Vergleich der lokalisatorischen Schwerpunkte bei einfachen wie bei kompletten Adversiv-Anfällen kein solcher Unterschied erkennen[969]. Was die Beschränkung oder Ausbreitung der Anfälle angeht, so erscheint uns eher eine Zäsur zwischen *partiellen* und *generalisierenden Adversiv-Krämpfen* angebracht, insofern als isolierte Adversiv-Krämpfe, gleich ob das Bewegungsmuster »einfach« oder »komplett« ausgeführt ist, häufiger auf Läsionen der prämotorischen lateralen oder medialen Frontalrinde hinweisen als generalisierende Adversiv-Krämpfe, die ohne Kenntnis der Aura und des Bewußtseinszustandes während der Drehung allenfalls nur Rückschlüsse auf die Seite der Läsion zulassen.

d) Wenn die Augen die Kopfdrehung weder anführen noch begleiten und e), wenn die Bewegungen von Kopf und Arm derart auseinander gehen, daß sich der Kopf von der Seite des erhobenen Armes fortwendet, handelt es sich in der Regel nicht um Varianten von Adversiv-Krämpfen, sondern um Jackson-Anfälle, in deren Verlauf es über die Beteiligung des kontralateralen Sternokleidomastoideus zu einer ipsilateralen Drehung des Kopfes gekommen ist. Solche nicht über eine tonisch-konjugierte Synergie von Augen, Kopf, Schultern und Arm, sondern durch Zuckungen einzelner Halsmuskeln zustande kommende *dissoziierten Adversiv-Krämpfe* sind im allgemeinen auch leicht daran zu erkennen, daß der Kopf dabei wie bei folgendem Fall klonisch-ruckend nach der Seite geht.

Fall Willi G.: Dissoziierter Adversiv-Krampf ohne Beteiligung der Augen bei vom Hals über die Schulter nach dem Arm absteigendem Jackson-Anfall.

Bei dem 36jährigen Patienten war es im Laufe von 2 Wochen zunächst zu einer Parese im linken Fuß und dann zu insgesamt 3 Anfällen gekommen, die mit rhythmischen Zuckungen des Kopfes nach rechts einsetzten, wobei, wie wir beobachten konnten, die Augen geradeaus gerichtet blieben, aber der linke Sternokleidomastoideus bei den Zuckungen deutlich vorsprang; dann setzten sich die Zuckungen auf die linke Schulter und schließlich auf den linken Arm fort, der jeweils von den Zuckungen nach oben und vorne geschleudert wurde. Dabei nahmen die Finger eine leichte Pfötchenstellung ein, ohne an den Zuckungen teilzunehmen. — Der Kranke kam wenige Tage nach der Aufnahme im Hirndruck ad exitum. Bei der Sektion ergab sich ein zystisch zerfallendes Glioblastom, das in der Gegend der oberen vorderen Zentralwindung der rechten Seite die Rinde erreicht hatte.

f) Wenn in einem Anfall *ein Arm* und/oder *eine Wange* bei freiem oder wenig getrübtem Bewußtsein von einem *tonischen Krampf* ergriffen wird, so kann es sich dabei um eine Facette eines Adversiv-Krampfes handeln, die lokalisatorisch auf eine Läsion der kontralateralen supplementären motorischen Region hinweist. Denn ebenso wie die Reizeffekte, so weisen auch die Anfälle, die von dieser Region ausgehen, eine gewisse Variationsbreite auf. Der Arm wird dabei leicht im Ellenbogen gebeugt und in der Schulter angehoben. Der Mund kann sich tonisch nach der Seite verziehen (s. Fall Ottilie A.). Meist folgt darauf jedoch ein ausgeprägter Adversiv-Krampf mit entsprechender Strecksynergie im kontralateralen, aber auch im ipsilateralen Bein[124].

Fall Ottilie A.: Von der Leistengegend nach unten und oben aufsteigende Mißempfindungen, tonische Krämpfe im Arm oder tonische Halbseitenanfälle bei parasagittal gelegenem Meningiom des mittleren Sinusdrittels.

Die 38jährige Patientin bekam seit 5 Jahren Anfälle, die zunächst mit einem hämmernden Gefühl in der rechten Leistengegend einsetzten. Das Gefühl breitete sich über das Bein bis zu den Zehen und auf Arm und Wange der rechten Seite aus. Später entwickelte sich aus dieser Mißempfindung ein tonischer Krampf des im Ellenbogen gebeugten, leicht abduzierten Armes. Gelegentlich schloß sich daran ein tonischer Streckkrampf im rechten Bein und eine Verziehung des Gesichtes nach der rechten Seite an, wonach es noch zu einigen klonischen Zuckungen im rechten Bein kommen konnte. Sie ist bei ihren häufigen Anfällen nie bewußtlos geworden. Im Laufe der letzten drei Jahre kam es zu einer allmählich zunehmenden spastischen Lähmung des linken Beines.— Bei der Operation konnte ein apfelgroßes links parasagittal in der Höhe des mittleren Sinusdrittels gelegenes Meningiom entfernt werden.

4. *Tendenz zur Generalisierung:* Allein oder in Kombination mit großen Anfällen auftretende isolierte Adversiv-Krämpfe sind nahezu beweisend für eine symptomatische Epilepsie und — wie schon erwähnt — in der Regel Ausdruck einer Läsion der prämotorischen lateralen und medialen frontalen Rinde. Von anderen Rindengebieten ausgehende Adversiv-Krämpfe neigen rascher zur Generalisierung. Aus dem Wandel im Krankheitsverlauf von isolierten Adversiv-Krämpfen zu generalisierten Anfällen oder umgekehrt, ergeben sich Verdachtsmomente auf einen expansiven Prozeß, der sich je nachdem von der Rinde ins Parenchym oder umgekehrt ausbreitet.

5. *Seitenbeziehung:* Wenn die Drehung von der Seite des Herdes weg gerichtet ist, spricht man von *kontraversiven*, wenn sie in Richtung auf den Herd hin erfolgt, von *ipsiversiven Anfällen.* In der Regel sind Adversiv-Anfälle kontralateral, so daß aus der Richtung der Drehung auf die Seite der Läsion geschlossen werden kann. Unter den an sich seltenen — nach COTTE-RITTAUD u. COURJON etwa 10% ausmachenden — ipsilateralen Adversiv-Anfällen gibt es solche, bei denen die Drehung immer nach der Seite des Herdes erfolgt, solche, bei denen die Richtung von Anfall zu Anfall wechselt und solche, bei denen die Richtung im Verlauf eines Anfalles selbst alternieren kann.

Daß besonders bei adversiv-psychomotorischen Anfällen die Richtung von Anfall zu Anfall wechseln kann, ist nach dem Ergebnis experimenteller Untersuchungen nicht verwunderlich, da man im Tierversuch von subkortikalen Strukturen, besonders vom Hippokampus[671, 944, 1132], auch ipsilaterale Wendungen erzielen kann. Bei adversiv-psychomotorischen Anfällen soll es gelegentlich auch zum Wechsel der Richtung im Verlauf des Anfalls selbst kommen, wobei dann die initiale Richtung häufiger nach der Seite des Herdes hin als von der Seite des Herdes weg weist[969].

Adversiv-Krämpfe sind in der Regel kontralateral. Ausnahmen davon sind die im Verlauf eines Jackson-Anfalls über einen Krampf des kontralateralen Sternokleidomastoideus zustande kommenden dissoziierten Adversiv-Krämpfe (s. Fälle Willi G., Hannelore M., Elisabeth V.), bei denen der Kopf nach der Seite des Herdes hin ruckt, ferner bei Adversiv-Krämpfen, die von der Scheitelhöhe, besonders von der supplementären motorischen Region ausgehen[440, 969]. Wenn es im Verlaufe eines kortikalen Adversiv-Krampfes zunächst zu einer kurzen und leichten Drehung nach der einen und danach zu einer kräftigen und anhaltenden Drehung nach der anderen Seite kommt, besteht nach der Literatur keine Übereinstimmung darüber, welche Richtung für die Lokalisation entscheidend ist. Es liegen Beobachtungen vor, wobei die initiale Drehung ipsilateral erfolgte[440, 541, 969] (s. Fall Hilde M.), aber auch Beobachtungen, wobei es nach einer kurzen Kontraversion zu einem ausgeprägten Ipsiversiv-Krampf kam (Fall M. J. von PENFIELD und JASPER). — Für die klinische Praxis wird es ratsam sein, die Bedeutung der Drehrichtung für die Lokalisation nicht zu überwerten, sondern im Zusammenhang mit anderen Lokalzeichen im Anfallsverlauf abzuschätzen, unter denen den partiellen Sensationen und Zuckungen im Sinne von Jackson-Anfällen ein großes Gewicht zukommt.

Fall Hilde M. (Linkshänderin): Konjugierte Blickkrämpfe, »bewußte« Adversivkrämpfe mit Vokalisation, Engegefühl und tonischem Krampf in Fazialis und Arm, »unbewußte«

dissoziierte Adversivkrämpfe mit Ipsiversion des Kopfes und Kontraversion von Augen, Mund und Arm. Astrozytom in der oberen Fronto-parietal-Region der rechten Hemisphäre.

Die 40jährige Frau bemerkte etwa vor 5 Jahren das erstemal, als sie gerade mit dem Fahrrad einen Bahndamm entlang fuhr und nach links schaute, daß die Augen plötzlich in dieser Stellung hängen blieben und sich nicht mehr nach geradeaus bewegen ließen. Da sie den Weg nicht mehr im Auge behalten konnte, mußte sie absteigen. Nach etwa 1 min ging diese »Blickstarre« wieder vorbei. Solche Zustände wiederholten sich zunächst alle 4 Wochen. Später kam es dabei auch zu einer Wendung des Kopfes nach links und zu einer schmerzhaften Verzerrung des linken Mundwinkels, woran sich bei heftigeren Anfällen auch Zuckungen des linken Armes anschlossen. Manchmal begannen die Anfälle auch mit einem Schrei, den sie selbst wie aus weiter Ferne hörte. Dabei bemerkte sie ein Druckgefühl im Kopf und ein Gefühl der Beengung, ohne das Bewußtsein zu verlieren. Während eines Anfalles habe sie alles, was in der Umgebung gesprochen wurde, gehört und verstanden, ohne jedoch selbst sprechen zu können. — Anfänglich wurden die Anfälle als psychogen verkannt, wozu ihre Angabe beitrug, daß sie einen beginnenden Anfall kupieren konnte, indem sie den Kopf kräftig nach rechts drehte und die Augen mit den Händen bedeckte. — Kurz vor der Aufnahme wurden die Anfälle wie folgt beschrieben: Blickwendung nach links, dann Zuckungen des linken Arms und schließlich auch Zuckungen im linken Bein, so daß sie dabei hinstürzte. Nach den Anfällen bemerkte sie ein vorübergehendes Schwächegefühl im linken Arm und Schwierigkeiten beim Sprechen. — In der Klinik konnten wir mehrere Anfälle beobachten, die mit einem leisen inspiratorischen Schrei begannen; dann kam es zu einer leichten tonischen Kopfdrehung nach *rechts*, während zugleich im linken Mundwinkel klonische Zuckungen einsetzten, die sich über den Masseter auf den linken Arm und auf das angebeugt gehaltene linke Bein fortsetzten. Während des ganzen Anfalls war die Patientin bewußtlos. Ein anderer Anfall begann damit, daß sie die Unterhaltung plötzlich abbrach, unverständliche Laute murmelte, sich mit der rechten Hand über die Stirn fuhr, rot anlief und unter leisem Stöhnen heftig zu atmen begann. Schon während dieser Phase war sie nicht mehr ansprechbar. Dann kam es zu einer extremen Kopfdrehung nach rechts, so daß sich der Kopf regelrecht in das Kissen eingrub. Danach setzte eine tonische Verkrampfung des linken Mundwinkels ein und schließlich auch leichte nach links gerichtete Zuckungen des stark nach rechts gedrehten Kopfes, an der auch das linke Auge teilnahm (das rechte Auge war nicht zu sehen). Etwa zugleich damit kam es zu unregelmäßigen Zuckungen im linken Arm, der an den Körper adduziert und gebeugt gehalten wurde. — Derartige Anfälle dauerten etwa 1—1 ½ min. Danach war sie wieder ansprechbar, bot aber eine vorübergehende Apraxie der Mund- und Zungenbewegungen, eine dysarthrische Sprachstörung und eine leichte Wortfindungsstörung.
Die Untersuchung ergab frische Stauungspapillen, gesteigerte Eigenreflexe und eine latente Parese am linken Arm sowie eine Antriebsverminderung. Bei der Operation stellte sich ein kleinapfelgroßes hoch fronto-parietal gelegenes Astrozytom der rechten Hemisphäre heraus.

6. *Lokalisatorische Bedeutung* des Bewußtseinszustandes (a), von Jackson-Anfällen (b) und von sensorischen Auren (c) im Verlauf von Adversiv-Krämpfen.

a) *Nach dem Bewußtseinszustand* während des Anfalls unterscheiden Penfield und Jasper *»unbewußte Adversiv-Anfälle«*, bei denen der Kranke nichts von der Drehung wahrnimmt, von »einfachen Adversiv-Anfällen«, die wir, um einer Verwechslung mit der gleichlautenden, aber anders gemeinten Bezeichnung von Chavany vorzubeugen, *»bewußte Adversiv-Anfälle«* nennen, weil das Bewußtsein dabei während der Drehung erhalten bleibt.
»Bewußte« Adversiv-Anfälle sind immer Adversiv-Krämpfe. Rein motorische bewußte Adversiv-Krämpfe sind in der Regel auf Läsionen im intermediären, zwischen Pol und vorderer Zentralwindung gelegenen Frontalgebiet zu beziehen. Die Adversiv-Krämpfe, die von der zwischen Mantelkante und Sulcus cinguli gelegenen Medianfläche des Frontalhirns, der sogenannten supplementär-motorischen Region Penfields ausgehen, werden ebenfalls bewußt erlebt, sind aber von mit kin-ästhetischen oder allgemeinen Körperempfindungen begleitet. Anfälle der supplementär-motorischen Region sind nicht an das Muster von Adversiv-Krämpfen gebunden. Sie können auch unter partiellen Symptomen wie Vokalisation, Sprech-Hemmung und mit bewußt erlebten Krämpfen im kontralateralen Fazialis, Arm oder Bein ablaufen. Auch die im Verlauf von Jackson-Anfällen durch Zuckungen der Halsmuskeln bedingten dissoziierten Adversiv-Krämpfe beeinträchtigen das Bewußtsein nicht, solange es nicht zu einer Generalisierung kommt. Bei senso-motorischen Adversiv-Krämpfen, die durch eine Aura der Spezialsinne eingeleitet werden, erlöscht das Bewußt-

sein meist auf dem Höhepunkt der sensorischen Krise; doch kann der Beginn der Drehung dabei gelegentlich noch wahrgenommen werden. Während die bewußten Adversiv-Krämpfe der intermediären lateralen und medialen Frontalregion isoliert auftreten und ohne Generalisierung wieder abklingen können, kommt es bei senso-motorischen Adversiv-Krämpfen meist zu einer Generalisierung, sobald eine krampfhafte Adversivbewegung einsetzt. Wenn aber in solchen Fällen die Generalisierung ausbleibt, empfindet der Kranke die Wendung von Kopf und Augen nicht als krampfhaften Zwang, sondern wie eine aktive Zuwendung in die Richtung, aus der die Aura-Sensationen kommen.

Ohne Aura sofort »unbewußt« einsetzende Adversiv-Krämpfe bleiben nie beschränkt, sondern gehen immer in generalisierte Krampfanfälle über. Außer daß die Seite der Drehung ziemlich verläßlich auf die kontralaterale Hemisphäre verweist, kommt ihnen, wenn es an weiteren Kriterien fehlt, kein weitere spezielle lokaldiagnostische Bedeutung zu. Nach PENFIELD[124] sollen sie häufiger von fronto-polaren Gebieten, nach COTTE-RITTAUD u. COURJON mehr von hinter der Zentralregion gelegenen Gebieten und von subkortikalen Strukturen ausgehen. Von Adversiv-Krämpfen als einem eigenen Anfallstypus zu sprechen, ist daher eigentlich nur sinnvoll, wenn man sich auf »bewußte Adversiv-Krämpfe« beschränkt. Zur lokalisatorischen Differenzierung wäre dann jeweils anzugeben, ob sie konjugiert oder dissoziiert, einfach, d. h. rein motorisch, oder komplex, d. h. mit anderen motorischen, mit sensiblen oder sensorischen Symptomen kombiniert, einhergehen.

b) Adversiv-Krämpfe werden häufig von partiellen halbseitigen Sensationen oder Zuckungen eingeleitet, begleitet oder gefolgt. Nach der somatotopischen Gliederung der Zentralregion wären viele Möglichkeiten der *Kombination von Jackson-Anfällen mit Adversiv-Krämpfen* denkbar. Aus der klinischen Erfahrung geht jedoch hervor, daß manche Kombinationen häufiger, andere selten und manche überhaupt nicht vorkommen. So ist z. B. ein Übergang von Jackson-Anfällen in Adversiv-Krämpfe häufiger zu beobachten als der umgekehrte Vorgang. Die dieser Beobachtung zugrunde liegende Regel, daß Jackson-Anfälle eine geringere und Adversiv-Krämpfe eine stärkere Generalisierungstendenz haben, hängt sicher mit den experimentell nachweisbaren Unterschieden in der Erregbarkeit der entsprechenden Rindenareale zusammen. Wie zur Erzielung von Bewegungseffekten, so bedarf es auch zur Auslösung epileptischer Entladungen immer stärkerer Reize je mehr man sich von der Präzentralregion rostralwärts entfernt. Von den präfrontalen Rindengebieten können auch mit stärkeren Reizen weder Einzelbewegungen noch komplexe Bewegungssynergien, sondern nur noch zur Generalisierung führende epileptische Anfälle ausgelöst werden. Wenn aber die Möglichkeiten klinischer Kombinationen und Übergänge von partiellen Krämpfen in Adversiv-Krämpfe lediglich von der von der Area 4 über die Area 6a α zu der intermediären frontalen Rinde hin ansteigenden Reizschwelle abhängen würden, so müßte theoretisch jeder Jackson-Anfall, ob er im Fuß, in der Hand, im Gesicht oder von den dazwischen liegenden Körperteilen ausgeht, unmittelbar in einen Adversiv-Krampf übergehen können. Trotzdem gehen aber Anfälle, die im Fuß beginnen praktisch nie unmittelbar in einen Adversiv-Krampf über, obwohl das Fußfeld und das frontale Adversiv-Feld bzw. die supplementäre motorische Region PENFIELDS unmittelbar benachbart liegen. Wir kennen nur einen unsicher belegten Fall, bei dem es im Anschluß an Zuckungen im Bein ohne Übergang zu einer Adversiv-Bewegung gekommen sein soll. Auch in der Hand beginnende Jackson-Anfälle können frühestens, wenn der ganze Arm am Anfall teilnimmt, zu einer Adversiv-Bewegung führen. Am häufigsten kommt es zu einem Adversiv-Krampf, wenn der Mund von einem Jackson-Anfall betroffen wird, sei es, daß er dort begonnen oder von einer anderen Stelle ausgehend den Mund erreicht hat. Doch kann der Mechanismus bei Adversiv-Anfällen, die mit Krämpfen im Mund oder im Arm kombiniert sind, ganz verschieden sein je nachdem, ob die Krämpfe tonischen oder klonischen Charakter haben. Eine tonische Verziehung des kontralateralen Mundwinkels und Verkrampfung des kontralateralen Armes sind ganz geläufige Begleitsymptome eines tonischen Adversiv-Krampfes und nichts weiter als Ausdruck einer tonischen Deviation nach der Seite, an der gewöhnlich auch die Augen teilnehmen. Kommt es jedoch während klonischer Zuckungen im kontralateralen Arm oder Gesicht zu einer Drehung des Kopfes nach einer Seite, so handelt es sich in der Regel um *dissoziierte Adversiv-Krämpfe* im Rahmen von Jackson-Anfällen. Dabei kommt die Drehung durch eine Beteiligung der Halsmuskeln zustande, die daran zu erkennen ist, daß der Kopf klonisch-ruckweise nach der Seite geht, die Augen meist unbeteiligt bleiben und die Richtung der Drehung durch das Überwiegen des kontralateralen Sternokleidomastoideus (s. Fall Willi G.) in der Regel ipsilateral erfolgt. Nach unseren Erfahrungen machen solche dissoziierten Adversiv-Krämpfe den größten Teil aller *ipsiversiven Anfälle* aus.

Fall Hannelore M.: Von der Hand über den Arm zum Gesicht aufsteigende, zu dissoziierten Adversiv-Krämpfen führende Jackson-Anfälle.

Das jetzt 13jährige Mädchen bekam seit 5 Jahren vorwiegend nachts Anfälle, die mit einem »wusselnden« Gefühl in der rechten Hand begannen; dann hob sich der im Ellenbogen gebeugte Arm in die Höhe und begann von der Hand aus klonisch zu zucken. Manchmal gingen die Zuckungen auf die rechte Gesichtsseite und auf das rechte Bein über, manchmal kam es dabei aber auch zu einer ruckenden Kopfdrehung nach links, wobei die Augen geradeaus gerichtet blieben. — Unter dem EEG kam es zu einem Anfall, bei dem zunächst die rechte Hand klonisch zu zucken begann, dann sich der rechte Arm zuckend anhob, während sich der Kopf zugleich nach rechts drehte. In diesem Stadium des Anfalls war die ganze rechte Seite an den Zuckungen beteiligt. Wegen Bewegungsartefakten konnte nur der Beginn des Anfalls im EEG registriert werden (s. Abb. 111). Merkwürdigerweise war dabei nur eine Grundrhythmusverlangsamung frontal links nachzuweisen. — Die Ursache der Anfälle, die bis heute — 8 Jahre nach der Untersuchung — unter einer antiepileptischen Medikation ausgeblieben sind, blieb ungeklärt. Das Luftenzephalogramm sprach für eine Atrophie im Gebiet des linken Stirnhirns.

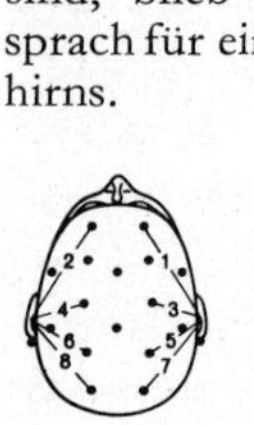

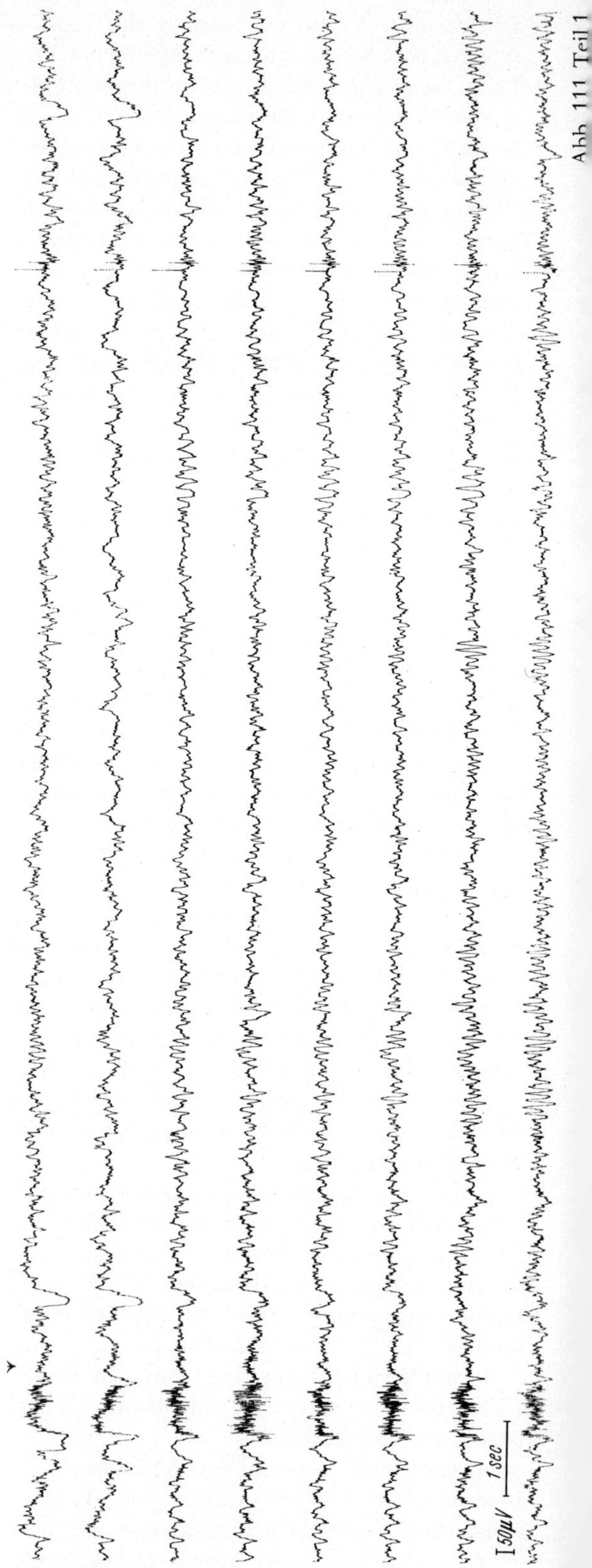

Abb. 111. Im Anfallsbeginn (↓) kurze generelle Abflachung. Dann ausschließlich frontal links unregelmäßige langsame Wellen, die mit α-Wellen alternieren bzw. von ihnen überlagert werden (Fall Hannelore M.).

Abb. 111 Teil 2

Solche Anfälle haben für die lokalisatorische Zuordnung der Halsmuskeln in der Präzentralwindung eine gewisse Bedeutung. Nach Foerster (s. Abb. 105, S. 304) wie nach Penfield (s. Abb. 108, S.318) liegen die Reizpunkte für die Hals- und Nackenmuskulatur zwischen den für den Daumen und das obere Gesicht bzw. die Augen verantwortlichen Arealen. Wenn diese reizexperimentell ermittelte Anordnung auch für die Ausbreitung von Jackson-Anfällen Gültigkeit hätte, so stände zu erwarten, daß Zuckungen in der Hals- und Nackenmuskulatur im Verein mit Zuckungen in den Fingern bzw. im Daumen oder im Gesicht, besonders in der Stirn und in den Augenlidern erfolgen. Die von Foerster[541] beschriebenen Jackson-Anfälle entsprechen dieser Annahme. Nach unseren Beobachtungen verhielt es sich jedoch bei Jackson-Anfällen mit Ausbreitung auf die Hals- und Nackenmuskulatur so, daß sich die Zuckungen — gleichgültig von wo sie ausgegangen waren — immer vom Arm auf den gleichseitigen Sternokleidomastoideus ausgebreitet haben oder umgekehrt. Gelegentlich griff der Krampf auch vom Arm über den Deltamuskel oder vom Pektoralis auf die Halsmuskeln über. Dabei blieb die obere Gesichtshälfte, d. h. die Augenbrauen und die Stirn — soweit wir wissen — immer frei von Zuckungen. Ein Übergreifen vom Mund oder, wie es bei Mastikatorius-Anfällen vorkommen kann, vom Unterkiefer, der Zunge, von Schlund und Larynxmuskulatur auf den Hals haben wir immer nur dann gesehen, wenn zugleich auch der Arm vom Anfall betroffen war. Nach der klinischen Erfahrung müßte daher das für isolierte Bewegungen der Halsmuskulatur verantwortliche Areal nicht zwischen Daumen und Augenbrauen, sondern an einer höheren Stelle in der Nähe des Schulter-Arm-Feldes zu suchen sein, wo man es natürlicherweise auch erwarten würde. Penfield erwähnt, daß in der Tat dort ein zweites Areal gelegen sei, von dem aus man Bewegungen des Nackens erzielen könne.

c) *Sensorische Auren vor Adversiv-Krämpfen* sind gewissermaßen das Lokalkolorit von den hinter der Rolandoschen Fissur gelegenen Rindengebieten. Auch bei den senso-motorischen Adversiv-Krämpfen ist die Richtung der Drehung entgegengesetzt zur Seite des Herdes. Die sensorischen Auren betreffen optische, akustische oder vestibuläre Empfindungen, deren Besonderheiten im folgenden Kapitel beschrieben werden. Die Symptomatik dieser Anfälle ist bisher nur alternativ, d. h. entweder unter motorischen oder unter sensorischem Aspekt behandelt worden. So hat Foerster[541] unter dem Aspekt der motorischen Reizbeantwortung in der Parietal- und Temporalregion

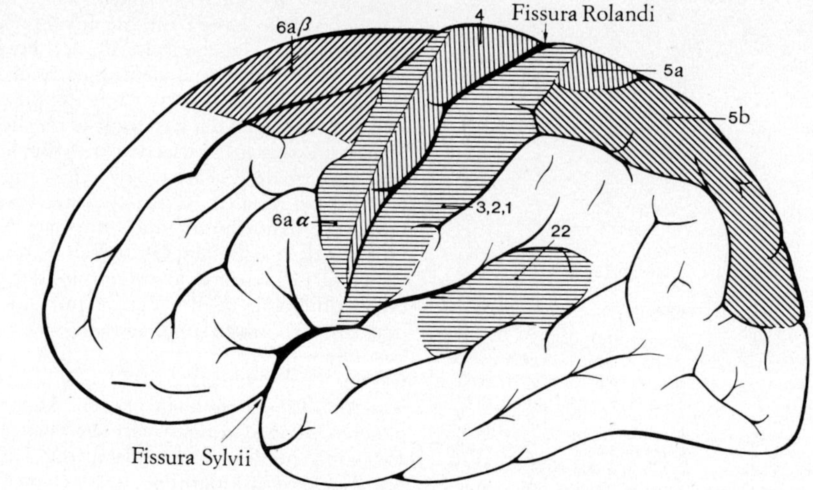

Abb. 112a

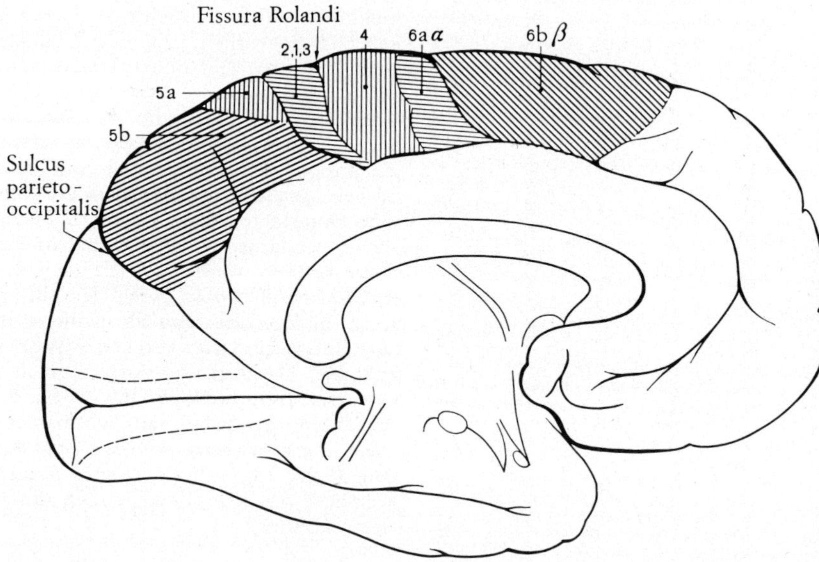

Abb. 112b

Abb. 112a u. b. Die von Foerster als tertiäre motorische Rindenfelder bezeichneten Areale beim Menschen, von denen Adversiv-Krämpfe auszulösen sind; a) Konvexität, b) Medianfläche der Hemisphäre. (Nach Foerster, O.: Motorische Felder und Bahnen. In Hdb. der Neurologie, Bd. VI., Springer, Berlin 1936.)

gelegene Adversivfelder beschrieben, die er zusammen mit den prärolandoschen Gebieten, von denen kombinierte Bewegungen auszulösen waren, als extrapyramidale Rindenfelder den Gebieten gegenüberstellt, von denen isolierte Bewegungen erzielt werden können. Penfield[124] hält dagegen die bei Anfällen der hinteren Rindengebiete zu beobachtende Adversiv-Bewegung nicht für eine primäre motorische Antwort, sondern für eine sekundäre Reaktivbewegung des Patienten, der sich der Seite zuwende, von der die Auraempfindungen auf ihn zukommen. Er begründet das damit, daß man bei schwächeren Reizen, die noch nicht zu einer epileptischen Nachentladung führen, von den entsprechenden Rindengebieten immer nur Sensationen, aber keine Bewegungen erzielen könne. Er fügt hinzu, daß man in solchen Fällen aus der Richtung der Drehung auf die Seite schließen könne, während die Art der

Aura die spezielle Lokalisation anzeige. – Doch fehlt es bisher an einer zusammenhängenden klinischen Beschreibung der senso-motorischen Adversiv-Anfälle, der zu entnehmen wäre, wann im Verlauf des Anfalls das Bewußtsein schwindet und wieweit es auch isolierte sensomotorische Adversiv-Krämpfe gibt, die sich nicht generalisieren.

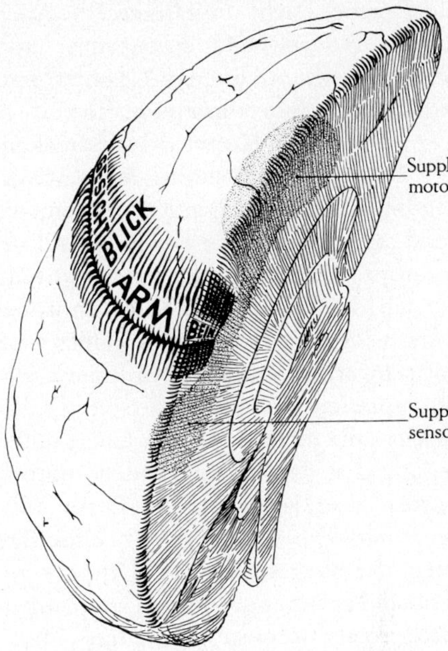

Abb. 113. Das von PENFIELD als supplementär-motorische und supplementär-sensorische Region bezeichnete Gebiet. (Nach AJMONE-MARSAN, C., B. L. RALSTON: The Epileptic Seizure. Thomas, Springfield, Ill. 1957.)

7. *Die Adversivfelder von* FOERSTER *und die supplementäre motorische Region von* PENFIELD: FOERSTER und PENFIELD haben aufgrund ihrer Beobachtungen nach elektrischer Reizung der menschlichen Gehirnrinde bestimmte Ansichten zur Lokalisation und Symptomatologie der mit Adversiv-Bewegungen einhergehenden kortikalen epileptischen Anfälle formuliert, die in vieler Hinsicht übereinstimmen, in manchen Punkten jedoch voneinander abweichen. Übereinstimmung besteht darüber, daß man Augenbewegungen und gelegentlich auch Kopfwendungen nach der Gegenseite sowohl von einem vor der Mitte des Gyrus praecentralis gelegenen Gebiet der frontalen wie von der okzipitalen Rinde erzielen kann und daß Läsionen dieser Gebiete zu Adversiv-Krämpfen führen können, wobei erstere von keiner Aura, letztere aber von einer optischen Aura eingeleitet werden. Auch darin stimmen beide überein, daß bei freiem Bewußtsein und ohne Aura einhergehende Adversiv-Krämpfe vom sogenannten frontalen Adversivfeld ausgehen können, das FOERSTER auf das von VOGT u. VOGT[1196] angegebene zytoarchitektonische Feld 6a β begrenzt und PENFIELD[124] in der von CAMPBELL zytoarchitektonisch angegebenen intermediären Frontalregion aufgehen läßt.

FOERSTER hat mit starkem faradischem Reiz auch von der Parietalregion, speziell vom Feld 5b und vom Feld 22 des Temporallappens Adversiv-Krämpfe auslösen können. Nach seiner Beschreibung ist der parietale Anfall durch sensible und vestibuläre Aurasensationen gekennzeichnet, denen eine Drehung von Kopf und Augen nach der Gegenseite und durch Übergreifen der Erregung auf 5a auch ein tonisch-klonischer Beugekrampf der kontralateralen Extremitäten folgt, an den sich frühzeitig das ipsilaterale Bein und etwas später der ipsilaterale Arm anschließt. Der temporale Anfall ist durch eine akustische Aura und einen simultanen tonisch-klonischen Massenkrampf der kontralateralen Körperhälfte mit Drehung der Augen, des Kopfes und des Rumpfes nach der Gegenseite charakterisiert, wobei es erst spät zu einer Beteiligung der ipsilateralen Extremitäten kommt. FOERSTER bezeichnet diese Areale, deren Reizung nicht zu isolierten, sondern zu kombinierten Bewegungen führt, als tertiäre oder extrapyramidale Rindenfelder (s. Abb. 112).

PENFIELD bezweifelt nicht, daß Drehbewegungen zur Gegenseite als Initialphänomen fokaler epileptischer Anfälle durch Entladungen verschiedener Rindengebiete zustande kommen können[783]. Weil er jedoch mit schwachen Reizen von hinter den senso-motorischen Zentralwindungen gelegenen Rindengebieten außer Augenbewegungen von der Okzipitalregion niemals irgendwelche, weder isolierte noch kombinierte Bewegungseffekte gesehen hat, außer wenn es zu einem Anfall kam, konnte er die Annahme FOERSTERS, daß es parietal und temporal extrapyramidal-motorische Felder gebe, nicht bestätigen[1134]. Auch im frontalen Adversivfeld FOERSTERS, von dem fraglos »bewußte« Adversiv-Krämpfe ausgehen können, konnte PENFIELD, soweit es den sich auf die laterale Konvexität erstreckenden Anteil des Feldes 6a β anging, eine Adversiv-Bewegung erst auslösen mit Strömen, die ausreichend stark waren, um epileptische Entladungen zu produzieren. Andererseits konnte er im Bereich des sich in den Interhemisphärenspalt erstreckenden Anteils des Feldes 6a β schon mit schwachen Reizen koordinierte Bewegungen vorwiegend von adversivem Charakter erzielen, die nicht durch ein Übergreifen der Erregung auf den angrenzenden motorischen Kortex zu erklären sind[1136]. Denn während die motorische Rinde streng einseitige Funktionen der Gegenseite des Körpers repräsentiert, sind in der sogenannten supplementären motorischen Region beidseitige Funktionen, wenn auch in asymmetrischer Weise, vertreten. Die supplementäre motorische Region erstreckt sich von einer schmalen Zunge auf der lateralen Konvexität über die Hemisphärenkante über die mediane Oberfläche des Gyrus frontalis marginalis bis an den Sulcus cinguli und wird nach hinten durch den Lobulus paracentralis und nach vorne vom medialen intermediären Kortex ungefähr in der Höhe des Balkenknies begrenzt (s. Abb. 113, S. 341). Bei elektrischer Reizung dieses Gebietes haben PENFIELD und seine Mitarbeiter[124, 991, 1136] vielfältige Effekte beobachtet, unter anderem Sprechhemmung, Vokalisation, Bewegungen der Augen, des Kopfes, des Gesichtes, der Arme, des Rumpfes und der Beine, Pupillenänderungen und allgemeine Körpersensationen, wie ein Gefühl des Errötens, von Herzklopfen oder epigastrischen Empfindungen. Am häufigsten kam es zu einer Bewegung im kontralateralen Arm mit einer Beugung im Ellbogen, einer Abduktion und Außenrotation in der Schulter zugleich mit einer Drehung von Kopf und Augen in Richtung des erhobenen Armes. PENFIELD vermeidet für diese von uns auch als »Fechterstellung« bezeichnete Haltung den Begriff »Adversion«, weil damit nicht hinreichend zum Ausdruck komme, daß diese Bewegung zu einer Haltung führe, an der am Ende der ganze Körper, einschließlich Kopf, Rumpf und Extremitäten, beteiligt sei.

Fall Käthe B.: Von unbestimmten Körpersensationen eingeleitete bewußte Adversivkrämpfe mit Fechterstellung bei Flexion und Abduktion des Armes und Extension des Beines.

Die jetzt 14jährige Patientin hatte in ihrem 7. Lebensjahr und jetzt wieder seit 1 ½ Jahren meist nachts aus dem Schlaf heraus auftretende Anfälle, die mit einer flüchtigen, nicht näher zu charakterisierenden Anfallsstimmung beginnen und einer Art Übelkeitsgefühl, das nicht vom Magen aufsteigt, sondern irgendwie den ganzen Körper ergreift. Dann bemerkt sie bei klarem Bewußtsein, wie der leicht gebeugte und pronierte rechte Arm wie unter einem Zwang bis zur Höhe des Kopfes nach oben geht und rhythmisch schlagende Bewegungen macht, die in rasche ruckartige Zuckungen nach der Seite übergehen, während zur gleichen Zeit eine unwiderstehliche Drehbewegung des Kopfes einsetzt. Dabei wird das rechte Bein steif und gestreckt gehalten und nimmt an den rhythmischen Zuckungen teil, während sich im linken Arm und Bein nur eine leichte Unruhe bemerkbar macht. Nach wenigen Augenblicken sinkt der Arm wieder ab, die Zuckungen verebben, der Kopf dreht sich wieder in die Mitte. Nach dem Anfall bleibt noch kurz eine Parese im rechten Arm. — Wir hatten Gelegenheit mehrere Anfälle zu beobachten, die in der gleichen Weise abliefen: Dabei wurde der im Ellenbogen gebeugte, pronierte rechte Arm plötzlich hochgezogen und blieb etwa in Kopfhöhe stehen. Da gleichzeitig Kopf und Augen nach rechts gezogen wurden, entstand eine Art Fechterstellung. Dann setzten rhythmische Zuckungen im rechten Arm ein, die auf die rechte Gesichtsseite übergriffen und sich zuletzt auf das ausgestreckte rechte Bein ausbreiteten. Nach wenigen Augenblicken hörten die Zuckungen auf, der Arm sank schlaff herab und blieb noch kurze Zeit paretisch. Das Pneumenzephalogramm zeigte eine leichte Ventrikelausweitung links, das EEG merkwürdigerweise einen Herdbefund okzipital, temporal und temporobasal rechts.

Die beschriebenen Anfälle erfüllen alle klinischen Kriterien von Adversiv-Krämpfen der supplementär-motorischen Region, wenn auch Art und Ort der Läsion offen bleiben mußten. Im folgenden Fall ließ sich der klinische Verdacht auch lokalisatorisch bestätigen.

Fall Fritz R.: Bewußte Adversiv-Krämpfe mit Vokalisation bei in der supplementär-motorischen Region gelegenem arteriovenösem Aneurysma. Als »Meningitis« verkannte Subarachnoidalblutung.

32jähriger Volksschullehrer, der seit seinem 18. Lebensjahr an häufigen Adversiv-Krämpfen litt, die er auf eine im Alter von 12 Jahren durchgemachte Meningitis bezog. Da vor 3 Jahren ein

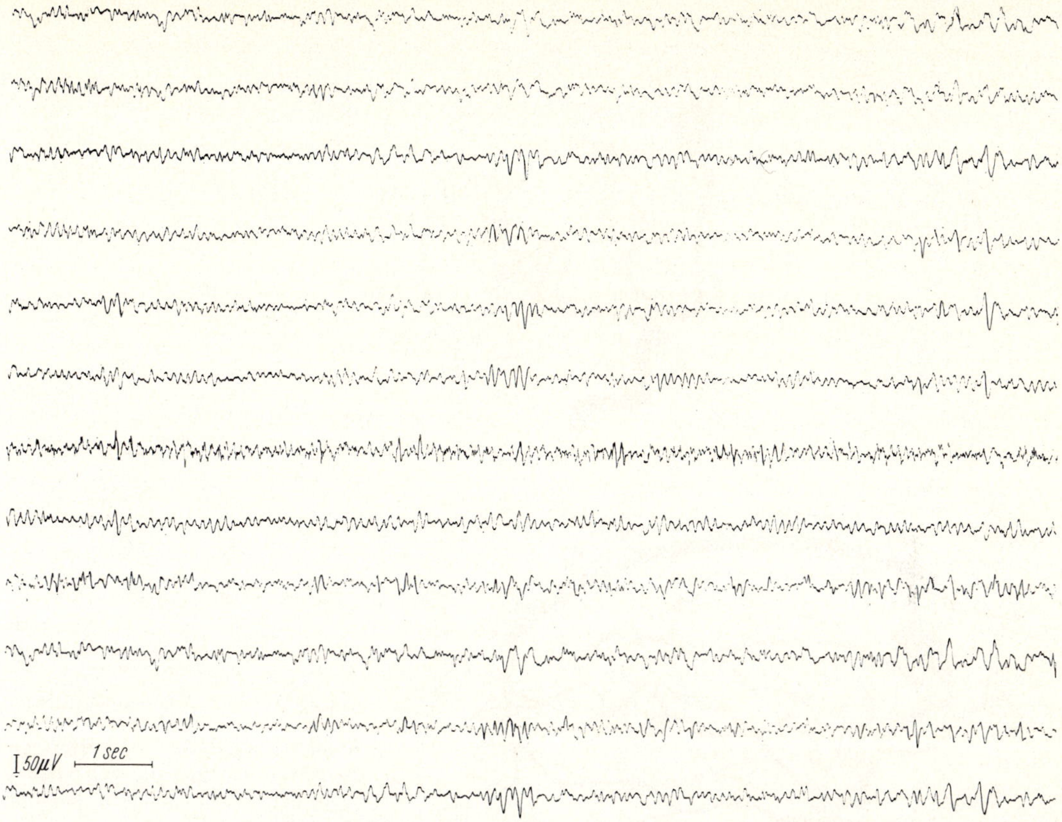

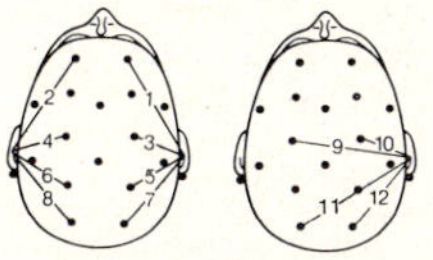

Abb. 114. Auf dem abgebildeten Ausschnitt des EEG von Fritz R. sind nur an einzelnen Stellen steile Wellen, vorwiegend präzentro-parietal rechts, zu erkennen.

Luftenzephalogramm angefertigt worden war, das keinen krankhaften Befund ergeben hatte, leiteten wir zunächst ambulant eine medikamentöse Behandlung ein. Als die Anfälle aber therapieresistent blieben, wurde er stationär aufgenommen und ein zweites Luftenzephalogramm angefertigt, das wieder keinen krankhaften Befund zeigte. — Bei den Anfällen kam es bei klarem Bewußtsein zu einer krampfhaften Linksdrehung des Kopfes und Rumpfes und zu einer tonischen Verziehung des linken Mundwinkels, wobei beide Arme gleichzeitig nach vorne erhoben wurden. Manchmal stieß er dabei auch kurze Laute aus; wenn er stand, konnte er dabei hinfallen. Nur selten war es auch zu adversiv eingeleiteten generalisierten Anfällen von tageszeitlich ungebundener Verteilung gekommen. — Neurologisch waren keine krankhaften Befunde festzustellen. Im EEG war konstant ein Herdbefund mit α-Verminderung präzentral rechts, in geringerer Ausprägung auch parietal und frontal rechts, mit vermehrten Zwischenwellen und auch steilen Wellen zu sehen, die präzentral rechts am deutlichsten ausgeprägt waren (s. Abb. 114). — Die mit maximalen Dosen endlich erzielte Anfallsfreiheit hielt nicht lange an, so daß wir zu zweifeln begannen, ob es sich tatsächlich um eine Residual-Epilepsie nach Meningitis handelte. Wir ließen uns das Krankenblatt von der Klinik kommen, in der er vor 20 Jahren gelegen hatte, und fanden unseren Verdacht in folgenden Notizen bestätigt: »Heute früh akut erkrankt mit starken Kopfschmerzen, Erbrechen und Bewußtlosigkeit. Verlauf: sofort vorgenommene Punktion ergibt blutigen Liquor. Ausgeprägte Nackensteifigkeit. Am 4. Tag noch blutiger Liquor, der beim Zentrifugieren xanthochrom ist. Temperaturen nur anfangs subfebril, nie über 38°«. Es hatte sich also damals nicht um eine Meningitis, wie ihm gesagt worden war, sondern um eine Subarachnoidalblutung gehandelt. Die daraufhin vorgenommene rechtsseitige Karotisangiographie zeigte ein in der Medianfissur im hinteren Anteil des rechten Stirnhirns gelegenes Gefäßkonvolut, das von der A. callosomarginalis gespeist wurde (s. Abb. 115). Bei der Operation wurde ein rechts parasagittal vor der Zentralwindung gelegenes kleines arteriovenöses Angiom gefunden und entfernt.

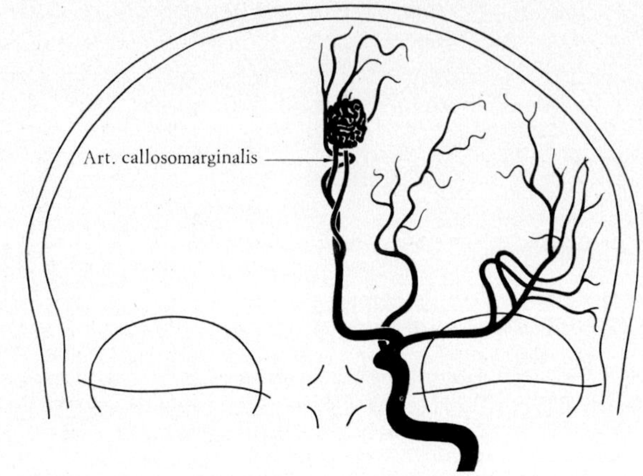

Abb. 115a

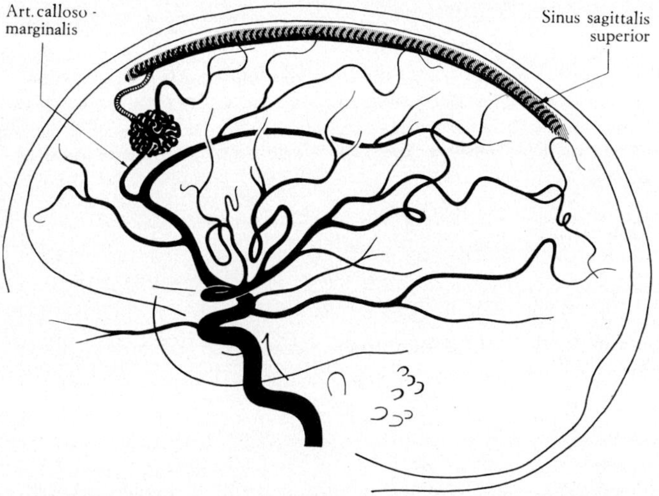

Abb. 115a u. b. Sitz des arteriovenösen Angioms im Falle von Fritz R. (Nach dem Arteriogramm angefertigte Zeichnung.)

Abb. 115b

Kleine Läsionen in der supplementär-motorischen Region, wie das Aneurysma im beschriebenen Fall, sind für die lokalisatorische Symptomatik ergiebiger als Tumoren, die wir in den Fällen Edgar F., Ernst Sch. und Martha E. vorgestellt haben. Daher ist die Studie von Kennedy (1959) verdienstlich, in der er über die Anfälle bei 7 Patienten berichtet, bei denen operativ an der Medianfläche und der Mantelkante der Hemisphären umschriebene Narben, ein Aneurysma und ein tuberös-sklerotischer Herd nachgewiesen wurden. Das Anfallsmuster war vielfältig. Doch waren einseitig im Abdomen oder im Bein beginnende Parästhesien, epigastrische und genitale Sensationen, Sprechhemmung, tonische Krämpfe im kontralateralen Arm und Bein sowie tonische Haltungsveränderungen im Sinne von Adversiv-Krämpfen die Regel.

In der Differentialdiagnose verführen die viszeralen Empfindungen ebenso wie die Sprachstörungen leicht zur Annahme temporaler Anfälle, die tonischen Krämpfe im Bein leicht zur Annahme von Wadenkrämpfen oder hysterischen Demonstrationen. Auch führt die elektroenzephalographische Untersuchung oft erst dann zu positiven Ergebnissen, wenn einmal der klinische Verdacht auf die parasagittale Region gelenkt worden ist. Denn zur genauen Lokalisation parasagittaler Foki sind transversale und longitudinale Placierungen der Elektroden in engen Abständen erforderlich. Foerster hatte im Grunde die gleiche Haltung im Anfallsbild der von seinen extrapyramidal-motorischen Adversiv-Feldern ausgehenden Adversiv-Krämpfe beschrieben. Daß seine Beobachtungen und symptomatologischen Unterschiede in lokalisatorischer Hinsicht auch heute noch zutreffen, ist neuerdings wieder bestätigt worden[440]. Trotzdem hat die Entdeckung PENFIELDS, daß die beschriebene Haltung als Reizerfolg von der supplementär-motorischen Region zu erhalten ist, praktische und theoretische Konsequenzen: Praktisch bedeutet ein bei freiem Bewußtsein einhergehender Adversiv-Krampf mit Fechterstellung, der nicht in einen generalisierten Anfall übergeht, daß die zugrunde liegende Läsion in oder in der Nähe der supplementären motorischen Region liegt. Der gleiche Anfall ist lokalisatorisch unspezifisch, wenn das Bewußtsein dabei nicht erhalten ist und wenn er einen generalisierten Anfall einleitet. Etwaige Lokalzeichen können dann nur aus der voraufgehenden Aura erschlossen werden.

Durch Reizung ausgelöste supplementär-motorische Anfälle hatten in 30% eine Aura, wobei es sich etwa in der Hälfte um epigastrische oder Übelkeitsempfindungen, im übrigen um Sensationen im Kopf oder im ganzen Körper oder um Taubheitsgefühle in einem oder beiden Beinen handelte[1136]. In einer Gruppe von 16 Anfallspatienten mit lokalisierbaren Läsionen in der supplementär-motorischen Region hatten 72% Adversiv-Krämpfe mit Fechterstellung bei freiem Bewußtsein. Bei 28% kam es zu einer epigastrischen Aura. 50% hatten während der Anfälle Schwierigkeiten im Sprechen, konnten aber verstehen, was zu ihnen gesagt wurde[440].

Interessanterweise zitieren FOERSTER[541] und PENFIELD[124] zum Beleg ihrer jeweiligen Auffassung den gleichen Fall, den sie beide 1928 in Breslau beobachtet und 1930 gemeinsam publiziert haben (Fall K. W. in[1007] und Fall 2 in[1006a]). Obgleich die klinischen und experimentellen Daten in diesem Fall hinreichend bekannt sind, wird er von FOERSTER als Beispiel für vom parietalen Adversiv-Feld und von PENFIELD als von der supplementär-motorischen Region ausgehende Adversiv-Krämpfe interpretiert:

Fall K. W. von FOERSTER u. PENFIELD (1930):

»28 Jahre alt. Mutter litt an Epilepsie. 20. 10. 1918 Granatsplitterverletzung am rechten Scheitelbein; nicht bewußtlos, aber sofort linksseitig gelähmt. ... Juli 1919 erster epileptischer Anfall; die Anfälle wiederholten sich anfangs in Abständen von 3 Wochen, später teils häufiger, teils seltener, seit Februar 1928 sehr gehäufte Anfälle, täglich mehrmals. 1. 4. 1929 aufgenommen im Status epilepticus. Auf dem rechten Scheitelbein ein sagittal verlaufender, 7 cm langer, 3 cm breiter Knochendefekt, Haut in dessen Bereich stark eingezogen ... spastische Hemiplegia sinistra. ... Das Enzephalogramm zeigt eine riesige Dilatation des rechten Seitenventrikels, der linke ist auch etwas erweitert; der rechte Seitenventrikel reicht bis zum Knochendefekt hin ... Der Charakter der in Abständen von 5—10 min sich ständig wiederholenden epileptischen Anfälle ist folgender: sensible Aura im gesamten linken Bein, manchmal zunächst allein im Fuß, dann aber rasch auf das gesamte Bein sich ausbreitend, häufig im gesamten linken Arm und Bein zugleich und rasch die gesamte Körperhälfte einnehmend; die motorische Entladung, welche stets unmittelbar folgt, besteht in Drehung der Augen und des Kopfes nach links (s. Abb. 116), Rumpfdrehung nach links, starkem Beugekrampf des linken Beines und linken Armes (s. Abb. 117), sehr bald partizipiert auch das rechte Bein in Form starken Beugekrampfes; der rechte Arm folgt erst später nach, vielfach nimmt er gar nicht am Krampfe teil. Nachdem der Beugekrampf des linken Armes und Beines einige Minuten angehalten hat, kommt es zu abwechselnden Streck- und Beugestößen des linken Armes und Beines. Während des ganzen Anfalls sind der Kopf und die Augen permanent nach links gedreht«[1007].

Nach FOERSTER[541, 1007] weist der Charakter der Anfälle auf das Parietalfeld 5b und 5a hin (sensible Aura, Drehung der Augen und des Kopfes nach der Gegenseite, simultaner tonisch-klonischer Krampf des kontralateralen Armes und Beines, rasche Beteiligung des homolateralen Beines). »Die bei einzelnen Anfällen auf den linken Fuß beschränkte initiale Aura dürfte auf eine Irritation des Fußfokus in der hinteren Zentralwindung zurückzuführen sein. Zu bemerken ist, daß in früherer Zeit die Anfälle nach Angaben des Kranken ... nur in einem Beugekrampf des linken Beines und Armes bestanden; es hat sich also früher offenbar um reine 5a-Anfälle gehandelt. Die Mehrzahl der Anfälle geht ohne Bewußtseinsverlust einher; doch kommt es auch besonders dann, wenn auch der rechte Arm am Anfall partizipiert, zu schwersten generalisierten Krämpfen mit völligem Bewußtseinsverlust ...«[1007].

Bei der Operation stellt sich ein hochparietal gelegener Kontusionsherd dar, dessen Ausdehnung auf einer Abbildung gezeigt ist. »Bei schwacher faradischer Reizung der markierten Stelle (im Feld 5b) Beugesynergie des linken

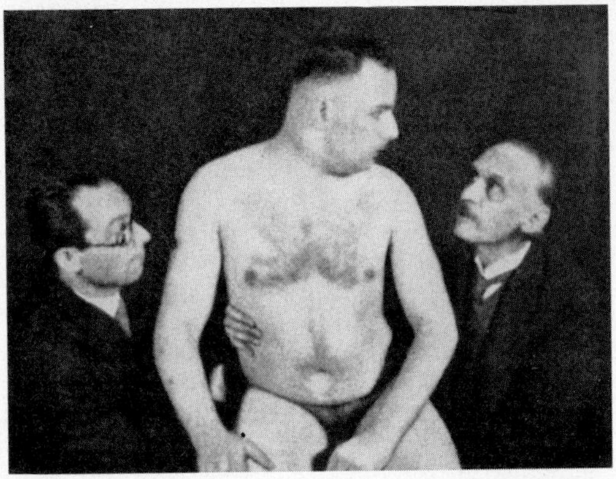

Abb. 116. Erste Phase des Anfalls im Falle K. W.: Kopf und Augen werden stark nach links gedreht. (Zur Linken des Patienten Otfried FOERSTER.) (Aus FOERSTER, O., W. PENFIELD: Z. ges. Neurol. Psychiat. 125 [1930] 476.)

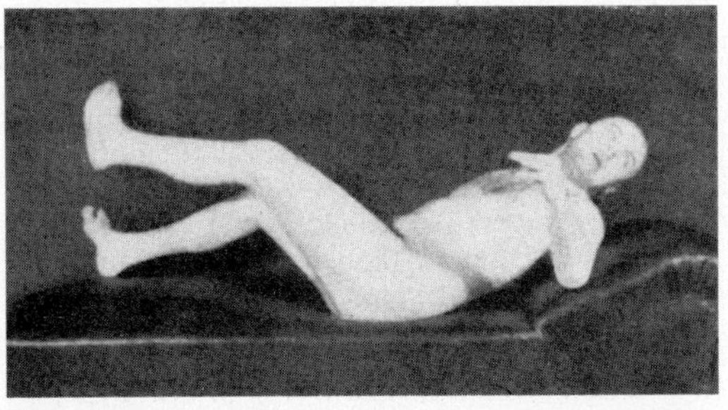

Abb. 117a

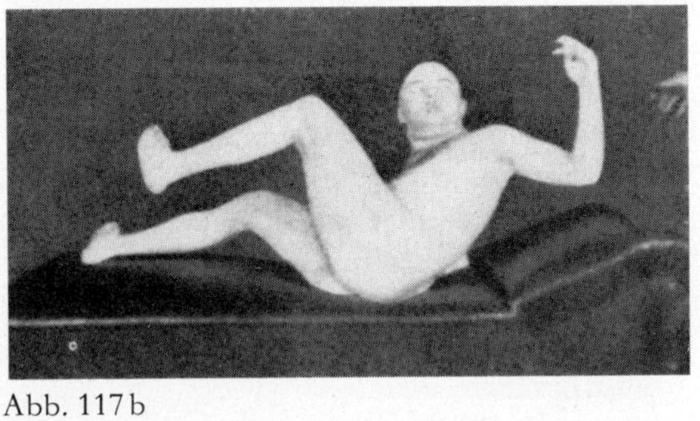

Abb. 117b

Abb. 117a u. b. Zweite Phase des Anfalls im Fall K. W.: Nach der Drehung von Kopf und Augen geraten Arm und Bein der linken Seite in einen tonischen Beugekrampf, der in klonische Zukkungen übergeht. Charakteristische Fechterstellung von Kopf, Augen und Arm (Aus FOERSTER, O., W. PENFIELD: Z. ges. Neurol. Psychiat. 125 [1930] 476.)

Armes und Beines, bei stärkerer Reizung epileptischer Anfall (simultaner Beugekrampf des linken Armes und Beines, dem sich rasch ein Beugekrampf des rechten Beines anschließt). Der Anfall kann mehrmals nacheinander durch erneute Reizung ausgelöst werden. Kopf, Augen und Rumpf nehmen nicht am Anfall teil. ... Auch bei faradischer Reizung weiter hinten gelegener, dem Felde 5b angehöriger Rindenabschnitte kommt keine Augen-Kopfdrehung zustande.«[1007].

Nach PENFIELD[124] gingen die Anfälle »zweifellos von der Gegend der sagittalen Fissur aus«. Er »nimmt an, daß die Wirkung größtenteils durch Entladungen in der supplementär-motorischen Region zustande« kam. »Der Patient zeigte eine Kontraversion, die von verschiedenen kortikalen Gebieten außerhalb des Rolandoschen senso-motorischen Streifens hätte hervorgerufen sein können. Aber das einleitende Kribbeln im linken Fuß zeigt an, daß die Entladungen von dem innerhalb der sagittalen Fissur gelegenen Teil des senso-motorischen Streifens ausgingen. Die Adversion entsprach zweifellos der Ausbreitung zur supplementär-motorischen Region, da die tonische Haltung, die von einigen klonischen Zuckungen gefolgt war, typisch für den Entladungseffekt dieser Region ist«.

Eine die Erfahrungen von FOERSTER und von PENFIELD vereinigende und auf ausgedehnte eigene Untersuchungen gestützte Hypothese über den Mechanismus von Adversiv-Krämpfen haben AJMONE-MARSAN u. RALSTON vorgetragen (Abb. 118). Danach ist ein adversiv eingeleiteter großer Anfall das Ergebnis einer dynamisch ungleichen Entwicklung eines großen Anfalls, bei dem ein lateraler Anteil eines Neuronen-Aggregats, das in der Lage ist, einen generalisierten Anfall zu koordinieren, einseitig von supra- oder infrasylvischen Gebieten her aktiviert wird (Pfeile A oder B). Bei einem symmetrisch generalisierten Anfall werden beide Seiten des Aggregats gleichzeitig in Erregung gesetzt, indem die Entladungen entweder in seinem Zentrum entstehen (Pfeil D), oder indem sie von einer zu sekundär-bilateralen Synchronisation fähigen kortikalen Region aus in gleicher Stärke und zur gleichen Zeit auf beide Seiten treffen (Pfeil C), oder indem sie so massiv und forciert von einer Seite kommen, daß eine unmittelbare Generalisierung folgt. Im Rückblick auf die bisherigen Erfahrungen ergibt sich für die kortikal bedingten Adversiv-Krämpfe nach der notwendigen Reizstärke und der entsprechenden Lokalisation folgende Gruppierung: Vom fron-

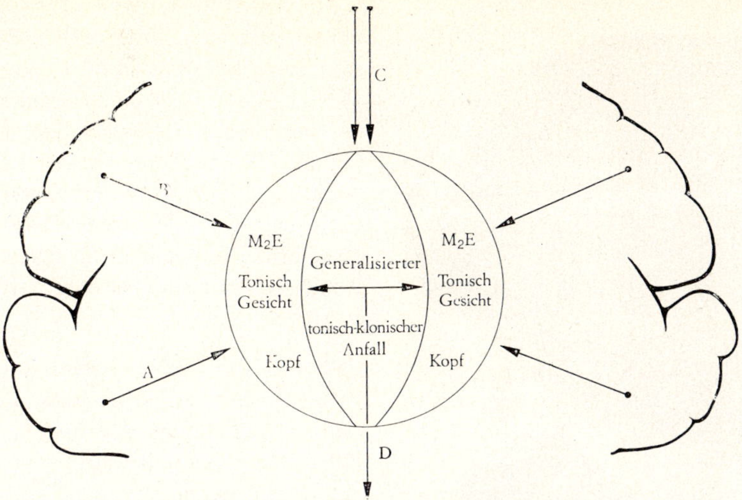

Abb. 118. Hypothetischer Mechanismus für Adversiv-Krämpfe. M_2E (Formel für tonische Abduktion, Außenrotation und Beugung eines Armes), einseitiger tonischer Fazialis-Krampf und tonische Kopfdrehung entstehen infolge einer asymmetrischen Aktivierung eines Neuronen-Aggregats, das in der Lage ist, einen symmetrischen generalisierten tonisch-klonischen Anfall zu organisieren. Die Pfeile A und B zeigen eine solche Aktivierung von Gebieten oberhalb und unterhalb der Sylvischen Furche an. Zu einem primär symmetrischen generalisierten Anfall kommt es, wenn die Entladungen — wie bei der zentrenzephalen Epilepsie — direkt im zentralen Neuronen-Aggregat entstehen (Pfeil D), oder wenn sie von einer kortikalen Region ausgehen (Pfeil C), die ihre gleichmäßige Ausbreitung auf beide Seiten des Neuronen-Aggregats ermöglicht. (Nach Ajmone-Marsan, C., B. R. Ralston: The Epileptic Seizure. Thomas, Springfield Ill. 1957.)

talen und vom okzipitalen Pol lassen sich nur unter maximaler Reizeinwirkung Adversiv-Krämpfe auslösen, die immer zu generalisierten Anfällen führen, indem sie vermutlich nicht auf dem Weg direkter subkortikaler Verbindungen, sondern erst über eine transkortikale Ausbreitung zu den perirolandoschen Adversiv-Feldern oder zur supplementär-motorischen Region diejenigen subkortikalen Aggregate erreichen, die den Anfall zu einem generalisierten Krampfanfall koordinieren. Auf die transkortikale Ausbreitung wird aus klinischen Argumenten, insbesondere aus dem Aura-Verlauf bei okzipitalen Anfällen und dem Ergebnis elektrokortikographischer Ableitungen geschlossen. Da die sogenannten extrapyramidal-motorischen, rings um die Rolandosche Region gelegenen Adversiv-Felder Foersters (s. Abb. 112) direkte subkortikale Verbindungen haben, bedarf es zur Auslösung von Adversiv-Krämpfen von diesen Gebieten zwar schwächerer, aber noch hinreichend starker Reize, die direkt oder über eine Ausbreitung zur supplementär-motorischen Region zu einem generalisierten Krampfanfall führen. Geringere Reize genügen zur Auslösung des gleichen Effekts vom frontalen intermediären Kortex aus, in dessen Bereich die supplementär-motorische Region die niedrigste Reizschwelle aufweist.

Nach Ajmone-Marsan u. Ralston zeigte das Ruhe-EEG bei Patienten mit supplementär-motorischen Anfällen den höchsten Anteil an bilateral-synchronen Entladungen, wobei die *Tendenz zur Synchronie* von den Fällen mit isolierten bewußten Adversiv-Krämpfen über die, die gelegentlich auch unbewußte und generalisierte Anfälle bekamen, bis hin zu denen, die gewöhnlich während des Adversiv-Krampfs bewußtlos waren und große Anfälle bekamen, zunahm. Die bilaterale Synchronie war am stärksten ausgeprägt bei einer kleinen Gruppe, deren Anfälle mit einer bei Bewußtsein erlebten Kopfdrehung begannen und sich dann generalisierten. Bei zwei Patienten zeigte das EEG ein irreguläres Spike-wave-Bild mit einer

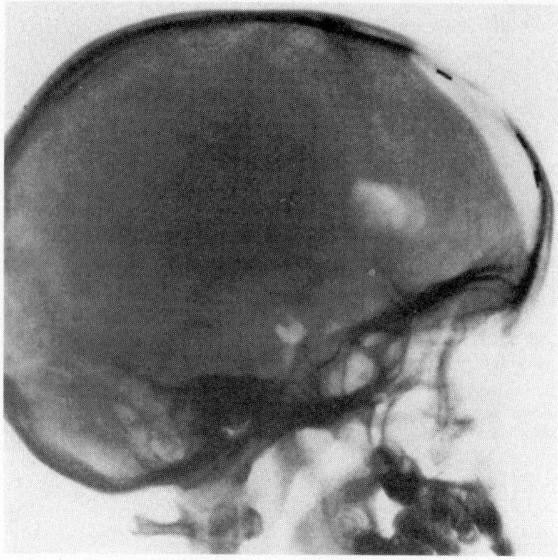

Abb. 119a

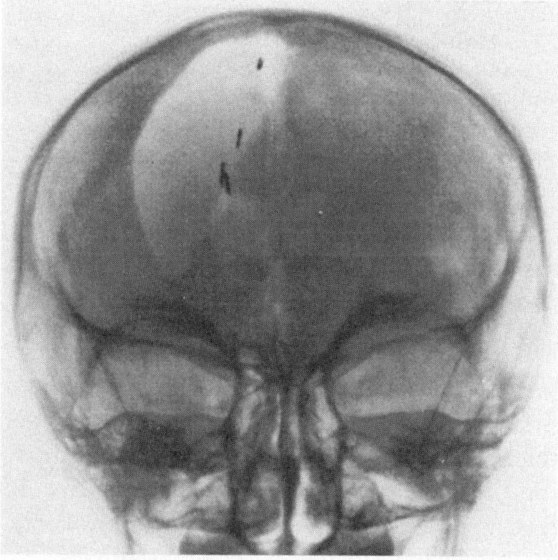

Abb. 119b

Abb. 119a u. b. Das Pneumenzephalogramm von Gudrun Sch. zeigt eine linksbetonte Erweiterung der vorderen Anteile des Ventrikelsystems und eine Ausziehung des linken Vorderhorns in Richtung auf den Stirnbeindefekt.

annähernden Frequenz von 3/sec, das an eine zentrenzephale Epilepsie denken ließ. Allein aufgrund eines vorübergehenden Fußklonus wurde eine Arteriographie durchgeführt, bei der sich ein links parasagittal gelegenes Angiom herausstellte. — Wenn es zutrifft, daß die perikallöse Zingulusregion für die Entstehung einer *sekundären bilateralen Synchronie* im EEG mitverantwortlich ist, dann sind Läsionen in der supplementär-motorischen Region am ehesten geeignet, dieses Bild hervorzurufen.

Wir verfügen über eine Beobachtung, bei der es nach einer traumatischen Hirnläsion im Gebiet der vorderen Mantelkante zur Entwicklung einer Pyknolepsie mit Retropulsiv-Petit mal und regulären bilateral-synchronen 3/sec-Spike-waves kam, in deren Verlauf mindestens einmal ein typischer Adversiv-Krampf auftrat.

Fall Gudrun Sch.: Adversiv-Krämpfe und Pyknolepsie mit Retropulsiv-Petit mal nach offener Verletzung des linken Stirnhirns im Bereich der Mantelkante.

Das jetzt 15jährige Mädchen ist im Alter von 5 Jahren auf dem Heimweg vom Kindergarten von einem Auto angefahren und zu Boden geschleudert worden. Es war bewußtlos und hatte eine Impressionsfraktur über der linken Stirn im Gebiet der Stirn-Haar-Grenze davongetragen (s Abb. 119), bei deren chirurgischer Versorgung sich eine Verletzung des Sinus, der Dura und des daruntergelegenen Hirngewebes herausstellte. Neurologische Funktionsstörungen lagen nicht vor; anfängliche Reflexdifferenzen bildeten sich wieder zurück. Als das ausgesprochen lebhaft und intelligent wirkende Kind $1^1/_4$ Jahr später in die Schule kam, fielen dem Lehrer kurzdauernde Absencen auf: Zunächst hielt das Mädchen nur kurz in seiner Tätigkeit inne, dann aber nahmen im Laufe der Zeit die Absencen an Häufigkeit und Intensität zu, so daß es manchmal dabei nach hinten umfiel. — Bei der 4 Jahre nach dem Unfall erfolgenden stationären Beobachtung wurden täglich 40—70 Absencen bemerkt: Ohne Aura war die Patientin abwesend; die Augen gingen ruckend nach oben, wobei sich Kopf und Oberkörper leicht nach hinten neigten und in den etwas angewinkelten Armen symmetrisch milde rhythmische Zuckungen zu sehen waren. Nach etwa 10 bis 15 sec war solch ein Anfall plötzlich zu Ende. — Einmal konnte jedoch von ärztlicher Seite ein Adversiv-Krampf beobachtet werden, der etwas länger dauerte: Dabei kam es zu einer krampfhaften Wendung von Kopf und Augen nach rechts, während der rechte Arm hochgehoben wurde und leicht zuckte; leider wurde auf den Bewußtseinszustand nicht geachtet. Während die EEG-Kontrollen nach dem Trauma, aber noch vor Beginn der Pyknolepsie, keine pathologischen Veränderungen zeigten, kamen jetzt während eines typischen Retropulsiv-Petit mal klassische, symmetrisch bilaterale 3/sec-Spike-waves zur Darstellung. — Unter einer Medikation von 750 mg Äthosuximid täglich verschwanden die Anfälle; im EEG stellte sich aber jetzt ein Herdbefund frontal und präzentral links mit einer α-Verminderung und einem Überwiegen von Zwischen- und δ-Wellen heraus. — Gudrun ist bis heute, auch nach einer Reduktion der Dosis auf 500 mg Äthosuximid täglich, anfallsfrei geblieben. Ein zuletzt vor zwei Jahren angefertigtes EEG zeigte keinen krankhaften Befund mehr.

Dieser durchaus ungewöhnliche Fall scheint zunächst die schon 1947 von PENFIELD u. JASPER vorgetragene und 1951 von JASPER wiederholte Ansicht zu bestätigen, daß Läsionen an der medialen Oberfläche des Gehirns zu bilateral-synchronen Entladungen neigen und begleitende Anfälle daher leicht als Petit mal fehldiagnostiziert werden. Bei einer Durchsicht der elektroenzephalographischen Befunde von Fällen mit verifizierten parasagittal gelegenen epileptogenen Läsionen, einschließlich Geburts- und traumatischen Hirnschädigungen, Hirntumoren und kortikalen Atrophien fanden TÜKEL u. JASPER (1952) auffallend häufig, in 26 von 31 Fällen, bilateral-synchrone Spike-wave-Komplexe, die sie als »*sekundäre bilaterale Synchronie*« bezeichneten. Doch wichen die EEG-Befunde vom klassischen Muster einer primären bilateralen Synchronie insofern deutlich ab, als sie im allgemeinen eine langsamere Frequenz – um 2–2,5/sec – hatten, Form und Beziehung der Spitzen und Wellen unregelmäßiger ausgeprägt waren, isolierte fokale Entladungen dem bilateral-synchronen Ausbruch vorangingen und die Komplexe durchweg asymmetrisch und sogar mit Phasenumkehr abliefen. Doch können sekundäre bilateral-synchrone Muster auch von anderen Hirnregionen aus entstehen[171, 290a, 1025] (s. auch folgenden Fall Heide G. und Günther B., S. 369), wie parasagittale Läsionen und andere kortikale Foki auch mit isolierten Spikes einhergehen können. KENNEDY (1959) berichtete über 7 Fälle mit kleinen diskreten Läsionen im Hemisphärenspalt oder an der Mantelkante, die in der Mehrzahl einen Spike-Fokus und in keinem Fall eine sekundäre bilaterale Synchronie, auch während der Anfälle nicht, gezeigt haben.

Als Beispiel einer vermutlich von der Parietalregion ausgehenden sekundären bilateralen Synchronie führen wir den Fall eines Mädchens an, bei dem sich nach wiederholten Stürzen auf den Hinterkopf eine Pyknolepsie mit Aufwach-Grand mal entwickelte, die sich klinisch von einer idiopathischen Epilepsie zentrenzephalen Typs lediglich durch das Vorkommen vestibulär-optischer Auren unterschied:

Fall Heide G.:

Das jetzt 17 Jahre alte Mädchen erlitt im 10. Lebensjahr, etwa ein halbes Jahr vor Ausbruch seiner Anfälle, in kurzem Abstand zwei Unfälle beim Schlittschuh- und Rollschuhlaufen, wobei es jedesmal mit dem Hinterkopf aufschlug, sich einmal den Arm gebrochen, aber angeblich keine postkommotionellen Symptome davongetragen hatte. Bei den kleinen Anfällen handelte es sich um täglich gehäufte indifferente Absencen, die ohne Aura einhergingen, wobei die Patientin nur wenige Sekunden den Faden verlor und mit den Lidern blinzelte. Die großen, in mehrmonatigen Abständen, vorwiegend nach dem Erwachen auftretenden Anfälle waren wahrscheinlich von einer optischen Aura eingeleitet, da sie sich dadurch ankündigten, daß sie den rechten Arm hob und nach rechts oben zeigend ausrief: »da, da«, woran sie sich aber nach dem Anfall nicht erinnern konnte. — Daneben kam es zu Anfällen, bei denen sich die Umgebung von rechts nach links drehte, tanzende Flecken vor den Augen auftauchten, ein Übelkeitsgefühl vom Magen hochstieg und Kopfschmerzen über der Stirn auftraten; dann verlor die Patientin die Besinnung, wurde blaß, bekam einen starren Blick, fiel zusammen und war nach wenigen Sekunden wieder bei sich. — Als sie älter wurde, konnte sie die Aura besser beobachten (s. Abb. 121 u. 122): Während sie in der linken Gesichtshälfte alles klar wahrnahm, wurde es in der rechten Gesichtshälfte dunkel; doch war der dunkle Hintergrund von bunten, vorwiegend roten und grünen, tanzenden Flecken ausgefüllt; dann bemerkte sie ein Gefühl im Hals, als ob ihr die Luft abgestellt würde, in der Stirn Kopfschmerzen und schließlich noch, daß ihr Kopf 2—3mal kurz nach rechts ruckte, dann verlor sie für etwa ½ min die Besinnung. — Wiederholte EEG-Ableitungen zeigten schon während der Ruhe und bei der Hyperventilation gehäufte kurze, knapp 2 sec dauernde Serien von generalisierten oder nur auf die parietalen Elektroden begrenzten bilateral-synchronen, sehr unregelmäßigen atypischen Spike-waves mit einer Frequenz von 3 bis 4/sec ohne Herdbefund (siehe Abb. 120).

Ätiologisch wird man hier, wie auch im vorhergehenden Fall, eine durch ein Trauma provozierte idiopathische Epilepsie im Sinne STAUDERS annehmen. Jedenfalls interferieren in beiden Fällen Symptome einer klassischen Pyknolepsie mit Symptomen fokaler Anfälle. Ganz ähnlich lassen sich manche Fälle von mit Petit mal-Automatismen bzw. pyknoleptischen Oral-Petit mal einhergehenden Pyknolepsien

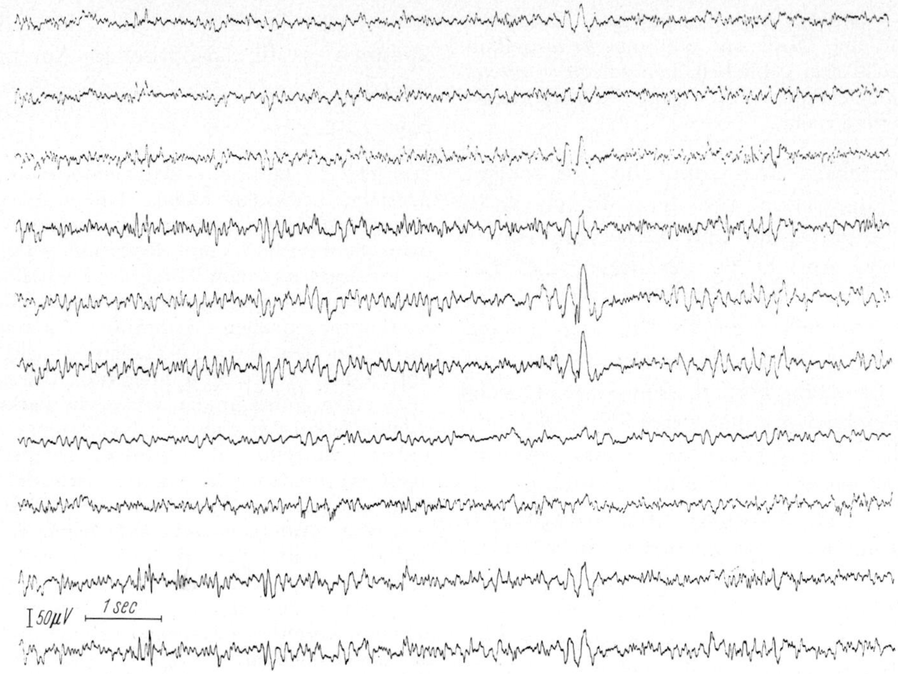

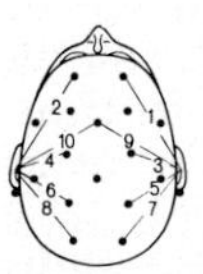

Abb. 120. Intervall-EEG von Heide G.: Parietal rechts etwas atypischer bilateraler Spike-wave-Komplex von 4/sec.

auf eine Interferenz zwischen einer perinatalen oder postnatalen Hirnschädigung und einer vorwiegend genetisch bedingten zentrenzephalen Epilepsie interpretieren (s. S. 121, 238). Die Ausbildung einer sekundären bilateralen Synchronie im EEG scheint nach unseren Erfahrungen vorauszusetzen, daß die fokale Läsion der Anfallsmanifestation vorausgegangen ist. Auch scheint der Ort der Läsion nicht gleichgültig zu sein, da die Möglichkeit geringer wird, je weiter der Herd okzipitalwärts gelegen ist. Obwohl im Falle Heide G. kein Herdbefund zu verifizieren war, spricht doch die Schwindel-Aura im Zusammenhang mit dem Schwerpunkt der bilateral-synchronen Entladungen für eine parietale oder in der parieto-okzipitalen Übergangsregion gelegene Läsion.

Wenn es andererseits im Laufe einer idiopathischen Epilepsie sekundär infolge der Anfälle, sei es über krampfbedingte anoxämische Parenchymnekrosen oder über sturzbedingte traumatische Rindenprellungen, zu Hirnläsionen kommt, die epileptogen werden, so kann man von einer *sekundären Fokalisierung* einer idiopathischen Epilepsie sprechen. Über die sogenannte sekundäre psychomotorische Epilepsie, die über anfallsbedingte Parenchymnekrosen zustande kommt, ist im entsprechenden Kapitel berichtet worden (s. S. 242). Fälle von sekundär fokalisierten idiopathischen Epilepsien, die durch traumatische Rindenprellungsherde zustande kommen, äußern sich klinisch darin, daß im Laufe der Krankheit kortikale Anfallssymptome hinzutreten. Nach unseren Erfahrungen kommt es dabei kaum je zu Jackson-Anfällen, sondern eher zu sensorischen Auren. Daß darunter wieder optische Auren überwiegen, mag damit zusammenhängen, daß Kranke mit zentrenzephaler Epilepsie aufgrund des opisthotonen Charakters ihrer großen Anfälle dazu neigen, auf den Hinterkopf zu stürzen. Ein Beispiel dafür ist der Fall Bodo V., über den im folgenden Abschnitt (S. 355) berichtet wird. Sehr wahrscheinlich bleibt jedoch die Mehrzahl aller anfallsbedingten Kontusionen klinisch stumm und wird nicht mehr »epileptogen«.

Abb. 121. Selbstdarstellung der Aura von Heide G.: Zu Beginn Verdunkelung vorwiegend im Bereich des rechten oberen Gesichtsfeldes. Davon nach allen Seiten ausgehende helle Strahlen.

Abb. 122. Selbstdarstellung der Aura von Heide G.: Im weiteren Verlauf vorwiegend rote und grüne Flecken im rechten Gesichtsfeld, die von rechts nach links tanzen.

So konnten wir den Verlauf bei einer 20jährigen Patientin nun schon 2 Jahre nach einer im Anfall erfolgten bilateralen Kontusion des Okzipitalpoles verfolgen, ohne daß bisher dementsprechende epileptische Symptome aufgetreten wären. Sie hatte seit der Kindheit an pyknoleptischen Retropulsiv-Petit mal und opisthoton akzentuierten großen Anfällen, vorwiegend nach dem Erwachen, gelitten und war in einem großen Anfall auf den Hinterkopf gestürzt. Sie ist seit dem Trauma allerdings konsequent antiepileptisch behandelt worden und anfallsfrei geblieben.

Sehr verschieden von dem als unheimlich, bedrohlich, beängstigend, beklemmend beschriebenen Affekt der Furcht, der in der Aura psychomotorischer Anfälle vorherrscht, wird im Verlauf bewußter Adversiv-Krämpfe sehr oft eine ganz real empfundene *Todesangst* erlebt. Während die Furcht vor einem psychomotorischen Anfall unbestimmt bleibt und lokalisatorisch nur vage wie eine Beklemmung auf die Brust bezogen wird, geht bie Angst bei Adversiv-Krämpfen unzweideutig vom Hals aus. In dramatischen Wendungen schildern die Patienten, wie ihnen ein Engegefühl im Hals (Ernst Sch.) die Kehle zuschnürt (Marliese G.), daß sie kaum atmen können (Kurt K.) und wie die Todesangst so unerträglich wird, daß sie beten (Bodo V.) oder um Hilfe schreien (Alfred F.).

Sensorische Auren und Anfälle. – Epileptische Anfälle, die von den retrozentral ober- und unterhalb der Sylvischen Furche gelegenen Rindengebieten ausgehen, werden oft von sensorischen Auren eingeleitet, die, soweit sie isoliert bleiben, auch als *sensorische Anfälle* bezeichnet werden können. Die mit sensiblen bzw. somato-sensorischen Empfindungen einhergehenden Anfälle der Zentralregion wurden im Zusammenhang mit den Jackson-Anfällen und die vom vorderen und medio-basalen bzw. rhinenzephalen Anteil des Schläfenlappens, d. h. der pararhinalen Region, ausgehenden Sensationen im Zusammenhang mit den psychomotorischen Anfällen besprochen. Die übrigen Gebiete der lateralen Schläfenrinde, des Parietal- und Okzipitalhirns sind vorwiegend mit akustischen und vestibulären und optischen Funktionen betraut, die bei entsprechend lokalisierten fokalen Anfällen in mannigfacher Weise ins Spiel kommen. Dabei kann es sich, abgesehen von der jeweils vorherrschenden Sinnesqualität, um einfache oder komplexe, um »rohe« oder gestaltete, um milde oder intensiv erlebte, um befremdlich oder vertraut erscheinende, um emotionell neutral oder gefühlsgetönt erfahrene Empfindungen handeln. Auch hier gibt es wie bei anderen Auren gewisse Regeln, wonach bestimmte Qualitäten vor anderen bevorzugt betroffen werden, mehrere Qualitäten sich in typischer Weise kombinieren und der Ablauf einen mehr statischen Charakter hat, wenn der sensorische Anfall isoliert bleibt, oder einen mehr progressiv anschwellenden, lawinenartigen Charakter annimmt, wenn die Aura in einen generalisierten Anfall mündet. Wenn man die Vielfalt der epileptischen Auren, wovon keine einer anderen völlig gleicht, den relativ einförmigen Antworten auf elektrische Reizung gegenüberstellt, wird man ermessen, daß jeder Versuch einer Katalogisierung oder Systematisierung der Symptome den »natürlichen« (pathophysiologischen) Vorgängen mehr oder minder Zwang antut, indem sie sie wie künstliche, unter Laboratoriumsbedingungen zustande gekommene »Operationen« behandelt. Man wird sich daher vorhalten müssen, daß die gewählte Einteilung nach den vorwiegend betroffenen Funktionsgebieten nur einen begrenzten, der Lokaldiagnostik dienlichen Wert hat.

Visuelle Auren und Anfälle: »Die Symptomatik visueller Anfälle ist so mannigfaltig, daß genau genommen kein Anfall dem anderen gleicht. Lichterscheinungen können als weiß, vielfarbig oder einfarbig, – als grün, gelb, orange, rot und purpurn beschrieben werden. Sie können kontinuierlich oder unterbrochen, ruhend oder in Bewegung, verschieden intensiv, flimmernd oder funkelnd und in wechselnden Formen auftreten. Visuelle Objekte können kleiner oder größer als in Wirklichkeit, räumlich verändert oder nur einfach verzerrt, fremd oder unwirklich erscheinen, oder ihre Bedeutung verlieren wie bei einer Agnosie. Sie können verwischt und undeutlich werden; oder das Gesichtsfeld kann teilweise oder ganz ausgelöscht sein. Geformte Halluzinationen können schwarz und weiß oder farbig sein. Sie können aus einfachen Objekten oder aus komplexen Szenen bestehen, sowohl ruhende Bilder darstellen, wie auch solche, bei denen es zu Bewegungen und Handlungen kommt«.

So beschreiben Russell u. Whitty (1955) zusammenfassend, was ihnen von 60 Kranken mit einer traumatischen Epilepsie nach offenen Hirnverletzungen an visuellen Auren berichtet wurde.

Die Beschreibung enthält nahezu das gesamte Repertoire paroxysmaler visueller Phänomene, angefangen von den einfachen, primitiven, »elementaren«, »rohen« optischen Mißempfindungen oder »Paropsien« und negativen Phänomenen im Sinne einer Verdunkelung des Gesichtsfeldes bis zur Blindheit, optisch-agnostischen Phänomenen, über visuelle Illusionen mit räumlichen Veränderungen der Sehdinge im Sinne von Mikropsie, Makropsie, Metamorphopsie, bis hin zu mit der Atmosphäre des Vertrauten oder Fremden (Déjà-vu oder Jamais-vu) getönten objekthaften, bildhaften oder szenischen visuellen Halluzinationen im Sinne eines visuell akzentuierten Dreamy state. Die Angabe in älteren Lehrbüchern[380, 396, 402], daß visuelle Phänomene unter allen epileptischen Auren am häufigsten seien, beruht wahrscheinlich darauf, daß man damals alle oben erwähnten Erscheinungen als visuelle oder optische Auren zusammengefaßt hat. Doch handelt es sich dabei um Symptome von sehr verschiedenem semiologischen und lokalisatorischen Stellenwert.

Unter systematischem Aspekt lassen sich die visuellen Anfallsphänomene einteilen in: 1. Halluzinationen von elementarem Charakter, 2. negative oder defizitäre Symptome, 3. Halluzinationen von komplexem Charakter und 4. Illusionen von elementarem und komplexem Charakter. Da die komplexen visuellen Halluzinationen im Rahmen des Dreamy state, dem sie am nächsten stehen, behandelt worden sind und die visuellen Illusionen im Zusammenhang mit den Metamorphosien besprochen werden, kann sich das folgende Kapitel auf die klinische Darstellung der im eigentlichen Sinne optischen Phänomene – die elementaren Halluzinationen – und auf die diagnostische Stellung der negativen Symptome beschränken.

Elementare optische Halluzinationen werden auch als primitive, ungeformte optische Sensationen, als Photome oder Paropsien bezeichnet. Sie weisen eindeutig auf Entladungsstörungen des Okzipitalhirns hin[124, 541, 688, 785, 1042, 1130, 1161]. Die Erscheinungen selbst können aus Lichtern oder Farben bestehen, die die Form von Funken, Flammen, Sternen, Kreisen, Blitzen, Flecken, Punkten u. ä. annehmen, die reglos oder bewegt sein, am Ort bleiben oder eine Richtung einnehmen, sich in der Mitte oder auf einer Seite des Gesichtsfeldes bemerkbar machen und schließlich auch in ihrer Intensität und Dynamik Veränderungen durchmachen können.

Fall Margit Sch.: Optische Aura mit farbiger Spirale im hemianopischen Gesichtsfeld; durch Interesse motivierte Adversiv-Bewegung; bei »Hingabe« an die Aura Übergang in Grand mal.

Bekommt seit ihrem 7. Jahr isolierte optische Auren und seit dem 11. Jahr seltene, von optischen Auren eingeleitete große Anfälle nach dem Erwachen. Ursache unbekannt. EEG: bis auf eine leichte Allgemein- und Hyperventilationsveränderung mit diffuser Dysrhythmie normal. – Die Anfälle beginnen mit einem »Flimmern« von rechts, d. h. mit einer im rechten Gesichtsfeld vor einem dunklen Hintergrund flimmernden Spirale, die weiß, rot und gelb gefärbt ist und sich von innen nach außen im Uhrzeigersinne dreht. Wenn sie dieses Flimmern bemerkt, dreht sie die Augen und den Kopf nach rechts, was sie jedoch damit erklärt, daß sie gerne wissen möchte, was auf der rechten Seite los ist. Wenn sie sich der Aura »überläßt«, werde die Spirale riesengroß, und sie bekommt dann einen generalisierten Krampfanfall.

Die Photome sind meist *farbig*, wobei häufig mehrere Farben zugleich vorkommen (siehe Abb. 122, S. 351). Sowohl bei mono- wie bei polychromatischen Photomen überwiegt das Rot. Nach Gowers (1901) entspricht die Häufigkeitsreihe rot, blau, grün, gelb, purpurn weder der Reihe der im Spektrum sichtbaren Farben, noch deckt sie sich mit den Feldern retinaler Perzeption. Am nächsten kämen sie der Reihenfolge, in der die einzelnen Farben sichtbar seien.

Über die *Form der Licht- und Farberscheinungen* ist oft nicht mehr zu erfahren, als daß es flimmert, zuckt, funkelt oder blitzt. Wenn auch die Umrisse etwas deutlicher als Bälle, Kugeln, Scheiben, Ringe, Streifen, Sterne usw. angegeben werden, so handelt es sich dabei doch meist nicht um so klar umrissene Figuren, daß sie wie die Fortifikations-Figur bei der ophthalmischen Migräne eindeutig wiedergegeben werden können. Das hängt auch damit zusammen, daß die Photome meist in Bewegung sind, indem sie unruhig flimmern, auf und ab tanzen, oder sich kreiselnd drehen.

Was die *Bewegungsrichtung der Photome* angeht, so können sie ruhig oder bewegt an einem Ort mitten vor den Augen oder auf einer Seite verharren. Häufiger aber bewegen sie sich sowohl in sich selbst in Form von Zick-Zack, von Kreisen oder Spiralen wie auch in bestimmten Richtungen des Raumes in horizontaler oder vertikaler Erstreckung oder vom Patienten weg oder — häufiger — auf ihn zu.

Intensität und Dynamik der Paropsien gelten den Patienten meist als Kriterium dafür, ob es bei einem isolierten sensorischen Anfall bleibt oder ob sich die Aura zu einem großen Anfall auswächst. Eine Zunahme der Intensität zeigt sich daran, daß die anfänglich dunkleren Photome heller und greller werden, eine Zunahme der Dynamik daran, daß sich die Bewegungen beschleunigen und — wie auch bei anderen sensorischen Auren — einen lawinenartig anschwellenden Charakter annehmen. Aber auch eine qualitative Änderung der Aura durch Hinzutreten anderer Farbqualitäten, Sinnesempfindungen oder Erlebnisweisen kann für die Kranken zum Indiz für den Ausgang der Anfälle werden. So ist das Hinzutreten akustischer oder vestibulärer Sensationen meist ein Alarmsignal für einen unmittelbar hereinbrechenden großen Anfall, während die Ausgestaltung von Photomen zu komplexen visuellen Bildern oder Szenen, die dann meist als vertraut oder fremd erscheinen, eher den Übergang in einen psychomotorischen Anfall anzeigt. Nicht zuletzt scheint auch das Verhalten der Kranken zu ihren Auren mitbestimmend für den Ausgang zu sein (s. Fall Margit Sch.).

Folgender Fall gibt ein Beispiel von der lawinenartigen Dynamik der Aura und dem Übergang in große Anfälle beim Hinzutreten vestibulärer und akustischer Sensationen.

Fall Manfred L., 27 Jahre: Symptomatische Epilepsie nach tuberkulöser Meningo-Encephalitis. Isolierte optische Auren; opto-vestibulo-akustische Auren mit Übergang in Grand mal; allmähliche Reduktion und Auflösung des EEG-Fokus unter antiepileptischer Medikation.

Etwa 6 Wochen nach Abklingen einer im 13. Lebensjahr durchgemachten tuberkulösen Meningo-Encephalitis stellten sich erstmals nächtliche Grand mal ein. Tagsüber kam es zu optischen Auren, die meist isoliert blieben, gelegentlich aber auch in einen generalisierten Krampfanfall übergingen. Die Aura beginnt mit farbigen Ringen vor den Augen, die sich erst langsam, dann immer schneller, von der Ferne immer näher kommend, im Uhrzeigersinn drehen. Wenn sich die Aura in diesem Stadium nicht wieder zurückbildet, überkommt ihn ein Rechtsdrall mit dem Gefühl nach rechts zu fallen. Im gleichen Moment, in dem die Ringe rechts und links am Kopf vorbeifluten, hört er noch ein anschwellendes Pfeifen wie von einem Sturmwind; dann wird er bewußtlos. — Das EEG zeigt vor Beginn der Behandlung über der ganzen rechten Hemisphäre ausgedehnte Herdveränderungen ohne anfallsspezifische Potentiale. Über 7 Jahre hindurch während der erfolgreichen Behandlung vorgenommene EEG-Kontrollen ergaben zunehmend eine Einschränkung der Herdveränderungen zunächst auf die hinteren Abschnitte der rechten Hemisphäre, dann nur noch eine leichte α-Verminderung okzipital rechts, die schließlich in den letzten 3 Jahren der Behandlung auch nicht mehr festzustellen war.

Eine ähnliche Fokusreduktion mit Fokuswanderung nach okzipital war auch in folgendem Falle unter der Behandlung festzustellen; er gibt zugleich ein Beispiel für die Begrenzung optischer Auren durch Konzentration, für den Übergang in große Anfälle beim Hinzutreten olfaktorischer Empfindungen und für eine postparoxysmale Hemianopsie.

Fall Jürgen F.: Residual-Epilepsie mit einer optischen Aura, die in einen Dreamy state mit Geruchshalluzinationen übergeht. Reduktion und Migration des Fokus unter Medikation.

Der jetzt 33 Jahre alte Patient litt seit seinem 12. Lebensjahr an einer Residual-Epilepsie (Zangengeburt, aber ein Vetter des Vaters hat ebenfalls epileptische Anfälle) mit zunächst vorwiegend nächtlichen großen Anfällen, die sich anfangs immer an einen Alptraum anschlossen, in dem ihm ein Mann nachstellte. — Seit dem 18. Lebensjahr erinnert er sich an optische Auren, deren Fortgang er tagsüber meist unterdrücken konnte, die aber besonders abends im Einschlafen unweigerlich zu einem großen Anfall führten: Es fing damit an, daß er etwas wie eine leicht vergrößerte Mücke ohne Kopf, aber mit Flügeln, durch deren Netzwerk er hindurchsehen konnte, auf einer ca. 1—2 m entfernten Glaswand im linken Gesichtsfeld langsam von unten nach oben kriechen sah. Dann entwickelte sich anstelle der »Mücke« ein farbiges Zentrum, das nach allen Seiten gelbe und rote (mehr gelb als rot) Funken aussprühte, das im weiteren Verlauf immer intensiver farbig wurde, eine immer größere Fläche einnahm und sich langsam nach rechts bewegte, so daß schließlich das ganze linke Gesichtsfeld und ein Teil des rechten

Gesichtsfeldes davon bedeckt war. Etwa zugleich mit dem Auftauchen der »Mücke« kam ihm ein undefinierbarer Geruch — etwa wie Gas — in die Nase, und er hatte das Gefühl, sich in einer Situation zu befinden, die er früher schon einmal erlebt hatte, ohne erinnern zu können, wo und wann das gewesen sein mochte. Von seinen Eltern weiß er, daß er dann mit dem Kopf und den Augen nach links ruckte und schließlich einen generalisierten Krampfanfall bekam. — Wenn die Aura ohne Krampfanfall wieder zurückging, verblaßten die Funken allmählich und hinterließen eine vorübergehende Dunkelheit, die hauptsächlich das linke Gesichtsfeld und nur nach schwereren Auren auch einen Teil des rechten Gesichtsfeldes betraf. Nach Abklingen der Aura war er noch eine Zeitlang räumlich desorientiert. So wußte er noch eine kurze Weile nicht, in welcher Richtung er zu seiner Umgebung stand.
Das ohne Medikation vor 8 Jahren abgeleitete EEG zeigte zunächst ausgedehnte Herdveränderungen über der rechten hinteren Hemisphäre mit einem Steilwellen-Fokus temporal und temporobasal rechts bei leichter Allgemein- und Hyperventilationsveränderung mit einer geringen diffusen Dysrhythmie. Unter der Behandlung mit 400 mg Phenytoin zeigte sich bei wiederholten EEG-Kontrollen, daß die steilen Wellen nach einem Zwischenspiel, in dem sie zwischen parietal und temporal hinten hin und her gewechselt hatten, okzipital aber konstant geblieben waren, zurückgingen und schließlich auch okzipital völlig verschwanden. Der Herdbefund zog sich nach Zugabe von 500 mg Primidon endgültig auf eine umschriebene Stelle okzipital rechts zurück, Jetzt ist der Patient seit 5 Jahren frei von Anfällen und Auren (s. Abb. 123).

In diesem Fall waren einfache Paropsien mit einem Dreamy state und einfachen Geruchsempfindungen kombiniert. Daß die Paropsien objekthaft – »etwas wie eine Mücke« – gedeutet wurden, ist wahrscheinlich dem begleitenden Dreamy state zuzuschreiben, wie auch an anderen Fällen einer solchen Objekt-Interpretation der Photome – meist im Sinne von Vögeln oder Insekten – immer ausgedehntere, vom basalen und medialen Schläfenlappen bis zum Okzipitalhirn sich erstreckende Schädigungen anzutreffen waren. – Auf die elektroenzephalographisch nachweisbare Mitbeteiligung der parieto-okzipitalen Übergangsregion wies klinisch lediglich die postparoxysmale Orientierungsstörung hin.
In der Regel treten mit den Paropsien gleichzeitig *negative Symptome* auf (s. Abb. 121, S. 351). Denn im Bereich von Photomen ist die optische Wahrnehmung immer beeinträchtigt oder sogar völlig aufgehoben (s. Fälle Heide G., Margit Sch., Jürgen F., Bodo V.).

Fall Bodo V.: Idiopathische Epilepsie mit Aufwach-Grand mal, vermutlich sekundär durch Sturz im Anfall fokalisiert. Seither optische Auren mit paroxysmaler Hemianopsie; Hemmung der Auren durch Konzentration.

Der jetzt 26jährige Student bekam seit dem 12. Lebensjahr große Anfälle vorwiegend nach dem Erwachen und gegen Feierabend. Mit 18 Jahren stürzte er im Anfall von einer Mauer herab, schlug mit dem Kopf auf und war längere Zeit bewußtlos. Seitdem wurden die großen Anfälle von einer optischen Aura eingeleitet, die gelegentlich, besonders morgens nach dem Erwachen, auch isoliert auftreten konnte. Dabei erschienen vor einem dunklen Hintergrund von links unten kommende helle, zitternde Punkte, die sich aufeinander zu und voneinander weg bewegten und bei Augenbewegungen mitgingen. Wenn das »Getanze« nach rechts hinüberging, mußte er einen großen Anfall erwarten. — Die Aura erlebt er als eine »sehr gespannte Situation«, bei der ihn jedesmal eine unmittelbare und kurz vor dem Verlust des Bewußtseins unerträglich werdende Todesangst ergreift. Einmal hat er die Erfahrung gemacht, daß ihm ein konzentriertes Gebet geholfen hat, den Anfall abzuwenden. Er habe nur »Herr Gott« geflüstert, aber unheimlich intensiv; da sei der Anfall vorübergegangen.

Analog den umschriebenen Lähmungen nach Jackson-Anfällen und den Ertaubungen nach parästhetischen Auren kann es auch nach optischen Auren zu einer halbseitigen oder völligen Verdunkelung oder Erblindung, d. h. zu einer *postparoxysmalen Hemianopsie oder Amaurose* kommen (s. Fall Jürgen F.).
Angeblich soll es auch epileptische Auren geben, die lediglich mit defizitären Symptomen im Sinne von Amblyopien, Skotomen, Hemianopsien oder Amaurosen einhergehen. Die Literatur enthält einige kasuistische Beschreibungen von flüchtigen *paroxysmalen Erblindungen*, die als isolierte epileptische Äquivalente gedeutet werden[929, 1155, 1173]. Doch gilt dafür ebenso wie für alle paroxysmalen Lähmungen (S. 322), daß es sich dabei in der Regel nicht um epileptische, sondern um ischämische Krisen handelt.

Im Rahmen einer klinisch-statistischen Untersuchung berichtet Laloue über 21 Fälle mit vorwiegend »amaurotischen Auren«, die er unter 141 Fällen mit visuellen Auren angetroffen hat. Danach haben reine Verdunkelungen mit Paropsien wenig gemeinsam und können kaum als deren

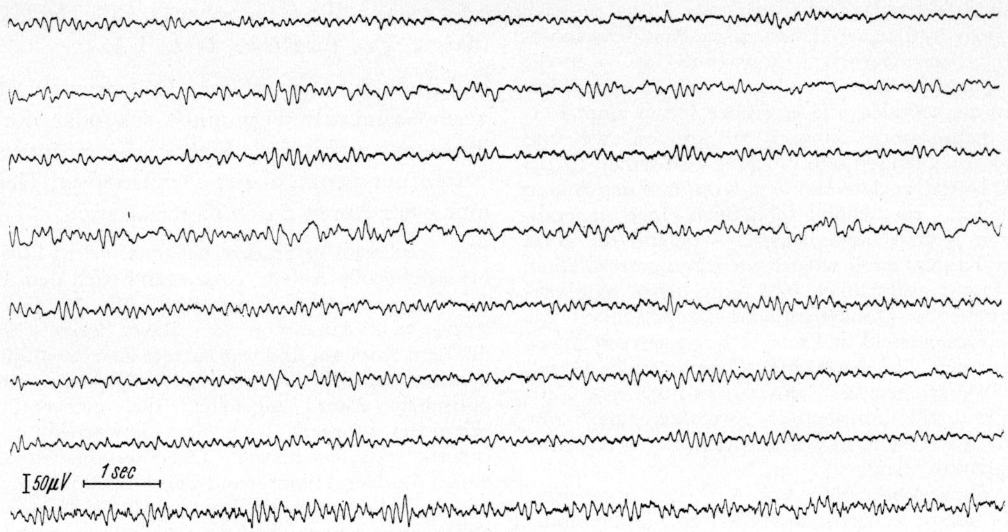

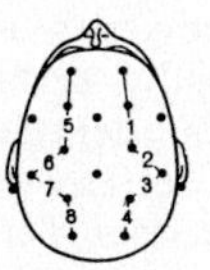

Abb. 123a

Abb. 123a u. b. Fokale langsame Wellen rechts temporal hinten und parieto-okzipital (a). 8 Jahre später zeigt das EEG nur noch vermehrte Zwischenwellen okzipital rechts (b). (Fall Jürgen F.)

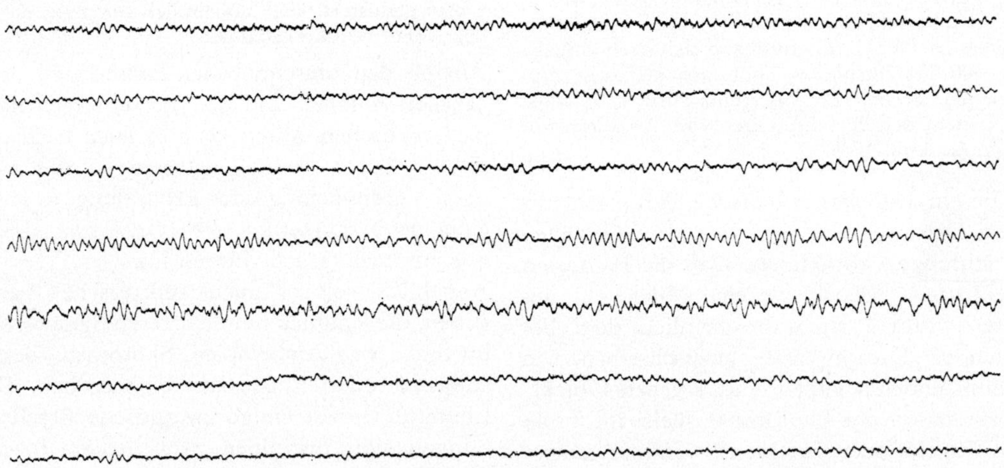

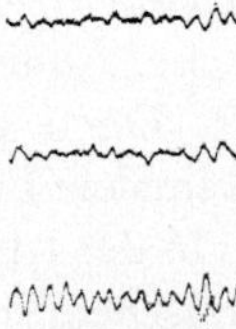

Abb. 123b

Negativum bzw. als optische Hemmungsphänomene angesehen werden. Denn beide Symptome stehen in sehr verschiedenem klinischen Kontext. Amaurotische Auren waren häufig im Zusammenhang mit Jackson-Anfällen zu notieren und elektroenzephalographisch oft bei Herden in der Zentralregion und in der Zentro-Temporalregion nachzuweisen, was bei 24 Fällen mit paroptischen Auren praktisch nie vorkam. Dem entspricht es, daß Reizungen der okzipitalen Rinde nur selten und nie ohne voraufgehende optische Reizerscheinungen zu optischen Ausfallserscheinungen führen[124].

Daß auch scheinbar »negative« Symptome im Verlauf einer optischen Aura von »positiven« Phänomenen begleitet werden, belegt der folgende Fall, der zugleich ein Beispiel für eine mit einem Zentralskotom beginnende Aura darstellt:

Fall Alfred F.: Vermutlich posttraumatische Epilepsie mit optischer Aura in Form eines von konzentrischen Photomen umgebenen Zentralskotoms. Vor großen Anfällen kombinierte Aura in der Reihenfolge: optisch — Dysmorphopsien — Dreamy state — Todesangst. Einleitung der großen Anfälle durch eine von Angst geprägte »attitude passionelle« mit nachfolgendem Initialschrei und unbewußtem Adversiv-Krampf.

Der jetzt 20jährige Patient erlitt im Alter von 16 Jahren einen Motorradunfall, wobei er mit dem Hinterkopf aufschlug und — wie es zunächst schien — nur eine Commotio cerebri davongetragen hatte. In den ersten Wochen danach bemerkte er anfallsweise auftretende Schwindelgefühle, die mit Ohrensausen und Kopfschmerzen einhergingen. Etwa 5 Monate später kam es zu epileptischen Anfällen, die von einer optischen Aura eingeleitet wurden: Es beginnt damit, daß er einen in der Mitte des Gesichtsfeldes auftauchenden schwarzen Punkt auf sich zukommen sieht, der beim Näherkommen immer größer wird und die Form einer runden Scheibe annimmt, die — wie bei einer Mondfinsternis — innen schwarz und am Rand hell erleuchtet ist. Manchmal klingt die Erscheinung wieder ab, indem sie sich verkleinert, zurückweicht und verschwindet. Wenn es weitergeht, dann tauchen im linken Gesichtsfeld hinter dem Rand der hellen Scheibe Gestalten mit entstellten, länglichen Gesichtern auf, die ihm bekannt vorkommen und sich auf ihn zu bewegen, als ob sie ihn einholen und verschlingen wollten. Zugleich steigert sich eine schon von Anfang an bestehende Beklommenheit zu einer furchtbaren Todesangst; er zittert an Händen und Füßen, schreit laut »nein! Hilfe!« und verliert das Bewußtsein. Wie man ihm erzählt hat, soll er dabei zurückweichen und auch einige Schritte rückwärts laufen. Nach einem Kinobesuch ereignete sich ein Anfall, den wir beobachten konnten. Er kam ängstlich und zitternd in den Krankensaal und sagte, daß sich die leuchtende Scheibe wieder — diesmal von links herkommend — auf ihn zu bewege. Dabei brach ihm der Schweiß aus, die Hände zitterten, der Puls war beschleunigt, er hielt die Augen mit ängstlichem Gesichtsausdruck nach links gewandt und konnte gerade noch sagen: »Jetzt kommen die Gestalten«, wobei er bewußtlos werdend Kopf und Rumpf nach rechts zurückbog, wie um einem Angriff auszuweichen; zugleich stieß er, die Augen extrem nach links gedreht, einen lauten, langgezogenen Schrei aus. Dann kam es unter einer Streckung des Körpers und Rückführung des Kopfes in die Mittellinie zu einem seitengleich generalisierten tonisch-klonischen Krampf mit starker Zyanose. Danach hatte er über Kopfdruck und über starke Schmerzen in den Augen zu klagen. Bei wiederholten EEG-Ableitungen zeigte sich ein deutlicher Herdbefund links okzipital mit Verdacht auf steile Wellen rechts temporo-okzipital und okzipital.

Dieser Patient war übrigens der Meinung, er könne einen Anfall hervorrufen, wenn er es sich fest vornehme. Er brauche nur, wenn er etwa morgen abend um 22 Uhr einen Anfall bekommen wolle, die folgende Nacht wenig zu schlafen, am nächsten Tag viel lesen und diskutieren und sich dann am Abend vor den Spiegel hinstellen, etwas schielen und mit den Augen zwinkern, dann könne er sicher sein, einen Anfall zu bekommen.

Zur Lokalisation der epileptischen Photome: Wenn die Photome auf einer Seite des Gesichtsfeldes einsetzen, kann verläßlich auf eine Funktionsstörung im kontralateralen Okzipitallappen geschlossen werden. Die spezielle lokalisatorische Bedeutung der beschriebenen Eigenschaften paroptischer Auren wie ihrer Farben, Formen, Bewegungsrichtung und Dynamik ist nie systematisch untersucht worden. Nach den Ergebnissen der spärlich durchgeführten Reizexperimente darf vermutet werden, daß die den Photomen zugrunde liegende Funktionsstörung eher in der Area striata (Area 17) als in der parastriären (Area 18) oder der präokzipitalen Region (Area 19) zu suchen ist. Ob sich die Lehre von einer exakten kontralateralen Projektion zwischen der oberen Begrenzung der Fissura calcarina und dem oberen Netzhautquadranten einerseits und der unteren Lippe zu dem unteren Netzhautquadranten andererseits auch für die topographische Zuordnung optischer Auren bewährt, muß dahingestellt bleiben, da entsprechende klinische Beobachtungen fehlen und Reizexperimente bei der schweren Zugänglichkeit der Regio calcarina verständlicherweise nur spärlich geblieben sind.

Foerster u. Penfield haben in einem Fall bei Reizung der Medianfläche eines Okzipitallappens ein Flimmerskotom erzielen können, das bei Reizung der Oberlippe im unteren und bei Reizung der Unterlippe im oberen Anteil des kontralateralen Gesichtsfeldes erschien. Bei Reizung des hinteren Abschnittes der Area striata sah der Patient ein stillstehendes helles Licht vor sich[953]. Über die lokalisatorische Bedeutung der Richtung, in der sich die Photome bewegen, ist nichts bekannt. Penfield[124] hat von der lateralen Konvexität des Okzipitallappens spiralige Photome, sowohl im Uhrzeigersinne wie in der Gegenrichtung auslösen können. Was die horizontale Richtung angeht, so war nach eigenen Beobachtungen an 3 Fällen, bei denen eine genaue Lokalisation bekannt war, keine Regel festzustellen. In einem Falle bewegte sich das Photom von den Außengrenzen des kontralateralen Gesichtsfeldes zur Mitte hin, wie man es erwarten würde, im anderen Falle von der Mitte des kontralateralen Gesichtsfeldes nach außen und im dritten Falle vom Außenrand des ipsilateralen Gesichtsfeldes nach der Mitte hin. Da in Einzelfällen auch mehrere Bewegungsrichtungen zugleich vorkommen können, bedarf es zur Untersuchung aller Modalitäten einer großen Kasuistik. Manche Patienten berichten, daß sich die Photome sowohl spiralig wie horizontal bewegen, andere, daß zwei Punkte von verschiedenen Seiten aufeinander zukommen und verschmelzen, und wieder andere, daß kreisende oder tanzende Photome von der Seite oder von der Mitte näherkommen, oder auch, daß »Flammen aus den Augen schießen«.
Russell u. Whitty (1955) hatten die Gelegenheit, 60 Fälle von traumatischer Epilepsie nach offenen Gehirnverletzungen mit visuellen Auren genauer zu untersuchen. Nach dem Ort der Verletzung unterscheiden sie Verletzungen der Kalkarina-Region, im Bereich der Sehstrahlung und des vor der Kalkarina-Region gelegenen »höheren« visuellen Kortex im Bereich des Parietal- oder Okzipitallappens. Verletzungen der Kalkarina-Region führten wesentlich seltener (in 17 von 60 Fällen) zu epileptischen Anfällen als Verletzungen der beiden anderen Regionen (55 von 79 Fällen und 46 von 86 Fällen). Durchaus nicht alle Fälle posttraumatischer Epilepsien nach Verletzungen des visuellen Kortex waren auch von visuellen Auren eingeleitet. Unter den 9 Fällen mit visuellen Auren nach Kalkarina-Verletzung kam es 9mal während der Aura zu kontinuierlich bewegten Photomen, 2mal zu negativen Phänomenen und nur 1mal zu komplexen visuellen Halluzinationen. Unter den 21 Fällen mit visuellen Auren nach Verletzung der Sehstrahlung kam es nur 1mal zu kontinuierlich bewegten Photomen, dagegen 11mal zu unterbrochenen Lichtblitzen, 6mal zu negativen Phänomenen und 5mal zu komplexen Halluzinationen. Unter den 30 Fällen mit visuellen Auren nach Verletzung des »höheren« visuellen Kortex kam es ebenfalls nur 1mal zu kontinuierlich bewegten Photomen, 6mal zu unterbrochenen Lichtblitzen, aber 16mal zu negativen Phänomenen, 10mal zu Metamorphopsien und 6mal zu komplexen visuellen Halluzinationen. Nach diesem Ergebnis ist lokalisatorisch zwischen Photomen mit kontinuierlich bewegten Lichterscheinungen und Photomen mit unterbrochenen Lichtblitzen zu unterscheiden, da nur erstere auf eine Läsion der Area striata zu beziehen sind, während letztere vorwiegend auf die parastriäre Region verweisen. Daß Metamorphopsien während epileptischer Auren lokalisatorisch auf die parieto-okzipitale Übergangsregion und komplexe visuelle Halluzinationen auf die temporo-okzipitale Übergangsregion hinweisen, wird in den entsprechenden Kapiteln behandelt (s. S. 373ff und 182f und Abb. 78).

Optische Auren und ophthalmische Migräne: Obwohl Migräne und Epilepsie nosologisch als verwandt gelten — nach Lennox sollen 11,1% aller Epileptiker an Migräne und 6,5% aller Migräniker an epileptischen Anfällen leiden — und obwohl unter allen Migräneformen die ophthalmische Migräne die häufigste sein soll (12%[1000], 34%[1054], 50%[374]), sind nur vereinzelt Fälle mit alternierend auftretenden epileptischen und migränösen Anfällen beschrieben worden, bei denen beide Anfallsformen von den gleichen optischen Sensationen eingeleitet wurden. Marchand u. de Ajuriaguerra[105] haben die Beobachtungen aus der älteren Literatur zusammengestellt; einige neuere finden sich bei Heyck[1053], Lavitry et al., Lennox[97] sowie bei Selby u. Lance. Dabei verhielt es sich meist so, daß eine klassische ophthalmische Migräne den epileptischen Anfällen einige Jahre vorausging und im weiteren Verlauf dann die optischen Sensationen mal isoliert, mal als Prodrom eines Migräneanfalls oder mal als Aura eines epileptischen Anfalls auftreten. Bei den optischen Sensationen handelt es sich immer um Flimmerskotome, meist in dem der Seite der Kopfschmerzen entgegengesetzten, gelegentlich aber auch im gleichseitigen Gesichtsfeld. Die paroptischen Phänomene können sich zu komplexen visuellen Phänomenen ausweiten, die im Sinne von Dysmorphopsien oder Metamorphopsien verzerrt und umgestaltet oder auch nur partiell, d. h. vertikal

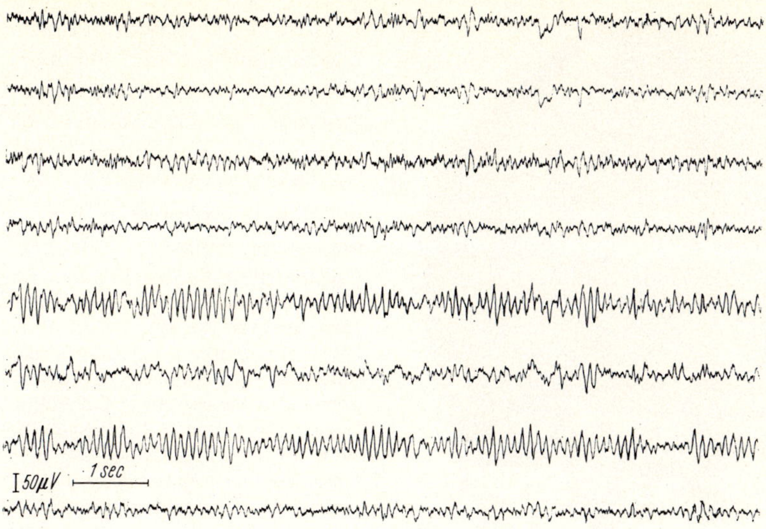

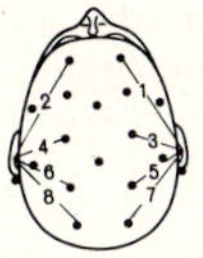

Abb. 124. Das EEG von Ilse H. zeigt den im Text beschriebenen Herdbefund links parieto-okzipital.

oder horizontal halbiert sichtbar werden. Insofern gleichen sich die optischen Sensationen bei der ophthalmischen Migräne und bei der optischen Aura epileptischer Anfälle. Als Unterschiede werden hervorgehoben, daß sich die Sensationen bei der Migräne langsamer entwickeln und daß sie länger anhalten. Hinzuzufügen wäre, daß die optischen Sensationen vor einem epileptischen Anfall an Helligkeit zunehmen, sich meist bewegen, und daß sich der Erlebnischarakter im Verlauf der Aura von einer Neugier über eine Beklommenheit zu einer regelrechten Angst verwandelt.

Wir verfügen über drei Beispiele:

Fall Ilse H., 30 Jahre: Verkalkungen (Angiom?) im Bereich der Area striata; ophthalmische Migräne, später optische Auren vor adversiv eingeleiteten Grand mal.

Drei Familienmitglieder väterlicherseits haben ebenfalls anfallsweise auftretende Flimmererscheinungen. Im Alter von drei Jahren war die Patientin einmal drei Tage bewußtlos, was als »Hitzschlag« gedeutet wurde. Seit dem 10. Lebensjahr bekommt sie periodisch Kopfschmerzen, die schon morgens auftreten, in der rechten Schläfe beginnen, stundenlang anhalten und über den ganzen Kopf ausstrahlen. Dabei wird sie reizbar und überempfindlich gegen Licht. Manchmal tritt vor den Kopfschmerzen ein Flimmern in Form von bunten Kreisen und Blitzen im rechten Gesichtsfeld auf, das aber auch manchmal isoliert, d. h. ohne nachfolgende Kopfschmerzen, sondern nur von einem leichten Druck im Kopf begleitet vorkommt. — Seit dem 14. Lebensjahr bekommt sie außerdem in mehrmonatigen bis mehrwöchentlichen Abständen nächtliche große generalisierte Krampfanfälle, die von den gleichen Photomen wie die Migräneattacken eingeleitet werden. Sie wacht an den Flimmererscheinungen auf, sieht die bunten Kringel auf der rechten Seite, die intensiver werden und langsam nach rechts abweichen. Gleichzeitig wird sie von einer großen Angst ergriffen und dreht dann, ohne es noch selbst zu erleben, den Kopf nach rechts und bekommt einen seitengleich generalisierten tonisch-klonischen Krampfanfall. Wenn die Flimmeraura isoliert auftritt, was häufig vorkommt, dauert sie nicht länger als 1—2 min. Dabei ist sie etwas benommen und hat einen leichten Druck im Kopf. — Das EEG zeigt einen Herd links parietal, geringer auch links okzipital mit α-Reduktion und vermehrten Zwischenwellen ohne anfallsspezifische Potentiale (s. Abb. 124). Auf der Leeraufnahme des Schädels war ein Kalkherd zu sehen, der parasagittal an der Medianfläche des linken Okzipitalpols gelegen ist. Arteriographisch stellt sich das Gebilde nicht dar, doch zieht ein dorsaler Ast der A. cerebri posterior zu dem verkalkten Gebilde hin, das deutlich eine wurmförmige Schlängelung erkennen läßt, so daß die Annahme eines thrombosierten, verkalkten Angioms berechtigt ist (s. Abb. 125).

Diese Beobachtung belegt, daß nicht nur kontinuierlich bewegte, sondern auch intermittierende Photome im Sinne von Blitzen von

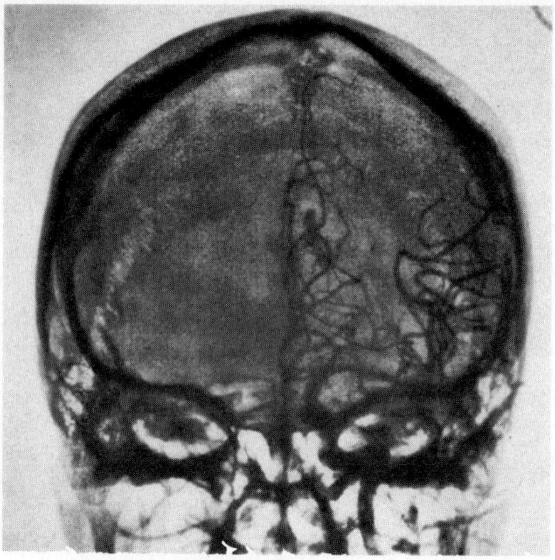

Abb. 125a

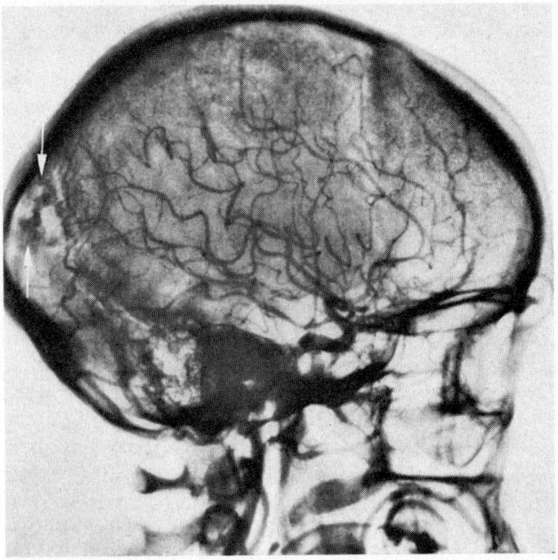

Abb. 125b

Abb. 125a u. b. Arteriogramm von Ilse H.: Im Bereich der Area striata stellt sich ein Kalkschatten dar (Angiom?). Auf der seitlichen Aufnahme (b) ist ein zufließender Ast der A. cerebri posterior zu erkennen.

umschriebenen Läsionen der Kalkarina-Rinde ausgehen können. Darüber hinaus darf sie als ein seltenes Beispiel dafür gelten, daß optische Prodrome einer Migräne und optische Auren einer Epilepsie im Einzelfall gleichwertig sein können. Ebenso wie in einem Fall von HEYCK[1053] verhielten sich Kopfschmerzen und Gesichtsfeldstörung nicht wie zu erwarten wäre kontralateral, sondern homolateral.

Fall Ilse G., 35 Jahre: Little-Syndrom; ophthalmische Migräne mit Flimmerskotom; später alternierend Migräneattacken und oral-psychomotorische Anfälle mit der gleichen optischen Aura und Dreamy states mit Dysmorphopsien; später große Anfälle mit der gleichen, aber dynamisch intensiveren und von Todesangst begleiteten Aura.

Die Patientin kam nach einem Abortus imminens (Mens. III) im 7. Schwangerschaftsmonat zur Welt. Jetzt bietet sie bei der Untersuchung ein abortives Little-Syndrom mit beiderseits gesteigerten Eigenreflexen, unerschöpflichen Fuß- und Patellarkloni und einer spastischen Gehbehinderung leichten Grades. Seit dem 9. Lebensjahr bekam sie häufig, auch mehrmals täglich, für Sekundendauer ein von links herkommendes Flimmern in Form von vielen blauen Punkten vor den Augen, die langsam von links nach rechts zogen. Als sie älter wurde, stellten sich, wenn das Flimmern länger dauerte, sehr heftige Kopfschmerzen im Bereich der linken Schläfe ein. Dabei wurde sie überempfindlich gegen Licht; wenn sie erbrechen konnte, fühlte sie sich erleichtert.

Seit dem 17. Lebensjahr bemerkte sie während der Flimmererscheinungen, daß die Geräusche der Umgebung fortzurücken schienen, sich die Gesichter der Anwesenden verzerrten und ihr etwas in den Sinn kam, das sie schon einmal erlebt hatte, aber nicht erinnern konnte. Der Umgebung fiel dabei auf, daß sie dann nicht mehr reagierte, blaß wurde, einen starren Blick bekam, schmatzte und schluckte, daß ihr Speichel aus dem Mund lief und sie dann unsinnigerweise den Tisch abräumte, die Schuhe auszog, sich am Rock zupfte, Abwehrbewegungen machte oder an sich herumnestelte. Diese Anfälle, die sich nur über drei Jahre in zykloleptischer Verteilung wiederholten, hatten sich eingestellt, kurz nachdem sie im Wald allein einem Mann begegnet war, der vor ihr exhibitionierte.

Vom 20. bis zum 32. Lebensjahr hatte sie nur verhältnismäßig häufig optische Auren und verhältnismäßig selten ophthalmische Migräneattacken. Dann setzten einige große, generalisierte Krampfanfälle ein, die jeweils von der gleichen optischen Aura eingeleitet wurden. Zum Unterschied von den isolierten Auren liefen dabei die Punkte schneller von links nach rechts; auch wurde sie dabei von großer Angst befallen. — Im EEG war, außer einer leichten bis mäßigen Allgemein- und Hyperventilationsveränderung lediglich eine deutliche δ-Aktivität okzipital zu sehen, die links ausgeprägter war als rechts. Unter einer Behandlung mit 750 mg Primidon täglich sind sowohl die epileptischen wie die Migräneanfälle nun seit 3 Jahren völlig ausgeblieben.

Auch dieser Fall steht als Beispiel dafür, daß ophthalmische Migräneattacken und von einer optischen Aura eingeleitete epileptische Anfälle sich gegenseitig vertreten können. Während im vorhergehenden Fall (Ilse H.) aber eine rein paroptische Aura über eine (unbewußte) Adversion von Kopf und Augen in einen großen Anfall führte, kam es hier im Anschluß an die Paropsien über einen Dreamy state mit Dysmorphopsien zu oral-psychomotorischen Anfällen. Diese Beobachtung entspricht unserer Erfahrung, wonach optische Auren – wenn überhaupt – nicht unmittelbar, sondern erst über das Zwischenglied eines Dreamy state zu psychomotorischen Anfällen führen, bei denen es sich dann allerdings eher um adversive als um oral-psychomotorische Anfälle handelt. – Da in beiden Fällen, wie auch im folgenden Fall, eine den Anfällen voraufgehende Hirnschädigung zu eruieren war, sind unsere Beobachtungen nicht geeignet, die neuerdings erwogene Hypothese zu unterstützen, daß eine sich an jahrelange Migräneattacken anschließende Epilepsie lediglich die Folge einer durch die Migräne bedingten hypoxämischen Rindenschädigung sein könne[933].

Die dritte Beobachtung unterscheidet sich von den vorhergehenden darin, daß der Entwicklung der Epilepsie keine ophthalmische Migräne voraufging, sondern daß eine Hemikranie auftrat, wenn die Anfälle auf die optische Aura beschränkt blieben.

Fall Georg Sch.: Symptomatische Epilepsie (nach Enzephalomyelitis?) mit optisch-akustischer Aura, Dreamy state, Körperschemastörung und Dysmegalopsie. Nach Unterbrechung des Anfalls Hemikranie an Stelle von Grand mal.

Der jetzt 44jährige Patient hatte im Alter von 19 Jahren ein Kopftrauma mit einstündiger Bewußtlosigkeit durchgemacht und seit seinem 26. Lebensjahr in unmittelbarem Anschluß an eine während der Kriegsgefangenschaft durchgemachte unklare Erkrankung des Nervensystems (parainfektiöse Enzephalomyelitis?) große epileptische Anfälle bekommen, die von folgender Aura eingeleitet werden: Zuerst bemerkt er im linken Gesichtsfeld einen feinen Punkt, der sich in ein rotblaues Flimmern verwandelt, das sich manchmal langsam, manchmal rascher über das ganze Gesichtsfeld ausdehnt. Der Form nach handelt es sich zunächst um viele kleine, wie Irrlichter tanzende rote und blaue Kreise, die wie Ringe im Wasser rasch größer werden und dann »zerplatzen«. Diese Lichterscheinungen nehmen an Zahl zu und wechseln im weiteren Verlauf ihre Gestalt, indem sie geometrischer etwa wie Rhomben oder plumper wie Quadersteine werden, wobei die Farben an Leuchtkraft (»preußisch-blau« und »signal-rot«) zunehmen und das Bild der Umgebung nahezu verdecken. Gleichzeitig verspürt er ein anwachsendes Brummen und Sausen im Kopf, das überall hin zu dringen und alles zu erfüllen scheint, wobei er das Gefühl hat, als ob sein Kopf größer werde und sich um seinen Kopf herum ein unendlicher Raum ausdehne. – Während die optischen Erscheinungen ihm so klar vorkommen, daß er meint, sie im Augenblick des Erlebens ganz genau beschreiben zu können, schiebt sich zwischen die Umwelt und die Flimmererscheinungen eine »Bildvorstellung« ein, die er beim besten Willen nicht beschreiben kann, »soviel Mühe ich mir auch gebe«. Aber er weiß ganz genau, daß er diese Bilder kennt und daß sie etwas darstellen, was er schon einmal erlebt hat. So glaubte er beim letzten Anfall, den er wenige Stunden, nachdem er ein Bad genommen hatte, bekam, Teile eines Gasbadeofens und eines Badezimmers gesehen zu haben. Die Aura dauert etwa 2–3 min und wird von ihm gegen Ende wie ein Rausch erlebt, bei dem er das Gefühl hat, als ob er sich in einer Art Ekstase mit dem oberen Teil seines Körpers von der Erde loslöse. Auf die Frage, wie er zu dem Erlebnis stehe, wird er verlegen und äußert, daß er sich nicht entscheiden könne, weil ihm der Zustand einerseits unangenehm sei und geradezu bedrohlich werde, andererseits ihm aber auch wieder angenehm vorkomme, weil er auf eine Entrückung »wie bei einem Opiumrausch« zutreibe. – Manchmal gelingt es ihm mit äußerster Konzentration einen Anfall abzuwehren. Dann bleibt noch etwa 15–20 min lang eine Einschränkung des linken Gesichtsfeldes zurück, und es setzen auf der rechten Seite heftige Kopfschmerzen ein, die einen ganzen Tag lang anhalten können. – Die neurologische Untersuchung ergab außer einer homonymen Unterwertigkeit für Farben im linken Gesichtsfeld keinen krankhaften Befund.

Hier traten zu den charakteristischen hemianopischen Flimmererscheinungen noch Symptome eines visuellen Dreamy state hinzu mit dem Gefühl einer partiell den oberen Körperpol betreffenden Schwerelosigkeit, die man den Körperschemastörungen zurechnen könnte. Bemerkenswert scheint, daß es hier trotz des Dreamy state nicht zu einer objekthaften Interpretation der paroptischen Phänomene kam, sondern davon unabhängig zu einem gegenstandslosen Eindruck des Schoneinmal-gesehen-habens mit visuellen Erinnerungsbruchstücken. Bemerkenswert auch, daß die die Aura begleitenden Störungen des Kör-

perschemas und des Schweregefühls trotz Dreamy state und trotz paroptischer Phänomene nicht im Sinne von Dysmorphopsien visualisiert wurden.
Auch hier konnte die Aura von einer Hemikranie gefolgt werden, allerdings nur, wenn die Generalisierung des Anfalls durch geistige Konzentration unterbunden wurde. Im Gegensatz zu einer idiopathischen Migräne kam es jedoch nie zu Erbrechen.

Auditive Auren und Anfälle: Paroxysmale Störungen des Gehörs können ebenso wie visuelle Phänomene als isolierte sensorische Anfälle wie als sensorische Auren epileptischer Anfälle auftreten. Wieder reicht die Skala von elementaren bis zu komplexen Störungen und von isolierten akustischen Sensationen bis zu mit anderen Sinneswahrnehmungen kombinierten Auren. Auch kann man auf jeder Ebene positive und negative Phänomene oder beides zugleich antreffen. Herkömmlicherweise unterscheidet man im negativen oder positiven Sinne auf »niederem« Niveau einerseits die bis zur Ertaubung gehende einfache Hörminderung, andererseits die elementaren »rohen« Geräuschsensationen, dann die illusionären Verkennungen im Sinne eines Näher- oder Fernerrückens, eines Leiser- oder Lauterwerdens aller Geräusche oder eines Verhörens und schließlich auf »höherem« Niveau ein Nicht-mehr-Verstehen auf der einen und komplexe akustische Halluzinationen auf der anderen Seite, etwa das Hören von Stimmen, von Musik oder von Gesängen. Wie die epileptischen Störungen der optischen Funktionen auf höchster Ebene schließlich die Fähigkeit des bildhaften Erkennens verändern, so verändern die Störungen akustischer Funktionen auf höchster Ebene die Fähigkeit des lauthaften und sprachlichen Verstehens.

1. *Elementare akustische Halluzinationen:* Auch akustische Sensationen während einer epileptischen Aura haben ihre *Dynamik* mit der Tendenz, vom Leisen zum Lauten und vom Dunklen zum Hellen anzusteigen. So erfährt man bei genauer Befragung und bei guter Schilderung eigentlich immer, daß es sich dabei nicht um einen konstanten Ton handelt, sondern daß die Aura mit einem dumpfen Rauschen, Brummen, Sausen, Summen anfängt und dann mehr oder minder rasch in ein schrilles Pfeifen, Quietschen oder Zirpen übergeht. Es kommt auch vor, daß ein etwa als Zischen, Murmeln, Dröhnen oder Brausen definiertes Geräusch nur an *Intensität* zunimmt, ohne seinen Charakter zu verändern. In der Regel werden auch die elementaren akustischen Sensationen mit realen Erfahrungen verglichen und etwa als Klingen einer hellen Kuhglocke (Fall Lilly L.), Brummen eines Elektromotors (Fall Rudolf B.), Plätschern von Wasser, Ticken von Uhren (Fall Ilse-Lore Sch.), Klang eines Gongs, Pfeifen bei Rückkopplung (Fall Ferdinand Z.) beschrieben. In ihrer Definierbarkeit unterscheiden sich die elementaren akustischen wie die optischen Auren wesentlich von den olfaktorischen und gustatorischen Aurasensationen, die — wenn überhaupt — immer nur annähernd mit realen Sinneserfahrungen verglichen werden können.

Fall Lilly L. (Linkshänderin): Akustische Aura mit gleichzeitiger Taubheit und Sprechhemmung. Audiometrische Bestimmung der Tonfrequenz.

Die jetzt 22jährige Patientin bekam seit ihrem 15. Lebensjahr zunächst nur isolierte akustische Auren, dann auch kleine und große Anfälle, die von derselben Aura eingeleitet waren: dabei hörte sie ein erst leises, dann rasch lauter werdendes Klingeln im rechten Ohr, das nach einigen Sekunden auf das linke Ohr übergriff. Die Tonhöhe blieb immer die gleiche und erinnerte die Patientin an eine helle Kuhglocke; nur daß der Ton während der Aura immer stärker wird. Während es in ihren Ohren läutet, ist sie völlig taub und kann nicht sprechen. Solche Auren können minutenlang anhalten, hören dann aber schlagartig auf. Bei kleinen Anfällen wird sie danach bewußtlos und bekommt einen starren Blick, verhält sich aber sonst unauffällig, wie wir beobachtet haben, und kommt nach 2—3 min wieder zu sich. Bei stärkeren Anfällen dreht sie sich nach links, stürzt zu Boden, schlägt mit der linken Kopfseite auf und bekommt einen generalisierten Krampfanfall. Der Versuch, unter dem EEG eine Aura mit einem Audiometer elektroakustisch zu provozieren, mißlingt, obwohl die Patientin den Ton rechts bei 80 Hz und links bei 70 Hz mit dem Ton der Aura identifizieren kann. Die otologische Untersuchung ergab 1 Jahr nach Beginn der Anfälle ein normales Hörvermögen und eine normale Erregbarkeit des Vestibularapparats beiderseits.

Auch bei einem anderen Patienten (Fall Rudolf B.) konnten wir die Tonfrequenzen der akustischen Aura mit dem Otaudion bestimmen. Seine Aura begann mit einem tiefen Brummen wie das eines Elektromotors (100 Hz), das allmählich lauter und heller wurde und schließlich in einen hellen schrillen Ton wie das Zirpen von Grillen (1000 Hz) überging. Zugleich mit der Intensitäts- und Frequenzveränderung des Tons empfand er die aus der Umgebung kommenden Geräusche leiser werdend. Auch hier ergab die otologische Untersuchung keinen krankhaften Befund.

Selten werden die akustischen Sensationen diffus im Kopf (Fälle Marliese G. und Johann Z.), häufiger in beiden Ohren lokalisiert; gelegentlich aber beginnt der Ton im kontralateralen Ohr (s. Fälle Lilly L. und Waldemar U.). Wenn die Töne von außerhalb herkommend empfunden werden, wobei jede Richtung des Raumes möglich ist, wenden sich die Kranken oft in Verkennung der Situation der Richtung der vermeintlichen Wahrnehmungen zu. Eine unserer Kranken hörte ein von unten aufsteigendes plätscherndes Geräusch, das sie damit verglich, wie wenn man ertrinken würde.

Fall Ilse-Lore Sch. (Linkshänderin): Residual-Epilepsie bei ausgedehnter atrophischer Läsion im Bereich der linken Hemisphäre. Nächtliche Grand mal mit akustischen Auren, die auch isoliert auftreten können. Dabei Porrakusie, Sprechhemmung und Angst. Gelegentliche Mastikatorius-Anfälle.

Die jetzt 28jährige Patientin bekommt seit ihrem 16. Lebensjahr nächtliche große Anfälle. Als Aura, die tagsüber auch isoliert auftritt, bemerkt sie ein tickendes Geräusch in beiden Ohren, wie wenn in einem Uhrenladen mehrere Uhren zu gleicher Zeit ticken. Manchmal ist es auch ein klingelndes oder plätscherndes Geräusch, das von unten nach oben steigt, »wie wenn man ertrinken würde«. Dabei hört sie alles wie aus weiter Ferne, kann aber verstehen, was zu ihr gesagt wird. Zugleich wird ihr ängstlich zumute. Die Angst wächst furchtbar an und legt sich ihr auf die Brust. Von Anfang an kann sie nicht mehr sprechen; Stimme und Zunge gehorchen ihr nicht mehr, sie bringe kein Wort heraus, könne aber noch lesen und auch schreiben. — Wenn es weiter geht, steige ihr ein heißes Gefühl den Hals hoch, der Unterkiefer beginne sich wackelnd hin- und herzubewegen, die Angst wird unerträglich, dann verliere sie das Bewußtsein. Durch starke Konzentration gelinge es ihr jedoch gelegentlich, das Fortschreiten des Anfalls aufzuhalten.

Pneumenzephalographisch stellt sich eine durchgehende Erweiterung des linken Seitenventrikels dar. Das EEG zeigt vor Beginn der Behandlung einen von okzipital rechts nach parietal und präzentral rechts abnehmenden Herdbefund mit häufigen irregulären δ-Wellen und eingestreuten Sharp-waves über der ganzen Hemisphäre (siehe Abb. 126). Unter der Behandlung reduziert sich der Herdbefund auf eine leichte α-Verminderung okzipital rechts, während jetzt bei wiederholten Ableitungen rechts temporo-basal betont intermittierend steile biphasische Abläufe und vereinzelt auch linksseitige steile Wellen auftreten, die allerdings bei ansteigender Medikation nahezu gänzlich verschwinden.

2. Auch akustische Auren können mit *negativen Symptomen* im Sinne einer Hörminderung oder Taubheit einhergehen (Fälle Lilly L. und Ilse-Lore Sch.) oder sogar damit beginnen (Fall Ferdinand Z.). Doch ist uns eine reine paroxysmale Taubheit als epileptisches Symptom bisher nicht begegnet. Eine paroxysmale Hörminderung oder ein vor Anfällen erlebtes Fernerrücken oder Leiserwerden von Geräuschen läßt — wenn nicht zugleich auch akustische Sensationen auftreten — eher an die Aura eines synkopalen oder hysterischen als an die Aura eines epileptischen Anfalls denken. Wenn es zugleich damit dunkel und »schwarz vor den Augen« wird, kann man nahezu sicher sein, daß es sich um einen synkopalen Anfall handelt. Im folgenden Fall setzten epileptische Anfälle mit einer Hörminderung ein. Darüber hinaus ist er ein Beispiel dafür, daß von einem Herd in der dominanten Hemisphäre ausgehende akustische Auren mit dysphasischen Symptomen einhergehen.

Fall Ferdinand Z. (Rechtshänder): Traumatische Epilepsie nach Kontusion des linken Schläfenlappens. Aura mit Hörminderung, Beklemmung, akustischen Sensationen, dysphasischer Sprachhemmung, die isoliert auftreten oder in einen adversiv eingeleiteten großen Anfall übergehen kann.

33jähriger Patient, der im Alter von 20 Jahren bei einem Motorradunfall auf die linke Schläfe stürzte und sich dabei eine Hirnkontusion mit posttraumatischer Psychose und vorübergehender sensorischer Aphasie zuzog. 6 Jahre danach bekam er nur aus dem Schlaf heraus generalisierte Krampfanfälle und tagsüber häufige »Störungen« von verschiedener Intensität: Bei leichten Störungen hört

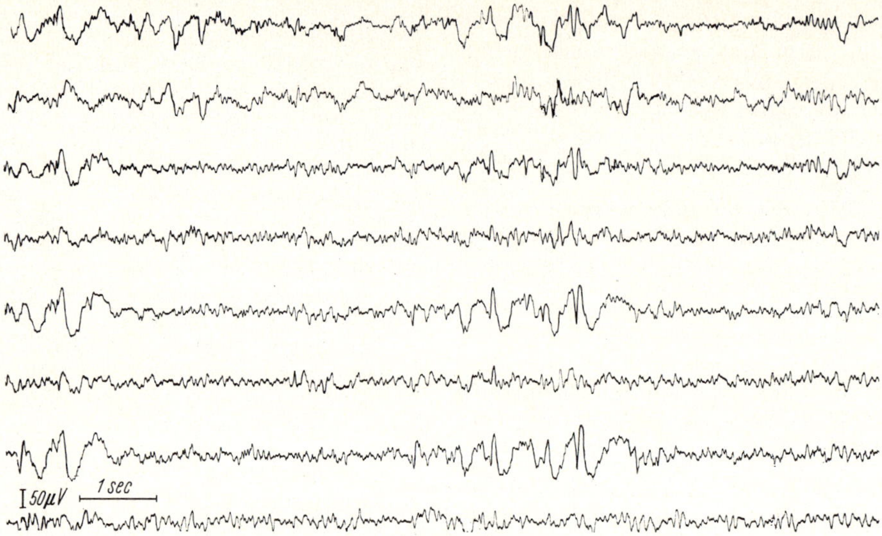

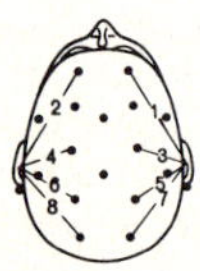

Abb. 126. Frontal, vorwiegend rechts dominierende, unregelmäßige δ-Wellentätigkeit. Auch über den anderen rechtsseitigen Ableitungspunkten Gruppen unregelmäßiger hoher δ-Wellen, langsamer ϑ-Wellen und steiler Ausbrüche (Fall Ilse-Lore Sch.).

er für kurze Zeit alle Geräusche gedämpft »wie durch einen Teppich hindurch«; etwas seltener überkommt ihn dabei eine unbestimmte Furcht, wie wenn ihm gleich etwas Schlimmes — etwa ein Herzschlag — zustoßen würde. Dabei wird ihm beklommen zumute wie bei einem Alpdruck, so daß er tief einatmet. Gleichzeitig hört er in den Ohren einen dunklen Klang wie von einem Gong, der allmählich in ein immer heller werdendes Pfeifen wie bei Rückkopplung am Radio übergeht und sich dann auflöst. — Befindet er sich gerade in einem Gespräch, wenn dieser Zustand einsetzt, so unterbricht er sich, weil er meint, nur noch Kauderwelsch hervorzubringen. Er warte dann eine Zeitlang ab, wobei er sich den Anschein gebe, als ob er sich besinnen wolle. Wie seine Frau berichtet, ist während dieser Zeit nichts Besonderes an ihm zu bemerken. — Vor den großen Anfällen wache er an demselben Beklemmungsgefühl auf, höre wieder das Klingen im Ohr, das dann schneller und lauter werde und in einen Schaukelschwindel übergehe, wonach er das Bewußtsein verliere. Dann dreht er Augen, Kopf, Oberkörper und die erhobenen Arme weit nach rechts und wird, während Kopf und Oberkörper wieder in die Mitte zurückgehen, am ganzen Körper symmetrisch steif, verfärbt sich zyanotisch und bekommt generalisierte klonische Zuckungen.

Bei den während akustischer Auren häufig vorkommenden *Störungen des Sprechens und der Sprache* kann es sich sowohl um eine artikulatorische Sprechhemmung (Fälle Lilly L. und Marliese G.) wie um eine dysphasische Sprachstörung (Fälle Ferdinand Z. und Waldemar U.) handeln, die ausführlicher im Zusammenhang mit Jackson-Anfällen und mit psychomotorischen Anfällen behandelt worden sind (S. 192ff u. S. 330). Erstere hat keinen lokalisatorischen Wert. Letztere verweist auf die Sprachregion der dominanten Hemisphäre. Dabei können dysphasische Symptome die Aura einleiten wie in folgendem Fall oder auch zu akustischen Sensationen hinzutreten.

Fall Waldemar U., 43 Jahre (Rechtshänder): Spätepilepsie bei atrophischem Prozeß im linken Schläfenlappen. Paroxysmale Dysphasie und Alexie mit Dreamy state. Kontralateral beginnende akustische Aura mit Dreamy state vor großen Anfällen.

Seit 11 Jahren bemerkt der Patient anfallsweise Störungen verschiedener Intensität, die sich alle paar Tage wiederholen und selten auch zu großen Anfällen führen. Wenn es leicht ist, kann er plötzlich nicht mehr verstehen, was man zu ihm sagt, und nicht mehr sagen, was er denkt. Wenn er gerade etwas liest, kann er den Sinn des Gelesenen nicht mehr begreifen. Dabei könne er durchaus hören und sehen, aber die Bedeutung des Gehörten und Gelesenen nicht mehr erfassen. Auch könne er sich während dieser Zustände nicht mehr verständlich machen. Wie man ihm berichtet habe,

spreche er ihm bekannte Personen mit fremden Namen an, oder er gebe überhaupt unverständliche Worte von sich, ohne daß ihm das bewußt wird. Manchmal nehme alles, was er hört und sieht, eine bestimmte merkwürdige Bedeutung an, an die er sich — obwohl sie immer die gleiche ist — nachher nicht mehr erinnern kann.
Große Anfälle werden von einer akustischen Aura eingeleitet, die sich aber auch manchmal aus der beschriebenen Störung heraus entwickeln kann. Dann setzt ein Rauschen zuerst im rechten, dann auch im linken Ohr ein. Während das Rauschen immer lauter wird, hat er den Eindruck, als ob ihm etwas zugerufen werde, das ihn, obwohl er den Sinn nicht versteht, in eine Panikstimmung versetzt. Er meint, daß es sich um die gleiche Bedeutung handelt, die er auch dem gerade Gehörten oder Gelesenen entnimmt. Er springt dann um Hilfe rufend auf, bricht aber unmittelbar bewußtlos zusammen und bekommt einen großen Anfall. Die Umgebung wird durch seinen Schrei alarmiert, der so klingt, als ob er gerade überfallen werde. Neurologisch ist kein krankhafter Befund zu erheben. Im Pneumenzephalogramm stellt sich eine Erweiterung des linken Unterhornes dar. (EEG s. Abb. 127.)

3. *Komplexe akustische Halluzinationen:* Wenn — wie im beschriebenen Fall Waldemar U. oder bei Marliese G. — während der Aura aus einem Rauschen oder Dröhnen ein Zuruf vernehmbar wird, dann ist ein Übergang von einer »rohen«, primitiven oder elementaren zu einer »gestalteten« oder komplexen akustischen Halluzination gegeben. Ähnlich verhielt es sich auch im folgenden Fall:

Fall Gerlinde B.:

Eine jetzt 24jährige Patientin, die bei leichten Anfällen nur ein sausendes Geräusch auf beiden Ohren hört, das nach kurzer Zeit wieder abklingt. Wenn es aber stärker kommt, hört sie während des Sausens auch Stimmen, die ihr eine Art gruseliger Angst wie in einem Thriller einjagen. Dabei handelt es sich um männliche Stimmen, die ihr zurufen: »Wir holen dich, wir nehmen dich mit.« Diese Stimmen üben eine merkwürdige Faszination auf sie aus; sie sei dadurch wie »zurückgehalten und gebannt«; dann verliere sie das Bewußtsein.

Komplexe akustische Halluzinationen können aus Stimmen, Musik und Gesängen bestehen, verständlich oder unverständlich sein und nur vage Andeutungen bis zu ausgestalteten Themen enthalten. Nach unserer Erfahrung gehen alle komplexen akustischen Auren mit einem Dreamy state einher. Es scheint so zu sein, daß erst der Dreamy state, d. h. die Tönung des Vertrauten oder Fremden den akustischen Sensationen den Charakter komplexer Halluzinationen verleiht. Dies wird deutlich an folgendem Fall, der zugleich ein Beispiel für die seltene Auslösung einer akustischen Aura durch einen akustischen Reiz darstellt.

Fall Martha K.: Durch akustischen Reiz ausgelöste epileptische Anfälle mit Hyperakusis, Stimmengewirr und Dreamy state als Aura.

Das 17jährige Mädchen hatte seit 5 Monaten erst drei Anfälle bekommen. Sie ist Lehrling in einem Fotogeschäft. Der erste Anfall ereignete sich in einem Moment, als die Ladentür aufging und ein Kunde eintrat. Da sei ihr plötzlich das Klingeln der Ladenglocke, die sie täglich unzählige Male höre, außerordentlich grell und unangenehm ins linke Ohr gefahren. Im nächsten Augenblick habe sie ein Stimmengewirr gehört, ohne daraus ein Wort zu verstehen, und dann noch bemerkt, wie der Kunde — ein Arzt — sie festgehalten und auf einen Stuhl gesetzt habe. Kurz danach war sie wieder klar. — Beim zweiten Anfall befand sie sich nicht im Laden, sondern in der Dunkelkammer, als sie wieder ein Klingeln im linken Ohr wie von der Ladenglocke und wieder ein unverständliches Stimmengewirr vernahm, aber gleich darauf bewußtlos wurde, hinfiel und nach der Beschreibung ihres Lehrherrn unzweifelhaft einen großen generalisierten Krampfanfall bekam. — Die Aura des dritten Anfalls setzte wieder im Laden in dem Moment ein, als es schellte und die Tür aufging. Doch konnte sie diesmal noch in die Küche gehen und zum Hausmädchen sagen: »es hat geklingelt, machen sie auf, mir ist schlecht«, worauf diese ihr einen Stuhl unterschob, kurz in den Laden ging, zurückkehrte und sie mit nach hinten gebeugtem Kopf, nach oben verdrehten Augen und blau verfärbtem Gesicht in einem großen Anfall antraf. Nachher konnte sie berichten, daß sie aus dem Stimmengewirr noch eine ihr bekannte Stimme herausgehört und als die Stimme eines Franzosen erkannt habe, den sie einige Stunden zuvor im Laden bedient hatte.

Es ist nur ein kleiner Schritt zwischen der dysphasischen Verwirrung sprachlicher Vorstellungen wie bei dem Fall von Kisker (1957) (S. 195f) bis zu der akustisch-leibhaften Halluzination eines Stimmengewirres, das diese Patientin während ihrer Aura hört. Daß sie aus den ihr unverständlichen Stimmen die ihr bekannt scheinende Stimme eines Ausländers heraushört, ist bezeichnend für einen Dreamy state, bei dem sich ein Jamais-entendu mit einem Déjà-entendu vermengt.
Wenn epileptische Anfälle durch Geräusche oder Musik ausgelöst werden, spricht man von einer audiogenen oder musikogenen Epi-

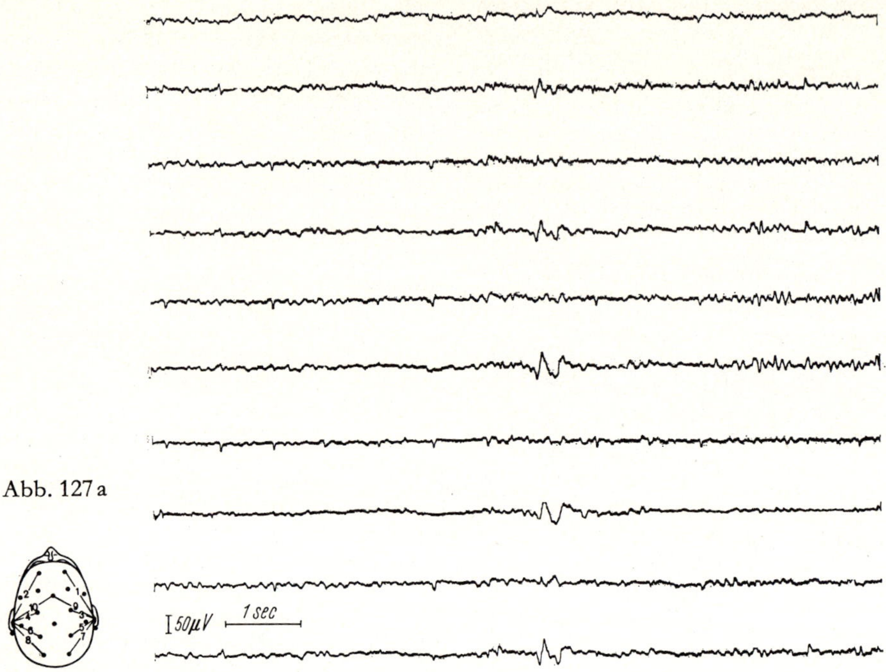

Abb. 127 a

Abb. 127 a u. b. Das EEG von Waldemar U. zeigt steile Wellen temporo-basal links (a) und in der bipolaren Längsreihe (b) eine leichte Kurvendepression temporal links vorn sowie flache δ-Wellen temporal links vorn und hinten.

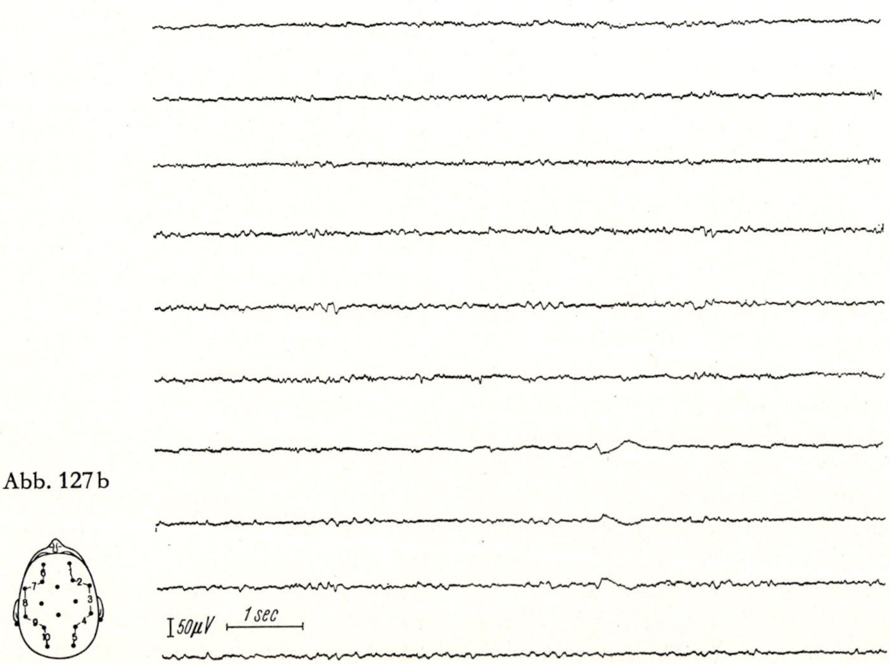

Abb. 127 b

lepsie (S. 254 ff). Daß es dabei auch wie im beschriebenen Fall zu einer akustischen Aura kommt, ist ungewöhnlich. Musikogene Epilepsien gehen in der Regel mit einem nichtakustisch gefärbten Dreamy state einher. Andererseits gibt es aber auch »musikalische Auren« ohne akustische Auslösung, wofür folgender Fall ein Beispiel ist.

Fall Werner B. (Ambidexter): Symptomatische Grand mal-Epilepsie mit Aura von Dysphasie, Alexie, Musikhören und Glücksgefühl.

22jähriger Chemie-Laborant, der 6 Monate nach einem schweren Autounfall vor 2 Jahren, bei dem er sich die Stirn angeschlagen, aber keine postkommotionellen Symptome davongetragen hatte, epileptische Anfälle bekam, die immer von »plötzlichem Unverständnis« eingeleitet wurden. Er versteht dann nicht mehr, was zu ihm gesagt wird, kann den Sinn von Gelesenem nicht mehr begreifen, hat Wortfindungsstörungen und äußert im Gespräch dann regelrechtes Kauderwelsch. Dieses Unverständnis bemerkt er aber nur, wenn er sich gerade im Gespräch befindet, oder etwas liest. Sonst beginnt es damit, daß er zunächst ganz leise, dann immer lauter werdend, so wie wenn man am Radio dreht, eine Musik hört, die ihn mit einem ganz eigentümlichen Gefühl von Glück und Zufriedenheit erfüllt. Anfänglich gab er sich ganz fasziniert dieser »berauschenden« Musik hin, die ihm »wie Aida« klang. Später meinte er, daß es sich immer um einen Ausschnitt aus dem Gefangenen-Chor von Verdis »Nabucco« handle. Die Zustände dauern nach seiner Schätzung etwa 2 bis 3 min, können wieder leiser werden und abklingen, oder aber lauter werden und zu einem großen Anfall führen.
Neurologisch und pneumenzephalographisch kein auffälliger Befund; röntgenologisch Schädelasymmetrie mit Zeichen einer expansiven Hemiatrophie links. Im EEG fand sich ein Herdbefund temporal links hinten, in geringerem Maß links vorn mit konstant nachweisbarer α-Verminderung.

Zur Lokalisation akustischer Auren: Nach den anatomischen Untersuchungen von Heschl (1878) und den experimentellen Beobachtungen von Ferrier (1876) darf als gesichert gelten, daß das primäre Hörfeld mit den an der dorsalen Oberfläche des Temporallappens gelegenen Gyri temporales transversi (Heschl) identisch ist. Rindenreizung dieses Gebietes kann einfache, »rohe« Geräuschempfindungen, gelegentlich auch bis zu Taubheit gehende negative Symptome[541, 781], nie jedoch akustische Halluzinationen von Stimmen, Worten oder gar Sätzen hervorrufen. Die experimentell provozierten Geräusche werden meist in das kontralaterale Ohr projiziert. Daß akustische Auren gewöhnlich mit Läsionen der nicht-dominanten Hemisphäre verbunden sind, wie Jackson (1880) vermutet hat, scheint nicht zuzutreffen[715].
Im Gegensatz zu elementaren Geräuschempfindungen waren komplexe auditorische Sensationen im Sinne auditorischer Illusionen und auditorischer Erfahrungsantworten nie direkt von den Heschlschen Windungen, sondern immer nur von der dem primären Hörfeld benachbarten Rinde auszulösen[757, 784]. Nach den Reizexperimenten zu schließen, scheint den Dreamy states, die durch auditorische Illusionen oder Halluzinationen gekennzeichnet sind, keine Bevorzugung einer Seite zuzukommen.

»Vestibuläre« Auren und Anfälle: »... Es ist unsere Meinung, daß bei den meisten Formen der Epilepsie ein sehr heftiger Schwindel ein wesentliches Element der Krankheit ausmacht, was aus der Art der Bewegung der Augen, des Kopfes und des ganzen Körpers, noch mehr aber aus den Erzählungen der Kranken selbst zu ersehen ist. Dieser Schwindel ist entweder ein komplizierter, mit vielfacher Richtung und ungeregelten Bewegungen, oder ein einfacher, dessen Richtung nach regelmäßigen Graden oder Kreisbewegungen geht. Es wird von nun an ein Hauptaugenmerk der Diagnostiker seyn, die Richtung dieser Bewegungen zu beobachten und daraus auf den speziellen Sitz des Übels im Gehirne zu schließen« (Purkinje 1827).

»Sehr heftigen Schwindel« für ein wesentliches Element der Epilepsie zu halten kann nur, wer — wie Purkinje — versucht, das äußere Geschehen, »was aus der Art der Bewegung der Augen, des Kopfes und des ganzen Körpers«, und das innere Erleben, was »aus den Erzählungen der Kranken selbst zu ersehen ist«, miteinander »in Beziehung zu bringen und seine Dynamik zu begreifen«[1194]. Im Bewußtsein, daß Sensorik und Motorik im epileptischen Anfall — wie in allen Krisen — in ihrer Dynamik aufeinander bezogen sind, hatte die alte Klinik noch alle epileptischen Äquivalente schlechthin als Vertigo epileptica bezeichnet. Seitdem mit Jackson der Krampf bzw. die motorische Entladung Ausgangspunkt und Ziel der Interpretation epileptischer Phänomene geworden ist, wird der epileptische Schwindel nicht mehr in seiner senso-motorischen Verschränkung gesehen, sondern als ein rein sensorisches Auraphänomen abgehandelt. Nach der klinischen Erfahrung gehen jedoch Schwindelempfindungen unter allen sensorischen Auren am häufigsten mit bewußt erlebten Bewegungen »der Augen, des Kopfes und des ganzen Körpers« einher. Wenn man daher den Schwindel aus didaktischen Gründen unter den sensorischen Phänomenen, die Adversiv-Krämpfe dagegen unter den motorischen Phänomenen epileptischer Anfälle behandelt, läuft man Gefahr, den natürlichen Zusammenhang beider im Vorgang des Anfalls aus den Augen zu verlieren.

Darüber hinaus werden die sogenannten vestibulären Auren oder Anfälle den optischen und akustischen Auren gleichrangig an die Seite gestellt, als ob es eine diesen beiden Sinnen vergleichbare spezifische Sinnesempfindung des vestibulären Systems gebe, die sich kritisch als »Schwindel« äußere. Doch sind die bei Reizung des Vestibularapparates auftretenden Bewegungseindrücke und Gleichgewichtsstörungen keineswegs spezifisch, da sie auch von anderen Sinnesfeldern ausgelöst werden können (optokinetisch, akustokinetisch), so daß »die Monopolstellung, die dem Labyrinth gewöhnlich in der Lehre vom Schwindel eingeräumt wird, angesichts dieser Tatsachen nicht aufrechterhalten werden« kann[909]. Auch ist die Funktion des Labyrinths nicht so eindeutig wie die des Auges oder des Ohres durch eine bestimmte Sinnesqualität, etwa für Drehempfindungen und Bewegungswahrnehmungen, zu definieren. Für eine klinische Definition epileptischer Schwindelerscheinungen wird man daher möglichst unvoreingenommen von allen aura- und anfallshaften Störungen raumrichtungsmäßiger Bestimmung auszugehen haben, ohne weitere Einschränkungen auf nur systematische oder nur subjektive Facetten des Schwindelkomplexes zuzulassen. Dabei wird zu berücksichtigen sein, daß eine den anderen Sinnen nachgebildete Einteilung in einfache oder elementare und zusammengesetzte oder komplexe Schwindelauren nicht ohne Willkür möglich ist. Auch werden Zweifel entstehen, ob nicht jede Art von »sensorischer Bewegung«[917] wie das Näher- oder Fernerrücken von akustischen oder das Kreiseln oder Vorüberziehen von optischen Sensationen schon als »vestibulär« zu deuten ist.

1. *Elementare vestibuläre Sensationen:* Ein *Bewegungsschwindel* ist fast immer mit anderen Sinneseindrücken oder mit Vektionen (Fall Manfred L.) verbunden, die in einen motorischen Anfall einmünden, bei dem es sich in der Regel um einen Adversiv-Krampf handelt. Am häufigsten sind Drehempfindungen, und zwar sowohl im Sinne einer Scheindrehung der Umgebung (s. Fälle Kurt K., Heide G., Günther B., Johann Z.), wie seltener im Sinne einer scheinbaren Drehung des eigenen Körpers (s. Fälle Manfred L., Günther B.). Meist erfolgt die Drehung wie beim Karussellschwindel um die vertikale, seltener wie beim Radschwindel um die sagittale Achse und ausnahmsweise wie bei einem Purzelbaum nach vorne oder einem Salto nach hinten um die koronare Achse. Selten kommt es zu einem Schaukelschwindel (Fall Ferdinand Z.) wie auf rollender See. Lineare Scheinbewegungen in der Horizontalen können nach den Seiten oder nach vor- oder rückwärts erlebt werden. So hatte ein Patient das Gefühl, nach links hin in eine unendliche Tiefe zu fallen, ein anderer den Eindruck, als ob er nach rechts gedrückt werde und wieder ein anderer, rücklings in einen Abgrund zu stürzen.

Fall Kurt K.: Bewußte Adversiv-Krämpfe und Adversiv-Grand mal bei Verdacht auf Tumor im dorsalen Anteil des linken Parietallappens. Aura mit Angst, Atemnot und Drehschwindel.

Der 25jährige Patient bekam seit 6 Jahren Anfälle, deren Ursache nicht geklärt werden konnte. Es begann damit, daß sich anfallsweise zunächst nur ein Angstgefühl einstellte, das er damit verglich, als ob er mit vielen Menschen in einem engen Raum eingepfercht sei und in der schwülen und stickigen Luft kaum atmen könne und daher tief Luft holen müsse. Später entwickelte sich aus diesem Angstgefühl heraus ein Schwindel, bei dem sich alles nach rechts drehte und plötzlich auch der Kopf ruckartig nach rechts ging. In diesem Augenblick sei er nach rechts gestürzt und habe das Bewußtsein verloren. Er hatte sich in die Zunge gebissen und eine Beule auf der rechten Stirn zugezogen. Nach solchen schweren Anfällen war ihm die Zunge noch eine Zeitlang wie steif, so daß ihm das Sprechen schwerfiel.

Während des Schwindels konnte er noch verstehen, was zu ihm gesagt wurde, aber nicht antworten. Während des Angststadiums komme es zu einem »inneren Kampf«, weil er versuche, den Anfall zu unterdrücken. Wiederholt kam es auch zu Anfällen, die bis zur Drehung des Kopfes führten, dann aber zurückgingen, ohne daß er bewußtlos wurde. — Bei zwei von uns beobachteten, durch ein inspiratorisches Stöhnen und eine Rechtsdrehung von Augen und Kopf eingeleiteten generalisierten Krampfanfällen konnte er sich an keine Aura erinnern. — Nach dem Pneumenzephalogramm bestand Verdacht auf einen Tumor links parietal.

Vestibuläre Auren führen am häufigsten unter allen sensorischen Auren – nach unseren Erfahrungen in 76% – zu epileptischen Anfällen, die mit einer Adversiv-Bewegung von Kopf, Augen und Rumpf einhergehen. Zum Vergleich sei angeführt, daß akustische Auren in 62% und optische Auren in 41% zu Adversiv-Anfällen führen. Unter Adversiv-Anfällen werden hier bewußte Adversiv-Krämpfe, adversiv eingeleitete Grand mal und adversiv-psychomotorische Anfälle verstanden. Die Selbstwahrnehmung von Adversiv-Bewegung und Schwindel kann insofern als lokalisatorisches Indiz gelten, da ohne Schwindel einhergehende bewußte Adversiv-Krämpfe auf Läsionen in den dorso-medialen und dorso-lateralen Abschnitten der intermediären Frontalrinde hinweisen, während Schwindelauren mit bewußten Adversiv-Krämpfen — wie im Fall Kurt K. — auf dorsale Abschnitte des Parietalhirns zu beziehen sind und Schwindelauren vor nicht bewußt erlebten Adversiv-Anfällen den Verdacht auf Läsionen in der parieto-temporalen Übergangsregion nahelegen.

Gelegentlich können sich aber auch Schwindel und bewußte Adversivbewegung bei ein und demselben Patienten gegenseitig vertreten, so daß vor einem Anfall nur eine Schwindelaura und vor einem anderen Anfall nur eine Adversivbewegung erlebt wird. Häufiger erfährt man jedoch bei genauer Befragung, daß sich innerhalb der Schwindelaura das Erlebnis einer Scheindrehung der Umgebung und einer Scheindrehung des eigenen Körpers gegenseitig vertreten können, wie in folgendem Fall:

Fall Günther B., 32 Jahre: Traumatische Epilepsie nach offener Gehirnverletzung parieto-okzipital links. Jackson-Anfälle mit Ertaubung und Verdunkelung, Dysmorphopsie, Drehschwindel im Sinne einer Scheindrehung der Umgebung wie auch im Sinne einer Scheindrehung des eigenen Körpers. Adversiv eingeleitete Anfälle mit Denkverwirrung, Zwangsdenken und Vokalisation.

Im März 1945 Granatsplitterverletzung links parieto-okzipital; jetzt noch 5 cm im Durchmesser großer pulsierender Knochendefekt. — Im Augenblick der Verwundung fiel ihm auf, daß er den Gefechtslärm nicht mehr hörte und die Umgebung wie durch eine schlechte Brille sah; dann wurde ihm schwarz vor den Augen, und er verlor für einige Minuten das Bewußtsein. Als er wieder erwachte, hatte er das Gefühl, als ob der rechte Arm nicht mehr da sei. Als er mit der linken Hand danach griff, bemerkte er, daß er gefühllos war. — Auf dem Weg zum Hauptverbandsplatz, wohin er zu Fuß ging, bekam er einen Anfall von Zuckungen im rechten Arm und Bein, zugleich hörte er nichts mehr; die Umgebung verschob sich, die Gesichter der Menschen verzerrten sich immer mehr; dann hatte er den Eindruck, als ob sich die Umgebung im Kreis um ihn drehe; dann wurde es dunkel vor seinen Augen und er verlor das Bewußtsein. — Nach der Operation, die eine vorübergehende Hemiplegie und Lesestörung zur Folge hatte, bekam er noch einige Anfälle mit Zuckungen in der rechten Seite, einer zunehmenden Verdunkelung und Ertaubung, wobei er — bevor er bewußtlos wurde — das Gefühl hatte, als ob sich sein eigener Körper immer schneller wie ein Propeller nach links herumdrehe. — 3 Jahre später bekam er wieder Anfälle, die mit einer Art Blutandrang zum Kopf einsetzten; dann verwirrten sich seine Gedanken, oder es drängten sich ihm Gedanken auf, die er gar nicht denken wollte und gegen die er sich vergebens wehrte, — Gedanken, die ihm bekannt vorkamen, an die er sich aber nicht erinnern konnte; dann drehte sich sein Kopf nach rechts, und er hörte sich, bevor er bewußtlos wurde, noch »äh, äh, äh« machen, als ob er etwas sagen wollte. — Im EEG treten frontal, präzentral und parietal Zwischenwellen auf, die über der linken Hemisphäre langsamer sind als rechts. Schon in den Standardableitungen, wesentlich häufiger aber während der Hyperventilation, kommt es isoliert oder in Gruppen zu unregelmäßigen 2/sec-Spike-wave-Komplexen, die entweder nur über der linken Hemisphäre nachweisbar oder eindeutig linksbetont sind.

Bewegungsempfindungen in der Vertikalen, so als ob man in einem Lift nach oben sausen oder in einen bodenlosen Schacht hinabfallen würde, lassen eher an Einschlafstörungen als an epileptische Auren denken. Wohl wird gelegentlich von einem Gefühl des Leichterwerdens, sich von der Erde Lösens und Schwebens (s. Fälle Georg Sch. und Philipp

F.) oder in einen Abgrund zu stürzen (Fall Johann Z.) berichtet. Aber nur in einem Fall erfuhren wir von einem ausgesprochenen Liftgefühl im Rahmen einer ungewöhnlichen Aura, in der räumliche wie zeitliche Störungen vorherrschten:

Fall Ursula B.: Ätiologisch ungeklärte, vermutlich links parietale Anfälle mit Dyslexie und ausgedehnten räumlichen und zeitlichen Störungen.

Eine jetzt 46jährige Hausfrau bekam vor 8 Jahren im 7. Monat ihrer dritten Schwangerschaft zuerst nachts aus dem Schlaf heraus, dann vorwiegend beim Einschlafen, später auch tagsüber etwa 15—30mal am Tag folgende Zustände: Plötzlich überkam sie ein Gefühl, als ob die Umgebung nach vorne und unten wegrückte. Wenn sie lag, hatte sie die Empfindung, wie in einem Lift in die Tiefe zu fallen. Wenn sie stand, fürchtete sie das Gleichgewicht zu verlieren und hielt sich mit der rechten Hand fest, weil alles nach rechts unten wegzurutschen drohte. Wenn sie gerade ging, wich sie nach rechts ab und hatte keine sichere Kontrolle mehr über ihr rechtes Bein. Besonders unangenehm war ihr ein Anfall, den sie auf dem Balkon stehend erlebte, weil sie meinte, die ganze Welt sacke nach rechts weg in die Tiefe. Zu ebener Erde fühlte sie sich bei solchen Zuständen einigermaßen sicher; auf einer leicht abfallenden Wiese verlor sie jedoch das Gleichgewicht und fiel hin, weil es ihr plötzlich so vorkam, als ob sie am Abhang eines Berges stände. Wenn sie in einem solchen Zustand versuchte, ihre Hand auf den vor ihr stehenden Tisch zu legen, hatte sie den Eindruck, ihn nicht mehr zu erreichen. Im Stehen glaubte sie, ihre Füße reichten nicht mehr bis zur Erde, die unter ihr wegsank. Andererseits wurde alles, was sie gerade in den Händen trug oder hielt, etwa ihr Kind oder ihre Handtasche, so schwer »wie Zement«, so daß sie es absetzen mußte. — War sie im Auto unterwegs, meinte sie, plötzlich schneller zu fahren, vorwärts zu schießen, zu rasen, so daß sie unwillkürlich auf den Tachometer blickte. — Während dieser Störungen, die sie immer viel länger schätzte, als sie wirklich dauerten, fürchtete sie: »Wenn das so weitergeht, dann bist du weg«. Sie meinte bei Bewußtsein zu bleiben, bemerkte aber, daß die Helligkeit etwas abnahm und daß im Dunkeln die Lichter dunkler wurden. — Wenn sie beim Lesen von einem Anfall überrascht wurde, verstand sie den Sinn des Gelesenen nicht. Auch im Gespräch erfaßte sie nicht mehr genau, worum es ging, weil sich alle Worte zu einer »Geräuschkulisse« verwandelten. — Wir sahen einige Anfälle, die sie uns ankündigen konnte: Dabei wurde sie etwas rot im Gesicht, die Augen nahmen einen starren, das Gesicht einen ängstlichen Ausdruck an; auf Fragen antwortete sie wortkarg und langsam. Ihr Mann hatte einmal beobachtet, daß sie während eines solchen Anfalls mit dem Kopf leicht nach rechts ruckte, was sie selbst nicht bemerkt hatte. Neurologisch bot sie auch im Pneumenzephalogramm keinen krankhaften Befund. Gehör und Gleichgewichtsorgane waren unauffällig. Doch trat während der Kaltspülung rechts ein Anfall auf, wobei man den kalorisch ausgelösten, nach links gerichteten Nystagmus beobachten konnte. Während der kurzen Zeit des Anfalls vergrößerte sich die Amplitude der Nystagmusschläge und es trat eine Abweichung des Kopfes nach rechts ein. — Elektroenzephalographisch ergab sich ein Herdverdacht temporal links mit langsameren Zwischenwellen, eine leichte Allgemein- und eine leichte Hyperventilationsveränderung mit stellenweise geringer Dysrhythmie und mehrfach bilateral-symmetrisch angeordneten frequenten steileren Wellen. Einmal konnte das Ende eines Anfalls registriert werden: Dabei zeigten sich frontal, präzentral und parietal regelmäßig große 6/sec-Zwischenwellen, deren Amplituden von frontal nach parietal abnahmen.

Die Empfindung eines Bebens, als ob die Erde oder der Körper erschüttert werde, wie es Smith, der die vestibulären Auren von 120 Patienten analysiert hat, von 2 Patienten berichtet, möchten wir eher für Sensationen halten, die ein Impulsiv-Petit mal begleiten, als für vestibuläre Empfindungen.

Die große Mannigfaltigkeit vestibulärer Aurasymptome kann wesentlich vereinfacht werden, wenn man ihren dynamischen Zusammenhang berücksichtigt. Im Hinblick auf die dynamische Ordnung der Störungsverarbeitung besteht kein grundsätzlicher Unterschied darin, ob sich die Außenwelt oder der eigene Körper zu bewegen scheint. Denn ebenso wie experimentell beim optokinetischen wie beim passiven Drehversuch unter annähernd gleichbleibenden Reizbedingungen einmal eine optische Bewegungswahrnehmung auftreten, ein andermal eine Vektion erlebt werden kann[909], so kann auch in der epileptischen Aura einmal die Umwelt und das andere Mal der eigene Körper oder beides nacheinander in Bewegung erfahren werden. Wenn im Fortgang der Aura die Empfindung einer scheinbaren Umweltbewegung von der Empfindung einer scheinbaren Selbstbewegung abgelöst wird, kommt es immer zu einem motorischen Anfall. Vektionen bezeichnen daher die kritische Linie, an der der Anfall von der Scheinbewegung der Umwelt in eine tatsächliche Eigenbewegung umschlägt. Da Vektionen unmittelbar mit der Motorik des Anfalls verschmelzen bzw. mit ihr identisch werden und damit oft der Amnesie verfallen, ist es verständlich, wenn die Patienten häufiger von der sensorischen als von der motorischen Seite des vestibulären Anfallsgeschehens berichten.

2. *Komplexe vestibuläre Sensationen:* Außer den als Bewegungsschwindel zusammengefaßten einfachen vestibulären Sensationen gibt es komplexere, auch als *Raumschwindel* zu bezeichnende vestibuläre Empfindungen, bei denen weniger die richtungsmäßige als die räumliche Konfiguration der Umwelt oder des eigenen Körpers verändert erscheint. Hierher gehören einerseits alle Veränderungen in der Gestalt der Außendinge, die unter dem Titel von *Metamorphopsien* und andererseits alle Veränderungen der eigenen Leiblichkeit, die unter dem Begriff von *Körperschemastörungen* figurieren. Da beide Störungsformen durch Interferenz mit anderen Sinnesmodalitäten auf »höherer« Ebene zustande kommen und auch klinisch, differentialdiagnostisch und lokalisatorisch anders einzuschätzen sind als die »einfachen« vestibulären Sensationen des Bewegungsschwindels, werden sie anschließend gesondert behandelt.

Doch gilt für eine natürliche Gliederung der komplexen Phänomene das gleiche Prinzip wie für die einfachen Sensationen: Die phänomenale Mannigfaltigkeit des Bewegungsschwindels läßt sich auf wenige Modi zurückführen, wenn man die in die Außenwelt projizierten und die in die eigene Körperlichkeit introjizierten Erlebnisweisen als dynamische Entfaltungen des gleichen Vorgangs interpretiert. Ebenso läßt sich auch die Vielfalt räumlicher und leibhafter Abwandlungen auf die einfache Formel bringen, daß die erlebte Verwandlung entweder auf die räumliche Konfiguration der Außenwelt oder auf die leibliche Konfiguration des eigenen Körpers bezogen wird. Von welchen Bedingungen allerdings jeweils die projektive oder die introjektive Entfaltung des kritischen Erlebens abhängt, bleibt für die epileptische Aura noch zu untersuchen. Für den Bewegungsschwindel sind derartige Untersuchungen von VOGEL[909] durchgeführt worden mit dem Ergebnis, daß die Empfindung einer Scheinbewegung der Umgebung und die Empfindung einer Vektion des eigenen Körpers einander äquivalent sind und daß nicht die Art des gereizten Rezeptors für den Effekt ausschlaggebend ist, sondern »die in dem Kreis Störung-Wahrnehmung-Motorik gegebene Situation«[909].

Wenn sich auch die kritischen Erlebnisse während sogenannter vestibulärer Auren in solche einfacherer Art, die sich als Bewegungsschwindel, und in solche komplexerer Art, die sich als Raumschwindel äußern, einteilen lassen, so kann daraus nicht auf Störungsformen verschiedener Sinnesqualitäten geschlossen werden. Denn in beide Schwindelformen gehen immer Veränderungen anderer Sinneseindrücke mit ein. Sind selbst rein vertiginöse Auren ohne Veränderungen optischer Wahrnehmungen undenkbar, so werden in den komplexeren Auren die Wahrnehmungen der Spezialsinne von den raum-richtungsmäßigen Veränderungen geradezu durchtränkt.

In der Frage, ob es einen eigenen Raum- oder Richtungssinn gibt, unterstützen daher die Erfahrungen der epileptischen Schwindelaura die schon von v. KRIES diskutierte Meinung, »daß das statische Organ überhaupt keine eigentümlichen, von den Leistungen anderer Sinne als selbständige abzusondernde Empfindungen hervorruft, sondern daß seine Erregungsvorgänge nur in die an andere Sinneseindrücke angeknüpften Vorgänge eingreifen«[909]. Auch im epileptischen Schwindel kommt also, wie es VOGEL[909] besonders am optokinetischen Schwindel nachgewiesen hat, keine eigene spezifische Sinnesempfindung zum Ausdruck, sondern eine nicht an ein bestimmtes Organ gebundene, im physiologischen Sinne hinter den Organapparaten liegende, diese miteinander verbindende Funktionsschicht[1199], die die Aufgabe hat, andere Sinneseindrücke in räumlicher und richtungsmäßiger Hinsicht einzustimmen oder umzustimmen.

Wenn demnach sowohl in den richtungsmäßigen wie in den räumlichen Abwandlungen des Schwindels Störungen einer integrierenden, den speziellen Sinnen übergeordneten Funktion zum Ausdruck kommen, so sind doch gewisse Unterschiede nicht zu übersehen. Was beide unterscheidet, ist aber nicht der Differenzierungsgrad der auftretenden Sensationen, sondern der dynamische, emotionelle und existentielle Charakter der Erlebnisse. Der Bewegungsschwindel verläuft nach

Art eines Accelerando und Crescendo, und führt über eine zwischen Lust und Unlust pendelnde Stimmung letztlich zu Angst. Der Raumschwindel verläuft gedehnt, ist emotionell farblos und führt über eine Situation der Desorientierung zu Ohnmacht.

Auch die komplexen »vestibulären« Erlebnisse können nicht als Störung einer Sinnesmodalität, selbst nicht als kombinierte Störung mehrerer Sinnesmodalitäten begriffen werden. In der komplexen Form kommt vielmehr die Störung einer integrierenden Funktion zum Ausdruck, die etwa derjenigen zur Seite zu stellen ist, die im Dreamy state in Erscheinung tritt. Beide Phänomene sind von anderer Ordnung als die sensiblen und sensorischen Auren epigastrischer, olfaktorischer, gustatorischer, haptischer, akustischer oder optischer Art. Will man den Unterschied bezeichnen, so bietet sich für die im Dreamy state sich pathologisch entfaltende Leistung die der »Zeitigung« an, d. h. der Identität in der Zeit. In Analogie dazu stellen die in den komplexen »vestibulären« Auren auftretenden Erlebnisse in Form von Körperschemastörungen und Metamorphopsien Störungen einer Leistung dar, die man physiologisch unzutreffend als »Raumsinn« bezeichnet hat, die aber besser als Gefühl für Raum oder für Orientierung bzw. Identität im Raum angegeben würde.

Lokalisatorische Bedeutung von »vestibulären« Auren: Versucht man aus der Kombination von »vestibulären« Sensationen mit Empfindungen aus anderen Sinnesgebieten im Verlauf der Auren gewisse lokalisatorische Rückschlüsse zu ziehen, so ergibt sich folgendes: »Kopfschwindel«, d. h. ein vages Gefühl von Benommenheit oder Verwirrung im Kopf, ist lokalisatorisch überhaupt nicht zu verwerten, da es im Zusammenhang mit jeder Art von Aura auftreten kann. Auren, in denen ein Bewegungsschwindel vorherrscht, verbinden sich – wenn sie nicht isoliert bleiben – in der Regel mit elementaren akustischen und/oder optischen Sensationen. Optisch beginnende Auren führen im Verlauf gewöhnlich zu akustischen oder zu vestibulären Sensationen, vestibulär beginnende Auren dagegen nie zu optischen, sondern zu akustischen Sensationen (s. Abb. 129). Daraus wäre zu folgern, daß Auren mit Drehempfindungen durch einseitige Entladungen hervorgerufen werden, die von einem zwischen den primären Sinnesfeldern gelegenen Teil des Parietallappens ausgehen oder dieses Gebiet erreichen. Aus der Reihenfolge der elementaren Empfindungen im Verlauf der Aura darf vermutet werden, daß die Erregungswelle nie kaudalwärts verläuft.

Komplexe »vestibuläre« Empfindungen mit Veränderungen der räumlichen Sphäre sind in der Regel von einem Dreamy state begleitet oder gefolgt. Dementsprechend treten auch epigastrische, olfaktorische oder gustatorische Sensationen – wenn überhaupt – eher in Verbindung mit einem Raumschwindel als mit einem Bewegungsschwindel auf.

So kannte Jackson (1888) nur einen einzigen Patienten, dessen Aura mit Scheinbewegungen der Umwelt begonnen und dann über einen merkwürdigen Geruch oder Geschmack zu einem Dreamy state geführt hatte. Auch wir kennen nur einen Fall, bei dem es im Anschluß an einen Drehschwindel zu einer Geruchsaura und einem Dreamy state gekommen, und einen weiteren (Fall Johann Z.), dessen Aura von einem durch Metamorphopsien begleiteten Drehschwindel über akustische Sensationen in einen Dreamy state übergegangen ist.

Räumliche Veränderungen während der Aura müßten daher auf eine diffusere Erregungsausbreitung im Gebiet der temporo-parieto-okzipitalen Übergangsregion zu beziehen sein. In Analogie zum Dreamy state steht zu vermuten, daß für die als Raumschwindel bezeichneten Phänomene weniger besondere örtliche als vielmehr besondere dynamische Eigenschaften der zugrunde liegenden Erregung verantwortlich sind.

Auch die spärlichen Ergebnisse reizexperimenteller Untersuchungen lassen erkennen, daß vestibuläre Sensationen nicht von einem ähnlich umgrenzten Bezirk wie akustische oder optische Empfindungen auszulösen sind. Wenn Penfield u. Kristiansen auch hierbei den Akzent auf die obere Schläfenwindung legen, so berichten sie über gleiche Effekte auch bei Reizung der Temporo-Parietal-Region und – wie schon Foerster[541] – der oberen Parietalregion. Bei Reizung des oberen Parietallappens nahe der Mittellinie kam es gelegentlich zu dem Gefühl, vom Operationstisch zu rollen[124]. Metamorphopsien werden von manchen Autoren auf Schädigungen bezogen, die die temporo-parietale Übergangsregion zum Okzipitallappen betreffen[926, 1044].

Ein zentrales Projektionsfeld für vestibuläre Erregungen konnte bisher trotz zahlreicher experimenteller Bemühungen nicht abgegrenzt werden[937]. »Die Auslösbarkeit aller vertiginösen Störungen von verschiedenen Rezeptoren her, das Auftreten von Schwindel bei Läsionen der verschiedensten Hirnregionen und die recht weitgehende Möglichkeit pathologische Gleichgewichts- und Schwindelstörungen auszugleichen ... sprechen« nach Vogel[909] »dafür, daß dieser im physiologischen Sinne hinter den Organapparaten liegenden, diese miteinander verbindenden Funktionsschicht[1199] eine diffusere, vielleicht auch strukturell undifferenziertere zentrale Repräsentation zukommt als den Einzelsinnen, wie Auge und Ohr.« Andererseits sieht Vogel[909] nach den klinischen und experimentellen Erfahrungen keine Notwendigkeit dazu, der sich im Schwindel kritisch äußernden Leistung »das ganze Zentralnervensystem als anatomische Grundlage zuzuweisen«. Das Problem Struktur und Funktion betreffend zieht er einen Vergleich heran, den v. Kries einmal für die Physiologie des Raumsinnes gebraucht hat, den mit dem Funktionsgebiet der Sprache. Auch dieses stehe ja hinter den Projektionssystemen und dennoch könne für seine Störungen nicht das ganze Zentralnervensystem reklamiert werden.

Metamorphopsien in epileptischen Auren: Als Metamorphopsien bezeichnet man illusionäre Verformungen der visuellen Umwelt.

Würde man mit Critchley[971] die Definition auch auf visuelle Verkennungen von zeitlichen und emotionellen Eigenschaften ausdehnen, so müßte man hierunter auch Aura-Phänomene mit aufzählen, die aus klinischen Gründen an anderer Stelle abzuhandeln sind. Denn sowohl die Illusionen der Zeitigung im Sinne des »Schon-einmal« oder »Noch-nie«, der Beschleunigung oder Verlangsamung, wie die Illusion der Stimmung, sei es im Sinne des Angenehmen oder des Schrecklichen, gehören, auch wenn sie die visuellen Wahrnehmungen durchtränken, zum Thema des Dreamy state und damit vom klinischen Standpunkt aus zur Aura-Symptomatik psychomotorischer Anfälle.

Metamorphopsien sind äußerst vielfältig. So können die ganze Umwelt oder nur einzelne Sehdinge in ihrer Größe oder ihrer Distanz, in ihrer Form, Kontur oder Farbe, in ihrer Achsenstellung, ihrer Lage im Raum, ihrem Reliefcharakter verändert, ja selbst in ihrer Zahl vervielfacht erscheinen. Die Vielfalt der beschriebenen Sonderformen und der gewählten Sonderbezeichnungen steht in gewissem Widerspruch zu der Seltenheit dieser Vorkommnisse. Bei ihrer systematischen Aufzählung darf nicht übersehen werden, daß bei einer gegebenen Metamorphopsie oft mehrere Eigenschaften verändert erscheinen, ohne daß zu entscheiden ist, welcher die wesentliche Bedeutung zukommt.

So nennt man Veränderungen in der Größe von Objekten ganz allgemein Dysmegalopsien, Vergrößerungen Megalopsien oder Makropsien und Verkleinerungen Mikropsien. Bei Veränderungen der Distanz spricht man allgemein von Dysmetropsien; wenn die Umwelt sich entfernt von Porropsie, oder wenn sie wie durch ein verkehrt gehaltenes Fernrohr erscheint, von Teleopsie, was meist mit einer Mikropsie verbunden ist; wenn die Dinge näher rücken, entsprechend von Peleopsie[757], oder wenn sie – wie dann meist – größer werden, von Makro-Peleopsie. Daß beides zugleich auftreten kann, belegt ein Fall von Pötzl u. Schober (1958), bei dem alle Objekte auf der rechten Seite sehr nahe und auf der linken Seite sehr fern erschienen.

Fall Philipp F.: Grand mal-Epilepsie nach offener Verletzung der oberen hinteren Parietalregion links. Als Aura Porropsie, Makropsie und Schwebegefühl im Rahmen eines visuellen Dreamy state.

Erlitt 1944 durch Granatsplitter eine Impressionsfraktur mit umschriebener Hirn-Dura-Verletzung. Die Röntgenaufnahmen zeigen einen unregelmäßigen glattrandigen Knochendefekt von 4,5 cm mal 3,5 cm links hinten hochparietal, daumenbreit paramedian. War bei der Verletzung nicht bewußtlos, hatte aber vorübergehend kontralateral eine Hemiparese mit Hemihypästhesie. 4 Monate später bis heute traten generalisierte epileptische Anfälle auf, die von folgender Aura eingeleitet waren: Es beginnt damit, daß alles, was vor seinen Augen liegt, in die Ferne rückt und sich darüber ein anderes, »falsches« Bild lagert, das er nicht genau beschreiben kann; er meint aber, daß es das Gelände darstelle, in dem er verwundet worden sei. Um eine genauere Beschreibung gebeten, gibt er an, daß es sich um eine Art Hügellandschaft mit einem Hohlweg handle, muß aber auf Befragen einräumen, daß sich an der Stelle, an der er verwundet wurde, kein Hohlweg befunden habe. Doch komme ihm das ganze bekannt vor. Auch dieses Bild rücke ebenso wie die wirkliche Umgebung weit weg, sei aber auch manchmal riesig groß. Während dieses Zustandes, bei dem er sich

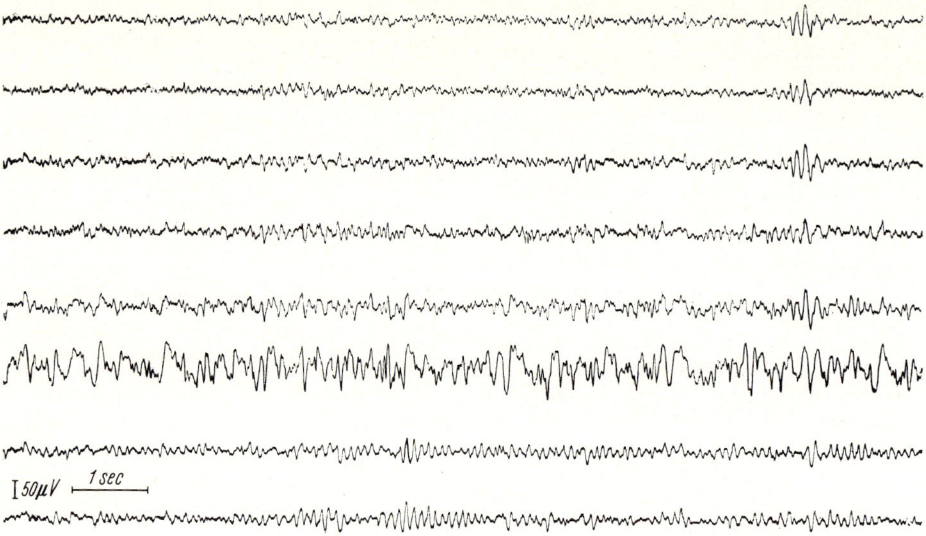

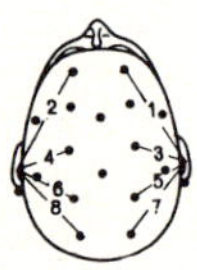

Abb. 128. Fokale Dysrhythmie parietal links (Fall Philipp F.).

»wie in einem Traum« empfinde, kommt es ihm vor, als ob er sich ganz allein in einem großen Raum befände, oder aber auch, als ob er wie in einem Luftballon schweben würde. Dann gäbe es mit einmal einen »Knacks« und er wisse nichts mehr von sich (EEG s. Abb. 128).

Veränderungen in der Form, die allgemein als Dysmorphopsien (Fall Hans-Peter E.) bezeichnet werden, können als Abflachungen oder Verschmälerungen in horizontaler oder vertikaler Ebene — sogenannte Dysplatiopsien — auftreten, wobei dann etwa Buchstaben abgeflacht oder in die Länge gezogen oder Personen wie im Falle von Gastaut et al.[1017] ganz mager oder wie im Falle Otto G. Umgebung wie Personen länger und höher als normal aussehen. Gesichter können sich so verzerrt darstellen, daß sie — von Critchley[970] auch als Prosometamorphopsie bezeichnet — wie kubistische Porträts anmuten. Manchmal kann sich die Verzerrung von Objekten, meist von Personen oder von Gesichtern, nur auf einer Seite bemerkbar machen wie in einem Fall von Mouren u. Tatossian, der nur die linke Hälfte eines Gesichtes anschwellen sah oder wie im Falle Friedrich Sch., dem die linke Seite seiner neben ihm liegenden Frau »wie bei einem Leichnam abgemagert, wie zu Haut und Knochen zusammengeschrumpft« vorkam. Es können aber auch Objekte in der horizontalen oder vertikalen Ebene auseinandergezerrt oder auseinanderweichend gesehen werden. Derartige halbseitige Ver- oder Entzerrungen legen wie im Fall Friedrich Sch. entsprechende hemianopische Funktionsstörungen nahe.

Daß sich Gegenstände nach der Seite neigen — auch Plagiopsie[1108] genannt —, so daß die subjektive Vertikale schief zu werden scheint, daß Winkel weiter oder enger werden, daß sich die geometrische Struktur der Gebilde verzerrt, ist oft beschrieben worden. Die Umwelt kann sich bis zu 90° auf die Seite legen oder sogar eine Inversion um 180°[1026, 1057, 1082, 1137, 1203] erfahren.

Fall Johann Z. (Linkshänder): Postenzephalitische (?) Epilepsie mit isolierten Auren und Aufwach-Grand mal. Als Aura Plagiopsie, Porropsie, Drehschwindel, Atemnot, Angst, oder Porropsie mit Drehschwindel und einfachen akustischen Sensationen im Rahmen eines intellektuellen und visuellen Dreamy state mit Atemnot und Absturzgefühl.

Als Kind überstand er eine fieberhafte Erkrankung, bei der es sich um eine Enzephalitis gehandelt haben könnte. — Seit dem 12. Lebensjahr überfiel ihn alle

8—14 Tage plötzlich ein Gefühl von »Übelkeit« im Kopf, wobei die Umgebung von ihm fortzurücken und alle Winkel und Ecken schräg zu werden schienen. Seit seinem 14. Lebensjahr trat ein furchtbares, nicht zu lokalisierendes Beklemmungsgefühl hinzu, als ob ihm die Luft abgepreßt, der Hals zugedrückt werde, so daß ihn eine schreckliche Angst überkam. Als er 18 Jahre alt war, bekam er als Ministrant im Gottesdienst unmittelbar vor dem Altar zum ersten Mal einen großen Anfall mit generalisierten Zuckungen, der von folgender Aura eingeleitet war: Es begann wieder damit, daß die Umgebung wegrückte, dann setzte jedoch gleichzeitig mit der Verschiebung aller Winkel und Kanten ein Drehschwindel ein, wobei sich die Umgebung wie in einem Karussell nach rechts herum drehte, bis er bewußtlos wurde.
Solche Anfälle wiederholten sich in den folgenden Jahren in unregelmäßigen Abständen vorwiegend nach dem Aufwachen und nach Feierabend. Obwohl er wußte, daß Schlafmangel und Alkohol die Anfälle förderten, begann er zu trinken, »um diese Dinge zu vergessen«, wie er sagte, und meldete sich freiwillig zur Schichtarbeit.
Kurz bevor er sie antreten sollte — er war inzwischen 20 Jahre alt geworden — bekam er wieder einen Anfall mit einer Aura, die ihn außerordentlich geängstigt hat: Wieder rückte die Umgebung fort und wieder begann sich die Umgebung nach rechts zu drehen; doch diesmal tauchte gleichzeitig ein bestimmter Gedanke in ihm auf, an den er sich später nicht mehr erinnern konnte. Zugleich vernahm er ein unheimliches, heulendes Geräusch im Kopf und sah Bilder vor sich, in denen sich bedrohlich wirkende, unheimlich aussehende, rotierende Gestalten bewegten, die er nachher nicht mehr anders als eine Art Gespenster oder Ungeheuer bezeichnen konnte, die ihn bedrohten, so daß er, kurz bevor er bewußtlos wurde, meinte, ersticken zu müssen. Beim letzten Anfall dieser Art hatte er, kurz bevor er bewußtlos wurde, das Gefühl, den Boden unter den Füßen zu verlieren und in einen Abgrund zu stürzen.
Was er während dieser Auren erlebte, war für ihn so schrecklich und »unmöglich«, daß er niemandem etwas davon erzählte aus Furcht, man könne ihn für verrückt halten. Im Grunde war er davon überzeugt, daß er mit der Zeit bestimmt »verrückt« werden würde, weil er solch grauenhafte Erlebnisse auf die Dauer nicht aushalten könne. Während der Aura konnte er sprechen und auch verstehen, was zu ihm gesprochen wurde.
Im EEG fanden sich außer einer leichten Allgemein- und einer leichten Hyperventilationsveränderung mit einer geringen Dysrhythmie deutliche Herdveränderungen links von temporal hinten bis okzipital mit α-Verminderung und vermehrten Zwischen- und δ-Wellen.

Die Kontur der Dinge kann sich ändern, indem Linien wellenförmig, Ränder ausgefranst, »irradiiert« oder unterbrochen[995, 1079] erscheinen. Wenn die Farbigkeit der Umwelt nachläßt und alles wie im Falle von Gastaut et al.[1017] oder wie im Falle Otto G. grau und farblos wird, spricht man von Achromatopsie. Andererseits kann aber auch alles nur von einer Farbe getönt sein und etwa bei Rot dann als Erythropsie bezeichnet werden.
Illusionäre Verkennungen der Reliefstruktur sind sowohl als Verlust wie als Steigerung des stereoskopischen Sehens bekannt. Im ersten Falle erscheint alles zweidimensional wie auf einem Bild[1112, 1158], im letzteren Nahes noch näher und Fernes noch ferner als normal. Vervielfältigen sich die Dinge, spricht man von Polyopsien, einem Phänomen, das nach Hoff u. Pötzl[1056] besonders häufig sei.
Scheinbewegungen der Umwelt, die im Zusammenhang mit den vestibulären Auren abgehandelt wurden, können als Kinetopsien zusammengefaßt werden. In einem weiten Verständnis könnten hier auch solche Phänomene untergebracht werden, bei denen sich bewegte Objekte schneller (Fall Ursula B.) — sozusagen im Zeitraffertempo — oder langsamer — sozusagen im Zeitlupentempo — zu bewegen scheinen, wie auch, daß eine tatsächliche Bewegung nicht wahrgenommen wird, oder noch komplizierter, daß — wie in einem Fall von Mullan u. Penfield — ein unbewegter Gegenstand den Eindruck einer geradezu aufdringlichen Unbeweglichkeit macht. Und schließlich auch, daß nur die Konturen von Objekten sich irgendwie, sei es flimmernd oder pulsierend, zu bewegen scheinen.
Verkennungen der räumlichen Orientierung sind nicht nur als Teleopsie und Peleopsie in der Sagittalen möglich, sondern können sich auch auf Oben und Unten, auf Rechts und Links beziehen. Ganz ungewöhnlich ist die Verlagerung eines Objektes von der einen auf die andere Seite des Gesichtsfeldes, wie es 1928 von Herrmann u. Pötzl als »optische Alloaesthesie« beschrieben wurde.
Als Metamorphopsien in einem weiteren Sinne können auch die von Critchley[970] ausführlich beschriebenen visuellen Perseverationen gelten. Darunter versteht man das Verharren oder Wiederauftreten visueller Wahrnehmungen, obwohl das Objekt der Wahrnehmung inzwischen verschwunden ist. Critchley[970] unterscheidet zwei Arten: 1. visuelle zeitliche

Perseverationen oder Paliopsien und 2. visuelle räumliche Perseverationen. Letztere äußern sich als Illusion einer Ausbreitung und Ausdehnung visueller Gegebenheiten wie etwa bei dem Eindruck, daß sich das gestreifte Muster eines Kleides über das Gesicht seiner Trägerin oder das Muster eines Vorhangs über die Wand hin ausbreitet. Bei Ersteren können die visuellen Eindrücke die visuelle Exposition kurze Zeit überdauern oder erst nach einem freien Intervall auftreten. Als Beispiel der ersten Spielart wäre etwa die Patientin von LE BEAU u. WOLINETZ anzuführen, die die Knöpfe an der Jacke ihres Mannes noch eine Zeitlang überall dort gesehen hat, wo sie gerade hinschaute; oder der Patient von WILLIAMS, der während seiner Anfälle zu sehen glaubte, daß sich seine linke Hand entferne und zugleich den Eindruck hatte, daß sie jemand anderem gehöre. Erschreckt darüber steckte er sie unters Bettuch, mußte aber zu seinem Entsetzen feststellen, daß er sie weiter in ihrer alten Lage verharren sah. Bei der zweiten Spielart kann das Intervall kurz sein wie bei einer Patientin von CRITCHLEY[971], die, einen kurzen Moment nachdem jemand am Fußende ihres Bettes von links nach rechts vorübergegangen war, die Empfindung hatte, als ob die gleiche Person noch einmal vorübergegangen sei; oder wie bei einem Patienten von ROBINSON u. WATT, der, kurz nachdem ein Mann auf ihn zugekommen und an ihm vorbeigegangen war, meinte, den Mann abermals an sich vorübergehen zu sehen. Als ein Beispiel für eine Paliopsie mit etwas längerem Intervall kann wieder die Patientin von LE BEAU u. WOLINETZ angeführt werden, die bei einer anderen Gelegenheit nach einem Kinobesuch Tränen über die Wangen ihres Mannes kullern sah, die kurz zuvor aus den Augen des Filmstars geflossen waren.

Metamorphopsien sind nicht unbedingt Lokalsymptome einer Gehirnerkrankung. Sie stellen nicht einmal immer etwas Krankhaftes dar; denn sie kommen auch bei Gesunden vor. Als Symptome können sie bei Psychosen und bei Neurosen, bei Delirien und Vergiftungen (Meskalin, Belladonna), im Beginn einer Narkose, bei anoxämischen Zuständen, als Aura synkopaler und labyrinthärer Anfälle auftreten. Als epileptische Auren sind sie selten. LALOUE berichtet von 22 epileptischen Auren mit Metamorphopsien unter 158 visuellen Auren, HÉCAEN u. ANGELERGUES über 83 Fälle bei zerebralen Erkrankungen. Wir kennen 10 Fälle unter insgesamt 86 Fällen mit sensorischen Auren.

Was ihre Verbindung mit anderen Sensationen im Verlauf von epileptischen Auren angeht, so soll es bei visuellen Bewegungsillusionen vorwiegend zu Schwindel, bei visuellen Deformierungen vorwiegend zu Dreamy states, bei Polyopsien vorwiegend zu Amaurosen kommen, während bei Dysmegalopsien (Makropsie, Mikropsie) nur relativ selten andere Sensationen hinzutreten[612].

Was ihre Verbindung mit motorischen Anfällen angeht, so sollen sie im Vergleich mit anderen visuellen Auren relativ häufig zu großen Anfällen, sehr selten zu Jackson-Anfällen, fast nie zu psychomotorischen Anfällen und nie zu adversiv eingeleiteten Anfällen führen[1094].

Metamorphopsien gehen am häufigsten unter allen visuellen Auren mit Illusionen des Körperschemas einher[1094]. Auch aus diesem Grunde hat die Annahme viel Wahrscheinlichkeit für sich, daß Metamorphosien und Körperschemastörungen nur jeweils die projektive oder die introjektive Entfaltung des gleichen Störungsmusters darstellen.

Was die Lokalisation angeht, so sprechen die klinischen, elektroenzephalographischen und reizexperimentellen Befunde dafür, daß Metamorphopsien häufiger bei Läsionen der nichtdominanten Hemisphäre auftreten[612, 757]. HÉCAEN u. ANGELERGUES fanden Metamorphopsien unter 504 kortikalen Läsionen bei Rechtshändern in 14,4% bei rechts- und in 7,3% bei linkshirnigen Affektionen. Wenn auch soviel klar ist, daß die verantwortlichen Hirnareale hinter der Zentralregion zu suchen sind, so konnte eine umschriebene Lokalisation nicht ausfindig gemacht werden. Metamorphopsien können vielmehr ebenso von der okzipitalen wie von der temporalen und der parietalen Region ausgehen. HÉCAEN u. ANGELERGUES glauben aus ihren Befunden schließen zu können, daß in der dominanten Hemisphäre dem Parietallappen und in der nicht-dominanten Hemisphäre dem Okzipitallappen ein größeres Gewicht zur Auslösung von Metamorphopsien zukomme. Die Schule von PÖTZL[1055, 1058, 1146, 1147, 1149] hat in zahlreichen Arbeiten besonders den Anteil vestibulärer Einflüsse auf die visuelle Wahrnehmung hervorgehoben und je nach den in Dysmorphopsien erscheinenden Abwandlungen der subjektiven Vertikalen oder Horizontalen Schlüsse auf die Lokalisation der Störungen in der Interparietalregion, in den parieto-okzipitalen oder temporo-okzipitalen Übergangsgebieten gezogen.

Störungen des Körperschemas in epileptischen Auren: Als Störungen des Körperschemas bezeichnet man illusionäre Verformungen des eigenen Körpers.

Ursprünglich von PICK (1908) und neuerdings wieder von POECK (1965) wird als »Körperschema« die komplexe Funktion bezeichnet, die eine Orientierung am eigenen Körper ermöglicht. Als deren Störungsformen kommen in Frage:
die Autopagnosie, d. h. die Unfähigkeit Teile des Körpers zu zeigen oder zu benennen,
die Fingerwahlstörung, d. h. die Schwierigkeit an sich selbst oder an einem Gegenüber, sei es einer Person, einem plastischen Modell oder einer Zeichnung, die Finger zu identifizieren,
die Hemiasomatognosie, d. h. die Vernachlässigung, Abspaltung oder gar Leugnung einer — meist der linken Körperhälfte — oder einer Extremität,
heautoskopische oder Doppelgänger-Erlebnisse,
Empfindungen eines überzähligen Phantomgliedes,
einer Verwandlung und
einer Verlagerung des Körpers oder von Teilen des Körpers.

Für die Betrachtung paroxysmaler Störungen des Körperschemas scheiden autopagnostische Störungen sowie solche der Fingerwahl oder der Seitenwahl aus, da deren Nachweis an die Untersuchung von Zuständen gebunden ist. Doch sollte man bei der Anamnese von Anfällen, speziell bei der Frage nach der Seite, auf der ein Anfall begonnen hat, unter anderen Fehlerquellen, die durch das Alter, das intellektuelle und linguistische Niveau der Patienten bedingt sein können, immer auch daran denken, daß etwaige Fehlangaben auf eine hirnpathologisch bedingte Rechts-Links-Störung zurückgehen können.

Paroxysmale somatognostische Phänomene beschränken sich nach HÉCAEN u. DE AJURIAGUERRA auf Illusionen in Form eines Fehlens, einer Verformung oder einer Verlagerung des Körpers oder seiner Teile und von überzähligen Gliedern sowie auf heautoskopische und Doppelgänger-Halluzinationen.

Diese unter systematischem Aspekt aufgeführten Phänomene haben als Symptome im Verlauf epileptischer Anfälle einen recht verschiedenen Stellenwert. So kommen etwa Illusionen, als ob ein Glied fehle, wahrscheinlich nur als postparoxysmale Symptome, Illusionen einseitiger Verformungen oder Verlagerungen von Gliedmaßen hingegen auch als paroxysmale Symptome sensibler oder senso-motorischer Jackson-Anfälle vor. Anfallsweise Illusionen von Verformungen oder Verlagerungen bilateraler oder globaler Art sind in der Regel, ebenso wie anfallsweise heautoskopische oder Doppelgänger-Erlebnisse, Symptome eines Dreamy state und weisen daher auf das Vorliegen psychomotorischer Anfälle hin (s. S. 185). Schon deswegen, weil sie sowohl im Rahmen von Anfällen der Zentralregion wie von Anfällen des Schläfenlappens auftreten, ist es unwahrscheinlich, daß das Körperschema eine umschrieben lokalisierbare Funktion darstellt. Aber auch wenn man annimmt, daß es sich dabei um eine komplexe, über den Parietallappen hin ausgedehnt lokalisierte Funktion handelt, müßten entsprechende Störungen als Aura oder Anfallssymptome wesentlich häufiger vorkommen, als es der klinischen Erfahrung entspricht. HÉCAEN u. DE AJURIAGUERRA haben 1952 insgesamt 51 Beobachtungen aus der Weltliteratur zusammengetragen, wobei es sich nur zum Teil um paroxysmale, oft jedoch um postparoxysmale Symptome oder gar um psychotische Erlebnisse gehandelt hat.

Mit der Erwähnung der kurz gehaltenen Bemerkung V. SALMUTHS, einer seiner Epileptiker habe die Empfindung gehabt »sein Schenkel sei an Volumen versechsfacht« zitiert DELASIAUVE 1854 den ältesten Hinweis auf eine im epileptischen Anfall erlebte Leibentstellung. Die Darstellung läßt offen, ob diese transitorische und partielle Körperschemastörung vor, während oder nach einem Anfall aufgetreten war. Spätere Mitteilungen beschreiben ähnliche Erlebnisse vorwiegend als Symptome von Jackson-Anfällen[396, 926, 931, 1014, 1017, 1042, 1099, 1158]. Die Veränderungen betrafen dabei stets nur einzelne Extremitäten oder Gliedabschnitte. Lediglich LUNN berichtet von solchen Sensationen als Aura eines generalisierten Krampfanfalls. GASTAUT et al.[1017] schildern Störungen des Körperschemas während eines von olfaktorischen Halluzinationen begleiteten Dreamy state, DAVID et al.[973, 974] im Beginn einer akustischen, gustatorischen und visuellen Aura. Aus anderen Kasuistiken von MARCHAND u. DE AJURIAGUERRA[105, 1110], GUREWITSCH, KLEIN ist leider die Art der nachfolgenden Anfälle nicht zu rekonstruieren. Erlebnisse partieller körperlicher Verformungen während Dämmerzuständen werden von CRITCHLEY[971] und von VIÉ erwähnt.

Noch seltener sind Beobachtungen über somatognostische Störungen[1033, 1042, 1110, 1175] oder über Phantomempfindungen[945, 971, 1042] als epileptisches Anfallssymptom.

Am häufigsten — unter unseren 20 Beobachtungen körperschematischer Störungen während epileptischer Auren insgesamt 8mal — wird über *einseitig umschriebene körperliche Verformungen* berichtet. Dabei kommt es zu Empfindungen, als ob ein Körperabschnitt — vorzugsweise in den distalen Partien — größer und gröber werde (Fälle Friedrich N., Edgar F., Karl S., Hans-Peter E.). So gab ein Patient an, seine Hand so plump wie einen Boxhandschuh, ein anderer, seine große Zehe so dick wie eine Bratwurst empfunden zu haben.

Fall Hans-Peter E.: Partielle Körperschemastörung bei sensiblen Jackson-Anfällen: Vergrößerung der Finger, phantomartige Scheinbewegung des Arms, Dysmorphopsie.

Seit dem 14. Lebensjahr treten bei dem 19jährigen jungen Mann in unregelmäßigen Abständen vorwiegend nachts im Schlaf große epileptische Anfälle auf, die durch sensible und senso-motorische Jackson-Anfälle eingeleitet werden. Manchmal kommt es auch isoliert zu Jackson-Anfällen ohne nachfolgende Grand mal. Es beginnt mit einer Gefühllosigkeit und Steifigkeit im rechten Daumen, die über die Hand auf den Arm übergreift und zum Hals hinaufzieht. Dabei hat er den Eindruck, als ob sich der rechte Arm bis über den Kopf hinauf in die Höhe hebe und sich gleichzeitig nach außen drehe. Währenddessen meint er, daß die Finger der rechten Hand länger und dicker werden. Er könne aber sehen, daß sich an der Hand und am Arm überhaupt nichts verändert. Wenn der Anfall weitergeht, sehe er seine Umgebung ganz verzerrt und verliere dann das Bewußtsein. — Unter der Behandlung kam es nur noch einmal zu einem Anfall, der aber lediglich in einem isolierten Beugekrampf der Hand ohne weitere Ausbreitung bestand, bei dem er auch keine Scheinbewegung des Armes wahrgenommen hat. — Neurologisch war außer einer konstruktiven Apraxie und einer latenten Parese rechts kein krankhafter Befund zu erkennen. Pneumenzephalographisch stellte sich ein mäßiger Hydrocephalus internus dar. Elektroenzephalographisch war ein Zwischenwellenherd temporal links hinten festzustellen.

Solche Empfindungen einseitig umschriebener körperlicher Vergrößerungen kommen nach unseren Erfahrungen nur im Rahmen sensibler oder senso-motorischer Jackson-Anfälle vor (s. auch S. 312).

Über umschriebene Verkleinerungen und Verschmälerungen ist uns nichts bekannt geworden. Doch sei hier kurz das Erlebnis eines Patienten berichtet, der während einer optischen Aura eine halbseitige Verschmälerung nicht an sich selbst, sondern im Sinne einer Dysmorphopsie an seiner neben ihm liegenden Frau wahrgenommen hat:

Fall Friedrich Sch.:

Es handelte sich um einen 65jährigen Schuhmacher, der seit 5 Jahren tageszeitlich diffus verteilte große Anfälle bekam, die von optischen Auren eingeleitet wurden. Es beginnt immer damit, daß sich von links her farbige Vierecke nähern und nach rechts ziehen. — Einmal wachte er mitten in der Nacht auf und schaute nach links zu seiner neben ihm liegenden Frau. Mit dem Gedanken: »sie schläft ja« wollte er sich wieder zurückwenden, da erschien sie ihm plötzlich ganz verändert: Ihre linke Seite sei wie bei einem Leichnam ganz abgemagert, wie zu Haut und Knochen zusammengeschrumpft gewesen. Die rechte Seite habe ganz normal ausgesehen. Dann sei, bevor er das Bewußtsein verlor, seine Frau erst langsam, dann immer schneller von ihm weggewichen, »wie ein Schiff, das davonschwimmt«.

Gelegentlich wird über die Illusion berichtet, *als ob sich ein Glied bewege*. Dabei kann, wie im Fall Hans-Peter E., das Gefühl einer regelrechten Verlagerung einer Gliedmaße eintreten, ohne daß eine wirkliche Bewegung stattfindet. Doch ist solchen Angaben gegenüber eine gewisse Skepsis am Platz, weil man als Zeuge eines solchen Anfalls meist feststellen kann, daß gleichzeitig ein sichtbarer Krampf abläuft. Immerhin bleibt an solchen Vorkommnissen die Diskrepanz zwischen der Empfindung einer Bewegung und der Meinung einer Nicht-Bewegung bei tatsächlichem Krampf bemerkenswert, da sie auf eine Tendenz zur Leugnung hinweist, die gewissermaßen ein epileptisches Pendant zur Leugnung von Lähmungen darstellt. Nach unseren Erfahrungen tritt eine solche Dissoziation zwischen Bewegungsgefühl und tatsächlicher Bewegung, sei es daß eine Scheinbewegung empfunden oder eine wirkliche Bewegung geleugnet wird, nur bei partiellen Anfällen und hier besonders gern im Zusammenhang mit partiellen tonischen Krämpfen auf.

Auch paroxysmale Störungen im Sinne einer *Hemiasomatognosie* sind immer an sensible oder senso-motorische Jackson-Anfälle gebunden. Über drei solcher Fälle (Martha E., Albert T., Edgar F.), bei denen eine Gliedmaße nach einer voraufgehenden parästhetischen Aura nicht mehr wahrgenommen wurde, ist im Zusammenhang mit sensiblen und senso-motorischen Jackson-Anfällen schon berichtet worden. In der Regel tritt der Eindruck, als ob der Arm oder das Bein fehle oder nicht mehr zu einem gehöre, erst am Ende des Anfalls auf, so daß es sich dabei wahrscheinlich nicht um ein paroxysmales Erregungs-, sondern um ein postparoxysmales Erschöpfungssymptom handelt.

Paroxysmale Phantomempfindungen scheinen extrem selten zu sein. Ein Streckenarbeiter bei der Bahn hatte während der Arbeit zu Beginn eines sensiblen Jacksonanfalls plötzlich so lebhaft das Gefühl, als stehe sein Fuß unter einer Eisenbahnschiene, daß er seine Kameraden bat, ihn davon zu befreien. Diese Fehlempfindung könnte man noch als Illusion einer körperlichen Verlagerung beschreiben oder aber schon als Illusion eines zusätzlichen Gliedes, d. h. als Phantom, weil der Patient mit den Augen sah, daß sein Fuß neben der Schiene stand. Eindeutigere Phantomempfindungen beschrieb eine Patientin von RIDDOCH mit einer rechts parietalen Atrophie und sensiblen Jackson-Anfällen, die mit dem Gefühl begannen, als hätte sie zwei Reihen von Zehen am linken Fuß, wobei sich die zusätzlichen Zehen zusammenkrallten, die anderen jedoch unverändert blieben. Nach DE AJURIAGUERRA u. HÉCAEN können Gliedmaßen – meist der Arm – verdoppelt oder vervielfacht werden. Bei solchen Angaben wird man zunächst immer zu prüfen haben, ob es sich nicht um von Lähmungen begleitete fokale ischämische Attacken handelt, wie es die Beobachtungen von Fällen nahelegen, die CRITCHLEY[971] erwähnt, wobei zugleich mit dem Verlust des Gefühls – gewöhnlich im linken Arm – Gegenstände aus der Hand fallen und der Arm eine andere Haltung einzunehmen scheint. – Die Scheinbewegung eines Gliedes, wie sie unser Fall Hans-Peter E. erlebte, könnte auch als ein Bewegungsphantom interpretiert werden.

Ganz ungewöhnlich ist die visuelle Illusion eines zusätzlichen Gliedes, wie sie WILLIAMS (1956) erwähnt und v. GO (1961) von einem 20jährigen Mann berichtet, der seit seinem 14. Lebensjahr an senso-motorischen Jackson-Anfällen litt, die in Adversiv-Krämpfe übergingen:

Es begann mit Parästhesien und rhythmischen Zuckungen im Zeigefinger und Daumen der linken Hand. Wenn die Parästhesien den Ellbogen erreicht hatten, wurde der linke Arm abduziert hochgehoben und der Kopf nach der linken Seite gezogen. Zugleich fühlte und sah er einen von der linken Körperseite rechtwinklig ausgestreckten dritten Arm, in dem sich ein kräftiges und schmerzvolles Ziehen bemerkbar machte. Während des Anfalls erschienen ihm die Gegenstände in seiner Umgebung klein und entfernt. Bei der Operation ergab sich ein Spike-Fokus über einem umschriebenen Gebiet der Zentralregion, das reizexperimentell als das Daumen- und Zeigefingerfeld zu ermitteln war. Nach Koagulation dieses Gebietes traten keine Spitzenentladungen und auch keine Anfälle mehr auf.

Nahezu nichts ist darüber bekannt, wie sich ein nach einer Amputation aufgetretenes Phantomglied während eines Jackson-Anfalls verhält.

Bei einem Kranken von HEBEL, der wiederholt im Phantomarm von der Hand über Arm und Schulter bis zum Kopfende aufsteigende schmerzhafte Parästhesien und zugleich eine Verkrampfung mit Beugekontraktur im Phantom bemerkte, bevor er bewußtlos wurde, ist es zweifelhaft, ob es sich um epileptische Anfälle gehandelt hat. — VIZIOLI[1192] führt unter 3 Amputierten mit epileptischen Anfällen einen Kranken mit einem Phantomglied an, bei dem wegen eines Hirnabszesses eine temporale Lobektomie vorgenommen werden mußte. Nach der Operation bekam er »Anfälle, die — vom Phantomglied fortschreitend — einem strikten Jackson-march folgten«.

Vielleicht darf das Fehlen analoger Beobachtungen als Hinweis darauf gelten, daß ein Phantomglied nur höchst selten an einem Jackson-Anfall teilnimmt.

Bilateral partielle körperliche Verformungen können – wie im entsprechenden Kapitel (S. 185) erwähnt – als Aura-Phänomene vor psychomotorischen Anfällen auftreten.

Fall Rosa L.:

So bekam eine 38jährige Frau mit nächtlichen großen Anfällen tagsüber psychomotorische Anfälle mit ausdruckslosem Blick, Erblassen, Speichelfluß, Schluck- und Kostebewegungen, an die sich ein kurzer Dämmerzustand anschloß, in dem sie an sich herumnestelte. Als Aura gab sie eine »merkwürdige«, schwer zu beschreibende Veränderung ihres Befindens an, wobei gleichzeitig vom Magen eine Art Wärmegefühl zum Kopf aufstieg, das sich im Mund als »übler Geschmack« ausbreitete. Wenn es so weit war, bemerkte sie noch, daß sich alle Finger an beiden Händen ganz dick und wie aufgeblasen anfühlten, dann verlor sie die Besinnung. Im EEG waren während des Intervalls von temporo-basal links eingestreute positiv gerichtete steile Wellen zu sehen.

Als Beispiel einer nur auf den oberen Körperpol beschränkten Vergrößerung mit einer Dysmegalopsie des entsprechenden Raumes ist der Fall Georg Sch. anzuführen, der im Rahmen einer von einem Dreamy state begleiteten optisch-akustischen Aura das Gefühl hatte, als ob sein Kopf größer werde und sich der Raum um seinen Kopf unendlich ausdehne.

Globale Entstellungen des ganzen Körpers, die auch bei ischämischen Anfällen erlebt werden können, scheinen in epileptischen Auren extrem selten zu sein und, soweit den Berichten zu entnehmen ist, nur im Rahmen eines Dreamy state, d. h. als Aura oder Äquivalent psychomotorischer Anfälle vorzukommen:

So erlebte ein 39jähriger Patient von KLEIN, wie der ganze Körper plötzlich wuchs, bis er »plump und schwer« geworden war. Im Falle von MARCHAND u. DE AJURIAGUERRA[105] hatte eine Kranke (Fall Mme B.) während der Aura ihrer Anfälle den Eindruck, auf die Größe einer 10—12jährigen zusammenzuschrumpfen. Eine 47jährige Patientin von VIÉ fühlte sich so reduziert »wie eine kleine Alte von 80 Jahren«. HÉCAEN u. DE AJURIAGUERRA berichten über eine Patientin, die die Empfindung hatte, kleiner zu werden, während ihr alles in der Umgebung vergrößert erschien. Die gleiche Verbindung mit einer Metamorphopsie erscheint in der Schilderung eines 40jährigen Patienten von GASTAUT et al.[1017], der sich selbst ganz mager und von grauem Teint vorkam. Zugleich erschienen ihm alle Personen, die er anschaute, glanzlos, abgeplattet und verbreitert oder so hager, wie wenn er »Photographien Gefangener von Buchenwald« vor sich sehe. In ähnlicher Weise veränderten sich offenbar auch die Gegenstände der Umwelt. Während dieser etwa 2—3 min anhaltenden Zustände konnten im EEG temporal hinten Spitzen von einer Amplitude von 150 μV abgeleitet werden.

Analog dazu kennen wir einen Patienten, der während eines Dreamy state mit Dysplatiopsie eine der visuellen Verformung entgegengesetzte Körperschemastörung im Sinne einer Verkleinerung erlebte. Darüber hinaus bemerkte er vor seinen psychomotorischen Anfällen komplexe visuelle und akustische Halluzinationen, eine Achromatopsie der Umgebung sowie körperliche und orale Sensationen:

Fall Otto G.:

Es handelt sich um einen 45jährigen Mann, der seit 12 Jahren unter psychomotorischen Anfällen zu leiden hatte, bei denen der Blick starr und das Gesicht blaß wurde; dann kam es zu kostenden Lippenbewegungen und kräftigen Schluckbewegungen, zu einem Schweißausbruch und einem kurzen nachfolgenden Dämmerzustand. — Die Aura beginnt mit einem beklemmenden Gefühl, als ob ihn alle Menschen beobachteten. Dabei kommt ihm die ganze Situation so vor, als ob er sie schon einmal erlebt habe; selbst fremde Personen erscheinen ihm so, als ob er schon einmal mit ihnen irgendwo zusammen gewesen sei. Zugleich sieht er, daß sich die ganze Umgebung, sowohl Personen wie Gegenstände, in die Länge ziehen und dadurch länger und höher als normal aussehen. Wenn er das bemerke, erschrecke er und komme sich selbst dabei so klein und schmal vor, als ob er vielleicht nur 1 m lang sei und nur etwa 60 Pfund wiegen würde. Obwohl er das Krankhafte dieses Zustandes erkennt, ist es ihm doch ein schrecklicher Gedanke, daß ihn jemand in dieser Verfassung sehen könnte. — Bei anderen Anfällen sehe er »Bilder« vor sich: Am häufigsten sei die Vorstellung, daß er einen Berg hoch und dann wieder hinabsteigen müsse, um etwas zu holen, was er vergessen habe. Wenn er wieder unten angelangt sei, höre er »in seinem Kopf« die Stimme seines Chefs, die ihm Vorwürfe mache etwa derart, was er da wieder für einen Unsinn gemacht habe. Den genauen Wortlaut kann er nicht erinnern. Er weiß nur, daß er das nicht leibhaft höre, sondern nur den Eindruck habe, als ob er das höre. Bei anderen Anfällen sei es nicht die Stimme seines Chefs, sondern seine eigene Stimme, die so etwas ähnliches wie: »Du bist ein Rindvieh« zu ihm sage. Aber er ist nicht sicher, ob er sich das nur in Gedanken sage, gewissermaßen um sich Mut zu machen. — Während der »Bilder« in seinem Kopf nehme er die Umgebung zwar weiterhin wahr, aber ohne jegliche Farben, Alles sei dann so wie in einem Schwarzweiß-Film. — Das Kommen eines Anfalls bemerke er daran, daß alles um ihn herum eigentümlich ruhig werde, daß er dann ein Kribbeln am Hodensack, manchmal auch im Gesicht verspüre und ihn eine Gänsehaut überlaufe. Ab und zu bekomme er dabei auch einen komischen Geruch oder Geschmack in den Mund, etwa so wie bittere Mandeln, manchmal aber so merkwürdig, daß er es nicht beschreiben könne, sondern nur erinnere, daß es unangenehm war.

Für die Theorie des Körperschemas sind die krisenhaften Störungen insofern besonders gewinnbringend, als sie erkennen lassen, daß Erlebnisse einer *Verformung des eigenen Körpers* in der Regel mit Metamorphopsien, d. h. mit Erlebnissen einer entsprechenden *Verformung der Umwelt* Hand in Hand gehen. Die räumliche Vorstellung vom eigenen Körper scheint daher keine isolierte, als »Orientierung am eigenen Körper« definierte Funktion zu sein, sondern eine mit der räumlichen Vorstellung von der Umwelt innig verknüpfte Leistung der körperlich-räumlichen Ich-Umweltbeziehung.

So hat denn auch die Verbindung von Körperschemastörungen mit Metamorphopsien bei lokalisatorischen Überlegungen den Anlaß gegeben, sie der parieto-okzipitalen Übergangsregion zuzuweisen, bzw. als sogenanntes Interparietal-Syndrom zu deuten[1017, 1032, 1055]. Doch kann diese Bestimmung allein schon auf Grund der Erfahrung, daß sie häufig mit einem Dreamy state verbunden sind, nicht befriedigen.

Auch *heautoskopische* und *Doppelgänger-Erlebnisse* sind als epileptische Auraphänomene eine ausgesprochene Rarität[638, 784, 926]. In den drei Fällen eigener Beobachtung traten solche Erlebnisse immer im Rahmen eines Dreamy state, d. h. als Aura psychomotorischer Anfälle, auf.

DE AJURIAGUERRA u. HÉCAEN (1960) unterscheiden zwei Spielarten, eine von vorwiegend visuellem Charakter, bei denen sich die Betroffenen wie in einem Spiegel sehen und eine andere, bei der die Betroffenen das, was sie im Augenblick empfinden oder was sie in vorangegangenen Anfällen empfunden oder getan haben, auf eine Art Doppelgänger übertragen. Als Beispiel für den ersten Modus kann die im Kapitel über psychomotorische Anfälle zitierte Patientin von GENNER (S. 185) gelten, die während eines Dreamy state ihr eigenes Spiegelbild von einer runden Vignette umrahmt gesehen hat, und als Beispiel für den zweiten Modus unser ebenfalls dort erwähnter Fall Karl J., der während eines Dreamy state seinen Onkel vor sich zu sehen glaubte, der merkwürdige schmatzende Bewegungen mit dem Munde ausführte. Bei näherer Befragung hatte es sich herausgestellt, daß er keinen Onkel hatte, sondern das Bild nur deswegen so bezeichnet hat, weil ihm die Person »so familiär« vorkam, und daß er selber — wie uns seine Frau berichtete — während seines Anfalls Schmatzbewegungen ausführte, an die er sich jedoch nicht erinnern konnte.

Als weitere Beispiele heautoskopischer Aura-Erlebnisse sei eine 40jährige Klavierlehrerin (Fall Luise G.) erwähnt, die nach einer sehr schweren enzephalitischen Erkrankung psychomotorische Anfälle bekommen hatte, in deren Aura sie zugleich mit der Empfindung eines »komischen« Geruchs in der Nase in rascher Abfolge »Bilder« vor sich sah, die sie vor vielen Jahren einmal erlebt zu haben meinte. Unter diesen Bildern wiederholte sich oft eine Vision, bei der sie sich selbst, von einer Krankenschwester begleitet, auf sich zukommen sah. — Ein 17jähriges Mädchen (Fall Renate O.) hatte als Kind einen Unfall beim Rodeln erlitten, bei dem sie keinen Schaden genommen, aber einen tüchtigen Schrecken erlebt hatte. Wenige Jahre später bekam sie generalisierte Krampfanfälle, die von einem schwer beschreiblichen Fremdheitsgefühl eingeleitet wurden. Dabei sah sie sich auf einem Schlitten sitzen, der von einer Person gezogen wurde, die ihr fremd vorkam.

Kombination und Sukzession elementarer Sinnesempfindungen im Verlauf sensorischer Auren: Wie die Beispiele zeigen, können sich sensorische Auren auf ein Sinnesgebiet beschränken oder verschiedenartige Sinnesempfindungen mit einbeziehen. Kombinierte Auren sind etwas seltener als solche, die nur ein Sinnesgebiet betreffen. So trafen wir unter 94 Patienten mit einfachen optischen, akustischen oder vestibulären Aura-Sensationen 53 an, bei denen nur eine Sinnesqualität und 41, bei denen mehrere Sinnesqualitäten beteiligt waren. Einfache optische, akustische oder vestibuläre Empfindungen waren in 19 Fällen miteinander kombiniert.

Aus der Tabelle 26 geht hervor, daß vestibuläre Sensationen am häufigsten — in drei Viertel der Fälle — isoliert, d. h. ohne Beimengung anderer Sinnesqualitäten auftreten, optische Sensationen in etwa der Hälfte und akustische Sensationen in etwa einem Drittel der Fälle. Wenn man darauf achtet, welche Sensationen sich am häufigsten kombinieren und welche Kombinationen selten oder gar nicht auftreten, so ergibt sich folgendes: Akustische Sensationen sind relativ häufig — in der Hälfte der Fälle — mit optischen, optische Sensationen relativ selten — in einem Zehntel der Fälle — mit vestibulären Empfindungen verbunden. Was die Verbindung mit anderen Aura-Sensationen angeht, so fällt auf, daß akustische Sensationen relativ häufig — in einem Drittel der Fälle — mit einem Dreamy state und noch auffällig oft — in einem Sechstel der Fälle —

Tabelle 26: *Kombinationen von Sinnesqualitäten bei sensorischen Auren (Überzählungen ergeben sich aus der Tatsache, daß in Einzelfällen mehr als zwei Sinnesqualitäten beteiligt sind).*

	Optisch	Akustisch	Vestibulär	Dreamy state	Olfaktorisch, gustatorisch	Epigastrisch	Parästhesien	Zahl der Fälle
Optisch	28	10	5	7	3	3	1	48
Akustisch	10	8	8	8	—	3	4	22
Vestibulär	4	8	17	4	2	2	—	24
Zahl der Fälle	48	22	24	15	4	7	5	94

mit Parästhesien wie bei sensiblen Jackson-Anfällen einhergehen. Dieses Ergebnis steht in gutem Einklang mit der topographischen Nachbarschaft des primären Hörfeldes. Im Vergleich zu den akustischen sind optische und vestibuläre Sensationen relativ selten mit einem Dreamy state assoziiert. Die annähernd gleich häufige Zuordnung epigastrischer Sensationen zu optischen, akustischen und vestibulären Auren stimmt mit der Erfahrung überein, daß epigastrische Empfindungen keine lokalspezifische Bedeutung haben.

Seit JACKSON gilt die Erfahrungsregel, daß der Beginn der Aura den Weg zum Sitz der Entladungsstörung anzeige und die Sukzession der Symptome den Weg, entlang dem sich die Entladungen ausbreiten. Unter unseren 94 Patienten, bei denen im Verlauf ihrer Auren einfache optische, akustische oder vestibuläre Sensationen auftraten, begann die Aura 47mal mit optischen, 21mal mit vestibulären, 18mal mit akustischen, je 4mal mit epigastrischen und mit parästhetischen Empfindungen, in keinem Fall jedoch mit olfaktorisch-gustatorischen Sensationen oder einem Dreamy state.

Die Reihenfolge der verschiedenen Aura-Sensationen ist insofern aufschlußreich, als durchaus nicht alle denkbaren Möglichkeiten vorkommen. So haben wir keine mit einem Dreamy state beginnende Aura angetroffen, in deren weiterem Verlauf elementare optische, akustische oder vestibuläre Empfindungen aufgetreten wären. Auch treten zu vestibulär, akustisch oder sonstwie beginnenden Auren nie optische Sensationen hinzu. Die an 41 Patienten mit kombinierten sensorischen Auren angetroffenen Verhältnisse lassen sich an einem Diagramm anschaulich machen, auf dem die zeitliche Reihenfolge, in der die einzelnen Sinnesgebiete an der Aura teilnehmen, mit Pfeilen angegeben ist (s. Abb. 129).

Daran ist abzulesen, daß — wie erwähnt — optische Sensationen zeitlich nie sekundär auftauchen und daß ein Dreamy state nie am Beginn einer mit Empfindungen aus dem Bereich der Spezialsinne einhergehenden Aura steht. Auch kam es nie von vestibulären Empfindungen unmittelbar oder über vestibuläre Empfindungen führend zu einem Dreamy state. Nach ihrer Häufigkeit steht die Reihenfolge optisch → akustisch an erster Stelle, danach folgen die Übergänge optisch und akustisch beginnender Auren in einen Dreamy state und schließlich die Übergänge optischer und akustischer Auren in vestibuläre Sensationen.

Wenn an einer Aura mehr als zwei Komponenten beteiligt sind, so können die nachfolgenden Sensationen gleichzeitig oder nacheinander auftreten. Von dem gleichzeitigen Modus kennen wir 7 Beispiele, wobei zweimal vom Optischen her vestibuläre und akustische Funktionen angesprochen wurden und zweimal vom Akustischen her zugleich mit vestibulären Symptomen ein Dreamy state einsetzte. Je einmal kam es vom Optischen her gleichzeitig zu einem Übergang in Geruchssensationen und in einen Dreamy state, zu akustischen Sensationen und einem Dreamy state, sowie zu Geruchsempfindung und Parästhesien, die vom linken Fuß zur Hand aufstiegen. Vom sukzessiven Modus kennen wir ebenfalls Beispiele, die zweimal den Weg vestibulär → akustisch → Dreamy state und je einmal den Weg epigastrisch → olfaktorisch → optisch → vestibu-

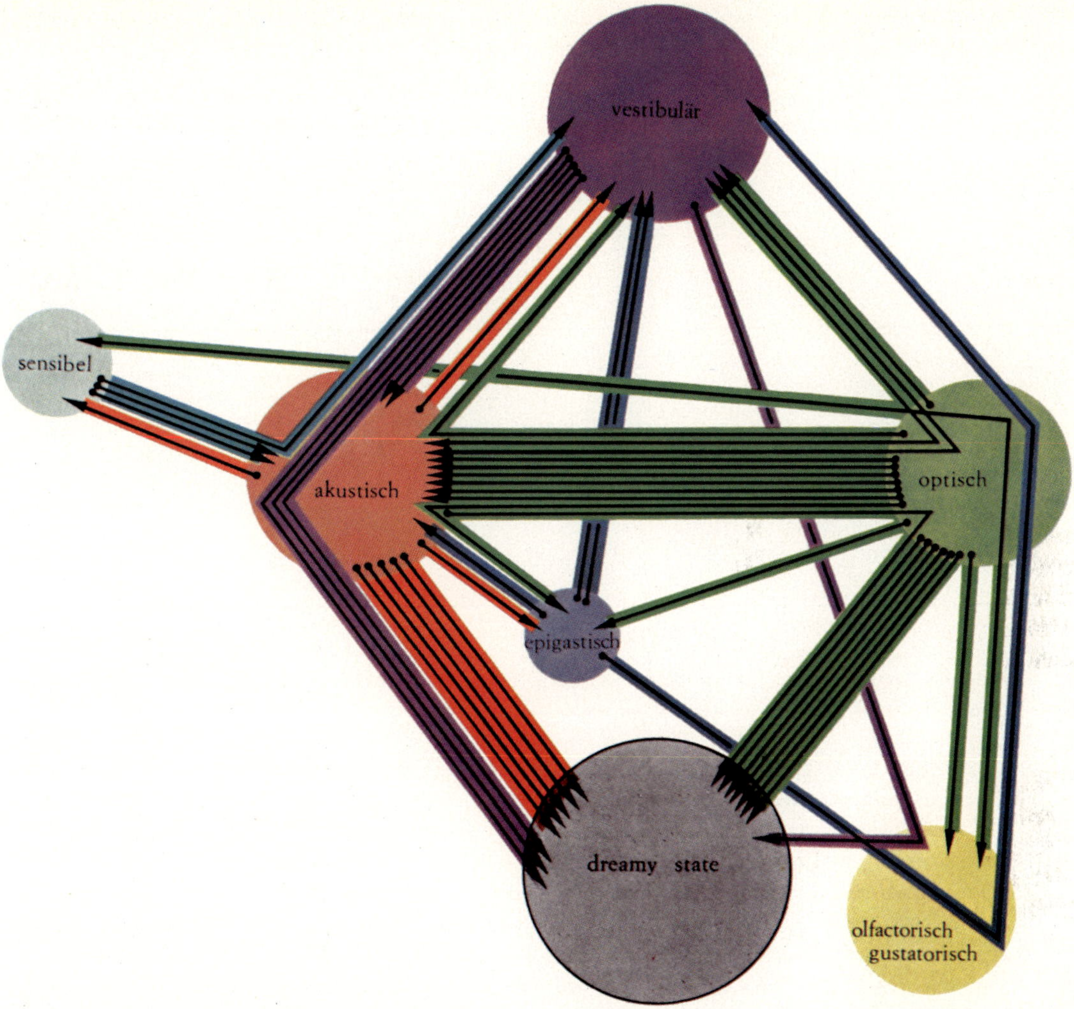

Abb. 129. Schema der Sukzession elementarer Sinnesempfindungen im Verlauf kombinierter sensorischer Auren von 41 Patienten.

lär, optisch → akustisch → epigastrisch, optisch → akustisch → vestibulär, Parästhesien → akustisch → vestibulär und vestibulär → olfaktorisch → Dreamy state nahmen.

Das Ergebnis der klinischen Analyse besagt, daß die transkortikale Ausbreitung der Erregung nie kaudalwärts erfolgt. Vom optischen Kortex kann sich dagegen die Erregung sowohl in Richtung der für die vestibulären wie für die sensiblen Empfindungen verantwortlichen Areale des suprasylvischen Kortex wie auch zur Konvexität und zu medio-basalen Anteilen des Temporallappens ausbreiten. Die Ergebnisse sind auch bemerkenswert für die Erregungsschwelle des sogenannten interpretativen Kortex (s. Abb. 77). Wenn die Erregung so häufig vom primären Sehfeld zum primären Hörfeld »überspringt«, ohne daß Symptome von seiten des dazwischen liegenden interpretativen Kortex auftreten, so spricht das ebenso wie die Tatsache, daß ein Dreamy state immer die Endstation einer Aura darstellt, dafür, daß die Erregungsschwelle in den dafür verantwortlichen Strukturen erhöht ist. Ganz ähnlich scheint es mit den für die vestibulären Empfindungen verantwortlichen Arealen bestellt zu sein. Das Diagramm läßt erkennen, daß nur etwa ein Viertel aller mit vestibulären Sensationen einhergehenden Auren mit vestibulären Empfindungen beginnen, aber nahezu drei Viertel aller mit vestibulären Empfin-

Tabelle 27: *Verhältnis von Art verschiedener Sinnesqualitäten und ihrem Stellenwert (am Beginn oder Ende) im Verlauf sensorischer Auren zur Art motorischer Anfälle bei 94 Patienten.*

		Bewußte Adversiv-Krämpfe u. Adversiv-Krampf-Grand mal	Adversiv-Grand mal und Grand mal	Psychomotorische Anfälle	Jackson-Anfälle und Jackson-Grand mal	Unklar	Summe	Summe der primären Aura-Sensationen
Optisch	Beginn	17	22	8	2	4	53*	48
	Ende	12	14	5	1	1	33	
Akustisch	Beginn	8	6	9	1	1	25*	22
	Ende	13	6	7	1	3	30	
Vestibulär	Beginn	12	7	3	—	3	25*	24
	Ende	12	14	3	—	4	33	
								94

* Überzählungen ergeben sich aus der Tatsache, daß in Einzelfällen mehrere Anfallsarten, z. B. Grand mal und psychomotorische Anfälle, vorkommen.

dungen kombinierten Auren in vestibuläre Sensationen auslaufen. Aus der Tatsache, daß auch die vestibulären Projektionsfelder für transkortikal sich ausbreitende Erregungen eine Art Endstation darstellen, darf geschlossen werden, daß die entsprechenden Rindenareale ebenso eine erhöhte Erregungsschwelle aufweisen wie das Gebiet des interpretativen Kortex. Die Verlaufsanalyse sensorischer Aura-Phänomene bestätigt daher die Annahme, daß vestibuläre Symptome im Verlauf von Auren ebenso wie der Dreamy state von anderer Ordnung sind als die sensiblen und sensorischen Auren epigastrischer, olfaktorischer, gustatorischer, haptischer, akustischer oder optischer Art. In vestibulären Symptomen kommen ähnlich wie im Dreamy state Störungen einer integrierenden, den anderen Sinnen übergeordneten Funktion zum Ausdruck, für die vermutlich auch andere sinnesphysiologische Regeln gelten.

Kombination sensorischer Auren mit motorischen Anfällen: Daß Auren mit elementaren Sinnesempfindungen in große Anfälle übergehen können, die symmetrisch oder asymmetrisch ablaufen und von einer unbewußten Adversiv-Bewegung eingeleitet werden, ist geläufig. Auch daß sie das Vorspiel psychomotorischer Anfälle darstellen können, ist bei der topographischen Nähe der Sinnesfelder zum Schläfenlappen nicht verwunderlich. Um so auffälliger ist daher die Tatsache, daß sie häufig von bewußten Adversiv-Krämpfen bzw. von mit Adversiv-Krämpfen eingeleiteten großen Anfällen gefolgt sind. Bei diesem Modus sind alle Varianten vertreten. So kann es lediglich zu einem isolierten tonischen Fazialiskrampf oder zur tonischen Abduktion eines Armes bis hin zu einer voll ausgeprägten Fechterstellung kommen. Gelegentlich bemerken die Patienten vom Krampf nur noch eine Verziehung des Unterkiefers und hören sich noch Laute ausstoßen, bevor sie bewußtlos werden. Oft aber wird der schon während der Aura einsetzende Adversiv-Krampf noch bei Bewußtsein erlebt. Fast regelmäßig berichten sie dann über eine ausgesprochene Atemnot und eine furchtbare Angst, die meist als Erstickungsangst beschrieben wird (siehe S. 352).

Unter 94 Patienten mit sensorischen Auren kam es in 37 Fällen zu Varianten oder zu ausgeprägten Mustern bewußter Adversiv-Krämpfe.

In 35 Fällen kam es zu symmetrisch oder mit unbewußter Adversion einsetzenden Grand mal, in 20 Fällen zu psychomotorischen und in 3 Fällen zu Jackson-Anfällen bzw. Jackson-Grand mal. In 8 Fällen blieb die Art der Anfälle unklar. Überschneidungen resultieren daraus, daß zweimal sowohl Jackson-Anfälle wie bewußte Adversiv-Krämpfe und achtmal sowohl psychomotorische Anfälle wie adversiv bzw. symmetrisch eingeleitetes Grand mal zusammen auftraten. Kombinationen von psychomotorischen Anfällen mit unbewußten Adversiv-Krämpfen kamen nicht vor.

Die Zuordnung verschiedener Anfallstypen zur Art sensorischer Auren zeigt zunächst, wie aus Tabelle 27 hervorgeht, daß jede Art von Sinnesempfindung zu jeder Art von Anfall führen kann. Den Rindenarealen, die die einzelnen Sinnesempfindungen repräsentieren, scheint daher eine komplexe Fähigkeit zur Anfallsgestaltung innezuwohnen. Daß wir keinen Übergang vestibulärer Sensationen in Jackson-Anfälle zu verzeichnen haben, ist bei der Seltenheit von Jackson-Anfällen bei sensorischen Auren statistisch irrelevant.

Die in der Tabelle wiedergegebenen klinischen Erfahrungen sind nicht ohne weiteres mit den reizexperimentell gewonnenen »physiologischen« Daten vereinbar. Daß optische Auren in einem Drittel der Fälle zu bewußten Adversiv-Krämpfen führen, wird über eine transkortikale Ausbreitung der Entladungen von der Okzipitalregion zur intermediären Frontalregion erklärt[124, 440]. In den meisten Fällen fehlten jedoch klinische Brückensymptome von seiten der zwischen der Sehrinde und der weit vorgelagerten Frontalregion gelegenen Rindengebieten. Auch zu psychomotorischen Anfällen kam es nur dreimal über einen Dreamy state, in 5 Fällen jedoch unmittelbar ohne überbrückende Symptome von seiten des interpretativen Kortex (s. Abb. 77). Daß auch akustische und vestibuläre Auren in der Mehrzahl ohne vermittelnde Jackson-Anfälle in Adversiv-Krämpfe übergehen, ist weder über eine frontalwärts gehende transkortikale Ausbreitung, noch über subkortikale Mechanismen zu erklären. Die klinischen Tatsachen unterstützen vielmehr die Annahme von FOERSTER[541], daß es auch in den hinter der Rolandoschen und unter der Sylvischen Furche gelegenen Rindengebieten »tertiäre motorische Regionen« gibt.

Wovon es allerdings abhängt, daß sensorische Auren im einen Fall zu einem Adversiv-Krampf und im andern Fall zu einem psychomotorischen Anfall führen, ist unbekannt. Doch mag es erwähnenswert sein, daß sich diese beiden Möglichkeiten klinisch auszuschließen scheinen, da wir keinen Fall angetroffen haben, bei dem beides vorkam. Andererseits bekommen Patienten mit psychomotorischen Anfällen häufig auch große Anfälle, die durch eine unbewußte Adversiv-Bewegung eingeleitet werden. Diese Tatsache spricht dafür, daß die Entladungen in solchen Fällen eine subkortikale Richtung einschlagen. Es mag daher der Modus der Erregungsausbreitung in transkortikaler oder in subkortikaler Richtung eine der Determinanten dafür sein, daß sensorische Auren im einen Fall von Adversiv-Krämpfen und im andern Fall von psychomotorischen Anfällen gefolgt werden.

Zur Differentialdiagnose stato-opto-akustischer Auren: Da auch nicht-epileptische Anfälle oft von positiven oder negativen Symptomen optischer, akustischer oder vestibulärer Art eingeleitet werden, sei hier kurz auf die charakteristischen Unterschiede zu epileptischen Auren hingewiesen. Die Aura *hysterischer Anfälle* ist oft, abgesehen von den charakteristischen Zuständen einer Präkordialangst und eines vom Magen zum Hals aufsteigenden Globusgefühls, von Herzklopfen, Hämmern an den Schläfen und Pfeifen in den Ohren, durch ein allmähliches Fernerrücken der Umgebung und ein Leiserwerden aller Geräusche gekennzeichnet, so daß die Kranken berichten, sie hätten schließlich alles nur noch wie aus weiter Ferne erlebt. Porropsie oder Porrakusie sind nur dann als eindeutig epileptische Aura-Phänomene zu erkennen, wenn sie im Rahmen eines Dreamy state oder gar mit olfaktorischen oder gustatorischen Sensationen auftreten, deren Qualität als schwer beschreiblich oder unbeschreiblich angegeben wird.

Vasomotorisch-synkopale Anfälle können gelegentlich, wenn ihnen nicht — wie es meist der Fall ist — ein uncharakteristischer Schwindel, ein Dunkel- oder Schwarzwerden vor den Augen oder ein »Schwinden der Sinne« voraufgeht, von stato-opto-akustischen Empfindungen eingeleitet werden, die leicht mit einer epileptischen Aura verwechselt werden können. Unter einem dumpfen Gefühl im Kopf tritt den Kranken ein roter Schleier vor die Augen, ohne daß andere Farben auftauchen, Formen gesehen werden oder die Störung nur auf ein

Gesichtsfeld beschränkt bleibt; dann tritt ein Rauschen oder Brausen hinzu, das nicht in eines oder beide Ohren lokalisiert wird, sondern den ganzen Kopf anfüllt. Bevor das Bewußtsein schwindet, oder der Zustand wieder abklingt, können alle Geräusche einen hohlen, hallenden Klang annehmen und die Empfindung auftreten, als befinde man sich in einer weiten Halle. Differentialdiagnostisch entscheidend an solchen Zuständen, die mit dem Erlebnis während einer Narkose vergleichbar sind, ist die Tatsache, daß die Sensationen nicht durch eine bestimmte Richtung und Lokalisation gekennzeichnet sind.

Dagegen zeichnen sich *Menièresche Anfälle* zwar durch einen richtungsbestimmten Drehschwindel und durch meist in einem Ohr lokalisierte hohe Geräusche aus. Sie sind aber von epileptischen Schwindelanfällen dadurch unterschieden, daß sie nicht zu einer Bewußtseinsstörung führen und daß sie meist höchst dramatisch unter allen Zeichen einer vegetativen Krise mit Übelkeit und Erbrechen, Blässe, Schweißausbruch und Speichelfluß einhergehen, wie sie im übrigen auch nie in epileptische Anfälle übergehen[1039].

Wiederholung der Anfälle. – *Anfallsintensität:* Kortikale Anfälle können alle Intensitätsgrade aufweisen und sich auf allen Stufen ihrer Entwicklung wieder zurückbilden. Milde Anfälle bleiben auf Zuckungen eines Gliedes oder selbst von Teilen eines Gliedes oder auf einen Anflug von Sensationen beschränkt. Heftigere Anfälle breiten sich aus. Mit Aussetzen des Bewußtseins ist in der Regel die Grenze zu generalisierten Krampfanfällen überschritten. Insofern bedeutet auch das Auftreten großer Anfälle semiologisch nicht eigentlich eine Kombination mit einem anderen Anfallstypus, sondern lediglich eine Intensivierung des gleichen Anfallsgeschehens.

Anfallsfrequenz: Auch bei kortikalen Anfällen läßt sich im einzelnen Krankheitsverlauf eine Abhängigkeit zwischen Intensität und Frequenz beobachten derart, daß bei Anfällen verschiedener Intensität die milden häufiger und die heftigen seltener sind. Jedoch kann sich bei progredientem Verlauf das Verhältnis auch umkehren, indem bei häufiger werdenden großen die kleinen Anfälle weitgehend zurücktreten.

Anfallsrhythmik: Für die Art, in der sich kortikale Anfälle wiederholen, lassen sich kaum Regeln aufstellen. Es gibt Verläufe mit häufigen, fast täglich, auch über Tage gehäuft auftretenden Anfällen wie auch solche mit wochen- und monatelangen Intervallen. Doch kennen wir keine kortikale Epilepsie mit einem pyknoleptischen Verlauf, d. h. mit über Wochen und Monate tagtäglich gehäuften Anfällen. Auch ist ein zykloleptischer Verlauf, d. h. mit periodisch gehäuften Anfällen, wie er für psychomotorische Epilepsien charakteristisch ist, für kortikale Anfälle nicht typisch. Andererseits neigen kortikale Anfälle dazu, in Serien aufzutreten. Wenn sich Jackson-Anfälle statusförmig häufen, kann man von einem *Jackson-Status* sprechen. Adversiv-Krämpfe bleiben bei einer statusförmigen Häufung nicht isoliert, sondern münden in einen *Grand mal-Status*. Wenn sensorische Auren längere Zeit anhalten, könnte man im Sinne einer Aura continua an einen *sensorischen Status* denken. Doch sind bisher keine überzeugenden Beispiele bekannt geworden.

Jackson-Status:

Synonyma: Epilepsia partialis continua (Kojewnikow 1895), Kojewnikowsche Epilepsie (Filator 1895), Polyclonia continua epileptoides (Choroschko 1907), Focal status (Russell u. Whitty 1953), Focal myoclonic status (Lennox 1960).

Von einer *Epilepsia partialis continua Kojewnikow* (E.p.c.) spricht man, wenn in einem begrenzten Gebiet des Körpers über längere Zeit anhaltende klonische Zuckungen bei freiem Bewußtsein vorkommen. Solch ein Zustand kann isoliert auftreten; häufiger kommt es jedoch auch zu Jackson-Anfällen oder großen Anfällen, die dem Zustand voraufgehen, ihn unterbrechen oder ihm nachfolgen können. Es handelt sich dabei um ein symptomatologisch gut umschriebenes, aber ätiologisch unspezifisches klinisches Syndrom bei umschriebenen Schädigungen im Bereich der Zentralregion, über dessen Pathogenese keine völlige Übereinstimmung besteht. Während die Mehrzahl der Autoren annehmen, daß dieses Syndrom kortikal bedingt ist, vertreten manche eine rein subkortikale Entstehung und

andere wieder ein Zusammenwirken kortikaler und subkortikaler Bedingungen.
Am 21. Januar 1894 berichtete KOJEWNIKOW vor der Gesellschaft der Neuropathologen und Irrenärzte in Moskau aufgrund von vier Krankheitsfällen über »eine besondere Form, die er als ›Epilepsia partialis continua‹ bezeichnet. Bei allen vier Kranken waren charakteristische Anfälle von cortikaler Epilepsie vorhanden, bald abortive, bald mit totalem Bewußtseinsverlust; sie begannen von bestimmten Muskelgruppen und verbreiteten sich in gesetzmäßigerweise auf andere Teile. Doch lagen zwischen den Anfällen keine freien Pausen; in gewissen Teilen bestanden ununterbrochene clonische Krämpfe mit Schwankungen in der Intensität. Bei erheblicher Steigerung konnten sie in einen echten epileptischen Anfall übergehen; letzterer erschien als stärkster Grad der beständigen Krämpfe, welche man auch als *schwachen ununterbrochenen epileptischen Anfall* auffassen konnte. Die Krämpfe sind den Kranken äußerst lästig, sie sind in beständiger Erwartung des Anfalls und können sich gar nicht beschäftigen, da sie mit der freien Extremität die von Krämpfen befallene festhalten. In zwei Fällen begann die Krankheit mit localen Krämpfen und ging in Epilepsie über; in den beiden anderen trat zunächst Epilepsie auf, welche in denjenigen Muskeln begann, in denen hernach Krämpfe permanent wurden ... Als Ursache nimmt der Vortragende eine anatomische Veränderung der Rinde an, um so mehr, als bei den Kranken gleichzeitig paretische Schwächen der Extremitäten ... bestanden bei intakter Sensibilität.« Was den anatomischen Charakter des Prozesses betrifft, so hielt KOJEWNIKOW »eine Gehirngeschwulst, Abszeß, Hydrops für ausgeschlossen. Cysticerken nicht für absolut ausgeschlossen«, dachte aber am ehesten an »eine cirkumscripte Encephalitis mit Übergang in Sklerose« oder an »eine sekundäre Hirnveränderung im Anschluß an Verwachsung mit den an umschriebener Stelle chronisch entzündeten Hirnhäuten«. Seiner Meinung nach müsse »die Behandlung angesichts der Erfolglosigkeit medicamentöser Therapie und der Schwere des Leidens eine operative sein – Trepanation und eventuell bei günstigen Operationsbedingungen Entfernung der Reizquelle«[1084].

Der Vortrag rief — ganz im Gegensatz zu einem Vortrag von BRUNS wenige Monate später vor dem Verein der Irrenärzte Niedersachsens und Westfalens zu Hannover über einen ähnlichen Fall — »eine sehr lebhafte Diskussion hervor«. Mehrere Anwesende hatten »ganz ähnliche, völlig typische Fälle gesehen«. Als ein Dr. MINOR meint, daß die motorischen Erscheinungen gleichbedeutend mit einem dem Anfall längere Zeit voraufgehenden Gefühl seien, und deswegen die Bezeichnung »Aura continua« vorschlägt, protestiert KOJEWNIKOW dagegen, weil für ihn »das Punctum saliens« in den Krampfbewegungen bestehe, »die in der Zwischenzeit zwischen den Anfällen nicht aufhören; er hält deshalb den von ihm vorgeschlagenen Namen für den geeignetsten.« Darauf regt Prof. FILATOR an, solche Fälle künftig als »Kojewnikowsche Epilepsie« zu bezeichnen.

In den folgenden Jahren konzentrierte sich das Interesse bei der Beschreibung ähnlicher Fälle in der Hauptsache auf die beiden Fragen, ob dem Syndrom eine spezifische Bedeutung in ätiologischer Hinsicht zukomme und ob die zugrundeliegende Läsion kortikal oder subkortikal lokalisiert sei.

Nach Beobachtungen russischer Autoren gibt es eine besonders häufig in Sibirien vorkommende, durch Zecken übertragene, chronische Frühlings-Sommer-Enzephalitis, die im zweiten Stadium außer mit spastischen Lähmungen und epileptischen Anfällen auch mit anhaltenden Hyperkinesen einhergehen kann, die dem Bild der Kojewnikowschen Epilepsie sehr nahe stehen[928, 939, 975, 987, 1074, 1123, 1127, 1128, 1162, 1172, 1176]. Doch hat sich inzwischen auch in Rußland die Meinung durchgesetzt, daß die E. p. c. ein unspezifisches Syndrom darstellt, das unter anderem bei Lues cerebri, Zystizerken[1074], Gehirntumoren[1144], traumatischen Hirnschäden[1113] vorkommt, während es sich bei der »spezifisch sibirischen Krankheit«[1046] um eine hyperkinetische Enzephalitis handelt, die nicht dem entspricht, was man klinisch unter einer Kojewnikowschen Epilepsie versteht[1074].
Die Ansicht von KOJEWNIKOW, daß die E.p.c. eine besondere Abart kortikaler Anfälle sei, wird von den meisten Autoren aus klinischen Gründen geteilt[541, 946, 955, 1002, 1003, 1031, 1046, 1074, 1083, 1092, 1105, 1111, 1124, 1150, 1172, 1179, 1200, 1207] und mit pathologisch-anatomischen Befunden unterstützt[964, 965, 1003, 1129, 1165, 1183, 1205]. Sofern nicht überhaupt Verwechslungen vorkamen, hatte die gelegentliche Beobachtung choreiformer oder ballistischer Bewegungsabläufe manche Autoren veranlaßt, das Krankheitsbild in die Nähe extrapyramidaler Erkrankungen zu rücken und speziell der Myoklonus-Epilepsie an die Seite zu stellen[105, 1076] und daher eine rein subkortikale Genese anzunehmen[966, 989, 1011]. In der Literatur der letzten Jahrzehnte überwiegt eine beide

Standpunkte verbindende Konzeption, nach der bei der E.p.c. ein kortikal-subkortikaler Funktionskreis ins Spiel kommt[1011, 1022, 1043, 1075, 1088, 1095, 1104, 1144, 1152]. Aufgrund klinischer Beobachtungen und anatomischer Befunde, elektroenzephalographischer und elektromyographischer Korrelationen glaubt man annehmen zu können, daß der jeweilige kortikale Herd den Typus der Anfälle bestimme, während subkortikale Läsionen im Sinne von Schrittmachern für die Rhythmik und Persistenz der Anfälle verantwortlich seien.

Differentialdiagnostisch sollte es nicht schwer sein, die Zuckungen einer E.p.c. aufgrund ihres Rhythmus von einem Tic und aufgrund ihres klonischen Charakters von choreatischen oder ballistischen Hyperkinesen zu unterscheiden. Vor einer Verwechslung mit einem Status hemiepilepticus schützt die Beachtung des Bewußtseinszustandes. Auch im Zusammenhang mit einem Grand mal-Status sind gelegentlich längere Zeit anhaltende isolierte Zuckungen in einem begrenzten Gebiet zu beobachten oder nur durch kurze Intervalle voneinander getrennte Adversiv-Krämpfe oder Halbseitenentladungen, die sowohl präparoxysmal vorkommen können, wie auch als Bindeglieder zwischen und auch als Rückzugsgeplänkel nach großen Anfällen. In solchen Fällen kann nur die Frage nach einer begleitenden Bewußtseinsstörung als differentialdiagnostisches Kriterium gelten, wenngleich zuzugeben ist, daß es Übergänge gibt.

Selbstverständlich wird man in Serien auftretende, durch längere Intervalle voneinander getrennte Jackson-Anfälle nicht als Kojewnikowsche Epilepsie ansprechen. Wenn es aber zu einer derartigen Häufung von Jackson-Anfällen kommt, daß die einzelnen Anfälle nur mit kurzen Unterbrechungen aufeinander folgen, ohne spontan auszusetzen, so kann man von einem *Jackson-Status* sprechen. Zwischen einem Jackson-Status und einer E.p.c. wird man aber schon deswegen keinen grundsätzlichen Unterschied machen, weil einerseits auch bei einem Jackson-Status gelegentlich zwischen den einzelnen mit einem typischen »march« einhergehenden Anfällen länger anhaltende, umschrieben bleibende Zuckungen zu beobachten sind und weil andererseits auch bei einer E.p.c. gelegentlich kürzere oder längere zuckungsfreie Intervalle vorkommen. Allenfalls wird man – in Analogie zum pyknoleptischen Petit mal-Status – auch beim Jackson-Status zwischen einer kontinuierlichen und einer diskontinuierlichen Form begrifflich unterscheiden können, ohne jedoch erwarten zu dürfen, daß sich daraus praktische Konsequenzen ergeben. Da unseres Erachtens die E.p.c. klinisch nichts anderes als die Statusform von Jackson-Anfällen darstellt, halten wir es für berechtigt, auch die Begriffe eines Jackson-Status und einer E.p.c. synonym zu gebrauchen. Eine E.p.c. tritt selten isoliert, als einziges epileptisches Symptom in Erscheinung. Meist gehen isolierte oder Serien von Jackson-Anfällen oder großen Anfällen vorauf. Häufig entwickelt sie sich in Zusammenhang mit einem Status epilepticus, sei es als Übergang zwischen allmählich häufiger werdenden Jackson-Anfällen zu einem Status oder als Residuum nach einer Grand mal-Serie oder einem Grand mal-Status.

Die Zuckungen der E.p.c. erfolgen rhythmisch in einer Frequenz von 6—120/min, im Durchschnitt von 60/min, führen zu verschieden stark ausgeprägten Bewegungseffekten, können in ihrer Intensität an- und abschwellen, halten mit gelegentlichen Unterbrechungen stunden-, tage-, wochen- und selbst jahrelang an. Der von Wilson[374] erwähnte fünfzehnjährige Verlauf steht vereinzelt da. Sie dauern, im Gegensatz zu extrapyramidalen Hyperkinesen, selbst während des Schlafes fort.

Da die Zuckungen nicht selten auch von Parästhesien begleitet werden, wäre auch eine rein sensibel ablaufende E.p.c. wie im Fall Martha E. denkbar, für die auch Bamberger u. Matthes ein Beispiel angeben. Doch ist dies ebenso schwer zu beweisen wie eine rein sensorische E.p.c. im Sinne einer Aura continua, die Penfield u. Jasper für möglich halten, da in beiden Fällen keine entsprechenden EEG-Veränderungen zu belegen sind (s. auch S. 219).

Bei der Durchsicht von 350 Fällen mit kortikalen Anfällen fanden wir insgesamt 18 Fälle (5%) mit Jackson-Status, davon 8 mit kontinuierlichen und 10 mit diskontinuierlichen Zuckungen. Aus einer Zusammenstellung mit weiteren 15 Fällen aus der Literatur[6, 975, 1002, 1003, 1022, 1072, 1075, 1092, 1095, 1113, 1124, 1144, 1183] ergeben sich aus insgesamt 33 Fällen folgende klinische Details: Der jüngste Patient ist 2 Jahre, der älteste 73 Jahre alt; das durchschnittliche

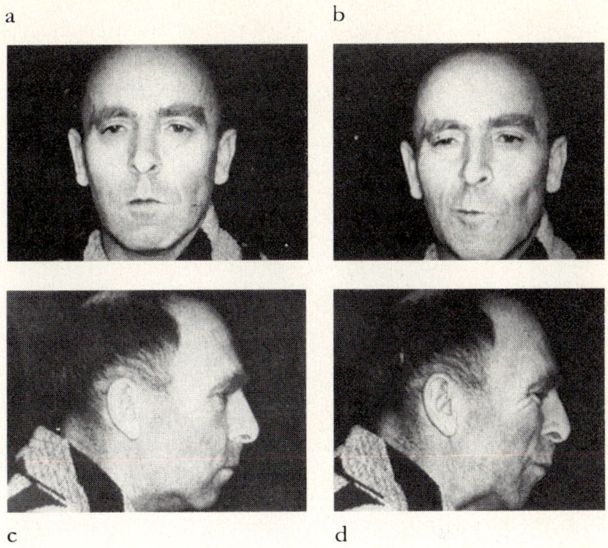

Abb. 130a—d. Kojewnikowsche Epilepsie (Fall Richard P.). Zuckungen im rechten Gesicht (b u. d), zentrale Fazialisparese im Intervall (a u. c).

Alter zum Zeitpunkt der E.p.c. beträgt 36,3 Jahre. Es handelt sich um ebenso viele Frauen wie Männer. *Ätiologisch* stehen an erster Stelle raumfordernde Prozesse (14), darunter am häufigsten Abszesse (5) und Oligodendrogliome (3), weniger häufig Meningiome (2), Glioblastome (1), Metastasen (1) und andere Tumoren (2). An zweiter Stelle folgen Gefäßerkrankungen des Gehirns (6) in Form von Enzephalomalazien bei Arteriosklerose (4) und zerebralen Blutungen bei Hochdruck (2), traumatische (4), frühkindliche (3) und postenzephalitische (2) Hirnschädigungen.

Die in 19 Fällen vorliegenden Angaben zur *Lokalisation* lassen darauf schließen, daß die Läsionen durchweg die Zentralregion oder zumindest Anteile der zentralen Markfasern in Mitleidenschaft gezogen haben.

Eine Ausnahme bildet lediglich der Fall von Kautzky u. Stengel, in dem bei der Obduktion je ein kleines Hämatom unter der Rinde des frontalen Adversiv-Feldes nach Foerster, des Feldes 6a β nach Vogt und in den kaudalen Partien des Thalamus der gleichen Seite gefunden wurde. Bei diesem Fall könnte es sich aber auch um einen Status hemiepilepticus mit über zwei Tage lang kontinuierlich mit Adversiv-Krämpfen einhergehenden Halbseitenzuckungen gehandelt haben, zumal nichts davon erwähnt ist, ob das Bewußtsein frei war.

Auffälligerweise war die Mehrzahl (12) der Läsionen am stärksten im Gebiet der hinteren Zentralwindung und den retrozentralen Rindengebieten akzentuiert, während die präzentral und fronto-präzentral lokalisierten Läsionen nur wenig mehr als ein Drittel (7) ausmachen.

Die topische Verteilung der Zuckungen entspricht weitgehend der des Beginns von Jackson-Anfällen: Abgesehen von je einem Fall, bei dem gleichzeitig Gesicht und Hand, Hand und Fuß oder der Kopf adversiv nach der Seite zuckten, waren die Zuckungen unter 27 Fällen 7mal (26%) im Mund oder Gesicht, 13mal (48%) in Fingern, Hand oder Arm, 5mal (19%) in Zehen, Fuß oder Bein lokalisiert und bei je 1 Fall in der Bauch- bzw. der Schultermuskulatur (vgl. Tabelle 25).

Für eine pathophysiologische Erklärung der Tatsache, daß sich die Zuckungen bei einer E.p.c. nicht weiter ausbreiten, scheint uns die bisher nicht bemerkte Feststellung wesentlich, daß in nahezu sämtlichen Fällen in den von den Zuckungen betroffenen Gebieten gleichzeitig eine gewisse Lähmung vorlag.

Wir sahen z. B. eine Patientin (Fall Anna A.) mit einer zerebralen Metastase rechts parasagittal in Höhe der Zentralregion, bei der sich allmählich im Laufe von Wochen zunächst eine vom linken Fuß übers Bein aufsteigende, im Fuß betonte Hemiparese entwickelte. Dann setzten kontinuierliche Zuckungen in der Schulter ein, die den nur leicht gelähmten Arm und die Hand mit einbezogen, nur gelegentlich auch die proximale Muskulatur des Beines, den stärker gelähmten Fuß jedoch immer frei ließen. Bei anderen Fällen hörten die permanenten Zuckungen auf, wenn und solange ein die Zuckungen durchbrechender Jackson-Anfall eine postparoxysmale Lähmung hinterließ, setzten aber schon mit Besserung der Lähmung wieder ein[1172].

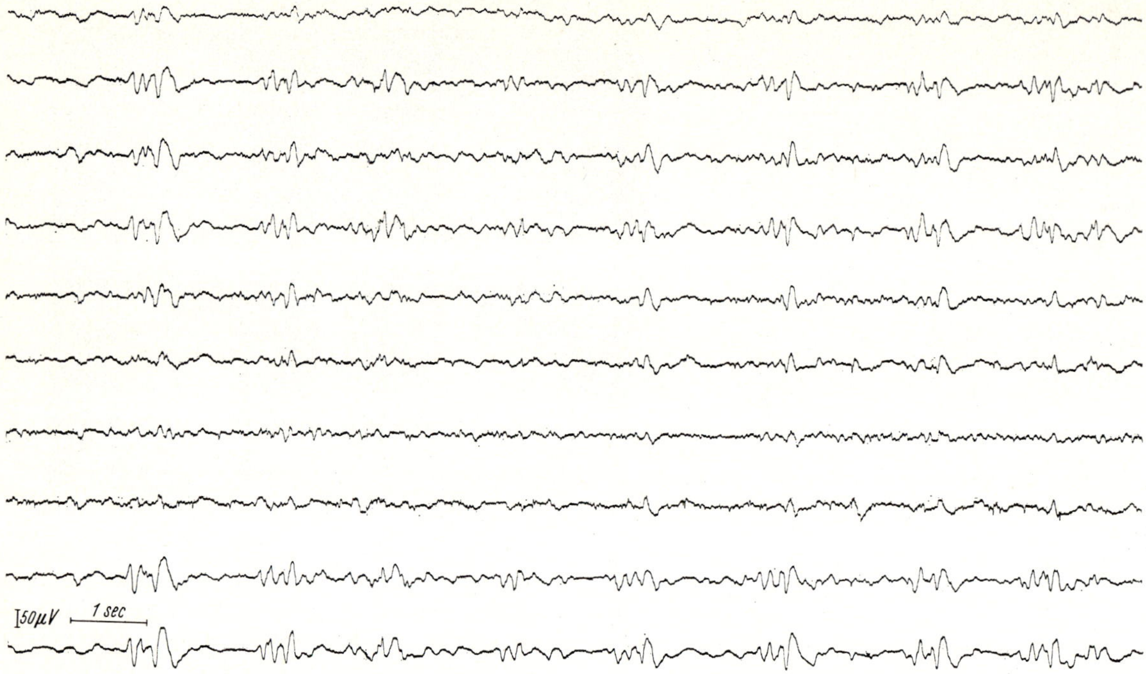

Abb. 131 a

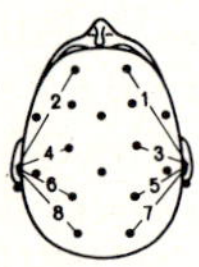

Abb. 131 a u. b. EEG von Richard P. im Intervall (a): Allgemeinveränderung mit seitengleichen rhythmisch gruppierten Entladungen. Im Anfall (b) erfährt die Hirnaktivität keine wesentliche Veränderung. Die rhythmischen Zuckungen im rechten Fazialis sind an den gruppierten Muskelpotentialen erkenntlich, die die Grundaktivität vorwiegend über den rechts temporalen Ableitungspunkten überlagern.

Es scheinen daher die Zuckungen sowohl an einen gewissen Grad von Lähmung gebunden zu sein, wie ihre Nicht-Ausbreitung daran, daß in dem benachbarten Gebiet die Lähmung stärker ausgeprägt ist als in dem von den Zukkungen befallenen. Nach dem klinischen Aspekt ist daher zu vermuten, daß unter den Bedingungen, die die intrakortikale Erregungsausbreitung hemmen oder mit anderen Worten »die Krampftätigkeit an ihren Ausgangspunkt festnageln«[1124], der Isolierung der Erregung durch die perifokale Läsion eine entscheidende Bedeutung zukommt. Wahrscheinlich genügt die Zufuhr energiespendender Stoffe gerade noch, um im Bereich des Herdes eine begrenzte Erregung aufrechtzuerhalten, ohne aber eine mit einer Erregungsausbreitung verbundene Stoffwechselsteigerung zu erlauben, die dann eine vollkommene neuronale Erschöpfung zur Folge hätte. So stellt sich in einem begrenzten Gebiet ein pathologisches Stoffwechselgleichgewicht her, das zwar noch eine gewisse Leistung — der Eigenerregung — ermöglicht, nicht aber eine zur völligen Erschöpfung führende Steigerung durch Ausbreitung der Erregung. Offen bleibt die Frage, ob die perifokale Läsion auf kortikale Anteile beschränkt sein kann oder immer subkortikale Gebiete mit einbezieht. Die Zuckungen können daher als Indiz dafür angesehen werden, daß in einem begrenzten Areal gerade noch oder schon wieder ein spärlicher Energiestoffwechsel vor sich geht. Ihr Verschwinden würde dann entweder bedeuten, daß die Versorgung des Areals so weitgehend gelitten hat, daß keinerlei Leistung mehr möglich ist, oder daß sie sich so weit gebessert hat, daß wieder eine stabile Leistung möglich geworden ist.

So geben die Aufnahmen (Abb. 130 a—d) Momente aus einem Jackson-Status bei einem 48jährigen Manne (Richard P.) wieder, der schon mehrere leichte ischämische Insulte durchgemacht hatte. In der Rekonvaleszenz nach dem letzten Insult, der zu einer rechts brachio-fazialen Parese mit kortikaler Dysarthrie geführt hatte, kam es

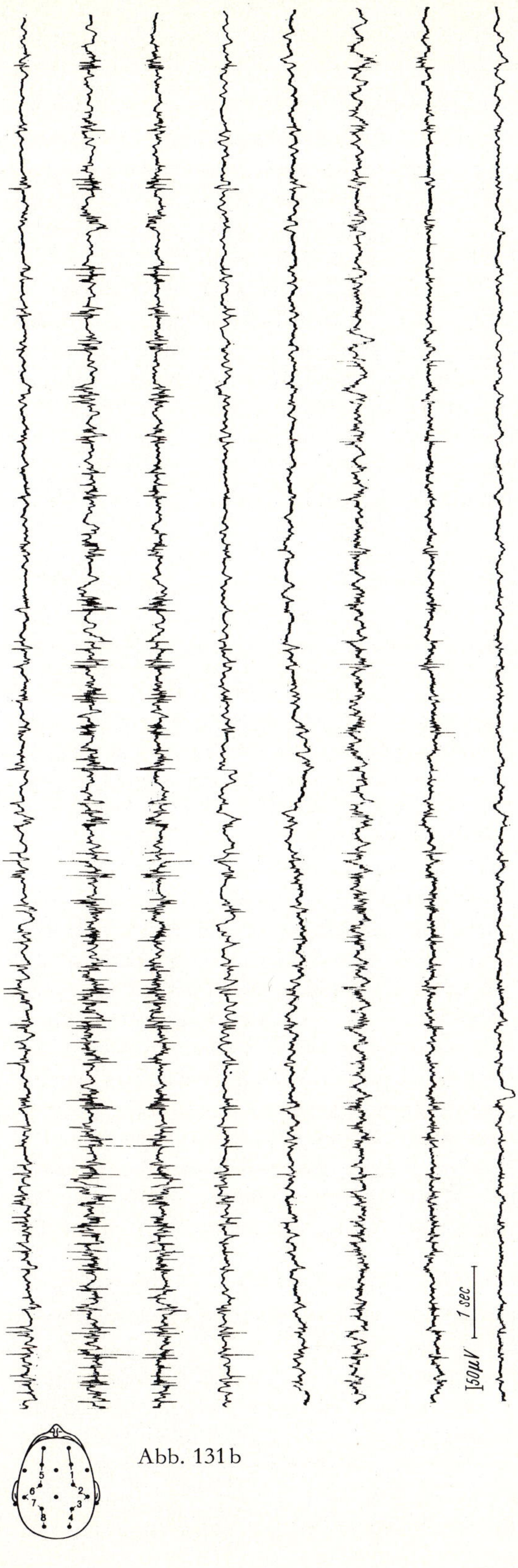

Abb. 131 b

mehrere Tage lang etwa 30—60/min zu kurzen Zuckungen im Bereich der rechten Gesichtshälfte, an denen gelegentlich auch der Kiefer und der rechte Daumen und Zeigefinger teilnahmen. Arteriographisch waren sklerotische Plaques und Unregelmäßigkeiten im Kaliber der großen Gefäße, pneumenzephalographisch ein links betonter Hydrocephalus internus festzustellen. Auf den Fotos ist die zentrale Fazialisparese im Intervall gut zu erkennen.

EEG während E.p.c. EEG-Untersuchungen zur E.p.c. sind bisher nur wenige bekannt geworden. Es wird berichtet, daß im EEG trotz permanenter umschriebener Zuckungen gelegentlich überhaupt nichts Pathologisches zu sehen ist, selbst wenn man die gesamte motorische Region sorgfältig durch Versetzen der Elektroden abtastet[1022, 1124, 1156]. In anderen Fällen sind lediglich konstante, auf eine Läsion hinweisende Herdbefunde ohne jegliche epileptische Kriterien zu registrieren[6]. Wenn jedoch epileptische Potentiale vorkommen, so ist ihr Maximum entsprechend den klinischen Phänomenen auf einen umschriebenen Abschnitt der Zentralregion einer Seite beschränkt. Nach den wenigen Beobachtungen, bei denen man sein Augenmerk mit Hilfe einer gleichzeitigen elektroenzephalographischen und elektromyographischen Registrierung auf die Korrelation zwischen den elektrischen Entladungen und den klinischen Zuckungen gerichtet hat, scheint eine genaue Entsprechung zwischen beiden in zeitlicher und in quantitativer Hinsicht zu bestehen[964, 965, 1092, 1163]. Einzig LOISEAU et al. haben im Falle eines 2½-jährigen Kindes Zuckungen und Spikes nur gelegentlich gleichzeitig auftreten sehen, während meist keine Parallelität bestand. Demgegenüber haben KUGELBERG u. WIDÉN die enge Entsprechung zwischen der Amplitude der Muskelaktionspotentiale und der kortikalen Spitzenentladung bzw. der Stärke der Zuckungen und der Höhe der Spikes an ihrem Fall einer 26jährigen Hausfrau mit einer in Fuß und Zehen lokalisierten E.p.c. nicht nur überzeugend demonstrieren, sondern auch die Latenzzeit mit Hilfe eines Kathoden-Oszillographen ermitteln können.

Da in ihrem Falle passive Bewegungen im betroffenen Glied zu einer vermehrten Spike-Aktivität und auf diesem Wege wieder vermehrt zu Zukkungen führten, konnten sie mehrmals auch über elektrische Reizung des N. peronaeus zerebrale Spikes evozieren, die jeweils wieder nach einer kurzen Latenz (30—32 msec) eine Zuckung zur Folge hatten. Aufgrund der kurzen Latenzzeit zwischen sensorischem Reiz und kortikaler Antwort sowie kortikaler Antwort und muskulärer Zuckung schließen sie, daß an diesem »Reflexbogen« nur eine kleine Zahl von Neuronen beteiligt sein könne, und äußern die Vermutung, daß die Afferenz entweder über die von BRODAL u. WALBERG (1952) beschriebenen afferenten Fasern in der Pyramidenbahn zum motorischen Kortex laufe oder über die Fasern der klassischen sensiblen Bahnen, die zum senso-motorischen Kortex projizieren.

EEG-Befunde

Die Deutung des EEG bereitet bei den altersgebundenen Petit mal-Epilepsien meist keine besonderen Schwierigkeiten; sie wird jedoch bei den psychomotorischen Anfällen schon anspruchsvoller; bei den kortikalen Anfällen fordert sie alle Kunst, Wissen und Erfahrung des Diagnostikers heraus. Denn hier besteht die Problematik nicht nur darin, daß im EEG nahezu alle Formen paroxysmaler Entladungen anzutreffen und alle lokalisatorischen Möglichkeiten zu bedenken sind; die Differentialdiagnose wird auch dadurch kompliziert, daß man diskrete von ausgedehnten und kortikale von subkortikalen Foki zu unterscheiden und die Möglichkeit von verborgenen und fortgeleiteten sowie auf Spiegelfoki übertragenen Entladungen zu erwägen hat. Darüber hinaus kommt erschwerend hinzu, daß bei kortikalen Epilepsien — mit Ausnahme der temporalen Form — spezifische Anfallspotentiale im Standard-EEG häufig fehlen und durch die üblichen Provokationsmethoden kaum gefördert werden. Schließlich können spontane Anfälle, die ohnehin während der Ableitungen selten auftreten, hirnelektrisch auch völlig stumm bleiben oder nur mit geringen Veränderungen im EEG einhergehen. Da die Entscheidung über die geeignete Therapie nirgends so sehr wie bei den kortikalen Epilepsien eine genaue Bestimmung von Art und Lokalisation des zugrunde liegenden Prozesses voraussetzt, bedarf es daher aller Anstrengungen, um den Nutzen der elektroenzephalographischen Untersuchung auszuschöpfen. Das kann geschehen durch wiederholte Ableitungen, durch chemisch induzierte Provokationen und durch eine genaue, vom klinischen Anfallscharakter bestimmte Plazierung der Elektroden.

Intervall-EEG (s. Abb. 109, 114, 120, 123, 124, 126, 127, 128, 132): *Grundrhythmus* und *Hintergrundaktivität* sind abhängig vom Lebensalter und vom Grundleiden. Da kortikale Epilepsien in der Regel auf eine morphologische Läsion zurückgehen, sind völlig normale EEG-Kurven eine Seltenheit. In Entsprechung zur Ätiologie steht die Erfahrung (s. Tab. 28), daß Allgemeinveränderungen bei Tumor- und bei Residual-Epilepsien häufig und bei traumatischen Epilepsien nur gelegentlich anzutreffen sind. Generelle und paroxysmale Dysrhythmien überwiegen bei Residual-Epilepsien. Herdbefunde sind in $^3/_4$ der Fälle bei Tumor- und Residual-Epilepsien nachweisbar, bei kryptogenen und bei traumatischen Epilepsien nach offenen Gehirnverletzungen in etwa der Hälfte der Fälle, bei traumatischen Epilepsien nach gedeckten Kontusionen dagegen ausgesprochen selten.

Anfallsspezifische Potentiale kommen bei Epilepsien mit kortikalen Anfällen nur etwa halb so häufig (22%) wie bei Epilepsien mit psychomotorischen Anfällen (55%) zur Beobachtung. Am häufigsten erscheinen sie bei residualen und am seltensten bei Tumor-Epilepsien, während traumatische Epilepsien darin eine Mittelstellung einnehmen (s. Tab. 28). Leider ist von den üblichen *Provokationsmethoden* kein wesentlicher Zuwachs an positiven Befunden zu erwarten. Unter Hyperventilation kommt es nur ausnahmsweise zu einer Aktivierung von Anfallspotentialen. Ableitungen im Schlaf bringen nach LENNOX[97] eine Zuwachsquote von 1,77 gegenüber Ableitungen aus dem Wachen. Das bedeutet, daß vom Schlaf-EEG bei Jackson-Anfällen und bei kortikalen Anfällen zwar weniger positive Befunde zu erwarten sind als bei isolierten Grand mal- (2,05) und isolierten psychomotorischen Epilepsien (2,72), aber immerhin noch häufiger als bei isoliertem Petit mal (1,07) und bei Kombinationen von Petit mal und Grand mal (1,20). Durch Photostimulation gelingt es lediglich okzipitale[77], mit Hilfe von Metrazol dagegen eher und schon mit relativ geringer Dosis in der Zentral- und Parieto-okzipital-Region gelegene Foki zu aktivieren[440].

Tabelle 28: *Intervall-EEG bei 150 Epilepsien mit Jackson-Anfällen.*

	Tumor	Hirntrauma offen	Hirntrauma gedeckt	Perinatale Hirnschädigungen	Miszellanea	Kryptogen	Total n	Total %
Normales EEG	5	0	4	1	5	7	22	15
Grenzbefunde	2	1	1	0	0	1	5	3
Allgemeinveränderungen								
leicht	14	5	3	13	6	8	39	26
deutlich	0	1	1	9	3	1	15	10
Dysrhythmie								
allgemein	0	3	0	14	2	7	26	17
paroxysmal	0	4	0	6	0	6	16	11
Herdbefunde								
leicht	9	7	0	8	8	10	41	27
deutlich	18	6	1	18	6	7	55	37
Hyperventilation								
Herdaktivierung	1	1	1	2	4	0	9	6
Anfallsaktivierung	0	0	0	2	1	0	3	2
Fokale Reizzeichen								
steile Potentiale	3	3	3	10	4	5	28	19
fokale Spike-wave	0	0	0	4	0	1	5	3
Bilaterale steile Potentiale	0	1	0	3	0	2	6	4
Zahl der Fälle	34	18	8	35	20	35	150	100

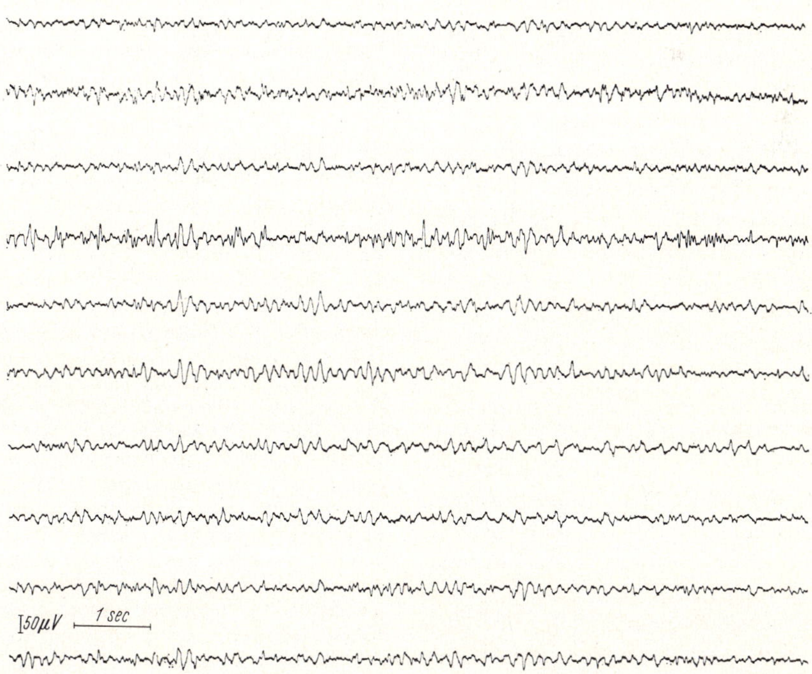

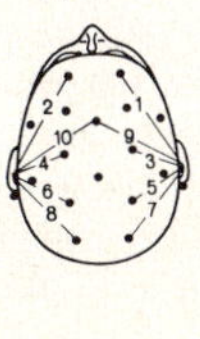

Abb. 132. Intervall-EEG eines 45jährigen Patienten mit Jackson-Anfällen im Bereich von Mund und Hand rechts bei Angiom im Gebiet des Operculum parietale links: Herdbefund präzentral links mit α-Spitzen, vereinzelten Spikes und vermehrter β-Aktivität. Auch frontal links öfters steilere Abläufe und Gruppen von β-Wellen.

Die Form anfallsspezifischer Potentiale ist weniger charakteristisch für kortikale Anfälle als ihre Lokalisation zu Beginn der Entladungen. Der Form nach handelt es sich überwiegend um steile Einzelabläufe (s. Abb. 109, 126. 132), aber auch um lokal begrenzte, langsame Wellen und selten um partielle Spike-wave-Abläufe (s. Abb. 120). Die Einzelentladungen haben häufiger den Charakter spitzer Potentiale als scharfer Wellen. Sie können sich isoliert in größeren Abständen oder rhythmisch in kurzen Intervallen wiederholen oder auch in Gruppen zusammentreten. Unterschiede in der Form der Anfallspotentiale entstehen in Abhängigkeit von der Lokalisation (an der Oberfläche oder in der Tiefe), von Sitz und Art der primären kortikalen Läsion sowie von dem Grad, in dem sie entfernte Gebiete oder kortikal-subkortikale Neuronenkreise aktivieren[77]. Unilaterale Entladungen können von einer umschriebenen oder von einer ausgedehnten Läsion stammen oder durch Fortleitung aus einem Fokus entstanden sein, der in einem Windungstal oder in tiefen Strukturen verborgen liegt. Bilaterale Entladungen können von einem Fokus herrühren, der durch seine Lage und Beziehung zu kommissuralen Verbindungen oder zu subkortikalen Strukturen Anlaß zu einer bilateralen Synchronie bzw. zur Ausbildung eines »Spiegelfokus« gibt.

Ein aus einer normalen Hintergrundaktivität heraustretender umschriebener Spike-Fokus kann sowohl Ausdruck einer entsprechend lokalisierten diskreten kortikalen Läsion wie Ausdruck einer sekundären Projektion von Entladungen sein, die von einer entfernt gelegenen Läsion stammen. Diagnostisch entscheidend ist in solchem Falle, ob die Lokalisation mit den klinischen Indizien, besonders dem Beginn der klinischen Anfälle, übereinstimmt oder nicht. Ein Spike-Fokus in Verbindung mit einer fokalen Verlangsamung spricht für eine ausgedehntere Läsion, wobei die Spike-Entladungen gewöhnlich am Rande der Läsion erscheinen. Ausgedehnte Läsionen zeigen eine größere Mannigfaltigkeit von Anfallspotentialen als diskrete Herde. Sie lassen daher häufiger multiple Entladungen, steile Wellen, paroxysmale Rhythmen und auch langsame Spike-wave- oder Sharp-slow-wave-Komplexe beobachten als schnelle Spitzenentladungen von hoher Amplitude. Zur genauen Lokalisation ausgedehnter wie erst recht diskreter Läsionen können nur solche fokale Entladungen dienen, die auch bei wiederholten Ableitungen konstant über der gleichen Stelle nachweisbar bleiben.

Fokale Spike-Entladungen sind *bei Kindern mit Epilepsie* nicht nur etwa doppelt so häufig (30%)[239, 1126, 1138, 1191] wie bei Erwachsenen (10—22%)[51, 77, 256, 1021] anzutreffen, sie stellen auch durch ihre Instabilität und Variabilität[43] sowie durch ihre Neigung, in Funktion zum Lebensalter zu »wandern«[239, 572, 942, 943, 1021a, 1157, 1170, 1171] vor besondere Probleme, denen Trojaborg (1966) eine gründliche katamnestische Untersuchung gewidmet hat. Danach kommen sie — unter Einschluß von Kindern mit Propulsiv-Petit mal und von Fällen mit multiplen Spike-Foki — bei Kindern unter 2 Jahren am häufigsten vor. Lokalisatorisch überwiegen vor dem 4. Lebensjahr Entladungen über den okzipitalen und parietalen Regionen.

Zwischen dem 4. und 8. Jahr bleibt der Anteil okzipitaler, parietaler und temporaler Foki annähernd gleich, wogegen nach dem 8. Lebensjahr eine temporale Lokalisation vorherrscht. Nur 10% der Spike-Foki waren — altersunabhängig — über der Frontal- und über der Zentralregion abzuleiten. Daß ein gegebener Fokus bei Kindern in 70% mit der Zeit verschwindet und später in einer anderen Region wieder auftaucht, kann schon deswegen kaum mit Reifungsvorgängen erklärt werden, da solche »Fokuswanderungen« nicht selten schon im Laufe von einigen Tagen oder Wochen vor sich gehen können. Bei 3—14jähriger Verlaufskontrolle von 233 Kindern konnte Trojaborg feststellen, daß der primäre Fokus nur in 10% der Fälle konstant am gleichen Ort blieb, in 30% der Fälle jedoch verschwand. Unter letzteren hatten die besten Aussichten Fälle mit primär temporaler Lokalisation, womit sich die von Gibbs u. Gibbs[570] behauptete günstige Prognose der sogenannten mittleren Temporal-Epilepsie bestätigen ließ, ohne daß allerdings ihre Beobachtung häufiger Übergänge in ein Muster von 14/sec- und 6/sec-positiver Spikes verifiziert werden konnte. Bei den übrigen Fällen war nachzuweisen, daß etwa die Hälfte der primär okzipital und parietal gelegenen Foki mit der Zeit nach vorne in frontale, zentrale oder temporale Gebiete und etwa ein Viertel in hintere Gebiete abwanderte, während ein Viertel am ursprünglichen Ort verblieb oder nach einer passageren Wanderung wieder dahin zurückkehrte. Von den in vorderen Hirnabschnitten gelegenen Foki wanderte immerhin ein Viertel auf hintere Hirnregionen ab.

Diese besonders bei Kindern zu beobachtende Instabilität und Variabilität fokaler Spike-Entladungen wird dadurch erklärt, daß Entladungen, die von einem epileptogenen Fokus ausgehen, andere ursprünglich normale Gebiete in den Zustand einer neuronalen Übererregbarkeit versetzen und somit zu einer autonomen Aktivität bzw. zur Bildung sekundärer oder gar tertiärer Entladungsherde veranlassen[43]. Nach den Untersuchungen von Trojaberg scheinen dafür jedoch — zumindest bei Kindern — eher ausgedehnte morphologische Läsionen als ein Bombardement von normalen Neuronen verantwortlich zu sein. Denn er fand bei 21 Autopsien von Kindern mit elektroenzephalographisch fokalen Spike-Entladungen keinen Anhalt für umschriebene Anomalien, dagegen in allen Fällen makroskopisch diffuse kortikale und subkortikale Atrophien und histologisch degenerative Veränderungen im Rindengrau und im Marklager.

Als *sekundäre bilaterale Synchronie* werden von Jasper[77] Entladungen bezeichnet, die von einem an der medialen oder orbitalen Rinde einer Hemisphäre gelegenen Herd hervorgerufen und von dort über kortikal-subkortikale Neuronenkreise auf beide Hemisphären projiziert werden. Das daraus resultierende Spike-wave-ähnliche Entladungsmuster ist meist asymmetrisch und nach Form und Frequenz unregelmäßiger ausgeprägt als das der primären bilateralen Synchronie bei zentrenzephalen Epilepsien (s. S. 91 u. 349).

Als *Spiegelfokus* bezeichnet man die Übermittlung von Entladungen eines Fokus auf ein homologes Areal der anderen Hemisphäre auf dem Wege direkter Kommissuren, in erster Linie über das Corpus callosum. Identifiziert werden kann der primäre Fokus daran, daß seine Entladungen höher und rascher ablaufen als auf der Gegenseite, daß nicht alle Entladungen zur Gegenseite übermittelt werden und daß die Entladungen des primären Fokus denen des Spiegelfokus um 5—10 msec vorausgehen, was sich allerdings nur bei höherer Papiergeschwindigkeit registrieren läßt.

Beide Phänomene haben für die elektroenzephalographische Diagnostik kortikaler Anfälle nur geringe Bedeutung, da eine sekundäre bilaterale Synchronie vorwiegend bei parasagittalen Läsionen beobachtet wurde, die ohnehin nur selten in Form kortikaler Anfälle zutage treten und die Ausbildung von Spiegelfoki vorwiegend bei temporalen Herden, die sich klinisch meist in Form psychomotorischer Anfälle äußern.

Anfalls-EEG (s. Abb. 111 u. 133): Ein Anfall macht sich im EEG in der Regel schon etwa 6—8 sec vor Einsetzen der klinischen Symptome in einer Zunahme der fokalen Spike-Aktivität oder einer fokalen Verlangsamung bemerkbar; nicht selten auch in Form einer Kurvendepression (s. Abb. 111), aus der heraus sich mit Beginn des Anfalls ein kontinuierliches Spike-Muster entwickelt, dessen Spitzen anfangs eine Frequenz von 18—20/sec haben, die sich mit zunehmender Amplitude auf 15—12—10/sec vermindert. Wenige Sekunden nach Einsetzen der paroxysmalen Entladungen breiten sie sich entsprechend dem »march« der klinischen Symptome auf benachbarte Regionen der gleichen Hemisphäre aus. Gelegentlich treten klinische Anfallssymptome auch erst zugleich mit Ausbreitung der Entladungen in Erscheinung. Im weiteren Verlauf kommt es häufig durch Fortleitung der Erregung über die Balkenkommissur auch zu Entladungen über homologen Arealen und, wenn sich der Anfall generalisiert, über dem gesamten Kortex der kontralateralen Hemisphäre. Auch ohne Generalisierung klingt der Anfall ab, wenn im EEG halbseitig betonte hohe langsame Wellen oder irreguläre Spike-wave-Komplexe wie im klonischen Stadium des großen Anfalls in Erscheinung treten (s. Abb. 133c). Die Spikes werden seltener und die Pausen zwischen den unregelmäßigen Spike-wave-Komplexen gegen Ende des Anfalls immer länger. Unmittelbar nach dem Anfall besteht das Kurvenbild über dem Herdbereich aus δ-Wellen mit immer flacher werdenden Amplituden. Öfters ist für einige Sekunden keine Spannungsproduktion mehr zu sehen. Danach stellt sich relativ bald wieder das Ausgangs-EEG ein.

Wenn während des Anfalls nur eine umschriebene Verlangsamung oder lediglich eine Spannungsreduktion zu sehen ist, liegt der Fokus in der Tiefe einer Hirnwindung verborgen. Wenn aber — wie es vorkommen soll — während eines klinisch unzweideutig kortikalen Anfalls überhaupt keine Veränderungen im EEG zu registrieren sind, so können entweder die Entladungen des primären Fokus nicht hinreichend aktiv sein, um über der Kopfhaut registrierbar zu werden, oder sich dem Nachweis entziehen, weil die Erregungen zu begrenzt ablaufen und die Elektroden zu weitmaschig plaziert sind. Schließlich können auch spontane Anfälle der Beobachtung

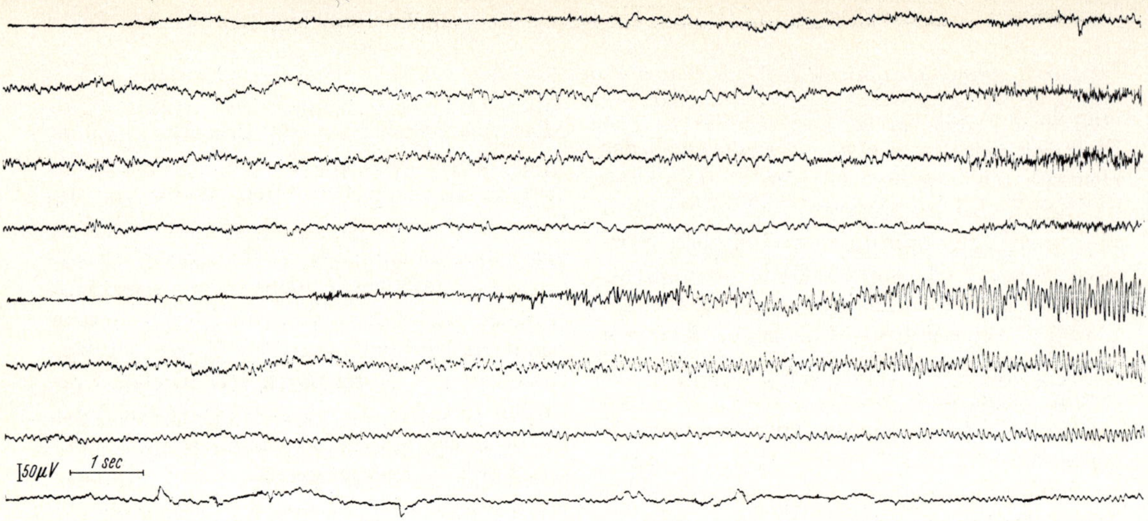

Abb. 133a

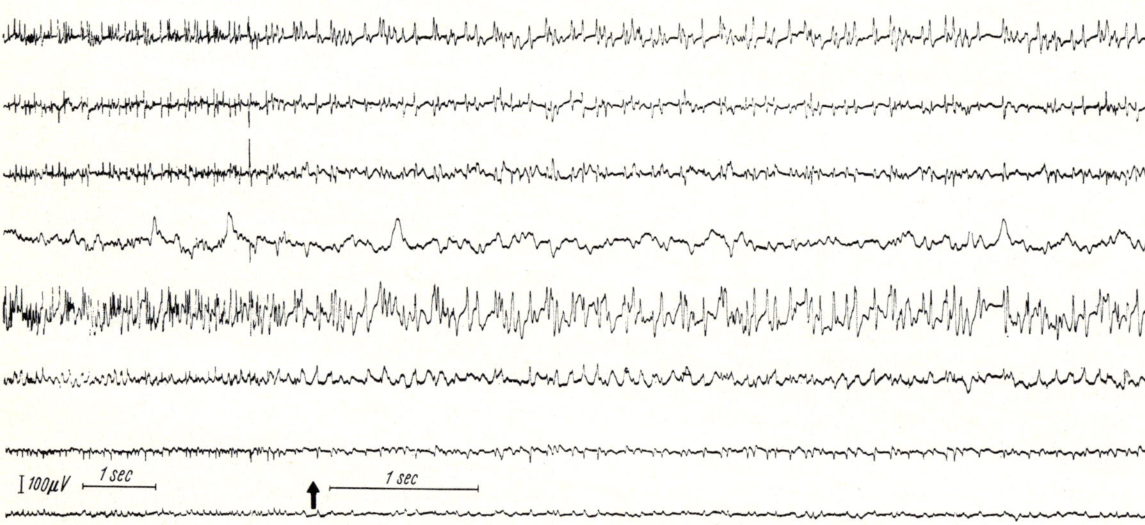

Abb. 133b

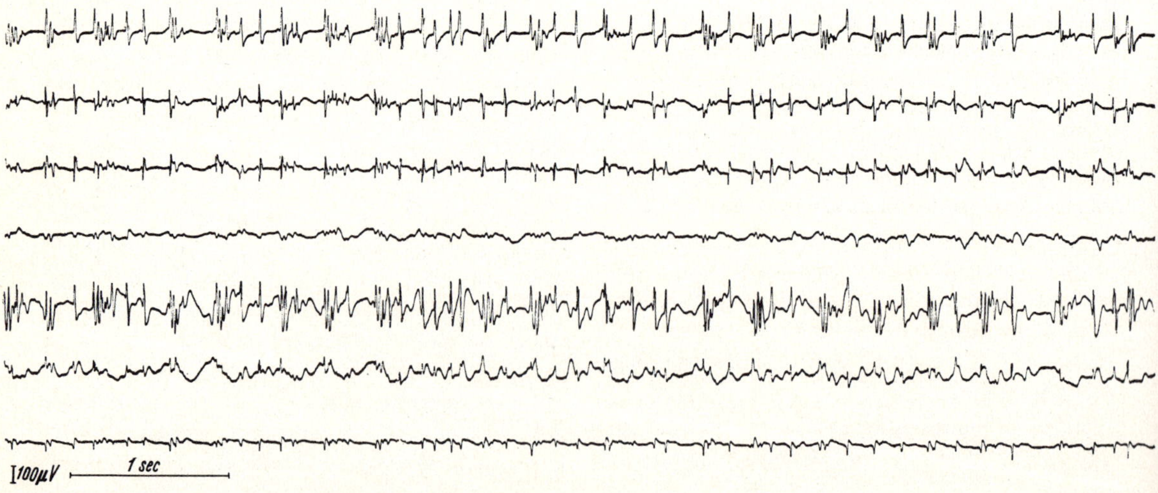

Abb. 133c

im EEG entgehen, weil die Registrierung mit unipolarer Ableitung oder die Plazierung der Elektroden bei tief – etwa im Medianspalt der Hemisphären – gelegenen Herden ungünstig ist. Selbst bei metrazolinduzierten Anfällen sind auch unter günstigen technischen Voraussetzungen gelegentlich (10%) keine entsprechenden Veränderungen im EEG nachzuweisen. Nach AJMONE-MARSAN u. RALSTON bleiben provozierte Anfälle aus der Zentralregion besonders häufig (30%) elektrisch stumm, bei Läsionen in der vorderen Frontalregion dagegen nie, während Anfälle bei temporalen Läsionen darin eine Mittelstellung (10%) einnehmen.

Abb. 133a—c. EEG während eines Jackson-Anfalls, der in einen Adversivkrampf übergeht. Fall Walter O., 30 Jahre. Mit 18 Jahren Schußverletzung des linken Parietallappens. Ovaler pulsierender Knochendefekt in Scheitelhöhe links paramedian. Im Pneumenzephalogramm Ausziehung des erweiterten linken Seitenventrikels in Richtung auf den Knochendefekt. EEG-Ableitung während eines Status kortikaler Anfälle von gleichem Ablauf: Beginn mit langsamen, dann immer schneller werdenden rhythmischen Zukkungen zuerst im rechten Mundbereich, dann in der rechten Gesichtshälfte, wobei der Kopf sich tonisch nach rechts dreht und der rechte Arm in gebeugter Haltung bei geschlossener Faust abduziert und nach außen rotiert wird (Fechterstellung). Gleichzeitig wird das rechte Bein angezogen. Der Anfall klingt aus mit rhythmischen Zuckungen der rechten Seite, woran der Kopf und der Arm stärker beteiligt sind als das Bein.

Ausschnitte aus der Hirnstromkurve während des Anfalls: Fokaler Beginn präzentral links mit β-Spitzen zunehmender Amplitude (a). Die Entladungen haben sich generalisiert. Die fokale Betonung bleibt bestehen (b). Die kontinuierliche Spike-Aktivität zeigt die Tendenz in gruppierte Entladungen überzugehen, die im weiteren Verlauf deutlicher wird (c). Bei ↑ doppelte Papiergeschwindigkeit.

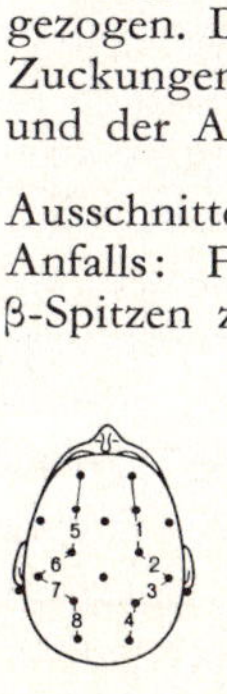

Klinik

Häufigkeit: Epilepsien mit fokalen Anfällen waren in unserem Krankengut in 8,6% (556 von 6500) anzutreffen. Nach Abzug von 15 Fällen mit subkortikalen Halbseiten-Anfällen verbleiben noch 8,3% (541 von 6500) mit kortikalen Anfällen. Epilepsien mit kortikalen Anfällen sind daher etwas häufiger als solche mit pyknoleptischen Anfällen (7,8%); sie machen aber nur $^1/_4$ der psychomotorischen Epilepsien (30,6%) aus. Zum Vergleich mit der Literatur können nur die Epilepsien mit Jackson-Anfällen herangezogen werden, die mit 6,9%* in unserem Krankengut etwas häufiger vorkommen als bei anderen Autoren, bei denen sie 5,4%[51], 5,3%[402] und 4,1%[998] ausmachen. Über den Anteil von kortikalen Adversiv-Krämpfen, der 1,1%*, und von sensorisch beginnenden Anfällen, der 1,5%* beträgt, finden sich keine vergleichbaren Angaben.

Tabelle 29: *Häufigkeitsverhältnis von Jackson-Anfällen, Adversiv-Krämpfen und Anfällen mit sensorischem Beginn bei 541 Patienten mit kortikalen Anfällen.*

Jackson-Anfälle	Adversiv-Krämpfe	Sensorische Anfälle	Gesamt
448	68	94	610 *
82,8%	12,6%	17,4%	112,8*%

*Überzählungen ergeben sich daraus, daß 69 von 541 Patienten mehrere Anfallsarten boten.

Die Tabelle besagt, daß über $^3/_4$ aller Patienten mit kortikalen Anfällen Jackson-Anfälle und fast $^1/_3$ Adversiv-Krämpfe und sensorische Anfälle geboten haben. Da die Zuordnung nach dem Anfallsbeginn erfolgte, sind dissoziierte Adversiv-Krämpfe unter den Jackson-Anfällen und senso-motorische Adversiv-Krämpfe unter den sensorischen Anfällen registriert.

Geschlecht: Zahlenmäßig überwiegen mit 64%: 36% die Männer weit deutlicher über die Frauen als bei den psychomotorischen Epilepsien. Das erklärt sich zum Teil durch den Anteil der traumatischen Epilepsien, bei denen das Verhältnis sogar 88%:12% beträgt. Aber kortikale Anfälle bei Hirntumoren und selbst bei ungeklärter Ursache sind immer noch mit 59% zw. 57% bevorzugt bei männlichen Patienten anzutreffen.

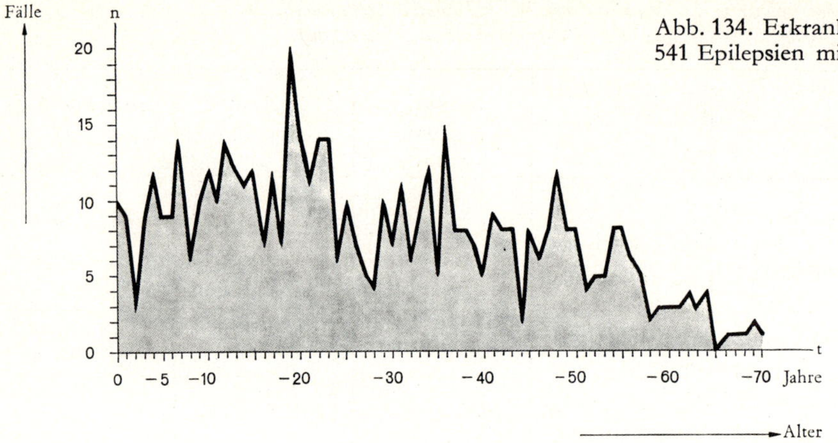

Abb. 134. Erkrankungsalter bei 541 Epilepsien mit kortikalen Anfällen.

Erkrankungsalter: Kortikale Anfälle können in jedem Lebensalter einsetzen, sind im frühen Kindesalter jedoch ausgesprochen selten[283], da die Markreifung der Pyramidenbahn erst mit dem 2. Lebensjahr abgeschlossen ist. Doch sollen schon im Säuglingsalter Halbseiten-Anfälle mit einer sukzessiven Ausbreitung der Krämpfe vorkommen[6]. Eine exakte Unterscheidung zwischen Halbseiten-Krämpfen und Jackson-Anfällen wird aber bei Neugeborenen und Säuglingen schon deswegen kaum möglich sein, weil der Bewußtseinszustand schwer zu beurteilen ist. Unser ältester Patient war zu Beginn seiner Jackson-Anfälle 72 Jahre alt.

Die Kurve des Erkrankungsalters erstreckt sich annähernd gleichförmig vom 1. bis zum 55. Jahr und läuft dann allmählich in höherem Alter aus (s. Abb. 134). Im Vergleich zu den psychomotorischen Epilepsien (s. Abb. 91, S. 241) ergibt sich für Epilepsien mit kortikalen Anfällen ein flacherer Kurvenverlauf zwischen dem 10. und 20. Lebensjahr. Dementsprechend hatten auch nur 26% der Epilepsien mit kortikalen Anfällen schon vor dem 15. Lebensjahr (gegenüber 36% der psychomotorischen Epilepsien), aber 62% erst nach dem 20. Lebensjahr (gegenüber 49%) eingesetzt. Epilepsien mit kortikalen Anfällen beginnen also in der Mehrzahl im Erwachsenenalter.

Verlauf. — *Isolierte und kombinierte, primäre und sekundäre Verlaufsformen:* Eine Unterscheidung zwischen isolierten bzw. »reinen« und mit Grand mal kombinierten kortikalen Epilepsien hat insofern einen gewissen praktischen Wert, als isolierte kortikale Anfälle häufiger als kombinierte auf raumfordernde Prozesse zurückgehen. So fanden wir unter 275 Patienten, die bisher lediglich Jackson-Anfälle, Adversiv-Krämpfe oder sensorische Auren hatten, in der Hälfte der Fälle (136) Tumoren, Abszesse oder Angiome, unter 266 Patienten mit Kombinationen dagegen in weniger als $^1/_5$ der Fälle (46). Die isolierten verhalten sich zu den kombinierten Formen etwa wie 1:1 (275:266 = 51%:49%). Im Vergleich zur psychomotorischen Epilepsie, bei der die kombinierte Form überwiegt, ist das Verhältnis bei der kortikalen Epilepsie zugunsten der isolierten Form verschoben. Diese Verschiebung geht eindeutig zu Lasten der raumfordernden Prozesse, die ätiologisch bei den kortikalen Epilepsien den ersten Rang einnehmen, während in der Ätiologie der psychomotorischen Epilepsie atrophische Läsionen überwiegen. Je nach dem Beginn mit kleinen oder mit großen Anfällen lassen sich primäre und sekundäre Verlaufsformen unterscheiden. Die primäre Form (einschließlich der isolierten Fälle) verhält sich zahlenmäßig zur sekundären Form etwa wie 3:1 (376:127 = 75%: 25%; bei 38 Fällen war der Beginn unklar). Sekundäre kortikale Epilepsien sind daher nicht nur absolut, sondern auch relativ seltener als sekundäre psychomotorische Epilepsien. Diese Tatsache unterstützt unsere Annahme, daß das Hinzutreten kortikaler Anfälle zu einer Grand mal-Epilepsie kaum je als Folge anfallsbedingter anoxämischer Parenchymnekrosen interpretiert werden kann, während uns dieser patho-

Tabelle 30: *Verteilung der Grand mal-Verlaufsformen bei 202 kombinierten kortikalen Epilepsien (A = Aufwach-, S = Schlaf-, D = diffuse Grand mal-Epilepsie).*

Verlaufsform		A				S				D				Summe (100 %)
		n	%	n	%	n	%	n	%	n	%	n	%	n
Primär	kryptogen			7	25			9	32			12	43	28
	symptomatisch			5	10			17	35			27	55	49
	Summe	12	15			26	34			39	51			77
Sekundär	kryptogen			1	3			18	51			16	46	35
	symptomatisch			10	16			22	36			30	48	62
	Summe	11	11			40	41			46	48			97
Beginn unklar	kryptogen	1				3				1				5
	symptomatisch	2				7				16				25
	Summe	26	13			76	37			102	50			204

genetische Zusammenhang bei der Entstehung sekundärer psychomotorischer Epilepsien durch klinische, pathologische und morphologische Argumente belegt zu sein scheint (s. S. 242f). Doch ist auch bei kortikalen Epilepsien die zeitliche Abfolge von großen und kleinen Anfällen pathogenetisch gelegentlich als Anfallsfolge zu erklären. Wir kennen eine Reihe von Fällen, die die Annahme rechtfertigen, daß die nachfolgenden kortikalen Anfälle Auswirkung traumatischer Läsionen sind, die sich die Patienten durch Sturz auf den Kopf infolge eines Anfalls zugezogen haben (s. Fall Bodo V.). Bei der primären Form sind 27 %, bei der sekundären 36 % der Fälle ätiologisch ungeklärt. Dieser Unterschied legt den Verdacht nahe, daß sich unter sekundären kortikalen Epilepsien eine Anzahl ursprünglich idiopathischer Grand mal-Epilepsien befinden, die sich in Auswirkung anfallsbedingter traumatischer Gehirnschädigungen mit der Zeit zu »sekundär fokalisierten Epilepsien« verwandelt haben (s. S. 350).

Grand mal-Verlaufsformen bei kortikalen Anfällen: Bei Kombinationsformen ereignen sich die großen Anfälle meist unabhängig vom Schlaf-Wach-Rhythmus in »diffus« über Tag und Nacht verteilter Weise (50 %). In über einem Drittel der Fälle (37 %) verlaufen sie in Form einer Schlaf-Epilepsie, relativ selten (13 %) in Form einer Aufwach-Epilepsie. Die prozentuale Verteilung der Grand mal-Verlaufsformen ist bei primären und sekundären kortikalen Epilepsien annähernd gleich (s. Tab. 30). Wie die Tabelle 30 ausweist, steigt bei nachweisbar symptomatischer Genese der Anteil der diffusen Verlaufsform an – die Regel bestätigend, daß eine zeitlich ungebundene Verteilung der großen Anfälle auf eine exogene Ursache schließen läßt. Aus dem Vergleich zu anderen Formen kleiner epileptischer Anfälle geht hervor, daß sich altersabhängige Petit mal am häufigsten mit Aufwach-Grand mal und psychomotorische Anfälle mit Schlaf-Grand mal verbinden, während sich kortikale Anfälle überwiegend mit diffus verteilten großen Anfällen kombinieren (s. Tab. 48, S. 460).

Hemmung und Auslösung der Anfälle: Daß sich die Ausbreitung kortikaler Anfälle durch bestimmte Maßnahmen verhindern lasse, wird recht häufig angegeben. Seltener hört man davon, daß bestimmte Umstände gelegentlich oder regelmäßig zur Auslösung von Anfällen führen.

Jackson vermutete schon in seiner »Studie über Krämpfe« (1870) einen Zusammenhang zwischen Auslösung und Hemmung kortikaler Anfälle durch lokal angreifende Faktoren. Von der Erfahrung einiger seiner Patienten ausgehend, denen es gelungen war, ihre Anfälle durch ein Anfassen des Handgelenks, ein gewaltsames Öffnen der zur Faust geballten Hand, durch Auflegen eines Zugpflasters oder Umschnüren des Armes mit einem Band zu kupieren, stellt er zunächst die Frage, ob solche Maßnahmen überhaupt ratsam seien, da sie »die Explosionen wahrscheinlich nur aufschieben«. Er bejaht sie aber, »um den Kranken vor den Folgen der Entladung zu bewahren«. Andererseits war ihm auch bekannt, daß »lokale Reize in der Gegend, in der es dann zum Krampf kommt, einen Anfall auslösen« konnten. Da es ihm »ungereimt scheint, sich vorzustellen, daß ein lokaler Reiz ... die einzige Ursache des Anfalls sei und daß er eine Entladung in einem *gesunden* Nervensystem hervorrufen könne«, wie es damals noch für möglich gehalten wurde, nahm er zur Erklärung zwei Faktoren an, »1. einen (lokalen) Reiz ..., der 2. zu dem labilen Teil des Nervensystems wandert und dort die Entladung bestimmt«.

Die Methode, beginnende Anfälle durch eine Ligatur oberhalb des vom Krampf ergriffenen Teiles einer Extremität zu hemmen, wird von Gowers (1901) auf die Theorie von Pelops, des Lehrers von Galen, zurückgeführt, wonach die Aura im Aufsteigen eines Dunstes in den Gefäßen bestehe und daher ebenso wie das Eindringen von Schlangengift in den Blutkreislauf unterbunden werden könne. Gowers zitiert diese Methode als Beispiel dafür, wie durch ein Verfahren, das von einer irrtümlichen und naiven Theorie abgeleitet ist, eine therapeutische Wirkung erzielt werden könne. Gowers weiß, daß es für die Wirkung der Ligatur gleichgültig ist, ob der Anfall sensibel oder motorisch beginnt, wie auch, daß sowohl sensible wie motorische Reize die Ausbreitung eines Anfalls hemmen können. Er beobachtete, daß wiederholte Hemmung eine dauernde Wirkung zur Folge haben kann, wie auch, daß eine dauernde Wirkung vereitelt werden kann, wenn eine Hemmung einmal versäumt wurde. Er hält es »von Vorteil, wenn jeder Anfall, sofern es nur möglich ist, gehemmt werden würde, da, wenn die Entladung einmal wieder die Schranken durchbrochen hat, jeder funktionelle Widerstand, der da hergestellt worden war, sozusagen weggefegt werden würde und infolgedessen die nächste Hemmung der Anfälle sich schwieriger gestalten würde«. Beobachtungen solcher Art haben neuerdings die Prager Schule[1167, 1168] dazu angeregt, Hemmungsmanöver jeder Art zur Verhütung von Anfällen in die Epilepsiebehandlung mit einzubeziehen und die Wirkung von Abwehrmechanismen verschiedener Art auf die allgemeine Anfallsbereitschaft und die fokale Erregbarkeit experimentell zu studieren.

Was die *anfallshemmenden Maßnahmen* angeht, so unterscheiden sich die Praktiken danach, in welchem Gebiet des Körpers der Anfall eintritt und ob er mit sensiblen, sensorischen oder motorischen Symptomen beginnt. Motorischen Anfällen wird im allgemeinen mit motorischer Aktivität begegnet, sensiblen Anfällen mit sensiblen Reizen. Optische Auren werden durch Schließen oder Bedecken der Augen zu verhindern gesucht. Für akustische oder vestibuläre Auren kennen wir keine entsprechenden Gegenmaßnahmen.

Beginnen die Anfälle mit Zuckungen in der Hand, so werden die Finger mit Hilfe der anderen Hand gewaltsam gestreckt und die Hand überdehnt oder — wie meist — einfach kräftig festgehalten. Wahrscheinlich leitet sich die unter Laien übliche, im großen Anfall jedoch nutzlose Empfehlung, den Daumen aus der geballten Faust zurückzubiegen, aus der Erfahrung von Kranken mit Jackson-Anfällen her. Mit Parästhesien in der Hand beginnende Jackson-Anfälle werden oft durch kräftiges Reiben oder Massieren der Hand, durch Eintauchen in kaltes Wasser oder Umschnüren des Armes oder auch durch einen Druck auf die Gefäße am Oberarm verhindert. Im Fuß einsetzenden Anfällen wird bei motorischem Beginn durch festes Auftreten und Durchstrecken der Zehen, bei sensiblem Beginn durch kräftiges, distalwärts gerichtetes Reiben und Massieren oder durch kalte Kompressen auf Oberschenkel und Leiste entgegengewirkt. Mastikatorius-Anfälle veranlassen die Patienten dazu, den Unterkiefer mit der Hand hochzupressen oder festzuhalten, Parästhesien im Gesicht dazu, sich zu reiben, zu kratzen oder mit kaltem Wasser »zu erschrecken«. Gegen Adversiv-Krämpfe waren nur wenig Patienten damit erfolgreich, daß sie den Kopf mit aller Anspannung oder mit Hilfe der Hände ruhig zu halten oder gar in die Gegenrichtung zu drehen versuchten. Nie ist es jedoch dadurch gelungen, die Richtung des Krampfes zu verändern.

Umstände, die geeignet sind, mit einiger Regelmäßigkeit kortikale *Anfälle auszulösen*, sind seltener in Erfahrung zu bringen. Hier scheint ebenso wie bei den anfallshemmenden Bedingungen eine Entsprechung zwischen der Art der Reize und der Art und Lokalisation des Anfallsbeginns vorzuliegen wie in folgendem Fall:

Fall Elisabeth V.: Auslösung senso-motorischer Jackson-Anfälle durch Eintauchen des Armes in heißes Wasser. Kontrolle unter dem EEG.

Die jetzt 32jährige Patientin leidet seit 11 Jahren unter Anfällen, die hauptsächlich nachts auftreten. Sie wird dabei durch ein kribbelndes Gefühl im linken Fuß, das sich über das Bein in die linke Hand und über den linken Arm ausbreitet, geweckt. Danach kommt es bei vollem Bewußtsein unter Zuckungen des linken Armes zu einer Kopfwendung nach rechts. Da sie die Erfahrung gemacht hatte, daß sie die Anfälle auslösen konnte, indem sie den linken Arm in heißes Wasser tauchte, haben wir diese Provokation unter dem EEG wiederholt. Etwa 2 min nachdem sie den linken Arm ins Wasser gelegt hatte, bemerkte sie eine zunehmende Taubheit und Steifigkeit im linken Arm. Nach einer weiteren Minute wurde sie unruhig und klagte über starkes Herzklopfen. Dabei schien sie etwas benommen. Jetzt wurde der linke Arm unter rhythmischen Zuckungen angewinkelt und hochgehoben, wobei sich gleichzeitig der Kopf ruckartig nach rechts bewegte, die Augen aber geradeaus gerichtet blieben. (Dissoziierter Adversiv-Krampf.) Während des Anfalls waren deutliche Zuckungen des linken Mundfazialis und des linken Sternokleidomastoideus zu beobachten. Nach dem Anfall berichtete sie, daß sie alles wie von weitem gehört und auch verstanden habe, aber nicht sprechen konnte. Im EEG waren vorwiegend rechtsseitige Veränderungen zu sehen, die aber von Bewegungsartefakten und Muskelpotentialen überlagert waren. — Pneumenzephalogramm und Elektroenzephalogramm wiesen auf eine atrophische Läsion im vorderen Anteil der rechten Hemisphäre hin. Da bei der Untersuchung eine Schädelasymmetrie festzustellen und anamnestisch eine Zangengeburt zu erfahren war, nahmen wir eine Epilepsie bei geburtstraumatisch oder frühkindlich entstandener Hirnschädigung an.

Am häufigsten wurde uns angegeben, daß Mastikatorius-Anfälle während des Essens und optische Auren nach Lichteinwirkung auftraten. Mit Parästhesien im Mundgebiet beginnende Anfälle konnten durch Berühren der Unterlippe, durch Abreiben von Lippenstift, im Kehlkopf beginnende durch heftiges Husten oder stärkeres Lachen ausgelöst werden. Von der Hand ausgehende Jackson-Anfälle konnten bei sensiblem Beginn durch Berührung kalter oder warmer Gegenstände, durch Betasten von Papier oder Stoff, bei motorischem Beginn durch verkrampfte Haltungen oder übermäßige Bewegungen provoziert werden.

Unter den sensorischen Anfällen verfügen wir über mehrere Beispiele der Auslösung optischer Auren durch plötzlichen Wechsel von hell und dunkel, sei es durch Aufflammen von Feuerzeugen, Blitzlicht oder Scheinwerfern oder lediglich durch ein Zwinkern mit den Augen (Fall Alfred F.), aber nur über einen Fall von Auslösung einer akustischen Aura durch akustische Reize (Fall Martha K.). Daß auch vestibuläre Auren durch vestibulogene Reize zu provozieren sind, ist bekannt[937].

Unter dem Titel »*Durch Bewegung induzierte Anfälle*« haben Lishman et al. (1962) 7 Fälle und Whitty et al. (1964) sowie Lishman u. Whitty (1965) weitere 5 Fälle von einseitigen tonischen Krämpfen, meist der unteren Gliedmaßen, mitgeteilt, die durch bestimmte Haltungen oder Bewegungen auszulösen waren. Die Anfälle dauern kurz, wenige Sekunden bis zu einer Minute, wiederholen sich häufig, bis zu mehrmals täglich und gehen bei freiem Bewußtsein vor sich. Sie betreffen vorzugsweise ein Bein, gelegentlich auch einen Arm, können aber auch auf den Rumpf und auf das Gesicht übergreifen und zu einem Adversiv-Krampf führen. Auslösend wirken plötzliche Bewegungen wie rasches Aufstehen oder schnelles Beschleunigen beim Gehen, gelegentlich auch Überraschungen, etwa bei plötzlichem Anruf. Die bisher nachgewiesenen EEG-Veränderungen in Form von paroxysmaler Verlangsamung oder steilen Wellen sind von diffuser Art. Die Anfälle sprechen mehr oder weniger gut auf eine antiepileptische Medikation an.

Fall Michael J.:

Analog dazu kennen wir einen 20jährigen Studenten, der seit 3 Jahren fast jeden Tag mehrmals bei klarem Bewußtsein 10—15 sec dauernde Streckkrämpfe im linken Bein bekam, die so heftig sein konnten, daß er dabei hinfiel. Manchmal ging dabei der linke Arm angebeugt mit in die Höhe, so daß kurz eine »main d'accoucheur«-Haltung resultierte. Vor der Behandlung kam es in Abständen von Wochen auch zu nächtlichen generali-

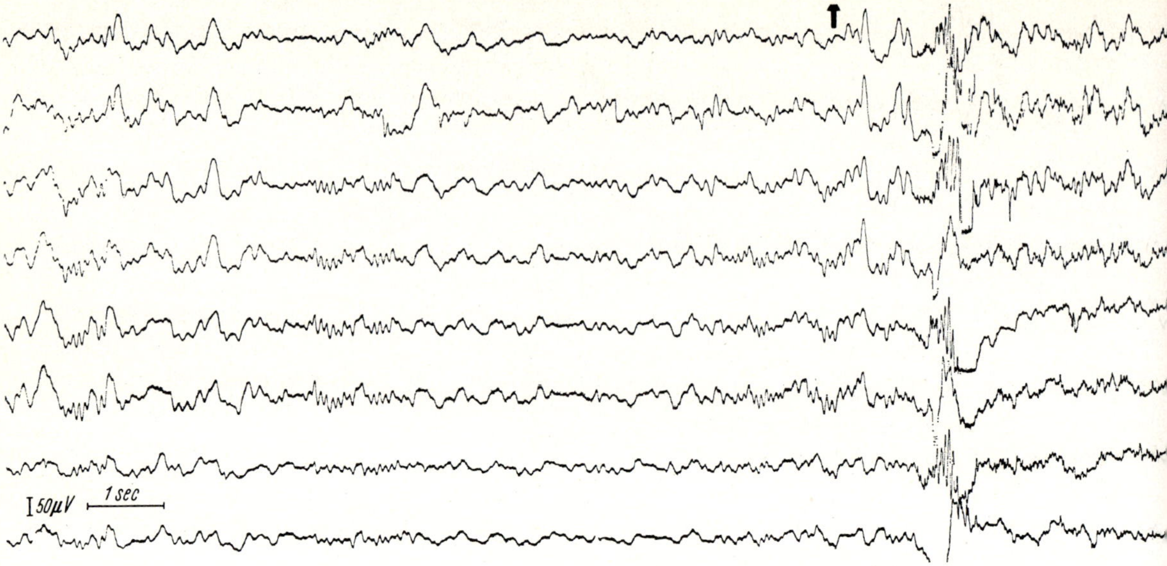

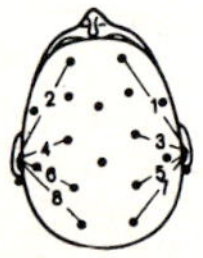

Abb. 135. Im Schlaf (Stadium C) kommt es zu einem der im Text beschriebenen Anfälle (von ↑ bis ↓), der hirnelektrisch stumm bleibt.

sierten Krampfanfällen, die von einer Drehung des Kopfes nach rechts und einem Gefühl, als ob er nach links aus dem Bett gedreht und mit dem Kopf auf dem Boden aufschlagen würde, eingeleitet wurden. Tatsächlich ist er dabei mehrmals aus dem Bett gestürzt. Die Streckkrämpfe konnte er selbst dadurch herbeiführen, daß er sich in einer unbequemen Haltung auf einen Hocker setzte oder einen kurzen Spurt machte. Pneumenzephalographisch und arteriographisch war kein krankhafter Befund zu erheben. Im EEG waren selbst während eines durch eine unbequeme Haltung provozierten und während eines im Schlaf beobachteten Anfalls (s. Abb. 135) keine Anomalien zu erkennen. Unter einer hohen Dosierung verschiedener Antiepileptika gelang es, zunächst die großen Anfälle zu verhüten; später wurden auch die Streckkrämpfe allmählich seltener, um dann schließlich ohne weitere Veränderung der Medikation — nun seit 11 Monaten — ganz aufzuhören.

Falconer, Driver u. Serafetinides haben über einen ähnlichen Fall berichtet, bei dem sie eine Narbe am oberen Rand der linken Hemisphäre unmittelbar vor der Zentralwindung entfernen konnten, wonach die Anfälle ausblieben. Gleichfalls durch Bewegungen induziert, war es dabei zunächst zu einer plötzlichen Versteifung des rechten Beines gekommen, die unmittelbar von einer Beugung des Rumpfes nach rechts hinten und von einer Abduktion der Schulter bei extendiertem Arm gefolgt war. Bemerkenswerterweise waren auch in ihrem Fall alle Untersuchungen einschließlich Pneumenzephalogramm, Arteriogramm und EEG negativ geblieben. Selbst während spontaner und chemisch induzierter Anfälle zeigten sich im EEG keine entsprechenden Veränderungen. – Der Ablauf solcher Anfälle und ihre operativ bestätigte Lokalisation im letzten Fall lassen an eine Beinbetonte Variante tonischer Haltungsanfälle bzw. bewußter Adversiv-Krämpfe denken. Möglicherweise stellen solche auch von Pitha (1938) und von Michaux u. Granier (1954) sowie die schon von Gowers (1901) als »durch Willkürbewegung hervorgerufene Anfälle« beschriebenen drei Fälle nichts weiter als das »reflexepileptische« Modell von tonischen Anfällen bzw. Adversiv-Krämpfen dar, die von der supplementär-motorischen Region ausgehen. Daß sich in allen Fällen bei Routineableitungen im EEG nur unspezifische Veränderungen ergaben, könnte mit dieser Lokalisation durchaus übereinstimmen, weil Läsionen und selbst Anfälle aus der supplementär-motorischen Region erfahrungsgemäß mit Oberflächenableitungen in den üblichen Abständen nicht entdeckt werden[994, 1078].

Obwohl die Patienten weit mehr über anfallshemmende als über anfallsauslösende Umstän-

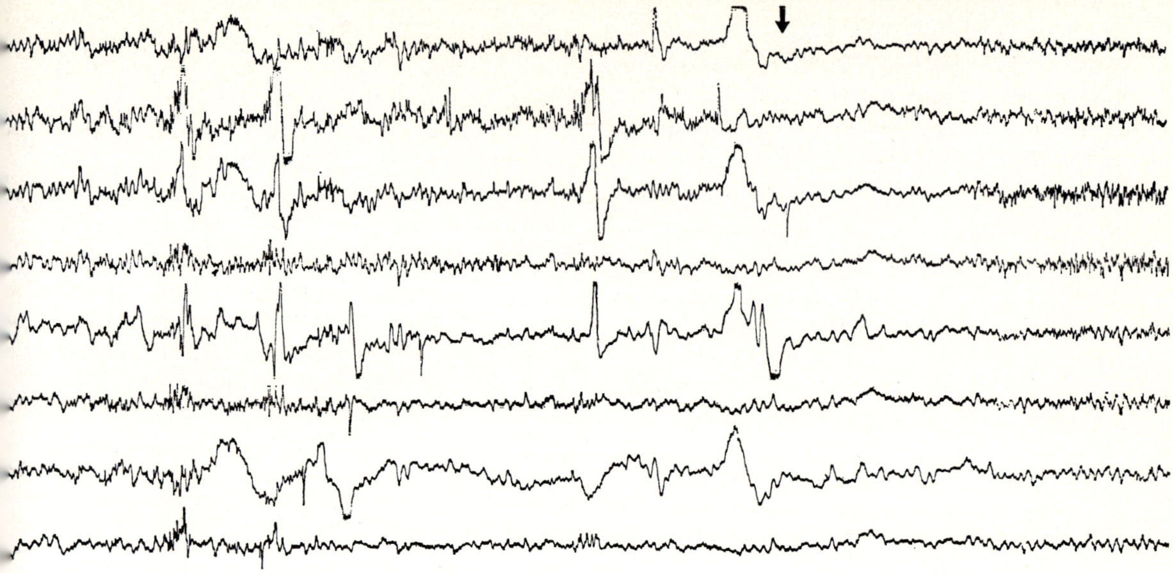

Bei den unregelmäßigen Ausschlägen handelt es sich um Bewegungsartefakte (Fall Michael J.).

de berichten, haben letztere, der Literatur nach zu schließen, in der solche Beobachtungen als sogenannte *Reflex-Epilepsien* mitgeteilt werden, ein ungleich größeres Interesse gefunden. Vom klinischen Standpunkt aus ist der Begriff Reflex-Epilepsie schillernd. Ätiologisch ist er nichtssagend, da es eine rein auf reflektorischem Wege verursachte Epilepsie nicht gibt. Aber auch pathophysiologisch ist er fragwürdig, da sich die physiologischen Bedingungen eines Reflexbogens mit einem afferenten Schenkel, einem reflexogenen Zentrum und einem efferenten Schenkel bei sogenannten Reflex-Epilepsien nie korrekt nachweisen lassen. Da der Begriff also ätiologisch und physiologisch nichtssagend ist, wäre es besser, ihn aufzugeben. Wer jedoch die klinische Tatsache, daß epileptische Anfälle gelegentlich oder regelmäßig aus vergleichbaren äußeren Anlässen auftreten, trotzdem als Reflex-Epilepsie bezeichnen will, hätte damit lediglich einen durchaus entbehrlichen Sammelbegriff für eine Vielfalt heterogener Auslösungsmodi, die im Einzelfall relativ konstant sein können. PENFIELD u. JASPER ziehen es daher vor, statt von Reflex-Epilepsie von Auslösung und, da Auslösung wie Hemmung von Anfällen über afferente Impulse zustande kommen, in solchen Fällen von *sensorischer Auslösung* bzw. *sensorischer Hemmung* zu sprechen. Zugleich weisen sie auf den paradoxen Zusammenhang zwischen beiden Vorgängen hin, der auch klinisch daraus hervorgeht, daß nicht selten gleiche Reize in einem Fall auslösend, im anderen Fall hemmend wirken können. Wenn auch eine alle Beobachtungen übergreifende pathophysiologische Erklärung noch fehlt, so wird man annehmen dürfen, daß die afferenten Impulse in einem Fall einen synchronisierenden und im andern Fall einen desynchronisierenden Effekt auf die epileptischen Entladungen ausüben[124].

In der Literatur fehlt es nicht an kuriosen Einzelbeobachtungen und meist tierexperimentellen Beiträgen über sensorische Auslösungs- und Hemmungsvorgänge, wohl aber an klinisch wie pathophysiologisch gründlich untersuchten Einzelfällen und an überzeugenden Interpretationen, die nicht zuletzt durch den weltanschaulichen Ballast, den die Reflex-Theorie mit sich führt, erschwert werden. Im Hinblick auf Entsprechungen und Nicht-Entsprechungen zwischen der Art der auslösenden Reize und der Art der induzierten Anfälle ergeben sich drei klinische Modelle.

1. die zentrenzephale Epilepsie mit der bevorzugten Auslösung durch repetierte Lichtreize (photogene Epilepsie) (s. S. 104),

2. die rhinenzephale Epilepsie mit bevorzugter Auslösung durch emotionelle Konstellationen (musikogene Epilepsie) (s. S. 255ff),
3. die kortikale Epilepsie mit bevorzugter Auslösung durch der jeweiligen Aura entsprechende sensible oder sensorische Reize.

Im Gegensatz zu den photogenen und musikogenen Epilepsien, die heute stärker beachtet werden als früher, sind Beobachtungen über *entsprechende Auslösungsmodi bei kortikalen Anfällen* in der älteren Literatur häufiger[197, 379, 396, 402, 971, 979, 1006, 1034, 1060, 1067, 1159, 1206] anzutreffen als in der jüngeren[124, 583, 1164, 1178, 1192].

Penfield u. Jasper erwähnen einen Patienten, bei dem helles Licht optische Auren hervorrief und berichten ausführlicher über die Beobachtung einer 4jährigen Patientin von Forster et al., die zwar nicht an kortikalen, sondern an astatischen Anfällen mit Vorwärtsbeugung des Körpers, Hochheben der Arme, kurzem Bewußtseinsverlust mit Hinfallen litt, im EEG aber einen Herd langsamer Wellen in der oberen rechten Zentralregion aufwies. Diese Anfälle konnten durch ein Tippen auf die linke Schulter ausgelöst werden. Zugleich damit kam es im EEG zu hohen »evoked potentials« über der rechten Zentralregion, die elektrokortikographisch auf den oberen Teil der hinteren Zentralwindung beschränkt blieben und trotz gleichzeitig auftretender Zuckungen im linken Arm nicht zur Präzentralregion fortgeleitet wurden. Nach Resektion des atrophischen Gyrus blieben die Anfälle aus; durch Tippen auf die linke Schulter konnten auch keine EEG-Veränderungen mehr hervorgerufen werden.

Daß sich die Erregbarkeit der Rinde unter afferenten Impulsen ändern kann, haben schon 1881 Bubnoff u. Heidenhain festgestellt. Bei Reizversuchen am motorischen Kortex wurden schon unterschwellige Reize unmittelbar wirksam, wenn kurz vor der Reizung die Haut der dem »motorischen Zentrum« entsprechenden Region taktilen Reizen ausgesetzt worden war. Zur sensorischen Auslösung von Anfällen kann es aber — wie im Fall von Forster et al. — nur kommen, wenn zugleich auch eine epileptogene Läsion gegeben ist.

Diese Tatsache hat man sich zum experimentellen Studium »reflexepileptischer« Vorgänge an Tieren, denen man biochemische oder strukturelle Läsionen gesetzt hatte, zunutze gemacht. Bei bestimmten Tieren gelingt es, fokale und auch generalisierte Anfälle durch periphere Reizung eines umschriebenen Hautbezirks zu erzielen, wenn die entsprechende senso-motorische Region durch Aufbringen von Strychnin, Penicillin oder Aluminium-Creme in einen erhöhten Erregungszustand versetzt worden war. Seitdem wird die »reflektorische« Auslösung bzw. Hemmung epileptischer Aktivität mittels einer fokalen Läsion bei Tieren weitgehend als experimentelles Modell (»Reflex-Epilepsie« vom Amantea-Typ oder Clementi-Typ) benutzt, um die Erregbarkeit der Rinde und die Erregungsausbreitung bei Anfällen zu untersuchen und auf diesem Weg die Wirkung konvulsogener und antikonvulsiver Substanzen zu prüfen. Dabei geht man von der Annahme aus, daß diese Methode »mit der größten Genauigkeit diejenigen Prozesse reproduziert, die der Ausbreitung epileptischer Anfälle bei epileptischen Patienten, besonders solchen mit symptomatischer Epilepsie entsprechen« (Moruzzi 1946).

Als klinische Prüfung dieser Hypothese kann die Beobachtung von Goldie u. Green gelten, die bisher das einzige Beispiel einer sensorischen, bzw. »reflektorischen« Auslösung kortikaler Anfälle darstellt, bei der alle Bedingungen einer experimentellen Situation erfüllt waren: eine umschriebene strukturelle Läsion mit einer fokalen epileptischen Aktivität im EEG, ein klassischer Auslösungsmodus und eine statistisch gesicherte Relation zwischen dem Akt der Auslösung und der elektrischen Antwort bzw. der klinischen Reaktion in Form von Auren oder Anfällen. Obwohl alle Voraussetzungen gegeben waren, die die klinische Beobachtung mit den Tierexperimenten vergleichbar machten, kamen die Autoren zu dem Ergebnis, daß auch eine haptogene Auslösung kortikaler Anfälle ebensowenig nach einem einfachen Reiz-Reaktionsschema abläuft, wie die photogene Auslösung pyknoleptischer und die musikogene Auslösung psychomotorischer Anfälle. Wie dort handelt es sich auch hier um einen weit komplexeren Vorgang.

Die Beobachtung betraf einen 18jährigen Patienten, der seit seinem 7. Lebensjahr an kortikalen Anfällen litt, die er durch Reiben der rechten Wange auslösen konnte. Zunächst bemerkte er nur anfallsweise Parästhesien im rechten Arm, dann auch in der rechten Wange, die später von einer tonischen Abduktion des rechten Armes und manchmal auch ohne Aura von einer Drehung des Kopfes nach links gefolgt waren, während deren sich die Augen nach rechts wendeten. Kurz danach

kam es auch zu einer Abduktion des linken Armes. Er war während der Anfälle nicht bewußtlos, konnte aber nicht sprechen; nach den Anfällen nahm er den rechten Arm für kurze Zeit nicht mehr wahr und wußte nicht, wo sich der Arm befand. Seit seinem 14. Lebensjahr bekam er auch große Anfälle aus dem Schlaf heraus.

Schon früh wurden Auren ausgelöst, wenn ihm seine Mutter die rechte Gesichtsseite mit dem Waschlappen wusch. Selber konnte er Anfälle dadurch hervorrufen, daß er sich mit der Rückseite der eingeschlagenen Finger der linken Hand in zunehmender Heftigkeit zwischen Unterkiefer und Jochbein der rechten Gesichtsseite hin und her rieb. Da die Anfälle ziemlich häufig kamen — durchschnittlich etwa 3mal am Tag — scheint seine Erklärung zunächst einleuchtend, daß er sich mit diesem Manöver zu Hause Anfälle ausgelöst habe, damit sie ihn nicht in ungelegenen Situationen überraschten. Das Argument überzeugt aber nicht mehr völlig, wenn man erfährt, daß er auch nachts im Bett sein Gesicht häufig am Kissen oder mit der Hand rieb, um dadurch eine schwache Aura oder bei heftigerem Reiben eine stärkere Aura hervorzurufen. Indem er das Reiben rechtzeitig unterbricht, läßt er es dann allerdings nicht zu einem ausgeprägten Anfall kommen. — Da im EEG ein Spike-Fokus in der linken Parietalregion nachzuweisen war, wurde eine Operation vorgenommen, bei der eine subkortikal gelegene angiomatöse Mißbildung gefunden und entfernt wurde.

3 Monate lang wurden prä- und postoperativ eingehende, sich insgesamt über 56 Stunden erstreckende elektroenzephalographische Untersuchungen mit allen geläufigen Provokationsmethoden, vor allem aber unter verschiedenen experimentellen Bedingungen während Ruhe, Schlaf, Konversation und Hypnose durchgeführt. Dabei ergab sich folgendes: Wenn der Patient in der beschriebenen Weise über seine rechte Gesichtsseite rieb, erschien im EEG im Gebiet der links parietalen Läsion eine umschriebene multipel gruppierte Spitzenaktivität, die klar als elektrische Antwort auf den Reiz zu erkennen war und daher als Index bezeichnet wurde. Da dieser Index auch jeweils provozierten Anfällen vorausging, in diesem Fall aber mit einer Abfolge von Spikes über der gleichen Gegend auslief, war erwiesen, daß er nicht mit einer tagesrhythmischen oder sonstigen Schwankung der Erregbarkeit, sondern mit einer Anfallsaktivität zusammenhing. Erstaunlich war nun, daß der Index nicht nur auf den erwähnten physischen Reiz hin auftrat, sondern — den Reiz gewissermaßen vorwegnehmend — auch schon dann, wenn der Patient aufgefordert wurde, sich für das Reiben bereit zu halten, wie sogar schon bei der Vorstellung des Reibens, die ihm in Hypnose suggeriert wurde. Bemerkenswerterweise war der Index an Tagen mit geringer spontaner Anfallsbereitschaft durch psychologische Stimuli leichter auszulösen als durch den physischen Reiz des Reibens. Interessant, wenn auch experimentell nicht miteinander vergleichbar, war die Korrelation zwischen dem Auftauchen des Index während längerer Gespräche und dem jeweiligen Gegenstand der Unterhaltung, die in extenso wiedergegeben werden.

Die Autoren schließen aus ihren Untersuchungen, daß der »reflektorische« Vorgang, d. h. der physische Reiz als solcher — ganz im Gegensatz zu den tierexperimentellen Reflex-Epilepsien — nicht die notwendige oder absolute Ursache der elektrischen Antwort sein könne; vielmehr sei die Bedeutung des Vorgangs für die Auslösung ebenso wichtig wie der Vorgang selbst.

Experimentelle Untersuchungen über den hemmenden Einfluß peripherer Reize auf kortikale Antworten haben gezeigt, daß der Grad der Hemmung durch »signifikante« Reize stärker zunimmt als durch unphysiologische und unnatürliche Reize[1048]. Im Rückblick darauf vermerken die Autoren, daß man mehr als die physikalischen Eigenschaften eines Reizes die Art und Weise bedenken müsse, in der er vom Subjekt wahrgenommen wird. Da das gleiche auch für aktivierende Vorgänge zutreffe, stellen sie sich die Frage, ob bei Hemmungs- und Aktivierungsvorgängen durch periphere Reize im Grunde nicht der gleiche Mechanismus im Spiele sei und ob dann, was ihren Fall angeht, die erwähnten Manöver über den Weg einer verminderten Hemmung zu einer vermehrten epileptischen Aktivität geführt haben könnten. So sei experimentell erwiesen, daß verbale Suggestionen die kortikale Antwort auf einen Lichtreiz von konstanter Intensität ansteigen lassen oder abschwächen können, ebenso wie die Aufgabe bestimmte Probleme zu lösen und verschiedene emotionelle Zustände die kortikalen Antworten auf Lichtblitze modifizieren können[1047, 1073].

Jedenfalls — so folgern sie aus diesen Untersuchungen, wie aus den Beobachtungen an ihrem eigenen Fall — sei die Beschreibung einer Reiz-Antwort-Situation unvollständig, wenn sie nicht außer 1. der Art des Reizes, 2. der funktionellen Unversehrtheit der sensorischen Bahnen, 3. auch den besonderen psychologischen Zustand des untersuchten Subjekts zum Zeitpunkt, in der die Wahrnehmung des Reizes stattfindet, mitberücksichtige.

Tabelle 31: *Ätiologie bei kortikalen Epilepsien.*

	Alle Epilepsien mit kortikalen Anfällen		Isolierte kortikale Anfälle		Kombinationen kortikaler Anfälle mit Grand mal					
					primär		sekundär		unbekannter Beginn	
	n	%	n	%	n	%	n	%	n	%
Tumor	182*	34	136	75	16	9	27	15	3	1
Trauma	81*	15	24	30	18	22	24	30	15	18
Prä- und perinatale Schädigungen	49*	9	17	35	15	31	13	26	4	8
Gefäßerkrankungen	15	3	8		2		3		2	
Entzündungen	15*	3	7		3		3		2	
Miszellanea	40*	7	18	45	9	22,5	11	27,5	2	5
Bekannte Ätiologie	382	71	210	55	63	17	81	21	28	7
Unbekannte Ätiologie	159**	29	65	41	38	24	46	29	10	6
Total	541	100	275	51	101	19	127	23	38	7

* Davon je 1, ** davon 11, zusammen also 16 Fälle (3,0%) mit Epilepsien in der Familie.

Auch unter einem anderen Aspekt, auf den die Autoren allerdings nicht eingehen, verdient dieser Fall ein besonderes Interesse: Die Umstände legen es nahe, daß die Selbstauslösung der Anfälle nicht allein durch die rationalen Argumente begründet ist, die der Patient vorbringt, sondern daß sie einem *süchtigen Verhalten* zu den Anfällen entspringen. Denn es ist nicht einzusehen, warum er ausgerechnet nachts der Vorbeugung von Anfällen »in sozial ungelegenen Situationen« durch seine Manöver mit dem Kissen und seine Manipulationen mit der Hand dienen mußte, und erst recht nicht verständlich, daß er sich dann nur mit Aura-Sensationen zufrieden gab und den Ausbruch eines motorischen Anfalls zu verhindern wußte. Wenn unsere Annahme zutrifft, dann wäre mit der Beobachtung von Goldie u. Green erwiesen, daß es auch Fälle von »*selbstinduzierter haptogener Epilepsie mit kortikalen Anfällen*« gibt, und weiter, daß die Selbstauslösung wie auch die süchtige Einstellung zur zwanghaften Wiederholung eines Auslösungsmanövers nicht nur auf die photogene und auf die musikogene Epilepsie beschränkt ist. Allerdings bleibt es fraglich, ob die süchtige Neigung zur Selbstinduktion kortikaler Anfälle tatsächlich so selten ist, wie es scheint, oder ob bisher nur nicht hinreichend darauf geachtet worden ist.

Ätiologie: Kortikale Anfälle gelten unter allen Formen epileptischer Anfälle als Prototyp einer symptomatischen Epilepsie. Immerhin bleibt auch bei gründlicher Durchforschung ein nicht geringer Teil, der nach Angaben anderer Autoren zwischen 8% und 48% liegt, ätiologisch ungeklärt. Unter 541 Fällen mit kortikaler Epilepsie fanden wir 71% (382 Fälle) mit bekannter und 29% (159 Fälle) mit unbekannter Ursache (s. Tab. 31). Der Anteil symptomatischer Epilepsien bei kortikalen Anfällen be-

Tabelle 32: *Ätiologie und Erkrankungsalter bei 342 symptomatischen Epilepsien mit kortikalen Anfällen.*

	Jahre						
	0—9	10—19	20—29	30—39	40—49	50—59	60—84
Prä- und perinatale Schädigungen	35	12	2	—	—	—	—
Entzündliche Erkrankungen	4	5	3	1	1	1	—
Trauma	4	18	35	15	5	4	—
Tumor	—	14	19	45	50	39	15
Gefäßkrankheiten	—	—	—	—	3	4	8
Total	43	49	59	61	59	48	23

trägt nach der Literatur 52%[1189], 59%[51], 71%[1086], 83%[1177] und 92%[998]. Pädiatrischen Arbeiten nach zu schließen, die 34%[1059] und 48%[1193] mit bekannter Ursache angeben, scheint eine positive ätiologische Diagnose bei Kindern mit Jackson-Epilepsien schwieriger zu sein als bei Erwachsenen.

Die ätiologischen Möglichkeiten sind so zahlreich, wie die Erkrankungen, die die Hirnrinde schädigen können. Von ihrer relativen Häufigkeit aus gesehen, sind im konkreten Fall jedoch nur wenige Schädigungsarten, die sich zudem in verschiedenen Lebensabschnitten schwerpunktmäßig häufen, wahrscheinlich.

Die häufigste Ursache bilden Gehirntumoren, die über 1/3 aller Fälle ausmachen. Dann folgen mit großem Abstand Hirnnarben nach traumatischen sowie prä- und perinatalen Schädigungen, schließlich Residuen entzündlicher Affektionen, Gefäßerkrankungen und seltenere Hirnerkrankungen.

Im Vergleich zu der psychomotorischen Epilepsie erscheint es beachtenswert, daß prozeßhafte Erkrankungen — in erster Linie Tumoren — bei kortikalen Anfällen, narbige Residuen dagegen bei psychomotorischen Anfällen überwiegen. Das Verhältnis von Tumoren zu Narben beträgt bei ersteren 56%:44%, bei letzteren dagegen 25%:75%. Zur Erklärung dieses Unterschiedes liegt es nahe, auf die topistisch bedingte unterschiedliche Vulnerabilität der jeweils verantwortlichen Hirnregionen hinzuweisen. Denn das Riechhirn ist infolge seiner Gefäßversorgung eher hypoxämischen Schädigungen ausgesetzt als das Neopallium, das wiederum infolge seiner größeren räumlichen Ausdehnung häufiger von Neubildungen erreicht wird.

Für die ätiologische Differentialdiagnostik kann die Tatsache wegweisend sein, daß die am häufigsten vorkommenden Schädigungsarten jeweils in bestimmten Lebensperioden überwiegen (s. Tab. 32).

Prä- und perinatale Schädigungen überwiegen in der ersten Lebensdekade, treten aber schon während der Adoleszenz gegenüber Gehirnverletzungen zurück, die dann in der dritten Dekade vorherrschen. Gehirntumoren nehmen von der Pubertät an allmählich zu und gehen von der vierten Dekade an in Führung, während Gefäßerkrankungen erst im höheren Lebensalter eine gewisse, wenn auch nicht an die der Tumoren heranreichende Bedeutung gewinnen.

Prä- und perinatale Hirnschädigungen fanden wir als Ursachen für kortikale Epilepsien in 9% der Fälle, andere Autoren zu 9%[1189], 14,6%[998] und 15,2%[51]. Die Erkrankungen begannen überwiegend im ersten Lebensjahrzehnt und nur ausnahmsweise noch nach der Pubertät. Nur wenige Patienten boten ein ausgeprägtes hemiplegisches Syndrom der zerebralen Kinderlähmung (HHE-Syndrom = Hemiplegie-Hemiatrophie-Epilepsie), das bekanntermaßen in der Regel zu großen und zu psychomotorischen Anfällen führt[1020a, 1045]. Häufiger waren diskrete Halbseitenzeichen nachzuweisen.

Eine eingehendere Analyse der zu kortikalen Anfällen führenden prä- und perinatalen Hirnschädigungen fehlt bisher. Immerhin scheint uns die Tatsache bemerkenswert, daß psychomotorische Anfälle nicht so wesentlich häufiger als kortikale Anfälle nach geburtstraumatischen Hirnschädigungen vorkommen, wie nach der Bedeutung anzunehmen wäre, die Earle, Baldwin u. Penfield dem Geburtstrauma für die Entstehung einer »in-

Tabelle 33: *Verhältnis von Jackson-Anfällen zu psychomotorischen Anfällen nach offenen und gedeckten Hirnverletzungen bei insgesamt 470 traumatischen Epilepsien.*

Traumatische Epilepsien	Mit kortikalen Anfällen		Mit psychomotorischen Anfällen		Total	
	n	%	n	%	n	%
Nach offenen Hirnverletzungen	41	25	18	11	164	100
Nach gedeckten Hirnverletzungen	29	9	103	34	306	100
Total	70	15	121	26	470	100

cisural sklerosis« und damit von psychomotorischen Anfällen beimessen.

Entzündliche Erkrankungen des Gehirns spielen mit 3% in unserem Krankengut als Ursachen kortikaler Epilepsien eine geringe Rolle. Andere Autoren, deren Krankengut mehr kindliche Fälle enthält, geben 5%[1189], 10,2%[51] und 10,7%[998] an, schließen darin allerdings auch Zustände nach Fieberkrämpfen ein. Wir haben kortikale Anfälle nach Fieberkrämpfen, soweit sie nicht im Rahmen einer klinisch nachweisbaren Enzephalitis aufgetreten sind, sowie bei Hirnabszessen, die unter den Tumoren aufgeführt sind, von der Aufzählung an dieser Stelle ausgenommen.
Enzephalitiden waren dreimal häufiger als Meningitiden in Erfahrung zu bringen. In zwei Fällen war eine tuberkulöse Meningo-Enzephalitis vorausgegangen.

Traumatische Hirnschädigungen machen in unserem Krankengut 15%, bei anderen Autoren 16%[1189], 17,3%[51] und 20%[998] aus. Im Gegensatz zu psychomotorischen Anfällen sind kortikale Anfälle häufiger die Folge von offenen als von gedeckten Hirnverletzungen.
Wie die Gegenüberstellung einer begrenzten Zahl traumatischer Epilepsien (s. Tab. 33) ergibt, kommt es nach offenen Verletzungen mehr als doppelt so häufig zu Jackson- als zu psychomotorischen Anfällen. Umgekehrt kommt es dagegen nach gedeckten Kontusionen fast viermal häufiger zu psychomotorischen als zu Jackson-Anfällen. Diese Diskrepanz verweist wieder auf die unterschiedliche Prädilektion der Schädigungen von beiden Verletzungsarten. Gedeckte Kontusionen führen vornehmlich zu Rindenprellungsherden im Bereich der »basalen Rinde«, treffen daher auch Teile des basalen Schläfenlappens, während offene Verletzungen in der überwiegenden Mehrzahl zuerst die Konvexitätsrinde betreffen.

Tabelle 34: *Grand mal-Verlaufsformen bei traumatischen Epilepsien mit kortikalen und mit psychomotorischen Anfällen (A = Aufwach-Grand mal, S = Schlaf-Grand mal, D = diffuse Grand mal).*

Kombination mit Grand mal	Kortikale Anfälle		Psychomotorische Anfälle	
	n	%	n	%
A	7	13	9	11
S	12	24	29	35
D	33	63	45	54
Total	52	100	83	100

Begleitende große Anfälle sind zwar sowohl bei kortikalen wie bei psychomotorischen Epilepsien vorwiegend tageszeitlich ungebunden, »diffus« verteilt. Doch scheinen traumatische Kombinationsformen mit psychomotorischen Anfällen häufiger in Form von Schlaf-Epilepsien einherzugehen als solche mit kortikalen Anfällen.

Gefäßerkrankungen des Gehirns sind als Ursache kortikaler Anfälle mit 3% in unserem Krankengut relativ selten. Aber auch andere Autoren konstatieren, daß eine Arteriosklerose nur in 3%[998] oder 4%[51] und ein Hypertonus nur in 0,9%[51] nachzuweisen war. Bei anderen Angaben[1177, 1189] vermißt man eine klare Definition, was unter »fokalen« Anfällen zu verstehen sei. Aber auch aus Gründen der klinischen Erfahrung ist es zweifelhaft, ob sich selbst bei großzügigerer Anwendung von Kontrastmittelmethoden, als wir sie üben, der Anteil

Tabelle 35: *Verhältnis kortikaler und psychomotorischer Anfälle sowie von Grand mal-Status in der Symptomatik von 380 Tumor-Epilepsien in verschiedenen Altersstufen (berechnet nach dem Alter der Patienten beim Einsetzen der Anfälle; andere epileptische Anfälle sind nicht berücksichtigt).*

Erkrankungsalter	Kortikale Anfälle		Psychomotorische Anfälle		Grand mal-Status		Sämtliche Tumor-Epilepsien	
	n	%	n	%	n	%	n	%
Vom 50. Jahr an	50	61	10	12	5	6	82	100
Vom 40. Jahr an	100	54	30	16	10	5	184	100
Vom 30. Jahr an	145	51	60	25	18	6	286	100
Vom 20. Jahr an	160	46	76	22	23	6	346	100
Vom 0. Jahr an	174	46	86	23	25	7	380	100

»gefäßbedingter« kortikaler Epilepsien wesentlich erhöht. Zunächst ist die pathogenetische Bedeutung einer Arteriosklerose und erst recht einer Hypertonie für die Entstehung epileptischer Anfälle überhaupt sehr gering zu veranschlagen, was schon aus der Seltenheit von Epilepsien bei Zerebralsklerotikern hervorgeht, die in keinem Verhältnis zur Häufigkeit arteriosklerotischer Hirnveränderungen steht[426].

Nach klinischen Statistiken soll Epilepsie bei Zerebralsklerose in 1,45%[977], 4%[999], 4,6%[1077] und bei »Apoplektikern« in 1,7%[934] vorkommen. Der Anteil, den Zerebralsklerose und Hypertonie in unserem gesamten Epilepsie-Krankengut ausmachen, beträgt nur 1,7%.
Etwas häufiger sind epileptische Anfälle bei selteneren Gefäßkrankheiten wie der Thrombangiitis obliterans Winiwarter-Buerger[1115], bei subpuralen Hämatomen[1114], nach frühkindlichen Hämorrhagien und Thrombosen während der Geburt und selbstverständlich bei Aneurysmen, wobei die Symptom-Dyas Jackson-Anfälle und Subarachnoidalblutungen für das arteriovenöse Aneurysma geradezu als pathognomonisch gilt[940].

Ein weiterer Grund, besonders bei einer Spätepilepsie mit kortikalen Anfällen zurückhaltend mit der Annahme einer Gefäßerkrankung zu sein, rechtfertigt sich aus der Erfahrung, daß sich bei längerer Verlaufsbeobachtung doch meist ein Tumor herausstellt. Man wird sich auch bei älteren Leuten nicht mit dem Nachweis arteriosklerotischer Wandveränderungen begnügen dürfen, zumal die Verifizierung eines Tumors auch mit Hilfe der Kontrastmitteldiagnostik nicht selten versagt, bevor lokale oder allgemeine Drucksymptome auftauchen.

Schließlich legt die Tatsache, daß nicht alle im Rahmen einer Arteriosklerose oder Hypertonie vorkommenden fokalen Paroxysmen epileptische oder gar kortikale Anfälle sind, eine weitere diagnostische Reserve auf. Denn *zerebrale ischämische Insulte* besonders im Media-Gebiet gehen oft mit kurzdauernden, heftigen irregulären klonischen Zuckungen in der oberen Extremität oder einer Körperhälfte einher, die keinen »march of convulsion« zeigen, oder auch lediglich mit Parästhesien, die gleichzeitig die gesamte obere Extremität oder die gesamte Körperhälfte befallen, ohne sich weiter auszubreiten. Weiterhin täuschen solche durch passagere Hypoxämien bedingten vaskulären Krisen, die von Gastaut auch als partielle oder *fokale ischämische Anfälle*[1016] bezeichnet werden, leicht kortikale epileptische Anfälle vor, wenn sie lediglich mit einer kurzdauernden Aphasie einhergehen oder wenn sie gar mit einer tonischen Starre der kontralateralen Körperhälfte und einer »déviation conjuguée« des Kopfes und der Augen sowie einer Anhebung der oberen Gliedmaße mit Abduktions- und Flexionsstellung einen kortikalen Adversiv-Krampf imitieren. Partielle Ischämien der A. basilaris oder der A. cerebri posterior können auch zu vorübergehenden Amaurosen oder Hemianopsien führen und daher zu Verwechslungen mit epileptischen Okzipitallappen-Anfällen Anlaß geben (s. auch S. 331 f).

Hirntumoren sind mit 34% — oder fast der Hälfte aller eindeutig symptomatischen Formen — die weitaus häufigste Ursache für kortikale Anfälle, wie auch das mit 35% gleichlautende Ergebnis einer Untersuchung aus einem großen Allgemein-Krankenhaus bezeugt[1177].

Tabelle 36: *Art der raumfordernden Prozesse und Art der kortikalen Anfälle.*

Art des Tumors	mit kortikalen Anfällen n	%	davon mit: Jackson-Anfällen	Mastikatorius-Anfällen	Adversiv-Krämpfen	Art der kortikalen Anfälle: Adversiv-Krämpfe	Sensorische Anfälle: visuell	auditiv	vestibulär
Meningiome	26	20	24	2	3	3*	—	—	—
Astrozytome	25	19	22	3	4	7**	1⊙	2⊙⊙	—
Glioblastoma multiforme	21	16	20	1	1	2*	1*	—	—
Oligodendrogliome	19	15	18	3	1	2*	1⊙	—	—
Metastasen	19	15	19	—	—	—	—	—	—
Abszesse	5	4	5	—	—	—	—	—	—
Spongioblastome	5	4	5	—	—	1*	—	—	—
Angiome und a.-v. Aneurysmen	5	4	3	—	—	1	1	—	—
Cholesteatome	2	}	2	—	—	—	—	—	—
Melanoblastom	1	} 3	1	—	—	1*	—	—	—
Tuberkulom	1	}	1	—	—	—	—	—	—
Total	129	100	121	9	9	17	4	2	—

* = 1 Fall auch Jackson-Anfälle, ** = 4 Fälle auch Jackson-Anfälle, 1 Fall auch optische Aura,
⊙ = 1 Fall auch Adversiv-Krämpfe, ⊙⊙ = 2 Fälle auch Jackson-Anfälle.

Andere Autoren, die 25 %[998] angeben, gehen von einem auf Jackson-Anfälle beschränkten und mehr kindliche Epilepsien enthaltenden Krankengut, wieder andere, die 6,2 %[51] und 4,2 %[1189] angeben, von einer hinsichtlich Hirntumoren negativen Auslese aus.

Aber nicht nur, daß bei kortikalen Anfällen mit steigendem Lebensalter der Verdacht auf einen Hirntumor an Wahrscheinlichkeit gewinnt (s. Tab. 32), auch unter den Tumor-Epilepsien wird ihr Anteil im Vergleich zu anderen tumorverdächtigen Anfallsformen mit zunehmendem Alter immer größer (siehe Tab. 35).

Kortikale Anfälle sind, wie die Tabelle 35 ausweist, unter allen Tumor-Epilepsien doppelt so häufig (46 %) wie psychomotorische Anfälle (23 %). Ganz entsprechend fanden Arseni u. Samitca unter 324 Fällen mit Tumor-Epilepsien 164 (51 %) mit motorischen, sensiblen und senso-motorischen Jackson-Anfällen, Adversiv-Krämpfen, visuellen, auditorischen, vertiginösen Anfällen und 73 (22,5 %) mit anderen Äquivalenten. Mit steigendem Erkrankungsalter verschiebt sich das Verhältnis derart, daß der Anteil kortikaler Anfälle an allen Tumor-Epilepsien um etwa die Hälfte zu-, der Anteil psychomotorischer Anfälle um etwa die Hälfte abnimmt, während der Anteil von Status-Attacken als Tumor-Symptom auf allen Altersstufen annähernd gleichbleibt.

Was die *Art der Tumoren* angeht (s. Tab. 36), so sind bei kortikalen Anfällen Meningiome und Astrozytome mit je einem Fünftel der Fälle am häufigsten vertreten. Dann folgen Glioblastome,

Oligodendrogliome und metastatische Tumoren mit je einem Sechstel der Fälle. Angiome und vaskuläre Mißbildungen – in erster Linie die häufig mit Jackson-Anfällen einhergehenden arterio-venösen Aneurysmen, aber auch die nicht so seltene Sturge-Webersche Krankheit – sind in unserem Krankengut vielleicht nicht ihrer tatsächlichen Häufigkeit entsprechend vertreten. Tumoren anderer Art und Abszesse spielen zahlenmäßig eine untergeordnete Rolle. Die Art der kortikalen Anfälle hat, wie Tabelle 36 zeigt, für die Art der Tumoren keinen diagnostischen Wert. Wenn man jedoch die Häufigkeit kortikaler Anfälle bei verschiedenen Hirntumoren in Beziehung setzt zu ihrer Anfallshäufigkeit schlechthin, wie sie LUND festgestellt hat, so ergeben sich gewisse artdiagnostische Hinweise: Unter Tumor-Epilepsien mit kortikalen Anfällen sind Meningiome mit 20% und Glioblastome mit 16,5% etwa ebenso häufig anzutreffen, wie unter allen Tumor-Epilepsien (18% und 13% nach LUND), Astrozytome mit 19% dagegen etwas seltener, als bei durchschnittlicher Verteilung zu erwarten wäre (28% nach LUND). Häufiger (15%) als zu erwarten (6% nach LUND) sind Oligodendrogliome, auffallend häufig aber Metastasen (15%), die insgesamt unter den zu Anfällen führenden Hirntumoren nur eine bescheidene Rolle spielen (1,5% nach LUND). Unter dem Gesichtspunkt der Wahrscheinlichkeit wird man daher bei kortikalen Anfällen in höherem Lebensalter in erster Linie an einen metastatischen Tumor zu denken haben.

Tabelle 37: *Grand mal-Verlaufsformen bei Tumor-Epilepsien mit kortikalen und mit psychomotorischen Anfällen (A = Aufwach-Grand mal, S = Schlaf-Grand mal, D = diffuse Grand mal).*

Kombination mit Grand mal	Kortikale Anfälle n	%	Psychomotorische Anfälle n	%
A	2	7	5	15
S	14	48	16	49
D	13	45	12	36
Total	29	100	33	100

Wenn auch die geringen Zahlen keine verbindlichen Schlüsse erlauben, so erscheint es doch auffällig, daß Kombinationsformen bei Tumoren relativ häufig mit Schlaf-Grand mal einhergehen. Die schon bei traumatischen Kombinationen sich andeutende Neigung der psychomotorischen Anfälle, sich häufiger als kortikale Anfälle mit Schlaf-Grand mal zu verbinden, tritt bei tumorbedingten Kombination eher noch deutlicher hervor.

Heredität: Mit dem provozierenden Satz, die häufigste Ursache von Jackson-Anfällen sei die idiopathische Epilepsie, wollte COLLIER nichts weiter zum Ausdruck bringen, als daß sich auch Jackson-Anfälle nicht ohne eine vorgegebene Anfallsbereitschaft manifestieren können. Die Hereditätsquote von Epilepsien mit kortikalen Anfällen liegt in unserem Krankengut mit 3,0% deutlich niedriger als bei der psychomotorischen Epilepsie (6,5%), beträgt aber immer noch ein 6–7faches der Erkrankungsrate in der Allgemeinbevölkerung. Daß sie aber bei den kortikalen Epilepsien bekannter Ursache auf 1,3% absinkt, während sie bei den kortikalen Epilepsien unbekannter Ursache auf 6,9% ansteigt, unterstützt die Vermutung, daß es auch genetisch mitbedingte Epilepsien mit kortikalen Anfällen gibt. GIBBS u. GIBBS[51] fanden unter 578 Patienten mit Jackson-Anfällen eine Hereditätsquote von 6%.

Homologe Erkrankungen in der Familie, wie es sie bei allen anderen Epilepsie-Formen gibt, kommen auch bei kortikalen Epilepsien vor. Zwar sind die »familiären Rindenkrämpfe«, die RÜLF bei 4 Mitgliedern einer Familie beschreibt, diagnostisch zweifelhaft. GIBBS u. GIBBS[51] kennen aber Jackson-Anfälle von gleicher Art und Lokalisation bei einer Mutter, ihrem Bruder und vier ihrer Kinder. In einer anderen Familie hatten die Mutter und ihr Sohn fokale Anfälle, die das gleiche Glied betrafen. Beispiele von offensichtlicher Vererbung eines epileptogenen Fokus sind zahlreich.

Therapie

Mehr als bei anderen Epilepsie-Formen wird sich die Behandlung von Kranken mit kortikalen Anfällen nach dem jeweiligen Grundleiden richten können. Das gilt besonders für die akuten Manifestationen bei Hirntumoren, entzündlichen, vaskulären oder anderen mit Ödemreaktionen einhergehenden Erkrankun-

Tabelle 38: *Vergleich der Wirkung verschiedener Medikamente auf Patienten mit Jackson-Anfällen.*

	I		II		III		IV		Total	
	n	%	n	%	n	%	n	%	n	%
Primidon	29	62	5	11	4	8	9	19	47	100
Phenobarbital	19	45	8	19	4	10	11	26	42	100
Phenytoin	25	45	11	20	2	4	17	31	55	100

I = anfallsfrei, II = Reduktion um über 75%, III = Reduktion um über 50%, IV = Reduktion bis 50%, keine Änderung oder Anfallshäufung.

gen, bei denen eine rationale Therapie möglich ist. Doch bleiben auch in solchen Fällen meist narbige oder atrophische Residuen zurück, die die Eigenschaft epileptogener Foki annehmen können, deren klinische Auswirkungen dann nach den gleichen Prinzipien zu behandeln sind, wie sie für chronische Epilepsien gelten. Bei chronisch rezidivierenden kortikalen Anfällen ist die Verordnung einer antiepileptischen Medikation unabdingbar. Ohne diese zu ersetzen, kann darüber hinaus unter besonderen Umständen auch eine chirurgische Behandlung in Frage kommen. Ob dekonditionierende Maßnahmen, die bei speziellen Auslösungsmodi möglich sind, auf die Dauer nützen, ist nicht bekannt. Ebenso wenig weiß man über den Einfluß allgemein diätetischer Verordnungen, die sich vorläufig nur nach den Erfahrungen richten können, die die Kranken selbst mitbringen.

Medikamentöse Behandlung: Nach unseren Erfahrungen, die wir allerdings nur für die Jackson-Anfälle zusammengestellt haben, sprechen kortikale Anfälle auf Medikamente generell weniger gut an als große Anfälle und etwas besser als psychomotorische Anfälle. Da es ein Spezifikum nicht gibt, und Petit mal-wirksame Medikamente bei kortikalen Anfällen versagen, kommen im Wesentlichen nur die drei Medikamente in Frage, die auch bei Grand mal und bei psychomotorischen Anfällen wirksam sind: Primidon, Phenobarbital und Phenytoin (s. Tab. 38).

Unter den *Barbituraten* verdient Primidon, das in 62% zu Anfallsfreiheit führte, den Vorzug gegenüber Phenobarbital, mit dem 45% der Fälle anfallsfrei wurden. Auffälligerweise haben beide Barbiturate bei kortikalen Anfällen eine günstigere Wirkung als bei psychomotorischen Anfällen.

Unter den *Hydantoinen* vermag Phenytoin Jackson-Anfälle etwa gleich gut (45%) zu verhüten wie psychomotorische Anfälle (42%). Über die Wirkung von Phenantoin können wir nicht urteilen, da wir ebenso wie andere Autoren[925, 938, 967, 1037, 1085, 1107], nur wenige Behandlungen damit durchgeführt haben. Doch läßt sich aus deren Erfahrungen und 13 eigenen Fällen errechnen, daß unter Phenantoin 46% (25 von 54 Fällen) anfallsfrei wurden.

Was Karbamazepin aus der Gruppe der *Diphenyl-Azepine* angeht, so sind der Literatur 35 Behandlungen von Jackson-Epilepsien zu entnehmen, die in 13 (37%) Fällen zu Anfallsfreiheit geführt haben[903, 947, 983, 1013, 1090, 1106]. Das *Sulfonamid*derivat Sulthiam reicht auch bei kortikalen Anfällen nicht an die Wirkung anderer Medikamente heran[801, 980, 982, 996, 1027, 1089].

Chirurgische Behandlung: Die Aussichten einer operativen Behandlung hängen weitgehend ab von einer sorgfältigen Indikation, deren Kriterien von Dreyer[981] abgewogen dargestellt worden sind, und von der Wahl des geeigneten Verfahrens, worüber Penfield[124] ausführlich berichtet hat.

Abgesehen von raumfordernden Prozessen ist eine operative Behandlung bei kortikalen Epilepsien indiziert:

1. Wenn eine medikamentöse Therapie trotz sachkundiger Medikation, entsprechend hoher Dosierung und konsequent kontrollierter Einnahme erfolglos geblieben ist. Diese Bedingungen können nur nach genügend langer stationärer Beobachtung als erfüllt gelten.

2. Wenn Frequenz und Intensität der Anfälle das Leben des Kranken unerträglich behindern. Da Hydantoine und Barbiturate in der Regel eine Generalisierung der Anfälle verhindern und die kortikalen Anfälle auch meist auf abortive Erscheinungen zu reduzieren vermögen, wird diese Bedingung nur selten gegeben sein.

3. Wenn ein kortikaler Fokus von konstanter Lokalisation nachweisbar ist, die hirnelektrischen Zeichen sich mit den klinischen Anfallssymptomen decken und auch weitere Befunde auf der Röntgenaufnahme des Schädels und im Pneumenzephalogramm mit der angenommenen Lokalisation übereinstimmen. Daß die initiale Negativität einer Potentialschwankung für eine kortikale Erregung und die positive Auslenkung für eine entferntere, in der Regel subkortikale Störung spricht, ist nach den tierexperimentellen Untersuchungen von JANZEN et al.[1070, 1071] und von STEINMANN u. SCHMALBACH kein verläßliches Kriterium zur Bestimmung eines kortikalen Fokus. Die Konstanz eines Fokus zu bestimmen, erfordert wiederholte und durch Aktivierungsmethoden unterstützte Ableitungen. Bei multiplen Herden und bei Anfällen mit wechselhaftem Beginn ist die operative Prognose weniger günstig[1135]. Aus den Röntgenaufnahmen ergeben sich lokalisatorische Hinweise bei Asymmetrien, umschriebenen Verdünnungen oder Verdickungen der Kalotte und Befunden, die für eine »wachsende Schädelfraktur« sprechen. Lokale Luftansammlungen im Subarachnoidalraum, Ausweitungen des Ventrikelsystems oder Ausziehungen zum Defekt hin [1184, 1185, 1187] können im Pneumenzephalogramm auf den Sitz der Läsion verweisen.

4. Wenn von der Entfernung der Herdläsion keine untragbare Beeinträchtigung zerebraler Leistungen zu erwarten ist. Da das Mortalitätsrisiko von allen Neurochirurgen als verhältnismäßig gering angegeben wird, liegt die Verantwortung bei der Indikationsstellung vor allem darin, das Risiko möglicher Ausfallserscheinungen gegenüber der Hoffnung auf Besserung der Anfälle abzuwägen. Nach PENFIELD[124] können, ihre normale Funktion vorausgesetzt, nur die Rinde der Präzentralregion auf beiden Seiten und die der Sprachregionen vor dem Fuß der vorderen Zentralwindung und dem hinteren Abschnitt des Temporallappens über der dominanten Hemisphäre als unentbehrlich gelten. Als entbehrlich, wenn auch nicht ohne Folgen für Gedächtnis, Hör- und Sehvermögen könnten kortikale Anteile des Schläfenlappens, der Insel, der supplementär-motorischen und sensorischen Gebiete, der Präfrontalregion und des Gyrus cinguli, des Scheitellappens und der sekundären visuellen Gebiete des Okzipitallappens entfernt werden.

5. Wenn sich der Patient in einem Alter befindet, das eine günstige Spontanprognose und eine ungünstige Operationsprognose weitgehend ausschließt. Operationen mit dem Ziel der Fokusentfernung sind im Kindesalter deswegen nicht angezeigt, weil die elektroenzephalographisch nachweisbaren Herde etwa bis zum 7. Jahr nach Beginn der Epilepsie zu »wandern« pflegen[1131, 1188]. Daher ist die Aussicht, bei Patienten unter 20 Jahren stabile Herde zu finden, relativ gering, wie auch das Operationsrisiko bei Kindern ungünstiger ist als bei Erwachsenen[981].

Nach all dem werden, wie unter den temporalen Epilepsien, auch unter den kortikalen Epilepsien nur wenige Fälle für eine operative Behandlung in Frage kommen[1117, 1181, 1198]. Daher konzentrieren sich auch die Erfahrungen nur an wenigen neurochirurgischen Zentren, an denen die Möglichkeiten zu einer intensiven Zusammenarbeit mit entsprechend erfahrenen Neurologen und Neurophysiologen so gegeben sind, wie es die besondere Problematik von Vorbehandlung, Indikationsstellung, Operationsverfahren und Nachbehandlung erfordert.
Die wichtigsten Operationsmethoden sind 1. die Rindenexzision, 2. die Lobektomie und 3. die Hemisphärektomie.

Ad 1: Um Zirkulationsstörungen und damit unnötige Nekrosen und Narben zu vermeiden, wird die Rinde nicht koaguliert, sondern unter möglichster Schonung der Pia reseziert und abgesaugt. Wenn elektrokortikographisch noch Entladungen in der Nachbarschaft einer atrophischen Läsion oder einer Hirn-Dura-Narbe nachweisbar sind, wird die Resektion auf makroskopisch gesunde Anteile ausgedehnt, sofern es sich dabei nicht um funktionell wichtige Gebiete handelt. Die mit Rindenexzisionen erzielten Erfolge liegen nach PENFIELD u. JASPER zwischen 19% und 25,3% Anfallsfreiheit und einschließlich der um mindestens 75% gebesserten Fälle zwischen 40% und 55,8%.

Ad 2: Lobektomien werden bei ausgedehnteren Läsionen durchgeführt. In Ausnahmefällen kann die Entfernung eines Frontallappens oder eines Okzipitallappens bis zum Corpus callosum in Frage kommen. Die Indikationen und Resultate von temporalen Lobektomien zur Behandlung psychomotorischer Anfälle werden im entsprechenden Kapitel abgehandelt (s. S. 299).

Ad 3: Als Hemisphärektomie wird die operative Entfernung einer Hemisphäre im Ganzen einschließlich der zugehörigen Stammganglien bezeichnet. Sie kommt nur bei Kindern zwischen dem 5. und 8. Lebensjahr in Frage, die vor ihrem 4. Lebensjahr eine Schädigung erlitten haben, die anatomisch zu einer Hemiatrophia cerebri und klinisch zum Syndrom einer infantilen Halbseitenlähmung mit epileptischen Anfällen und Demenz geführt hat. Seitdem KRYNAUW (1950) über verblüffende Erfolge mit dieser schon 1929 von DANDY angegebenen Operation berichtet hat, sind zahlreiche Mitteilungen erschienen, die bestätigen, daß dieser heroische Eingriff unter strengen Kautelen mehr Vorteile als Nachteile hat[993, 1008, 1028, 1093, 1186]. Voraussetzung ist, daß die Schädigung, gleich welcher Ätiologie, vor dem Abschluß der Gehirnreifung, d. h. vor dem 4. Lebensjahr eingetreten ist und sich nur an einer Hemisphäre ausgewirkt hat. Als Indikationen gelten ausgeprägte Verhaltensstörungen und therapieresistente Anfälle, die weniger den Charakter von Jackson-Anfällen als von Halbseitenkrämpfen, halbseitig betonten großen Anfällen und von psychomotorischen Anfällen haben. Bemerkenswerterweise erstreckt sich der Operationserfolg nicht nur auf die Anfälle, die in 80% verschwinden[1139], sondern auch auf das Verhalten der Kinder, deren Erethik zurückgeht, auf die Intelligenz und das Sprachvermögen, die oft eine günstige Entwicklung nehmen, und auf die Spastik der kontralateralen Extremitäten, die oft so weit nachläßt, daß unter entsprechenden Übungen der Gang leichter und sogar die Hand wieder zum Greifen brauchbar wird.

Da die Hemisphärendominanz nicht angeboren ist, sondern in den ersten Lebensjahren erworben wird, kann bei frühzeitiger Schädigung auch die linke Hemisphäre ohne Nachteil für die Sprachentwicklung entfernt werden. Wie POECK[1143] betont, bezeugen die Erfolge der Hemisphärektomie eindrücklich die Anpassungsfähigkeit des Nervensystems in der Entwicklungsperiode. Daß die Möglichkeit zur Verlagerung der Dominanz mit zunehmendem Lebensalter abnimmt, setzt dem Zeitraum, in dem eine Operation günstig ist, eine obere Grenze. Die untere Grenze wird, abgesehen von einem größeren Mortalitätsrisiko bei Kleinkindern, vor allem durch die Erfahrung bestimmt, daß Anfälle, Verhaltensstörungen und motorische Behinderung nicht selten auch mit Hilfe konservativer Maßnahmen, d. h. mit einer konsequenten medikamentösen, heilpädagogischen und heilgymnastischen Behandlung besser werden.

EPILEPSIEN MIT GROSSEN ANFÄLLEN

Grand mal-Epilepsien

Synonyma: Epilepsia maior, Epilepsia gravior (PLATEARIUS 12. Jhdt.), Grand mal, Haut mal (ESQUIROL 1838), Les accès complets (DELASIAUVE 1847), Les accès grands (HERPIN 1867), Epilepsie générale d'emblée (FÉRÉ 1980), Typischer oder klassischer Anfall (BINSWANGER 1913), Major seizure, Großer Anfall, Generalisierter epileptischer Krampfanfall, Grand mal-Epilepsie.

Symptomatologie des großen Anfalls

Anfallsbeschreibung: Obwohl der vollentwickelte epileptische Anfall im Vergleich zu den kleinen Anfällen eine recht einförmige und unverkennbare Symptomatologie bietet, ist sein Ablauf nicht leicht zu beschreiben. Die Schwierigkeit beginnt mit der Entscheidung, was schon oder was noch zum Anfall gehört, wann der »eigentliche« Anfall einsetzt und wann er endet. Sein unverwechselbares Kernstück bilden die mit Aussetzen des Bewußtseins einsetzenden generalisierten Krämpfe, die zunächst tonischen, dann klonischen Charakter haben. Bewußtlosigkeit und generalisierte tonisch-klonische Krämpfe sind seine obligaten bzw. konstitutiven Symptome. Alle anderen subjektiven oder objektiven Symptome, die den Anfall einleiten, begleiten oder ihm nachfolgen, sind von Fall zu Fall verschieden und daher als fakultative Zeichen anzusehen. Doch sind sie deswegen nicht weniger bedeutsam, zumal sie wertvolle Hinweise auf die Naturgeschichte, die Lokalisation und die Ursache der zugrunde liegenden Erkrankung geben können.

Je nach Art der vielfältigen fakultativen Symptome wäre es möglich, einige *Typen großer Anfälle* aufzustellen. Ein solcher Versuch liegt um so näher, als das jeweilige Anfallsmuster im einzelnen Krankheitsverlauf ziemlich konstant und für bestimmte Verlaufsformen recht charakteristisch ist. Das gilt etwa für das Fehlen von Auren, die ausgeprägte Zyanose, die opisthotone Haltung und die Seltenheit von Einnässen bei Grand mal-Epilepsien vom Aufwach-Typ, die Einleitung durch sensorische Auren, Jackson-Anfälle oder bewußte Adversiv-Krämpfe bei fokalen Grand mal oder die emprosthotone Haltung bei großen Anfällen im Verlauf der Propulsiv-Petit-mal-Epilepsie. Da die jeweiligen Modalitäten jedoch bei der Beschreibung der verschiedenen Epilepsie-Formen angeführt werden, sei hier nur grundsätzlich angemerkt, daß der »typische« oder »klassische« große Anfall eine Abstraktion ist, die sich in mannigfachen Abwandlungen konkretisiert. Die Annahme, daß der große Anfall nach einem uniformen Muster abläuft, simplifiziert die Verhältnisse daher ebenso grob wie die Bemerkung von FÉRÉ, daß es ebensoviel Formen von epileptischen Anfällen wie Epileptiker gebe, sie andererseits unnötig kompliziert.

Oft – in etwa der Hälfte der Fälle – überfällt der Anfall den Betroffenen ohne vorhergehende Warnung, »wie ein Blitz aus heiterem Himmel«. Doch ebensooft kündigt er sich – wie ein Gewitter durch Wetterleuchten – mit *Vorboten* an, unter denen man die längere Zeit vorhergehenden als *Prodromi* und die unmittelbaren Ankündigungen als *Auren* bezeichnet. Wenn man allerdings den Begriff der Aura nur auf die subjektiven sensorischen und psychischen unmittelbaren Vorzeichen beschränkt, muß die Einteilung noch durch die Erwähnung *prämonitorischer kleiner Anfälle* – paroxysmaler Prodromi nach GOWERS[402] – ergänzt werden, die eben deswegen, weil sie dem vollentwickelten großen Anfall vorausgehen können, von HERPIN[60] als unvollständige epileptische Anfälle charakterisiert wurden.

Da alle Arten von Vorboten wieder abklingen können, ohne daß ein großer Anfall zum Ausbruch kommt, sind sie als Vorzeichen unzuverlässig. Gefahr droht immer, wenn kleine Anfälle sich häufen. Einige Kranke geben an, aus der Dynamik der Vorzeichen, sei es der Aura, impulsiver Zuckungen oder eines Jackson-Anfalls, schließen zu können, ob »es noch einmal vorübergeht« oder ob ein großer Anfall nicht mehr aufzuhalten ist. Daß diese Entscheidung zu einem gewissen Grade von ihrer Wachheit und Entschlossenheit abhängig ist, sich dagegen zu stemmen oder einen beginnenden Jackson-Anfall zu unterdrücken, dafür spricht die Selbsterfahrung von Kranken, die tagsüber nur kleine Anfälle und nachts nur große bekommen. Zur Begründung geben sie an, daß sie bei einem nächtlichen Anfall erst wach werden, wenn die Aura oder der Krampf schon zu weit fortgeschritten ist, um noch aufgehalten werden zu können.

Nur selten wird das Einsetzen *allgemeiner Krämpfe* noch miterlebt und nur ausnahmsweise der gesamte Anfallsablauf. Aber selbst dann erinnern sich die Kranken nicht mehr an den Sturz oder Aufschlag, so daß auch in solchen Fällen eine gewisse Amnesie anzunehmen ist. Ein anderes Phänomen des Übergangs in die *Bewußtlosigkeit* ist der *Initialschrei*, der für manche Patienten das letzte Zeichen vor der Bewußtlosigkeit, für die Umgebung jedoch oft das erste Signal eines beginnenden Anfalls ist. Bei anderen ist es der plötzliche Fall und harte Aufschlag auf den Boden, der die Umgebung alarmiert. Anfälle im Schlaf wird man gewöhnlich erst in einem späteren Stadium gewahr, wenn die Bettstelle von klonischen Krämpfen rhythmisch erschüttert wird.

Wie der *tonische Krampf* einsetzt, d. h. was in der kurzen Zeit zu beobachten ist, die zwischen dem Aussetzen des Bewußtseins und dem Augenblick verstreicht, in dem ein Zeuge, durch den Schrei oder Fall aufmerksam geworden, seine Beobachtung aufnehmen kann, ist aus verständlichen Gründen nicht eindeutig zu beschreiben. Selbst wenn man Gelegenheit hat, viele spontane Anfälle zu beobachten, so wird man doch meist gerade diesen Augenblick verpassen. Andererseits sind auch die Modi der initialen Krampfentstehung von Fall zu Fall verschieden. Der tonische Krampf kann sowohl symmetrisch plötzlich einschießen wie auch fokal beginnend sich allmählich ausbreiten. Während des tonischen Krampfes sind Kopf, Rumpf und Glieder in bestimmten Haltungen erstarrt, das Gesicht verzerrt, die Augen geöffnet, die Bulbi verdreht. Die Atmung setzt aus; das anfangs fahle Gesicht färbt sich rötlich, dann blaurötlich und kann gegen Ende des Anfalls tief violettblau werden. Nach 10—20 sec entwickeln sich aus einem allgemeinen Beben allmählich *klonische Zuckungen* von rhythmischem Charakter. Mit immer größer werdenden Intervallen scheinen die Stöße an Heftigkeit zuzunehmen, wohl weil der nachlassende Tonus immer größere Ausschläge zuläßt. Die anfangs kürzeren Intervalle werden allmählich länger. Doch erst in den letzten 2—3 Zuckungen erschöpft sich die Heftigkeit des klonischen Stadiums, das etwa 30—60 sec dauert.

Schon gegen Ende des tonischen Krampfes treten Schaumbläschen aus den Mundwinkeln; im klonischen Stadium wird zugleich mit den exspiratorischen Stößen schaumiger Speichel aus dem Mund gestoßen, der mit Blut vermischt ist, wenn es zu Zungenverletzungen gekommen ist. Gegen Ende der klonischen Zuckungen kann es zum Abgang von Urin, sehr selten auch von Stuhl und nur ausnahmsweise auch von Samen kommen.

Nach der letzten Zuckung liegt der Kranke schweißbedeckt, vollkommen erschlafft, mit geschlossenen Augen ohne Besinnung da. Die Atmung setzt mit einem tiefen Röcheln wieder ein. Das Gesicht nimmt allmählich wieder eine normale Farbe an. Diese *postkonvulsive stertoröse Phase* dauert etwa 1 min. Wenn der Anfall aus dem Schlaf erfolgte, geht sie in einen natürlichen Schlaf über. Im anderen Falle schlägt der Patient die Augen auf, hebt den Kopf, schaut verwundert und ratlos um sich, führt einige verlegene Bewegungen aus und kommt erst über eine Periode der Desorientiertheit, die Sekunden, aber auch Minuten dauern kann, allmählich wieder zu sich *(Erholungsphase)*.

Das *Befinden nach dem Anfall* ist außerordentlich verschieden. Manche Kranke erinnern nichts vom Anfall und leugnen ihn selbst unmittelbar danach. Sie fahren in ihrer Beschäftigung fort, als ob nichts gewesen wäre. Andere erinnern sich an eine Aura, fühlen sich matt und abgeschlagen, gelegentlich auch erleichtert und wie befreit, besonders wenn quälende Prodromi voraufgegangen waren. Über einen noch tagelang bemerkbaren Muskelkater wie nach schweren körperlichen Anstrengungen wird besonders nach den ersten Anfällen oder bei seltenen Anfällen geklagt. Gelegentlich erinnern Verletzungen an der Stirn oder am Hinterkopf an den Sturz. Rücken- oder Kreuzschmerzen deuten auf

Wirbelfrakturen hin, zu denen es ebenso wie zu Luxationen im Kiefer- oder Schultergelenk infolge des tonischen Krampfes kommen kann.

Analyse der Symptome: Eine Bestandsaufnahme der Symptome des großen epileptischen Anfalls und ihre gegenseitige Zuordnung im Ablauf sind aus verschiedenen Gründen sinnvoll. Es gilt die detaillierten Beschreibungen älterer Autoren festzuhalten, bevor sie in Vergessenheit geraten. Diese Gefahr liegt nahe, da sowohl die Möglichkeit wie die Fähigkeit zur Beobachtung spontaner Anfälle immer mehr abnimmt. Die Möglichkeit zur Beobachtung wird mit der Modernisierung der Krankenanstalten und der Therapie zunehmend eingeschränkt, die Fähigkeit zu beobachten weiterhin nachlassen, je mehr man die eigene Wahrnehmung durch die Registrierung objektivierbarer Vorgänge ersetzt. Andererseits ist im Zuge einer Differenzierung der kleinen Anfälle auch eine differenziertere Anschauung vom großen Anfall notwendig geworden, die zu einer Revision althergebrachter Vorstellungen zwingt. Auch werden seit alters her eine Reihe von Fragwürdigkeiten und Widersprüchen tradiert, die zu einer kritischen Stellungnahme auffordern.
Dieser Vorbehalt gilt auch für das dreiteilige Schema des Anfallsablaufs mit einer präkonvulsiven, konvulsiven und postkonvulsiven Phase, in dem die Symptomatik abgehandelt wird.

Symptome der präkonvulsiven Phase

Prodromi: Relativ selten – in etwa 10% der Fälle – gehen dem großen Anfall längere Zeit – Stunden oder gar Tage – Vorboten voraus. Manche Angehörigen behaupten, an einer vermehrten Reizbarkeit oder einem veränderten Gesichtsausdruck ablesen zu können, daß wieder ein Anfall im Anzug sei. Am ehesten wird eine reizbare Verstimmung, selten eine exaltierte Heiterkeit als Mahnzeichen gedeutet.

Einen ausführlichen Selbstbericht gibt Buddensieg: »Quälender als der schwerste Anfall sind die Zeiten der Verstimmung ... ein nicht weichender Kopfdruck, ... das Gefühl einer unerträglichen Spannung, ... Reizbarkeit und Gereiztheit um nichtiger Anlässe willen und Ruhelosigkeit. Oft hemmen Dich rasche Ermüdbarkeit, ... eine Überempfindlichkeit gegen Geräusche und Hitze, gegen den Aufenthalt in geschlossenen Räumen oder unter Menschenmassen ... Auch bedrängt die erhöhte Abhängigkeit von der Witterung und von den Gezeiten des Mondes«, aber auch: »Rhythmus, Klang, Wort und Sinn drängen sich nachtwandlerisch zu ... Was sonst mühsamer Deduktion bedarf, ist hier ein Hauch, letztgültige Gestalt ... Verwandelt ist die Welt: was vordem blind, das schaut.« Mit psychologischer Meisterschaft hat Dostojewski im zweiten Teil des Romans »Der Idiot« auf 20 Seiten die sich anbahnende und allmählich lawinenartig anschwellende Erregung des Fürsten Myschkin vor einem Anfall beschrieben, die hier in Form der »knappen Skizze«, die Vogel[910] davon gibt, wiedergegeben sei: »Soeben hat sich Myschkin von seinem Rivalen Rogoschin, einem aus dem Grunde der Leidenschaft lebenden Menschen, verabschiedet, und er schlendert am Nachmittag dieses hellen und warmen Junitages durch die Straßen von Petersburg. Er ist zerstreut, aber hinter dieser Zerstreutheit vibriert eine quälende innere Spannung, die erst unbestimmt, dann immer deutlicher und zwangshafter den Gedanken aufsteigen läßt, Rogoschin verfolge ihn und werde ihn erdolchen. Die Assoziation eines Gartenmessers, das bei der letzten Unterhaltung auf Rogoschins Tische lag, taucht immer wieder auf, obwohl sein ganzes Innere sich gegen diesen Gedanken zur Wehr setzt. Hin und her wogt im Innern des Fürsten der Kampf; krampfhaft versucht er der Entzweiung und der furchtbaren, als Schuld empfundenen Verdächtigung zu entrinnen. Bald sehen wir den Fürsten auf dem Bahnhof, bald auf einer Bank im Park sitzen. Die Uhrzeit wird uns angegeben, um vier Uhr, dann um sechs Uhr. Unerträglich wächst die innere Gespanntheit. Gegen sieben Uhr drängt es den Fürsten zu dem Gasthaus, in dem er Wohnung genommen hat. Im dunklen Torweg sieht er eine Gestalt. Er eilt die steinerne Wendeltreppe hinauf, in deren Pfeiler im 1. Stock sich eine Nische befindet. ›Sogleich wird sich alles entscheiden.‹ Da sieht sich der Fürst Rogoschin gegenüber, der mit erhobenem Arm den Dolch gegen ihn gezückt hält. Mit dem Ausruf ›Parfen, ich glaub's nicht‹, stürzt der Fürst in diesem Augenblick bewußtlos in einem epileptischen Anfall zusammen; sein Körper rutscht von Krämpfen geschüttelt Stufe für Stufe die Treppe hinunter.«

Vogel fügt hinzu, daß die ganze ungeheuerliche Szene an einer dramatischen Wende des Gesamtgeschehens stehe, in der der epileptische Anfall die paroxystische Kulmination der Wende sei und fährt im Hinblick auf die sich im Inneren des Kranken vor dem Anfall abspielenden Vorgänge fort: »Der Anfall entwickelt sich also aus einer Krisensituation, deren Erregung lawinenartig anschwillt, und die schließlich zu einer Sprengung der Grenzen des Bewußtseins führt und ihre Energien im zuckenden Krampf des Leibes entlädt. Dostojewski hat für den hellhörigen Leser diese Deutung des Geschehens in seine Schilderungen hineingeschrieben, indem er während des Spazierganges des Fürsten ein Gewitter aufziehen läßt, auf welches er in kurzen Interjektionen hinweist — ›es war schwül, in der Ferne zog ein Gewitter herauf‹ — dann ›es wurde sehr schwül‹ — beim Erreichen des Torweges ›fallen die ersten schweren Tropfen, denen ein strömender Gewitterregen folgt‹. Diese Interjektionen artikulieren gewissermaßen die Vorgänge im Innern des Fürsten. Und welches Leitbild könnte besser den krisenhaften Umschwung eines epileptischen Anfalls anschaulich machen als die große Wetterwende des Gewitters.« Und in Ablehnung einer einseitig biographisch-emotionalen Ausdeutung stellt VOGEL die Frage: »Seelische Motive gewiß — Erlebnisse, die eine emotionelle Erregung entstehen lassen, sie fördern und steigern bis zur Kulmination des Anfalls — aber beginnt es nicht mit einer präparoxysmalen Unruhe, die den Erlebnissen und Motiven erst ihre Kraft und ihre Wucht verleiht?« Nie sei heraus zu bekommen, was die Lawine ins Rollen bringt: die Unruhe im biologischen Untergrund oder die seelisch motivierte Erregung.

Dem großen Anfall können auch kleine Anfälle nach Art von »*paroxysmalen Prodromi*«[402] eine Zeitlang vorausgehen oder ihn unmittelbar nach Art einer Aura einleiten. Eine Häufung von Impulsiv-Petit mal hat besonders dann prämonitorische Bedeutung, wenn sie nach Frequenz und Heftigkeit crescendoartig zunehmen. Auch die Häufung pyknoleptischer Anfälle weist auf einen großen Anfall hin, vor allem, wenn die einzelnen Absencen zu einem tranceartigen Petit mal-Status ineinanderfließen. Obwohl auch bei psychomotorischen Anfällen ähnliches vorkommt, scheint es dort eher die Regel, daß man bei längerem Ausbleiben mit einem großen Anfall zu rechnen hat. Auch ohne prodromale Häufung und selbst, wenn im Intervall überhaupt keine kleinen Anfälle vorkommen, kann der große Anfall häufig durch Symptome eingeleitet werden, die völlig identisch mit kleinen Anfällen sind. Diese Beobachtung war für HERPIN[60] die empirische Grundlage für sein Gesetz der Identität, das besagt, daß kleine Anfälle ihrem Wesen nach auf ihre Initialsymptome reduzierte oder in einem mehr oder weniger fortgeschrittenen Stadium ihres Ablaufes steckengebliebene große Anfälle sind. Nicht selten berichten Angehörige von Kranken, die an nächtlichen Anfällen leiden, daß sie von lauten Schmatzbewegungen geweckt werden, an die sich dann erst ein großer Anfall anschließt. Oder man erfährt, daß großen Anfällen bei Pyknolepsien ein typisches Retropulsiv-Petit mal vorausging, oder man beobachtet, daß ein Kranker sich verfärbt, einen leeren Blick bekommt, mehrmals schluckt, dann unvermittelt fortstürmt und mitten im Lauf von einem großen Anfall zu Boden gerissen wird. Als Konsequenz dieser Erfahrungen kann gelten, daß man nicht nur aus der Art der Aura, sondern auch aus den an ihrer Stelle stehenden jeweiligen Symptomen kleiner Anfälle den Weg der Entladungsstörungen ablesen oder die Art der vorliegenden Epilepsieform bestimmen kann.

Aura: Unter Aura verstehen wir das, was der Kranke vom Anfall erlebt. Manche Autoren definieren: »noch erlebt«, »zu Beginn des Anfalls erlebt«, oder »zu Beginn des Anfalls als abnorm erlebt und erinnert«[916]. Andere beschränken den Begriff nur auf sensorische und psychische Phänomene. Da sich ein Anfall jedoch lediglich in Form einer Aura abspielen kann und da jede Einschränkung den Blick auf das Ganze beeeinträchtigen könnte, ziehen wir die Definition vor, in der die Aura als die pathische, d. h. der Selbsterfahrung des Kranken zugängliche Seite und die während der Bewußtlosigkeit sich abspielenden Vorgänge als die ontische, d. h. der Fremdbeobachtung zugewandte Seite des Anfalls erscheint.

Aura heißt übersetzt: Wind, Brise, leiser Hauch. Es war ein Patient von PELOPS, des Lehrers von GALEN, der damit eine Empfindung umschreiben wollte, die ihm »wie ein Morgenwind, eine Brise oder ein Hauch, der sich erhebt« vorkam (s. S. 188). Seine Aura war daher ein — übrigens recht seltener — Sonderfall von dem, was man heute darunter versteht. Trotzdem haben sich andere Vorschläge nicht durchsetzen können, da Begriffe wie »Signal-Symptom« (SEGUIN), »Warnung« (JACKSON 1880/81), »Mahnung« (HOFF 1956) sehr begrenzte und außerdem zweifelhafte Auslegungen des Vorganges enthalten.

Wenn auch manche Kranke sich noch in Sicherheit bringen können, wenn sie eine Aura bemerken, so kann sie doch schon wegen ihrer kurzen Dauer nicht den Sinn haben, einen Anfall anzukündigen. Auch verfehlen alle diese Bezeichnungen den Tatbestand, daß die Aura selber schon Anfall, nämlich der vom Kranken selbst wahrnehmbare Anteil des Anfalls ist. In der Mannigfaltigkeit epileptischer Auren spiegelt sich daher die ganze Fülle kritischer Erlebnisweisen wider, die von den Kranken erfahren werden. Da jeder Kranke »seine« Aura hat und viele Auren miteinander Vergleichbares aufweisen, hat es nicht an Klassifizierungsversuchen gefehlt, deren Maßstäbe von den jeweils herrschenden pathogenetischen Vorstellungen abhängig sind. So unterschieden die Ärzte der Antike nach dem Ort, von dem die Aura ihren Ausgang nahm, verschiedene Krankheitsformen, die sie in der Annahme, daß der Beginn der Aura den Ort anzeige, von dem die Krankheit ihren Ursprung nehme, als »epilepsia e parte externa, ex utero, ore, ventriculo, capite« usw. bezeichneten. Schon von der Voraussetzung ausgehend, daß die Aura eine »exzentrische Erscheinung eines zentralen Reizes«[1314], ihre Verschiedenartigkeit aber durch den jeweiligen Anteil an den drei wesentlichen Komponenten des Anfalls bestimmt sei, teilt HERPIN[60] sie in solche mit peripherem Beginn, mit viszeralem Beginn und mit enzephalischem Beginn ein. Dadurch kommt seine Meinung zum Ausdruck, daß die Aura auf subjektiver Ebene die Beteiligung der drei Elemente wiedergebe, aus denen der vollentwickelte Anfall komponiert ist: dem Krampf der Willkürmuskulatur, den viszeralen Symptomen und dem Verlust der Sinne und des Bewußtseins.

Heute dient die Aura als klinischer Hinweis darauf, »welche Hirnfunktion zuerst gestört worden ist, d. h. in welcher funktionellen Gegend der den Anfall erregende Prozeß beginnt« (GOWERS 1901). Unter diesem Blickwinkel wird besonders denjenigen Phänomenen Beachtung geschenkt, die für die *Lokaldiagnostik* »epileptogener Foki« (HORSLEY) nützlich sind. Die Vielfalt der Auren auf eine topographische Anordnung im Gehirn zu beziehen, ist das Verdienst von JACKSON. Er hatte durch detaillierte klinische Studien die Grundlage für eine zerebrale Lokalisationslehre gelegt, die später von FOERSTER[541] und von PENFIELD et al.[124, 781, 783] durch reizexperimentelle Untersuchungen weiter ausgebaut wurde. JACKSON (1888) hatte die Aura geradezu als Leitfaden bezeichnet, der dem Kliniker den Weg zum Ort der epileptischen Erregung im Gehirn anzeige: »Was wir Warnungen nennen, diese erste Begebenheit des, oder während des Beginns der lokalen, plötzlichen, rapiden und exzessiven (oder kurz gesagt der ›epileptischen‹) Entladung, ist der Leitfaden zum Sitz der ›Entladungsstörung‹. Daher gibt es mindestens so verschieden lokalisierte ›Entladungsstörungen‹, als es verschiedene Anfallswarnungen gibt«. Dennoch hat man aus didaktischen Gründen bislang die seit REYNOLDS (1861), FÉRÉ (1890) und GOWERS (1901) geläufige Einteilung in motorische, sensible, vegetativ-vasomotorische, sensorische und psychische Auren beibehalten, die nichts weiter als ein Echo des fragwürdigen Postulats der klassischen Hirnpathologie von einer getrennten Lokalisation sogenannter Elementarfunktionen darstellt. Die ausführlichsten Kataloge der unter diesen Gesichtspunkten zusammengestellten Aurasymptomatik finden sich bei GOWERS[402], bei BINSWANGER und bei LENNOX[97]. GOWERS sowie LENNOX führen an, daß 57% bzw. 56% ihrer Patienten Auren angegeben haben.

Daß unter *psychiatrischem Aspekt* die »Phänomene der Aura nur als Kausalzusammenhänge, nicht als Sinnzusammenhänge« zu erfassen seien, ist das Ergebnis einer Untersuchung von WEBER u. JUNG, in der die formalen seelischen Störungen während der Aura nach den psychopathologischen Kriterien von JASPERS analysiert werden. So gesehen ist die Aura als ein psychotisches Erleben zu definieren, als deren »Achsensyndrom« Bewußtseinsstörungen herausgestellt werden. An Gemeinsamkeiten werden aufgeführt: Abwendung von der Außenwelt bei zunehmender Fesselung durch die Auraerlebnisse, Wahrnehmungsstörungen von illusionärem Charakter oder primitiven Halluzinationen bis zu abnormen Vorstellungen, Denkstörungen im Sinne der Verlangsamung und Verwirrung, aber auch der Beschleunigung und dem Eindruck der Gewißheit. Die Gefühlslage ist häufig durch eine plötzliche Spannung mit dem Charakter der Bedrohlichkeit und Angst, selten eines Glücksgefühls, häufiger durch Unerträglichkeit und Entsetzen charakterisiert. In den bisherigen Darstellungen der Aura als eines neuropathologischen Symptoms oder als eines psychopathologischen Phänomens kommen zwei Momente zu kurz, die für den Begriff der Aura als dem erlebten Teil des Anfalls wesentlich sind: Das eine betrifft die Komplexität und das andere die Dynamik des Auraerlebens.

Die *Komplexität* wird zwar meist erwähnt, aber entweder als Kombination von Elementarfunktionen oder als Komposition von primär Abnormem mit sekundär Reaktivem interpretiert. Wenn man aber »heautoskopische Daten« (PURKINJE) als Erkenntnisquelle anerkennt, so muß man die Selbsterfahrung der Kranken und ihren Erlebnisreichtum während der Aura unverkürzt durch theoretische Implikationen zu Wort kommen lassen. Im Zusammenhang mit dem Ansatz PURKINJES, »von innenher gleichsam ... dem Ablauf und dem Geschehen des epileptischen Anfalls näherzukommen ...«, weist VOGEL[1194] darauf hin, »wie wenig die bisherigen Anschauungen über die epileptische Aura dem entsprechen, was die Kranken darüber berichten, wieviel erlebnisreicher sie ist, eine wie geringe Rolle in ihr im Grunde sogenannte einfache, primitive Empfindungen spielen, in welchen inneren Beziehungen sie überhaupt zu dem Anfall steht.«

Eine Aura ist praktisch nie monosymptomatisch. Selbst eine »rein« epigastrische Aura ist meist vom Gefühl der Bangigkeit, eine Drehung des Kopfes von Angst, das Zucken eines Gliedes von Parästhesien oder Schmerzen begleitet oder gefolgt. Oft sind mehrere Qualitäten daran beteiligt, die aber nicht in wahlloser Kombination, sondern in typischen Konstellationen auftreten, wie etwa Geruchs- und Geschmacksempfindungen mit vegetativen Sensationen und Erlebnissen vom Charakter des Dreamy state oder optisch-akustisch-vestibuläre Empfindungen mit dem Gefühl der Drehung und Angstzuständen. Wenn sich die Aura im individuellen Krankheitsverlauf ändert, so handelt es sich dabei nur selten um einen grundsätzlichen Wechsel von Symptomqualitäten, sondern um Modifikationen von typischen Aurakonstellationen. Solche Modifikationen ergeben sich aus Unterschieden in der Intensität und der Dauer sowie durch das Einblenden aktualisierter Erinnerungen im Sinne des sogenannten Erregungsfangs (PÖTZL 1937) (s. S. 212).

Auch ist die einzelne Aura kein statisch-gleichförmiger, sondern ein *dynamischer Vorgang*, in dessen Verlauf sowohl ein Wandel wie eine Anreicherung von Symptomen stattfindet. Je besser eine Aura beschrieben wird, desto mehr ist zu erfahren, daß sich trotz der kurzen Dauer das anfängliche Gefühl verändert und zu einer Befindlichkeit erweitert, an der mehrere Sinnesqualitäten, vegetative Sensationen und bestimmte Emotionen teilhaben können. Zugleich wird der Verlauf durch eine Dynamik bestimmt, die in einer zunehmenden Veränderung der zeitlichen und räumlichen Dimensionen des Erlebens auf einen kritischen Wendepunkt hin drängt. Da oft gerade die bedrohlichsten Erlebnisse von einer retrograden Amnesie überdeckt werden, erfährt man davon nur von den wenigen Kranken, die ihrer Aura bis zur Grenze des Erträglichen standhalten.

Gleich von welcher Art die Empfindungen und Erlebnisse sind, die auf verschiedenen Wegen zur Sprengung des Bewußtseins führen, — sie sind »erst nur eine Vorahnung jener einen Sekunde, in der dann der Anfall eintritt, — länger als eine Sekunde währte dieser Augenblick nie. Diese eine Sekunde aber war unerträglich« (DOSTOJEWSKI[513]). Mag das Erlebnis der »höchsten Harmonie und Schönheit«, »all dieser Lichterscheinungen und Augenblicke eines höheren Bewußtseins und einer höheren Empfindung seines Ich« Dostojewskis persönliche Aura-Erfahrung darstellen, die er nur mit wenigen anderen Kranken teilt, so ist das Allgemeine daran, daß »der auf das Äußerste veränderte, innere Zustand auf eine Umbildung drängt, auf eine Metamorphose der physischen Existenz«[910].

Initialschrei: »Das (die Aura) dauerte im ganzen vielleicht nur eine halbe Sekunde, doch entsann er sich später noch deutlich und bewußt des Anfangs, des ersten Tones, jenes entsetzlichen Schreis, der sich plötzlich ganz von selbst seiner Brust entrang, und den er mit keiner Gewalt aufzuhalten, zu unterdrücken oder abzubrechen vermocht hätte. Dann schwand ihm momentan das Bewußtsein, und tiefe Finsternis trat ein.

Es war ein epileptischer Anfall, nachdem er schon lange keinen mehr gehabt hatte. Bekanntlich kommen solche Anfälle ganz plötzlich, das Gesicht verzerrt sich, namentlich der Blick ist entstellt, Krämpfe und Zuckungen erfassen den ganzen Körper, und alle Gesichtszüge zucken. Ein entsetzlicher, mit nichts zu vergleichender Schrei entringt sich der Brust; in diesem Schrei verschwindet gleichsam alles Menschliche, und für einen Beobachter ist es ganz unmöglich, sich vorzustellen und zu glauben, daß es wirklich dieser Mensch ist, der da schreit. Es scheint vielmehr, daß ein anderer es tut, einer, der sich im Innern dieses Menschen befindet.« Mit dieser Deutung, der er entschuldigend hinzufügt: »wenigstens haben viele mit diesen Worten ihren Eindruck geschildert«, weist DOSTOJEWSKI[513] offensichtlich auf das naive Verständnis hin, wie es auch der Vater des epileptischen Sohnes im Evangelium hat: »Siehe, ein Geist ergreift ihn, daß er plötzlich aufschreit, und reißt ihn hin und her, daß er schäumt und weicht kaum mehr von ihm, wenn er ihn so zurichtet« (LUKAS 9, 39).

Die wissenschaftlichen Ansichten über die Entstehung des Initialschreis stehen sich diametral gegenüber. Die einen verstehen ihn als einen physikalischen Vorgang, hervorgerufen durch den Krampf der Exspirationsmuskeln und der Glottiskonstriktoren, die anderen als psychischen Ausdruck von Überraschung, Entsetzen oder Schmerz.

Die *physikalische Erklärung* sieht im Schrei ein »Signal für das Einsetzen des tonischen Krampfes«[379]. Doch besteht keine Übereinstimmung darüber, ob er ein exspiratorisches Phänomen sei, das nach HERPIN[60] als »automatischer Akt aus dem Krampf der exspiratorischen Muskeln hervorgeht, die die Luft durch den spasmodisch verengten Kehlkopf hindurchpressen« (s. auch CHAVANY, FÉRÉ, FOERSTER, MARCHAND u. DE AJURIAGUERRA). Oder aber ob er durch eine Inspiration zustande kommt, wie WILSON[341] meint: »In den meisten Fällen entsteht er sicher beim Einatmen und nicht, wie die übliche Darlegung lautet, bei der Ausstoßung der Luft durch die krampfhaft geschlossene Stimmritze, sondern durch ein Einsaugen, während das Zwerchfell sich senkt.« Oder ob man mit REYNOLDS ein »spasmodisches Phänomen« anzunehmen habe, das »zuweilen exspiratorisch, zuweilen umgekehrt, jedenfalls aber durch das mangelhafte Gleichgewicht zwischen dem Symptom der exspiratorischen und dem der inspiratorischen Muskeln erzeugt« werde.

Die *psychologische Erklärung* geht davon aus, daß manche Kranke den Beginn des Schreies noch miterleben oder sich sogar erinnern, den Versuch unternommen zu haben, ihn zu unterdrücken[391, 1222, 1244]. An unserer Klinik hat BOCK von insgesamt 83 Epileptikern 22 mit gelegentlichem Initialschrei auf ihre Auraerlebnisse hin untersucht. 14 Patienten konnten sich an Auren erinnern, die durchweg als unangenehm, angsterfüllt und bedrohlich geschildert wurden. Eine Aura mit gleichgültigen oder gar angenehmen Gefühlen wurde nicht beschrieben. Eine Patientin mit kleinen und mit großen Anfällen mit einer Aura »wie ein Weh, das vom Magen aufs Herz drückt«, die den Anfang des Schreis selbst noch mitbekam, wußte anzugeben, daß sie den Schrei gelegentlich sogar unterdrücken konnte, »so daß die anderen im Zimmer nichts davon merkten« oder nur noch ein Stöhnen vernehmen konnten. Nachts, wenn sie den Schrei nicht unterdrücken kann, wacht sie »vor Weh« auf und hört sich, bevor sie das Bewußtsein verliert, noch selbst schreien. Ihr Mann beschreibt, was er hört, als einen ausgesprochenen Angstschrei.

Man hat die Art des Schreis immer wieder zu charakterisieren versucht. Er kann so wild und durchdringend[402], so grausenerregend[379] klingen, daß selbst furchtlose Ärzte erschrekken wie vor etwas, das über menschliche Kraft hinausgeht[1455]; daher in alten Zeiten der Schrei als Wirkung übermenschlicher Geister galt, wie im Evangelium des Lukas, und in aufgeklärten Zeiten Vergleiche mit untermenschlichen, tierischen Kräften herangezogen werden: BOERHAAVE wird an das Gebrüll von Ochsen erinnert (clamor boatus aut mugitus), REYNOLDS und GOWERS[402] an das Gekreische eines Pfaues oder eines Papageien. Wenn auch die extremste Form des Initialschreis, in dem nach DOSTOJEWSKI »alles Menschliche gleichsam verschwindet«, im Grunde »unbeschreiblich und mit nichts vergleichbar« ist, so gibt es darüber hinaus viele Variationen vom Aufschrei über einen Ausruf bis hin zum Röcheln oder Stöhnen.

Die Häufigkeit seines Vorkommens wird denn auch sehr verschieden beurteilt, wahrscheinlich je nachdem, ob man alle initialen Laute oder nur einen initialen Schrei registriert. OLIVER schätzt sein Vorkommen auf 5%, REYNOLDS auf »höchstens 50%«, WILSON[374] meint, er sei häufiger fehlend als vorhanden. HERPIN[618] gibt an, daß er unter 30 Fällen 13mal fehlte, 9mal annähernd konstant, 6mal ausnahmsweise und 2mal zweifelhaft vorkam. In einer Untersuchung an unserer Klinik wurde er bei 83 Grand mal-Epilepsien in 22 Fällen (27%) registriert[1235]. Bei 153 an 119 Patienten mit Metrazol ausgelösten Anfällen kam es in 58% zu »einem lauten Schrei«[440].

Wie die Aura, so bleibt auch die Art des Schreis bei demselben Kranken gleich. Doch wird nicht jeder Anfall von einem Schrei eingeleitet. Da er fast nur bei großen Anfällen vorkommt, ist er zwar kein obligates, aber ein pathognomonisches Symptom des großen Anfalls. Ob ihm darüber hinaus noch eine semiologische Bedeutung zukommt im Hinblick auf die Art der großen Anfälle oder als Hinweis auf initiale Entladungen in der dominanten Hemisphäre, wie OLIVER vermutet, ist unbekannt.

Fassen wir zusammen: Soweit man bisher weiß, bezeichnet der Initialschrei sowohl das Ende der Aura wie den Beginn des tonischen Krampfes. Mit dem Schrei, der an beiden teilhat, erlischt das Bewußtsein. Der Versuch einer rein mechanischen Erklärung kann daher ebensowenig überzeugen wie eine Deutung allein als Ausdruck psychischer Vorgänge. So ungewohnt es für ein Denken in Kategorien auch sein mag, so bleibt keine andere Möglichkeit, als ihn als Zeichen der Metamorphose von der Aura in den Krampf zu begreifen. Was im Schrei sich kundgibt, wird von der Aura angekündigt und mit der Sprengung des Bewußtseins vom Krampf fortgesetzt. Das macht ihn so »unvergleichbar«, daß der Ausdruck äußerster seelischer Spannung von der mechanischen Gewalt des Krampfes ins »Unmenschliche« gesteigert wird.

Symptomatik der konvulsiven Phase

Jedem Versuch, den Ablauf der Krämpfe bei spontanen großen epileptischen Anfällen zu beschreiben, muß das Eingeständnis vorausgehen, daß der »typische« oder »klassische« Anfall eine didaktische Abstraktion ist. Achtet man auf die Haltung von Augen, Kopf, Rumpf und Gliedmaßen im Krampf, auf die Symmetrie oder Asymmetrie der Zuckungen und auf das Verhältnis des tonischen Krampfes zu den klonischen Zuckungen, so ergeben sich unter jedem dieser Gesichtspunkte mehrere Varianten, die im einzelnen Krankheitsverlauf weitgehend konstant beibehalten werden. Der Körper kann entweder eine opisthotone oder eine emprosthotone Haltung einnehmen oder in einer indifferenten Mittelstellung bleiben. Die Zuckungen können symmetrisch ablaufen, eine Seite bevorzugen oder überhaupt nur eine Seite betreffen. Dem tonischen folgt zwar meist ein klonisches Stadium, doch gibt es Anfälle mit vorwiegend oder rein tonischen Krämpfen wie auch solche, die sich vorwiegend in klonischen Zuckungen äußern.

Die Angabe, daß dem tonischen Krampf eine »freilich blitzartige allgemeine Muskelerschlaffung«[379] voraufgehe, findet sich nur bei BINSWANGER und bei SELBACH. Die Heftigkeit, mit der die Kranken hinstürzen, so daß sie sich dabei verletzen können, wird sonst gerade im Unterschied zum relativ harmlosen In-Sich-Zusammensacken bei der Ohnmacht als Folge des plötzlich einschießenden tonischen Krampfes angesehen.

Haltung im Krampf – *Opisthotonus:* Im opisthotonen Krampfanfall, der in der Regel ausgesprochen symmetrisch einhergeht, drehen sich die Bulbi maximal nach oben; der Kopf biegt sich in den Nacken, die Beine werden gestreckt; die Kranken liegen auf dem Rücken, der häufiger eine gebeugte als eine gestreckte Haltung einnimmt. Da die Beine und der Rumpf nur selten in extreme Extension gehen, liegt das Gesäß meist auf, so daß es nicht zu einem Arc de cercle kommt. Die Arme werden leicht abduziert und gebeugt vor dem Körper gehalten. Die Hände sind proniert, die Finger in den Metakarpalgelenken gebeugt und in den Endgelenken gestreckt, die Daumen adduziert. Die Beine sind mehr gestreckt als gebeugt, die Füße plantarflektiert und nach innen rotiert; die Zehen können gespreizt sein.

Das tonische Stadium dauert relativ lang; dem entspricht eine ausgeprägte Zyanose zunächst der Lippen, dann des ganzen Gesichtes. Die klonischen Zuckungen sind äußerst heftig und synchron, dauern im allgemeinen jedoch relativ kurz. Speichelfluß und Schaumbildung sind eher gering. Zungenbiß kommt vor, Einnässen jedoch nur selten.

Große Anfälle von opisthotonem Charakter sind typisch für eine zentrenzephale Epilepsie, d. h. für reine Aufwach-Grand mal wie für Aufwach-Epilepsien in Kombination mit Retropulsiv-Petit mal oder mit Impulsiv-Petit mal (sogenannte Impulsiv-Grand mal). Opisthotone Grand mal haben in der Regel keine

Aura und stellen das Hauptkontingent der »vom Beginn an generalisierten Grand mal-Anfälle«[1295].

Emprosthotonus: Im emprosthotonen Krampfanfall wird der Rumpf nach vorne gebeugt, die Arme – oft in Extension – nach vorne außen geführt, die Beine – leicht gespreizt – in Hüfte und Knien so extrem gebeugt, daß die Knie sich der Brust nähern. Der Kopf kann ebenfalls an der Vorwärtsbeugung teilnehmen, kann aber auch mit nach oben gewendeten Bulbi in den Nacken zurückgebeugt sein. Der Anfall spielt sich wieder in der Regel in Rückenlage ab. Die Atemstörung und das tonische Stadium halten im allgemeinen nicht so lange an wie bei opisthotonen Anfällen; dementsprechend ist auch die Zyanose nicht so ausgeprägt. Zu Zungenbissen und zu Einnässen kommt es nur selten.
Die emprosthotone Haltung ist typisch für den großen Anfall bei Epilepsien mit Propulsiv-Petit mal (sogenanntes Propulsiv-Grand mal und myoklonisch-astatischen Petit mal. Reine Propulsiv-Grand mal weisen nach unseren Erfahrungen auf einen Erkrankungsbeginn im frühen Kindesalter hin.

Indifferente Haltung: Als indifferente Grand mal könnte man große Anfälle bezeichnen, bei denen Rumpf und Kopf während des tonischen Stadiums keine entschiedene Beuge- oder Strecktendenz erkennen lassen. Obwohl alle Variationen vorkommen, überwiegt in den Beinen die Streckung, in den Armen die Beugung. Die Bulbi stehen wie der Kopf in Mittel stellung oder führen die Drehungen des Kopfes nach den Seiten an, die von Anfall zu Anfall und selbst im Ablauf eines Anfalls wechseln können. Das Gesicht ist durch den in die Breite verzogenen Mund, die nach oben gezogenen Brauen und die angespannt hervortretenden Halsmuskeln verzerrt. Der Kiefer ist meist trotz fühlbarer Kontraktion der Masseteren leicht geöffnet. Die Zyanose beschränkt sich auf die Lippen. Speichelfluß und Schaumbildung sind ausgeprägt. Charakteristische Stellungen von Hand und Fingern sind uns nicht aufgefallen. Daß der Daumen in die Hohlhand eingeschlagen wird, scheint uns nicht häufiger vorzukommen als eine Adduktion an den Zeigefinger.

Im klonischen Stadium zucken die Gliedmaßen nicht völlig synchron, so daß oft durch eine schnellere Frequenz der Muskeln am Hals und an den oberen Gliedmaßen gegenüber den unteren oder der einen Seite gegenüber der anderen der Körper hin- und hergeschleudert wird und so vorübergehend der Eindruck ungeordnet-chaotischer Bewegungsstöße entstehen kann.

Eine indifferente Haltung – wahrscheinlich die häufigste Variante großer Anfälle – ist die Regel bei Grand mal in Kombination mit psychomotorischen Anfällen oder bei rhinenzephal-temporalen Epilepsien schlechthin.

Asymmetrie im Krampf – *Adversiv-Grand mal:* Große Anfälle werden oft von einer Wendung der Augen und einer krampfhaften Drehung des Kopfes eingeleitet, der eine Drehung des Rumpfes folgen kann. Manche Patienten drehen sich unter Führung des Kopfes noch im Stehen oder schon im Liegen mehrmals um ihre eigene Achse, bevor die generalisierten Krämpfe einsetzen. Aus der Art einer etwa vorausgehenden sensorischen Aura, dem Einsetzen der Bewußtlosigkeit vor oder nach der Drehung, Zuckungen im Fazialis oder dem Anheben des gleichseitigen Armes ergeben sich lokaldiagnostische Hinweise, die im Zusammenhang mit der Besprechung der kortikalen Anfälle abgehandelt wurden (S. 332ff). Hier sei nur erwähnt, daß in der Regel die initiale Drehrichtung kontralateral zum Herd erfolgt, – weswegen Penfield u. Jasper auch von kontraversiven Anfällen sprechen –, in etwa 10% der Fälle jedoch auch ipsilateral zur Seite des Herdes hin. Leichte und inkonstante Wendungen von Kopf und Augen haben keine lokaldiagnostische Bedeutung. Meist wird zu Beginn des Anfalles die kontralaterale Seite des Körpers stärker vom Krampf betroffen; der entsprechende Arm hebt sich an und wird nach außen geführt, so daß der Eindruck entsteht, der Kranke sieht seinem nach oben und außen sich wegdrehenden Arm nach. Auf der Höhe des tonischen Stadiums bewegen sich Kopf und Augen zur Mittelstellung zurück. Der Krampf kann dann im Übergang zum klonischen Stadium die ipsilaterale Seite stärker betreffen, so daß von den ausklingenden

Zuckungen Kopf und Augen nach der Seite des Herdes geschleudert werden.
Über die Häufigkeit der Begleitsymptome im Adversiv-Grand mal sind wir nicht unterrichtet, doch hatten wir den Eindruck, daß es dabei häufiger als bei anderen Grand mal zu einem Initialschrei oder zu initialer Lautbildung kommt.

Asymmetrische Grand mal: Jackson-Anfälle können in einen generalisierten Anfall münden, bei dem die Seite, von der der Anfall ausgeht, stärker vom Krampf betroffen wird. Auch hierbei kann der Akzent der Krämpfe gegen Ende des Anfalls auf die andere Seite hinüberwechseln. Auch ohne Jackson-Einleitung und ohne eine Aura kann der Krampf sofort mit Aussetzen des Bewußtseins auf einer Seite vorherrschen. In solchen Fällen beobachtet man meist kein Hinüberwechseln zur anderen Seite.

Hemi-Grand mal: Zuerst von FÉRÉ, später ausführlich von A. ROGER et al.[1427] sind große Anfälle beschrieben worden, deren Krämpfe während der Bewußtlosigkeit auf eine Seite beschränkt bleiben. Die tonische Phase soll dabei um so ausgeprägter sein, je jünger der Patient ist. Das Bewußtsein kehre rascher wieder zurück als nach einem generalisierten Anfall. Den Krämpfen folgt oft eine vorübergehende Hemiparese auf der betroffenen Seite. Ob eine Unterscheidung von Hemi-Grand mal, die eine Abfolge tonisch-klonischer Krämpfe zeigen, und hemiklonischen Anfällen die von längerer Dauer sein sollen und bei freiem Bewußtsein ablaufen[1019], sinnvoll ist, sei dahingestellt (s. S. 331).
Hemi-Grand mal kommen bevorzugt bei Kleinkindern vor. Die Seite der Krämpfe kann von Anfall zu Anfall wechseln. In solchen Fällen lassen sich keine organischen Gehirnschädigungen nachweisen. Oder sie treten im Initialstadium des sogenannten HHE-Syndroms (Hemiplegie- Hemikonvulsion- Epilepsie) auf der nachfolgend gelähmten Seite oder bei Kranken mit einer Halbseitenlähmung auf der gesunden Seite in Erscheinung.

Abortive Grand mal: Wenn schon die Einbeziehung halbseitiger großer Anfälle an die Grenze der gewählten Klassifikation stößt, insofern es sich dabei zwar um große, aber nicht mehr um generalisierte Krampfanfälle handelt, so liegt die klassifikatorische Schwierigkeit bei den nachfolgenden Variationen darin, daß sie zwar mit generalisierten Krämpfen einhergehen, vom klassischen Begriff des großen Anfalls her jedoch als Abortivformen bezeichnet werden müssen. Da sie im strengen Sinne weder große noch kleine Anfälle sind, wird ihnen von GASTAUT und seinen Mitarbeitern[1020] eine Sonderstellung eingeräumt.

Generalisierte tonische Anfälle: Als »generalisierte epileptische Anfälle mit tonischem Ausdruck« bezeichnet die Schule von Marseille[1020] (1963) einen Anfallstyp, der fast nur bei Kindern vorkomme und sich vom klassischen großen Anfall außer durch das Fehlen einer klonischen und einer komatösen Phase durch seine kurze Dauer von 10—20 sec unterscheide. Diese Anfälle, die zuerst von JACKSON u. BARNES (1902) beschrieben und als »trunk fit« oder »lowest level fit« bezeichnet worden sind, teilen GASTAUT et al.[1020] nach Lokalisation, Ausbreitung und Symmetrie der Krämpfe in fünf Unterformen ein: tonisch-axiale, tonisch-axo-rhizomelische, global-tonische, asymmetrisch- und unilateral-tonische sowie tonische Anfälle, die mit einer kurzen klonischen Phase enden. Der tonisch-axiale Krampf beginnt mit einer tonischen Kontraktion der Hals- und Nackenmuskeln, dann der Stirn und der Lidheber, während die Bulbi nach oben gehen. Der Krampf breitet sich weiter auf die Masseteren, die Schläfenmuskeln und das Platysma aus. Nun erst werden die Sternokleidomastoidei und Skaleni, die thorakale und abdominelle Muskulatur betroffen, während die anfänglich beschleunigte Atmung für 1—10 sec aussetzt. Die Beteiligung der proximalen Muskulatur der oberen, selten auch der unteren Extremitäten mit Anhebung der Schultern, Abduktion und Außenrotation der Arme charakterisiert die axo-rhizomelischen Anfälle, — die Beteiligung der Arme, die gebeugt vor den Körper gehalten werden, und der Beine, die einknicken, sich aber auch strecken können, die global-tonischen Anfälle. Die klinischen Angaben über ihre regellose Häufigkeit, die Möglichkeit im Status aufzutreten, das frühe Erkrankungsalter zwischen

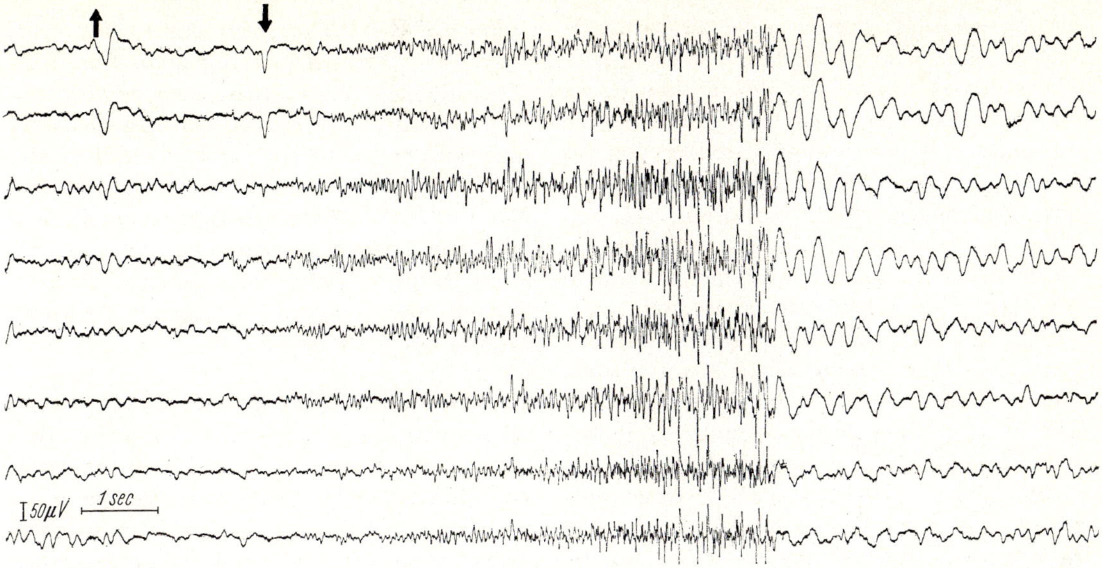

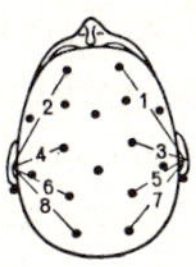

Abb. 136. Tonisch-axialer Anfall (Fall Hannes Sch. s. S. 326f). Nach Augenschluß (↓) setzen plötzlich generalisierte Spikes von zunehmender Amplitude ein. Nach 6 sec unmittelbarer Abbruch des Spike-Musters und Übergang in hohe, träge Schwankungen, die nach ca. 8 sec (nicht abgebildet) über eine ϑ-Dysrhythmie zum Ausgangs-EEG zurückführen.

dem 1. und 7. Lebensjahr, das Betroffensein von geistig retardierten Kindern, die häufige Kombination mit Propulsiv-Petit mal wie mit myoklonisch-astatischen Anfällen und das intervalläre EEG vom Typ der langsamen Spike-wave-Variante lassen über die Beschreibung der Anfälle hinaus erkennen, daß darunter vorwiegend Salaam-Krämpfe, Propulsiv-Grand mal und diesen nahestehende emprosthoton oder opisthoton akzentuierte oder indifferente epileptische Streckkrämpfe zu verstehen sind. Bemerkenswert sind die Beobachtungen der Marseiller Schule über eine allmähliche Ausbreitung des tonischen Krampfes von oben nach unten wie die Möglichkeit, daß diese Anfälle in mannigfachen Abortivformen auftreten können, die manchmal nur auf das Gesicht beschränkt bleiben. Ein Beispiel eines mastikatorisch akzentuierten tonisch-axialen Anfalls ist auf S. 326f beschrieben (EEG s. Abb. 136).

Abortive Anfälle von rein tonischem Charakter sind nach unseren Erfahrungen jedoch nicht nur auf das Kindesalter beschränkt; gelegentlich können sie auch im Rahmen psychomotorischer Anfälle beobachtet werden (s. S. 203f).

Differentialdiagnostisch muß hier auch der nichtepileptischen »tetanoiden« oder »*zerebellaren« Anfälle* (»cerebellar fits« nach JACKSON[247]) gedacht werden, die bei erhöhtem intrakraniellem Druck vermutlich durch eine vorübergehende Lähmung des Mittelhirns mit nachfolgender Enthemmung ponto-bulbärer Zentren zustandekommen. »Cerebellar fits« sind keine epileptischen Anfälle, weil ihr Vorkommen immer an vorübergehende Einklemmungen gebunden ist[1373] und weil sie durch eine funktionelle, wahrscheinlich ischämisch entstandene Läsion hervorgerufen werden, die zu einer Dissoziation zwischen den Hemisphären und dem Rhombenzephalon führen. »Cerebellar fits« unterscheiden sich von tonischen epileptischen Anfällen durch ihre längere Dauer von 2—10 min, die langsame Entwicklung unter intensiven Kopfschmerzen und ausgeprägter Gesichtsrötung, durch begleitende Tachypnoe, Schweißbildung, Übelkeit und Erbrechen sowie dadurch, daß das Bewußtsein höchstens getrübt, aber nicht aufgehoben ist. Außerdem sind im EEG niemals synchronisierte oder hypersynchrone steile Abläufe, sondern eine dem Hirndruck entsprechende Verlangsamung und Abflachung sowie dem Tumorsitz entsprechende lokale oder durch Fernwirkung entstandene Anomalien zu sehen.

Generalisierte klonische Anfälle: Anfälle, die nur generalisierte klonische Zuckungen darbieten, bei denen der Patient bewußtlos scheint, sind als epileptische Paroxysmen zweifelhaft. Symmetrische und synchrone generalisierte Zuckungen lassen an einen Impulsiv-Petit-mal-Status denken, wobei das Bewußtsein jedoch erhalten bleibt (s. S. 142). Als große Anfälle mißverstanden wird gelegentlich der massive Bewegungssturm asynchroner und asymmetrischer Zuckungen, zu dem sich die Myoklonien bei einer progressiven Unverricht-Lundborgschen Myoklonusepilepsie steigern können. Aber auch hierbei bleibt das Bewußtsein weitgehend erhalten. Auch bei der van Bogaertschen subakuten sklerosierenden Leukoenzephalitis können die regellosen Zuckungen sich zusammenballen, ohne daß man deswegen ein besonderes Anfallsbild zu konstituieren hat.

BAMBERGER u. MATTHES[6] haben darauf aufmerksam gemacht, daß es bei Säuglingen und Kleinkindern lang anhaltende Anfälle (»*crises prolongées*«) gibt, die sich über Stunden hinziehen können und vorwiegend klonisch ablaufen. Die Kloni sind »hierbei meist von geringerer Intensität als bei einem typischen Grand mal und folgen einander in zeitlich unregelmäßigen Abständen; Arme und Beine krampfen häufig asynchron. Zwischen den Zuckungen ist der Körper meist schlaff, seltener befindet er sich in einer tonischen Starre. In dieser Form schwelt der Anfall dann pausenlos über viele Stunden, ohne daß das Bewußtsein wiederkehrt«[6]. Solche Anfallszustände, die von einem typischen Status epilepticus durch die fehlende Rhythmizität unterschieden sind und häufig auf einen agonalen Zustand hinweisen, waren vor Einführung des Diazepam therapeutisch fast unbeeinflußbar.

Neugeborenenkrämpfe: Anfälle in den ersten Lebenstagen – als Symptom pränataler oder geburtstraumatischer Gehirnschädigungen – »können mit einem tonischen Vorstadium und anschließenden klonischen Zuckungen, aber auch rein tonisch oder seltener nur mit generalisierten Kloni ablaufen« oder auch auf eine Seite beschränkt bleiben. Häufig fällt das Anfallsbild aber durch »Gestaltlosigkeit und mangelnde Differenziertheit« auf, so daß BAMBERGER u. MATTHES[6] für diesen Anfallsmodus den Begriff »*amorphe Neugeborenenkrämpfe*« gewählt haben. Charakteristisch dafür ist »die mangelhafte zeitliche Begrenzung des Anfalls, ferner der starke Wechsel in der Lokalisation und im Ablauf der motorischen Phänomene. Entweder handelt es sich um kurze, meist blitzartig verlaufende Einzelzuckungen oder Zuckungsserien, vorwiegend in der mimischen Muskulatur, aber auch der Extremitäten, oder um tonische Zustände, die oft durch äußere Reize zu provozieren sind.«

Neugeborenenkrämpfe können unmittelbar oder nach einem gewissen Intervall in Propulsiv-Petit mal übergehen, gelegentlich auch in eine andere Epilepsieform, gelegentlich aber auch spontan aufhören.

Vegetative Anfallssymptome – *Einnässen:* »Unerfreulich ist der Anblick des Anfalls und häßlich sein Ende mit unfreiwilligem Abgang von Urin und Stuhl« (ARETAEUS[930]). Einnässen während des Anfalls ist ein sehr häufiges Symptom, – in 69% nach ECHEVERRIA[1271], in 60% nach GOWERS[402]. Einkoten ist dagegen so selten, daß ein Zusammentreffen zufällig erscheint und in solchem Falle nach akzidentellen Umständen gefahndet werden sollte. Daß es gar zur Samenentleerung im Anfall komme, halten sowohl GOWERS[402] wie LENNOX[97] für unerwiesen, zumal es sich dabei auch um Prostatasekret handeln kann. Trotz ihrer grundverschiedenen Bedeutung werden diese Symptome, zumindest Einnässen und Einkoten, immer zusammenhängend beschrieben, weil die Erklärungen für ihr Zustandekommen für beide zutreffen. Man schließt daraus auf eine Mitbeteiligung der glatten Muskulatur[379, 837] oder führt sie auf den krampfhaften Druck der Abdominalmuskeln oder der Perineal- und Analmuskeln zurück[379, 396, 1314]. Als Zeitpunkt der Austreibung sehen manche Autoren die tonische Phase[428, 837] und manche die klonische Phase[97, 428, 1314] an, während andere annehmen, daß es sowohl im tonischen wie im klonischen Stadium vorkommen kann[105, 379, 396]. Die Widersprüche werden verständlich, wenn man berücksichtigt, wie selten auch erfahrene Kliniker die Möglichkeit haben, den Zeitpunkt eines Symptoms zu bestimmen, das sich bei den doch meist angekleideten Kranken erst an seinen Folgen verrät.

Wir haben eine Zeitlang bei jedem großen Anfall, den wir auf der Krankenabteilung beobachten konnten, darauf geachtet und dabei festgestellt, daß es nur gegen Ende der klonischen Zuckungen zum Einnässen kam. Rein tonische Anfälle führen nie zu Urinabgang[1235], was mit der Erfahrung übereinstimmt, daß Aufwach-Epileptiker, deren große Anfälle vorwiegend tonisch ablaufen, ausgesprochen selten einnässen. Bei Schlaf-Epilepsien ist Einnässen dagegen ein relativ häufiges Symptom. Wenn der tonische Krampf eine entscheidende Bedingung wäre, müßte der Urin im Strahl ausgestoßen werden, was außer von TISSOT, der gesehen haben will, daß der Urinstrahl 5–10 Fuß emporgetrieben werde, von niemandem behauptet wird. Weiter müßte der Füllungszustand der Blase eine Rolle spielen, was aber nicht der Fall ist. Denn während Schlaf-Epileptiker im Morgenschlaf einnässen, kommt es bei Aufwach-Epileptikern in der Regel auch dann nicht dazu, wenn sie noch im Bett bei voller Blase vom Anfall betroffen werden. Ferner gibt es genug Beispiele von Patienten, die vor dem Anfall einen Harndrang verspüren oder nach dem Anfall eine Harnflut bekommen, ohne im Anfall einzunässen. Schließlich ist auch die Diskrepanz in der Häufigkeit von Urin- und von Stuhlabgang rein mechanisch nicht zu erklären. Aus den gleichen Gründen, die der Annahme einer durch den Krampf bedingten Emissio urinae widersprechen, kann es sich auch nicht um eine passive Incontinentia urinae infolge einer Erschlaffung des Sphinkters während der Bewußtlosigkeit handeln. Denn Einnässen kann sowohl – wenn auch selten – den großen Anfall einleiten, wie FOERSTER es beschrieben und wir in zwei Fällen beobachtet haben, wie auch – nicht selten – als Symptom kleiner, meist psychomotorischer Anfälle vorkommen. Außerdem müßte dann auch weit häufiger eine Inconentia alvi zu beobachten sein.

Es erscheint uns daher zwangloser, das Einnässen im Zusammenhang mit den anderen vegetativen Symptomen wie Salivation, Pupillenveränderungen, Atem- und Kreislaufstörungen als Ausdruck einer Miterregung der vegetativen Zentren und damit als eine zentral ausgelöste vegetative Aktion zu interpretieren. Mit dieser Annahme ist es auch eher vereinbar, daß Einnässen bei großen Anfällen der zentrencephalen Epilepsie seltener vorkommt als bei großen Anfällen, die vom limbischen System ausgehen.

Gelegentlich kommt es, auch bei Knaben vor der Pubertät, gegen Ende der Zuckungen zu einem Priapismus. PENFIELD u. JASPER weisen darauf hin, daß sie dieses Symptom, das sie während der Anfälle bei zwei Tumorkranken beobachtet haben, niemals durch elektrische Stimulation haben hervorrufen können.

Pupillen: Ob es zu Beginn des Anfalls zu einer Pupillenverengung kommen kann, ist strittig. Obwohl die Möglichkeit immer wieder eingeräumt wird, scheint eine initiale Miosis jedoch nur extrem selten beobachtet worden zu sein[396, 1447]. Eindeutig ist, daß die Pupillen mit Einsetzen des tonischen Krampfes maximal weit werden und bis zum Ende der klonischen Krämpfe weit bleiben[402]. Am Ende des Anfalls können sich die Pupillen alternierend verengen und erweitern oder oszillieren[402, 423, 1447, 1448]. Mindestens solange die Mydriasis anhält, sind die Lichtreflexe aufgehoben.

Atmung: Die Atmung setzt ungefähr gleichzeitig mit Einsetzen des tonischen Krampfes aus, der Brustkorb und Zwerchfell in Exspirationsstellung fixiert hält. Mit den klonischen Stößen kann passiv infolge von Kontraktion und Erschlaffung der thorakalen und abdominellen Muskeln wieder ein gewisser Luftaustausch zustande kommen. Autonom setzt die Atmung erst wieder im komatösen Stadium nach Abklingen der klonischen Zuckungen mit vertieften und beschleunigten Atemzügen ein. Die Apnoe im großen Anfall wurde früher rein mechanisch als Folge einer spasmodischen Fixierung der Brustmuskulatur und vielleicht auch des Zwerchfells erklärt. Aber schon JACKSON hatte aus der Beobachtung einer »Asphyxie bei kleinen epileptischen Anfällen« mit entsprechend livider Verfärbung der Lippen und des Gesichtes auf einen zentralen Mechanismus geschlossen, der durch die Miterregung eines in der Nähe des Gyrus uncinatus gelegenen Atemanhaltezentrums in Gang komme. Seine Vermutung ist nicht nur durch den experimentellen Nachweis, daß die Atmung auch von supramedullärer Ebene beeinflußbar ist[1378], sondern auch von klinischer Seite bestätigt worden durch die Erfahrung, daß es bei chemisch oder elektrisch induziertem Abortivschock neben der Bewußtlosigkeit lediglich

zu einem Atemstillstand kommt, der 30—60 sec anhält.
Die Blaufärbung der Lippen, die sich bei längerem Atemstillstand auf das ganze Gesicht ausdehnt, ist eine Folge der mit Dauer der Apnoe zunehmenden CO_2-Übersättigung des Blutes.

Salivation: Schon zu Beginn des Anfalls kommt es ebenfalls infolge der Miterregung vegetativer Zentren und nicht, wie man früher annahm, durch den Druck der Masseteren auf die Speicheldrüsen, zu einer vermehrten Salivation, angeblich selten auch zu Lakrimation. Der Speichel tritt im klonischen Stadium durch die Exspirationsstöße zu Schaum geblasen vor den Mund.

Temperatur: Auch die Temperatursteigerung[1242] während des Anfalls wird, wie die gelegentliche erhebliche Schweißbildung, nicht mehr als Folge der enormen Muskelarbeit, sondern als zentral bewirkt angesehen. CHARCOT hatte auf die Temperatursteigerung im epileptischen Anfall, die allerdings im Status epilepticus und bei Kindern am ausgeprägtesten ist, als auf ein Indiz zur Unterscheidung von hysterischen Anfällen hingewiesen. Im einzelnen großen Anfall beträgt der Temperaturanstieg, der etwa eine Viertelstunde, aber auch länger anhalten kann, im Durchschnitt 0,5° [105].

Kreislauf: Zu Beginn der Krämpfe ist die *Gesichtsfarbe* unverändert oder blaß. Mit zunehmender Venenstauung, die besonders die Venen am Hals stark hervortreten läßt, nimmt das Gesicht ein kongestioniertes Aussehen an. Die Stauung kann so ausgeprägt sein, daß es zu Zerreißungen kleinster Gefäße kommt, die sich in subkonjunktivalen Blutungen und ekchymotischen Flecken im Gesicht, am Hals und an den halsnahen Brustabschnitten zeigen. VAN SWIETEN hat Blutaustritte in die Tränenflüssigkeit als Bluttränen, TROUSSEAU die gesprenkelte Verteilung der Blutpünktchen über die Haut als »Forellenphänomen« beschrieben. Bevorzugt wird die Gegend hinter den Ohrmuscheln betroffen. Periodisch rezidivierende Ekchymosen können das einzige Indiz nächtlicher Anfälle sein. So kennen wir ein 17jähriges Mädchen, bei der man ein halbes Jahr lang nach einer Purpura fahndete, weil sie alle 4 Wochen einmal mit Blutpunkten über den Warzenfortsätzen und einer blutig-borkig belegten Zunge aufwachte, bis die Mutter zufällig Zeuge eines nächtlichen großen Anfalls wurde.
Über das Verhalten der *Retinagefäße* während des Anfalls besteht nur insofern Übereinstimmung, als die Venen gestaut sein können [105, 379]. Die Arterien sind bald verengt[1328, 1350, 1358, 1426, 1431], bald erweitert[1352] gefunden worden. Andere Autoren haben abwechselnd sowohl eine Hyperämie wie eine Anämie während des Anfalls gesehen[1209, 1210, 1217, 1310, 1424]. GOWERS[402] hat in einigen Fällen mit lokal beginnenden Krämpfen am Augenhintergrund überhaupt keine Veränderungen gesehen und während eines großen Anfalls nur eine Verbreiterung und Dunklerfärbung der Venen beobachtet.
Der Blutdruck ist für die Dauer der Krämpfe erhöht. Ob dem Anfall unmittelbar eine Hypotonie[1312, 1454, 1469] oder eine Hypertonie[396, 1361, 1465] vorausgeht, wird widersprüchlich beurteilt. Meist wird angegeben, daß der Blutdruck mit dem Einsetzen der Krämpfe ansteige[1227, 1313, 1317, 1382, 1383, 1403, 1470].

Wenn der Puls trotz der krampfhaften Muskelspannung zu fühlen ist, wird er als klein und beschleunigt beurteilt, wobei die Tachykardie Werte von 120—140 nicht übersteigt. Ob er für einige Sekunden ganz aussetzen kann[1434], ist zweifelhaft[402], zumal auch bei elektrokardiographischer Registrierung eines spontanen Anfalls im Gegensatz zum Elektroschock nie eine Asystolie beobachtet wurde. Das Herz nimmt an den Krämpfen nicht teil[402, 1394]. Das EKG kann nach ERICKSON, der 45 Anfälle registriert hat, entweder ganz unverändert sein oder je nach Schwere des Anfalls nur eine Beschleunigung der Herzaktion anzeigen. Vorübergehende Veränderungen der T-Zacke sind Ausdruck eines O_2-Defizits im Herzmuskel, der wahrscheinlich auch die Ursache für die bei der Sektion gelegentlich anzutreffenden kleinen Myokardnekrosen[1399] ist.

Verletzungen — *Zungenbiß:* »... ita ut plerumque cadens ac spumans, linguam suam propriis dentibus laceraret« (GREGOR VON TOURS, 6. Jh.). Während des Krampfanfalles kann es zu Bißverletzungen der Zunge, sehr selten auch der Wangenschleimhaut kommen. Bißverletzungen der Lippen wecken den Verdacht auf hysterische Anfälle. Wie oft es zu Zungenverletzungen kommt, ist unbekannt. Es gibt Kranke, die sich fast bei jedem Anfall, andere, die sich nur selten oder nie die Zunge verletzen. Gewöhnlich ist die Wunde am Rand der Zunge und immer auf der gleichen Seite lokalisiert, selten auf dem Zungenrücken und nie an der Zungenspitze, was zur Unterscheidung von simulierten Anfällen dienen kann. Meist geht die Wunde nicht sehr tief, kann aber trotzdem wohl infolge der während des Anfalls gestauten Venen stark bluten, Daß »das vordere Drittel der Zunge vollständig quer durchtrennt werden kann«[379], halten wir für exzeptionell.

Wann im Verlauf des Anfalls und wodurch es zu den Verletzungen kommt, wird in der Literatur nicht eindeutig beantwortet. Obwohl die meisten Autoren darin einig sind, daß Zungenbisse »gewöhnlich gleich zu Beginn der Anfälle«[396], »während des tonischen Krampfes« vorkommen, wenn die Zunge »bei eintretender Starre zwischen den Zähnen eingeklemmt«[402] wird, findet man das Symptom doch meist bei der Besprechung der klonischen Phase abgehandelt, weil die Möglichkeit eingeräumt wird, daß die Zunge auch einmal »in einem klonischen Biß durch die Kiefer«[374] verletzt werden kann. FÉRÉ beschreibt, daß dann »der Unterkiefer unaufhörlich auf- und zuklappt und sich nach rechts und links verzieht, so daß die Zähne aufeinander schlagen, knirschen und die Zunge gerissen oder gebissen wird«.

Nach unserer Ansicht ist der Zungenbiß ein Symptom des tonischen Krampfes, da blutiger Schaum schon gegen Ende der tonischen Phase vor den Mund tritt und rein tonische Krämpfe oft zu einem Zungenbiß führen. »Die Zunge wird an jener Seite verletzt, wo der Krampf überwiegt und nach welcher der Kopf abweicht. Die Bewegung der Zunge ist wie die des Kopfes deutlich kontralateral und nach der Seite des stärksten Krampfes gerichtet«[402]. Die Beobachtung von GOWERS, wonach ein Zungenbiß durch eine Asymmetrie sowohl der Zungen- wie der Masseterenkrämpfe begünstigt wird, findet eine Unterstützung in der Tatsache, daß bei fokal beginnenden generalisierenden Krämpfen die Seite der Verletzung der Seite des Krampfbeginns entspricht[1235]. Merkwürdigerweise führen nur generalisierende Jackson-Anfälle, die auf einer Seite des Gesichtes oder in einer Hand beginnen, zu Zungenbissen, nie aber solche, die von einem Fuß ausgehen[1235].

Zungenverletzungen können daher gelegentlich für die Lokaldiagnostik und für die Differentialdiagnostik nützlich werden. Ihr Nachweis erlaubt jedoch nicht mit Sicherheit einen Rückschluß auf einen großen Anfall, da es gelegentlich, wenn auch selten, auch bei psychomotorischen Anfällen zu Zungenverletzungen kommt, besonders wenn sie mit einem kurzen tonischen Krampf einhergehen[600].

Prellungen, Frakturen und Luxationen: Verletzungen durch Anfälle können die Folge von Stürzen oder von Muskelkrämpfen sein. Aus der Art der Verletzungen ergeben sich gewisse Hinweise auf die Art der Anfälle. Werden immer wieder die gleichen Partien beschädigt, so spricht das für bestimmte Prädilektionshaltungen im Krampf. So führen opisthotone Krämpfe oft zu Verletzungen am Hinterkopf, emprosthotone zu Verletzungen im Gesicht, zu Frakturen des Nasenbeins und Ausschlagen von Vorderzähnen. Wenn Backenzähne abbrechen und Kieferluxationen vorkommen, darf man auf eine starke Beteiligung der Masseteren am Krampf schließen, wie auch Schulterluxationen und Wirbelfrakturen in der Regel nicht durch Stürze, sondern durch Krämpfe zustande kommen.

Bei den *Wirbelfrakturen* handelt es sich meist um Deckplatteneinbrüche, Absprengungen und Kompressionen der Wirbelkörper. Sie können im Bereich der ganzen Wirbelsäule lokalisiert sein, weisen aber eine gewisse Prädilektion über der mittleren Brustwirbelsäule auf[1466]. Ihre lokalisatorische Verteilung entspricht eher derjenigen, die vom Tetanus und von der Schockbehandlung bekannt ist, als derjenigen bei traumatischen Wirbelsäulenverletzungen, die den Übergang von der unteren Brustwirbelsäule zur Lendenwirbelsäule bevorzugen. Was die Häufigkeit angeht, so konnte VASCONCELOS[1466] bei systematischer Untersuchung von 80 Patienten mit Grand mal in 12 Fällen (15%) röntgenologisch Wirbelkompressionsfrakturen nachweisen, die sich klinisch nicht bemerkbar gemacht hatten. Prädisponiert zu Wirbelfrakturen sind männliche Patienten, Patienten im höheren Lebensalter und, was die Verlaufsform der Erkrankung angeht, in erster Linie Patienten mit einer Schlaf-Epilepsie und in zweiter Linie solche mit Status-

Attacken. Auch scheint es, daß die ersten Anfälle häufiger zu Frakturen führen als die folgenden[1466]. Unter Berücksichtigung dieser Tatsachen kann die Röntgenuntersuchung der Wirbelsäule in fraglichen Fällen als differentialdiagnostisches Kriterium herangezogen werden.

Obwohl die Kranken beim Sturz im Anfall mit dem Kopf oft hart aufschlagen, scheinen *Kommotionen oder Kontusionen des Gehirns* relativ selten. Dieser Eindruck ist jedoch nicht nachgeprüft und wird durch die Erfahrung eingeschränkt, daß Epileptiker auch bei einer sicher nachweisbaren traumatischen Hirnschädigung nur selten über postkommotionelle Beschwerden klagen. Eine Commotio cerebri muß immer dann vermutet werden, wenn nach dem Anfall eine sonst ungewöhnliche retrograde Amnesie zu erfahren oder eine länger als üblich dauernde postkonvulsive Bewußtlosigkeit zu beobachten ist, die mit Erbrechen einhergeht. Eine Contusio cerebri läßt sich oft nur mit Hilfe von EEG-Kontrollen nachweisen.

Eine systematische Befragung von 500 Kranken unserer Anfalls-Ambulanz nach ihren Verletzungen im Anfall hat Haltrich[1309] durchgeführt. Daraus geht hervor, daß abgesehen von Zungenverletzungen und Wirbelbrüchen, die nicht in die Untersuchung einbezogen waren, es am häufigsten zu Platzwunden (63), Verbrennungen (43), Blutergüssen (33), Gehirnerschütterungen (17), Zahnbeschädigungen (16) und Knochenbrüchen (12) kommt. Am Kopf sind der Hinterkopf, die Augenbrauenwülste, das Kinn und die Nase am stärksten gefährdet, von den Zähnen die oberen Schneidezähne. Die Knochenbrüche betrafen — in der Reihenfolge ihrer Häufigkeit — das Nasenbein, das Jochbein, den Kiefer, den Hirnschädel, die Rippen, den Unterarm und den Daumen. Hautabschürfungen waren meist harmloser Natur. Bei den Verbrennungen handelte es sich sowohl um kleine, oberflächliche, keine Spuren hinterlassende wie auch um ausgedehnte, tiefe und wulstige Narben bildende Wunden. Verbrennungen — meist an Wärmflaschen — sind besonders häufig bei Schlaf-Epileptikern, Platzwunden dagegen bei anderen Epilepsieformen. Im Vergleich zu den stumpfen Verletzungen sind Schnittwunden im Anfall selten.

Unfälle durch Anfälle können sozialmedizinische Konsequenzen haben, wenn sie sich im Berufsleben oder im Straßenverkehr ereignen. Nach den Erhebungen von Haltrich[1309] sind *Anfälle am Arbeitsplatz* relativ selten, da viele Patienten ihre Anfälle nachts oder morgens noch vor oder abends nach der Arbeit oder an freien Tagen erleiden. Es ist erstaunlich, welch gefährliche Berufe manche Kranke unbesorgt ausüben. Die anfallsbedingten Unfälle scheinen sich auf wenige Kranke zu konzentrieren, während die Mehrzahl unbehindert ihrer Arbeit nachgehen kann.

So hatte aus der Serie von Haltrich[1309] ein Steinbrucharbeiter immer in etwa 20 m Höhe zu tun, allerdings angeseilt; viele Bauarbeiter bestiegen unbedenklich Gerüste; ein Dachdeckermeister schon seit 20 Jahren unbeschadet Dächer. Unter 195 epileptischen Arbeitnehmern (106 Industriearbeiter, 89 Handwerker) hatten 16 in einem Zeitraum von 10 Jahren insgesamt 20 Arbeitsunfälle durch epileptische Anfälle verursacht, die übrigen keinen anfallsbedingten Unfall erlitten. Demgegenüber steht die Zahl von 67 Arbeitsunfällen, die sich unabhängig von epileptischen Anfällen ereignet hatten. Die Unfallgefährdung durch Anfälle ist daher relativ gering, vor allem, wenn man berücksichtigt, daß unter den 106 Industriearbeitern allein 44 und unter 89 Handwerkern sogar 54 an Arbeitsplätzen eingesetzt waren, die als besonders gefährdet zu bezeichnen sind. Die Unfallquote ließe sich jedoch erheblich verringern. Denn von den 20 anfallsbedingten Betriebsunfällen ereigneten sich 18 bei außergewöhnlich gefährlichen Arbeiten auf Gerüsten, Dächern usw.[1453]. Wenn man bei der Wahl des geeigneten Arbeitsplatzes die Art und Schwere der vorliegenden Epilepsie berücksichtigt, wird die Unfallgefährdung unerheblich, wie die Erhebungen von Rish, Lennox[97] und Stollreiter bezeugen.

Das gleiche gilt für die Unfallgefährdung durch *Anfälle im Straßenverkehr*. Aus den Untersuchungen von Haltrich[1309] geht hervor, daß das generelle Unfallrisiko unter Anfallskranken — wie bei Gesunden — für Fußgänger am geringsten und für Mopedfahrer am größten ist, während Radfahrer und Lenker von Kraftfahrzeugen eine Mittelstellung einnehmen.

Bei getrennter Betrachtung der anfallsbedingten und der nicht durch Anfälle bedingten Verkehrsunfälle erweist sich, daß Radfahrer häufiger infolge von Anfällen und seltener unabhängig von Anfällen verunglücken als Motorrad- und Autofahrer. Wie zu erwarten, werden Kranke mit Aufwach- und mit diffusen Epilepsien etwa doppelt so häufig durch Anfälle in Verkehrsunfälle verwickelt wie Kranke mit Schlaf-Epilepsien. Die zahlenmäßig ermittelte Risikoskala lautet: eine niedrige Unfallquote haben Kraftfahrer mit Schlaf-Epilepsien und Kraftfahrer mit nur kleinen Anfällen, ein mittleres Risiko — in ansteigender Reihenfolge — Radfahrer mit Schlaf-Epilepsien, Kraftfahrer mit Aufwach-Epilepsien und Radfahrer mit nur kleinen Anfällen. Groß ist das Risiko bei Radfahrern mit einer Aufwach-Epilepsie und am größten bei Radfahrern und Kraftfahrern mit

Tabelle 39: *Todesursachen bei Epilepsien.*

	HALTRICH (1960)			HENRIKSEN et al. (1967)			
Todesursache	n	%	Sterbealter (Jahre)	n	%	Sterbealter (Jahre)	Todesursache
Suizid	11	10	32	21	22	32	Suizid
Status epilepticus	11	10	32	27	28	36	Epilepsie
Anfall	7	6	29				
Epilepsiebedingte Erkrankung	18	16	—				
Unfall im Anfall	9	8	35				
Unfall	2	3	36,5	11	11	41	Unfall
Herzerkrankung	10	9	52	10	11	—	Herzerkrankung
Karzinom	11	10	50	6	6	—	Karzinom
Zerebrovaskuläre Erkrankung	11	10	57	5	5	—	Zerebrovaskuläre Erkrankung
Miszellanea	20	18	—	16	17	—	Miszellanea
Zusammen	110	100	—	96	100	—	Zusammen
Tumor cerebri	51	—	43	8	—	—	Tumor cerebri
Zusammen	161	—	—	104	—	—	Zusammen

einer diffusen Epilepsie. Die Tatsache, daß die Unfallquote bei den verschiedenen Anfalls- und Verlaufsformen erheblich differiert, kann daher ebenso wie für die Wahl des geeigneten Arbeitsplatzes auch für die sachgerechte Abwägung der Fahrtauglichkeit dienlich sein[1340].

Todesursachen bei Epilepsie – *Tod im Anfall:* »Man stirbt nicht an einem epileptischen Anfall« sagt ROSTAN im Rückblick auf seine 23jährigen Erfahrungen an der Salpêtrière, an der er 500 Epileptiker zu betreuen hatte. Wenn auch ein schwerer Anfall einem Unerfahrenen unmittelbar lebensbedrohlich erscheint, so führen tatsächlich nur Komplikationen und Zufälle im Anfall zum Tode. So können die Umstände, in denen er auftritt, gefährlich werden, wie es der Vater des epileptischen Knaben im Markus-Evangelium ausspricht: »und oft hat er ihn ins Wasser und oft ins Feuer geworfen, daß er ihn umbrächte« (MARKUS 9, 22). »Die Patienten können z. B. ins Feuer fallen und sich entsetzlich verbrennen«[396], so daß »die dabei entstehenden Brandwunden lebensgefährlich werden. Doch die gewöhnlichste Art zufälligen Todes in der Epilepsie bildet das Ertrinken«[402]. Obwohl keine Angaben darüber vorliegen, wie oft Anfälle zum Tode führen – es ist nur bekannt, wieviel Kranke im Anfall gestorben sind –, ist das Risiko bei spontanen Anfällen weit geringer als bei künstlich herbeigeführten, für die es mit »1 % und weniger«[1221] bzw. mit 0,06 % für den Elektroschock, 0,1 % für den Cardiazolschock und mit 0,6 % für den Insulinschock angegeben wird[1353].

Unsere eigenen Erfahrungen besagen: Von 909 unausgelesenen Kranken – 25 % davon mit symptomatischer Epilepsie –, deren Schicksal 7–14 Jahre nach ihrer ersten klinischen Untersuchung nachverfolgt wurde[1308], waren 161 (17,7 %) im Laufe dieser Zeit gestorben. Unter den 161 Gestorbenen war der Tod bei 45 (28 %) im Zusammenhang mit der Epilepsie, bei 105 (65 %) unabhängig davon und bei 11 (7 %) durch Suizid erfolgt. HENRIKSEN et al. haben bei 3325 mindestens 15 Jahre alten Patienten nach verschieden langer Katamnesendauer und nach Ausschluß von zerebralen Tumoren und Gefäßmißbildungen und von anderen die Lebenserwartung beeinträchtigenden Leiden insgesamt 104 Todesfälle ermittelt. Unter diesen waren 27 (26 %) unmittelbar infolge der Epilepsie, 56 (54 %) aus davon unabhängigen Gründen und 21 (20 %) durch Suizid gestorben. Um die Ergebnisse vergleichen zu können, haben wir beide Untersuchungsreihen nach Ausschluß der Tumorfälle in Tabelle 39 gegenübergestellt.

Die Häufigkeit der unmittelbar durch Anfälle bedingten und der durch anfallsunabhängige Leiden, wie zerebrale und kardiale Gefäßer-

Tabelle 40: *Selbstmordmittel bei Epilepsiekranken.*

Selbstmordmittel	HAHN 1912	PRUDHOMME 1941	LENNOX 1960	HALTRICH 1961	Zusammen n	Zusammen %	Allgemeinbevölkerung Bundesrepublik 1954
Schlafmittel	—	24	1	2	27	28	27% (Schlafmittel und Gift)
Gift	—	4	1	4	9	9	
Gas	—	—	—	—	—	—	
Ertränken	4	10	4	2	20	21	9%
Erhängen	—	8	1	3	12	12	49%
Sturz aus Höhe	2	3	1	4	10	11	3%
Überfahrenlassen	4	1	—	3	8	8	5%
Erschießen	—	5	3	—	8	8	—
Übrige	—	2	—	1	3	3	7%
Zusammen	10	57	11	19	97	100	100%

krankungen sowie Karzinome, bedingten Todesfälle ist in beiden Untersuchungen etwa gleich. Zu Suiziden kam es nach der dänischen Untersuchung etwa doppelt so häufig wie nach der Heidelberger Untersuchung, die immer noch über der mit 7% angegebenen Suizidrate in der Durchschnittsbevölkerung steht. Die in beiden Statistiken mit 11% gleich häufige Todesursache durch Unfälle liegt nur wenig über der mit 9% angegebenen Erwartungsziffer.

Daß Kranke im Anfall ertrinken oder verbrennen — nach AMANN (1912) noch 0,4% der Todesursachen in der Anstalt und 6,2% draußen —, kommt heute selten vor. 3 unserer Patienten ertranken beim Baden, 1 ist im Anfall vom Rad gestürzt und unglücklicherweise mit dem Gesicht nach unten in einen flachen Bach gefallen. Ersticken soll etwas häufiger vorkommen — nach AMANN in 12—13%, gleich oft in Anstalten wie draußen. Wir erfuhren von 3 Kindern, die bei nächtlichen Anfällen aufs Gesicht zu liegen kamen und in den Kissen erstickt sind. 2 erwachsene Patienten wurden tot auf dem Klosett gefunden unter Umständen, die darauf schließen lassen, daß sie beim Sturz im Anfall unglücklich eingezwängt wurden und dabei erstickt sind. Wir kennen keinen Fall von Erstickung infolge Verlegung der Speiseröhre durch Speisereste, für die in der Literatur einige Beispiele aufgeführt werden[105]. An anderen anfallsbedingten Unglücksfällen — nach AMANN 3,4% der Todesursachen in Anstalten und 6,4% draußen — sind 5 unserer Patienten zu Tode gekommen. Zwei — beide waren Zimmerleute — durch Sturz vom Gerüst, zwei infolge von Rückenmarksverletzungen, wovon der eine auf dem Fahrrad, der andere auf ebener Erde vom Anfall betroffen wurde. Nur ein Patient starb vielleicht an einer Hirnkontusion nach Sturz im Anfall. Bei 5 Patienten war die Todesursache nicht genau zu ermitteln. In der Literatur, die bei MARCHAND u. DE AJURIAGUERRA ausführlich referiert ist, werden als seltene Todesursachen Myokardinfarkte und Gehirnblutungen verschiedener Art, vornehmlich bei älteren Leuten, aufgeführt, aber meist als akzidentielle Ereignisse bei entsprechenden Grundkrankheiten wie Arteriosklerose oder zerebralen Gefäßmißbildungen interpretiert. Im Hinblick auf die mit jedem großen Anfall verbundene Kreislaufbelastung ist es eher verwunderlich, daß selbst alte Leute schwere Anfälle immer wieder unkompliziert überstehen.

Suizid und Epilepsie: Suizid ist nach HALTRICH[607, 1308] die häufigste Todesursache bei kryptogenen Epilepsien. Nach HENRIKSEN et al. kommt Selbstmord bei Epileptikern 3mal, nach PRUDHOMME unter institutionalisierten Epileptikern sogar 5mal häufiger vor als in der Allgemeinbevölkerung. Nach unseren Erfahrungen, die HALTRICH[607] an Hand von 19 Fällen zusammengestellt hat, sind es nicht die Patienten mit den schwersten Erkrankungen, die diesen Ausweg wählen. Nicht selten waren sie gerade anfallsfrei geworden, so daß ihre Prognose rein medizinisch in ein günstiges Licht gerückt zu sein schien. Ihre durchschnittliche Krankheitsdauer mit 11 Jahren und ihr durchschnittliches Lebensalter mit 29 Jahren weisen darauf hin, daß der Selbstmord weder als Reaktion auf den Ausbruch der Krankheit noch als letzte Konsequenz eines unabänderlichen Leidens verstanden werden kann. Biographisch steht er auf halbem Wege der Lebensbahn, allerdings meist im Schnittpunkt kritischer persönlicher oder sozialer Entscheidungen, die oft durch eine wirksame Therapie unaufschiebbar geworden sind.

In der Wahl der Selbstmordmittel unterscheiden sich Kranke mit Epilepsie von anderen Suizidenten. Wie aus Tabelle 40 zu ersehen, werden nicht Medikamente bevorzugt, wie zu erwarten wäre, sondern ausgesprochen grausame Mittel, die die Integrität des Leibes zerstören. Sich zu ertränken oder vor den Zug zu werfen, was überdurchschnittlich häufig – oder durch Sturz aus großer Höhe am Boden zu zerschmettern, was nahezu 4mal so häufig wie im Durchschnitt vorkommt, verweist auf ungewöhnlich gewaltsame autodestruktive Tendenzen. Demgegenüber tritt das vergleichsweise passive Erhängen und das nur aus Amerika berichtete[97, 797] Erschießen weit zurück.

Unter unseren 19 Patienten hatten 15 eine kryptogene und 4 eine symptomatische Epilepsie. Überwiegend — in 11 Fällen — handelte es sich um Epilepsien mit psychomotorischen Anfällen, 8mal in Kombination mit Grand mal und 3mal um reine psychomotorische Epilepsien. 6 Kranke hatten Aufwach-Grand mal isoliert oder in Kombination mit pyknoleptischen Anfällen, Impulsiv-Petit mal oder mit psychomotorischen Anfällen. Es scheint bemerkenswert, daß Sturz aus großer Höhe nur bei Kranken mit zentrenzephaler Epilepsie (Aufwach-Grand mal mit entsprechenden Äquivalenten) vorkam, Erhängen sowie Einnahme von Insektenvertilgungsmitteln nur bei Kranken mit rhinenzephaler Epilepsie (Schlaf-Grand mal mit und ohne psychomotorische Anfälle).

Symptomatik der postkonvulsiven Phase

Stertoröses oder komatöses Stadium: Nach Abklingen der Zuckungen liegen die Kranken nach einem großen Anfall noch 1–2 min — nach einer Serie oder einem Status epilepticus aber wesentlich länger – mit schlaffen Gliedern und geschlossenen Augen in tiefem Koma. Die Atmung setzt mit tiefen Zügen wieder ein und geht infolge des zurückfließenden Speichels unter lautem Röcheln vor sich. Während dieses stertorösen Stadiums sind die Eigenreflexe und die Bauchdeckenreflexe erloschen und das Babinskische Zeichen meist positiv. Die Pupillen werden eng. Allmählich nimmt das Gesicht eine normale Farbe an, die Korneal- und Lichtreflexe kehren wieder, die Atmung wird ruhiger.

Postparoxysmaler Nachschlaf oder Dämmerzustand: Die Kranken kommen entweder über einen Schlaf oder über einen Dämmerzustand wieder zu sich. Die Dauer des postparoxysmalen Nachschlafs oder des postparoxysmalen Dämmerzustandes hängt im wesentlichen ab von der Schwere oder der Anzahl der voraufgegangenen Anfälle. Nach einem einzelnen Anfall dauert die Verwirrtheit wenige Minuten bis zu einer Viertelstunde, der Schlaf, wenn er nicht unterbrochen wird, in der Regel jedoch einige Stunden.

Nachschlaf und Dämmerzustand sind Durchgangssyndrome, die offenbar einander äquivalent sind, da sich an einen ausreichenden Nachschlaf nie mehr ein Dämmerzustand anschließt und andererseits einem Dämmerzustand gewöhnlich kein Schlaf folgt. Nur wenn der Nachschlaf unterbrochen wird, kann ein Dämmerzustand an dessen Stelle treten.

Wovon es abhängt, auf welchem Wege das Bewußtsein wiederkehrt, ist weitgehend unbekannt. Anfälle aus dem Schlaf heraus münden in der Regel wieder in Schlaf, aus dem die Patienten oft matt und mit einem Kopfdruck erwachen, manchmal aber auch ohne alle Nachbeschwerden, wobei dann ein blutiges Kopfkissen und Zungenverletzungen als einzige Indizien auf den stattgehabten Anfall hinweisen. Bei Anfällen aus wachem Zustand hängt es sehr wesentlich vom Verhalten der Umgebung ab, wie der Kranke wieder zu Bewußtsein kommt. Bringt man ihn noch im komatösen Stadium zu Bett und läßt ihn in einem abgedunkelten Raum in Ruhe, wird er vermutlich schlafen. Wird er jedoch rücksichtslos behandelt oder in naivem Übereifer »wieder zu sich gebracht«, gerät er voraussichtlich in einen Dämmerzustand, in dem er sich in offensichtlicher Verkennung der Umstände wehrt und aggressiv wird. Geschieht weder das eine noch das andere, kommt er meist bald über eine kurze Verwirrtheit zu völliger Orientierung. Manche Kranken befinden sich dann aber noch verschieden lange in einem besonnen erscheinenden Dämmerzustand, in dem sie quasi vernünftig handeln, ohne sich jedoch später daran erinnern zu können.

Nachwehen des Anfalls: Warum manche Patienten sich nach dem Anfall »wie befreit«, andere aber bedrückt fühlen, ist nicht bekannt. Man kann nur allgemein sagen, daß ein Anfall, dem quälende Prodromalerscheinungen vorausgegangen waren, oft wie ein reinigendes Gewitter empfunden wird, während Anfälle »aus heiterem Himmel« meist von einer kurzen Depression gefolgt sind. Die Art der jeweiligen Reaktion bleibt beim einzelnen Patienten weitgehend konstant.

Auch Kranke, die sonst nie darüber zu klagen haben, spüren nach den Anfällen, besonders wenn sie am Nachschlaf verhindert werden, für einige Stunden Kopfschmerzen von dumpfem und diffusem Charakter. Erbrechen nach dem Anfall ist mindestens bei Jugendlichen und Erwachsenen ausgesprochen selten und sollte, wenn es vorkommt, als Hinweis auf eine mit dem Anfall erfolgte Gehirnerschütterung verstanden werden. Muskel- und Gliederschmerzen im Sinne eines Muskelkaters weisen darauf hin, daß die Krämpfe besonders heftig oder daß mehrere Anfälle abgelaufen waren.

Postparoxysmale Lähmungen, Sprachstörungen, sensorische oder sensible Ausfallserscheinungen können für die Art- und Lokaldiagnose zugrunde liegender Prozesse bedeutsam sein, wobei zu beachten ist, ob sie im Verhältnis zu der Art, Schwere und Häufigkeit der vorangegangenen Anfälle stehen und ob sie flüchtig sind oder für längere Zeit oder dauernd anhalten. Flüchtige Ausfallserscheinungen nach generalisierten Anfällen gehen meist im postparoxysmalen Stupor oder Nachschlaf unter. Als Regel darf gelten, daß in den ersten 15 min nach dem Anfall zu beobachtende Herdsymptome keine lokaldiagnostische Bedeutung haben[440]. Wenn sie länger anhalten, so sind sie zwar nicht immer, aber doch meist Ausdruck umschriebener Funktionsstörungen, deren Lokalisation mit den in der Aura oder während des Anfalls in Erscheinung tretenden Herdsymptomen korrespondiert. Daß nach einem einzigen Anfall Ausfallserscheinungen zurückbleiben, ist extrem selten und immer darauf verdächtig, daß der Anfall selbst Symptom einer plötzlich eingetretenen Hirnschädigung war, wie es bei einer Apoplexie der Fall sein kann[934, 1219].

Was die Art der Ausfallserscheinungen angeht, so kommt es nicht so selten zu Ageusie und Anosmie, häufiger jedoch zu aphasischen Störungen sowohl im Sinne einer kortikalen Dysarthrie wie auch zu Worttaubheit und Paraphasien und zu Wortfindungsstörungen. Transitorische Hemiparesen sind nach einzelnen Anfällen ausgesprochen selten. Daß es nach gehäuften Anfällen, Anfallsserien und Status epileptici häufiger zu vorübergehenden Herdsymptomen kommt, hatte schon JACKSON[651] als Argument dafür herangezogen, ihre Entstehung, ebenso wie die der Lähmungen nach partiellen Anfällen, durch eine Erschöpfung der nervösen Elemente nach einer übermäßigen Entladung zu erklären. Diesen Begriff, den ursprünglich TODD anhand der Beobachtung »postepileptischer Hemiplegien« entwickelt hatte, ist von JACKSON zu einer gedankenreichen Hypothese über die Tätigkeit des Zentralnervensystems entwickelt worden, die GOWERS[402] dadurch erweitert hat, daß er bei partiellen Anfällen mit unverhältnismäßig starken nachfolgenden Lähmungen auch eine hemmende Auswirkung von epileptischen Entladungen in Erwägung zog (s. S. 321 f). Seitdem der Begriff der Entladung neurophysiologisch als ein Depolarisationsphänomen definiert werden kann, sind auch die Vorgänge der Erschöpfung wie der Hemmung nach exzessiver Depolarisation experimentell nachweisbar geworden[1343].

Wiederholung der Anfälle. Große Anfälle können isoliert bleiben oder in Gruppen auftreten. Wenn sich die Anfälle gruppieren, so hat man aus diagnostischen und therapeutischen Gründen zwischen einer Grand mal-Serie und einem Grand mal-Status zu unterscheiden.

Grand mal-Serien. Von Grand mal-Serien spricht man, wenn große Anfälle sich im Laufe von Stunden häufen, die Kranken jedoch zwischen den einzelnen Anfällen wieder zu Bewußtsein kommen. Eine Serie besteht meist aus 2—4 Anfällen; gelegentlich kann es aber auch zu 6—8 Anfällen kommen. Kinder scheinen eher zu Anfallsserien zu neigen als Erwachsene. Manche Erkrankungen verlaufen von Anfang an serienförmig, bei anderen deutet das Auftreten von Serien auf eine Progredienz hin. Abgesehen davon, daß die nachfolgenden Beschwerden nachhaltiger sind als nach Einzelanfällen, scheint Anfallsserien keine spezielle klinische Bedeutung zuzukommen.

Nach unseren Erfahrungen neigen Schlaf-Epilepsien häufiger — in etwa der Hälfte der Fälle[69] — zu Serien als andere Verlaufsformen. Bei nächt-

Tabelle 41: *Dauer der Intervalle im Verhältnis zur Zahl der Einzelfälle innerhalb von Grand mal-Serien* (nach JANZ, D.: Nervenarzt 24 [1953] 361).

Anzahl der Anfälle innerhalb einer Serie	2	3	4	5	6	7	8	9
Anzahl der untersuchten Serien	41	23	18	6	6	4	4	1
Durchschnittliches Anfallsintervall innerhalb der Serien (in Stunden)	3,7	2,8	2,4	1,8	1,9	1,0	1,2	0,8

lichen Serien sind um so mehr Anfälle zu erwarten, je früher der erste Anfall im Verlaufe der Nacht auftritt, und um so weniger, je später er einsetzt. Auch kann man aus der Dauer des Intervalls zwischen den ersten Anfällen darauf schließen, ob und wieviel Anfälle voraussichtlich noch nachfolgen werden. Bei Abständen von mehr als 3 Std. ist ein dritter Anfall unwahrscheinlich, bei Abständen von 2—3 Std. muß mit insgesamt 3—4 Anfällen gerechnet werden. Beträgt das Intervall weniger als 1 Std., kommt es mindestens zu 6 Anfällen, wenn sich dann nicht — was wahrscheinlich ist — ein Status epilepticus entwickelt (s. Tab. 41).

Grand mal-Status – (Status epilepticus) –

Definition: Von einem Status epilepticus spricht man dann, wenn große Anfälle in kürzeren Abständen als 1 Stunde aufeinander folgen, ohne daß die Kranken zwischen den einzelnen Anfällen wieder zu Bewußtsein kommen.

Praktisch genügt diese durch Fehlen des Bewußtseins und maximale Dauer des Intervalls gegebene Definition. Doch kann die diagnostische Entscheidung schwierig sein, wenn die Kranken zwischen den Anfällen ansprechbar bleiben, sich aber nachträglich eine retrograde Amnesie herausstellt. Eine bestimmte Zahl von Einzelanfällen zum Ausgangspunkt der Definition zu machen wäre unverantwortlich, da der Therapieerfolg von einem rechtzeitigen Eingreifen abhängt.

Entwicklung: Ein Grand mal-Status kann sich sowohl allmählich aus einer Grand mal-Serie mit anfangs noch verhältnismäßig großen Intervallen entwickeln, wie aber auch sofort mit relativ kurzen Abständen einsetzen. Im Verlauf eines unbehandelten Status spielen sich die Abstände auf annähernd gleichbleibende Intervalle ein, die in der Regel zwischen 5 und 15 min dauern. Kürzere Abstände sind ungewöhnlich. Daß Krämpfe ohne erkennbare Unterbrechung ineinander übergehen oder über Stunden fortschwelen, kennzeichnet eine besondere Form *prolongierter Anfälle*, die nur bei Säuglingen und Kleinkindern vorkommt[6, 118, 1297] (s. S. 428).

Die Zahl der Einzelanfälle wie die Dauer des Status kann sehr verschieden sein. Als extreme Zahlen werden angeführt 542 Anfälle in 48 Std.[1257] oder 364 Anfälle in 24 Std.[1463]. Im günstigsten Falle beträgt die Dauer einige Stunden, nicht selten aber einige Tage. Bei längerer Dauer kommt es immer wieder zu mehr oder länger anhaltenden Anfallspausen. Da Rezidive gern zu Beginn der Nacht auftreten, pflegen wir, auch wenn der Status unterbrochen zu sein scheint, prophylaktisch an den beiden folgenden Abenden eine zusätzliche Injektion von Phenobarbital zu verabreichen.

Obwohl sich auch in der älteren Literatur vereinzelt Beschreibungen von Anfallshäufungen finden, die als Status epilepticus erkennbar sind, taucht der Begriff erst 1824 in einer Doktorarbeit von CALMEIL auf, in der über Erfahrungen mit den Epileptikern an der Salpêtrière und am Charenton-Asyl berichtet wird: »Il est des cas où un accès à peine fini, un autre recommence, et successivement coup sur coup, si bien qu'on peut compter quarante, soixante accès sans interruption; c'est ce que les malades appellent entre eux état de mal.«

1868 erscheint der Begriff erstmals in der englischen (nach HUNTER) und 1873 in der deutschen Literatur (OBERSTEINER). Daß das Ereignis eines Status epilepticus erst verhältnismäßig spät bekannt und mit einem eigenen Begriff belegt wurde, zu einer Zeit, in der mit der Einführung des Brom zum ersten Male eine systematische Behandlung der Epilepsien entwickelt wurde, bringt HUNTER mit der Behandlung selbst in Verbindung. Nach seiner Meinung, die er in einer ausführlichen medizinhistorischen Untersuchung belegt, ist der Status erst dadurch zu einem ernsten klinischen Problem geworden, daß die verbesserten Therapiemöglichkeiten auch zugleich die Möglichkeit zum Medikamentenentzug, die eine der häufigsten Ursachen des Status darstellt, mit sich gebracht haben.

Ein Status epilepticus ist immer ein lebensbedrohliches Ereignis. Das Koma scheint sich nach jedem neuen Anfall zu vertiefen. Der Puls wird frequent, die Temperatur steigt an; Werte von 40°–42° und mehr sind berichtet worden. Der Blutdruck ist im Intervall

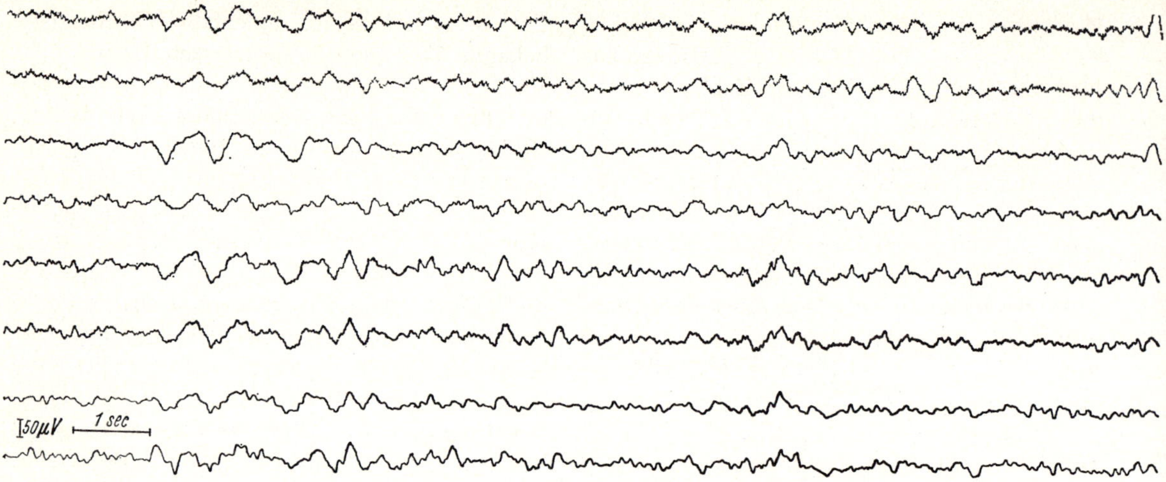

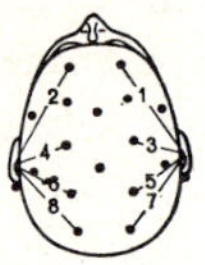

Abb. 137. EEG 3 Wochen nach einem Status epilepticus, der mit kurzen Unterbrechungen 8 Tage gedauert hatte: Die Kurve zeigt immer noch eine erhebliche Allgemeinveränderung mit dominierenden ϑ - δ-Rhythmen ohne paroxysmale Veränderungen. Trotzdem war der Patient bei klarem Bewußtsein und voll orientiert.

niedrig. Das Gesicht ist blaß und livide verfärbt, der Körper schweißbedeckt. Bei längerem Verlauf kann sich eine Bronchopneumonie entwickeln.

Im weiteren Verlauf pflegen die einzelnen Anfälle an Intensität und Dauer nachzulassen. Sie beschränken sich manchmal nur noch auf eine tonische Adversivdrehung, deren Seite wechseln kann. Oder sie äußern sich später nur noch auf einer Körperseite. Wenn die Krämpfe von Anbeginn an nur eine Seite befallen, spricht man von einem *Status hemi-epilepticus* [1392, 1428].

Unbehandelt wird ein Status nur ausnahmsweise von selbst zum Stillstand kommen. Die *Prognose* hängt im wesentlichen von der Zahl der Anfälle und der Dauer des gesamten Zustandes ab. Die *Mortalität*, die früher 33%—50%[379, 1257] betrug, ist mit Hilfe moderner Behandlungsverfahren auf 5%—10% gesunken. In einer neueren Zusammenstellung werden allerdings noch 37% angeführt. Unter 68 in den letzten Jahren wegen eines Status behandelten Patienten unseres Krankengutes sind 4 (6,6%) Kranke ad exitum gekommen[1342a]. Es ist ein ominöses Zeichen, wenn die Temperatur trotz Aufhörens der Anfälle weiter ansteigt, der Puls klein und beschleunigt, der Blutdruck herabgesetzt bleibt. Die infolge einer erhöhten Bronchialsekretion behinderte Atmung hat eine zusätzliche Herzbelastung zur Folge; das begleitende Lungenödem führt letztlich über eine Herzinsuffizienz zum Tode.

Aber auch, wenn es gelingt, den Status zu kupieren, bleiben doch für längere Zeit oder für dauernd Symptome einer schweren Gehirnschädigung zurück. Im günstigsten Fall folgen tagelang anhaltende Verwirrtheits- und Dämmerzustände, aus denen die Kranken mit den Anzeichen einer vorübergehenden oder bleibenden Demenz wieder zu sich kommen. In anderen Fällen kommt es zu passageren oder anhaltenden Residualsymptomen in Form von Lähmungen, Sprachstörungen oder Ataxien. In der Literatur wird über schwerste Dezerebrationszustände infolge von Status in Form von Enthirnungsstarre, Tetraplegien und Choreo-Athetosen berichtet[6, 102, 124, 1372]. Andererseits gibt es auch Beispiele schwerster Statusereignisse, die in relativ kurzer Zeit, ohne offensichtliche klinische Folgen zu hinterlassen, ausheilen, wie wir es im Falle eines Patienten beobachten konnten, der sich trotz 300 großer Anfälle während 8 Tagen im Laufe von 2 Wochen wieder erholt hatte. Allerdings hinkte auch in diesem Fall die elektroenzephalographische Restitution noch um Wochen nach (s. Abb. 137).

Unter allen Todesursachen bei Epileptikern war ein Status epilepticus früher die häufigste. Die

Zahlen bewegen sich zwischen 14% und 29,8% [1213, 1293, 1306, 1351]. Die Mortalitätsstatistiken aus jüngerer Zeit geben kleinere Zahlen an, die zwischen 8,2%[1452] und 10,7%[1327] liegen. Ungewöhnlich ist die Angabe von Neplokh (1965), daß unter 176 Todesfällen 34% als Status-Folge anzusehen waren. Unter 161 Todesfällen unseres eigenen Krankengutes waren 11 (6,8%) an den Folgen eines Status gestorben[1308] (s.S. 433). Bei Kindern wird eine höhere Mortalitätsquote angegeben. Unter 45 Todesfällen von epileptischen Kindern war 21mal ein Status epilepticus die Ursache[14].

Häufigkeit: Ein Status epilepticus ist kein seltenes Ereignis. Wir fanden, ohne systematisch darauf geachtet zu haben, unter 3750 Kranken mit epileptischen Anfällen 138 (3,7%), die entweder im Status zu uns eingeliefert wurden oder früher einen oder mehrere Status mitgemacht hatten[1337]. Hunter berichtet eine Häufigkeit von 1,3% unter 2404 epileptischen Aufnahmen am National Hospital in London. Lennox[97], der vorwiegend von einem kindlichen Krankengut ausgeht, gibt 7,5% und Pozdnyakow 6% an. Wahrscheinlich wird die Angabe von Turner, der 5% ermittelt hat, den tatsächlichen Verhältnissen am nächsten kommen. Um die Frage von einem anderen Gesichtswinkel zu beleuchten sei angegeben, daß im Westend-Krankenhaus in Berlin bei 927 Betten jährlich im Durchschnitt 20[1348] und in unserer Klinik mit 120 neurologischen Betten jährlich ungefähr 5 Patienten im Status epilepticus eingewiesen werden[1342a]. Nach einer Auszählung von Lennox[97] hatten etwa die Hälfte (52%) seiner Status-Patienten nur einen Status, etwa ein Drittel (31%), jedoch 2—4 und etwa ein Sechstel (17%) mehr als 4 Statusattacken im Laufe ihrer Krankheit.

Pathogenese: Der Status epilepticus ist vielleicht das dramatischste Ereignis, das die Medizin kennt. Die immer damit verbundene Lebensgefahr macht es verständlich, daß therapeutische Maßnahmen zunächst den Vorrang haben. Doch sollte darüber die diagnostische Bedeutung, die dem Status zukommt, nicht vernachlässigt werden, zumal wir heute darüber genauer unterrichtet sind als zu den Zeiten von Gowers[1300], der das Wissen seiner Zeit in dem Satz zusammenfaßt: »Nichts ist bekannt über seine unmittelbaren Ursachen.« Während man früher geneigt war, einen Status epilepticus als ein natürliches Ereignis im Verlauf einer Epilepsie anzusehen, liegt seine diagnostische Bedeutung heute in der Erkenntnis, daß er in jedem Falle eine besondere Komplikation darstellt, deren Bedingungen und Ursachen jeweils mit allen klinischen Mitteln aufgeklärt werden müssen. Dabei ist auf den Stellenwert des Status im Krankheitsverlauf zu achten, ferner auf die Ätiologie der zugrunde liegenden Erkrankung und schließlich auf die unmittelbar zu seiner Auslösung führenden Bedingungen. Was den Stellenwert angeht, so bezeichnen wir mit isolierten Status-Ereignissen solche Fälle, die sich lediglich unter dem Symptom eines oder mehrerer Status-Attacken präsentieren, — als initiale Status-Ereignisse Fälle chronischer Epilepsien, die mit einem Status einsetzen, — und als interkurrente Formen Fälle, bei denen es erst im Verlauf einer chronischen Epilepsie zu einem oder mehreren Status kommt (s. Tab. 43).

Nach unseren Erfahrungen an 138 Fällen gehören 33% zur isolierten Form, 12% zur initialen Form und 55% zur interkurrenten Form[1337, 1342a]. Unter den 60 Patienten von van Heycop ten Ham et al. waren 35% der initialen und isolierten und 65% der interkurrenten Form zuzurechnen. Diese Unterscheidung hat ätiologische Bedeutung, da zentrenzephale Epilepsien nie von einem Status eingeleitet werden[1321], wie überhaupt isolierte und initiale Status-Ereignisse immer auf eine von der Epilepsie unabhängige Gehirnschädigung hinweisen.

Ätiologie: Ein Status epilepticus ist vermutlich in jedem Fall Ausdruck einer organischen Gehirnschädigung. Diese Behauptung zu rechtfertigen sei zunächst angeführt, daß symptomatische Epilepsien weit häufiger zum Status neigen als Epilepsien mit unbekannter Ursache (s. Tab. 42). In unserem Krankengut kam es 6mal häufiger bei symptomatischen Epilepsien (9%) zu einem Grand mal-Status als bei kryptogenen Epilepsien (1,6%).

Nach einer neueren Auszählung (s. Tab. 43) entfielen von 138 Status-Fällen 31 (22,5%) auf kryptogene und 107 (77,5%) auf symptomatische Epilepsien[1342a]. Bei kryptogenen Epilepsien kommt es in der Regel erst nach

Tabelle 42: *Häufigkeit und Ätiologie des Status epilepticus* (nach JANZ, D.: Dtsch. Z. Nervenheilk. 180 [1960] 562).

	Epilepsien	davon mit Status epilepticus	
	n	n	%
Kryptogene Epilepsien	1885	30	1,6
Symptomatische Epilepsien	703	65	9,0
bei Hirntumor	152	24	15,8
nach Hirntrauma	215	23	10,7
bei Hirnschädigung anderer Art	336	18	5,4
Zusammen	2588	95	3,76

jahrelangem Verlauf zu einem Status. Das Intervall zwischen dem Beginn einer kryptogenen Epilepsie und der ersten Status-Attacke betrug in unseren Fällen im Durchschnitt 13 Jahre. Da bei längerem Epilepsieverlauf die Aussicht auf die Entwicklung iktogener Hirnschädigungen zunimmt[419, 777], ist es sehr wahrscheinlich, daß ein Status im Verlaufe einer idiopathischen Epilepsie auf Funktionsstörungen hinweist, die durch morphologische Schädigungen bedingt sind. Mit anderen Worten, ein Status im Laufe einer idiopathischen Epilepsie ist ein Zeichen dafür, daß sich das Leiden mit der Zeit infolge seiner eigenen Anfälle in eine symptomatische Epilepsie verwandelt hat. Daher ist man berechtigt, jeden Status epilepticus als Manifestation einer symptomatischen Epilepsie anzusehen[1334].

Was die spezielle Ätiologie angeht, so zeigt Tabelle 43, daß eine breite Skala von akuten oder chronischen Gehirnerkrankungen als Ursache eines Status in Betracht kommt:

Mit einem Viertel bis einem Fünftel aller Fälle sind Hirntumoren und Hirnverletzungen weitaus die häufigsten Ursachen eines Status epilepticus. Dem entspricht auch, daß 15,8% aller Tumor-Epilepsien und 10,7% aller traumatischen Epilepsien mit Status-Attacken einhergehen. Mit Abstand folgen dann akute Enzephalitiden, deren Anteil in einem rein kindlichen Krankengut etwa ein Drittel ausmacht[1366], und Gefäßprozesse[934], die Thrombosen und Embolien mit einschließen, sowie einige Fälle von Zerebralsklerose in Verbindung mit einer Herzinsuffizienz ohne klinischen Anhalt für einen umschriebenen Gefäßverschluß. An weiteren Ursachen für einen Status kommen nach unseren wie nach den Erfahrungen der Literatur noch in Frage: Entmarkungsprozesse (multiple Sklerose, Leukoenzephalitis), geburtstraumatische und frühkindliche Hirnschädigungen, Mißbildungen, Stoffwechselstörungen (Mineral-, Zucker-, Wasserstoffwechsel), Intoxikationen, Eklampsie, aber auch Entbindungen ohne Symptome

Tabelle 43: *Ätiologie und Stellenwert des Status epilepticus im Verlauf von Epilepsien* (nach JANZ, D.: J. neurol. Sci. 1 [1964] 446).

Status epilepticus	Isoliert n	Initial n	Interkurrent n	Zusammen n
Gehirntumor	14	6	15	35
Gehirnverletzung	10	2	18	30
Enzephalitis	7	1	1	9
Gefäßprozesse	5	2	2	9
Miszellanea (Multiple Sklerose, Delirium tremens, Eklampsie, Entbindung, Abortus, Starkstromtrauma)	7	—	—	7
Geburtstrauma	—	—	5	5
Gehirnschädigung unbekannter Ursache	2	6	4	12
Idiopathische Epilepsie	—	—	31	31
Zusammen	45	17	76	138

Tabelle 44: *Lokalisation und Art der Tumoren von 123 Patienten mit Tumor-Epilepsie* (nach JANZ, D.: J. neurol. Sci. 1 [1964] 446).

Lokalisation der Tumoren	Frontal n	Parietal n	Temporal n	Okzipital n	Zusammen
Art der Tumoren mit Status epilepticus					
Astrozytom	10	—	—	—	
Oligodendrogliom	3	—	1	—	
Glioblastoma multiforme	—	3	2	1	
Meningiom	1	—	—	—	
Andere	6	—	—	—	
Insgesamt	20	3	3	1	27
Art der Tumoren ohne Status epilepticus					
Astrozytom	4	10	5	—	
Oligodendrogliom	8	5	5	1	
Glioblastoma multiforme	5	8	2	—	
Meningiom	4	19	3	2	
Andere	2	7	5	1	
Insgesamt	23	49	20	4	96
Zusammen	43	52	23	5	123

einer Schwangerschaftsintoxikation, Urämie[1367], Starkstromtrauma, Delirium tremens, extreme Hungerzustände[1480], Erhängen[1408], Pharmaka (Aneuxol, Kortison, Neuroleptika, Penizillin, Salvarsan)[1274, 1297, 1419].

Lokalisatorische Bedeutung: In vielen Fällen scheint der Status Symptom einer akuten oder chronischen diffusen Gehirnschädigung zu sein. Wenn jedoch eine umschriebene Gehirnschädigung zugrunde liegt, ist meist das Stirnhirn davon betroffen[419, 1260, 1333, 1334, 1337, 1476, 1477]. Diese Erfahrung kann sowohl für die Lokal- wie für die Artdiagnose von *Hirntumoren* von großem Wert sein.

Unter 123 Fällen von Tumor-Epilepsie hatten 27 einen oder mehrere Attacken von Status epilepticus (s. Tab. 44). Unter diesen 27 Fällen betraf die Tumorlokalisation allein in 20 (74%) das Stirnhirn. In anderen Partien lokalisierte Tumoren führten nur ausnahmsweise zu einem Status. Was die Art der zu einem Status führenden Tumoren angeht, so handelte es sich bei den frontal lokalisierten meist um Astrozytome und bei den Tumoren anderer Lokalisation meist um multiforme Glioblastome. Merkwürdigerweise haben frontale Glioblastome nie Anlaß zu einem Status epilepticus gegeben[1256]. Sie unterscheiden sich aber von Glioblastomen anderer Lokalisation auch darin, daß sie sich meist bilateral, schmetterlingsförmig entwickeln und klinisch mit einer frontalen Akinese einhergehen[1256]. — Die klinische Entwicklung von Stirnhirntumoren, die zu einem Status führen, ist dagegen durch ein ausgesprochen langsames Wachstum, häufig durch Fehlen von Kopfschmerzen und neurologischen Symptomen, das Zurücktreten von Hirndruckerscheinungen und die relativ späte Manifestation psychischer Veränderungen charakterisiert. Folgender Fall möge als Beispiel dienen:

Fall Klara A.: 17jährige Anamnese mit rezidivierenden Attacken von Status epilepticus bei links frontalem Oligodendrogliom.

Bei einer 31jährigen Hausfrau setzte eines Nachts ohne vorhergehende Warnung ein Status epilepticus ein. Die Anfälle waren von Adversiv-Bewegungen nach der rechten Seite eingeleitet, die Krämpfe rechtsbetont. Nach ihrer Aufnahme in einem Krankenhaus und Unterbrechung des Status wurde bei der Untersuchung rechts ein positives Babinskisches Zeichen, sonst aber keine krankhaften Befunde erhoben. Der Versuch eines Luftenzephalogramms führte zu keiner Füllung der Ventrikel, rückblickend vermutlich deswegen, weil ein Gehirnödem vorlag. Nach der Entlassung aus dem Krankenhaus bekam sie in den folgenden Jahren gelegentliche große Anfälle und einige Male Grand mal-Serien, mit nie mehr als vier Anfällen in einer Serie. Die Anfälle wurden immer durch stotternde Laute, eine Sprechhemmung und

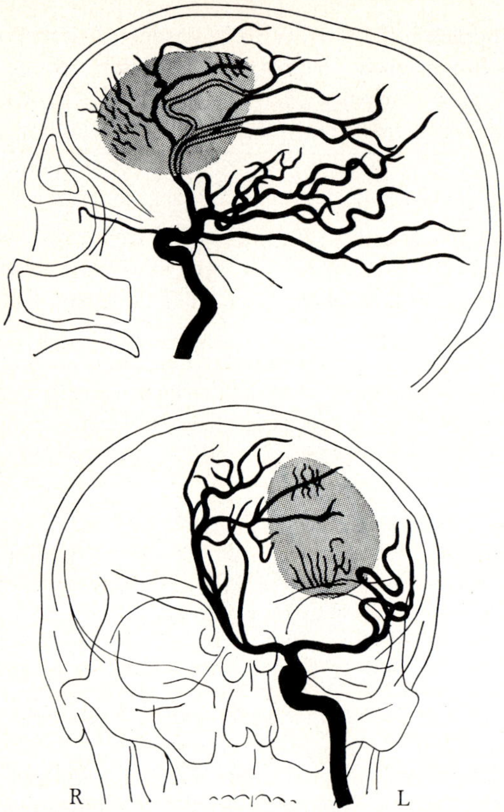

Abb. 138. Ausdehnung eines frontalen, operativ nachgewiesenen Oligodendroglioms bei einer 48jährigen Hausfrau, die an wiederholten Attacken von Status epilepticus litt (Zeichnung nach Arteriogramm). (Aus Janz, D.: J. neurol. Sci. 1 [1964] 446.)

eine Adversiv-Bewegung des Kopfes eingeleitet. — Neun Jahre später, im Alter von 40 Jahren bekam sie zum zweiten Mal einen Status epilepticus im Zusammenhang mit der Unterbrechung einer Schwangerschaft, die durch eine fieberhafte Gastroenteritis kompliziert war. Eine zu dieser Zeit vorgenommene neurologische Untersuchung ergab keine pathologischen Befunde; das EEG war normal. In der Folgezeit fühlte sie sich weitgehend wohl und war für einige Jahre anfallsfrei. — Aber acht Jahre nach dem zweiten Status, als sie 48 Jahre alt war, bekam sie den dritten Status, wonach sie in unserer Klinik aufgenommen wurde. Sie hatte niemals über Kopfschmerzen zu klagen gehabt, aber in der letzten Zeit einige Male erbrochen, war langsamer geworden und hatte ihre Haushaltspflichten mehr und mehr vernachlässigt. Bei der Untersuchung ergaben sich lebhaftere Eigenreflexe auf der rechten Seite; eine Stauungspapille lag nicht vor. Doch zeigten die Röntgenleeraufnahmen des Schädels eine Druckatrophie der Sella turcica und eine Verschiebung der Pinealis zur rechten Seite. Im EEG war jetzt ein Herdbefund fronto-präzentro-temporal links, aber keine spezifisch epileptischen Potentiale zu sehen. Eine linksseitig durchgeführte Arteriographie zeigte einen ausgedehnten Tumor im Marklager des linken Stirnhirns, der die A. cerebralis anterior zur rechten Seite verdrängte (s. Abb. 138). Bei der Operation wurde ein Oligodendrogliom gefunden, das im linken Stirnhirn in der Tiefe bis zum Ventrikel und nach medial bis zur Falx reichte.

Auch die Krankengeschichte einer 24jährigen Frau, die Vogel erwähnt, hatte »zum Hauptthema einen ohne alle Vorboten einsetzenden Status epilepticus und ihre Pointe in dem Nachweis eines Stirnhirntumors als dessen Grundlage«[1467].

Corkill berichtet über eine 62jährige Patientin mit einem ausgedehnten Meningiom in der vorderen Schädelgrube, dessen Anamnese 23 Jahre zurückreicht. Anfangs hatte sie etwa alle 6 Monate einen Status epilepticus durchgemacht. Später wurde sie auch psychisch durch eine Verarmung des Antriebs und einen Verfall der Gesittung auffällig. Corkill nimmt seine Beobachtung zum Anlaß darauf hinzuweisen, daß man sich in solchen Fällen mit spät einsetzendem Status epilepticus nicht mit einer gründlichen Untersuchung begnügen, sondern wiederholte Untersuchungen vornehmen soll.

Bei *traumatischen Epilepsien* tritt die lokalisatorische Beziehung zwischen Status epilepticus und Stirnhirnschädigungen noch deutlicher in Erscheinung. Unter 215 Patienten mit traumatischer Epilepsie hatten 23 (10,7%) eine oder mehrere Status-Episoden durchgemacht. Offene Gehirnverletzungen führen 3mal häufiger (16,5%) zum Status als gedeckte Gehirnverletzungen (5,9%).

Tabelle 45: Status epilepticus und Lokalisation offener Gehirnverletzungen (nach Janz[1333, 1337]).

Lokalisation	Frontal		Parietal		Temporal		Okzipital		zusammen	
	n	%	n	%	n	%	n	%	n	%
Epilepsien mit Status	15	94	1	6	—	—	—	—	16	100
Epilepsien ohne Status	11	13,5	49	60	12	15	9	11	81	100
Zusammen	26	27	50	52	12	12	9	9	97	100

Unter 97 Fällen von traumatischer Epilepsie nach offenen Hirnverletzungen hatten 16 gelegentlich Status-Attacken. Bei 15 davon handelte es sich um Verletzungen des Stirnhirns (s. Tab. 45).

Die einzige Ausnahme betrifft einen Patienten mit einer traumatischen Epilepsie nach einer Parietalhirnschädigung. Nach jahrelang sich wiederholenden Jackson-Anfällen und großen Anfällen geriet er einmal in einen Status epilepticus, in dem er verstorben ist. Bei der Obduktion wurden multiple Hirnabszesse gefunden, die zu einer eitrigen Enzephalomeningitis geführt hatten. In diesem Falle war der Status als Symptom einer akuten Enzephalitis und nicht einer umschriebenen Hirnschädigung zu deuten.

Nach hirnpathologischen Untersuchungen von Peters (1962) an 13 Fällen mit offenen Gehirnverletzungen, die im Status epilepticus gestorben waren, betraf die Gehirnschädigung in 8 Fällen die weiße Substanz des Stirnhirns. Unter den übrigen 5 Fällen handelte es sich 1mal um eine oberflächliche Stirnhirnschädigung und in vier Fällen um parietale und temporale Verletzungen. Whitty u. Taylor fanden unter 25 Fällen mit Status 10 mit Stirnhirnverletzungen, 3 mit Stirnhirntumoren und keinen mit einer anders lokalisierten Schädigung. Peiffer[419] konnte bei der hirnpathologischen Durchuntersuchung von 97 Fällen symptomatischer Epilepsie mit Status epilepticus bei 77 (85%) Stirnhirnschädigungen nachweisen.

Daß ein Status epilepticus im Falle einer lokalisierbaren Gehirnschädigung auf das Stirnhirn hinweist, ergibt sich auch am Modell der frontalen Epilepsie, die nicht selten einer präfrontalen Leukotomie nachfolgt.

Durch die Freundlichkeit von Dr. R. Hunter war ich in der Lage, 20 psychiatrische Patienten des Friern Hospital in London zu untersuchen, die nach Leukotomie epileptische Anfälle bekommen hatten. Bei nahezu der Hälfte war es ein oder mehrere Male zu Episoden von Status epilepticus gekommen; bei einigen bildeten wiederholte Status-Attacken die einzigen epileptischen Manifestationen. Einer Studie über die Art der epileptischen Anfälle nach Leukotomie ist zu entnehmen[1283], daß von 447 leukotomierten Patienten 69 eine Epilepsie entwickelt hatten. Bei 16 (23%) war es ein oder mehrere Male zu Status-Attacken gekommen. Bei 10% waren Statusereignisse das einzige epileptische Symptom.

Daß einseitige Stirnhirnschädigungen häufiger zum Status und doppelseitige mehr zu Persönlichkeitsveränderungen führen[1256], steht in gewissem Widerspruch zu den erwähnten Befunden nach Leukotomie, die in der Regel doppelseitig ausgeführt wurde. Autopsiebefunde nach Leukotomie erweisen jedoch, daß die Narben meist recht asymmetrisch ausgeprägt sind.

Auslösende Umstände: Abgesehen von Art und Ursache der zugrunde liegenden Hirnschädigungen lassen sich fast immer irgendwelche speziellen Umstände erfahren, unter denen ein Status unmittelbar in Gang gekommen ist: am häufigsten akute Infekte, wie etwa eine Grippe oder, wie besonders bei traumatischen Epilepsien, akute Exazerbationen chronischer Entzündungen oder ein Aufflammen eines ruhenden Entzündungsprozesses in der Nachbarschaft von Gehirnnarben[1413]. Stirnhirnnarben sind wegen ihrer Nachbarschaft zu den Stirnhöhlen, die häufig bei der ursprünglichen Verletzung mitbeschädigt wurden, besonders leicht Infektionen ausgesetzt. Nächst fieberhaften Erkrankungen sind der Entzug oder die Reduktion antiepileptischer Medikamente – oft in Verbindung mit Schlafentzug und Alkoholexzessen – der häufigste Anlaß zur Entwicklung eines Status. Es ist vermutet worden, daß fieberhafte Erkrankungen irgendwelcher Art zu einer Beeinträchtigung der Resorption oder Utilisation im Zentralnervensystem oder zu einer erhöhten Ausscheidung antiepileptischer Medikamente führen können, daß also ein Status epilepticus in solchen Fällen gewissermaßen auf dem Wege eines »inneren Medikamentenentzugs« zustande kommt[1327]. Bei Gehirnverletzten können körperliche Anstrengungen und Erschütterungen in Verbindung mit exzessiver Flüssigkeitsaufnahme auslösend wirken. Bei Tumorpatienten sind es ähnliche Umstände, manchmal auch »die hormonelle Umwälzung« vor dem Durchbruch der Periode bei Frauen[1467] oder Eingriffe zu diagnostischen Zwecken wie Ventrikulographien und Arteriographien oder Röntgentiefenbestrahlungen, die über den Weg eines perifokalen Hirnödems einen Status epilepticus zur Manifestation bringen.

Die Rolle des Hirnödems: Aus der Beobachtung, daß bei Patienten, die im Status gestorben sind, immer ein ausgeprägtes Gehirnödem nachzuweisen ist, wird geschlossen, daß das Ödem die Folge der durch den Status bewirkten Durchblutungs- und Stoffwechselstörungen sei. Nach unseren Erfahrungen ist es jedoch denkbar, daß jedem Status ein leichtes Gehirnödem vorausgeht. Denn allen Umständen, die zur Auslösung eines Status beitragen, ist gemeinsam, daß sie bei gegebener Vorschädigung des Gehirns zur Entstehung eines Hirnödems beitragen können. Auch kann nur über den Weg eines Hirnödems erklärt werden, warum es sich bei den wenigen nicht frontal gelegenen Tumoren mit einem Status fast ausschließlich um Glioblastome handelt. Denn bekanntermaßen reagieren Glioblastome besonders leicht mit Ödemen. Auch bei den isolierten Status-Ereignissen infolge von akuten Enzephalitiden, Stoffwechselverschiebungen, Gefäßprozessen und Intoxikationen kann der gemeinsame Mechanismus nur in einem akuten Gehirnödem gesucht werden. Unter extremen Bedingungen genügt sogar ein Gehirnödem allein ohne morphologisch oder topisch definierbaren Schaden, um einen Status hervorzurufen. WILKE beschrieb Todesfälle im Status epilepticus bei 35 Kriegsgefangenen unter Symptomen eines akuten Gehirnödems infolge schwerer Hungerdystrophie. Wir haben einen eindrucksvollen Fall eines isolierten Status beobachtet, der durch eine extreme Störung des Wasserhaushaltes hervorgerufen war:

Fall Adam K.: Isolierter Status epilepticus bei akuter Störung des Wasserhaushaltes.

Vor 11 Jahren wurde uns ein 42jähriger Geschäftsmann im Status epilepticus eingewiesen, der nach 6 großen Anfällen im Verlauf von zwei Stunden unterbrochen werden konnte. Aus der Vorgeschichte ging hervor, daß er ohne vorhergehende Anfälle in den letzten Wochen angefangen hatte erhebliche Mengen von Wein zu trinken, manchmal bis zu 4 l an einem Abend, um — wie er sagte — seine Sorgen über geschäftliche Rückschläge zu vergessen. Da er sehr beleibt war, aber keinesfalls weiter zunehmen wollte, wog er sich dreimal am Tage und versuchte dadurch abzunehmen, daß er jeden Tag ausgiebig Tennis spielte und sich häufigen Schwitzprozeduren in seiner eigenen Heimsauna unterwarf. Kurz vor Ausbruch des Status war er von einer 2tägigen Geschäftsreise nach Hause gekommen, hatte bei heißem Wetter 2 Stunden Tennis gespielt und dann ein Saunabad genommen. Auf diese Weise hatte er in kurzer Zeit 8 Pfund abgenommen. Am Abend besuchte er ein Konzert und trank, bevor er zu Bett ging, noch 2 Flaschen Wein. In dieser Nacht ereignete sich sein erster und bisher einziger Status. Bei der neurologischen Untersuchung bot er keinen krankhaften Befund, abgesehen von einem frischen Papillenödem, das nach 3 Tagen wieder zurückging. In den seither vergangenen 11 Jahren hat er sich wohlgefühlt und ist anfallsfrei geblieben.

Da kindliche Fieberkrämpfe oft unter dem Bild prolongierter generalisierter Anfälle bzw. eines Status epilepticus verlaufen, liegt es nahe, sie in die pathogenetischen Erörterungen einzubeziehen. Man hatte gedacht, daß der während des Fiebers erhöhte Energieverbrauch zu einem Sauerstoffmangelzustand im Gehirn führe, dessen Folgen — die anoxämische Gehirnschädigung — die wesentliche Voraussetzung für die Entstehung der Krämpfe bilden. Neuerdings wird jedoch angenommen, daß das infolge einer fieberbedingt vermehrten ACTH-Ausschüttung entstehende Gehirnödem für die Anfälle entscheidend ist[1228, 1229]. Dabei wird eingeräumt, daß eine zu vermehrter ACTH-Ausschüttung führende Stress-Situation sich nur dann in einem Gehirnödem auswirken kann, wenn sich das Gehirn in einem funktionell oder morphologisch vorgeschädigten Zustand befindet. Wenn das zutrifft, wäre das Fieber nur ein Anlaß wie die anderen, um über ein akutes Gehirnödem einen Status epilepticus manifest werden zu lassen.

Für die Pathogenese eines Status epilepticus scheinen daher folgende Bedingungen wesentlich: eine diffuse Gehirnschädigung oder bei lokalisierten Prozessen einseitige oder asymmetrische Schädigungen der weißen Substanz des Stirnhirns in Verbindung mit einem diffusen oder perifokalen Gehirnödem. Bei diffusen Gehirnschädigungen wird ein Ödem vielleicht dadurch pathogenetisch wirksam, daß es sich im Centrum semiovale ausbreitet und dadurch zu einer funktionellen Schädigung oder Blockade von fronto-thalamischen Verbindungen führt. Es liegt nahe anzunehmen, daß die ungehemmte Wiederholung von Anfällen, die das Wesen eines Status ausmacht, in Beziehung steht zu einer strukturellen oder funktionellen Unterbrechung fronto-thalamischer Bahnen, die zu einem unspezifischen Projektionssystem gehören, welches von der Formatio reticularis via Thalamus zur Hirnrinde zieht[1256, 1477].

Therapie: Wenn auch ein Status selten einmal von selbst verebbt, bedeutet er in der Regel doch eine so bedrohliche Katastrophe, daß unmittelbar und bedachtsam gehandelt werden muß. Dabei gilt es, ein Maß zu finden zwischen allzu zaghaftem Vorgehen und einer übereilten Polypragmasie[1341]. Die gebräuchlichsten Verfahren sind folgende:
Aus der Gruppe der *Alkohole* und der *Aldehyde* ist das um die Jahrhundertwende häufig gebrauchte Amylenhydrat (in Dosen von 5—8 g) [1208, 1212, 1236, 1286, 1396, 1479] zugunsten von Chloralhydrat, Paraldehyd oder Avertin aufgegeben worden.

Chloralhydrat, das meist in Kombination mit Barbituraten angewandt wird[981, 1305, 1484], kann sowohl intravenös (0,02—0,01 g/kg in 10%-Lösung) als auch rektal (3,0—5,0 g) als Klysma verabreicht werden. Bei rektaler Anwendung tritt die Wirkung allmählich nach 15—30 min ein und hält etwa 2—4 Std. an[1342]. Paraldehyd hat den Vorteil einer großen Spanne zwischen antikonvulsiver und letaler Dosis, ist aber flüchtiger in der Wirkung[1484], so daß es wiederholt gegeben werden muß. Von einigen Autoren wird die intravenöse (0,2 mg/kg Körpergewicht)[981, 1478], von anderen die intramuskuläre Injektion (10 cm³ = 1 g)[981], deren Wirkung erst nach ½—1 Std.[1478] einsetzt, gegenüber der rektalen Applikation (4,0 g—8,0 g) [968, 1354, 1375, 1422] bevorzugt[981, 1255, 1275]. Bei intramuskulärer Injektion ist die Wiederholung kleinerer Dosen von 5 ml in ½stündlichen Abständen ratsam. Avertin, ein Tribromäthylalkohol, der in der Chirurgie als rektales Basisnarkotikum Verwendung findet, kommt in einer Dosis von 0,09 g/kg einer 2,5%-Lösung mit insgesamt nicht weniger als 6 g und nicht mehr als 10 g zur Anwendung[1211, 1234, 1291, 1296, 1319, 1423, 1429].

Von den *Barbituraten* hat Phenobarbital parenteral die beste Wirkung, wenn es nicht zu spät und nicht in zu kleinen Dosen, sondern möglichst frühzeitig zu 0,3—0,4 g intramuskulär oder intravenös injiziert wird[14, 1216, 1302, 1304, 1342, 1342a, 1436].

Rasch wirkende Barbiturate wie Evipan[1391, 1435], Pernocton[1404], Pentothal[14, 1249, 1303], Amytal[1375], Seconal[283], Thiopenton[1243, 1430, 1481], haben den Nachteil, daß sie langsam intravenös injiziert oder infundiert werden müssen, was im Status durch die wiederholten Anfälle oft erschwert wird. Im Somnifen sind zwei Barbiturate mit raschem und allmählichem Wirkungseintritt miteinander kombiniert. Empfohlen wird eine Anfangsdosis von 4 cm³, die man halb und halb intramuskulär und intravenös (cave Fasziennekrosen!) geben kann [981, 1258, 1368, 1372, 1389, 1439, 1471, 1483].

Aus der Gruppe der *Hydantoine* ist das von Murphy u. Schwab in die Statusbehandlung eingeführte Phenytoin in Lösung gebräuchlich, das langsam – nicht schneller als 50 mg (1 cm³)/min – intravenös injiziert werden soll und bis zu einer Gesamtdosis von 500 mg bis 1 g gesteigert werden kann. Auch hier ist es ratsam, die Hälfte der Dosis (250 mg) intramuskulär zu applizieren[981, 1253, 1372, 1376, 1395].

Unter den *Benzodiazepin*-Derivaten hat sich das Diazepam seit der Empfehlung von Bamberger u. Matthes (1963)[174] besonders zur Unterbrechung prolongierter Anfälle von Kleinkindern und verschiedener Formen von Petit-mal-Status, aber auch zur Kupierung von Attacken eines Grand mal-Status, eines Status hemi-epilepticus oder eines Jackson-Status bei Kindern und Erwachsenen bewährt[7, 174, 222, 288, 1298, 1299, 1390, 1393, 1397, 1437, 1458]. Als Dosis werden bei Kindern je nach Alter 5—10 mg und bei Erwachsenen bis zu 20 mg langsam intravenös injiziert. Gelegentliche Rezidive können meist durch eine weitere Injektion von 10 mg kupiert oder durch eine routinemäßig 30 min später wiederholte Injektion von 10 mg aufgefangen werden. Bei einem Status hemi-epilepticus oder bei einem Jackson-Status sind in jedem Fall wiederholte Injektionen ratsam[7, 222].

Aus der Gruppe der *Dione* hat sich einigen Autoren das von Thorne empfohlene Trimethadion in Lösung zur intravenösen Injektion in einer Dosierung von 1,0 g (10 cm³) bewährt[1278, 1296, 1347, 1386, 1412], während andere seine Brauchbarkeit zur Statusbehandlung bezweifeln[981, 1372].
Die Anwendung von *Novokain* oder Novokain-Derivaten (Lignocain, Xylocain, Lidocain, Pyrachiol) hat sich nicht durchgesetzt[1224, 1225, 1239, 1281, 1360, 1365, 1429, 1438, 1457].

Die Bedeutung des Hirnödems für die Entstehung und Unterhaltung des Status[1333, 1334, 1337, 1341] fordert außerdem *dehydrierende Maßnahmen*, unter denen Diamox[1407, 1408, 1422] und Urea[1254] gegenüber großen Mengen hochprozentiger Glukose den Vorzug verdienen, weil es nicht unbedenklich erscheint, durch die Zufuhr nährstoffreicher Flüssigkeiten den im Status gesteigerten Stoffwechselbedarf des Gehirns[1290] zu befriedigen.
Als ultima ratio wird man sich bei drohendem Versagen von Atmung und Kreislauf zur *Intubation und positiver Druckatmung nach Rela-*

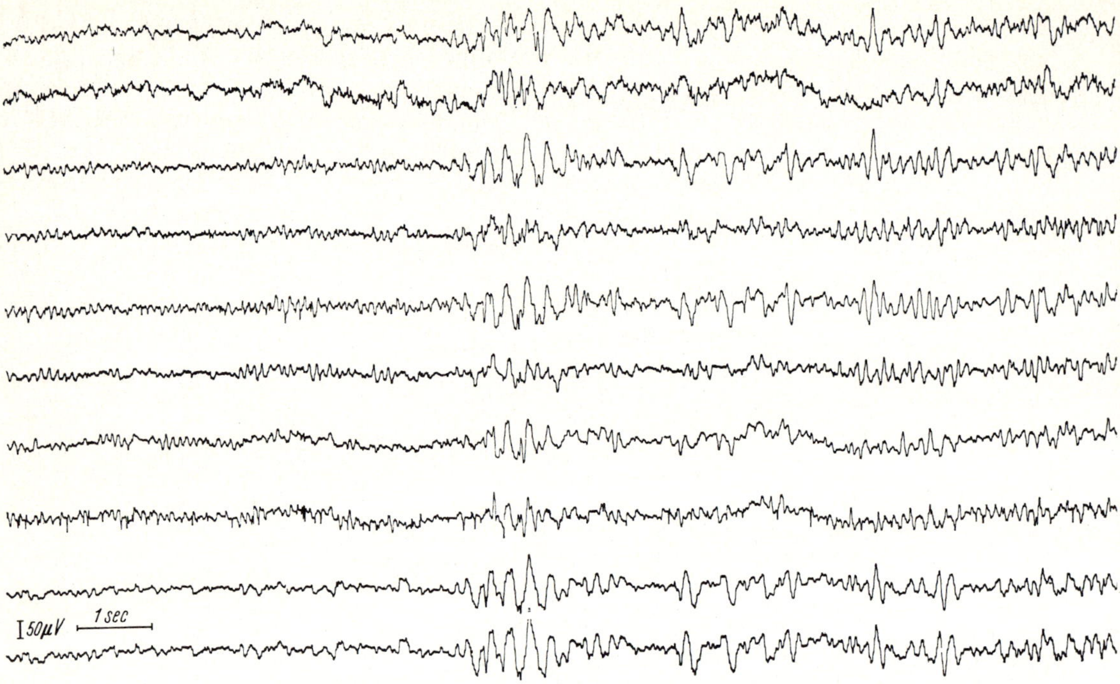

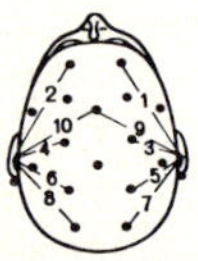

Abb. 139. Präkonvulsives Stadium eines mit Bemegride provozierten großen Anfalls. 21 sec vor Einsetzen des generalisierten tonischen Krampfes verändert sich die Kurve. Zu Beginn sieht man eine kurze Gruppe atypischer Spitze-Wellen-Komplexe, der sich ein abgeflachter, von fast rhythmischen Sharp-waves unterbrochener Kurvenverlauf anschließt. Dann

xierung mit Kurare oder Suxamethonium entschließen[1280, 1330, 1401, 1422]. Der Nutzen dieser Maßnahmen, die nur in Zusammenarbeit mit einem Anästhesisten durchgeführt werden können, liegt darin, daß man zunächst die peripher-muskulären Auswirkungen des Status unterbinden kann, bis Atmung und Kreislauf so weit erholt sind, um eine Narkose mit Lachgas oder die weitere Anwendung von Antikonvulsiva zu tolerieren.

Die künstliche Atmung sollte mit atmosphärischer Luft oder mit einem sauerstoffarmen Atmungsgemisch, keinesfalls mit reinem Sauerstoff erfolgen, da im Experiment reine Sauerstoffzufuhr epileptische Krämpfe verlängert[1433]. Unter reiner Kurarisierung geht die zentrale Anfallsaktivität unvermindert weiter, wie JAMES u. WHITTY an einem Fall beobachtet haben, den sie unter ständiger EEG-Kontrolle 36 Std. kurarisiert hielten und so lange antikonvulsiv behandeln mußten, bis die zentrale Anfallsaktivität verschwunden war. Die Entscheidung darüber, zu welchem Zeitpunkt die kontrollierte Atmung wieder aufgehoben werden kann, sollte daher vom EEG abhängig gemacht werden, da sonst — wie in einem Fall von EVANSON — der Status wieder rezidivieren kann.

Bedenklich ist die Anwendung von *Chlorpromazin* allein oder in Form eines lytischen Cocktails beim Status epilepticus[1262, 1263, 1284, 1288]. Denn Phenothiazinderivate können nicht nur im Experiment[1287], sondern auch klinisch anfallsfördernd wirken[981, 1241, 1268, 1319, 1374, 1459]. LAFON et al. gelang es selbst in künstlicher Hibernation nicht, einen Status zu unterbrechen, der erst auf zusätzliche Gaben von Barbituraten zum Stehen kam.

Das gleiche gilt für *Opiate*, die »entgegen einer weitverbreiteten Ansicht keine antikonvulsive Wirkung haben«[1273], beim Status epilepticus aber vor allem wegen ihrer atemlähmenden Wirkung kontraindiziert sind[14, 283, 688, 1375].

Sehr verschieden wird die Wirkung eines *Liquor-Luft-Austausches* in größeren Mengen beurteilt[1484], die auch deswegen bedenklich scheint, weil sie im Falle eines unerkannten Gehirntumors die Gefahr einer Einklemmung nach sich zieht[1365]. Die Hoffnung, mit einer Pneumenzephalographie gleich zwei Fliegen — eine therapeutische und eine diagnostische — mit einer Klappe schlagen zu können, ist schon deswegen verfehlt, weil vielfach wegen des begleitenden Hirnödems keine Luft bis zu den Ventrikeln gelangt[1304].

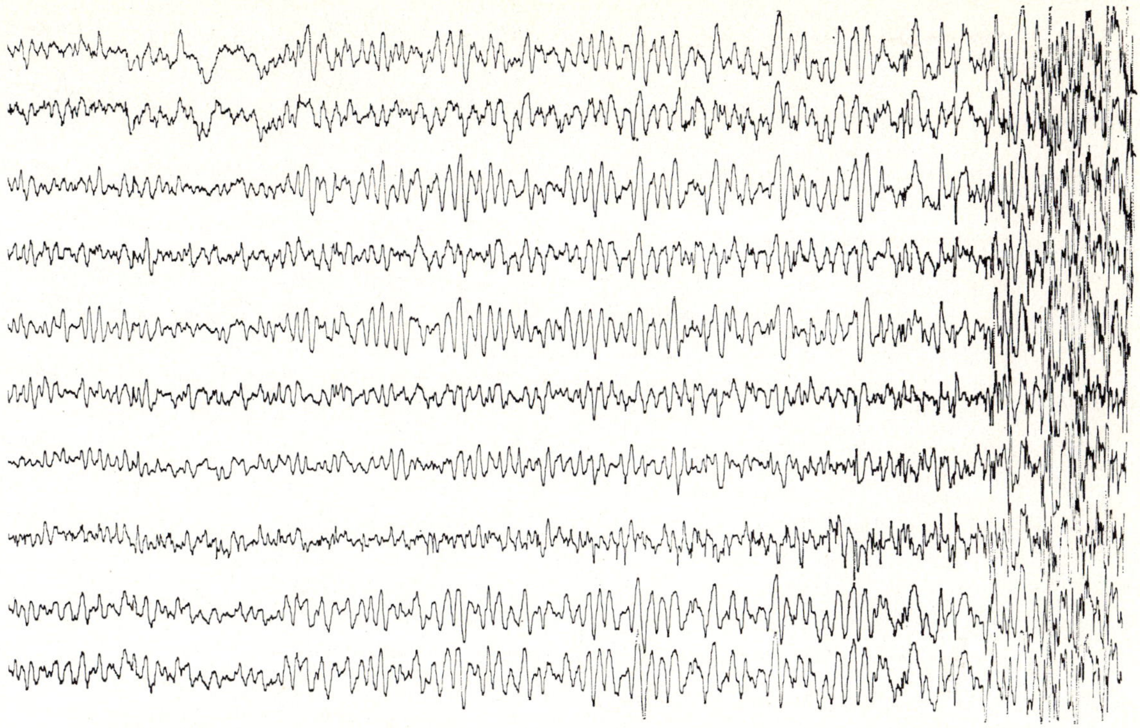

entwickelt sich ein ziemlich regelmäßiger hoher 7/sec-Rhythmus, der über eine kurze ϑ-δ-Dysrhythmie in die generalisierte hohe Spike-Aktivität des tonischen Krampfes übergeht. (44jähriger Mann; seit 14 Jahren seltene nächtliche Krampfanfälle.)

Häufige Behandlungsfehler: Mißerfolge sind oft folgenden Fehlern zuzuschreiben:

1. daß bei der Initialbehandlung zu geringe Dosen angewandt werden,
2. daß, wenn der Status weitergeht, nur zögernd, verzettelt und mit zu kleinen Dosen weiterbehandelt wird,
3. daß nach Unterbrechung des Status versäumt wird, einem Rezidiv durch weitere parenterale Zufuhr von Antikonvulsiva vorzubeugen, bis mit der Wiederkehr des Bewußtseins eine orale Medikation aufgebaut werden kann.

Behandlungsreglement: Nach Vergleich verschiedener Behandlungsmethoden an eigenen Fällen[1342, 1342a] und den Erfahrungen in der Literatur empfehlen wir folgendes Reglement zur Status-Behandlung:

1*. Initialbehandlung in der ärztlichen Praxis: Möglichst frühzeitig 0,4 g Phenobarbital parenteral, entweder intravenös oder intramuskulär, am besten halb und halb. Anschließend in jedem Fall, auch wenn der Status aufhört, Einweisung in die nächste neurologische, neurochirurgische, pädiatrische oder psychiatrische Fachklinik.

2*. Initialbehandlung in der Klinik: 10—20 mg Diazepam intravenös oder 0,5 g Phenytoin parenteral, halb intravenös, halb intramuskulär oder 0,4 g Phenobarbital, halb intravenös, halb intramuskulär oder 2—3 Ampullen (4 bis 6 ml) Somnifen, halb intravenös, halb intramuskulär. Zusätzlich sollte in jedem Fall mit Diamox oder Urea dehydriert werden.

3*. Weiterbehandlung in der Klinik: a) Wenn der Status nach einer halben Stunde nicht aufhört: Wiederholung des gleichen Medikaments in einer Dosis von 10 mg Diazepam oder 0,5 g Phenytoin oder 0,4 g Phenobarbital oder 2 Ampullen Somnifen, jeweils in Kombination mit 4 g bis 5 g Chloralhydrat per Klysma. Wenn der Status trotzdem nicht zum Stehen kommt, ist in Zusammenarbeit mit dem Anästhesisten die Durchführung einer tiefen Narkose indiziert. — b) Nach Aufhören des Status sollten noch über 24 Std. in zunehmend größeren Intervallen von 3—6—8 Std. prophylaktisch Injektionen von 0,25 g Phenytoin oder 0,2 g Phenobarbital vorgenommen werden. Damit wird verhütet, daß der antikon-

* Bei Kindern halbe Dosis.

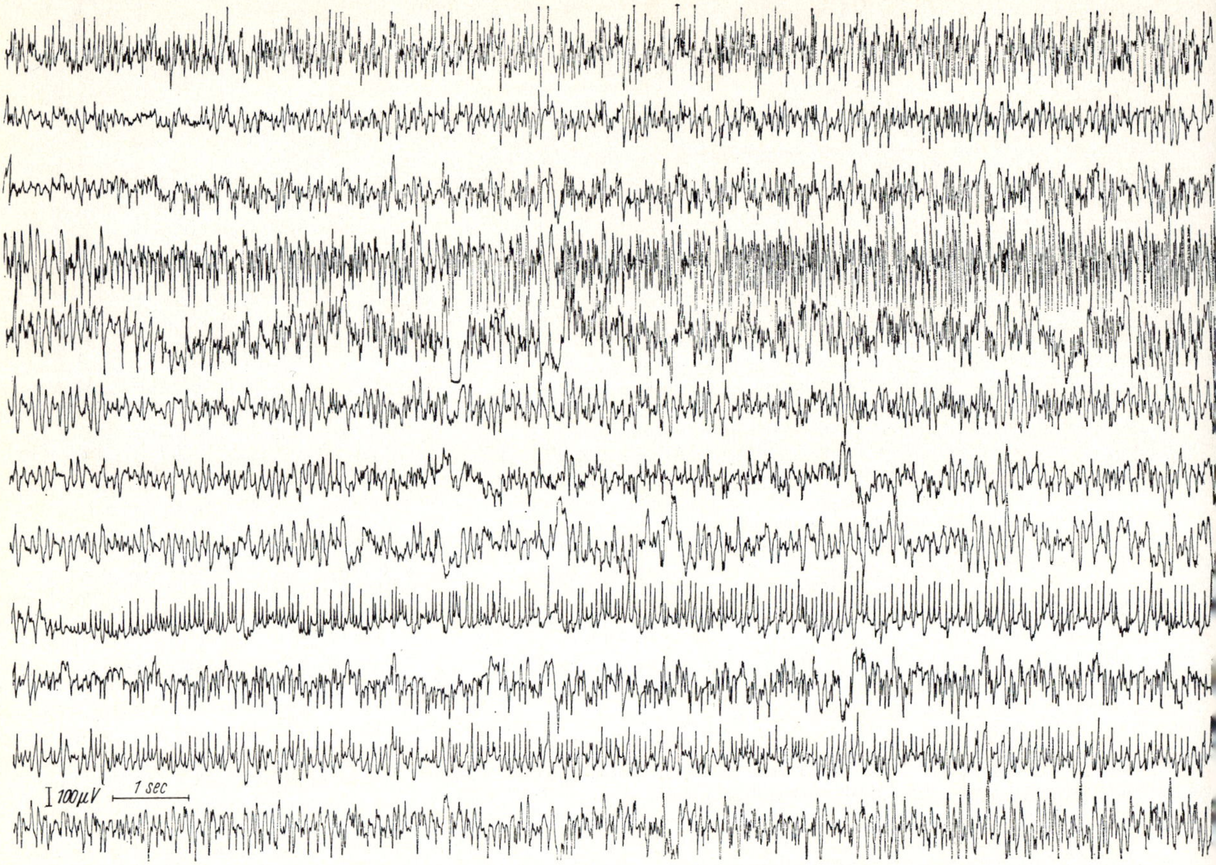

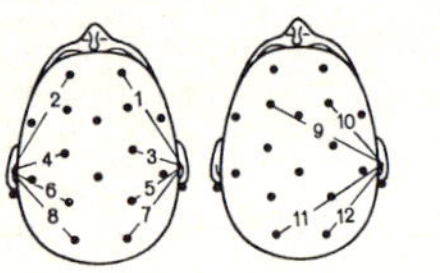

Abb. 140a—c. Kurvenausschnitte während eines generalisierten tonischen Krampfanfalls. Während des tonischen Stadiums (a) herrscht eine hohe, generalisierte β-Aktivität vor, die häufig von Muskelpotentialen durchsetzt wird. Das klonische Stadium (b) ist durch rhythmische hohe Komplexe von spitzen und langsamen Wellen charakterisiert, die sich bei Reduktion der Amplituden (↑) deutlicher abzeichnen. Mit Ende des Anfalls (c) brechen die Entladungen gleichzeitig über allen Hirnregionen ab. Danach ist die Kurve bis auf kleine Schwankungen der Grundlinie ganz flach. (44jährige Patientin im Status epilepticus.)

vulsive Blutspiegel absinkt, bevor die orale Medikation, mit der man unmittelbar nach Wiederkehr des Bewußtseins beginnt, wirksam wird.

4. Allgemeinbehandlung des Komas, von Atmung, Herz und Kreislauf: Mit Beginn des Status künstliche Entleerung von Blase und Darm. Wiederholtes Katheterisieren während des Status. Nach Ende des Status zur Behandlung der Exsikkose Infusionen isotonischer Lösungen oder von Humanalbumin. An Herz- und Kreislaufmitteln sind Strophanthin und Lobelin erlaubt, Metrazol und Kampfer dagegen kontraindiziert. Bei Ateminsuffizienz und drohendem Herz- und Kreislaufversagen ist eine Intubation mit positiver Druckatmung angezeigt, die je nachdem mit einer Lachgasnarkose oder/und mit einer Kurarisierung kombiniert werden kann, wenn die Anfälle noch nicht aufhören. — Eine antibiotische Behandlung ist in allen Fällen angezeigt, bei denen ein länger anhaltendes Koma die Gefahr einer hypostatischen Pneumonie mit sich bringt.

EEG des großen Anfalls

Gemessen an der klinischen Bedeutung der großen Anfälle, ist »die ikonographische Literatur über die EEG-Veränderungen während

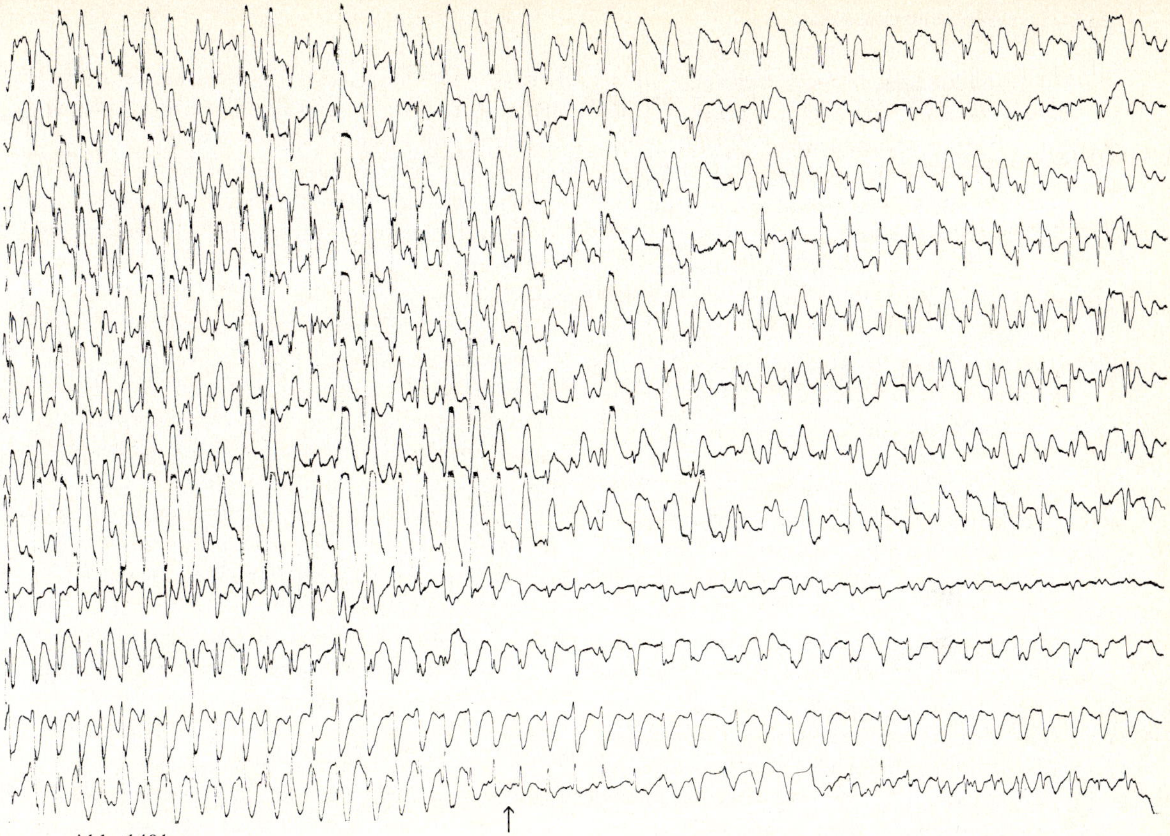

↑

Abb. 140b

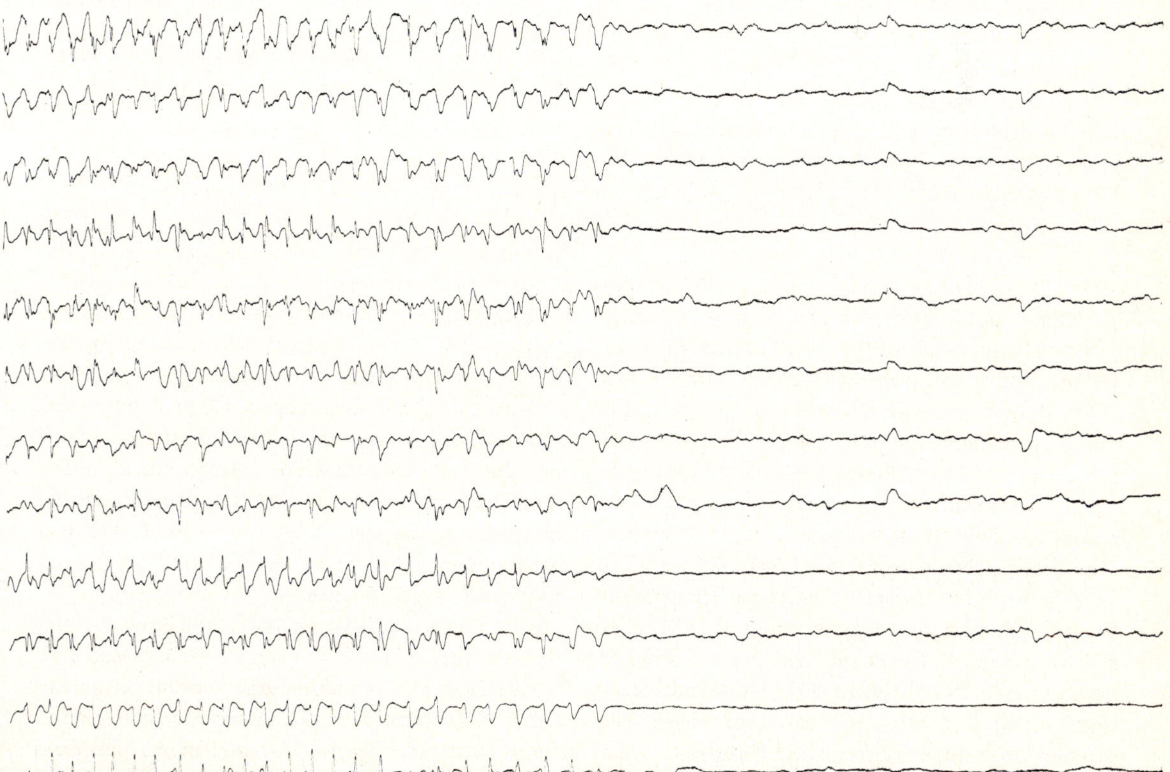

Abb. 140c

eines Anfalls ausgesprochen mager«[440]. Das hat seinen Grund darin, daß während einer Routineableitung spontane Anfälle nur selten vorkommen und, wenn es geschieht, die Kurven meist durch Muskelartefakte unbrauchbar werden. Daher stammt unsere Kenntnis des Grand mal-EEG im wesentlichen aus den Registrierungen induzierter Anfälle an kurarisierten Patienten[42, 440, 1294, 1388]. Weitgehend störungsfreie Beispiele werden von GIBBS u. GIBBS, von AJMONE-MARSAN u. RALSTON und von SOREL abgebildet.

Präkonvulsives Stadium (s. Abb. 139): Man kann nach dem EEG nicht voraussagen, ob ein großer Anfall bevorsteht. Bei manchen Patienten ist schon Tage vorher, manchmal jedoch erst kurz vor dem Anfall eine Verminderung der pathologischen Spannungsproduktion zu bemerken[836]. Gewöhnlich verstärkt sich jedoch schon Stunden oder Tage vor dem Anfall oder auch nur in den unmittelbar vorhergehenden Sekunden die jeweilige Dysrhythmie. Die verschiedenen klinischen Modalitäten der Grand mal-Entstehung kommen auch im präparoxysmalen EEG darin zum Ausdruck, daß sich die verschiedenartigen partiellen und generellen Entladungsmuster vor dem Anfall häufen können. Doch kann ein Anfall auch so plötzlich ohne irgendeine voraufgehende Veränderung im EEG ausbrechen, »daß Muskelaktivität des Anfalls und Anfallsentladungen gleichzeitig einzusetzen scheinen«[51].

Konvulsives Stadium: Die tonische Phase des Anfalls ist im EEG charakterisiert durch eine kontinuierliche Aktivität von Spitzenpotentialen, deren Amplitude allmählich auf 200 bis 300 μV ansteigt und deren Frequenz sich aus dem α-Bereich zu 10—16/sec beschleunigt (s. Abb. 140a). Obwohl die Entladungen frontal und zentral am ausgeprägtesten sind, treten sie über dem gesamten Kortex in Erscheinung. Das klonische Stadium kündigt sich dadurch an, daß die Frequenz der Spitzen bei gleichbleibender Amplitude abnimmt und sich rhythmisch langsame Wellen oder periodische Intervalle elektrischer Ruhe einschieben (s. Abb. 140b). So entsteht dann ein Muster, in dem periodisch Gruppen von Spitzen mit langsamen Wellen abwechseln, wobei jeder Gruppe von Spitzen eine klonische Zuckung und jeder langsamen Welle oder Pause eine Entspannung der Muskulatur entspricht. Mit der letzten Entladung bricht der Anfall auch elektrisch über allen Hirnregionen plötzlich ab (s. Abb. 140c).

Postkonvulsives Stadium: Für eine Dauer von 25—35 sec ist dann das EEG über allen Ableitungen vollkommen flach. Das Fehlen jeder Aktivität, das der stertorösen Phase entspricht, ist wahrscheinlich nicht Ausdruck einer völligen Erschöpfung, sondern eher einer Hemmung. Denn zumindest experimentell kann ein während der postkonvulsiven Ruhe gesetzter erneuter Reiz wieder einen Anfall auslösen[1346]. Allmählich kehrt eine gewisse Aktivität zurück — während des Komas zunächst in Form langsamer Wellen. Nach einem einzelnen Anfall pflegt sich das Hirnstrombild, während der Dämmerzustand sich lichtet, im Laufe von $^1/_4$—1 Std. wieder zu »normalisieren« bzw. auf den Stand der üblichen intervallären Veränderungen zurückzubilden. Während des postepileptischen Schlafs sind im EEG die gleichen Veränderungen wie im natürlichen Schlaf zu sehen. Ausnahmsweise können als Anfallsfolgen anzusprechende EEG-Veränderungen aber noch bis 12 Std. nach dem Anfall zu beobachten sein.

Klinik

So einförmig das Anfallsmuster, so vielschichtig sind die klinischen Umstände, unter denen große epileptische Anfälle in Erscheinung treten. Vom Verlauf her können große Anfälle ein einmaliges Ereignis bleiben (Mono-Epilepsie), sich nur selten (Oligo-Epilepsie) und nur bei bestimmten Gelegenheiten (Gelegenheits-Epilepsie) wiederholen, eine Krankheitsepisode darstellen, stationär bleiben oder progredient werden. Anlässe und Ursachen reichen vom banalen Infekt bis zur bösartigen Hirngeschwulst. Sie können die einzige Krankheitsmanifestation bilden, sich mit allen Arten kleiner Anfälle kombinieren, von psychischen Veränderungen begleitet und gefolgt sein, in jedem Alter einsetzen, bei jedem Menschen auftreten und zu jeder Gelegenheit vorkommen.

Da also der große Anfall kein pathognomonisches Krankheitssymptom, sondern eine uniforme Reaktion auf vielfältige Umstände darstellt und weil der Begriff Grand mal-Epilepsie keine klinische Einheit bezeichnet, würde es unergiebig sein, seine klinischen Eigenschaften nach dem gleichen Schema abzuhandeln wie bei den Epilepsien mit kleinen Anfällen. Nur des Überblicks und der Vergleichbarkeit halber sei erwähnt, wie häufig Grand mal-Epilepsien im Verhältnis zu Epilepsien mit kleinen Anfällen vorkommen.

Häufigkeit: Rund 80% aller Epilepsien gehen (s. Tab. 46) mit großen Anfällen einher, rund 40% sind reine Grand mal-Epilepsien. GIBBS u. GIBBS führen in ihrem Krankengut 48% reine Grand mal-Epilepsien auf. Schon ihre Zahl verrät, daß sich dahinter nichts Einheitliches verbirgt.
Darüber hinaus anzugeben, daß — auf die reinen Grand mal-Epilepsien bezogen — das *Verhältnis der Geschlechter* 37%:63% (männlich:weiblich) beträgt, und daß sich das *Erkrankungsalter* über alle Altersstufen verteilt (26% vor dem 11. Jahr, 57% vor dem 21. Jahr, 75% vor dem 31. Jahr und 25% nach dem 31. Jahr), gibt den Grand mal-Epilepsien ebensowenig Profil wie die *ätiologische Unterscheidung* von symptomatischen und kryptogenen Formen, die sich in unserem Krankengut wie 25%:75% verhalten.

Verlauf und Prognose

Für eine nützliche Einteilung ergiebiger erweist sich die Betrachtung des Krankheitsverlaufs, die man unter den Gesichtspunkten des Tempos, mit dem sich die Anfälle wiederholen, oder der Bindung der Anfälle an bestimmte Situationen vornehmen kann. Nach ihrer Wiederholung kann man Mono-, Oligo-, stationäre und progrediente Epilepsien, nach ihrer Bindung an den Schlaf-Wach-Rhythmus Aufwach-, Schlaf- und diffuse Epilepsien unterscheiden. Auf diese Weise kommt man zu bestimmten Verlaufsformen mit gemeinsamen pathophysiologischen und klinischen, prognostischen und therapeutischen Eigenschaften.

Verlaufsformen im Hinblick auf das Verlaufstempo. — *Epileptische Reaktionen:* Die Behauptung ist nicht übertrieben, daß 4—5% aller Menschen im Laufe ihres Lebens ein oder einige Male große epileptische Anfälle erleiden. Allein die Häufigkeit von sogenannten Initial-[1282], Begleit-[1414], Infekt-[1349] oder *Fieberkrämpfen*, die nur einen Teil, wenn auch die Hauptgruppe der *kindlichen Gelegenheitskrämpfe* ausmachen, wird mit 2—4% angegeben[1269, 1270, 1326, 1442]. Nimmt man die vermutlich nicht unbeträchtliche Anzahl von epileptischen Reaktionen bei Jugendlichen und Erwachsenen im Zusammenhang mit akuten Stress-Situationen, Intoxikationen und finalen Erkrankungen hinzu, so ist diese in einer Gemeinschaftsarbeit von 67 praktischen Ärzten in Wales und Südengland ermittelte Ziffer nicht überraschend[1420]. Epileptische Reaktionen scheinen daher weit häufiger vorzukommen als epileptische Verläufe. Diese Feststellung ist sowohl für die Definition wie für das Wesen dessen, was wir epileptisch nennen, von Bedeutung.

Es liegt auf der Hand, daß man auch epileptische Reaktionen als Epilepsie bezeichnen muß. Denn wenn man als Epilepsie erst gelten läßt, wenn epileptische Anfälle sich wiederholen, muß man den Krankheitsbegriff von der Zahl der Anfälle abhängig machen. Dann wäre die Definition von Epilepsie jedoch an eine Übereinkunft gebunden, die, gleichgültig ob man sie bei 2 oder bei 10 oder bei 20 Anfällen ansetzt, notwendigerweise willkürlich bleibt.

Mit der Ausgrenzung der epileptischen Reaktionen aus dem Krankheitsbegriff der Epilepsie würde man zudem ein Problem übersehen, das sich erst stellt, wenn man akzeptiert, daß sich epileptische Anfälle im Krankheitsverlauf offenbar weit häufiger erschöpfen als wiederholen. Wenn das zutrifft, dann ist die weithin als selbstverständlich vorausgesetzte Tendenz des Organismus zur Wiederholung der Anfälle eher die Ausnahme und sein Widerstand gegen die Wiederholung offenbar die Regel. Wenn aber die Wiederholung der Anfälle, das In-Gang-Kommen, die Chronifizierung einer Epilepsie ein größeres Rätsel darstellt als die nahezu ubiquitäre Fähigkeit des Gehirns, auf mannigfache pathogene Konstellationen mit einem epileptischen Anfall zu antworten, dann müßte sich die Forschung weit mehr als bisher auf die Erklärung der Wiederholung der Anfälle konzentrieren, anstatt die Bedingungen für das Zustandekommen eines einzelnen Anfalls zu studieren.

Tabelle 46: *Verhältnis von großen und kleinen Anfällen bei 6500 Epilepsien.*

	Propulsiv-Petit mal n	%	Myoklonisch-astatische Petit mal n	%	Pykno-leptische Petit mal n	%	Nicht-pykno-leptische Petit mal n	%
Ohne Grand mal	55		34		169		32	
Mit Grand mal	59		39		336		165	
Zusammen	114	1,8	73	1,1	505	7,8	197	3,0

Die zahlenmäßigen Verhältnisse illustriert die Abb. 141, die in Form einer Pyramide darstellt, wie sich auf der Basis einer generellen Krampffähigkeit aller Menschen und einer elektroenzephalographisch nachweisbaren latenten Krampfbereitschaft von 10% bei 4—5% aller Menschen epileptische Reaktionen und Gelegenheits-Epilepsien manifestieren und bei 0,4—0,5% schließlich chronische Epilepsien entwickeln. Unter letzteren hätte man wieder spontan ausheilende Verläufe, die je nach Art der Anfälle 10—30% ausmachen, stationäre Verläufe, die 60—80%, und progrediente Verläufe zu unterscheiden, die nach dem Anteil dauernd in Anstalten verwahrter Kranker 5—10% ausmachen[71, 1339].
Mit der Einbeziehung von epileptischen Reaktionen und Gelegenheits-Epilepsien in den Krankheitsbegriff der Epilepsie verändert sich auch die Einstellung zu Prognose und Therapie. Um wieviel hoffnungsvoller sieht damit die Prognose auch für die sich chronifizierenden Verläufe aus, wenn die Behandlung als Unterstützung des naturgegebenen Widerstandes gegen die Wiederholung der Anfälle verstanden wird. Um wieviel mehr wird man sich damit auch bei der Untersuchung und Beratung von Patienten der Aufklärung und Behebung der Bedingungen widmen, die die Wiederholung der Anfälle fördern. Auch wird viel gewonnen sein, wenn die Überzeugung ins allgemeine ärztliche Bewußtsein tritt, daß ein einziger oder einige wenige epileptische Anfälle kein unabwendbares Krankheitsschicksal bedeuten, sondern daß es von dem Arzt und dem Patienten gleichermaßen abhängt, ob die Anfälle rezidivieren und solchermaßen zu einer chronischen Epilepsie werden oder nicht.

Andererseits eröffnet sich mit der Erkenntnis, daß sich nicht wenige chronische Epilepsien erst infolge von Gehirnschädigungen entwikkeln, die bei akuten epileptischen Reaktionen entstanden sind, ein weites Feld für eine wirksame Prophylaxe. Denn zumindest bei den kindlichen Infektkrämpfen sind die Bedingungen bekannt, unter denen eine prophylaktische Behandlung, aktuell im Anfall oder

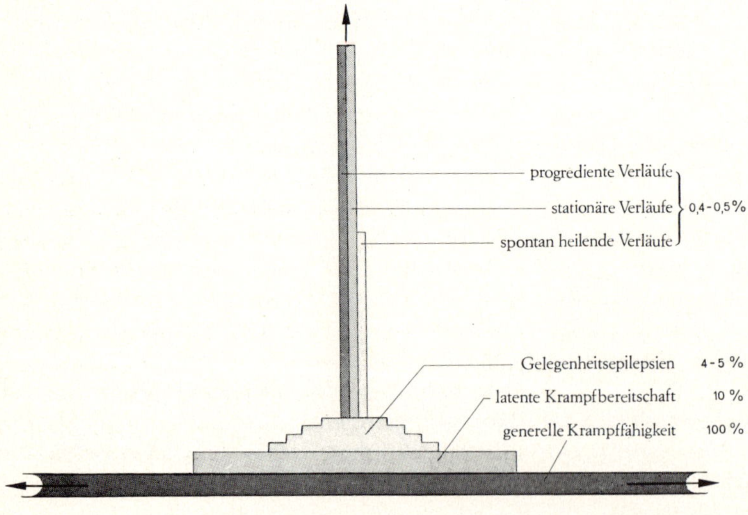

Abb. 141. Verhältnis von genereller Krampffähigkeit, latenter Krampfbereitschaft, akuten und chronischen Epilepsien in der Allgemeinbevölkerung.

Impulsiv-Petit mal n	%	Psycho-motorische Anfälle n	%	Fokale Anfälle n	%	Unklassifizierbare Äquivalente n	%	Reine Grand mal-Epilepsien n	%	Zusammen n	%
27		725		288		43		—		1373	21,1
253		1265		278		165		2567		5127	78,9
280	4,3	1990	30,6	566	8,7	208	3,2	2567	39,5	6500	100,0

als jahrelange Medikation, ratsam und aussichtsreich ist.

Gelegenheits-Epilepsien sind nicht nur auf das frühe Kindesalter beschränkt, wo sie am meisten beachtet werden und wohl auch am häufigsten sind; sie können in jedem Lebensalter vorkommen. *Kindliche Gelegenheits- oder Okkasionskrämpfe* sind epileptische Anfälle, die im Rahmen einer akuten oder subakuten Krankheit entzündlicher, toxischer oder metabolischer Art auftreten. Die häufigste Anfallsform ist der große Anfall – oft nach Art eines prolongierten Grand mal –, der nicht selten eine fokale Prägung aufweist [1265, 1269]. Auslösend sind Meningoenzephalitiden oder Enzephalitiden, Stoffwechselstörungen (Hypoglykämie, Hypokalzämie), Hypoxien oder Hirnblutungen bei perinatalen oder postnatalen Komplikationen und Vergiftungen. Die Hauptgruppe machen jedoch die vorwiegend Knaben betreffenden sogenannten *Infektkrämpfe* aus, die im 2. Lebensjahr am häufigsten sind und jenseits des 4. Lebensjahres kaum noch vorkommen. Von den der Klinik bekannt werdenden Fällen erleiden etwa ein Drittel nur einen Anfall, etwa die Hälfte 2–5 und die übrigen mehr als 5 Anfälle im Laufe weniger Jahre.

Nur bei einem Viertel dauern die Anfälle bis zu 5 min, bei einem Drittel mindestens 30 min und noch bei einem Fünftel länger als 1 Std.[1265]. Da bei einer Anfallsdauer von über 30 min, die als prolongierte Krise oder als Status epilepticus anzusprechen ist, irreversible Gehirnschädigungen entstehen, sind Kinder mit Fieberkrämpfen nicht nur von der Gefahr nachfolgender Epilepsien, sondern auch bleibender Behinderungen auf neurologischem und psychologischem Gebiet bedroht. Nachuntersuchungen ergaben, daß über 40% der Kinder zerebrale Schäden zurückbehielten[770, 1265].

Unter den Infekten, die als Realisationsfaktoren angesehen werden, überwiegen akute Erkrankungen des Nasen-Rachen-Raumes. Fieber ist nach Bamberger u. Matthes[6] »ein notwendiger, aber nicht hinreichender Grund« für die Anfälle. Unter weiteren Bedingungen spielen vor allem zerebrale Vorschädigungen und/oder eine hereditäre Belastung eine Rolle. Etwa die Hälfte der Fälle ist nach Doose et al.[1270] aufgrund klinischer, genetischer und elektroenzephalographischer Kriterien als eine gutartige Form der zentrenzephalen Epilepsie anzusprechen. Infektkrämpfe gehen in 12 bis 17% entweder unmittelbar oder nach einem verschieden langen Intervall später in eine chronische Epilepsie über[6], die dann meist unter dem Bild einer psychomotorischen Epilepsie verläuft[770].

Gelegenheits-Epilepsien sind keine Domäne des Kindesalters. Zwar treten sie zu 43% in den ersten vier Lebensjahren, aber noch zu 27,5% erst nach dem 25. Jahr in Erscheinung[1420]. Im Jugendlichen- und Erwachsenenalter treten die bei Kindern typischen Gelegenheitsursachen, wie fieberhafte Infekte und Stoffwechselstörungen zurück gegenüber anderen außergewöhnlichen Belastungen, wie starker und langer Sonnenbestrahlung, Alkoholexzessen, Schlafentzug, übermäßigen körperlichen Anstrengungen und seelischen Erschütterungen unter allgemein reduzierenden Umständen. Die Intervalle zwischen den ersten Anfällen erlauben kein prognostisches Urteil. So kennen wir Oligo-Epilepsien mit Anfallsserien oder Episoden von 2 oder 3 Anfällen im Abstand von wenigen Stunden, Tagen oder Wochen, selbst mit einem Status epilepticus, ohne daß sich daraus eine chronische Epilepsie entwickelt hätte. Die Prognose und damit auch die Frage, ob man nach einem oder nach einigen Anfällen schon eine Behandlung einleiten soll oder nicht, richtet sich vielmehr — wie bei den kindlichen Gelegenheitskrämpfen — nach dem Ergebnis der neurologischen, vor allem der elektroenzephalographischen Untersuchung. Je mehr Indizien für eine zerebrale Vorschädigung oder je mehr spezifisch epileptische Veränderungen im EEG nachzuweisen sind, desto eher wird ein chronischer Verlauf zu erwarten sein. Je mehr sich aber die Anfälle als funktionelle Reaktionen auf eine außergewöhnliche Stress-Situation interpretieren lassen, desto eher wird man ohne medikamentöse Behandlung den weiteren Verlauf abwarten können.

Merkwürdigerweise haben Gelegenheits-Epilepsien — jedenfalls im Kindesalter, bei Jugendlichen und Erwachsenen fehlen nähere Angaben — die höchste spezifische Heredität (Livingston et al. 36,2%, Hrbek 34,4%, Lennox[1364] 32,0%, Doose et al.[1269] 29,0%, Bamberger u. Matthes[6] 27,5%, Zellweger 21,2%), merkwürdig deswegen, weil die häufigste Form von Epilepsie damit zugleich die mildeste Form wie die mit der höchsten Hereditätsquote ist.

Chronische Epilepsien: Zu einer Einteilung, die vorwiegend auf die Beobachtung eines verschiedenen Verhaltens von Kranken auf der geschlossenen und auf der offenen Abteilung einer Anstalt gegründet ist, kommt Schorsch. Davon ausgehend, daß die einen vor den Anfällen in einen unerträglich werdenen Spannungszustand geraten, von dem sie sich nach den Anfällen befreit fühlen, und die anderen, abgesehen von Wesensänderung und intellektueller Einbuße, im Intervall unauffällig sind und keine Entlastung nach einem Anfall spüren, unterteilt er *»Prozeß-Epilepsien«* und *»stationäre Epilepsien«*. Diese Unterscheidung zieht sich quer durch alle anfallsphänomenologischen und ätiologischen Gruppierungen hindurch. Die wesentlichen Unterschiede beziehen sich auf das Vorliegen quälender Prodromi bei den Kranken mit einer Prozeß-Epilepsie, zu denen 11% aller Anstaltspatienten gehören und die bei genuiner Epilepsie mehr als doppelt so häufig wie unter symptomatischer Epilepsie vorkommt, und auf die Reaktion auf anfallsunterdrückende Medikamente. Schorsch vermutet, daß dem Leiden bei Kranken, die auf anfallswirksame Medikamente mit einer zunehmenden Verstimmung reagieren, ein prozeßhaft fortschreitendes Stoffwechselgeschehen zugrunde liege, währenddem der Krankheitsprozeß bei einer »stationären Epilepsie« wieder inaktiv geworden sei, so daß auch — in Analogie zur Schizophrenie — bei fortgeschrittenen psychischen Veränderungen von einer »Defekt-Epilepsie« gesprochen werden könne.

Verlaufsformen in Abhängigkeit vom Schlaf-Wach-Rhythmus: Unter den Bedingungen, denen das Auftreten großer Anfälle unterworfen ist, hat sich uns ihre Abhängigkeit oder Unabhängigkeit von der Schlaf-Wach-Periodik als das klinisch zugänglichste und pathogenetisch aufschlußreichste Kriterium bewährt. Zwar sind auch die kleinen Anfälle nicht unabhängig von tagesperiodischen Schwankungen, doch ist die Neigung, »sich zu regeln« — wie Charcot[963] es nannte — bei großen Anfällen weit mehr ausgeprägt. Unter diesem seit jeher bekannten, wenn auch vernachlässigten Aspekt, der seit Einführung der Elektroenzephalographie an Bedeutung gewonnen hat, ergeben sich bestimmte Verlaufsformen von Grand mal-Epilepsien, die sich in klinischer, pathophysiologischer und therapeutischer Hinsicht deutlich unterscheiden.

Klassifikation: Daß sich die großen Anfälle bei manchen Kranken über lange Zeit hin immer wieder zu den gleichen Tages- oder Nachtzeiten einstellen, ist seit alters eine ärztliche Binsenwahrheit, die diagnostisch zur Abgrenzung gegenüber nicht-epileptischen Anfallsleiden brauchbar war. Für Aristoteles gab die Beobachtung, daß »sich der Anfang dieses Zustandes (— der Epilepsie —) bei vielen Menschen im Schlaf einstellt«, sogar den Anlaß, den Schlaf als eine Art Epilepsie zu bezeichnen. Älteren Autoren war bei der Registrierung der Anfallszeiten innerhalb des Tageslaufes der bedeutende Anteil nächtlicher Anfälle und die Prädilektion bestimmter Nachtzeiten aufgefallen, ohne daß jedoch ein Unterschied zwischen großen und kleinen Anfällen gemacht worden wäre[396, 891, 1214, 1292, 1415]. Unter dem Gesichtspunkt der bevorzugten Tageszeit wurden Gruppierungen in nokturnale, matutinale, diurnale und diffuse Formen vorgenommen[402, 618, 619, 1247, 1272, 1362, 1409]. Den biologischen Bedingungen näher stehen solche Einteilungen, die die Abhängigkeit vom Schlaf-Wach-Rhythmus zugrunde legen: in Schlaf-Epilepsien[69, 1250, 1344, 1357, 1371, 1377, 1472], Aufwach-Epilepsien (awakening-, rising-fitters, épilepsie du reveil)[250, 592, 1230, 1261, 1324, 1356, 1363, 1371, 1468, 1472] und ungebundene oder diffuse Epilepsien[1331].

Diese Bezeichnungen treffen den Sachverhalt besser, weil die anfallsfördernden Vorgänge nicht mit der Tageszeit, auch nicht mit meteorologischen oder orthostatischen Faktoren, sondern mit dem Schlafen und mit dem Aufwachen zusammenhängen. Das geht schon daraus hervor, daß sich die Anfallszeit bei einer Veränderung der Schlafzeiten entsprechend mitändert[592, 1381], daß bei Anfällen im Schlaf nicht die horizontale Lage, sondern der Schlaf selbst ausschlaggebend ist[1231] und daß Anfälle nach dem Erwachen sowohl dann auftreten können, wenn die Kranken noch im Bett liegen, wie erst 1—2 Stunden nach dem Aufstehen, was mit der Annahme orthostatischer Regulationsstörungen nicht vereinbar ist. Auch Schwankungen im Blutzuckerspiegel, wie vermutet wurde[1400], können für die Anfallsbindungen nicht verantwortlich sein, da MAGNUSSON bei Schlaf-Epilepsien keine direkte Abhängigkeit der nächtlichen Anfälle vom Blutzuckerverhalten feststellen konnte und die Anfälle bei Aufwach-Epilepsien sowohl vor wie nach dem Frühstück eintreten können[1261].

Die Erfahrung, daß sowohl bei Schlaf- wie bei Aufwach-Epilepsien der Schlaf das wesentliche »moment fécond« darstellt, hat DELMAS-MARSALET[1266, 1267] veranlaßt, beide Formen unter diesem Gesichtspunkt zu einer »épilepsie de structure morphéique »zusammenzufassen, worin ihm vor allem französische Autoren gefolgt sind[17, 1238, 1252, 1325, 1406]. Da sich jedoch beide Formen nicht nur pathogenetisch und klinisch, sondern vor allem im Hinblick auf ihr Schlafverhalten fundamental unterscheiden, ist es geboten, sie auch begrifflich auseinanderzuhalten.

Registriert man die Anfallszeiten bei einer größeren Gruppe von Kranken summarisch im Hinblick auf den Schlaf, so ergeben sich vier Schwerpunkte (s. Abb. 142):

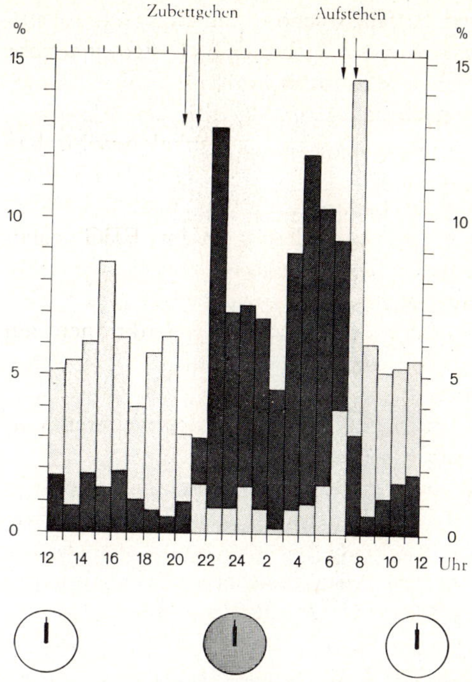

Abb. 142. Tageszeitliche Verteilung von 2524 über 6 Monate bei 66 Anstaltskranken registrierten Anfällen. Die Anfälle der »Nacht«-Gruppe sind dunkel, die der »Tag«-Gruppe hell eingetragen (nach LANGDON-DOWN, M., W. R. BRAIN: Lancet 1929/I, 1029).

1. Anfälle nach dem Erwachen, d. h. von wenigen Minuten bis 2 Std. nach dem Erwachen.

2. Anfälle im Schlaf vor dem Erwachen bzw. in der zweiten Hälfte des Schlafes.

3. Anfälle nach dem Einschlafen bzw. in der ersten Hälfte des Schlafes.

4. Anfälle vorwiegend um »Feierabend«, d. h. in der Entspannung nach getaner Arbeit, meist 8-12 Std. nach dem Aufwachen.

Klassifiziert man die Krankheitsverläufe nach typischen Bindungen oder nach der Ungebundenheit der Anfälle, so ergeben sich drei Verlaufsformen:

1. *Aufwach-Epilepsien* (A), d. h. Epilepsien mit großen Anfällen, die vorwiegend nach dem Erwachen und vorwiegend um Feierabend auftreten. Die Kombination beider Anfallsgipfel zu einer Verlaufsform erklärt sich daraus, daß bei reinen Aufwach-Epilepsien später auch um Feierabend Anfälle aufzutreten pflegen,

wie auch umgekehrt Epilepsien mit »Feierabend«-Anfällen später auch zu Anfällen nach dem Erwachen neigen.
2. *Schlaf-Epilepsien* (S), weil sich bei längerem Krankheitsverlauf meist beide Anfallsgipfel – nach dem Einschlafen und vor dem Erwachen – miteinander kombinieren.
3. *Diffuse Epilepsien* (D), d. h. tagesperiodisch ungebundene Epilepsien mit großen Anfällen vorwiegend aus wachem Zustand, jedoch weniger oder überhaupt nicht nach dem Erwachen und um Feierabend.

Anfallsgipfel: Bei *Schlaf-Epilepsien* ist nicht die gesamte Schlafenszeit gleichmäßig zu Anfällen geneigt. Bei summarischer Registrierung stellen sich zwei Gipfel heraus, die schon FÉRÉ konstatiert und alle Nachuntersucher[592, 1214, 1362, 1377, 1381, 1409] bestätigt haben: Ein erster Gipfel bald nach dem Einschlafen, der bei regulärer Schlafenszeit zwischen 21 und 23 Uhr liegt, und ein zweiter im frühen Morgenschlaf, meist zwischen 3 und 6 Uhr morgens (siehe Abb. 142). Manchmal, bei Kindern seltener[1357] als bei Erwachsenen[69, 1409], kommt es auch zu einem mitternächtlichen Gipfel. Gelegentlich kann man keine besonderen Prädilektionszeiten in Erfahrung bringen. Nicht selten bleibt es auch bei längerem Krankheitsverlauf bei einem einzigen Gipfel. Meist aber kommen die Anfälle zu beiden Gelegenheiten, wenn auch häufiger im Morgenschlaf als nach dem Einschlafen. Nach unseren Erfahrungen beträgt das Verhältnis von Schlaf-Epilepsien mit einem betonten Gipfel im Morgenschlaf zu denen, die ihre Anfälle vorwiegend nach dem Einschlafen bekommen, 82% zu 18%. Merkwürdig ist die Tatsache, daß Verläufe mit einem betonten Gipfel nach dem Einschlafen häufiger zu Anfällen im Mittagsschlaf neigen als solche mit einem späten Gipfel[69, 1377]. Wenn man erfährt, daß bei einer Schlaf-Epilepsie gelegentlich auch Anfälle aus wachem Zustand auftreten, handelt es sich oft um den zweiten oder dritten Anfall einer Anfallsserie, die von einem Anfall während des Schlafes eingeleitet war. In solchen Fällen mit Anfallsserien bestimmt der Zeitpunkt der Erstanfälle oder »herold-fits« – wie sie von GRIFFITHS u. FOX genannt wurden – darüber, um welche Verlaufsform es sich handelt.

Auch bei *Aufwach-Epilepsien* bildet sich von Anfang an oder im Laufe der Zeit noch ein zweiter Anfallsgipfel aus, der – auf die Tageszeit bezogen – meist am späten Nachmittag oder am frühen Abend liegt, nach seiner biologischen Bedeutung aber besser als »Feierabend«-Gipfel bezeichnet wird[250]. In manchen Fällen muß selbst ein Anfall, der sich erst mehrere Stunden nach dem Erwachen einstellt, noch als Aufwach-Anfall gelten, wenn nämlich die Zeit zwischen dem Erwachen und dem Einsetzen des großen Anfalls von einer Serie oder einem Status von kleinen Anfällen überbrückt wird. Daß auch hier die Tageszeit keine Rolle spielt, sondern das Aufwachen entscheidend ist, wird dadurch unterstrichen, daß solche Kranke auch Anfälle nach einer mittäglichen Siesta bekommen können. Dementsprechend muß auch ein Anfall zu einer anderen Zeit als dem späten Nachmittag als Feierabend-Anfall interpretiert werden, wenn die ihm unmittelbar voraufgehende Situation den Charakter einer Entspannung nach vorangegangener Anspannung trägt. Gelegentlich beginnt und verläuft eine Aufwach-Epilepsie lange Zeit mit Feierabend-Anfällen. Die Relation zwischen Verläufen mit betontem Aufwachgipfel und betontem Feierabendgipfel beträgt bei idiopathischen Aufwach-Epilepsien 90% zu 10% und bei traumatischen Aufwach-Epilepsien 50% zu 50%[250].
Eine von der Schlaf-Wach-Periodik unabhängige, *diffuse Verlaufsform* ist dann anzunehmen, wenn die großen Anfälle überwiegend aus wachem Zustand, jedoch ohne Bevorzugung der Aufwach- oder der Feierabend-Situation auftreten. Kranke mit einer diffusen Anfallsverteilung können meist präzise angeben, daß sie nie Anfälle unmittelbar nach dem Aufwachen gehabt haben. Mit der Annahme einer diffusen Verlaufsform sollte man sich nie zufrieden geben, bevor man nicht geprüft hat, ob die Ungebundenheit durch die Nachzügler von Anfallsserien oder durch die Einbeziehung von Anfallsäquivalenten vom Charakter psychomotorischer oder fokaler Anfälle nur vorgetäuscht wurde.

Konstanz und Wechsel der Typen im Krankheitsverlauf: Das Vorurteil, daß die Bindung der großen Anfälle an bestimmte Situationen im

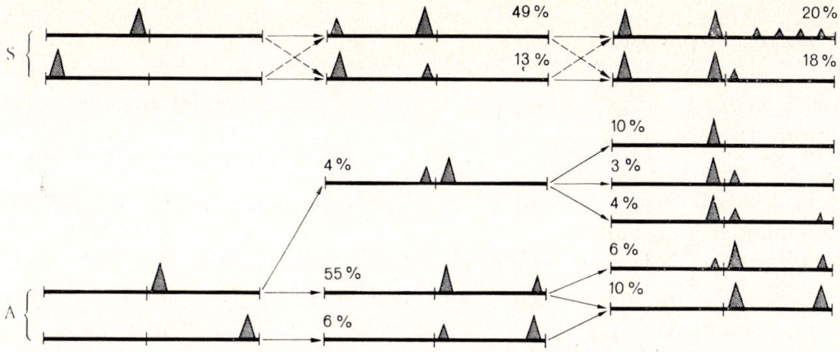

Abb. 143. Verlaufsvarianten von 67 reinen Schlaf-Epilepsien (S) und von 98 reinen Aufwach-Epilepsien (A). — Die Horizontalen bezeichnen den Tageslauf; auf der linken Hälfte die Zeit des Schlafens, auf der rechten Hälfte die Zeit des Wachens. Die Pyramiden geben die jeweilige Prädilektion der großen Anfälle im Tageslauf an. Die Höhe der Pyramiden entspricht der jeweiligen Häufigkeit der Anfälle (nach Janz, D.: Arch. Psychiat. Nervenkr. 191 [1953] 73).

Schlaf-Wach-Rhythmus eher selten als häufig sei und allenfalls nur zu Beginn der Erkrankung oder vorübergehend als eine Episode im Krankheitsverlauf vorkomme, kann sich nur auf einen Eindruck bei Anstaltspatienten berufen[837], einem Krankengut also, das eine Auslese ausgesprochen schwerer und vorwiegend symptomatischer oder im Verlauf symptomatisch gewordener Epilepsien darstellt. Das gleiche gilt vielleicht auch für ein pädiatrisches Krankengut, das sich vorwiegend aus frühkindlichen symptomatischen Epilepsien zusammensetzt[6], obwohl auch hier der Anteil gebundener Verlaufsformen sich bei gründlicher Untersuchung höher erweist[1357], als bisher angenommen wurde. Bei kritischer Beachtung aller Täuschungsquellen überrascht vielmehr, wie konstant die Anfallsbindungen oft bei längerem Krankheitsverlauf erhalten bleiben, wenn nicht sekundäre traumatische oder iktogene Gehirnschädigungen den Verlauf modifizieren[69, 71, 250, 549, 1230, 1331, 1356, 1357, 1371, 1344]. Immerhin ist gelegentlich ein Wechsel von der einen in die andere Form zu beobachten. Solche Übergänge sind aber relativ selten und lassen gewisse Regeln erkennen (s. Abb. 143).

Abb. 143 stellt dar, wie oft und in welcher Richtung sich aus reinen Schlaf- oder Aufwach-Epilepsien Verläufe mit relativ oder absolut ungebundener Anfallsverteilung entwickeln können. Nach unserer Erfahrung gehen diffuse Epilepsien nicht für die Dauer in eine der beiden gebundenen Formen über. Schlaf-Epilepsien konvertieren nie in eine Aufwach-Epilepsie, können aber mit der Zeit diffus werden (20%). Aufwach-Epilepsien können später in eine Schlaf- (17%) oder in eine diffuse Epilepsie (6%) übergehen. Sie sind daher eigentlich die originärste Verlaufsform, weil sie zwar ihren Charakter im Verlauf aufgeben, aber nie ein Durchgangsstadium für eine der beiden anderen Formen darstellen können. Schlaf-Epilepsien können primär als solche beginnen und verlaufen oder diffus werden oder sekundär aus Aufwach-Epilepsien entstanden sein. Eine diffuse Anfallsverteilung markiert entweder den Querschnitt eines Verlaufes, der von Anfang an diffus gewesen ist, oder die gemeinsame Endstrecke von Verläufen, die primär als Aufwach- oder als Schlaf-Epilepsien begonnen haben.

Abb. 144, auf der die beschriebenen Verlaufsmöglichkeiten schematisch dargestellt sind, gibt an, wie häufig die Verlaufsformen krypto-

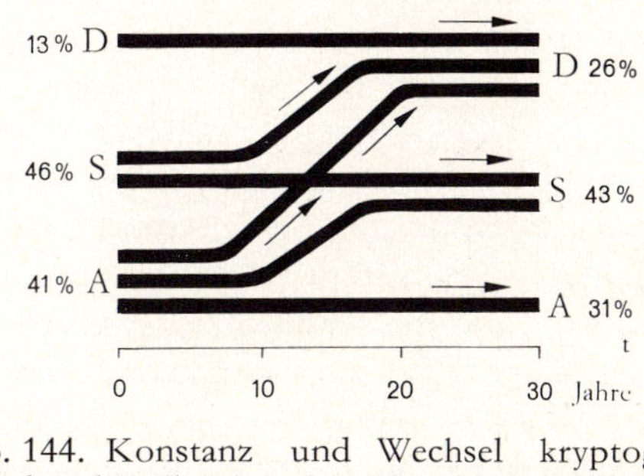

Abb. 144. Konstanz und Wechsel kryptogener Grand mal-Epilepsien im Krankheitsverlauf. — D = diffuse, S = Schlaf, A = Aufwach--Epilepsie (nach Janz, D.: Epilepsia 3 [1963] 69).

Tabelle 47: *Verteilung der Verlaufsformen bei 2825 Grandmal-Epilepsien.*

Verlaufsformen	Janz 1962 n	Hopkins n	Gänshirt u. Vetter n	Krischek n	Vogl n	Total n	Total %
Aufwach-Epilepsie	719	100	22	48	35	924	33
Schlaf-Epilepsie	946	171	32	32	65	1246	44
Diffuse Epilepsie	445	65	40	49	56	655	23
Total	2110	336	94	129	156	2825	100

gener Grandmal-Epilepsien in unserem Krankengut bei einer durchschnittlichen Krankheitsdauer von 13 Jahren konstant geblieben sind oder gewechselt haben.

Die Bedingungen für einen Wechsel der Verlaufsform sind noch unbekannt. Ein bedingender Faktor scheint in der Häufigkeit der vorangegangenen Anfälle zu liegen. Besser belegt ist die Abhängigkeit eines Typenwechsels von der Dauer des Krankheitsverlaufes; denn Schlaf-Epilepsien mit einem einzigen Gipfel dauerten durchschnittlich 7,5 Jahre, mit mehreren Gipfeln jedoch 13,6 Jahre, Aufwach-Epilepsien mit einem einzigen Gipfel 10,0 Jahre und mit einem zweiten Gipfel 12,2 Jahre. Der längste eingipflige Verlauf betraf einen Aufwach-Epileptiker, der über 48 Jahre seine — allerdings seltenen — Anfälle immer nur kurz nach dem Erwachen bekommen hatte. Da Übergänge von gebundenen Verlaufsformen zu einer ungebundenen Anfallsverteilung von der Zahl der Anfälle und der Dauer der Erkrankung abzuhängen scheinen und da primär diffuse Epilepsien meist eine organische Ursache haben, wird man ohne Zwang annehmen dürfen, daß solche Entwicklungen durch anfallsbedingte Gehirnschädigungen zustande kommen. Oder mit anderen Worten, daß sich eine funktionelle Epilepsie infolge der Anfälle in eine organische Epilepsie verwandelt hat[1356].

Anfallsrhythmik: Hinsichtlich des Verlaufscharakters unterscheiden sich die drei Typen insofern, als den diffusen Epilepsien von Anfang an eine Unregelmäßigkeit der Anfallsintervalle eigen ist. Bei Schlaf-Epilepsien sind weitgehend regelmäßige Anfallsintervalle zu beobachten, die die Kranken oft vorhersagen können. Die Anfälle bei Aufwach-Epilepsien kommen anfangs und oft über Jahre hin in sehr unregelmäßigen, unvorhersehbaren Abständen[250,1261] und lassen erst nach längerem Verlauf eine Neigung zu periodischen Intervallen erkennen. Dem entspricht auch eine — aufs Ganze gesehen — stärkere Neigung zur Progredienz bei den diffusen und den Schlaf-Epilepsien, während Aufwach-Epilepsien nicht selten ausgesprochen gutartig, in Form sogenannter Oligo-Epilepsien, verlaufen. Diese auch für die Prognostik nützliche Erfahrung einer verschieden starken Krankheitsneigung bei den beiden gebundenen Formen mag auch erklären, warum Aufwach-Epilepsien wesentlich seltener (6%) als Schlaf-Epilepsien (20%) dazu neigen, in eine diffuse Epilepsie überzugehen.

Häufigkeit: Nach einer vor Jahren vorgenommenen Auszählung von 2110 Grand mal-Epilepsien verschiedener Ätiologie von mindestens 2jährigem Verlauf handelte es sich bei 34% um Aufwach-, bei 45% um Schlaf- und bei 21% um diffuse Epilepsien[1335]. Schon 1933 war Hopkins zu annähernd dem gleichen Resultat gekommen, als sie unter 336 nichthospitalisierten Kranken mit Grand mal-Epilepsien 30% mit Aufwach-, 51% mit Schlaf- und 19% mit diffusen Epilepsien antraf (siehe Tab. 47).

Auch aus neueren Untersuchungen von Gänshirt u. Vetter, von Krischek und von Vogl geht hervor, daß Grand mal-Epilepsien meist in Form von Schlaf- und von Aufwach-Epilepsien verlaufen. Bei Kindern scheinen die gebundenen Verlaufsformen etwas seltener zu sein. Doch beträgt der Anteil der Schlaf-Epilepsie in einem kindlichen Krankengut immerhin 30% [1357]. Wenn daher $^2/_3$—$^3/_4$ aller Grand mal-Epilepsien einer der beiden gebundenen Verlaufsformen zugehören, dann ist nicht die wahllose Verteilung, sondern die Bindung der Anfälle an den Schlaf-Wach-Rhythmus die Regel.

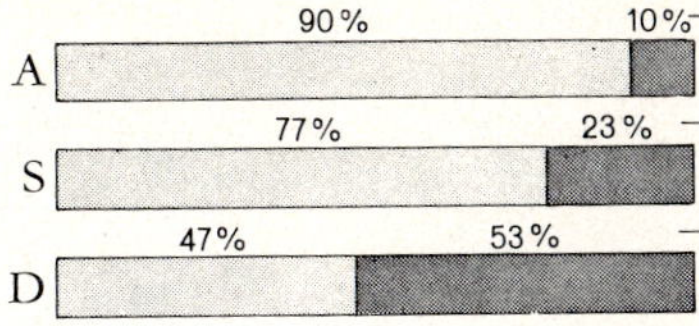

	Kryptogen n	%	Symptomatisch n	%	Zusammen n	%
A	649	90	70	10	719	34
S	727	77	219	23	946	45
D	207	47	238	53	445	21
Zusammen	1583	75	527	25	2110	100

Abb. 145. Ätiologische Klassifikation der Grand mal-Verlaufsformen. — A = Aufwach-, S = Schlaf-, D = diffuse Epilepsien (nach JANZ, D.: Epilepsia (Amst.) 3 [1962] 69).

Ätiologie: Wie aus Abb. 145 ersichtlich, sind bei Aufwach-Epilepsien nur selten, bei Schlaf-Epilepsien in einem Viertel und bei diffusen Epilepsien in der Mehrzahl der Fälle organische Ursachen nachweisbar[1331, 1335, 1356].
Die Aufgliederung nach verschiedenen Ursachen läßt eine gegensätzliche Verteilung der Verlaufsformen bei den hereditären und kryptogenen Epilepsien einerseits und bei den verschiedenen Formen symptomatischer Epilepsien andererseits erkennen (s. Abb. 146). Aufwach-Epilepsien stellen das Hauptkontingent bei idiopathischen Epilepsien und spielen bei symptomatischen Epilepsien eine unbedeutende Rolle. Reziprok dazu ist der Anteil der diffusen Verlaufsformen bei idiopathischen Epilepsien gering, bei symptomatischen Epilepsien jedoch überragend. Unter ätiologischem Blickwinkel kann man daher die Aufwach-Epilepsie als den Prototyp einer endogenen Epilepsie und die diffuse Epilepsie als den Prototyp einer exogenen Epilepsie bezeichnen. — Schlaf-Epilepsien nehmen in ätiologischer Hinsicht eine intermediäre Stellung ein; ihr Anteil bleibt bei sämtlichen ätiologisch klassifizierten Gruppen gleich.

Beziehung zu kleinen Anfällen: Bei Kombinationsformen ergeben sich signifikante Korrelationen zwischen der Verlaufsform der großen Anfälle und der Art der kleinen Anfälle. Folgende Tabelle faßt die in den vorhergehenden Kapiteln beschriebenen Befunde zusammen: Besonders eng ist die Verbindung zwischen den altersgebundenen kleinen Anfällen und der Aufwach-Epilepsie, denn 76% aller mit großen Anfällen kombinierten Anfälle aus dem Petit-mal-Quintett gehen mit Aufwach-Epilepsien einher. Die biologische Verwandtschaft wird noch deutlicher, wenn man die beiden frühkindlichen Petit mal-Epilepsien, das Propulsiv-Petit mal und das myoklonisch-astatische Petit mal ausnimmt, die im Quintett der altersgebundenen Petit mal eine gewisse Sonderstellung einnehmen. Grand mal in Kombination mit pyknoleptischen Petit mal, nicht-

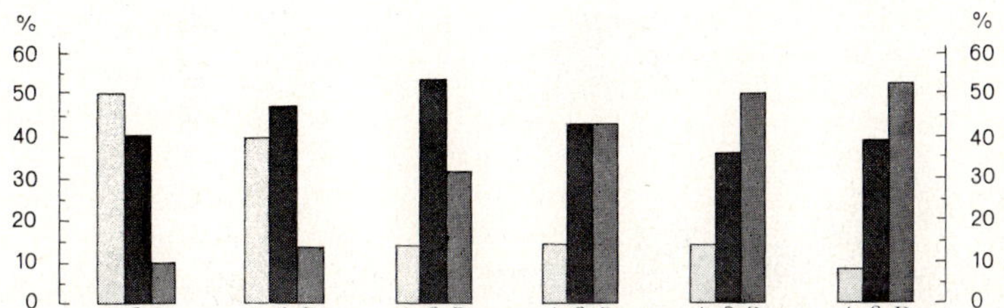

	Epilepsien unbekannter Ursache				Epilepsien mit bekannter Ursache									
	Hereditär		Kryptogen		Residual		Symptomatisch		Traumatisch		Tumor		Zusammen	
	n	%	n	%	n	%	n	%	n	%	n	%	n	%
A	90	50	559	40	15	14	17	14	32	14	6	8	719	34
S	73	40	654	47	57	54	50	43	82	36	30	39	946	45
D	17	10	190	13	34	32	50	43	113	50	41	53	445	21
Zusammen	180	100	1403	100	106	100	117	100	227	100	77	100	2110	100

Abb. 146. Verteilung der Verlaufsformen bei verschiedener Ätiologie. — A = Aufwach-, S = Schlaf-, D = diffuse Epilepsien (nach JANZ, D.: Epilepsia [Amst.] 3 [1962] 69).

Tabelle 48: *Zuordnung der Grand mal-Verlaufsformen zu den verschiedenen Typen kleiner Anfälle* (A = Aufwach-, S = Schlaf-, D = diffuse Epilepsie).

Art der kleinen Anfälle	A		S		D		Zusammen	
	n	%	n	%	n	%	n	%
Propulsiv-Petit mal	6	10	30	52	22	38	58	100
Myoklonisch-astatische Petit mal	14	22	19	30	31	48	64	100
Pyknoleptische Petit mal	272	88	12	4	24	8	308	100
Nicht-pyknoleptische Petit mal	106	70	22	14	24	16	152	100
Impulsiv-Petit-mal	238	95	5	2	8	3	251	100
Petit mal-Quintett zusammen	636	76	88	11	109	13	833	100
Psychomotorische Anfälle	127	15	450	55	246	30	823	100
Jackson-Anfälle, sensorische Anfälle und Adversiv-Krämpfe	26	13	76	37	102	50	204	100
Unklassifizierbare kleine Anfälle	23	18	60	47	44	35	127	100
Zusammen	812	41	674	34	501	25	1987	100

pyknoleptischen Petit mal und mit Impulsiv-Petit mal verlaufen fast ausschließlich (87%) in Form von Aufwach-Epilepsien.

Bei Kombinationen mit psychomotorischen Anfällen handelt es sich in der Mehrzahl (55%) um Schlaf-Epilepsien, zu fast einem Drittel (30%) um diffuse und nur relativ selten (15%) um Aufwach-Epilepsien, die meist erst sekundär in psychomotorische Epilepsien übergegangen sind. Dagegen verlaufen große Anfälle in Kombination mit kortikalen Anfällen (Jackson-Anfälle, sensorische Anfälle und Adversiv-

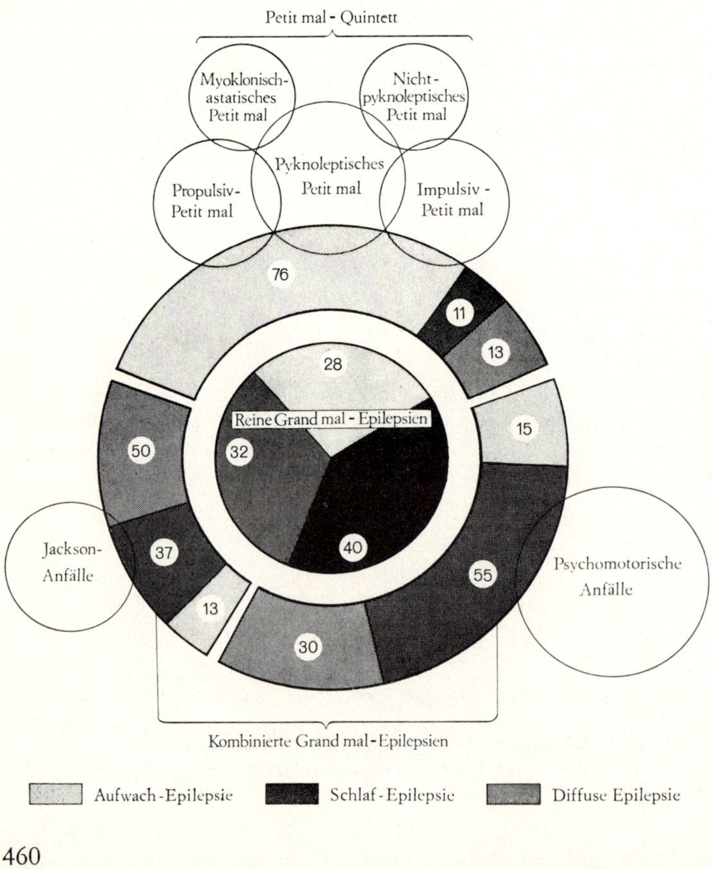

Abb. 147. Schema der Verteilung und Kombination der Grand-mal-Verlaufsformen mit den verschiedenen Typen kleiner Anfälle. — Der innere Kreis bezieht sich auf reine Grand mal-Epilepsien (1813 Fälle), der äußere Ring auf Kombinationsformen (1987 Fälle). — Lies: 55% aller mit psychomotorischen Anfällen kombinierten Grand mal-Epilepsien sind Schlaf-Epilepsien, 15% Aufwach-Epilepsien usw.

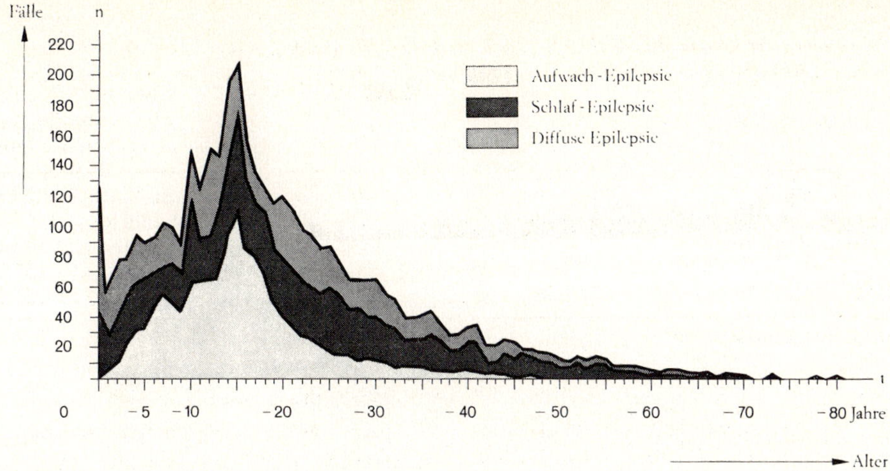

Abb. 148. Erkrankungsalter von 4121 Fällen reiner und kombinierter Grand mal-Epilepsien verschiedener Ätiologie.

Krämpfe) meist (50%) in diffuser Form, zu über einem Drittel (37%) als Schlaf-Epilepsien und wieder nur selten (13%) als Aufwach-Epilepsien. Die Befunde sind von allen Untersuchern bestätigt worden[51, 410, 411, 1230, 1261, 1344, 1371, 1468].

Abb. 147 soll lediglich die in der Tabelle 48 angeführten statistischen Korrelationen anschaulich machen. Nimmt man gleichsam in einer dritten Dimension noch die ätiologische Verteilung hinzu, so ergibt sich unter Korrelation von Anfallsbild, Anfallsbindung und Ätiologie eine natürliche Dreigliederung der Epilepsien: Grand mal-Epilepsien in Kombination mit pyknoleptischen Petit mal, nichtpyknoleptischen Petit mal und Impulsiv-Petitmal sind – ebenso wie reine Aufwach-Epilepsien – überwiegend (93%) kryptogene Epilepsien. Nur selten ist hier eine organische Ursache nachzuweisen. Den Gegenpol bilden – analog den reinen diffusen Epilepsien – die Kombinationen mit kortikalen Anfällen, die in 65% eindeutig symptomatische Epilepsien darstellen. Kombinationen mit psychomotorischen Anfällen nehmen – wie die reinen Schlaf-Epilepsien – auch in ätiologischer Hinsicht eine Mittelstellung ein, da sie zwar häufiger (73%) als Kombinationen mit kortikalen Anfällen kryptogen bleiben, aber doch viermal häufiger (27%) als Kombinationen mit den erwähnten altersgebundenen Anfällen symptomatische Epilepsien sind.

Erkrankungsalter: (Abb. 148). Die Gesamtkurve mit ihrem zweigipfligen Verlauf entspricht der geläufigen Erfahrung, daß das Erkrankungsalter von Epilepsien zwei Prädilektionszeiten kennt: die ersten Lebensjahre und die Pubertätszeit[51, 1482]. Entschlüsselt man jedoch die Kurve nach dem Anteil der einzelnen Verlaufsformen, dann stellt sich heraus, daß der Gipfel in der zweiten Lebensdekade durch Aufwach-Epilepsien bedingt ist und der Gipfel in den ersten Lebensjahren vorwiegend durch diffuse Epilepsien. Schlaf-Epilepsien beginnen annähernd gleich häufig in jedem Lebensalter. Daß der Beginn von diffusen Epilepsien an kein Alter gebunden ist, liegt darin begründet, daß es sich dabei vorwiegend um symptomatische Epilepsien handelt. So ist ihr hoher Anteil in den ersten Lebensjahren durch die Bedeutung perinataler Schädigungen und ihre relative Häufigkeit zwischen dem 18.–25. Lebensjahr vorwiegend durch die Bedeutung traumatischer Hirnschädigungen bedingt.

Aufwach-Epilepsien beginnen meist (66%) zwischen dem 10. und 25. und nur ausnahmsweise (6,5%) noch nach dem 30. Lebensjahr. Der Pubertätsgipfel, der zu der Behauptung Anlaß gab, daß idiopathische Epilepsien in den Entwicklungsjahren beginnen, geht also auf die Aufwach-Epilepsie zurück (siehe auch Abb. 149). In ihrer Altersabhängigkeit kommt eine weitere Beziehung der Aufwach-Epilepsie zu den altersgebundenen kleinen Anfällen der

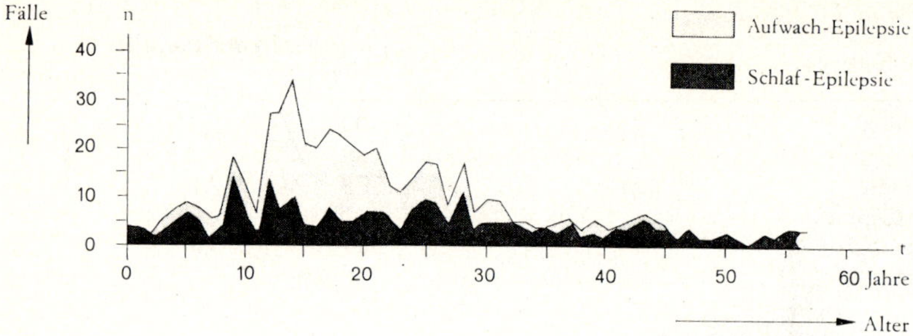

Abb. 149. Erkrankungsalter von 276 kryptogenen Schlaf-Epilepsien und von 253 kryptogenen Aufwach-Epilepsien. Es handelt sich um reine Grand mal-Epilepsien (nach Janz, D.: Epilepsia [Amst.] 3 [1962] 69).

Petit mal-Trias, bzw. des Petit mal-Quintetts zum Ausdruck. – Auch anderen Autoren ist die strenge Altersbezogenheit der Aufwach-Epilepsien aufgefallen. 62–88% ihrer Fälle hatten zwischen dem 10. und 25. Lebensjahr begonnen[1230, 1261].

Schlaf-Epilepsien zeigen, auch wenn ihre Ursache unbekannt ist, keine Altersprädilektion (s. auch Abb. 149). Zwischen dem 10. und 25. Jahr beginnen weniger als die Hälfte (41%) und noch fast ein Drittel nach dem 30. Lebensjahr (30%). Jovanović u. Schäfer fanden sogar nur 33% mit Beginn zwischen dem 10. und 25. und 39% noch nach dem 30. Lebensjahr. – Die altersmäßig unabhängige Verteilung der Schlaf-Epilepsie entspricht weitgehend der von psychomotorischen Epilepsien, womit deren gegenseitige Beziehung unterstrichen wird.

Auslösung der Anfälle: Art und Gewicht der Umstände, die anfallsauslösend wirken, sind bei beiden Verlaufsformen recht verschieden[250, 1261, 1335]. Schlaf-Epilepsien setzen im allgemeinen ohne äußeren Anstoß ein und verlaufen auch weitgehend unabhängig von derartigen Anlässen weiter. Aufwach-Epilepsien dagegen manifestieren sich meist erst auf einen äußeren Anstoß hin und kommen auch erst dadurch in Gang, daß sich derartige Anlässe wiederholen. Bei aller Vielfalt an auslösenden Umständen (s. Abb. 150) dominieren bei Aufwach-Epilepsien drei Faktoren, die sich oft zu einem pathogenetischen Bündel kombinieren: ungewohnter Schlafmangel, unmäßiger Alkoholgenuß und vorzeitiges Gewecktwerden. Doch ist es sicher nicht zufällig, daß ausgerechnet Kranke mit einer Aufwach-Epilepsie dazu neigen, sich »die Nächte um die Ohren zu schlagen« und wie im Schlafen, so auch im Trinken kein Maß zu halten, während Kranke mit Schlaf-Epilepsien von Natur aus solche Versuchungen kaum kennen. Schlafentzug in Verbindung mit Alkoholgenuß und raschem Gewecktwerden gilt daher als spezifische Anfallsprovokation bei Aufwach-Epilepsien, die sich bei diagnostischen Zweifeln gut bewährt hat[74, 385, 386]. Oft werden die Anfälle bei Aufwach-Epilepsien jahrelang von solchen Anlässen bestimmt.

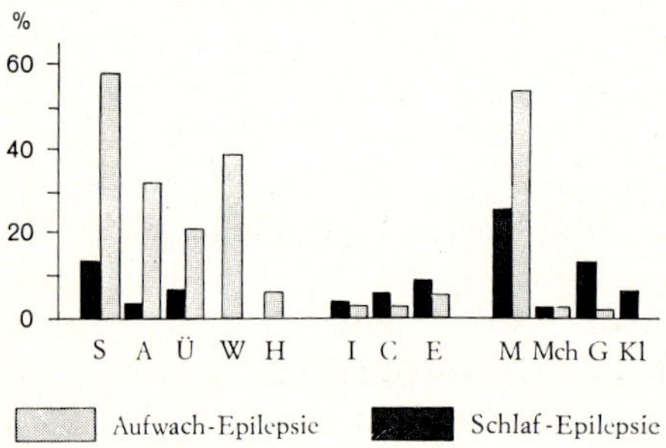

Abb. 150. Art und Bedeutung anfallsauslösender Faktoren bei Schlaf- und bei Aufwach-Epilepsien. S: Schlafentzug; A: Alkoholexzeß; Ü: körperliche Überanstrengung; W: vorzeitiges Gewecktwerden; H: sommerliche Hitze; I: Infektionen; C: Commotio cerebri; E: Aufregungen; M: Menstruation; Mch: Menarche; G: Gravidität; Kl: Klimakterium (nach Janz, D.: Epilepsia [Amst.] 3 [1962] 69).

Auch hängt die scheinbare Rhythmik sogenannter »Montags-« oder »Feiertags-«Anfälle (Neujahr, Karneval, Geburts- und Festtage) nur von entsprechenden Gelegenheiten zu Ausschweifungen ab, wie das Beispiel eines Kranken lehrt, der angab, seine Anfälle hätten sich auf den Tag genau alle 4 Wochen eingestellt. Dieser Tag war immer ein Montag, der Kranke aber Bäckergeselle, der montags besonders früh aufzustehen hatte, um das Wochenbrot zu backen. Alle 4 Wochen war am Sonntagabend geselliges Beisammensein seines Vereins, das jedesmal auf eine Zecherei hinauslief. Bezeichnenderweise waren alle unsere Kranken mit »Montags«-Anfällen Aufwach-Epileptiker.
Einer unter ihnen hatte diesen Scheinrhythmus schon seit 5 Jahren beibehalten, abgesehen von

Tabelle 49: *Anteil von Epilepsien in der Familie.*

	Zahl der Fälle		Epilepsien in der Familie n		%	
Aufwach-Epilepsien	719		90		12,5	
davon kryptogene		649		90		13,9
Schlaf-Epilepsien	946		73		7,7	
davon kryptogene		720		66		9,2
Diffuse Epilepsien	445		17		3,8	
davon kryptogene		205		15		7,3

den unkalendarischen »Montagen« an Neujahr und an Aschermittwoch. Der Bäckergeselle mußte wegen der Anfälle seinen Beruf aufgeben und Fabrikarbeiter werden, wodurch er vom Regen in die Traufe kam; denn jetzt hatte er in Schichten abwechselnd tags und nachts zu arbeiten und bekam seine Anfälle, wenn er von der Schicht nach Hause gekommen, sich übermüdet zum Schlafen gelegt und von der Frau zum Essen geweckt worden war.

Fall Franz D.: Aufwach-Grand mal, provoziert durch Schlafentzug und Alkohol.

Ein 22jähriger Student, bei dem seit 2½ Jahren insgesamt 8 große Anfälle aufgetreten waren. Den ersten bekam er während der Vorbereitung aufs Abitur eines Morgens, als er zur Schule gehen wollte und nach wochenlangem intensivem abendlichem Studium die Nacht zuvor besonders spät ins Bett gekommen war. Der nächste ereignete sich 1 Jahr später, als er — schon Student — wieder am Abend gearbeitet, einige Nächte zuvor, durch das Geheul eines kranken Hundes gestört, schlecht geschlafen hatte, zum Wochenende nach Hause gefahren und am nächsten Morgen um 5 Uhr aufgestanden war, um eine Wanderung zu unternehmen. Der dritte Anfall überfiel ihn dreiviertel Jahre später nachts im Schlaf, nach einer Semestralprüfung, die ihn sehr angestrengt hatte; der vierte ein halbes Jahr später, nachdem er bei einem Klassenfest ziemlich viel getrunken, eine Rede gehalten und sich gerade wieder zu seinen Kameraden gesetzt hatte. Der fünfte geschah vier Wochen später an einem Nachmittag. An diesem Tage war er erst frühmorgens von einem Kommers seiner Studentenverbindung nach Hause gekommen, hatte bis 10 Uhr geschlafen, bis zum Mittag gearbeitet, wieder einige Stunden geschlafen und war gerade zum Arbeiten aufgestanden, als der Anfall einsetzte. Drei weitere, die in immer kürzer werdenden Abständen folgten, einer aus dem Morgenschlaf, zwei kurz nach dem Erwachen, waren jeweils das Ergebnis durchzechter und durchwachter Nächte.

Daß *Schlafentzug* epileptische Anfälle provozieren könne, ist von BENNET, BERTOLINI, MATTSON et al., SCHULTE, STAUDER, WEINBERG beschrieben worden. Seine spezifische Bedeutung bei Aufwach-Epilepsien hat außer uns DAVID betont, der diese Verlaufsform daher geradezu als die Epilepsie der ersten Bälle, der ersten sexuellen Beziehungen, kurz der ersten »weißen Nächte« (»nuits blanches«) bezeichnet. Bei seinen 100 Aufwach-Epilepsien waren die Anfälle in 65% durch zu wenig Schlaf, in 15% durch Störungen der Schlaftiefe und des Schlafrhythmus und in 18% durch beide Faktoren ausgelöst. Bei 21 Patienten war wiederholter Alkoholabusus ausschlaggebend.

Bei diffusen Epilepsien spielen andere Faktoren eine anfallsauslösende Rolle, die in keinem regelhaften Zusammenhang zur Tageszeit und zum Schlaf-Wach-Rhythmus stehen. Wir sehen das pathogenetisch Gemeinsame folgender wahllos aneinandergereihter Umstände, wie plötzliche körperliche Anstrengungen, heftige Emotionen, Wetterwechsel[1232, 1320], Heben und Tragen schwerer Lasten, starke Sonnenbestrahlung, Aufenthalt in überfüllten Räumen, Fahrten mit Fuhrwerken, Traktoren, Eisenbahnen, Omnibussen u. ä., in akuten Regulationsstörungen der Gehirndurchblutung[1331]. Nicht zufällig kommt es zu diffusen Epilepsien besonders nach Gehirnverletzungen und bei Gehirntumoren, die erfahrungsgemäß mit einer erhöhten vasomotorischen Labilität einhergehen.

Heredität: Tabelle 49 gibt den Anteil sicher nachweisbarer Epilepsien in der Familie — Fieber- und Gelegenheitskrämpfe ausgenommen — bei den einzelnen Verlaufsformen wieder, soweit dies bei üblicher anamnestischer Befragung zu erfahren war. Dabei handelt es sich nicht um das Ergebnis einer systematischen Untersuchung. Auch wurde nicht nach Verwandtschaftsgraden differenziert. Trotz dieser Einschränkungen scheint daraus hervorzugehen, daß bei Aufwach-Epilepsien die stärkste und bei diffusen Epilepsien die geringste hereditäre Belastung vorliegt, während

Schlaf-Epilepsien auch darin eine Mittelstellung einnehmen, daß ihr Anteil der Durchschnittsquote des Gesamtmaterials entspricht (180 Fälle = 8,5% von 2110 Grand mal-Epilepsien jeder Ätiologie). Für die Aufwach-Epilepsie liegt eine Vergleichszahl vor von DAVID, die mit 12% – bei einer durchschnittlichen Erblichkeitsquote von 5% – unseren Befunden fast gleichkommt. Für die Schlaf-Epilepsie liegen Vergleichszahlen aus einem kindlichen Krankengut vor[1357], wobei ohne Differenzierung der Verwandtschaftsgrade in 17% und, nur auf Eltern und Geschwister bezogen, in 12% Epilepsien in der Familie zu ermitteln waren.

Wenn auch der Anteil familiärer Fälle bei kindlichen Schlaf-Epilepsien höher liegt, so entspricht auch dieser Wert ziemlich genau der durchschnittlichen familiären Belastung bei Kindern, die mit 18% ermittelt wurde[6]. Auch BRIDGE findet keinen Unterschied in der Heredität zwischen Schlaf-Epilepsien und anderen Verlaufsformen.

Offenbar können, ebenso wie bei den verschiedenen Typen kleiner Anfälle, auch bei Grand mal-Epilepsien die verschiedenen Verlaufsformen in klinisch *homologer Weise* vererbt werden. Bei einer Untersuchung über die Erscheinungs- und Verlaufsweisen hereditärer Grand mal-Epilepsien in 18 Sippen mit insgesamt 39 Epileptikern waren nur 2 Ausnahmen von der Regel zu finden, daß Aufwach-Epilepsien (s. Fall Wolfgang B.) und Schlaf-Epilepsien in den Familien getrennt weitergegeben werden[1460]. Auch KRUSE berichtet, daß er 9 Kinder mit Schlaf-Epilepsien kennt, deren Verwandte ebenfalls eine Schlaf-Epilepsie hatten.

Das Verhältnis exogener und endogener Faktoren bei verschiedenen Formen von Epilepsie hatte man sich mit BUMKE bisher nach Art eines Kräfteparallelogramms vorgestellt: Je stärker die Anlage zur Epilepsie, desto weniger bedürfe es äußerer Anstöße zu ihrer Manifestation und umgekehrt. Die Befunde bei Aufwach-Epilepsien widersprechen dieser Vorstellung; denn Aufwach-Epilepsien sind vom Blickpunkt der Ätiologie und Heredität eher als eine endogene, von der Bedeutung äußerer Anlässe und der Unregelmäßigkeit ihrer Anfallsintervalle her aber eher als eine exogene Verlaufsform zu bezeichnen. Der Verlauf von Schlaf-Epilepsien entspricht mit seiner autonomen Rhythmik und seiner weitgehenden Unabhängigkeit von äußeren Umständen weit eher der Vorstellung eines endogenen Krankheitstypus, obwohl hier die Bedeutung der Anlage geringer und das Gewicht organischer Ursachen größer ist als bei Aufwach-Epilepsien. Nur die diffusen Epilepsien entsprechen dem Schema als Beispiel eines exogenen Reaktionstypus, da hier die Bedeutung der Anlage gegenüber dem Gewicht ätiologischer Faktoren und anfallsauslösender Umstände zurücktritt. Erst mit Kenntnis des Schlafverlaufs, des seelischen Verhaltens und der körperlichen Befunde wird sich die beschriebene Paradoxie auflösen, indem sich herausstellt, daß das vermeintlich Exogene an den Aufwach-Epilepsien weitgehend endogen determiniert ist[1336].

Schlafverlauf: Die Abhängigkeit der Anfälle vom Schlaf und von Schlafstörungen ließ schon PATRY danach fragen, ob die Qualität des Schlafs bei den einzelnen Verlaufsformen verschieden sei, was sich später bestätigen sollte[250, 385, 386, 405, 410, 411, 412, 549, 1230, 1335, 1336, 1356, 1344]. Sowohl klinisch wie elektroenzephalographisch war nachzuweisen, daß Kranke mit Aufwach-Epilepsien und Kranke mit Schlaf-Epilepsien in diametral verschiedener Weise müde und wach werden, einschlafen und aufwachen, d. h. zu verschiedenen Tageszeiten ihre schlaf-wach-periodischen Tief- und Höhepunkte erreichen. Sie unterscheiden sich auch hinsichtlich der Schlafquantität und des Traumverlaufs. Kranke mit diffusen Anfällen haben im allgemeinen ein durchschnittliches, uncharakteristisches Schlaf-Wach-Profil, so daß sie hier unerörtert bleiben.

Aufwach-Epileptiker wachen ausgesprochen beschwerlich auf; Schlaf-Epileptiker dagegen werden ohne Mühe wach. Aufwach-Epileptiker zögern oft das Aufstehen so lange wie möglich hinaus und sind, wenn sie geweckt werden – was oft nötig ist – noch längere Zeit schlaftrunken. Sie kommen erst allmählich im Laufe des Vormittags zu sich, sind dafür aber am Spätnachmittag und Abend hellwach und leistungsfähig. Sie neigen dazu, abends noch lange aufzubleiben, und schlafen dann meist unter gewissen Schwierigkeiten wie mehrmaligem Aufschrecken, wiederholten Einschlafzuckungen, erst nach mannigfachen Zeremonien (Lektüre im Bett, Einnehmen bestimmter Körperhaltungen) ein. Ihr Schlaf ist in den ersten Stunden unruhig und traumreich und wird erst gegen Morgen tiefer, so daß sie bis in den Vormittag hinein schlafen würden, wenn es möglich wäre. Schlaf-Epileptiker dagegen fühlen sich abends müde und pflegen eher früh und rasch einzuschlafen. Sie fallen bald in einen tiefen Schlaf, in dem sie kaum einmal die eingenommene Lage ändern, erinnern wenig Träume, sind morgens leicht zu wecken und fühlen sich dann frisch und ausgeschlafen. Den Vormittag über ist ihr Lebensgefühl am höchsten und ihre Leistungsfähigkeit am besten.

Abb. 151 stellt schematisch dar, daß Wachheit und Schlaf, Aktivität und Passivität, Leistungsfähigkeit und Ruhebedürfnis bei Schlaf- und bei Aufwach-Epileptikern zu verschiedenen Zeiten während der 24-Stunden-Periode eintreten, was einer Phasenverschiebung ihres Schlaf-Wach-Ablaufs gleichkommt.

Diese zunächst klinischen Erfahrungen sind von Christian[385, 386] und von Jovanović[410, 411, 412, 1230, 1344] in fortlaufenden elektroenzephalographischen Untersuchungen des natürlichen Schlafs mit Schlaftiefenbestimmungen durch Weckreize und zum Teil durch polygraphische Registrierung der Augenbewegungen, der Muskelaktivität, der Herztätigkeit und der galvanischen Hautreflexe bestätigt und genauer differenziert worden.

Dabei ergab sich: *Schlaf-Epileptiker* schlafen nach unverzögertem Zubettgehen rasch ein, durchlaufen in ziemlich rascher Folge die Schlafstadien A—C und erreichen bald über das D-Stadium des mittleren Schlafs das E-Stadium des Tiefschlafs. Sie verharren, mit einer kleinen Aufwachzacke etwa 3 Std. nach dem Zubettgehen, mehr als 4 Std. im Tiefschlaf

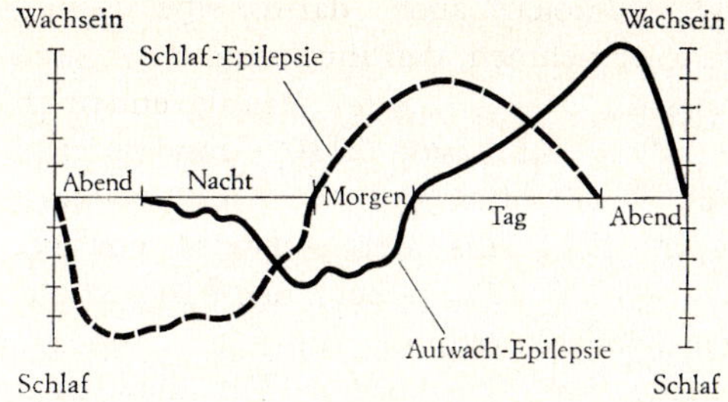

Abb. 151. Schematische Schlaf-Wach-Profile bei Schlaf- und bei Aufwach-Epilepsien.

(s. Abb. 152). Schlafspindeln sind in diesem durch große, sehr langsame δ-Wellen um 1/sec, häufig sogar unter 0,6/sec charakterisiertem Stadium praktisch kaum zu sehen. Schwache Weckreize führen zu keiner EEG-Reaktion während des E-Stadiums. Erst danach wird der Schlaf leichter, in dem nach 6—7 Std. noch einmal eine kleine Vertiefungszacke vorkommt, wonach die Patienten rasch und mit dem Gefühl, ausgeschlafen zu sein, wieder zu sich kommen. Träume dauern relativ kurz. In den Traumphasen kommt es zu Pausen, in denen nicht geträumt wird. Die Trauminhalte sind spärlich und zerfahren. Im Vergleich mit dem prinzipiell ähnlichen Schlaftypus von gesunden Personen, die ebenfalls ihren Tiefschlaf in den ersten Nachtstunden erreichen, unterscheiden sich Schlaf-Epileptiker darin, daß sie rascher einschlafen und daß ihr Tiefschlaf länger anhält. Dadurch kommt ein *Schlafüberschuß* zustande, der rechnerisch zwischen 48 und 55% über der Schlafmenge von Gesunden liegt. Anfälle treten nie im Tiefschlaf, sondern immer in einem Einschlafvorgang auf. Die

Abb. 152. Schema des natürlichen Schlafverlaufs bei Aufwach-Epilepsien, Schlaf-Epilepsien und gesunden Versuchspersonen ohne Medikation. Die Abbildung stellt aus EEG und akustischen Weckreizen integrierte Schlafkurven dar. Wenn beide Werte nicht korrespondierten, wurden die akustischen Weckreize als Maß der Schlaftiefe angenommen. ——— = Schlaf-Epilepsie, — — — = Aufwach-Epilepsie, - - - - - = gesunde Versuchspersonen (nach Jovanović, U. J.: Therapiewoche 17 [1967] 95).

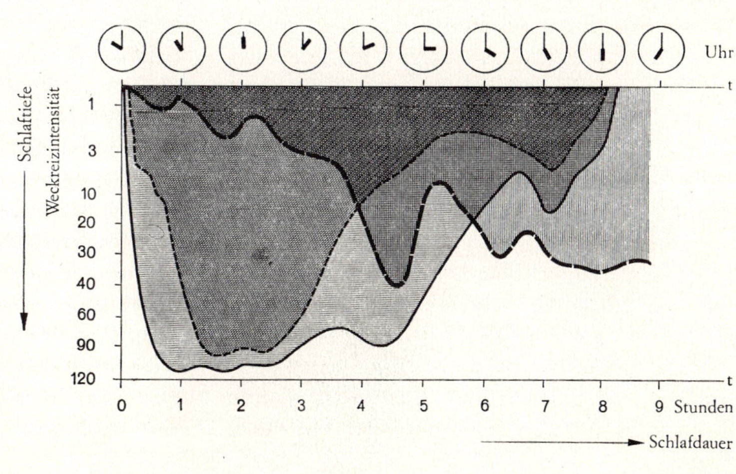

beiden Anfallsgipfel während des Schlafs kommen also durch die beiden Einschlafstadien nach dem Zubettgehen und vor der zweiten Schlafvertiefung gegen Morgen zustande.

Aufwach-Epileptiker erreichen dagegen während ihres gesamten Schlafs bei weitem nicht die gleiche Schlaftiefe wie Schlaf-Epileptiker, Sie schlafen verzögert ein und pendeln während der ersten Stunden in den Einschlafstadien. Erst nach 4 Std. können sie in einen mittleren Schlaf hineinkommen, für kurze Zeit auch in das E-Stadium — dessen δ-Wellen jedoch selbst dann nur selten langsamer als 2/sec ablaufen — und gleiten dann wieder in einen oberflächlichen Schlaf hinüber. Ihr Schlaf-EEG wird vorwiegend von Zwischen- und kleinen δ-Wellen bestimmt, die immer wieder von frequenten Schlafspindeln um 14/sec unterbrochen werden. Die Spindelaktivität verschwindet selbst in den kurzen Tiefschlafstadien nicht. Die Schlaftendenz wird gegen Morgen ausgeprägter, so daß die Kurve eine erneute Vertiefung aufweist. Daher sind sie, wenn sie zur üblichen Zeit geweckt werden, noch unausgeschlafen. Der Schlaf ist nach CHRISTIAN[385, 386] durch einen polyphasischen Verlauf gekennzeichnet. Aufwach-Epileptiker leiden daher an einem *Schlafdefizit*, das im Vergleich zur Schlafmenge von Gesunden 40—50% beträgt. Auch wenn nach dem Aufwachen keine Anfälle auftreten, weist das EEG in dieser Phase den stärksten Grad von Dysrhythmie auf. Traumphasen dauern verhältnismäßig lange; die Trauminhalte haben unruhigen und aufregenden Charakter.

JOVANOVIĆ[411] hat seine Untersuchungen auch auf Kranke mit psychomotorischen Anfällen, mit pyknoleptischen Anfällen und Impulsiv-Petit mal sowie auf Kranke mit diffus verteilten Grand mal ausgedehnt. 16 von 18 Kranken mit *Petit mal* zeigten in ihrem Schlafverlauf keine signifikanten Abweichungen von dem der Aufwach-Epilepsie: »Das Einschlafen und Wiedereinschlafen war wie bei Aufwach-Epilepsie verzögert, der Schlaf verlief in 8—10 Schlafperioden, die Schlafaufwachphasen waren relativ kurz gegenüber den Schlafvertiefungsphasen, das tiefste Stadium wurde erst nach 4—5 Std. erreicht, der tiefe Schlaf dauerte kurz wie bei Aufwach-Epilepsie, das Aufstehen in der Frühe war verhältnismäßig mühsam. Das Schlafdefizit bewegte sich zwischen 19 und 48%.« — Kranke mit *psychomotorischen Anfällen* zeigten einen ähnlichen Schlafverlauf wie Schlaf-Epileptiker: »Die Patienten schliefen schnell und pausenlos ein, verharrten in dem tiefen sowie im B-Stadium verhältnismäßig lange wie bei Schlaf-Epilepsie. Die Aufwachphasen waren nicht so langsam wie bei Schlaf-Epilepsie. Der Schlafüberschuß lag zwischen 16 und 30%.« — Kranke mit einer *diffusen Grand mal-Epilepsie* hatten individuelle Schlafverläufe, die nicht auf einen gemeinsamen Nenner gebracht werden konnten. »Konstant war lediglich ein Schlafdefizit mit einer Variation von 48—18%«[411].

Die Untersuchungen der Motorik, der Herzfrequenz und des Hautwiderstandes ergaben folgende Unterschiede: Die Motorik war bei Schlaf-Epileptikern deutlich geringer als bei Aufwach-Epileptikern, die Herzfrequenz bei Schlaf-Epileptikern initial bradykard, bei Aufwach-Epileptikern vorwiegend tachykard; eine zweite etwa 7 Std. nach dem Einschlafen vorkommende bradykarde Tendenz war bei Schlaf-Epileptikern deutlicher ausgeprägt. Der Hautwiderstand erhöhte sich bei Schlaf-Epileptikern gleich nach dem Einschlafen, bei Aufwach-Epileptikern jedoch erst nach 4 Std.

Daß entsprechende Unterschiede im Schlafverhalten auch bei Epilepsien mit kleinen Anfällen nachweisbar sind, belegt von neuem, daß Schlaf-Epilepsien und Epilepsien mit psychomotorischen Anfällen auf der einen Seite und Aufwach-Epilepsien und Petit mal-Epilepsien auf der anderen Seite auch pathophysiologisch zueinander gehören. Den Unterschieden im Schlafverlauf entsprechen auch Unterschiede im *Wachverhalten*, die bisher nicht mit physiologischen Methoden untersucht worden sind. Schlaf-Epileptiker sind nach einem Gipfel in den Vormittagsstunden tagsüber eher gleichmäßig wach und leistungsfähig; Aufwach-Epileptiker fühlen sich eher am Nachmittag und Abend frisch und munter (s. Abb. 151). Diese Unterschiede prägen sich im Wach-EEG — ungeachtet der krankheitsspezifischen Veränderungen — darin aus, daß Schlaf-Epileptiker einen regelmäßigen frequenzkonstanten Grundrhythmus, Aufwach-Epileptiker dagegen eine frequenzlabile, im Tagesablauf wechselhafte Dysrhythmie aufweisen[385, 386, 411, 412, 549, 1356] (s. Abb. 153).

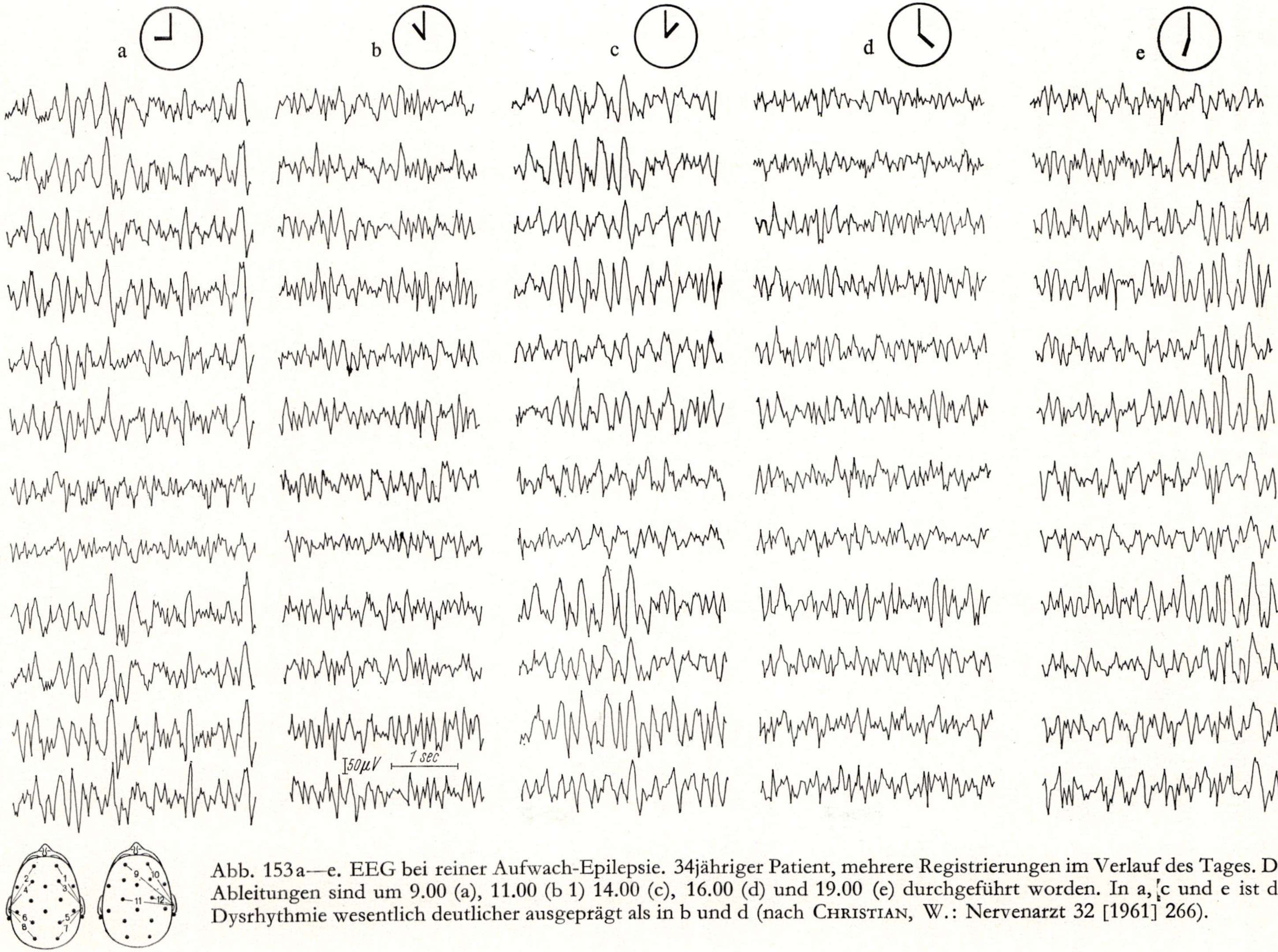

Abb. 153a—e. EEG bei reiner Aufwach-Epilepsie. 34jähriger Patient, mehrere Registrierungen im Verlauf des Tages. Die Ableitungen sind um 9.00 (a), 11.00 (b 1) 14.00 (c), 16.00 (d) und 19.00 (e) durchgeführt worden. In a, c und e ist die Dysrhythmie wesentlich deutlicher ausgeprägt als in b und d (nach Christian, W.: Nervenarzt 32 [1961] 266).

Vergleichsuntersuchungen an Gesunden und Neurotikern zeigten, daß die beschriebenen Schlafmuster bei Epileptikern nicht als physiologische Varianten, sondern als pathologische Anomalien anzusehen sind[411, 412]. Die beschriebenen Muster stellen einander entgegengesetzte Extremauslenkungen von mittleren Schlaf-Wach-Profilen dar. Hinsichtlich ihres Zusammenhangs mit der Tagesperiodik sind sie durch eine Phasenverschiebung gekennzeichnet: Schlaf-Epileptiker und Aufwach-Epileptiker erreichen ihre Schlaf- und Wach-Maxima zu verschiedenen Zeiten des Tageslaufs. Hinsichtlich der Schlafquantität ist der Schlaf-Epileptiker durch einen Überschuß und der Aufwach-Epileptiker durch ein Defizit charakterisiert, weswegen CHRISTIAN[385] das pathogene Moment bei der einen Form in einer »vermehrten Schlafarbeit« und bei der anderen in einer »zu geringen Schlafreserve« sieht.

Die beschriebenen Schlafstörungen beruhen nach JOVANOVIĆ[410, 411] darauf, daß bei Schlaf-Epilepsien vermutlich eine »Insuffizienz der Formatio reticularis kaudal vom Dienzephalon einerseits und den Wechselbeziehungen zwischen dieser Formatio reticularis und dem Kortex am Ort der Entstehung der Krampfelemente andererseits« vorliege. Bei Aufwach-Epilepsien nimmt er »hypothetische irritative Foki in den zentrenzephalen Strukturen rostral vom Mesenzephalon« an.

Psychisches Verhalten. Menschen, die so verschieden schlafen und wachen, sind auch im Verhältnis zu sich selbst wie zu ihrer Umwelt grundverschieden. Die psychologischen Unterschiede zwischen Schlaf- und Aufwach-Epileptikern, die schon bei der Befragung nach den Lebensumständen und Schlafgewohnheiten, dann auch während der klinischen Beobachtung und im therapeutischen Umgang zutage treten, betreffen weniger die Intelligenz als die Charakterstruktur.

Zwar haben wir auch — was die *Intelligenz* angeht — wie GRIFFITHS u. FOX den Eindruck, daß Aufwach-Epileptiker durchschnittlich intelligenter sind als Schlaf-Epileptiker. LANGDON-DOWN u. BRAIN fanden bei ihrer »diurnal«-Gruppe, die meist Aufwach-Epilepsien enthielt, einen Intelligenzquotienten von 0,7 gegenüber 0,6 bei Schlaf- und diffusen Epilepsien und PATRY ein Intelligenzalter von 13,2 gegenüber 12,6 und 12,2. Auch DAVID betont, daß es sich bei Kranken mit einer Aufwach-Epilepsie durchweg um intelligente Menschen handelt. 46% seiner Patienten hatten eine höhere Schulbildung. Wenn man aber annimmt, daß der Intelligenzabbau mit der Häufigkeit der Anfälle zunimmt, so könnte dieser Unterschied daher kommen, daß Aufwach-Epilepsien in der Regel einen milderen Verlauf (größere Anfallsintervalle, seltenere Grand mal-Serien) nehmen als Schlaf-Epilepsien. In der Tat registrierten LANGDON-DOWN u. BRAIN bei ihrer »Tag«-Gruppe durchschnittlich 23 Anfälle in 6 Monaten gegenüber 48 und 51 in der »Nacht«- und in der diffusen Gruppe.

Achtet man auf das *charakterologische Verhalten* von Kranken mit Aufwach- und mit Schlaf-Epilepsien, so nimmt es wunder, daß die überlieferte psychiatrische Lehrmeinung nur eine einzige Charakterverfassung als »typisch« epileptisch hervorgehoben hat. Für Kranke mit Aufwach-Epilepsien, die eigentlich das Modell idiopathischer Epilepsien darstellen, ist das beschriebene Charaktersyndrom jedenfalls nicht typisch[250, 276, 277, 1356]. Sie sind alles andere als pedantisch, egozentrisch und rechthaberisch. Sie neigen vielmehr zu Haltlosigkeit und Leichtsinn, sind suggestibel und leicht verführbar, lassen Ausdauer und Zielstrebigkeit vermissen und legen eine Großzügigkeit, Lässigkeit, manchmal auch eine Großmannssucht und Prahlerei an den Tag, die bis zur Pseudologie gehen kann. In ihren Affekten sind sie heftig, neigen zu kurzdauernden launenhaften Verstimmungen, sind aber leicht wieder zu besänftigen. In der Meinung tüchtigen und ordentlichen Menschen gegenüber im Nachteil zu sein, reagieren sie oft mit Mißtrauen, Neid oder Trotz, so daß ihr Verhalten oft infantil anmutet. Ihre Verzweiflungen dauern nie lange an, aber ebensowenig ihre Reue. Sie dissimulieren Anfälle, Beschwerden und Schwierigkeiten. Ihre Gleichgültigkeit sich selbst und ihrer Gesundheit gegenüber läßt keine Hypochondrie aufkommen, erschwert aber die Therapie, die auf eine Ordnung der Lebensführung bedacht sein muß. Diesen Charaktertypus, bei dem ebenso wie im vegetativen Verhalten eine Instabilität vorherrscht, findet man schon bei BINSWANGER und bei KRAEPELIN, allerdings unter leicht mißverständlichen Bezeichnungen wie »epileptische Schwindler« oder »epileptische Psychopathen« beschrieben.

Dieser Tendenz zu unsolidem und fast asozialem Verhalten der Aufwach-Epileptiker steht bei Schlaf-Epileptikern ein Charaktertypus entgegen, der den Anschein ausgeprägter Solidität und Sozialität bietet[250, 277, 1356]. Nicht nur, daß es Schlaf-Epileptikern keine Mühe bereitet, früh aufzustehen und früh ins Bett zu gehen, sie erscheinen auch pflichtbewußt, arbeitsam und zuverlässig. Auf sie trifft das aus der alten psychopathologischen Literatur bekannte »typische« Bild eher zu, da sie zu Pedanterie, Eigensinn, Rechthaberei und Besserwisserei neigen. Sie sind schwer zu belehren, halten aber an einer einmal gewonnenen Überzeugung lange fest. Ihre Verstimmungen sind tief und halten lange an. Sie sind im Ausdruck umständlich und auf Nuancen bedacht. Schlaf-Epileptiker haben eine deutliche Neigung zu Selbstbeobachtung und Hypochondrie, die noch stärker ausgeprägt ist, wenn eine Kombination mit psychomotorischen Anfällen vorliegt. So haben bei einer Listenbefragung, bei der 65 an vegetativ labilen Personen ermittelte Beschwerden aufgeführt waren, Schlaf-Epileptiker fast doppelt so viele Beschwerden angekreuzt wie Aufwach-Epileptiker[277]. Kranke mit diffusen Grand mal lassen keinen einheitlichen Charaktertypus erkennen.

In ausführlichen *psychodiagnostischen Untersuchungen* an 34 Kranken mit isolierten und kombinierten pyknoleptischen Anfällen und/oder Aufwach-Grand mal, die er als Aufwachgruppe zusammenfaßt und an 55 Kranken mit isolierten und kombinierten psychomotorischen Anfällen und/oder Schlaf-Grand mal, die er als Schlafgruppe zusammenfaßt, kam LEDER[276, 277] zu folgenden Ergebnissen: Beide Gruppen ließen sich aufgrund der Testprotokolle im Blindversuch trefflich unterscheiden. 82% der Fälle waren mit Hilfe einer empirisch gewonnenen Punktskala richtig zuzuordnen. Bei 8% mußte die Entscheidung offen bleiben. In 10% wurden Patienten der Schlafgruppe aufgrund des Tests für Aufwach-Epileptiker gehalten, Patienten der Aufwachgruppe dagegen niemals für Schlaf-Epileptiker. Aus dem Stichproben-Vergleich ergab sich, daß die signifikant verschiedene Weise, in der die Patienten beider Gruppen die gewählten Projektionsverfahren lösen, nicht dem Einfluß anderer persönlichkeitsbestimmender Dimensionen, sondern allein der psychopathologischen Typisierung der korrespondierenden Epilepsieform zuzuschreiben ist.

Der klinische Eindruck, wonach Schlaf-Epileptiker in ihrem *Erlebnistypus* verhalten und unlebendig, karg, eingeengt und wie verfestigt wirken, kaum Raum für Unerwartetes lassen und im Gespräch nur mühsam aufzuschließen sind, schlägt sich auch in den *Rorschach-Protokollen* nieder. Höhere Formprozente, höhere Perseverationsprozente, niedrigere Originalprozente und niedrigere Menschprozente als bei den Aufwach-Epileptikern sowie häufig total stereotype Protokolle sprechen für eine Tendenz zu Perseverationen, eine Einschränkung der Phantasie und der Fähigkeit zu affektivem Rapport mit der Umwelt. Auf sie trifft zu, was MAUZ[732] im Hinblick auf die Neigung zum Haften im Rahmen der enechetischen Konstitution gesagt hat, daß sie nicht vom Fleck kommen, raschen Wendungen des Gesprächs nicht zu folgen oder nicht mehrere Dinge gleichzeitig zu beachten vermögen. Daß sie auch auf die Farbe der Rorschach-Tafeln nicht ansprechen, bedeutet einen Mangel im spontanen, affektiven Mitvollzug der Lebensbegebnisse, eine Retention oder Verdrängung der Affekte. Da sie den natürlichen Wechsel zwischen sympathischem Mitgefühl und antipathischer Abstoßung kaum ausleben und Auseinandersetzungen aus dem Wege gehen, sind Übertragungsphänomene im Laufe der Therapie kaum von Belang. Im Zentrum ihres Erlebnisbereichs steht weder die Phantasie noch das mitmenschliche Zusammenleben, sondern vor allem die Beobachtung der Vorgänge im und am eigenen Leib. Die auch von LANDOLT[272] im Rahmen des »temporalen Psychosyndroms« angeführten unklaren Beschwerden hypochondrischer Prägung finden ihre Entsprechung in der Häufigkeit, mit der eine totale Anatomie-Stereotypie in den Protokollen von Schlaf-Epileptikern vorkommt, die bei Aufwach-Epileptikern völlig fehlt.

Die Testprotokolle von Aufwach-Epileptikern weisen einen extraversiven Erlebnistypus aus, dem es mehr darauf ankommt, sich spontan in den mitmenschlichen Bezügen zu realisieren als eine unabhängige Leitlinie im Handeln zu befolgen. Dementsprechend neigen Aufwach-Epileptiker dazu, sich passiv momentanen Impulsen und Affekten zu überlassen und im labilen Wechsel sich ständig emotional zu entäußern, worin ihnen ein Mangel an rationaler Selbstkontrolle entgegenkommt. TELLENBACH[358] spricht vom Aufwach-Epileptiker geradezu als von einem verdrängungsschwachen Menschen, der seine Konflikte ständig nach außen ableitet, »einer affektlabilen, extraversiven, infantilen, zuweilen bis zur Protestsucht reizbaren Persönlichkeit.« Dieser grundsätzlichen Offenheit mitmenschlicher Bezüge entspricht beim Aufwach-Epileptiker eine ebensolche der mitweltlichen Bezüge, die auch in der Abhängigkeit der Anfälle von äußeren Anlässen, von Unregelmäßigkeiten der Lebensführung zum Ausdruck kommt. LEDER[277] spricht in diesem Zusammenhang davon, daß »das Anfallsgeschehen bei der Aufwachgruppe viel stärker im kommunikativen Medium eingebettet (sei) als das Anfallsgeschehen bei der Schlafgruppe«, wie auch die situativen Bedingungen des Anfallsvorfeldes bei der Aufwach-Epilepsie viel besser aufhellbar sind als bei der Schlaf-Epilepsie[1218, 1475]. Schlaf-Epilepsien schreiten dagegen unabhängig von äußeren Anlässen »in autonomer Selbstherrlichkeit«[408] fort; ihre Anfälle folgen anscheinend mehr einer »innerpersonalen und organismischen Bedingungen entspringenden Rhythmizität«[277].

Unterschiede in den »Hostility«-Antworten lassen darauf schließen, daß die *Formen der Abwehr* und Bewältigung von Unlust und Konflikten bei den Kranken beider Gruppen je verschiedene sind. Im Unterschied zu dem »rigoros verdrängenden Schlaf-Epileptiker«[277] wandelt der »verdrängungsschwache Aufwach-Epileptiker«[358] aggressive Ansprüche, die er nicht aus dem Bewußtsein zu verdrängen vermag, leugnerisch ab. Wie er in den Testprotokollen den Sinn von bedrohlich erlebten Inhalten ins Gegenteil verkehrt, krampfhaft das Lichte, Gute, Hoffnungsvolle betont, so stellt er auch den infantilen Abwehrmodus der Verleugnung in den Dienst seiner alltäglichen Konfliktbewältigung. Forciert optimistisch gibt er sich so, als ob er alle seine Probleme selbständig zu lösen in der Lage wäre, als ob er frei von Schuldgefühlen und Angst, völlig ausgeglichen und harmonisch wäre und auch, als ob ihn seine Anfälle nicht sonderlich bekümmern. Ganz im Gegensatz zu den Patienten der Schlafgruppe, die ihre im Grunde weit mehr verborgenen Anfälle genau notieren, »vergißt« er seine Anfälle gern oder neigt dazu, sie auf die leichte Schulter zu nehmen oder ihre Entstehungsbedingungen zu verharmlosen. In der Bagatellisierung von oft eklatanten Umständen äußert sich ein Widerstand gegen die Einsicht in die Mitschuld beim Zustandekommen der Anfälle, der zum entscheidenden Hindernis für den Erfolg einer konsequenten Behandlung werden kann. So ist es eine geläufige Erfahrung, daß Patienten mit einer Aufwach-Epilepsie ärztliche Verordnungen in den Wind schlagen, sich trotz eindringlicher Ermahnungen wieder Exzessen hingeben, sich trotz feierlicher Versprechungen nicht wieder vorstellen oder erst lange, nachdem die Medizin zu Ende gegangen und erneut Anfälle aufgetreten sind[250].

Die dominierende Abwehrform bei Schlaf-Epileptikern ist wahrscheinlich unter der anankastischen Gruppe der sogenannten Abwehrmechanismen zu suchen. Nach BRÄUTIGAM[473] muß die enechetische Charakterveränderung als Sicherung vor gesteigerten Haß- und Angriffstendenzen begriffen werden. Die übertriebene Sorgfalt, Pedanterie und Demut und das verstärkte Gerechtigkeitsempfinden dieser Kranken werden als ein Produkt von Reaktionsbildungen interpretiert, hinter denen gegenläufige Tendenzen von starkem dynamischen Anspruch stehen. Die Regression auf die anale Stufe zeige sich sowohl in der typischen Trias anal-erotischer Charakterzüge (Sauberkeit, Sparsamkeit, Ordnungsliebe), in typischen Formen analen Widerstandes und in Träumen, in denen sich eine anal-sadistische Welt manifestiere. Demgegenüber ist ihr Sexualverlangen eher eingeschränkt, von äußeren Einflüssen eher unabhängig[405] und wird auch, wenn es – wie selten – gesteigert ist, konfliktlos befriedigt. In ihren häufigen Klagen über sexualneurotische Symptome bezeugen Aufwach-Epileptiker über das Bedürfnis nach erfüllenden geschlechtlichen Beziehungen hinaus einen Anspruch auf eine personale Kommunikation, die ihnen oft aus Mangel an natürlichem Selbstbewußtsein und einem Unvermögen sich personal gegenüberzustellen versagt ist. Doch schießen sie in ihrer Neigung, sich in Gegensatz zu etwas zu bringen, kritisch zu äußern, Opposition zu üben, leicht übers Ziel hinaus, während Schlaf-Epileptiker Opposition, Spannung, Kritik nicht ertragen und Gegensätzen wie Auseinandersetzungen aus dem Wege gehen.

Das leichtsinnig-»luftige«, phantasiebetonte, manchmal großspurig-hochmütig erscheinende *Wesen* von Kranken der Aufwachgruppe, das schon KRAEPELIN (1913) an Psychopathen mit epileptischen Anfällen beschreibt, wird testpsychologisch als psychische Inflation bezeichnet, worunter C. G. JUNG (1928) und SZONDI (1960) eine Aufhebung von Gegensatzstrukturen verstehen. Dem entspricht es, wenn aufwach-epileptisch Kranke sich ambitendent verhalten, d. h. divergenten Antrieben gleichzeitig nachzugeben neigen, die Unversöhnlichkeit solcher Ansprüche jedoch leugnen. Die daraus resultierende Entscheidungsschwäche, die sich von den alltäglichen Verrichtungen über die berufliche Existenz bis zu ethischen, erotischen oder religiösen Problemen erstreckt, ist unübertrefflich von DOSTOJEWSKI am Beispiel des aufwach-epileptischen Fürsten Myschkin dargestellt, der die Unvereinbarkeit seiner Liebe zu Nastasja und Aglaja nicht einsieht, oder in der Geschichte von dem Mann, der in einem Atemzug beten und morden konnte, die der Fürst naiv erzählt. Als inflativ gilt nach LEDER[276, 277] auch die »Verschätzung« der gegebenen Grenzen. So wie Aufwach-Epileptiker sich immer wieder in Extremen aufhalten, ihre Begabungen überschätzen, ihren gesellschaftlichen Raum überschreiten, so überschätzen sie auch die Belastbarkeit ihres Leibes, indem sie ihn in Exzessen über Gebühr beanspruchen. Oder mit den Worten einer Patientin: »Vor Übertreibung soll man sich ja hüten. Ich übertreibe. So wie ich traurig bin, kann ich mich auch freuen, genauso hoch und genauso tief, und es ist ziemlich tief. Manchmal habe ich mir gewünscht, oberflächlich zu sein, aber es glückt mir nicht. Überhaupt, den Mittelweg zu finden . . .«[275]. TELLENBACH[883] kommt am Wesen des epileptischen Fürsten Myschkin wie LEDER[275, 277] anhand der Testprotokolle zu der Bestimmung, daß die Dimension der Höhe und der Tiefe in den Aussagen und Phantasien von ausgezeichneter Bedeutung sei. Weist LEDER[275, 277] zur Begründung der Vertikalisierung des Erlebens und Verhaltens von aufwach-epileptisch Kranken auf ihre Überheblichkeit, das Hochhinauswollen, den Anspruch, andere zu übertreffen, aber auch auf die Neigung zu verzagen, kleinmütig zu werden, sich ohnmächtig, minderwertig und nichtig vorzukommen, so verweist TELLENBACH[883] auf die mannigfachen Phänomene, in denen sich eine »drastische Dialektik von Höhe und Tiefe« zeigt, deren Synthese »oftmals nichts anderes mehr zeitigen kann als einen mediokren Kompromiß einer Mittelung«. Dem vertikalen Akzent im räumlichen Dasein entspricht eine Betonung des Momentanen im zeitlichen Dasein. Aufwach-Epileptiker scheinen sich wenig um das Zukünftige zu bekümmern, es sei denn, es liege in utopischer Ferne. Auch in dieser Unmittelbarkeit des Erlebens bezeugen sie wie in ihrem Angelegtsein auf Höhe und Tiefe eine psychische Struktur, die TELLENBACH[883] als die eines »erwachsenen Kindes« bezeichnet.

Sind sich Aufwach-Epileptiker in ihrem Wesen gleichsam immer voraus, so bleiben Schlaf-Epileptiker hinter dem »Werde, der Du bist« gleichsam immer zurück. Ihr Verlangen nach leibhafter Verbundenheit und Nähe, die sich als Aufdringlichkeit und Distanzlosigkeit, aber auch als Familien- und Heimatverbundenheit oder als hypersoziales Verhalten bekunden kann, versteht BRÄUTIGAM[473] als Reaktionsbildung auf die Angst vor einer feindlichen Gegenüberstellung. Daraus folgt Unfreiheit und Enge, Mangel an Polarisation und Expansivität. Mit der Schwierigkeit, bipersonale Beziehungen zu stiften und sich emotionell zu entäußern, wächst die Gefahr wahnhafter Setzungen. So kommt es zu hartnäckigem Querulieren, zu Streitsucht, Ressentiments, zu Beziehungsdenken und vagem Sich-verfolgt- und Beeinträchtigt-Fühlen.

Doch gilt gerade für diese, was v. WEIZSÄCKER einmal so formuliert hat[1338]: »Wer dann, statt auf diese Kranken bloß zu reagieren und so zu seinen Begriffen zu kommen, sich ihnen rein aufnehmend hingibt und mit ihren Augen sieht, entdeckt, daß recht vieles auch bei ihnen nicht Eigenschaft, sondern Reaktion eines Kranken ist, Antwort seiner Artung auf eine Umwelt, die er so wenig sich zuzubilden vermag, wie wir ihn zu assimilieren imstande sind. Lassen wir ihm Zeit, seinen Gedanken zu Ende zu entwickeln, so erscheint seine Logik, sein Sinn nicht weniger, sondern mehr an Folgerechtem zu enthalten; er erscheint

Tabelle 49: *Konstitutionsverteilung von Epileptikern* (nach WESTPHAL, K.: Nervenarzt 4 [1931] 96).

Pyknisch	Leptosom	Athletisch	Dysplastisch	Uncharakteristisch
5,5%	25,1%	28,9%	29,5%	11,0%

dann nicht umständlich und leer, sondern einfach und geschlossen, nicht eigensinnig, sondern tiefsinnig, nicht moralisch und religiös oberflächlich, sondern ernst, verpflichtet und entschieden in den letzten Dingen, über welche die Mehrzahl der ›Normalen‹ sich mit Kompromissen und mit Augenblickslösungen hinwegsetzt. Es kann dann auch gelingen, die Kruste seiner Unzugänglichkeit oder seiner selbstgefälligen Sicherheit zu durchbrechen und in ihm die Züge echter Bescheidenheit, Demut freizulegen; statt der Starrheit und der Beschränktheit sehen wir jetzt einen Menschen, der in der Einfalt ungewöhnlich empfindsam und verletzlich ist, der im Gebrauch der Sprache sich nicht bei grober Annäherung an den zutreffenden Ausdruck beruhigt, sondern beharrlich darauf besteht, daß sittliche Nuancen oder sachliche Subtilitäten richtig benannt werden. Seine Unfähigkeit zur Anpassung kann jetzt als Charakter imponieren und einige seiner unerfreulichen und ihn ›schwierig‹ machenden Eigenschaften als Nothilfen in der Selbstverteidigung und Bewahrung eigenen Wertes. Der Name des Morbus sacer kommt seinem Sinne jetzt näher«.

Somatische Befunde. Über Unterschiede in somatischer Hinsicht, die den Körperbau, das vegetative Verhalten, die Triebstruktur und die körperliche Entwicklung betreffen, hat HELMCHEN berichtet. Seine Untersuchungen an 178 kryptogenen Grand mal-Epilepsien, 90 Aufwach-Epilepsien und 88 Schlaf-Epilepsien führten zu folgendem Ergebnis:

Konstitution: Die KRETSCHMERschen Konstitutionstypen zugrunde legend, fand WESTPHAL, daß bei idiopathischen Epilepsien Leptosome, Athletiker und Dysplastiker fast gleich häufig, Pykniker dagegen selten anzutreffen waren. (s. Tab. 49). Bei summarischer Betrachtung kam HELMCHEN annähernd zu den gleichen Verhältnissen, bemerkte jedoch zwischen Schlaf- und Aufwach-Epilepsien eine deutliche Akzentverschiebung (s. Abb. 154). Während athletische Konstitutionen bei beiden Formen ungefähr gleich häufig vorkommen, ist die asthenisch-leptosome Körperform mehr bei Aufwach-Epileptikern, die dysplastische Konstitution mehr bei Schlaf-Epileptikern anzutreffen. Dem entgegen fanden v. ZERSSEN u. LEDER (1965) aufgrund biometrischer Konstitutionsuntersuchungen, daß bei männlichen Epileptikern generell die muskuläre Komponente des Habitus überdurchschnittlich entwickelt ist, aber nur in der Gruppe der Aufwach-Epileptiker als durchgehende körperbauliche Robustizität (Pykno-Andromorphie[1486], Mesomorphie[1446], massive Athletik[1385]) in Erscheinung tritt, während bei den Schlaf-Epileptikern eher leptosome und dysplastische Züge anzutreffen waren.

Ihrer Körpergröße nach sind Aufwach-Epileptiker durchschnittlich größer, Schlaf-Epileptiker durchschnittlich etwas kleiner. Die Wachstumstendenz scheint bei der Aufwach-Konstitution mehr auf die Länge hin, bei der Schlaf-Konstitution mehr auf die Breite hin gerichtet zu sein[405, 1356]. So sind etwa die Hände bei Aufwach-Epileptikern mehr länglich geformt und zeigen schmale, schlankgegliederte Finger, während Schlaf-Epi-

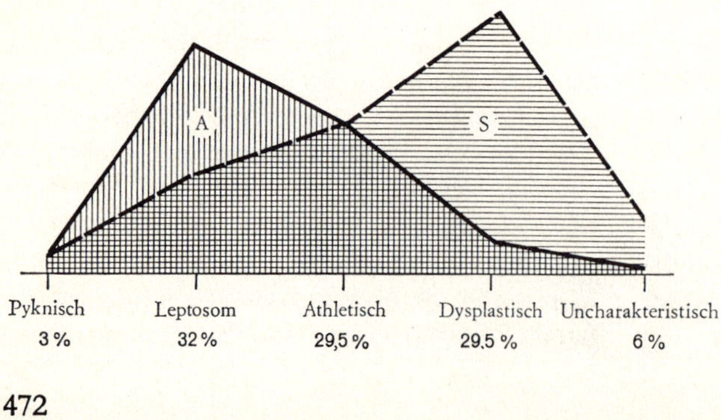

Abb. 154. Verteilung der Konstitutionstypen bei Aufwach- (A) und Schlaf-Epilepsien (S) (nach HELMCHEN, H.: Dtsch. Z. Nervenheilk. 178 [1958] 541).

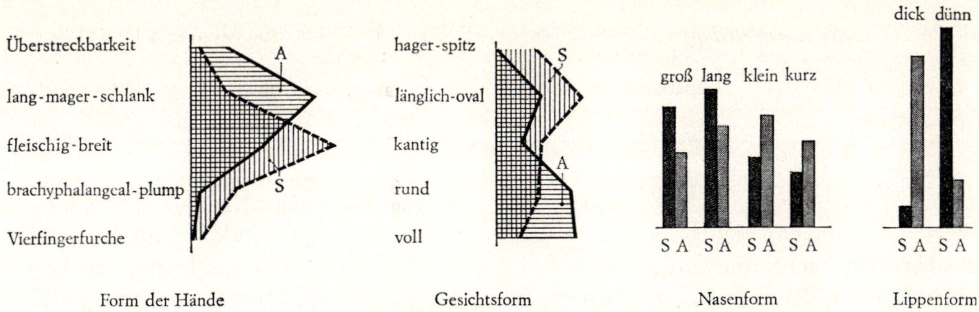

Abb. 155. Merkmalsverteilung von Hand, Gesicht, Nase, Lippen bei Aufwach- (A) und Schlaf-Epilepsien (S) (nach HELMCHEN, H.: Dtsch. Z. Nervenheilkd. 178 [1958] 541).

leptiker mehr breite Hände mit kurzen, plumpen Fingern haben (s. Abb. 155). Etwaiger Fettansatz ist bei Aufwach-Epileptikern mehr diffus über Körper und Extremitäten verteilt, bei Schlaf-Epileptikern mehr am Stamm und besonders um die Hüften lokalisiert[405].

Wie auf dem Diagramm zu ersehen, zeigen Kranke mit einer Aufwach-Epilepsie eher ein kleines, rundes volles Gesicht mit kleinen, kurzen, breitrückigen Nasen sowie kleinen, runden, anliegenden Ohren und vollen, oft wulstigen Lippen, — Kranke mit einer Schlaf-Epilepsie bei oft kleinem Hirnschädel (Mikrozephalus A:S = 1:20) eher ein großes, oft asymmetrisch geformtes Gesicht (Asymmetrie A:S = 0:19) mit großflächigen Wangen, langer, großer, schmalrückiger Nase, großen, länglichen, oft abstehenden Ohren und schmalen Lippen.

Röntgenologisch fand KAMMERER auf Leeraufnahmen des Schädels bei Aufwach-Epilepsien, die mit Impulsiv-Petit mal kombiniert sind, deutlich dickere Kalotten, doppelt so häufig eine Sellabrücke und vielfach häufiger Hyperostosen des Schädels als bei Schlaf-Epilepsien, dagegen seltener als bei jenen endokranielle Verkalkungen der Zirbel, der Falx cerebri und der Plexus choroidei, die wiederum häufiger bei Schlaf-Epilepsien und besonders in Kombination mit psychomotorischen Anfällen vorkommen.

Vegetative Funktionen: Aufwach-Epileptiker zeigen häufiger Stigmata einer ausgeprägten vegetativen Labilität als Schlaf-Epileptiker (siehe Abb. 156). Sie schwitzen leicht, haben häufig feuchte und kühle Hände und Füße, sind vasomotorisch übererregbar und bieten vermehrt Akrozyanose, Cutis marmorata und respiratorische Arrhythmien, während diese Funktionen bei Schlaf-Epileptikern stabiler reguliert sind[405].

Entwicklung unter der Pubertät: Die Pubertät setzt bei Aufwach-Epileptikern früher ein als bei Schlaf-Epileptikern, wie das Durchschnittsalter bei Beginn des Stimmbruchs, bei der Ausbildung der Schambehaarung, der Menarche bzw. der ersten Pollutionen und Erektionen erkennen läßt. Bei Kranken mit einer Schlaf-Epilepsie war gelegentlich eine mangelhafte sexuelle Ausdifferenzierung festzustellen, indem über die Pubertät hinaus gegengeschlechtliche Symptome wie helle Stimmen und mangelnde Bartbehaarung bei Männern, tiefe Stimmen und ausgeprägte Gesichtsbehaarung bei Frauen beibehalten oder ausgebildet wurden. Überhaupt sind bei Schlaf-Epileptikern häufig Stigmata einer endokrinen Dysregulation nachzuweisen in Form von Schilddrüsenvergrößerungen mit und ohne pathologische Grundumsatzerhöhung, von Gewichtsschwankungen während der Pubertät in Verbindung mit Regelstörungen und häufig sekundärer Amenorrhöe. Beide Krankheitsformen sollen sich auch hinsichtlich der Wachstumsintensität während der Pubertätszeit unterscheiden. Während das Längenwachstum bei Schlaf-Epilepsien meist kontinuierlich vor sich geht, machen Aufwach-Epileptiker häufig während der Pubertät einen sogenannten Wachstumsschuß durch[405].

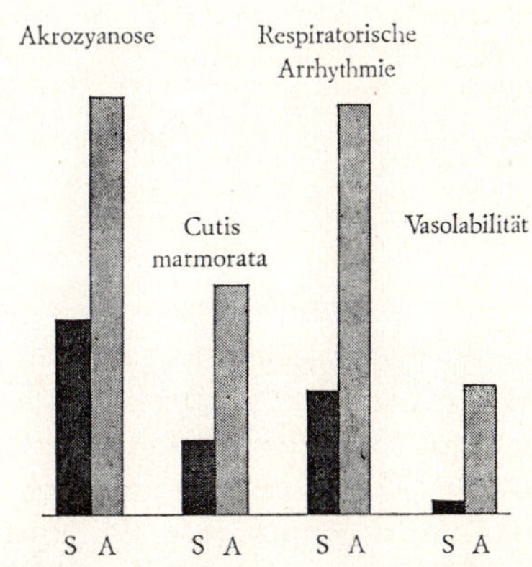

Abb. 156. Vegetative Funktionen bei Aufwach- (A) und Schlaf-Epilepsien (S) (nach HELMCHEN, H.: Dtsch. Z. Nervenheilk. 178 [1958] 541).

Tabelle 50: *Verteilung normaler und pathologischer Befunde im Standard-EEG mit Hyperventilation bei je 150 reinen Schlaf- und Aufwach-Epilepsien* (nach CHRISTIAN, W.: Dtsch. Z. Nervenheilk. 181 [1958] 413).

EEG-Befunde	Schlaf-Epilepsien n	Schlaf-Epilepsien %	Aufwach-Epilepsien n	Aufwach-Epilepsien %
Völlig normales EEG (auch während Hyperventilation)	86	57	28	19
Ohne Allgemeinveränderungen	109	73	36	24
Mit Allgemeinveränderungen	41	27	114	76
Dysrhythmie	26	17	95	63
Paroxysmale Dysrhythmie	15	10	72	48
Anfallspotentiale von 3—4/sec-Spike-waves	5	3	62	41
Steile Einzelabläufe	29	19	16	11
Temporale steile Wellen	5	3	—	—
Herdbefunde	19	13	3	2
Hyperventilationsveränderungen				
generelle Art	21	14	79	53
spezifischer Art, die im Ruhe-EEG nicht nachweisbar waren	—	—	19	13

Triebverhalten: Wie für das psychische Verhalten und den Schlafverlauf hat HELMCHEN auch für das Appetit-, Durst- und Sexualverhalten von Aufwach-Epileptikern eine gesteigerte Erregbarkeit oder Abhängigkeit von äußeren Einflüssen konstatieren können. Die Intensität des Triebverlangens wurde bei beiden Verlaufsformen nie für dauernd anomal befunden, aber bei Schlaf-Epileptikern waren auffallend oft periodisch wiederkehrende, von äußeren Umständen offenbar unabhängige Schwankungen von Appetit und Durst zu erfahren, die die Kranken selbst oder ihre Angehörigen als 1—2mal im Monat auftretende »Freß- oder Fastentage« kennen. Seltener und nur bei Schlaf-Epilepsien scheint auch das Sexualverlangen periodischen Schwankungen unterworfen zu sein. Die sexuelle Libido wird von Schlaf-Epileptikern meist schon vor Beginn der Krankheit als schwach angegeben, nicht selten sowohl von Frauen wie von Männern überhaupt verneint — wie überhaupt das Triebverhalten bei Schlaf-Epilepsien dem für psychomotorische Epilepsien Beschriebenen (s. S. 273f) entspricht.

EEG-Korrelationen. Systematische Untersuchungen von CHRISTIAN[385, 386], BEYER u. JOVANOVIĆ, GÄNSHIRT[548], GÄNSHIRT u. VETTER, JOVANOVIĆ[412], JOVANOVIĆ u. SCHÄFER führten übereinstimmend zu dem Ergebnis, daß sich Schlaf- und Aufwach-Epilepsien elektroenzephalographisch deutlich unterscheiden: Schlaf-Epilepsien zeigen meist ein unauffälliges Standard-EEG mit wenig Allgemeinveränderungen, reagieren auf Hyperventilation kaum, im natürlichen Schlaf dagegen mit einer erheblichen Zunahme anfallsspezifischer Potentiale, bei denen es sich nie um Spike-wave-Komplexe, sondern fast nur um bilateral symmetrische oder synchronisierte steile Ausbrüche oder steile Spitzen handelt. Aufwach-Epilepsien bieten dagegen sehr häufig schon im Standard-EEG Allgemeinveränderungen, diffuse oder paroxysmale Dysrhythmien oder spezifische Anfallspotentiale, die auf Hyperventilation noch zunehmen und fast ausschließlich 3—4/sec-Spike-waves und Multispike-waves darstellen. Der Zuwachs anfallsspezifischer Befunde vom Wach-EEG zum Schlaf-EEG beträgt bei Aufwach-Epilepsien 1:1,2—1,5 und bei Schlaf-Epilepsien 1:8—10. Diffuse Epilepsien stehen hinsichtlich ihrer geringen Reaktion auf Hyperventilation den Schlaf-Epilepsien näher und hinsichtlich ihrer geringen Zuwachsrate anfallsspezifischer Befunde im Schlaf (1:1,3—1,5) den Aufwach-Epilepsien.

Reine Grand mal-Epilepsien: Wie Tabelle 50 besagt, haben Schlaf-Epilepsien meist (57%), Aufwach-Epilepsien nur selten (19%) ein in jeder Hinsicht unauffälliges Standard-EEG. Schlaf-Epilepsien bieten nur gelegentlich leichte bis mäßige – nie schwere – Allgemeinveränderungen (27%), die noch seltener (12%) werden, wenn man die jugendlichen Patienten unter 17 Jahren und die älteren über 50 Jahre ausnimmt, bei denen eine Grundrhythmusverlangsamung noch physiologisch oder schon durch zerebrale Durchblutungsstörungen bedingt sein kann. Auch die an sich schon seltenen (17%) Dysrhythmien (= deutliche Frequenzlabilität, vermehrt hohe Zwischenwellen, eingestreute ϑ-Wellen-Gruppen) und paroxysmalen Dysrhythmien (10%) sind fast nur

Tabelle 51: *Durchschnittliche Frequenz des Grundrhythmus und der Amplitudenhöhe des EEG in Ruhe und während Hyperventilation, ermittelt bei 25 Schlaf-, 22 Aufwach- und 36 diffusen Epilepsien* (nach JOVANOVIĆ, U. J.: Dtsch. Z. Nervenheilk. 191 [1967] 257).

	Schlaf-Epilepsie	Aufwach-Epilepsie	Diffuse Epilepsie
Frequenz des Grundrhythmus			
in Ruhe	10,01 ± 0,36 Hz	8,28 ± 1,03 Hz	9,01 ± 2,68 Hz
während Hyperventilation	9,86 ± 0,03 Hz	5,05 ± 1,04 Hz	7,69 ± 1,93 Hz
Amplitudenhöhe			
in Ruhe	60,38 ± 5,36 μV	110,2 ± 8,03 μV	100,3 ± 28,01 μV
während Hyperventilation	65,47 ± 5,48 μV	140 ± 9,32 μV	128 ± 8,31 μV

bei Jugendlichen zu beobachten. Schlaf-Epilepsien reagieren ferner kaum auf Hyperventilation, vor allem nicht mit spezifischen Potentialen und zeigen im Standard-EEG fast nie Spike-wave-Komplexe (3%), dagegen gelegentlich steile Potentiale (19%), selten auch temporale steile Wellen (3%) und manchmal (13%) konstante Herdveränderungen (= fokale Dysrhythmie, fokale α-Verminderung) ohne klinisch nachweisbare Hirnschädigung[385]. Aufwach-Epilepsien bieten dagegen fast immer schon im Standard-EEG Allgemeinveränderungen (76%), diffuse oder paroxysmale Dysrhythmien oder spezifische Anfallspotentiale. Bei Aufwach-Epilepsien, die ein völlig normales Hirnstrombild zeigen, handelt es sich meist um Patienten, die schon seit Jahren anfallsfrei sind oder nur noch selten unter extremen Bedingungen Anfälle bekommen. Die Allgemeinveränderung (Grundrhythmusverlangsamung) ist bei Aufwach-Epilepsien nicht nur wesentlich häufiger als bei Schlaf-Epilepsien, sondern auch wesentlich deutlicher ausgeprägt und vor allem meist gleichzeitig mit einer Dysrhythmie (Frequenz- und Amplitudenvariabilität) verbunden. Fast die Hälfte bietet schon unprovoziert eine paroxysmale Dysrhythmie. Obwohl es sich um reine Grand mal-Epilepsien handelt, zeigen sich bei 41% Spike-wave-Komplexe um 3—4/sec oder Multispike-wave-Komplexe, die oft kleiner und unregelmäßiger, mit niedrigeren initialen Spitzen und stärkerer Frequenzvariabilität erscheinen als die klassischen Spike-wave-Komplexe beim pyknoleptischen Petit mal. ϑ-Krampfspitzen über 100 μV und temporale steile Wellen fehlen völlig bei Aufwach-Epilepsien. Bilaterale symmetrische oder diffuse, in den Grundrhythmus eingestreute steile Potentiale sind nur bei 11% zu beobachten. Auf Hyperventilation reagieren über die Hälfte der Aufwach-Epilepsien mit einer Zunahme der Allgemeinveränderung und einem Übergang der Dysrhythmie in eine paroxysmale Dysrhythmie. Bei 13% treten zusätzlich spezifische Anfallspotentiale auf, die im Ruhe-EEG noch nicht in Erscheinung getreten sind[385].

Bei diffusen Epilepsien sind im Standard-EEG Dysrhythmien und Allgemeinveränderungen häufiger als bei Schlaf-Epilepsien und seltener als bei Aufwach-Epilepsien anzutreffen. Auch hinsichtlich seiner Reaktion auf Hyperventilation und der Häufigkeit von Anfallspotentialen nimmt das EEG von diffusen Epilepsien eine Zwischenstellung ein (GÄNSHIRT u. VETTER, JOVANOVIĆ 1967b, c).

Wie Tabelle 51 ausweist, weichen Frequenz des Grundrhythmus und Höhe der Amplituden vor allem bei Schlaf- und Aufwach-Epilepsien erheblich voneinander ab. Im Vergleich der Werte des Ruhe-EEG mit denen des Hyperventilations-EEG zeigen sich die Abweichungen der Werte noch deutlicher.

Anschaulich treten die beschriebenen Unterschiede in der Gegenüberstellung der in Ruhe abgeleiteten EEG-Kurven von je einem gleichaltrigen und unbehandelten Patienten mit reinen Schlaf-Grand mal und reinen Aufwach-Grand mal hervor (s. Abb. 157):

Kombinierte Grand mal-Epilepsien: Mit der Frage, ob sich die bei reinen Grand mal-Epilepsien nachgewiesenen EEG-Korrelationen auch bei den Kombinationsformen durchsetzen, oder ob sie durch die für die kleinen Anfälle spezifischen Befunde verwischt werden, hat CHRISTIAN[385] die EEG-Korrelationen von je 150 mit kleinen Anfällen kombinierten

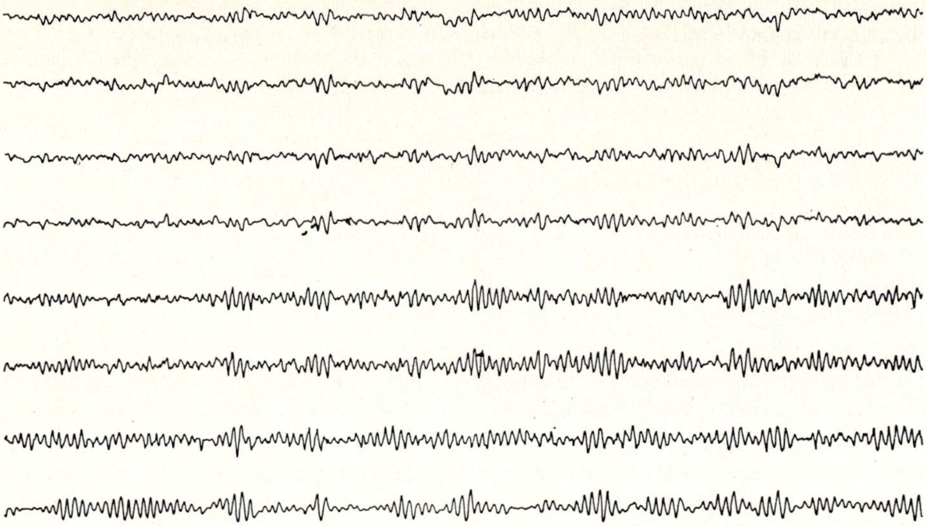

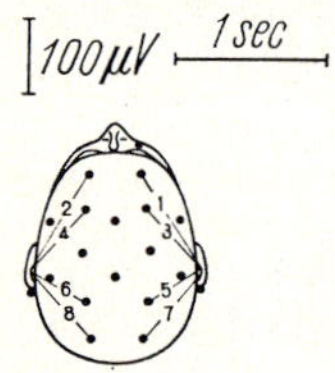

Abb. 157a. Wach-EEG einer unbehandelten reinen Schlaf-Grand-mal-Epilepsie: Regelmäßiger Grundrhythmus, der selbst während der Hyperventilation beibehalten wird (26jähriger Mann, Erkrankungsbeginn im 20. Jahr).

Tabelle 52: *Verteilung normaler und pathologischer EEG-Befunde bei je 150 kombinierten Schlaf- und Aufwach-Epilepsien* (nach Christian, W.: Dtsch. Z. Nervenheilk. 181 [1960] 413).

EEG-Befunde	Schlaf-Epilepsien und kleine Anfälle		Aufwach-Epilepsien und kleine Anfälle	
	n	%	n	%
Völlig normales EEG (auch während Hyperventilation)	34	23	5	3
Ohne Allgemeinveränderungen	73	49	24	16
Mit Allgemeinveränderungen	77	51	126	84
Dysrhythmie	64	43	108	72
Paroxysmale Dysrhythmie	21	14	122	81
Anfallspotentiale von 3—4/sec-Spike-waves	8	5	104	69
Steile Einzelabläufe	58	39	6	4
Temporale steile Wellen	52	35	7	5
Herdbefunde	30	20	4	3
Hyperventilationsveränderungen				
generell Art	34	23	118	79
spezifischer Art, die im Ruhe-EEG nicht nachweisbar waren	12	8	15	10

Schlaf- und Aufwach-Epilepsien untersucht (s. Tab. 52).

Tabelle 52 macht deutlich, daß die beschriebenen Korrelationen bei den Kombinationsformen in mancher Hinsicht noch an Spezifität gewinnen. Durch das Hinzutreten kleiner Anfälle vermindert sich generell der Anteil völlig unauffälliger Kurven, der bei den Aufwach-Epilepsien völlig verschwinden würde, wenn man in Rechnung stellt, daß die 5 Patienten mit einem normalen EEG schon jahrelang auch von kleinen Anfällen völlig frei sind. Dementsprechend nehmen die Allgemeinveränderungen und generellen Dysrhythmien in beiden Gruppen zu. Immerhin läßt noch die Hälfte der Schlaf-Epilepsien (49%) eine Allgemeinveränderung vermissen, bei Aufwach-Epilepsien jedoch nur noch ein Sechstel (16%). Die schon bei reinen Grandmal-Epilepsien bemerkenswerte Diskrepanz

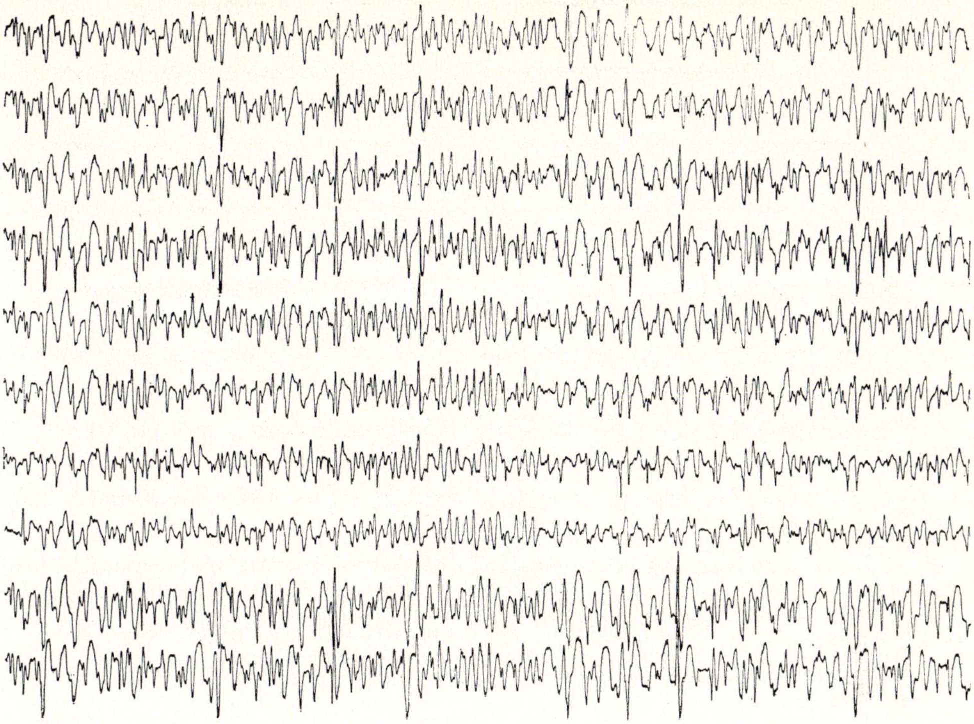

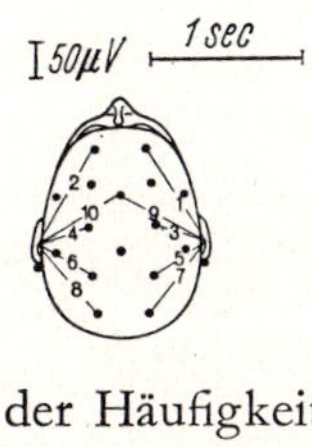

Abb. 157 b. Wach-EEG einer unbekannten reinen Aufwach-Grand-mal-Epilepsie: Diffuse Dysrhythmie mit häufig eingestreuten irregulären Spikewaves, einzelnen Spikes u. gelegentlichen Sharp-waves (27jähriger Mann, Erkrankungsbeginn im 19. Jahr).

in der Häufigkeit paroxysmaler Dysrhythmien bei beiden Gruppen nimmt bei den Kombinationsformen noch mehr zu. Die Zuordnung spezifischer Anfallspotentiale verhält sich wieder – wie bei den reinen Grand-mal-Epilepsien – spiegelbildlich, insofern 3–4/sec-Spikewaves und Multispike-waves fast nur bei Aufwach-Epilepsien und Sharp-waves sowie temporale steile Wellen fast nur bei Schlaf-Epilepsien vorkommen. Wieder sind konstante Herdbefunde (fokale Dysrhythmie, fokale α-Verminderung, konstant unilaterale, positive steile temporale oder temporo-basale Wellen) ohne klinisch faßbare organische Grundlage bei Schlaf-Epilepsien häufiger als bei Aufwach-Epilepsien. Die kennzeichnenden Unterschiede zwischen beiden Formen bleiben also auch im EEG der Kombinationsformen sichtbar.

Schlaf-EEG: Bei Ableitungen im natürlichen Schlaf nehmen die anfallsspezifischen Veränderungen bei reinen Aufwach-Epilepsien nur mäßig von 51% auf 70%, bei reinen Schlaf-Epilepsien jedoch erheblich, von 25% auf 85% zu. Bemerkenswert ist, daß sich als spezifische Anfallspotentiale im Schlaf-EEG bei Aufwach-Epilepsien fast ausschließlich solche vom Typ der 3–3,5/sec-Spike-waves (häufiger als Doppelkomplexe mit ein, zwei und mehreren initialen Spitzenpotentialen) darstellen (s. Abb. 158). Bei Schlaf-Epilepsien treten dagegen nie Spike-wave-Komplexe auf, sondern fast nur bilateral symmetrische oder synchronisierte steile Ausbrüche oder temporale Spitzen, seltener auch Gruppenentladungen abnorm steiler Wellen (s. Abb. 159). Als weiteren Unterschied beschreibt CHRISTIAN[385], daß die für Aufwach-Epilepsien spezifischen Spike-wave-Komplexe vorwiegend in den leichteren (C) wie auf Abb. 158 und in den mittleren Schlafstadien (D), oft auch schon im Einschlafen, fast nie jedoch im Tiefschlaf (E) auftauchen, während die für Schlaf-Epi-

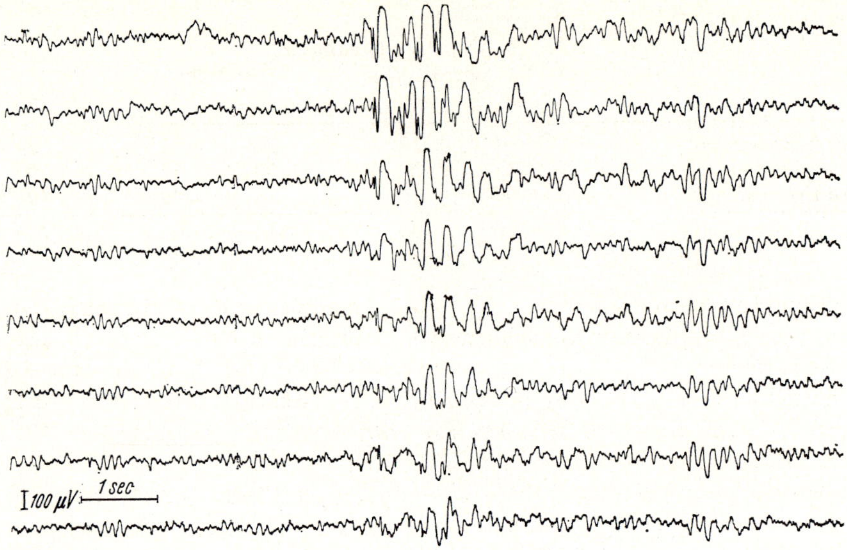

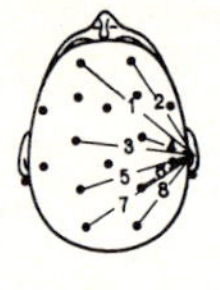

Abb. 158. Schlaf-EEG bei einem 41jährigen Mann mit reiner Aufwach-Epilepsie. Im leichten Schlaf erscheinen kurze Gruppen frontopräzentral betonter, bilateraler 3—4/sec-Spike-waves.

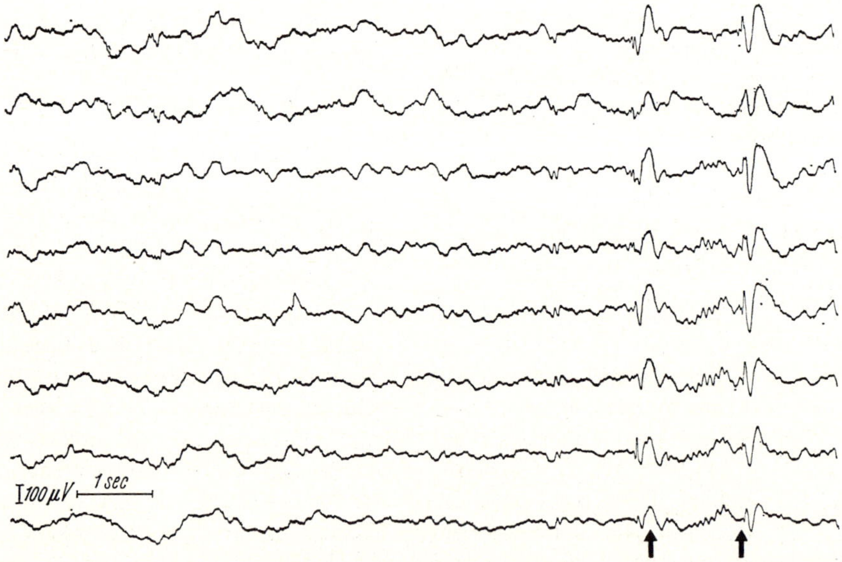

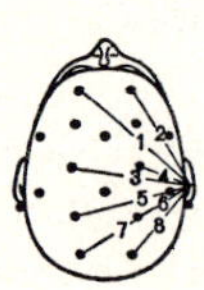

Abb. 159. Schlaf-EEG bei einem 25jährigen Mann mit einer reinen Schlaf-Epilepsie. Tiefschlaf (E-Stadium nach Loomis). Das Kurvenbild wird von trägen δ-Wellen in einer Frequenz von 3—0,5/sec beherrscht, die häufig von flachen langsamen ϑ-Wellen überlagert oder unterbrochen werden. Bei ↑ sind synchrone Sharp-waves zu erkennen.

Tabelle 53: *Verteilung der Verlaufsformen bei 276 Fällen offener und gedeckter Hirnverletzungen.*

	Verletzungsart					
	offen		gedeckt		Total	
	n	%	n	%	n	%
Aufwach-Epilepsien	14	12	22	14	36	13
Schlaf-Epilepsien	38	32	58	37	96	35
Diffuse Epilepsien	66	56	78	49	144	52
Total	118	100	158	100	276	100

lepsien spezifischen bilateralen steilen Wellen oder temporalen Krampfspitzen nur ausnahmsweise schon in den ersten Schlafstadien (A—C), häufiger im mittleren (D), überwiegend jedoch erst im tiefsten Stadium (E) wie auf Abb. 159 erscheinen. Gänshirt u. Vetter betonen den hohen diagnostischen Wert der Schlaf-Ableitung für reine Schlaf-Epilepsien, indem sie den Zuwachs anfallsspezifischer Befunde vom Wach-EEG zum Schlaf-EEG bei Aufwach-Epilepsien mit 1:1,2 und bei Schlaf-Epilepsien mit 1:10 feststellen. Ihre Untersuchungen enthalten darüber hinaus die Beobachtung, daß sich der Spike-wave-Komplex bei Aufwach-Epilepsien im Schlaf zunehmend verändert, indem sich die Spitze im Einschlafen abstumpft, oder daß mehrere kleine Spitzen erscheinen, während die Welle langsamer und größer wird. Mit zunehmender Schlaftiefe verkümmert der Komplex, der sich dann in merkwürdig rhythmischen Intervallen von 2 bis 10 sec wiederholt. Im Tiefschlaf verschwindet er vollends. Abruptes Wecken aus dem Schlaf mit sofort anschließender Hyperventilation provoziert bei Aufwach-Epilepsien fast regelmäßig spezifische Potentiale. Schlaf-Epilepsien und auch diffuse Epilepsien sprechen auf diese Provokation überhaupt nicht an.

Jovanović[411, 412] stellte bei fortlaufender Registrierung fest, daß die anfallsspezifischen Potentiale im Schlaf-EEG bei Aufwach-Epileptikern vom Abend bis zum Morgen zunehmend häufiger werden und vorwiegend während der Aufwachphasen der Schlafperioden auftreten. Bei Schlaf-Epilepsien nehmen die Anfallspotentiale vom Abend zum Morgen an Häufigkeit eher ab und treten vorzugsweise während der Einschlaf- bzw. Schlafvertiefungsphasen und den Tiefschlafphasen der einzelnen Schlafperioden auf.

Das EEG bei diffusen Epilepsien steht hinsichtlich der geringen Reaktion auf Hyperventilation dem bei Schlaf-Epilepsien näher, im Hinblick auf die geringe Zuwachsrate anfallsspezifischer Potentiale im Schlaf (Wach-EEG: Schlaf-EEG = 1:1,3—1,5) mehr dem bei Aufwach-Epilepsien[411, 412, 549].

Hirnlokalisatorische Korrelationen: Die Beziehung zwischen Lokalisation von epileptogenen Gehirnschädigungen und Verlaufsform entsprechender Grand mal-Epilepsien läßt sich dahin zusammenfassen, daß Stirnhirnschädigungen vorwiegend zu Schlaf-Epilepsien und Parietalhirnschädigungen vorwiegend zu diffusen Epilepsien führen. Für Aufwach-Epilepsien und für andere Lokalisationen sind keine Korrelationen zu ermitteln. Diese Folgerungen stützen sich auf die Untersuchung von 196 Grand mal-Epilepsien nach lokalisierbaren Hirnverletzungen und Hirntumoren.

Traumatische Epilepsien: Bei 276 traumatischen Grand mal-Epilepsien — 158 nach gedeckten und 118 nach offenen Gehirnverletzungen — war — wie aus Tabelle 53 hervorgeht — kein signifikanter Unterschied in der Verteilung der Verlaufsformen bei offenen und bei gedeckten Gehirnverletzungen festzustellen.

Aus Tabelle 54 geht jedoch hervor, daß Stirnhirnverletzungen häufiger, als es nach durchschnittlicher Verteilung zu erwarten wäre, zu Schlaf-Epilepsien führen und seltener zur diffusen Form. Parietalhirnverletzungen dagegen führen meist zu diffusen Epilepsien und seltener als man erwarten sollte, zu Schlaf-Epilepsien. Die kleine Zahl von Aufwach-Epilepsien läßt keine Aussage zu.

Tumor-Epilepsien: Bei 111 Tumor-Epilepsien mit großen Anfällen, deren tagesperiodische Beziehung bestimmt werden konnte, zeigten

Tabelle 54: *Verlaufsform und Lokalisation bei 118 Fällen offener Gehirnverletzungen.*

	Lokalisation der Verletzung									
	Frontal		Parietal		Temporal		Okzipital		Total	
	n	%	n	%	n	%	n	%	n	%
Aufwach-Epilepsien	3	—	8	—	2	—	1	—	14	—
Schlaf-Epilepsien	21	55	9	24	4	10,5	4	10,5	38	100
Diffuse Epilepsien	18	27	37	56	8	12	3	5	66	100
Total	42	35	54	46	14	12	8	7	118	100

Tabelle 55: *Verlaufsform und Art der Tumoren bei 111 eigenen und 114 Fällen von* Tönnis.

	Unser Krankengut								Nach Tönnis		
	A		S		D		Total		A	S	D
	n	%	n	%	n	%	n	%	n %	n %	n %
Meningiome	1	5	10	50	9	45	20	100	—	23	77
Astrozytome	1	4	8	33	15	63	24	100	—	10,5	89,5
Oligodendrogliome	2	14	5	36	7	50	14	100	8	23	69
Glioblastome	—		2		4		6		—	11,8	88,2
Spongioblastome	1		1		2		4		—	—	100
Ependymome	—		1		1		2		33,3	—	66,7
Andere Tumoren, Abszesse und Angiome	7		17		17		41		—	—	—
Total	12	11	44	40	55	49	111	100	5 = 3,5 %	22 = 15,3 %	117 = 81,2 %

Tabelle 56: *Verlaufsform und Tumorlokalisation bei 78 Fällen.*

	Frontal		Parietal		Temporal		Okzipital		Total	
	n	%	n	%	n	%	n	%	n	%
Aufwach-Epilepsien	3	—	1	—	2	—	—	—	6	—
Schlaf-Epilepsien	17	55	6	19	7	23	1	3	31	100
Diffuse Epilepsien	11	27	16	39	13	32	1	2	41	100
Total	31	40	23	29,5	22	28	2	2,5	78	100

Tabelle 57: *Verlaufsform und Hirnlokalisation auf Grund von 196 lokalisierbaren Hirnverletzungen und Hirntumoren.*

Lokalisation	A		S		D		Total		Anteil insgesamt
	n	%	n	%	n	%	n	%	%
Frontal	6	8	38	52	29	40	73	100	37
Parietal	9	12	15	19	53	69	77	100	39
Temporal	4	11	11	31	21	58	36	100	19
Okzipital	1	—	5	—	4	—	10	—	5
							196		100

die Verlaufsformen annähernd die gleiche Verteilung wie bei den traumatischen Grand mal-Epilepsien (s. Tab. 55). Was die Art der Tumoren angeht, so lassen sich in Anbetracht der relativ kleinen Zahlen keine signifikanten Beziehungen zu einzelnen Verlaufsformen behaupten. Im Vergleich mit den Untersuchungen von Tönnis fällt nur insofern eine

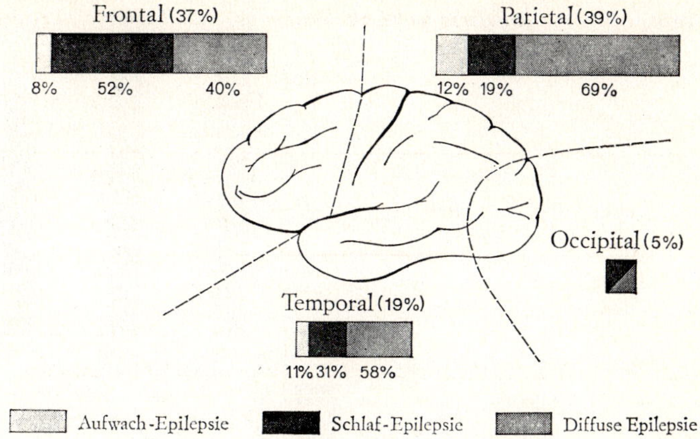

Abb. 160. Verlaufsform und Hirnlokalisation auf Grund von lokalisierbaren Hirnverletzungen und Hirntumoren.

gewisse Übereinstimmung auf, als bei Astrozytomen mehr diffuse und seltener Schlaf-Epilepsien zu registrieren waren als bei Meningiomen und Oligodendrogliomen.

Lokalisatorisch verteilen sich Grand mal-Epilepsien bei Hirntumoren ähnlich wie nach Hirnverletzungen: Stirnhirntumoren führen häufiger zu Schlaf-Epilepsien und seltener zur diffusen Form, Parietalhirntumoren häufiger zu diffusen und seltener zu Schlaf-Epilepsien, als man nach durchschnittlicher Verteilung erwarten sollte (s. Tab. 56).

Faßt man beide Schädigungsarten zusammen, so treten, wie der Abb. 160 und der Tab. 57 zu entnehmen ist, die Korrelationen zwischen Schlaf-Epilepsie und Stirnhirnschädigung auf der einen Seite und zwischen diffuser Epilepsie und Parietalhirnschädigung auf der anderen Seite deutlich hervor. Während sich also für Schlaf- und diffuse Epilepsien gewisse topische Schwerpunkte herausstellen, scheint die lokalisatorische Betrachtung am Beispiel umschriebener Schädigungen, die vorwiegend die Rinde betreffen, für das Verständnis der Aufwach-Epilepsie keinen adäquaten Zugang zu bieten. Dem entspricht auch, daß Aufwach-Epilepsien nach klinischen Gesichtspunkten wie nach dem EEG als eine »zentrenzephale« Grand mal-Epilepsie zu gelten haben.

Therapie

Bis zur Einführung der Oxazolidine durch Lennox 1945 bestand die medikamentöse Behandlung von Epilepsien in der Verordnung von Medikamenten, die vorwiegend bei großen Anfällen wirksam sind. Eröffnet wurde die Reihe durch *Brom*, das 1857 durch Locock empfohlen wurde, fortgesetzt durch *Phenobarbital*, das 1912 durch Hauptmann in die Epilepsie-Therapie Eingang fand, und ergänzt durch *Phenytoin*, über dessen klinische Wirkung 1939 Merrit u. Putnam erstmals berichteten. Seither wurde das Inventarium der Antikonvulsiva erweitert durch Medikamente, die entweder Abkömmlinge von Barbituraten und Hydantoinen darstellen, wie das *Mephobarbital* (Blum 1932, Heyde 1932), das *Phenantoin* (Stähli 1942, Boller 1943) und das *Primidon* (Handley u. Stewart 1953) oder durch neue Stoffe, wie das *Karbamazepin* (Lorgé 1963), die aber zum Teil wie die *Benzodiazepine* (Bamberger u. Matthes 1963) zu flüchtig, das *Sulthiam* (Flügel, Bente u. Itil 1960) nur unzureichend oder wie das *Phenazemid* (Gibbs, Everett u. Richards 1948) zu toxisch wirken.

Bei angemessener Dosierung in der Regel auch als ausreichend wirksam bewährt haben sich folgende fünf Präparate: Karbamazepin, Phenantoin, Phenobarbital, Phenytoin und Primidon.

In ihrer Wirkung auf Grand mal-Epilepsien schlechthin, wobei nur Fälle mit isolierten Grand mal zur Beurteilung herangezogen wurden, erweisen sich Primidon, Phenytoin und Phenantoin besser als Phenobarbital und Karbamazepin (s. Abb. 161). Die Wirkungsdiffe-

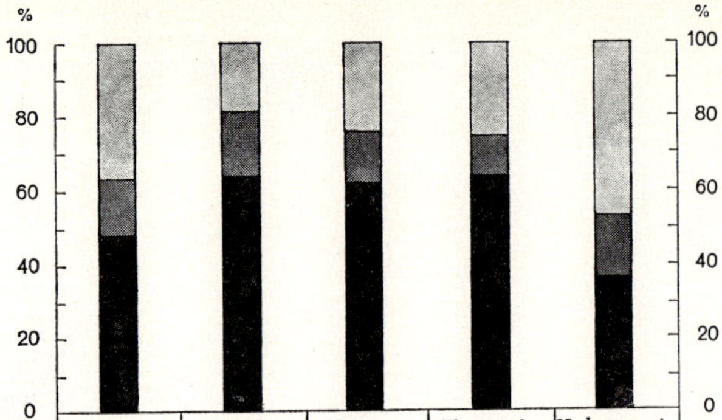

	Phenobarbital n	Phenobarbital %	Primidon n	Primidon %	Phenytoin n	Phenytoin %	Phenantoin n	Phenantoin %	Karbamazepin n	Karbamazepin %
Anfallsfrei	96	48	149	64	156	62	94	64	83	47
Anfallsreduktion über 75%	30	15	42	18	35	14	16	11	29	17
Weniger oder unverändert	74	37	42	18	60	24	36	25	64	36
Zusammen	200	100	233	100	251	100	146	100	176	100

Abb. 161. Wirkung verschiedener Medikamente bei reinen Grand mal-Epilepsien.

renz zwischen den chemisch nah verwandten Phenobarbital und Primidon mag dadurch erklärt sein, daß man Primidon wesentlich höher dosieren kann als Phenobarbital. Es darf daher vermutet werden, daß bei äquivalenter Dosierung Barbiturate und Hydantoine bei Grand mal-Epilepsien schlechthin die gleiche Wirkung entfalten. Dabei spielt auch nach unseren Erfahrungen die Ätiologie der Erkrankung keine Rolle.

Gewisse Indikationen ergeben sich für die einzelnen Medikamente jedoch danach, ob die großen Anfälle an den Schlaf-Wach-Rhythmus gebunden auftreten oder nicht. Daß Phenobarbital zur Behandlung von Schlaf-Epilepsien wenig geeignet ist, war vor uns schon von Delmas-Marsalet[1266] behauptet worden. Gelegentlich kommt es unter Phenobarbital sogar zu einer Zunahme der Anfälle im Schlaf. Dagegen sind Hydantoine, aber auch Primidon bei Schlaf-Epilepsien besonders wirksam. Bei Aufwach-Epilepsien ist das Wirkungsverhältnis umgekehrt. Hier wirken Barbiturate – wie auch David unabhängig von uns festgestellt hat – besser als Hydantoine. Für diffuse Epilepsien ergeben sich keine bestimmten Indikationen. Die Unterscheidung der Grand mal-Epilepsien nach der Bindung der Anfälle an den Schlaf-Wach-Rhythmus hat daher auch therapeutische Konsequenzen.

Bei Epilepsien mit reinen Schlaf-Grand mal ergibt sich eine deutliche Wirkungsdifferenz zwischen Phenobarbital, mit dem nur 28% anfallsfrei werden, und den übrigen Medikamenten. Abb. 162 zeigt, daß man mit Hydantoinen bei Schlaf-Epilepsien in nahezu 90% Anfallsfreiheit oder eine Reduktion der Anfallshäufigkeit um mindestens 75% erzielen kann. Die Zahlen für Karbamazepin sind zu klein, um verwertbar zu sein. Vasconcelos[903] gibt an, daß 14 (58%) von 24 Fällen mit Schlaf-Epilepsien damit anfallsfrei geworden sind.

Bei Aufwach-Epilepsien verhält es sich nahezu umgekehrt (s. Abb. 163). Hier entfaltet Phenobarbital mit 56% Anfallsfreiheit eine bessere Wirkung als die Hydantoine, die bei dieser Verlaufsform nicht befriedigen. Überragend wirkt jedoch bei Aufwach-Epilepsien Primidon, mit dem man – ähnlich wie mit Hydantoinen bei Schlaf-Epilepsien – in nahezu 90% Anfallsfreiheit oder eine Reduktion der Anfallshäufigkeit um mindestens 75% erzielen kann. Über Karbamazepin liegen keine nennenswerten Erfahrungen vor[903].

Bei diffusen Epilepsien ergeben sich keine eklatanten Wirkungsdifferenzen zwischen Barbituraten und Hydantoinen (s. Abb. 164). Hier scheint daher eine Kombinationsbehandlung angebracht. Mit Karbamazepin sind 9 (40%) von 22 Fällen mit diffuser Epilepsie anfallsfrei geworden[903].

Die unterschiedliche Wirksamkeit von Barbituraten und Hydantoinen bei Schlaf- und bei

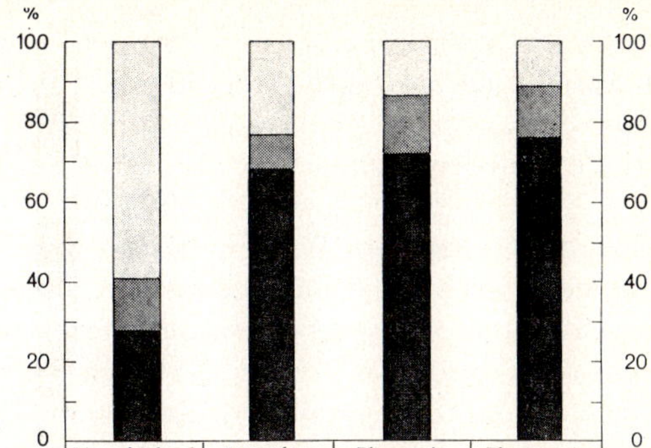

	Phenobarbital n	%	Primidon n	%	Phenytoin n	%	Phenantoin n	%
Anfallsfrei	13	28	44	68	108	72	59	76
Anfallsreduktion über 75%	6	13	6	9	23	15	9	13
Weniger oder unverändert	27	59	15	23	20	13	9	11
Zusammen	46	100	65	100	151	100	78	100

Abb. 162. Wirkung verschiedener Medikamente bei reinen Schlaf-Epilepsien.

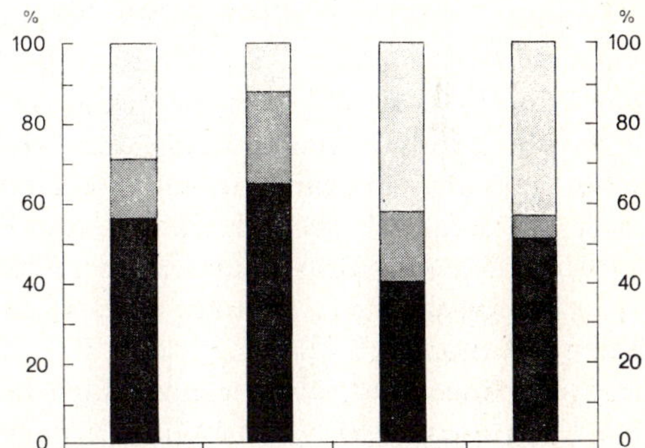

	Phenobarbital n	%	Primidon n	%	Phenytoin n	%	Phenantoin n	%
Anfallsfrei	59	56	78	65	20	40	25	51
Anfallsreduktion über 75%	16	15	28	23	9	18	3	6
Weniger oder unverändert	31	29	15	12	21	42	21	43
Zusammen	106	100	121	100	50	100	49	100

Abb. 163. Wirkung verschiedener Medikamente bei reinen Aufwach-Epilepsien.

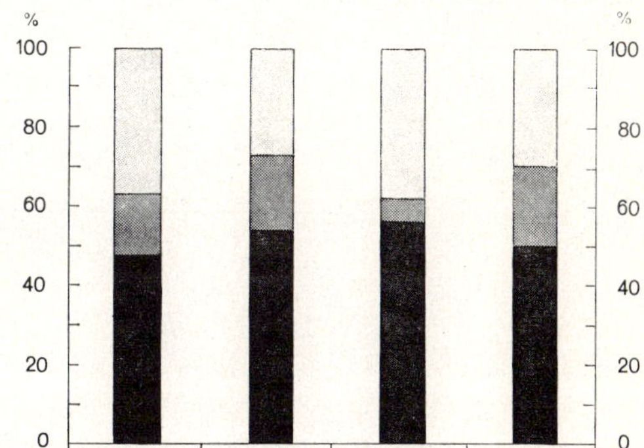

	Phenobarbital n	%	Primidon n	%	Phenytoin n	%	Phenantoin n	%
Anfallsfrei	13	48	28	54	28	56	10	50
Anfallsreduktion über 75%	4	15	10	19	3	6	4	20
Weniger oder unverändert	10	37	14	27	19	38	6	30
Zusammen	27	100	52	100	50	100	20	100

Abb. 164. Wirkung verschiedener Medikamente bei reinen diffusen Epilepsien.

Aufwach-Epilepsien, die nur von einer annähernd gleichmäßigen Wirkung des Primidon durchbrochen wird, ist inzwischen von vielen Autoren bestätigt worden[1220, 1230, 1251, 1289, 1316, 1344, 1356, 1410, 1411, 1417, 1418, 1468, 1472].

Die medikamentösen Wirkungsdifferenzen bestätigen gleichsam ex juvantibus die biologischen und nosologischen Unterschiede zwischen den beiden an den Schlaf-Wach-Rhythmus gebundenen Grandmal-Epilepsien. Der gleiche Antagonismus ist auch auf der Ebene der kleinen Anfälle anzutreffen. Denn altersgebundene Petitmal mit einem Spike-wave-Muster, die gewissermaßen der Familie der Aufwach-Epilepsie zugehören, werden erfahrungsgemäß ebenfalls von Barbituraten eher günstig und von Hydantoinen eher ungünstig beeinflußt. Das Umgekehrte gilt von psychomotorischen Epilepsien, die nosologisch der Familie der Schlaf-Epilepsie zugehören. Dem entspricht die klinische Erfahrung, daß Barbiturate von Kranken mit einer Aufwach-Epilepsie im allgemeinen auch besser toleriert werden als von Kranken mit einer Schlaf-Epilepsie. Aufwach-Epileptiker werden auf Barbiturate weniger schläfrig als Schlaf-Epileptiker. Umgekehrt haben wir den Eindruck, daß Hydantoine von Schlaf-Epileptikern besser vertragen werden. Aufwach-Epileptiker reagieren auf vergleichbare Dosen von Phenytoin leichter mit toxischen Symptomen in Form von Nystagmus und Ataxie als Schlaf-Epileptiker.

Der beschriebene Antagonismus läßt daran denken, daß die antiepileptische Wirkung nicht zuletzt auch durch eine medikamentöse Regulierung des gestörten Schlafverhaltens zustande kommt. Wenn die Anfälle bei Aufwach-Epilepsien durch einen chronischen Schlafmangel ausgelöst werden, so leuchtet es ein, daß sie durch Barbiturate, deren höchste Dosis sinngemäß am Abend zu geben ist, günstig beeinflußt werden. Wenn auf der anderen Seite Anfälle bei Schlaf-Epilepsien mit einem Überschuß an Schlaf zusammenhängen, so wäre die Empfehlung von Delmas-Marsalet[1266], Analeptika vor dem Nachtschlaf einnehmen zu lassen, die logische Entsprechung.

Um nachzuprüfen, wie sich der Schlafverlauf unter der Behandlung verändert, hat Jovanović[410] die Schlaftiefe elektroenzephalographisch und durch Weckreize während der Behandlung mit verschiedenen Medikamenten bestimmt. Die aus mehreren Bestimmungen integrierten Kurven (s. Abb. 165) zeigen im Vergleich zu den vor Beginn der Behandlung ermittelten Kurven (s. Abb. 152), daß sich der Schlafverlauf unter der Behandlung dem von gesunden Vergleichspersonen angleicht. Aufwach-Epileptiker erfahren unter schlaffördernden Antikonvulsiva eine Vertiefung, Schlaf-Epileptiker unter anregenden Antikonvulsiva eine Erleichterung des Schlafs in den ersten Stunden. Mit der Angleichung und Normalisierung des Schlafverhaltens kam es zu einer Reduktion oder zu einem Verschwinden der jeweils spezifischen Anfallspotentiale im Schlaf-EEG. Jovanović[410] berichtet, daß er bei Aufwach-Epilepsien unter Hydantoinen da-

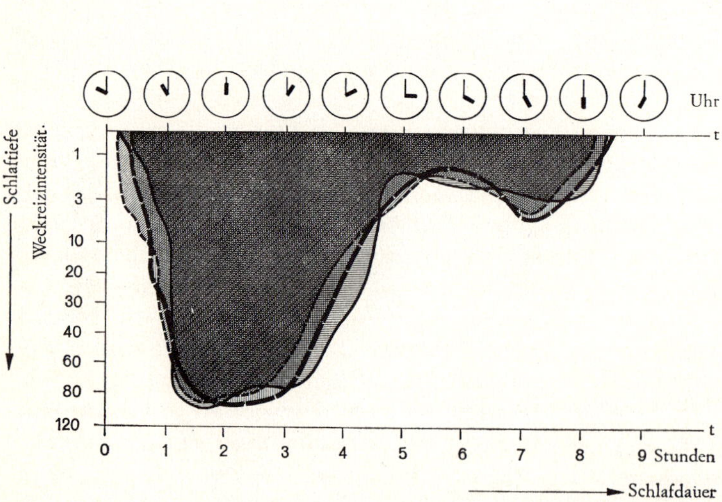

Abb. 165. Schlafverlauf bei Aufwach-Epilepsien unter der Behandlung mit Barbituraten (— — —) und bei Schlaf-Epilepsien unter der Behandlung mit Hydantoinen (———) im Vergleich zum Schlafverlauf bei gesunden Vergleichspersonen (- - - -) (nach Jovanović, U. J.: Therapiewoche 17 [1967] 95).

gegen eine Zunahme der spezifischen Anfallspotentiale im Schlaf-EEG und eine Verstärkung des Schlafdefizits beobachtet habe.

Daß man bei Patienten mit einer Aufwach-Epilepsie für eine Vertiefung des Schlafs und bei Patienten mit einer Schlaf-Epilepsie eher für eine Erleichterung des Schlafs in den ersten Nachtstunden zu sorgen hat, ist eine selbstverständliche Nutzanwendung aus den beschriebenen Beobachtungen.

Da die Qualität des Schlafs eine Funktion des Wachseins ist und umgekehrt, wird man die Patienten dazu anhalten, auch ihr Wachverhalten zu kontrollieren. Die Regulierung des Schlafs beginnt daher schon mit der Regulierung des Aufwachens und Aufstehens. Aufwach-Epileptiker sollten an Sonn- und Feiertagen wie in den Ferien nie später als 1 Stunde nach der an Werktagen üblichen Zeit aufstehen, auf den Mittagsschlaf verzichten, sich täglich mindestens 1–2 Stunden körperliche Bewegung verschaffen und Stimulantien wie Tee und Kaffee, die vormittags erlaubt sind, am Nachmittag und Abend meiden. Da sie jede Lücke im Netz der Anweisungen sofort entdekken, kommt es dabei oft auf Kleinigkeiten an. So wird man z. B. nicht nur die Stunde des Zubettgehens, sondern ganz genau die Zeit anzugeben haben, an der sie das Licht löschen sollen, auf bevorstehende Feiertage aufmerksam machen, ihre Betriebsamkeit und Geselligkeit einschränken müssen usw. Im Hinblick auf ihre psychische Struktur wird man dabei immer auch an die Mitverantwortung ihrer Umgebung zu appellieren haben. Bei Kranken mit Schlaf-Epilepsie erübrigen sich in der Regel detaillierte Anweisungen, da sie von Natur aus zu einer soliden Lebensführung neigen. Hier ist die Empfehlung angebracht, einen Mittagsschlaf einzuhalten, um den Nachtschlaf zu erleichtern, wie jede Art von Anregung, die ihre Anpassung an die Umgebung und einen elastischen Lebensstil fördert.

Sehr wahrscheinlich sind die aus solchen Erfahrungen abgeleiteten *allgemein-diätetischen Anweisungen* der Heilkunde vor der naturwissenschaftlichen Ära der Medizin die wesentlichste Grundlage für ihre damals schon beachtlichen Erfolge in der Epilepsiebehandlung[1276]. Wenn auch die Zuordnung zu bestimmten Verlaufsformen damals noch weitgehend unbekannt war, so spielen doch in der Diätetik der Epilepsie Beobachtungen und Verordnungen, die den Schlaf betreffen, eine große Rolle. Seit der Antike galten Schlaflosigkeit und Unterbrechung des Schlafes als auslösende Ursache für epileptische Anfälle, woraus sich die diätetische Regel ableitete, Schlafstörungen zu vermeiden. Entsprechende Anweisungen betreffen etwa das Warmhalten der Füße vor dem Einschlafen, keine Abendmahlzeit oder jedenfalls keine schweren Speisen am Abend zu sich zu nehmen[360, 391, 423, 1307]. PARACELSUS ging so weit, den Epileptiker schlafen zu lassen, wann er wolle: »man soll den schlaf nit abbrechen, das ist, schlaf wan du wilt und nit nach der tag und nacht. tag und nacht ist dem gras und laub beschaffen, aber dir nit, du solt wachen wan not da ist.« Andererseits wußte man auch davon, daß »zuviel Schlaf sehr schädlich« sein könne[1380], woraus sich die Empfehlung ergab, eine kaum merkliche Unruhe im Zimmer des Schlafenden hervorzurufen, indem »sich jemand ständig aber ruhig im Zimmer umherbewegen« solle[1307], um einen zwar ununterbrochenen, aber relativ oberflächlichen Schlaf zu erreichen. Nicht zuletzt werden auch die mannigfachen Anweisungen für Speise und Trank wie für Ruhe und Bewegung, die eine geregelte Tageseinteilung, eine individuell angepaßte körperliche Tätigkeit und »reichlich Aufenthalt in freier Luft«[360] — »air and exercise«[1307] — vorsehen, über eine Regulierung des Schlafverhaltens heilsam gewesen sein.

Mit zunehmender Differenzierung der Kenntnisse von der speziellen Pathogenese der verschiedenen Epilepsieformen gewinnt die Therapie über ihre empirische Begründung hinaus einen auch rational fundierten Sinn. Das gilt sowohl für die pharmakologische Behandlung, die sich bisher nach der generellen Wirkung der Medikamente ausrichtete, wie für die allgemeine Diätetik, deren Regeln bisher rein individuell ermittelt werden mußten. Schlafen und Wachen sind gewiß nicht die einzigen vitalen Äußerungen, die bei Anfallskranken Aufmerksamkeit verdienen. Doch ist die Schlaf-Wach-Periodik eine biologische Leistung, die mit einer Reihe physischer und psychischer Bedingungen verbunden ist, deren Störungen zur Auslösung von Anfällen führen. Daher hat die Beobachtung des Schlafverhaltens, besonders bei Kranken mit großen Anfällen, eine fundamentale Bedeutung sowohl für eine individuell angemessene wie für eine typologisch differenzierende und für eine biologisch umfassende Therapie.

ANHANG

Liste der Antiepileptika

Bezeichnungen, Dosierung und Nebenwirkungen.

Allgemeinbezeichnung (Generic name)	Chemische Bezeichnung	Handelsname	Tagesdosis*) Mindestdosis	Tagesdosis*) mittlere Dosis	Tagesdosis*) Höchstdosis	Nebenwirkungen Überempfindlichkeitsreaktionen	Nebenwirkungen dosisunabhängige bluttoxische	Nebenwirkungen dosisabhängige medikamentspezifische
Barbiturate								
Mephobarbital	3-Methyl-5-phenyl-5-äthylbarbitursäure	Prominal	400 mg	600 mg	1200 mg	selten	extrem selten	Müdigkeit
Phenobarbital	5,5-Phenyläthylbarbitursäure	Luminal Phenaemal	200 mg	300 mg	500 mg	selten	extrem selten	Schläfrigkeit, Nystagmus Ataxie
	L-1-cyclohexyl-2-methylaminopropan-Phenobarbital	Maliasin	300 mg	500 mg	700 mg	selten	unbekannt	Müdigkeit, Unruhe, Appetitmangel
Primidon	5-Phenyl-5-äthyl-hexahydropyrimidin-4,6-dion (2 Desoxy-Phenobarbital)	Mylepsinum	750 mg	1250 mg	2000 mg	selten	unbekannt	Initial: Rausch, Schwindel, Müdigkeit
Hydantoine								
Phenantoin	3-Methyl-5, 5-phenyläthylhydantoin	Mesantoin Epilanex	300 mg	500 mg	800 mg	gelegentlich	gelegentlich	Rausch, Benommenheit, selten Ataxie
Phenytoin	5,5-Diphenylhydantoin	Zentropil Epanutin	300 mg	400 mg	500 mg	gelegentlich	selten	Diplopie, Nystagmus, Ataxie, Tremor, Gingivahyperplasie
	5,5-Diphenylhydantoin-Calcium	Phenhydan	324 mg	432 mg	545 mg			

Sukzinimide								
Äthosuximid	α-Äthyl-α-methyl-succinimid	Petinimid Petnidan Pyknolepsinum Suxinutin	750 mg	1250 mg	2000 mg	selten	nicht sicher belegt	Nausea, Erregung, Singultus
Methsuximid	N-Methyl-α-methyl-α-phenylsuccinimid	Petinutin	900 mg	1500 mg	2100 mg	gelegentlich	unbekannt	Benommenheit, Singultus
Dione								
Äthadion	3-Äthyl-5,5-dimethyl-oxazolidin-2,4-dion	Petidiol	750 mg	1500 mg	2000 mg	gelegentlich	selten	Lichtscheu
Paramethadion	3,5-Dimethyl-5-äthyl-oxazolidin-2,4-dion	Paradione	900 mg	1500 mg	2400 mg	gelegentlich	selten	Dämpfung, Lichtscheu
Trimethadion	3,5,5-Trimethyloxa-zolidin-2,4-dion	Tridione	900 mg	1500 mg	2400 mg	gelegentlich	gelegentlich	Lichtscheu, Dämpfung
Diphenylazepine								
Karbamazepin	(5H)-dibenz (b, f)-azepin-5-carboxamid	Tegretal	600 mg	1000 mg	1600 mg	gelegentlich	bisher unbekannt	Schwindel, Nausea
Benzodiazepine								
Diazepam	7-Chlor-1-methyl-5-phenyl-3H-1,4-benzodiazepin-2(1H)-on	Valium	15 mg	30 mg	60 mg	unbekannt	bisher unbekannt	Initial: Müdigkeit, Ataxie
Nitrazepam	1,3-Dihydro-7-nitro-5-phenyl-2H-1,4-benzodia-zepin-2-on	Mogadan	15 mg	30 mg	60 mg	unbekannt	bisher unbekannt	Müdigkeit, Ataxie

*** Dosierung ab 14.** Lebensjahr. Für Kinder bis zum 4. Jahr gilt etwa die Hälfte, danach etwa $^3/_4$ der angegebenen Dosis.

Liste der Fälle

Literatur

Epilepsien mit altersgebundenen kleinen Anfällen

Die infantilen Petit mal-Epilepsien

1 ABRAHAMSON, I.: Diskussionsbemerkung zum Vortrag von J. R. Hunt in der New Yorker Neurol. Ges. vom 6. 6. 1922. J. nerv. ment. Dis. 56 (1922) 355.

2 ALLEN, R. I.: An evaluation of steroid treatment in hypsarhythmia. Electroenceph. clin. Neurophysiol. 13 (1961) 147.

3 ALVIN, A., L. BILLING, B. HAGBERG, I. HAGNE, B. HELLSTRÖM, K. M. HERRLIN, E. JACOBSSON, K. KAIJSER, B. KARLSSON, L. KIRSTEIN, L. E. LARSSON, A. NORMARK, E. OBERGER, I. PETERSEN, L. SÖDERHJELM: Kortikotropin vid infantil spasm med hypsarytmi. Nord. med. 75 (1966) 234.

4 ASAL, B., E. MORO: Über bösartige Nickkrämpfe im frühen Kindesalter. Jb. Kinderheilk. 107 (1925) 1.

5 BAIRD, H. W., L. G. BOROFSKY: Infantile myoclonic seizures. J. Pediat. 50 (1957) 332.

6 BAMBERGER, PH., A. MATTHES: Anfälle im Kindesalter. Karger, Basel 1959.

7 BAMBERGER, PH., A. MATTHES: Eine neue Therapiemöglichkeit des Status epilepticus im Kindesalter mit Valium i. v. Z. Kinderheilk. 95 (1966) 155.

8 BEAUSSART, M.: Encéphalopathie myoclonique du nourrisson avec hypsarhythmie. Etude E. E. G. avant et après traitement par l'A.C.T.H. Rev. neurol. 103 (1960) 243.

9 BICKEL, H.: Metabolisch-genetische Krampfleiden. Mschr. Kinderheilk. 110 (1962) 112.

10 BICKEL, H., H. CLEVE: Metabolische Schwachsinnsformen. In: Humangenetik, Bd. V/2. Hsg.: P. E. Becker. Thieme, Stuttgart 1967.

11 BIGNAMI, A., M. ZAPPELLA, P. BENEDETTI: Infantile spasms with hypsarrhythmia. A pathological study. Helv. paediat. Acta 19 (1964) 326.

12 BISCHOFF, A.: Familiäres Syndrom des Säuglingsalters mit Myoklonie (Blitz-Nickkrämpfen), Hypsarhythmie und schwerem psychomotorischem Entwicklungsrückstand. Psychiat. Neurol. Neurochir. (Amst.) 64 (1961) 133.

13 BOWER, B. D., P. M. JEAVONS: Infantile spasms and hypsarrhythmia. Lancet 1959/I, 605.

14 BRIDGE, E. M.: Epilepsy and Convulsive Disorders in Children. McGraw-Hill, New York/Toronto/London 1949.

15 BUCHANAN, D.: Convulsions in infancy and childhood. Med. Clin. N. Amer. 30 (1946) 163.

16 CAMPELO, V.: Tic de Salaam. Zbl. ges. Kinderheilk. 30 (1934) 574.

17 CHAVANY, J. A.: Epilepsie. Etude clinique, diagnostique, physiopathogénique et thérapeutique. Masson, Paris 1958.

18 CHRISTIAENS, N., G. FONTAINE, J. RATEL, P. DE HANE: Traitement des spasmes en flexion (hypsarythmie du nourrisson). Pédiatrie 17 (1960) 96.

19 CHRISTENSEN, E., J.C. MELCHIOR: Neuropathological findings in children with infantile spasms and hypsarrhythmia. Dan. med. Bull. 7 (1960) 121.

20 CLARA, M.: Entwicklungsgeschichte des Menschen. Quelle & Meyer, Heidelberg 1949.

21 CLARK, L. P.: Diskussionsbemerkung zum Vortrag von J. Ramsay Hunt in der New Yorker Neurol. Ges. vom 6. 6. 1922. J. nerv ment. Dis. 56 (1922) 354.

22 CLARKE, CH.: erwähnt bei West, W. J. (s. Nr. 161).

23 CROME, L.: Pachygyria. J. Path. Bact. 71 (1956) 335.

24 DEGEN, R.: Über Blitz-, Nick- und Salaamkrämpfe und ihre ACTH-Behandlung. Z. Kinderheilk. 87 (1963) 547.

25 DESCROIZILLES, L.: Du vertige épileptique et du tic de Salaam chez les enfants. Sem. méd. (Paris) (1886) 29.

26 DOBBS, J. M. J., D. CLEMENTS, H. W. BAIRD: Treatment of infantile myoclonic seizures with corticotrophin and a corticosteroid. J. Dis. Child. 98 (1959) 524.

27 DOOSE, H.: Zur Nosologie der Blitz-Nick-Salaam-Krämpfe. Arch. Psychiat. Nervenkr. 206 (1964a) 28.

28 DOOSE, H.: Die Altersgebundenheit pathologischer EEG-Potentiale am Beispiel des kindlichen Petit mal. Nervenarzt 35 (1964b) 72.

29 DOOSE, H.: Das akinetische Petit mal. I. Das klinische und elektroenzephalographische Bild der akinetischen Anfälle. Arch. Psychiat. Nervenkr. 205 (1964c) 625.

30 DOOSE, H.: Das akinetische Petit mal. II. Verlaufsformen und Beziehungen zu den Blitz-Nick-Salaamkrämpfen und den Absencen. Arch. Psychiat. Nervenkr. 205 (1964d) 637.

31 DRAVET, C.: Encéphalopathie Epileptique de l'Enfant avec Pointe-Onde Lente Diffuse (Petit Mal Variant). Thesis, Marseille 1965.

32 DREYER, R.: Erfahrungen mit der ACTH-Behandlung. Tagungsbericht über die 3. Jahresversammlung der dtsch. Sektion der „Internationalen Liga gegen Epilepsie". Nervenarzt 32 (1961) 130.

33 DRUCKMAN, R., D. CHAO, E. C. ALVORD: A case of atonic cerebral diplegia with lissencephaly. Neurology (Minneap.) 9 (1959) 806.

34 DRUCKMAN, R., D. CHAO: Massive spasms in infancy and childhood. Epilepsia (Boston) 4 (1955) 161.

35 DUFRESNE, J. J., F. MARTIN: Le traitement par l'A.C.T.H. de la maladie des spasmes en flexion de la première enfance. Rev. méd. Suisse rom. 79 (1959) 538.

36 DUMERMUTH, G.: Epilepsie maligne de la première enfance. Méd. et Hyg. (Génève) 18 (1960) 478, 729.

37 DUMERMUTH, G.: Über das Syndrom der Blitz-Nick-Salaamkrämpfe und seine Behandlung mit ACTH und Hydrocortison. II. Zwischenbilanz. Helv. paediat. Acta 16 (1961) 244.

38 FÉRÉ, CH.: Le tic de Salaam, les salutations névropathiques. Progr. méd. (Paris) 11 (1883) 970.

39 FINKELSTEIN, H.: Lehrbuch der Säuglingskrankheiten. Elsevier, Amsterdam 1938.

40 FORSTER, F. M., W. PENFIELD, H. JASPER, L. MADOW: Focal epilepsy, sensory precipitation and evoked potentials. Electroenceph. clin. Neurophysiol. 1 (1949) 349.

41 FUKUYAMA, Y., M. NAGAHATA, M. AVIMA, Y. OKADA: ACTH-Z-therapy in flexor spasm in infancy. Paediat. jap. 4 (1960) 12.

42 GASTAUT, H.: The Epilepsies. Electro-clinical Correlations. Thomas. Springfield, Ill. 1954.

43 GASTAUT, H., M. FISCHER-WILLIAMS: The Physiopathology of Epileptic Seizures. In: Field, J., et al.: Handbook of Physiology, Bd. I. Williams & Wilkins, Baltimore 1960.

44 Gastaut, H., W. C. Gibson, M. Pitot, M. Vigouroux: E.E.G.control of the treatment by ACTH of early infantile myoclonic encephalitis with dysrhythmie majeure (hypsarhythmia). Electroenceph. clin. Neurophysiol. 11 (1959) 603.

45 Gastaut, H., H. Régis: On the subject of Lennox's "akinetic Petit mal". In memory of W. G. Lennox. Epilepsia (Amst.) 2 (1961) 298.

46 Gastaut, H., A. Roger: Etude électroencéphalographique des convulsions infantiles. Pédiatrie 8 (1953) 603.

47 Gastaut, H., J. Roger, R. Soulayrol, N. Pinsard: L'Encéphalopathie Myoclonique Infantile avec Hypsarrythmie (Syndrome de West). Masson, Paris 1964.

48 Gastaut, H., J. Roger, R. Soulayrol, G. Salamon, H. Régis, H. Lob: Encéphalopathie myoclonique infantile avec hypsarhythmia (syndrome de West) et sclérose tubéreuse de Bourneville. J. neurol. Sci. 2 (1965) 140.

49 Gastaut, H., J. Roger, R. Soulayrol, C. A. Tassinari, H. Régis, C. Dravet: Childhood epileptic encephalopathy with diffuse slow spike-waves (otherwise known as "Petit mal variant") or Lennox-Syndrome. Epilepsia (Amst.) 7 (1966) 139.

50 Gibbs, F. A., E. M. Anderson: Treatment of hypsarhythmia and infantile spasms with a Librium analogue. Neurology (Minneap.) 15 (1965) 1173.

51 Gibbs, F. A., E. L. Gibbs: Atlas of Electroencephalography. Addison-Wesley Press, Cambridge, Mass. 1952.

52 Gibbs, F. A., E. L. Gibbs, W. G. Lennox: The influence of the blood sugar level on the wave and spike formation in petit mal epilepsy. Arch. Neurol. Psychiat. (Chic.) 41 (1939) 1111.

53 Gibbs, E. L., M. M. Fleming, F. A. Gibbs: Diagnosis and prognosis of hypsarhythmia and infantile spasms. Pediatrics 13 (1954) 66.

54 Gött, H.: Oligophrenia phenylpyruvica unter dem Bild der Blitz-, Nick- und Salaamkrämpfe. Z. Kinderheilk. 80 (1957) 325.

55 Grey-Walter, W., D. Hill, D. Williams: Discussion on the electroencephalogram in organic cerebral disease. Proc. roy. Soc. Med. 41 (1948) 237.

56 Hallervorden, J., W. Krücke: Die tuberöse Hirnsklerose. In: Lubarsch, O., F. Henke, R. Rössle: Handbuch der Pathologie, Bd. XIII/4. Springer, Berlin 1956.

57 Haneke, K.: Über die Behandlung der Blitz-Nick-Salaam-Krämpfe mit ACTH. Kinderärztl. Prax. 29 (1961) 471.

58 Harris, R., G. Pampiglione: EEG and histopathology of 11 children with infantile spasms. Electroenceph. clin. Neurophysiol. 14 (1962) 283.

59 Hering, H. E., C. S. Sherrington: Über Hemmung der Contraction willkürlicher Muskeln bei elektrischer Reizung der Großhirnrinde. Pflügers Arch. ges. Physiol. 68 (1897) 222.

60 Herpin, Th.: Des Accès Incomplets d'Epilepsie. Baillière, Paris 1867.

61 Hess, R., Th. Neuhaus: Das Elektroencephalogramm bei Blitz-, Nick- und Salaamkrämpfen und bei anderen Anfallsformen des Kindesalters. Arch. Psychiat. Nervenkr. 189 (1952) 37.

62 Holub, V., L. Týnová: Bleskové dětské křeče. Čs. Pediat. 14 (1959) 39.

63 Hunt, J. R.: On the occurrence of static seizures in epilepsy. J. nerv. ment. Dis. 56 (1922) 351.

64 Hunt, J. R.: Attaques statiques dans l'épilepsie, un type de paroxysme épileptique caractérisé par une perte soudaine du contrôle de posture. Rev. neurol. 2 (1924) 201.

65 Ibrahim, J.: zit. nach Asal, B., E. Moro (s. Nr. 4: Fußnote S. 15).

66 Jackson, H.: A contribution to the comparative study of convulsions. Brain 9 (1886a) 1. In: Selected Writings of John Hughlings Jackson, Bd. I. Hodder & Stoughton, London 1931, S. 348.

67 Jackson, H.: On a case of fits resembling those artificially produced in Guinea-Pigs. Med. Soc. Proc. 10 (1886b) 78. In: Selected Writings of John Hughlings Jackson, Bd. I. Hodder & Stoughton, London 1931, S. 362.

68 Jacquet, L.: Le Tic de Salaam. Thèse, Paris 1903.

69 Janz, D.: „Nacht"-oder „Schlaf"-Epilepsien als Ausdruck einer Verlaufsform epileptischer Erkrankungen. Nervenarzt 24 (1953) 361.

70 Janz, D.: Die klinische Stellung der Pyknolepsie. Dtsch. med. Wschr. 80 (1955) 1392.

71 Janz, D.: Verlaufsgestalten idiopathischer Epilepsien. Nervenarzt 34 (1963) 333.

72 Janz, D.: Wegweisung zu einer differenzierten medikamentösen Behandlung der Epilepsien. Hsg. von der dtsch. Sektion d. Internat. Liga gegen Epilepsie, 5. Aufl. 1964.

73 Janz, D., R. Akos: Über die Rolle pränataler Faktoren bei der Propulsiv-Petit-Mal-Epilepsie (West-Syndrom). J. neurol. Sci. 4 (1967) 401.

74 Janz, D., W. Christian: Impulsiv-Petit mal. Dtsch. Z. Nervenheilk. 176 (1957) 346.

75 Janz, D., U. Fuchs: Sind antiepileptische Medikamente während der Schwangerschaft schädlich? Dtsch. med. Wschr. 89 (1964) 241.

76 Janz, D., A. Matthes: Die Propulsiv-Petit-Mal-Epilepsie. Klinik und Verlauf der sog. Blitz-, Nick- und Salaamkrämpfe. Karger, Basel 1955.

77 Jasper, H.: Electroencephalography. In: Penfield, W., H. Jasper: Epilepsy and the Functional Anatomy of the Human Brain. Little, Brown, Boston 1954.

78 Jeavons, P. M., B. D. Bower: Infantile Spasms. A Review of the Literature and a Study of 112 Cases. Clinics in Developmental Medicine No. 15. Hsg.: The Spastics Society Medical Education and Information Unit in Association with W. Heinemann, London 1964.

79 Joseph, R., J. C. Job, X. Ledne: Contribution à l'étude du traitement des spasmes infantiles et des convulsions du jeune enfant par l'ACTH. Cah. Coll. Méd. Hôp. Paris, 15 octobre 1962.

80 Keith, H. M.: Convulsive Disorders in Children. Little, Brown, Boston 1963.

81 Kellaway, P.: Myoclonic phenomena in infants. Electroenceph. clin. Neurophysiol. 4 (1952) 243.

82 Kellaway, P.: Neurologic status of patients with hypsarhythmia. In: Molecules and Mental Health. Hsg.: F. A. Gibbs. Lippincott, Philadelphia 1959.

83 Klein, R., S. Livingston: The effect of ACTH in epilepsy. J. Pediat. 37 (1950) 733.

84 Knauer, H.: Ein Beitrag zur Frage der Salaamkrämpfe. Mschr. Kinderheilk. 30 (1925) 428.

85 Koch, F., A. Grützner: Zur ACTH-Behandlung der Blitz-, Nick- Salaam-Krämpfe des Säuglings. Münch. med. Wschr. 102 (1960) 36.

86 Koch, G.: Genetics of Microencephaly in Man. Proc. X. int. Congr. Genetics, Bd. 2, Montreal 1958.

87 Kramer, W.: Poliodysplasia cerebri. Acta psychiat. scand. 28 (1953) 413.

88 Kruse, R.: Das myoklonisch-astatische Petit mal. Springer, Berlin 1968.

89 Külz, J.: Klinische und hirnelektrische Beobachtungen unter Therapie mit Depot-ACTH in hohen Dosen bei Blitz-, Nick- und Salaamkrämpfen. Nervenarzt 35 (1964) 65.

90 Landolt, H.: Serial electroencephalographic investigations during psychotic episodes in epileptic patients and during schizophrenic attacks. In: Lectures on Epilepsy. Hsg.: A. M. Lorentz de Haas. Elsevier, Amsterdam 1958.

91 LANDOLT, H.: Die Dämmer- und Verstimmungszustände bei Epilepsie und ihre Elektroencephalographie. Dtsch. Z. Nervenheilk. 185 (1963) 411.

92 LAPLANE, R., H. FISHGOLD, C. BRISAC, D. FRITEL: Le problème de l'épilepsie atypique ou débutante de l'enfant du point vue électroencéphalographique. Nourrisson 35/2 (1957).

93 LAUNAY, Cl., C. BLANC, M. REBUFAT-DESCHAMPS: Spasmes en flexion et hypsarhythmie. Mise au point à propos de dix observations personelles. Presse méd. 67 (1959) 887.

94 LEDERER, M.: Beitrag zur Kenntnis der Nickkrämpfe. Jb. Kinderheilk. 113 (1926) 275.

95 LENNOX, W.G.: The petit mal epilepsies. J. Amer. med. Ass. 129 (1945) 1069.

96 LENNOX, W.G.: Tridione in the treatment of epilepsy. J. Amer. med. Ass. 134 (1947) 138.

97 LENNOX, W.G.: Epilepsy and Related Disorders. Little, Brown, Boston 1960.

98 LENNOX, W.G., J.P. DAVIS: Clinical correlates of the fast and slow spike-wave electroencephalogram. Pediatrics 5 (1950) 626.

99 LENZ, H.: Mogadon in der Anfallsbehandlung des Kindes. Wien. med. Wschr. 117 (1967) 656.

100 LIEBERS, M.: Zur Histopathologie der amaurotischen Idiotie und Myoclonusepilepsie. Z. ges. Neurol. Psychiat. 111 (1927) 465.

101 LIVINGSTON, S., V. EISNER, L. PAULI: Minor motor epilepsy. Diagnosis, treatment and prognosis. Pediatrics 21 (1958) 916.

102 LORENTZ DE HAAS, A. M.: Zur klinischen Symptomatologie der Epilepsie. Psychiat. Neurol. Neurochir. 66 (1963) 184.

103 LOW, N. L., J. F. BOSMA, M.V. ARMSTRONG, I. A. MADSEN: Infantile spasms with mental retardation. Pediatrics 22 (1958) 1153.

104 MACCAGNAMI, F., R. VIZIOLI: Considerazione sulla patogenesis degli spasmi infantili alla luce di un caso operato di asportazione di un nodulo di sclerosa tuberosa ad evoluzione neoplastica situato nelle teste del nucleo caudato. Riv. Neurol. 29 (1959) 897.

105 MARCHAND, L., J. DE AJURIAGUERRA: Epilepsies. Leurs Formes Cliniques, leurs Traitements. Desclée de Brouwer, Paris 1948.

106 MARKHAM, C. H.: The treatment of myoclonic seizures of infancy and childhood with LA-1. Pediatrics 34 (1964) 511.

107 MARTIN, C., P. LOISEAU, J. BATTIN, M. TOGA: Encéphalopathie chronique avec hypsarhythmie. Séquelle d'une anoxie néontale. Observation anatomo-clinique. Sem. Hôp. Paris 37 (1961) 2518.

108 MARTIN, F.: Physiopathogénie. In: L'Encéphalopathie Myoclonique Infantile avec Hypsarhythmie (Syndrome de West). Hsg.: Gastaut, H., J. Roger, R. Soulayrol, N. Pinsard. Masson, Paris 1964.

109 MATTHES, A.: Die Blitz-, Nick- und Salaamkrämpfe und ihre Prognose. Mschr. Kinderheilk. 102 (1954) 68.

110 MATTHES, A., E. MALLMANN-MÜHLBERGER: Die Propulsiv-Petit-Mal-Epilepsie und ihre Behandlung mit Hormonen. Dtsch. med. Wschr. 88 (1963) 426.

111 MENNINGER, K.A.: Static seizures in epilepsy. Report of two cases. J. nerv. ment. Dis. 58 (1924) 54.

112 MILLICHAP, J.G., R.G. BICKFORD, D.W. KLASS, R. E. BACKUS: Infantile spasms, hypsarythmia and mental retardation. A study of etiological factors in 61 patients. Epilepsia (Amst.) 3 (1962) 188.

113 MILLICHAP, J.G., W.R. ORTIZ: Nitrazepam in myoclonic epilepsies. Amer. J. Dis. Child. 112 (1966) 242.

114 MIRIBEL, J., F. POIRIER: Effects of ACTH and adrenocortical hormones in juvenile epilepsy. Epilepsia (Amst.) 2 (1961) 345.

115 NEIMANIS, G.: Klinische und morphologische Befunde bei vier Fällen von psychomotorischer Epilepsie. Dtsch. Z. Nervenheilk. 183 (1962) 258.

116 NEWNHAM, W.: History of Four Cases of Eclampsia Nutans, or the "Salaam"-Convulsions of Infancy, with Suggestions as to its Origin and Future Treatment. Irwin, Manchester 1849.

117 PAAL, G.: Katamnestische Untersuchungen und EEG bei Pyknolepsie. Arch. Psychiat. Nervenkr. 196 (1957) 48.

118 PACHE, H. D.: Die Klinik der kindlichen Krampfleiden. Mschr. Kinderheilk. 102 (1954) 42.

119 PACHE, H. D., H. WEINMANN: ACTH-Behandlung der BNS-Krämpfe. Vortrag auf der Tagung der südwestdeutschen Kinderärzte, 1960. Kinderärztl. Prax. 7 (1960) 307.

120 PALUDAN, J.: Autopsie findings in a child with infantile spasms and hypsarrhythmia with a survey of the effect of ACTH. Dan. med. Bull. 8 (1961) 128.

121 PAMPIGLIONE, G.: West's syndrome (infantile spasms) - a polymyographic study. Arch. Dis. Childh. 39 (1964) 208.

122 PAULI, L., R. O'NEIL, N. YBANEZ. S. LIVINGSTON: Minor motor epilepsy, treatment with corticotropin (ACTH) and steroide therapy. J. Amer. med. Ass. 174 (1960) 1408.

123 PEIPER, A.: Die Eigenart der kindlichen Hirntätigkeit. Thieme, Leipzig 1949.

124 PENFIELD, W., H. JASPER: Epilepsy and the Functional Anatomy of the Human Brain. Little, Brown, Boston 1954.

125 PETER, K.: Funktionelle Embryologie der Wirbeltiere. Nova Acta Leopoldina (Halle) 19 (1957) 133.

126 PETERSEN, C.E., H. DOOSE, G. HIMMELMANN: Die psychomotorische Entwicklung von Kindern mit Blitz-, Nick-, Salaam-Krämpfen mit und ohne Hormonbehandlung. Med. Welt 37 (1964) 19.

127 v. PFAUNDLER, M.: Über das Geschlechtsverhältnis bei frühem Erkranken und Sterben. Münch. med. Wschr. 89 (1942) 115.

128 v. PFAUNDLER, M., F. LUST: Krankheiten des Kindesalters, 3. Aufl. Urban & Schwarzenberg, München 1946.

129 PORTMANN, A.: Biologische Fragmente zu einer Lehre vom Menschen, 2. Aufl. Schwabe, Basel 1951.

130 POSER, CH. M.: Neuropathological findings in three cases of infantile spasms. In: Molecules and Mental Health. Hsg.: F. A. Gibbs. Lippincott, Philadelphia 1959.

132 RABE, F.: Zum Wechsel des Anfallcharakters epileptischer Anfälle. Dtsch. Z. Nervenheilk. 182 (1961) 201.

133 RADERMECKER, J., M. TOGA, G. C. GUAZZI: Etude anatomo-pathologique. In: L'Encéphalopathie Myoclonique Infantile avec Hypsarhythmie (Syndrome de West). Hsg.: Gastaut, H., J. Roger, R. Soulayrol, N. Pinsard. Masson, Paris 1964.

134 RAPPAPORT, S.: Salaamkrämpfe bei Lues congenita. Diss. Bern 1938.

135 ROGER, A., F. POIRIER: Les encéphalopathies myocloniques infantiles avec hypsarrythmie. 9e Réunion européenne d'information électroencéphalographique. Rapport précirculé, Marseille 1960.

136 SÁNCHEZ, E., J. L. HANON: Epilepsie statique de Ramsay Hunt. Rev. Assoc. méd. argent. (1935) 170.

137 SCHALTENBRAND, G.: Über die Entwicklung des menschlichen Aufstehens und dessen Störung bei verschiedenen Nervenkrankheiten. Dtsch. Z. Nervenheilk. 89 (1926) 82.

138 SCHEFFNER, D., H. DOOSE: Zur Hormonbehandlung bösartiger Petit-mal-Formen. Med. Welt (1961) 1872.

139 SCHIFFER, K.H., H. STRUBEL: Über Störungen der Entwicklungsmechanik des Gehirnschädels beim Mongolismus und anderen Konstitutionsanomalien. Nervenarzt 31 (1960) 340.

140 SCHMIDT, G.: Beitrag zum Problem der Hormonbehandlung von Kindern mit Blitz-Nick-Salaam-Krämpfen. Arch. Psychiat. Nervenkr. 209 (1967) 241.

141 SCHOEDEL, J.: Über Ursache und Ausgang der Salaamkrämpfe. Mschr. Kinderheilk. 60 (1934) 436.

142 Sinton, D.W., P. R. Patterson: Infantile spasms: a case report with clinical und pathological correlation. Neurology (Minneap.) 12 (1962) 351.

143 Sorel, L.: Action antiépileptique expérimentale et clinique du Zarontin. Acta neurol. belg. 6 (1960) 551.

144 Sorel, L.: L'épilepsie myokinétique grave de la première enfance avec pointe-onde lent (Petit Mal variant) et son traitement. Rev. neurol. 110 (1964) 215.

145 Sorel, L., A. Dusaucy-Bauloye: A propos de 21 cas d'hypsarhythmia de Gibbs. Son traitement spectaculaire par l'ACTH. Acta neurol. belg. 58 (1958) 130.

146 Spiegel, E. A.: Discussion of petit mal. 8th Meeting Internat. League against Epilepsy, Brussels 1957, Excerpta medica (Amst. 1957) S. 76.

147 Spinner, A.: Indikation und Wirkung von Suxinutin bei Petit-mal-Epilepsien. Münch. med. Wschr. 103 (1961) 1110.

148 Stamps, F. W., E. L. Gibbs, I. M. Rosenthal, F. A. Gibbs: Treatment of hypsarhythmia with ACTH .J. Amer. med. Ass. 171 (1959) 408.

149 Stoeckel, W.: Lehrbuch der Frauenheilkunde, 12. Aufl. Fischer, Jena 1956.

150 Stollecke, H., H. D. Pache: Zur Behandlung von BNS-Krämpfen mit ACTH. Mschr. Kinderheilk. 110 (1962) 105.

151 Trojaborg, W., P. Plum:Treatment of "hypsarrhythmia" with ACTH. Acta paediat. (Uppsala) 49 (1960) 572.

152 Tucker, J. S., G. B. Solitaire: Infantile myoclonic spasms. Clinical electrographic and neuropathologic observations. Epilepsia (Amst.) 4 (1963) 45.

153 Vasquez, H. J., M. Turner: Epilepsia en flexion generalizada. Arch. argent. Pediat. 35 (1951) 111.

154 Vizioli, R.: Grundlage für eine striopallidäre Hypothese der Salaamkrämpfe. Zbl. ges. Neurol. Psychiat. 155 (1960) 237.

155 Vogel, P.: Persönliches Gespräch.

156 Volland, P.: Bericht über vier Fälle mit der Kombination Epilepsie-Paramyoclonus multiplex. Z. ges. Neurol. Psychiat. 7 (1911) 180.

157 Völzke, E., H. Doose, E. Stephan: The treatment of infantile spasms and hypsarrhythmia with Mogadon. Epilepsia (Amst.) 8 (1967) 64.

158 Weinberg, W. A., J. L. Harwell: Diazepam (Valium) in myoclonic seizures. Amer. J. Dis. Child. 109 (1965) 123.

159 Weinmann, H. M.: Behandlung von Blitz-Nick-Salaam-Krämpfen mit Mogadan „Roche". Münch. med. Wschr. 108 (1966) 727.

160 Wenderowich, E. L., G. G. Solonsky: Über den lissencephalischen (pachy-agyrischen) Idiotismus. Anat. Anz. 78 (1934) 129.

161 West, W.J.: On a peculiar form of infantile convulsions. Lancet 1841/I, 724.

162 Willshire: Spasmus nictitans, Eclampsia nutans oder der sogenannte Nickkrampf; Engl. Salaam-Convulsion (Komplimentierkrampf). Jb. Kinderheilk. 16 (1851) 293.

163 Willi, H., A. Bischoff: Über eine ungewöhnliche familiäre, endogen-degenerative Leucoencephalopathie des frühestens Säuglingsalters. Helv. paediat. Acta 16 (1961) 391.

164 Wöhler, P.: Zur Ätiologie der bösartigen Blitz- und Nickkrämpfe. Diss. Göttingen 1941. Zit. nach Zellweger, H. (s. Nr. 167).

165 Yakovlev, P. I., R. C. Wadsworth: Schizencephalies. J. Neuropath. exp. Neurol. 5 (1946) 116.

166 Zappert, J.: Die Epilepsie im Kindesalter. Ergebn. inn. Med. Kinderheilk. 43 (1932) 149.

167 Zellweger, H.: Blitz-, Nick- und Salaamkrämpfe (Grusskrämpfe). In: Krämpfe im Kindesalter. Helv. paediat. Acta, Suppl. V (1948).

168 Zellweger, H., R. Hess: Familiäre Blitz-, Nick- und Salaamkrämpfe. Helv. paediat. Acta 5 (1950) 85.

Die Petit mal-Epilepsien des Schulalters

169 Adrian, E. D., B. H. C. Matthews: The Berger rhythm: potential changes from the occipital lobes in man. Brain 57 (1934) 355.

170 Ahlers, R.: Diss. Münster 1939. Zit. nach Geller, W. (s. Nr. 228).

171 Ajmone-Marsan, C., W. R. Lewis: Pathological findings in patients with "centrencephalic" electroencephalographic patterns. Neurology (Minneap.) 10 (1960) 922.

172 Arthuis, M.: Le petit mal épileptique. Méd. infant. 65 (1958) 17.

173 Bärtschi-Rochaix, W. und F.: Das aktivierte Elektroencephalogramm (EEG). Ein Beitrag zur Diagnostik der cerebralen Anfallskrankheiten. Schweiz. med. Wschr. 82 (1952) 49, 78.

174 Bamberger, Ph., A. Matthes: Einfluß von Valium auf Anfälle und EEG bei verschiedenen kindlichen Epilepsieformen. Vortrag anl. Tagg. d. dtsch., österreich. u schweiz. EEG-Ges. u. d. Sektionen d. internat. Liga gegen Epilepsie, Zürich 28. — 30. 3. 1963. Zbl. ges. Neurol. Psychiat. 184 (1965) 11.

Bamberger, Ph., A. Matthes (1959): s. Nr. 6.

Bamberger, Ph., A. Matthes (1966): s. Nr. 7.

175 Baudouin, A., A. Rémond, R. Delarue: La valeur de temps de réaction chez les épileptiques, en particulier au cours des crises infracliniques. C. R. Soc. Biol. (Paris) 139 (1945) 286.

176 Beaussart, M.: Etude de 17 cas de comitialité, petit mal comportant des manifestations psycho-motrices. First int. Congr. neurol. Sci., Bd. III. Pergamon Press, (1959) 84.

177 Benjamin, E., B. Hinst: Über gehäufte Absencen. Mschr. Kinderheilk. 56 (1933) 198.

178 Berkhan, O.: Eigentümliche mit Einschlafen verbundene Anfälle. Dtsch. Z. Nervenheilk. 2 (1892) 177.

179 Bickford, R. G.: Electroencephalographic and clinical responses to light stimulation in normal subjects. Electroenceph. clin. Neurophysiol. 1 (1949) 126.

180 Bickford, R. G., H. M. Keith, C. S. McCarty: Some observations on the mechanism of "petit mal". Trans. Amer. neurol. Ass. 80 (1955) 13.

181 Bogacz, J., E. Yamicelli: Vegetative phenomena in petit mal epilepsy. Wld Neurol. 3 (1962) 195.

182 Bolten, G. C.: Zur Pathogenese der gehäuften kleinen Anfälle. Mschr. Psychiat. Neurol. 39 (1916) 134.

183 Bompard: La Pyknolepsie. Thèse, Paris 1934. Zit. nach Marchand, L., J. de Ajuriaguerra (s. Nr. 105).

184 Bonhoeffer, K.: Ein Fall von Narkolepsie. Berlin. klin. Wschr. 48 (1911) 1250.

Bridge, E. M.(1949): s. Nr. 14.

185 Calderon, A., G. Paal: Fokalerscheinungen und EEG beim petit mal. Zbl. ges. Neurol. Psychiat. 140 (1957) 4.

186 Carterette, E. G., D. Symmes: Color as experimental variable in photic stimulation. Electroenceph. clin. Neurophysiol. 4 (1952) 289.

187 Charlton, M. H., P. F. A. Hoefer: Television and epilepsy. Arch. Neurol. (Chic.) 11 (1964) 239.

188 Charlton, M. H., M. D. Yahr: Long term follow-up of patients with petit mal. Arch. Neurol. (Chic.) 16 (1967) 595.

198 Christian, W.: EEG-Befund bei einem Fall von epileptischer Halluzinose. Dtsch. Z. Nervenheilk. 176 (1957) 693.

190 Christian, W.: EEG-Veränderungen bei der psychomotorischen Epilepsie. Dtsch. Z. Nervenheilk. 183 (1962) 218.

191 Churchill, J. A.: The relationship of epilepsy to breech delivery. Electroenceph. clin. Neurophysiol. 11 (1959) 1.

192 Clark, E. C., J. R. Knott: Paroxysmal wave and spike activity and diagnostic sub-classification. Electroenceph. clin. Neurophysiol. 7 (1955) 161.

193 Cornil, L., H. Gastaut, J. Corriol: Appréciation du degré de conscience au cours des paroxysmes épileptiques »Petit Mal«. Rev. neurol. 84 (1951) 149.

194 Cossa, P., P. Martin: L'automatisme psychomoteur des épilepsies. Rev. neurol. 84 (1951) 317.

195 Courjon, J., P. Favel, M. Lang, J. Miribel, L. Rouves: L'évolution du petit mal rebelle de l'enfant. Congr. de Pédiatrie de Langue franç., Bd. IV. Montpellier 1959, S. 240.

196 Critchley, M.: Über Reflex-Epilepsie. Schweiz. Arch. Neurol. Psychiat. 35 (1935) 256.

197 Critchley, M.: Musicogenic epilepsy. Brain 60 (1937) 13.

198 Currier, R. D., K. A. Koci, L. J. Saidman: Prognosis of "pure" petit mal. Neurology (Minneap.) 13 (1963) 959.

199 Davidson, Sh., C. W. Watson: Hereditary light sensitive epilepsy. Neurology (Minneap.) 6 (1956) 135.

200 Dennig, H.: Über Säuretherapie bei Epilepsie. Dtsch. Z. Nervenheilk. 103 (1928) 276.

Doose, H. (1964): s. Nr. 28.

201 Doose, H.: Verlaufsformen der kindlichen Epilepsie. Fortschr. Neurol. Psychiat. 35 (1967) 148.

202 Doose, H., D. Scheffner: Über die Beziehungen zwischen Absencen, psychomotorischen und fokalen Anfällen. Arch. Psychiat. Nervenkr. 206 (1965) 504.

203 Doose, H., E. Völzke, D. Scheffner: Verlaufsformen kindlicher Epilepsien mit Spike-wave-Absencen. Arch. Psychiat. Nervenkr. 207 (1965) 394.

204 Dumermuth, G.: Photosensible Epilepsie und Television. Schweiz. med. Wschr. 91 (1961) 1633.

205 Ehret, R., E. Schneider: Photogene Epilepsie mit suchtartiger Selbstauslösung kleiner Anfälle und wiederholten Sexualdelikten. Arch. Psychiat. Nervenkr. 202 (1961) 75.

206 Engelhardt, C. F.: Zur Frage der gehäuften kleinen Anfälle. Mschr. Psychiat. Neurol. 36 (1914) 113.

207 Fischer, F.: Epileptoide Schlafzustände. Arch. Psychiat. Nervenkr. 8 (1878) 200.

208 Fischgold, H., Mme Arfel-Capdevielle: Modifications respiratoires dans les paroxysmes épileptiques. Electroenceph. clin. Neurophysiol. 7 (1955) 165.

209 Focher, L.: A görcséhség (Convulsivinismus). Gyermekgyógyászat 18 (1967) 386.

210 Foerster, O.: Hyperventilationsepilepsie. Zbl. ges. Neurol. Psychiat. 38 (1924) 289.

211 Freudenberg, D.: Psychische Befunde bei Pyknolepsie. In: Weber, H.-P.: Genetische Untersuchungen bei Pyknolepsie. Diss. Heidelberg 1967.

212 Friedlander, W. J., G. H. Feinstein: Petit mal status. Epilepsia minor continua. Neurology (Minneap.) 6 (1956) 357.

213 Friedmann, M.: Über die nichtepileptischen Absencen oder kurzen narkoleptischen Anfälle. Dtsch. Z. Nervenheilk. 30 (1906) 462.

214 Friedmann, M.: Zur Kenntnis der gehäuften nichtepileptischen Absencen im Kindesalter. Z. ges. Neurol. Psychiat. 9 (1912) 245.

215 Friedmann, M.: Zur Auffassung der gehäuften kleinen Anfälle. Mschr. Psychiat. Neurol. 38 (1915) 76.

216 Fürstner, C.: Zur Pathogenese gewisser Krampfanfälle (hysterische Anfälle bei Kindern, Spätepilepsie). Arch. Psychiat. Neurol. 28 (1896) 494.

217 Fuster, B., C. Castells, B. Rodriguez: Psychomotorattacks of subcortical origin. Arch. Neurol. Psychiat. (Chic.) 71 (1954) 466.

218 Garsche, R.: Die Dämmeranfälle mit dem sog. Petit mal-EGG. Ein Beitrag zum Problem des Petit mal-Status. Mschr. Kinderheilk. 105 (1957) 164.

219 Garvin, J. S.: Psychomotor epilepsy: a clinicoencephalographic syndrome. J. nerv. ment. Dis. 117 (1953) 1.

220 Gastaut, H.: Effects des stimulations physiologiques sur l'EEG de l'homme. Electroenceph. clin. Neurophysiol. Suppl. 2 (1949) 69.

221 Gastaut, H.: L'épilepsie photogénique. Rev. Prat. (Paris) 1 (1951) 105.

222 Gastaut, H., R. Naquet, R. Poiré, C. A. Tassinari: Treatment of status epilepticus with Diazepam (Valium). Epilepsia (Amst.) 6 (1965) 167.

223 Gastaut, H., H. Régis, F. Bostem: Attacks provoked by television and their mechanism. Epilepsia (Amst.) 3 (1962) 438.

224 Gastaut, H., H. Régis, F. Bostem, M. Beaussart: Etude électroencéphalographique de 35 sujets ayant présenté des crises au cours d'un spectacle télévisé. Rev. neurol. 102 (1960) 533.

225 Gastaut, H., J. Roger, F. Favel: La miction au cours des absences Petit Mal. Le Petit Mal énurétique. Rev. neurol. 103 (1960) 53.

226 Gastaut, H., C. Trevisan, R. Naquet: Diagnostic value of electroencephalographic abnormalities provoked by intermittent photic stimulations. Electroenceph. clin. Neurophysiol. 10 (1958) 194.

227 Gélineau, B.: Sur la narcolepsie. Gaz. Hôp. (Paris) 53 (1880) 626.

228 Geller, W.: Zur Frage der Pyknolepsie. Z. ges. Neurol. Psychiat. 175 (1942/43) 103.

229 Gibbs, F. A., H. Davis, W. G. Lennox: The electroencephalogram in epilepsy and in conditions of impaired consciousness. Arch. Neurol. Psychiat. (Chic.) 34 (1935) 1133.

Gibbs, F. A., E. L. Gibbs (1952): s. Nr. 51.

230 Gibbs, F. A., W. G. Lennox, E. L. Gibbs: The electroencephalogram in diagnosis and in localization of epileptic seizures. Arch. Neurol. Psychiat. (Chic.) 36 (1936) 1225.

231 Goodkind, R.: Myoclonic and epileptic attacks precipitated by bright light. Arch. Neurol. Psychiat. (Chic.) 35 (1936) 868.

232 Gordon, N.: Petit mal epilepsy and cortical epileptogenic foci. Electroenceph. clin. Neurophysiol. 11 (1959) 151.

233 Haneke, K.: Über drei Fälle latenter und manifester photogener Epilepsie in einer Familie. Kinderärztl. Prax. 31 (1963) 149.

234 Hasaerts, R., J. Titeca: Corrélations électrocliniques des pointes-ondes. Acta neurol. belg. 2 (1957) 142.

235 Hayne, R. A., L. Belinson, F. Gibbs: Electrical activity of subcortical areas in epilepsy. Electroenceph. clin. Neurophysiol. 1 (1949) 437.

236 von Hedenström, I., G. Schorsch: Atypische Hirnstrombilder bei epileptischen Anfällen. Arch. Psychiat. Nervenkr. 196 (1958) 627.

237 Heilbronner, K.: Über gehäufte kleine Anfälle. Dtsch. Z. Nervenheilk. 31 (1906) 472.

Herpin, Th. (1867): s. Nr. 60.

238 Hertoft, P.: The clinical, electroencephalographic and social prognosis in petit mal epilepsy. Epilepsia (Amst.) 4 (1963) 298.

239 Hess, R.: Verlaufsuntersuchungen über Anfälle und EEG bei kindlichen Epilepsien. Arch. Psychiat. Nervenkr. 197 (1958) 568.

Hess, R., Th. Neuhaus (1952): s. Nr. 61.

240 Hetzer, H.: Die seelischen Veränderungen des Kindes bei dem ersten Gestaltwandel. Barth, Leipzig 1936.

241 Hoffmann, H.: Lustige Geschichten und drollige Bilder mit 15 schön kolorierten Tafeln für Kinder von 3—6 Jahren ... das Alles fein malte und beschrieb — der lustige Reimerisch Kinderlieb. Rütten, Frankfurt a. M. 1845.

242 Howell, D. A.: Unusual centrencephalic seizure patterns. Brain 78 (1955) 199.

243 Hunter, J., H. H. Jasper: Effects of thalamic stimulation in unaesthesised animals, arrest reaction patterns and generalized convulsions. Electroenceph. clin. Neurophysiol. 1 (1949) 305.

244 Husler, I.: Zur Symptomatik und Klinik epileptiformer Krampfkrankheiten im Kindesalter. Ergebn. inn. Med. Kinderheilk. 19 (1920) 624.

245 Hutchinson, J. H., F. H. Stone, J. R. Davidson: Photogenic epilepsy induced by the patient. Lancet 1958/I, 243.

246 Ingvar, D. H.: Reproduction of the 3 per second spike and wave EEG pattern by subcortical electrical stimulation in cats. Acta physiol. scand. 33 (1955) 137.

247 Jackson, H.: Case of tumor of middle lobe of cerebellum. Rigidity in cerebellar attitude — occasional tetanus-like seizures. Brit. med. J. 1871/II, 242, 528.

248 Jaffé, R.: Ictal behaviour disturbance as the only manifestation of seizure disorder: Case report. J. nerv. ment. Dis. 134 (1962) 470.

249 Jansen, H. H.: Über Pyknolepsie. Diss. Leipzig 1934.

250 Janz, D.: „Aufwach"-Epilepsien (als Ausdruck einer den „Nacht"- oder „Schlaf"-Epilepsien gegenüberzustellenden Verlaufsform epileptischer Erkrankungen). Arch. Psychiat. Nervenkr. 191 (1953) 73.

Janz, D. (1955a): s. Nr. 70.

251 Janz, D.: Die Petit mal-Epilepsien. Habilitationsschrift, Heidelberg 1955b.

252 Janz, D.: Rehabilitation von Epileptikern im Rahmen einer Ambulanz. Ärztl. Mitt. 43 (1958) 1227.

253 Janz, D.: Die medikamentöse Behandlung der epileptischen Anfallserkrankungen. Therapiewoche 11 (1960) 337.

254 Janz, D.: Rehabilitation of epileptic patients on a out-patient scale. Clin. Excerpts 23 (1961) 83.

255 Janz, D.: Soziale Aspekte der Epilepsie. Psychiat. Neurol. Neurochir. (Amst.) 66 (1963) 240.

Janz, D., U. Fuchs (1964): s. Nr. 75.

256 Jasper, H. H., J. Kershman: Electroencephalographic classification of the epilepsies. Arch. Neurol. Psychiat. (Chic.) 45 (1941) 903.

257 Jasper, H., J. Droogleever-Fortuyn: Experimental studies on the functional anatomy of petit mal epilepsy. Res. Publ. Ass. nerv. ment. Dis. 26 (1947) 272.

258 Jelliffe, S. E., J. Notkin: The pyknolepsies. Amer. J. Psychiat. 91 (1934) 679.

259 Jung, R.: Über vegetative Reaktionen und Hemmungswirkung von Sinnesreizen im kleinen epileptischen Anfall. Nervenarzt 12 (1939) 169.

260 Jung, R.: Neurophysiologische Untersuchungsmethoden. In: Handbuch der inneren Medizin, Bd. V/1. Hsg.: G. v. Bergmann, W. Frey, H. Schwiegk. Springer, Berlin 1953.

261 Jung, R.: Zur Klinik und Elektrophysiologie des „petit mal". Premier Congrès International des Sciences Neurologiquees, Bruxelles 1957, Excerpta medica (Amst.), S. 296.

262 Kammerer, Th.: Süchtiges Verhalten bei Epilepsie. Photogene Epilepsie mit selbstinduzierten Anfällen. Dtsch. Z. Nervenheilk. 185 (1963) 319.

263 Karlsson, B.: Television epilepsy. Acta paediat. (Uppsala) 48 (1959) 308.

264 Klapètek, J.: Photogenic epileptic seizures provoked by television. Electroenceph. clin. Neurophysiol. 11 (1959) 809.

265 Klapètek, J., J. Trnečka: Weiterer Fall einer Provokation eines epileptischen Anfalls beim Fernsehen. Acta Univ. Palackianae olomucen 21 (1960) 139. Zbl. ges. Neurol. Psychiat. 160 (1961) 85.

266 Klieneberger, O.: Über Narkolepsie. Berlin. klin. Wschr. 6 (1913) 246.

267 Kochmann, R.: Die gehäuften kleinen Anfälle im Kindesalter. Arch. Kinderheilk. 73 (1923) 163.

268 Koenigsbeck, M.: Zur Prognose der gehäuften isolierten kindlichen Absencen. Diss. München 1964.

Kruse, R. (1966): s. Nr. 88.

269 Kuhlo, W.: Katamnestische Untersuchungen zur Pyknolepsie. Arch. Psychiat. Nervenkr. 207 (1965) 254.

270 Lagergren and Hanson: Television epilepsy. J. Amer. med. Ass. 172 (1960) 475.

271 Landolt, H.: Über Verstimmungen, Dämmerzustände und schizophrene Zustandsbilder bei Epilepsie. Schweiz. Arch. Neurol. Psychiat. 76 (1955) 313.

Landolt, H. (1958): s. Nr. 90.

272 Landolt, H.: Die Temporallappenepilepsie und ihre Psychopathologie. Karger, Basel 1960.

273 Landolt, H.: Psychische Störungen bei Epilepsie. Dtsch. med. Wschr. 87 (1962) 446.

274 Lange, T. S.: Television epilepsy. Electroenceph. clin. Neurophysiol 13 (1961) 409.

275 Leder, A.: Über Rorschach-Phantasien einer Patientin mit Pyknolepsie. Jb. Psychol. Psychother. med. Anthropol. 14 (1966) 39.

276 Leder, A.: Zur testpsychologischen Abgrenzung und Bestimmung der Aufwachepilepsie vom Pyknolepsie-Typ. Diss. Zürich 1967a.

277 Leder, A.: Zur Psychopathologie der Schlaf- und Aufwachepilepsie (Eine psychodiagnostische Untersuchung). Nervenarzt 38 (1967b) 434.

278 Lees, F., L. A. Liversedge: The prognosis of "petit mal" and minor epilepsy. Lancet 1962/II, 797.

279 Lehmann, H. J.: Präparoxysmale Weckreaktion bei pyknoleptischen Absencen. Arch. Psychiat. Nervenkr. 204 (1963) 417.

280 Lennox, W. G.: Constancy of cerebral blood flow. Arch. Neurol. Psychiat. (Chic.) 36 (1936) 375.

Lennox, W. G. (1945): s. Nr. 95.

Lennox, W. G. (1960): s. Nr. 97.

Lennox, W. G., J. P. Davis (1950): s. Nr. 98.

281 Lindenblatt, L.: Über gehäufte kleine Anfälle (Pyknolepsie). Arch. Psychiat. Nervenkr. 74 (1925) 108.

282 Livingston, S.: Comments on a study of light-induced epilepsy in children. Amer. J. Dis. Child. 83 (1952) 409.

283 Livingston, S.: The Diagnosis and Treatment of Convulsive Disorders in Children. Thomas, Springfield, Ill. 1954.

284 Livingston, S.: Living with Epileptic Seizures. Thomas, Springfield, Ill. 1963.

285 Livingston, S., I. C. Torres: Photic epilepsy: Report of an unusual case and review of the literature. Clin. Pediat. (Philad.) 3 (1964) 304.

286 Livingston, S., I. Torres, L. L. Pauli, R. V. Rider: Petit mal epilepsy. Results of a prolonged follow-up study of 117 patients. J. Amer. med. Ass. 194 (1965) 227.

287 Loiseau, P., P. Verger, M. L. Etcheverry: Remarques cliniques et électroencéphalographiques sur le petit mal épileptique. Sem. Hôp. Paris (Ann. Pédiat.) 38 (1962) 171.

288 Lombroso, C. T.: Treatment of status epilepticus with Diazepam. Neurology (Minneap.) 16 (1966) 629.

289 Lugaresi, E., P. Dazzi: Etats de petit mal. 4th intern. Congr. of EEG, Brussels 1957. Excerpta medica (Amst.) S. 69.

290 Lundervold, A., G. F. Henriksen, L. Fegersten: The spike and wave complex; a clinical correlation. Electroenceph. clin. Neurophysiol. 11 (1959) 13.

290a Madsen, J. A., P. F. Bray: The coincidence of diffuse electroencephalographic spike-wave paroxysms and brain tumors. Neurology (Minn.) 16 (1966) 546.

291 Magnus, O., W. Penfield, H. Jasper: Mastication and consciousness in epileptic seizures. Acta psychiat. scand. 27 (1952) 91.

292 Mann, L. B.: Erregbarkeitssteigerung bei narkoleptischen Anfällen. Z. med. Elektrologie 13 (1911) 82.

293 Mann, L. B.: "Status" petit mal. Electroenceph. clin. Neurophysiol. 6 (1954) 348.

Marchand, L., J. de Ajuriaguerra (1948): s. Nr. 105.

294 Matthes, A.: Über das Suchtmoment bei einem Fall optisch induzierbarer Epilepsie. Z. Kinderheilk. 75 (1954) 162.

295 Matthes, A.: Die psychomotorische Epilepsie im Kindesalter. I. Mitteilung. Z. Kinderheilk. 85 (1961) 455.

296 MATTHES, A., H. WEBER: Klinische und elektroencephalographische Familienuntersuchungen bei Pyknolepsien. Dtsch. med. Wschr. 93 (1968) 429.
297 MAWDSLEY, C.: Epilepsy and television. Lancet 1961/I, 190.
298 MELIN, K. A.: Photic stimulation as an aid in electroencephalography. Acta paediat. (Stockh.) 39 (1950) 148.
299 MELSEN, S.: The value of photic stimulation in the diagnosis of epilepsy. J. nerv. ment. Dis. 128 (1959) 508.
300 MENDEL, E.: Über Anfälle von Einschlafen. Dtsch. med. Wschr. 6 (1880) 266.
301 METRAKOS, J. D., K. METRAKOS: Genetics of convulsive disorders. I. Introduction, problems, methods, and baselines. Neurology (Minneap.) 10 (1960) 228.
302 METRAKOS, K., J. D. METRAKOS: Genetics of convulsive disorders. II. Genetic and electroencephalographic studies in centrencephalic epilepsy. Neurology (Minneap.) 11 (1961) 464.
303 MEVENKAMP, D.: Zur Frage der gehäuften kleinen Anfälle. Diss. Münster 1955.
304 MEYER-MICKELEIT, R. W., E. R. SCHNEIDER: Petit mal epilepsies with frequent attacks following brain lesions in childhood. VIIIe Réunion de la Ligue Internationale contre l'Epilepsie, Bruxelles 1957, Excerpta medica, (Amst.) S. 71.
305 MIKE, E. M.: Practical guide and dietary management of children with seizures using the ketogenic diet. Amer. J. clin. Nutr. 17 (1965) 399.
306 MIRIBEL, J.: Aspects cliniques du "Petit Mal" épileptique chez l'enfant. In: Actualités Pédiatriques. Hrs.: M. Lelong, 5. Serie. Doin, Paris 1963.
307 MOELLER, U.: Differentialdiagnostische Abgrenzung der kindlichen Epilepsie gegen Pyknolepsie und Salaamkrämpfe. Jb. Kinderheilk. 146 (1936) 240.
308 MOREL, B. A.: D'une forme de délire, suite d'une surexcitation nerveuse se rattachant à une variété non encore décrite d'épilepsie (Epilepsie larvée). Gaz. hebd. Méd. Chir. 7 (1860) 773, 819, 836.
309 MORETTI, E., J. CADILHAC, P. PASSOUANT: Eléments électrocliniques concernant l'évolution de l'absence petit mal. Rev. neurol. 101 (1959) 289.
310 MORO, E.: zit. nach Pache, H. D. (1952) (s. Nr. 315).
NEIMANIS, G. (1962): s. Nr. 115.
311 NIEDERMEYER, E.: Psychomotor seizure with generalized synchronous spike and wave discharge. Electroenceph. clin. Neurophysiol. 6 (1954) 495.
PAAL, G. (1957a): s. Nr. 117.
312 PAAL, G.: Follow-up and EEG-studies in pycnoepilepsy. Electroenceph. clin. Neurophysiol. 9 (1957b) 350.
313 PACHE, H. D.: Zum Krankheitsbild der kindlichen Pyknolepsie. Verh. dtsch. Ges. inn. Med. 56 (1951a) 96.
314 PACHE, H. D.: Zur Psychopathologie des Kindesalters (Diskussionsbeitrag). Mschr. Kinderheilk. 99 (1951b) 121.
315 PACHE, H. D.: Die Stellung der Pyknolepsie im cerebralen Anfallsgeschehen des Kindes. Habilitationsschrift, München 1952.
PACHE, H. D. (1954): s. Nr. 118.
316 PAILLAS, J., H. GASTAUT, J. TAMALET: Les fausses absences d'origine temporale, à propos de treize observations anatomo-cliniques avec contrôle électroencéphalographique. Rev. neurol. 81 (1949) 285.
317 PALLIS, C., S. LOUIS: Television-induced seizures. Lancet 1961/I, 188.
318 PENFIELD, W., H. H. JASPER: Highest level seizures. Ass. Res. nerv. Dis. Proc. 26 (1947) 252.
PENFIELD, W., H. JASPER (1954): s. Nr. 124.
319 PETERMAN, M. G.: Convulsions in childhood. Amer. J. Dis. Child. 72 (1946) 399.
320 PETSCHE, H.: Pathophysiologie und Klinik des Petit mal. Wien. Z. Nervenheilk. 19 (1962) 345.
321 PINTUS, G., R. ARDITO: Un caso rarissimo di epilessia cosciente e mnesica. Riv. Neurobiol. 1 (1955) 275.
322 POHLISCH, K.: Zur Frage der Pyknolepsie. Arch. Psychiat. Nervenkr. 67 (1923) 424.
323 QUADBECK, G.: Zusammenhänge zwischen Krampfgeschehen und Störungen des zentralnervösen Säure-Basen-Haushaltes. In: Hydrodynamik, Elektrolyt- und Säure-Basen-Haushalt im Liquor und Nervensystem. Hsg.: G. Kienle. Thieme, Stuttgart 1967.
324 QUADBECK, G., H. HELMCHEN: Die Blut-Hirnschranke. Dtsch. med. Wschr. 34 (1957) 1377.
325 QUADBECK, G., H. HELMCHEN: Krampfbereitschaft und Blut-Hirn-Schranken-Permeabilität. Dtsch. Z. Nervenheilk. 177 (1958) 295.
RABE, F. (1961): s. Nr. 132.
326 RADOVICI, A., V. MISIRLIOU, M. GLUCKMANN: Epilepsie réflexe provoquée par excitations optiques des rayons solaires. Rev. neurol. 1 (1932) 1305.
327 RATNER, J.: Beitrag zur Klinik und Pathogenese der Pyknolepsie (zur Begriffsbestimmung der Diencephalosen). Mschr. Psychiat. Neurol. 64 (1927) 283.
328 REDLICH, E.: Zur Narkolepsiefrage. Mschr. Psychiat. Neurol. 37 (1915) 85.
329 REDLICH, E.: Epilepsie. In: Lewandowskys Handbuch der Neurologie, Ergänzungsbd. Springer, Berlin 1924.
330 REIFENBERG, E.: Zur Kasuistik der musikogenen Epilepsie. Psychiat. Neurol. med. Psychol. (Lpz.) 10 (1958) 88.
331 REIMOLD, W. V.: Untersuchungen zur Pathogenese der Pyknolepsie. Diss. Heidelberg 1963.
332 RÉMOND, A., S. THIRY: A propos de l'entraînement photique. Rev. neurol. 82 (1950) 573.
333 RÉMOND, A., S. THIRY: Photo-metrazol activation of electroencephalogram. Electroenceph. clin. Neurophysiol. 4 (1952) 265.
334 RÉMY, M.: Zur Frage der photogenen Epilepsie. Mschr. Psychiat. Neurol. 121 (1951) 230.
335 RICHTER, H. R.: Télévision et épilepsie. Rev. neurol. 103 (1960) 283.
336 ROBIN, A.: Le démembrement des pycnolepsies de l'enfance et de l'adolescence. Acta neurol. belg. 9 (1960) 881.
337 ROHDE, M.: Beitrag zur Kenntnis der Pyknolepsie. Z. ges. Neurol. Psychiat. 164 (1939) 516.
338 ROSENTHAL, C.: Zur Frage der gehäuften kleinen Anfälle im Kindesalter. Arch. Psychiat. Nervenkr. 77 (1926) 672.
338a ROSENTHAL, C.: Der pyknoleptische Anfallstyp. Arch. Psychiat. Nervenkr. 84 (1928) 511.
338b ROSENTHAL. C.: Pyknoleptischer Anfallstyp und Epilepsie. Zbl. ges. Neurol. Psychiat. 60 (1931) 143.
338c ROSENTHAL, C.: Die gehäuften kleinen Anfälle des Kindesalters (Pyknolepsie). Ergebn. inn. Med. Kinderheilk. 48 (1935) 77.
339 SANTAMOURIS, C., D. HEYE: Die Unterbrechung des pyknoleptischen Status mit Valium. Mschr. Kinderheilk. 114 (1966) 104.
340 SAUER, H.: Über gehäufte kleine Anfälle bei Kindern (Pyknolepsie). Mschr. Psychiat. Neurol. 40 (1916) 276.
341 SCHAPER, G.: Zwei Beobachtungen photogener Epilepsie. Mschr. Kinderheilk. 102 (1954) 508.
342 SCHEFFNER, D., H. DOOSE: Beziehungen zwischen generalisierten und Herdepilepsien Mschr. Kinderheilk. 110 (1962) 103.
342a SCHERMAN, R. G., K. ABRAHAM: "Centrencephalic" electroencephalographic patterns in precocious puberty. Electroenceph. clin. Neurophysiol. 15 (1936) 559.
343 SCHMIDT, G., G. RABENDING: Fernsehen und Epilepsie. Dtsch. Gesundh.-Wes. 17 (1962) 1408.
344 SCHNEIDER, J., G. THOMALSKE: Untersuchungen über den Elektrolythaushalt bei centrencephaler Epilepsie. Nervenarzt 34 (1963) 338.
345 SCHRÖDER, P.: Über Narkolepsie. Allg. Z. Psychiat. 70 (1913) 631; Neurol. Zbl. 32 (1913) 598.

346 SCHWAB, R. S.: Method of measuring consciousness in attacks of petit mal epilepsy. Arch. Neurol. Psychiat. (Chic.) 41 (1939) 215.
347 SCHWAB, R. S.: A case of status epilepticus in petit mal. Electroenceph. clin. Neurophysiol. 5 (1953) 441.
348 SHERWOOD, ST. L. (Hsg.): Self-induced epilepsy. A collection of self-induced epilepsy cases compared with some other photoconvulsive cases. Arch. Neurol. (Chic.) 6 (1962) 49.
349 SIEGMUND, W., H. D. PACHE: Die Rorschachsche Psychodiagnostik in ihrer Bedeutung für die Prognose der Pyknolepsie. Mschr. Kinderheilk. 101 (1953) 191.
350 SIMMA, K.: Epilepsie durch Fernsehen. Wien. klin. Wschr. 74 (1962) 26.
351 SPIEGEL, E. A.: Discussion of petit mal. I. int. Congr. neurol. Sci., Brussels, 1957. Excerpta medica (Amst.), S. 76.
352 SPIEGEL, E. A., H. T. WYCIS: Thalamic recordings in man with special reference to seizure discharges. Electroenceph. clin. Neurophysiol. 2 (1950) 23.
353 STARGARDTER, J.: Über die gehäuften kleinen Anfälle bei Kindern. Jb. Kinderheilk. 95 (1921) 230.
354 STEVENS, J. R.: Central and peripheral factors in epileptic discharge. Arch. Neurol. (Chic.) 7 (1962) 330.
355 STIER, E.: Zur klinischen Stellung und Prognose der gehäuften kleinen Anfälle der Kinder. Z. ges. Neurol. Psychiat. 80 (1923) 143.
STOECKEL, W. (1956): s. Nr. 149.
356 STÖCKER, W.: Zur Narkolepsiefrage. Z. ges. Neurol. Psychiat. 18 (1913) 217.
357 TABUSSE, L., J. DUSSARTRE: Rotors, soleil d'Afrique et épilepsie photogénique. Méd. aéro. 14 (1959) 237.
358 TELLENBACH, H.: Epilepsie als Anfallsleiden und als Psychose. Über alternative Psychosen paranoider Prägung bei „forcierter Normalisierung" (Landolt) des Elektroencephalogramms Epileptischer. Nervenarzt 36 (1965) 190.
359 TINBERGEN, N.: Instinktlehre. Parey, Berlin 1952.
360 TISSOT, S.A.: Traité de l'Epilepsie. Didot le jeune, Paris 1770.
TISSOT, S.A.: Abhandlung von der fallenden Sucht. Johann Gottfried Müller, Leipzig 1771.
361 TIZARD, B., J. H. MARGERISON: The relationship between generalized paroxysmal E.E.G discharges and various test situations in two epileptic patients. J. Neurol. Neurosurg. Psychiat. 26 (1963) 308.
362 TOWER, D. B.: Neurochemistry of Epilepsy. Thomas, Springfield, Ill. 1960.
363 TROUSSEAU, A.: zit. nach Gastaut, Roger u. Favel (1960), (s. Nr. 225).
364 TUCKER, W. M., F. M. FORSTER: Petit mal epilepsy occuring in status. Arch. Neurol. Psychiat. (Chic.) 64 (1950) 823.
365 TÜKEL, K., H. JASPER: The electroencephalogram in parasagittal lesions. Electroenceph. clin. Neurophysiol. 4 (1952) 481.
366 VALANNE, E. H., J. KAUHTIO: Self induced epileptic seizures. Ann. Paediat. Fenn. 8 (1962) 4.
367 VERGER, P., P. LOISEAU, M. L. ETCHEVERRY, F. SERVILLE: Evolution du petit mal épileptique en fonction de la thérapeutique. Eléments cliniques et électroéncephalographiques du pronostic. Sem. Hôp. Paris (Ann. Pédiat.) 38 (1962) 183.
368 VIZIOLI, R., E. B. MAGLIOCCO: A case of prolonged petit mal seizures. Electroenceph. clin. Neurophysiol. 5 (1953) 439.
369 WALTER, W. G., V. J. DOVEY, H. SHIPTON: Analysis of the electrical response of the human cortex to photic stimulation. Nature (Lond.) 158 (1946) 540.
370 WEBER, H.-P.: Genetische Untersuchungen bei Pyknolepsie. Diss. Heidelberg 1967.
370a WESTPHAL, C.: Zwei Krankheitsfälle, vorgetragen in der Berliner Medizinisch-Psychologischen Gesellschaft. I. Anfälle larvierter Epilepsie, dem Ausbruch paralytischer Geistesstörung jahrelang vorausgehend. II. Eigenthümliche mit Einschlafen verbundene Anfälle. Arch. Psychiat. Nervenkr. 7 (1877) 631.
371 WESTPHAL, K.: Zur Psychogenese und -therapie pyknoleptischer Anfälle. Z. ges. Neurol. Psychiat. 138 (1932) 744.
372 WILLIAMS, D.: New orientations in epilepsy. Brit. med. J. 1950/I, 685.
373 WILLIAMS, D.: A study of thalamic and cortical rhythms in petit mal. Brain 76 (1953) 50.
374 WILSON, S. A. K.: The Epilepsies. In: Handbuch der Neurologie. Hsg.: O. Bumke, O. Foerster, Bd. IX. Springer, Berlin 1935.
375 ZAPPOLI, R.: Two cases of prolonged epileptic twilihgt-state with almost continuous "wave-spikes". Electroenceph. clin. Neurophysiol. 7 (1955) 421.

Die juvenilen Petit mal-Epilepsien

376 ALAJOUANINE, TH., H. GASTAUT: La syncinésie-sursaut et l'épilepsie-sursaut à déchlanchement sensoriel ou sensitif inopiné. I. Les faits anatomocliniques (15 observations). Rev. neurol. 93 (1955) 29.
377 AUSTREGESILIO, A., O. AYRER: Myoclonie et épilepsie (syndrome de Unverricht). Rev. neurol. 27 (1914) 746.
378 BALLET, F., P. BLOCH: Les secousses musculaires, manifestation larvée de l'épilepsie. Rev. neurol. 11 (1903) 735.
BAMBERGER, PH., A. MATTHES (1959): s. Nr. 6.
379 BINSWANGER, O.: Die Epilepsie. Hölder, Wien 1899, 2. Aufl. 1913.
380 BIONDI, G.: Pathologische Anatomie und Histologie der membranösen (paries chorioideus) und der nervösen Wände (Ependym) der Hirnventrikel (ohne Geschwülste und eitrige und spezifische Entzündungen). In: Handbuch der spez. und pathologischen Anatomie u. Histologie, Bd. XIII/4. Hsg.: O. Lubarsch, F. Henke. Springer, Berlin 1956.
381 BOGACZ, J., C. CASTELLS, E. YANICELLI, M. BOTINELLI: Automic phenomena in conscious myoclonic epilepsy. Electroenceph. clin. Neurophysiol. 17 (1964) 382.
382 VAN BOGAERT, L., J. RADERMECKER, J. TITECA: Les syndromes myocloniques. Folia psychiat. néerl. 53 (1950) 650.
383 BRISSAUD, M.: Diskussionsbemerkung zum Vortrag von G. Ballet u. P. Bloch 1903 (s. Nr. 378).
384 CASTELLS, C., C. MENDILAHARSU: La epilepsia mióclonica bilateral y consciente. Acta neurol. lat.-amer. 4 (1958) 23.
385 CHRISTIAN, W.: Bioelektrische Charakteristik tagesperiodisch gebundener Verlaufsformen epileptischer Erkrankungen. Dtsch. Z. Nervenheilk. 181 (1960) 413.
386 CHRISTIAN, W.: Schlaf-Wach-Periodik bei Schlaf- und Aufwachepilepsien. Nervenarzt 32 (1961) 266.
387 CLARK, L. P.: Paramyoclonus multiplex associated with epilepsy. Arch. Neurol. Psychopath. (Utica) 2 (1899) 473.
388 CLARK, L. P., T. P. PROUT: Nature and pathology of myoclonus-epilepsy; cases. Amer. J. Insan. 59 (1902) 185.
389 COBB, W., D. HILL: Electroencephalogram in subacute progressive encephalitis. Brain 73 (1950) 392.
390 DAWIDENKOW, S.: Über eine ticähnliche Myoclonie bei zwei Brüdern. Z. ges. Neurol. Psychiat. 103 (1926) 403.
391 DELASIAUVE, L. J. F.: Traité de l'Epilepsie. Masson, Paris 1854.
DELASIAUVE, L. J. F.: Die Epilepsie. Übers. von F. W. Theile. Voigt, Weimar 1855.
392 DELAY, J., H. FISCHGOLD, P. PICHOT, G. VERDEAUX: L'épilepsie myoclonique de type Unverricht. Etude génétique. Constatations électro-encéphalographiques. Rev. neurol. 79 (1947) 430.

393 Dide: La myclonie dans l'épilepsie. 1899. Zit. nach Lundborg (s. Nr. 417).
Doose, H. (1964b): s. Nr. 28.
Doose, H. (1964c): s. Nr. 29.
Doose, H. (1964d): s. Nr. 30.
Doose, H., E. Völzke, D. Scheffner (1965): Nr. 203.
394 Dreyer, R.: Hirnelektrischer Befund bei einem anatomisch gesicherten Fall von Leukencephalitis van Bogaert. Nervenarzt 27 (1956) 227.
395 Edinger, L., B. Fischer: Ein Mensch ohne Großhirn. Pflügers Arch. ges. Physiol. 152 (1913) 535.
396 Féré, Ch.: Les Epilepsies et les Epileptiques. Alcan, Paris 1890.
Féré, Ch.: Die Epilepsie. Übers. von P. Ebers. Engelmann, Leipzig 1896.
397 Filimonoff, J. N.: Ein eigenartiger, der Unverricht-Lundborgschen Krankheit nahestehender Fall von familiärer Erkrankung. Z. ges. Neurol. Psychiat. 108 (1927) 86.
398 Friedreich, N.: Neuropathologische Beobachtungen; Paramyoclonus multiplex. Virchows Arch. path. Anat. 86 (1881) 421.
399 Fuchs, U.: Epilepsie und Schwangerschaft. Diss. Heidelberg 1965.
400 Gamper, E.: Bau und Verrichtungen eines menschlichen Mittelhirnwesens. Z. ges. Neurol. Psychiat. 102 (1926) 154; 104 (1926) 49.
401 Gastaut, H.: Die kombinierte Aktivierung des EEG mit Cardiazol und intermittierendem Licht. Verh. dtsch. Ges. inn. Med. 56 (1950) 82.
Gastaut, H., J. Roger, R. Soulayrol, C. A. Tassinari, H. Régis, C. Dravet (1966): s. Nr. 49.
Gibbs, E. L., F. A. Gibbs (1952): s. Nr. 51.
402 Gowers, W. R.: Epilepsy and other Chronic Convulsive Diseases. Their Causes, Symptoms and Treatment, 2. Aufl. Churchill, London 1901.
Gowers, W. R.: Epilepsie, 2. Aufl. Übers. von M. Weiss. Deuticke, Leipzig 1902.
403 Hassler, R.: Erkrankungen des Kleinhirns. In: Handbuch der inneren Medizin. Hsg.: G. v. Bergmann, W. Frey, H. Schwiegk, Bd. V/III. Springer, Berlin 1953.
404 Heberden, G.: Commentarii de Morborum Historia et Curatione. Recudi curavit S. Th. Soemmering. Frankfurt 1804.
405 Helmchen, H.: Beitrag zur konstitutionellen Differenzierung im Bereich genuiner Epilepsien. Dtsch. Z. Nervenheilk. 178 (1958) 541.
406 Henoch, E.: Vorlesungen über Kinderkrankheiten. Hirschwald, Berlin 1881.
Herpin, Th. (1867): s. Nr. 60.
Jackson, H. (1871): s. Nr. 247.
407 Jackson, H.: On a particular variety of epilepsy ("intellectual aura"), one case with symptoms of organic brain disease. Brain 11 (1888) 179. In: Selected Writings of John Hughlings Jackson, Bd. I. Hodder & Stoughton, London 1931.
Janz, D. (1953): s. Nr. 250.
408 Janz, D.: Anfallsbild und Verlaufsform epileptischer Erkrankungen. Nervenarzt 26 (1955a) 20.
Janz, D. (1955b): s. Nr. 251.
Janz, D. (1955c): s. Nr. 70.
Janz, D. (1963): s. Nr. 71.
Janz, D., W. Christian (1957): s. Nr. 74.
Janz, D., A. Matthes (1955): s. Nr. 76.
409 Janz, D., G. Neimanis: Clinico-anatomical study of a case of idiopathic epilepsy with impulsive Petit Mal ("Impulsiv-Petit mal") and Grand Mal on awakening ("Aufwach-Grand mal"). Epilepsia (Amst.) 2 (1961) 251.
410 Jovanović, U. J.: Schlaf und Epilepsie. Therapiewoche 17 (1967a) 95.
411 Jovanović, U. J.: Das Schlafverhalten der Epileptiker. I. Schlafdauer, Schlaftiefe und Besonderheiten der Schlafperiodik. Dtsch. Z. Nervenheilk. 190 (1967b) 159.
412 Jovanović, U. J.: Das Schlafverhalten der Epileptiker. II. Elemente des EEG, Vegetativum und Motorik. Dtsch. Z. Nervenheilk. 191 (1967c) 257.
413 Jung, R., J. F. Tönnies: Hirnelektrische Untersuchungen über Entstehung und Erhaltung von Krampfentladungen. Die Vorgänge am Reizort und die Bremsfähigkeit des Gehirns. Arch. Psychiat. Nervenkr. 185 (1950) 701.
414 Kammerer, Th.: Untersuchungen am Schädelröntgenbild bei genuiner Epilepsie. Dtsch. Z. Nervenheilk. 182 (1961) 13.
Kruse, R. (1966): s. Nr. 88.
415 Lecasble, R.: Les myoclonies épileptiques. In: Alajouanine, Th.: Bases Physiologiques et Aspects Cliniques de l'Epilepsie. Masson, Paris 1958.
Lennox, W. G. (1945): s. Nr. 95.
Lennox, W. G. (1960): s. Nr. 97.
Lennox, W. G., J. P. Davies (1950): s. Nr. 98.
416 Lindenberg, R.: Compression of brain arteries as pathogenic factor for tissue necroses and their areas of predilection. J. Neuropath. exp. Neurol. 14 (1955) 223.
Lombroso, C. T. (1966): s. Nr. 288.
417 Lundborg, H.: Die progressive Myoklonusepilepsie (Unverrichts Myoklonie). Almquist & Wiksell, Upsala 1903.
Matthes, A., H. Weber (1968): s. Nr. 296.
418 Muskens, L. J. J.: Epilepsie. Springer, Berlin 1926.
419 Peiffer, J.: Morphologische Aspekte der Epilepsien. Springer, Berlin 1963.
Penfield, W., H. Jasper (1954): s. Nr. 124.
Rabe, F. (1961): s. Nr. 132.
420 Rabot: De la myoclonie épileptique. Thèse, Paris 1899, Zit. nach Lundborg (s. Nr. 417).
421 Rademaker, G. G. J.: Die Bedeutung der roten Kerne und des übrigen Mittelhirns für Muskeltonus, Körperstellung und Labyrinthreflexe. Springer, Berlin 1926.
422 Radermecker, J.: Considération sur la physiopathologie des myoclonies et d'autres phénomènes dits d'excitation. Folia psychiat. neerl. 53 (1950) 691.
423 Reynolds, J. R.: Epilepsy. Its Symptoms, Treatment, and Relation to other Chronic Convulsive Diseases. Churchill, London 1861.
Reynolds, J. R.: Epilepsie. Ihre Symptome, Behandlung und Beziehungen. Übers. von H. Beigel. Enke, Erlangen 1865.
424 Scholz, W.: Die Krampfschädigungen des Gehirns. Springer, Berlin 1951.
425 Scholz, W.: The contribution of patho-anatomical research to the problem of epilepsy. Epilepsia (Amst.) 1 (1959/60) 36.
426 Scholz, W., H. Hager: Epilepsie. In: Handbuch der speziellen und pathologischen Anatomie und Histologie, Bd. XIII/IV. Hsg.: O. Lubarsch, F. Henke. Springer, Berlin 1956.
427 Schulte, W.: Der Schlaf der Epileptiker, Schizophrenen und Manisch-Depressiven. Dtsch. med. Wschr. 80 (1955) 1872.
428 Selbach, H.: Die cerebralen Anfallsleiden. In: Handbuch d. inneren Medizin, Bd. V/3. Hsg.: G. V. Bergmann, W. Frey, H. Schwiegk. Springer, Berlin 1953.
429 Seppilli, G.: Un caso di mioclonia famigliare associata all'epilepsia. Riv. sper. Freniat. 21 (1895) 326.
430 Servit, Z.: Phylogenetic development of susceptibility to and symptomatology of epileptic seizures. Epilepsia (Amst.) 1 (1959/60) 95.
431 Solé-Sagarra, J.: Epilepsie myoclonique maligne familiale. Schweiz. Arch. Neurol. Psychiat. 79 (1952) 259.
Sorel, L. (1964): s. Nr. 144.

432 STRAUSS, H.: Das Zusammenschrecken. Experimentell-kinematographische Studie zur Physiologie und Pathophysiologie der Reaktivbewegungen. J. Psychol. Neurol. (Lpz.) 39 (1929) 111.
433 STRAUSS, H.: Epileptic disorders. In: American Handbook of Psychiatry. Basis Books, New York 1959.
434 THIRY, S., M. TINANT, C. MASSAUT, L. REMACK: Etude électroclinique d'un nouveau cas de leucoencéphalite sclérosante subaigue. Acta neurol. belg. 53 (1953) 746.
435 UNVERRICHT, H.: Die Myoclonie. Deuticke, Leipzig 1891.
436 UNVERRICHT, H.: Über familiäre Myoclonie. Dtsch. Z. Nervenheilk. 7 (1895) 32.
437 WEED, L. H.: Observations upon decerebrate rigidity. J. Physiol. (Lond.) 48 (1914) 205.
438 WESTPHAL, K.: Körperbau und Charakter der Epileptiker. Nervenarzt 4 (1931) 96.

Epilepsien mit nicht altersgebundenen kleinen Anfällen

Epilepsie mit psychomotorischen Anfällen

439 AGUILAR, M. J., T. RASMUSSEN: Role of encephalitis in pathogenesis of epilepsy. Arch. Neurol. (Chic.) 2 (1960) 663.
440 AJMONE-MARSAN, C., B. R. RALSTON: The Epileptic Seizure. Its Functional Morphology and Diagnostic Significance. Thomas, Springfield, Ill. 1957.
441 ALAJOUANINE, TH., G. BOUDIN, P. CASTAIGNE, F. LHERMITTE, LAURAS, S. MASSON: Psychoses aiguës chez les épileptiques (11 observations). Rev. neurol. 95 (1956) 599.
442 ALAJOUANINE, T., O. SABOURAUD: Les perturbations paroxystiques de langage dans l'épilepsie (Etude clinique). Encéphale 49 (1960) 95.
443 ALZHEIMER, A.: Die Gruppierung der Epilepsie. Allg. Z. Psychiat. 64 (1907) 418.
444 ANDERSON, J.: On sensory epilepsy: A case of basal cerebral tumour, affecting the left temporo-sphenoidal lobe, and giving rise to paroxysmal taste-sensation and dreamy state. Brain 9 (1886) 389.
445 BAGCHI, B. V., E. V. JONES: Variable temporal lobe foci in awaking and sleep. Electroenceph. clin. Neurophysiol. 3 (1951) 384.
446 BAILEY, P.: Betrachtungen über die chirurgische Behandlung der psychomotorischen Epilepsie. Zbl. Neurochir. 14 (1954) 195.
447 BAILEY, P.: Complications of anterior temporal lobectomy. In: Temporal Lobe Epilepsy. Hsg.: M. BALDWIN, P. BAILEY Thomas, Springfield, Ill. 1958.
448 BAILEY, P.: Surgical treatment of psychomotor epilepsy. Sth. med. J. (Bgham, Ala.) 54 (1961) 299.
449 BAILEY, P., F. A. GIBBS: A preliminary report on therapeutic results of temporal lobotomy for psychomotor epilepsy. Read before the Central Association of Electroencephalographers, Chicago, Nov. 27-28, 1948.
450 BAILEY, P., F. A. GIBBS: The surgical treatment of psychomotor epilepsy. J. Amer. med. Ass. 145 (1951) 365.
451 BAILEY, P., J. R. GREEN, L. AMADOR, F. A. GIBBS: Treatment of psychomotor states by anterior temporal lobectomy; report of progress. Ass. Res. nerv. Dis. Proc. 31 (1953) 341.
452 BAILLARGER, J.: Recherches sur les Maladies Mentales, Bd. I. Masson, Paris 1890.
BAMBERGER, PH., A. MATTHES: s. Nr. 6.
453 BANDLER, B., I. C. KAUFMANN, J. W. DYKENS: Pregnancy fantasies, transference, and seizures in a case of epilepsy. J. nerv. ment. Dis. 118 (1953) 376.
454 BANDLER, B., I. C. KAUFMANN, J. W. DYKENS, M. SCHLEIFER, L. N. SHAPIRO, J. F. ARICO: Role of sexuality in epilepsy. Psychosom. Med. 20 (1958) 227.
455 BARRIOS DEL RISCO, P., E. ESSLEN: Epilepsia musicógena. Acta neurol. lat.-amer. 4 (1958) 130.
456 BARSLUND, I., J. DANIELSEN: Temporal epilepsy in monozygotic twins. Epilepsia (Amst.) 4 (1963) 138.
457 BASH, K. W.: Lehrbuch der allgemeinen Psychopathologie. Thieme, Stuttgart 1955.
458 BASH, K. W., J. BASH-LIECHTI: Die Psychotherapie eines Falles von musikogener Epilepsie. Schweiz. Arch. Neurol. Psychiat. 83 (1959) 196.
459 BAY, E.: Geruch- und Geschmackstörungen nach Kopftraumen. Nervenarzt 18 (1947) 350.
460 BEARD, A. W., E. SLATER: The schizophrenic-like psychoses of epilepsy (abridged). Proc. roy. Soc. Med. 55 (1962) 311.
461 VON BECHTEREW, V. M.: Die Funktionen der Nervencentra, Bd. III. Fischer, Jena 1911.
462 VON BECHTEREW, V. M.: O reflektornoi epilepsi pod oliyaniem evyookovich razdrazheniye. Obozrenie Psichiat. 19 (1914-15) 513. Zit. nach CRITCHLEY, M. (1937) (s. Nr. 197).
463 BELINSON, L.: Electroencephalographic characteristics of institutionalised epileptics. Amer. J. ment. Defic. 52 (1947) 9.
464 BENTE, D., E. KLUGE: Sexuelle Reizzustände im Rahmen des Uncinatus-Syndroms. Arch. Psychiat. Nervenkr. 190 (1953) 357.
465 BINDER, H.: Kausale und verständliche Zusammenhänge in der Epilepsie. Schweiz. Arch. Neurol. Psychiat. 19 (1926) 242.
466 BINGLEY, T.: Mental symptoms in temporal lobe epilepsy and temporal lobe gliomas. Acta psychiat. scand. Suppl. 120 (1958).
BINSWANGER, O. (1899[1], 1913[2]): s. Nr. 379.
467 BLOOM, D., H. JASPER, T. RASMUSSEN: Surgical therapy in patients with temporal lobe seizures and bilateral EEG abnormality. Epilepsia (Amst.) 1 (1960) 351.
468 BODECHTEL, G.: Die Topik der Ammonshornschädigung. Z. ges. Neurol. Psychiat. 123 (1930) 485.
469 BONHOEFFER, K.: Die exogenen Reaktionstypen. Arch. Psychiat. Nervenkr. 58 (1917) 58.
470 BONHOEFFER, K.: Diskussionsbeitrag. Sitzg. Berl. Ges. Psychiat. Nervenkr. 9. Nov. 1931. Zbl. ges. Neurol. Psychiat. 63 (1932) 282.
471 BORNSTEIN, B.: Zur Physiologie und Pathologie des Rhinencephalon. Schweiz. Arch. Neurol. Psychiat. 67 (1951) 264.
472 BOUCHET et CAZAUVIELH: De l'épilepsie considerée dans ses rapports avec aliénation mentale. Recherches sur la nature et le siège de ces deux maladies; Memoire qui a remporté le prix aux concours établi par M. Esquirol (2 Septembre 1825). Arch. gén. Méd. 9 (1825) 510.
473 BRÄUTIGAM, W.: Zur epileptischen Wesensveränderung. Psyche 5 (1951/52) 523.
474 BRÄUTIGAM, W., M. CZERNIGEWYCZ: Hirnatrophischer Prozeß und Leukotomie in ihrer Wirkung auf die Zwangsneurose. Dtsch. Z. Nervenheilk. 184 (1950) 80.
475 BRATZ, E.: Ammonshornbefunde bei Epileptischen. Arch. Psychiat. Nervenkr. 31 (1899a) 820.

476 Bratz, E.: Über das Ammonshorn bei Epileptischen und Paralytikern. Allg. Z. Psychiat. 56 (1899b) 841.

477 Bratz, E.: Das Ammonshorn bei Epileptischen, Paralytikern, Senildementen und anderen Hirnkranken. Mschr. Psychiat. Neurol. 47 (1920) 56.

478 Bray, P. F., W. C. Wiser: The relation of focal to diffuse epileptiform discharges in genetic epilepsy. Arch. Neurol. (Chic.) 13 (1965) 223.

479 Briquet, P.: Traité Clinique et Thérapeutique de l'Hystérie. Baillière, Paris 1859.

480 Broca, P.: Anatomie comparée des circonvolutions cérébrales. Le grand lobe limbique et la scissure limbique dans la série des mammifères. Rev. anthrop. 1 (1878) 385.

481 Brown, J. A., L. A. French, W. S. Ogle, S. Jahnson: Temporal lobe epilepsy: its clinical manifestations and surgical treatment. A preliminary report. Part I. Medicine (Baltimore) 35 (1956) 425.

482 Canger, R., D. Janz: L'EEG nelle epilessie psicomotorie primarie e secondarie. Riv. Neurol. 36 (1966) 321.

483 Cannon, W. B., A. L. Washburn: An explanation of hunger. Amer. J. Physiol. 29 (1921) 441.

484 Carlson, A. J.: Contributions to the physiology of the stomach. The hunger contractions of the empty stomach during prolonged starvation (man, dog). Amer. J. Physiol. 33 (1914) 95.

485 Castells, C., B. Fuster, V. Maslenikow: Crisis disfasicas de origen temporal. Acta neurol lat.-amer. 3 (1957) 172.

486 Castorina, G., D. L. McRae: Radiological findings in temporal lobe epilepsy of non-tumoral origin. Acta radiol. (Stockh.) 1 (1963) 541.

487 Cavanagh, J. B.: On certain small tumours encountered in the temporal lobe. Brain 81 (1958) 389.

488 Charcot, J. M.: Klinische Vorträge über Krankheiten des Nervensystems. Nach der Redaktion von Bourneville ins Dtsch. übertr. von B. Fetzer. Metzler, Stuttgart 1874.

Chavany, J. A. (1958): s. Nr. 17.

Christian, W. (1957): s. Nr. 189.

Christian, W. (1960): s. Nr. 385.

Christian, W. (1962): s. Nr. 190.

489 Christian, W., O. Hallen: Über Auslösung und Provokation epileptischer Anfälle durch Aneuxol-(Aminophenazon-)Injektion. Nervenarzt 28 (1957) 160.

490 Cole, M., L. Zangwill: Déjà-vu in temporal lobe epilepsy. J. Neurol. Neurosurg. Psychiat. 26 (1963) 37.

491 Corsellis, J. A. N.: The incidence of Ammon's horn sclerosis. Brain 80 (1957) 193.

Cossa, P., P. Martin (1951): s. Nr. 194.

492 Courbon, P., Mme Frances: Inconscience des épileptiques vis-à-vis de la conséquence de leurs crises. Rev. neurol. 1 (1932) 1351.

493 Courville, C. B.: Mechanism of coup-contrecoup injuries of the brain. A critical review of recent experimental studies in the light of clinical observations. Bull. Los Angeles neurol. Soc. 15 (1950) 72.

494 Courville, C. B.: Traumatic lesions of the temporal lobe as the essential cause of psychomotor epilepsy. In: Temporal Lobe Epilepsy. Hsg.: M. Baldwin, P. Bailey. Thomas Springfield, Ill. 1958.

Critchley, M. (1937): s. Nr. 197.

495 Critchley, M.: Two cases of musicogenic epilepsy. J. roy. nav. med. Serv. 28 (1942) 182.

496 Critchley, M.: Troubles de la parole dans les cas d'épilepsie. Encéphale 49 (1960) 134.

497 Daly, D.: Ictal affect. Amer. J. Psychiat. 115 (1958) 2.

498 Daly, D. D., M. J. Barry: Musicogenic epilepsy. Psychosom. Med. 19 (1957) 399.

499 Daly, D., R. G. Bickford: Electroencephalographic studies of identical twins with photo-epilepsy. Electroenceph. clin. Neurophysiol. 3 (1951) 245.

500 Daly, D. D., D. W. Mulder: Gelastic epilepsy. Neurology (Minneap.) 7 (1957) 189.

501 Dearman, H. B., B. M. Smith: A case of musicogenic epilepsy. J. Amer. med. Ass. 193 (1965) 1123.

502 DeBoor, W.: Zur Frage der Kombination von genuiner Epilepsie mit Schizophrenie. Nervenarzt 19 (1948) 279.

503 DeJong, R. N.: "Psychomotor" or "temporal lobe" epilepsy. A review of the development of our present concepts. Neurology (Minneap.) 7 (1957) 1.

504 Delay, J., P. Deniker, R. Barande: Le suicide des épileptiques. Encéphale 46 (1957) 401.

505 Delbrück, H.: Epileptisch und epileptoid. Gedanken zum Körperbau- und Charakterproblem. Arch. Psychiat. Nervenkr. 82 (1928) 708.

506 Delgado, J. M. R., H. Hamlin: Direct recording of spontaneous and evoked seizures in epileptics. Electroenceph. clin. Neurophysiol. 10 (1958) 463.

507 Dell, M.: L'épilepsie temporale. Presse méd. 61 (1953) 505.

508 Dickens, Ch.: David Copperfield. Zit. nach Jackson H. (1888) (s. Nr. 407).

509 von Ditfurth, H.: Zur Problematik der modernen Epilepsiebehandlung, zugleich ein kasuistischer Beitrag zur Frage der sog. Epilepsiepsychosen. Nervenarzt 24 (1953) 348.

510 Dörries, H.: Epilepsie und Schizophrenie. Nervenarzt 22 (1951) 290.

511 Dongier, S.: Statistical study of clinical and electroencephalographic manifestations of 536 psychotic episodes occuring in 516 epileptics between clinical seizures. Epilepsia (Amst.) 1 (1959/60) 117.

Doose, H., D. Scheffner (1965): s. Nr. 202.

512 Dostojewski, F. M.: Die Dämonen. Übers. von E. K. Rahsin. Piper, München 1956.

513 Dostojewski, F. M.: Der Idiot. Übers. von E. K. Rahsin. Piper, München 1963.

514 Dreyer, R.: Zur Frage des Status epilepticus mit psychomotorischen Anfällen. Ein Beitrag zum temporalen Status epilepticus und zu atypischen Dämmerzuständen und Verstimmungen. Nervenarzt 36 (1965) 221.

515 Druckmann, R., D. Chao: Laughter in epilepsy. Neurology (Minneap.) 7 (1957) 26.

516 Dyke, C. G., L. M. Davidoff, C. D. Masson: Cerebral hemiatrophy of the skull and sinuses. Surg. Gynec. Obstet. 57 (1933) 588.

517 Earle, K. M., M. Baldwin, W. Penfield: Incisural sclerosis and temporal lobe seizures produced by hippocampal herniation at birth. Arch. Neurol. Psychiat. (Chic.) 69 (1953) 27.

518 Edgar, R., M. Baldwin: Vascular malformation associated with temporal lobe epilepsy. J. Neurosurg. 17 (1960) 638.

519 Edinger, L.: Vorlesungen über den Bau der nervösen Zentralorgane des Menschen und der Tiere. 5. Aufl. Vogel, Leipzig 1911.

520 Efron, R.: The effect of olfactory stimulus in arresting uncinate fits. Brain 79 (1956) 267.

521 Efron, R.: The conditioned inhibition of uncinate fits. Brain 80 (1957) 251.

522 Engel, G., C. Aring: Hypothalamic attacks with thalamic lesion. Arch. Neurol. Psychiat. (Chic.) 54 (1945) 37.

523 Engerth, G., Ch. Palisa: Beitrag zum Inhalt des epileptischen Delirs. Nervenarzt 8 (1935) 534.

524 Epstein, A. W., F. Ervin: Psychodynamic significance of seizure content in psychomotor epilepsy. Psychosom. Med. 18 (1956) 43.

525 Erickson, T. C.: Erotomania (nymphomania) as an expression of cortical epileptiform discharge. Arch. Neurol. Psychiat. (Chic.) 53 (1945) 226.

526 Falconer, M. A. (1959/60): zit. nach Gibson, W. C. (s. Nr. 576).

527 Falconer, M. A.: The surgical treatment of temporal lobe epilepsy. Neurochirurgia (Stuttg.) 8 (1965) 161.

528 Falconer, M. A., J. B. Cavanagh: Clinico-pathologic considerations of temporal lobe epilepsy due to small focal lesions. Brain 82 (1959) 483.

529 Falconer, M. A., D. Hill, A. Meyer, W. Mitchell, D. A. Pond: Treatment of temporal lobe epilepsy by temporal lobectomy: Survey of findings and results. Lancet 1955/I, 827.

530 Falconer, M. A., D. Hill, A. Meyer, J. L. Wilson: Clinical, radiological and EEG correlations with pathological changes in temporal lobe epilepsy and their significance in surgical treatment. In: Temporal Lobe Epilepsy. Hsg.: M. Baldwin, P. Bailey. Thomas, Springfield, Ill. 1958.

531 Falconer, M. A., W. A. Kennedy: Epilepsy due to small focal lesions with bilateral spike-discharging foci. J. Neurol. Neurosurg. Psychiat. 24 (1961) 205.

532 Falconer, M. A., E. A. Serafetinides: A follow-up study in temporal lobe epilepsy. J. Neurol. Neurosurg. Psychiat. 17 (1963) 276.

533 Falconer, M. A., E. A. Serafetinides, J. A. N. Corsellis: Etiology and pathogenesis of temporal lobe epilepsy. Arch. Neurol. (Chic.) 10 (1964) 233.

534 Falconer, M. A., J. C. Wilson: Visual field changes following anterior temporal lobectomy: Their significance in relation to "Meyer's Loop" of the optic radiation. Brain 81 (1958) 1.

535 Falret, J.: De l'Etat Mental des Epileptiques. Asselin, Paris 1861.

536 Fau, R.: A propos d'une observation de psychose épileptique. Rev. neurol. 95 (1956) 605.

Fèrè, Ch. (1890): s. Nr. 396.

537 Fèrè, Ch.: Accès de rire chez un épileptique. C. R. Soc. Biol. (Paris) 50 (1898) 430.

538 Ferrier, D.: The Function of the Brain. Smith Elder, London 1876.

539 Fischgold, H.: Diskussionsbemerkung Tagg. d. dtsch. EEG-Gesellschaft, Heidelberg 1951. Nervenarzt 23 (1952) 274.

Fischgold, H., Mme. Arfel-Capdevielle (1955): s. Nr. 208.

540 Foerster, O.: Die Pathogenese des epileptischen Krampfanfalls. Einleitender Überblick, Klinik und Therapie. 16. Jahresversammlung d. Ges. dtsch. Nervenärzte, Düsseldorf 1926. Zbl. ges. Neurol. Psychiat. 44 (1926) 746.

541 Foerster, O.: Motorische Felder und Bahnen. In: Hdb. d. Neurologie, Bd. VI. Hsg.: O. Bumke, O. Foerster. Springer, Berlin 1936.

542 Forster, F. M., J. Huertas: Temporal lobe suppressor cortex in man. Yale J. Biol. Med. 28 (1956) 265.

543 Freud, S.: Dostojewski und die Vatertötung. In: Ges. Werke Bd. 14, 3. Aufl. Fischer, Frankfurt a.M. 1961a.

544 Freud, S.: Totem und Tabu. In: Ges. Werke Bd. 9, 3. Aufl. Fischer, Frankfurt a.M. 1961b.

545 Fürstenberg, H.: Über die Kombination von Epilepsie und Schizophrenie. Diss. Bethel 1949.

546 Fulton, J. F.: Diskussionsbemerkung zu Gastaut, H. (1953) (s. Nr. 553).

Fuster, B., C. Castells, B. Rodriguez (1954): s. Nr. 217.

547 Gänshirt, H.: Schlaf-, Aufwach- und diffuse Epilepsien im Schlaf- und Wach-Elektroencephalogramm. 3. Jahrestagg. d. dtsch. Sekt. d. int. Liga gegen Epilepsie, Heidelberg 1960. Nervenarzt 32 (1961a) 130.

548 Gänshirt, H.: Das Elektroencephalogramm in Diagnose und Behandlung der Epilepsie. Nervenarzt 32 (1961b) 262.

549 Gänshirt, H., K. Vetter: Schlafelektroencephalogramm und Schlaf-Wachperiodik bei Epilepsien. Nervenarzt 32 (1961) 275.

550 Galen, C.: zit. nach Herpin, Th. (1852, 1854) (s. Nr. 618 u. 619).

551 Garsche, R.: Das Elektroencephalogramm bei den psychomotorischen Anfällen im Kindesalter. Arch. Kinderheilk. 153 (1956) 27.

Garsche, R. (1957): s. Nr. 218.

552 Gastaut, H.: Etude électroéncephalographique du lobe temporal. Rev. Oto-neuro-ophtal. 22 (1950) 219.

Gastaut, H. (1951): s. Nr. 221.

553 Gastaut, H.: So-called "psychomotor" and "temporal" epilepsy. A critical study. Epilepsia (Boston) 2 (1953) 57.

554 Gastaut, H.: Die psychomotorische Epilepsie. Triangel (De) 3 (1957) 98.

555 Gastaut, H.: A propos des symptômes cliniques rencontrés chez les épileptiques psychomoteurs dans l'intervalle de leurs crises. In: Bases Physiologiques et Aspects Cliniques de l'Epilepsie. Hsg.: Th. Alajouanine. Masson, Paris 1958.

556 Gastaut, H.: Note sur l'importance pathologique de la région pararhinale. In: Gastaut, H., H. J. Lammers: Anatomie du Rhinencéphale. Bd. I. Masson, Paris 1961.

557 Gastaut, H., M. M. Baudry, H. Collomb, M. Dongier, S. Dongier, G. Meletto, R. Naquet, D. Pache, H. Régis, A. Roger, J. Roger, M. Vigouroux: Etude électroclinique des épisodes psychotiques survenant en dehors des crises cliniques chez les épileptiques. Rev. neurol. 95 (1956) 588.

558 Gastaut, H., H. Collomb: Etude de comportement sexuel chez les épileptiques psychomoteurs. Ann. méd.-psychol. 112 (1954) 657.

559 Gastaut, H., Y. Gastaut: Corrélations électroencéphalographiques et cliniques à propos de 100 cas d'épilepsie dite „psycho-motrice" avec foyers sur la région temporale du scalp. Rev. Oto-neuro-ophtal. 23 (1951) 257.

560 Gastaut, H., R. Naquet, R. Vigouroux, A. Roger, M. Badier: Etude électrographique chez l'homme et chez l'animal des décharges épileptiques dits „psychomotrices". Rev. neurol. 88 (1953) 310.

561 Gastaut, H., A. Roger: Origine et propagation des décharges épileptiques temporales provoquées (documents expérimentaux destinés à montrer le mécanisme extratemporal de certaines épilepsies „psychomotrices"). In: Alajouanine, Th.: Les Grandes Activités du Lobe Temporal. Masson, Paris 1955.

562 Gastaut, H., J. Roger, A. Roger: Sur la signification de certaines fugues épileptiques. A propos d'une observation électroclinique d'état de mal temporal. Rev. neurol. 94 (1956) 298.

563 Gastaut, H., M. Toga, R. Naquet: Clinical, electrographical and anatomical study of epilepsy induced in dogs by the injection of agenized proteins. In: Temporal Lobe Epilepsy. Hsg.: M. Baldwin, P. Bailey. Thomas, Springfield, Ill. 1958.

564 Gastaut, H., M. Toga, J. Roger, W. C. Gibson: A correlation of clinical, electroencephalographic and anatomical findings in nine autopsied cases of "temporal lobe epilepsy". Epilepsia (Amst.) 1 (1959) 56.

565 Gastaut, H., M. Vigouroux: Electro-clinical correlations in 500 cases of psychomotor seizures. In: Temporal Lobe Epilepsy. Hsg.: M. Baldwin, P. Bailey. Thomas, Springfield, Ill. 1958.

566 Gastaut, H., R. Vigouroux, R. Naquet: Lésions épileptogènes amygdalo-hippocampiques provoquées chez le chat par injection de „crème d'alumine". Rev. neurol. 87 (1952) 607.

567 Genner, Th.: Das Sehen des eigenen Spiegelbildes als epileptisches Äquivalent. Wien. klin. Wschr. 60 (1947) 656.

568 Gibbs, E. L., B. Fuster, F. A. Gibbs: Peculiar low temporal localization of sleep induced seizure discharges of psychomotor type. Arch. Neurol. Psychiat. (Chic.) 60 (1948) 95.

569 Gibbs, E. L., F. A. Gibbs: Diagnostic and localizing value of electroencephalographic studies in sleep. Res. Publ. Ass. nerv. ment. Dis. 26 (1947) 366.

570 Gibbs, E. L., F. A. Gibbs: Good prognosis of mid-temporal epilepsy. Epilepsia (Amst.) 1 (1959/60) 448.
571 Gibbs, E. L., F. A. Gibbs, B. Fuster: Psychomotor epilepsy. Arch. Neurol. Psychiat. (Chic.) 60 (1948) 331.
572 Gibbs, E. L., H. W. Gillen, F. A. Gibbs: Disappearance and migration of epileptic foci in childhood. Amer. J. Dis. Child. 88 (1954) 596.
573 Gibbs, F. A.: Differentiation of mid-temporal, anterior temporal and diencephalic epilepsy. In: Temporal Lobe Epilepsy. Hsg.: M. Baldwin, P. Bailey. Thomas, Springfield, Ill. 1958.
Gibbs, F. A., E. L. Gibbs (1952): s. Nr. 51.
574 Gibbs, F. A., E. L. Gibbs, W. G. Lennox: Epilepsy. A paroxysmal cerebral dysrhythmia. Brain 60 (1937) 377.
575 Gibbs, F. A., E. L. Gibbs, W. G. Lennox: The likeness of the cortical dysrhythmias of schizophrenia and psychomotor epilepsy. Amer. J. Psychiat. 95 (1938) 255.
576 Gibson, W. C.: Temporal lobe epilepsy in two sisters. Epilepsia (Amst.) 1 (1959/60) 316.
577 Giese, H.: Über klinische Beziehungen zwischen Epilepsie und Schizophrenie (Epilepsie als Frühsymptom oder als Kombination). Z. ges. Neurol. Psychiat. 26 (1914) 22.
578 Glaser, G. H., M. S. Dixon: Psychomotor seizures in childhood. A clinical study. Neurology (Minneap.) 6 (1956) 646.
579 Glaser, G. H., L. M. Golub: The electroencephalogram of psychomotor seizures in childhood. Electroenceph. clin. Neurophysiol. 7 (1955) 329.
580 Glaus, A.: Über Kombinationen von Schizophrenie und Epilepsie. Z. ges. Neurol. Psychiat. 135 (1931) 450.
581 Glees, P., H. B. Griffith: Bilateral destruction of the hippocampus (Cornu ammonis) in a case of dementia. Mschr. Psychiat. Neurol. 123 (1952) 193.
582 Gloor, P., C. Tsai, F. Haddad: An assessment of the value of sleep-electroencephalography for the diagnosis of temporal lobe epilepsy. Electroenceph. clin. Neurophysiol. 10 (1958) 633.
583 Goldie, L., J. M. Green: A study of the psychological factors in a case of sensory reflex epilepsy. Brain 82 (1959) 505.
584 Goldstein, K.: Auslösung epileptischer Anfälle durch Musik (Demonstration). Zbl. ges. Neurol. Psychiat. 63 (1932) 281.
Gowers, W. R. (1901): s. Nr. 402.
585 Graeter, C.: Ein Fall von epileptischer Amnesie, durch hypnotische Hypermnesie beseitigt. Z. Hypnotismus 8 (1899) 128.
586 Grattarola, F. R., D. Schiffer: Studio istologico delle eterotopie neuroniche in casi di epilessia temporale. Acta neuroveg. (Wien) 12 (1955) 95.
587 Green, J. D., J. D. Clemente, J. de Groot: Experimentally induced epilepsy in the cat with injury of cornu ammonis. Arch. Neurol. Psychiat. (Chic.) 78 (1957) 259.
588 Green, J. R., R. E. H. Duisberg, W. B. McGrath: Focal epilepsy of psychomotor type: a preliminary report of observations on effects of surgical therapy. J. Neurosurg. 8 (1951) 157.
589 Green, J. R., D. G. Scheetz: Surgery of epileptogenic lesions of the temporal lobe. Arch. Neurol. (Chic.) 10 (1964) 135.
590 Green, J. R., H. F. Steelman, R. E. H. Duisberg, W. B. McGrath, S. H. Wick: Behavior changes following radical temporal lobe excision in the treatment of focal epilepsy. Ass. Res. nerv. Dis. Proc. 36 (1958) 295.
591 Griesinger, W.: Über einige epileptoide Zustände. Arch. Psychiat. Nervenkr. 1 (1868/69) 320.
592 Griffiths, G. N., I. T. Fox: Rhythm in epilepsy. Lancet 1938/II, 409.
593 Grünthal, E.: Über das klinische Bild nach umschriebenem beiderseitigem Ausfall der Ammonshornrinde. Ein Beitrag zur Kenntnis der Funktion des Ammonshorns. Mschr. Psychiat. Neurol. 113 (1947) 1.
594 Gruhle, H. W.: Epileptische Reaktionen und epileptische Krankheiten. In: Handbuch der Geisteskrankheiten. Bd. VIII/4. Hsg.: O. Bumke. Springer, Berlin 1930.
595 Gruhle, H. W.: Über den Wahn bei der Epilepsie. Z. ges. Neurol. Psychiat. 154 (1936) 395.
596 Guillaume, J., G. Mazars: Indications et résultats du traitement chirurgical des épilepsies temporales. Sem. Hôp. Paris 32 (1956) 2043.
597 Guillaume, J., G. Mazars, Y. Mazars: Indications chirurgicales dans les épilepsies dites „temporales“. Rev. neurol. 88 (1953) 461.
598 Guinena, Y. H., Y. Taher: Psychosensory seizures "visual and anditory“ of primary subcortical origin. Electroenceph. clin. Neurophysiol. 7 (1955) 425.
599 Haberland, C.: Histological studies in temporal lobe epilepsy based on biopsy materials. Psychiat. et Neurol. (Basel) 135 (1958) 12.
600 Hallen, O.: Das Oral-Petit mal. Beschreibung und Zergliederung der als uncinate-fit (Jackson) und psychomotor-fit (Lennox) bezeichneten epileptischen Äquivalente. Dtsch. Z. Nervenheilk. 171 (1954a) 236.
601 Hallen, O.: Zur Lokalisation des Oral-Petit mal. Zbl. ges. Neurol. Psychiat. 130 (1954b) 3.
602 Hallen, O.: Zur Frage des Oral-Petit mal (Entgegnung auf die Bemerkungen von E. Niedermeyer). Dtsch. Z. Nervenheilk. 172 (1955) 535.
603 Hallen, O.: Die Psychiatrie der Oral-Petit-mal-Epilepsie. Psychiat. et Neurol. (Basel) 134 (1957a) 43.
604 Hallen, O.: Die Klinik, Diagnose und Differentialdiagnose der kleinen epileptischen Anfälle. Dtsch. Z. Nervenheilk. 176 (1957b) 321.
605 Hallen, O.: Zur Differenzierung der psychomotorischen Anfälle in klinische Formen. Dtsch. Z. Nervenheilk. 183 (1962) 199.
606 Hallen, O.: Über Störungen des Zeiterlebens in der epileptischen Aura. In: Zeit in nervenärztlicher Sicht. Hsg.: G. Schaltenbrand. Enke, Stuttgart 1963.
607 Haltrich, E.: Selbstmord von Epilepsiekranken. Manuskript Heidelberg 1961.
608 Hamoir, R., J. Titeca: Etude électroencéphalographique d'un cas d'épilepsie musicogénique. Rev. neurol. 80 (1948) 635.
609 Harris (1897): zit. nach Selbach, H. (1953) (s. Nr. 428).
610 Hassler, R., T. Riechert: Über einen Fall von doppelseitiger Fornicotonie bei sog. temporaler Epilepsie. Acta neurochir. (Wien) 5 (1957) 330.
611 Haymaker, W., A. Pentschen, C. Margoles, W. C. Bingham: Occurrence of lesions in the temporal lobe in the absence of convulsive seizures. In: Temporal Lobe Epilepsy. Hsg.: M. Baldwin, P. Bailey. Thomas, Springfield, Ill. 1958.
612 Hècaen, H., R. Angelergues: Epilepsie et troubles du langage. Encéphale 49 (1960) 138.
613 Hècaen, H., M. Piercy: Paroxysmal dysphasia and the problem of cerebral dominance. J. Neurol. Neurosurg. Psychiat. 19 (1956) 194.
von Hedenström, I., G. Schorsch (1958): s. Nr. 236.
614 von Hedenström, I., G. Schorsch: EEG-Befunde bei epileptischen Dämmer- und Verstimmungszuständen. Arch. Psychiat. Nervenkr. 199 (1959) 311.
615 Heilbronner, K.: Über Fugues und fugues-ähnliche Zustände. Jb. Psychiat. Neurol. 23 (1903) 107.
Helmchen, H. (1958): s. Nr. 405.
616 Helmchen, H., H. Künkel, H. Selbach: Periodische Einflüsse auf die individuale Häufigkeit cerebraler Anfälle. Arch. Psychiat. Nervenkr. 206 (1964) 293.
617 Hendrik, I.: Psychoanalytical observations on the aura of two cases with convulsions. Psychosom. Med. 2 (1940) 43.
618 Herpin, Th.: Du Prognostic et du Traitement Curatif de l'Epilepsie. Baillière, Paris 1852.

619 Herpin, Th.: Dr. Th. Herpin's bewährte Heilmethode der Epilepsie. Deutsch bearbeitet von J. Frank. Basse, Quedlinburg-Leipzig 1854.
Herpin, Th. (1867): s. Nr. 60.
620 Herrick, C. J.: The functions of the olfactory parts of the cerebral cortex. Proc. nat. Acad. Sci. (Wash.) 19 (1933) 7.
621 Herrlin, K. M.: EEG with photic stimulation: A study of children with manifest or suspected epilepsy. Electroenceph. clin. Neurophysiol. 6 (1954) 573.
622 Herrmann, G.: Eigenartige Veränderungen des Anfallsbildes bei Epileptikern. Med. Klin. 44 (1924) 1536.
623 Herschmann, H., O. Pötzl: Bemerkungen über die Aphasie der Polyglotten. Zbl. ges. Neurol. Psychiat. 39 (1920) 114.
624 Hess. R.: Diskussionsbemerkung zum Vortrag von H. Landolt auf der Schweizer Neurologen-Tagung. Schweiz. Arch. Neurol. Psychiat. 76 (1955) 342.
625 Hess, R.: Die differentialdiagnostische Abgrenzung der Epilepsie im Electroencephalogramm. Dtsch. Z. Nervenheilk. 176 (1957) 304.
Hess, R. (1958): s. Nr. 239.
626 Hess, R., G. Weber: Die Temporallappenepilepsie. Schweiz. med. Wschr. 87 (1957) 707.
627 Hess, W. R.: Das Zwischenhirn. Syndrome, Lokalisationen, Funktionen, 2. Aufl. Schwabe, Basel 1954.
628 Hill, D.: The electroencephalographic concept of psychomotor epilepsy: A summary. IV. Congr. Neurol. Internat (Paris). 1 (1949) 27.
629 Hill, D., W. Mitchell: Epileptic anamnesis. Folia psychiat. neerl. 56 (1953) 718.
630 Hirsch, E.: Erlebnisspuren im epileptischen Anfall und Ausnahmezustand. Z. ges. Neurol. Psychiat. 105 (1926) 409.
631 Hoheisel, H. P., R. Walch: Ein Fall von akustischer Reflexepilepsie. Psychiat. Neurol. med. Psychol. (Lpz.) 5 (1953) 194.
632 Hoff, H., T. Hoffmann: Beitrag zur Genese der epileptischen Aura. Z. ges. Neurol. Psychiat. 121 (1929) 763.
633 Hoff, H., H. Pötzl: Über eine Zeitrafferwirkung bei homonymer linksseitiger Hemianopsie. Z. ges. Neurol. Psychiat. 151 (1934) 599.
634 Hoffmann, F.: Über die Einteilung der Geisteskrankheiten in Siegburg. Allg. Z. Psychiat. 19 (1862) 367.
635 v. Holst, W.: Zur Kenntnis paranoider Symptomenkomplexe bei Epilepsie (epileptische Halluzinose). Z. ges. Neurol. Psychiat. 49 (1919) 373.
636 Hunter, R.: Transvestism, impotence and temporal lobe dysfunction. J. neurol. Sci. 4 (1967) 357.
637 Hunter, R., V. Logue, W. H. McMenemy: Temporal lobe epilepsy supervening on longstanding transvestism and fetishism. Epilepsia (Amst.) 4 (1963) 60.
638 Ionăşescu, V.: Paroxysmal disorders of the body image in temporal lobe epilepsy. Acta psychiat. scand. 35 (1960) 171.
639 Isler, W., R. Hess: Wandernde epileptogene Foci im Kindesalter. Vortrag 8. Jahresvers. dtsch. EEG-Ges. 3. — 5. Sept. 1959. Zbl. ges. Neurol. Psychiat. 155 (1960) 237.
640 Jackson, H.: Loss of speech with hemiplegia of left side, valvular disease, epileptiform seizures affecting the side paralysed. Med. Tms (Lond.) 1864/II, 166.
641 Jackson, H.: Clinical remarks on the occasional occurrence of subjective sensations of smell in patients who are liable to epileptiform seizures, or who have symptoms of mental derangement, and in others. Lancet 1866/I, 659.
642 Jackson, H.: On a case of defect of speech following on right-sided convulsion. Lancet 1872/I, 72.
643 Jackson, H.: On the scientific and empirical investigations of epilepsies. Med. Press 1874a/II, 325, 374, 389, 409, 475, 497, 520, Fortsetzungen in 1875, 1876. In: Selected Writings of John Hughlings Jackson, Bd. I. Hodder & Stoughton, London 1931, S. 162.
644 Jackson, H.: Remarks on coloured vision preceding epileptic attack and on systemic sensations in epilepsies, and the after effects of severe epileptic discharge: Speculation as to epileptic mania. Brit. med. J. 1874b/I, 174.
645 Jackson, H.: Intellectual warnings of epileptic seizures (Notes on cases of disease of the nervous system). Med. Tms (Lond.) 1876/II, 702. In: Selected Writings of John Hughlings Jackson, Bd. I. Hodder & Stoughton, London 1931, S. 274.
646 Jackson, H.: Diagnosis of epilepsy. Med. Tms (Lond.) 1879a/I, 29, 85, 141, 223. In: Selected Writings of John Hughlings Jackson, Bd.I. Hodder & Stoughton, London 1931, S. 276.
647 Jackson, H.: Peculiar phenomena after epileptic seizures. Brit. med. J. 1879b/II, 776.
648 Jackson, H.: On right- or left-sided spasmat the seat of epileptic paroxysms and on crude sensation-warnings and elaborate mental states. Brain 3 (1880) 192. In: Selected Writings of John Hughlings Jackson, Bd. I. Hodder & Stoughton, London 1931, S. 308.
649 Jackson, H.: On temporary paralysis after epileptiform and epileptic seizures: a contribution to the study of dissolution of the nervous system. Brain 3 (1880/81) 433. In: Selected Writings of John Hughlings Jackson, Bd. I. Hodder & Stoughton, London 1931, S. 318.
Jackson, H. (1888a): s. Nr. 407.
650 Jackson, H.: On post-epileptic states — a contribution to the comparative study of insanities. J. ment. Sci. 34 (1888b) 349. In Selected Writings of John Hughlings Jackson, Bd. I. Hodder & Stoughton, London 1931, S. 366.
651 Jackson, H.: On convulsive seizures. (Lumleian Lectures.) Brit. med. J. 1890/I, 703, 765, 821; Lancet 1890/I, 685, 735, 785. In: Selected Writings of John Hughlings Jackson, Bd. I. Hodder & Stoughton, London 1931, S. 412.
652 Jackson, H.: Relations of different divisions of the central nervous system to one another and to parts of the body. (Hughlings Jackson Lecture.) Lancet 1898/I, 79. Brit. med. J. 1898/I,65. In: Selected Writings of John Hughlings Jackson, Bd. II. Hodder & Stoughton, London 1931, S. 422.
653 Jackson, H.: On asphyxia in slight epileptic paroxysms — on the symptomatology of slight epileptic fits supposed to depend on discharge-lesions of the uncinate gyrus. Lancet 1899/I, 79.
654 Jackson, H., C. E. Beevor: On a case of epileptic attacks with an olfactory aura from a tumour in the right temporo-sphenoidal lobe. Lancet 1889/I, 381.
655 Jackson, H., C. E. Beevor: Case of tumour of the right temporo-sphenoidal lobe, bearing on the localisation of the sense of smell and on the interpretation of a particular variety of epilepsy. Brain 12 (1890) 346. In: Selected Writings of John Hughlings Jackson, Bd. I. Hodder & Stoughton, London 1931, S. 406.
656 Jackson, H., W. S. Colman: Case of epilepsy with tasting movements and "dreamy state" — very small patch of softening in the left uncinate gyrus. Brain 21 (1898) 580. In: Selected Writings of John Hughlings Jackson, Bd. I. Hodder & Stoughton, London 1931, S. 458.
657 Jackson, H., P. Stewart: Epileptic attacks with a warning of a crude sensation of smell and with the intellectual aura (dreamy state) in a patient who had symptoms pointing to gross organic disease of right temporo-sphenoidal lobe. Brain 22 (1899) 550. In: Selected Writings of John Hughlings Jackson, Bd. I. Hodder & Stoughton, London 1931, S. 464.
Janz, D. (1955): s. Nr. 251.
658 Janz, D.: Epilepsie-Ambulanz als Institution. Dtsch. med. Wschr. 87 (1962) 1385.
Janz, D. (1963): s. Nr. 71.

659 JANZ, D., G. NEIMANIS: Ein Beitrag zur Klinik und Morphologie der diffusen Schläfenlappenblastome, der sog. Riechhirnspongioblastome. Dtsch. Z. Nervenheilk. 188 (1966) 93.

660 JANZARIK, W.: Der Wahn schizophrener Prägung in den psychotischen Episoden der Epileptiker und die schizophrene Wahnwahrnehmung. Fortschr. Neurol. Psychiat. 23 (1955) 533.

661 JASPER, H. H.: Electrical signs of epileptic discharge. Electroenceph. clin. Neurophysiol. 1 (1949 a) 11.

662 JASPER, H.: Diffuse projection systems: The integrative action of the thalamic reticular system. Electroenceph. clin. Neurophysiol. 1 (1949 b) 405.

663 JASPER, H. H.: Functional subdivisions of the temporal region in relation to seizure patterns and subcortical connections. In: Temporal Lobe Epilepsy. Hsg.: M. BALDWIN, P. BAILEY. Thomas, Springfield, Ill. 1958.

664 JASPER, H., G. ARFEL-CAPDEVILLE, T. RASMUSSEN: Evaluation of EEG and cortical electrographic studies for prognosis of seizures following surgical excision of epileptogenic lesions. Epilepsia (Amst.) 2 (1961) 130.

665 JASPER, H., D. DALY: zit. nach Landolt, H. (1960): s. Nr. 272.

JASPER, H. H., J. KERSHMAN (1941): s. Nr. 256.

666 JASPER, H., B. PERTUISSET, H. FLANIGIN: EEG and cortical electrograms in patients with temporal lobe seizures. Arch. Neurol. (Chic.) 65 (1951) 272.

667 JASPERS, K.: Allgemeine Psychopathologie, 5. Aufl. Springer, Berlin 1948.

668 JERAS, J.: Temporallappen-Epilepsie bei Kindern. Vortrag 8. Jahresvers. dtsch. EEG-Ges. 3. — 5. Sept. 1959. Zbl. ges. Neurol.Psychiat. 155 (1960) 237.

669 JEWESBURY, E. C. O.: Some clinical epileptic oddities. Brit. med. J. 1954/II, 1518.

670 JOYNT, R. J., D. GREEN, R. GREEN: Musicogenic epilepsy. J. Amer. med. Ass. 179 (1962) 501.

JUNG, R. (1939, 1953, 1957): s. Nr. 259, 260, 261.

JUNG, R., J. F. TÖNNIES (1950): s. Nr. 413.

671 KAADA, B. R.: Somato-motor, autonomic and electrocorticographic responses to electrical stimulation of "rhinencephalic" and other structures in primates, cats and dogs. Acta physiol. scand. 24 (1951) Suppl. 83.

672 KAJTOR, F.: Aktivierung und Analyse der steilen Wellen und Krampfspitzen in Evipannarkose bei Temporallappen-Epilepsie. Arch. Psychiat. Nervenkr. 194 (1956) 238.

673 KAJTOR, F., J. HULLAY, L. FARAGO, K. HABERLAND: Effect of barbiturate sleep on the electrical activity of the hippocampus of patients with temporal lobe epilepsy. Electroenceph. clin. Neurophysiol. 9 (1957) 441.

KAMMERER, TH. (1961): s. Nr. 414.

674 KARAGULLA, S., E. E. ROBERTSON: Psychical phenomena in temporal lobe epilepsy and the psychoses. Brit. med. J. 1955/I, 748.

675 KENDRICK, J. F., F. A. GIBBS: Origin, spread and neurosurgical treatment of the psychomotor type of seizure discharge. J. Neurosurg. 14 (1957) 270.

676 KENNARD, M.A.: The electroencephalogram and disorders of behavior. A review. J. nerv. ment. Dis. 124 (1956) 103.

677 KESCHNER, M., M. B. BENDER, I. STRAUSS: Mental symptoms in cases of tumors of the temporal lobe. Arch. Neurol. Psychiat. (Chic.) 35 (1936) 572.

678 KETZ, E.: Zum klinischen Aspekt der psychomotorischen Epilepsie. Habilitationsschrift, Berlin 1966.

679 KISKER, K. P.: Sprachliche Stereotypien bei Temporallappen-Epilepsie (Ein Beitrag zur Konstitution verbaler Sprachanteile). Nervenarzt 28 (1957) 366.

680 VON KLEIST, H.: Die Marquise von O. In: Sämtliche Werke. Droemersche Verlagsanstalt, Th. Knaur Nachf, München 1961.

681 KLEIST, K.: Episodische Dämmerzustände. Vortrag Sitzg. Vereinigg. Frankfurter Neurolog. u. Psychiater, 22. März 1923. Zbl. ges. Neurol. Psychiat. 33 (1923) 83.

682 KLÜVER, H., P. C. BUCY: Preliminary analysis of functions of the temporal lobes in monkeys. Arch. Neurol. Psychiat. (Chic.) 42 (1939) 979.

683 KNAPP, A.: Die Tumoren des Schläfenlappens. Arch. Psychiat. Nervenkr. 42 (1918) 226.

684 KOWALEWSKA, S.: Jugenderinnerungen. Fischer, Berlin 1897.

685 KRAEPELIN, E.: Psychiatrie, Bd. III, 8. Aufl. Barth, Leipzig 1913.

686 KRAMER, W.: Histopathology of EEG foci in epileptics. Folia psychiat. neerl. 60 (1957) 145.

687 KRAMER, W.: Cachinnatio nocturna. Ned. T. Geneesk. 109. (1965) 689.

688 KRAUSE, F., H. SCHUM: Die spezielle Chirurgie der Gehirnkrankheiten, Bd. II: Die epileptischen Erkrankungen. Enke, Stuttgart, 1. Hälfte 1931, 2. Hälfte 1932.

689 KRAYENBÜHL, H.: Die psychomotorische Epilepsie. Dtsch. med. Wschr. 77 (1952) 1177.

690 KRAYENBÜHL, H., R. HESS, G. WEBER: Enseignements de l'électroencéphalographie et corticographie et thérapeutique chirurgicale d'après 21 cas d'épilepsie temporale traités par excision corticale ou par lobectomie. Rev. neurol. 88 (1953) 564.

691 KREINDLER, A.: Spielen reflexogene Mechanismen in der Pathogenese der Zirkulationsstörungen des Gehirns eine Rolle? Psychiat. Neurol. med. Psychol. (Lpz.) 11 (1959) 161.

692 KRETSCHMER, E.: Hysterie, Reflex und Instinkt. 6. Aufl. Thieme. Stuttgart 1958.

693 KRETSCHMER, E.: Körperbau und Charakter, 23./24. Aufl. Springer, Berlin 1961.

594 KROTH, H., H. C. HOPF: Status psychomotorischer Anfälle. Dtsch. Z. Nervenheilk. 189 (1966) 67.

695 LÄSSKER, G., R. DEGEN: Epileptische Anfallsleiden nach entzündlichen Hirnerkrankungen im Kindesalter. Z. Kinderheilk. 98 (1967) 155.

696 LANDOLT, H.: Medizinischer Bericht. Ber. Schweiz. Anst. f. Epileptische, Zürich 69 (1954) 18.

LANDOLT, H. (1955): s. Nr. 271.

LANDOLT, H. (1958): s. Nr. 90.

LANDOLT, H. (1960): s. Nr. 272.

LANDOLT, H. (1962): s. Nr. 273.

LANDOLT, H. (1963): s. Nr. 91.

697 LANDOLT, H.: Petit mal; Temporallappen-Epilepsie; epileptische Dämmerzustände und Verstimmungen. In: W. SCHULTE: Epilepsie und ihre Randgebiete in Klinik und Praxis. Lehmann, München 1964.

698 LANG, K., W. BETTAG: Diencephal-autonome Epilepsie im Kindesalter. Dtsch. Z. Nervenheilk. 178 (1959) 639.

699 LAROUSSINIE: Congr. de Bordeaux 2 (1895) 255. Zit. nach HALLEN, O. (1954 a) (s. Nr. 600).

700 LAYTON, D. D.: Heterotopic cerebral gray matter as an epileptogenic focus. J. Neuropath. exp. Neurol. 21 (1962) 244.

LEDER, A. (1967 a, b): s. Nr. 276 u. 277.

701 LEDER, A., S. TIMÄUS-WOLF: Bericht über psychodiagnostische Untersuchungen zur Frage der psychotropen Wirkung von Tegretal. Vortr. Tagg. dtsch. Sekt. int. Liga gg. Epilepsie, Tübingen 1966. Nervenarzt 38 (1967) 78.

702 LEGRAND DU SAULLE, H.: Etudes médico-légales sur les épileptiques. Delahaye, Paris 1877.

703 LEHTINEN, L., A. KIVALO: Laughter epilepsy. Acta psychiat. scand. 41 (1965) 255.

704 LENNOX, W. G.: Phenomena and correlates of the psychomotor triad. Neurology (Minneap.) 1 (1951 a) 357.

705 LENNOX, W. G.: The heredity of epilepsy as told by relatives and twins. J. Amer. med. Ass. 146 (1951 b) 529.

706 Lennox, W. G.: Diskussionsbeitrag zu: So-called "psychomotor" and "temporal" epilepsy (H. Gastaut). Epilepsia (Boston) 2 (1953) 84.

Lennox, W. G. (1960): s. Nr. 97.

707 Lennox, W. G., S. Cobb: Epilepsy. XIII. Aura in epilepsy; A statistical review of 1359 cases. Arch. Neurol. Psychiat. (Chic.) 30 (1933) 374.

708 Liberson, W. T., W. B. Scoville, R. H. Dunsmore: Stimulation studies of the prefrontal lobe and uncus in man. Electroenceph. clin. Neurophysiol. 3 (1951) 1.

Lindenberg, R. (1955): s. Nr. 416.

709 Lindenberg, R.: Die Gefäßversorgung und ihre Bedeutung für Art und Ort von kreislaufbedingten Gewebsschäden und Gefäßprozessen. In: Handbuch der speziellen pathologischen Anatomie und Histologie. Hsg.: F. Henke, O. Lubarsch, R. Rössle, Bd. XIII/1, hsg. v. W. Scholz. Springer, Berlin 1957.

710 List, C. F., I. Bebin: Hamartoma of the hypothalamus causing a syndrome of precocious puberty and petit mal epilepsy with paroxysmal laughter. Presented to the Amer. Acad. of Neurology, April 26, 1956. Zit. nach Druckman, R., D. Chao (s. Nr. 515).

Livingston, S. (1963): s. Nr. 284.

711 Loeb, C., F. Giberti: Considerazioni cliniche ed elettroencefalografiche a proposito di sindromi psicosiche in soggetti epilettici. Sist. nerv. 9 (1957) 219.

Loiseau, P., P. Verger, M. L. Etcheverry (1962): s. Nr. 287.

712 Lorentz de Haas, A. M., U. Magnus: Recherches électrocliniques chez 72 épileptiques avec des troubles mentaux épisodiques. Rev. neurol 95 (1956) 595.

713 Lorentz de Haas, A. M., U. Magnus: Clinical and electroencephalographic findings in epileptic patients with episodic mental disorders. In: Lectures on Epilepsy. Hrs.: A. M. Lorentz de Haas. Elsevier, Amsterdam 1958.

714 Loudet, O., L. M. Dalke: Epilepsie und Selbstmord. Rev. Criminologia 21 (1934) 396. Ref.: Zbl. ges. Neurol. Psychiat. 75 (1935) 422.

715 Lund, M.: Epilepsy in association with intracranial tumor. Acta psychiat. scand. Suppl. 18 (1952).

716 MacLean, P. D.: Psychosomatic disease and "visceral brain". Recent developments bearing on the Papez theory of emotion. Psychosom. Med. 11 (1949) 338.

717 MacLean, P. D.: The limbic system and its hippocampal formation. Studies in animals and their possible application to man. J. Neurosurg. 11 (1954) 29.

718 MacLean, P. D.: The limbic system ("visceral brain") and emotional behaviour. Arch. Neurol. Psychiat. (Chic.) 73 (1955) 130.

719 MacLean, P. D.: Chemical and electrical stimulation of hippocampus in unrestrained animals. Arch. Neurol. Psychiat. (Chic.) 78 (1957) 113.

720 MacLean, P. D., J. A. P. Arellano: Basal lead studies in epileptic automatisms. Electroenceph. clin. Neurophysiol. 2 (1950) 1.

721 McRae, D. L.: Focal epilepsy: correlation of the pathological and radiological findings. Radiology 50 (1948) 439.

722 McRae, D. L.: On nature of fear, with reference to its occurrence in epilepsy. J. nerv. ment. Dis. 120 (1954a) 385.

723 McRae, D. L.: Isolated fear; temporal lobe aura. Neurology (Minneap.) 4 (1954b) 497.

724 McRae, D. L.: Séméologie radiographique des épilepsies. In: Rayons X, Radioisotopes et E.E.G. dans l'Epilepsie. Masson, Paris 1960.

Magnus, O., W. Penfield, H. Jasper (1952): s. Nr. 291.

725 Marchand, L., J. de Ajuriaguerra: Du suicide chez les épileptiques. Presse méd. 33 (1941) 407.

Marchand, L., J. de Ajuriaguerra (1948): s. Nr. 105.

726 Margerison, J. H.: The incidence of temporal lobe epilepsy in a hospital population of mental defectives. Proc. Lond. Sci. Congr. ment. Subnorm. (1961) 210.

727 Margerison, J. H., J. A. N. Corsellis: Epilepsy and the temporal lobes — a clinical, electroencephalographic and neuropathological study of the brain in epilepsy, with particular reference to the temporal lobes. Brain 89 (1966) 499.

728 Martin, J. P.: Fits of laughter (sham mirth) in organic cerebral disease. Brain 73 (1950) 453.

729 Maspes, P. E., F. R. Grattarola, F. Marossero: Etude anatomo-pathologique de 36 cas d'épilepsie temporale opérés. Essai de corrélations anatomo-électro-clinique. Acta neurol. belg. 56 (1956) 103.

Matthes, A. (1961a): s. Nr. 295.

730 Matthes, A.: Die psychomotorische Epilepsie im Kindesalter. II. Mitteilung. Z. Kinderheilk. 85 (1961b) 472.

731 Matthes, A.: Die psychomotorische Epilepsie im Kindesalter. III. Mitteilung. Z. Kinderheilk. 85 (1961c) 668.

732 Mauz, F.: Die Veranlagung zu Krampfanfällen. Thieme, Leipzig 1937.

733 Mazars, Y.: Interprétation du phénomène d'extinction dans la phase initiale des crises focales corticales. Electroenceph. clin. Neurophysiol. 2 (1950) 343.

734 von Meduna, L.: Die Konvulsionstherapie der Schizophrenie. Marhold, Halle 1937.

735 Merzheevsky, I. P.: Sloochai epilepsi pripedki kotoroi vizibayootsya nekotopemi musikalnimi tonomi. Minutes Meeting S. Petersburg Soc. Psychiat. 1884. Zit. nach Critchley, M. (1937) (s. Nr. 197).

736 Meyer, A.: Lésions observées sur les pièces opératoires prélevées chez des épileptiques temporaux. Acta neurol. belg. 56 (1956) 21.

737 Meyer, A.: Epilepsy. In: Blackwood, W., W. H. McMenemy, A. Meyer, R. M. Norman, D. S. Russel: Greenfield's Neuropathology. Arnold, London 1963.

738 Meyer, A., E. Beck: The hippocampal formation on temporal lobe epilepsy. Proc. roy. Soc. Med. 48 (1955) 457.

739 Meyer, A., E. Beck, M. Shepherd: Unusually severe lesions in the brain following status epilepticus. J. Neurol. Neurosurg. Psychiat. 18 (1955) 24.

740 Meyer, A., M. A. Falconer, E. Beck: Pathological findings in temporal lobe epilepsy. J. Neurol. Neurosurg. Psychiat. 17 (1954) 276.

741 Meyer, J.-E.: Zur forensischen Bedeutung der Temporallappen-Epilepsie. Dtsch. Z. gerichtl. Med. 46 (1957) 212.

742 Meyer, J.-E.: Dreamy states und Depersonalisation. Arch. Psychiat. Nervenkr. 200 (1959) 12.

743 Meyer-Mickeleit, R. W.: Über die sogenannten psychomotorischen Anfälle, die Dämmerattacken der Epileptiker. Arch. Psychiat. Nervenkr. 184 (1950) 271.

744 Meyer-Mickeleit, R. W.: Die Dämmerattacken als charakteristischer Anfallstyp der temporalen Epilepsie (psychomotorische Anfälle, Äquivalente, Automatismen). Nervenarzt 24 (1953) 331.

745 Meynert, Th.: Studien über das pathologisch-anatomische Material der Wiener Irrenanstalt. Dtsch. Vjschr. Psychiat. 1 (1868) 395.

746 Michaux, L.: Manifestations psychiatriques temporaires survenant chez les épileptiques en dehors des crises. Presse méd. 64 (1956) 2069.

747 Mignardot, J., F. Ramée, P. Aubry: Impulsions au suicide répétées, conscientes et mnésiques, chez un grand épileptique. Ann. méd-psychol. 94 (1936) 44.

748 Milner, P.: Psychological defects produced by temporal lobe excision. Ass. Res. nerv. Dis. Proc. 36 (1958) 244.

749 Minor: Diskussionsbemerkung zu Koshewnikow: Eine besondere Form corticaler Epilepsie. Neurol. Cbl. 14 (1895) 47.

750 Miribel, J.: Röntgenologische Befunde des Schädels bei Epilepsie. Therapiewoche 17 (1967) 155.

751 Miribel, J., M. Nieto, P. Favel, A. Koshbin: The value of simple radiography of the skull in epilepsy. Epilepsia (Amst.) 4 (1963) 261.

752 Mitchell, W., M. A. Falconer, D. Hill: Epilepsy with fetishism relieved by temporal lobectomy. Lancet 1954/II, 626.

Morel, B. A. (1860): s. Nr. 308.

753 Morel, F., E. Wildi: Sclérose ammonienne et épilepsies, (Etude anatomo-pathologique et statistique). Schweiz. Arch. Neurol. Psychiat. 76 (1955) 348; Acta neurol. belg. 2 (1956) 61.

754 Morris, A. A.: Temporal lobectomy with removal of uncus, hippocampus and amygdala. Results for psychomotor epilepsy three to nine years after operation. Arch. Neurol. Psychiat. (Chic.) 76 (1956) 479.

755 Müller, N., P. Röttgen: Über die chirurgische Behandlung der Temporallappenepilepsie. Fortschr. Neurol. Psychiat. 30 (1962) 333.

756 Mulder, D. W., D. Daly: Psychiatric symptoms associated with lesions of temporal lobe. J. Amer. med. Ass. 150 (1952) 173.

757 Mullan, S., W. Penfield: Illusions of comparative interpretation and emotion. Arch. Neurol. (Chic.) 81 (1959) 269.

758 Mullan, S., G. Vailati, I. Karasick, M. Mailis: Thalamic lesions for the control of epilepsy. Arch. Neurol. (Chic.) 16 (1967) 277.

759 von Muralt, L.: Zur Frage der epileptischen Amnesie. Z. Hypnotismus 10 (1900) 75.

760 Narabayashi, H., T. Nagao, Y. Saito, M. Yoshida, M. Nagahata: Stereotaxic amygdalotomy for behavior disorders. Arch. Neurol. (Chic.) 9 (1963) 1.

761 Neal, M. P.: Neuroradiological aspects of epilepsy. Med. Clin. N. Amer. 47 (1963) 1563.

Neimanis, G. (1962): s. Nr. 115.

762 Nekhorocheff, I., A. Lerique-Köchlin: L'épilepsie psychomotrice de l'enfant. Rev. neurol. 88 (1953) 370.

Niedermeyer, E. (1954): s. Nr. 311.

763 Nikitin, M. P.: Zur Psychogenese der epileptischen Anfälle. Nervenarzt 8 (1935) 66.

764 Noetzel, H.: Über den Einfluß des Gehirns auf die Form der Nebenhöhlen des Schädels. Dtsch. Z. Nervenheilk. 160 (1949) 126.

765 Norman, R. M.: The pathogenesis of amygdaloid lesions in early life. In: Temporal Lobe Epilepsy. Hsg.: M. Baldwin, P. Bailey. Thomas, Springfield, Ill. 1958.

766 Norman, R. M., H. Urich: Birth injury due to compression of cerebral arteries. Proc. London Conf. on the sci. Study of ment. Deficiency, Vol. I (1960) 299.

767 Norman, R.: In Ounsted, C., L. Lindsay, R. Norman: Biological Factors in Temporal Lobe Epilepsy. Clinics in Developmental Medicine, No. 22. Heinemann, London 1966.

768 Oppenheim, H.: Über psychasthenische Krämpfe. J. Psychol. Neurol. (Lpz.) 6 (1905/06) 257.

769 Orthner, H., R. Lohmann: Erfahrungen mit stereotaktischen Eingriffen bei Epilepsie. Dtsch. med. Wschr. 91 (1966) 984.

770 Ounsted, C., J. Lindsay, R. Norman: Biological Factors in Temporal Lobe Epilepsy. Clinics in Developmental Medicine, No. 22. Heinemann, London 1966.

771 Paillas, J. E.: Aspects cliniques de l'épilepsie temporale: constatations faites sur une série de 50 malades opérés. In: Temporal Lobe Epilepsy. Hsg.: M. Baldwin, P. Bailey. Thomas, Springfield, Ill. 1958.

Paillas, J., H. Gastaut, J. Tamalet (1949): s. Nr. 316.

772 Pankow, G.: Indexformel zur Darstellung von Wachstumsstörungen der Schädelbasis und des Mittelgesichts. Z. menschl. Vererb.- u. Konstit.-Lehre 33 (1955) 10.

773 Papez, J. W.: A proposed mechanism of emotion. Arch. Neurol. Psychiat. (Chic.) 38 (1937) 725.

774 Pardal, E., Morete, M. L. u. O. O. Betti: Cirugia estereotaxica de la epilepsia en los ganglios de la base. An. neurocirug. (B. Aires) 5 (1963) 9.

775 Passouant, P., N. Duc, J. Cadilhac, J. Minvielle: Accès confusionnel de longue durée et décharge épileptique temporale au cours de l'évolution de l'une paralysie générale. Rev. neurol. 96 (1957) 329.

776 Pateisky, K.: Die elektroencephalographische Aktivierung bei Epilepsie unter Berücksichtigung von Mechanismen des Erregungsfanges. Wien. klin. Wschr. 69 (1957) 713.

777 Peiffer, J.: Probleme der pathologischen Anatomie der Temporallappenepilepsie. Dtsch. Z. Nervenheilk. 183 (1962) 245.

Peiffer, J. (1963): s. Nr. 419.

778 Penfield, W.: Diencephalic autonomic epilepsy. Arch. Neurol. Psychiat. (Chic.) 22 (1929) 358.

779 Penfield, W.: Diskussionsbemerkung nach dem Vortrag von Gibbs, F. A., E. L. Gibbs, B. Fuster: Anterior temporal localization of sleep-induced seizure discharges of psychomotor type. Trans. Chic. neurol. Soc. Febr. 14 (1947) 180.

780 Penfield, W.: Functional localization in temporal and deep sylvian areas. Res. Publ. Ass. nerv. ment. Dis. 36 (1958) 210.

781 Penfield, W., T. C. Erickson: Epilepsy and Cerebral Localization. Thomas, Springfield, Ill. 1941.

782 Penfield, W., M. E. Faulk jr.: The insula: Further observations on its function. Brain 78 (1955) 445.

Penfield, W., H. Jasper (1954): s. Nr. 124.

782a Penfield, W., H. H. Jasper: Highest level seizures. A. Res. New. Ment. Dis. Proc. 26 (1947) 252.

783 Penfield, W., K. Kristiansen: Epileptic Seizure Patterns. Thomas, Springfield, Ill. 1951.

784 Penfield, W., Ph. Perot: The brain's record of auditory and visual experience. Brain 86 (1963) 595.

785 Penfield, W., T. Rasmussen: The Cerebral Cortex of Man — A Clinical Study of Localization of Function. MacMillan, New York 1950.

786 Penfield, W., L. Roberts: Speech and Brain-Mechanisms. University Press, Princeton, N. J. 1959.

787 Penfield, W., A. Ward: Calcifying epileptogenic lesions (Hemangioma calcificans). J. Neuropath. exp. Neurol. 7 (1948) 111.

788 Peters, G.: Spätveränderungen nach offenen Gehirnverletzungen. Klin. Wschr. 26 (1948) 115.

789 Pette, H.: Über den vegetativen Anfall. Z. ges. Neurol. Psychiat. 165 (1939) 320.

790 Pfleger, L.: Beobachtungen über Schrumpfung und Sklerose des Ammonshorns bei Epilepsie. Allg. Z. Psychiat. 36 (1880) 359.

791 Pia, H. W.: Differentialdiagnose und operative Prognose der Temporallappenepilepsie. Dtsch. Z. Nervenheilk. 188 (1966) 210.

792 Picaza, J. A., J. Guma: Experience with the surgical treatment of psychomotor epilepsy. Arch. Neurol. Psychiat. (Chic.) 75 (1956) 57.

793 Pilleri, G.: The Klüver-Bucy syndrome in man. A clinico-anatomical contribution to the function of the medial temporal lobe structure. Mschr. Psychiat. Neurol. 152 (1966) 65.

794 Pötzl, O.: Z. ges. Neurol. Psychiat. 159 (1937). Zit. nach Pateisky (1957), (s. Nr. 776).

795 Poskanzer, D. C., A. E. Brown, H. Miller: Musicogenic epilepsy caused only by a discrete frequency band of church bells. Brain 85 (1962) 77.

796 Pribram, K. H., M. Bagshah: Further analysis of the temporal lobe syndrome utilizing fronto-temporal ablations. J. comp. Neurol. 99 (1953) 347.

797 Prudhomme, Ch.: Epilepsy and suicide. J. nerv. ment. Dis. 93/94 (1941) 722.

798 Purpura, D. P., O. Gonzalez-Monteagudo: Acute effects of methoxypyridoxine in hippocampal endblade neurons. J. Neuropath. exp. Neurol. 19 (1960) 421.

799 QUAERENS: A prognostic and therapeutical indication in epilepsy. Practitioner (1874) 284. Zit. nach JACKSON, H. (1888) (s. Nr. 407).

RABE, F. (1961): s. Nr. 132.

800 RABE, F.: Hysterische Anfälle bei Epilepsie. Nervenarzt 37 (1966) 141.

801 RABE, F., H. PENIN, A. MATTHES: Erfahrungen mit Ospolot in der Epilepsiebehandlung. Dtsch. med. Wschr. 87 (1952) 953.

802 RABINOWITCH, R. (1959/60): zit. nach GIBSON, W. C. (1959/60) (s. Nr. 576).

803 RASMUSSEN, T., C. BRANCH: Temporal lobe epilepsy: indications for and results of surgical therapy. Postgrad. Med.31 (1962) 9.

804 RASMUSSEN, T., H. JASPER: Temporal lobe epilepsy: indications for operation and surgical technique. In: Temporal Lobe Epilepsy. Hsg.: M. BALDWIN, P. BAILEY. Thomas, Springfield, Ill. 1958.

805 REDLICH, E.: Kritische Bemerkungen zur Frage der Psychogenese und Psychotherapie der Epilepsie. Nervenarzt 2 (1929) 1.

806 REESE, G.: The relation of music to diseases of the brain. Occup. Ther. 27 (1948) 12.

807 VAN REETH, P. CH., J. DIERKENS, D. LUMINET: L'hypersexualité dans l'épilepsie et les tumeurs du lobe temporal. Acta neurol. psychiat. belg. 2 (1958) 194.

REIFENBERG, E. (1958): s. Nr. 330.

808 REISNER, H.: Über situationsbedingte Erlebnisse in der epileptischen Aura. Nervenarzt 16 (1943) 317.

809 RICKLIN, F.: Hebung epileptischer Amnesie durch Hypnose. J. Psychol. Neurol. (Lpz.) 1 (1902/03) 200.

810 RICKLIN, F.: Zur Anwendung der Hypnose bei epileptischer Amnesie. J. Psychol. Neurol. (Lpz.) 2 (1903/04) 28.

811 ROBINSON, P. K., A. C. WATT: Hallucinations of remembered scenes as an epileptic aura. Brain 70 (1947) 440.

812 RODIN, E. A., J. L. WHELAN: Familial occurrence of focal electroencephalographic abnormalities. Neurology (Minneap.) 10 (1960) 542.

813 ROGER, A., M. DONGIER: Corrélations électrocliniques chez 50 épileptiques internés. Rev. neurol. 83 (1950) 593.

814 ROGER, J., A. ROGER, H. GASTAUT: Manifestations cliniques atypiques au cours des épilepsies géneralisées. Rev. neurol. 94 (1956) 362.

815 ROHLFIN, E.: Über Wahnbildung auf Grund ekstatischer Verstimmungen bei Epilepsie. Psychiat. Neurol. med. Psychol. (Lpz.) 13 (1961) 92.

816 ROUBICEK, J.: Laughter in epilepsy, with some general introductory notes. J. ment. Sci. 92 (1946) 734.

817 ROVIT, R., P. GLOOR, L. R. HENDERSON jr.: Temporal lobe epilepsy — a study using multiple basal electrodes. I. Description of method. Neurochirurgia (Stuttg.) 3 (1960) 6.

818 ROVIT, R. E., P. GLOOR: Temporal lobe epilepsy — a study using multiple basal electrodes. II. Clinical EEG-findings. Neurochirurgia (Stuttg.) 3 (1960) 19.

819 RUFFIN, H.: Über die Gewinnung von Erlebnisinhalten des epileptischen Anfalls- und Ausnahmezustandes mit Hilfe von Wachsuggestion und Hypnose. Dtsch. Z. Nervenheilk. 107 (1929) 271.

820 RUSSELL, D., L. J. RUBINSTEIN: Pathology of Tumours of the Nervous System. Arnold, London 1959.

821 RUSSELL, W. R., C. W. M. WHITTY: Studies in traumatic epilepsy. Part II: Focal motor and somatic sensory fits: a study of 85 cases. J. Neurol. Neurosurg. Psychiat. 16 (1953) 73 (vgl. Nr. 1161).

822 SAMT, P.: Epileptische Irreseinsformen. Arch. Psychiat. Nervenkr. 6 (1876) 110.

823 SANDERS, W.: Epileptische Anfälle mit subjectiven Geruchs-Empfindungen bei Zerstörung des linken tractus olfactorius durch einen Tumor. Arch. Psychiat. Nervenkr. 7 (1874) 234.

824 SANFORD, H.: Epileptic phenomena associated with tumors of the temporal lobe. Arch. Neurol. Psychiat. (Chic.) 43 (1940) 1045.

825 SANO, R., N. MALAMUD: Clinical significance of sclerosis of the cornu ammonis. Arch. Neurol. Psychiat. (Chic.) 70 (1953) 40.

826 DE SANTIS, M., R. VIZIOLI: I disturbi della parole nell'epilessia. Riv. oto-neuro-oftal. 13 (1958) 78.

827 SARTESCHI, P., R. ARDITO: Correlazioni elettrocliniche nelle crisi epilettiche psicomotorie dell' infanzia. Neopsichiatria 22 (1956) 209.

828 SAWA, M., Y. UEKI, M. ARITA, T. HARADA: Preliminary report on the amygdalectomy in psychotic patients with interpretation of oral-emotional manifestations in schizophrenics. Folia psychiat. neurol. jap. 4 (1954) 309.

829 SCHALTENBRAND, G., H. SPULER, M. NADJMI, H.-CHR. HOPF, W. WAHREN: Die stereotaktische Behandlung der symptomatischen Epilepsie. Münch. med. Wschr. 108 (1966) 1707.

830 SCHILDER, P.: Zur Psychologie epileptischer Ausnahmezustände. Z. ges. Neurol. Psychiat. 81 (1923) 174.

831 SCHILDER, P.: Zur Psychologie epileptischer Ausnahmezustände (mit besonderer Berücksichtigung des Gedächtnisses). Allg. Z. Psychiat. 80 (1925) 33.

832 SCHILDER, P.: Zur Lehre von den Amnesien Epileptischer, von der Schlafmittelhypnose und vom Gedächtnis. Arch. Psychiat. Nervenkr. 72 (1925) 326.

833 SCHMALBACH, K., H. W. STEINMANN: Bioelektrische Untersuchungen an Katzen mit chronischen epileptogenen Läsionen. Dtsch. Z. Nervenheilk. 173 (1955) 377.

834 SCHOLZ, W.: Über die Entstehung des Gehirnbefundes bei der Epilepsie. Z. ges. Neurol. Psychiat. 145 (1933) 471.

SCHOLZ, W. (1951): s. Nr. 424.

SCHOLZ, W. (1959/60): s. Nr. 425.

SCHOLZ, W., H. HAGER (1956): s. Nr. 426.

835 SCHOLZ, W., J. JÖTTEN: Durchblutungsstörungen im Katzenhirn nach kurzen Elektrokrampfserien. Arch. Psychiat. Nervenkr. 186 (1951) 264.

836 SCHORSCH, G., I. v. HEDENSTRÖM: Die Schwankungsbreite hirnelektrischer Erregbarkeit in ihrer Beziehung zu epileptischen Anfällen und Verstimmungszuständen. Arch. Psychiat. Nervenkr. 195 (1957) 393.

837 SCHORSCH, G.: Epilepsie: Klinik und Forschung. In: GRUHLE, H. W., R. JUNG, W. MAYER-GROSS, M. MÜLLER: Psychiatrie der Gegenwart, Forschung und Praxis. Bd. II: Klinische Psychiatrie. Springer, Berlin 1960.

838 SCHREINER, L., A. KLING: Behavorial changes following rhinencephalic injury in cat. J. Neurophysiol. 16 (1953) 643.

839 SCHUSTER, P., K. MENDEL: Münch. med. Wschr. (1880) 918. Zit. nach Hallen, O. (1954a) (s. Nr. 600).

840 SCOVILLE, W. B.: The limbic lobe in man. J. Neurophysiol. 11 (1954) 67.

841 SCOVILLE, W. B., R. H. DUNSMORE, W. T. LIBERSON, E. E. HENRY, A. PEPE: Observations on medical temporal lobotomy and uncotomy in the treatment of psychotic states. Ass. Res. nerv. Dis. Proc. 31 (1953) 342.

842 SCOVILLE, W. B., B. MILNER: Loss of recent memory after bilateral hippocampus lesions. J. Neurol. Neurosurg. Psychiat. 20 (1957) 2.

843 SCOTT, J. G., R. L. MASLAND: Occurrence of continuous symptoms in epilepsy patients. Neurology (Minneap.) 3 (1953) 297.

SELBACH, H. (1953): s. Nr. 428.

844 SELBACH, H.: Der generalisierte Krampfanfall als Folge einer gestörten Regelkreisfunktion. Ärztl. Wschr. 9 (1954) 865.

845 SEM-JAKOBSON, C. W., M. C. PETERSEN, H. W. DODGE, H. N. LYNGE, J. A. LAZORTE, C. B. HOLMAN: Intracerebral electrographic study of 93 psychotic patients. Acta psychiat. scand., Suppl. 106 (1956) 222.

846 Serafetinides, E. A., M. A. Falconer: Speech disturbances in temporal lobe seizures: A study in 100 epileptic patients submitted to anterior temporal lobectomy. Brain 86 (1963) 333.

847 Shaw, D., D. Hill: A case of musicogenic epilepsy. J. Neurol. Neurosurg. Psychiat. 10 (1947) 107.

848 Simma, K.: Läsionen des Temporallappens und epileptische Wesensveränderung. Schweiz. Arch. Neurol. Psychiat. 76 (1955) 380.

849 Simma, K.: Die psychischen Störungen bei Läsionen des Temporallappens und ihre Behandlung. Eine elektroenzephalographisch-klinische und pathologisch-anatomische Studie. Fortschr. Med. 80 (1962) 379.

850 Slater, E.: Antwort auf die Diskussion zu Beard, A. W., E. Slater (1962) (s. Nr. 460).

851 Slater, E., A. W. Beard, E. Glithero: Schizophrenia-like psychosis in epilepsy. Int. Z. Psychiat. 1 (1965) 6.

852 Smith, W. K.: The representation of respiratory movements in the cerebral cortex. J. Neurophysiol. 1 (1938) 55.

853 Sommer, W.: Erkrankungen des Ammonshornes als ätiologisches Moment der Epilepsie. Arch. Psychiat. Nervenkr. 10 (1880) 631.

854 Sommer, W.: Postepileptisches Irresein. Arch. Psychiat. Nervenkr. 11 (1881) 549.

855 Spatz, H.: Pathologische Anatomie der gedeckten Hirnverletzungen mit besonderer Berücksichtigung der Rindenkontusion. Arch. Psychiat. Nervenkr. 105 (1935) 80.

856 Spatz, H.: Über die Bedeutung der basalen Rinde. Z. ges. Neurol. Psychiat. 158 (1937) 208.

857 Spencer, W. G.: The effect produced upon respiration by faradic excitation of the cerebrum in the monkey, dog, cat, and rabbit. Phil. Trans. B. 185 (1894) 609.

858 Spielmeyer, W.: Der gegenwärtige Stand der Epilepsieforschung, III. Teil: Anatomisches. Z. ges. Neurol. Psychiat. 89 (1924) 360.

859 Spielmeyer, W.: Zur Pathogenese örtlich elektiver Gehirnveränderungen. Z. ges. Neurol. Psychiat. 89 (1925) 757.

860 Spielmeyer, W.: Die Pathogenese des epileptischen Krampfes. Histopathologischer Teil. Z. ges. Neurol. Psychiat. 109 (1927) 501.

861 Spielmeyer, W.: Funktionelle Kreislaufstörungen und Epilepsie. Z. ges. Neurol. Psychiat. 148 (1933) 285.

862 Staehelin, J. E.: Epilepsie und Schizophrenie und das Problem der antagonistischen Krankheiten. Bull. schweiz. Akad. med. Wiss. 6 (1950) 171.

863 Stamps, F.: Personal communication (1951). Zit. nach Gibbs, F. A., E. L. Gibbs, Bd. II (1952) (s. Nr. 51).

864 Stauder, K. H.: Epilepsie und Schläfenlappen. Arch. Psychiat. Nervenkr. 104 (1936) 181.

865 Stauder, K. H.: Konstitution und Wesensveränderung der Epileptiker. Thieme, Leipzig 1938.

866 Steegmann, A. T., B. Winer: Temporal lobe epilepsy resulting from ganglioglioma. Report of an unusual case in an adolescent boy. Neurology (Minneap.) 11 (1961) 406.

867 Steinbrugge: zit. nach Critchley, M. (1937): s. Nr. 197.

868 Steinmann, H. W.: Über die Beziehung zwischen Anfallerscheinungen und EEG-Veränderungen bei experimentellen Hirnläsionen. Dtsch. Z. Nervenheilk. 184 (1963) 427.

869 Steinmann, J., G. Gerlach: Hirnelektrische Befunde bei 59 Schläfenlappengeschwülsten. Zbl. Neurochir. 12 (1952) 358.

870 Steinmann, H. W., K. Schmalbach: Tierexperimentelle Untersuchungen zum Problem der Anfallsentwicklung. Dtsch. Z. Nervenheilk. 183 (1961) 187.

871 Stekel, W.: Der epileptische Symptomenkomplex und seine analytische Behandlung. Fortschr. Sexualwiss. Psychoanalyse 1 (1924) 17.

872 Sperling, E., O. Creutzfeldt: Der Temporallappen. Zur Anatomie, Physiologie und Klinik (mit Ausnahme der Aphasien). Fortschr. Neurol. Psychiat. 27 (1959) 295.

873 Stertz, G.: Zur Frage der Rückerinnerung an epileptische Dämmerzustände. Zbl. ges. Neurol. Psychiat. 9 (1914) 361.

Stevens, J. R. (1962): s. Nr. 354.

874 Stier, E.: Wandertrieb und pathologisches Fortlaufen bei Kindern. Fischer, Jena 1913.

875 Stransky, E.: Zur Lehre von den kombinierten Psychosen. Allg. Z. Psychiat. 63 (1906) 73.

876 Strobos, R. J.: Mechanism in temporal lobe seizures. Arch. Neurol. (Chic.) 5 (1961) 36.

877 Strümpell, A.: Über einen Fall von retrograder Amnesie bei traumatischer Epilepsie. Dtsch. Z. Nervenheilk. 8 (1896) 331.

878 Stubbe-Teglbjaerg, H.P.: On musicogenic epilepsy. Acta psychiat. scand. 24 (1949) 679.

879 Subirana, A.: Discussion at meeting of Internat. League against Epilepsy. Epilepsia (Boston) 2 (1953) 95.

880 Symonds, C.: Classification of the epilepsies with particular reference to psychomotor seizures. Arch. Neurol. Psychiat. (Chic.) 72 (1954) 631.

881 Szobor, A., R. Frater: Beiträge zur musikogenen Epilepsie. Ther. hung. 4 (1955) 1.

882 Talairach, J., P. Tournoux, D. David: L'Exploration Chirurgicale Stéréotaxique du Lobe Temporal dans l'Epilepsie Temporale. Repérage Anatomique Stéréotaxique et Technique Chirurgicale. Masson, Paris 1958.

Tellenbach, H. (1965): s. Nr. 358.

883 Tellenbach, H.: Zur Phänomenologie der Verschränkung von Anfallsleiden und Wesensänderung beim Epileptiker (Versuch einer Wesensbestimmung des epileptischen Fürsten Myschkin). Jb. Psychol. Psychother. med. Anthropol. 14 (1966) 39.

884 Terzian, H.: Observations on the clinical symptomatology of bilateral partial or total removal of the temporal lobes in man. In: Temporal Lobe Epilepsy. Hsg.: M. Baldwin, P. Bailey. Thomas, Springfield, Ill. 1958.

885 Terzian, H., G. Dalle Ore: Syndrome of Klüver and Bucy. Reproduced in man by bilateral removal of the temporal lobes. Neurology (Minneap.) 5 (1955) 373.

886 Thompson, G. N.: Relationship of sexual psychopathy to psychomotor epilepsy and its variants. J. nerv. ment. Dis. 121 (1955) 374.

887 Titeca, J.: L'épilepsie musicogénique. Revue générale à propos d'un cas personel suivi pendant 14 ans. Acta neurol. belg. 65 (1965) 598.

888 Toivakka, E., L. O. J. Lehtinen: Musicogenic epilepsy. A case report. Acta psychiat. scand. 41, Suppl. 13 (1965) 529.

889 Trousseau, A.: Über die Krämpfe kleiner Kinder und deren Behandlung. Z. Kinderkr. 11 (1848) 427.

890 Trutovsky, Y. Y.: Epilepsia, proyavlyayoshehayasya pod olyaneem zvookovik razdrazheni. Arch. Psychiat. Neurol. crimin. psychopath. Zit. nach Critchley, M. (1937) (s. Nr. 197).

891 Turner, W. A.: Epilepsy. A Study of the Idiopathic Disease. Macmillan, London 1907.

892 von Uexküll, W.: Die Um- und Innenwelt der Tiere. Springer, Berlin 1912.

893 Ule, G.: Über das Ammonshorn. Fortschr. Neurol. Psychiat. 22 (1954) 510.

894 Ule, G.: Pathologisch-anatomische Befunde bei Korsakow-Psychosen und ihre Bedeutung für die Lokalisationslehre in der Psychiatrie. Ärztl. Wschr. 13 (1958) 6.

895 Umbach, W.: Die „Fornicotomie", ein vorläufiger Versuch zur Behandlung der temporalen Epilepsie. Internat. Symposium Neurochir. Freiburg 1954.

896 Umbach, W.: Versuche zur Epilepsiebehandlung durch gezielte Tiefenausschaltungen. Acta neurochir. (Wien) 5 (1961) 341.

897 Umbach, W.: Die operative und stereotaktische Behandlung der Epilepsie. Therapiewoche 17 (1967) 61.

898 UMBACH, W., T. RIECHERT: Elektrophysiologische und klinische Ergebnisse stereotaktischer Eingriffe im limbischen System bei temporaler Epilepsie. Nervenarzt 35 (1964) 482.
899 UTTECHT, G. L.: Intracranielle Tumoren der Temporalregion und Epilepsie. Diss. Heidelberg 1961.
900 VAN BUREN, J. M.: Some autonomic concomitants of ictal automatism; a study of temporal lobe attacks. Brain 81 (1958) 505.
901 VAN BUREN, J. M.: The abdominal aura; a study of abdominal sensations occurring in epilepsy and produced by depth stimulation. Electroenceph. clin. Neurophysiol. 15 (1963) 1.
902 VAN BUREN, J. M., C. AJMONE-MARSAN: A correlation of autonomic and EEG components in temporal lobe epilepsy. Arch. Neurol. Psychiat. (Chic.) 3 (1960) 683.
903 VASCONCELOS, D.: Die Behandlung der Epilepsie mit Tegretal. Nervenarzt 38 (1967) 506.
904 VEITH, G.: Die Residualepilepsie vom Standpunkt des Pathologen. Nervenarzt 30 (1959) 552.
905 VEITH, G.: Wie häufig ist die genuine Epilepsie? Nervenarzt 35 (1964) 207.
906 VERCELLETTO, P.: A propos d'un cas d'épilepsie musicogénique (présentation d'une crise temporale, discussion sur son point de départ). Rev. neurol. 88 (1953) 379.
907 VIZIOLI, R. E. MARCHINI: Inhibition of temporal spikes with intermittent photic stimulation. Electroenceph. clin. Neurophysiol. 7 (1955) 444.
908 VOGEL, P.: Persönliche Mitteilung.
909 VOGEL. P.: Studien über den Schwindel. S.-B. Heidelb. Akad. Wiss. 5. Abh. De Gruyter, Berlin 1933.
910 VOGEL, P.: Von der Selbstwahrnehmung der Epilepsie. Der Fall Dostojewski. Nervenarzt 32 (1961) 438.
911 VORKASTNER, W.: Epilepsie und Dementia praecox. Abh. aus Neurol. Psychiat. Beiheft 4. S. Karger Berlin 1918.
912 WADA, T., W. G. LENNOX: So-called „temporal" epilepsy. The clinical and interseizure EEG-findings. Folia psychiat. neurol. jap. 8 (1954) 294.
913 WALTHER-BÜEL, H.: Die Psychiatrie der Hirngeschwülste. Springer, Wien 1951.
914 WATANABE, S., K. MIWA, Y. TAKEUCHI: Studien über die Amygdalektomie zur Behandlung der subcorticalen Epilepsie. Excerpta med. (Amst.) Int. Congr. Ser. 36 (1961) 178.
915 WEBER, R.: Musikogene Epilepsie. Nervenarzt 27 (1956) 337.
916 WEBER, W. C., R. JUNG: Über die epileptische Aura. Z. ges. Neurol. Psychiat. 170 (1940) 211.
917 VON WEIZSÄCKER, V.: Der Gestaltkreis; Theorie der Einheit von Wahrnehmung und Bewegung, 4. Aufl. Thieme, Stuttgart 1950.
918 WHYTE, R.: Observations on the nature of nervous hypochondriae or hysteric disorders, 2. Aufl. Edinburgh 1795. Zit. nach MATTHES, A. (1961) (s. Nr. 295).
919 WILDER, J.: Zwangslachen mit Erektion als epileptisches Äquivalent (nebst Beobachtungen über Beziehungen von Erektionen zum Fliegen). Nervenarzt 4 (1931) 75.
WILSON. S. A. K. (1935): s. Nr. 374.
920 WINKLER, C.: Anatomie du Système Nerveux. Manuel de Neurologie. De Erven F. Bohn, Haarlem 1918.
921 WISSFELD, E.: EEG-Veränderungen bei epileptoiden Psychopathen. Nervenarzt 24 (1953) 479.
922 WISSFELD, E.: Epilepsieverdächtige EEG-Befunde bei Psychopathen (Zur Frage der epileptoiden Psychopathie). Nervenarzt 25 (1954) 30.
923 WISSFELD, E.: Über die Krankheiten, bei denen poriomane Zustände vorkommen. Nervenarzt 28 (1957) 389.
924 WORINGER, E., G. THOMALSKE, J. KLINGER: Les rapports anatomiques du noyau amygdalien et la technique de son extirpation neurochirurgicale. Rev. neurol. 89 (1953) 553.

Epilepsie mit kortikalen Anfällen

925 AIRD, R. B.: The treatment of epilepsy with methylphenylethylhydantoin (mesantoin). Calif. Med. 68 (1948) 1.
AJMONE-MARSAN, C., W. R. LEWIS (1960): s. Nr. 171.
AJMONE-MARSAN, C., B. L. RALSTON (1957): s. Nr. 440.
926 DE AJURIAGUERRA, J., H. HÉCAEN: Le Cortex Cérébral. Masson, Paris 1960.
927 ALEXANDER VON TRALLES: Alexander von Tralles. Originaltext und Übersetzung von Th. Puschmann, Bd. I. Braunmüller, Wien 1878.
928 ALFIEWSKY: Korsakows J. (1913), russ. Zit. nach Omorokow, L. (1927) (s. Nr. 1127).
929 ANTONELLI, A.: L'amblyopie transitoire. Arch. Neurol. (Paris) 24 (1892) 202.
930 ARETAEUS: Peri epilepsios. Corpus Medicorum Graecorum, Lib. III/4, ed. Carolus Hude. Teubner, Leipzig/Berlin 1923.
931 ARSENI, C., C. CRETAN, M. I. BOTEZ, M. GOLDENBERG: Troubles paroxystiques de l'image corporelle dans le cadre des lésions fronto-pariéto-temporales droites. Rev. neurol. 97 (1957) 401.
932 ARSENI, C., D. C. SAMITCA: Some remarks on epilepsy in brain tumours. Zbl. Neurochir. 17 (1957) 369.
BAMBERGER, PH., A. MATTHES (1959): s. Nr. 6.
933 BAROLIN, G. S.: Zur Frage eines Zusammenhangs zwischen Migräne und Epilepsie. Hippokrates (Stuttg.) 34 (1963) 859.
934 BAROLIN, G. S., E. SCHERZER: Epileptische Anfälle bei Apoplektikern. Wien. Z. Nervenheilk. 10 (1962) 35.
935 BARTHOLOW, E.: Experimental investigations into the function of the human brain. Amer. J. med. Sci. 67 (1874) 305.
936 BARUK, H.: Les Troubles Mentaux dans les Tumeurs Cérébrales. Doin, Paris 1926.
937 BEHRMAN, S., B. D. WYKE: Vestibulogenic seizures. Brain 81 (1958) 529.
938 BERCEL, N. A., B. FINESILVER, PH. SOLOMON, E. SOMERFELD-ZISKIND, E. ZISKIND: Mesantoin in epilepsy. J. Amer. med. Ass. 143 (1950) 1460.
939 BERESOWSKY, SUCHOW, TARASEWITSCH: Obosrenije psichiatrii 1911, No. 11—12 (russ.). Zit. nach Omorokow L. (1927) (s. Nr. 1127).
940 BERGSTRAND, H., H. OLIVECRONA, W. TÖNNIS: Gefäßmißbildungen und Gefäßgeschwülste. Thieme, Leipzig 1936.
941 BETZ, W.: Anatomischer Nachweis zweier Gehirncentra. Zbl. med. Wiss. 12 (1874) 578.
BINSWANGER, O. (1899[1]/1913[2]): s. Nr. 379.
942 BLANC, C., M. T. NEYRAUT, C. DREYFUS-BRISAC: A note on temporal localizations in children. Electroenceph. clin. Neurophysiol. 12 (1960) 941.
943 BLANC, C., M. REBUFAT, C. DREYFUS-BRISAC: Le problème des localisations occipitales chez l'enfant. Rev. neurol. 101 (1959) 287.
944 BLOM, B., E. LIBAN: Experimental base-temporal epilepsy of the cat. Neurology (Minneap.) 10 (1960) 546.
945 BOISSIER, F.: Epilepsie et trépanation. Arch. Neurol. (Paris) 10 (1900) 95.
946 BONHOEFFER, K.: Chronische Rindenreizung im Facialisgebiet. Neurol. Zbl. 33 (1914) 474, 987.
947 DE BOUCAUD, P., R. LAROCHE, J.-C. BRISOU: Le G. 32883 dans le traitement de l'épilepsie et de certains troubles du comportement. Thérapie méd. 7 (1966) 255.

948 Bravais, L.-F.: Recherches sur les symptômes et le traitement de l'épilepsie hémiplégique. Thèse, Paris 1827.
949 Bright, R.: Reports of Medical Cases, Bd. II/2: Diseases of the Brain and Nervous System. Longman, London 1831.
950 Bright, R.: Cases illustrative of the effects produced when the arteries and brain are diseased. Guy's Hosp. Rep. 1 (1836) 9.
951 Brodal, A., F. Walberg: Ascending fibres in pyramidal tract of cat. Arch. Neurol. Psychiat. (Chic.) 68 (1952) 755.
952 Brodmann, K.: Vergleichende Lokalisationslehre der Großhirnrinde in ihren Prinzipien dargestellt auf Grund des Zellenbaues. Barth, Leipzig 1909.
953 Brouwer, B.: Chiasma, Tractus opticus, Sehstrahlung und Sehrinde. In: Bumke, O., O. Foerster: Handbuch der Neurologie, Bd. VI. Springer, Berlin 1936.
954 Brown, R. G., C. S. Sherrington: On the instability of a cortical point. Proc. roy. Soc. B 85 (1912) 250.
955 Bruns: Anatomische und klinische Demonstrationen. Neurol. Zbl. 13 (1894) 388.
956 Bubnoff, N., R. Heidenhain: Über Erregungs- und Hemmungsvorgänge innerhalb der motorischen Hirncentren. Pflügers Arch. ges. Physiol. 26 (1881) 137.
957 Burns, B. D.: The Mammalian Cortex. Arnold, London 1958.
Cajal: s. Ramon y Cajal (Nr. 1153).
958 Campbell, A. W.: Histological Studies on the Localization of Cerebral Function. University Press, Cambridge 1905.
959 Carpenter, W. B.: Principles of Human Physiology. Hsg.: F. G. Smith. Philadelphia 1858.
960 Chang, H.-T., T. C. Ruch, A. A. Ward: Topographical representation of muscles in motor cortex of monkeys. J. Neurophysiol. 10 (1947) 39.
961 Charcot, J. M.: Diskussion. Gaz. méd. Paris 5 (1876) 588.
962 Charcot, J. M.: Leçons du Mardi à la Salpêtrière, Policlinique, 1887—1889. Notes du Cours de MM. Blin, Charcot et H. Collin, élèves de Service, 2 Bd. Bureaux du Progrès médical et Lecroisnier et Babé, Paris 1888—1889, 2. Aufl. 1892.
963 Charcot, J. M.: Poliklinische Vorträge. I. Bd. (Leçons du Mardi). Übers. von S. Freud. Deuticke, Leipzig/Wien 1892/93.
964 Chatrian, G. E., Ch. Shaw, F. Plum: Focal periodic slow transients in epilepsia partialis continua: Clinical and pathological correlations in two cases. Electroenceph. clin. Neurophysiol. 16 (1964a) 387.
965 Chatrian, G. E., Ch. Shaw, H. Leffman: The significance of periodic lateralized epileptiform discharges in EEG: An electrographic, clinical and pathological study. Electroenceph. clin. Neurophysiol. 17 (1964b) 177.
Chavany, J. A. (1958): s. Nr. 17.
966 Choroschko: Zur Differentialdiagnose der Polyclonia epileptoides continua (Koschewnikowi). Obosrenije psich. 1907, No. 10. Ref.: Neurol. Cbl. 27 (1908) 279.
967 Clein, N. W.: New anticonvulsant in the treatment of epilepsy. Northw. Med. (Seattle) 44 (1945) 210.
968 Collier, J.: Lumleian lectures on epilepsy. Lancet 1928/I, 587, 642, 687.
969 Cotte-Rittaud, M. R., J. Courjon: Semiological value of adversive epilepsy. Epilepsia (Amst.) 3 (1962) 151.
Critchley, M. (1935): s. Nr. 196.
Critchley, M. (1937): s. Nr. 197.
970 Critchley, M.: Visual perseveration types of paliopsia and illusory visual spread. Brain 74 (1951) 167.
971 Critchley, M.: The Parietal Lobes. Arnold, London 1953.
972 Dandy, W.: Removal of right cerebral hemisphere for certain tumors with hemiplegia. J. Amer. med. Ass. 90 (1929) 823.
973 David, M., H. Hécaen, H. Sauguet: Epilepsie gyratoire par traumatisme pariéto-occipital gauche. Rev. neurol. 77 (1944) 299.
974 David, M., H. Hécaen, H. Sauguet: Sur une modalité de "mouvements forcés complexes" à type d'enroulement et de gyration. Rev. neurol. 77 (1945) 333.
975 Davidenkov, S. N.: Über einige Eigentümlichkeiten bei der Kojewnikowschen Epilepsie. Nevropat. i. Psichiat. 97 (1957) 1405. Ref.: Zbl. ges. Neurol. Psychiat. 146 (1958) 84.
976 Dechaume, J., B. Schott, J. Courjon, Ch. Bourrat: Crises bilatérales, motrices ou sensitives de type Bravais-Jacksonien. Rev. neurol. 104 (1961) 469.
977 Degkwitz, R.: Über den Einfluß komplizierter körperlicher Erkrankungen auf das klinische Bild und den Verlauf der zerebralen Arteriosklerosen. Fortschr. Neurol. Psychiat. 29 (1961) 268.
Delasiauve, L. F. J. (1854): s. Nr. 391.
978 Dell, M. M., H. Hécaen: Complexes pointes-ondes à début unilatéral et épilepsie giratoire. Rev. neurol. 84 (1951) 656.
979 Denny-Brown, D., E. G. Robertson: Observations on records of local epileptic convulsions. J. Neurol. Psychopath. 15 (1934) 97.
980 Doose, H., D. Kluge, V. Ehmsen: Erfahrungen mit Ospolot bei der Behandlung kindlicher Epilepsien. Med. Klin. 59 (1964) 271.
981 Dreyer, R.: Die Behandlung der Epilepsien. In: H. W. Gruhle, R. Jung, W. Mayer-Gross, M. Müller: Psychiatrie der Gegenwart, Forschung u. Praxis, Bd. II. Springer, Berlin 1960.
982 Dreyer, R.: Therapie der Epilepsie. Psychiat. Neurol. Neurochir. 66 (1963) 223.
983 Dreyer, R.: Erfahrungen mit Tegretal. Nervenarzt 36 (1965) 442.
984 Dusser de Barenne, J. G., W. S. McCulloch: An "extinction" phenomenon on stimulation of the cerebral cortex. Proc. Soc. exp. Biol. (N. Y.) 32 (1934) 524.
985 Dusser de Barenne, J. G., W. S. McCulloch: Local stimulatory inactivation within the cerebral cortex, the factor for extinction. Amer. J. Physiol. 118 (1937) 510.
986 Dusser de Barenne, J. G., W. S. McCulloch: Factors for facilitation and extinction in the central nervous system. J. Neurophysiol. 2 (1939) 319.
987 Dzerjinsky: Korsakows J. 1910, Bd. 4, 1911, Bd. 1, 1912, Bd. 5/6. Zit. nach Omorokow L., (1927) (s. Nr. 1127).
Earle, K. M., M. Baldwin, W. Penfield (1953): s. Nr. 517.
988 Efron, R.: Post-epileptic paralysis: theoretical critique and report of a case. Brain 84 (1961) 381.
989 Ehrler, P.: Über Epilepsia partialis continua (Kojewnikoff) mit anatomischem Befund. Mschr. Psychiat. Neurol. 110 (1945) 280.
990 Erickson, T. C.: Spread of the epileptic discharge. An experimental study of the after-discharge induced by electrical stimulation of the cerebral cortex. Arch. Neurol. Psychiat. (Chic.) 43 (1940) 429.
991 Erickson, T. C., C. N. Woolsey: Observations on supplementary motor area of man. Trans. Amer. neurol. Ass. 76 (1951) 50.
992 Espir, M. L. E., S. M. Watkins, H. V. Smith: Paroxysmal dysarthria and other transient neurological disturbances in disseminated sclerosis. J. Neurol. Neurosurg. Psychiat. 29 (1966) 323.
993 Fabisch, W., P. Glees, A. L. Macmillan: Hemispherectomy for the treatment of epilepsy in infantile hemiplegia. Mschr. Psychiat. Neurol. 130 (1955) 385.
994 Falconer, M. A., M. V. Driver, E. A. Serafetinides: Seizures induced by movement: Report of a case relieved by operation. J. Neurol. Neurosurg. Psychiat. 26 (1963) 300.
995 Faust, Ch.: Die zerebralen Herdstörungen bei Hinterhauptsverletzungen und ihre Beurteilung. Thieme, Stuttgart 1955.

996 Fenton, G., E. A. Serafetinides, D. A. Pond: The effect of sulthiame, a new anticonvulsant drug in the treatment of temporal lobe epilepsy. Epilepsia (Amst.) 5 (1964) 59.
Féré, Ch. (1890): s. Nr. 396.
Ferrier, D. (1876): s. Nr. 538.
996a Ferrier, D.: Experimental researches in cerebral physiology and pathology. West Riding Lunatic Asylum med. Rep. 3 (1873) 1.
997 Filator: Diskussionsbemerkung zu A. Y. Koshewnikow (1895) (s. Nr. 1084).
998 Fincher, E. F., Ch. E. Dowman: Epileptiform seizures of jacksonian character. J. Amer. med. Ass. 97 (1931) 1375.
999 Fischer, H.: Symptomatische Epilepsie bei cerebralen Gefäßprozessen. Arch. Psychiat. Nervenkr. 199 (1959) 296.
1000 Flateau, E.: Die Migräne. Springer, Berlin 1912.
1001 Flechsig, P.: Die Leitungsbahnen in Gehirn und Rükkenmark des Menschen auf Grund entwicklungsgeschichtlicher Untersuchungen. Engelmann, Leipzig 1876.
1002 Fleck, U.: Über Kojewnikoffsche Epilepsie. Z. ges. Neurol. Psychiat. 131 (1931) 514.
1003 Fleck, U.: Neue Beiträge zur Kojewnikoffschen Epilepsie. Allg. Z. Psychiat. 115 (1940) 273.
1004 Flourens, P.: Recherches physiques sur les propriétés et les fonctions du système nerveux dans les animaux vertébrés. Arch. gén. Méd. 1 (1823) 321.
1005 Foerster, O.: Zur operativen Behandlung der Epilepsie. Dtsch. Z. Nervenheilk. 89 (1926) 137.
1006 Foerster, O.: zit. bei Critchley M. (1935) (s. Nr. 196).
Foerster, O. (1936): s. Nr. 541.
1006a Foerster, O., W. Penfield: The structural basis of traumatic epilepsy a. results of radical operation. Brain 53 (1930) 99.
1007 Foerster, O., W. Penfield: Der Narbenzug am und im Gehirn bei traumatischer Epilepsie in seiner Bedeutung für das Zustandekommen der Anfälle und für die therapeutische Bekämpfung derselben. Z. ges. Neurol. Psychiat. 125 (1930) 476.
Forster, F. M., W. Penfield, H. Jasper, L. Madow (1949): s. Nr. 40.
1008 French, L. A., D. R. Johnson, I. A. Brown, F. B. van Bergen: Cerebral hemispherectomy for control of intractable convulsive seizures. J. Neurosurg. 12 (1955) 154.
1009 Fritsch, G., E. Hitzig: Über die elektrische Erregbarbeit d. Großhirns. Arch. Anat. Physiol. wiss. Med. 37 (1870) 300.
1010 Fulton, J. F.: Physiologie des Nervensystems. Enke, Stuttgart 1952.
1011 Galant, J. B.: Das choreatische Syndrom (Bechterew) bei Zeckenencephalitis. Nevropat. i. Psichiat. 20 (1951) 29. Ref.: Zbl. ges. Neurol. Psychiat. 119 (1952) 260.
1012 Gall, F. J., G. Spurzheim: Anatomie et Physiologie du Système Nerveux en général, et du Cerveau en particulier, avec des Observations sur la Possibilité de reconnaître plusieurs Dispositions Intellectuelles et Morales de l'Homme et des Animaux, par la Configuration de leurs Têtes, Bd. I: Schoell, Paris 1810. Atlas: Schoell, Paris 1810. Bd. II: Schoell, Paris 1812. Bd. III: Gregne-Latine-Allemande, Paris 1818. Bd. IV: Maze, Paris 1819.
1013 Gamstorp, J.: A Clinical trial of tegretol in children with severe epilepsy. Develop. Med. Child Neurol. 8 (1966) 296.
1014 Garcin, R.: Discussion des rapports sur l'image corporelle et ses troubles. Rev. neurol. 74 (1942) 39.
Gastaut, H. (1954): s. Nr. 42.
1015 Gastaut, H.: Un aspect méconnu des décharges neuroniques occipitales; la crise oculo-clonique ou „nystagmus épileptique". In: Les Grandes Activités du Lobe Occipital. Masson, Paris 1960.
1016 Gastaut, H., R. Ch. Behrend: Die klinische und elektroencephalographische Differentialdiagnostik der fokalen und generalisierten epileptischen und ischämischen Anfälle. Acta neuroveg. (Wien) 13 (1961) 137.
Gastaut, H., M. Fischer-Williams (1960): s. Nr. 43.
1016a Gastaut, H., W. F. Caveness, H. Landolt, A. M. Lorentz de Haas, F. L. McNaughton, O. Magnus, J. K. Merlis, D. A. Pond, J. Radermecker, W. Storm van Leeuwen: A proposed international classification of epileptic seizures. Epilepsia (Amst.) 5 (1964) 297.
1017 Gastaut, H., J. E. Paillas, R. Poinso: Localisation anatomique et électroencephalographique d'une épilepsie temporo-occipitale caractérisée par des crises metamorphopsiques avec altération du schéma corporel. Rev. neurol. 94 (1956) 272.
1018 Gastaut, H., A. Roger: Formes inhabituelles de l'épilepsie: le nystagmus épileptique. Rev. neurol. 90 (1954) 130.
1019 Gastaut, H., J. Roger, F. Faidherbe, S. Ouahchi, G. Franck: Non-Jacksonian hemiconvulsive seizures. One-sided generalized epilepsy. Epilepsia (Amst.) 3 (1962) 56.
1020 Gastaut, H., J. Roger, S. Ouahchi, M. Timsit, R. Broughton: An electro-clinical study of generalized epileptic seizures of tonic expression. Epilepsia (Amst.) 4 (1963) 15.
1020a Gastaut, H., M. Vigouroux, C. Trevisan, H. Régis: Le syndrome „Hemiconvulsion-Hemiplégie-Epilepsie" (Syndrome H. H. E.). Rev. neurol. 97 (1957) 37.
Genner, Th. (1947): s. Nr. 567.
Gibbs, E. L., F. A. Gibbs (1959/60): s. Nr. 570.
Gibbs, E. L., H. W. Gillen, F. A. Gibbs (1954): s. Nr. 572.
1021 Gibbs, E. L., H. H. Meritt, F. A. Gibbs: Electroencephalographic foci associated with epilepsy. Arch. Neurol. Psychiat. (Chic.) 49 (1943) 793.
Gibbs, F. A., E. L. Gibbs (1952): s. Nr. 51.
1021a Gibbs, F. A., E. L. Gibbs: Atlas of Electroencephalography, Bd. III. Neurological and physchiatric disorders. Addison-Wesley, Cambridge Mass. 1964.
1022 Giovanelli, M., C. Perria, G. Marini: Un caso di epilessia parziale continua da ematoma sottocorticale. G. Psichiat. Neuropat. 91 (1963) 841.
1023 Gloning, K., K. Hayden: Die Bedeutung doppelseitiger Anfälle vom Jacksontyp. Wien. Z. Nervenheilk. 7 (1953) 177.
1024 Go, K. G.: A supernumerary phantom as part of an epileptic seizure. Psychiat. Neurol. Neurochir. 64 (1961) 400.
Goldie, L., J. M. Green (1959): s. Nr. 583.
1025 Gonzalez, D., A. R. Elvidge: On the occurrence of epilepsy caused by astrocytoma of the cerebral hemispheres. J. Neurosurg. 19 (1962) 470.
1026 Gonzalo, J.: zit. nach de Ajuriaguerra, J., H. Hécaen (1960), (s. Nr. 926).
1027 Gordon, N.: The use of ospolot in the treatment of epilepsy. Epilepsia (Amst.) 5 (1964) 68.
Gowers, W. R. (1901): s. Nr. 402.
1028 Gros, C., B. Vlahovitch: L'hémisphérectomie cérébrale. Montpellier méd. 47 (1955) 212.
1029 Grünbaum, A. S. F., C. Sherrington: Observations on physiology of the cerebral cortex of some of the higher apes. Proc. roy. Soc. B. 69 (1901) 206.
1030 Grünbaum, A. S. F., C. Sherrington: Observations on physiology of the cerebral cortex of anthropoid apes. Proc. roy. Soc. B 72 (1903) 152.
1031 Guillain, G., J. A. Barré: Monoplégies dissociées à la suite des lesions corticales. Rev. neurol. (1917). Zit. nach Foerster O. (1936) (s. Nr. 541).
1032 Gurewitsch, M.: Über das interparietale Syndrom bei Geisteskrankheiten. Z. ges. Neurol. Psychiat. 140 (1932) 593.
1033 Guttmann, E.: Klinische Demonstrationen: Parietalanfälle mit flüchtiger Entfremdung einer Extremität. Zbl. ges. Neurol. Psychiat. 60 (1931) 396.
1034 Hadden, W. B.: Med. Soc. Proc. 10 (1887) 83. Zit. nach Jackson, H. (1886): s. Nr. 67

1034a Penfield, W., H. Jasper: Highest level seizures. Res. Publ. Ass. nerv. ment. Dis. 26 (1947) 252.
1035 Hallen, O.: Über Jackson-Anfälle. Dtsch. Z. Nervenheilk. 167 (1952) 143.
1036 Hallen, O.: Zur Differentialdiagnose der Jackson-Anfälle. Dtsch. med. Wschr. 78 (1953a) 260.
1037 Hallen, O.: Die Behandlung der Epilepsie mit Mesantoin. Münch. med. Wschr. 95 (1953b) 913.
Hallen, O. (1954): s. Nr. 600.
1038 Hallen, O.: Organisationsplan und Funktionsweise der motorischen Zentralregion. Med. Welt 50 (1961) 2647.
Hallen, O. (1962): s. Nr. 605.
1039 Hallgrimson, O., D. Janz: Zum Verlauf der Menièreschen Krankheit. Nervenarzt 37 (1966) 285.
1040 Head, H., G. Holmes: Sensory disturbances from cerebral lesions. Brain 34 (1911/12) 102.
1041 Hebel, K.: Ein Beitrag zur Frage der sog. Reflexepilepsie. Nervenarzt 11 (1938) 415.
1042 Hécaen, H., J. de Ajuriaguerra: Méconnaissances et Hallucinations Corporelles. Masson, Paris 1952.
Hécaen, H., R. Angelergues (1960): s. Nr. 612.
1043 Hécaen, H., J.-F. Dereux: Le syndrome de Kojevnikoff. Epilepsie partielle continue. Sem. Hôp. Paris 32 (1956) 545.
1044 Hécaen, H., W. Penfield, C. Bertrand, R. Malmo: The syndrome of apractognosia due to lesions of the minor cerebral hemisphere. Arch. Neurol. (Chic.) 75 (1956) 400.
1045 v. Hedenström, I., G. Schorsch: Hemiparese und Epilepsie. Arch. Psychiat. Nervenkr. 203 (1962) 248.
1046 Hennecke, A.: Über umschriebene Rindenreizkrämpfe, eine Sondergruppe der „Jackson'schen Epilepsie". Diss. Halle 1929.
1047 Hernandez-Peon, R., M. Donoso: Excerpta med. (Amst.) (1957) 155. Zit. nach Goldie, L., J. M. Green (1959) (s. Nr. 583).
1048 Hernandez-Peon, R., C. Guzman-Flores, M. Alcarez, A. Fernandez-Guardiola: Sensory transmission in visual pathway during "attention" in unanesthetized cats. Acta neurol. lat-amer. 3 (1957) 1.
Herpin, Th. (1852): s. Nr. 618.
Herpin, Th. (1854): s. Nr. 619.
1049 Herrick, J.: The Brain of the Tiger Salamander. University Press, Chicago 1948.
1050 Herrmann, G., O. Pötzl: Die optische Allästhesie. Karger, Berlin 1928.
1051 Heschl, R. L.: Über die vordere quere Schläfenwindung des menschlichen Großhirns. Braunmüller, Wien 1878.
Hess, R. (1958): s. Nr. 239.
1052 Hess, W. R., W. O. C. Magnus: Leck- und Kau-Automatismen bei elektrischer Reizung im Zwischenhirn. Helv. physiol. pharmacol. Acta 1 (1943) 533.
1053 Heyck, H.: Neue Beiträge zur Klinik und Pathogenese der Migräne. Thieme, Stuttgart 1956.
1054 Heyck, H.: Der Kopfschmerz. Differentialdiagnostik und Therapie für die Praxis. Thieme, Stuttgart 1958.
1054a Hitzig, G.: Untersuchungen über das Gehirn. Hirschwald, Berlin 1874.
1055 Hoff, H., M. Kamin: Reizversuche im linken Sulcus interparietalis beim Menschen. Z. ges. Neurol. Psychiat. 125 (1930) 693.
1056 Hoff, H., O. Pötzl: Zur diagnostischen Bedeutung der Polyopie bei Tumoren des Occipitalhirns. Z. ges. Neurol. Psychiat. 152 (1935) 433.
1057 Hoff, H., O. Pötzl: Anisotropie des Sehraums bei occipitaler Herderkrankung. Dtsch. Z. Nervenheilk. 145 (1938) 179.
1058 Hoff, H., O. Pötzl: Über die zerebrale Vertretung der Mediane von Körperbild und Sehraum. Wien. Z. Nervenheilk. 11 (1955) 12.
1059 Holowach, J., D. L. Thurstout, J. O'Leary: Jacksonian seizures in infancy and childhood. J. Pediat. 52 (1958) 670.
1060 Holmes, G.: Local epilepsy. Lancet 1927/I, 957.
1061 Horsley, V.: The Linacre lecture on the function of the so-called motor area of the brain. Brit. med. J. 1909/II, 125.
Ionăşescu, V. (1960): s. Nr. 638.
1062 Jackson, H.: Unilateral epileptiform seizures attended by temporary defect of sight. Med. Tms (Lond.) 1863a/I, 588. In: Selected Writings of John Hughlings Jackson, Bd. I. Hodder & Stoughton, London, S. 1.
1063 Jackson, H.: Epileptiform seizures (unilateral) after an injury to the head. Med. Tms (Lond.) 1863b/II, 65.
1064 Jackson, H.: Note on regional palsy and spasm. Brit. med. J. 1867/II, 587.
1065 Jackson, H.: Sequence of spasm in unilateral convulsion. Med. Tms (Lond.) 1868/II, 231. In: Selected Writings of John Hughlings Jackson, Bd. I. Hodder & Stoughton, London, S. 231.
1066 Jackson, H.: A study of convulsions. Trans. St. Andrews Med. Grad. 3 (1870) 162. In: Selected Writings of John Hughlings Jackson, Bd. I. Hodder & Stoughton, London, S. 8. Übers. v. O. Sittig: Eine Studie über Krämpfe. Karger, Berlin 1926.
Jackson, H. (1880/81): s. Nr. 649.
Jackson, H. (1888): s. Nr. 407.
Jackson, H. (1890): s. Nr. 651.
1067 Jackson, H.: Fits following touching the head - a case published by Dr. Dunsmure (1874). Lancet 1895/I, 274.
Jackson, H. (1899): s. Nr. 653.
1068 Jackson, H., D. Singer: Observations on a case of convulsions (trunk fit or lowest level fit). Brain 25 (1902) 122. In: Selected Writings of John Hughlings Jackson, Bd. I. Hodder & Stoughton, London, S. 474.
1069 Jackson, J. H.: Selected Writings of John Hughlings Jackson. Hsg.: J. Taylor, G. Holmes, F. M. R. Walshe, Bd. I. Hodder & Stoughton, London 1931.
Janz, D. (1955): s. Nr. 70.
1070 Janzen, R., R. Magun, F. Becher: Tierexperimentelle Untersuchungen über die Ausbreitung der epileptischen Erregung, 1. Mitt. Dtsch. Z. Nervenheilk. 166 (1951) 223.
1071 Janzen, R., E. Müller: Tierexperimentelle Untersuchungen über die Ausbreitung der epileptischen Erregung, 2. Mitt. Dtsch. Z. Nervenheilk. 169 (1952) 181.
Jasper, H. (1954): s. Nr. 77.
Jasper, H. H., J. Kershman (1941): s. Nr. 256.
1071a Jasper, H.: Etude anatomo-physiologique des épilepsies. 2e Congrès International d'Electroencéphalographie, Paris, 1949. Electroenceph. clin. Neurophysiol. Suppl. (1951) 99.
1072 Jedlinski, J., J. B. Kierzowska-Dobrowolska: Kozewnikow epilepsy in the case of tumor of frontal lobe. Neurol. Neurochir. Psychiat. pol. 10 (1960) 541. Ref.: Zbl. ges. Neurol. Psychiat. 160 (1961) 306.
1073 Jouvet, M., J. Courjon: Variation of the subcortial visual responses during attention in man. Electroenceph. clin. Neurophysiol. 10 (1958) 344.
Kaada, B. R. (1951): s. Nr. 671.
1074 Kanter, V. M.: Kozevnikov-Epilepsie und Zeckenencephalitis. Nevropat. i. Psichiat. 18 (1949) 31. Ref.: Zbl. ges. Neurol. Psychiat. 121 (1953) 397.
1075 Kautzky, R., E. Stengel: Epilepsia partialis continua bei Läsion des Stirnhirns und des Thalamus opticus. Z. ges. Neurol. Psychiat. 163 (1938) 362.
1076 Kehrer, F.: Extrapyramidale Erkrankungen. In: Weygandt's Lehrbuch der Nerven- und Geisteskrankheiten. Marhold, Halle 1935.
1077 Kehrer, H. E., U. Aretz: Epileptische Anfälle bei zerebraler Gefäßsklerose. Psychiat. et Neurol. (Basel) 146 (1963) 265.
1078 Kennedy, W. A.: Clinical and electroencephalographic aspects of epileptogenic lesions of the medial surface and superior border of the cerebral hemisphere. Brain 82 (1959) 147.

1079 Kinsbourne, M., E. K. Warrington: A study of visual perseveration. J. Neurol. Neurosurg. Psychiat. 26 (1963) 468.

Kisker, K. P. (1957): s. Nr. 679.

1080 Klein, R.: Zur Symptomatologie des Parietallappens. Z. ges. Neurol. Psychiat. 135 (1931) 589.

1081 Kleist, K.: Gehirnpathologie. Barth, Leipzig 1934.

1082 Klopp, H. W.: Über Umgekehrt- und Verkehrtsehen. Dtsch. Z. Nervenheilk. 165 (1951) 231.

Kojewnikow, A. Y.: s. Koshewnikow, A. Y. (1895) Nr. 1084.

1083 Korbsch: Diskussionsbemerkung zu Fleck's Vortrag: Neue klinische Erfahrungen zur Kojewnikoffschen Epilepsie. Sitzg. Verein d. Irren- u. Nervenärzte Niedersachsens u. Westfalens 4. — 5. 5. 1935. Zit nach Fleck, U. (1940) (s. Nr. 1003).

1084 Koshewnikow, A. Y.: Eine besondere Form corticaler Epilepsie. Cbl. Neurol. 14 (1895) 47.

1085 Kozol, H. L.: Mesantoin in treatment of epilepsy. Arch. Neurol. (Chic.) 63 (1951) 235.

Krause, F., H. Schum (1931/1932): s. Nr. 688.

1086 Krejčova, H., L. Poláček, J. Stein: Paroxysms of Jackson's epilepsy of non-tumorous origin. Čs. Neurol. 28 (1965) 350. Ref.: Zbl. ges. Neurol. Psychiat. 186 (1966) 88.

1087 von Kries, J.: Allgemeine Sinnesphysiologie. Vogel, Leipzig 1923.

1088 Kroll, M.: Neuropathologische Syndrome. Springer Berlin 1929.

1089 Krüger, H. J.: Klinische Erfahrungen mit Ospolot in der pfälz. Nervenklinik Landeck. In: Internationales Kolloquium über das Anticonvulsivum Ospolot, Hsg.: H. Selbach. Staufen Verlag, Kamp-Lintfort 1962.

1090 Krüger, H. J.: Klinischer Beitrag zur Therapie der Epilepsie mit einem Azepinderivat. Med. Welt 26 (1964) 1407.

1091 Krynauw, R. A.: Infantile hemiplegia treated by removing one cerebral hemisphere. J. Neurol. Neurosurg. Psychiat. 13 (1950) 243.

1092 Kugelberg, E., L. Widén: Epilepsia partialis continua. Electroenceph. clin. Neurophysiol. 6 (1954) 503.

1093 Laine, E., Cl. Gros: L'Hémisphérectomie. Masson, Paris 1956.

1094 Laloue, R.: Contribution de l'Etude des Crises Epileptiques Comportant des Phénomènes Visuels. Pechade, Bordeaux 1965.

1095 Laubenthal, F.: Über Kojewnikoffsche Epilepsie. Arch. Psychiat. Nervenkr. 96 (1932) 307.

1096 Lavitry, S., M. Riser, A. Riser, R. Dreyfus, C. Grezes-Rueff: Migraine ophtalmique accompagnée et épilepsie. Toulouse méd. 60 (1954) 37.

1097 Le Beau, J., E. Wolinetz: Le phénomène de persévération visuelle. Sa valeur localisatrice pour les lésions occipitales. Rev. neurol. 99 (1958) 524.

Lennox, W. G. (1960): s. Nr. 97.

1098 Lewin, W., C. G. Philipps: Observations on partial removal of the postcentral gyrus for pain. J. Neurol. Neurosurg. Psychiat. 15 (1952) 143.

1099 Lhermitte, J., Riser, Gayral: Sur le membre fantôme consécutif à un tuberculome cérébral. Rev. neurol. 74 (1942) 81.

1100 Liddell, E. G. T., G. C. Phillips: Thresholds of cortical representation. Brain 73 (1950) 125.

1101 Lishman, W. A., C. P. Symonds, C. W. M. Whitty, R. G. Willison: Seizures induced by movement. Brain 85 (1962) 93.

1102 Lishman, W. A., C. W. M. Whitty: Seizures induced by movement. Riv. Pat. nerv. ment. 86 (1965) 237.

Livingston, S. (1954): s. Nr. 283.

1103 Löwy, M., O. Pötzl: Über doppelseitige sensible Jacksonanfälle und ihre Bedeutung. Erfahrungen an einem operierten Hirntumor. Med. Klin. 19 (1923) 1359.

1104 Loiseau, P., S. Cohadon, J. Faure: Remarques sur un cas d'épilepsie partielle continue. Rev. neurol. 108 (1963) 107.

1105 Long-Landry, Mme, M. Quersy: Un cas d'épilepsie partielle continue (Syndrome de Kojewnikow). Rev. neurol. 15 (1913) 145.

1106 Lorgé, M.: Klinische Erfahrungen mit einem neuen Antiepileptikum, Tegretol (G 32883), mit besonderer Wirkung auf die epileptische Wesensveränderung. Schweiz. med. Wschr. 93 (1963) 1042.

1107 Loscalzo, A. E.: The control of epilepsy. J. Amer. med. Ass. 135 (1947) 496.

1108 Luers, Th., O. Pötzl: Über „Verkehrtsehen" nach Insult. Beitrag zu den cerebral bedingten Sehstörungen. Wien. klin. Wschr. 1941/II, 625.

Lund, M. (1952): s. Nr. 715.

1109 Lunn, V.: Om Legemsbevidstheden. Belyst Ved Nogle Forstyrrelser af den normale oplevelsesmaade. Munksgaard, Kopenhagen 1948.

Magnus, O., W. Penfield, H. Jasper (1952): s. Nr. 291.

1110 Marchand, L., J. de Ajuriaguerra: Des troubles du schéma corporal au cours des accidents épileptiques. Soc. méd. psychiat. 18 mars 1940. Ann. méd.- psychol. 98/I (1940) 252.

Marchand, L., J. de Ajuriaguerra (1948): s. Nr. 105.

1111 Marie, P., H. Meige: Spasmes et tics cranio-faciaux chez les blessés du crâne. Rev. neurol. 2 (1916) 574.

1112 Masson, M.: Etude clinique des tumeurs temporales droites chez les droitiers. Thèse, Paris 1960.

1113 Melerowitsch, A. E.: Zum Problem der Koschewnikowschen Epilepsie traumatischen Ursprungs. Nevropat. i. Psichiat. 20 (1951) 29. Ref.: Zbl. ges. Neurol. Psychiat. 119 (1952) 260.

1114 Merritt, H. H.: Affections of the blood vessels of the brain. In: R. Cecil, R. Loeb: A Textbook of Medicine. Saunders, Philadelphia 1955.

1115 Meyer, J. E.: Studien zur cerebralen Thrombangiitis obliterans. Arch. Psychiat. Nervenkr. 180 (1948) 647.

1116 Meyer, J. S., H. D. Portnoy: Post-epileptic paralysis. A clinical and experimental study. Brain 82 (1959) 162.

1117 Meyers, R.: The surgical treatment of „focal" epilepsy: An inquiring into current premises, their implementation and the criteria employed in reporting results. Epilepsia (Boston) 3 (1954) 9.

1118 Meynert, T.: Der Bau der Großhirnrinde und seine örtlichen Verschiedenheiten, nebst einem pathologisch-anatomischen Corollarium. Vjschr. Psychiat. 1 (1867) 77; 2 (1868) 88.

1119 Michaux, L., P. Puech, H. Gallot, Mlle Granier: Les dissociations thérapeutiques du syndrome de Kojewnikow. Soc. de Neurol., 3. juillet 1947. Rev. neurol. 79 (1947) 535.

1120 Michaux, L., Mlle Granier: Epilepsie bravais-jacksonienne réflexe. Début crural des crises. Intervention constante dans leur déclanchement des contractions musculaires inopinés du membre inferieur du même coté. Ann. méd-psychol. 103 (1945) 172.

1121 Moruzzi, G.: Sui rapporti tra cervelletto e corteccia cerebrale. Arch. Fisiol. 41 (1941) 157.

1121a Moruzzi, G.: L' Epilessia sperimentale. Zanichelli, Bologna 1946.

1122 Mouren, P., A. Tatossian: Les illusions visuo-spatiales. Etude clinique. Encéphale 52 (1963) 517.

Mullan, S., W. Penfield (1959): s. Nr. 757.

1123 Nemlicher, L. J.: Koževnikow-Epilepsie und Zeckenencephalitis. Nevropat. i. Psichiat. 7 (1952) 29. Ref.: Zbl. ges. Neurol. Psychiat. 121 (1953) 231.

1124 Niedermeyer, E.: Kasuistischer Beitrag zur Epilepsia partialis continua mit EEG-Untersuchung. Dtsch. Z. Nervenheilk. 171 (1954) 482.

1125 Nothnagel, H.: Die Entstehung allgemeiner Convulsionen vom Pons und von der Medulla oblongata aus. Virchows Arch. path. Anat. 44 (1868) 1.

1126 Nuffield, E. J. A.: Electro-clinical correlations in childhood epilepsy. Epilepsia (Amst.) 2 (1961) 178.

1127 Omorokow, L.: Kojewnikoffsche Epilepsie in Sibirien. Z. ges. Neurol. Psychiat. 107 (1927) 487.

1128 Omorokow, L.: Ergebnisse der Erforschung der Kojewnikowschen Epilepsie und ihre Bedeutung für die Klärung der Pathogenese der Epilepsie. Nevropat. i. Psichiat. 20 (1951) 23. Ref.: Zbl. ges. Neurol. Psychiat. 119 (1952) 356.

1129 Ossokin: zit. nach Töbel, F., G. Schaltenbrand (1947) (s. Nr. 1183).

1130 Paillas, J. E., P. Cossa, G. Darcourt, R. Naquet: Etude sur l'épilepsie occipitale (à propos de 36 observations de lésions occipitales verifiées chirurgicalement). Proc. 8th int. Congr. Neurology III (1965) 193.

1131 Paillas, J. E., R., M. Vigouroux, A. Roger: L'épilepsie en foyer de l'enfant. Etude clinique, électrographique et thérapeutique de 234 observations. Rev. neurol. 86 (1952) 300.

1132 Passouant, P., J. Cadilhac: Physiologie normale et pathologique de l'hippocampe. In: Les Grandes Activités du Rhinencéphale. Masson, Paris 1961.

1133 Penfield, W.: The cerebral cortex in man. II. The cerebral cortex and consciousness. Arch. Neurol. Psychiat. (Chic.) 40 (1938) 417.

1134 Penfield, W., E. Boldrey: Somatic motor and sensory representation in the cerebral cortex of man as studied by electrical stimulation. Brain 60 (1937) 389.

Penfield, W., C. Erickson (1941): s. Nr. 781.

Penfield, W., H. Jasper (1954): s. Nr. 124.

Penfield,W., K. Kristiansen (1951): s. Nr. 783.

1135 Penfield, W., K. W. E. Paine: Results of surgical therapy for focal epileptic seizures. Canad. med. Ass. J. 73 (1955) 515.

Penfield, W., Ph. Perot (1963): s. Nr. 784.

Penfield, W., T. Rasmussen (1950): s. Nr. 785.

Penfield, W., L. Roberts (1959): s. Nr. 786.

1136 Penfield, W., K. Welch: The supplementary motor area of the cerebral cortex. Arch. Neurol. Psychiat. (Chic.) 66 (1951) 289.

1137 Penta, P.: Due casi di visione capovolte. Cervello 25 (1949) 377.

1138 Perlstein, M. A., E. L. Gibbs, F. A. Gibbs: The electroencephalogram in infantile cerebral palsy. Amer. J. phys. Med. 34 (1955) 477.

1139 Pia, H. W.: Die Hemisphärektomie bei infantiler Hemiplegie. Ther. d. Gegenw. 101 (1962) 162.

1140 Pick, A.: Über Störungen der Orientierung am eigenen Körper. Arbeiten aus der dtsch. psychiat. Univ.-Klinik Prag. Karger, Berlin 1908.

1141 Pitha, V.: Epilepsie réflexe. Rev. neurol. 70 (1938) 178.

1142 Poeck, K.: Über die Orientierung am eigenen Körper. Akt. Fragen Psychiat. Neurol. 2 (1965) 144.

1143 Poeck, K.: Einführung in die klinische Neurologie. Springer, Berlin 1966.

1144 Ponjatowskaja, S.: Zur Pathogenese der Kojewnikow-Epilepsie. Nevropat. i. Psichiat. 5 (1936) 2084. Ref.: Zbl. ges. Neurol. Psychiat. 86 (1937) 275.

1145 Pötzl, O.: Über ein neuartiges Syndrom bei Herderkrankungen des Stirnhirnpoles. Z. ges. Neurol. Psychiat. 91 (1924) 147.

1146 Pötzl, O.: Über die Bedeutung der interparietalen Region im menschlichen Gehirn. Z. ges. Neurol. Psychiat. 95 (1925) 659.

1147 Pötzl, O.: Die optisch-agnostischen Störungen. Deuticke, Wien 1928.

1148 Pötzl, O., M. Löwy: Über doppelseitige sensible Jacksonanfälle und ihre Bedeutung. Erfahrungen an einem operierten Hirntumor. Med. Klin. 41 (1923) 1387.

1149 Pötzl, O., W. Schober: Das epileptische Syndrom des occipitalen Dorsalbereichs. Nervenarzt 29 (1958) 481, 533.

1150 Polloson, Collet: Rev. neurol. (1916) Zit. nach Foerster, O., (1936) (s. Nr. 541).

1151 Purkinje, J.: Über die physiologische Bedeutung des Schwindels und die Beziehung desselben zu den neuesten Versuchen über die Hirnfunktion. Rusts Magazin ges. Heilkunde (Berl.) 23 (1827). Zit. nach Vogel, P., (1935) (s. Nr. 1194).

Rabe, F., H. Penin, A. Matthes (1952): s. Nr. 801.

1152 Radermecker, J., L. van Bogaert: Sur l'épilepsie partielle continue (Kojewnikoff). Mschr. Psychiat. Neurol. 118 (1949) 273.

1153 Ramon y Cajal, S.: Studien über die Hirnrinde des Menschen. Bd. I—V. Übers. von J. Bresler. Barth, Leipzig 1900—1906.

1154 Rasmussen, T., W. Penfield: Movement of head and eyes from stimulation of the human frontal cortex. Res. Publ. Ass. nerv. ment. Dis. 27 (1948) 346.

1155 Rebierre, P.: Amaurose équivalent comitial ou crise avortée. Rev. Oto-neuro-ophtal. 1 (1928) 675.

1156 Rémond, A.: Zit. nach Niedermeyer, E. (1954), (s. Nr. 1124).

1157 Ricci, C. B., A. Scarinci: Clinical correlations and evolution in epileptic EEG foci in children. Electroenceph. clin. Neurophysiol. 15 (1963) 919.

1158 Riddoch, G.: Phantom limbs and body shape. Brain 64 (1941) 197.

Robinson, P. K., A. C. Watt (1947): s. Nr. 811.

1159 Rosenhain, E.: Über Reflex-Epilepsie. Z. ges. Neurol. Psychiat. 64 (1921) 99.

1160 Rülf, J.: Der familiäre Rindenkrampf. Arch. Psychiat. Nervenkr. 52 (1913) 748.

1161 Russell, W. R., C. W.M. Whitty: Studies in traumatic epilepsy. Part I: Factors influencing the incidence of epilepsy after brain wounds. Part II: Focal motor and somatic sensory fits: a study of 85 cases. Part III: Visual fits. J. Neurol. Neurosurg. Psychiat. 15 (1950) 93; 16 (1953) 73; 18 (1955) 79.

1162 Sawalischin: Korsakows J. 1 (1916) 210. Zit. nach Omorokow, L., (1927) (s. Nr. 1127).

Scholz, W., H. Hager (1956): s. Nr. 426.

1163 Schulz, H., J. Stein: Elektroencephalographische Befunde bei einem Fall von Kojewnikow-Epilepsie traumatischer Genese. Psychiat. Neurol. med. Psychol. (Lpz). 17 (1965) 53.

1164 Scollo-Lavizzari, G., R. Hess: Sensory precipitation of epileptic seizures. Report on two unusual cases. Epilepsia (Amst.) 8 (1967) 157.

1165 Scott, W.: Acute myoclonic encephalitis presenting unusual features. Glasg. med. J. 95 (1921) 126.

1166 Selby, G., J. W. Lance: Observations on 500 cases of migraine and allied vascular headache. J. Neurol. Neurosurg. Psychiat. 23 (1960) 23.

1167 Servit, Z.: The application of the reflex theory in the interpretation of the clinical picture, genesis and treatment of epilepsy. Epilepsia (Amst.) 3 (1962) 209.

1168 Servit, Z., J. Machek, A. Štercová, M. Krištof, V. Cervenková, D. Dudáš: Reflex influences in the pathogenesis of epilepsy in the light of clinical statistics. Epilepsia (Amst.) 3 (1962) 315.

1169 Smith, B. H.: Vestibular disturbances in epilepsy. Neurology (Minneap.) 10 (1960) 465.

1170 Smith, J. M. B., P. Kellaway: Central (rolandic) foci in children: an analysis of 200 cases. Electroenceph. clin. Neurophysiol. 17 (1964a) 460.

1171 Smith, J. M. B., P. Kellaway: The natural history and clinical correlates of occipital foci in children. In: Kellaway, P., J. Petersen: Neurological and electroencephalographic correlative studies in infancy. Grune & Stratton, New York 1964b.

1172 Sokoljanskij, G. G., V. N. Ključikov: Zur Klinik und Pathogenese des Koževnikov-Syndroms. Nevropat. i. Psichiat. 7 (1952) 21. Ref.: Zbl. ges. Neurol. Psychiat. 121 (1953) 245.

1173 Souques, M., Mlle Dreyfus-Sée: Un équivalent épileptique sous la forme d'amaurose monoculaire. Rev. neurol. 1924/I, 98.

Stauder, K. H. (1938): s. Nr. 865.

1174 Steinmann, H. E., K. Schmalbach: Die Aktivierung von Krampfpotentialen bei Katzen mit chronischen epileptogenen Läsionen. Dtsch. Z. Nervenheilk. 174 (1955) 83.

1175 von Stockert, F. G.: Lokalisation und klinische Differenzierung des Syndroms der Nichtwahrnehmung einer Körperhälfte. Dtsch. Z. Nervenheilk. 134 (1934) 1.

1176 Suchow: Korsakows J. 5 (1911) 278. Zit. nach Omorokow, L., (1927) (s. Nr. 1127).

1177 Sumi, S. M., R. D. Teasdall: Focal seizures. Neurology (Minneap.) 13 (1963) 582.

1178 Symonds, Ch.: Excitation and inhibition in epilepsy. Brain 82 (1959) 133.

1179 Tamura, J., J. Dendo: Ein Fall von Kojewnikowscher Epilepsie. Psychiat. Neurol. jap. 42 (1938) 360.

1180 Temkin, O.: The Falling Sickness. A History of Epilepsy from the Greeks to the Beginning of Modern Neurology. Johns Hopkins Press, Baltimore 1945.

1181 Thomalske, G., E. Woringer: Die chirurgische Behandlung der herdförmigen Epilepsien unter Ausschluß der tumorös und postnatal-traumatisch bedingten. Acta neurochir. (Wien) 5 (1957) 223.

1182 Todd, R. B.: Clinical Lectures on Paralysis, Certain Diseases of the Brain, and Other Affections of the Nervous System, 2. Aufl. Churchill, London 1856.

1183 Többel, F., G. Schaltenbrand: Beitrag zur Frage der Lokalisation und Entstehung des Kojewnikoffschen Syndroms (Epilepsia partialis continua). Nervenarzt 18 (1947) 501.

1184 Tönnis, W.: Die Behandlung der posttraumatischen Spätepilepsie. Zbl. Neurochir. 4 (1939) 240.

1185 Tönnis, W.: Pathogenese, Anzeigestellung und operative Behandlung der posttraumatischen Epilepsie. Med. Klin. 42 (1947) 709.

1186 Tönnis, W.: Einseitige Großhirnentfernung in der Behandlung der Epilepsie. Langenbecks Arch. klin. Chir. 279 (1954) 411.

1187 Tönnis, W.: Die operative Therapie des Krampfanfalls. Therapiewoche 5 (1955) 342.

1188 Trojaborg, W.: Focal spike discharges in children: a longitudinal study. Acta paediat. scand. (1966) Suppl. 168.

Tükel, K., H. Jasper (1952): s. Nr. 365.

1189 Ulrich, J.: Verlaufsuntersuchungen bei sensiblen und motorischen fokalen Epilepsien. Schweiz. med. Wschr. 91 (1961) 1226.

Vasconcelos, D. (1967): s. Nr. 903.

1190 Vié, J.: Sur une aura à type de modification du schéma corporel. Discussion. Soc. méd. psychiat. 18 mars 1940. Ann. méd.- psychol. 98/I (1940) 260.

1191 Vizioli, R.: A clinical and EEG survey on infantile and childhood epilepsy. Epilepsia (Amst.) 3 (1962a) 1.

1192 Vizioli, R.: The problem of human reflex epilepsy and the possible role of masked epileptogenic factors. Epilepsia (Amst.) 3 (1962b) 293.

1193 Vizioli, R., C. Morocutti: L'epilessia jacksoniana nell'infancia. Osped. psichiat. 25 (1957) 151.

Vogel, P. (1933): s. Nr. 909.

1194 Vogel, P.: Joh. Purkinjes Auffassung der Epilepsie. Nervenarzt 8 (1935) 228.

1195 Vogt, O., C. Vogt: Ergebnisse unserer Hirnforschung. J. Psychiat. Neurol. (Lpz.) 25 (1919) 277.

1196 Vogt, C., O. Vogt: Die vergleichend-architektonische und die vergleichend-reizphysiologische Felderung der Großhirnrinde unter besonderer Berücksichtigung der menschlichen. Naturwissenschaften 14 (1926) 1190.

1197 Walshe, F.: An attempted correlation of the diverse hypotheses of functional localisation in the cerebral cortex. J. neurol. Sci. 1 (1964) 111.

1198 Weber, G.: Die chirurgische Behandlung focaler Epilepsien. Dtsch. med. Wschr. 80 (1955) 1697.

1199 von Weizsäcker, V.: Leitung, Form und Menge in der Lehre von den nervösen Funktionen. Nervenarzt 4 (1931) 433, 526.

von Weizsäcker, V. (1950): s. Nr. 917.

1200 Weygandt, W.: Epilepsie. In: Weygandt's Lehrbuch der Nerven- und Geisteskrankheiten. Marhold, Halle 1929.

1201 Whitty, C. W. M.: On the so-called "laryngeal epilepsy". Brain 66 (1943) 43.

1202 Whitty, C. W. M., W. A. Lishman, F. P. Gibbon: Seizures induced by movement. A form of reflex epilepsy. Lancet 1964/I, 1403.

1203 Wilder, J.: Über Schief- und Verkehrtsehen. Dtsch. Z. Nervenheilk. 104 (1928) 222.

1204 Williams, D.: The structure of emotions reflected in epileptic experiences. Brain 97 (1956) 29.

1205 Wilson, G., N. W. Winkelmann: Partial continuous epilepsy. Arch. Neurol. (Chic.) 11 (1924) 530.

1206 Wilson, S. A. K.: The Morison lectures on nervous semeiology, with special reference to epilepsy. Brit. med. J. 1930/I, 53.

Wilson, S. A. K. (1935): s. Nr. 374.

1207 Wolfram, K.: Über die Kojewnikoffsche Epilepsie. Diss. Münster 1933.

Epilepsien mit großen Anfällen

Grand mal-Epilepsien

1208 Ackermann: Das Amylenhydrat im Status epilepticus. Allg. Z. Psychiat. 54 (1898) 144*.

Ajmone-Marsan, C., B. L. Ralston (1957): s. Nr. 440.

1209 Aldridge: West riding Lunatic asylum. Report d I. Zit. nach Binswanger, O. (1913) (s. Nr. 379).

1210 Allbutt, Cl.: Notes on some cases of diseases of the nervous system. Med. Tms (Lond.) 1869/I, 14.

1211 Alpers, B.: Clinical Neurology. Davis, Philadelphia 1946.

1212 Alt, K.: Die Bekämpfung des Status epilepticus. Münch. med. Wschr. 13 (1905) 585.

1213 Amann, R.: Die Erkrankung und Sterblichkeit an Epilepsie in der Schweiz. Schwabe, Basel 1912.

1214 Amann, R.: Untersuchungen über die Veränderungen in der Häufigkeit der epileptischen Anfälle und deren Ursachen. Z. ges. Neurol. Psychiat. 24 (1914) 5.

Aretaeus: s. Nr. 930.

1215 ARISTOTELES: Kleine Naturwissenschaftliche Schriften (Parva naturalia). Übers. u. m. e. Einl. m. erkl. Anm. vers. v. E. Rolfes. Meiner, Leipzig 1924.

1216 AYALA, G.: La cura delle forme convulsive gravi delle epilessie con le iniezioni di luminal sodico nella cisterna magna. Policlinico, Sez. prat. 33 (1926) 1077.

1217 BAILLART: zit. nach Marchand, L., J. de Ajuriaguerra (1948) (s. Nr. 105).

BAMBERGER, PH., A. MATTHES (1959): s. Nr. 6.

BAMBERGER, PH., A. MATTHES (1965): s. Nr. 174.

BAMBERGER, PH., A. MATTHES (1966): s. Nr. 7.

1218 BARKER, W.: Studies on epilepsy: The petit mal attack as a response within the central nervous system to distress in organism-environment integration. Psychosom. Med. 10 (1948) 73.

BAROLIN, G. S., E. SCHERZER (1962): s. Nr. 934.

1219 BAROLIN, G. S., A. RUPPRECHT, E. SCHERZER: Epileptische Manifestationen bei stenosierend-obliterierenden Gefäßprozessen. Wien. klin. Wschr. 75 (1963) 4.

1220 BAY, E.: Klinik der Epilepsie. Nervenarzt 32 (1961) 241.

1221 VON BAYER, W.: Die moderne psychiatrische Schockbehandlung. Thieme, Stuttgart 1951.

1222 BEAU: Recherches statistiques pour servir à l'histoire de l'épilepsie et de l'hystérie. Arch. gén. Méd. 2me série, 11 (1836) 328.

1223 BENNETT, D. R.: Sleep deprivation and major motor convulsions. Neurology (Minneap.) 13 (1963) 953.

1224 BENVENUTI, M.: La rachianestesia negli epilettici. Rass. Studi psychiat. 23 (1934) 1347.

1225 BERNHARD, C., E. BOHM, S. HOJEBERG: A new treatment of status epilepticus. Arch. Neurol. Psychiat. (Chic.) 74 (1955) 208.

1226 BERTOLINI DEL RIO, M.: Si possono provocare epilettici accessi convulsivi impedendo per un certo tempo il sonno? Riv. sper. Freniat. 64 (1940) 159.

1227 BESTA, R.: Ricerche sopre la pressione sanguigna, il polso e la temperatura degli epilettici. Riv. sper. Freniat. 23 (1906) 306.

1228 BETKE, K.: Die initialen Infektkrämpfe des Kleinkindes. Med. Klin. 49 (1954) 1205.

1229 BETKE, K., R. GÄDEKE: Zur Behandlung schwerer akuter cerebraler Krankheitserscheinungen bei Kleinkindern. Ärztl. Wschr. 8 (1953) 295.

1230 BEYER, L., U. J. JOVANOVIĆ: Elektroencephalographische und klinische Korrelate bei Aufwachepileptikern mit besonderer Berücksichtigung der therapeutischen Probleme. Nervenarzt 37 (1966) 333.

1231 BIEBER, J., J. S. WECHSLER: Influence of posture on convulsions. J. nerv. ment. Dis. 83 (1936) 61.

BINSWANGER, O. (1899[1], 1913[2]): s. Nr. 379.

1232 BIRKMAYER, W.: Hirnverletzungen. Springer, Wien 1951.

1233 BLUM, E.: Die Bekämpfung epileptischer Anfälle und ihrer Folgeerscheinungen mit Prominal. Dtsch. med. Wschr. 58 (1932) 696.

1234 BLUME, G.: Zur Frage der Avertinnarkose in der Psychiatrie. Dtsch. med. Wschr. 55 (1929) 61.

1235 BOCK, K.: Initialschrei, Zungenbiß und Urinabgang im epileptischen Anfall. Diss. Heidelberg 1949.

1236 BÖCKELMANN, F.: Über die Behandlung des Status epilepticus und von Zuständen verwandter Art. Ther. Mh. 2 (1906) 527.

1237 BOERHAAVE, H.: Praelectiones academicae de morbis nervorum quas ex auditorum manuscriptis collectas edi curavit JACOBUS VAN EEMS, Medicus Leydensis. T. 1. Frankfurt/Leipzig 1762.

1238 BOERI, R.: L'epilessia morfeica. Sist. nerv. 6 (1956) 381.

1239 BOHM, E.: Effekten av Lidocain intravenöst pa epileptiska anfall. Nord. Med. 61 (1959) 885.

1240 BOLLER, W.: Hydantoinkörper in der Epilepsiebehandlung. Schweiz. med. Wschr. 73 (1943) 699.

1241 BONAFEDE, V. J.: Chlorpromazine (thorazine) treatment of disturbed epileptic patients. Preliminary report. Arch. Neurol. Psychiat. (Chic.) 74 (1955) 158.

1242 BOURNEVILLE, D. M.: Recherches sur l'Epilepsie, l'Hystérie et l'Idiotie. Libr. du Progrès Médical, Paris 1902.

BRÄUTIGAM, W. (1951/52): s. Nr. 473.

BRIDGE, E. (1949): s. Nr. 14.

1243 BROWN, A. S., J. M. HORTON: Status epilepticus treated by intravenous infusions of thiopentone sodium. Brit. med. J. 1967/I, 27.

1244 BROWN-SÉQUARD, CH. E.: Leçons sur les Nerfs Vasomoteurs, sur l'Epilepsie et sur les Actions Réflexes Normales et Morbides. Masson, Paris 1872.

1245 BUDDENSIEG, H.: Morbus Sacer. Lampert Schneider, Heidelberg 1948.

1246 BUMKE, O.: Lehrbuch der Geisteskrankheiten, 7. Aufl. Springer, Berlin 1948.

1247 BUSCAINO, V. M.: Etiologia dell'accesso epilettico. Osped. psichiat. 4 (1936) 33.

1248 CALMEIL, L. F.: De l'épilepsie étudiée sous le rapport de son siège et de son influence sur la production de l'aliénation mentale. Thèse, Paris 1824.

1249 CAMPAN, L., J. ESPAGNO, G. LAZOTHES: Le pentobarbital sodique, médicament d'arrêt de l'état de mal en neurochirurgie. Neuro-chirurgie 7 (1961) 152.

1250 CANGER, R.: Moderni criteri di classificazione dell'epilessia di tipo grande male. Osped. psichiat. 35 (1967a) 21.

1251 CANGER, R.: Criteri attuali di terapia medica dell'epilessia. Minerva med. 58 (1967b) 4612.

1252 CANTORO, U.: Contribution à l'étude de l'épilepsie morphéique. Folia psychiat. (Lecce) 1 (1958) 311.

1253 CARTER, C. H.: Use of parenteral diphenylhydantoin sodium in control of status epilepticus. Arch. Neurol. Psychiat. (Chic.) 79 (1958) 136.

1254 CARTER, C. H.: Status epilepticus treated by intravenous urea. Epilepsia (Amst.) 3 (1962) 198.

1255 CARTER, C. H., H. H. MERRITT: Diagnosis and treatment of epilepsy. Amer. Pract. 3 (1952) 547.

CHARCOT, J. M.: (1888/89): s. Nr. 962.

CHARCOT, J. M. (1892/93): s. Nr. 963.

CHAVANY, J. A. (1958): s. Nr. 17.

CHRISTIAN, W. (1960): s. Nr. 385.

CHRISTIAN, W. (1961): s. Nr. 386.

1256 CHRISTIAN, W.: Electroencephalographische Begleiterscheinungen der frontalen Akinese. Dtsch. Z. Nervenheilk. 184 (1962) 190.

1257 CLARK, L. P., T. P. PROUT: Status epilepticus: a clinical and pathological study in epilepsy. Amer. J. Insan. 60 (1904) 291, 645; 61 (1905) 81.

1258 CLEMMESEN, C.: Status epilepticus mit Somnifen behandelt. Ugeskr. Laeg. 88 (1926) 662.

1259 COLLEGE OF GENERAL PRACTITIONERS: A survey of the epilepsies in general practice. Brit. med. J. 1960/II, 416.

COLLIER, J. (1928): s. Nr. 968.

1260 CORKILL, A. G. L.: Indications for surgery in recurrent status epilepticus. Practitioner 197 (1966) 208.

1261 DAVID, J.: L'épilepsie du réveil (à propos de 100 observations). Thèse, Lyon 1955.

1262 DAVID, M., PH. BENDA, P. DELIGNE: Chlorpromazine et état de mal épileptique. Encéphale 45 (1956) 730.

1263 DAVID, M., PH. BENDA, F. KLEIN: Traitement de l'état de mal épileptique par la chlorpromazine. Bull. Soc. méd. Hôp. Paris 69 (1953) 691.

1264 DAVIS, P. A.: Effects of acoustic stimuli on the waking human brain. J. Neurophysiol. 2 (1939) 494.

1265 DEGEN, R., K. GOLLER: Die sogenannten Fieberkrämpfe und ihre Beziehungen zur Epilepsie. Nervenarzt 38 (1967) 55.

DELASIAUVE, L. J. F. (1854): s. Nr. 391.

1266 Delmas-Marsalet, P.: Epilepsie et fonction hypnique. Essai de médications antihypniques. J. Méd. Bordeaux 121 (1944/45) 259.

1267 Delmas-Marsalet, P., J. Faure: Etude électroencéphalographique des épilepsies de structure morphéique. Rev. neurol. 82 (1950) 546.

1268 von Ditfurth, H.: Anwendungsmöglichkeiten des Megaphen in der psychiatrischen Klinik und Forschung. Nervenarzt 26 (1955) 54.

1269 Doose, H., C. E. Petersen, E. Völzke, E. Herzberger: Fieberkrämpfe und Epilepsie. I. Ätiologie, klinisches Bild und Verlauf der sogenannten Infekt- oder Fieberkrämpfe. Arch. Psychiat. Nervenkr. 208 (1966a) 400.

1270 Doose, H., E. Völzke, C. E. Petersen, E. Herzberger: Fieberkrämpfe und Epilepsie. II. Elektroencephalographische Verlaufsuntersuchungen bei sogenannten Fieber- oder Infektkrämpfen. Arch. Psychiat. Nervenkr. 208 (1966b) 413.

Dostojewski, F. M.: s. Nr. 513.

Dreyer, R. (1960): s. Nr. 981.

1271 Echeverria, M. G.: On Epilepsy: Anatomo-Pathological and Clinical Notes. Wood, New York 1870.

1272 Echeverria, M. G.: De l'épilepsie nocturne. Ann. Méd-psychol. 6 (1879) 177.

1273 Eichholtz, F.: Lehrbuch der Pharmakologie, 9. Aufl. Springer, Berlin 1957.

1274 Elsässer, G., G. Peters: Status epilepticus und Hirnödem bei Aneuxol-Schockbehandlung. Nervenarzt 22 (1951) 210.

1275 Elste, E. R.: Paraldehyd i. m. zur Kupierung epileptischer Staten. Münch. med. Wschr. 32 (1955) 1030.

1276 Ender, A. M.: Grundlinien der diätetischen Epilepsiebehandlung im Rahmen der allgemeinen Heilkunde des 18. und 19. Jahrhunderts. Diss. Heidelberg 1966.

1277 Erickson, Th. C.: Cardiac activity during epileptic seizures. Arch. Neurol. Psychiat. (Chic.) 41 (1939) 511.

1278 Erickson, T. C., M. G. Masten, W. E. Gilson: Observations on the use of tridione in the treatment of epilepsy. Trans. Amer. neurol. Ass. 71 (1946) 125.

1279 Esquirol, J.- E.- D:. Des Maladies Mentales Considérées sous les Rapports Médical, Hygiénique et Médico-Legal. 2 Bde. Baillière, Paris 1838.

1280 Evanson, J. M.: Treatment of status epilepticus by muscle relaxants and artificial respiration. Lancet 1959/II, 72.

1281 Ezes, H.: L'éclampsie convulsive dans ses rapports avec le diencéphale. Les essais de traitement par la novocaïne intraveineuse. Brux.-méd. 28 (1948) 1987.

1282 Faerber, E.: Klinische Beobachtungen über die Initialkrämpfe im Kindesalter. Jb. Kinderheilk. 124 (1929) 148.

Féré, Ch. (1890): s. Nr. 396.

1283 Feuillet, C., R. Poiré, P. Mabille, M. Degraeve: Séquelles convulsives de la lobotomie préfrontale. Données cliniques et numériques sur une série homogène de 447 opérés. Intérêt en matière de l'épilepsie traumatique. Rev. neurol. 109 (1963) 366.

1284 Flügel, F.: Neue klinische Beobachtungen zur Wirkung des Phenothiazinkörpers „Megaphen" auf psychische Krankheitsbilder. Med. Klin. 29 (1953) 1027.

1285 Flügel, F., D. Bente, T. Itil: Zur Stellung des Butansultamderivates Ospolot in der Behandlung cerebraler Anfallsleiden. Dtsch. med. Wschr. 85 (1960) 2199.

1286 Flügge: Beiträge zur modernen Epilepsiebehandlung. Allg. Z. Psychiat. 54 (1898) 669.

Foerster, O. (1936): s. Nr. 541.

1287 Fuhrmann, W., J. Ross, R. Magun: Experimentelle Untersuchungen über die Behandlung des Status epilepticus. Dtsch. Z. Nervenheilk. 172 (1954) 352.

1288 Furtado, D.: Action de la chlorpromazine sur l'état de mal épileptique. Encéphale 45 (1956) 727.

Gänshirt, H. (1961): s. Nr. 548.

1289 Gänshirt, H.: Die Behandlung der Epilepsie in der nervenärztlichen Sprechstunde. Nervenarzt 38 (1967) 429.

1290 Gänshirt, H., W. Dennemann, H. Schliep, K. Vetter, L. Gänshirt: Der Einfluß der Nähr- und Spülfunktion des Blutes auf die Aufrechterhaltung der Krampffähigkeit des Gehirns. Pflügers Arch. ges. Physiol. 271 (1960) 185.

Gänshirt, H., K. Vetter (1961): s. Nr. 549.

Galen, C.: s. Nr. 550 (bzw. Nr. 618 u. 619).

1291 Gallinek, A.: Die Avertinnarkose in der Neurologie und Psychiatrie. Mschr. Neurol. Psychiat. 73 (1921) 109.

1292 Gallus: Die allgemeinen Ursachen der Anfallshäufungen innerhalb größerer Gruppen von Kranken. Epilepsia (Leipzig) 3 (1911) 46.

1293 Ganter, R.: Über die Todesursachen und andere pathologisch-anatomische Befunde bei Geisteskranken. Allg. Z. Psychiat. 66 (1909) 460.

1294 Gastaut, H.: Technique, indications and results of Metrazol activation. Electroenceph. clin. Neurophysiol. Suppl. 4 (1953) 121.

Gastaut, H. (1954): s. Nr. 42.

1295 Gastaut, H.: The pathophysiology of grand mal seizures generalized from the start. J. nerv. ment. Dis. 127 (1958) 21.

1296 Gastaut, H.: Epilepsies. Encycl. méd.-chir.: Neurologie, 1963, 1, 17045 A10—A40.

Gastaut, H., R. Naquet, R. Poiré, C. A. Tassinari (1965): s. Nr. 222.

Gastaut, H., J. Roger, F. Faidherbe, S. Ouahchi, G. Franck (1962): s. Nr. 1019.

Gastaut, H., J. Roger, S. Ouahchi, M. Timsit, R. Broughton (1963): s. Nr. 1020.

1297 Gastaut, H., R. Poiré, J. Roger, H. Lob: Les états de mal généralisés tonico-cloniques. In: Les Etats de Mal Epileptiques. Hsg.: H. Gastaut, J. Roger, H. Lob. Masson, Paris 1967.

1298 Gastaut, H., J. Roger, H. Lob: Note sur le traitement des états de mal épileptique par le diazepam (Valium). In: Les Etats de Mal Epileptiques. Hsg.: H. Gastaut, J. Roger, H. Lob. Masson, Paris 1967.

Gibbs, F. A., E. L. Gibbs (1952): s. Nr. 51.

1299 Gordon, N. S.: Treatment of status epilepticus with diazepam. Develop. Med. Child Neurol. 8 (1966) 668.

1300 Gowers, W. R. G.: Epilepsy. In: A System of Medicine. Hsg.: T. Cl. Allbutt. Macmillan, London 1899.

Gowers, W. R. (1901): s. Nr. 402.

1301 Gregor von Tours: Opera, pars II, Miracula et opera minora. Edd. W. Arndt et Br. Kusch. In: Monumenta Germaniae historica, Scriptores rerum Merovingicarum, I. Hannover 1885. Zit. nach Temkin, O., (1945) (s. Nr.1180)

Griffiths, G. N., I. T. Fox (1938): s. Nr. 592.

1302 Grinker, J.: Experiences with luminal in epilepsy. J. Amer. med. Ass. 9 (1920) 588.

1303 Gros, C.: La place du Penthonium dans le traitement de certains états de mal convulsifs. Sem. thér. 3 (1955) 206.

1304 Guillaume, J., G. Mazars: Le traitement des états de mal épileptiques. Sem. Hôp. Paris 32 (1956) 2019.

1305 Guiot, G.: L'état de mal épileptique. Sem. Hôp. Paris 30 (1954) 815.

1306 Hahn, R.: Über die Sterblichkeit, die Todesursachen und die Sektionsbefunde bei Epileptikern. Allg. Z. Psychiat. 69 (1912) 811.

1307 Hall, M.: Essays on the Theory of Convulsive Diseases. Mallett, London 1848.

Hallen, O. (1954): s. Nr. 600.

1308 Haltrich, E.: Todesursachen von Epilepsiekranken einer neurologischen Klinik und Poliklinik. Diss. Heidelberg 1960.

Haltrich, E. (1961): s. Nr. 607.

1309 Haltrich, E.: Gefährdung des Verkehrs durch Epileptiker. Manuskript Heidelberg 1962.

1310 HAMMOND: zit. nach Marchand, L., J. de Ajuriaguerra, (1948) (s. Nr. 105).
1311 HANDLEY, R., A. S. R. STEWART: Mysoline: A new drug in the treatment of epilepsy. Lancet 1953/I, 742.
1312 HARE: zit. nach Selbach, H., (1953) (s. Nr. 428).
1313 HARTENBERG, P.: La pression artérielle chez les épileptiques. Presse méd. 28 (1920) 748.
1314 HASSE, K. E.: Die Krankheiten des Nervensystems, Epilepsie usw. In: Handbuch der speziellen Pathologie u. Therapie. Red. von R. Virchow. Enke, Erlangen 1855.
1315 HAUPTMANN, A.: Luminal bei Epilepsie. Münch. med. Wschr. 59 (1912) 1907.
HELMCHEN, H. (1958): s. Nr. 405.
1316 HELMCHEN, H., H. KÜNKEL: Pharmako-Therapie der zerebralen Anfallsleiden. Dtsch. med. J. 15 (1964) 534.
1317 HENDRIKSEN, V.: The blood pressure during hyperventilation and during the epileptic fit. Acta psychiat. (Kbh.) 5 (1930) 324.
1318 HENRIKSEN, P.B., P. JUUL-JENSEN, M. LUND: The mortality of epileptics. Acta neurol. scand. 43 (1967) 164.
1319 HENTSCHEL, M.: Avertin bei Status epilepticus aufgetreten nach Operation am Halsmark. Zbl. Neurochir. 16 (1956) 324.
HERPIN, TH. (1852): s. Nr. 618.
HERPIN, TH. (1854): s. Nr. 619.
HERPIN, TH. (1867): s. Nr. 60.
1320 HESS, R.: Schlaf und Epilepsie. Neue Züricher Ztg. Nr. 702 (1959) 9. März.
1321 VAN HEYCOP TEN HAM, W., A. KUIJER, A. M. LORENTZ DE HAAS: Recherches sur la génèse de l'état de mal épileptique. In: Les Etats de Mal Epileptiques. Hsg.: H. Gastaut, J. Roger, H. Lob. Masson, Paris 1967.
1322 HEYDE, W.: Über Prominal- und Luminalwirkung bei schweren epileptischen Erkrankungen. Klin. Wschr. 11 (1932) 1874.
1323 HOFF, H.: Lehrbuch der Psychiatrie, Bd. I. Schwabe, Basel 1956.
1324 HOPKINS, H.: The time of appearance of epileptic seizures in relation to age, duration and type of the syndrome. J. nerv. ment. Dis. 77 (1933) 153.
1325 HOSOTTE, A.: L'épilepsie de structure morphéique. Presse méd. 8 (1952) 160.
1326 HRBEK, A.: Fieberkrämpfe im Kindesalter. Ann. paediat. (Basel) 188 (1957) 162.
1327 HUNTER, R. A.: Status epilepticus. History, incidence and problems. Epilepsia (Amst.) 1 (1959/60) 162.
1328 JACKSON, H.: On the use of the ophthalmoscope in affections of the nervous system. Med.Tms (Lond.) 1863/II, 359.
JACKSON, H. (1871): s. Nr. 247.
JACKSON, H. (1880): s. Nr. 648.
JACKSON, H. (1888): s. Nr. 407.
JACKSON, H. (1890): s. Nr. 651.
JACKSON, H. (1899): s. Nr. 653.
1329 JACKSON, H., St. BARNES: Further observations on a case of convulsions (trunk fit or lowest level fit?). Brain 25 (1902) 286.
1330 JAMES, J. L., C. W. M. WHITTY: The electroencephalogram as a monitor of status epilepticus suppressed peripherally by curarisation. Lancet 1961/II, 239.
JANZ, D. (1953a): s. Nr. 69.
JANZ, D. (1953b): s. Nr. 250.
1331 JANZ, D.: „Diffuse" Epilepsien. Dtsch. Z. Nervenheilk. 170 (1953c) 486.
JANZ, D. (1955): s. Nr. 408.
1332 JANZ, D.: Gezielte Therapie der Epilepsien. Dtsch. med. Wschr. 82 (1957) 1158.
1333 JANZ, D.: Status epilepticus und Stirnhirn. Dtsch. Z. Nervenheilk. 180 (1960) 562.
1334 JANZ, D.: Conditions and causes of status epilepticus. Epilepsia (Amst.) 2 (1961) 170.
1335 JANZ, D.: The grand mal epilepsies and the sleeping-waking cycle. Epilepsia (Amst.) 3 (1962a) 69.
1336 JANZ, D.: Differentialtypologie der idiopathischen Epilepsien. In: Psychopathologie heute. Festschrift für Kurt Schneider. Hsg.: H. Kranz. Thieme, Stuttgart 1962b.
JANZ, D. (1963): s. Nr. 71.
1337 JANZ, D.: Status epilepticus and frontal lobe lesions. J. neurol. Sci. 1 (1964) 446.
1338 JANZ, D.: Eine unbekannt gebliebene Abhandlung Viktor von Weizsäckers über die epileptische Persönlichkeit. Jb. Psychiat. Psychother. med. Anthropol. 14 (1966) 16.
1339 JANZ, D.: Typen der Epilepsie-Verläufe. Therapiewoche 17 (1967a) 67.
1340 JANZ, D.: Über das Unfallrisiko durch epileptische Anfälle im Straßenverkehr. Nervenarzt 38 (1967b) 67.
1341 JANZ, D.: Le traitement médical de l'état de mal épileptique. In: Les Etats de Mal Epileptiques. Hsg.: H. Gastaut, J. Roger, H. Lob. Masson, Paris 1967c.
JANZ, D., W. CHRISTIAN (1957): s. Nr. 74.
1342 JANZ, D., G. KAUTZ: Ätiologie und Therapie des Status epilepticus. Dtsch. med. Wschr. 88 (1963) 2189.
1342a JANZ, D., G. KAUTZ: The aetiology and treatment of status epilepticus. Germ. med. Mth. 9 (1964) 451.
1343 JASPER, H.: General summary of "basic mechanisms of the epileptic discharge". Epilepsia (Amst.) 2 (1961) 91.
JASPERS, K. (1948): s. Nr. 667.
JOVANOVIĆ, U. J. (1967a): s. Nr. 410.
JOVANOVIĆ, U. J. (1967b): s. Nr. 411.
JOVANOVIĆ, U. J. (1967c): s. Nr. 412.
1344 JOVANOVIĆ, U. J., E.-R. SCHÄFER: Elektroencephalogramm und Klinik der Schlafepileptiker unter Berücksichtigung des Schlafes vor und nach der Behandlung. Nervenarzt 37 (1966) 290.
1345 JUNG, C. G.: Die Beziehungen zwischen dem Ich und dem Unbewußten. Rascher, Zürich 1928.
1346 JUNG, R.: Hirnelektrische Untersuchungen über den Elektrokrampf: Die Erregungsabläufe in corticalen und subcorticalen Hirnregionen bei Katze und Hund. Arch. Psychiat. Nervenkr. 183 (1949) 206.
KAMMERER, TH. (1961): s. Nr. 414.
1347 KAUFMANN, C., S. ISENBERG: Antiepileptic drugs. Med. Clin. N. Amer. 36 (1952) 1381.
1348 KETZ, E.: Status epilepticus. Aktuelles zu Erscheinungsbild, Ursache und zeitgemäßer Therapie. Ther. d. Gegenw. 106 (1967) 741.
1349 KLEINSCHMIDT, H.: Intermittierendes Fieber und Schüttelfröste beim Kind. Mschr. Kinderheilk. 42 (1929) 297.
1350 KNIES, M.: Über Augenbefunde bei Epilepsie. XIII. Wanderversammlung südwestdeutscher Neurologen und Irrenärzte, Freiburg 9. 6. 1888. Neurol. Zbl. 7 (1888) 394.
1351 KÖHLER, C. A.: Die Lebensdauer der Epileptiker. Allg. Z. Psychiat. 43 (1887) 471.
1352 KÖSTEL, NIEMETSCHEK: zit. nach Binswanger O. (1913) (s. Nr. 379).
1353 KOLB, L. C., V. H. VOGEL: The use of shock therapy in 305 mental hospitals. Amer. J. Psychiat. 99 (1942) 90.
KRAEPELIN, E. (1913): s. Nr. 685.
1354 KRAMER, W.: Status epilepticus. Ned. T. Geneesk. 104 (1960) 1517.
KRAUSE, F., H. SCHUM (1931): s. Nr. 688.
1355 KRETZ, H.: Gelegenheitskrämpfe. Diss. Heidelberg 1960.
1356 KRISCHEK, J.: Die Schlaf-Wach-Periodik der Grand-mal-Epilepsie und die sich daraus ergebenden therapeutischen Konsequenzen. Dtsch. med. Wschr. 87 (1962) 49.
1357 KRUSE, R.: Schlafepilepsie im Kindesalter. Grand mal und fokale Anfälle. Klinik und EEG. Nervenarzt 35 (1964) 209.
1358 KUSSMAUL, A., A. TENNER: Untersuchungen über Ursprung und Wesen der fallsuchtartigen Zuckungen bei der Verblutung. Meidinger, Frankfurt a. M. 1857.

1359 Lafon, R., P. Pagès, R. Labauge, A. Pagès: Guérison d'un état de mal épileptique gravissime par hibernation. Sem. Hôp. Paris 30 (1954) 1459.

1360 Laine, M. E.: Traitement d'urgence de l'état de mal épileptique par la novocaïne intracarotidienne. Rev. neurol. 82 (1950) 284.

1361 Lallemand, E., A. Rodiet: Des modifications de la tension artérielle chez les épileptiques. Encéphale 4 (1909) 414.

Landolt, H. (1960): s. Nr. 272.

1362 Langdon-Down, M., W. R. Brain: Times of day in relation to convulsions in epilepsy. Lancet 1929/I, 1029.

1363 Le Camus, Mme: L'épilepsie du réveil. Thèse, Paris 1951.

Leder, A. (1966): s. Nr. 275.

Leder, A. (1967a): s. Nr. 276.

Leder, A. (1967b): s. Nr. 277.

1364 Lennox, M.: Febrile convulsions in childhood. Amer. J. Dis. Child. 78 (1949) 868.

Lennox, W. G. (1945): s. Nr. 95.

Lennox, W. G. (1960): s. Nr. 97.

1365 Lereboullet, J.: Le traitement moderne de l'épilepsie. Rev. Prat. (Paris) 1 (1951) 95.

1366 Lerique-Koechlin, A., J. Misès, Mmes Lossky, Daveau, de Grammont: Etiologie de l'état de mal chez l'enfant. In: Les Etats de Mal Epileptiques. Hsg.: H. Gastaut, J. Roger, H. Lob. Masson, Paris 1967a.

1367 Lerique-Koechlin, A., J. Misès, J. L. Funck-Brentano: Etats de mal dans les anuries aiguës. In: Les Etats de Mal Epileptiques. Hsg.: H. Gastaut, J. Roger, H. Lob. Masson, Paris 1967b.

1368 Lieser, H.: Über die Therapie epileptischer Krisenzustände (Status epilepticus, Dämmerzustand). Festschrift Nervenkrankenhaus Haar 1905—1955. Adlmaier, Traunstein 1956.

Livingston, S. (1954): s. Nr. 283.

1369 Livingston, S., E. M. Bridge, L. Kajdi: Febrile convulsions. A clinical study with special reference to heredity and prognosis. J. Pediat. 31 (1947) 509.

1370 Locock, C.: Discussion of paper by E. H. Sieveking. Lancet 1857/I, 527.

1371 Loiseau, P.: Crises épileptiques survenant au réveil et épilepsie du réveil. Sud méd. chir. 99 (1964) 11492.

Lombroso, C. T. (1966): s. Nr. 288.

1372 Lorentz de Haas, A. M.: Status epilepticus. Huisarts en Wetenschap. 1 (1960) 6.

Lorentz de Haas, A. M. (1963): s. Nr. 102.

Lorgé, M. (1963): s. Nr. 1106.

1373 Lundberg, N.: Continuous recording and control of ventricular pressure in neurosurgical practice. Acta psychiat. scand. Suppl. 149 (1960) 36.

1374 McLean, D. D., H. R. Martin, R. J. Ellingson, J. A. Smith: Seizures during therapy with phenothiazine derivates. Amer. J. Psychiat. 114 (1958) 934.

1375 McNaughton, F.: Observations on Diagnosis and Medical Treatment. In: Penfield, W., H. Jasper: Epilepsy and the Functional Anatomy of the Human Brain. Little, Brown, Boston 1954.

1376 McWilliam, P. L. A.: Intravenous phenytoin sodium in continuous convulsions in children. Lancet 1958/II, 1147.

1377 Magnusson, G.: 18 cases of epilepsy with fits in relation to sleep. Acta psychiat. scand. 11 (1936) 289.

1378 Magoun, H. W.: Excitability of the hypothalamus after degeneration of corticifugal connections from the frontal lobes. Amer. J. Physiol. 122 (1938) 530.

1379 Mansford, J. G.: Researches into the Nature and Causes of Epilepsy, as Connected with the Physiology of Animal Life, and Muscular Motion, with Cases Illustrative of a New and Successful Method of Treatment. Meyler, Bath 1819.

1380 Mansford, J. G.: Untersuchungen über die Natur und Ursachen der Epilepsie nebst einer neuen und glücklichen Heilmethode derselben. Industrie-Comptoir Leipzig 1822.

1381 Marchand, L.: Des influences cosmiques sur les accidents épileptiques. Encéphale 26 (1931) 237.

1382 Marchand, L.. E. Adam: Recherches sur la pression artérielle chez les épileptiques. Soc. méd.-psychol. (1923). Zit. nach Marchand, L., J. de Ajuriaguerra, (1948) (s. Nr. 105).

Marchand, L., J. de Ajuriaguerra (1948): s. Nr. 105.

1383 Marro, G.: La pression sanguine chez les épileptiques. Ann. Freniat. Sci. aff. 1901. Zit. nach Marchand, L., J. de Ajuriaguerra (1948) (s. Nr. 105).

1384 Mattson, R. H., K. L. Pratt, J. R. Calverley: Electroencephalograms of epileptics following sleep deprivation. Arch. Neurol. (Chic.) 13 (1965) 310.

1385 Mauz, F.: Zur Frage des epileptischen Charakters. Zbl. Neurol. 45 (1926) 833.

Mauz, F. (1937): s. Nr. 732.

1386 Merrit, H. H.: Recent advances in treatment of epilepsy with particular emphasis on use of tridione. Arch. Neurol. (Chic.) 57 (1947) 130.

1387 Merrit, H. H., T. J. Putnam: Sodium diphenyl hydantoinate in treatment of convulsive seizures. Arch. Neurol. Psychiat. (Chic.) 42 (1939) 1053.

1388 Meyer-Mickeleit, R. W.: Das Elektroencephalogramm beim Elektrokrampf des Menschen. Arch. Psychiat. Nervenkr. 183 (1949) 12.

1389 Mezei, B.: Von der raschen Aufhebung des Status epilepticus. Psychiat-neurol. Wschr. 42 (1940) 94.

1390 Miribel, J., R. Marinier: Résultats thérapeutiques de quelques benzodiazepines en prise chronique dans l'épilepsie grave de l'enfant. J. Méd. Lyon 47 (1966) 1583.

1391 Mizroukhine, H., J. Slivko: Les premiers soins à donner dans le status épilepticus. Sovjet. Psichonevr. 17 (1941) 72.

1392 Müller, L.: Über Status hemiepilepticus idiopathicus. Dtsch. Z. Nervenheilk. 28 (1905) 31.

1393 Müller, H. R., M. Klingler, H. E. Kaeser, P. Wurmser, H. R. Hirt: Zur Behandlung des Status epilepticus mit Diazepam (Valium). Schweiz. med. Wschr. 96 (1966) 121.

1394 Munson, J. F.: The heart's action preceding an epileptic seizure. J. Amer. med. Ass. 50 (1908) 681.

1395 Murphy, J. T., R. S. Schwab: Diphenylhydantoin used parenterally in the control of convulsions. A five-year report. J. Amer. med. Ass. 160 (1956) 385.

1396 Naab, J. P.: Zur Behandlung des Status epilepticus. Allg. Z. Psychiat. 57 (1900) 495.

1397 Naquet, R., R. Soulayrol, C. A. Tassinari, R. Broughton, H. Lob: Traitement des états de mal expérimentaux chez l'animal et des états de mal spontanés chez l'homme par le Valium. Colloque sur le Valium (dans le cadre de la Soc. de Psychiatrie de Marseille et du Sud-Est Méditerranéen), Marseille, 13. 5. 1964.

1398 Neplokh, Y. M.: Todesursachen bei Epilepsie. Nevropat. i Psichiat. 65 (1965) 1383.

1399 Neubürger, K.: Über Herzmuskelveränderungen bei Epileptikern. Verh. dtsch. Ges. Path. 23 (1928) 487.

1400 Newill, R. G. D.: Nocturnal epilepsy and hypoglycaemia. Practitioner 193 (1964) 670.

1401 Nisbet, H. J. A.: Status epilepticus treated with d-tubocurarine and controlled respiration. Brit. med. J. 1959/I, 95.

1402 Obersteiner, H.: Über den Status epilepticus. Wien. med. Wschr. 23 (1873) 544.

1403 Ohanessian, B.: La pressione sanguigna negli epilettici. Il Morgagni 49 (1907) 672.

1404 Olshausen, W.: Errettung aus schwerstem Status epilepticus durch ungeheure Pernoktondosen. Zbl. inn. Med. 53 (1932) 725.

Ounsted, C., J. Lindsay, R. Norman (1966): s. Nr. 770.

Pache, H. D. (1954): s. Nr. 118.

1405 Paracelsus: Sämtliche Werke. 1. Abt. Medizinische, naturwissenschaftliche und philosophische Schriften, Bd. VIII, S. 311. Hsg.: K. Sudhoff. Oldenbourg, München 1924

1406 Passouant, P., H. Latour, J. Cadilhac: L'épilepsie morphéique. Ann. méd.-psychol. 109 (1951/52) 526.

1407 Pateisky, K., H. Petsche: Elektroencephalographische und klinische Beobachtungen über den Effekt von Acetazolamid (Diamox) bei hirndrucksteigernden Prozessen und bei Epilepsie. Wien. med. Wschr. 107 (1957) 565.

1408 Pateisky, K., E. Ringel: Behandlung eines Hirnödems nach Erhängen. Wien. med. Wschr. 106 (1956) 837.

1409 Patry, F. L.: The relation of time of day, sleep and other factors to the incidence of epileptic seizures. Amer. J. Psychiat. 10 (1931) 789.

Peiffer, J. (1962): s. Nr. 777.

Peiffer, J. (1963): s. Nr. 419.

Penfield, W., T. Erickson (1941): s. Nr. 781.

Penfield, W., H. Jasper (1954): s. Nr. 124.

Penfield, W., K. Kristiansen (1951): s. Nr. 783.

1410 Penin, H.: Die moderne ambulante Behandlung der Epilepsien. Med. Klin. 60 (1965) 392.

1411 Penin, H.: Die Epilepsie-Therapie im Erwachsenenalter. Therapiewoche 17 (1967) 51.

1412 Perstein, M. A., M. B. Andelmann: Tridione: Its use in convulsive and related disorders. J. Pediat. 29 (1946) 20.

1413 Peters, G.: Ergebnisse vergleichender anatomisch-pathologischer Untersuchungen an Hirngeschädigten. In: Arbeit und Gesundheit, Heft 74. Thieme, Stuttgart 1962.

1414 Petit, H.: Krampfkrankheiten im Kindesalter. Jahreskurse ärztl. Fortbild. 30 (1939) 1.

1415 Pick, A.: Über die Beziehungen des epileptischen Anfalls zum Schlaf. Wien. med. Wschr. 49 (1899) 30.

1416 Platearius: Serapion, J. (1530) (s. Nr. 1445).

1417 Poeck, K.: Die Therapie der Epilepsie. Nervenarzt 32 (1961) 255.

1418 Poeck, K.: Einst und jetzt: Die Entwicklung der medikamentösen Epilepsie-Behandlung seit A. Hauptmann. Münch. med. Wschr. 104 (1962) 2117.

1419 Poiré, R.: Note sur l'étiologie pharmacologique de certains états de mal épileptiques. In: Les Etats de Mal Epileptiques. Hsg.: H. Gastaut, J. Roger, H. Lob. Masson, Paris 1967.

1420 Pond, D., B. H. Bidwell, L. Stein: A survey of epileptics in fourteen general practices. I. Demography and medical data. Psychiat. Neurol. Neurochir. (Amst.) 63 (1960) 217.

1421 Pozdnyakov, V. S.: Status epilepticus und seine Prophylaxe. Nevropat. i Psichiat. 65 (1965) 1377.

1422 Prokop, H., B. Haid: Fortschritte in der Therapie des Status epilepticus. Wien. med. Wschr. 109 (1959) 520.

Prudhomme, Ch. (1941): s. Nr. 797.

Purkinje, J. (1827): s. Nr. 1151 (bzw. Nr. 1194).

Reynolds, J. R. (1861): s. Nr. 423.

1423 Riser, M.: Pratique Neurologique. Masson, Paris 1952.

1424 Riser, M.: zit. nach Marchand, L., J. de Ajuriaguerra (1948) (s. Nr. 105).

1425 Rish, F.: New horizons in rehabilitation of the epileptic. J. Ass. phys. ment. Rehab. 14 (1960) 129.

1426 Rodiet, A., P. Pansier, J. Cans: L'état du fond de l'oeil chez les épileptiques. Ann. méd.-psychol. 66 (1908) 238.

1427 Roger, A., J. Roger, H. Gastaut, G. E. Chatrian: A propos des crises généralisées d'emblée à un hemicorps. Etude électro clinique. Riv. Neurol. 22 (1953) 400.

1428 Roger, J., H. Lob, H. Régis, H. Gastaut: Les états de mal hémicloniques. In: Les Etats de Mal Epileptiques. Hsg.: H. Gastaut, J. Roger, H. Lob. Masson, Paris 1967.

1429 Roger, H., J. E. Paillas, L. Cornil: Les Epilepsies. Flammarion, Paris 1950.

1430 Rollason, W. N.: The encephalogram as a monitor of status epilepticus. Lancet 1961/II, 434.

1431 Rossi: Riv. Pat. nerv. ment. 15. Zit. nach Binswanger, O. (1913) (s. Nr. 379).

1432 Rostan: in Dumont: Testament médical, philosophique et littéraire. Paris 1865. Zit. nach Marchand, L., J. de Ajuriaguerra (1948) (s. Nr. 105).

1433 Ruf, H.: Experimentelle Untersuchungen über Krampfverlängerung durch Sauerstoff und Adrenalin: Dauerkrämpfe nach einmaliger elektrischer Reizung oder Cardiazolgabe. Arch. Psychiat. Nervenkr. 187 (1951) 97.

1434 Russel, A. E.: Cessation of the pulse during the onset of epileptic fits. Lancet 1906/II, 152.

1435 Santangelo, G.: La narcosi endovenosa nel trattamento dello stato di male epilettico. Pisani 55 (1935) 225.

1436 Satta, A.: Sul valore de metodo Ayala (iniezione di luminal sodico nella cisterna magna) negli stati epilettici gravi. Cervello 10 (1931) 193.

1437 Scherzer, E.: Stopping a prolonged clinical seizure by Valium with pseudonormalization of the EEG. Electroenceph. clin. Neurophysiol. 21 (1966) 206.

1438 Schmahmann, O.: Intravenous procaine, its remarkable effect in patient with convulsions. S. Afr. med. J. 22 (1948) 799.

Schorsch, G. (1960): s. Nr. 837.

Schorsch, G., I. v. Hedenström (1957): s. Nr. 836.

1439 Schou, J. J.: Luminal und seine Ersatzpräparate in der Behandlung der Epilepsie. Ugeskr. Laeg. 1 (1929) 272.

1440 Schütz, E., H. Caspers: Über die bioelektrische Hirnrindenaktivität und ihre Steuerung durch Stammhirnstrukturen. Z. ges. inn. Med. 9 (1954) 1037.

1441 Schulte, W.: Die anfallsprovozierende Wirkung ungewohnten Schlafentzugs. Münch. med. Wschr. 91 (1944) 1.

1442 Schuman, St. H., L. J. Miller: Febrile convulsions in families: finding in an epidemiological survey. Clin. Pediat. (Philad.) 5 (1966) 604.

1443 Schwab, R., J. T. Murphy: Recent experiences with parenteral Dilantin. Epilepsia (Amst.) 1 (1959/60) 227.

1444 Seguin: zit. nach Jackson, J. H.: s. Nr. 1069, S. 424.

Selbach, H. (1953): s. Nr. 428.

1445 Serapion, J.: Necessarium ac perutile opus totius medicine practice, profundissimi ac antiquissimi Arabis domini Joannis filii Serapionis. Practica etiam brevis Domini Joannis Plateari Salernitani utilissima. Venedig 1530. Zit. nach Temkin, O. (1945) (s. Nr. 1180).

1446 Sheldon, W. H.: The Varieties of Human Physique. Harper, New York 1940.

1447 Siemens, F.: Notizen zur Epilepsie. Neurol. Zbl. 1 (1882) 102.

1448 Siemerling, E.: Über die Veränderungen der Pupillenreaction bei Geisteskranken. Berl. klin. Wschr. 32 (1896) 973.

1449 Sorel, L.: Les Manifestations Epileptiques. Nauwelaerts, Louvain 1961.

1450 Stähli, R.: Zur Behandlung der Epilepsie. Schweiz. med. Wschr. 72 (1942) 100.

1451 Stauder, K. H.: Anfall, Schlaf, Periodizität. Nervenarzt 19 (1948) 107.

1452 Steinsiek, H. D.: Über Todesursachen und Lebensdauer bei genuiner Epilepsie. Arch. Psychiat. Nervenkr. 183 (1950) 469.

1453 Stollreiter, L.: Aktuelle Fragen der sozialen und beruflichen Eingliederung von Epileptikern. Ärztl. Mitt. (Köln) 60 (1963) 142.

1454 Strauss, H., C. Landis: The metrazol-seizure and its significance for the pathophysiology of the epileptic attack. J. nerv. ment. Dis. 88 (1938) 816.

1455 van Swieten, G.: Commentaria in Hermanni Boerhaave Aphorismos de Cognoscendis et Curandis Morbis. Joan. Gottfried Hanisch, Hildburghausen/Meiningen 1747.

1456 Szondi, L.: Lehrbuch der experimentellen Triebdiagnostik. Huber, Bern 1960.

1457 Taverner, D., W. A. Brain: Intravenous lignocaine as an anticonvulsant in status epilepticus and serial epilepsy. Lancet 1958/II, 1145.

1458 Tchicaloff, M.: Neue Wege der Anfallsbehandlung bei Epilepsie. Münch. med. Wschr. 107 (1965) 2249.
Tellenbach, H. (1965): s. Nr. 358.
Tellenbach, H. (1966): s. Nr. 883.
Temkin, O. (1945): s. Nr. 1180.

1459 Temkoff, J., A. Atseff, A. Ditsova, B. Jordanoff: Effect du Largactil sur l'épilepsie (Etudes cliniques, biochimiques et électroencéphalographiques). Z. Nevropat. Psikhiat. 58 (1958) 1164. Ref. Zbl. ges. Neurol. Psychiat. 150 (1959) 196.

1460 Thierfelder, F.: Die klinischen Erscheinungsformen hereditärer Epilepsien. Diss. Heidelberg 1954.

1461 Thorne, F. C.: The anticonvulsant action of Tridione. Psychiat. Quart. 19 (1945) 686.
Tissot, S. A. (1770): s. Nr. 360.
Todd, R. B. (1856): s. Nr. 1182.

1462 Tönnis, W.: Krampfanfall und Hirngeschwulst. Dtsch. Z. Nervenheilk. 176 (1957) 281.

1463 Toulouse, E., L. Marchand: L'état de mal épileptique. Presse méd. 30 (1922) 565.

1464 Trousseau, A.: zit. nach Binswanger, O. (1913) (s. Nr. 379).
Turner, W. A. (1907): s. Nr. 891.

1465 Valtorta, D.: Sur l'hypertension dans l'épilepsie. Riv. ital. Neuropat. 1 (1908) 429.

1466 Vasconcelos, D.: Über Kompressionsfrakturen von Wirbelkörpern während großer epileptischer Anfälle. Diss. Heidelberg 1967a.
Vasconcelos, D. (1967b): s. Nr. 903.
Vogel, P. (1935): s. Nr. 1194.
Vogel, P. (1961): s. Nr. 910.

1467 Vogel, P.: Zur Diagnostik der Hirntumoren. Nervenarzt 36 (1965) 417.

1468 Vogl, P.: Erfahrungen in der Behandlung der Epilepsie bei Erwachsenen. Dtsch. Gesundh.-Wes. 19 (1964) 1685.

1469 Voisin, J., R. Petit: De l'intoxication dans l'épilepsie. Arch. Neurol. (Paris) 29 (1895) 257; 359; 437.

1470 Voisin, R., A. Rendu: La pression sanguine dans l'épilepsie essentielle. Gaz. Hôp. (Paris) 83 (1910) 1011.

1471 van Walsem, G. C.: Erfahrungen über die Behandlung des Status epilepticus mit Somnifen. Ned. T. Geneesk. 70 (1926) 762.

1472 Watkins, S. M.: The Heidelberg classification of the epilepsies. St. Barth. Hosp. Rep. 70, Suppl. 16 (1966) 5; 71, Suppl. 17 (1967) 1.
Weber, W. C., R. Jung (1940): s. Nr. 916.

1473 Weinberg, M. H.: Fatigue as precipitating factor in latent epilepsy. J. nerv. ment. Dis. 101 (1945) 251.

1474 von Weizsäcker, V.: Epileptische Erkrankungen, Organneurosen des Nervensystems und allgemeine Neurosenlehre. In: Lehrbuch der inneren Medizin. Hsg.: J. v. Mehring, Bd. II. Fischer, Jena 1929.

1475 Wenzl, H.: Zur biographischen Situation zu Beginn und im Verlauf epileptischer Erkrankungen. Diss. Heidelberg 1965.
Westphal, K. (1931): s. Nr. 438.

1476 Whitty, C. W. M.: The diagnosis of epilepsy. J. Indian med. Prof. 3 (1956) 1268.

1477 Whitty, C. W. M.: Focal epilepsy and the study of cortical function. Med. J. Aust. 7 (1961) 1.

1478 Whitty, C. W. M., M. Taylor: Treatment of status epilepticus. Lancet 1949/II, 591.

1479 Wildermuth, H.: Amylenhydrat gegen Epilepsie. Neurol. Zbl. 8 (1889) 451.

1480 Wilke, G.: Zur Frage der Hirnödeme bei Unterernährung. Dtsch. med. Wschr. 75 (1950) 172.
Williams, D. (1950): s. Nr. 372.

1480a Williams, D.: The structure of emotions reflected in epileptic experiences. Brain 97 (1956) 29.

1481 Wilson, P. J. E.: Drugs for status epilepticus. Brit. med. J. 1967/I, 239.
Wilson, S. A. K. (1935): s. Nr. 374.

1482 Wolffenstein, W.: Über die Epilepsie der Pubertätszeit. Diss. Leipzig 1911.

1483 Wyler, J.: Weitere Erfahrungen mit Somnifen in der Psychiatrie. Z. ges. Neurol. Psychiat. 94 (1925) 20.

1484 Zappoli, R.: La terapia degli stati epilettici. Riv. Neurol. 26 (1956) 495.

1485 Zellweger, H.: Convulsions in childhood. Ann. paediat. (Basel) 190 (1958) 257.

1486 von Zerssen, D.: Biometrische Studien über Körperbau und Charakter. Fortschr. Neurol. Psychiat. 33 (1965) 455.

1487 von Zerssen, D., A. Leder: Biometrische Untersuchungen über den Körperbau bei Epileptikern. Heidelberg 1965: Unveröffentlichte Untersuchungen. Zit. nach Leder, A. (1967) (s. Nr. 276).

Sachverzeichnis

E

G

L

M

N

O

R

S